Direito Penal 2

PARTE ESPECIAL
ARTIGOS 121 A 212

O GEN | Grupo Editorial Nacional – maior plataforma editorial brasileira no segmento científico, técnico e profissional – publica conteúdos nas áreas de concursos, ciências jurídicas, humanas, exatas, da saúde e sociais aplicadas, além de prover serviços direcionados à educação continuada.

As editoras que integram o GEN, das mais respeitadas no mercado editorial, construíram catálogos inigualáveis, com obras decisivas para a formação acadêmica e o aperfeiçoamento de várias gerações de profissionais e estudantes, tendo se tornado sinônimo de qualidade e seriedade.

A missão do GEN e dos núcleos de conteúdo que o compõem é prover a melhor informação científica e distribuí-la de maneira flexível e conveniente, a preços justos, gerando benefícios e servindo a autores, docentes, livreiros, funcionários, colaboradores e acionistas.

Nosso comportamento ético incondicional e nossa responsabilidade social e ambiental são reforçados pela natureza educacional de nossa atividade e dão sustentabilidade ao crescimento contínuo e à rentabilidade do grupo.

Cleber

MASSON

Direito Penal

2

PARTE ESPECIAL

ARTIGOS 121 A 212

18ª ed.
revista,
atualizada
e ampliada

■ O autor deste livro e a editora empenharam seus melhores esforços para assegurar que as informações e os procedimentos apresentados no texto estejam em acordo com os padrões aceitos à época da publicação, e todos os dados foram atualizados pelo autor até a data de fechamento do livro. Entretanto, tendo em conta a evolução das ciências, as atualizações legislativas, as mudanças regulamentares governamentais e o constante fluxo de novas informações sobre os temas que constam do livro, recomendamos enfaticamente que os leitores consultem sempre outras fontes fidedignas, de modo a se certificarem de que as informações contidas no texto estão corretas e de que não houve alterações nas recomendações ou na legislação regulamentadora.

■ Fechamento desta edição: 02.01.2025

■ O Autor e a editora se empenharam para citar adequadamente e dar o devido crédito a todos os detentores de direitos autorais de qualquer material utilizado neste livro, dispondo-se a possíveis acertos posteriores caso, inadvertida e involuntariamente, a identificação de algum deles tenha sido omitida.

■ **Atendimento ao cliente: (11) 5080-0751 | faleconosco@grupogen.com.br**

■ Direitos exclusivos para a língua portuguesa
Copyright © 2025 by **Editora Forense Ltda.**
Publicada pelo selo **Método**
Uma editora integrante do GEN | Grupo Editorial Nacional
Travessa do Ouvidor, 11
Rio de Janeiro – RJ – 20040-040
www.grupogen.com.br

■ Reservados todos os direitos. É proibida a duplicação ou reprodução deste volume, no todo ou em parte, em quaisquer formas ou por quaisquer meios (eletrônico, mecânico, gravação, fotocópia, distribuição pela Internet ou outros), sem permissão, por escrito, da Editora Forense Ltda.

■ Capa: Aurélio Corrêa

CIP-BRASIL. CATALOGAÇÃO NA PUBLICAÇÃO
SINDICATO NACIONAL DOS EDITORES DE LIVROS, RJ

M372d
18. ed.

    Masson, Cleber
        Direito penal : parte especial (arts. 121 a 212) / Cleber Masson. - 18. ed., rev., atual. e ampl. - [2. Reimp.] - Rio de Janeiro : Método, 2025.
        816 p. ; 23 cm.   (Direito penal ; 2)

        Sequência de: Direito penal : parte geral (arts. 1º a 120) - vol. 1
        Continua com: Direito penal : parte especial - (arts. 213 a 359-t) - vol. 3
        Inclui bibliografia
        ISBN 978-85-3099-635-2

        1. Direito penal - Brasil. 2. Serviço público - Brasil - Concursos. I. Título. II. Série.

24-95593
                CDU: 343.2(81)

Gabriela Faray Ferreira Lopes - Bibliotecária - CRB-7/6643

À Carol, esposa amada e grande incentivadora de todos os meus passos. Agradeço diariamente a Deus por ter me dado a chance de seguir adiante ao seu lado.

À Maria Luísa e à Rafaela, cujos nascimentos alteraram o sentido da minha vida. Para vocês, minhas filhas, quero ser um exemplo de pai dedicado, companheiro e, principalmente, de retidão, honestidade e trabalho.

Aos meus pais, responsáveis por tudo, especialmente pela transmissão dos valores e princípios que carrego como ideais de vida.

À minha irmã, com quem sempre posso contar.

Aos meus sobrinhos, Maria Eduarda, Anna Lara, Lorenzo e Chiara, pela alegria contagiante de seus sorrisos.

Aos nossos alunos e leitores, pessoas batalhadoras na conquista de seus sonhos, que nos estimularam na elaboração desta obra. Torço por vocês, empresto-lhes minha fé e meu apoio. Contem sempre comigo.

AGRADECIMENTOS

No universo das diversas pessoas merecedoras de nossos agradecimentos, destacamos as seguintes:

Fábio, Aloísio, Tiago e Luís Gustavo, primos queridos, pelas recordações felizes de nossas infâncias, pelas trapalhadas de nossa adolescência (e muitas depois também!) e pela amizade que jamais irá se esgotar;

Gustavo Massao Barbosa Okawada e Thiago Vinícius Treinta, pela lealdade e pelo apoio diário em nossa luta pela justiça;

Vauledir Ribeiro Santos, um empreendedor visionário que revolucionou o mercado editorial jurídico no País e sempre acreditou em nosso trabalho;

Adriano Gustavo Barreira Koenigkam de Oliveira, que, com sua genialidade, muito acrescentou a esta obra;

Finalmente, a todos os integrantes do Grupo GEN, que abraçaram este projeto com imenso profissionalismo e colaboraram para que nosso sonho fosse concretizado de modo tão especial.

NOTA À 18.ª EDIÇÃO

Esta 18.ª edição do nosso *Direito Penal – volume 2 – Parte Especial* encontra-se atualizada com a legislação penal lançada durante o ano de 2024, especialmente as Leis 14.811 (intimidação sistemática: *bullying* e *cyberbullying*), 14.967 (Estatuto da Segurança Privada e da Segurança das Instituições Financeiras) e 14.994 (Pacote Antifeminicídio).

Sem prejuízo, acrescentamos e analisamos os julgados do Supremo Tribunal Federal e do Superior Tribunal de Justiça noticiados nos respectivos *Informativos* publicados em 2024, relacionados aos arts. 121 a 212 do Código Penal.

A obra também passa a contar com novas teorias e propostas doutrinárias, surgidas no direito comparado e no âmbito interno.

Nosso propósito segue inalterado: disponibilizar aos nossos leitores um livro cada vez mais completo e coerente com seus objetivos, a saber, auxiliar na formação dos estudantes, na atuação prática dos operadores do Direito Penal e na preparação aos mais variados concursos públicos.

Agradecemos novamente a confiança depositada neste trabalho, com a esperança de lhe ajudar a alcançar o merecido sucesso.

Um abraço,

Cleber Masson

APRESENTAÇÃO

Em outubro de 2008, publicamos o nosso *Direito Penal – Parte Geral* com um objetivo bem definido: auxiliar os acadêmicos de Direito e, especialmente, os concursandos, na lúcida compreensão da Teoria Geral do Direito Penal e da Parte Geral do Código Penal, mediante um estudo técnico e completo, que não fosse enfadonho, de modo que se pudessem apresentar, em uma visão didática, as diversas concepções doutrinárias e jurisprudenciais acerca de cada um dos temas tratados.

Menos de um ano depois, o livro parece estar no caminho correto. Milhares de unidades foram produzidas e rapidamente vendidas, o que colocou nossa obra entre as mais aceitas por quem se dedica ao estudo do Direito. Várias provas de concursos públicos passaram a adotar conceitos por nós defendidos, demonstrando que o livro está sendo seguido pelos examinadores e pelas instituições organizadoras de concursos públicos. Mais do que isso, tivemos a oportunidade de ajudar diversas pessoas a atingirem seus objetivos.

Recebemos inúmeros e-mails (talvez milhares), aos quais fizemos questão de responder. Os conteúdos eram os mais diversos: dúvidas, sugestões para melhoria do livro, elogios e, para nossa felicidade, narrativas de diversas aprovações em concursos públicos e convites para posses. É muito gratificante saber que muitos dos nossos leitores chegaram ao posto sempre almejado e que colaboramos um pouquinho para essas vitórias.

Hoje são magistrados, membros do Ministério Público, procuradores, delegados de polícia, defensores públicos, advogados, universitários apaixonados pelo Direito Penal, enfim, pessoas plenamente satisfeitas e realizadas, cada uma ao seu tempo, cada uma ao seu modo.

Compartilhamos diversas histórias de sucesso. Torcemos por muitas pessoas, que, mesmo sem conhecê-las, tornaram-se nossas amigas. Emocionamo-nos com dificuldades enfrentadas, com privações suportadas, pelos "trancos" da vida, mas sorrimos no final. A aprovação custa caro, exige dedicação desmedida, sacrifício extremo, mas chega para todo aquele que fez por merecê-la.

Não sabíamos o tamanho da responsabilidade de escrever um livro, tampouco a dimensão tomada por um projeto sério e destinado a ajudar pessoas de bem no árduo caminho que leva à vitória. Gostamos disso, de tal forma que esta atividade se incorporou ao nosso cotidiano. Envolvemo-nos nas linhas, nas páginas, nos capítulos e nas conclusões da vida de cada um dos nossos leitores. E isso é muito bom!

Achávamos, em um primeiro momento, que nossa missão estava concluída. Mas logo percebemos que algo faltava. Era imprescindível prosseguir na análise do Código Penal. Pensávamos: "se começamos o trabalho, temos de fazê-lo bem-feito e até o final". Rapidamente vieram os pedidos de alunos e de leitores para escrevermos sobre a Parte Especial do Código Penal. A cada manifestação de cansaço, a cada sintoma de acomodação, surgiam as palavras incentivadoras dos nossos amigos.

Era chegada a hora de enfrentar mais um desafio, certamente ainda maior, qual seja, dar sequência ao nosso Direito Penal, superando (ou ao menos mantendo) o nível da Parte

Geral. Aceitamos mais essa missão, e o resultado de meses de trabalho é esta obra que você ora nos dá o orgulho de ler.

Cuida-se de análise completa dos Títulos I (Crimes contra a Pessoa), II (Crimes contra o Patrimônio), III (Crimes contra a Propriedade Imaterial), IV (Crimes contra a Organização do Trabalho) e V (Crimes contra o Sentimento Religioso e contra o Respeito aos Mortos) da Parte Especial do Código Penal.

Escrito em linguagem clara e didática, o livro engloba todas as questões inerentes a tais matérias, revelando-se como suficiente para o sucesso em qualquer prova, exame ou concurso público. Os demais dispositivos legais são abordados em outro volume.

Enfrentamos os institutos clássicos e também as concepções vanguardistas relativas aos crimes disciplinados pelos arts. 121 a 212 do Código Penal, analisando as mais respeitadas opiniões doutrinárias. Além disso, incrementamos as modificações operadas pela Lei 11.923/2009 (Sequestro Relâmpago) e pela Lei 12.015/2008 (Crimes contra a Dignidade Sexual), notadamente seus reflexos nos Crimes contra o Patrimônio.

Fizemos também uma minuciosa análise jurisprudencial, revelando a atual posição do Supremo Tribunal Federal e do Superior Tribunal de Justiça, quando existentes, em cada um dos delitos comentados. É de se notar que, em alguns casos, reportamo-nos a julgados antigos, mas que, por serem os únicos, refletem o entendimento consagrado em cada uma das Cortes.

Nas matérias controversas, foram expostas as diversas posições da doutrina e da jurisprudência, destacando-se sempre a mais aceita e indicando-se a melhor corrente a ser utilizada em cada concurso público, variando conforme seu perfil institucional.

Com o propósito de facilitar a assimilação da matéria, especialmente nos temas mais complexos, o trabalho foi ilustrado com diversos exemplos e também com gráficos e esquemas voltados à revisão do que foi estudado e à compreensão visual de cada tema. Com esses recursos, buscamos proporcionar ao nosso leitor um ambiente de sala de aula, tal como se estivéssemos conversando acerca do conteúdo lançado na folha de papel.

Se não bastasse, no final de cada capítulo lançamos questões objetivas de diversos concursos públicos, por duas razões: (a) simular uma prova; e (b) demonstrar ao leitor quais são os assuntos mais cobrados pelos examinadores.

Esperamos contribuir para sua aprovação. Esse é o nosso ideal. E, mais uma vez, agradeço pela confiança com que esta obra é recebida e fico extremamente honrado com sua aceitação. Torcemos por você. Corra atrás de seus objetivos, lembre-se das dificuldades por que já passou para chegar até aqui e lute com todas as suas forças pelo seu sonho. Sabemos que a vitória está próxima. Vamos buscá-la, pois você é capaz!

Um grande abraço, boa sorte, muita paz e felicidade.

Setembro de 2009.
O Autor

Parabéns!

Além da edição mais completa e atualizada do livro *Direito Penal – Parte Especial – Volume 2*, agora você tem acesso à **Sala de Aula Virtual CLEBER MASSON**, com vídeos para complementar os temas mais relevantes, além de **questões de concurso para treino e simulados**. A ideia da Sala de Aula é aproximar o leitor do autor, proporcionando um espaço para interação por meio de webinários sobre temas diversos e fórum de discussão.

Acesse o QR Code e assista ao vídeo do autor sobre a obra:

https://youtu.be/w4oTW_JIPBI

Sempre que o ícone abaixo aparecer, há um conteúdo disponível na Sala de Aula Virtual CLEBER MASSON.

SUMÁRIO

INTRODUÇÃO AO ESTUDO DA PARTE ESPECIAL DO CÓDIGO PENAL 1

    I.   Divisão do Código Penal em partes 1
    II.   Precedência histórica da Parte Especial 1
    III.   Importância da Parte Especial 2
    IV.   Título do crime 2
    V.   Apresentação da Parte Especial 2
    VI.   A divisão da Parte Especial do Código Penal 3

CAPÍTULO 1 – DOS CRIMES CONTRA A PESSOA 7

    1.1.   Dos crimes contra a vida 7
            1.1.1.   Fundamento constitucional 7
            1.1.2.   Crimes contra a vida: espécies, competência e ação penal 8
            1.1.3.   Art. 121 – Homicídio 9
                    1.1.3.1.   Dispositivo legal 9
                    1.1.3.2.   Estrutura do tipo penal 10
                    1.1.3.3.   Homicídio simples 11
                    1.1.3.4.   Homicídio privilegiado 16
                    1.1.3.5.   Homicídio qualificado: art. 121, § 2.º 21
                    1.1.3.6.   Causas de aumento da pena no homicídio doloso: art. 121, § 4.º, 2.ª parte, e art. 121, § 6.º 45
                    1.1.3.7.   Homicídio culposo: art. 121, § 3.º 47
            1.1.4.   Art. 121-A – Feminicídio 53
                    1.1.4.1.   Dispositivo legal 53
                    1.1.4.2.   Evolução legislativa 53
                    1.1.4.3.   Constitucionalidade do feminicídio versus função simbólica do Direito Penal 54
                    1.1.4.4.   Objetividade jurídica 55
                    1.1.4.5.   Objeto material 55
                    1.1.4.6.   Conceito 55
                    1.1.4.7.   Núcleo do tipo 57
                    1.1.4.8.   Sujeito ativo 57
                    1.1.4.9.   Sujeito passivo 58
                    1.1.4.10. Elemento subjetivo 59

		1.1.4.11.	Consumação	61
		1.1.4.12.	Tentativa	61
		1.1.4.13.	Ação penal	61
		1.1.4.14.	Lei 9.099/1995	61
		1.1.4.15.	Classificação doutrinária	62
		1.1.4.16.	Causas de aumento da pena: art. 121-A, § 2.º	62
	1.1.5.	Art. 122 – Induzimento, instigação ou auxílio a suicídio ou a automutilação		65
		1.1.5.1.	Dispositivo legal	65
		1.1.5.2.	Introdução e análise crítica	66
		1.1.5.3.	Conceito de suicídio e de automutilação	66
		1.1.5.4.	Nome do delito	66
		1.1.5.5.	Objetividade jurídica	67
		1.1.5.6.	Objeto material	67
		1.1.5.7.	Núcleos do tipo	67
		1.1.5.8.	Sujeito ativo	69
		1.1.5.9.	Sujeito passivo	69
		1.1.5.10.	Elemento subjetivo	69
		1.1.5.11.	Consumação	69
		1.1.5.12.	Tentativa	70
		1.1.5.13.	Pacto de morte	71
		1.1.5.14.	Roleta-russa e duelo americano	71
		1.1.5.15.	Classificação doutrinária	71
		1.1.5.16.	Causas de aumento de pena: §§ 3.º a 5.º	72
	1.1.6.	Art. 123 – Infanticídio		74
		1.1.6.1.	Dispositivo legal	74
		1.1.6.2.	Conceito	74
		1.1.6.3.	Objetividade jurídica	74
		1.1.6.4.	Objeto material	75
		1.1.6.5.	Sujeito ativo	75
		1.1.6.6.	Sujeito passivo	76
		1.1.6.7.	Elemento subjetivo	76
		1.1.6.8.	Influência do estado puerperal: conceito e prova	77
		1.1.6.9.	Elemento temporal: "logo após o parto"	77
		1.1.6.10.	Consumação	78
		1.1.6.11.	Tentativa	78
		1.1.6.12.	Classificação doutrinária	78
	1.1.7.	Arts. 124 a 128 – Aborto		78
		1.1.7.1.	Noções introdutórias	78
		1.1.7.2.	Aborto criminoso	80
		1.1.7.3.	Crimes em espécie	83
		1.1.7.4.	Aborto legal ou permitido: art. 128	88
		1.1.7.5.	Aborto eugênico ou eugenésico	92
		1.1.7.6.	O tratamento jurídico-penal da anencefalia e a jurisprudência do Supremo Tribunal Federal	92
		1.1.7.7.	A questão da microcefalia	95
		1.1.7.8.	Aborto econômico, miserável ou social	97

1.2.	Das lesões corporais		97
	1.2.1.	Dispositivo legal	97
	1.2.2.	Estrutura do crime	99
	1.2.3.	Noções gerais	100
		1.2.3.1. Conceito de lesão corporal	100
		1.2.3.2. Objetividade jurídica	100
		1.2.3.3. Objeto material	100
		1.2.3.4. Núcleo do tipo	100
		1.2.3.5. Sujeito ativo	101
		1.2.3.6. Sujeito passivo	101
		1.2.3.7. Elemento subjetivo	101
		1.2.3.8. Consumação	101
		1.2.3.9. Tentativa	101
		1.2.3.10. Classificação doutrinária	101
		1.2.3.11. Outras observações	101
	1.2.4.	Art. 129 – Lesão corporal dolosa	103
		1.2.4.1. Lesão corporal leve	103
		1.2.4.2. Lesão corporal de natureza grave em sentido amplo	104
		1.2.4.3. Lesão corporal seguida de morte: § 3.º	113
		1.2.4.4. Lesão corporal dolosa privilegiada: causa de diminuição de pena (art. 129, § 4.º)	114
		1.2.4.5. Lesões corporais leves e substituição da pena: § 5.º	115
		1.2.4.6. Aumento de pena na lesão corporal dolosa: § 7.º	115
		1.2.4.7. Lesão corporal culposa: § 6.º	116
		1.2.4.8. Lesão corporal e violência doméstica: § 9.º	117
1.3.	Da periclitação da vida e da saúde		124
	1.3.1.	Art. 130 – Perigo de contágio venéreo	125
		1.3.1.1. Dispositivo legal	125
		1.3.1.2. Espécies criminosas	125
		1.3.1.3. Objetividade jurídica	125
		1.3.1.4. Objeto material	125
		1.3.1.5. Núcleo do tipo	126
		1.3.1.6. Sujeito ativo	126
		1.3.1.7. Sujeito passivo	126
		1.3.1.8. Elemento subjetivo	126
		1.3.1.9. Consumação	127
		1.3.1.10. Tentativa	128
		1.3.1.11. Concurso de crimes	128
		1.3.1.12. Ação penal	129
		1.3.1.13. Lei 9.099/1995	129
		1.3.1.14. Classificação doutrinária	129
	1.3.2.	Art. 131 – Perigo de contágio de moléstia grave	129
		1.3.2.1. Dispositivo legal	129
		1.3.2.2. Objetividade jurídica	130
		1.3.2.3. Objeto material	130
		1.3.2.4. Núcleo do tipo	130

	1.3.2.5.	Sujeito ativo	130
	1.3.2.6.	Sujeito passivo	130
	1.3.2.7.	Elemento subjetivo	130
	1.3.2.8.	Consumação	131
	1.3.2.9.	Tentativa	131
	1.3.2.10.	Concurso de crimes	131
	1.3.2.11.	Ação penal	131
	1.3.2.12.	Lei 9.099/1995	131
	1.3.2.13.	Classificação doutrinária	131
1.3.3.	Art. 132 – Perigo para a vida ou saúde de outrem	132
	1.3.3.1.	Dispositivo legal	132
	1.3.3.2.	Objetividade jurídica	132
	1.3.3.3.	Objeto material	132
	1.3.3.4.	Núcleo do tipo	132
	1.3.3.5.	Sujeito ativo	133
	1.3.3.6.	Sujeito passivo	133
	1.3.3.7.	Elemento subjetivo	133
	1.3.3.8.	Consumação	133
	1.3.3.9.	Tentativa	133
	1.3.3.10.	Subsidiariedade expressa	133
	1.3.3.11.	Lei 9.099/1995	134
	1.3.3.12.	Causa de aumento de pena	134
	1.3.3.13.	Ação penal	134
	1.3.3.14.	Estatuto da Pessoa Idosa	134
	1.3.3.15.	Classificação doutrinária	135
1.3.4.	Art. 133 – Abandono de incapaz	135
	1.3.4.1.	Dispositivo legal	135
	1.3.4.2.	Espécies criminosas	136
	1.3.4.3.	Objetividade jurídica	136
	1.3.4.4.	Objeto material	136
	1.3.4.5.	Núcleo do tipo	136
	1.3.4.6.	Sujeito ativo	137
	1.3.4.7.	Sujeito passivo	137
	1.3.4.8.	Elemento subjetivo	137
	1.3.4.9.	Consumação	137
	1.3.4.10.	Tentativa	138
	1.3.4.11.	Classificação doutrinária	138
	1.3.4.12.	Ação penal	138
	1.3.4.13.	Lei 9.099/1995	138
	1.3.4.14.	Distinção	138
	1.3.4.15.	Figuras qualificadas: §§ 1.º e 2.º	138
	1.3.4.16.	Causas de aumento de pena	138
	1.3.4.17.	Abandono de incapaz e Estatuto da Pessoa com Deficiência	139
	1.3.4.18.	Abandono de incapaz e Lei Henry Borel	139

1.3.5.	Art. 134 – Exposição ou abandono de recém-nascido		140
	1.3.5.1.	Dispositivo legal	140
	1.3.5.2.	Introdução	140
	1.3.5.3.	Espécies criminosas	140
	1.3.5.4.	Objetividade jurídica	141
	1.3.5.5.	Objeto material	141
	1.3.5.6.	Núcleos do tipo	141
	1.3.5.7.	Elemento normativo	141
	1.3.5.8.	Sujeito ativo	141
	1.3.5.9.	Sujeito passivo	142
	1.3.5.10.	Elemento subjetivo	142
	1.3.5.11.	Consumação	142
	1.3.5.12.	Tentativa	142
	1.3.5.13.	Figuras qualificadas: §§ 1.º e 2.º	142
	1.3.5.14.	Ação penal	142
	1.3.5.15.	Classificação doutrinária	143
1.3.6.	Art. 135 – Omissão de socorro		143
	1.3.6.1.	Dispositivo legal	143
	1.3.6.2.	Objetividade jurídica	143
	1.3.6.3.	Objeto material	143
	1.3.6.4.	Núcleos do tipo	144
	1.3.6.5.	Elemento normativo do tipo	144
	1.3.6.6.	Sujeito ativo	145
	1.3.6.7.	Sujeito passivo	145
	1.3.6.8.	Elemento subjetivo	147
	1.3.6.9.	Consumação	147
	1.3.6.10.	Tentativa	147
	1.3.6.11.	Causa de aumento de pena	147
	1.3.6.12.	Classificação doutrinária	148
	1.3.6.13.	Omissão de socorro e Código de Trânsito Brasileiro	148
	1.3.6.14.	Omissão de socorro e Estatuto da Criança e do Adolescente	149
	1.3.6.15.	Omissão de socorro e Lei Henry Borel	149
1.3.7.	Art. 135-A – Condicionamento de atendimento médico-hospitalar emergencial		150
	1.3.7.1.	Dispositivo legal	150
	1.3.7.2.	Introdução	150
	1.3.7.3.	Objetividade jurídica	151
	1.3.7.4.	Objeto material	151
	1.3.7.5.	Núcleo do tipo	152
	1.3.7.6.	Sujeito ativo	153
	1.3.7.7.	Sujeito passivo	153
	1.3.7.8.	Elemento subjetivo	153
	1.3.7.9.	Consumação	154
	1.3.7.10.	Tentativa	154
	1.3.7.11.	Ação penal	154

		1.3.7.12.	Lei 9.099/1995	154
		1.3.7.13.	Classificação doutrinária	155
		1.3.7.14.	Causas de aumento da pena: art. 135-A, parágrafo único...	155
		1.3.7.15.	Estatuto da Pessoa Idosa	155
	1.3.8.	Art. 136 – Maus-tratos		156
		1.3.8.1.	Dispositivo legal	156
		1.3.8.2.	Objetividade jurídica	157
		1.3.8.3.	Objeto material	157
		1.3.8.4.	Núcleo do tipo	157
		1.3.8.5.	Sujeito ativo	158
		1.3.8.6.	Sujeito passivo	159
		1.3.8.7.	Elemento subjetivo	159
		1.3.8.8.	Consumação	159
		1.3.8.9.	Tentativa	160
		1.3.8.10.	Figuras qualificadas: §§ 1.º e 2.º	160
		1.3.8.11.	Causa de aumento de pena	160
		1.3.8.12.	Ação penal	160
		1.3.8.13.	Classificação doutrinária	160
		1.3.8.14.	Maus-tratos e agravantes genéricas	161
		1.3.8.15.	Art. 232 do Estatuto da Criança e do Adolescente e maus-tratos: distinção	161
		1.3.8.16.	Tortura e maus-tratos: distinção	161
		1.3.8.17.	Maus-tratos contra animais	162
1.4.	Da rixa			162
	1.4.1.	Dispositivo legal		162
	1.4.2.	Conceito		163
	1.4.3.	Objetividade jurídica		163
	1.4.4.	Objeto material		163
	1.4.5.	Núcleo do tipo		163
	1.4.6.	Sujeitos do crime: ativo e passivo		164
	1.4.7.	Elemento subjetivo		164
	1.4.8.	Consumação		164
	1.4.9.	Tentativa		165
	1.4.10.	Rixa qualificada: art. 137, parágrafo único		165
	1.4.11.	Rixa e legítima defesa		167
	1.4.12.	Ação penal		167
	1.4.13.	Lei 9.099/1995		167
	1.4.14.	Classificação doutrinária		167
1.5.	Dos crimes contra a honra			167
	1.5.1.	Introdução		167
	1.5.2.	Conceito de honra		168
	1.5.3.	Espécies de honra		168
	1.5.4.	Art. 138 – Calúnia		169
		1.5.4.1.	Dispositivo legal	169
		1.5.4.2.	Conceito	170
		1.5.4.3.	Objetividade jurídica	170

		1.5.4.4.	Objeto material	170
		1.5.4.5.	Núcleo do tipo	170
		1.5.4.6.	Elemento normativo do tipo: "falsamente"	171
		1.5.4.7.	Formas de calúnia	171
		1.5.4.8.	Consumação	171
		1.5.4.9.	Tentativa	171
		1.5.4.10.	Calúnia e denunciação caluniosa: distinções	172
		1.5.4.11.	Subtipo da calúnia: art. 138, § 1.º	172
		1.5.4.12.	Calúnia contra os mortos	172
		1.5.4.13.	Exceção da verdade: art. 138, § 3.º	173
	1.5.5.	Art. 139 – Difamação		176
		1.5.5.1.	Dispositivo legal	176
		1.5.5.2.	Conceito	177
		1.5.5.3.	Objetividade jurídica	177
		1.5.5.4.	Objeto material	177
		1.5.5.5.	Núcleo do tipo	177
		1.5.5.6.	Consumação	177
		1.5.5.7.	Tentativa	178
		1.5.5.8.	Exceção da verdade	178
		1.5.5.9.	Exceção de notoriedade	179
		1.5.5.10.	Atribuição antecipada de culpa pelo agente público e abuso de autoridade	179
	1.5.6.	Art. 140 – Injúria		180
		1.5.6.1.	Dispositivo legal	180
		1.5.6.2.	Estrutura do tipo penal	181
		1.5.6.3.	Conceito	181
		1.5.6.4.	Objetividade jurídica	182
		1.5.6.5.	Objeto material	182
		1.5.6.6.	Núcleo do tipo	182
		1.5.6.7.	Consumação	183
		1.5.6.8.	Tentativa	183
		1.5.6.9.	Exceção da verdade	183
		1.5.6.10.	Perdão judicial: art. 140, § 1.º	184
		1.5.6.11.	Injúria real: art. 140, § 2.º	185
		1.5.6.12.	Injúria qualificada: art. 140, § 3.º	186
		1.5.6.13.	Injúria contra funcionário público e desacato: distinção	190
		1.5.6.14.	Injúria cometida pela internet e competência	190
		1.5.6.15.	Injúria eleitoral	191
	1.5.7.	Arts. 141 a 145 – Apontamentos comuns aos crimes contra a honra		191
		1.5.7.1.	Introdução	191
		1.5.7.2.	Disposições comuns: art. 141	201
		1.5.7.3.	Exclusão do crime: art. 142	205
		1.5.7.4.	Retratação	209
		1.5.7.5.	Pedido de explicações: art. 144	210
		1.5.7.6.	Ação penal nos crimes contra a honra	212
	1.5.8.	Quadro sinótico dos crimes contra a honra		214

1.6.	Dos crimes contra a liberdade individual..			216
	1.6.1.	Dos crimes contra a liberdade pessoal..		216
		1.6.1.1.	Art. 146 – Constrangimento ilegal................................	216
		1.6.1.2.	Art. 146-A – Intimidação sistemática (*bullying*) e intimidação sistemática virtual (*cyberbullying*)......................	222
		1.6.1.3.	Art. 147 – Ameaça...	228
		1.6.1.4.	Art. 147-A – Perseguição..	233
		1.6.1.5.	Art. 147-B – Violência psicológica contra a mulher.....	242
		1.6.1.6.	Art. 148 – Sequestro e cárcere privado...........................	250
		1.6.1.7.	Art. 149 – Redução a condição análoga à de escravo....	256
		1.6.1.8.	Art. 149-A – Tráfico de pessoas......................................	265
	1.6.2.	Dos crimes contra a inviolabilidade do domicílio..		278
		1.6.2.1.	Art. 150 – Violação de domicílio...................................	278
	1.6.3.	Dos crimes contra a inviolabilidade de correspondência..................................		294
		1.6.3.1.	Art. 151 – Violação de correspondência........................	294
		1.6.3.2.	Art. 152 – Correspondência comercial...........................	305
	1.6.4.	Dos crimes contra a inviolabilidade dos segredos..		307
		1.6.4.1.	Art. 153 – Divulgação de segredo..................................	308
		1.6.4.2.	Art. 154 – Violação do segredo profissional..................	313
		1.6.4.3.	Art. 154-A – Invasão de dispositivo informático...........	318

CAPÍTULO 2 – DOS CRIMES CONTRA O PATRIMÔNIO.. 327

2.1.	Fundamento constitucional e terminologia legal..			327
2.2.	Conceito de patrimônio			327
2.3.	Critério legislativo para eleição dos crimes contra o patrimônio................................			328
2.4.	Do furto..			328
	2.4.1.	Art. 155 – Furto		328
		2.4.1.1.	Dispositivo legal...	328
		2.4.1.2.	Estrutura do tipo penal..	330
		2.4.1.3.	Objetividade jurídica...	330
		2.4.1.4.	Objeto material..	331
		2.4.1.5.	Núcleo do tipo..	336
		2.4.1.6.	Sujeito ativo...	337
		2.4.1.7.	Sujeito passivo...	338
		2.4.1.8.	Elemento subjetivo..	338
		2.4.1.9.	Consumação..	340
		2.4.1.10.	Tentativa..	342
		2.4.1.11.	Ação penal...	344
		2.4.1.12.	Lei 9.099/1995...	344
		2.4.1.13.	Classificação doutrinária...	344
		2.4.1.14.	Furto e conflito aparente de normas penais	344
		2.4.1.15.	Furto praticado durante o repouso noturno: art. 155, § 1.º..	345
		2.4.1.16.	Furto privilegiado: art. 155, § 2.º...................................	348
		2.4.1.17.	Furto qualificado: art. 155, §§ 4.º, 4.º-A, 4.º-B, 5.º, 6.º e 7.º..	351

2.4.2.	Art. 156 – Furto de coisa comum		378
	2.4.2.1.	Dispositivo legal	378
	2.4.2.2.	Conceito	378
	2.4.2.3.	Objetividade jurídica	379
	2.4.2.4.	Objeto material	379
	2.4.2.5.	Núcleo do tipo	379
	2.4.2.6.	Sujeito ativo	379
	2.4.2.7.	Sujeito passivo	379
	2.4.2.8.	Elemento subjetivo	380
	2.4.2.9.	Consumação	380
	2.4.2.10.	Tentativa	380
	2.4.2.11.	Ação penal	380
	2.4.2.12.	Lei 9.099/1995	380
	2.4.2.13.	Causa especial de exclusão da ilicitude: art. 156, § 2.º	380
	2.4.2.14.	Classificação doutrinária	381
2.5.	Do roubo e da extorsão		381
	2.5.1.	Art. 157 – Roubo	381
		2.5.1.1. Dispositivo legal	381
		2.5.1.2. Estrutura do tipo penal	382
		2.5.1.3. Roubo próprio: art. 157, *caput*, do Código Penal	383
		2.5.1.4. Roubo impróprio: art. 157, § 1.º, do Código Penal	395
		2.5.1.5. Roubo circunstanciado, majorado ou agravado: art. 157, §§ 2.º e 2.º-A, do Código Penal	398
		2.5.1.6. Roubo qualificado: art. 157, § 3.º, do Código Penal	418
	2.5.2.	Art. 158 – Extorsão	427
		2.5.2.1. Dispositivo legal	427
		2.5.2.2. Introdução	428
		2.5.2.3. Objetividade jurídica	428
		2.5.2.4. Objeto material	429
		2.5.2.5. Núcleo do tipo	429
		2.5.2.6. Sujeito ativo	432
		2.5.2.7. Sujeito passivo	433
		2.5.2.8. Elemento subjetivo	434
		2.5.2.9. Consumação	434
		2.5.2.10. Tentativa	435
		2.5.2.11. Ação penal	435
		2.5.2.12. Classificação doutrinária	435
		2.5.2.13. Causas de aumento de pena: art. 158, § 1.º	436
		2.5.2.14. Extorsão qualificada: art. 158, § 2.º	436
		2.5.2.15. Extorsão mediante restrição da liberdade da vítima ou sequestro-relâmpago: art. 158, § 3.º, do Código Penal	437
	2.5.3.	Art. 159 – Extorsão mediante sequestro	442
		2.5.3.1. Dispositivo legal	442
		2.5.3.2. Extorsão mediante sequestro e Lei dos Crimes Hediondos	443
		2.5.3.3. Objetividade jurídica	443

	2.5.3.4.	Objeto material	443
	2.5.3.5.	Núcleo do tipo	443
	2.5.3.6.	Sujeito ativo	444
	2.5.3.7.	Sujeito passivo	444
	2.5.3.8.	Elemento subjetivo	444
	2.5.3.9.	Consumação	446
	2.5.3.10.	Tentativa	447
	2.5.3.11.	Ação penal	447
	2.5.3.12.	Classificação doutrinária	447
	2.5.3.13.	Figuras qualificadas	447
	2.5.3.14.	Delação premiada: § 4.º	451
	2.5.3.15.	Extorsão mediante sequestro e tráfico de pessoas: meios especiais de prevenção e repressão	455
2.5.4.	Art. 160 – Extorsão indireta		456
	2.5.4.1.	Dispositivo legal	456
	2.5.4.2.	Introdução	456
	2.5.4.3.	Objetividade jurídica	456
	2.5.4.4.	Objeto material	457
	2.5.4.5.	Núcleos do tipo	457
	2.5.4.6.	Sujeito ativo	458
	2.5.4.7.	Sujeito passivo	458
	2.5.4.8.	Elemento subjetivo	458
	2.5.4.9.	Consumação	459
	2.5.4.10.	Tentativa	459
	2.5.4.11.	Ação penal	459
	2.5.4.12.	Lei 9.099/1995	459
	2.5.4.13.	Classificação doutrinária	459
	2.5.4.14.	Concurso de crimes: extorsão indireta e denunciação caluniosa	459
2.6. Da usurpação			460
2.6.1.	Art. 161 – Alteração de limites, usurpação de águas e esbulho possessório		460
	2.6.1.1.	Dispositivo legal	460
	2.6.1.2.	Pluralidade de crimes	461
	2.6.1.3.	Alteração de limites: art. 161, caput	461
	2.6.1.4.	Usurpação de águas: art. 161, § 1.º, inciso I	464
	2.6.1.5.	Esbulho possessório: art. 161, § 1.º, inciso II	465
2.6.2.	Art. 162 – Supressão ou alteração de marca em animais		471
	2.6.2.1.	Dispositivo legal	471
	2.6.2.2.	Objetividade jurídica	471
	2.6.2.3.	Objeto material	471
	2.6.2.4.	Núcleos do tipo	472
	2.6.2.5.	Elemento normativo do tipo	472
	2.6.2.6.	Sujeito ativo	472
	2.6.2.7.	Sujeito passivo	472
	2.6.2.8.	Elemento subjetivo	472

		2.6.2.9.	Consumação	472
		2.6.2.10.	Tentativa	473
		2.6.2.11.	Ação penal	473
		2.6.2.12.	Lei 9.099/1995	473
		2.6.2.13.	Classificação doutrinária	473
2.7.	Do dano			474
	2.7.1.	Art. 163 – Dano		474
		2.7.1.1.	Dispositivo legal	474
		2.7.1.2.	Objetividade jurídica	474
		2.7.1.3.	Objeto material	474
		2.7.1.4.	Núcleos do tipo	475
		2.7.1.5.	Sujeito ativo	477
		2.7.1.6.	Sujeito passivo	477
		2.7.1.7.	Elemento subjetivo	478
		2.7.1.8.	Consumação	478
		2.7.1.9.	Tentativa	478
		2.7.1.10.	Ação penal	479
		2.7.1.11.	Lei 9.099/1995	479
		2.7.1.12.	Classificação doutrinária	479
		2.7.1.13.	Figuras qualificadas: art. 163, parágrafo único	479
	2.7.2.	Art. 164 – Introdução ou abandono de animais em propriedade alheia		483
		2.7.2.1.	Dispositivo legal	483
		2.7.2.2.	Introdução	483
		2.7.2.3.	Objetividade jurídica	483
		2.7.2.4.	Objeto material	483
		2.7.2.5.	Núcleos do tipo	483
		2.7.2.6.	Elemento normativo do tipo	484
		2.7.2.7.	Ocorrência de prejuízo	484
		2.7.2.8.	Sujeito ativo	485
		2.7.2.9.	Sujeito passivo	485
		2.7.2.10.	Elemento subjetivo	485
		2.7.2.11.	Consumação	485
		2.7.2.12.	Tentativa	486
		2.7.2.13.	Ação penal	486
		2.7.2.14.	Lei 9.099/1995	486
		2.7.2.15.	Classificação doutrinária	486
	2.7.3.	Art. 165 – Dano em coisa de valor artístico, arqueológico ou histórico		486
		2.7.3.1.	Dispositivo legal	486
		2.7.3.2.	Revogação	486
	2.7.4.	Art. 166 – Alteração de local especialmente protegido		487
		2.7.4.1.	Dispositivo legal	487
		2.7.4.2.	Revogação	487
2.8.	Da apropriação indébita			487
	2.8.1.	Introdução		487

2.8.2.	O privilégio na apropriação indébita		487
	2.8.2.1.	Apropriação indébita privilegiada e princípio da insignificância	488
	2.8.2.2.	Apropriação indébita previdenciária, privilégio e perdão judicial	488
2.8.3.	Art. 168 – Apropriação indébita		489
	2.8.3.1.	Dispositivo legal	489
	2.8.3.2.	Conceito	490
	2.8.3.3.	Objetividade jurídica	490
	2.8.3.4.	Objeto material	490
	2.8.3.5.	Núcleo do tipo	491
	2.8.3.6.	Sujeito ativo	493
	2.8.3.7.	Sujeito passivo	494
	2.8.3.8.	Elemento subjetivo	494
	2.8.3.9.	Consumação	495
	2.8.3.10.	Tentativa	496
	2.8.3.11.	Ação penal	496
	2.8.3.12.	Lei 9.099/1995	496
	2.8.3.13.	Interpelação judicial e prestação de contas na esfera civil	496
	2.8.3.14.	Competência	497
	2.8.3.15.	Classificação doutrinária	497
	2.8.3.16.	Causas de aumento da pena: art. 168, § 1.º	498
	2.8.3.17.	Hipóteses especiais de apropriação indébita	501
2.8.4.	Art. 168-A – Apropriação indébita previdenciária		502
	2.8.4.1.	Dispositivo legal	502
	2.8.4.2.	Localização no Código Penal e denominação legal	503
	2.8.4.3.	Constitucionalidade da incriminação	504
	2.8.4.4.	Objetividade jurídica	505
	2.8.4.5.	Objeto material	506
	2.8.4.6.	Núcleo do tipo	506
	2.8.4.7.	Sujeito ativo	506
	2.8.4.8.	Sujeito passivo	507
	2.8.4.9.	Elemento subjetivo	508
	2.8.4.10.	Consumação	508
	2.8.4.11.	Tentativa	509
	2.8.4.12.	Ação penal	509
	2.8.4.13.	Competência	509
	2.8.4.14.	Dificuldades financeiras e reflexos jurídico-penais	509
	2.8.4.15.	Classificação doutrinária	510
	2.8.4.16.	Figuras equiparadas: § 1.º	510
	2.8.4.17.	Extinção da punibilidade: § 2.º	511
	2.8.4.18.	Perdão judicial e aplicação isolada da pena de multa: § 3.º	512
	2.8.4.19.	Prévio esgotamento da via administrativa e ausência de justa causa para a ação penal	513
	2.8.4.20.	Princípio da insignificância	514

	2.8.5.	Art. 169 – Apropriação de coisa havida por erro, caso fortuito ou força da natureza		515
		2.8.5.1.	Dispositivo legal...	515
		2.8.5.2.	Introdução..	515
		2.8.5.3.	Objetividade jurídica	515
		2.8.5.4.	Objeto material	516
		2.8.5.5.	Núcleo do tipo..	516
		2.8.5.6.	Sujeito ativo	518
		2.8.5.7.	Sujeito passivo...	518
		2.8.5.8.	Elemento subjetivo..	518
		2.8.5.9.	Consumação...	518
		2.8.5.10.	Tentativa..	519
		2.8.5.11.	Ação penal..	519
		2.8.5.12.	Lei 9.099/1995...	519
		2.8.5.13.	Classificação doutrinária..	519
		2.8.5.14.	Figuras equiparadas: art. 169, parágrafo único, do Código Penal	519
2.9.	Do estelionato e outras fraudes			521
	2.9.1.	Art. 171 – Estelionato..		521
		2.9.1.1.	Dispositivo legal...	521
		2.9.1.2.	Introdução..	523
		2.9.1.3.	Objetividade jurídica	523
		2.9.1.4.	Objeto material	523
		2.9.1.5.	Núcleo do tipo..	523
		2.9.1.6.	Sujeito ativo	530
		2.9.1.7.	Sujeito passivo...	531
		2.9.1.8.	Elemento subjetivo..	533
		2.9.1.9.	Consumação...	535
		2.9.1.10.	Tentativa..	537
		2.9.1.11.	Ação penal..	539
		2.9.1.12.	Lei 9.099/1995...	540
		2.9.1.13.	Classificação doutrinária..	541
		2.9.1.14.	Competência...	541
		2.9.1.15.	Estelionato e torpeza bilateral (fraude nos negócios ilícitos ou imorais)	543
		2.9.1.16.	Estelionato e jogo de azar..	544
		2.9.1.17.	Estelionato e curandeirismo..	545
		2.9.1.18.	Estelionato e falsidade documental.............................	546
		2.9.1.19.	Estelionato e Lei de Falências.......................................	548
		2.9.1.20.	Estelionato e crime contra o sistema financeiro nacional	549
		2.9.1.21.	Estelionato e Estatuto da Pessoa com Deficiência	550
		2.9.1.22.	Estelionato privilegiado: § 1.º.......................................	550
		2.9.1.23.	Figuras equiparadas ao estelionato: § 2.º..................	551
		2.9.1.24.	Causa de aumento da pena: § 3.º................................	567

2.9.2.	Art. 171-A – Fraude com a utilização de ativos virtuais, valores mobiliários ou ativos financeiros..	568
	2.9.2.1.	Dispositivo legal..	568
	2.9.2.2.	Introdução	568
	2.9.2.3.	Objetividade jurídica	569
	2.9.2.4.	Objeto material...	569
	2.9.2.5.	Núcleos do tipo	570
	2.9.2.6.	Sujeito ativo..	570
	2.9.2.7.	Sujeito passivo..	571
	2.9.2.8.	Elemento subjetivo...	571
	2.9.2.9.	Consumação	571
	2.9.2.10.	Tentativa	571
	2.9.2.11.	Ação penal..	571
	2.9.2.12.	Lei 9.099/1995..	571
	2.9.2.13.	Classificação doutrinária..	571
	2.9.2.14.	Competência...	572
2.9.3.	Art. 172 – Duplicata simulada...	573
	2.9.3.1.	Dispositivo legal..	573
	2.9.3.2.	Objetividade jurídica	573
	2.9.3.3.	Objeto material...	574
	2.9.3.4.	Núcleo do tipo	574
	2.9.3.5.	Sujeito ativo..	574
	2.9.3.6.	Sujeito passivo..	574
	2.9.3.7.	Elemento subjetivo...	575
	2.9.3.8.	Consumação	575
	2.9.3.9.	Tentativa	575
	2.9.3.10.	Ação penal..	575
	2.9.3.11.	Classificação doutrinária..	576
	2.9.3.12.	A questão da "triplicata"	576
	2.9.3.13.	Figura equiparada: parágrafo único..............................	576
2.9.4.	Art. 173 – Abuso de incapazes...	576
	2.9.4.1.	Dispositivo legal..	576
	2.9.4.2.	Objetividade jurídica	577
	2.9.4.3.	Objeto material...	577
	2.9.4.4.	Núcleos do tipo	577
	2.9.4.5.	Sujeito ativo..	577
	2.9.4.6.	Sujeito passivo..	577
	2.9.4.7.	Elemento subjetivo...	577
	2.9.4.8.	Consumação	578
	2.9.4.9.	Tentativa	578
	2.9.4.10.	Ação penal..	578
	2.9.4.11.	Classificação doutrinária..	578
2.9.5.	Art. 174 – Induzimento à especulação..	578
	2.9.5.1.	Dispositivo legal..	578
	2.9.5.2.	Objetividade jurídica	579
	2.9.5.3.	Objeto material...	579

	2.9.5.4.	Núcleos do tipo	579
	2.9.5.5.	Sujeito ativo	579
	2.9.5.6.	Sujeito passivo	579
	2.9.5.7.	Elemento subjetivo	580
	2.9.5.8.	Consumação	580
	2.9.5.9.	Tentativa	580
	2.9.5.10.	Ação penal	580
	2.9.5.11.	Lei 9.099/1995	580
	2.9.5.12.	Classificação doutrinária	580
2.9.6.	Art. 175 – Fraude no comércio		581
	2.9.6.1.	Dispositivo legal	581
	2.9.6.2.	Objetividade jurídica	581
	2.9.6.3.	Objeto material	582
	2.9.6.4.	Núcleo do tipo	582
	2.9.6.5.	Sujeito ativo	582
	2.9.6.6.	Sujeito passivo	583
	2.9.6.7.	Elemento subjetivo	583
	2.9.6.8.	Consumação	583
	2.9.6.9.	Tentativa	583
	2.9.6.10.	Ação penal	583
	2.9.6.11.	Lei 9.099/1995	583
	2.9.6.12.	Classificação doutrinária	583
	2.9.6.13.	Forma qualificadora: § 1.º	583
	2.9.6.14.	Figura privilegiada: § 2.º	584
	2.9.6.15.	Competência	584
	2.9.6.16.	Fraude no comércio e estelionato: distinção. Possibilidade de ocorrência do crime tipificado pelo art. 273, § 1.º, do Código Penal	585
2.9.7.	Art. 176 – Outras fraudes		585
	2.9.7.1.	Dispositivo legal	585
	2.9.7.2.	Introdução	585
	2.9.7.3.	Objetividade jurídica	586
	2.9.7.4.	Objeto material	586
	2.9.7.5.	Núcleos do tipo	586
	2.9.7.6.	Sujeito ativo	587
	2.9.7.7.	Sujeito passivo	587
	2.9.7.8.	Elemento subjetivo	588
	2.9.7.9.	Consumação	588
	2.9.7.10.	Tentativa	588
	2.9.7.11.	Perdão judicial	588
	2.9.7.12.	Ação penal	589
	2.9.7.13.	Lei 9.099/1995	589
	2.9.7.14.	Classificação doutrinária	589
	2.9.7.15.	O tratamento jurídico-penal da pendura	589
2.9.8.	Art. 177 – Fraude e abusos na fundação ou administração de sociedade por ações		590

		2.9.8.1.	Dispositivo legal...	590
		2.9.8.2.	Objetividade jurídica	591
		2.9.8.3.	Objeto material	591
		2.9.8.4.	Núcleo do tipo	591
		2.9.8.5.	Sujeito ativo	591
		2.9.8.6.	Sujeito passivo	591
		2.9.8.7.	Elemento subjetivo	591
		2.9.8.8.	Consumação	592
		2.9.8.9.	Tentativa	592
		2.9.8.10.	Subsidiariedade expressa	592
		2.9.8.11.	Ação penal	592
		2.9.8.12.	Lei 9.099/1995	592
		2.9.8.13.	Classificação doutrinária	592
		2.9.8.14.	Figuras equiparadas: § 1.º	592
		2.9.8.15.	Crime de negociação ilícita de voto: § 2.º	596
		2.9.8.16.	Extinção da punibilidade	596
	2.9.9.	Art. 178 – Emissão irregular de conhecimento de depósito ou *warrant*		597
		2.9.9.1.	Dispositivo legal...	597
		2.9.9.2.	Objetividade jurídica	597
		2.9.9.3.	Objeto material	597
		2.9.9.4.	Núcleo do tipo	598
		2.9.9.5.	Sujeito ativo	599
		2.9.9.6.	Sujeito passivo	599
		2.9.9.7.	Elemento subjetivo	599
		2.9.9.8.	Consumação	599
		2.9.9.9.	Tentativa	599
		2.9.9.10.	Ação penal	599
		2.9.9.11.	Lei 9.099/1995	599
		2.9.9.12.	Classificação doutrinária	599
	2.9.10.	Art. 179 – Fraude à execução		600
		2.9.10.1.	Dispositivo legal...	600
		2.9.10.2.	Objetividade jurídica	600
		2.9.10.3.	Objeto material	600
		2.9.10.4.	Núcleo do tipo	600
		2.9.10.5.	Sujeito ativo	601
		2.9.10.6.	Sujeito passivo	601
		2.9.10.7.	Elemento subjetivo	601
		2.9.10.8.	Consumação	601
		2.9.10.9.	Tentativa	602
		2.9.10.10.	Ação penal	602
		2.9.10.11.	Lei 9.099/1995	602
		2.9.10.12.	Classificação doutrinária	602
2.10.	Da receptação...			602
	2.10.1.	Art. 180 – Receptação		602
		2.10.1.1.	Dispositivo legal...	602

		2.10.1.2.	Estrutura do tipo penal	604
		2.10.1.3.	Pontos comuns a todas as espécies de receptação	604
		2.10.1.4.	Plano de estudo	605
		2.10.1.5.	Receptação própria: *caput*, 1.ª parte	605
		2.10.1.6.	Receptação imprópria: *caput*, parte final	616
		2.10.1.7.	Receptação qualificada pelo exercício de atividade comercial ou industrial: § 1.º	618
		2.10.1.8.	Receptação privilegiada: § 5.º, parte final	622
		2.10.1.9.	Receptação culposa: § 3.º	623
		2.10.1.10.	Figuras especiais	627
		2.10.1.11.	Código de Trânsito Brasileiro e medidas de prevenção e repressão à prática do crime de receptação	628
	2.10.2.	Art. 180-A – Receptação de animal		628
		2.10.2.1.	Dispositivo legal	628
		2.10.2.2.	Introdução	629
		2.10.2.3.	A desnecessidade da figura típica	629
		2.10.2.4.	Objetividade jurídica	629
		2.10.2.5.	Objeto material	629
		2.10.2.6.	Sujeito ativo	630
		2.10.2.7.	Sujeito passivo	630
		2.10.2.8.	Elemento subjetivo	631
		2.10.2.9.	Lei 9.099/1995	631
		2.10.2.10.	Classificação doutrinária	631
		2.10.2.11.	Crime contra as relações de consumo	632
2.11.	Disposições gerais			632
	2.11.1.	Art. 181 – Imunidades absolutas		633
		2.11.1.1.	Dispositivo legal	633
		2.11.1.2.	Denominação	633
		2.11.1.3.	Natureza jurídica e efeitos	633
		2.11.1.4.	Hipóteses legais	634
		2.11.1.5.	Observações comuns aos incisos I e II	636
		2.11.1.6.	Erro quanto à titularidade do objeto material	637
	2.11.2.	Art. 182 – Imunidades relativas		638
		2.11.2.1.	Dispositivo legal	638
		2.11.2.2.	Denominação	638
		2.11.2.3.	Natureza jurídica e efeitos	638
		2.11.2.4.	Hipóteses legais	639
		2.11.2.5.	Erro quanto à titularidade do objeto material	640
	2.11.3.	Art. 183 – Limite de aplicabilidade dos arts. 181 e 182		640
		2.11.3.1.	Dispositivo legal	640
		2.11.3.2.	Introdução	640
		2.11.3.3.	Hipóteses legais	640
		2.11.3.4.	Imunidades penais nos crimes contra o patrimônio e Lei Maria da Penha	642
	2.11.4.	Art. 183-A – Crimes contra instituições financeiras e prestadores de serviço de segurança privada		643

CAPÍTULO 3 – DOS CRIMES CONTRA A PROPRIEDADE IMATERIAL 645

3.1. Dos crimes contra a propriedade intelectual 646
    3.1.1. Art. 184 – Violação de direito autoral 646
        3.1.1.1. Dispositivo legal 646
        3.1.1.2. Introdução 647
        3.1.1.3. Objetividade jurídica 648
        3.1.1.4. Objeto material 648
        3.1.1.5. Tipo fundamental ou modalidade simples: art. 184, *caput* 648
        3.1.1.6. Figuras qualificadas: art. 184, §§ 1.º, 2.º e 3.º 650
        3.1.1.7. Exceções ou limitações aos direitos autorais: art. 184, § 4.º, do Código Penal 655
        3.1.1.8. Crimes contra a propriedade intelectual e princípio da adequação social 655
    3.1.2. Art. 185 – Usurpação de nome ou pseudônimo alheio 656
    3.1.3. Art. 186 – Ação penal nos crimes contra a propriedade intelectual 656
        3.1.3.1. Dispositivo legal 656
        3.1.3.2. Art. 184, *caput*, do Código Penal 657
        3.1.3.3. Art. 184, §§ 1.º e 2.º, do Código Penal 657
        3.1.3.4. Art. 184, § 3.º, do Código Penal 657
        3.1.3.5. Disposições processuais especiais relativas aos crimes contra a propriedade intelectual 657
3.2. Dos crimes contra o privilégio de invenção 661
3.3. Dos crimes contra as marcas de indústria e comércio 661
3.4. Dos crimes de concorrência desleal 661

CAPÍTULO 4 – DOS CRIMES CONTRA A ORGANIZAÇÃO DO TRABALHO 663

4.1. Introdução 663
4.2. Fundamento constitucional 664
4.3. Competência 664
4.4. Art. 197 – Atentado contra a liberdade de trabalho 665
    4.4.1. Dispositivo legal 665
    4.4.2. Objetividade jurídica 665
    4.4.3. Objeto material 666
    4.4.4. Núcleo do tipo 666
        4.4.4.1. Exercer ou não exercer arte, ofício, profissão ou indústria: inciso I, 1.ª parte 666
        4.4.4.2. Trabalhar ou não trabalhar durante certo período ou em determinados dias: inciso I, 2.ª parte 667
        4.4.4.3. Abrir ou fechar o seu estabelecimento de trabalho: inciso II, 1.ª parte 667
        4.4.4.4. Participar de parede ou paralisação de atividade econômica: inciso II, 2.ª parte 667
    4.4.5. Sujeito ativo 667
    4.4.6. Sujeito passivo 667
    4.4.7. Elemento subjetivo 668

	4.4.8.	Consumação		668
	4.4.9.	Tentativa		668
	4.4.10.	Ação penal		668
	4.4.11.	Lei 9.099/1995		668
	4.4.12.	Concurso material obrigatório		668
	4.4.13.	Classificação doutrinária		669
4.5.	Art. 198 – Atentado contra a liberdade de contrato de trabalho e boicotagem violenta			669
	4.5.1.	Dispositivo legal		669
	4.5.2.	Introdução		669
	4.5.3.	Objetividade jurídica		669
	4.5.4.	Objeto material		669
	4.5.5.	Núcleo do tipo		670
		4.5.5.1.	Atentado contra a liberdade de contrato de trabalho: 1.ª parte	670
		4.5.5.2.	Boicotagem violenta: 2.ª parte	670
	4.5.6.	Sujeito ativo		671
	4.5.7.	Sujeito passivo		671
	4.5.8.	Elemento subjetivo		671
	4.5.9.	Consumação		671
	4.5.10.	Tentativa		671
	4.5.11.	Ação penal		671
	4.5.12.	Lei 9.099/1995		671
	4.5.13.	Concurso material obrigatório		672
	4.5.14.	Classificação doutrinária		672
4.6.	Art. 199 – Atentado contra a liberdade de associação			672
	4.6.1.	Dispositivo legal		672
	4.6.2.	Objetividade jurídica		672
	4.6.3.	Objeto material		673
	4.6.4.	Núcleo do tipo		673
	4.6.5.	Sujeito ativo		673
	4.6.6.	Sujeito passivo		674
	4.6.7.	Elemento subjetivo		674
	4.6.8.	Consumação		674
	4.6.9.	Tentativa		674
	4.6.10.	Ação penal		674
	4.6.11.	Lei 9.099/1995		674
	4.6.12.	Concurso material obrigatório		674
	4.6.13.	Classificação doutrinária		674
4.7.	Art. 200 – Paralisação de trabalho, seguida de violência ou perturbação da ordem			675
	4.7.1.	Dispositivo legal		675
	4.7.2.	Objetividade jurídica		675
	4.7.3.	Objeto material		675
	4.7.4.	Núcleo do tipo		675
	4.7.5.	Sujeito ativo		676

	4.7.6.	Sujeito passivo	676
	4.7.7.	Elemento subjetivo	676
	4.7.8.	Consumação	676
	4.7.9.	Tentativa	676
	4.7.10.	Ação penal	677
	4.7.11.	Lei 9.099/1995	677
	4.7.12.	Concurso material obrigatório	677
	4.7.13.	Competência	677
	4.7.14.	Classificação doutrinária	677
4.8.	Art. 201 – Paralisação de trabalho de interesse coletivo		677
	4.8.1.	Dispositivo legal	677
	4.8.2.	Introdução	678
	4.8.3.	Objetividade jurídica	678
	4.8.4.	Objeto material	678
	4.8.5.	Núcleo do tipo	679
	4.8.6.	Sujeito ativo	679
	4.8.7.	Sujeito passivo	679
	4.8.8.	Elemento subjetivo	679
	4.8.9.	Consumação	679
	4.8.10.	Tentativa	679
	4.8.11.	Ação penal	679
	4.8.12.	Lei 9.099/1995	679
	4.8.13.	Competência	679
	4.8.14.	Classificação doutrinária	680
4.9.	Art. 202 – Invasão de estabelecimento industrial, comercial ou agrícola. Sabotagem		680
	4.9.1.	Dispositivo legal	680
	4.9.2.	Introdução	680
		4.9.2.1. Invasão de estabelecimento comercial, industrial ou agrícola: art. 202, 1.ª parte	680
		4.9.2.2. Sabotagem: art. 202, parte final	681
	4.9.3.	Disposições comuns aos crimes previstos no art. 202 do Código Penal	682
		4.9.3.1. Sujeito ativo	682
		4.9.3.2. Sujeito passivo	682
		4.9.3.3. Elemento subjetivo	682
		4.9.3.4. Tentativa	682
		4.9.3.5. Ação penal	682
		4.9.3.6. Lei 9.099/1995	682
	4.9.4.	Classificação doutrinária	683
4.10.	Art. 203 – Frustração de direito assegurado por lei trabalhista		683
	4.10.1.	Dispositivo legal	683
	4.10.2.	Introdução	683
	4.10.3.	Objetividade jurídica	684
	4.10.4.	Objeto material	684
	4.10.5.	Núcleo do tipo	684

	4.10.6.	Sujeito ativo	684
	4.10.7.	Sujeito passivo	684
	4.10.8.	Elemento subjetivo	684
	4.10.9.	Consumação	684
	4.10.10.	Tentativa	684
	4.10.11.	Ação penal	684
	4.10.12.	Lei 9.099/1995	684
	4.10.13.	Concurso material obrigatório	685
	4.10.14.	Classificação doutrinária	685
	4.10.15.	Competência	685
	4.10.16.	Figuras equiparadas: § 1.º	685
		4.10.16.1. Obriga ou coage alguém a usar mercadorias de determinado estabelecimento, para impossibilitar o desligamento do serviço em virtude de dívida (inciso I)	685
		4.10.16.2. Impede alguém de se desligar de serviços de qualquer natureza, mediante coação ou por meio da retenção de seus documentos pessoais ou contratuais (inciso II)	686
	4.10.17.	Causas de aumento da pena: § 2.º	686
	4.10.18.	Competência	687
4.11.	Art. 204 – Frustração de lei sobre a nacionalização do trabalho		688
	4.11.1.	Dispositivo legal	688
	4.11.2.	Introdução	688
	4.11.3.	Objetividade jurídica	688
	4.11.4.	Objeto material	689
	4.11.5.	Núcleo do tipo	689
	4.11.6.	Sujeito ativo	689
	4.11.7.	Sujeito passivo	689
	4.11.8.	Elemento subjetivo	689
	4.11.9.	Consumação	689
	4.11.10.	Tentativa	689
	4.11.11.	Ação penal	689
	4.11.12.	Lei 9.099/1995	689
	4.11.13.	Concurso material obrigatório	689
	4.11.14.	Competência	690
	4.11.15.	Classificação doutrinária	690
4.12.	Art. 205 – Exercício de atividade com infração de decisão administrativa		690
	4.12.1.	Dispositivo legal	690
	4.12.2.	Objetividade jurídica	690
	4.12.3.	Objeto material	690
	4.12.4.	Núcleo do tipo	690
	4.12.5.	Sujeito ativo	691
	4.12.6.	Sujeito passivo	691
	4.12.7.	Elemento subjetivo	691
	4.12.8.	Consumação	691
	4.12.9.	Tentativa	691
	4.12.10.	Ação penal	691

		4.12.11. Lei 9.099/1995	691
		4.12.12. Competência	692
		4.12.13. Classificação doutrinária	692
4.13.	Art. 206 – Aliciamento para o fim de emigração		692
		4.13.1. Dispositivo legal	692
		4.13.2. Objetividade jurídica	692
		4.13.3. Objeto material	693
		4.13.4. Núcleo do tipo	693
		4.13.5. Sujeito ativo	693
		4.13.6. Sujeito passivo	693
		4.13.7. Elemento subjetivo	693
		4.13.8. Consumação	693
		4.13.9. Tentativa	693
		4.13.10. Ação penal	693
		4.13.11. Lei 9.099/1995	693
		4.13.12. Competência	694
		4.13.13. Classificação doutrinária	694
4.14.	Art. 207 – Aliciamento de trabalhadores de um local para outro do território nacional		694
		4.14.1. Dispositivo legal	694
		4.14.2. Introdução	695
		4.14.3. Objetividade jurídica	695
		4.14.4. Objeto material	695
		4.14.5. Núcleo do tipo	695
		4.14.6. Sujeito ativo	695
		4.14.7. Sujeito passivo	695
		4.14.8. Elemento subjetivo	695
		4.14.9. Consumação	696
		4.14.10. Tentativa	696
		4.14.11. Ação penal	696
		4.14.12. Lei 9.099/1995	696
		4.14.13. Competência	696
		4.14.14. Classificação doutrinária	696
		4.14.15. Figura equiparada: art. 207, § 1.º	696
		4.14.16. Causa de aumento de pena: § 2.º	697

CAPÍTULO 5 – DOS CRIMES CONTRA O SENTIMENTO RELIGIOSO E CONTRA O RESPEITO AOS MORTOS 699

5.1.	Dos crimes contra o sentimento religioso			699
	5.1.1.	Art. 208 – Ultraje a culto e impedimento ou perturbação de ato a ele relativo		700
		5.1.1.1.	Dispositivo legal	700
		5.1.1.2.	Objetividade jurídica	700
		5.1.1.3.	Objeto material	700
		5.1.1.4.	Núcleos do tipo	701

		5.1.1.5.	Sujeito ativo	703
		5.1.1.6.	Sujeito passivo	703
		5.1.1.7.	Elemento subjetivo	703
		5.1.1.8.	Consumação e tentativa	703
		5.1.1.9.	Causa de aumento da pena: parágrafo único	703
		5.1.1.10.	Ação penal	704
		5.1.1.11.	Lei 9.099/1995	704
		5.1.1.12.	Classificação doutrinária	704
5.2.	Dos crimes contra o respeito aos mortos			704
	5.2.1.	Art. 209 – Impedimento ou perturbação de cerimônia funerária		705
		5.2.1.1.	Dispositivo legal	705
		5.2.1.2.	Objetividade jurídica	705
		5.2.1.3.	Objeto material	705
		5.2.1.4.	Núcleos do tipo	705
		5.2.1.5.	Sujeito ativo	705
		5.2.1.6.	Sujeito passivo	706
		5.2.1.7.	Elemento subjetivo	706
		5.2.1.8.	Consumação	706
		5.2.1.9.	Tentativa	706
		5.2.1.10.	Causa de aumento da pena: parágrafo único	706
		5.2.1.11.	Ação penal	706
		5.2.1.12.	Lei 9.099/1995	706
		5.2.1.13.	Classificação doutrinária	706
	5.2.2.	Art. 210 – Violação de sepultura		707
		5.2.2.1.	Dispositivo legal	707
		5.2.2.2.	Objetividade jurídica	707
		5.2.2.3.	Objeto material	707
		5.2.2.4.	Núcleos do tipo	707
		5.2.2.5.	Sujeito ativo	708
		5.2.2.6.	Sujeito passivo	708
		5.2.2.7.	Elemento subjetivo	708
		5.2.2.8.	Consumação	708
		5.2.2.9.	Tentativa	709
		5.2.2.10.	Ação penal	709
		5.2.2.11.	Lei 9.099/1995	709
		5.2.2.12.	Exclusão da ilicitude	709
		5.2.2.13.	Classificação doutrinária	709
	5.2.3.	Art. 211 – Destruição, subtração ou ocultação de cadáver		709
		5.2.3.1.	Dispositivo legal	709
		5.2.3.2.	Objetividade jurídica	710
		5.2.3.3.	Objeto material	710
		5.2.3.4.	Núcleos do tipo	710
		5.2.3.5.	Sujeito ativo	711
		5.2.3.6.	Sujeito passivo	711
		5.2.3.7.	Elemento subjetivo	711
		5.2.3.8.	Consumação	711

		5.2.3.9.	Tentativa	712
		5.2.3.10.	Ação penal	712
		5.2.3.11.	Lei 9.099/1995	712
		5.2.3.12.	Distinções	712
		5.2.3.13.	Art. 211 do Código Penal e autodefesa	713
		5.2.3.14.	Classificação doutrinária	713
	5.2.4.	Art. 212 – Vilipêndio a cadáver		713
		5.2.4.1.	Dispositivo legal	713
		5.2.4.2.	Objetividade jurídica	714
		5.2.4.3.	Objeto material	714
		5.2.4.4.	Núcleo do tipo	714
		5.2.4.5.	Sujeito ativo	714
		5.2.4.6.	Sujeito passivo	715
		5.2.4.7.	Elemento subjetivo	715
		5.2.4.8.	Consumação	715
		5.2.4.9.	Tentativa	715
		5.2.4.10.	Ação penal	715
		5.2.4.11.	Lei 9.099/1995	715
		5.2.4.12.	A questão do consentimento	715
		5.2.4.13.	Classificação doutrinária	715

BIBLIOGRAFIA 717

INTRODUÇÃO AO ESTUDO DA PARTE ESPECIAL DO CÓDIGO PENAL

I. DIVISÃO DO CÓDIGO PENAL EM PARTES

O Código Penal brasileiro, instituído pelo Decreto-lei 2.848/1940, a exemplo dos demais códigos penais modernos, está dividido em duas partes distintas: a Parte Geral e a Parte Especial. Na primeira estão previstas as regras aplicáveis a todos os crimes tratados pelo Código Penal e também subsidiariamente àqueles tipificados por leis extravagantes, enquanto na segunda se encontram os preceitos que estabelecem os delitos em particular.

Na França, a propósito, fala-se inclusive na divisão do Direito Penal em dois ramos distintos: o Direito Penal Geral e o Direito Penal Especial. Na Espanha, por sua vez, sustenta-se a existência de uma teoria geral do Direito Penal Especial, composta de dois ramos: um Direito Penal Especial, chamado de **material**, que compreende os crimes codificados, e outro, denominado **formal**, abrangente das infrações e preceitos contidos em leis especiais e complementares.

O Brasil preferiu não ir tão longe. O Código Penal possui duas partes diversas. A Parte Geral vai do art. 1.º ao art. 120, que se destina a traçar as regras básicas do Direito Penal, tendo sido substancialmente modificada pela Lei 7.209/1984 – Reforma da Parte Geral do Código Penal. A Parte Especial, por seu turno, inicia-se no art. 121 e termina no art. 361, sendo composta dos crimes em espécie, exceto nos dois últimos artigos, que tratam das disposições finais e da entrada em vigor do Código Penal. De fato, a Parte Especial se desenvolve por meio da definição dos delitos, com as sanções particulares de cada um e acrescida, em determinados pontos, de regras particulares que excepcionam princípios contidos na Parte Geral, tal como se dá nas normas não incriminadoras nela previstas.

II. PRECEDÊNCIA HISTÓRICA DA PARTE ESPECIAL

A Parte Especial do Direito Penal antecedeu a sistematização atualmente existente na Parte Geral dos códigos e legislações penais. É ela a mais antiga nas legislações positivas. E isso se deve a questões de ordem prática.

As legislações positivas puniam seus indivíduos à medida que surgiam os atos nocivos à ordem social e à paz pública. Não havia, porém, um sentido político de garantia individual e respeito ao direito de liberdade na regulamentação normativa que, aos poucos, se fazia sobre as espécies penalmente ilícitas. O Direito Penal era uma tessitura fragmentária de infrações justapostas, e a formação de figuras delituosas se apresentava empírica, desordenada e sem a necessária correspondência entre a gravidade da infração penal e o rigor da punição.[1]

---

[1] MARQUES, José Frederico. *Tratado de direito penal*. Campinas: Millennium, 1999. v. 4, p. 29.

Em torno de determinados crimes é que surgem e se desenvolvem os institutos da parte geral. É o que se constata, por exemplo, na legítima defesa, historicamente ligada ao delito de homicídio, nada obstante se constitua atualmente em causa genérica de exclusão da ilicitude. Igual fenômeno operou-se com a tentativa, com as dirimentes e com as regras inerentes ao concurso de crimes, entre tantos outros. Com o passar do tempo, porém, esses institutos adquirem estrutura própria, sobrepondo-se à generalidade das infrações penais. Bifurca-se, assim, o Código Penal em normas de ordem geral, ou parte geral, e em normas especiais, ou parte especial.

III. IMPORTÂNCIA DA PARTE ESPECIAL

A Parte Especial, ao tipificar crimes e cominar penas, constitui-se em corolário do princípio da reserva legal ou da estrita legalidade, consagrado pelo art. 5.º, inciso XXXIX, da Constituição Federal, e pelo art. 1.º do Código Penal: "Não há crime sem lei anterior que o defina. Não há pena sem prévia cominação legal".

Punem-se as infrações penais em conformidade com as figuras típicas das normas incriminadoras, para que o Estado proteja os bens jurídicos cuja violação comprometa as condições existenciais da vida em sociedade. Entretanto, se as condutas indesejadas não estiverem previstas e configuradas em textos legais como crimes, faltará ao Estado o poder de punir.

IV. TÍTULO DO CRIME

Título do crime, também chamado de *nomen iuris*, é o nome pelo qual um delito é "batizado" pelo legislador, por intermédio da **rubrica marginal**, ou seja, a denominação que consta ao lado dos crimes definidos na Parte Especial do Código Penal. Exemplificativamente, o art. 121 do Código Penal chama a conduta de "matar alguém" de homicídio.

V. APRESENTAÇÃO DA PARTE ESPECIAL

Em cumprimento ao princípio da reserva legal, o Estado exerce o seu direito de punir de forma condicionada e limitada. Além de limites temporais e processuais, deve respeitar uma condição fundamental: somente pode impor uma pena ao responsável pela prática de um fato descrito em lei como infração penal. Muitos desses fatos compõem a Parte Especial do Código Penal, uma vez que também há diversos crimes e contravenções penais em leis extravagantes.

As normas que contêm a descrição abstrata de infrações penais são chamadas de **normas incriminadoras** ou **normas de direito penal em sentido estrito.**

A ordem de descrição dos tipos penais segue uma escala lógica, amparada em duas pilastras fundamentais:

(1) **técnica de construção legislativa, que deve adotar um critério a ser observado**; e
(2) **exigência científica**, capaz de permitir a sistematização adequada a facilitar o estudo da matéria.

E, ao longo do tempo, vários foram os métodos empregados pelos legisladores para definir a ordem dos crimes na Parte Especial.

No direito romano vigorava a distinção entre crimes públicos (*delicta publica*) e crimes privados (*delicta privata*), levando em conta o maior ou menor grau de ofensa aos interesses estatais. Essa sistemática perdurou por vários séculos, mesmo com a queda do império romano.

Com o crescimento da Igreja Católica e o fortalecimento do direito canônico, tomavam lugar nos códigos inicialmente os crimes contra Deus e a religião (crimes eclesiásticos), e depois eram elencados os crimes comuns.

Já se sustentou até mesmo, por meio de Júlio Claro, o rol dos crimes obedecendo simplesmente à ordem alfabética, sem nenhuma preocupação sistemática e com a boa técnica legislativa.[2]

As classificações modernas, baseadas na gravidade dos crimes, iniciaram-se no século XVIII.

Atualmente, a Parte Especial do Código Penal está ordenada em conformidade com a natureza e a importância do objeto jurídico protegido pelos tipos penais. Essa classificação racional possui íntima correspondência com o conceito material de crime. Com efeito, se crime é a ação ou omissão humana que lesa ou expõe a perigo de lesão bens jurídicos penalmente tutelados, decorre como natural o efeito da divisão com arrimo na objetividade jurídica.

O Código Penal em vigor, datado de 1940 e com índole manifestamente individualista, inicia-se com os crimes que atentam imediatamente contra bens jurídicos individuais até chegar aos crimes contra os interesses do Estado, de natureza difusa e, consequentemente, de interesse mediato das pessoas em geral. Nesse contexto, são tipificados em primeiro lugar os crimes contra a pessoa, passando-se pelos crimes contra o patrimônio, até serem alcançados, os crimes contra a Administração Pública.[3] Fica então a impressão de serem os crimes definidos no final do Código Penal os de menor gravidade, o que justifica a sanção penal mais branda a eles endereçada pelo legislador.

Seguiu-se à risca a classificação proposta por Arturo Rocco. O penalista italiano, partindo de um conceito de Rudolf von Jhering e Franz von Liszt, acentua que a existência humana é o centro de irradiação de todos os bens ou interesses juridicamente protegidos (entendendo-se por *bem* tudo aquilo que pode satisfazer a uma necessidade humana e por *interesse* a avaliação subjetiva do bem como tal), mas, como a existência humana se apresenta ora como existência do homem individualmente considerado, ora como existência do homem em estado de associação com outros homens, isto é, de coexistência ou convivência dos homens em sociedade, segue-se a distinção entre bens ou interesses jurídicos individuais e bens ou interesses jurídicos coletivos.

A esta distinção deve corresponder a distinção dos crimes, pois estes são lesões ou criam perigos de lesão aos bens ou interesses jurídicos que, segundo a triagem feita pelo legislador, merecem a enérgica tutela penal. Além disso, a ordem de classificação adotada pelo Código Penal não só corresponde à ordem de apresentação histórica dos crimes (os atentados contra a pessoa foram, presumivelmente, as formas primitivas da criminalidade), como atende ao critério metodológico de partir do mais simples para atingir o mais complexo.[4]

VI. A DIVISÃO DA PARTE ESPECIAL DO CÓDIGO PENAL

A Parte Especial do Código Penal está dividida em 12 Títulos: I – Dos crimes contra a pessoa; II – Dos crimes contra o patrimônio; III – Dos crimes contra a propriedade imaterial; IV – Dos crimes contra a organização do trabalho; V – Dos crimes contra o sentimento religioso e contra o respeito aos mortos; VI – Dos crimes contra a dignidade sexual; VII – Dos crimes contra a família; VIII – Dos crimes contra a incolumidade pública; IX – Dos crimes contra a paz pública; X – Dos crimes contra a fé pública; XI – Dos crimes contra a administração pública; e XII – Dos crimes contra o Estado Democrático de Direito.

Os Títulos, por sua vez, estão divididos em Capítulos. Exemplificativamente, no Título XI, em que se encontram os crimes contra a administração pública, há quatro Capítulos, sendo que um deles foi subdividido em outros dois: I – Dos crimes praticados por funcionário

---

[2] FRAGOSO, Heleno Cláudio. *Lições de direito penal*. Parte Especial. 11. ed. Rio de Janeiro: Forense, 1995. v. 1, p. 4.
[3] A Lei 14.197/2021 acrescentou o Título XII à Parte Especial do Código Penal – "Crimes contra o Estado Democrático de Direito".
[4] HUNGRIA, Nélson. *Comentários ao Código Penal*. 2. ed. Rio de Janeiro: Forense, 1953. v. 5, p. 12-14.

público contra a administração em geral; II – Dos crimes praticados por particular contra a administração em geral; II-A – Dos crimes praticados por particular contra a administração pública estrangeira; II-B – Dos crimes em licitações e contratos administrativos; III – Dos crimes contra a administração da Justiça; e IV – Dos crimes contra as finanças públicas.

De seu turno, alguns Capítulos estão divididos em Seções. No Título I – "Dos crimes contra a pessoa", o Capítulo VI – "Dos crimes contra a liberdade individual" abrange quatro Seções: I – Dos crimes contra a liberdade pessoal; II – Dos crimes contra a inviolabilidade do domicílio; III – Dos crimes contra a inviolabilidade de correspondência; e IV – Dos crimes contra a inviolabilidade dos segredos.

Enfim, esta é a atual estrutura da Parte Especial do Código Penal:

Título I – Dos crimes contra a pessoa
- Capítulo I – Dos crimes contra a vida
- Capítulo II – Das lesões corporais
- Capítulo III – Da periclitação da vida e da saúde
- Capítulo IV – Da rixa
- Capítulo V – Dos crimes contra a honra
- Capítulo VI – Dos crimes contra a liberdade individual
    - Seção I – Dos crimes contra a liberdade pessoal
    - Seção II – Dos crimes contra a inviolabilidade do domicílio
    - Seção III – Dos crimes contra a inviolabilidade de correspondência
    - Seção IV – Dos crimes contra a inviolabilidade dos segredos

Título II – Dos crimes contra o patrimônio
- Capítulo I – Do furto
- Capítulo II – Do roubo e da extorsão
- Capítulo III – Da usurpação
- Capítulo IV – Do dano
- Capítulo V – Da apropriação indébita
- Capítulo VI – Do estelionato e outras fraudes
- Capítulo VII – Da receptação
- Capítulo VIII – Disposições gerais

Título III – Dos crimes contra a propriedade imaterial
- Capítulo I – Dos crimes contra a propriedade intelectual
- Capítulo II – Dos crimes contra o privilégio de invenção
- Capítulo III – Dos crimes contra as marcas de indústria e comércio
- Capítulo IV – Dos crimes de concorrência desleal

Título IV – Dos crimes contra a organização do trabalho

Título V – Dos crimes contra o sentimento religioso e contra o respeito aos mortos
- Capítulo I – Dos crimes contra o sentimento religioso
- Capítulo II – Dos crimes contra o respeito aos mortos

Título VI – Dos crimes contra a dignidade sexual
- Capítulo I – Dos crimes contra a liberdade sexual
- Capítulo I-A – Da exposição da intimidade sexual

Capítulo II – Dos crimes sexuais contra vulnerável

Capítulo III – Do rapto

Capítulo IV – Disposições Gerais

Capítulo V – Do lenocínio e do tráfico de pessoa para fim de prostituição ou outra forma de exploração sexual

Capítulo VI – Do ultraje público ao pudor

Capítulo VII – Disposições gerais

Título VII – Dos crimes contra a família

Capítulo I – Dos crimes contra o casamento

Capítulo II – Dos crimes contra o estado de filiação

Capítulo III – Dos crimes contra a assistência familiar

Capítulo IV – Dos crimes contra o pátrio poder, tutela curatela

Título VIII – Dos crimes contra a incolumidade pública

Capítulo I – Dos crimes de perigo comum

Capítulo II – Dos crimes contra a segurança dos meios de comunicação e transporte e outros serviços públicos

Capítulo III – Dos crimes contra a saúde pública

Título IX – Dos crimes contra a paz pública

Título X – Dos crimes contra a fé pública

Capítulo I – Da moeda falsa

Capítulo II – Da falsidade de títulos e outros papéis públicos

Capítulo III – Da falsidade documental

Capítulo IV – De outras falsidades

Capítulo V – Das fraudes em certames de interesse público

Título XI – Dos crimes contra a administração pública

Capítulo I – Dos crimes praticados por funcionário público contra a administração em geral

Capítulo II – Dos crimes praticados por particular contra a administração em geral

Capítulo II-A – Dos crimes praticados por particular contra a administração pública estrangeira

Capítulo II-B – Dos crimes em licitações e contratos administrativos

Capítulo III – Dos crimes contra a administração da justiça

Capítulo IV – Dos crimes contra as finanças públicas

Título XII – Dos crimes contra o Estado Democrático de Direito

Capítulo I – Dos crimes contra a soberania nacional

Capítulo II – Dos crimes contra as instituições democráticas

Capítulo III – Dos crimes contra o funcionamento das instituições democráticas no processo eleitoral

Capítulo IV – Dos crimes contra o funcionamento dos serviços essenciais

Capítulo V – Vetado

Capítulo VI – Disposições comuns

Disposições finais

CAPÍTULO 1

DOS CRIMES CONTRA A PESSOA

1.1. DOS CRIMES CONTRA A VIDA

1.1.1. Fundamento constitucional

O direito à vida está consagrado no art. 5.º, *caput*, da Constituição Federal como direito fundamental do ser humano. Trata-se de **direito supraestatal**, inerente a todos os homens e aceito por todas as nações, imprescindível para a manutenção e para o desenvolvimento da pessoa humana.

É, por esse motivo, um **direito fundamental em duplo sentido: formal e materialmente constitucional**. **Formalmente constitucional**, porque enunciado e protegido por normas com valor constitucional formal (normas que, independente do seu conteúdo, possuem *status* constitucional por terem sido elaboradas por meio de um processo legislativo mais complexo que o processo legislativo ordinário).[1] E também **materialmente constitucional**, porque seu conteúdo se refere à estrutura do Estado, à organização dos poderes e aos direitos e garantias fundamentais.

E, se não bastasse a previsão expressa pelo art. 5.º, *caput*, o direito à vida teve sua proteção constitucional reforçada pelos arts. 227, *caput*, e 230, *caput*.

Mas, nada obstante sua dimensão, o direito à vida é **relativo**, a exemplo dos demais direitos. Pode sofrer limitações, desde que não sejam arbitrárias e possam ser sustentadas por interesses maiores do Estado ou mesmo de outro ser humano. É o que se convencionou chamar de "possibilidade lógica de restrições a direitos fundamentais".[2] Com efeito, a própria Constituição Federal autoriza a privação da vida humana quando admite a pena de morte em tempo de guerra (art. 5.º, inc. XLVII, alínea "a").

No tocante à **relatividade dos direitos fundamentais**, assim já se manifestou o Supremo Tribunal Federal em clássica decisão:

---

[1] CANOTILHO, J. J. Gomes. *Direito constitucional e teoria da Constituição*. 7. ed. Coimbra: Almedina, 2003. p. 403.
[2] Para um estudo detalhado da matéria, conferir: ALEXY, Robert. *Teoria dos direitos fundamentais*. Tradução de Virgílio Afonso da Silva. São Paulo: Malheiros, 2008. p. 276 e ss.

Os direitos e garantias individuais não têm caráter absoluto. Não há, no sistema constitucional brasileiro, direitos ou garantias que se revistam de caráter absoluto, mesmo porque razões de relevante interesse público ou exigências derivadas do princípio de convivência das liberdades legitimam, ainda que excepcionalmente, a adoção, por parte dos órgãos estatais, de medidas restritivas das prerrogativas individuais ou coletivas, desde que respeitados os termos estabelecidos pela própria Constituição. O estatuto constitucional das liberdades públicas, ao delinear o regime jurídico a que estas estão sujeitas – e considerado o substrato ético que as informa – permite que sobre elas incidam limitações de ordem jurídica, destinadas, de um lado, a proteger a integridade do interesse social e, de outro, a assegurar a coexistência harmoniosa das liberdades, pois nenhum direito ou garantia pode ser exercido em detrimento da ordem pública ou com desrespeito aos direitos e garantias de terceiros.[3]

Ademais, o Código Penal afasta a ilicitude do fato típico praticado em legítima defesa (art. 25), justificando, exemplificativamente, a morte daquele que agride uma pessoa com a intenção de matá-la, além de apontar expressamente as hipóteses em que o aborto é permitido (art. 128). Em tais casos, uma vida pode ser sacrificada para preservar outra, em face da ausência momentânea do Estado para a proteção de bens jurídicos, ou então para preservar a vida da gestante ou a sua dignidade, quando a gravidez resulta de estupro.

1.1.2. Crimes contra a vida: espécies, competência e ação penal

O Código Penal arrola cinco crimes contra a vida:

(1) homicídio;

(2) feminicídio;

(3) induzimento, instigação ou auxílio a suicídio ou a automutilação;

(4) infanticídio; e

(5) aborto.

Buscou-se, desse modo, proteger integralmente o direito à vida do ser humano, desde a sua concepção, ou seja, previamente ao seu nascimento.

No tocante à **competência**, salvo o homicídio culposo (CP, art. 121, § 3.º), em face da presença da culpa, e o induzimento, instigação ou auxílio à automutilação (CP, art. 122), alocado erroneamente entre os crimes contra a vida, todos os demais delitos são julgados pelo Tribunal do Júri, em atendimento à regra prevista no art. 5.º, inciso XXXVIII, alínea "d", da Constituição Federal.[4]

E a **ação penal**, como consectário lógico da indisponibilidade do direito à vida, sempre será **pública incondicionada**, circunstância que não impede, em caso de inércia do Ministério Público, a utilização da ação penal privada subsidiária da pública, garantida pelo art. 5.º, inciso LIX, da Constituição Federal.

---

[3] MS 23.452/RJ, rel. Min. Celso de Mello, Pleno, j. 16.09.1999.
[4] O art. 9.º, § 1.º, do Código Penal Militar – Decreto-lei 1.001/1969 prevê uma regra geral: o homicídio doloso praticado contra civil será da competência do Tribunal do Júri. O § 2.º do art. 9.º, contudo, elenca situações em que os crimes dolosos contra a vida cometidos por militares das Forças Armadas contra civil serão da competência da Justiça Militar da União.

1.1.3. Art. 121 – Homicídio

1.1.3.1. Dispositivo legal

Homicídio simples

Art. 121	**Matar** alguém:
Pena	Reclusão, de seis a vinte anos. → *Crime de elevado potencial ofensivo*

Caso de diminuição de pena

§ 1.º	Se o agente comete o crime impelido por **motivo de relevante valor social ou moral**, ou sob o **domínio de violenta emoção**, logo em seguida a **injusta provocação da vítima**, o juiz pode reduzir a pena de um sexto a um terço.

Homicídio qualificado

§ 2.º	Se o homicídio é **cometido**: I – mediante paga ou promessa de recompensa, ou por outro motivo torpe; II – por motivo fútil; III – com emprego de veneno, fogo, explosivo, asfixia, tortura ou outro meio insidioso ou cruel, ou de que possa resultar perigo comum; IV – à traição, de emboscada, ou mediante dissimulação ou outro recurso que dificulte ou torne impossível a defesa do ofendido; V – para assegurar a execução, a ocultação, a impunidade ou vantagem de outro crime; VI – Revogado; VII – contra autoridade ou agente descrito nos arts. 142 e 144 da Constituição Federal, integrantes do sistema prisional e da Força Nacional de Segurança Pública, no exercício da função ou em decorrência dela, ou contra seu cônjuge, companheiro ou parente consanguíneo até terceiro grau, em razão dessa condição; VIII – com emprego de arma de fogo de uso restrito ou proibido; IX – contra menor de 14 (quatorze) anos.
Pena	Reclusão, de doze a trinta anos. → *Crime de elevado potencial ofensivo*
§ 2.º-A	Revogado.
§ 2.º-B	A pena do homicídio contra menor de 14 (quatorze) anos é aumentada de: I – 1/3 (um terço) até a metade se a vítima é pessoa com deficiência ou com doença que implique o aumento de sua vulnerabilidade; II – 2/3 (dois terços) se o autor é ascendente, padrasto ou madrasta, tio, irmão, cônjuge, companheiro, tutor, curador, preceptor ou empregador da vítima ou por qualquer outro título tiver autoridade sobre ela; III – 2/3 (dois terços) se o crime for praticado em instituição de educação básica pública ou privada.

Homicídio culposo

§ 3.º	Se o homicídio é **culposo**:
Pena	Detenção, de um a três anos. → *Crime de médio potencial ofensivo*

Aumento de pena

§ 4.º — No homicídio **culposo**, a pena é aumentada de **1/3** (um terço), se o crime resulta de **inobservância de regra técnica de profissão, arte ou ofício**, ou se o agente **deixa de prestar imediato socorro** à vítima, **não procura diminuir as consequências** do seu ato, ou **foge para evitar prisão em flagrante**. Sendo **doloso** o homicídio, a pena é aumentada de **1/3** (um terço) se o crime é praticado contra **pessoa menor de 14 (quatorze)** ou **maior de 60 (sessenta) anos**.

Perdão judicial

§ 5.º — Na hipótese de **homicídio culposo**, o juiz poderá **deixar de aplicar a pena**, se as consequências da infração atingirem o próprio agente de forma tão grave que a sanção **penal se torne desnecessária**.

§ 6.º — A pena é aumentada de 1/3 (um terço) até a metade se o crime for praticado por **milícia privada, sob o pretexto de prestação de serviço de segurança**, ou por **grupo de extermínio**.

§ 7.º — Revogado.

Classificação:	Informações rápidas:
Crime simples Crime comum Crime material Crime de dano Crime de forma livre Crime comissivo (regra) ou omissivo impróprio (exceção) Crime instantâneo (ou para alguns, instantâneo de efeitos permanentes) Crime unissubjetivo (regra) Crime plurissubsistente (regra) Crime progressivo	**Homicídio simples:** não é hediondo, em regra (v. Lei 8.072/90); **Homicídio privilegiado:** incomunicável (diminuição obrigatória da pena), não é hediondo; eutanásia (ainda é crime, mas pode ser admitida como causa supralegal de exclusão da ilicitude); **Homicídio qualificado:** é sempre hediondo; privilegiado--qualificado (possível desde que qualificadoras de natureza objetiva; porém não é hediondo); pluralidade de qualificadoras (uma qualifica; a outra agrava a pena – diverg.). **Homicídio culposo:** não admite tentativa. **Perdão judicial:** deve ser concedido na sentença (declaratória de extinção da punibilidade/STJ); ato unilateral; não gera reincidência. **Ação penal:** pública incondicionada (doloso: rito do júri; culposo: rito sumário com *sursis* processual).

1.1.3.2. Estrutura do tipo penal

A análise do art. 121 do Código Penal permite a seguinte visualização do crime de homicídio e de suas variantes.

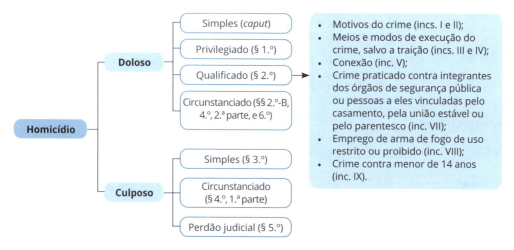

1.1.3.3. Homicídio simples

O crime de homicídio simples encontra-se definido pelo art. 121, *caput*: "Matar alguém". A essa conduta – que não aloja elementos normativos ou subjetivos –, composta por um núcleo ("matar") e um elemento objetivo ("alguém"), é cominada a pena de reclusão, de 6 (seis) a 20 (vinte) anos.

1.1.3.3.1. Conceito de homicídio

É a supressão da vida humana extrauterina praticada por outra pessoa.[5]

Esse conceito permite uma importante conclusão: a eliminação da vida humana não acarreta na automática tipificação do crime de homicídio. De fato, se a vida humana for intrauterina estará caracterizado o delito de aborto. Além disso, se já iniciado o trabalho de parto, a morte do feto configura homicídio ou infanticídio, dependendo do caso concreto, mas não aborto. Se não bastasse, "matar alguém" pode resultar no crime de infanticídio, se presentes as demais elementares tipificadas pelo art. 123 do Código Penal, quais sejam, a vítima deve ser o filho nascente ou recém-nascido, além de ser a conduta praticada pela própria mãe durante o parto ou logo após, sob a influência do estado puerperal.

Cuida-se de um dos primeiros crimes conhecidos pela humanidade, razão pela qual se sustenta que a história do homicídio pode ser confundida com a própria história do direito penal. Em todos os tempos e em todas as civilizações, a vida humana sempre foi o primeiro bem jurídico a ser tutelado.

1.1.3.3.2. Homicídio simples e caráter hediondo

O homicídio simples, **em regra**, não é crime hediondo. Será assim entendido, contudo, quando praticado em atividade típica de grupo de extermínio, ainda que por um só agente (Lei 8.072/1990, art. 1.º, inc. I, 1.ª parte). Essa hipótese, entretanto, é de difícil configuração prática.

Em verdade, a atividade típica de grupo de extermínio, mesmo sem a efetiva existência deste, normalmente enseja a aplicação da qualificadora do motivo torpe (art. 121, § 2.º, inc. I). Exemplo: matança generalizada de moradores de rua para valorização de uma área urbana. Nesse caso, o crime será hediondo (Lei 8.072/1990, art. 1.º, inc. I, *in fine*).

Por outro lado, se um agente matar outras pessoas em atividade típica de grupo de extermínio, **sem realmente integrá-lo**, mas com relevante valor social, estará caracterizado o homicídio privilegiado (CP, art. 121, § 1.º), que não é crime hediondo. Exemplo: policial que, durante sua folga, sai à caça de ladrões que aterrorizavam uma pacata cidade, matando-os.

1.1.3.3.3. Objetividade jurídica

O bem jurídico protegido é a vida humana exterior ao útero materno, assegurado pelo art. 5.º, *caput*, da Constituição Federal. Em face da importância desse bem, o homicídio é um dos crimes mais graves que se pode cometer, com pena máxima de 30 anos, quando presente alguma qualificadora.

---

[5] "A Bíblia nos relata a história do primeiro homicídio, cometido por Caim contra seu irmão Abel, em Gênesis, Capítulo 4, versículo 8. Caim agiu impelido por um sentimento de inveja, pois Deus havia se agradado da oferta trazida pelo seu irmão Abel e rejeitado a dele. Dessa forma, Caim chamou Abel para com ele ir ao campo e, lá, o matou. Pelo fato de ter causado a morte de seu irmão, Deus puniu Caim, amaldiçoando-o, fazendo com que passasse a ser um fugitivo e errante pela Terra" (GRECO, Rogério. *Curso de direito penal*: parte especial. 6. ed. Niterói: Impetus, 2009. v. 2, p. 140).

A vida extrauterina inicia-se com o processo respiratório autônomo do organismo da pessoa que está nascendo, que a partir de então não depende mais da mãe para viver. Esse acontecimento pode ser demonstrado por prova pericial, por meio das **docimasias respiratórias**.[6]

É irrelevante a viabilidade do ser nascente. Não importa se tinha ou não possibilidade de permanecer vivo. Basta o nascimento com vida para autorizar a incidência desse tipo penal, ainda que o recém-nascido, em decorrência de anomalias, apresente características monstruosas (no direito civil brasileiro, mesmo o *monstrum vel prodigium*, do direito romano, adquire personalidade civil ao nascer com vida – CC, art. 2.º).

1.1.3.3.4. Objeto material

É o ser humano que suporta a conduta criminosa. Exemplo: "A" efetua disparos de arma de fogo contra "B", matando-o. A objetividade jurídica é a vida humana sacrificada com a conduta homicida, ao passo que "B" é o objeto material.

1.1.3.3.5. Núcleo do tipo

O núcleo do tipo é o verbo "matar". Trata-se de **crime de forma livre**. Admite qualquer meio de execução e pode ser praticado por ação ou por omissão, desde que presente o dever de agir, por enquadrar-se o agente em alguma das hipóteses previstas no art. 13, § 2.º, do Código Penal, como a mãe que mata o filho ao negar-lhe alimentação por diversos dias. Ou então, em hipótese reconhecida pelo Supremo Tribunal Federal:

> Em tese, o único médico plantonista, procurado mais de uma vez durante o exercício de sua atividade profissional na unidade de saúde, cientificado da gravidade da doença apresentada pelo paciente que lhe é apresentado (com risco de vida), ao se recusar a atendê-lo, determinando o retorno para casa, sem ao menos ministrar qualquer atendimento ou tratamento, pode haver deixado de impedir a ocorrência da morte da vítima, sendo tal conduta omissiva penalmente relevante devido à sua condição de garante.[7]

O crime pode ser praticado de forma direta, quando o meio de execução é manuseado diretamente pelo agente (exemplo: golpes com uma barra de ferro), ou também de forma indireta, quando o meio de execução é manipulado indiretamente pelo homicida (exemplo: ataque por um cão feroz).

O homicídio também pode ser praticado por meio de **relações sexuais** ou **atos libidinosos**. É o que ocorre com a Aids (síndrome da imunodeficiência adquirida), doença fatal e incurável. Se um portador do vírus HIV, consciente da letalidade da moléstia, efetua intencionalmente com terceira pessoa ato libidinoso que transmite a doença, matando-a, responderá por homicídio doloso consumado. E, se a vítima não falecer, a ele deverá ser imputado o crime de homicídio tentado. Nesse caso, não há falar no crime de perigo de contágio venéreo (CP, art. 130), uma vez que o dolo do agente se dirige à morte da vítima.[8]

---

[6] "Nascido é o feto separado do corpo da mãe (natural ou artificialmente). Comprova-se o nascimento com a vida através da presença de ar nos pulmões, pela respiração, por meio do procedimento médico denominado *docimasia hidrostática de Galeno* ou *docimasia pulmonar*" (FARIAS, Cristiano Chaves de; ROSENVALD, Nelson. Curso de Direito Civil. 10. ed. Salvador: Juspodivm, 2012. v. 1, p. 300).

[7] HC 92.304/SP, rel. Min. Ellen Gracie, 2.ª Turma, j. 05.08.2008.

[8] Para o Supremo Tribunal Federal, contudo, não comete homicídio (consumado ou tentado) o sujeito que, tendo ciência da doença (AIDS) e deliberadamente a ocultando de seus parceiros, mantém relações sexuais sem preservativo. A Corte, todavia, limita-se a afastar o crime doloso contra a vida, sem concluir acerca da tipicidade do delito efetivamente cometido, se perigo de contágio venéreo ou lesão corporal gravíssima (HC 98.712/SP, rel. Min. Marco Aurélio, 1.ª Turma, j. 05.10.2010, noticiado no *Informativo* 603).

Igual raciocínio se aplica à hipótese em que alguém, fazendo uso de uma seringa contendo sangue com o vírus HIV, injeta o líquido em outra pessoa, contaminando-a. Em qualquer dos casos, o crime será o de homicídio, consumado ou tentado, dependendo da produção ou não do resultado naturalístico morte.[9] Há quem entenda, todavia, tratar-se de lesão corporal gravíssima em face da enfermidade incurável (CP, art. 129, § 2.º, inc. II).[10] Não concordamos com essa posição, pois enfermidade incurável é a doença que não possui solução no atual estágio da ciência médica, mas que não leva à morte, como ocorre na Aids.

Os meios de execução podem ser **materiais**, quando assolam a integridade física do ofendido (exemplo: ferimentos com uma faca), ou **morais**, nas hipóteses em que a morte é produzida por um trauma psíquico na vítima, agravando uma doença preexistente, que a conduz à morte, ou provocando-lhe reação orgânica que a conduza a uma enfermidade, e daí à morte (exemplo: depressão que acarreta na morte em face do uso excessivo de medicamentos de ação controlada).

O meio de execução pode caracterizar uma qualificadora, como se dá no emprego de veneno, fogo, explosivo, asfixia ou outro meio insidioso ou cruel, ou de que possa resultar perigo comum (CP, art. 121, § 2.º, inc. III), ou então no emprego de arma de fogo de uso restrito ou proibido (CP, art. 121, § 2.º, inc. VIII).

1.1.3.3.6. Sujeito ativo

O homicídio é **crime comum**, pois pode ser praticado por qualquer pessoa, isoladamente ou em concurso com outro indivíduo. Comporta coautoria e participação.

E se o crime for praticado por xifópagos (irmãos siameses ou indivíduos duplos)? Esta situação curiosa tem a resposta fornecida por Euclides Custódio da Silveira:

> Dado que a deformidade física não impede o reconhecimento da imputabilidade criminal, a conclusão lógica é que responderão como sujeitos ativos. Assim, se os dois praticarem um homicídio, conjuntamente ou de comum acordo, não há dúvida que responderão ambos como sujeitos ativos, passíveis de punição. Todavia, se o fato é cometido por um, sem ou contra a vontade do outro, impor-se-á a absolvição do único sujeito ativo, se a separação cirúrgica é impraticável por qualquer motivo, não se podendo excluir sequer a recusa do inocente, que àquela não está obrigado. A absolvição se justifica, como diz Manzini, porque conflitando o interesse do Estado ou da sociedade com o da liberdade individual, esta é que tem de prevalecer. Se para punir um culpado é inevitável sacrificar um inocente, a única solução sensata há de ser a impunidade.[11]

1.1.3.3.7. Sujeito passivo

Pode ser qualquer pessoa humana, após o nascimento e desde que esteja viva.

Em caso de vítimas que sejam irmãos xifópagos, haverá duplo homicídio. Se com uma única conduta estiver presente a intenção de matar a ambos (dolo direto), restará caracterizado o concurso formal imperfeito, na forma do art. 70, *caput*, 2.ª parte, do Código Penal. Mas, se o desejo do agente era matar apenas um deles, mas ambos morrerem, por se tratar de consequência lógica e natural da conduta inicial, existirá dolo direto quanto a um, e dolo de segundo grau ou de consequências necessárias relativamente ao outro, novamente em concurso formal imperfeito. E, finalmente, se o sujeito quiser matar um deles, atingindo-o, e o outro for

---

[9] Essa conclusão também é aplicável à transmissão dolosa da **Covid-19** (coronavírus), notadamente em relação às vítimas integrantes do denominado "grupo de risco", até que sobrevenha um método eficaz de cura da patologia.
[10] TAVAREZ, Juarez. *Teoria do injusto penal*. Belo Horizonte: Del Rey, 2000. p. 289-290.
[11] SILVEIRA, Euclides Custódio da. *Direito penal. Crimes contra a pessoa*. São Paulo: Max Limonad, 1959. p. 44-45.

salvo pela eficiente atuação médica, haverá também concurso formal imperfeito, agora entre um homicídio consumado e uma tentativa de homicídio.

Se a pessoa já estava morta, não há falar em homicídio, pois a impropriedade absoluta do objeto material conduz ao crime impossível, afastando a tipicidade, nos moldes do art. 17 do Código Penal.

A tipificação do homicídio pode ser transferida do Código Penal para leis extravagantes em decorrência das características da vítima. Nesses termos, aquele que, com a intenção de destruir, no todo ou em parte, grupo nacional, étnico, racial ou religioso, matar membros do grupo, pratica genocídio (Lei 2.889/1956, art. 1.º, *a*). Ao contrário do homicídio, trata-se de crime contra a humanidade, e não contra a vida. Nas lições do Supremo Tribunal Federal:

> Genocídio. Definição legal. Bem jurídico protegido. Tutela penal da existência do grupo racial, étnico, nacional ou religioso, a que pertence a pessoa ou pessoas imediatamente lesionadas. Delito de caráter coletivo ou transindividual. Crime contra a diversidade humana como tal. Consumação mediante ações que, lesivas à vida, integridade física, liberdade de locomoção e a outros bens jurídicos individuais, constituem modalidade executórias. Inteligência do art. 1.º da Lei n.º 2.889/56, e do art. 2.º da Convenção contra o Genocídio, ratificada pelo Decreto n.º 30.822/52. O tipo penal do delito de genocídio protege, em todas as suas modalidades, bem jurídico coletivo ou transindividual, figurado na existência do grupo racial, étnico ou religioso, a qual é posta em risco por ações que podem também ser ofensivas a bens jurídicos individuais, como o direito à vida, a integridade física ou mental, a liberdade de locomoção etc.[12]

Na vigência da Lei de Segurança Nacional – Lei 7.170/1983, a conduta de matar dolosamente, e com motivação política, o Presidente da República, do Senado Federal, da Câmara dos Deputados ou do Supremo Tribunal Federal encontrava adequação típica no art. 29 desse diploma legislativo. O fato não encontrava adequação típica no art. 121 do Código Penal. Logo, a competência para o processo e julgamento de eventual delito desta natureza era do juízo singular, e não do Tribunal do Júri, pois não se tratava de crime doloso contra a vida.

Com a revogação da Lei de Segurança Nacional pela Lei 14.197/2021, a qual não contém dispositivo similar, a conduta de matar o Presidente da República, do Senado Federal, da Câmara dos Deputados ou do Supremo Tribunal Federal amolda-se ao art. 121 do Código Penal. Se a conduta for dolosa, o crime será de competência do Tribunal do Júri.

1.1.3.3.8. Elemento subjetivo

É o dolo, denominado *animus necandi* ou *animus occidendi*. Não se reclama nenhuma finalidade específica.

O motivo que leva o agente a ceifar a vida alheia pode caracterizar uma qualificadora (exemplo: motivo torpe ou fútil) ou causa de diminuição da pena (exemplo: relevante valor social ou moral).[13]

1.1.3.3.8.1. Crimes de trânsito

A jurisprudência tem se posicionado no sentido de existir dolo eventual na conduta do agente responsável por graves crimes praticados na direção de veículo automotor. Essa escolha fundamenta-se nas diversas campanhas educativas realizadas nas últimas décadas, demons-

---

[12] RE 351.487/RR, rel. Min. Cezar Peluso, Tribunal Pleno, j. 03.08.2006.
[13] Vale destacar que algumas qualificadoras são compatíveis unicamente com o dolo direto. Na visão do Supremo Tribunal Federal, é que se verifica, a título ilustrativo, no inc. IV do § 2.º do art. 121 do Código Penal: HC 111.442/RS, rel. Min. Gilmar Mendes, 2.ª Turma, j. 28.08.2012, noticiado no *Informativo* 677; e HC 95.136/PR, rel. Min. Joaquim Barbosa, 2.ª Turma, j. 01.03.2011, noticiado no *Informativo* 618.

trando os inúmeros riscos da direção ousada e perigosa, como se dá no racha e no excesso de velocidade em via pública.

Tais advertências são suficientes para esclarecer os motoristas da vedação legal de tais comportamentos, bem como dos resultados danosos que, em razão delas, são rotineiramente produzidos. Se, mesmo assim, o condutor do veículo automotor continua a agir de forma ilícita, ele revela inequivocamente sua indiferença com a vida e a integridade corporal alheia, devendo responder pelo crime doloso a que der causa. Na visão do Supremo Tribunal Federal:

> O réu, ao lançar-se em prática de altíssima periculosidade em via pública e mediante alta velocidade, teria consentido com que o resultado se produzisse, de sorte a incidir em dolo eventual (CP, art. 18, I: "Diz-se o crime: I – doloso, quando o agente quis o resultado ou assumiu o risco de produzi-lo"). No ponto, assentou-se que o Supremo firmara jurisprudência no sentido de que o homicídio cometido na direção de veículo automotor em virtude de "pega" seria doloso.[14]

No tocante ao homicídio cometido na direção de veículo automotor, encontrando-se o condutor em estado de **embriaguez**, a análise da situação concreta é fundamental para a tipificação da conduta. Exemplificativamente, pode ser reconhecida a culpa consciente na atividade daquele que atropelou e matou um pedestre por ter perdido levemente o controle do automóvel após a ingestão de uma taça de vinho durante o almoço em família, mas certamente estará presente o dolo eventual no comportamento de quem atropela e mata alguém ao invadir uma calçada com seu veículo automotor, em excesso de velocidade, depois de ter bebido um litro de vodca em uma festa durante a madrugada. Na linha da jurisprudência do Supremo Tribunal Federal:

> A Primeira Turma, por maioria, denegou a ordem de "habeas corpus" em que se pleiteava a reforma da decisão que reconheceu a ocorrência de dolo eventual em relação a homicídio cometido por motorista embriagado na direção de veículo automotor, firmada a competência do tribunal do júri. O impetrante apontava equívoco no enquadramento legal realizado na origem. Pleiteava a desclassificação da conduta para o crime previsto no art. 302 do Código de Trânsito Brasileiro. O Colegiado considerou legítima a tipificação da conduta como crime doloso, de competência do tribunal do júri, ante o reconhecimento da evolução jurisprudencial na análise do que vem a ser dolo eventual e culpa consciente. No caso, verifica-se a existência de dolo eventual no ato de dirigir veículo automotor sob a influência de álcool, além de fazê-lo na contramão. Esse é, portanto, um caso específico que evidencia a diferença entre a culpa consciente e o dolo eventual. O condutor assumiu o risco ou, no mínimo, não se preocupou com o risco de, eventualmente, causar lesões ou mesmo a morte de outrem.[15]

Com efeito, a conclusão pelo dolo (direto ou eventual) acarreta a incidência do crime definido no art. 121 do Código Penal, de competência do Tribunal do Júri, ao passo que a presença da culpa resulta no delito previsto no art. 302 da Lei 9.503/1997 – Código de Trânsito Brasileiro, cujo processo e julgamento é reservado ao juízo singular.[16]

---

[14] HC 101.698/RJ, rel. Min. Luiz Fux, 1.ª Turma, j. 18.10.2011, noticiado no *Informativo* 645.

[15] HC 124.687/MS, rel. Min. Marco Aurélio, red. p/ o ac. Min. Roberto Barroso, 1.ª Turma, j. 29.05.2018, noticiado no *Informativo* 904. O STJ compartilha desse entendimento: AgRg no AREsp 2.519.852/SC, rel. Min. Ribeiro Dantas, 5.ª Turma, j. 03.09.2024, noticiado no *Informativo* 824.

[16] Para o Superior Tribunal de Justiça, "na primeira fase do Tribunal do Júri, ao juiz togado cabe apreciar a existência de dolo eventual ou culpa consciente do condutor do veículo que, após a ingestão de bebida alcoólica, ocasiona acidente de trânsito com resultado morte. (...) O legislador criou um procedimento bifásico para o julgamento dos crimes dolosos contra a vida, em que a primeira fase se encerra com uma avaliação técnica, empreendida por um juiz togado, o qual se socorre da dogmática penal e da prova dos autos, e mediante devida fundamentação, portanto, não se pode desprezar esse 'filtro de proteção para o acusado' e submetê-lo ao julgamento popular sem que se façam presentes

1.1.3.3.9. Consumação

Dá-se com a morte (**crime material**), a qual se verifica com a **cessação da atividade encefálica**, como determina o art. 3.º, *caput*, da Lei 9.434/1997, que dispõe sobre a remoção de órgãos, tecidos e partes do corpo humano para fins de transplante e tratamento.[17]

Para a Sociedade Americana de Neurorradiologia, morte encefálica é o "estado irreversível de cessação de todo o encéfalo e funções neurais, resultante de edema e maciça destruição dos tecidos encefálicos, apesar da atividade cardiopulmonar poder ser mantida por avançados sistemas de suporte vital e mecanismos de ventilação".[18]

A prova da materialidade realiza-se pelo **exame necroscópico**, que, além de atestar a morte, indica também suas causas.

Cuida-se de **crime instantâneo**, pois se consuma em um momento determinado, sem continuidade no tempo. Há quem sustente, porém, ser o homicídio um crime instantâneo de efeitos permanentes, pois, embora a consumação ocorra em um único momento, seus efeitos são imutáveis.

1.1.3.3.10. Tentativa

É possível a tentativa (*conatus*) de homicídio.

Na tentativa branca ou incruenta a vítima não é atingida,[19] enquanto na tentativa vermelha ou cruenta a vítima é alcançada pela conduta criminosa e sofre ferimentos.

1.1.3.3.11. Classificação doutrinária

O homicídio é crime **simples** (atinge um único bem jurídico); **comum** (pode ser praticado por qualquer pessoa); **material** (o tipo contém conduta e resultado naturalístico, exigindo este último – morte – para a consumação); **de dano** (reclama a efetiva lesão do bem jurídico); **de forma livre** (admite qualquer meio de execução); **comissivo** (regra) **ou omissivo** (impróprio, espúrio ou comissivo por omissão, quando presente o dever de agir); **instantâneo** (consuma-se em momento determinado, sem continuidade no tempo), mas há também quem o considere **instantâneo de efeitos permanentes**; **unissubjetivo, unilateral ou de concurso eventual** (praticado por um só agente, mas admite concurso); **em regra plurissubsistente** (a conduta de matar pode ser fracionada em diversos atos); e **progressivo** (para alcançar o resultado final o agente passa, necessariamente, pela lesão corporal, crime menos grave rotulado nesse caso de "crime de ação de passagem").

1.1.3.4. Homicídio privilegiado

1.1.3.4.1. Introdução

É a modalidade de homicídio prevista no art. 121, § 1.º, do Código Penal: "Se o agente comete o crime impelido por motivo de relevante valor social ou moral, ou sob o domínio de violenta emoção, logo em seguida a injusta provocação da vítima, o juiz pode reduzir a pena de um sexto a um terço".

---

as condições necessárias e suficientes para tanto" (REsp 1.689.173/SC, rel. Min. Rogerio Schietti Cruz, 6.ª Turma, j. 21.11.2017, noticiado no *Informativo* 623).

[17] A Lei 9.434/1997 encontra-se regulamentada pelo Decreto 9.175/2017. Além disso, a Resolução 2.137/2017, editada pelo Conselho Federal de Medicina, define os critérios do diagnóstico da morte encefálica.

[18] Apud SANTOS, Maria Celeste Cordeiro Leite. *Morte encefálica e a lei dos transplantes de órgãos*. São Paulo: Oliveira Mendes, 1998. p. 39.

[19] Na hipótese de tentativa branca ou incruenta, a prova da materialidade somente pode ser feita pelas declarações da vítima ou por depoimentos de testemunhas, pois a situação de perigo iminente não deixa vestígios materiais.

1.1.3.4.2. Natureza jurídica

A denominação "homicídio privilegiado" é fruto de criação doutrinária e jurisprudencial. Na verdade, não se trata de privilégio, mas de causa de diminuição da pena.

Crime privilegiado é a modalidade em que a lei penal diminui, em abstrato, os limites da pena, mínimo e máximo. No caso em apreço, vale-se o legislador da pena do homicídio simples, diminuída de um sexto a um terço. Por esse motivo, fala o Código Penal em "caso de diminuição da pena".

1.1.3.4.3. Incomunicabilidade do privilégio

As hipóteses legais de privilégio apresentam **caráter subjetivo**. Relacionam-se ao agente, que atua imbuído por relevante valor social ou moral, ou sob o domínio de violenta emoção, logo em seguida a injusta provocação da vítima, e não ao fato. Por corolário, a causa de diminuição da pena não se comunica aos demais coautores ou partícipes, em consonância com a regra prevista no art. 30 do Código Penal.

Vejamos um exemplo: "A", ao chegar à sua casa, depara-se com sua filha chorando copiosamente. Pergunta-lhe o motivo da tristeza, vindo a saber que fora ela recentemente estuprada por "B". Pede então a "C", seu amigo, que mate o estuprador, no que é atendido. "A" responde por homicídio privilegiado (relevante valor moral), enquanto a "C" deve ser atribuído o crime de homicídio, simples ou qualificado (dependendo do caso concreto), mas nunca o privilegiado, pois o relevante valor moral a ele não se estende.

1.1.3.4.4. Diminuição da pena

Estabelece o art. 121, § 1.º, do Código Penal que, presente o privilégio, "o juiz **pode** reduzir a pena de um sexto a um terço". Com base nisso, questiona-se: pode ou deve diminuir a pena?

Deve diminuir a pena, obrigatoriamente. Sua discricionariedade ("pode") limita-se ao *quantum* da diminuição, que deve ser suficientemente motivado. Portanto, deve diminuir a pena, podendo tão somente decidir sobre a quantidade de diminuição, dentro dos parâmetros legais. E o motivo desse dever é simples.

Os crimes dolosos contra a vida, aí se incluindo o homicídio, são de competência do Tribunal do Júri (CF, art. 5.º, inc. XXXVIII, *d*). E, se os jurados, depois de condenarem o acusado, em conformidade com o disposto pelo art. 483, § 3.º, inciso I, do Código de Processo Penal, afirmarem a presença de causa de diminuição da pena, como é o caso do privilégio, não restará ao juiz presidente outra via senão a sua aplicação. Entendimento diverso violaria a soberania dos veredictos constitucionalmente consagrada (art. 5.º, inc. XXXVIII, *c*).

Em síntese, ao juiz togado não se assegura o arbítrio de impor a sua opinião particular contra a dos jurados, pois, se assim fosse, a própria Constituição Federal não poderia ter previsto o princípio da soberania dos veredictos.

1.1.3.4.5. Homicídio privilegiado e Lei dos Crimes Hediondos

O homicídio privilegiado não é crime hediondo, por ausência de amparo legal. A Lei 8.072/1990 – Lei dos Crimes Hediondos, em seu art. 1.º, inciso I, elencou somente as formas simples e qualificadas do homicídio no rol dos crimes alcançados pela hediondez, nada dispondo acerca da figura privilegiada.

1.1.3.4.6. Circunstâncias que ensejam o reconhecimento do privilégio

O Código Penal aponta em seu art. 121, § 1.º, as três circunstâncias que ensejam o privilégio no crime de homicídio: motivo de relevante valor social, motivo de relevante valor moral e domínio de violenta emoção, logo em seguida a injusta provocação da vítima.

O Direito Penal é o ramo do ordenamento jurídico que mais possui raízes e preocupações éticas, e, por esse motivo, acentua-se cada vez mais a significação dos motivos determinantes do crime. O motivo é o antecedente psíquico da ação, a força que põe em movimento o querer e o transforma em ato: uma representação que impele à ação.[20]

O motivo de relevante valor social ou moral já foi previsto no art. 65, inciso III, alínea "a", do Código Penal como circunstância que sempre atenua a pena, no tocante aos crimes em geral. No homicídio, contudo, eleva-se à categoria de causa de diminuição da pena, tornando-o privilegiado, nos termos do art. 121, § 1.º.

Mas há uma importante diferença entre a atenuante genérica e a causa de diminuição da pena: naquela (atenuante) é suficiente seja o crime cometido por motivo de relevante valor social ou moral, isto é, há influência do motivo, em menor grau. Nesse (privilégio), por sua vez, o agente atua **impelido** por motivo de relevante valor social ou moral, isto é, por ele é impulsionado em elevado grau.

1.1.3.4.6.1. Motivo de relevante valor social

Motivo de relevante valor social é o pertinente a um **interesse da coletividade**. Não diz respeito ao agente individualmente considerado, mas à sociedade como um todo. Exemplo: matar um perigoso estuprador que aterroriza as mulheres e crianças de uma pacata cidade interiorana.

1.1.3.4.6.2. Motivo de relevante valor moral

Motivo de relevante valor moral é aquele que se relaciona a um **interesse particular** do responsável pela prática do homicídio, aprovado pela moralidade prática e considerado nobre e altruísta. Exemplo: matar aquele que estuprou sua filha ou esposa.

E, como observado pelo item 39 da Exposição de Motivos da Parte Especial do Código Penal, é típico exemplo do homicídio privilegiado pelo motivo de relevante valor moral "a compaixão ante o irremediável sofrimento da vítima (caso do homicídio eutanásico)".

1.1.3.4.6.2.1. O tratamento jurídico-penal da eutanásia

A eutanásia (em sentido amplo) pode ser fracionada em duas espécies. E ambas tipificam o crime de homicídio privilegiado. A vida é um direito indisponível, razão pela qual não se admite a construção de causa supralegal de exclusão da ilicitude fundada no consentimento do ofendido.

a) **Eutanásia em sentido estrito:** é o modo comissivo de abreviar a vida de pessoa portadora de doença grave, em estado terminal e sem previsão de cura ou recuperação pela ciência médica. É também denominada de eutanásia ativa, morte assistida por intervenção deliberada, homicídio piedoso, compassivo, médico, caritativo ou consensual.

b) **Ortotanásia:** é a eutanásia por omissão, também chamada de eutanásia omissiva, eutanásia moral ou eutanásia terapêutica. O médico deixa de adotar as providências necessárias para prolongar a vida de doente terminal, portador de moléstia incurável e irreversível.

Por sua vez, no campo médico, o art. 41 do Código de Ética Médica – aprovado pela Resolução 2.217/2018 –, do Conselho Federal Medicina, situado no capítulo inerente às relações

---

[20] MAGGIORE, Giuseppe. *Diritto penale*. Parte geral. 3. ed. Bologna: Nicola Zanichelli, 1948. v. 1, t. II, p. 494.

do médico com pacientes e familiares, proíbe expressamente a abreviação da vida do enfermo, ainda que a pedido deste ou do seu representante legal. Mas, em respeito à dignidade da pessoa humana, o médico não pode utilizar no tratamento meios terapêuticos ou diagnósticos inúteis ou desnecessários, capazes de atentar ainda mais contra a debilitada condição do portador de doença incurável e em estado terminal.[21]

1.1.3.4.6.2.2. Distanásia

Distanásia, também conhecida como **obstinação terapêutica**, é a morte vagarosa e sofrida de um ser humano, prolongada pelos recursos oferecidos pela medicina. Não é crime, por se tratar de meio capaz de arrastar a existência da vida humana, ainda que com sofrimento, até o seu fim natural.

1.1.3.4.6.2.3. Mistanásia

Mistanásia é a morte precoce e miserável de alguém, provocada pelo descaso e pela maldade de determinados seres humanos. Pode ocorrer em três situações: (1) doentes que, por motivos políticos, sociais ou econômicos, falecem em razão da falta de atendimento médico adequado pelo sistema de saúde; (2) enfermos que, nada obstante o ingresso no sistema de saúde, morrem em face de erro médico; e (3) doentes que entram na rede de saúde com real expectativa de vida, mas vêm a morrer em consequência de atos de má-fé, a exemplo da retirada indevida de órgãos ou partes de seus corpos para doação a outras pessoas.

A mistanásia, dependendo do caso concreto, pode ensejar o reconhecimento do homicídio culposo, especialmente nas duas primeiras situações acima indicadas, ou ainda do homicídio doloso, notadamente na terceira hipótese.

Como não existe de parte do agente a intenção de antecipar a morte de indivíduo portador de enfermidade grave, em estado terminal e sem previsão de cura, visando eliminar seu elevado sofrimento, não nos parece correto rotular este fenômeno como **eutanásia social**, embora tal nomenclatura seja comumente empregada como sinônima da mistanásia.

1.1.3.4.6.3. Domínio de violenta emoção

O homicídio também é privilegiado quando cometido "sob o domínio de violenta emoção, logo em seguida a injusta provocação da vítima".

O Código Penal filiou-se a uma **concepção subjetivista**. Leva-se em conta o aspecto psicológico do agente que, dominado pela emoção violenta, não se controla. Sua culpabilidade é reduzida, refletindo na diminuição da pena a ser cumprida.

A emoção, como ensina Nélson Hungria, é "um estado de ânimo ou de consciência caracterizado por uma viva excitação do sentimento. É uma forte e transitória perturbação da efetividade, a que estão ligadas certas variações somáticas ou modificações particulares da vida orgânica".[22] Pode ser **estênica** ou **astênica**, conforme determine um estado de excitação ou de depressão.[23]

---

[21] "Capítulo V – Relação com pacientes e familiares: É vedado ao médico: (...) Art. 41. Abreviar a vida do paciente, ainda que a pedido deste ou de seu representante legal. Parágrafo único. Nos casos de doença incurável e terminal, deve o médico oferecer todos os cuidados paliativos disponíveis sem empreender ações diagnósticas ou terapêuticas inúteis ou obstinadas, levando sempre em consideração a vontade expressa do paciente ou, na sua impossibilidade, a de seu representante legal."

[22] HUNGRIA, Nélson. *Comentários ao Código Penal*. 2. ed. Rio de Janeiro: Forense, 1953. v. 5, p. 128.

[23] ALTAVILLA, Enrico. *Tratado de psicologia judiciária*. Tradução de Fernando de Miranda. 3. ed. Coimbra: Arménio Amado, 1981. t. I: O processo psicológico e a verdade judicial, p. 107.

Mas não basta a emoção. O Código Penal reclama a presença de três requisitos cumulativos para autorizar a incidência da causa de diminuição da pena:

a) **domínio de violenta emoção:** a emoção deve ser violenta, intensa, capaz de alterar o estado de ânimo do agente a ponto de tirar-lhe a seriedade e a isenção que ordinariamente possui. Não se confundem emoção e paixão, especialmente no tocante à duração. Como a paixão é mais duradoura, o crime praticado sob seu domínio não comporta a aplicação do privilégio, até porque estaria ausente a reação imediata exigida pelo art. 121, § 1.º, do Código Penal.

b) **injusta provocação da vítima:** o privilégio se contenta com a provocação injusta, que pode ser, mas não necessariamente há de ser criminosa. Provocação injusta é o comportamento apto a desencadear a violenta emoção e a consequente prática do crime. Não se exige por parte da vítima o propósito direto e específico de provocar, sendo suficiente que o agente se sinta provocado injustamente. Exemplos: brincadeiras indesejadas e inoportunas, falar mal do agente, encontrar sua esposa em flagrante adultério, injúria real, etc. Não é necessário seja a provocação dirigida ao homicida. É possível a provocação injusta contra um terceiro (exemplo: ofender sua mãe com palavras de baixo calão) e até contra um animal (exemplo: chutar seu cão de estimação), de forma a tirar do sério o agente. Entretanto, se existir **agressão injusta** por parte da vítima, o sujeito que a matou estará acobertado pela legítima defesa, afastando-se a ilicitude do fato, desde que presentes os demais requisitos previstos no art. 25 do Código Penal.

c) **reação imediata:** o art. 121, § 1.º, do Código Penal impõe a relação de imediatidade entre a provocação injusta e a conduta homicida. É indispensável seja o fato praticado "logo em seguida", momentos após a injusta provocação da vítima. A lei não previu um hiato temporal fixo ou um critério rígido. O decisivo é o caso concreto. É vedada, porém, uma relevante interrupção entre o momento da injusta provocação e o cometimento do homicídio. Ademais, deve-se considerar o instante em que o sujeito toma ciência da provocação injusta e não aquele em que ela realmente ocorreu. É possível, destarte, tenha a provocação injusta se verificado até mesmo em um momento longínquo, desde que o homicida somente tenha dela tido conhecimento pouco antes do homicídio. Estará configurado o privilégio.

1.1.3.4.6.3.1. Privilégio e atenuante genérica: distinções

Essa modalidade de privilégio diferencia-se da atenuante genérica arrolada pelo art. 65, inciso III, alínea "c", do Código Penal, em quatro pontos:

a) o privilégio é aplicável exclusivamente ao homicídio doloso, ao passo que é possível a incidência da atenuante genérica no tocante a qualquer crime (inclusive no homicídio doloso, na ausência de um ou mais requisitos do privilégio);

b) no privilégio exige-se seja o crime cometido sob o **domínio** de violenta emoção, enquanto na atenuante genérica basta a mera **influência**;

c) o privilégio pressupõe a **injusta provocação** da vítima, e para a atenuante genérica é suficiente o **ato injusto** da vítima; e

d) diferem-se finalmente quanto ao fator **temporal**. O privilégio depende da relação de imediatidade. O homicídio deve ser praticado **logo em seguida** à injusta provocação da vítima. Na atenuante genérica não se impõe essa relação de imediatidade.

Privilégio: art. 121, § 1.º	Atenuante genérica: art. 65, inc. III, "c"
Homicídio doloso	Qualquer crime
Domínio de violenta emoção	Influência de violenta emoção
Injusta provocação da vítima	Ato injusto da vítima
Reação de imediatidade: logo em seguida	Em qualquer momento

O Supremo Tribunal Federal assim se manifestou acerca do assunto:

A causa especial de diminuição de pena do § 1.º do art. 121 não se confunde com a atenuante genérica da alínea "a" do inciso III do art. 65 do Código Penal. A incidência da causa especial de diminuição de pena do motivo de relevante valor moral depende da prova de que o agente atuou no calor dos fatos, impulsionado pela motivação relevante. A atenuante incide, residualmente, naqueles casos em que, comprovado o motivo de relevante valor moral, não se pode afirmar que a conduta do agente seja fruto do instante dos acontecimentos.[24]

1.1.3.4.6.3.2. Domínio de violenta emoção e erro na execução

Essa modalidade de privilégio é compatível com a *aberratio ictus*. Exemplificativamente, admite-se que o sujeito, depois de injustamente provocado, efetue disparos de arma de fogo contra o provocador, mas atinja terceira pessoa. Subsiste o homicídio privilegiado, em conformidade com a regra contida no art. 73 do Código Penal.

1.1.3.4.6.3.3. Domínio de violenta emoção e premeditação

A premeditação do homicídio é incompatível com essa hipótese de privilégio. A tarefa de arquitetar minuciosamente a execução do crime não se coaduna com o domínio da violenta emoção, seja pela existência de ânimo calmo e refletido, seja pela ausência de relação de imediatidade entre eventual injusta provocação da vítima e a prática da conduta criminosa.

1.1.3.4.6.3.4. Domínio de violenta emoção e dolo eventual

O privilégio é compatível com a figura do dolo eventual. É o caso daquele que, logo depois de ser injustamente provocado pela vítima, e encontrando-se sob o domínio de violenta emoção, decide reagir agressivamente e acaba matando-a. Exemplo: o filho maior de idade, depois de ser humilhado injustamente pelo pai, começa a agredi-lo em situação de descontrole. Assume o risco de, com socos e pontapés, matá-lo, daí resultando a morte do genitor.

1.1.3.5. Homicídio qualificado: art. 121, § 2.º

1.1.3.5.1. Introdução

Com base no tipo fundamental descrito no *caput* do art. 121 do Código Penal, o legislador a ele agrega circunstâncias que elevam em abstrato a pena do homicídio. Formam-se

---

[24] HC 89.814/MS, rel. Min. Carlos Britto, 1.ª Turma, j. 18.03.2008.

no § 2.º do art. 121 as hipóteses de homicídio qualificado. A pena do homicídio simples – 6 (seis) a 20 (vinte) anos de reclusão – é sensivelmente majorada. Passa a ser de 12 (doze) a 30 (trinta) anos de reclusão.

1.1.3.5.2. Homicídio qualificado e Lei dos Crimes Hediondos

O homicídio qualificado é crime hediondo, qualquer que seja a qualificadora. É o que consta do art. 1.º, inciso I, *in fine*, da Lei 8.072/1990.

Importante destacar que, ao entrar em vigor, a Lei 8.072/1990, em sua redação original, não previa o homicídio qualificado, nem o homicídio simples praticado em atividade típica de grupo extermínio, ainda que por um só agente, como crimes hediondos. Essa modificação ocorreu em razão da Lei 8.930/1994 (Lei Glória Perez). Atualmente o homicídio qualificado e o homicídio simples praticado em atividade típica de grupo de extermínio, ainda que por um só agente, consumados ou tentados, revestem-se da hediondez.

1.1.3.5.3. Espécies de qualificadoras

O § 2.º do art. 121 do Código Penal contém oito incisos e, por corolário, oito qualificadoras.[25] Os incisos I e II relacionam-se aos motivos do crime. O inciso III, aos meios de execução, o inciso IV aos modos de execução do homicídio. O inciso V refere-se à conexão, caracterizada por uma especial finalidade almejada pelo agente. O inciso VII liga-se ao delito cometido contra integrantes dos órgãos de segurança pública ou a pessoas a eles vinculadas pelo casamento, pela união estável ou pelo parentesco. O inciso VIII também diz respeito ao meio de execução, consistente em arma de fogo de uso restrito ou proibido. Finalmente, o inciso IX guarda relação com a idade da vítima (menor de 14 anos).

1.1.3.5.4. Qualificadoras e concurso de pessoas

As qualificadoras previstas nos incisos I, II, V e VII, e também a traição (inciso IV), são de índole subjetiva. Dizem respeito ao agente, e não ao fato. Em caso de concurso de pessoas, não se comunicam aos demais coautores ou partícipes, em face da regra delineada pelo art. 30 do Código Penal. Se, exemplificativamente, "A" e "B" cometem um homicídio, agindo aquele por motivo fútil, circunstância ignorada e desvinculada deste, somente o primeiro suportará a qualificadora.

Por outro lado, **as qualificadoras descritas pelos incisos III e VIII (meios de execução), IV (modos de execução, com exceção da traição) e IX (idade da vítima), são de natureza objetiva**, atinentes ao fato praticado, e não ao agente. Destarte, comunicam-se no concurso de pessoas, desde que tenham ingressado na esfera de conhecimento de todos os envolvidos. É imprescindível a ciência de todos os coautores e partícipes sobre a circunstância qualificadora, para afastar a responsabilidade penal objetiva. Exemplo: "A" e "B" matam "C" com emprego de fogo. A ambos será imputado o homicídio qualificado.

É importante ressaltar que as qualificadoras de natureza objetiva devem integrar o dolo do responsável pelo homicídio, sob pena de configuração da responsabilidade penal objetiva. Com efeito, o dolo deve abranger todos os elementos objetivos da conduta criminosa, aí incluindo-se as qualificadoras de natureza objetiva. Assim, exemplificativamente, não basta valer-se de meio cruel para a prática do delito. O agente deve saber que está agindo de forma cruel.

---

[25] O inc. VI foi revogado pela Lei 14.994/2024. O feminicídio, outrora qualificadora do homicídio, agora é tipificado pelo art. 121-A do Código Penal como crime autônomo.

Confira-se, a propósito, a apresentação gráfica do assunto:

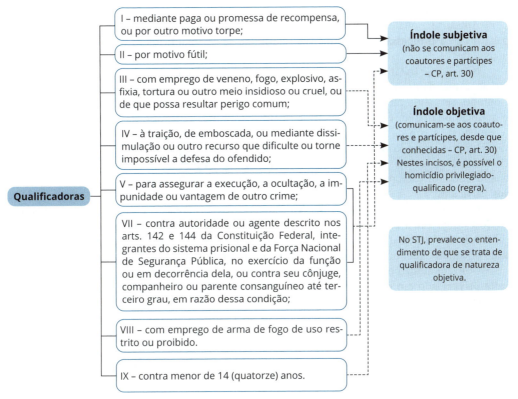

1.1.3.5.5. Mediante paga ou promessa de recompensa, ou por outro motivo torpe: inciso I

O legislador fez uso da **interpretação analógica**. O dispositivo encerra uma fórmula casuística ("mediante paga ou promessa de recompensa") seguida de uma fórmula genérica ("ou por outro motivo torpe"). Deixa nítido que a paga e a promessa de recompensa se encaixam no conceito de motivo torpe, mas que outras circunstâncias de igual natureza, impossíveis de serem definidas taxativamente pela lei em abstrato, são de provável ocorrência prática.

Paga e promessa de recompensa caracterizam o **homicídio mercenário** ou **homicídio por mandato remunerado**, motivado pela **cupidez**, isto é, pela ambição desmedida, pelo desejo imoderado de riquezas.

Na **paga** o recebimento é prévio. O executor recebe a vantagem e depois pratica o homicídio. Incide a qualificadora se o sujeito recebe somente parte do valor acertado com o mandante. Já na **promessa de recompensa** o pagamento é convencionado para momento posterior à execução do crime. Nesse caso, não é necessário que o sujeito efetivamente receba a recompensa. É suficiente a sua promessa. E também não se exige tenha sido a recompensa previamente definida, podendo ficar à escolha do mandante.

O pagamento, em ambos os casos, pode ser em dinheiro ou qualquer outra espécie de bem, tal como uma joia ou um automóvel. E, por se tratar de crime contra a vida, e não contra o patrimônio, a vantagem não precisa obrigatoriamente ser econômica, como é o caso da prestação de favores sexuais, promessa de casamento etc.

Cuida-se de crime plurissubjetivo, plurilateral ou de concurso necessário. Devem existir ao menos duas pessoas: o mandante (quem paga ou promete a recompensa) e o executor (também chamado de **sicário**).[26]

Aplica-se a qualificadora, imediatamente, ao executor, pois é ele quem atua movido pela paga ou pela promessa de recompensa. Questiona-se: A qualificadora é também aplicada ao mandante?

Não. Por se tratar de circunstância manifestamente subjetiva, não se comunica ao partícipe (como o mandante) nem a eventual coautor. É o que se extrai do art. 30 do Código Penal. Contudo, se a situação concreta revelar que o motivo que levou o mandante a encomendar o homicídio também é torpe, incidirá a qualificadora, não em razão da paga ou promessa de recompensa, e sim da torpeza genérica. Ressalte-se, porém, o entendimento diverso de Nélson Hungria, seguido por diversos penalistas pátrios, para quem "a incomunicabilidade das circunstâncias pessoais cessa quando estas entram na própria noção do crime. No homicídio qualificado, por exemplo, as qualificativas de caráter pessoal, *ex capite executoris*, se estendem aos partícipes".[27]

Com o merecido respeito, essa posição não tem sustentação legal, uma vez que o art. 30 do Código Penal não contempla essa hipótese: tratamento diferenciado para circunstâncias subjetivas que integram o conceito do crime. Com efeito, elementares e circunstâncias são dados distintos que, por esse motivo, receberam disciplina jurídica diversa pelo legislador.

Convém ainda observar que, na prática, é possível ser o mandante condenado por homicídio privilegiado e o executor, por homicídio qualificado. Veja-se a situação em que um pai, ao notar que sua filha fora estuprada, contrata um pistoleiro. Este, em obediência à ordem, mata o autor do crime sexual. Os jurados, ao votarem os quesitos, reconhecem o privilégio para o mandante, e, assim agindo, impedem para ele a discussão sobre a qualificadora. Com efeito, a causa de diminuição da pena é votada previamente à qualificadora (CPP, art. 483, § 3.º, incs. I e II), e, se afirmada sua presença, impede a votação do motivo torpe. Em seguida, condenam o executor por homicídio qualificado. Na visão do Superior Tribunal de Justiça:

> O reconhecimento da qualificadora da 'paga ou promessa de recompensa' (inciso I do § 2.º do art. 121) em relação ao executor do crime de homicídio mercenário não qualifica automaticamente o delito em relação ao mandante, nada obstante este possa incidir no referido dispositivo caso o motivo que o tenha levado a empreitar o óbito alheio seja torpe. De fato, no homicídio qualificado pelo motivo torpe consistente na paga ou na promessa de recompensa (art. 121, § 2.º, I, do CP) – conhecido como homicídio mercenário –, há concurso de agentes necessário, na medida em que, de um lado, tem-se a figura do mandante, aquele que oferece a recompensa, e, de outro, há a figura do executor do delito, aquele que aceita a promessa de recompensa. É bem verdade que nem sempre a motivação do mandante será abjeta, desprezível ou repugnante, como ocorre, por exemplo, nos homicídios privilegiados, em que o mandante, por relevante valor moral, contrata pistoleiro para matar o estuprador de sua filha. Nesses casos, a circunstância prevista no art. 121, § 2.º, I, do CP não será transmitida, por óbvio, ao mandante, em razão da incompatibilidade da qualificadora do motivo torpe com o crime privilegiado, de modo que apenas o executor do delito (que recebeu a paga ou a promessa de recompensa) responde pela qualificadora do motivo torpe. Entretanto, apesar de a 'paga ou promessa de recompensa' (art. 121, § 2.º, I, do CP) não ser elementar, mas

---

[26] Essa terminologia já foi utilizada pelo STF para referir-se ao executor do homicídio mercenário (HC 67.757/SP, rel. Min. Sepúlveda Pertence, 1.ª Turma, j. 10.05.1990).

[27] HUNGRIA, Nélson. *Comentários ao Código Penal*. Rio de Janeiro: Forense, 1949. v. 1, p. 574. Esse entendimento já foi contemplado pelo Superior Tribunal de Justiça: "A Turma entendeu que, no homicídio, o fato de ter sido o delito praticado mediante paga ou promessa de recompensa, por ser elemento do tipo qualificado, é circunstância que não atinge exclusivamente o executor, mas também o mandante ou qualquer outro coautor" (HC 99.144/RJ, rel. Min. Og Fernandes, 6.ª Turma, j. 04.11.2008, noticiado no *Informativo* 375).

sim circunstância de caráter pessoal do delito de homicídio, sendo, portanto, incomunicável automaticamente a coautores do homicídio, conforme o art. 30 do CP (REsp 467.810-SP, Quinta Turma, *DJ* 19.12.2003), poderá o mandante responder por homicídio qualificado pelo motivo torpe caso o motivo que o tenha levado a empreitar o óbito alheio seja abjeto, desprezível ou repugnante.[28]

Motivo torpe é o vil, repugnante, abjeto, moralmente reprovável. Exemplo: matar um parente para ficar com sua herança. Fundamenta-se a maior quantidade de pena pela violação do sentimento comum de ética e de justiça.

A **vingança** não caracteriza automaticamente a torpeza. Será ou não torpe, dependendo do motivo que levou o indivíduo a vingar-se de alguém, o qual reclama avaliação no caso concreto.[29] Exemplos:

(1) Não é torpe a conduta do marido que mata o estuprador de sua esposa. Ao contrário, trata-se de relevante valor moral (privilégio), nos moldes do art. 121, § 1.º, do Código Penal; e

(2) É torpe o ato de um traficante consistente em matar outro vendedor de drogas que havia, no passado, dominado o controle do tráfico na favela então controlada pelo assassino.

Historicamente, o **ciúme** não era considerado motivo torpe. Argumentava-se que quem mata por amor, pois somente quem ama sente ciúme, embora criminoso, não pode ser taxado de vil ou ignóbil, e tratado à semelhança de quem mata por questões repugnantes, tais como rivalidade profissional, pagamento para a prática do homicídio etc.

Nos tempos atuais, o ciúme não merece mais ser tratado, em uma visão romântica, como um "ato de amor". O amor verdadeiro não humilha, não mata, não destrói famílias. O ciúme assassino é, na verdade, um sentimento espúrio de dominação e coisificação daquele que se considera superior frente a outra pessoa, em regra uma mulher covardemente inferiorizada.

Nessa linha de raciocínio, o ciúme pode ser enquadrado ou não como motivo torpe, a depender das peculiaridades do caso concreto.[30]

1.1.3.5.6. Motivo fútil: inciso II

Motivo fútil é o insignificante, de pouca importância, completamente desproporcional à natureza do crime praticado. Exemplo: Age com motivo fútil o cliente que mata o dono do bar pelo fato de este ter lhe servido cerveja quente. Fundamenta-se a elevação da pena na resposta estatal em razão do egoísmo, da atitude mesquinha que alimenta a atuação do responsável pela infração penal.

O motivo fútil, revelador de egoísmo intolerante, prepotente, mesquinho, que vai até a insensibilidade moral, deve ser apreciado no caso concreto, de acordo com o *id quod plerumque accidit*, ou seja, levando em conta as máximas da experiência, os fenômenos que normalmente acontecem na vida humana.

---

[28] REsp 1.209.852/PR, rel. Min. Rogerio Schietti Cruz, 6.ª Turma, j. 15.12.2015, noticiado no *Informativo* 575. Com idêntica conclusão: REsp 1.973.397/MG, rel. Min. Ribeiro Dantas, 5.ª Turma, j. 06.09.2022, noticiado no *Informativo* 748.

[29] Como já decidido pelo Superior Tribunal de Justiça: "a verificação se a vingança constitui ou não motivo torpe deve ser feita com base nas peculiaridades de cada caso concreto, de modo que não se pode estabelecer um juízo *a priori*, positivo ou negativo" (REsp 785.122/SP, rel. Min. Og Fernandes, 6.ª Turma, j. 19.10.2010, noticiado no *Informativo* 452).

[30] Para o STJ, a análise da situação fática pode elevar o ciúme à categoria de motivo torpe: "O sentimento de ciúme pode tanto inserir-se na qualificadora do inciso I ou II do parágrafo 2.º, ou mesmo no privilégio do parágrafo primeiro, ambos do art. 121 do CP, análise feita concretamente, caso a caso" (AgRg no AREsp 363.919/PR, rel. Min. Jorge Mussi, 5.ª Turma, j. 13.05.2014).

A **ausência de motivo** não deve ser equiparada ao motivo fútil, pois todo crime tem sua motivação. Na linha da jurisprudência do Superior Tribunal de Justiça:

> Na hipótese em apreço, a incidência da qualificadora prevista no art. 121, § 2.º, inciso II, do Código Penal, é manifestamente descabida, porquanto motivo fútil não se confunde com ausência de motivos, de tal sorte que se o crime for praticado sem nenhuma razão, o agente somente poderá ser denunciado por homicídio simples.[31]

Destarte, o desconhecimento acerca do móvel do agente não deve ser colocado no mesmo nível do motivo de somenos importância. Há, todavia, adeptos de posição contrária, os quais alegam que, se um motivo ínfimo justifica a elevação da pena, com maior razão deve ser punida mais gravemente a infração penal imotivada.

O **ciúme** não pode ser enquadrado como motivo fútil. Esse sentimento, que destrói o equilíbrio do ser humano e arruína sua vida, não deve ser considerado insignificante ou desprezível. Para o Supremo Tribunal Federal: "O mesmo não ocorre no tocante à futilidade do motivo: ainda que não baste a excluir a criminalidade do fato ou a culpabilidade do agente, a vingança da mulher enciumada, grávida e abandonada não se pode tachar de insignificante".[32]

A **embriaguez**, por sua vez, é incompatível com o motivo fútil. O embriagado não tem pleno controle do seu modo de agir, afastando assim a futilidade da força que o impele a transgredir o Direito Penal. Mas há quem diga que, em face da norma prevista no art. 28, inciso II, do Código Penal (embriaguez voluntária ou culposa não exclui a imputabilidade penal), essa qualificadora pode ser aplicada ao ébrio.

Anote-se ainda que motivo fútil e **motivo injusto** não se confundem: todo crime é injusto, pois o sujeito passivo não é obrigado a suportá-lo, embora nem sempre seja fútil.

Ressalte-se que, por absoluta incompatibilidade, um motivo não pode ser simultaneamente fútil e torpe. Uma motivação exclui a outra. É fútil ou torpe, obrigatoriamente.

Em regra, não se aplica essa qualificadora quando a razão do crime é um entrevero, uma acirrada discussão entre autor e vítima, ainda que todo esse incidente tenha surgido em decorrência de uma causa desproporcional ao resultado produzido. O motivo do crime seria a intensa troca de impropérios e ofensas, e não aquele que ensejou o início da discussão. Exemplo: Depois de discutirem futebol, "A" e "B" passam a proferir diversos palavrões, um contra o outro. Em seguida, "A" cospe na face de "B", que, de imediato, saca um revólver e contra ele atira, matando-o. Nada obstante o início do problema seja fútil (discussão sobre futebol), a razão que levou à prática da conduta homicida não apresenta essa característica.[33] Como leciona Euclides Custódio da Silveira:

> A futilidade do motivo deve prender-se *imediatamente* à conduta homicida em si mesma: quem mata no auge de uma discussão oriunda de motivo fútil, já não o faz somente por este motivo imediato, de que se originou aquela.[34]

---

[31] HC 152.548/MG, rel. Min. Jorge Mussi, 5.ª Turma, j. 22.02.2011. E também: AgRg no AREsp 68.033/DF, rel. Min. Sebastião Reis Junior, 6.ª Turma, j. 18.12.2012.

[32] HC 90.744/PE, rel. Min. Sepúlveda Pertence, 1.ª Turma, j. 12.06.2007. Entretanto, o Supremo Tribunal Federal (HC 107.090/RJ, rel. Min. Ricardo Lewandowski, 1.ª Turma, j. 18.06.2013, noticiado no *Informativo* 711) e o Superior Tribunal de Justiça (AgRg no AREsp 363.919/PR, rel. Min. Jorge Mussi, 5.ª Turma, j. 13.05.2014) já decidiram que o ciúme pode, no caso concreto, ser classificado como motivo fútil, reservando-se esta análise ao Conselho de Sentença.

[33] STF: HC 107.199/SP, rel. Min. Marco Aurélio, 1.ª Turma, j. 20.08.2013, noticiado no *Informativo* 716. É de se ressaltar, contudo, a existência de julgado do Superior Tribunal de Justiça em sentido contrário: "A anterior discussão entre a vítima e o autor do homicídio, por si só, não afasta a qualificadora do motivo fútil" (AgRg no REsp 1.113.364/PE, rel. Min. Sebastião Reis Júnior, 5.ª Turma, DJe 21.08.2013, noticiado no *Informativo* 525).

[34] SILVEIRA, Euclides Custódio da. *Direito penal*. Crimes contra a pessoa. São Paulo: Max Limonad, 1959. p. 76.

Dessa lição extrai-se que existem duas espécies de futilidade: a **imediata ou direta**, que qualifica o homicídio, e a **mediata ou indireta**, que não o qualifica. Nessa linha de raciocínio, não se aplica a qualificadora do motivo fútil no contexto de "racha", quando a morte atinge pessoa estranha à competição não autorizada entre veículos automotores. Para o Superior Tribunal de Justiça:

> Não incide a qualificadora de motivo fútil (art. 121, § 2.º, II, do CP), na hipótese de homicídio supostamente praticado por agente que disputava "racha", quando o veículo por ele conduzido – em razão de choque com outro automóvel também participante do "racha" – tenha atingido o veículo da vítima, terceiro estranho à disputa automobilística. No caso em análise, o homicídio decorre de um acidente automobilístico, em que não havia nenhuma relação entre o autor do delito e a vítima. A vítima nem era quem praticava o "racha" com o agente do crime. Ela era um terceiro que trafegava por perto naquele momento e que, por um dos azares do destino, viu-se atingido pelo acidente que envolveu o agente do delito. Quando o legislador quis se referir a motivo fútil, fê-lo tendo em mente uma reação desproporcional ou inadequada do agente quando cotejado com a ação ou omissão da vítima; uma situação, portanto, que pressupõe uma relação direta, mesmo que tênue, entre agente e vítima. No caso não há essa relação. Não havia nenhuma relação entre o autor do crime e a vítima. O agente não reagiu a uma ação ou omissão da vítima (um esbarrão na rua, uma fechada de carro, uma negativa a um pedido). Não há aqui motivo fútil, banal, insignificante, diante de um acidente cuja causa foi um comportamento imprudente do agente, comportamento este que não foi resposta à ação ou omissão da vítima".[35]

Finalmente, o Superior Tribunal de Justiça já decidiu pela incompatibilidade entre o motivo fútil e o dolo eventual:

> É incompatível com o dolo eventual a qualificadora de motivo fútil (art. 121, § 2.º, II, do CP). Conforme entendimento externado pelo Min. Jorge Mussi, ao tempo que ainda era Desembargador, "os motivos de um crime se determinam em face das condicionantes do impulso criminógeno que influem para formar a intenção de cometer o delito, intenção que, frise-se, não se compatibiliza com o dolo eventual ou indireto, onde não há o elemento volitivo" (TJSC, HC 1998.016445-1, *DJ* 15.12.1998). Ademais, segundo doutrina, "Não são expressões sinônimas – intenção criminosa e voluntariedade. A vontade do homem aplicada à ação ou inação constitutivas da infração penal é a voluntariedade; a vontade do agente aplicada às consequências lesivas do direito é intenção criminosa. Em todas as infrações penais encontram-se voluntariedade. Em todos, porém, não se vislumbra a intenção criminosa. Os crimes em que não se encontra a intenção criminosa são os culposos e os praticados com dolo indireto, não obstante a voluntariedade da ação nas duas modalidades". Destaque-se que, em situações semelhantes, já decidiu desse modo tanto o STJ (REsp 1.277.036-SP, Quinta Turma, *DJe* 10.10.2014) quanto o STF (HC 111.442-RS, Segunda Turma, *DJe* 17.09.2012; e HC 95.136, Segunda Turma, *DJe* 30.03.2011), sendo que a única diferença foi a qualificadora excluída: no caso em análise, a do inciso II, § 2.º, do art. 121, já nos referidos precedentes, a do inciso IV do mesmo parágrafo e artigo.[36]

1.1.3.5.7. Com emprego de veneno, fogo, explosivo, asfixia, tortura ou outro meio insidioso ou cruel, ou de que possa resultar perigo comum: inciso III

Meio insidioso é o que consiste no uso de estratagema, de perfídia, de uma fraude para cometer um crime sem que a vítima o perceba. Exemplo: retirar o óleo de direção do automóvel para provocar um acidente fatal contra seu proprietário.

---

[35] HC 307.617/SP, rel. Min. Nefi Cordeiro, Rel. para acórdão Min. Sebastião Reis Júnior, 6.ª Turma, j. 19.04.2016, noticiado no *Informativo* 583.
[36] HC 307.617/SP, rel. Min. Nefi Cordeiro, rel. para acórdão Min. Sebastião Reis Júnior, 6.ª Turma, j. 19.04.2016, noticiado no *Informativo* 583. É preciso destacar, entretanto, a existência de vozes em sentido contrário, tanto em sede doutrinária como também no âmbito jurisprudencial.

Meio cruel é o que proporciona à vítima um intenso e desnecessário sofrimento físico ou mental, quando a morte poderia ser provocada de forma menos dolorosa. Exemplo: matar alguém lentamente com inúmeros golpes de faca, com produção inicial dos ferimentos em região não letal do seu corpo.

Não incide a qualificadora quando o meio cruel é empregado após a morte da vítima, pois a crueldade que caracteriza a qualificadora é somente aquela utilizada para matar. O uso de meio cruel após a morte caracteriza, em regra, o crime de homicídio (simples ou com outra qualificadora, que não a do meio cruel), em concurso com o crime de destruição, total ou parcial, de cadáver (CP, art. 211).

A reiteração de golpes isoladamente considerada não configura a qualificadora do meio cruel. Depende da produção de intenso e desnecessário sofrimento à vítima.

Meio de que possa resultar perigo comum é aquele que expõe não somente a vítima, mas também um número indeterminado de pessoas a uma situação de probabilidade de dano. Exemplos:

(1) diversos tiros certeiros contra a vítima quando se encontrava em movimentada via pública; e

(2) conduzir um veículo automotor em via pública a 165 km/h.[37]

Pelo fato de a redação desse inciso ter sido formulada de forma hipotética ("meio de que possa resultar perigo comum"), entende-se que para a incidência da qualificadora basta a possibilidade de o meio de execução utilizado pelo agente provocar perigo a um número indeterminado de pessoas. Em suma, não se reclama prova da situação de perigo a outras pessoas.

Contudo, se restar provado que o meio de execução, além de dirigir-se à morte da vítima, também causou perigo a um número indeterminado de pessoas, ao agente serão imputados os crimes de homicídio qualificado e de perigo comum (CP, arts. 250 a 259), em concurso formal, nos termos do art. 70 do Código Penal.[38]

O legislador mais uma vez utilizou-se da **interpretação analógica**. Depois da fórmula casuística ("com emprego de veneno, fogo, explosivo, asfixia, tortura") encerra uma fórmula genérica ("ou outro meio insidioso ou cruel, ou de que possa resultar perigo comum"). Portanto, esse "outro meio" deve ter natureza semelhante àqueles previstos na parte exemplificativa.

Há, portanto, três gêneros de qualificadoras: meio insidioso, meio cruel e meio de que possa resultar perigo comum. E tais gêneros dividem-se em cinco espécies: veneno, fogo, explosivo, asfixia e tortura.

Veneno é a substância de origem química ou biológica capaz de provocar a morte quando introduzida no organismo humano.

Determinadas substâncias, inócuas para as pessoas em geral, podem ser tratadas como veneno quando, em particular no organismo da vítima individualmente considerada, sejam aptas a levar à morte, em razão de alguma doença ou como resultado de eventual reação alérgica. Exemplos:

(1) injetar glicose em diabético; ou

(2) ministrar anestésicos em alérgico de modo a nele provocar choque anafilático.

Destarte, o conceito genérico de veneno pode, de acordo com o caso concreto, ser ampliado para hipóteses específicas. Não se olvide, porém, que essa extensão conceitual somente

---

[37] Decidiu o Superior Tribunal de Justiça, nessa hipótese, pela caracterização do dolo eventual e da qualificadora (REsp 912.060/DF, rel. Min. Arnaldo Esteves Lima, rel. para acórdão Min. Napoleão Nunes Maia Filho, 5.ª Turma, j. 14.11.2007, noticiado no *Informativo* 339).

[38] Nesse sentido: JESUS, Damásio E. de. *Código Penal anotado*. 15. ed. Saraiva: São Paulo, 2004. p. 410.

é possível quando o autor do homicídio conhecer a incompatibilidade entre o organismo da vítima e a substância por ele ministrada, para afastar a responsabilidade penal objetiva.

Quando empregado de forma sub-reptícia, isto é, sem o conhecimento do ofendido, o veneno representará meio insidioso. Exemplo: colocar veneno no chá da vítima. De outro lado, se for utilizado com violência, proporcionando ao ofendido um sofrimento exagerado, estará caracterizado o meio cruel. Exemplo: amarrar a vítima e injetar o veneno em seu sangue. Finalmente, o veneno também pode constituir-se em meio de que possa resultar perigo comum. Exemplo: colocar veneno da caixa d'água de uma faculdade visando matar uma pessoa determinada que ali consome o líquido todos os dias. Essa conduta, além da capacidade para matar a vítima, coloca em risco a vida e a saúde de um número indeterminado de pessoas.

O homicídio praticado com emprego de veneno é denominado **venefício**, e depende de prova pericial (exame toxicológico) para comprovar a existência da qualificadora.

Fogo é o resultado da combustão de produtos inflamáveis, da qual decorrem calor e luz. Trata-se, em geral, de meio cruel. Exemplo: queimar a vítima até a morte. Todavia, se do seu emprego um número indeterminado de pessoas puder ser exposto a perigo de dano, o crime será qualificado pelo meio de que possa resultar perigo comum. Exemplo: matar uma pessoa mediante o incêndio de seu imóvel, situado ao lado de diversas outras moradias.

Explosivo é o produto com capacidade de destruir objetos em geral, mediante detonação e estrondo.[39] Caracteriza, normalmente, meio de que possa resultar perigo comum. Exemplo: explodir o automóvel da vítima que trafegava em movimentada via pública. Nada impede, porém, a configuração do meio cruel. Exemplo: amarrar a vítima em uma árvore e prender uma bomba ao seu corpo, de forma a matá-la com a força da explosão.

Nesses dois meios de execução – fogo e explosivo –, pode acontecer de serem destruídas, inutilizadas ou deterioradas coisas alheias. No conflito aparente de normas penais, entretanto, o crime de dano qualificado pelo emprego de substância inflamável ou explosiva será afastado, por tratar-se de hipótese de **subsidiariedade expressa**. De fato, o art. 163, parágrafo único, inciso II, do Código Penal é peremptório ao determinar a ocorrência do dano qualificado somente "se o fato não constitui crime mais grave". E, evidentemente, o homicídio qualificado pelo emprego de fogo ou explosivo é delito mais grave.

Asfixia é a supressão da função respiratória, com origem mecânica ou tóxica.

A **asfixia mecânica** pode ocorrer pelos seguintes meios:

a) **estrangulamento**: constrição do pescoço da vítima por meio de instrumento conduzido pela força, do agente ou de outra fonte qualquer, desde que não seja o próprio peso do ofendido (exemplos: utilização de corda ou arame apertado pelo homicida). Se for utilizado o peso da vítima, será caso de enforcamento;

b) **esganadura**: aperto do pescoço da vítima provocado diretamente pelo agressor, que se vale do seu próprio corpo (exemplos: mãos, pés, antebraços etc.);

c) **sufocação**: emprego de objetos que vedam o ingresso de ar pelo nariz ou pela boca da vítima (exemplo: colocação de um saco plástico na garganta do ofendido);

d) **enforcamento**: constrição do pescoço da vítima provocada pelo seu próprio peso, em razão de estar envolvido por uma corda ou outro aparato de natureza similar (exemplo: forca);

e) **afogamento**: inspiração excessiva de líquidos, não se exigindo a imersão da vítima (exemplos: afundar alguém em uma piscina ou fazê-la ingerir água até a morte);

---

[39] O Anexo III do Regulamento de Produtos Controlados, aprovado pelo Decreto 10.030/2019 define explosivo como o "tipo de matéria que, quando iniciada, sofre decomposição muito rápida, com grande liberação de calor e desenvolvimento súbito de pressão".

f) **soterramento:** submersão em meio sólido (exemplo: enterrar uma pessoa com vida); e

g) **imprensamento:** impedimento da função respiratória pela colocação de peso sobre o diafragma da vítima, de modo que, em decorrência desse peso ou da exaustão por ele provocada, ela não mais seja capaz de efetuar o movimento respiratório. Esse meio é também conhecido como **sufocação indireta**.

Por sua vez, a **asfixia tóxica** pode verificar-se pelas seguintes formas:

a) **uso de gás asfixiante ou inalação.** Exemplo: prender a vítima em um ambiente fechado e abrir a torneira do gás de cozinha; e

b) **confinamento**: colocação da vítima em recinto fechado em que não há renovação do oxigênio por ela consumido. E, atenção, se a vítima for colocada em um caixão e enterrada viva, a causa da morte será a asfixia tóxica por confinamento, e não a asfixia mecânica por soterramento.

A asfixia pode constituir meio cruel (exemplos: afogamento ou soterramento, entre outros) ou insidioso (exemplo: uso de gás tóxico, inalado pela vítima sem notá-lo).

Tortura é "qualquer ato pelo qual dores ou sofrimentos agudos, físicos ou mentais, são infligidos intencionalmente a uma pessoa a fim de obter, dela ou de terceira pessoa, informações ou confissões; de castigá-la por ato que ela ou uma terceira pessoa tenha cometido ou seja suspeita de ter cometido; de intimidar ou coagir esta pessoa ou outras pessoas; ou por qualquer motivo baseado em discriminação de qualquer natureza; quando tais dores ou sofrimentos são infligidos por um funcionário público ou outra pessoa no exercício de funções públicas, ou por sua instigação, ou com seu consentimento ou aquiescência. Não se considerará como tortura as dores ou sofrimentos que sejam consequência unicamente de sanções legítimas, ou que sejam inerentes a tais sanções ou delas decorram".[40]

A tortura, **que pode ser física ou mental**, constitui-se nitidamente em **meio cruel**. E, com base no conceito mencionado, o art. 1.º da Lei 9.455/1997 define o crime de tortura:

> Art. 1.º Constitui crime de tortura:
>
> I – constranger alguém com emprego de violência ou grave ameaça, causando-lhe sofrimento físico ou mental:
>
> a) com o fim de obter informação, declaração ou confissão da vítima ou de terceira pessoa;
>
> b) para provocar ação ou omissão de natureza criminosa;
>
> c) em razão de discriminação racial ou religiosa;
>
> II – submeter alguém, sob sua guarda, poder ou autoridade, com emprego de violência ou grave ameaça, a intenso sofrimento físico ou mental, como forma de aplicar castigo pessoal ou medida de caráter preventivo.
>
> Pena – reclusão, de dois a oito anos.
>
> § 1.º Na mesma pena incorre quem submete pessoa presa ou sujeita a medida de segurança a sofrimento físico ou mental, por intermédio da prática de ato não previsto em lei ou não resultante de medida legal.
>
> § 2.º Aquele que se omite em face dessas condutas, quando tinha o dever de evitá-las ou apurá-las, incorre na pena de detenção de um a quatro anos.

---

[40] Art. 1.º da Convenção contra a Tortura e outros Tratamentos ou Penas Cruéis, Desumanos ou Degradantes, promulgada pelo Decreto 40/1991, que aprovou a definição dada pela Convenção de Nova York da Organização das Nações Unidas.

E o § 3.º do art. 1.º da Lei 9.455/1997 prevê uma hipótese de crime qualificado pelo resultado: tortura com resultado morte, com pena de reclusão de oito a dezesseis anos.

Essa situação cria uma polêmica. Com efeito, em um contexto no qual coexistam a morte da vítima e a tortura, quando incidirá a figura do Código Penal e quando deverá ser aplicada a figura prevista no art. 1.º, § 3.º, da Lei de Tortura?

O **homicídio qualificado pela tortura** (CP, art. 121, § 2.º, inc. III) caracteriza-se pela **morte dolosa**. O agente utiliza a tortura (meio cruel) para provocar a morte da vítima, causando-lhe intenso e desnecessário sofrimento físico ou mental. Depende de dolo (direto ou eventual) no tocante ao resultado morte. Esse crime é de **competência do Tribunal do Júri**, e apenado com 12 (doze) a 30 (trinta) anos de reclusão.

Já a **tortura com resultado morte** (Lei 9.455/1997, art. 1.º, § 3.º) é **crime essencialmente preterdoloso**. O sujeito tem o dolo de torturar a vítima, e da tortura resulta culposamente sua morte. Há dolo na conduta antecedente e culpa em relação ao resultado agravador. Essa conclusão decorre da pena cominada ao crime: 8 (oito) a 16 (dezesseis) anos de reclusão. Com efeito, não seria adequada uma morte dolosa, advinda do emprego de tortura, com pena máxima inferior ao homicídio simples. Além disso, esse crime é da **competência do juízo singular**.

A diferença repousa, destarte, no **elemento subjetivo**. Se o uso da tortura tinha como propósito a morte da vítima, o crime será de homicídio qualificado (CP, art. 121, § 2.º, inc. III). Por sua vez, se a finalidade almejada pelo agente era exclusivamente a tortura, mas dela resultou culposamente a morte da vítima, aplicar-se-á o tipo penal delineado pelo art. 1.º, § 3.º, da Lei 9.455/1997.

E ainda é possível a ocorrência de uma terceira hipótese. Imagine o seguinte exemplo: "A" constrange "B", com emprego de violência, causando-lhe sofrimento físico, para dele obter uma informação. "A", em seguida, com a finalidade de assegurar a impunidade desse crime, mata "B". Há dois crimes: tortura simples (Lei 9.455/1997, art. 1.º, inc. I, *a*) e homicídio qualificado pela conexão (CP, art. 121, § 2.º, inc. V), em concurso material. Não incide, no homicídio, a qualificadora da tortura, pois não foi tal meio de execução que provocou a morte da vítima.

1.1.3.5.8. À traição, de emboscada, ou mediante dissimulação ou outro recurso que dificulte ou torne impossível a defesa do ofendido: inciso IV

Nessa hipótese, o homicídio é qualificado pelo **modo de execução**. E mais uma vez o legislador valeu-se da **interpretação analógica**. Depois de descrever uma fórmula casuística ("traição, emboscada ou dissimulação"), encerra uma fórmula genérica ("ou outro recurso que dificulte ou torne impossível a defesa do ofendido"). Dessa forma, não apenas a traição, a emboscada e a dissimulação qualificam o crime, por dificultarem ou impossibilitarem a defesa da vítima. Qualquer outro modo também pode acarretar na elevação da pena em abstrato, desde que sejam semelhantes àqueles e dificultem ou impossibilitem a defesa do ofendido.[41]

A **traição** pode ser **física** (exemplo: atirar pelas costas) ou **moral** (atrair a vítima para um precipício). Nessa qualificadora, o agente se vale da confiança que o ofendido nele previamente depositava para o fim de matá-lo em momento em que ele se encontrava desprevenido e sem

---

[41] Cuidado: em concursos do Ministério Público, na fase dissertativa, exige-se a elaboração de peças práticas privativas de membros da instituição. É comum a prova narrar um caso prático e solicitar a elaboração da correspondente manifestação processual. Se a hipótese for de denúncia, e o crime correspondente for de homicídio qualificado pelo meio de execução que dificultou ou impossibilitou a defesa do ofendido, recomenda-se a utilização da primeira opção legal, qual seja "**dificultou** a defesa do ofendido". Com efeito, no plenário do júri será mais simples convencer os jurados de que a vítima teve reduzida sua chance de defesa, no lugar de provar que não restou nenhuma hipótese de reação. É mais prudente agir assim, além de ser a praxe entre os membros do Ministério Público.

vigilância. Por esse motivo, não será aplicada se, no caso concreto, a vítima teve tempo para fugir. E também não será cabível essa qualificadora na hipótese de ataque frontal e de repentino, que poderá caracterizar a surpresa (meio genérico que dificulta a defesa do ofendido).

Ressalte-se que na traição a relação de confiança preexiste ao crime e o sujeito dela se aproveita para executar o delito. De fato, se o agente, para se aproximar da vítima, faz nascer esse vínculo de confiança, a qualificadora será a da dissimulação.

O homicídio qualificado pela traição é doutrinariamente conhecido como *homicidium proditorium*.[42] Cuida-se, excepcionalmente, de **crime próprio** ou **especial**, pois somente pode ser cometido pela pessoa em que a vítima depositava uma especial confiança.

Emboscada é a tocaia. O agente aguarda escondido, em determinado local, a passagem da vítima, para matá-la quando ali passar. A emboscada pode ser praticada tanto em área urbana como em área rural. O homicídio por ela qualificado é também conhecido como *homicidium ex-insidiis* ("agguato", dos italianos, ou "guet-apens", dos franceses).[43]

Dissimulação é a atuação disfarçada, hipócrita, que oculta a real intenção do agente. O agente aproxima-se da vítima para posteriormente matá-la, valendo-se das facilidades proporcionadas pelo seu modo de agir. A dissimulação pode ser **material** (emprego de algum aparato, tal como uma farda policial) ou **moral** (demonstração de falsa amizade ou simpatia pela vítima, para, exemplificativamente, levá-la a um local ermo e matá-la).

Finalmente, **outro recurso que dificulte ou torne impossível a defesa da vítima** é uma fórmula genérica indicativa de meio análogo à traição, à emboscada e à dissimulação. Como exemplos destacam-se a conduta de matar a vítima com surpresa, enquanto dorme, quando se encontra em estado de embriaguez, em manifesta superioridade numérica de agentes (linchamentos) etc.

Cumpre destacar que a atitude inesperada é inerente ao crime de homicídio, pois do contrário estaria configurado o duelo. Destarte, a qualificadora depende de uma dose especial de imprevisão, necessária e suficiente para dificultar ou impossibilitar a defesa do ofendido. Para Guilherme de Souza Nucci: "É indispensável a prova de que o agente teve por propósito efetivamente *surpreender* a pessoa visada, enganando-a, impedindo-a de se defender ou, ao menos, dificultando-lhe a reação. É a presença do elemento subjetivo abrangente".[44]

A surpresa é incompatível com o dolo eventual, pois o sujeito deve dirigir sua vontade a uma única direção: matar a vítima de modo imprevisível. Exemplificativamente, não incide a qualificadora se o crime foi precedido de desavença (vias de fato ou calorosa discussão).[45]

A superioridade de armas, ou então o emprego de arma contra vítima desarmada, por si só, não qualifica o homicídio. Exige-se também a surpresa no ataque.

Se o Tribunal do Júri reconhecer mais de uma qualificadora prevista nesse inciso, o magistrado poderá utilizar apenas uma delas na dosimetria da pena, a fim de evitar o *bis in idem*. Como decidido pelo Superior Tribunal de Justiça:

> A confirmação pelo Tribunal do Júri da dissimulação e do uso de meio que dificultou a defesa da vítima deve ensejar uma única elevação em decorrência da qualificadora contida no art. 121, § 2.º, inciso IV, do Código Penal, ainda que quesitadas individualmente e não guardem relação de interdependência entre si.[46]

---

[42] SILVEIRA, Euclides Custódio da. *Direito penal*. Crimes contra a pessoa. São Paulo: Max Limonad, 1959. p. 79.
[43] SILVEIRA, Euclides Custódio da. *Direito penal*. Crimes contra a pessoa. São Paulo: Max Limonad, 1959. p. 79.
[44] NUCCI, Guilherme de Souza. *Código Penal comentado*. 8. ed. São Paulo: RT, 2008. p. 589.
[45] "São incompatíveis o dolo eventual e a qualificadora da surpresa prevista no inciso IV do § 2.º do art. 121 do CP" (STF: HC 111.442/RS, rel. Min. Gilmar Mendes, 2.ª Turma, j. 28.08.2012). A propósito, o Excelso Pretório já decidiu pela incompatibilidade do dolo eventual com qualquer das qualificadoras previstas no inc. IV do § 2.º do art. 121 do Código Penal (STF: HC 95.136/PR, rel. Min. Joaquim Barbosa, 2.ª Turma, j. 01.03.2011, noticiado no *Informativo* 618).
[46] Processo sob segredo de justiça, rel. Min. Laurita Vaz, 6.ª Turma, j. 07.02.2023, noticiado no *Informativo* 764.

1.1.3.5.8.1. Homicídio procustiano e homicídio teseuniano

Tais denominações originam-se de Procusto e Teseu, personagens da mitologia grega.

Procusto ("o esticador"), também mencionado como Polipémon ou Damastes, era um criminoso que habitava a serra de Elêusis. Em sua casa, ele tinha uma cama de ferro, com seu tamanho, a qual oferecia para descanso dos exaustos viajantes que ali passavam. Se quem se deitasse na cama fosse maior do que o móvel, ele cortava as partes sobressalentes da pessoa; por outro lado, se quem se deitasse fosse menor do que a cama, o assassino esticava a pessoa até seu corpo cobrir toda a superfície do móvel.

Com base nisso, utiliza-se a expressão **homicídio procustiano** para referir-se ao homicídio qualificado pelo emprego da traição, embora não se possa descartar também a incidência da qualificadora do meio cruel.

Procusto continuou seu derramamento de sangue até ser capturado por **Teseu**, o qual, depois de prendê-lo em sua própria cama, cortou sua cabeça e seus pés, dispensando-lhe idêntico castigo que impunha aos seus "hóspedes". Por tal razão, utiliza-se a nomenclatura **"homicídio teseuniano"** no tocante ao homicídio caracterizado pela vingança.

1.1.3.5.9. Para assegurar a execução, a ocultação, a impunidade ou a vantagem de outro crime: inciso V

Cuida-se de **qualificadora de natureza subjetiva**, relacionada à motivação do agente, que pratica um homicídio para assegurar a execução, a ocultação, a impunidade ou a vantagem de outro delito. A doutrina convencionou chamá-la de **conexão**, em face da ligação entre dois ou mais crimes.

O inciso V do § 2.º do art. 121 do Código Penal admite duas espécies de conexão: teleológica e consequencial.

Na **conexão teleológica** o homicídio é praticado para **assegurar a execução de outro crime**. O sujeito primeiro mata alguém e depois pratica outro delito. Exemplo: Matar o segurança de um empresário para em seguida sequestrá-lo.

Veja-se que, pela redação legal, não é obrigatório que o sujeito realmente assegure a execução de outro delito. Basta essa intenção.

O agente deve responder por dois crimes: pelo homicídio qualificado e pelo crime cuja execução se buscava assegurar, em concurso material. Se o sujeito cometer o homicídio com o propósito de assegurar a execução de outro delito, e depois desistir de praticar este último, terá incidência a qualificadora. Considera-se, em consonância com a teoria da atividade adotada pelo art. 4.º do Código Penal, o tempo do crime. E, nesse momento, estava presente a qualificadora, pois o homicídio foi cometido para assegurar a execução de outro delito.

Entretanto, não tem cabimento a qualificadora quando o homicida desejava assegurar a execução de uma **contravenção penal**, pois o dispositivo legal fala apenas em crime (princípio da taxatividade e vedação da analogia *in malam partem*). Na mesma linha de raciocínio, não incide a qualificadora quando o agente buscava assegurar a execução de um crime impossível[47] ou de um crime putativo, pois nos dois casos não há falar propriamente em crime, mas em fato atípico. Em ambos os casos, porém, é possível a configuração das qualificadoras do motivo torpe ou do motivo fútil.

Em situações expressamente previstas em lei, há crimes específicos e que afastam a qualificadora do homicídio quando o sujeito elimina a vida de alguém para assegurar a execução de outro crime. É o que ocorre, exemplificativamente, no latrocínio, em que o agente mata para roubar a vítima (CP, art. 157, § 3.º, II): responderá por esse delito, e não por roubo em concurso com homicídio. Resolve-se o conflito aparente de normas penais com o princípio da especialidade.

---

[47] Em sentido contrário: JESUS, Damásio E. de. *Código Penal anotado*. 15. ed. Saraiva: São Paulo, 2004. p. 413.

Em síntese, o "outro crime" referido pelo inciso V do § 2.º do art. 121 do Código Penal não forma unidade complexa com o homicídio. Há simples conexão entre eles, aplicando-se cumulativamente as penas respectivas, e não somente a do homicídio qualificado. Não se trata de **crime complexo**, como no latrocínio, em que há unificação de penas.

Conexão consequencial, por sua vez, é a qualificadora em que o homicídio é cometido para **assegurar a ocultação, a impunidade ou a vantagem de outro crime**. O sujeito comete um crime e só depois o homicídio.

Na **ocultação** o agente pretende impedir que se descubra a prática de outro crime. Exemplo: depois de furtar um estabelecimento comercial, o larápio, que estava encapuzado, mata uma testemunha que presenciara a prática do crime.

Na **impunidade**, por sua vez, o agente deseja evitar a punibilidade do crime anterior. Exemplo: estuprar uma mulher e depois matá-la para não ser reconhecido como o autor do crime contra a liberdade sexual.

Fica nítida, portanto, a diferença entre ocultação e impunidade. De fato, aquela diz respeito ao crime, pois o agente almeja impedir a ciência acerca da sua prática. Essa última, por sua vez, relaciona-se ao sujeito, já que o crime é conhecido, mas busca-se evitar a identificação do seu responsável.

Em ambos os casos (ocultação e impunidade) não é necessário tenha sido o homicida o responsável pelo outro crime, que pode ter sido praticado por terceiro (um parente ou amigo, por exemplo).

Finalmente, a **vantagem** é tudo o que se auferiu com o outro crime, aí se compreendendo seu produto, seu preço e também seu proveito, que pode ser material ou moral. Exemplo: matar o coautor de extorsão mediante sequestro para ficar com todo o valor recebido a título de resgate.

Nessa qualificadora, em todas as suas hipóteses, é irrelevante o tempo decorrido entre o homicídio e o outro crime. Dessa forma, incide a conexão se um delito tiver sido cometido há muito tempo e, anos depois, o agente matar uma testemunha até então desconhecida e que iria contra ele depor.

E, como se extrai do art. 108, 2.ª parte, do Código Penal, "nos crimes conexos, a extinção da punibilidade de um deles não impede, quanto aos outros, a agravação da pena resultante da conexão". Assim, mesmo se o crime anterior já tiver sido atingido pela prescrição, a título de exemplo, ainda assim a pena do homicídio será aumentada.

Além das situações expressamente previstas em lei (conexão teleológica e consequencial), a doutrina criou a figura da **conexão ocasional**, que estaria configurada quando um crime é cometido em face da ocasião proporcionada pela prática de outro delito. Exemplo: depois de furtar uma loja, o agente decide matar seu proprietário, em razão de desavenças que tiveram no passado.

A conexão ocasional não qualifica o homicídio, pois não foi prevista em lei. Raciocínio contrário ofenderia o princípio da reserva legal. Opera-se unicamente o concurso material entre o homicídio e o outro crime.

1.1.3.5.10. Contra autoridade ou agente descrito nos arts. 142 e 144 da Constituição Federal, integrantes do sistema prisional e da Força Nacional de Segurança Pública, no exercício da função ou em decorrência dela, ou contra seu cônjuge, companheiro ou parente consanguíneo até terceiro grau, em razão dessa condição: inciso VII (homicídio contra integrantes dos órgãos de segurança pública)

1.1.3.5.10.1. Introdução

Este inciso foi incluído no Código Penal pela Lei 13.142/2015, com a finalidade de tornar mais severa a pena do homicídio, consumado ou tentado, praticado contra integrantes dos órgãos de segurança pública ou pessoas a estes ligadas pelo casamento, pela união estável ou pelo parentesco.

O **homicídio contra integrantes dos órgãos de segurança pública** é uma qualificadora do homicídio doloso, de competência do Tribunal do Júri, razão pela qual deve ser submetida à votação pelos jurados. Além disso, esse delito tem **natureza hedionda**, a teor da regra contida no art. 1.º, inc. I, da Lei 8.072/1990.

O fundamento da qualificadora repousa na maior gravidade da conduta criminosa, atentatória da estrutura do Estado Democrático de Direito e causadora de temor acentuado às pessoas em geral. De fato, o homicídio cometido contra funcionários públicos que atuam na linha de frente do combate à criminalidade provoca pânico na sociedade e nítida sensação de insegurança pública. Se não bastasse, um crime dessa estirpe, na maioria das vezes, tem como responsáveis os integrantes de estruturas ilícitas de poder, notadamente as organizações criminosas.

1.1.3.5.10.2. Alcance da qualificadora

A qualificadora coloca em destaque a função pública exercida pelo ofendido, bem como o parentesco ou o vínculo pelo casamento ou pela união estável da vítima com o agente público. O inciso VII do § 2.º do art. 121 do Código Penal tutela:

a) Autoridade ou agente descrito nos arts. 142 e 144 da Constituição Federal

O legislador criou uma **norma penal em branco de fundo constitucional**. A descrição típica depende da complementação de dispositivos da Constituição Federal.[48]

O art. 142 da Lei Suprema engloba os integrantes das Forças Armadas, constituídas pela Marinha, pelo Exército e pela Aeronáutica.

No art. 144 da Constituição Federal encontram-se os membros da Polícia Federal, da Polícia Rodoviária Federal, da Polícia Ferroviária Federal, das Polícias Civis, das Polícias Militares e Corpos de Bombeiros Militares e das Polícias Penais, Federal, Estaduais ou Distrital.

E os integrantes das **guardas municipais**? Se o homicídio for cometido contra um guarda municipal, no exercício da função ou em decorrência dela, deverá incidir a qualificadora em análise.

Com efeito, as guardas municipais têm assento no art. 144, § 8.º, da Constituição Federal. O inc. VII do § 2.º do art. 121 do Código Penal refere-se ao art. 144 da Lei Suprema, abrangendo todo o seu corpo, e não apenas seu *caput*.

Nos dias atuais, seja pelo aumento diário da criminalidade, seja pelos inquestionáveis déficits nas instituições policiais, é crescente a atuação das guardas municipais no âmbito da segurança pública, tanto no papel preventivo como também na atuação repressiva, especialmente na realização de prisões em flagrante.

E mais. A Lei 13.022/2014 – Estatuto Geral das Guardas Municipais – estabelece em seu art. 2.º que "incumbe às guardas municipais, instituições de caráter civil, uniformizadas e armadas conforme previsto em lei, a função de proteção municipal preventiva". Na mesma direção, o art. 5.º, parágrafo único, desse diploma legal estatui que, "no exercício de suas competências, a guarda municipal poderá colaborar ou atuar conjuntamente com órgãos de segurança pública da União, dos Estados e do Distrito Federal ou de congêneres de Municípios vizinhos".

As **polícias penais** (federal, estaduais ou distrital) foram incluídas no art. 144, VI, da Constituição Federal pela Emenda Constitucional 104/2019. Incide a qualificadora quando o homicídio for cometido contra seus membros, pois são autoridades ou agentes descritos no

---

[48] Esta opção do legislador é questionável. Nosso Código Penal é de 1940, e desde então diversas Constituições sucederam-se no tempo. Se no futuro surgir uma nova Constituição Federal, ou mesmo se a atual passar por profundas reformas, é possível que o conteúdo atualmente previsto nos arts. 142 e 144 venha a ser disciplinado por outros dispositivos constitucionais, criando problemas na aplicação prática do art. 121, § 2.º, inc. VII, do Código Penal.

art. 144 da Lei Suprema. Além disso, às polícias penais cabe a segurança dos estabelecimentos penais (CF, art. 144, § 5.º-A), motivo pelo qual também podem ser classificados como "integrantes do sistema prisional", na forma exigida pelo art. 121, § 2.º, VII, do Código Penal.

A qualificadora não se aplica aos agentes de polícia da Câmara dos Deputados e do Senado Federal, previstos nos arts. 51, inc. IV, e 52, inc. XIII, da Lei Suprema, e não em seus arts. 142 e 144, como reclama o art. 121, § 2.º, inc. VII, do Código Penal.

b) Integrantes do sistema prisional

Nessa categoria ingressam todos aqueles que atuam na esfera administrativa da execução da pena privativa de liberdade e da medida de segurança detentiva, ou seja, na internação em hospital de custódia e tratamento psiquiátrico ou, à sua falta, em estabelecimento adequado. Como exemplos podem ser apontados os diretores de penitenciárias, os agentes penitenciários e os carcereiros, entre outros.

c) Integrantes da Força Nacional de Segurança Pública

A Força Nacional de Segurança Pública foi criada em 2004, com o propósito de atender às necessidades emergenciais dos Estados, em questões nas quais se fizer necessária a maior interferência do Poder Público, ou então quando for detectada a urgência de reforço na área de segurança. Ela é formada por policiais e bombeiros dos grupos de elite dos Estados, que se submetem a treinamento especial na Academia Nacional da Polícia Federal, em Brasília.

O modelo de inspiração da Força Nacional de Segurança Pública repousa na Força de Paz da Organização das Nações Unidas (ONU), e trata-se de órgão coordenado pela Secretaria Nacional de Segurança Pública – SENASP, do Ministério da Justiça. Os policiais da Força Nacional, após treinamento ou atuação, se reintegram às suas respectivas funções, em seus Estados, onde também repassam os conhecimentos adquiridos aos demais membros das suas corporações.

Nesses três grupos – autoridade ou agente descrito nos arts. 142 e 144 da Constituição Federal, integrantes do sistema prisional e da Força Nacional de Segurança Pública – o dolo do agente deve envolver a qualificadora. Em outras palavras, é preciso que o homicida tenha ciência da função pública exercida pela vítima. Exemplificativamente, não será aplicável o inc. VII do § 2.º do art. 121 do Código Penal na hipótese em que o sujeito mata um policial militar em uma briga de trânsito, sem saber da sua posição funcional, uma vez que a vítima, embora no exercício da função pública, estava sem farda e no interior de viatura descaracterizada.

A caracterização da qualificadora reclama seja o homicídio (consumado ou tentado) cometido **no exercício da função ou em decorrência dela**. Vejamos algumas situações ilustrativas:

1.ª situação: Um Delegado de Polícia encontrava-se em seu gabinete de trabalho quando foi alvejado por disparos efetuados por um indivíduo que ele estava investigando. A vítima foi atingida no exercício da função pública. Deve ser reconhecida a qualificadora em estudo.

2.ª situação: Um Delegado de Polícia estava na praia, usufruindo suas férias, quando foi assassinado pelo comparsa de um agente que havia sido por ele preso. O crime foi cometido em decorrência da função pública da vítima, e a incidência da qualificadora em apreço é de rigor.

3.ª situação: Um Delegado de Polícia de uma pequena cidade, conhecido por todos os munícipes, estava jogando futebol e, depois de uma discussão com um adversário, acabou assassinado por ele. O delito não guarda nenhuma relação com a função pública da vítima, razão pela qual não pode ser aplicada a qualificadora prevista no inc. VII do § 2.º do art. 121 do Código Penal, sem prejuízo da incidência de outra qualificadora (nesse caso, o motivo fútil).

Em síntese, a figura qualificada preocupa-se com a **função pública** exercida pelas pessoas indicadas no art. 121, § 2.º, inc. VII, do Código Penal, e não propriamente com a pessoa atingida pela conduta criminosa.

Nesse terreno, surge uma importante questão: e se a vítima deixou de ostentar a função de autoridade ou agente descrito nos arts. 142 e 144 da Constituição Federal, de integrante do sistema prisional e da Força Nacional de Segurança Pública, mas o crime foi praticado em decorrência dela?

Imaginemos a situação de um policial civil recentemente aposentado, morto por criminosos como retaliação a uma investigação de que ele participou quando estava em serviço. **O tipo penal infelizmente não abarca essa hipótese.** Deveras, a vítima não é mais autoridade ou agente de órgão da segurança pública, muito embora o delito guarde íntima relação com o cargo público que ele ocupava.

Em resumo, só é possível a incidência da qualificadora para os funcionários públicos da ativa. Se a vítima deixou de exercer a função pública, estará excluída a figura qualificada, malgrado o crime tenha sido motivado pela atividade anteriormente por ele desempenhada.

d) Cônjuge, companheiro ou parente consanguíneo até terceiro grau, em razão dessa condição

O tipo penal também protege o cônjuge, companheiro ou parente consanguíneo até terceiro grau, da autoridade ou agente descrito nos arts. 142 e 144 da Constituição Federal, dos integrantes do sistema prisional e da Força Nacional de Segurança Pública.

A palavra "**cônjuge**" pressupõe o casamento entre a vítima e a pessoa ocupante da função pública. O termo "**companheiro**", por sua vez, envolve as relações tanto entre indivíduos de sexos diversos (heteroafetivas) quanto do mesmo sexo (homoafetivas).

A expressão "**parente consanguíneo até terceiro grau**" engloba as relações em linha reta (ascendentes: pais, avós e bisavós; descendentes: filhos, netos e bisnetos) ou colateral (irmãos, tios e sobrinhos).

Nessas três hipóteses o delito deve vincular-se à função pública desempenhada pelo cônjuge, companheiro ou parente da vítima, pois o legislador utilizou a frase "**em razão dessa condição**". Exemplo: um traficante mata o filho de um Delegado de Polícia para se vingar da apreensão de grande quantidade de droga por este efetuada.

O legislador não foi feliz ao utilizar a fórmula "**parente consanguíneo**". Em verdade, ao limitar a qualificadora ao parentesco natural, decorrente do vínculo biológico (pessoas do mesmo sangue), o Código Penal excluiu da especial proteção as relações oriundas do parentesco civil, notadamente os filhos adotivos. Deveria ter falado somente em "**parente até terceiro grau**", em respeito à regra contida no art. 227, § 6.º, da Constituição Federal: "Os filhos, havidos ou não da relação do casamento, ou por adoção, terão os mesmos direitos e qualificações, proibidas quaisquer designações discriminatórias relativas à filiação".

Nada obstante o vacilo do legislador, essa falha não pode ser suprida pelo operador do Direito no plano prático. Em outras palavras, é vedada a aplicação da qualificadora quando o homicídio for cometido contra filho adotivo da autoridade ou agente descrito nos arts. 142 e 144 da Constituição Federal, dos integrantes do sistema prisional e da Força Nacional de Segurança Pública, pois o Direito Penal não admite a analogia *in malam partem*.

A qualificadora também não alcança o **parentesco por afinidade**, adquirido pela pessoa em razão do casamento ou da união estável, a exemplo dos sogros, genros, noras e cunhados. Exemplificativamente, se um criminoso matar a sogra do policial militar que no passado o prendeu, não será aplicável a regra contida no art. 121, § 2.º, inc. VII, do Código Penal.

1.1.3.5.10.2.1. O esquecimento dos integrantes do Poder Judiciário e membros do Ministério Público

A finalidade do legislador ao criar a qualificadora contida no art. 121, § 2.º, inc. VII, do Código Penal foi conferir maior proteção aos integrantes dos órgãos de segurança pública, nos homicídios relacionados com a função pública por eles exercida, bem como dispensar tratamento mais severo aos criminosos que atuam contra tais agentes públicos.

Pois bem. O móvel dessa mudança foi correto, mas nota-se uma grave falha ao deixar de lado os membros do Poder Judiciário (juízes, desembargadores e ministros) e do Ministério Público (promotores e procuradores de Justiça, na esfera estadual, e procuradores da República, no âmbito federal).

Qual é a lógica de não se reconhecer a qualificadora quando o homicídio é praticado contra tais agentes públicos? Qual é a razão de se preocupar, a título ilustrativo, com a atividade desenvolvida por um Delegado de Polícia que investiga um delito, e simultaneamente olvidar-se do membro do Ministério Público que denuncia o agente e sustenta a acusação durante toda a ação penal, e também do magistrado, responsável pela presidência do trâmite processual e, principalmente, da condenação? Em nossa opinião, não há resposta plausível para essas indagações, a não ser a falta de técnica e de bom senso do legislador.

1.1.3.5.10.3. Natureza da qualificadora

A qualificadora prevista no art. 121, § 2.º, inc. VII do Código Penal tem natureza **pessoal** ou **subjetiva**, pois diz respeito à **motivação do agente**. O crime é praticado contra a vítima porque esta é autoridade ou agente descrito nos arts. 142 e 144 da Constituição Federal, integrante do sistema prisional ou da Força Nacional de Segurança Pública, no exercício da função ou em decorrência dela, ou desta é cônjuge, companheiro ou parente consanguíneo até terceiro grau.

Consequentemente, essa figura é incompatível com o privilégio (CP, art. 121, § 1.º), excluindo o homicídio híbrido (privilegiado-qualificado). Portanto, se durante a votação dos quesitos os jurados reconhecerem o privilégio, automaticamente terão negado essa qualificadora, e o juiz presidente sequer poderá questioná-la.

1.1.3.5.11. Com emprego de arma de fogo de uso restrito ou proibido: inciso VIII

Esse inciso, criado pela Lei 13.964/2019 – Pacote Anticrime – foi inicialmente vetado pelo Presidente da República, com a seguinte justificativa:

> A propositura legislativa, ao prever como qualificadora do crime de homicídio o emprego de arma de fogo de uso restrito ou proibido, sem qualquer ressalva, viola o princípio da proporcionalidade entre o tipo penal descrito e a pena cominada, além de gerar insegurança jurídica, notadamente aos agentes de segurança pública, tendo em vista que esses servidores poderão ser severamente processados ou condenados criminalmente por utilizarem suas armas, que são de uso restrito, no exercício de suas funções para defesa pessoal ou de terceiros ou, ainda, em situações extremas para a garantia da ordem pública, a exemplo de conflito armado contra facções criminosas.

Em nossa opinião, o veto atendeu mais a interesses corporativos, notadamente dos agentes de segurança pública – os quais, é importante destacar, já são protegidos pelo instituto da legítima defesa, quando desempenham corretamente suas atividades –, do que a razões de índole jurídica.

Contudo, o **Congresso Nacional** derrubou tal veto, daí resultando a promulgação do inciso VIII do § 2.º do art. 121 do Código Penal, com a implementação de mais uma qualificadora no crime de homicídio.

O fundamento do tratamento penal mais severo repousa na maior capacidade letal das armas de fogo de uso restrito ou proibido,[49] bem como no elevado risco que tais instrumentos

---

[49] O emprego de arma de fogo de uso permitido ou de arma branca não enseja o reconhecimento dessa qualificadora.

representam à segurança pública e à vida e à saúde das demais pessoas, e não apenas à vítima do homicídio. Além disso, a utilização de armas de fogo diferenciadas para a prática de homicídios acaba alimentando o mercado do tráfico de armas e contribuindo para o aumento da violência urbana.

O art. 3.º, parágrafo único, incisos II e III, do Anexo I (Regulamento de Produtos Controlados) do Decreto 10.030/2019, com as alterações promovidas pelo Decreto 10.627/2021, apresenta as seguintes definições de tais armas de fogo:[50]

> **II – arma de fogo de uso restrito** – as armas de fogo automáticas, de qualquer tipo ou calibre, semiautomáticas ou de repetição que sejam:
>
> a) não portáteis;
>
> b) de porte, cujo calibre nominal, com a utilização de munição comum, atinja, na saída do cano de prova, energia cinética superior a mil e duzentas libras-pé ou mil seiscentos e vinte joules; ou
>
> c) portáteis de alma raiada, cujo calibre nominal, com a utilização de munição comum, atinja, na saída do cano de prova, energia cinética superior a mil e duzentas libras-pé ou mil seiscentos e vinte joules;
>
> **III – arma de fogo de uso proibido:**
>
> a) as armas de fogo classificadas como de uso proibido em acordos ou tratados internacionais dos quais a República Federativa do Brasil seja signatária; e
>
> b) as armas de fogo dissimuladas, com aparência de objetos inofensivos;

Cuida-se de qualificadora de **natureza objetiva**, relacionada ao **meio de execução** do homicídio.[51] Nos termos do art. 30 do Código Penal, se o crime for praticado em concurso de pessoas, essa circunstância comunica-se aos coautores ou partícipes, desde que sejam do conhecimento de todos os agentes. Exemplificativamente, se "A" e "B" mataram "C" com um único disparo de arma de fogo de uso restrito, efetuado por "B", com ciência do seu comparsa, ambos responderão pela figura qualificada em estudo.

A caracterização da qualificadora **independe da existência ou inexistência de registro ou autorização para o porte da arma de fogo**. Em outras palavras, ainda que o agente possua ou porte legalmente a arma de fogo de uso restrito ou proibido, incidirá a circunstância prevista no art. 121, § 2.º, inciso VIII, do Código Penal se ele matar alguém empregando esse instrumento, pois a lei se contenta com o "emprego" de tal arma de fogo. É o que se dá, exemplificativamente, quando um juiz de Direito mata seu vizinho, no contexto de uma banal discussão, mediante o emprego de arma de fogo de uso restrito devidamente registrada em seu nome.

1.1.3.5.12. Contra menor de 14 (quatorze) anos: inc. IX

Essa qualificadora foi instituída pela Lei 14.344/2022 – Lei Henry Borel,[52] e tem como fundamento a maior fragilidade da vítima, com capacidade de resistência diminuída em face do

---

[50] O art. 121, § 2.º, inc. VIII, do Código Penal constitui-se, portanto, em norma penal em branco heterogênea (em sentido estrito ou fragmentária).

[51] O art. 121, § 2.º, do Código Penal atualmente contempla dois incisos – III e VIII – com qualificadoras atinentes aos meios de execução do homicídio.

[52] Henry Borel Medeiros, então com 4 anos de idade, foi assassinado no dia 8 de março de 2021, no apartamento em que moravam sua mãe, Monique Medeiros da Costa e Silva, e seu padrasto, o médico e à época vereador Jairo Souza Santos Júnior, conhecido como "Dr. Jairinho". A Lei 14.344/2022 criou mecanismos para a prevenção e o enfrentamento da violência doméstica e familiar contra a criança e o adolescente, nos termos do § 8.º do art. 226 e do § 4.º do art. 227 da Constituição Federal e das disposições específicas previstas em tratados, convenções ou acordos internacionais de que o Brasil seja parte, e implementou modificações no Código Penal, na Lei 7.210/1984

seu incompleto desenvolvimento, bem como a acentuada reprovabilidade do agente, indicativa de gritante covardia e deturpação moral.

Trata-se de circunstância de **natureza objetiva**, pois diz respeito à idade da vítima ao tempo do crime, a qual deve ser do conhecimento do agente, sob pena de configuração da responsabilidade penal objetiva. De fato, o erro acerca da idade do ofendido exclui essa qualificadora, a exemplo do que se verifica quando o sujeito mata um menor de 14 anos acreditando que sua conduta era direcionada à pessoa com idade mais avançada, notadamente em face da compleição física da vítima.

A idade da vítima deve ser provada por documento idôneo (certidão de nascimento, carteira de identidade ou registro geral etc.).

O tipo penal contenta-se com a idade da vítima, ou seja, o homicídio será qualificado quando cometido contra pessoa menor de 14 anos (criança ou adolescente). Não há nenhuma exigência específica quanto à qualidade do sujeito ativo, sem prejuízo da incidência da majorante contida no art. 121, § 2.º-B, II, do Código Penal, e também não se reclama seja o crime cometido no contexto de violência doméstica ou familiar.

1.1.3.5.12.1. Causas de aumento de pena: art. 121, § 2.º-B

O art. 121, § 2.º-B, do Código Penal contempla causas de aumento aplicáveis ao homicídio (qualificado) praticado contra menor de 14 (quatorze) anos. Vejamos cada uma delas.

Inc. I – 1/3 (um terço) até a metade se a vítima é pessoa com deficiência ou com doença que implique o aumento de sua vulnerabilidade

A insensibilidade do agente mostra-se ainda mais elevada. A vítima, além de menor de 14 anos, também é pessoa com deficiência ou doença que implique o aumento da sua vulnerabilidade. Em outras palavras, a capacidade de resistência do ofendido é praticamente nula.

A **deficiência** deve ser interpretada em sentido amplo: pode ser física, mental, intelectual ou sensorial. Sua definição está prevista no art. 2.º, *caput*, da Lei 13.146/2015 – Estatuto da Pessoa com Deficiência: "Considera-se pessoa com deficiência aquela que tem impedimento de longo prazo de natureza física, mental, intelectual ou sensorial, o qual, em interação com uma ou mais barreiras, pode obstruir sua participação plena e efetiva na sociedade em igualdade de condições com as demais pessoas".

Por sua vez, a **doença que implique o aumento de sua vulnerabilidade** deve ser identificada no caso concreto e pode ser de qualquer natureza. O decisivo é a redução da capacidade de resistência da vítima, a exemplo da doença de Charcot, também conhecida como ELA – Esclerose Lateral Amiotrófica.

O agente deve conhecer a deficiência ou doença que implique o aumento da vulnerabilidade da vítima, pois não se admite a responsabilidade penal objetiva.

Inc. II – 2/3 (dois terços) se o autor é ascendente, padrasto ou madrasta, tio, irmão, cônjuge, companheiro, tutor, curador, preceptor ou empregador da vítima ou por qualquer outro título tiver autoridade sobre ela

Essas causas de aumento relacionam-se com a **qualidade do sujeito ativo**, pois são atinentes ao seu parentesco ou com sua posição de autoridade perante o ofendido. Não se restringem, portanto, ao poder familiar.

– Lei de Execução Penal, na Lei 8.069/1990 – Estatuto da Criança e do Adolescente, na Lei 8.072/1990 – Lei dos Crimes Hediondos e na Lei 13.431/2017, que estabelece o sistema de garantia de direitos da criança e do adolescente vítima ou testemunha de violência.

A condição de ascendente pode advir do nascimento ou da adoção. Como determina o art. 227, § 6.º, da Constituição Federal: "Os filhos, havidos ou não da relação do casamento, ou por adoção, terão os mesmos direitos e qualificações, proibidas quaisquer designações discriminatórias relativas à filiação". Os irmãos podem ser bilaterais (mesmo pai e mesma mãe) ou unilaterais (mesmo pai ou mesma mãe).

Preceptor é a pessoa incumbida de acompanhar e orientar a educação de uma criança ou adolescente.

No tocante à expressão "ou por qualquer outro título tiver autoridade sobre ela", o agente tem com a vítima uma relação de direito (exemplo: carcereiro com o detento) ou de fato (exemplo: criança abandonada que passa a noite na casa de quem a recolhe da rua).

Inc. III – 2/3 (dois terços) se o crime for praticado em instituição de educação básica pública ou privada

Essa majorante foi incluída pela Lei 14.811/2024, e diz respeito ao **local do crime**. A instituição educacional deve zelar pela integridade corporal e pela vida da criança ou adolescente, notadamente porque ela não está sob os cuidados dos pais ou responsáveis legais durante o período em que frequenta o estabelecimento de ensino.

Nos termos do art. 4.º, I, da Lei 9.394/1996 – Diretrizes e Bases da Educação Nacional, a educação básica é obrigatória e gratuita dos 4 (quatro) aos 17 (dezessete) anos de idade, e compreende a pré-escola, o ensino fundamental e o ensino médio.

A causa de aumento incidirá se o crime for praticado tanto em instituição de educação básica **pública ou privada**, porém limitada à **vítima menor de 14 anos**.

1.1.3.5.13. Homicídio privilegiado-qualificado (homicídio híbrido)

Discute-se se é possível a configuração de uma figura híbrida de homicídio, simultaneamente privilegiado e qualificado. Formaram-se, basicamente, duas posições sobre o assunto. Vejamos.

1.ª posição: Não é possível o homicídio privilegiado-qualificado

Sustenta ser impossível essa conjugação, pois a causa de diminuição de pena não se aplica ao homicídio qualificado. A interpretação geográfica ou topográfica da figura do privilégio (§ 1.º) não autoriza sua incidência no tocante às qualificadoras (§ 2.º), mas somente ao *caput* do art. 121 do Código Penal. Além disso, aplicando-se analogicamente o art. 67 do Código Penal, conclui-se ser o privilégio uma circunstância preponderante em relação às qualificadoras, afastando-as. É, entre outras, a posição de Euclides Custódio da Silveira.[53]

2.ª posição: É possível o homicídio privilegiado-qualificado

Essa posição admite a compatibilidade entre o privilégio e as qualificadoras, desde que sejam de **natureza objetiva**.

Com efeito, o homicídio doloso é crime de competência do Tribunal do Júri. Na ordem de elaboração dos quesitos, deve o juiz-presidente, desde que os jurados tenham decidido pela condenação, formular inicialmente quesitos sobre causas de diminuição de pena alegadas pela defesa e, só após, proceder à votação dos quesitos inerentes às qualificadoras ou causas de aumento da pena (CPP, art. 483, § 3.º, incs. I e II). **Destarte, o privilégio (causa de diminuição da pena) é votado previamente às qualificadoras.**

Logo, se os jurados reconhecerem o privilégio, sempre de natureza subjetiva, o juiz, em respeito ao princípio constitucional da soberania dos veredictos, estará proibido de indagá-los

---

[53] SILVEIRA, Euclides Custódio da. *Direito penal*. Crimes contra a pessoa. São Paulo: Max Limonad, 1959. p. 72.

acerca de qualificadoras de natureza subjetiva que tenham sido confirmadas na pronúncia. Seria ilógico e contraditório, por exemplo, considerar um homicídio simultaneamente cometido por motivo de relevante valor moral e, posteriormente, indagar aos jurados se esse motivo também é torpe ou fútil. Esta é a posição do Supremo Tribunal Federal:

> A jurisprudência do STF é assente no sentido da conciliação entre homicídio objetivamente qualificado e, ao mesmo tempo, subjetivamente privilegiado. Dessa forma, salientou que, tratando-se de circunstância qualificadora de caráter objetivo (meios e modos de execução do crime), seria possível o reconhecimento do privilégio, o qual é sempre de natureza subjetiva.[54]

Anote-se que o § 2.º do art. 121 do Código Penal prevê oito espécies de qualificadoras. Dessas, são de índole subjetiva as relacionadas aos motivos do crime (incs. I, II, V e VII), e também a traição (inc. IV), enquanto as demais são de natureza objetiva, ligadas aos meios, aos modos de execução do crime e à idade da vítima (incs. III, IV – com exceção da traição –, VIII e IX).

Em resumo, o privilégio é incompatível com as qualificadoras subjetivas, mas compatível com as qualificadoras objetivas.

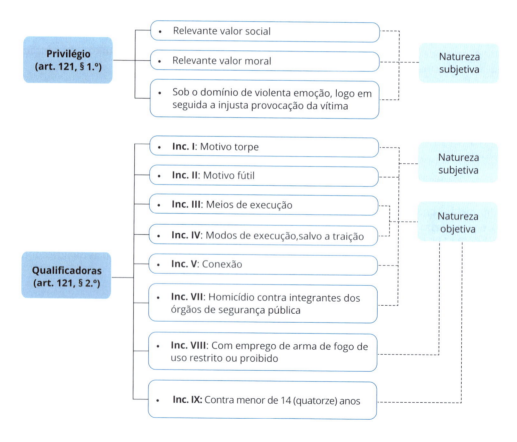

---

[54] HC 98265/MS, rel. Min. Carlos Britto, j. 25.08.2009, noticiado no *Informativo* 557. No mesmo sentido: "Manifesta a contradição, se afirmados, a respeito do mesmo fato e sobre o mesmo acusado, o motivo fútil e o motivo de relevante valor moral ou social acarretando a nulidade do júri" (HC 81.748/RJ, rel. Min. Sepúlveda Pertence, 1.ª Turma, j. 02.04.2002, noticiado no *Informativo* 262).

Essa é a regra geral, atualmente dominante em sede doutrinária e jurisprudencial.

Mas cuidado! Há situações em que uma qualificadora objetiva é incompatível com a figura do privilégio. O decisivo é o caso concreto, sempre guiado pelo bom senso. Imagine-se, por exemplo, um homicídio praticado sob o domínio de violenta emoção, logo em seguida a injusta provocação da vítima (CP, art. 121, § 1.º, *in fine*), mediante emboscada (CP, art. 121, § 2.º, inc. IV). Trata-se de hipótese inadmissível, porque a emboscada não se coaduna com o domínio de violenta emoção. Em igual sentido a lição de Dirceu de Mello:

> Inexpugnável é a contradição entre o homicídio privilegiado e a qualificadora do uso de recurso que dificultou ou tornou impossível a defesa do ofendido. Isto porque, naquele, a execução é subitânea, imprevista, tempestuosa, circunstâncias que não se compadecem com os temperamentos racionais que ditam o método ou o meio de execução sempre precedidos de processo mental ordenado.[55]

1.1.3.5.13.1. Homicídio privilegiado-qualificado (homicídio híbrido) e Lei dos Crimes Hediondos

Aceita a figura do homicídio privilegiado-qualificado, questiona-se: Esse crime é hediondo?

Não, de acordo com o entendimento dominante. Fundamenta-se esse raciocínio na redação do art. 1.º, inciso I, da Lei 8.072/1990, que indicou como hediondos somente o homicídio simples, quando praticado em atividade típica de grupo de extermínio, ainda que por um só agente (*caput*), e o homicídio qualificado (§ 2.º), não fazendo referência alguma ao privilegiado (§ 1.º). Se não bastasse, as benesses do privilégio afastam a gravidade da hediondez.[56]

Mas há quem sustente posição contrária. Para essa corrente, o homicídio híbrido é crime hediondo, pois a qualificadora lhe confere inevitavelmente esse perfil, enquanto o privilégio limita-se, unicamente, a diminuir a pena de 1/6 a 1/3. Seria um homicídio qualificado e hediondo, embora com a pena reduzida.

1.1.3.5.14. Pluralidade de qualificadoras

Na hipótese de estarem presentes duas ou mais qualificadoras (exemplo: homicídio qualificado pelo motivo torpe, pelo meio cruel e pelo recurso que dificultou a defesa do ofendido), o magistrado deve utilizar uma delas para qualificar o crime, e as demais como agravantes genéricas, na segunda fase, ou como circunstâncias judiciais desfavoráveis, na primeira fase, dependendo se a qualificadora encontra ou não correspondência no agravante no tocante aos delitos em geral. É a posição do Supremo Tribunal Federal:

> As circunstâncias evidenciadas na espécie refletem o entendimento da Corte, preconizado no sentido de que, "na hipótese de concorrência de qualificadoras num mesmo tipo penal, uma delas deve ser utilizada para qualificar o crime e as demais serão consideradas como circunstâncias agravantes".[57]

Mas também há posicionamentos sustentando que as demais qualificadoras devem atuar como circunstâncias judiciais desfavoráveis, influenciando na dosimetria da pena-base (1.ª fase). Finalmente, existe entendimento minoritário no sentido de que, na pluralidade de qualificadoras, somente uma pode ser empregada pelo julgador. Desprezam-se as demais, pois a função a elas correlata (aumentar a pena em abstrato) já foi desempenhada.

---

[55] Apud NUCCI, Guilherme de Souza. *Roteiro prático do júri*. São Paulo: Oliveira Mendes, 1997. p. 84.
[56] "Por incompatibilidade axiológica e por falta de previsão legal, o homicídio qualificado-privilegiado não integra o rol dos denominados crimes hediondos" (STJ: HC 153.728/SP, rel. Min. Félix Fischer, 5.ª Turma, j. 13.04.2010).
[57] RHC 114.458/MS, rel. Min. Dias Toffoli, 1.ª Turma, j. 19.02.2013. À época desse julgado, somente existiam as qualificadoras previstas no art. 121, § 2.º, I a V, do Código Penal.

1.1.3.5.15. Homicídio e parentesco

A circunstância do parentesco não qualifica o homicídio, constituindo mera agravante genérica (CP, art. 61, inc. II, *e*). Destarte, a conduta de matar o próprio pai (parricídio), a mãe (matricídio), o cônjuge varão (conjucídio), o cônjuge virago (uxoricídio), o filho (filicídio), o irmão (fratricídio), embora mais reprovável sob os prismas ético e moral, não qualifica o homicídio.

1.1.3.5.16. Qualificadoras e crime tentado

Todas as qualificadoras do homicídio são compatíveis com a forma tentada.

1.1.3.5.17. Qualificadoras e dolo eventual

Em regra, as qualificadoras podem ser praticadas pelo agente com dolo direto ou eventual.[58] Há vozes na doutrina, porém, no sentido de que algumas delas – motivo torpe, motivo fútil e emboscada – não se coadunam com o dolo eventual.

O Supremo Tribunal Federal, entretanto, já decidiu pela possibilidade de coexistência do dolo eventual com as qualificadoras do motivo torpe ou do motivo fútil no crime de homicídio, posição com a qual concordamos:

> Concluiu-se pela mencionada compossibilidade, porquanto nada impediria que o paciente – médico –, embora prevendo o resultado e assumindo o risco de levar os seus pacientes à morte, praticasse a conduta motivado por outras razões, tais como torpeza ou futilidade.[59]

De igual modo, o Superior Tribunal de Justiça também se posiciona pela compatibilidade, no crime de homicídio, entre o dolo eventual e as qualificadoras elencadas pelos incisos I, II, III e IV do § 2.º do art. 121 do Código Penal:

> O dolo eventual no crime de homicídio é compatível com as qualificadoras objetivas previstas no art. 121, § 2.º, III e IV, do Código Penal. A jurisprudência do Superior Tribunal de Justiça e do Supremo Tribunal Federal oscila a respeito da compatibilidade ou incompatibilidade do dolo eventual no homicídio com as qualificadoras objetivas (art. 121, § 2.º, III e IV). Destaca-se que aqueles que compreendem pela referida incompatibilidade escoram tal posição na percepção de que o autor escolhe o meio e o modo de proceder com outra finalidade, lícita ou não, embora seja previsível e admitida a morte. Tal posicionamento, retira, definitivamente do mundo jurídico, a possibilidade fática de existir um autor que opte por utilizar meio e modo específicos mais reprováveis para alcançar fim diverso, mesmo sendo previsível o resultado morte e admissível a sua concretização. Ainda, a justificativa de incompatibilidade entre o dolo eventual e as qualificadoras objetivas, inexistência de dolo direto para o resultado morte, se contrapõe à admissão no STJ de compatibilidade entre o dolo eventual e o motivo específico e mais reprovável (art. 121, § 2.º, I e II, do CP). Com essas considerações, elege-se o posicionamento pela compatibilidade, em tese, do dolo eventual também com as qualificadoras objetivas (art. 121, § 2.º, III e IV, do CP). Em resumo, as referidas qualificadoras serão devidas quando constatado que o autor delas se utilizou dolosamente como meio ou como modo específico mais reprovável para agir e alcançar outro resultado, mesmo sendo previsível e tendo admitido o resultado morte.[60]

---

[58] "A qualificadora do meio cruel é compatível com o dolo eventual" (STJ: REsp 1.829.601/PR, rel. Min. Nefi Cordeiro, 6.ª Turma, j. 04.02.2020, noticiado no *Informativo* 665).
[59] RHC 92.571/DF, rel. Min. Celso de Mello, 2.ª Turma, j. 30.06.2009, noticiado no *Informativo* 553.
[60] REsp 1.836.556/PR, rel. Min. Joel Ilan Paciornik, 5.ª Turma, j. 15.06.2021, noticiado no *Informativo* 701.

1.1.3.5.18. A questão da premeditação

A premeditação não qualifica o homicídio, por falta de amparo legal. Em alguns casos, inclusive, a preordenação criminosa, antes de revelar uma conduta mais reprovável, demonstra resistência do agente à prática delituosa. Em qualquer hipótese, entretanto, deve funcionar como circunstância judicial para dosimetria da pena-base, nos termos do art. 59, *caput*, do Código Penal.

1.1.3.6. Causas de aumento da pena no homicídio doloso: art. 121, § 4.º, 2.ª parte, e art. 121, § 6.º

1.1.3.6.1. Art. 121, § 4.º, 2.ª parte: vítima menor de 14 (quatorze) ou maior de 60 (sessenta) anos

O art. 121, § 4.º, 2.ª parte, do Código Penal foi tacitamente derrogado pela Lei 14.344/2022 – Lei Henry Borel. O legislador incidiu em grave falta de técnica ao deixar de alterar a redação desse dispositivo legal, uma vez que a causa de aumento de pena na hipótese de crime praticado contra pessoa menor de 14 (quatorze) anos indiscutivelmente deixou de existir.

Com efeito, se o homicídio cometido contra menor de 14 (quatorze) anos é qualificado (CP, art. 121, § 2.º, IX), a idade da vítima não pode ser utilizada também como majorante, pois não se admite a dupla punição pelo mesmo fato (*ne bis in idem*).

Portanto, subsiste unicamente a causa de aumento atinente ao delito praticado contra pessoa maior de 60 (sessenta) anos, aplicável exclusivamente ao **homicídio doloso**, em qualquer de suas modalidades: simples, privilegiado ou qualificado, consumado ou tentado. Trata-se de circunstância legal e especial, de natureza objetiva e aplicação obrigatória, a qual enseja o surgimento do denominado **homicídio doloso circunstanciado**.

Critica-se a inserção dessa causa de aumento da pena nesse dispositivo, localizado em parágrafo que cuida inicialmente da exasperação da pena no homicídio culposo. Além disso, encontra-se situado entre os §§ 3.º e 5.º, inerentes à figura culposa do delito.

A majorante diz respeito à **idade da vítima ao tempo do crime.** Esse raciocínio decorre da adoção da teoria da atividade pelo art. 4.º do Código Penal. Destarte, é imprescindível para incidência da causa de aumento que a vítima tenha suportado a conduta criminosa quando possuía mais de 60 anos de idade. Portanto, se ao tempo do crime a vítima tinha menos de 60 anos, mas vem a falecer quando ultrapassada tal idade, não incidirá a elevação da pena.

A causa de aumento deve ser abrangida pelo dolo do agente. Logo, o desconhecimento da idade da vítima ou o erro de tipo sobre tal circunstância impedem sua aplicação. Exemplo: "A" mata "B", de 61 anos, acreditando sinceramente ter a vítima 55 anos. Não incide a majorante.

Recorde-se que, em face da proibição da dupla punição pelo mesmo fato (*ne bis in idem*), a configuração da causa de aumento afasta a agravante genérica delineada pelo art. 61, inciso II, *h*, do Código Penal, no tocante ao crime cometido contra maior de 60 anos.

Essa causa de aumento de pena foi criada pela Lei 10.741/2003 – Estatuto da Pessoa Idosa. Fundamenta-se no art. 230, *caput*, da Constituição Federal: "A família, a sociedade e o Estado têm o dever de amparar as pessoas idosas, assegurando sua participação na comunidade, defendendo sua dignidade e bem-estar e garantindo-lhes o direito à vida".

Matar ou tentar matar uma pessoa idosa constitui-se em conduta revestida de maior reprovabilidade. Esta é a razão da majoração da pena.

1.1.3.6.2. Art. 121, § 6.º: milícia privada e grupo de extermínio

Como estatui o art. 121, § 6.º, do Código Penal, com a redação conferida pela Lei 12.720/2012: "A pena é aumentada de 1/3 (um terço) até a metade se o crime for praticado por milícia privada, sob o pretexto de prestação de serviço de segurança, ou por grupo de extermínio".

Cuida-se de **causa especial de aumento da pena**, incidente na terceira e última fase da dosimetria da pena privativa de liberdade, aplicável exclusivamente ao homicídio doloso, simples ou qualificado, de competência do Tribunal do Júri. Consequentemente, a análise da sua presença incumbe aos jurados, nos termos do art. 5.º, inc. XXXVIII, *d*, da Constituição Federal.

Na seara do homicídio, antes da edição da Lei 12.720/2012 a expressão "grupo de extermínio" já permitia a incidência das regras da Lei dos Crimes Hediondos. Bastava a prática do delito "em atividade típica de grupo de extermínio" – não se falava em "milícia privada" – ainda que por um só agente (Lei 8.072/1990, art. 1.º, inc. I). Esta circunstância também era utilizada na fixação da pena-base, como circunstância judicial desfavorável, com fundamento no art. 59, *caput*, do Código Penal.

Embora não exista disposição expressa nesse sentido, é evidente que o homicídio cometido por milícia privada será classificado como **crime hediondo**. Com efeito, não há como se imaginar uma execução desta natureza sem a presença de alguma qualificadora, notadamente o motivo torpe (paga ou promessa de recompensa) ou o recurso que dificulta ou impossibilita a defesa do ofendido. E, como se sabe, o homicídio qualificado é crime hediondo (Lei 8.072/1990, art. 1.º, inc. I).

Milícia privada é o agrupamento armado e estruturado de civis – inclusive com a participação de militares fora das suas funções – com a pretensa finalidade de restaurar a segurança em locais controlados pela criminalidade, em face da inoperância e desídia do Poder Público. Para tanto, seus integrantes apresentam-se como verdadeiros "heróis" de uma comunidade carente e fragilizada, e como recompensa são remunerados por empresários e pelas pessoas em geral.

Contudo, a realidade é diversa do romantismo que cerca o discurso dos novos "guerreiros da paz". Diversas pessoas são coagidas à colaboração financeira, mediante violência física ou grave ameaça. Se não o fizerem, suportam castigos físicos, torturas e, aos mais rebeldes, impõe-se até mesmo a pena capital, para demonstração da autoridade do poder paralelo imposto na dominação do território.[61]

A majoração da pena reclama seja o homicídio cometido pela milícia privada "**sob o pretexto de prestação de serviço de segurança**". Em outras palavras, é suficiente a alegação de prestar segurança em determinado local, ainda que os assassinos não tenham sido realmente contratados para desempenhar esta função.

Na audiência de custódia do preso envolvido com milícia privada será vedada a liberdade provisória, com ou sem medidas cautelares (CPP, art. 310, § 2.º).

Na hipótese de crimes praticados por milícias, aí se incluindo o homicídio, é cabível o **confisco alargado ou ampliado de bens**: os instrumentos utilizados para a prática do delito deverão ser declarados perdidos em favor da União ou do Estado, dependendo da Justiça em que tramita a ação penal, ainda que não ponham em perigo a segurança das pessoas, a moral ou a ordem pública, nem ofereçam sério risco de ser utilizados para o cometimento de novos crimes (CP, art. 91-A, § 5.º).

Além disso, admite-se a inclusão do preso no RDD – Regime Disciplinar Diferenciado (LEP, art. 52, § 1.º). Se existirem indícios de ser o preso líder da milícia privada, o RDD será cumprido em estabelecimento federal de segurança máxima (LEP, art. 52, § 3.º).

Grupo de extermínio é a associação de matadores, composta de particulares e muitas vezes também por policiais autointitulados de "justiceiros", que buscam eliminar pessoas deliberadamente rotuladas como perigosas ou inconvenientes aos anseios da coletividade. Sua existência se deve à covardia e à omissão do Estado, bem como à simpatia e não raras vezes ao financiamento de particulares e de empresários, que contam com a ajuda destes exterminadores para enfrentar supostos ou verdadeiros marginais, sem a intervenção do Poder Público.

---

[61] A atuação de milícias privadas, desta vez em comunidades carentes do Rio de Janeiro, foi apresentada com brilhantismo no filme "Tropa de Elite 2", de 2010, protagonizado por Wagner Moura e dirigido por José Padilha. Este vídeo, acessado em 29.10.2012, bem ilustra a situação: http://migre.me/bqcDZ.

1.1.3.7. Homicídio culposo: art. 121, § 3.º

Após definir o homicídio doloso no art. 121, *caput*, do Código Penal, o legislador valeu-se de um tipo penal aberto (como normalmente acontece nos crimes culposos) para descrever o homicídio culposo: "Se o homicídio é culposo".

A culpa constitui-se em **elemento normativo** do tipo.[62] Sua presença deve ser obtida por meio de um juízo de valor. O magistrado, colocando-se na posição do homem médio, constata se o resultado naturalístico produzido pelo agente era ou não previsível a um ser humano dotado de inteligência e prudência medianas. Tratando-se de resultado involuntário, a pena é sensivelmente menor àquela cominada para o homicídio doloso. Com efeito, nada obstante seja idêntico o desvalor do resultado tanto na figura dolosa como na modalidade culposa, nesta última é deveras inferior o desvalor da conduta.

Configura-se o homicídio culposo quando o sujeito realiza uma conduta voluntária, com violação do dever objetivo de cuidado a todos imposto, por imprudência, negligência ou imperícia, e assim produz um resultado naturalístico (morte) involuntário, não previsto nem querido, mas objetivamente previsível, que podia com a devida atenção ter evitado.

Imprudência, ou culpa positiva, consiste na prática de um ato perigoso. Exemplo: manusear arma de fogo carregada em local com grande concentração de pessoas.

Negligência, ou culpa negativa, é deixar de fazer aquilo que a cautela recomendava. Exemplo: deixar uma arma de fogo carregada ao alcance de outras pessoas.

Imperícia, ou culpa profissional, é a falta de aptidão para o exercício de arte, profissão ou ofício para a qual o agente, em que pese autorizado a exercê-la, não possui conhecimentos teóricos ou práticos para tanto. Exemplo: cirurgião plástico que mata sua paciente por falta de habilidade para realizar o procedimento médico.[63]

Lembre-se de que o crime culposo (salvo em relação à culpa imprópria) é incompatível com a tentativa. Com efeito, é impossível conceber a não produção de um resultado naturalístico indesejado por circunstâncias alheias à vontade do agente. O dolo da tentativa, como se sabe, é idêntico ao dolo da consumação. E no crime culposo não há dolo.

Finalmente, é importante destacar que para o homicídio culposo praticado na direção de veículo automotor aplica-se o crime definido pelo art. 302 da Lei 9.503/1997 – Código de Trânsito Brasileiro. Cuida-se de regra especial que, no conflito aparente de normas, afasta a regra geral (princípio da especialidade). Tal delito tem pena superior (detenção, de 2 a 4 anos) àquela prevista para o crime culposo tipificado pelo Código Penal (detenção, de 1 a 3 anos). Esse tratamento legislativo diferenciado não viola o princípio da isonomia, consagrado pelo art. 5.º, *caput*, da Constituição Federal. Conforme o entendimento do Supremo Tribunal Federal:

> Considerou-se que o princípio da isonomia não impede o tratamento diversificado das situações quando houver um elemento de discrímen razoável, pois inegável a existência de maior risco objetivo em decorrência da condução de veículos nas vias públicas. Enfatizou-se que a maior

---

[62] Para o estudo detalhado da culpa, vide o capítulo 13 da nossa obra *Direito penal*: parte geral, publicada pela Editora Método.

[63] "É inepta a denúncia que imputa a prática de homicídio culposo sem descrever, de forma clara e precisa, a conduta negligente, imperita ou imprudente que teria gerado o resultado morte. Isso porque é ilegítima a persecução criminal quando, comparando-se o tipo penal apontado na denúncia com a conduta atribuída ao denunciado, não se verifica o preenchimento dos requisitos do art. 41 do CPP, necessários ao exercício do contraditório e da ampla defesa. De fato, não se pode olvidar que o homicídio culposo se perfaz com a ação imprudente, negligente ou imperita do agente, modalidades de culpa que devem ser descritas na inicial acusatória. A imputação, sem a observância dessas formalidades, representa a imposição de indevido ônus do processo ao suposto autor, ante a ausência da descrição de todos os elementos necessários à responsabilização penal decorrente da morte da vítima" (STJ: HC 305.194/PB, rel. Min. Rogerio Schietti Cruz, 6.ª Turma, j. 11.11.2014, noticiado no *Informativo* 533).

frequência de acidentes de trânsito, acidentes graves, com vítimas fatais, ensejou a aprovação de tal projeto de lei, inclusive com o tratamento mais rigoroso contido no art. 302, parágrafo único, do CTB. Destarte, a majoração das margens penais – comparativamente ao tratamento dado pelo art. 121, § 3.º, do CP – demonstra o enfoque maior no desvalor do resultado, notadamente em razão da realidade brasileira, envolvendo os homicídios culposos, provocados por indivíduos na direção de veículos automotores.[64]

1.1.3.7.1. Causas de aumento de pena no homicídio culposo: art. 121, § 4.º, 1.ª parte

O art. 121, § 4.º, 1.ª parte, do Código Penal arrola quatro causas de aumento de pena aplicáveis somente ao homicídio culposo. Alguns doutrinadores, valendo-se do critério que enquadra as causas de aumento de pena entre as qualificadoras em sentido amplo, denominam essa modalidade do delito de **homicídio culposo qualificado**. Fala-se, ainda, em **homicídio culposo circunstanciado**.

Passemos à análise de cada uma delas.

a) Inobservância de regra técnica de profissão, arte ou ofício

Essa inobservância regulamentar não se confunde com a imperícia. Nesta, o sujeito não reúne conhecimentos teóricos ou práticos para o exercício de arte, profissão ou ofício (exemplo: médico ortopedista que mata o paciente ao efetuar uma cirurgia cardíaca), enquanto naquela o agente é dotado das habilidades necessárias para o desempenho da atividade, mas por desídia não as observa (exemplo: cardiologista que não segue as regras básicas de uma cirurgia do coração).[65]

E, de acordo com o entendimento do Supremo Tribunal Federal, é perfeitamente possível, pois não há *bis in idem*, a incidência conjunta da causa de aumento da pena definida pelo art. 121, § 4.º, do Código Penal, relativa à inobservância de regra técnica de profissão, arte ou ofício, no homicídio culposo cometido com imperícia médica. Embora o Direito Penal pátrio não tenha previsto a figura do homicídio culposo qualificado pela inobservância de regra técnica, nada impede a aplicação da causa de aumento de pena ao homicídio culposo fundado em imperícia, desde que presente a concorrência de duas condutas distintas: uma para fundamentar a culpa, e outra para configurar a majorante.[66]

A propósito, o Superior Tribunal de Justiça já afastou o *bis in idem* até mesmo quando presente uma única conduta, apta a caracterizar, simultaneamente, a modalidade da culpa e também a causa de aumento da pena:

> É possível a aplicação da causa de aumento de pena prevista no art. 121, § 4.º, do CP no caso de homicídio culposo cometido por médico e decorrente do descumprimento de regra técnica no exercício da profissão. Nessa situação, não há que se falar em *bis in idem*. Isso porque o legislador, ao estabelecer a circunstância especial de aumento de pena prevista no referido dispositivo legal, pretendeu reconhecer maior reprovabilidade à conduta do profissional que, embora tenha o necessário conhecimento para o exercício de sua ocupação, não o utilize adequadamente, produzindo o evento criminoso de forma culposa, sem a devida observância das regras técnicas de sua profissão. De fato, caso se entendesse caracterizado o *bis in idem* na situação, ter-se-ia que concluir que essa majorante somente poderia ser aplicada se o agente,

---

[64] RE 428.864/SP, rel. Min. Ellen Gracie, 2.ª Turma, j. 14.10.2008, noticiado no *Informativo* 524. E também: AI 847.110 AgR/RS, rel. Min. Luiz Fux, 1.ª Turma, j. 25.10.2011.

[65] Há, contudo, autores que sustentam ser inaplicável essa causa de aumento de pena, em razão de confundir-se com a imperícia. É o caso de NUCCI, Guilherme de Souza Nucci. *Código Penal comentado*. 8. ed. São Paulo: RT, 2008. p. 591-593.

[66] HC 95.078/RJ, rel. Min. Cezar Peluso, 2.ª Turma, j. 10.03.2009, noticiado no *Informativo* 538. É também a posição do STJ: HC 63.929/RJ, rel. Min. Felix Fischer, 5.ª Turma, j. 13.03.2007, noticiado no *Informativo* 313.

ao cometer a infração, incidisse em pelo menos duas ações ou omissões imprudentes ou negligentes, uma para configurar a culpa e a outra para a majorante, o que não seria condizente com a pretensão legal.[67]

Somente incide essa causa de aumento de pena para o **profissional** (quem exerce a arte, profissão ou ofício), pois é nessa hipótese que se impõe um mais elevado dever objetivo de cuidado, revelando a maior gravidade da conduta em seu descumprimento. Na esteira da jurisprudência do Superior Tribunal de Justiça, "a causa de aumento de pena referente à inobservância de regra técnica de profissão se situa no campo da culpabilidade, demonstrando que o comportamento do agente merece uma maior censurabilidade".[68]

b) Deixar de prestar imediato socorro à vítima

Essa figura relaciona-se intimamente com os crimes culposos praticados na direção de veículo automotor. É o que se extrai do item 39 da Exposição de Motivos da Parte Especial do Código Penal. Mas, atualmente, para essas hipóteses existe a causa de aumento de pena prevista no art. 302, § 1.º, da Lei 9.503/1997 – Código de Trânsito Brasileiro, razão pela qual não se aplica o art. 121, § 4.º, 1.ª parte, do Código Penal.

Esta causa de aumento da pena, fundada na **solidariedade humana**, relaciona-se unicamente às pessoas que por culpa contribuíram para a produção do resultado naturalístico, e não tenham prestado imediato socorro à vítima. Exemplo: "A" deixa uma arma de fogo municiada em local acessível a uma criança, que dela se apodera e efetua um disparo contra a própria cabeça. "A" não conduz a vítima ao hospital, e ela vem a morrer. Nesse caso, deve responder por homicídio culposo com a pena aumentada (CP, art. 121, §§ 3.º e 4.º, 1.ª parte), e não por homicídio culposo em concurso com omissão de socorro, em decorrência da subsidiariedade tácita deste último delito.

Mas, se no caso concreto, o agente não agiu de forma culposa, mas deixou de prestar socorro, responde pelo crime de omissão de socorro com a pena majorada pela morte (CP, art. 135, parágrafo único, *in fine*). Exemplo: Na situação narrada, "C" ouve o disparo, presencia a vítima ferida e não a socorre.

Basta, para a causa de aumento de pena, o **dolo de perigo**. Não se exige a vontade de matá-la depois de provocados culposamente os ferimentos que a levaram à morte.

Não tem cabimento a causa de aumento de pena na hipótese de **morte instantânea incontestável**. Contudo, se houver dúvida quanto à morte, a solidariedade impõe a prestação de socorro, pois a majoração da pena se deve à moralidade da conduta do agente, e não ao resultado naturalístico, inerente a todo e qualquer homicídio. Como já decidido pelo Superior Tribunal de Justiça:

> No homicídio culposo, a morte instantânea da vítima não afasta a causa de aumento de pena prevista no art. 121, § 4.º, do CP – deixar de prestar imediato socorro à vítima –, a não ser que o óbito seja evidente, isto é, perceptível por qualquer pessoa. Com efeito, o aumento imposto à pena decorre do total desinteresse pela sorte da vítima. Isso é evidenciado por estar a majorante inserida no § 4.º do art. 121 do CP, cujo móvel é a observância do dever de solidariedade que deve reger as relações na sociedade brasileira (art. 3.º, I, da CF). Em suma, o que pretende a regra em destaque é realçar a importância da alteridade. Assim, o interesse pela integridade da vítima deve ser demonstrado, a despeito da possibilidade de êxito, ou não, do socorro que possa vir a ser prestado. Tanto é que não só a omissão de socorro majora a pena no caso de homicídio culposo,

---

[67] HC 181.847/MS, rel. Min. Marco Aurélio Bellizze, rel. para acórdão Min. Campos Marques (Desembargador convocado do TJ/PR), 5.ª Turma, j. 04.04.2013, noticiado no *Informativo* 520.
[68] RHC 22.557/SP, rel. Min. Haroldo Rodrigues (Desembargador convocado do TJ-CE), 6.ª Turma, j. 17.05.2011, noticiado no *Informativo* 473.

como também se o agente "não procura diminuir as consequências do seu ato, ou foge para evitar a prisão em flagrante". Cumpre destacar, ainda, que o dever imposto ao autor do homicídio remanesce, a não ser que seja evidente a morte instantânea, perceptível por qualquer pessoa. Em outras palavras, havendo dúvida sobre a ocorrência do óbito imediato, compete ao autor da conduta imprimir os esforços necessários para minimizar as consequências do fato. Isso porque ao agressor, não cabe, no momento do fato, presumir as condições físicas da vítima, medindo a gravidade das lesões que causou e as consequências de sua conduta. Tal responsabilidade é do especialista médico, autoridade científica e legalmente habilitada para, em tais circunstâncias, estabelecer o momento e a causa da morte.[69]

De igual modo, não incide o aumento da pena quando o sujeito deixou de prestar socorro porque não tinha condições de fazê-lo, seja por questões físicas (exemplo: também foi gravemente ferido pela conduta que matou a vítima), seja porque o comportamento exigido em lei a ele representava risco pessoal (exemplo: ameaça de linchamento). E, na linha de raciocínio do Superior Tribunal de Justiça:

> É inviável a desconsideração do aumento de pena pela omissão de socorro, se verificado que o réu estava apto a acudir a vítima, não existindo nenhuma ameaça a sua vida nem a sua integridade física. A prestação de socorro é dever do agressor, não cabendo ao mesmo levantar suposições acerca das condições físicas da vítima, medindo a gravidade das lesões que causou e as consequências de sua conduta, sendo que a determinação do momento e causa da morte compete, em tais circunstâncias, ao especialista legalmente habilitado.[70]

A doutrina sustenta ser inadmissível a causa de aumento de pena na hipótese de **socorro prestado por terceiros**. Aqui é necessário estabelecer uma ressalva. Não pode ser aumentada a pena quando o sujeito deixou de prestar socorro se existiam pessoas mais capacitadas para tanto (exemplo: depois de ferir a vítima em via pública com disparo acidental de arma de fogo, surge um médico para socorrê-la). Mas aplica-se o aumento quando a vítima só foi socorrida por terceiros porque o responsável pela conduta deixou voluntariamente de fazê-lo (exemplo: fugiu depois de atingir acidentalmente o ofendido).

Finalmente, quando o responsável pelo homicídio culposo presta socorro à vítima, não se aplica a atenuante genérica definida pelo art. 65, inciso III, *b*, do Código Penal ("ter o agente procurado, por sua espontânea vontade e com eficiência, logo após o crime, evitar-lhe ou minorar-lhe as consequências"). Em consonância com o entendimento do Superior Tribunal de Justiça:

> No homicídio culposo, a ausência de imediato socorro à vítima é causa de aumento de pena (art. 121, § 4.º, do CP), e não há que se cogitar na aplicação da atenuante genérica do art. 65, III, *b*, daquele mesmo código quando tal socorro for efetivamente prestado, pois se cuida, sim, de dever legal do agente causador do delito, anotado que seu cumprimento não importa mitigação da sanção.[71]

c) Não procurar diminuir as consequências do seu ato

Trata-se de desdobramento normal da causa de aumento de pena anterior (deixar de prestar socorro imediato à vítima). Exemplo: O agente, ameaçado de linchamento, não prestou imediato socorro ao ofendido, o que era justificável. Entretanto, afastou-se do local do crime e não pediu auxílio da autoridade pública, abrindo espaço para o aumento da pena.

---

[69] HC 269.038/RS, rel. Min. Felix Fischer, 5.ª Turma, j. 02.12.2014, noticiado no *Informativo* 554.
[70] REsp 277.403/MG, rel. Min. Gilson Dipp, 5.ª Turma, j. 04.06.2002. Com idêntica orientação: RHC 34.096/RJ, rel. Min. Moura Ribeiro, 5.ª Turma, j. 06.05.2014. No STF: HC 84.380/MG, rel. Min. Gilmar Mendes, 2.ª Turma, j. 05.04.2005.
[71] HC 65.971/PR, rel. Min. Napoleão Nunes Maia Filho, 5.ª Turma, j. 13.09.2007, noticiado no *Informativo* 331.

d) Fugir para evitar prisão em flagrante

O espírito da norma é aumentar a pena do agente que, fugindo para evitar a prisão em flagrante, visa a assegurar a impunidade do seu ato, dificultando a ação da justiça, e por isso merece punição mais severa do que o outro que dessa maneira não procede. É claro que não se aplica o aumento quando o indivíduo assim agiu diante de sérias ameaças de populares contra a sua vida ou integridade física.

Há vozes sustentando que essa causa de aumento se reveste de frágil constitucionalidade, pois não se poderia punir alguém pelo fato de deixar de apresentar-se à autoridade policial para ser preso. Esse comportamento, dispensável em relação aos responsáveis por crimes dolosos, não pode ser exigido de autores de crimes menos graves, como são os culposos.

Entretanto, ao analisar o crime tipificado pelo art. 305 da Lei 9.503/1997 – Código de Trânsito Brasileiro ("Afastar-se o condutor do veículo do local do sinistro, para fugir à responsabilidade penal ou civil que lhe possa ser atribuída"), indiscutivelmente com natureza semelhante à majorante em estudo, o Supremo Tribunal Federal decidiu pela constitucionalidade do delito:

> É constitucional o tipo penal que prevê o crime de fuga do local do acidente [Código de Trânsito Brasileiro, art. 305]. A evasão do local do acidente não constitui exercício do direito ao silêncio ou do princípio do *nemo tenetur se detegere*. Essas garantias apenas limitam o Estado de impor a colaboração ativa do condutor do veículo envolvido no acidente para produção de provas que o prejudique. A escolha do legislador infraconstitucional está em consonância com o escopo da regra convencional sobre trânsito de 'aumentar a segurança nas rodovias mediante a adoção de regras uniformes de trânsito'. O conjunto de leis no sentido do recrudescimento das regras de conduta no trânsito decorre da política criminal que visa acoimar a lamentável e alarmante situação que envolve os acidentes de trânsito e que resulta, invariavelmente, mortes e graves lesões. A identificação dos envolvidos constitui fator imprescindível para consecução da finalidade da norma de regência. Nessa dimensão, é concedido ao condutor uma série de direitos resultantes da autorização conferida pelo Estado, mas que, a seu lado, obrigações são irrogadas e, dentre elas, encontra-se a de permanecer no local do acidente para que seja identificado. Ressalte-se que a permanência no local do acidente não comporta ilação de confissão de autoria delitiva ou de responsabilidade pelo sinistro, mas tão somente a sua identificação. Com esse entendimento, o Plenário, por maioria, declarou a constitucionalidade do tipo penal descrito no art. 305 do CTB e julgou procedente a ação declaratória.[72]

1.1.3.7.2. Perdão judicial: art. 121, § 5.º

Em conformidade com o art. 121, § 5.º, do Código Penal: "Na hipótese de homicídio culposo, o juiz poderá deixar de aplicar a pena, se as consequências da infração atingirem o próprio agente de forma tão grave que a sanção penal se torne desnecessária". **Há regra idêntica para a lesão corporal culposa** (CP, art. 129, § 8.º).

O legislador foi taxativo: somente se admite o perdão judicial para o **homicídio culposo**.

Trata-se de **causa de extinção da punibilidade** (CP, art. 107, inc. IX) aplicável nos casos em que o sujeito produz culposamente a morte de alguém, mas as consequências desse crime lhe são tão graves que a punição desponta como desnecessária. Em outras palavras, o próprio resultado naturalístico já exerceu a função retributiva da sanção penal.

A gravidade e a extensão das consequências da infração devem ser analisadas na situação concreta, levando em conta as condições pessoais do agente e da vítima. Podem atingir o

---

[72] ADC 35/DF, rel. orig. Min. Marco Aurélio, red. p/ o ac. Min. Edson Fachin, Plenário, j. 09.10.2020, noticiado no *Informativo* 994.

próprio autor da conduta culposa (exemplo: ficar paraplégico), seus familiares (exemplo: pai que por negligência esquece seu filho de pouca idade no interior do automóvel, matando-o) ou ainda pessoas que lhe são próximas e queridas (exemplo: noiva, noivo, amigos íntimos etc.). Sempre será necessário o vínculo, de parentesco ou afinidade, entre o agente e a vítima. Na linha da jurisprudência do Superior Tribunal de Justiça:

> Conquanto o perdão judicial possa ser aplicado nos casos em que o agente de homicídio culposo sofra sequelas físicas gravíssimas e permanentes, a doutrina, quando se volta para o sofrimento psicológico do agente, enxerga no § 5.º do art. 121 do CP a exigência de um laço prévio entre os envolvidos para reconhecer como "tão grave" a forma como as consequências da infração atingiram o agente. A interpretação dada, na maior parte das vezes, é no sentido de que só sofre intensamente o réu que, de forma culposa, matou alguém conhecido e com quem mantinha laços afetivos. O exemplo mais comumente lançado é o caso de um pai que mata culposamente o filho. Essa interpretação desdobra-se em um norte que ampara o julgador. Entender pela desnecessidade do vínculo seria abrir uma fenda na lei, não desejada pelo legislador.[73]

O perdão judicial somente pode ser concedido na **sentença**. Depende da análise do mérito, pois, se não existirem provas da autoria e/ou da materialidade do fato, o réu há de ser absolvido. Além disso, se comprovada a responsabilidade do agente pelo resultado morte, deve estar demonstrada a desnecessidade da imposição da pena, circunstância que reclama o término da instrução criminal.

Essa sentença é **declaratória da extinção da punibilidade**, em consonância com a **Súmula 18 do Superior Tribunal de Justiça**, não subsistindo nenhum efeito condenatório. Destarte, não gera reincidência, não autoriza o lançamento do nome do réu no rol dos culpados e não configura a obrigação de reparar o dano provocado pelo crime.

Nada obstante o dispositivo legal estabeleça que "o juiz poderá deixar de aplicar a pena", o benefício não poderá ser negado se estiverem presentes seus requisitos legais. Cuida-se de **direito subjetivo do réu**.

O perdão judicial é **ato unilateral**, isto é, não precisa ser aceito pelo réu para surtir efeitos. É diferente do perdão do ofendido, aplicável somente à ação penal privada e dependente de aceitação pelo responsável pela infração penal.

1.1.3.7.3. Ação penal

O homicídio culposo é crime que se processa mediante **ação penal pública incondicionada**. Submete-se ao **rito sumário**, como determina o art. 394, § 1.º, inciso II, do Código de Processo Penal.

Somente o Ministério Público pode iniciar a ação penal. Trata-se de função institucional privativa, nos moldes do art. 129, inciso I, da Constituição Federal, que não recepcionou o art. 1.º da Lei 4.611/1965, o qual permitia ao juiz e à autoridade policial deflagrar a ação penal no crime de homicídio culposo (procedimento judicialiforme).

1.1.3.7.4. Homicídio culposo e Lei 9.099/1995

Em face da pena mínima cominada ao delito (1 ano), o homicídio culposo comporta o benefício da suspensão condicional do processo, desde que presentes os demais requisitos previstos no art. 89 da Lei 9.099/1995.

---

[73] REsp 1.455.178/DF, rel. Min. Rogerio Schietti Cruz, 6.ª Turma, j. 05.06.2014, noticiado no *Informativo* 542.

1.1.4. Art. 121-A – Feminicídio
1.1.4.1. Dispositivo legal

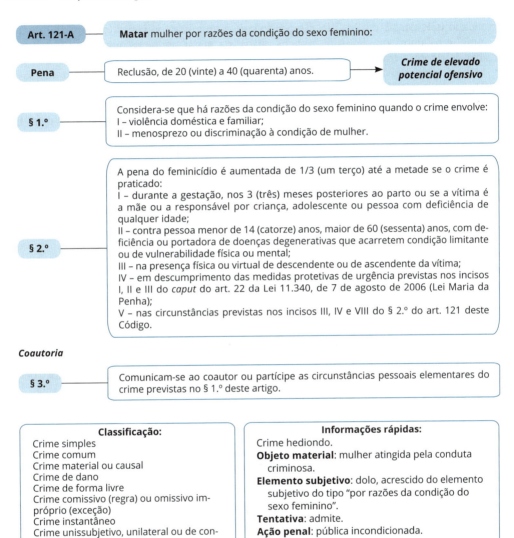

1.1.4.2. Evolução legislativa

É triste e vergonhoso reconhecer, mas durante muito tempo a legislação brasileira, caminhando de mãos dadas com o falso moralismo de valores machistas que dominavam a sociedade, fechou os olhos para a violência contra a mulher.

O ponto de virada nessa inércia teve início com a Lei 11.340/2006 – Lei Maria da Penha. Embora sem criar crimes e cominar penas, esse diploma legislativo foi um primeiro (e fundamental) passo para combater a violência de gênero, instituindo medidas protetivas para a mulher vítima de violência doméstica ou familiar e enrijecendo o tratamento dispensado aos agressores.

Mas a escalada de violência contra a mulher continuava em ritmo cada vez mais forte. A Lei Maria da Penha em poucos anos mostrou-se insuficiente: milhares de mulheres continuaram (e continuam) sendo agredidas e, não raras vezes, assassinadas.

Em razão disso, a Lei 13.104/2015 criou, no contexto do homicídio, a qualificadora do feminicídio (CP, art. 121, § 2.º, VI), rompendo com a premissa romântica (e hipócrita) de que o "ciúme" e o "amor" que levavam homens raivosos a matar mulheres inocentes não merecia ser alvo de rigoroso tratamento penal.

Quase uma década mais tarde, percebeu-se que continuavam a aumentar os ataques à vida de mulheres indefesas, normalmente objetificadas por homens possessivos e covardes que muitas vezes assumiram o compromisso de amá-las e protegê-las.

Com o escopo de controlar esse quadro de matança de mulheres, editou-se a Lei 14.994/2024, conhecida como "Pacote Antifeminicídio".

O feminicídio deixou de ser uma qualificadora do homicídio. Constitui-se atualmente em **crime autônomo**, tipificado no art. 121-A do Código Penal e de **natureza hedionda**, nos termos do art. 1.º, I-B, da Lei 8.072/1990. A competência para seu processo e julgamento é do Tribunal do Júri, pois trata-se crime doloso contra a vida.

A pena privativa de liberdade cominada ao feminicídio, em seu patamar máximo – 40 (quarenta) anos de reclusão – é a **mais elevada da legislação brasileira**.

1.1.4.3. *Constitucionalidade do feminicídio* versus *função simbólica do Direito Penal*

O feminicídio como crime autônomo e especial frente ao homicídio é **constitucional**. Embora somente a mulher possa figurar como vítima do delito, não há falar em ofensa ao princípio da igualdade, assegurado pelo art. 5.º, *caput*, da Constituição Federal.

Com efeito, a isonomia consiste em tratar igualmente os iguais e desigualmente os desiguais, na medida das suas desigualdades. O critério da discriminação é objetivo e positivo: repousa na necessidade de maior proteção nos crimes cometidos contra a mulher por razões da condição do sexo feminino, especialmente em uma sociedade ainda contaminada pelos impulsos machistas. Busca-se a igualdade em sentido material, pois a igualdade formal demonstrou não ser suficiente para conter a violência contra as mulheres, em regra fisicamente mais frágeis em comparação aos homens.

O legislador, ao criar a figura do feminicídio, seguiu a tendência mundial e estabeleceu uma ação afirmativa em prol das mulheres, historicamente submetidas ao domínio e à imposição dos homens, daí decorrendo abusos, sofrimentos e humilhações das mais variadas espécies. A propósito, o Supremo Tribunal Federal assim se pronunciou ao examinar a constitucionalidade da Lei Maria da Penha, cujos fundamentos são idênticos aos do crime em estudo.[74]

Não se pode falar no feminicídio como uma manifestação da **função simbólica** do Direito Penal,[75] malgrado existam vozes sustentando a sua desnecessidade, pois as condutas que o representam já caracterizariam o delito de homicídio.

De fato, a legitimidade do art. 121-A do Código Penal é inquestionável. Deveras, a previsão em lei do feminicídio proporciona segurança jurídica, pois nem todas as pessoas dominam o Direito como os seus aplicadores. Na verdade, a realidade brasileira é bem diversa daquela vivida nos bancos acadêmicos e nos demais palcos de debates jurídicos.

Em um país marcado pela imaturidade jurídica e pelo desrespeito às leis, com manobras interpretativas das mais variadas espécies, é razoável a normatização expressa de uma figura

---

[74] ADC 19/DF, rel. Min. Marco Aurélio, Plenário, j. 09.02.2012.
[75] A função simbólica é inerente a todas as leis, mas revela-se com mais força no âmbito penal. Essa função gera efeitos tanto na mente dos governantes que, honestamente ou não, dizem "fiz alguma coisa em favor da população", como também nas cabeças dos governados, que ingenuamente pensam "nossos governantes são atentos e estão preocupados com os interesses da coletividade", proporcionando uma falsa sensação de segurança.

delituosa reiteradamente praticada, ceifando as vidas de mulheres indefesas e submetidas ao arbítrio de homens covardes.

Em atenção ao princípio da intervenção mínima, sobretudo à fragmentariedade do Direito Penal, houve a necessidade de tipificação do feminicídio. O aplicador consciente da legislação penal não pode se basear em discussões meramente retóricas e filosóficas, em descompasso com a realidade fática, na qual milhares de mulheres são tratadas como objetos masculinos em um mundo pontuado pela crueldade.

Qualquer pessoa, independentemente do sexo, deve ter o direito de viver a própria vida, e de um dia, quando chegar a hora, morrer a própria morte.

1.1.4.4. Objetividade jurídica

O bem jurídico tutelado é a vida humana, direito fundamental assegurado a todas as pessoas pelo art. 5.º, *caput*, da Constituição Federal.

1.1.4.5. Objeto material

É a mulher atingida pela conduta criminosa.

1.1.4.6. Conceito

Feminicídio é a morte dolosa de uma mulher, **por razões da condição do sexo feminino**. Cuida-se de **modalidade especial de homicídio**. Afinal, o feminicídio também é **"matar alguém"**, porém com elementos especializantes: a vítima deve ser mulher, e o crime deve ser cometido por razões da condição do sexo feminino. O conflito aparente de normas é solucionado pelo princípio da especialidade.[76]

O legislador novamente não foi feliz na redação do tipo penal. No lugar de "razões da condição de sexo feminino" deveria ter utilizado a expressão "razões de gênero", seguindo o exemplo bem-sucedido da Lei 11.340/2006 – Lei Maria da Penha.

A propósito, o Projeto de Lei 8.305/2014, que culminou na Lei 13.104/2015, responsável pela criação do feminicídio como qualificadora do homicídio, adotava a terminologia "razões de gênero", mas esta foi substituída em decorrência de manobras políticas da bancada "conservadora" do Congresso Nacional, com a finalidade de excluir os transexuais da tutela do feminicídio.

E o que são "razões da condição de sexo feminino"? O § 1.º do art. 121-A do Código Penal contém uma **norma penal explicativa (ou complementar)**, assim redigida:

§ 2.º-A. Considera-se que há razões da condição do sexo feminino quando o crime envolve:

I – violência doméstica e familiar;

II – menosprezo ou discriminação à condição de mulher.

Portanto, somente nessas duas hipóteses é que a conduta de matar dolosamente uma mulher pode configurar o feminicídio. Nesse ponto, é importante destacar que **feminicídio e femicídio não se confundem**. Ambos os delitos envolvem a morte de mulher, mas enquanto aquele se baseia em razões da condição de sexo feminino, este consiste em qualquer homicídio contra a mulher. Exemplificativamente, se uma mulher matar outra mulher no contexto de uma briga de trânsito, estará configurado o femicídio, modalidade de homicídio, e não o crime autônomo (e mais grave) de feminicídio.

---

[76] No julgamento pelo Tribunal do Júri, se os jurados reconhecerem a morte da vítima, mas negarem as "razões da condição do sexo feminino", estar-se-á diante de hipótese de desclassificação para o crime de homicídio.

Vejamos cada uma das hipóteses legais.

Inc. I – Violência doméstica e familiar

Inicialmente, é preciso consignar que o feminicídio não era abrangido pela Lei 11.340/2006 – Lei Maria da Penha, muito embora a mulher que empresta seu nome a esse diploma legislativo, a cearense Maria da Penha Maia Fernandes, tenha sido vítima, em duas oportunidades, de tentativa do crime hoje classificado como feminicídio.

De fato, a Lei 11.340/2006 não criou novos delitos. No campo penal, limitou-se a definir um tratamento mais rigoroso à lesão corporal leve. As grandes inovações dessa lei foram as regras investigatórias e procedimentais, bem como as medidas protetivas em prol da mulher atingida por violência doméstica ou familiar. E aqui cabe destacar que os institutos da Lei Maria da Penha podem e devem ser aplicados à vítima de feminicídio (na forma tentada, evidentemente).

A violência doméstica e familiar contra a mulher, indiscutivelmente uma violação dos direitos humanos, encontra-se definida no art. 5.º da Lei 11.340/2006:

> Art. 5.º Para os efeitos desta Lei, configura violência doméstica e familiar contra a mulher qualquer ação ou omissão baseada no gênero que lhe cause morte, lesão, sofrimento físico, sexual ou psicológico e dano moral ou patrimonial:
>
> I – no âmbito da unidade doméstica, compreendida como o espaço de convívio permanente de pessoas, com ou sem vínculo familiar, inclusive as esporadicamente agregadas;
>
> II – no âmbito da família, compreendida como a comunidade formada por indivíduos que são ou se consideram aparentados, unidos por laços naturais, por afinidade ou por vontade expressa;
>
> III – em qualquer relação íntima de afeto, na qual o agressor conviva ou tenha convivido com a ofendida, independentemente de coabitação.
>
> Parágrafo único. As relações pessoais enunciadas neste artigo independem de orientação sexual.

A Lei 14.994/2024, ao elevar o feminicídio à categoria de delito autônomo, poderia ter sanado uma falha técnica da Lei Maria da Penha. Com efeito, não se exige a violência doméstica **e** familiar. Basta a violência doméstica **ou** familiar. Vejamos dois exemplos:

a) O pai de família mata uma amiga da sua filha, que estava passando férias em sua casa, por considerá-la excessivamente sedutora e um péssimo exemplo a ser seguido. Há violência doméstica, embora não exista violência familiar; e

b) O pai coincidentemente encontra em uma viagem a sua filha, que havia saído de casa há vários anos, e vem a matá-la por não aceitar a sua orientação sexual. Está presente a violência familiar, mesmo sem a violência doméstica.

Entretanto, o reconhecimento da violência doméstica ou familiar contra a mulher não é suficiente para a configuração do feminicídio. **O inciso I do § 1.º deve ser interpretado em sintonia com o *caput*, ambos do art. 121-A do Código Penal**. Em outras palavras, o feminicídio reclama que a motivação do homicídio tenha sido as "razões da condição do sexo feminino", daí resultando a violência doméstica ou familiar. Vale a pena imaginarmos dois exemplos:

a) Durante uma conversa na cama, antes de dormir, o marido mata a esposa simplesmente por não concordar com a recusa desta à relação sexual naquela noite, sob a alegação de dores na região vaginal. Está caracterizado o feminicídio: há violência doméstica e familiar, e o crime foi baseado em razões da condição do sexo feminino, pois o agente não se conformou com a opção íntima da vítima enquanto mulher; e

b) O irmão mata a irmã, dentro de casa, para ficar com a totalidade da herança dos pais. Embora nítida a violência doméstica e familiar, não há falar em feminicídio, pois estão ausentes as "razões da condição do sexo feminino". É indiscutível o homicídio qualificado pelo motivo torpe (ganância, ambição desmedida, cupidez). Aliás, tamanha a sua cobiça, certamente o agente mataria, se tivesse, outro irmão. Não foi o sexo da sua irmã que motivou o delito contra a vida, e sim a busca desenfreada pela riqueza.

Inc. II – Menosprezo ou discriminação à condição de mulher

Aqui não se exige a violência doméstica ou familiar. As "razões de condição do sexo feminino" se contentam com o menosprezo ou discriminação à condição de mulher. A pessoa que mata a mulher nela enxerga um ser inferior, com menos direitos. Exemplo: o aluno de uma prestigiada universidade mata a colega de sala que está prestes a concluir o curso com as melhores notas da turma, por não aceitar ser superado por uma mulher.

Admite-se, nesse contexto, o **feminicídio sem intimidade (não íntimo)** entre o autor e a vítima. Prescinde-se de qualquer vinculação entre os sujeitos do delito. Basta a morte da mulher, que pode inclusive ser desconhecida do agente, em face do seu menosprezo ou discriminação ao sexo feminino.

1.1.4.7. Núcleo do tipo

É **"matar"**.[77] Trata-se de **crime de forma livre**, compatível com qualquer meio de execução.

Em regra, o feminicídio é cometido por ação, mas também pode ser praticado por omissão, quando presente o dever de agir para evitar o resultado (CP, art. 13, § 2.º), a exemplo do que ocorre quando o agente voluntariamente deixa de alimentar sua filha menor de idade, que estava doente e sob os seus cuidados, pois a reputava inferior ao seu outro filho, ao qual decidiu dedicar toda a sua atenção.

1.1.4.8. Sujeito ativo

O feminicídio é **crime comum** ou **geral**: pode ser cometido por qualquer pessoa. Em regra, o sujeito ativo é homem, mas nada impede seja uma mulher, desde que o delito seja cometido por razões de condições de sexo feminino. É o que se dá, exemplificativamente, quando uma mulher mata a sua namorada em uma discussão, por considerar que esta última não tinha o direito de desejar o rompimento do relacionamento amoroso.

1.1.4.8.1. Feminicídio e concurso de pessoas

Com a rubrica **"coautoria"**, o § 3.º do art. 121-A do Código Penal apresenta a seguinte redação: "Comunicam-se ao coautor ou partícipe as circunstâncias pessoais elementares do crime previstas no § 1.º deste artigo."

A falta de técnica legislativa na elaboração desse dispositivo salta aos olhos.

Em primeiro lugar, é errado rotular o instituto como **"coautoria"** e, logo em seguida, dizer que "comunicam-se ao **coautor ou partícipe**". Em outras palavras, trata-se de **concurso de pessoas**, do qual são espécies tanto a coautoria (e não só ela) como a participação.

Mas não para por aí. A redação utilizada pelo legislador é sofrível.

Com efeito, não existem "circunstâncias pessoais elementares": ou são circunstâncias (dados que se agregam ao tipo fundamental, para aumentar ou diminuir a pena, formando o tipo

---

[77] Não há diferença, nesse ponto, em relação ao núcleo do crime de homicídio, razão pelo qual remetemos à leitura do item 1.1.3.3.5.

derivado), ou são elementares (dados que integram a modalidade básica do crime, conhecido como tipo fundamental).

À época em que o feminicídio era qualificadora do homicídio, falava-se em circunstância (de natureza objetiva, na visão do Superior Tribunal de Justiça)[78]. Porém agora existe um crime autônomo, ou seja, as "razões da condição do sexo feminino" são elementares do delito e, nesse contexto, comunicam-se aos demais coautores e partícipes que delas têm ciência, a teor da regra contida no art. 30 do Código Penal.

Além disso, o § 1.º do art. 121-A do Código Penal contempla uma **norma penal explicativa ou complementar**: sua finalidade consiste unicamente em delimitar o alcance e o conteúdo da expressão – "razões da condição do sexo feminino" – contida no *caput*.

1.1.4.9. Sujeito passivo

É a **mulher**, independentemente da sua idade (criança, adolescente, adulta ou idosa) e da sua orientação sexual. O homem não pode figurar como vítima do feminicídio, pois o art. 121-A, *caput*, do Código Penal fala em "mulher" e "sexo feminino".[79]

1.1.4.9.1. A transexualidade e seus reflexos jurídicos

Uma questão polêmica diz respeito à possibilidade de o transexual ser vítima do feminicídio. Sem qualquer conotação ideológica ou similar, o tema deve ser analisado pela ótica estritamente jurídica.

Inicialmente, cumpre destacar que a transexualidade não se confunde com a homossexualidade, é dizer, a atração sexual por pessoa do mesmo sexo. A transexualidade é classificada pela Organização Mundial de Saúde como uma espécie de incongruência de gênero, condição relativa à saúde sexual em que o indivíduo tem o desejo de viver e de ser aceito como do sexo oposto ao do seu nascimento. Nos dias atuais, é comum a transgenitalização, ou seja, a cirurgia de redesignação sexual. Nesse terreno, duas situações podem ocorrer.

Em primeiro lugar, admite-se a "neocolpovulvoplastia", consistente na alteração do órgão sexual masculino para o feminino, com a construção de uma neovagina (vaginoplastina). Nesse caso, não há falar em feminicídio na morte do transexual, pois a vítima biologicamente não ostenta o sexo feminino, tanto que em nenhuma hipótese poderá reproduzir-se, pela ausência dos órgãos internos. Essa situação é mantida ainda que a pessoa tenha sido beneficiada pela alteração do registro civil (mudança de nome).

Não há dúvida que uma mulher transgênero – pessoa que nasceu homem, mas se identifica como mulher - pode (e deve) ser beneficiada pelas medidas protetivas previstas na Lei 11.340/2006 – Lei Maria da Penha. Isso não autoriza a conclusão no sentido de figurar como vítima do feminicídio, pois o art. 121-A, *caput*, do Código Penal fala expressamente em "mulher" e "sexo feminino", razão pela qual a equiparação do transgênero constituiria indisfarçável analogia *in malam partem*, atentatória da taxatividade e vedada pelo Direito Penal moderno.

---

[78] STJ: HC 433.898/RS, rel. Min. Nefi Cordeiro, 6.ª Turma, j. 24.04.2018, noticiado no *Informativo* 625.

[79] Com base nas hipóteses legais e nos sujeitos do delito, podem ser apontadas as seguintes espécies de feminicídio: **(a) "intralar"**: as circunstâncias fáticas indicam que um homem matou uma mulher em contexto de violência doméstica ou familiar; **(b) homoafetivo**: uma mulher mata a outra no contexto de violência doméstica ou familiar; **(c) simbólico heterogêneo**: um homem assassina uma mulher motivado pelo desprezo ou discriminação à condição de mulher, reportando-se, no campo simbólico, à destruição da identidade da vítima e de sua condição de pertencer ao sexo feminino; e **(d) simbólico homogêneo**: uma mulher assassina outra mulher motivada pelo desprezo ou discriminação da condição feminina (BARROS, Francisco Dirceu; SOUZA, Renee do Ó. *Feminicídio*: controvérsias e aspectos práticos. 2. ed. Leme: Mizuno, 2021. p. 33-34).

Essa polêmica não existiria se o tipo penal falasse em "matar alguém por razões de gênero". Mas a falha do legislador não pode ser suprida pelo operador do Direito, mediante o emprego da analogia prejudicial ao réu e da ofensa ao princípio da reserva legal.

De outro lado, a mulher submetida a cirurgia para readequação ao sexo masculino (homem transgênero) pode ser vítima do feminicídio, pois biologicamente continua ostentando o sexo feminino.

1.1.4.9.2. Feminicídio político

Feminicídio político é o cometido contra a mulher que conquistou relevante parcela de poder, e tal posição de destaque é decisiva para a prática do delito. Essa expressão foi utilizada pelo Superior Tribunal de Justiça no julgamento do IDC – Incidente de Deslocamento de Competência 24/DF, envolvendo os crimes (então de homicídios qualificados) praticados contra Marielle Franco, à época vereadora no Rio de Janeiro, e Anderson Gomes.

1.1.4.10. Elemento subjetivo

É o dolo, direto ou eventual, acompanhado do **elemento subjetivo específico** contido na expressão **"por razões da condição do sexo feminino."**

Destarte, além da qualidade da vítima – necessariamente mulher –, o feminicídio diferencia-se do homicídio pelas suas razões (ou motivos). O agente não quer simplesmente matar a mulher. Ele o faz porque reputa a vítima uma pessoa inferiorizada, ou seja, o crime não seria igualmente praticado contra um homem.

A propósito, um dos fundamentos da criação do feminicídio como qualificadora do homicídio foi o entendimento antigo, e hoje felizmente superado, no sentido de que o ciúme não podia ser enquadrado como motivo torpe ou fútil. De fato, em décadas passadas ao homem que matava a mulher por ciúme era imputado o homicídio simples (CP, art. 121, *caput*), demonstrando o conformismo social com a posição de dominação da ofendida pelo agente.

1.1.4.10.1. A inadmissibilidade do feminicídio privilegiado

Na sistemática anterior à Lei 14.994/2024, o feminicídio constituía-se em figura qualificada do homicídio. Para o Superior Tribunal de Justiça, tratava-se de qualificadora de natureza objetiva.

Ao menos em tese, portanto, era possível a caracterização do homicídio híbrido – simultaneamente privilegiado e qualificado –, tal como quando o agente matava a mulher, por razões da condição do sexo feminino, sob o domínio de violenta emoção, logo em seguida a injusta provocação da vítima.

Esse panorama mudou. **Agora não se admite o feminicídio privilegiado**.

Com efeito, as hipóteses do privilégio, contidas no § 1.º do art. 121 do Código Penal, são restritas ao homicídio, por ausência de previsão legal. O legislador poderia ter enveredado por caminho diverso, mas optou por não estender o privilégio, em qualquer das suas modalidades, ao crime de feminicídio.

1.1.4.10.2. Feminicídio e "legítima defesa da honra"

No passado, com a predominância da cultura do machismo e coisificação da mulher, utilizava-se a tese absurda da legítima defesa da honra para assegurar a impunidade de assassinos de mulheres, sustentada na alegação de que a morte da adúltera fora causada por "amor".

Felizmente essa tese encontra-se sepultada, e não pode ser aceita em hipótese alguma.

A honra é direito fundamental do ser humano, inviolável por expressa determinação constitucional (art. 5.º, inc. X). Como todos os demais direitos, pode ser tutelada pela legítima defesa. Exemplificativamente, uma pessoa está autorizada a usar inclusive de violência contra quem ofende insistentemente sua dignidade ou seu decoro, mesmo após o pedido para cessar com o crime de injúria.

Mas a proteção da honra não vai ao ponto de legitimar a morte da mulher (esposa, companheira, namorada etc.) em caso de ciúme, dominação ou mesmo de infidelidade no relacionamento amoroso. A traição não humilha o traído (ou traída), e sim o traidor (ou traidora), pois tal pessoa não se mostra segura e preparada para um relacionamento sério e duradouro.

No âmbito do matrimônio, a propósito, operou-se a descriminalização do adultério, pois a quebra do dever conjugal pode (e deve) ser solucionada por outras formas, notadamente o divórcio, inclusive com indenização por danos morais ao cônjuge prejudicado pela traição.

Além disso, eventual alegação no sentido de "abalo emocional" também não merece credibilidade. O art. 28, inciso I, do Código Penal é firme ao estabelecer que a emoção e a paixão não excluem a imputabilidade penal. Essa linha de raciocínio foi acolhida pelo Plenário do Supremo Tribunal Federal:

> A tese da legítima defesa da honra é inconstitucional, por contrariar os princípios da dignidade da pessoa humana (CF, art. 1.º, III), da proteção à vida e da igualdade de gênero (CF, art. 5.º, *caput*). Apesar da alcunha de "legítima defesa" – instituto técnico-jurídico amplamente amparado no direito brasileiro –, a chamada legítima defesa da honra corresponde, na realidade, a recurso argumentativo/retórico odioso, desumano e cruel utilizado pelas defesas de acusados de feminicídio ou agressões contra mulher para imputar às vítimas a causa de suas próprias mortes ou lesões, contribuindo imensamente para a naturalização e a perpetuação da cultura de violência contra as mulheres no Brasil. O instituto da legítima defesa caracteriza-se pela conjunção dos seguintes elementos: a agressão é injusta e atual ou iminente; envolve direito próprio ou de terceiro, o uso moderado dos meios necessários e a presença de um ânimo de defesa (*animus defendendi*). Trata-se, portanto, de hipótese excepcional de afastamento da aplicação da lei penal, a qual somente se justifica pela confluência dos referidos fatores. De outro lado, a honra se refere a um atributo pessoal, íntimo e subjetivo, cuja tutela se encontra delineada na Constituição, por exemplo, na previsão do direito de resposta, e no Código Penal (CP), Capítulo V, que prevê os tipos penais da calúnia, da difamação e da injúria. Portanto, aquele que se vê lesado em sua honra tem meios jurídicos para buscar sua compensação. Também não há que se falar em direito subjetivo de agir com violência contra uma traição. A traição se encontra inserida no contexto das relações amorosas. Seu desvalor reside no âmbito ético e moral. Aliás, para evitar que a autoridade judiciária absolvesse o agente que agiu movido por ciúme ou outras paixões e emoções, o legislador ordinário inseriu no atual Código Penal a regra do art. 28, segundo a qual a emoção ou a paixão não excluem a imputabilidade penal. Aquele que pratica feminicídio ou usa de violência, com a justificativa de reprimir um adultério, não está a se defender, mas a atacar uma mulher de forma desproporcional, de forma covarde e criminosa. Assim sendo, o adultério não configura uma agressão injusta apta a excluir a antijuridicidade de um fato típico, pelo que qualquer ato violento perpetrado nesse contexto deve estar sujeito à repressão do direito penal. A ideia que subjaz à legítima defesa da honra tem raízes arcaicas no direito brasileiro, constituindo um ranço, na retórica de alguns operadores do direito, de institucionalização da desigualdade entre homens e mulheres e de tolerância e naturalização da violência doméstica, as quais não têm guarida na CF/1988. A legítima defesa da honra é uma ideia anacrônica que remonta a uma concepção rigidamente hierarquizada de família, na qual a mulher ocupa posição subalterna e tem restringida sua dignidade e sua autodeterminação. Segundo essa percepção, o comportamento da mulher, especialmente no que se refere à sua conduta sexual, seria uma extensão da reputação do "chefe de família", que, sentindo-se desonrado, agiria para corrigir ou cessar o motivo da desonra. Trata-se, assim, de uma percepção instrumental e desumanizadora do indivíduo, que subverte o conceito kantiano – que é base da ideia seminal de dignidade da

pessoa humana – de que o ser humano é um fim em si mesmo, não podendo jamais ter seu valor individual restringido por outro ser humano ou atrelado a uma coisa. Trata-se, além do mais, de tese violadora dos direitos à vida e à igualdade entre homens e mulheres, também pilares de nossa ordem constitucional. A ofensa a esses direitos concretiza-se, sobretudo, no estímulo à perpetuação da violência contra a mulher e do feminicídio. Com efeito, o acolhimento da tese da legítima defesa da honra tem a potencialidade de estimular práticas violentas contra as mulheres ao exonerar seus perpetradores da devida sanção. A Constituição garante aos réus submetidos ao tribunal do júri plenitude de defesa, no sentido de que são cabíveis argumentos jurídicos e não jurídicos – sociológicos, políticos e morais, por exemplo –, para a formação do convencimento dos jurados. Não obstante, para além de um argumento atécnico e extrajurídico, a legítima defesa da honra é estratagema cruel, subversivo da dignidade da pessoa humana e dos direitos à igualdade e à vida e totalmente discriminatória contra a mulher, por contribuir com a perpetuação da violência doméstica e do feminicídio no País. Nesse contexto, a cláusula tutelar da plenitude de defesa não pode constituir instrumento de salvaguarda de práticas ilícitas. Há, portanto, a prevalência da dignidade da pessoa humana, da vedação a todas as formas de discriminação, do direito à igualdade e do direito à vida sobre a plenitude da defesa, tendo em vista os riscos elevados e sistêmicos decorrentes da naturalização, da tolerância e do incentivo à cultura da violência doméstica e do feminicídio.[80]

Em síntese, a Corte Suprema firmou o entendimento de que a tese da legítima defesa da honra é inconstitucional, por contrariar a dignidade da pessoa humana (CF, art. 1.º, inc. III) e o princípio da proteção à vida e da igualdade de gênero (CF, art. 5.º, *caput*), e conferiu interpretação conforme à Constituição Federal aos arts. 23, inciso II, e 25, *caput* e parágrafo único, do Código Penal, e também ao art. 65 do Código de Processo Penal, para o fim de excluir a legítima defesa da honra do âmbito do instituto da legítima defesa e, consequentemente, obstar à defesa, à acusação, à autoridade policial e ao juízo que utilizem, direta ou indiretamente, a tese de legítima defesa da honra (ou qualquer argumento que induza à tese) nas fases pré-processual ou processual penais, bem como durante julgamento perante o Tribunal do Júri, sob pena de nulidade do ato e do julgamento.

1.1.4.11. Consumação

O feminicídio é **crime material ou causal**: consuma-se com a morte da mulher, representada pelo fim da atividade cerebral, nos termos do art. 3.º, *caput*, da Lei 9.434/1997.[81]

1.1.4.12. Tentativa

É possível, em face do caráter plurissubsistente do delito, permitindo o fracionamento do *iter criminis*.

1.1.4.13. Ação penal

A ação penal é pública incondicionada.

1.1.4.14. Lei 9.099/1995

O feminicídio é crime de elevado (e máximo) potencial ofensivo. Diante da pena cominada, bem como do seu caráter hediondo, não há espaço para qualquer dos benefícios elencados pela Lei 9.099/1995.

---

[80] ADPF 779 MC/DF, rel. Min. Dias Toffoli, Plenário, j. 13.03.2021, noticiado no *Informativo* 1.009. Essa conclusão foi reforçada pelo julgamento efetuado pelo Plenário do STF no dia 1.º de agosto de 2023, com a decisão veiculada no Informativo 1.105.

[81] Para evitar repetições desnecessárias, remetemos à leitura do item 1.1.3.3.9, atinente à consumação do homicídio.

1.1.4.15. Classificação doutrinária

O feminicídio é crime **simples** (ofende um único bem jurídico); **comum** (pode ser cometido por qualquer pessoa); **material ou causal** (a consumação depende da produção do resultado naturalístico); **de dano** (reclama a lesão do bem jurídico); **de forma livre** (admite qualquer meio de execução); em regra **comissivo** (mas pode ser cometido por omissão, se presente o dever de agir para evitar o resultado, nos termos do art. 13, § 2.º, do Código Penal); **instantâneo** (consuma-se em um momento determinado, sem continuidade no tempo); **unissubjetivo, unilateral** ou **de concurso eventual** (normalmente cometido por uma única pessoa, mas admite o concurso); e **plurissubsistente**.

1.1.4.16. Causas de aumento da pena: art. 121-A, § 2.º

As majorantes aplicáveis ao feminicídio estão previstas no art. 121-A, § 2.º, do Código Penal. Incidem na terceira e última fase da aplicação da pena privativa de liberdade, aumentam a pena de 1/3 (um terço) até a metade e devem ser submetidas à votação dos jurados. Para evitar a responsabilidade penal objetiva, tais circunstâncias precisam ser abrangidas pelo dolo do agente. Como são causas de aumento da pena, fala-se em **feminicídio circunstanciado ou majorado**, e não em feminicídio qualificado.

Inc. I – Crime praticado durante a gestação, nos 3 (três) meses posteriores ao parto ou se a vítima é a mãe ou a responsável por criança, adolescente ou pessoa com deficiência de qualquer idade

O aumento da pena pode ocorrer em três hipóteses:

a) Crime praticado durante a gestação

Durante a gravidez a mulher encontra-se fragilizada física e emocionalmente, em face das diversas alterações promovidas em seu organismo. Além disso, o comportamento do agente revela sua maior covardia e insensibilidade moral. De fato, se não bastasse a eliminação de uma vida já consolidada, ele também impede a integral formação do feto e o surgimento pleno de uma nova pessoa.

Nesse caso, e partindo da premissa de que o indivíduo conhece a gravidez, a ele serão imputados dois crimes: feminicídio circunstanciado (CP, art. 121-A, § 2.º, I) e aborto sem o consentimento da gestante (CP, art. 125), com dolo direto ou eventual, em concurso formal impróprio ou imperfeito (CP, art. 70, caput, parte final), pois a pluralidade de resultados emana de desígnios autônomos. Todavia, se a gestação era ignorada pelo agente, não poderão ser reconhecidos nem o crime de aborto nem a majorante, em respeito à inadmissibilidade da responsabilidade penal objetiva.

b) Crime praticado nos 3 (três) meses posteriores ao parto

Nos três meses após o parto o recém-nascido é extremamente dependente dos cuidados maternos: amamentação, segurança, afeto e conforto, entre tantos outros fatores. Depois de tanto tempo no ventre da mulher, a criança depende de tempo – cientificamente apontam-se os três primeiros meses – para adaptar-se ao ambiente externo. Com a morte da mãe, o normal desenvolvimento da criança torna-se muito mais complexo.

Na verdade, a medicina explica que a gestação humana deveria durar um ano (ou quatro trimestres). Entretanto, o crescimento do corpo do bebê, notadamente da cabeça, inviabiliza a permanência no organismo da mãe, que naturalmente procede à expulsão do feto. Consequentemente, nos primeiros três meses a criança é considerada um feto fora do útero materno. Esse motivo explica a sensação de tanto frio pelos recém-nascidos, mesmo em dias quentes (no útero a temperatura média é de 37,5º C), bem como os sustos dos bebês quando mexem seus braços ou pernas, pois eles ainda não sabem que tais membros integram seus corpos (na verdade, os bebês acreditam que ainda pertencem aos corpos das mães).

c) Se a vítima é a mãe ou a responsável por criança, adolescente ou pessoa com deficiência de qualquer idade

O tratamento penal mais rigoroso fundamenta-se na covardia e na insensibilidade moral do agente. A morte da mulher deixa ao abandono uma criança, um adolescente ou uma pessoa com deficiência de qualquer idade. A continuidade da vida da pessoa que perdeu a mãe ou responsável legal será mais árdua, além de marcada por traumas psicológicos e emocionais.

Não incide a majorante, em face da ausência da sua razão de existir, se a vítima do feminicídio, embora mãe, não tinha sob seus cuidados a criança, o adolescente ou a pessoa com deficiência, como na hipótese em que fora decretada judicialmente a perda do poder familiar em razão de crime doloso punido com reclusão cometido contra o filho.

Inc. II – Crime praticado contra pessoa menor de 14 (catorze) anos, maior de 60 (sessenta) anos, com deficiência ou portadora de doenças degenerativas que acarretem condição limitante ou de vulnerabilidade física ou mental

A justificativa da causa de aumento da pena está na fragilidade da vítima, criança ou adolescente (antes de completar 14 anos), pessoa idosa, com deficiência ou portadora de doenças degenerativas que acarretem condição limitante ou de vulnerabilidade física ou mental.

A deficiência deve ser interpretada em sentido amplo: pode ser física, mental, intelectual ou sensorial. Sua definição está contida no art. 2.º, *caput*, da Lei 13.146/2015 – Estatuto da Pessoa com Deficiência: "Considera-se pessoa com deficiência aquela que tem impedimento de longo prazo de natureza física, mental, intelectual ou sensorial, o qual, em interação com uma ou mais barreiras, pode obstruir sua participação plena e efetiva na sociedade em igualdade de condições com as demais pessoas".

A parte final – "ou portadora de doenças degenerativas que acarretem condição limitante ou de vulnerabilidade física ou mental" – abrange enfermidades como a esclerose múltipla, o mal de Parkinson, o mal de Alzheimer e a doença de Charcot, também conhecida como ELA – Esclerose Lateral Amiotrófica.

A incidência da majorante pressupõe o conhecimento, pelo agente, da situação de fragilidade da vítima, sob pena de caracterização da responsabilidade penal objetiva.

Inc. III – Crime praticado na presença física ou virtual de descendente ou de ascendente da vítima

O fundamento da majorante repousa na covardia e na frieza do feminicida, que mata a mulher na presença do seu descendente (filhos, netos etc.) ou ascendente (pai, mãe, avós etc.), causando-lhe profundos traumas psicológicos e emocionais. Quem presenciou a execução do delito jamais conseguirá apagar essa atroz imagem.

Pouco importa o grau de parentesco entre a vítima e a testemunha do crime. Por expressa previsão legal, a causa de aumento da pena somente é aplicável ao parentesco em linha reta, não incidindo no tocante aos colaterais (irmãos, tios, sobrinhos, primos etc.).

Nos dias atuais, não se exige a presença física do descendente ou do ascendente no momento da morte da vítima. É claro que, na maioria das vezes, o feminicídio ocorrerá no local em que tais pessoas se encontram (exemplo: o agente invade a casa da vítima e a mata no momento em que esta brincava na cama com seu filho). Mas nada impede seja o crime presenciado mediante a utilização de recursos tecnológicos (exemplo: o sujeito mata a mãe quando ela conversava, via *skype* ou programa similar, com seu filho que cursava faculdade em outro país).

Inc. IV – Crime praticado em descumprimento das medidas protetivas de urgência previstas nos incisos I, II e III do "caput" do art. 22 da Lei 11.340, de 7 de agosto de 2006 (Lei Maria da Penha)

O art. 22 da Lei 11.340/2006 – Lei Maria da Penha prevê como medidas protetivas a suspensão da posse ou a restrição do porte de armas, com comunicação ao órgão competente, nos termos da Lei 10.826, de 22 de dezembro de 2003 – Estatuto do Desarmamento (inc. I), o afastamento do lar, domicílio ou local de convivência com a ofendida (inc. II), e a proibição de determinadas condutas (inc. III), entre as quais: (a) aproximação da ofendida, de seus familiares e das testemunhas, fixando o limite mínimo de distância entre estes e o agressor; (b) contato com a ofendida, seus familiares e testemunhas por qualquer meio de comunicação; e (c) frequentação de determinados lugares a fim de preservar a integridade física e psicológica da ofendida.

O descumprimento de decisão judicial que defere medidas protetivas de urgência constitui, por si só, o delito tipificado no art. 24-A da Lei 11.340/2006, punido com reclusão, de 2 (dois) a 5 (cinco) anos, e multa.

O feminicídio praticado com descumprimento das medidas protetivas de urgência absorve o crime previsto no art. 24-A da Lei Maria da Penha, mas terá a pena aumentada, de 1/3 (um terço) até a metade. Não há falar em concurso entre o feminicídio majorado e o delito capitulado no art. 24-A da Lei Maria da Penha, sob pena de caracterização do *bis in idem*.

Inc. V – Crime praticado nas circunstâncias previstas nos incisos III, IV e VIII do § 2.º do art. 121 deste Código

A Lei 14.994/2024 rotulou algumas (e não todas) qualificadoras do homicídio como causas de aumento da pena do feminicídio, a saber: III – com emprego de veneno, fogo, explosivo, asfixia, tortura ou outro meio insidioso ou cruel, ou de que possa resultar perigo comum; IV – à traição, de emboscada, ou mediante dissimulação ou outro recurso que dificulte ou torne impossível a defesa do ofendido; e VIII – com emprego de arma de fogo de uso restrito ou proibido.

E as qualificadoras atinentes aos motivos torpe e fútil, bem como à conexão, catalogadas no art. 121, § 2.º, I, II e V, do Código Penal? Qual a razão de não terem sido também previstas como majorantes do feminicídio? A resposta é simples.

O feminicídio reclama um elemento subjetivo específico, consistente nas "razões da condição do sexo feminino". A morte é motivada pela inferiorização ou coisificação da mulher. Sem essa finalidade, a morte da vítima caracteriza homicídio, e não feminicídio.

O motivo do feminicídio, portanto, não pode ser fútil ou torpe, por opção do legislador. A conexão também tem natureza subjetiva (ou pessoal), pois o homicídio é praticado para assegurar a execução, a ocultação, a impunidade ou vantagem de outro crime.

1.1.4.16.1. Feminicídio circunstanciado e regime integralmente fechado

Pensemos em uma situação hipotética: João, reincidente em crime hediondo ou equiparado com resultado morte, é condenado por feminicídio circunstanciado, em face da presença de alguma causa de aumento de pena elencada pelo art. 121-A, § 2.º, do Código Penal. Diante das peculiaridades do caso concreto, o magistrado aplica a pena máxima (40 anos), aumentada de metade pela incidência da majorante, resultado a pena final de 60 anos.

Como ele é reincidente em crime hediondo ou equiparado com resultado morte, a progressão de regime prisional depende do cumprimento de 70% da pena, vedado o livramento condicional, a teor da regra contida no art. 112, VIII, da Lei 7.210/1984 – Lei de Execução Penal.

Em síntese, a progressão somente será possível após o cumprimento de 42 (quarenta e dois) anos de reclusão no regime fechado. Todavia, o art. 75 do Código Penal estatui que o tempo de cumprimento da pena privativa de liberdade não pode ser superior a 40 (quarenta) anos, ou seja, a sanção será cumprida, em sua inteireza, no regime fechado.[82]

Fica nítido que a Lei 14.994/2024, provavelmente de forma inconsciente, ressuscitou a possibilidade prática de caracterização do regime integralmente fechado, o qual havia sido extirpado do ordenamento jurídico brasileiro desde que o Supremo Tribunal Federal declarou a inconstitucionalidade da redação original do art. 2.º, § 1.º, da Lei 8.072/1990 – Lei dos Crimes Hediondos.

1.1.5. Art. 122 – Induzimento, instigação ou auxílio a suicídio ou a automutilação[83]

1.1.5.1. Dispositivo legal

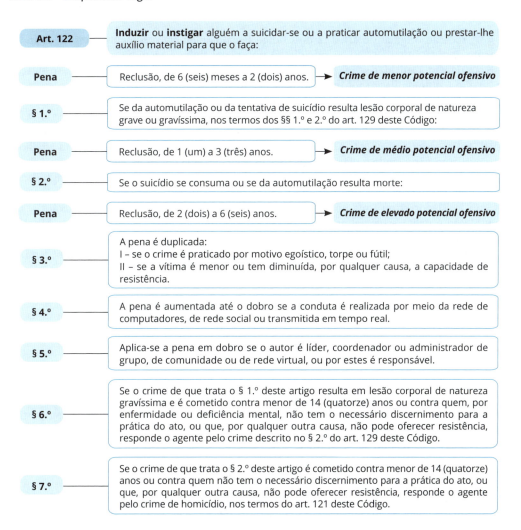

---

[82] É preciso recordar que, nos termos da Súmula 715 do Supremo Tribunal Federal, o limite temporal previsto no art. 75 do Código Penal diz respeito ao cumprimento da pena privativa de liberdade, não se aplicando para fins de progressão de regime prisional.

[83] O Decreto 10.225/2020 institui o Comitê Gestor da Política Nacional de Prevenção da Automutilação e do Suicídio, regulamenta a Política Nacional de Prevenção da Automutilação e do Suicídio e estabelece normas relativas à notificação compulsória de violência autoprovocada.

Classificação:	Informações rápidas:
Crime comum Crime de dano Crime comissivo ou omissivo (divergência) Crime material Crime condicionado à produção do resultado naturalístico Crime de forma livre Crime simples Crime instantâneo Crime unissubjetivo Crime plurissubsistente	A destruição da vida por seu titular deve ser **voluntária** (não se admite *consentimento da vítima*). A participação pode ser **moral** (induzir e instigar: *seriedade*) ou **material** (auxiliar: *atividade acessória e eficaz*). Não se admite *provocação indireta*. A vítima deve ter mínima capacidade de resistência e discernimento. **Não** é possível a tentativa da participação em suicídio.

1.1.5.2. Introdução e análise crítica

A redação original do art. 122 do Código Penal contemplava somente o crime de induzimento, instigação ou auxílio ao suicídio. O tipo penal tinha a seguinte redação: "Induzir ou instigar alguém a suicidar-se ou prestar-lhe auxílio para que o faça". O induzimento, instigação ou auxílio à automutilação foi incluído pela Lei 13.968/2019.

Nada obstante a boa intenção do legislador, a nova figura típica foi situada em local inadequado do Código Penal.

Com efeito, o art. 122 encontra-se no Capítulo I do Título I da Parte Especial do Código Penal, entre os "crimes contra a vida". Nesse contexto, o induzimento, instigação ou auxílio à automutilação não ofende a vida humana, e sim a integridade corporal. Seria mais apropriada, portanto, a inclusão desta infração penal em local diverso, quiçá no art. 129 do Código Penal, como uma variante da lesão corporal.

O legislador criou uma anomalia jurídica. O induzimento, instigação ou auxílio à automutilação é delito essencialmente doloso, e foi alocado entre os crimes contra a vida. Entretanto, não ingressa na competência do Tribunal do Júri, **pois não se constitui em crime doloso contra a vida**, na forma exigida pelo art. 5.º, XXXVIII, *d*, da Constituição Federal. A competência para o processo e julgamento desse delito é do juízo singular.

Se não bastasse, o art. 122 do Código Penal dispensa igual tratamento jurídico a situações diversas. Os tipos penais contemplados em seu *caput* e nos §§ 1.º e 2.º cominam penas idênticas tanto ao induzimento, instigação ou auxílio ao suicídio como à colaboração à automutilação alheia, quando na primeira hipótese o resultado é sensivelmente mais grave.

1.1.5.3. Conceito de suicídio e de automutilação

Suicídio é a **destruição deliberada da própria vida**. É também chamado de **autocídio** ou **autoquíria**.[84] **Automutilação**, por sua vez, é qualquer tipo de comportamento voluntário envolvendo agressão direta ao próprio corpo, **sem a intenção de suicídio**. A pessoa pratica autolesão, de forma isolada ou reiterada, cortando a própria pele, batendo em si mesmo, queimando áreas sensíveis do seu corpo etc.

1.1.5.4. Nome do delito

A conduta suicida ou de automutilação, por si só, não é criminosa no Brasil. Nem poderia sê-la pois, como corolário do **princípio da alteridade**, o Direito Penal só está autorizado a incriminar os comportamentos que transcendem a figura do seu autor. Não são puníveis as condutas que lesionam ou expõem a perigo bens jurídicos pertencentes exclusivamente a quem as praticou.

---

[84] A Lei 13.819/2019 instituiu a Política Nacional de Prevenção da Automutilação e do Suicídio, a ser implementada pela União, em cooperação com os Estados, o Distrito Federal e os Municípios.

Em relação ao suicídio, ainda que assim não fosse, o Estado não poderia punir o suicida, pois com sua morte estaria extinta sua punibilidade, nos termos do art. 107, inc. I, do Código Penal.

Por último, na hipótese de sobrevivência da pessoa que buscou destruir sua própria vida, o legislador não tipificou essa conduta por questões humanitárias. Quem tentou suicidar-se (ou mesmo ofender a própria integridade corporal, no caso da automutilação) não merece castigo, e sim tratamento, amparo e proteção. A imposição da pena traria ainda mais prejuízos àquele que considera sua vida como bem de pouca ou nenhuma importância.

Essa conclusão, contudo, não permite falar em licitude do suicídio, em face da indisponibilidade do direito à vida. Essa é a inteligência do Código Penal, ao estatuir em seu art. 146, § 3.º, II, que não caracteriza constrangimento ilegal a coação exercida para impedir suicídio. **O suicídio é ilícito, embora não seja criminoso**. Igual raciocínio pode (e deve) ser construído no tocante à automutilação.

Anote-se, ainda, um requisito fundamental para a configuração do suicídio: a destruição da vida humana por seu titular deve ser **voluntária**. Logo, se alguém elimina sua própria vida inconscientemente, por ter sido manipulado por outra pessoa (fraude), ou em decorrência de violência ou grave ameaça, estará tipificado o crime de homicídio. De igual modo, se alguém ofende sua própria integridade física, em razão de violência, grave ameaça ou fraude emanada de terceiro, estará caracterizado o delito de lesão corporal.

No Brasil, é crime o induzimento, a instigação ou auxílio a suicídio ou a automutilação, ou, como preferimos, a **participação em suicídio ou em automutilação**. Vedou-se a conduta de concorrer para que outrem destrua voluntariamente sua própria vida ou ofenda sua própria integridade corporal ou saúde. **O consentimento da vítima é irrelevante, em face da indisponibilidade dos bens jurídicos penalmente tutelados**.

1.1.5.5. Objetividade jurídica

Na participação em suicídio, tutela-se a vida humana, direito fundamental constitucionalmente consagrado (art. 5.º, *caput*). Na participação em automutilação, por sua vez, o bem jurídico protegido é a incolumidade física em sentido amplo, abrangente da integridade corporal e da saúde da pessoa humana.

1.1.5.6. Objeto material

É o ser humano que suporta a conduta criminosa, isto é, aquele contra quem se dirige o induzimento, a instigação ou o auxílio ao suicídio ou à automutilação.

1.1.5.7. Núcleos do tipo

A participação em suicídio ou em automutilação pode ser **moral**, nos núcleos **induzir e instigar**, ou **material**, na conduta de **auxiliar** ("prestar auxílio") alguém a suicidar-se ou a praticar automutilação. Não se admite a **provocação indireta** ao suicídio ou à automutilação.[85]

Induzir significa incutir na mente alheia a ideia do suicídio ou da automutilação, até então inexistente. Exemplo: "A" procura "B", perguntando-lhe como solucionar seus problemas financeiros, no que obtém a seguinte resposta: "Suicide-se e tudo estará resolvido".

Não há participação em suicídio ou em automutilação por parte de quem pede a um cidadão para, como herói nacional, ir à guerra lutar por seu país.

---

[85] O STF já decidiu nesse sentido, em relação à participação em suicídio: HC 72.049/MG, rel. Min. Marco Aurélio, 2.ª Turma, j. 28.03.1995.

Instigar é reforçar o propósito suicida ou de automutilação preexistente. A vontade direcionada a tal fim, que já habitava a mente da vítima, é estimulada pelo agente. Exemplo: "A" diz a "B" que, em face de problemas conjugais, pretende suicidar-se. Este, por sua vez, incentiva aquele a assim agir.

Nessas duas espécies de participação moral exige-se *seriedade* na conduta do agente. Se em nítido tom de brincadeira alguém sugere a outrem o suicídio ou a automutilação, que de fato ocorre, o fato é atípico por ausência de dolo.

Auxiliar, por sua vez, é concorrer materialmente para a prática do suicídio ou da automutilação. Exemplo: Ciente de que "A" deseja praticar automutilação, e querendo que isso se concretize, "B" lhe empresta uma lâmina afiada.

Esse auxílio deve constituir-se em atividade *acessória*, *secundária*. O sujeito não pode, em hipótese alguma, realizar uma conduta apta a eliminar a vida ou a ofender a integridade física da vítima. É esta quem deve destruir sua própria vida ou prejudicar sua integridade corporal ou sua saúde. Destarte, se o agente, exemplificativamente, atendendo aos anseios de outra pessoa, aperta o gatilho da arma de fogo que ela apontava à própria cabeça, provocando sua morte, responde por homicídio, e não por participação em suicídio. De fato, ele realizou conduta capaz por si só de matar alguém, nada obstante o consentimento juridicamente inválido do ofendido.

O auxílio deve ser *eficaz*, isto é, precisa contribuir efetivamente para o suicídio ou automutilação. Assim, se "A" empresta a "B" um revólver, mas ela se mata fazendo uso de veneno, àquele não será imputado o crime previsto no art. 122 do Código Penal.

É de se observar, ainda, que o auxílio ao suicídio ou à automutilação não se confunde com a omissão de socorro ao suicida ou automutilado. Em verdade, se após o ato suicida ou de automutilação, praticado sem a influência de quem quer que seja, um terceiro injustificadamente deixar de prestar socorro ao necessitado, responderá unicamente pelo crime definido pelo art. 135 do Código Penal.

Também é possível o *auxílio por omissão*, desde que presente o *dever de agir para evitar o resultado*, na forma delineada pelo art. 13, § 2.º, do Código Penal. É o caso do psiquiatra que presta serviços em um manicômio e, consciente da intenção suicida de um dos pacientes, nada faz para preservar sua vida. Comungam desse entendimento, entre outros, E. Magalhães Noronha, Julio Fabbrini Mirabete e Nélson Hungria. Essa posição não é pacífica. Diversos autores, como Damásio E. de Jesus e José Frederico Marques, sustentam ser incabível essa modalidade de auxílio, porque a expressão legal *"prestar auxílio"* é indicativa de conduta comissiva. Para essa corrente doutrinária, o agente responderia por omissão de socorro com resultado morte (CP, art. 135, parágrafo único), nada obstante a presença do dever de agir.

Cuida-se de *tipo misto alternativo, crime de ação múltipla ou de conteúdo variado: o tipo penal contém vários núcleos, e se o agente realizar dois ou mais deles contra a mesma vítima, estará caracterizado um único delito*: Exemplo: "A" induz "B" a suicidar-se, e também lhe presta auxílio para tanto, mediante o empréstimo de uma arma de fogo. Todavia, a prática de duas ou mais condutas produzirá reflexos na dosimetria da pena-base, nos termos do art. 59, *caput*, do Código Penal.

Além disso, a participação em suicídio ou em automutilação deve dirigir-se à *pessoa determinada ou pessoas determinadas*. Com efeito, não é punível a *participação genérica*, tal como no clássico livro *Os sofrimentos do jovem Werther*, de 1774, obra-prima da literatura mundial e marco inicial do romantismo, escrita por Johann Wolfgang von Goethe, que em sua época levou a uma onda de suicídios em toda a Europa, em face da paixão marcada pelo fim trágico que envolve seu protagonista. Esse raciocínio igualmente se aplica às músicas ou profecias que anunciam o fim dos tempos.

1.1.5.8. Sujeito ativo

A participação em suicídio ou em automutilação é **crime comum** ou **geral**. Pode ser cometido por qualquer pessoa.

1.1.5.9. Sujeito passivo

Pode ser qualquer pessoa, desde que possua um **mínimo de capacidade de resistência e de discernimento** quanto à conduta criminosa.

1.1.5.9.1. Vítima menor de 14 anos, portadora de enfermidade ou deficiência mental ou de qualquer modo incapaz de oferecer resistência e reflexos penais: art. 122, §§ 6.º e 7.º

A configuração do crime de induzimento, instigação ou auxílio a suicídio ou a automutilação reclama seja a conduta direcionada à pessoa dotada de um grau mínimo de discernimento frente à atuação ilícita do agente.

Se a vítima não apresentar nenhum discernimento frente ao suicídio ou à automutilação, em razão da sua idade (menor de 14 anos) ou por ser acometido de enfermidade ou deficiência mental, ou por qualquer outra causa não puder oferecer resistência (exemplo: vítima sem lucidez em face de medicamentos sedativos), estará caracterizado o delito tipificado no art. 129, § 2.º, do Código Penal, se nela resultar lesão corporal gravíssima, ou então o crime de homicídio, se sobrevier a morte. É o que se extrai dos §§ 6.º e 7.º do art. 122 do Código Penal. A título ilustrativo, caracteriza o crime de homicídio, previsto no art. 121 do Código Penal, a conduta de induzir uma criança de tenra idade ou uma pessoa com deficiência mental a pular do alto de um edifício, sob o pretexto de que assim agindo ela poderia voar.

1.1.5.10. Elemento subjetivo

É o dolo, direto ou eventual. Não se admite a modalidade culposa.

1.1.5.11. Consumação

Esse tema sofreu profundas modificações. Antes da entrada em vigor da Lei 13.968/2019, o art. 122 do Código Penal apresentava a seguinte redação:

> **Art. 122.** Induzir ou instigar alguém a suicidar-se ou prestar-lhe auxílio para que o faça:
> **Pena** – reclusão, de dois a seis anos, se o suicídio se consuma; ou reclusão, de um a três anos, se da tentativa de suicídio resulta lesão corporal de natureza grave.
> (...)

A consumação do crime de participação em suicídio (não existia a participação em automutilação) reclamava a **morte da vítima** (pena: reclusão de dois a seis anos) ou no mínimo a produção de **lesão corporal de natureza grave** (pena: reclusão de um a três anos). A expressão "lesão corporal de natureza grave" abrangia a lesão grave propriamente dita e também a gravíssima (CP, art. 129, §§ 1.º e 2.º).

Destarte, não se configurava o crime quando, nada obstante o induzimento, a instigação ou o auxílio, a vítima não tentava suicidar-se ou, mesmo o fazendo, suportava somente lesão corporal de natureza leve, pois para essas hipóteses não se previa a imposição de pena.

A participação em suicídio era classificada como **crime condicionado**, pois a punibilidade estava sujeita à produção do resultado legalmente exigido, e necessariamente **material**, pois a consumação dependia da produção do resultado naturalístico.

O panorama agora é bastante diverso.

Na **modalidade simples**, prevista no *caput*, o crime se aperfeiçoa com o mero induzimento, instigação ou auxílio ao suicídio ou à automutilação. Em outras palavras, o delito estará consumado mesmo se a vítima, nada obstante a conduta do agente, não praticar nenhum ato tendente ao suicídio ou à automutilação. Cuida-se de **crime formal, de consumação antecipada ou de resultado cortado**, pois a consumação ocorre com a prática da conduta legalmente descrita, dispensando a produção do resultado naturalístico (lesão grave em sentido amplo ou morte). É também **infração penal de menor potencial ofensivo**: a pena máxima em abstrato autoriza a incidência da transação penal e do rito sumaríssimo, nos moldes da Lei 9.099/1995.

Nos §§ 1.º e 2.º do art. 122 do Código Penal, o legislador elevou o exaurimento à condição de qualificadoras. Em verdade, o delito se consuma com o simples induzimento, instigação ou auxílio a suicídio ou a automutilação (art. 122, *caput*). A superveniência do resultado naturalístico, todavia, faz surgir as figuras qualificadas, seja pela lesão grave ou gravíssima (§ 1.º), seja pela morte (§ 2.º).

O § 1.º – resultado lesão corporal grave ou gravíssima – veicula um **crime de médio potencial ofensivo**: a pena mínima cominada (1 ano) revela a compatibilidade do delito com o benefício da suspensão condicional do processo, se presentes os demais requisitos elencados pelo art. 89 da Lei 9.099/1995. Por outro lado, se em razão da conduta do agente a vítima suportar lesão corporal de natureza leve, estará configurada a modalidade fundamental da participação em suicídio ou automutilação (CP, art. 122, *caput*).

Por sua vez, o § 2.º – resultado morte – constitui-se em **crime de elevado potencial ofensivo**, incompatível com os benefícios despenalizadores instituídos pela Lei 9.099/1995.

E cuidado: na hipótese em que "da automutilação resulta morte", é indiscutível a natureza **preterdolosa** do delito. O agente tem dolo no tocante à automutilação da vítima, e a morte sobrevém a título de culpa. De fato, se presente o dolo (direto ou eventual) em relação à morte do ofendido, estará caracterizado o induzimento, instigação ou auxílio ao suicídio, e não à automutilação.

Nas figuras qualificadas, é irrelevante o intervalo decorrido entre a conduta do agente e o suicídio ou automutilação da vítima. O delito estará configurado com a mera relação de causalidade entre a participação em suicídio ou em automutilação e a destruição da própria vida ou ofensa à própria integridade física. Se, por exemplo, alguém induz outra pessoa ao suicídio, e apenas após dois anos, movida por esta participação, ela se mata, estará caracterizado o crime em estudo. E somente a partir desse momento (morte da vítima) terá início o curso da prescrição, nos termos do art. 111, inc. I, do Código Penal.

1.1.5.12. Tentativa

Na modalidade simples, prevista no *caput*, a tentativa é cabível quando o delito se apresentar como plurissubsistente, admitindo o fracionamento do *iter criminis*. Exemplo: "A" tenta prestar auxílio material ao suicídio de "B", enviando-lhe uma arma de fogo pelos Correios. O instrumento, todavia, é interceptado e apreendido pela Polícia.

Nas figuras qualificadas, de seu turno, não se admite o *conatus*. Em verdade, nessas hipóteses a incidência dos tipos penais está condicionada aos resultados legalmente exigidos. Portanto, ou a lesão grave (ou gravíssima) ou a morte se verificam, e o agente responde pelo § 1.º ou pelo § 2.º, ou então pelo art. 122, *caput*, se tais resultados não se concretizarem.

De qualquer modo, é preciso diferenciar duas situações:

(1) tentativa de suicídio ou de automutilação (penalmente irrelevante), quando uma pessoa, por conta própria, tenta eliminar sua vida ou ofender sua integridade corporal; e
(2) tentativa de participação em suicídio ou em automutilação, condutas incriminadas pelo art. 122 do Código Penal.

1.1.5.13. Pacto de morte

No pacto de morte, também conhecido como **ambicídio** ou **suicídio a dois**,[86] isto é, o acordo celebrado entre duas pessoas que desejam se matar, as hipóteses em que há sobrevivência de uma delas ou de ambas se resolvem da seguinte maneira:

a) se o sobrevivente praticou atos de execução da morte do outro (exemplo: ministrar veneno), a ele será imputado o crime de homicídio;
b) se o sobrevivente somente auxiliou o outro a suicidar-se, responderá pelo crime de participação em suicídio;
c) se ambos praticaram atos de execução, **um contra o outro**, e ambos sobreviveram, responderão os dois por tentativa de homicídio;
d) se ambos se auxiliaram mutuamente e ambos sobreviveram, a eles será atribuído o crime de participação em suicídio;
e) se um deles **praticou atos de execução da morte de ambos**, mas ambos sobreviveram, aquele responderá por tentativa de homicídio, e este por participação em suicídio.

1.1.5.14. Roleta-russa e duelo americano

Se várias pessoas fazem, simultaneamente, roleta-russa ou duelo americano, aos sobreviventes será imputado o crime de participação em suicídio. Na roleta-russa, a arma de fogo é municiada com um único projétil, e o gatilho deve ser acionado pelos participantes cada um em sua vez, rolando o tambor que estava vazio. No duelo americano, de seu turno, existem duas armas de fogo, uma municiada e outra desmuniciada, e os participantes devem escolher uma delas para posteriormente apertarem o gatilho contra eles mesmos.

Se no contexto da roleta-russa ou do duelo americano, porém, um dos envolvidos, que não sabia se a arma de fogo estava ou não apta a efetuar o disparo, aciona seu gatilho, apontando-a em direção de outrem, e assim agindo provoca sua morte, o crime será de homicídio, com dolo eventual.

1.1.5.15. Classificação doutrinária

A participação em suicídio ou em automutilação é crime **comum** (pode ser praticado por qualquer pessoa); **de dano** (direciona-se à efetiva lesão ao bem jurídico); **comissivo ou omissivo** (com divergência doutrinária quanto à omissão); **formal, de consumação antecipada ou de resultado cortado** (com a ressalva de que o exaurimento faz surgir as figuras qualificadas previstas nos §§ 1.º e 2.º do art. 122 do Código Penal); **de forma livre** (admite qualquer meio de execução); **simples** (ofende um único bem jurídico, a vida humana ou a integridade

---

[86] Expressão utilizada por HUNGRIA, Nélson. *Comentários ao Código Penal*. 2. ed. Rio de Janeiro: Forense, 1953. v. 5, p. 227.

física); **instantâneo** (consuma-se em um momento determinado, sem continuidade no tempo); **unissubjetivo, unilateral ou de concurso eventual** (cometido por uma só pessoa, mas admite o concurso); e em regra **plurissubsistente** (conduta divisível em diversos atos).

1.1.5.16. Causas de aumento de pena: §§ 3.º a 5.º

Os §§ 3.º, 4.º e 5.º do art. 122 do Código Penal contemplam **causas de aumento de pena** aplicáveis à participação em suicídio ou em automutilação, tanto na modalidade simples (*caput*) como nas figuras qualificadas (§§ 1.º e 2.º). Incidem na terceira fase de aplicação da pena privativa de liberdade e, no caso concreto, podem levá-la acima do máximo legalmente previsto. Essas variantes do delito são chamadas de **participação em suicídio ou em automutilação circunstanciadas ou majoradas**.

1.1.5.16.1. § 3.º A pena é duplicada: I – se o crime é praticado por motivo egoístico, torpe ou fútil; II – se a vítima é menor ou tem diminuída, por qualquer causa, a capacidade de resistência

Motivo egoístico é o que revela individualismo exagerado, ou seja, aquele que evidencia excessivo apego próprio em detrimento da vida ou da integridade física alheia. Exemplo: "A", desejando ter sua beleza física destacada, induz "B", seu irmão gêmeo, a praticar automutilação na face.

Motivo torpe é o vil, abjeto, repugnante, revelador da depravação moral do agente. Exemplo: "A" induz "B", seu colega de trabalho, a suicidar-se, para então ser o único candidato para obter uma promoção na empresa.

Motivo fútil, por sua vez, é o insignificante, de pequena monta, desproporcional ao resultado praticado. Exemplo: "A" induz "B", seu vizinho de apartamento, a cometer suicídio, visando não mais precisar dividir com ele o elevador que serve seu andar do prédio.

Nos três casos, a punição mais rigorosa é legítima, pois o agente busca alcançar algum proveito pessoal, econômico ou não, como consequência do suicídio ou da automutilação da vítima.

Vítima menor é a pessoa com idade entre 14 anos e 18 anos. Possui capacidade de discernimento, porém reduzida em face da ausência do desenvolvimento mental incompleto. O fundamento da majorante repousa na maior facilidade que pessoas nessa faixa etária apresentam para serem convencidas por outrem a suicidarem-se ou a praticarem automutilação.

Vítima que, por qualquer causa, tem diminuída a capacidade de resistência é a pessoa mais propensa a ser influenciada pela participação em suicídio ou em automutilação. Deve ser maior de 18 anos de idade, pois, se ainda não atingiu essa idade, e desde que possua 14 anos de idade ou mais, incidirá a causa de aumento atinente à "vítima menor".

Essa menor resistência pode ser provocada por enfermidade física ou mental, e também por efeitos do álcool ou de drogas. Exemplo: estimular uma pessoa parcialmente embriagada a eliminar sua própria vida. Se, por outro lado, o ébrio estiver completamente inconsciente, o crime será de homicídio.

Assim como na idade ("vítima menor"), esse fator há de ser do conhecimento do agente, para afastar a responsabilidade penal objetiva.

Finalmente, a análise aprofundada do art. 122 do Código Penal autoriza as seguintes ilações:

1) vítima maior de 18 anos de idade, com plena capacidade de resistência: participação em suicídio ou em automutilação, simples (*caput*) ou qualificada, se resultar lesão corporal grave ou gravíssima (§ 1.º) ou morte (§ 2.º);

2) vítima maior de 18 anos, com reduzida capacidade de resistência: participação em suicídio ou em automutilação circunstanciada ou majorada (art. 122 – *caput*, § 1.º ou 2.º – c.c. § 3.º, II, *in fine*);

3) vítima com idade igual ou superior a 14 anos, mas menor de 18 anos de idade: participação em suicídio circunstanciada ou majorada (art. 122 – *caput*, § 1.º ou 2.º – c.c. § 3.º, II, 1.ª parte); e

4) vítima menor de 14 anos de idade, portadora de enfermidade ou doença mental ou que não possa, por qualquer outra causa, oferecer resistência: lesão corporal gravíssima (art. 122, § 6.º) ou homicídio (art. 122, § 7.º), dependendo do resultado naturalístico produzido.

1.1.5.16.2. §§ 4.º e 5.º – Delito cometido pela *internet*

De acordo com o § 4.º do art. 122 do Código Penal: "A pena é aumentada até o dobro se a conduta é realizada por meio da rede de computadores, de rede social ou transmitida em tempo real". Como o dispositivo fala em "aumentada até o dobro", a majorante varia de 1/6 (menor percentual previsto no CP para as causas de diminuição da pena) até o dobro.

No ano de 2016, um ritual da *internet* nascido em uma rede social russa despertou medo coletivo e produziu enormes prejuízos em muitas pessoas, notadamente crianças, adolescentes e portadores de alguma espécie de distúrbio mental. Viralizava o "Desafio da Baleia Azul" (*Blue Whale Challenge*).[87]

Os participantes desse "jogo" eram submetidos a uma disputa nada sadia. Aos desafiantes (jogadores ou participantes) eram atribuídas tarefas pelos curadores (administradores). Para avançarem as fases, os desafiantes iam se automutilando, cada vez com maior gravidade. O desafio final era o suicídio.

No mundo virtual, com destaque para as redes sociais (*Twitter, Instagram, Facebook, WhatsApp* etc.) e transmissões em tempo real (*lives*), os destinatários do induzimento, instigação ou auxílio a suicídio ou a automutilação são ilimitados, e estão espalhados em todos os cantos do planeta. Além disso, cria-se um cenário de ilusão, no qual os agentes se apresentam como pessoas dispostas a alegrar o cotidiano e a proporcionar benefícios a quem aceita compartilhar suas vidas. Os participantes, por sua vez, não têm muito tempo para pensar ou para pedir conselhos a outras pessoas. Precisam decidir, de imediato, se aceitam ou não participar dos jogos e desafios.

A dimensão difusa do dano e a covardia acentuada dos agentes, que se valem muitas vezes de nomes fictícios, fotos falsas e discursos mentirosos, justificam o tratamento penal mais severo.

Em reforço a essa regra, estatui o § 5.º do art. 122 do Código Penal: "Aplica-se a pena em dobro se o autor é líder, coordenador ou administrador de grupo, de comunidade ou de rede virtual, ou por estes é responsável."[88]

Os líderes, coordenadores, administradores ou pessoas de qualquer modo responsáveis, também conhecidas como "curadores" de grupo, comunidade ou rede virtual, exercem o comando das atividades criminosas, razão pela qual devem ser mais rigorosamente punidos.

As majorantes dos §§ 4.º e 5.º podem ser cumuladas com as previstas no § 3.º, a exemplo do que se verifica quando a conduta é realizada pela *internet* e cometida contra vítima menor (§ 3.º, II, 1.ª parte). Na aplicação da pena, incidirá a regra delineada pelo art. 68, parágrafo

---

[87] Posteriormente surgiram outros "jogos" similares, tais como o "Desafio da Coruja Vermelha" (*Red Owl*) e o "Desafio da Boneca Momo" (*Momo Challenge*).
[88] A atual redação do art. 122, § 5.º, do Código Penal foi atribuída pela Lei 14.811/2024.

único, do Código Penal: "No concurso de causas de aumento ou de diminuição previstas na parte especial, pode o juiz limitar-se a um só aumento ou a uma só diminuição, prevalecendo, todavia, a causa que mais aumente ou diminua".

Nos termos do art. 1.º, X, da Lei 8.072/1990, o induzimento, instigação ou auxílio a suicídio ou a automutilação, quando realizado por meio da rede de computadores, de rede social ou transmitidos em tempo real, é crime hediondo. Somente nessa hipótese o delito tipificado no art. 122 do Código Penal é rotulado pela hediondez.[89]

1.1.6. Art. 123 – Infanticídio

1.1.6.1. Dispositivo legal

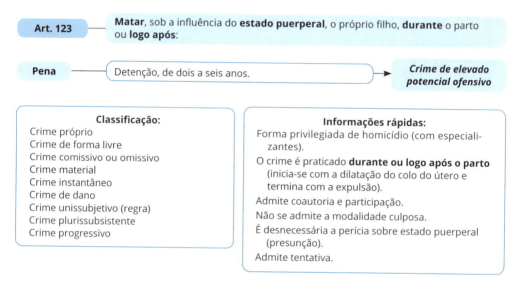

1.1.6.2. Conceito

O infanticídio, que em seu sentido etimológico significa a morte de um infante, é uma **forma privilegiada de homicídio**. Trata-se de crime em que se mata alguém, assim como no art. 121 do Código Penal. Aqui a conduta também consiste em **matar**. Mas o legislador decidiu criar uma nova figura típica, com pena sensivelmente menor, pelo fato de ser praticado pela mãe contra seu próprio filho, nascente ou recém-nascido, durante o parto ou logo após, influenciada pelo estado puerperal.

Possui, pois, iguais elementares do crime de homicídio, mas a elas foram agregados outros elementos especializantes, atinentes aos sujeitos, ao tempo e à motivação do crime. Não se exige, entretanto, nenhuma finalidade especial para favorecer a mãe com a figura típica privilegiada, tal como o motivo de honra. É suficiente esteja ela influenciada pelo estado puerperal.

1.1.6.3. Objetividade jurídica

É a vida humana.

---
[89] O inc. X do art. 1.º da Lei 8.072/1990 foi acrescentado pela Lei 14.811/2024.

1.1.6.4. Objeto material

É a criança, nascente ou recém-nascida, contra quem se dirige a conduta criminosa.

1.1.6.4.1. Diferença entre infanticídio e aborto

O art. 123 do Código Penal preceitua que o infanticídio pode ser praticado durante o parto ou logo após. Nesse último caso, a distinção com o aborto é nítida: a criança nasceu com vida e encerrou-se o trabalho de parto. A dúvida reside na situação em que o infanticídio é praticado **durante o parto**, pois é nessa hipótese que se exige cuidado na identificação do momento preciso em que o feto passa a ser tratado como nascente.[90] É preciso saber quando tem início o parto, pois o fato se classifica como aborto (antes do parto) ou infanticídio (durante o parto) dependendo do momento da prática delituosa. Na linha da jurisprudência do Superior Tribunal de Justiça:

> Iniciado o trabalho de parto, não há crime de aborto, mas sim homicídio ou infanticídio, conforme o caso. Para configurar o crime de homicídio ou infanticídio, não é necessário que o nascituro tenha respirado, notadamente quando, iniciado o parto, existem outros elementos para demonstrar a vida do ser nascente, por exemplo, os batimentos cardíacos.[91]

O parto tem início com a **dilatação**, instante em que se evidenciam as características das dores e da dilatação do colo do útero. Em seguida, passa-se à **expulsão**, na qual o nascente é impelido para fora do útero. Finalmente, há a **expulsão da placenta**, e o parto está terminado. A morte do ofendido, em qualquer dessas fases, tipifica o crime de infanticídio. Daí falar, com razão, que "o infanticídio é a destruição de uma pessoa, o aborto é a destruição de uma esperança".[92]

1.1.6.5. Sujeito ativo

Cuida-se de **crime próprio**, pois somente pode ser praticado pela mãe. Admite, todavia, coautoria e participação. Como a mãe é detentora do dever legal de agir (CP, art. 13, § 2.º, *a*), é possível que cometa o crime por omissão. Exemplo: deixar de amamentar o recém-nascido para que morra desnutrido.

1.1.6.5.1. Infanticídio e concurso de pessoas

Nélson Hungria sustentou, após a entrada em vigor do Código Penal de 1940, a existência de **elementares personalíssimas,** que não se confundiam com as pessoais. Essas seriam transmissíveis, aquelas não. Em síntese, seriam fatores que, embora integrassem a descrição fundamental de uma infração penal, **jamais se transmitiriam** aos demais coautores ou partícipes. Confira-se:

> Deve-se notar, porém, que a ressalva do art. 26[93] não abrange as condições *personalíssimas* que informam os chamados *delicta excepta*. Importam elas um *privilegium* em favor da pessoa a quem

---

[90] Para Alfredo Farhat, invocando os ensinamentos de Flamínio Fávero, "no infanticídio, durante o parto, haveria a figura do **feticídio**, que o Código Penal louvavelmente equipara ao infanticídio". Cf. FARHAT, Alfredo. *Do infanticídio*. 2. ed. São Paulo: RT, 1970. p. 138. Para Francesco Carrara, porém, feticídio é sinônimo de aborto (*Programa de derecho criminal*. Parte especial. Bogotá: Temis, 2005. v. 1, t. 3, p. 336-337).
[91] HC 228.998/MG, rel. Min. Marco Aurélio Bellizze, 5.ª Turma, j. 23.10.2012, noticiado no *Informativo* 507.
[92] CARRARA, Francesco. *Programa de derecho criminal*. Parte especial. Tradução de José J. Ortega Torres. Bogotá: Temis, 2005. v. 1, t. 3, p. 292.
[93] Atual art. 30, após a reforma da Parte Geral do Código Penal pela Lei 7.209/1984: "Não se comunicam as circunstâncias e as condições de caráter pessoal, salvo quando elementares do crime".

concernem. São conceitualmente inextensíveis e impedem, quando haja cooperação com o *beneficiário*, a unidade do título do crime. Assim, a "influência do estado puerperal" no infanticídio e a *causa honoris* no crime do art. 134: embora elementares, não se comunicam aos cooperadores, que responderão pelo tipo comum do crime.[94]

Para ele, na hipótese em que o pai ou qualquer outra pessoa auxiliasse a mãe, abalada pelo estado puerperal, a matar o próprio filho, durante o parto ou logo após, não seria justo nem correto que o terceiro fosse beneficiado pelo crime de infanticídio, pois o puerpério não lhe atinge. Portanto, somente a mãe responderia pelo crime previsto no art. 123 do Código Penal, imputando-se ao terceiro, coautor ou partícipe, a figura do homicídio.[95]

Humilde, porém, Nélson Hungria posteriormente constatou seu equívoco e alterou seu entendimento, levando em consideração a redação do Código Penal: "salvo quando elementares do crime". Concluiu, então, que todos os terceiros que concorrem para um infanticídio por ele também respondem.[96]

Destarte, justa ou não a situação, a lei fala em elementares, e, seja qual for sua natureza, é necessário que se estendam a todos os coautores e partícipes. Essa é a posição atualmente pacífica, que somente será modificada com eventual alteração legislativa.

1.1.6.6. Sujeito passivo

É o nascente ou recém-nascido (neonato), dependendo do tempo da prática do fato criminoso, ou seja, durante o parto ou logo após. Em decorrência da inadmissibilidade do *bis in idem*, não incidem as agravantes genéricas previstas no art. 61, inciso II, *e* (crime contra descendente) e *h* (crime contra criança), do Código Penal, pois tais circunstâncias já funcionam como elementares da descrição típica.

Se a mãe, influenciada pelo estado puerperal e logo após o parto, mata outra criança, que acreditava ser seu filho, responde por infanticídio. É o chamado infanticídio putativo.

Se, contudo, a mãe matar um adulto, ainda que presentes as demais elementares previstas no art. 123 do Código Penal, o crime será de homicídio.

1.1.6.7. Elemento subjetivo

É o dolo, direto ou eventual. Não se admite a modalidade culposa.

E por qual crime responde a mãe que, durante o parto ou logo após, e sob a influência do estado puerperal, mata culposamente o filho nascente ou recém-nascido?

O assunto é polêmico. Diversos autores sustentam que a genitora deve responder por homicídio culposo, como corolário de sua imprudência ou negligência. Parece-nos, contudo, estar a razão com Damásio E. de Jesus, para quem a mãe não responde por crime nenhum, nem por homicídio culposo nem por infanticídio.[97] Isso porque a previsibilidade objetiva do crime culposo, aferida de acordo com o juízo do homem médio, é incompatível com os abalos psicológicos do estado puerperal. De fato, uma pessoa assim afetada não pode ser considerada detentora de inteligência e prudência medianas.

Mas é claro que, se a mulher matar a criança culposamente, sem a influência do estado puerperal, o crime será de homicídio culposo.

---

[94] HUNGRIA, Nélson. *Comentários ao Código Penal*. Rio de Janeiro: Forense, 1949. v. 1, p. 574.
[95] Essa posição foi à época seguida por diversos autores, destacando-se Aníbal Bruno, Bento de Faria, Heleno Cláudio Fragoso e Vicente Sabino.
[96] HUNGRIA, Nélson. *Comentários ao Código Penal*. 5. ed. Rio de Janeiro: Forense, 1979. v. 5, p. 226.
[97] JESUS, Damásio E. de. *Direito penal*: parte especial. 27. ed. São Paulo: Saraiva, 2005. v. 2, p. 109.

1.1.6.8. Influência do estado puerperal: conceito e prova

Estado puerperal é o **conjunto de alterações físicas e psíquicas** que acometem a mulher em decorrência das circunstâncias relacionadas ao parto, tais como convulsões e emoções provocadas pelo choque corporal, as quais afetam sua saúde mental.

Prevalece o entendimento no sentido de ser desnecessária perícia para constatação do estado puerperal, por se tratar de efeito normal e inerente a todo e qualquer parto.

Não basta, porém, seja o crime cometido durante o período do estado puerperal. Exige-se relação de causalidade subjetiva entre a morte do nascente ou recém-nascido e o estado puerperal, pois a conduta deve ser criminosa sob sua influência. É o que se extrai da leitura do art. 123 do Código Penal. Ausente essa elementar ("influência do estado puerperal), o crime será de homicídio.

1.1.6.8.1. Estado puerperal e imputabilidade penal

A prática de crime sob a influência do estado puerperal não se confunde com inimputabilidade penal ou semi-imputabilidade. Nada obstante o estado puerperal altere a saúde mental da mulher, é vedado confundi-lo com doença mental ou com desenvolvimento mental incompleto ou retardado, na forma prevista no art. 26, *caput*, e parágrafo único, do Código Penal.

De fato, a mulher responde pelo crime cometido, o que desde já indica a opção do legislador em rechaçar a inimputabilidade penal. E a ela será aplicada uma pena, e não medida de segurança. Além disso, não terá a pena diminuída de um a dois terços, circunstância que evidenciaria a semi-imputabilidade. Em consonância com o critério biopsicológico adotado pelo Código Penal para aferição da inimputabilidade e da semi-imputabilidade, reclama-se para a isenção da pena ou sua diminuição a presença de uma causa mental deficiente, e, além disso, que ao tempo do crime a pessoa não tenha nenhuma capacidade (inimputabilidade) ou possua reduzida capacidade (semi-imputabilidade) para compreender o caráter ilícito do fato ou determinar-se de acordo com esse entendimento.

Criou-se um **delito especial** em razão do estado puerperal que atinge a genitora, além de outros fatores específicos (a vítima é o filho nascente ou recém-nascido e a conduta é praticada durante o parto ou logo após), mas a mulher obviamente foi tratada como pessoa imputável. Raciocínio diverso levaria a uma temerária conclusão: toda e qualquer mulher, durante o parto ou logo após, deveria ser considerada inimputável ou semi-imputável, recebendo consequentemente o tratamento penal dispensado a tais pessoas.[98]

1.1.6.9. Elemento temporal: "logo após o parto"

O infanticídio deve ser praticado durante o parto ou logo após. Essa última expressão ("logo após") precisa ser interpretada no caso concreto. Enquanto subsistirem os sinais indicativos do estado puerperal, bem como sua influência no tocante ao modo de agir da mulher, será possível a concretização do crime de infanticídio.

Mas é possível concluir que, se presente a relação de imediatidade entre o parto e o crime, presumir-se-á o estado puerperal, e, se acusação com isso não concordar, deverá indicar provas idôneas que afastem essa ilação. Ao contrário, na medida em que o tempo passa, a situação fática também se inverte, e se o delito for cometido em momento significativamente posterior ao parto será tarefa da defesa demonstrar a influência do estado puerperal na conduta da genitora.

---

[98] Em sentido contrário, NUCCI, Guilherme de Souza Nucci. *Código Penal comentado*. 8. ed. São Paulo: RT, 2008. p. 602: "É uma hipótese de semi-imputabilidade que foi tratada pelo legislador com a criação de um tipo especial".

1.1.6.10. Consumação

Dá-se com a morte do nascente ou neonato.

1.1.6.11. Tentativa

É possível.

1.1.6.11.1. Crime impossível. A questão da anencefalia

Estará configurado crime impossível, por impropriedade absoluta do objeto material (CP, art. 17), se a criança é expulsa morta do útero, e a mãe, supondo-a viva, realiza atos de matar.

De igual modo, se a mãe, sob a influência do estado puerperal, praticar alguma conduta visando à morte o filho, nascente ou recém-nascido, acometido de anencefalia, estará caracterizado crime impossível, em razão da impropriedade absoluta do objeto material, nos termos do art. 17 do Código Penal. Com efeito, não há vida apta a justificar a intervenção penal, em sintonia com a decisão lançada pelo Supremo Tribunal Federal no julgamento da ADPF (Arguição de Descumprimento de Preceito Fundamental) n. 54/DF.

1.1.6.12. Classificação doutrinária

O infanticídio é crime **próprio** (deve ser praticado pela mãe, mas permite o concurso de pessoas); **de forma livre** (admite qualquer meio de execução); **comissivo ou omissivo**; **material** (somente se consuma com a morte); **instantâneo** (consuma-se em momento determinado, sem continuidade no tempo); **de dano** (o bem jurídico deve ser lesado); **unissubjetivo, unilateral ou de concurso eventual** (pode ser cometido por uma única pessoa, mas admite o concurso); **plurissubsistente** (conduta divisível em vários atos); e **progressivo** (antes de alcançar a morte, a vítima necessariamente suporta ferimentos).

1.1.7. Arts. 124 a 128 – Aborto

1.1.7.1. Noções introdutórias

1.1.7.1.1. Conceito

Aborto é a interrupção da gravidez, da qual resulta a morte do produto da concepção. Para Giuseppe Maggiore, "é a interrupção violenta e ilegítima da gravidez, mediante a ocisão de um feto imaturo, dentro ou fora do útero materno".[99]

Fala-se também em **abortamento**, pois alguns sustentam que o aborto significa na verdade o produto morto ou expelido do interior da mulher.[100]

É com a **fecundação** que se inicia a gravidez. A partir de então já existe uma nova vida em desenvolvimento, merecedora da tutela do Direito Penal. Há aborto qualquer que seja o momento da evolução fetal. A proteção penal ocorre desde a fase em que as células germinais se fundem, com a constituição do ovo ou zigoto, até aquela em que se inicia o processo de parto, pois a partir de então o crime será de homicídio ou infanticídio.

Há posições no sentido de que só há falar em gravidez após a **nidação**, isto é, implantação do óvulo fecundado no útero. Justificam esse entendimento no fato de algumas pílulas

---

[99] MAGGIORE, Giuseppe. *Diritto penale*. Parte geral. 3. ed. Bologna: Nicola Zanichelli, 1948. v. 1, t. II, p. 613.
[100] MIRANDA, Darci Arruda. O crime de aborto. *Estudos de direito e processo penal em homenagem a Nélson Hungria*. Rio de Janeiro: Forense, 1962. p. 207.

anticoncepcionais, e também do DIU (dispositivo intrauterino), admitidos no Brasil, agirem depois da fecundação, com a finalidade de impedir o alojamento do ovo no útero. Consequentemente, se a gravidez tem início com a fecundação, mulheres que se valem desses métodos anticoncepcionais cometem o crime de aborto.

Esse raciocínio deve ser refutado. A medicina é pacífica ao indicar a fecundação como o termo inicial da gravidez. E, como o Brasil permite o uso de tais meios de controle da natalidade, as mulheres que deles se utilizam não praticam crime nenhum, pois atuam sob o manto do exercício regular de direito, causa de exclusão da ilicitude prevista no art. 23, inciso III, *in fine*, do Código Penal.

A 1.ª Turma do Supremo Tribunal Federal, de forma polêmica, decidiu que não há crime de aborto quando a interrupção voluntária da gestação ocorre no 1.º trimestre:

> Reputou ser preciso conferir interpretação conforme à Constituição aos arts. 124 a 126 do CP, que tipificam o crime de aborto, para excluir do seu âmbito de incidência a interrupção voluntária da gestação efetivada no primeiro trimestre. A criminalização, nessa hipótese, viola diversos direitos fundamentais da mulher, bem como o princípio da proporcionalidade.[101]

Não concordamos com essa decisão, pois é manifestamente contrária ao direito à vida reconhecido no art. 5.º, *caput*, da Constituição Federal. É preciso destacar que o julgado é isolado e revela o entendimento de apenas três Ministros, razão pela qual não se pode falar que consagra o entendimento da Corte Suprema.

1.1.7.1.2. Espécies de aborto

O aborto pode ser de uma das seguintes espécies:

a) **natural:** é a interrupção espontânea da gravidez. Exemplo: O organismo da mulher, por questões patológicas, elimina o feto. Não há crime.

b) **acidental:** é a interrupção da gravidez provocada por traumatismos, tais como choques e quedas. Não caracteriza crime, por ausência de dolo.

c) **criminoso:** é a interrupção dolosa da gravidez. Encontra previsão nos arts. 124 a 127 do Código Penal.

d) **legal ou permitido:** é a interrupção da gravidez de forma voluntária e aceita por lei. O art. 128 do Código Penal admite o aborto em duas hipóteses: quando não há outro meio para salvar a vida da gestante (aborto necessário ou terapêutico) e quando a gravidez resulta de estupro (aborto sentimental ou humanitário). Não há crime por expressa previsão legal.

e) **eugênico ou eugenésico:** é a interrupção da gravidez para evitar o nascimento da criança com graves deformidades genéticas. Discute-se se configura ou não crime de aborto. A questão será analisada quando estudarmos o art. 128 do Código Penal.

f) **econômico ou social:** mata-se o feto para não agravar a situação de miserabilidade enfrentada pela mãe ou por sua família. Trata-se de modalidade criminosa, pois não foi acolhida pelo direito penal brasileiro.

---

[101] HC 124.306/RJ, rel. orig. Min. Marco Aurélio, red. p/ o ac. Min. Luís Roberto Barroso, 1.ª Turma, j. 29.11.2016, noticiado no *Informativo* 849.

1.1.7.2. Aborto criminoso

1.1.7.2.1. Estrutura do crime

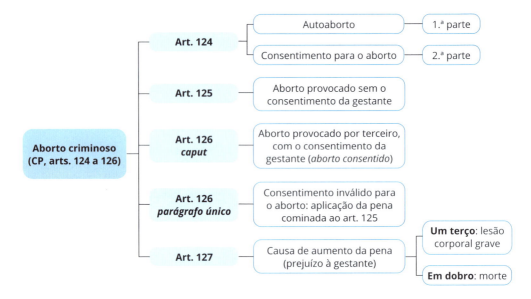

1.1.7.2.2. Objetividade jurídica

Protege-se a vida humana. No aborto provocado pela gestante (autoaborto), no consentimento para o aborto, ambos tipificados pelo art. 124 do Código Penal, e no aborto com o consentimento da gestante (aborto consentido), definido pelo art. 126 do Código Penal, somente existe um único bem tutelado: o direito à vida, do qual o feto é titular.

No aborto provocado por terceiro, sem o consentimento da gestante (art. 125), protege-se também, além da vida do feto, a integridade física e psíquica da gestante.

Nada obstante seja também eliminada uma vida humana, a pena do aborto, em qualquer de suas modalidades, é sensivelmente inferior à sanção penal cominada ao homicídio. A justificativa desse diferente tratamento penal é esclarecida por Francesco Carrara:

> Mas este delito, por mais odioso e reprovável que seja, nunca pode equiparar-se em gravidade ao homicídio, pois a vida que nele se extingue não pode ser considerada como definitivamente adquirida; é mais uma esperança do que uma certeza; e entre o estado de feto e o de homem há um grande intervalo e se interpõem tantos obstáculos e perigos, que sempre se pode ficar em dúvida se, ainda sem a expulsão violenta, essa vida esperada poderia realmente chegar a converter-se em uma realidade.[102]

1.1.7.2.3. Objeto material

É o feto, em todas as modalidades de aborto criminoso. Anote-se, porém, que o Código Penal não estabelece nenhuma distinção entre óvulo fecundado, embrião ou feto. Todos são merecedores da tutela penal.

---

[102] CARRARA, Francesco. *Programa de derecho criminal*. Parte especial. Tradução de José J. Ortega Torres. Bogotá: Temis, 2005. v. 1, t. 3, p. 336-337.

Deve haver prova da gravidez, decorrente de normal desenvolvimento fisiológico, pois o aborto depende da morte do feto.[103] Destarte, se a mulher não estava grávida, ou se o feto já havia morrido por outro motivo qualquer, estará configurado crime impossível por absoluta impropriedade do objeto (CP, art. 17). Além disso, o feto deve estar alojado no útero materno. Logo, não haverá aborto, por exemplo, na destruição de um tubo de ensaio que contém um óvulo fertilizado *in vitro*.

Não se exige tenha o feto viabilidade. Basta que esteja vivo antes da prática da conduta criminosa.

Mas não há proteção do Direito Penal na gravidez molar, na qual se opera o desenvolvimento anormal do ovo ("mola"), nem na gravidez extrauterina, que representa uma situação patológica.

1.1.7.2.4. Sujeito ativo

É a gestante, nas modalidades tipificadas pelo art. 124 do Código Penal (crimes próprios), e qualquer pessoa, nos demais casos (crimes comuns).

Os crimes previstos no art. 124 do Código Penal são ainda de mão própria, pois somente a gestante pode provocar aborto em si mesma ou consentir que outrem lho provoque. Não admitem coautoria, mas apenas participação.

1.1.7.2.5. Sujeito passivo

É o feto, sempre. E, no aborto provocado por terceiro sem o consentimento da gestante (CP, art. 125), há duas vítimas: o feto e a gestante.

Julio Fabbrini Mirabete entende que o feto não é titular de bem jurídico ofendido, apesar de ter seus direitos de natureza civil resguardados. Para ele, portanto, sujeito passivo é o Estado ou a comunidade nacional.[104]

1.1.7.2.6. Meios de execução

O crime de aborto é de forma livre. Admite qualquer meio de execução, comissivo (exemplo: ingerir medicamentos abortivos) ou omissivo (exemplo: deixar dolosamente de ingerir medicamentos necessários para preservação da gravidez), físico (exemplo: golpes no útero) ou psíquico (exemplo: provocar depressão que leva ao aborto).

A omissão, para ser penalmente relevante, depende da existência do dever de agir (CP, art. 13, § 2.º). É o caso da mãe que deixa de alimentar-se adequadamente para que ocorra o aborto, ou ainda do médico contratado para acompanhar a gravidez problemática que, propositadamente, deixa de adotar as medidas necessárias para preservar o feto.

Se, contudo, o meio de execução for absolutamente ineficaz, estará caracterizado crime impossível (exemplo: despachos, rezas e simpatias).

1.1.7.2.7. Elemento subjetivo

É o dolo, direto ou eventual. Não existe aborto culposo como crime contra a vida.

Quem provoca aborto por culpa responde por lesão corporal culposa contra a gestante, pois os ferimentos nela provocados são consequência natural da manobra abortiva. Se, por

---

[103] "Aborto, diz a medicina, é interrupção da gravidez e, portanto, fundamental, essencial, imprescindível o diagnóstico desta como meio de configuração da infração" (STJ: HC 11.515/RJ, rel. Min. Fernando Gonçalves, 6.ª Turma, j. 07.11.2000).
[104] MIRABETE, Julio Fabbrini. *Manual de direito penal*. 25. ed. São Paulo: Atlas, 2007. v. 2, p. 63.

outro lado, a própria gestante agir culposamente e ensejar o aborto, o fato será atípico, pois o princípio da alteridade veda a punição da autolesão.

Finalmente, se o sujeito agride uma mulher, que sabe estar grávida, com a exclusiva intenção de lesioná-la, mas produz culposamente o aborto, responde por lesão corporal gravíssima (CP, art. 129, § 2.º, inc. V).

1.1.7.2.8. Consumação

Dá-se com a morte do feto, resultante da interrupção dolosa da gravidez. Pouco importa tenha a morte se produzido no útero materno ou depois da prematura expulsão provocada pelo agente. É prescindível a expulsão do produto da concepção.

1.1.7.2.9. Tentativa

É possível, em todas as modalidades de aborto criminoso.

Se, praticada a conduta criminosa tendente ao aborto, o feto for expulso com vida, o crime será de tentativa de aborto. Mas, se a intenção do agente era ferir a gestante, e não provocar o aborto, o crime será de lesão corporal grave em face da aceleração do parto (CP, art. 129, § 1.º, inc. IV).

Por outro lado, se o procedimento abortivo acarretar na expulsão do feto com vida e, em seguida, o agente realizar nova conduta contra o recém-nascido, para matá-lo, haverá concurso material entre tentativa de aborto e homicídio (ou infanticídio, se presentes as elementares do art. 123 do Código Penal).[105]

Finalmente, se o agente praticar a conduta abortiva e o feto for expulso com vida, morrendo posteriormente em decorrência da manobra realizada, o crime será de aborto consumado. Em uma oportunidade, entretanto, o Superior Tribunal de Justiça já decidiu que nessa hipótese estará caracterizado o homicídio consumado, independentemente da prática de nova agressão contra a criança após o seu nascimento.[106]

1.1.7.2.10. Classificação doutrinária

O aborto é crime **material** (somente se consuma com a morte do feto); **próprio e de mão própria** (art. 124) ou **comum** (arts. 125 e 126); **instantâneo** (consumação em momento determinado, sem continuidade no tempo); **comissivo ou omissivo**; **de dano** (depende da efetiva lesão ao bem jurídico); **unissubjetivo, unilateral ou de concurso eventual** (em regra praticado por uma única pessoa, mas admite o concurso); ou então **plurissubjetivo ou de concurso necessário** (no aborto provocado com o consentimento da gestante, nada obstante a diversidade de crimes para os envolvidos: art. 124 para a gestante e art. 126 para o terceiro); em regra **plurissubsistente** (conduta divisível em vários atos); **de forma livre** (admite qualquer meio de execução); e **progressivo** (o feto é ferido antes de morrer).

1.1.7.2.11. Aborto e Lei das Contravenções Penais

Em conformidade com o art. 20 do Decreto-lei 3.688/1941, constitui contravenção penal a conduta de "anunciar processo, substância ou objeto destinado a provocar aborto".

---

[105] Em concursos para ingresso na Defensoria Pública é possível sustentar que nesse caso o agente deve ser responsabilizado unicamente pelo homicídio. O crime de aborto ficaria absorvido.

[106] HC 85.298/MG, rel. Min. Marilza Maynard (Desembargadora convocada do TJ/SE), 6.ª Turma, j. 06.02.2014.

1.1.7.3. Crimes em espécie
1.1.7.3.1. Aborto provocado pela gestante ou com seu consentimento
1.1.7.3.1.1. Dispositivo legal

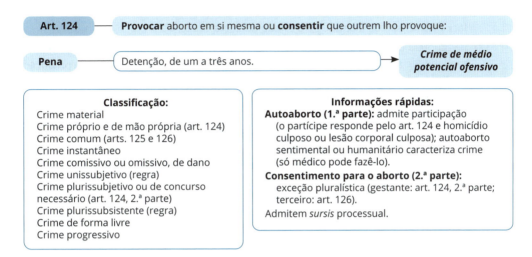

1.1.7.3.1.2. Núcleos do tipo

O art. 124 do Código Penal contém duas figuras típicas distintas:

a) Provocar aborto em si mesma: 1.ª parte

Trata-se do **autoaborto**, em que a gestante efetua contra si própria o procedimento abortivo por qualquer modo capaz de levar à morte do feto (exemplos: golpes com instrumento contundente, quedas propositais, ingestão de medicamentos abortivos etc.)

Se a grávida tenta o suicídio e daí resulta a morte do feto, a ela deve ser imputado o autoaborto, como corolário do seu dolo eventual. Porém, há quem entenda não existir crime em tal hipótese, pois seria consequência lógica da autolesão (princípio da alteridade).

Esse delito é compatível com o concurso de pessoas, na modalidade **participação**.[107] Destarte, se, exemplificativamente, uma mulher grávida ingere medicamento abortivo, que lhe fora fornecido pelo seu namorado, e em razão dessa conduta provoca a morte do feto, o enquadramento típico será o seguinte:

(1) a mulher é autora de autoaborto; e

(2) o namorado é **partícipe do crime de autoaborto**, definido como delito de mão própria e compatível com a conduta de induzir, instigar ou auxiliar, de forma secundária, a gestante a provocar aborto em si mesma. Se o namorado, contudo, tivesse executado qualquer ato de provocação do aborto, seria autor do crime descrito pelo art. 126 do Código Penal (aborto com o consentimento da gestante).

O partícipe do autoaborto, além de responder por este delito, pratica ainda homicídio culposo ou lesão corporal de natureza culposa, se ocorrer morte ou lesão corporal de natureza

---
[107] Para a **teoria do domínio do fato**, também é cabível a coautoria em crimes de mão própria, quando o sujeito, embora sem realizar o núcleo do tipo, tem total controle acerca da prática do delito.

grave em relação à gestante, sendo inaplicável o art. 127 do Código Penal, uma vez que este dispositivo não incide, por expresso mandamento legal, aos casos do art. 124.

Quanto à gestante que provoca em si mesmo o **aborto legal ou permitido**, duas situações podem ocorrer:

(1) tratando-se de **aborto necessário ou terapêutico** (CP, art. 128, inc. I), não há crime, em face da exclusão da ilicitude pelo estado de necessidade; e

(2) na hipótese de **aborto sentimental ou humanitário**, o fato é típico e ilícito, pois nessa modalidade somente é autorizado o aborto praticado por médico. É de se reconhecer, contudo, a incidência de uma dirimente, em face da inexigibilidade de conduta diversa (causa supralegal de exclusão da culpabilidade).

b) Consentir para que terceiro lhe provoque o aborto: 2.ª parte

Cuida-se do **consentimento para o aborto**. A grávida não pratica em si mesma o aborto, mas autoriza um terceiro qualquer, que não precisa ser médico, a fazê-lo. O Código Penal abre uma exceção à teoria monista ou unitária adotada pelo art. 29, *caput*, no tocante ao concurso de pessoas: a gestante é autora do crime tipificado pelo art. 124, 2.ª parte, enquanto o terceiro que provoca o aborto é autor do crime definido pelo art. 126.

Esse crime é **de mão própria**, pois somente a gestante pode prestar o consentimento. Não admite coautoria, mas somente a participação. Exemplo: Uma amiga da mulher grávida a induz a consentir um médico em si provoque o aborto.

A gestante deve ter capacidade e discernimento para consentir, o que se evidencia por sua integridade mental e por sua idade (maior de 14 anos). Além disso, o consentimento deve ser válido, ou seja, exige-se seja isento de fraude, e que não tenha sido obtido por meio de violência ou grave ameaça, sob pena de caracterização do crime previsto no art. 125 do Código Penal.

1.1.7.3.1.3. Art. 124 do Código Penal e Lei 9.099/1995

Em face da pena mínima cominada ao autoaborto e ao consentimento para o aborto (um ano), esses crimes admitem a suspensão condicional do processo, desde que presentes os demais requisitos exigidos pelo art. 89 da Lei 9.099/1995.

1.1.7.3.2. Aborto provocado por terceiro

O Código Penal elenca dois crimes sob a rubrica "aborto provocado por terceiro": um primeiro, mais grave, sem o consentimento da gestante (art. 125), e um segundo mais brando, como consectário do seu consentimento (art. 126).

1.1.7.3.2.1. Aborto provocado por terceiro sem o consentimento da gestante: art. 125

1.1.7.3.2.1.1. Dispositivo legal

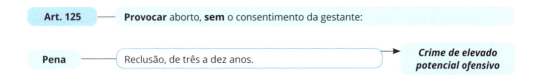

Classificação:	Informações rápidas:
Crime material Crime comum Crime instantâneo Crime comissivo ou omissivo, de dano Crime unissubjetivo, unilateral ou de concurso eventual (regra) Crime plurissubsistente (regra) Crime de forma livre Crime progressivo	Pressupõe ausência de consentimento (inclusive consentimento inválido). Dupla subjetividade passiva (feto e gestante). **Gêmeos** ou **trigêmeos** (**2** ou **3** crimes em concurso formal impróprio ou imperfeito, salvo desconhecimento).

1.1.7.3.2.1.2. Caracterização do crime

Esse crime pode concretizar-se em duas hipóteses:

a) não houve realmente o consentimento da gestante. Exemplos: agressão pelo antigo namorado que a engravidou, terceiro que coloca medicamento abortivo em sua comida etc.; ou

b) a vítima prestou consentimento, mas sua anuência não surte efeitos válidos, por se enquadrar em alguma das situações indicadas pelo art. 126, parágrafo único, do Código Penal: gestante não maior de 14 anos ou alienada ou débil mental (dissenso presumido) ou consentimento obtido mediante fraude, grave ameaça ou violência (dissenso real).

Trata-se de **crime de dupla subjetividade passiva**. Há duas vítimas: o feto e a gestante. Se a mulher estiver grávida de gêmeos (ou trigêmeos), e essa circunstância for do conhecimento do terceiro, haverá dois (ou três) crimes de aborto, em concurso formal impróprio ou imperfeito (CP, art. 70, *caput*, parte final). Contudo, se ele ignorar esse fato, responderá por um único crime, afastando-se a responsabilidade penal objetiva.

1.1.7.3.2.2. Aborto provocado por terceiro com o consentimento da gestante: art. 126

1.1.7.3.2.2.1. Dispositivo legal

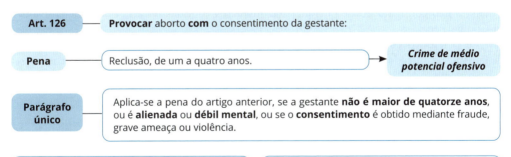

Classificação:	Informações rápidas:
Crime material Crime comum Crime instantâneo Crime comissivo ou omissivo, de dano Crime unissubjetivo (regra) Crime plurissubjetivo ou de concurso necessário (art. 124, 2.ª parte) Crime plurissubsistente (regra) Crime de forma livre Crime progressivo	**Exceção pluralística:** a *gestante* responde pelo art. 124; o terceiro que provoca o aborto responde pelo art. 126 (*partícipe*: depende da pessoa a cuja conduta concorreu). O consentimento da gestante (*expresso ou tácito*) deve subsistir até a consumação do aborto. Admite *sursis* processual.

1.1.7.3.2.2.2. Exceção à teoria unitária ou monista no concurso de pessoas

Quando um aborto é realizado por terceira pessoa com o consentimento da gestante, os dois deveriam responder pelo mesmo crime, pois agiram com unidade de desígnios em busca de um fim comum: a morte do feto. A gestante e o terceiro concorreram cada um a seu modo para o crime, na forma delineada pelo art. 29, *caput*, do Código Penal.

O legislador, entretanto, abriu uma exceção à teoria unitária ou monista no concurso de pessoas, e criou crimes distintos. A gestante que presta o consentimento incide na pena da parte final do art. 124 do Código Penal (consentimento para o aborto), ao passo que o terceiro que provoca o aborto com o seu consentimento é enquadrado no art. 126 do Código Penal (aborto consentido ou consensual). Decidiu-se tratar a mulher de forma mais branda em decorrência dos abalos físicos e mentais que ela enfrenta com o aborto, nada obstante criminoso.

E o partícipe, por qual crime responde?

Depende da sua conduta. Se vinculada ao consentimento da gestante, ao partícipe será imputado o crime definido pelo art. 124 do Código Penal. É o que se dá com os familiares que auxiliam financeiramente a gestante para custear as despesas do aborto em uma clínica médica. Por outro lado, se o partícipe concorrer para a conduta do terceiro que provoca o aborto, responderá pelo crime tipificado pelo art. 126 do Código Penal, tal como na hipótese da enfermeira que auxilia o médico durante a cirurgia abortiva.

1.1.7.3.2.2.3. Extensão do consentimento da gestante

O consentimento da gestante deve subsistir até a consumação do aborto. Se durante o procedimento abortivo ela se arrepender e solicitar ao terceiro a interrupção das manobras letais, mas não for obedecida, para ela o fato será atípico, e o terceiro responderá pelo crime delineado pelo art. 125 do Código Penal.

Ademais, o consentimento pode ser prestado verbalmente ou por escrito, ou resultar da própria conduta da gestante, tal como quando ela coopera com o terceiro nas manobras abortivas mediante movimentos corpóreos. Cumpre frisar que a validade do seu consentimento reclama a não configuração de qualquer das hipóteses contidas no art. 126, parágrafo único, do Código Penal.

Se o terceiro comete o fato por incidir em erro sobre o consentimento da gestante, plenamente justificado pelas circunstâncias, a conduta deve reputar-se praticada com o seu consentimento.

1.1.7.3.2.2.4. Concurso material com o delito de associação criminosa

Se três ou mais pessoas associarem-se para o fim específico de cometer abortos (exemplo: instalação de uma clínica médica com esse propósito), responderão pelo crime tipificado pelo art. 288 do Código Penal em concurso material com os abortos que tenham efetivamente realizado.

1.1.7.3.2.2.5. Art. 126 do Código Penal e Lei 9.099/1995

Diante da pena mínima cominada ao crime de aborto praticado por terceiro com o consentimento da gestante (um ano), é cabível a suspensão condicional do processo, se presentes os demais requisitos exigidos pelo art. 89 da Lei 9.099/1995.

1.1.7.3.3. Aborto qualificado: art. 127

1.1.7.3.3.1. Dispositivo legal

Forma qualificada

Art. 127 — As penas cominadas nos dois artigos anteriores são **aumentadas de um terço**, se, em consequência do aborto ou dos meios empregados para provocá-lo, a gestante sofre **lesão corporal de natureza grave**; e são **duplicadas**, se, por qualquer dessas causas, lhe sobrevém a **morte**.

Informações rápidas:
Na verdade, são causas de aumento da pena aplicáveis somente ao **aborto praticado por terceiro** (nunca à gestante), sem ou com o consentimento da gestante (arts. 125 e 126).
O art. 127 prevê hipóteses de crimes qualificados pelo resultado, de natureza preterdolosa.
É imprescindível a prova da gravidez.

1.1.7.3.3.2. Nomenclatura

Nada obstante o legislador tenha utilizado a expressão "formas qualificadas", o art. 127 do Código Penal contém, em verdade, duas **"causas de aumento de pena"**. Não foram modificados os limites das penas em abstrato, o que evidenciaria qualificadoras. Ao contrário, limitou-se o Código Penal a prever percentuais que majoram a pena, na terceira fase de sua dosimetria, caracterizando causas de aumento.

1.1.7.3.3.3. Alcance

As "formas qualificadas" somente são aplicáveis ao **aborto praticado por terceiro**, sem ou com o consentimento da gestante (arts. 125 e 126), por expressa previsão legal: "as penas cominadas nos dois artigos anteriores...". Nem poderia ser diferente, pois se a mulher, cometendo autoaborto, produz em si própria lesão corporal de natureza grave, ou então se mata, incide o princípio da alteridade, com a proibição da punição da autolesão no direito brasileiro. Portanto, as causas de aumento têm incidência apenas ao terceiro, mas nunca à gestante.

Destarte, se um terceiro concorre para que a gestante realize autoaborto, daí resultando na mulher lesão corporal grave ou morte, o terceiro responde pelo crime tipificado pelo art. 124 do Código Penal, como partícipe, e por lesão corporal culposa ou homicídio culposo, se provada sua culpa no tocante aos ferimentos ou à morte. Não se aplicam as formas qualificadas do art. 127, pois o legislador somente permitiu sua utilização para os crimes definidos pelos arts. 125 e 126 do Código Penal.

1.1.7.3.3.4. Natureza jurídica

O art. 127 do Código Penal previu duas hipóteses de **crimes qualificados pelo resultado, de natureza preterdolosa**. Pune-se o primeiro crime (aborto) na modalidade dolosa, e o resultado agravador, que pode ser morte ou lesão corporal de natureza grave, a título de culpa. O agente quer matar o feto, mas por culpa acaba produzindo lesão corporal de natureza grave ou mesmo a morte da gestante. Segue-se à risca o princípio consagrado pelo art. 19 do Código Penal: "Pelo resultado que agrava especialmente a pena, só responde o agente que o houver causado ao menos culposamente".

Se, no entanto, o terceiro tinha dolo (direto ou eventual) no tocante a ambos os crimes, responde por aborto e por lesão corporal de natureza grave ou homicídio, em concurso (material ou formal imperfeito, dependendo do caso concreto).

Por outro lado, aquele que mata dolosamente uma mulher, ciente da sua gravidez, e assim provoca a morte do feto, responde por homicídio doloso e também por aborto, ainda que reste provada a ausência de intenção de provocar a morte do feto. De fato, quando se mata uma mulher grávida há pelo menos dolo eventual quanto ao aborto. Mas, se o terceiro mata dolosamente uma mulher, ignorando sua gravidez, daí resultando também o aborto, a ele será imputado apenas o homicídio doloso. Exclui-se o aborto, sob risco de caracterização da responsabilidade penal objetiva.

1.1.7.3.3.5. Observações gerais

Se em consequência do aborto ou dos meios empregados para provocá-lo a gestante sofre lesão corporal de natureza leve, o terceiro responde somente pelo aborto simples, sem ou com o seu consentimento, restando absorvida a lesão corporal.

Em que pese a previsão legal de hipóteses preterdolosas, nada impede o aumento da pena quando o aborto não se consuma, mas a gestante sofra lesão corporal de natureza grave ou morra. Extrai-se essa ilação da interpretação literal do art. 127 do Código Penal, que determina a majoração da reprimenda quando o resultado agravador ocorra "em consequência do aborto **ou dos meios empregados para provocá-lo**". Assim sendo, a expressão "em consequência do aborto" vincula-se à morte do feto, enquanto a expressão "em consequência dos meios empregados para provocá-lo" relaciona-se ao aborto tentado.

1.1.7.3.3.6. Prova da gravidez

Nas "formas qualificadas" segue-se a mesma linha de raciocínio de todas as espécies de aborto criminoso: é imprescindível a prova da gravidez.[108]

Destarte, se uma mulher imagina estar grávida e, por esse motivo, solicita a um terceiro que nela faça o aborto, no que é atendida, e em consequência dos meios empregados resulta sua morte, provando-se posteriormente que ela não estava grávida, o terceiro responde unicamente por **homicídio culposo**. A ausência da gravidez afasta o crime de aborto e, consequentemente, a incidência do art. 127 do Código Penal.

1.1.7.4. Aborto legal ou permitido: art. 128

1.1.7.4.1. Dispositivo legal

Art. 128 — **Não se pune** o aborto praticado por médico:

Aborto necessário

I — Se não há outro meio de **salvar a vida** da gestante;

Aborto no caso de gravidez resultante de estupro

II — Se a gravidez **resulta de estupro** e o aborto é precedido de **consentimento da gestante** ou, quando incapaz, de seu representante legal.

---

[108] STF: HC 70.193/RS, rel. Min. Celso Mello, 1.ª Turma, j. 21.09.1993.

> **Informações rápidas:**
> São **causas especiais de exclusão da ilicitude**.
> **Fundamentos:** aborto necessário – conflito de valores fundamentais, que determina a prevalência da vida da gestante; aborto sentimental – dignidade da pessoa humana.
> Ambos devem ser praticados por **médico** (este **não** precisa de autorização judicial para realizar o aborto necessário e sentimental).
> **Aborto sentimental:** autorizado também se a gravidez decorrer de estupro de vulnerável (analogia *in bonam partem*).
> **Aborto eugênico:** o ordenamento pátrio não prevê regra permissiva. Graves anomalias físicas ou psíquicas, ou mesmo características monstruosas não autorizam o aborto (deve ser provada a impossibilidade de natural vida extrauterina).
> **Aborto econômico:** não está previsto no ordenamento. Se praticado, caracterizar-se-á crime de aborto.
> **Anencefalia e antecipação do parto:** o STF reconheceu o direito de a gestante submeter-se à antecipação terapêutica de parto na hipótese de anencefalia, previamente diagnosticada por profissional habilitado, sendo desnecessária a autorização judicial ou qualquer outra forma de permissão do Estado (ADPF 54).

1.1.7.4.2. Natureza jurídica

Em que pese a utilização pelo legislador da fórmula "não se pune", o art. 128 do Código Penal arrola duas causas especiais de exclusão da ilicitude. Embora o aborto praticado em tais situações constitua fato típico, não há crime pelo fato de serem hipóteses admitidas pelo ordenamento jurídico.

1.1.7.4.3. Fundamento constitucional

A permissão legal do aborto encontra seu nascedouro na Constituição Federal.

No aborto necessário há conflito entre dois valores fundamentais: a vida da gestante e a vida do feto. E o legislador dá preferência àquela, por se tratar de pessoa madura e completamente formada, sem a qual dificilmente o próprio feto poderia seguir adiante. Em verdade, não se pode rotular como inconstitucional o sistema penal em que a proteção à vida do não nascido cede, diante de situações conflitivas, em mais hipóteses do que aquelas em que cede a proteção penal outorgada à vida humana independente.[109]

Por sua vez, no aborto em caso de gravidez resultante de estupro o Código Penal encontra seu fundamento de validade na dignidade da pessoa humana (CF, art. 1.º, inc. III). Entendeu o legislador que seria atentatório à mulher exigir a aceitação em manter uma gravidez e criar um filho decorrente de uma situação trágica e covarde que somente lhe traria traumas e péssimas recordações.

Mas há quem sustente que, nesse caso, o aborto seria inconstitucional: o feto não é culpado pelo estupro, e por esse motivo sua vida não poderia ser ceifada. Como destacava Afrânio Peixoto: "É santo o ódio da mulher forçada ao bruto que a violou. Concluir daí que este ódio se estenda à criatura que sobreveio a essa violência, é dar largas ao amor-próprio ciumento do homem, completamente alheio à psicologia feminina. Um filho é sempre um coração de mãe que passa para um novo corpo".[110] Levantam-se também argumentos constitucionais baseados na evolução histórica do tratamento do direito à vida para justificar essa posição:

---
[109] FRANCO, Alberto Silva. *Aborto por indicação eugênica*. Estudos jurídicos em homenagem a Manoel Pedro Pimentel. São Paulo: RT, 1992. p. 12.
[110] Apud MARQUES, José Frederico. *Tratado de direito penal*. Campinas: Millennium, 1999. v. 4, p. 219.

Entendo que a Constituição Federal não admitiu a hipótese do aborto sentimental, porque, pela primeira vez, faz menção "a inviolabilidade do direito à vida". O discurso atual é direto e claríssimo, ao determinar que a inviolabilidade **é do direito à vida**, e não apenas o respeito a **direitos concernentes à vida**.[111]

Esse raciocínio não deve ser aceito. O direito à vida, como qualquer outro direito, pode ser relativizado quando o princípio da proporcionalidade o recomendar. Se assim não fosse, seriam inconstitucionais as causas de exclusão da ilicitude. Não se poderia, exemplificativamente, matar em legítima defesa. Por outro lado, a dignidade da pessoa humana, um dos fundamentos da República Federativa do Brasil, tem valor absoluto e não pode ser mitigada. Não se justifica uma vida indigna por parte da mulher para manter uma gravidez resultante de crime contra ela perpetrado. Há, no fundo, colisão entre duas vidas, e é razoável a preferência pela vida da mulher. Vida sem dignidade equivale, para a Constituição Federal, a inexistência de vida humana.

Importante destacar a existência de entendimento doutrinário no sentido de ser o aborto sempre inconstitucional. Consequentemente, o Código Penal não poderia permiti-lo em nenhuma situação, por afrontar o direito à vida, cláusula pétrea consagrada pelo art. 5.º, *caput*, da Constituição Federal.[112] Essa posição, contudo, é minoritária e não encontra eco na jurisprudência.

1.1.7.4.4. Hipóteses legais

O art. 128 do Código Penal prevê duas hipóteses de aborto permitido: aborto necessário e aborto no caso de gravidez resultante de estupro. Em ambas, o aborto há de ser **praticado por médico**, pois é somente ele o profissional habilitado para, com segurança, interromper a gravidez sem ofender a vida ou a integridade corporal da gestante.

1.1.7.4.4.1. Aborto necessário

O **aborto necessário ou terapêutico** depende de três requisitos:

(1) ser praticado por médico;
(2) a vida da gestante corra perigo em razão da gravidez; e
(3) não exista outro meio de salvar sua vida. Destarte, há crime de aborto quando interrompida a gravidez para preservar a saúde da gestante.

O risco para a vida da gestante não precisa ser atual. Basta que exista, isto é, que no futuro possa colocar em perigo a vida da mulher, e seja atestado por profissional da medicina. Se o médico, contudo, supõe erroneamente o perigo em razão das circunstâncias do caso concreto, não responde pelo crime em face da descriminante putativa prevista no art. 20, § 1.º, do Código Penal.

Como a vida é bem indisponível, não se exige o consentimento da gestante para o aborto. Não há crime quando a gestante se recusa a fazê-lo e o médico provoca o aborto necessário. E não são puníveis as lesões corporais resultantes do procedimento cirúrgico.

---

[111] MARTINS, Ives Gandra da Silva. A dignidade da pessoa humana desde a concepção. In: MIRANDA, Jorge; SILVA, Marco Antonio Marques da (Coord.). *Tratado luso-brasileiro da dignidade humana*. São Paulo: Quartier Latin, 2008. p. 146. O autor faz referência ao antigo art. 153, *caput*, da Constituição de 1969: "A Constituição assegura aos brasileiros e aos estrangeiros residentes no país a inviolabilidade dos direitos concernentes à vida (...)".

[112] ARAÚJO, Luiz Alberto David; NUNES JÚNIOR, Vidal Serrano. *Curso de direito constitucional*. 3. ed. São Paulo: Saraiva, 1999. p. 85.

É desnecessária a autorização judicial para o aborto. É o médico, e só ele, quem decide sobre a imprescindibilidade da interrupção da gravidez.

Se o aborto necessário for realizado por enfermeira, ou por qualquer outra pessoa diversa do médico, duas situações podem ocorrer:

(1) se presente o perigo atual para a gestante, o fato será lícito, como corolário do estado de necessidade (CP, art. 24); e

(2) ausente o perigo atual, subsistirá o crime de aborto, com ou sem o consentimento da gestante, dependendo do caso concreto.

1.1.7.4.4.2. Aborto no caso de gravidez resultante de estupro

É também chamado de **aborto sentimental, humanitário, ético ou piedoso**. Depende de três requisitos:

(1) ser praticado por médico;

(2) consentimento válido da gestante ou de seu responsável legal, se for incapaz; e

(3) gravidez resultante de estupro.

Nesse caso, como não há perigo atual para a vida da gestante, se a interrupção da gravidez for praticada pela própria gestante ou por outra pessoa qualquer, que não o médico, o fato será típico e ilícito. Porém, é de se reconhecer a incidência de uma dirimente, fundada na inexigibilidade de conduta diversa (causa supralegal de exclusão da culpabilidade).

É imprescindível o consentimento válido da gestante ou de seu representante legal, quando incapaz, pois somente ela tem conhecimento da dimensão da rejeição que possui contra o feto.

Além disso, a gravidez deve ser consequência de crime de estupro cometido contra a mulher (CP, art. 213). Pouco importa o meio de execução do delito: violência à pessoa ou grave ameaça. Em qualquer caso será possível o aborto, mesmo que a gravidez resulte da prática do sexo anal ou de qualquer outro ato libidinoso diverso da conjunção carnal, situação admitida pela medicina com fulcro na mobilidade dos espermatozoides.

Entende-se ser também cabível, por analogia *in bonam partem*, o aborto quando a gravidez resultar de **estupro de vulnerável** (CP, art. 217-A). Há lacuna na lei e os fundamentos são idênticos: gravidez indesejada e efeitos traumáticos a serem provocados na mulher com o nascimento e a criação da criança. Além disso, o estupro de vulnerável, definido como crime pela Lei 12.015/2009, não existia quando foi redigido o art. 128, inc. II, do Código Penal, razão pela qual era impossível ter sido prevista esta hipótese legal de aborto.

É prescindível a condenação e até mesmo a ação penal pelo crime de estupro. Basta ao médico a presença de provas seguras acerca da existência do crime, tais como boletim de ocorrência, declaração da mulher e depoimentos de testemunhas, inquérito policial, etc. Em suma, **não se exige autorização judicial** para a exclusão da ilicitude. Tratando-se de norma favorável ao médico, deve ser interpretada restritivamente. O dispositivo legal não faz essa exigência, razão pela qual as condições do aborto não podem ser aumentadas.

Se, após o aborto, ficar provado que a gestante apresentou ao médico um boletim de ocorrência com conteúdo falso, o profissional da medicina não responderá por crime algum, pois presente uma descriminante putativa (CP, art. 20, § 1.º). À mulher, por seu turno, serão imputados os crimes de aborto e de comunicação falsa de crime (CP, art. 340).

1.1.7.5. Aborto eugênico ou eugenésico

O direito brasileiro não contempla regra permissiva do aborto nas hipóteses em que os exames médicos pré-natais indicam que a criança nascerá com graves deformidades físicas ou psíquicas. Não autoriza, pois, o aborto eugênico ou eugenésico. O fundamento dessa opção é a tutela da vida humana no mais amplo sentido. O Direito Penal protege a vida humana desde a sua primeira manifestação. Basta a vida, pouco importando as anomalias que possa apresentar.[113] Como lembra Nélson Hungria em relação ao homicídio, em citação perfeitamente aplicável ao crime de aborto:

> É suficiente a vida. Não importa o grau da capacidade de viver. Igualmente não importam, para a existência do crime, o sexo, a raça, a nacionalidade, a casta, a condição ou valor social da vítima. Varão ou mulher, ariano ou judeu, parisiense ou zulu, brâmane ou pária, santo ou bandido, homem de gênio ou idiota, todos representam vidas humanas. O próprio monstro (abandonada a antiga distinção entre *ostentum* e *monstrum*) tem sua existência protegida pela lei penal.[114]

1.1.7.6. O tratamento jurídico-penal da anencefalia e a jurisprudência do Supremo Tribunal Federal

Anencefalia é a malformação rara do tubo neural acontecida entre o 16.º e o 26.º dia de gestação, caracterizada pela ausência total ou parcial do encéfalo e da calota craniana, proveniente de defeito de fechamento do tubo neural durante a formação embrionária. Um anencéfalo é assim visualizado pelos exames médicos:[115]

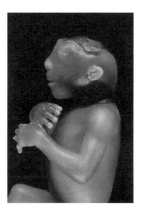

O Conselho Federal de Medicina (CFM) considera o anencéfalo um *natimorto cerebral*, por não possuir os hemisférios cerebrais e o córtex cerebral, mas somente o tronco.[116] Consequentemente, sua eliminação em intervenção cirúrgica constitui-se em fato atípico, pois o anencéfalo não possui vida humana que legitima a intervenção do Direito Penal. O raciocínio

---

[113] "Não é possível a concessão de salvo-conduto autorizando a realização de procedimento de interrupção da gravidez (...) quando, embora o feto esteja acometido de condição genética com prognóstico grave (Síndrome de Edwards e cardiopatia grave), com alta probabilidade de letalidade, não for possível extrair da documentação médica a impossibilidade de vida fora do útero" (STJ: HC 932.495/SC, rel. Min. Messod Azulay Neto, 5.ª Turma, j. 06.08.2024, noticiado no *Informativo* 820).
[114] HUNGRIA, Nélson. *Comentários ao Código Penal*. 2. ed. Rio de Janeiro: Forense, 1953. v. 5, p. 37.
[115] Disponível em: <http://wikipedia.org/wiki/Anencefalia>. Acesso em: 12 nov. 2008.
[116] Disponível em: <http://www.medicosecurador.com/sncfetal/articulos/anomalias_2htm>.

é o seguinte: o art. 3.º, *caput*, da Lei 9.434/1997 admite a retirada de tecidos, órgãos ou partes do corpo humano para fins de transplante ou tratamento somente após a **morte encefálica**. Em outras palavras, o ser humano morre quando cessam suas atividades cerebrais. E, no tocante ao anencéfalo, é razoável concluir que, se nunca teve atividade cerebral, **nunca viveu**. Não se trata, portanto, de aborto, e sim de **antecipação de parto em razão da anencefalia** ou de **antecipação de parto de feto inviável**.

A questão sempre se revestiu de intensa polêmica, por envolver diversas concepções: filosóficas, morais, ideológicas e, notadamente, religiosas. Nosso objetivo, contudo, é analisá-la sob o enfoque estritamente jurídico-penal. E, nesse campo, não há crime de aborto por ausência de vida humana. O produto da concepção apresenta batimentos cardíacos que derivam exclusivamente da sua ligação com o corpo da mulher grávida.

Poder-se-ia argumentar que em algumas hipóteses – raríssimas, embora existentes – a criança nasceu com vida e permaneceu viva por vários dias, quiçá meses. Foi o que aconteceu com a menina Marcela de Jesus Ferreira, nascida com anencefalia em Patrocínio Paulista, Estado de São Paulo, e que faleceu depois de 1 (um) ano, 8 (oito) meses e 12 (doze) dias.

Nesse exemplo, é discutível falar em vida humana, pelos motivos acima expostos. Além disso, não serve como parâmetro para o Direito Penal. Com efeito, trata-se de exceção, e o ordenamento jurídico deve se amparar na normalidade, e nunca na excepcionalidade. Daí ser composto por "normas", isto é, regras criadas com o propósito de disciplinarem situações normais na vida humana. E o normal é o não nascimento de anencéfalos, ou, na melhor das hipóteses, a "sobrevivência" por poucos minutos.

Essa antecipação do parto encontra seu fundamento de validade no art. 1.º, inciso III, da Constituição Federal: **dignidade da pessoa humana**. De fato, a mulher não pode ser obrigada à retirada do anencéfalo, mas, se o desejar, não pode ser impedida pelo legislador ordinário.[117] Não seria digno exigir da gestante a postergação de um sofrimento: no lugar das roupas da criança, a aquisição do vestuário para o velório; em vez do berço, a compra de um caixão; imaginando a cerimônia de batismo, substituí-la pela missa de sétimo dia.

A regra constitucional deve ser interpretada com efetividade, compreendida como a realização do Direito, o desempenho concreto de sua função social.[118] Como destaca Maíra Costa Fernandes:

> (...) a dignidade da pessoa humana é a fonte da qual irradiam valores que norteiam a formação dos princípios relativos a todas as espécies de direitos fundamentais, notadamente os chamados direitos civis, entre os quais se inserem os direitos à vida, à integridade física e psíquica, ao próprio corpo. Impor à mulher a continuidade da gestação de um feto anencéfalo é uma afronta a todos esses princípios. De fato, frequentes são os relatos de gestantes que afirmavam ter pesadelos terríveis, dores físicas e forte quadro de depressão.[119]

No julgamento da ADPF 54/DF, ajuizada pela CNTS – Confederação Nacional dos Trabalhadores na Saúde, o Plenário do Supremo Tribunal Federal declarou a inconstitucionalidade da interpretação segundo a qual a interrupção da gravidez de feto anencéfalo

---

[117] Caracteriza-se, portanto, uma hipótese em que se manifesta o direito à liberdade de autonomia reprodutiva de mulher quanto à manutenção ou à interrupção da gestação dos casos de anencefalia. Em igual sentido: LIMA, Carolina Alves de Souza. *Aborto e anencefalia. Direitos fundamentais em colisão*. Curitiba: Juruá, 2009. p. 118.
[118] BARROSO, Luís Roberto. *O direito constitucional e a efetividade de suas normas*. 8. ed. Rio de Janeiro: Renovar, 2006. p. 82.
[119] FERNANDES, Maíra Costa. Interrupção de gravidez de feto anencefálico: uma análise constitucional. In: SARMENTO, Daniel; PIOVESAN, Flávia (Coord.). *Nos limites da vida*: aborto, clonagem humana e eutanásia sob a perspectiva dos direitos humanos. Rio de Janeiro: Lumen Juris, 2007. p. 138.

seria conduta tipificada nos arts. 124, 126 e 128, incs. I e II, do Código Penal. Desta forma, a Corte reconheceu o direito da gestante de submeter-se à antecipação terapêutica de parto na hipótese de anencefalia, previamente diagnosticada por profissional habilitado, sem estar compelida a apresentar autorização judicial ou qualquer outra forma de permissão do Estado.

A decisão do Excelso Pretório baseou-se, em síntese, nas seguintes razões:

a) Os **fundamentos jurídico-constitucionais** que autorizam a medida são a laicidade do Estado brasileiro, a dignidade da pessoa humana, o usufruto da vida, a liberdade, a autodeterminação, a saúde e o pleno reconhecimento dos direitos individuais, especialmente os direitos sexuais e reprodutivos das mulheres;

b) **Anencefalia** é a malformação do tubo neural, a caracterizar-se pela ausência parcial do encéfalo e do crânio, resultante de defeito no fechamento do tubo neural durante o desenvolvimento embrionário. O diagnóstico desta anomalia reclama a ausência dos hemisférios cerebrais, do cerebelo e de um tronco cerebral rudimentar ou a inexistência total ou parcial do crânio. Pode ser diagnosticada clinicamente na 12.ª semana de gestação, mediante o exame de ultrassonografia;

c) Os anencéfalos são **natimortos cerebrais,** e jamais podem se tornar pessoas. Não há vida em potencial, e sim a certeza da morte (incompatibilidade com a vida extrauterina), razão pela qual não se pode falar em aborto. Em síntese, os fetos com anencefalia não gozam do direito à vida, posição em sintonia com as disposições elencadas pela Lei 9.434/1997, a qual versa sobre a remoção de órgãos, tecidos e partes do corpo humano para fins de transplante e tratamento; e

d) A obrigatoriedade de preservar a gestação produz **danos à gestante**, muitas vezes levando-as a uma situação psíquica devastadora, pois na maioria dos casos predominam quadros mórbidos de dor, angústia, luto, impotência e desespero, em face da certeza do óbito.[120]

Conclui-se, pois, que não se permite o aborto quando o feto apresentar graves anomalias físicas ou psíquicas, ou mesmo quando possuir características monstruosas (aborto eugênico ou eugenésico). Este raciocínio, entretanto, não impede a antecipação terapêutica do parto de feto comprovadamente anencéfalo, em face da impossibilidade de natural vida extrauterina, por ser inevitável a morte com o desligamento de aparelhos médicos ou com a libertação do ventre materno.

1.1.7.6.1. Diagnóstico da anencefalia e antecipação terapêutica

No dia 10 de maio de 2012, atendendo à decisão proferida pelo Supremo Tribunal Federal na ADPF 54/DF, o Conselho Federal de Medicina editou a Resolução CFM 1.989/2012, disciplinando a atuação prática dos médicos no tocante à interrupção da gravidez baseada na anencefalia do feto, independentemente de autorização do Estado.

1.1.7.6.2. Crime impossível

Se a gestante ou um terceiro praticar manobras abortivas no sentido de eliminar o feto anencéfalo, estará caracterizado crime impossível, em razão da impropriedade absoluta do objeto material, nos termos do art. 17 do Código Penal.

---

[120] ADPF 54/DF, rel. Min. Marco Aurélio, Plenário, j. 11 e 12.04.2012, noticiada no *Informativo* 661.

1.1.7.7. A questão da microcefalia

Microcefalia é a condição neurológica rara na qual a cabeça do feto ou da criança apresenta dimensões significativamente inferiores às de outros fetos ou crianças de igual estágio de desenvolvimento ou do mesmo sexo e da mesma idade. Em síntese, o cérebro não cresce de forma adequada durante a gestação ou após o nascimento.

Além do reduzido tamanho da cabeça, a microcefalia revela outros sintomas, a exemplo das crises convulsivas, atraso mental, paralisia, epilepsia e hipertonia muscular generalizada.

Essa anomalia possui diversas causas, destacando-se as infecções como rubéola, citomegalovírus e toxoplasmose, o consumo de cigarro, álcool ou drogas durante a gravidez, doenças metabólicas na gestante, desnutrição e, mais recentemente, a contaminação pelo **zika vírus** durante a gestação, notadamente em seu primeiro trimestre.

Diante dos surtos de zika vírus que vêm acometendo nosso país, surge uma indagação no âmbito do Direito Penal. É lícito o aborto quando os exames médicos comprovam a microcefalia no feto? Existem duas posições sobre o assunto:

1.ª posição: Sim. Para essa corrente, o art. 128 do Código Penal não é taxativo, e foi construído na década de 1940, época em que sequer se imaginava o surgimento do zika vírus. Além disso, se o Estado não consegue conter a proliferação do mosquito *Aedes Aegypti*, transmissor do vírus, não pode impedir a gestante de interromper a gravidez, pois ela será obrigada a suportar todas as dificuldades decorrentes da criação de uma criança com microcefalia. Fundamenta-se esse entendimento na dignidade da pessoa humana (CF, art. 1.º, III), supostamente aplicável tanto à gestante como ao feto.

A ANADEP – Associação Nacional dos Defensores Públicos – provocou o Supremo Tribunal Federal a se posicionar sobre o assunto, ajuizando ação direta de inconstitucionalidade, na qual pleiteia:

(a) a interpretação conforme a Constituição Federal dos arts. 124, 126 e 128 do Código Penal, declarando-se a inconstitucionalidade da interpretação segundo a qual a interrupção da gestação em relação à mulher que comprovadamente tiver sido infectada pelo vírus zika e optar pela mencionada medida constitui crime de aborto; ou

(b) a interpretação conforme a Constituição Federal do art. 128, incs. I e II, do Código Penal, julgando constitucional a interrupção da gestação de mulher que comprovadamente tiver sido infectada pelo vírus zika e optar pela mencionada medida, tendo em vista se tratar de causa de justificação específica (CP, art. 128) ou de justificação genérica, consistente no estado de necessidade (CP, arts. 23, inc. I, e 24), as quais configuram hipóteses legítimas de interrupção da gravidez e, por consequência, a sustação dos inquéritos policiais, das prisões em flagrante e dos processos em andamento que envolvam a interrupção da gravidez quando houver diagnóstico clínico ou laboratorial de infecção da gestante pelo vírus zika.

A Suprema Corte, contudo, julgou prejudicada a ação direta de inconstitucionalidade e, ao mesmo tempo, não conheceu da arguição de descumprimento de preceito fundamental.[121]

2.ª posição: Não. Para os adeptos dessa linha de pensamento, as hipóteses de aborto permitido encontram-se **taxativamente** previstas no art. 128 do Código Penal, e no seu rol não se encaixam as enfermidades provocadas pela microcefalia ou por qualquer outra doença. Em

---

[121] STF: ADI 5.581/DF, rel. Min. Cármen Lúcia, Plenário, j. 30.04.2020.

outras palavras, nosso ordenamento jurídico somente admite o aborto necessário (se não há outro meio de salvar a vida da gestante) e o aborto sentimental, humanitário, ético ou piedoso (se a gravidez resulta de estupro e o aborto é precedido de consentimento da gestante ou, quando incapaz, de seu representante legal). É a posição a que nos filiamos. Convém discorrer um pouco mais sobre o tema.

Em primeiro lugar, é preciso destacar que a microcefalia não se confunde com a anencefalia.

Na anencefalia não há vida humana intrauterina, pela ausência da atividade cerebral, circunstância que levou o Supremo Tribunal Federal, no julgamento da ADPF/54-DF, a autorizar a antecipação do parto (e não o aborto). Na microcefalia, por sua vez, há vida humana intrauterina, razão pela qual é viável o nascimento. A criança certamente suportará inúmeros problemas em seu crescimento, e ao longo de toda a sua vida, mas existe vida humana merecedora de proteção do Direito Penal.

Permitir o aborto em caso de microcefalia equivaleria a ampliar exageradamente a interrupção da vida humana ainda em formação. Além disso, se a morte do feto fosse possível nessa situação, por igualdade de fundamento também deveria sê-lo em várias outras enfermidades que acometem o feto. Mais do que alargar indevidamente o rol fechado contido no art. 128 do Código Penal, a autorização do aborto representaria grave e inaceitável ao direito à vida assegurado a todas as pessoas pelo art. 5.º, *caput*, da Constituição Federal.

O feto acometido pela microcefalia tem o direito de seguir seu regular curso. Tem o direito de nascer. Tem o direito de viver, de ser cuidado e protegido pela família, pela sociedade e pelo Estado. Tem, sobretudo, o direito de amar e de ser amado por aqueles que desejam o seu bem. Nisso consiste o respeito à dignidade da pessoa humana, fundamento da República Federal do Brasil que deve ser implementado na prática, e não utilizado de forma vazia como mero discurso retórico.

A vida da criança com microcefalia evidentemente não será fácil. No entanto, as dificuldades podem surgir para qualquer pessoa, portadora ou não dessa doença ou de qualquer outra enfermidade física ou mental. Contudo, uma doença, repita-se, não pode aniquilar o seu direito de viver.

No plano normativo, vale a pena destacar os vetores consagrados pela Lei 13.146/2015 – Estatuto da Pessoa com Deficiência, especialmente em seus arts. 4.º, § 1.º, 5.º e 8.º, os quais sepultam a tese favorável ao aborto do feto com microcefalia:

> Art. 4.º Toda pessoa com deficiência tem direito à igualdade de oportunidades com as demais pessoas e não sofrerá nenhuma espécie de discriminação.
>
> § 1.º Considera-se discriminação em razão da deficiência toda forma de distinção, restrição ou exclusão, por ação ou omissão, que tenha o propósito ou o efeito de prejudicar, impedir ou anular o reconhecimento ou o exercício dos direitos e das liberdades fundamentais de pessoa com deficiência, incluindo a recusa de adaptações razoáveis e de fornecimento de tecnologias assistivas.
>
> Art. 5.º A pessoa com deficiência será protegida de toda forma de negligência, discriminação, exploração, violência, tortura, crueldade, opressão e tratamento desumano ou degradante.
>
> Parágrafo único. Para os fins da proteção mencionada no *caput* deste artigo, são considerados especialmente vulneráveis a criança, o adolescente, a mulher e o idoso, com deficiência.
>
> Art. 8.º É dever do Estado, da sociedade e da família assegurar à pessoa com deficiência, com prioridade, a efetivação dos direitos referentes à vida, à saúde, à sexualidade, à paternidade e à maternidade, à alimentação, à habitação, à educação, à profissionalização, ao trabalho, à previdência social, à habilitação e à reabilitação, ao transporte, à acessibilidade, à cultura, ao desporto, ao turismo, ao lazer, à informação, à comunicação, aos avanços científicos e tecnológicos, à dignidade, ao respeito, à liberdade, à convivência familiar e comunitária, entre

outros decorrentes da Constituição Federal, da Convenção sobre os Direitos das Pessoas com Deficiência e seu Protocolo Facultativo e das leis e de outras normas que garantam seu bem-estar pessoal, social e econômico.

De fato, a pessoa com deficiência é um ser humano comum. O Estado deve protegê-la e fomentar seu normal desenvolvimento, e não a privar do direito de viver.

1.1.7.8. Aborto econômico, miserável ou social

Aborto econômico, miserável ou social é a interrupção da gravidez fundada em razões econômicas ou sociais, quando a gestante ou sua família não possuem condições financeiras para cuidar da criança, ou até mesmo por políticas públicas baseadas no controle da natalidade. Há crime, pois o sistema jurídico em vigor não autoriza o aborto nessas situações.

1.2. DAS LESÕES CORPORAIS

1.2.1. Dispositivo legal

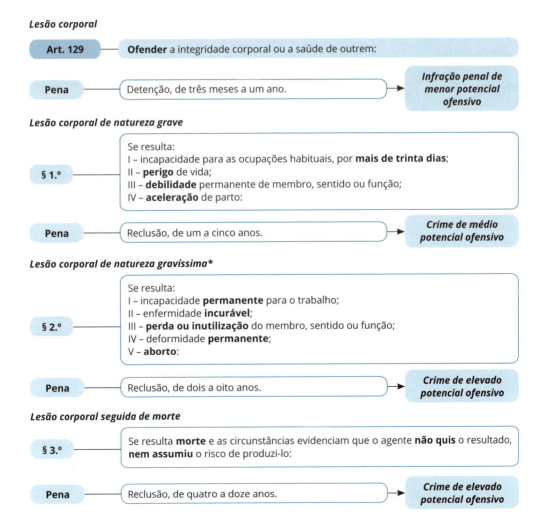

Diminuição de pena

§ 4.º — Se o agente comete o crime impelido por **motivo de relevante valor social ou moral** ou **sob o domínio de violenta emoção**, logo em seguida a **injusta provocação da vítima**, o juiz pode reduzir a pena de um sexto a um terço.

Substituição da pena

§ 5.º — O juiz, **não sendo graves** as lesões, pode ainda **substituir** a pena de detenção pela de multa:
I – se ocorre qualquer das hipóteses do parágrafo anterior;
II – se as lesões são **recíprocas**.

Lesão corporal culposa

§ 6.º — Se a lesão é **culposa**:

Pena — Detenção, de 2 (dois) meses a 1 (um) ano. → *Infração penal de menor potencial ofensivo*

Aumento de pena

§ 7.º — Aumenta-se a pena de **1/3 (um terço)** se ocorrer qualquer das hipóteses dos **§§ 4.º e 6.º do art. 121** deste Código.

§ 8.º — Aplica-se à **lesão culposa** o disposto no § 5.º do art. 121.

Violência doméstica

§ 9.º — Se a lesão for praticada contra **ascendente**, **descendente**, **irmão**, **cônjuge** ou **companheiro**, ou com quem **conviva ou tenha convivido**, ou, ainda, prevalecendo-se o agente das relações domésticas, de coabitação ou de hospitalidade:

Pena — Reclusão, de 2 (dois) a 5 (cinco) anos. → *Não se aplica a Lei 9.099/1995 (v. Lei M. Penha)*

§ 10 — Nos casos previstos nos §§ 1.º a 3.º deste artigo, se as circunstâncias são as indicadas no § 9.º deste artigo, aumenta-se a pena em 1/3 (um terço).

§ 11 — Na hipótese do § 9.º deste artigo, a pena será **aumentada de um terço** se o crime for cometido contra pessoa **portadora de deficiência**.

§ 12 — Se a lesão for praticada contra autoridade ou agente descrito nos arts. 142 e 144 da Constituição Federal, integrantes do sistema prisional e da Força Nacional de Segurança Pública, no exercício da função ou em decorrência dela, ou contra seu cônjuge, companheiro ou parente consanguíneo até terceiro grau, em razão dessa condição, a pena é aumentada de um a dois terços.

CAP. 1 – DOS CRIMES CONTRA A PESSOA | 99

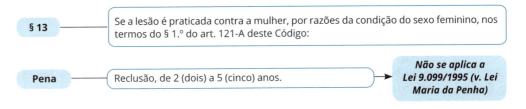

Classificação:
Crime comum
Crime material
Crime de dano
Crime unilateral (regra)
Crime comissivo ou omissivo
Crime instantâneo
Crime de forma livre
Crime plurissubsistente (regra)

Informações rápidas:
Equimoses e hematomas caracterizam lesão corporal (eritemas não).
As lesões corporais culposas e as seguida de morte não admitem tentativa (as dolosas admitem).
O consentimento do ofendido pode atuar como causa supralegal de exclusão da ilicitude (ver requisitos).
Ação penal: pública condicionada – lesões leves e culposas; pública incondicionada – lesões graves, gravíssimas, seguidas de morte e todas decorrentes de violência doméstica (Lei 11.340/2006).
Cirurgias de alteração de sexo e esterilização: constituem hipóteses de exercício regular do direito (ver requisitos).
Lesão corporal privilegiada (§§ 4.º e 6.º): causa de diminuição de pena aplicável somente às lesões dolosas.
Crime hediondo: lesão corporal gravíssima e lesão corporal seguida de morte contra integrantes de órgãos de segurança pública (Lei 8.072/1990, art. 1.º, inc. I-A).

1.2.2. Estrutura do crime

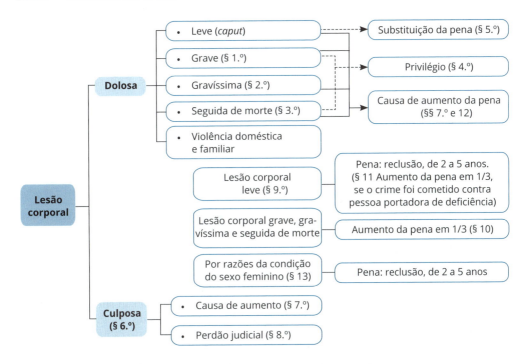

1.2.3. Noções gerais

1.2.3.1. Conceito de lesão corporal

Lesão corporal é a ofensa humana direcionada à integridade corporal ou à saúde de outra pessoa. Como bem definido pelo item 42 da Exposição de Motivos da Parte Especial do Código Penal: "o crime de *lesão corporal* é definido como ofensa à *integridade corporal ou saúde*, isto é, como todo e qualquer dano ocasionado à normalidade funcional do corpo humano, quer do ponto de vista anatômico, quer do ponto de vista fisiológico ou mental".

Depende da produção de algum dano no corpo da vítima, interno ou externo, englobando qualquer alteração prejudicial à sua saúde, inclusive problemas psíquicos. É prescindível a produção de dores ou a irradiação de sangue do organismo do ofendido. E a dor, por si só, não caracteriza lesão corporal.

Não se exige o emprego de meio violento: o crime pode ser cometido com emprego de grave ameaça (exemplo: promessa de morte que provoca perturbações mentais na pessoa intimidada) ou ainda mediante ato sexual consentido. Também não é necessário seja a vítima portadora de saúde perfeita. O crime consiste tanto em prejudicar uma pessoa plenamente saudável, bem como em agravar os problemas de saúde de quem já se encontrava enfermo.

São exemplos de **ofensa à integridade física** (modificação anatômica prejudicial do corpo humano) as fraturas, fissuras, escoriações, queimaduras e luxações. A **equimose** (roxidão resultante do rompimento de pequenos vasos sanguíneos sob a pele ou sob as mucosas) e o **hematoma** (equimose com inchaço) constituem lesões corporais, ao contrário dos **eritemas** (vermelhidão decorrente de uma bofetada, por exemplo), que não ingressam no conceito do delito.

O corte de cabelo ou da barba sem autorização da vítima pode configurar, dependendo da motivação do agente, lesão corporal ou injúria real, se presente a intenção de humilhar a vítima.

A pluralidade de lesões contra a mesma vítima e no mesmo contexto temporal caracteriza crime único, mas deve influenciar na dosimetria da pena-base, pois o art. 59, *caput*, do Código Penal prevê as consequências do crime como circunstância judicial.

A **ofensa à saúde**, por seu turno, compreende as perturbações fisiológicas ou mentais. **Perturbação fisiológica** é o desarranjo no funcionamento de algum órgão do corpo humano. Exemplos: vômitos, paralisia momentânea etc. **Perturbação mental** é a alteração prejudicial da atividade cerebral. Exemplos: convulsão, depressão etc.

1.2.3.2. Objetividade jurídica

Tutela-se a incolumidade física em sentido amplo: a integridade corporal e a saúde da pessoa humana.

1.2.3.3. Objeto material

É a pessoa humana que suporta a conduta criminosa.

1.2.3.4. Núcleo do tipo

O núcleo do tipo é **"ofender"**, aqui compreendido como prejudicar alguém no tocante à sua integridade corporal (corpo humano) ou à sua saúde (funções e atividades orgânicas, físicas e mentais da pessoa). Pode ser praticado por ação e, excepcionalmente, por omissão, quando presente o dever de agir para evitar o resultado, nos termos do art. 13, § 2.º, do Código Penal (exemplo: mãe que deixa o filho de pouca idade sozinho na cama desejando que ele se machuque em decorrência da queda).

É **crime de forma livre**, pois admite qualquer meio de execução.

1.2.3.5. Sujeito ativo

Trata-se de **crime comum**, pois pode ser praticado por qualquer pessoa.

1.2.3.6. Sujeito passivo

Qualquer pessoa. Em alguns casos, todavia, o tipo penal exige uma situação diferenciada em relação à vítima. É o que ocorre na lesão corporal grave ou gravíssima em que a vítima deve ser mulher grávida para possibilitar a aceleração do parto ou o aborto (CP, art. 129, § 1.º, inc. IV, e § 2.º, inc. V), bem como na lesão praticada contra a mulher, por razões da condição do sexo feminino (CP, art. 129, § 13).

1.2.3.7. Elemento subjetivo

Em geral é o dolo, direto ou eventual, conhecido como *animus laedendi* ou *animus nocendi*. É o que se dá no *caput* (simples) e nos §§ 1.º (graves), 2.º (gravíssimas) e 9.º (violência doméstica e familiar contra a mulher). Mas há também a culpa no § 6.º (lesão corporal culposa) e o preterdolo no § 3.º (lesão corporal seguida de morte).

1.2.3.8. Consumação

Cuida-se de **crime material ou causal e de dano**: consuma-se com a efetiva lesão à integridade corporal ou à saúde da vítima.

1.2.3.9. Tentativa

É possível em todas as modalidades de lesão corporal dolosa. Mas é incabível na lesão culposa e na lesão corporal seguida de morte, pois a involuntariedade do resultado naturalístico que envolve a culpa é incompatível com o *conatus*.

A tentativa de lesão corporal não se confunde com a contravenção penal de **vias de fato** (art. 21 do Decreto-lei 3.688/1941). Naquela, o dolo do agente é de ofender a integridade física ou a saúde de outrem, não alcançando esse resultado por circunstâncias alheias à sua vontade (exemplo: desferir um soco, mas não atingir a pessoa visada); nesta, por sua vez, sua vontade limita-se a agredir o ofendido, sem lesioná-lo (exemplo: empurrão).

1.2.3.10. Classificação doutrinária

A lesão corporal é **crime comum** (pode ser praticado por qualquer pessoa); **material** (a consumação depende da produção do resultado naturalístico); **de dano** (exige a efetiva lesão do bem jurídico); **unilateral, unissubjetivo ou de concurso eventual** (cometido em regra por um único agente, mas admite o concurso de pessoas); **comissivo ou omissivo**; **instantâneo** (consuma-se em um momento determinado, sem continuidade no tempo); **de forma livre** (admite qualquer meio de execução); e, em regra, **plurissubsistente** (a conduta é divisível em vários atos).

1.2.3.11. Outras observações

1.2.3.11.1. Lesão corporal e consentimento do ofendido

A realidade atual demonstra que as pessoas podem dispor, e efetivamente dispõem de sua integridade física, seja ingressando em situações perigosas (exemplo: treinamento em artes marciais), seja submetendo-se a lesões desejadas (exemplos: colocação de *piercings* e tatuagens). Além disso, não pode o Estado invadir a esfera estritamente privada das pessoas (exemplo: lesões consentidas decorrentes da atividade sexual entre adultos).

O próprio legislador compartilha deste entendimento, ao definir a lesão corporal dolosa de natureza leve como crime de ação penal pública condicionada à representação do ofendido (Lei 9.099/1995, art. 88). Nada impede, portanto, a utilização no campo das lesões corporais do consentimento do ofendido como **causa supralegal de exclusão da ilicitude**, desde que presentes os seguintes requisitos cumulativos:

(a) deve ser **expresso,** pouco importando sua forma (oral ou por escrito, solene ou não);[122]

(b) não pode ter sido concedido em razão de coação ou ameaça, nem de paga ou promessa de recompensa. Em suma, há de ser **livre**;

(c) é necessário ser **moral** e respeitar os **bons costumes**;

(d) deve ser manifestado **previamente** à consumação da infração penal. A anuência posterior à consumação do crime não afasta a ilicitude; e

(e) o ofendido deve ser **capaz** para consentir, ou seja, deve ter completado 18 anos de idade e não padecer de nenhuma anomalia suficiente para retirar sua capacidade de entendimento e autodeterminação.

Anote-se, porém, ser irrelevante o consentimento do ofendido nos crimes de lesão corporal grave, gravíssima e seguida de morte, em face da indisponibilidade do bem jurídico protegido pela lei penal.

1.2.3.11.2. Princípio da insignificância ou criminalidade de bagatela

O princípio da insignificância ou da criminalidade de bagatela, originário do Direito Romano (*minimus non curat praetor*) e introduzido no Direito Penal por Claus Roxin, é aceito atualmente como **causa de exclusão da tipicidade**. O fato encontra enquadramento na lei penal (tipicidade formal), mas não é capaz de lesar ou de oferecer perigo ao bem jurídico. Daí falar em ausência de tipicidade material.

É possível sua incidência na lesão corporal dolosa de natureza leve e na lesão corporal culposa (CP, art. 129, *caput*, e § 6.º), quando a conduta acarreta ofensa ínfima à integridade corporal ou à saúde da pessoa humana.[123] Exemplos:

(1) pequenas lesões derivadas de um acidente de trânsito;[124] e

(2) espetar a vítima com um alfinete.

1.2.3.11.3. Autolesão

Em razão do princípio da alteridade, não se pune a autolesão. Mas esse fenômeno pode caracterizar crime autônomo quando violar outro bem jurídico. É o que ocorre no crime de fraude para recebimento do valor de seguro, tipificado pelo art. 171, § 2.º, inciso V, do Código Penal (exemplo: jogador de futebol quebra a própria perna para receber o valor do seguro) e também na criação ou simulação de incapacidade física, definida pelo art. 184 do Código Penal

---

[122] O Direito Penal vem admitindo o **consentimento presumido** (ou **ficto**), nas hipóteses em que se possa, com razoabilidade, concluir que o agente atuou supondo que o titular do bem jurídico teria consentido se conhecesse as circunstâncias em que a conduta foi praticada.

[123] STF: HC 95.445/DF, rel. Min. Eros Grau, 2.ª Turma, j. 02.12.2008, noticiado no *Informativo* 531.

[124] "Acidente de trânsito. Lesão corporal. Inexpressividade da lesão. Princípio da insignificância. Crime não configurado. Se a lesão corporal (pequena equimose) decorrente de acidente de trânsito é de absoluta insignificância, como resulta dos elementos dos autos – e outra prova não seria possível se fazer tempos depois – há de impedir-se que se instaure ação penal que a nada chegaria, inutilmente sobrecarregando-se as varas criminais, geralmente tão oneradas" (STF: RHC 66.869/PR, rel. Min. Aldir Passarinho, 2.ª Turma, j. 06.12.1988).

Militar (exemplo: cortar um braço para não ir à guerra depois de regularmente convocado). Nesses casos, obviamente, o sujeito passivo não é aquele que se feriu por vontade própria, mas a seguradora ou o Estado.

1.2.3.11.4. Lesões em atividades esportivas

Nos esportes em que os ferimentos decorrem naturalmente da sua prática, tais como lutas marciais e boxe, não há crime em razão da exclusão da ilicitude pelo exercício regular do direito. O Estado fomenta a atividade esportiva, mas suas regras devem ser seguidas à risca, sob pena de caracterização do delito de lesão corporal. Há crime, contudo, quando o agredido é o árbitro.

1.2.3.11.5. Remoção indevida de órgãos, tecidos ou partes do corpo humano para fins de transplante ou tratamento

A Lei 9.434/1997 autoriza a disposição **gratuita** de tecidos, órgãos e partes do corpo humano de pessoa viva, **para fins de transplante e tratamento**. O doador, maior e capaz, deve anuir ao ato, que não pode causar graves prejuízos à sua saúde. Reclama-se ainda o cumprimento de todos os demais requisitos legais (arts. 1.º e 9.º).

O não cumprimento desses mandamentos tipifica o crime delineado pelo art. 14 da Lei 9.434/1997, com penas de reclusão de 2 (dois) a 6 (seis) anos, e multa, de 100 a 360 dias-multa. Além disso, os §§ 2.º, 3.º e 4.º descrevem qualificadoras idênticas às previstas no art. 129 do Código Penal para a lesão corporal grave, gravíssima e seguida de morte.

1.2.3.11.6. Lesões corporais e cirurgias emergenciais

Nas cirurgias de emergência, dotadas de risco concreto de morte do paciente, não há crime na conduta do médico que atua sem o consentimento do operado ou de seus representantes legais, pois se encontra amparado pelo estado de necessidade de terceiro, qual seja da pessoa submetida ao procedimento cirúrgico. Por outro lado, se ausente a situação de emergência, a cirurgia dependerá da prévia anuência do paciente ou do seu representante legal para afastar o crime pelo exercício regular do direito.

Em sentido contrário, sustenta Heleno Cláudio Fragoso que em qualquer caso não há crime por ausência de tipicidade. São suas palavras:

> Na intervenção cirúrgica com êxito (inclusive as que se destinam a corrigir deformações) não há tipicidade. Lesão corporal é *dano* à integridade corporal ou à saúde, que não existe quando a intervenção se faz restituindo a saúde, melhorando-a ou mesmo sem alterá-la (desde que praticada *lege artis*). Típico só pode ser o resultado que prejudica, ou seja, o resultado de dano.[125]

1.2.4. Art. 129 – Lesão corporal dolosa

A lesão corporal dolosa subdivide-se em leve, grave, gravíssima e seguida de morte.

1.2.4.1. Lesão corporal leve

1.2.4.1.1. Previsão legal

O art. 129, *caput*, do Código Penal prevê a **lesão corporal dolosa leve**, assim chamada doutrinariamente para diferenciá-la das figuras qualificadas (§§ 1.º, 2.º, 3.º, 9.º e 13) e da

---

[125] FRAGOSO, Heleno Cláudio. *Lições de direito penal*. Parte especial. 11. ed. Rio de Janeiro: Forense, 1995. v. 1, p. 91-92.

culposa (§ 6.º). De fato, não há definição específica do que seja lesão de natureza leve. Consequentemente, ingressa nesse conceito toda e qualquer lesão corporal dolosa que não seja grave, gravíssima, cometida com violência doméstica ou praticada contra a mulher, por razões de condição do sexo feminino.

1.2.4.1.2. Infração penal de menor potencial ofensivo

Em razão da pena máxima cominada ao delito (um ano), o crime de lesão corporal leve ingressa no rol das infrações penais de menor potencial ofensivo. Admite transação penal e seu processo e julgamento seguem o rito sumaríssimo, definido pelos arts. 77 e seguintes da Lei 9.099/1995.

1.2.4.1.3. Prova da materialidade

Faz-se prova da materialidade do fato delituoso com o exame de corpo de delito, mas para o oferecimento da denúncia é suficiente o boletim médico ou prova equivalente, como se extrai do art. 77, § 1.º, da Lei 9.099/1995. Para a condenação, entretanto, exige-se a perícia, sob pena de nulidade (CPP, art. 564, inc. III, *b*). Somente será aceito o exame de corpo de delito indireto, em que a prova testemunhal supre o exame direto, quando os vestígios houverem desaparecido (CPP, art. 167).

Ressalte-se que, quando a prova testemunhal puder substituir o exame de corpo de delito, em decorrência do desaparecimento dos vestígios, é indispensável sejam as testemunhas precisas sobre o local e a natureza das lesões. Com efeito, se o art. 160, *caput*, do Código de Processo Penal exige da prova pericial a descrição minuciosa das lesões, não poderia o magistrado conformar-se com referências vagas e imprecisas de testemunhas.

1.2.4.1.4. Ação penal

É pública condicionada à representação, em face da alteração promovida pelo art. 88 da Lei 9.099/1995. Por esse motivo é possível a composição dos danos civis, uma vez que também se trata de infração penal de menor potencial ofensivo.

As demais espécies de lesões corporais dolosas são crimes de ação penal pública incondicionada.

1.2.4.1.5. Absorção

Diversos crimes previstos na Parte Especial do Código Penal e pela legislação extravagante possuem a "violência" como elementar, relativamente ao seu meio de execução. É o caso do roubo, da extorsão e do estupro, entre outros. Nesses casos, eventual lesão corporal leve que suportar a vítima em razão da execução do delito será absorvida pelo crime mais grave (princípio da consunção ou da absorção).

Essa regra não será aplicada, contudo, quando o preceito secundário do tipo penal determinar expressamente o **concurso material obrigatório**, isto é, a incidência conjunta das penas cominadas ao crime cometido e à lesão corporal leve. É o que ocorre, a título ilustrativo, na injúria real, na resistência e no exercício arbitrário das próprias razões (CP, arts. 140, § 2.º, 329, § 2.º, e 345, respectivamente).

1.2.4.2. Lesão corporal de natureza grave em sentido amplo

Sob a rubrica marginal "lesão corporal de natureza grave", o art. 129 do Código Penal prevê os §§ 1.º e 2.º, cada um deles contendo diversos incisos. A pena cominada ao § 1.º (reclusão de um a cinco anos) é sensivelmente menor do que a pena atribuída ao § 2.º (reclusão de 2 a 8 anos). Por esse motivo, a rubrica marginal deve ser compreendida como **"lesão corporal grave em sentido amplo"**. E, para diferenciar as hipóteses disciplinadas pelos dois parágrafos, convencionou-se chamá-las de **lesões corporais graves**, ou **lesões corporais graves em sentido estrito (§ 1.º)**, e **lesões corporais gravíssimas (§ 2.º)**, em face do maior desvalor do resultado (dano suportado pela vítima), manifestamente reconhecido pelo legislador ao cominar uma pena mais elevada.

Prevalece o entendimento de que a lesão corporal grave e a lesão corporal gravíssima constituem-se em **crimes qualificados pelo resultado**, na modalidade **preterdolosa**. A lesão corporal é punida a título de dolo e o resultado agravador, a título de culpa. Algumas qualificadoras dos §§ 1.º e 2.º do art. 129 do Código Penal, porém, são perfeitamente compatíveis com o dolo. É o caso da incapacidade para as ocupações habituais por mais de 30 (trinta) dias, e também da incapacidade permanente para o trabalho. Exemplo: "A" propositadamente quebra a perna de "B", jogador profissional de futebol, impedindo-o de atuar por sua equipe por mais de 30 dias.

Mas há quem entenda que em todas as qualificadoras dos §§ 1.º e 2.º o resultado agravador pode ser culposo ou doloso, ou seja, o crime é qualificado pelo resultado, mas não necessariamente preterdoloso (admite-se dolo no antecedente e culpa no consequente, bem como dolo tanto no antecedente como no consequente). O fundamento desse raciocínio é o seguinte: na lesão corporal seguida de morte (§ 3.º), que não deixa de ser uma qualificadora, o legislador afastou expressamente o dolo no resultado agravador. E, se nas demais qualificadoras não se valeu de igual procedimento, é porque o resultado agravador pode ser culposo ou doloso. Exemplificativamente, na lesão corporal grave, quando resulta perigo de vida, o dolo quanto à qualificadora dirige-se à provocação do perigo de vida, e não à morte efetiva da vítima. Confira-se o ensinamento de Esther de Figueiredo Ferraz:

> Também dolosos ou culposos podem ser os resultados mais graves no caso do art. 129, §§ 1.º e 2.º (lesão corporal grave e gravíssima). (...) Ora, se o legislador só excluiu o elemento "dolo", direto ou eventual, em relação ao crime de "lesão corporal seguida de morte", e silenciou ao definir as demais infrações qualificadas pelo resultado é porque admitiu, em tese, a possibilidade de ocorrer essa modalidade de elemento subjetivo em algumas figuras agravadas pelo evento. Pois a lei não deve ter palavras inúteis e, ademais, as expressões restritivas devem ser restritivamente interpretadas.[126]

Essas qualificadoras são de **natureza objetiva**. Portanto, comunicam-se quando o crime for praticado em concurso de pessoas, desde que tenham ingressado na esfera de conhecimento de todos os envolvidos.

1.2.4.2.1. Lesões corporais graves ou lesões corporais graves em sentido estrito: § 1.º

Encontram-se no § 1.º do art. 129 do Código Penal. A pena, em qualquer das hipóteses, é de reclusão, de 1 (um) a 5 (cinco) anos. Cuida-se de **infração penal de médio potencial ofensivo**, pois o mínimo da pena em abstrato autoriza o benefício da suspensão condicional do processo, desde que presentes os demais requisitos elencados pelo art. 89 da Lei 9.099/1995.

É possível a coexistência de diversas formas de lesão corporal grave (exemplo: perigo de vida e aceleração de parto). Nesses casos, estará configurado um único crime, em face da unidade de ofensa ao bem jurídico penalmente tutelado, mas tal circunstância deverá ser utilizada como circunstância judicial desfavorável ao réu na dosimetria da pena-base (CP, art. 59, *caput* – "consequências do crime").

---

[126] FERRAZ, Esther de Figueiredo. *Os delitos qualificados pelo resultado no regime do Código Penal de 1940*. 1948. Tese (Livre-docência) – Universidade de São Paulo, São Paulo, p. 85 e 90.

1.2.4.2.1.1. Incapacidade para as ocupações habituais por mais de 30 (trinta) dias: inciso I

A expressão "ocupação habitual" compreende qualquer atividade, física ou mental, do cotidiano da vítima (exemplos: andar, tomar banho, ler jornais, praticar esportes etc.), e não apenas seu trabalho. É suficiente tratar-se de **ocupação concreta, pouco importando se lucrativa ou não**.

Para a caracterização da qualificadora é irrelevante a idade da vítima, que pode ser uma pessoa idosa (exemplo: incapacidade para realizar sua caminhada diária em decorrência de um golpe dolosamente proferido contra suas pernas), ou mesmo uma criança de pouca idade (exemplo: incapacidade para mamar no peito de sua mãe em razão dos ferimentos provocados por um soco desferido em sua boca).

A atividade, contudo, deve ser **lícita**, sendo indiferente se moral ou imoral. Destarte, uma prostituta impossibilitada de desempenhar programas sexuais pode ser vítima desse crime, ao contrário de um ladrão que teve seu braço quebrado e não pode por esse motivo empunhar armas de fogo durante assaltos.

Subsiste a qualificadora quando a vítima pode com sacrifício retornar às suas ocupações habituais. Entretanto, não incidirá a qualificadora na hipótese em que a vítima puder desempenhar regularmente suas ocupações habituais, embora não o faça por vergonha (exemplo: deixar de trabalhar por mais de 30 dias pelo fato de estar mancando). A incapacitação é **objetiva**, e não subjetiva.

1.2.4.2.1.2. Aspecto processual: prova da materialidade

Estatui o art. 168, § 2.º, do Código de Processo Penal: "Se o exame tiver por fim precisar a classificação do delito no art. 129, § 1.º, I, do Código Penal, deverá ser feito logo que decorra o prazo de 30 (trinta) dias, contado da data do crime". Cuida-se de **crime a prazo**, pois somente se verifica depois do decurso do prazo estabelecido em lei.

São exigidos, pois, dois exames periciais: um **exame inicial**, realizado logo após o crime, que se destina a constatar a existência das lesões, e um **exame complementar**, efetuado logo que decorra o prazo de 30 (trinta) dias, contado da data do crime, que serve para comprovar a duração da incapacidade das ocupações habituais em razão dos ferimentos provocados pela conduta criminosa. Esse prazo tem **natureza penal**, e no seu cômputo deve observar a regra prevista no art. 10 do Código Penal: inclui-se o dia do começo e exclui-se o dia do final.

A polêmica reside no significado da expressão **"logo que decorra"**. Entende-se que o exame complementar deve ser realizado imediatamente após os 30 (trinta) dias, embora possa tolerar o transcurso de mais alguns poucos dias. O decisivo é a razoabilidade no caso concreto, mas o exame feito a destempo (50 ou 60 dias após o fato) deve ser considerado como perícia não realizada, impondo-se em consequência a desclassificação das lesões para leves.[127] Frise-se que o exame complementar pode ser suprido por prova testemunhal, a teor do art. 168, § 3.º, do Código de Processo Penal.

1.2.4.2.1.3. Perigo de vida: inciso II

Perigo de vida é a possibilidade grave, concreta e imediata de a vítima morrer em consequência das lesões sofridas. Trata-se de **perigo concreto**, comprovado por perícia médica, que deve indicar, de modo preciso e fundamentado, no que consistiu o perigo de vida proporcionado à vítima. Não se autoriza a presunção do perigo de vida pela sede ou pela

---

[127] MIRABETE, Julio Fabbrini. *Processo penal*. 18. ed. São Paulo: Atlas, 2007. p. 269.

extensão das lesões sofridas. Na linha de raciocínio historicamente adotada pelo Supremo Tribunal Federal:

> Não basta o risco potencial, aferido pela natureza e sede das lesões, para caracterizar a qualificadora prevista no inciso II do aludido dispositivo do Código Penal. O perigo de vida somente deve ser reconhecido segundo critérios objetivos comprobatórios do perigo real a que ficou sujeita a vítima, mesmo que por um pequeno lapso de tempo.[128]

Dificilmente a perícia será substituída por prova testemunhal, com exceção das hipóteses em que os depoimentos emanam de especialistas (exemplo: depoimento do médico que atendeu a vítima logo depois de ser ferida pela conduta criminosa do agente).

A perícia efetua um **diagnóstico** do perigo de vida, e não um **prognóstico**. Analisa-se o perigo de vida suportado pela vítima em razão das lesões corporais (diagnóstico = visão para o passado), e não o perigo que poderá advir no futuro (prognóstico = visão para o futuro, conhecimento antecipado sobre algo).

1.2.4.2.1.4. Debilidade permanente de membro, sentido ou função: inciso III

Debilidade é a **diminuição ou o enfraquecimento da capacidade funcional**. Há de ser permanente, isto é, duradoura e de recuperação incerta. Não se exige, contudo, perpetuidade. Anote-se que a **perda ou inutilização** de membro, sentido ou função caracteriza **lesão corporal gravíssima** (CP, art. 129, § 2.º, inc. III).

Membros são os braços, pernas, mãos e pés. Os dedos integram os membros, e a perda ou a diminuição funcional de um ou mais dedos acarreta na debilidade permanente das mãos ou dos pés.

Sentidos são os mecanismos pelos quais a pessoa humana constata o mundo à sua volta. São cinco: visão, audição, tato, olfato e paladar. Exemplo: "A" dolosamente lança uma bomba na direção de "B", que provoca a redução de sua capacidade auditiva em face do estrondo da explosão.

Função é a atividade inerente a um órgão ou aparelho do corpo humano. Destacam-se, entre outras, as funções secretora, respiratória, circulatória etc. Exemplo: A vítima recebe socos e pontapés no seu pulmão, daí resultando a diminuição em sua função respiratória.

Na hipótese de **órgãos duplos** (exemplos: rins e olhos), a perda de um deles caracteriza lesão grave pela debilidade permanente, enquanto a perda de ambos configura lesão gravíssima pela perda ou inutilização (CP, art. 129, § 2.º, inc. III).

A perda de um ou mais dentes pode ou não caracterizar lesão corporal grave, dependendo da comprovação pericial acerca da debilidade ou não da função mastigatória, e, indiretamente, também da função digestiva. O Superior Tribunal de Justiça já reconheceu essa qualificadora na lesão corporal que resultou na perda de dois dentes da vítima:

> A lesão corporal que provoca na vítima a perda de dois dentes tem natureza grave (art. 129, § 1.º, III, do CP), e não gravíssima (art. 129, § 2.º, IV, do CP). Com efeito, deformidade, no sentido médico-legal, ensina doutrina, "é o prejuízo estético adquirido, visível, indelével, oriundo da deformação de uma parte do corpo". Assim, a perda de dois dentes, muito embora possa reduzir a capacidade funcional da mastigação, não enseja a deformidade permanente prevista no art. 129, § 2.º, IV, do CP, e sim debilidade permanente (configuradora de lesão corporal grave). De fato, a perda da dentição pode implicar redução da capacidade mastigatória e até, eventualmente, dano estético, o qual, apesar de manter o seu caráter definitivo – se não reparado em procedimento

---

[128] STF: RE 92.449, rel. Min. Cunha Peixoto, 1.ª Turma, j. 17.06.1980.

interventivo –, não pode ser, na hipótese, de tal monta a qualificar a vítima como uma pessoa deformada. Dessa forma, entende-se que o resultado provocado pela lesão causada à vítima (perda de dois dentes) subsume-se à lesão corporal grave, e não à gravíssima.[129]

A recuperação do membro, sentido ou função por meio cirúrgico ou ortopédico não acarreta a exclusão da qualificadora, pois a vítima não é obrigada a submeter-se a tais procedimentos.

1.2.4.2.1.5. Aceleração de parto: inciso IV

Aceleração de parto é a **antecipação do parto**, o **parto prematuro**, que ocorre quando o feto nasce antes do período normal estipulado pela medicina, em decorrência da lesão corporal produzida na gestante. A criança nasce viva e continua a viver. A pena é aumentada porque o nascimento precoce é perigoso tanto para a mãe como para o feto. Exige-se o conhecimento, pelo sujeito, da gravidez da vítima. Se o agente ignorava essa condição, deve responder somente por lesão corporal leve, afastando-se a responsabilidade penal objetiva.

Se, todavia, em consequência da lesão corporal praticada contra a gestante, o feto for expulso morto do ventre materno, o crime será de lesão corporal gravíssima em razão do aborto (CP, art. 129, § 2.º, inc. V).

A maior polêmica reside na hipótese em que a criança nasce com vida, mas falece logo em seguida ao nascimento, por força da lesão corporal praticada em face da gestante. Há duas posições sobre o assunto. Para Nélson Hungria, o crime será o definido pelo art. 129, § 2.º, inciso V, do Código Penal: lesão corporal gravíssima em razão do aborto.[130] É o entendimento majoritário. Mirabete, por sua vez, sustenta que o delito é o de lesão corporal grave pela aceleração do parto.[131]

O que se exige, em síntese, é uma antecipação do parto, ou seja, um nascimento prematuro. Essa qualificadora só é aplicável quando o feto nasce com vida, pois, quando ocorre o aborto, o agente responde por lesão gravíssima (CP, art. 129, § 2.º, V).

1.2.4.2.2. Lesões corporais gravíssimas: § 2.º

As lesões corporais gravíssimas estão definidas pelo art. 129, § 2.º, do Código Penal. A pena, em qualquer caso, é de reclusão, de 2 (dois) a 8 (oito) anos.

Como já destacado, o legislador não chama esse crime de "lesão corporal gravíssima", mas tal denominação é aceita de forma unânime pela doutrina e pela jurisprudência em razão da necessidade de diferenciar essa qualificadora daquela contida no § 1.º (lesão corporal grave), que possui pena mais branda. Com efeito, se a lesão corporal a que se comina pena de reclusão de 1 (um) a 5 (cinco) é grave, nada mais adequado do que chamar de gravíssima a lesão corporal com pena de reclusão de 2 (dois) a 8 (oito) anos.

Nada impede a ocorrência simultânea de duas ou mais modalidades de lesão corporal gravíssima (exemplo: perda de membro e deformidade permanente). Em qualquer caso, porém, estará configurado um crime único, em face da unidade de ofensa ao bem jurídico penalmente tutelado, mas tal circunstância deverá ser utilizada como circunstância judicial desfavorável ao réu na dosimetria da pena-base (CP, art. 59, *caput* – "consequências do crime").

---

[129] REsp 1.620.158/RJ, rel. Min. Rogerio Schietti Cruz, 6.ª Turma, j. 13.09.2016, noticiado no *Informativo* 590. Em igual sentido: Processo em segredo de justiça, rel. Min. Antonio Saldanha Palheiro, 6.ª Turma, j. 13.03.2023, noticiado no *Informativo* 770.
[130] HUNGRIA, Nélson. *Comentários ao Código Penal*. Rio de Janeiro: Forense, 1949. v. 1, p. 321.
[131] MIRABETE, Julio Fabbrini. *Manual de direito penal*. São Paulo: Atlas, 2007. v. 2, p. 83.

Entretanto, se o exame de corpo de delito indicar ter o ofendido suportado, como decorrência de uma mesma conduta criminosa, uma lesão corporal grave e uma lesão corporal gravíssima, o sujeito responderá somente pelo crime mais grave (lesão corporal gravíssima).

1.2.4.2.2.1. Incapacidade permanente para o trabalho: inciso I

A expressão "incapacidade permanente" compreende toda e qualquer incapacidade longa e duradoura, isto é, que não permita fixar seu limite temporal.

A expressão "para o trabalho" relaciona-se com a atividade remunerada exercida pela vítima, que resta prejudicada em seu aspecto financeiro em razão da conduta criminosa. E prevalece o entendimento de que deve tratar-se de **incapacidade genérica** para o trabalho, isto é, a vítima fica impossibilitada de exercer qualquer tipo de atividade laborativa. Mas aqui deve ser adotada certa cautela.

Com efeito, não se pode aplicar a qualificadora unicamente quando a vítima fica incapacitada para o trabalho anteriormente por ela exercido. Mas também não é razoável autorizar a incidência da qualificadora somente quando o ofendido quedar-se incapacitado para exercer qualquer tipo de trabalho, pois nesse caso a regra seria inócua. Exigem-se bom senso e coerência na interpretação do texto legal.

Exemplificativamente, não há falar em qualificadora quando a vítima, outrora cirurgião cardíaco, não mais pode mais desempenhar essa atividade, mas nada a impede de ser clínico-geral. Mas a lesão corporal será gravíssima quando essa mesma vítima somente puder trabalhar como faxineiro depois da prática do crime. Como explica Luiz Regis Prado:

> Registre-se que a diretriz predominante é no sentido de não se limitar a incapacidade permanente à função específica desempenhada pela vítima. Essa interpretação, porém, circunscreve excessivamente a esfera de aplicação da qualificadora, visto que sempre será possível, em tese, que o sujeito passivo se dedique a atividade diversa daquela que exerce. Daí a conveniência de se ampliar o âmbito de aplicação da qualificadora, para que compreenda também a incapacidade parcial ou relativa, concernente ao trabalho específico a que se dedicava o ofendido.[132]

Essa é a posição mais adequada. Basta, para aplicação da qualificadora, a **incapacidade parcial ou relativa**, pois qualquer pessoa, salvo em casos excepcionais, pode exercer algum tipo de trabalho. A regra legal existe e deve ser aplicada quando presente a circunstância que justifica sua utilização.

1.2.4.2.2.2. Enfermidade incurável: inciso II

Enfermidade incurável é **alteração prejudicial da saúde por processo patológico, físico ou psíquico**, que não pode ser eficazmente combatida com os recursos da medicina à época do crime. Deve ser provada por exame pericial. Também é considerada incurável a enfermidade que somente pode ser enfrentada por procedimento cirúrgico complexo ou mediante tratamentos experimentais ou penosos, pois a vítima não pode ser obrigada a enfrentar tais situações. Não se aplica a qualificadora, contudo, se há tratamento ou cirurgia simples para solucionar o problema e a vítima se recusa injustificadamente a adotá-lo.

Não se admite revisão criminal se, posteriormente à condenação definitiva por esse crime, surge na medicina um meio eficaz para curar a enfermidade. Esse instrumento processual somente pode ser utilizado se à época do delito existia tratamento eficaz para a enfermidade e o magistrado não se atentou a esse fato.

---

[132] PRADO, Luiz Regis. *Curso de direito penal brasileiro*. São Paulo: RT, 2008. v. 2, p. 137.

1.2.4.2.2.3. Perda ou inutilização de membro, sentido ou função: inciso III

Perda é a ablação, a destruição ou privação de membro (exemplo: arrancar uma perna), sentido (exemplo: destruição dos tímpanos com a eliminação da audição) ou função (exemplo: extirpação do pênis que extingue a função reprodutora). A perda pode concretizar-se por **mutilação** ou por **amputação**, e em qualquer hipótese estará delineada a lesão corporal gravíssima. Na mutilação, o membro, sentido ou função é eliminado diretamente pela conduta criminosa, enquanto a amputação resulta da intervenção médico-cirúrgica realizada pela necessidade de salvar a vida do ofendido ou impedir consequências ainda mais danosas.

Inutilização, por sua vez, é a falta de aptidão do órgão para desempenhar sua função específica. O membro ou órgão continua ligado ao corpo da vítima, mas incapacitado para desempenhar as atividades que lhe são inerentes. Exemplo: o ofendido, em consequência da conduta criminosa, passa a apresentar paralisia total de uma de suas pernas.

Anote-se que a perda de parte do movimento de um membro (braço ou perna, mão ou pé) caracteriza lesão grave pela debilidade, ao passo que a perda de todo o movimento tipifica lesão corporal gravíssima pela inutilização.

Na hipótese de **órgãos duplos** (rins, olhos etc.), a afetação de apenas um deles tipifica lesão corporal grave pela debilidade de sentido ou função. Exemplo: surdez em um ouvido. Por sua vez, haverá lesão corporal gravíssima quando os dois órgãos forem prejudicados, caracterizando perda ou inutilização. Exemplo: surdez nos dois ouvidos, pois só assim a vítima perde sua audição.

A correção corporal da vítima por meios ortopédicos ou próteses não afasta a qualificadora, ao contrário do reimplante realizado com êxito.

1.2.4.2.2.3.1. A questão da cirurgia de mudança de sexo

A integridade corporal, no tocante ao crime de lesão corporal gravíssima, é bem jurídico indisponível. Se não bastasse, a cirurgia médica para mudança do sexo de pessoa transexual elimina a função reprodutora do ser humano. Destarte, ao menos em seu aspecto formal, a cirurgia para mudança de sexo encontra tipificação no art. 129, § 2.º, inciso III, do Código Penal, em face da **perda de função**.

Atualmente, contudo, entende-se que não há crime por parte do médico que efetua essa cirurgia. Vejamos.

Transexualidade é a condição considerada pela Organização Mundial de Saúde como uma espécie de incongruência de gênero, condição relativa à saúde sexual em que o indivíduo tem o desejo de viver e de ser aceito como do sexo oposto ao do seu nascimento.

Normalmente homens e mulheres transexuais apresentam sensação de desconforto ou impropriedade de seu próprio sexo anatômico e almejam fazer uma transição de seu sexo de nascimento para o sexo oposto (sexo-alvo) com alguma ajuda médica (terapia de redesignação de gênero) para seu corpo. A explicação estereotipada é de "um homem preso em corpo de mulher", ou vice-versa.

Em suma, a pessoa possui todas as características do sexo oposto, inclusive comportando-se como tal. Não se trata de homossexualidade, mas muito mais do que isso. É mais do que sentir desejo por pessoa do mesmo sexo. Consiste, em verdade, em considerar-se como pessoa de outro sexo. Consequentemente, a cirurgia de mudança de sexo não produz dano nenhum ao transexual. Ao contrário, entrega a ele a felicidade capaz de alterar sua vida, com inúmeros benefícios físicos e psicológicos.[133] O dano à integridade corporal é inerente ao crime de lesão corporal. Sem dano, o fato é atípico.

---

[133] ARAÚJO, Luiz Alberto David. *A proteção constitucional do transexual*. São Paulo: Saraiva, 2000. p. 107.

Justifica-se ainda a atipicidade do fato pela **ausência de dolo de lesionar** (*animus laedendi*). Não se quer prejudicar a integridade física ou a saúde do transexual, e sim reduzir seu sofrimento físico e, principalmente, mental. Esse é o entendimento consagrado pela Resolução 2.265/2019, do Conselho Federal de Medicina, que dispõe sobre o cuidado específico à pessoa com incongruência de gênero ou transgênero.

Em síntese, é dominante o entendimento de que não há crime na cirurgia para mudança de sexo, por ausência do dolo de lesionar a integridade corporal ou a saúde do paciente. E como atualmente é permitida a realização dessa cirurgia inclusive na rede pública de saúde (Portaria do Ministério da Saúde 2.803/2013), nada impede falar também que o médico que a realiza não pratica crime por estar acobertado por uma excludente da ilicitude, qual seja o exercício regular de direito.

1.2.4.2.2.3.2. Cirurgias de esterilização sexual

Não há crime na conduta do médico que efetua cirurgia de esterilização sexual (vasectomia, ligadura de trompas etc.) com a autorização do paciente, nada obstante a eliminação da função reprodutora. De fato, a Lei 9.263/1996 (com as alterações promovidas pela Lei 14.443/2022) regulamentou o art. 226, § 7.º, da Constituição Federal, que trata do planejamento familiar, autorizando a cirurgia desde que presentes diversos requisitos, tais como:

1) O homem ou a mulher deve gozar de capacidade civil plena e ser maior de 21 (vinte e um) anos de idade ou, pelo menos, com 2 (dois) filhos vivos, desde que observado o prazo mínimo de 60 (sessenta) dias entre a manifestação da vontade e o ato cirúrgico, período no qual será propiciado à pessoa interessada acesso a serviço de regulação da fecundidade, inclusive aconselhamento por equipe multidisciplinar, com vistas a desencorajar a esterilização precoce;
2) Risco à vida ou à saúde da mulher ou do futuro concepto, testemunhado em relatório escrito e assinado por dois médicos;
3) Registro de expressa manifestação da vontade em documento escrito e firmado, após a informação a respeito dos riscos da cirurgia, possíveis efeitos colaterais, dificuldades de sua reversão e opções de contracepção reversíveis existentes;
4) A esterilização cirúrgica como método contraceptivo somente será executada por meio de laqueadura tubária, vasectomia ou de outro método cientificamente aceito, sendo vedada por meio da histerectomia e ooforectomia; e
5) A esterilização cirúrgica em pessoas absolutamente incapazes somente poderá ocorrer mediante autorização judicial.

Toda esterilização cirúrgica será objeto de notificação compulsória à direção do Sistema Único de Saúde. É vedada a indução ou a instigação individual ou coletiva à prática da esterilização cirúrgica, bem como a exigência de atestado de esterilização ou de teste de gravidez para quaisquer fins.

Fica nítido, portanto, que o médico responsável pela realização cirúrgica não pratica o crime de lesão corporal gravíssima por agir amparado pelo exercício regular de direito, causa de exclusão da ilicitude prevista no art. 23, inciso III, do Código Penal.

1.2.4.2.2.4. Deformidade permanente: inciso IV

Deformar é **alterar a forma de algo**. Deformidade permanente consiste no dano duradouro de alguma parte do corpo da vítima, que não pode ser retificado por si próprio ao longo do tempo. Permanente, contudo, não se confunde com perpetuidade. É suficiente a irreparabilidade por relevante intervalo temporal. O tipo penal exige só isso e nada mais.

Essa qualificadora relaciona-se intimamente com **questões estéticas**, razão pela qual precisa ser visível, mas não necessariamente na face (nas pernas ou nos braços, por exemplo), e capaz de causar impressão vexatória, isto é, provocar má impressão em quem a enxerga, com o consequente desconforto na vítima. Como exemplos destacam-se a queimadura no rosto provocada pelo ácido (vitriolagem) e a retirada de uma orelha ou de parte dela.[134] Na linha da jurisprudência do Superior Tribunal de Justiça:

> A qualificadora prevista no art. 129, § 2.º, inciso IV, do Código Penal (deformidade permanente) abrange somente lesões corporais que resultam em danos físicos. O crime de lesão corporal, conforme a doutrina, consiste "em qualquer dano ocasionado por alguém, sem *animus necandi*, à integridade física ou a saúde (fisiológica ou mental) de outrem". Assim, também pratica o referido delito aquele que causa lesão à saúde mental de outrem. Nesses termos, ainda, segundo a doutrina, no ponto: "mesmo a desintegração da saúde mental é lesão corporal, pois a inteligência, a vontade ou a memória dizem com a atividade funcional do cérebro, que é um dos mais importantes órgãos do corpo. Não se concebe uma perturbação mental sem um dano à saúde, e é inconcebível um dano à saúde sem um mal corpóreo ou uma alteração do corpo". A conclusão doutrinária, contudo, tem relação com o tipo penal fundamental do delito de lesão corporal. Com efeito, ao especificamente tratar da qualificadora prevista no art. 129, § 2.º, inciso IV, do Código Penal (deformidade permanente), ressalta-se que ela está relacionada à estética, não devendo ser verificada tão somente com base em um critério puramente objetivo, mas, a um só tempo, objetivo e subjetivo. Nesse sentido, leciona que a qualificadora estará presente quando houver uma deturpação ou vício de forma capaz de causar "uma impressão, senão de repugnância ou de mal-estar, pelo menos de desgosto, de desagrado". A propósito, ambas as turmas que compõem a Terceira Seção desta Corte Superior de Justiça firmaram o entendimento de que a deformidade permanente deve representar lesão estética de certa monta, capaz de causar desconforto a quem a vê ou ao seu portador, abrangendo, portanto, apenas lesões corporais que resultam em danos físicos. No caso, não incide a mencionada qualificadora, porquanto a vítima, em razão da lesão, "fora cometida de 'Transtorno de Estresse Pós-Traumático', provocando-lhe alteração permanente da personalidade". Registra-se, por oportuno, que a lesão causadora de danos psicológicos pode, a depender do caso concreto, ensejar o reconhecimento de outra qualificadora ou ser considerada como circunstância judicial desfavorável.[135]

Mas não se pode aceitar a posição segundo a qual essa qualificadora somente teria cabimento quando a vítima da lesão corporal é pessoa "avantajada" no plano estético, ou seja, destacada pela sua beleza física, pois somente nessa hipótese ela poderia sofrer prejuízo em razão da conduta criminosa.

De fato, parece-nos discriminatória a afirmação de que o crime seria qualificado com um profundo corte no rosto de uma atriz de televisão, mas não o seria em uma trabalhadora rural. Daí perguntarmos: Esta última mulher não tem direito à sua própria beleza, mormente sabendo que o conceito do que seja bonito ou feio envolve sempre um juízo de valor, e transferir essa tarefa ao magistrado inevitavelmente leva à insegurança jurídica e à injustiça? Portanto, entendemos que basta a deformidade permanente, como quis o legislador.

---

[134] Dizia Nélson Hungria: "Ninguém pode duvidar que devam ser diversamente apreciadas uma cicatriz no rosto de uma bela mulher e outra na carantonha de um Quasímodo; uma funda marca num torneado pescoço feminino e outra no perigalho de um septuagenário; um sinuoso gilvaz no braço roliço de uma jovem e outro no braço cabeludo de um cavouqueiro. É evidente que não se pode meter em pé de igualdade a estética de um homem e a de uma mulher" (*Comentários ao Código Penal*. 2. ed. Rio de Janeiro: Forense, 1953. v. 5, p. 326).

[135] HC 689.921/SP, rel. Min. Laurita Vaz, 6.ª Turma, j. 08.03.2022, noticiado no *Informativo* 728.

A correção da deformidade com o emprego de prótese (exemplos: olho de vidro, orelha de borracha ou aparelho ortopédico) não exclui a qualificadora. De igual modo, a ocultação da deformidade pelos cabelos ou por aparelhos, tais como óculos escuros, não afasta essa qualificadora.

A deformidade permanente deve ser atestada por exame de corpo de delito. E, como o julgador precisa analisar a lesão corporal para enquadrá-la ou não no conceito de deformidade permanente, é recomendável seja o laudo pericial acompanhado por fotografias ilustrativas dos ferimentos.

E se a deformidade permanente for corrigida por cirurgia estética? Subsiste ou não a qualificadora? Existem duas posições sobre o assunto:

a) **sim**, pois a deformidade deixou de existir. Contudo, como a vítima não pode ser coagida a enfrentar procedimentos cirúrgicos, nem a auxiliar o criminoso, subsiste a qualificadora na hipótese em que a reparação é possível, mas ela se recusa a realizá-la; e

b) **não**, porque a qualificadora deve ser analisada no momento do crime, em compasso com a teoria da atividade, adotada pelo art. 4.º do Código Penal. O Superior Tribunal de Justiça já decidiu nesse sentido:

A qualificadora "deformidade permanente" do crime de lesão corporal (art. 129, § 2.º, IV, do CP) não é afastada por posterior cirurgia estética reparadora que elimine ou minimize a deformidade na vítima. Isso porque o fato criminoso é valorado no momento de sua consumação, não o afetando providências posteriores, notadamente quando não usuais (pelo risco ou pelo custo, como cirurgia plástica ou de tratamentos prolongados, dolorosos ou geradores do risco de vida) e promovidas a critério exclusivo da vítima.[136]

1.2.4.2.2.5. Aborto: inciso V

Prevalece o entendimento de que a interrupção da gravidez, com a consequente morte do feto, deve ter sido provocada culposamente, uma vez que se trata de crime preterdoloso. Assim sendo, se a morte do feto foi proposital, o sujeito deve responder por dois crimes: lesão corporal leve (ou grave ou gravíssima, se presente alguma outra qualificadora), em concurso formal impróprio ou imperfeito com aborto sem o consentimento da gestante (CP, art. 125).

Anote-se, porém, no tocante ao elemento subjetivo do resultado agravador, a posição contrária apontada no item 1.2.4.2.

É obrigatório o conhecimento do sujeito acerca da gravidez da vítima, pois em caso contrário estaria configurada a responsabilidade penal objetiva. Se o agente ignorava a gravidez da ofendida, a hipótese é de erro de tipo, com exclusão do dolo e, consequentemente, da qualificadora.

1.2.4.3. Lesão corporal seguida de morte: § 3.º

Estabelece o art. 129, § 3.º, do Código Penal: "Se resulta morte e as circunstâncias evidenciam que o agente não quis o resultado, nem assumiu o risco de produzi-lo: Pena – reclusão, de quatro a doze anos".

Cuida-se de crime exclusivamente preterdoloso. Não sem razão esse delito é também chamado de **homicídio preterintencional** ou **homicídio preterdoloso**. Aliás, é o **único crime autenticamente preterdoloso tipificado pelo Código Penal**, pois o legislador foi explícito

---

[136] HC 306.677/RJ, rel. Min. Ericson Maranhão (Desembargador convocado do TJ/SP), rel. p/ acórdão Min. Nefi Cordeiro, 6.ª Turma, j. 19.05.2015, noticiado no *Informativo* 562.

ao exigir **dolo no crime antecedente** (lesão corporal) e **culpa no resultado agravador** ("não quis o resultado nem assumiu o risco de produzi-lo"). Com efeito, se presente o dolo eventual quanto ao resultado morte, o sujeito deve responder por homicídio doloso.

Exige-se a comprovação da relação de causalidade entre a lesão corporal e a morte. Com efeito, se esta originar-se de motivo diverso da agressão, não poderá ser imputada ao agente. Como já decidido pelo Superior Tribunal de Justiça:

> O recorrente foi denunciado pela prática do crime de lesão corporal qualificada pelo resultado morte (art. 129, § 3.º, do CP), porque, durante um baile de carnaval, sob efeito de álcool e por motivo de ciúmes de sua namorada, agrediu a vítima com chutes e joelhadas na região abdominal, ocasionando sua queda contra o meio-fio da calçada, onde bateu a cabeça, vindo a óbito. Ocorre que, segundo o laudo pericial, a causa da morte foi hemorragia encefálica decorrente da ruptura de um aneurisma cerebral congênito, situação clínica desconhecida pela vítima e seus familiares. (...) Conforme observou a Min. Maria Thereza de Assis Moura em seu voto-vista, está-se a tratar dos crimes preterdolosos, nos quais, como cediço, há dolo no comportamento do agente, que vem a ser notabilizado por resultado punível a título de culpa. Ademais, salientou que, nesse tipo penal, a conduta precedente que constitui o delito-base e o resultado mais grave deve estar em uma relação de causalidade, de modo que o resultado mais grave decorra sempre da ação precedente, e não de outras circunstâncias. Entretanto, asseverou que o tratamento da causalidade, estabelecido no art. 13 do CP, deve ser emoldurado pelas disposições do art. 18 do mesmo *codex*, a determinar que a responsabilidade somente se cristalize quando o resultado puder ser atribuível ao menos culposamente. Ressaltou que, embora alguém que desfira golpes contra uma vítima bêbada que venha a cair e bater a cabeça no meio-fio pudesse ter a previsibilidade objetiva do advento da morte, na hipótese, o próprio laudo afasta a vinculação da *causa mortis* do choque craniano, porquanto não aponta haver liame entre o choque da cabeça contra o meio-fio e o evento letal. *In casu*, a causa da morte foi hemorragia encefálica decorrente da ruptura de um aneurisma cerebral congênito, situação clínica de que sequer a vítima tinha conhecimento. Ademais, não houve golpes perpetrados pelo recorrente na região do crânio da vítima. Portanto, não se mostra razoável reconhecer como típico o resultado morte, imantando-o de caráter culposo.[137]

Em se tratando de figura híbrida (misto de dolo e de culpa), esse crime não admite tentativa. Ou o agente, depois de lesionar, mata culposamente a vítima, e estará consumada a lesão corporal seguida de morte, ou somente nela produz lesões corporais, e a ele será imputado esse crime (em qualquer modalidade, isto é, leve, grave ou gravíssima, dependendo do resultado produzido).

Esse delito tem como pressuposto inafastável uma lesão corporal dolosa. De fato, se o sujeito pratica lesão corporal culposa ou vias de fato (Decreto-lei 3.688/1941, art. 21), daí resultando culposamente a morte da vítima, responde somente por homicídio culposo, ficando absorvido o delito mais leve ou a contravenção penal.

1.2.4.4. Lesão corporal dolosa privilegiada: causa de diminuição de pena (art. 129, § 4.º)

É a aplicação do **privilégio** à lesão corporal dolosa. Nos termos do art. 129, § 4.º, do Código Penal, "se o agente comete o crime impelido por motivo de relevante valor social ou moral ou sob o domínio de violenta emoção, logo em seguida a injusta provocação da vítima, o juiz pode reduzir a pena de um sexto a um terço".

Essa causa de diminuição da pena incide unicamente no tocante às lesões dolosas, qualquer que seja sua modalidade: leve, grave, gravíssima ou seguida de morte. **Não é cabível na lesão**

---

[137] AgRg no REsp 1.094.758/RS, rel. originário Min. Sebastião Reis Júnior, rel. para acórdão Min. Vasco Della Giustina (Desembargador convocado do TJ/RS), 6.ª Turma, j. 01.03.2012, noticiado no *Informativo* 492.

corporal culposa. Extrai-se essa conclusão tanto da **interpretação topográfica do dispositivo legal** – pois o legislador, ao inserir o privilégio no § 4.º, deixou claro que o benefício não se aplica ao crime tipificado pelo § 6.º – quanto da própria natureza **do instituto**. Em verdade, é impossível conceber um crime simultaneamente culposo e cometido sob o domínio de relevante valor social ou moral, ou sob o domínio de violenta emoção, logo em seguida a injusta provocação da vítima.

No mais, ficam mantidas as observações formuladas em relação ao privilégio no crime de homicídio doloso (art. 121, item 1.1.3.4).

1.2.4.5. Lesões corporais leves e substituição da pena: § 5.º

Em conformidade com o art. 129, § 5.º, do Código Penal, o juiz, não sendo graves as lesões, pode ainda substituir a pena de detenção pela de multa em duas situações: I – se ocorre qualquer das hipóteses do parágrafo anterior; e II – se as lesões são recíprocas.

Esse dispositivo, que consagra uma genuína manifestação do privilégio, somente é aplicável à **lesão corporal leve**. As graves e gravíssimas foram expressamente excluídas ("não sendo graves as lesões"), e a lesão corporal culposa foi tacitamente afastada, seja pela posição geográfica do dispositivo legal (interpretação topográfica), seja pela própria essência do instituto, pois a culpa é incompatível tanto com a figura do privilégio (inciso I) quanto com a reciprocidade das lesões (inciso II).

a) se ocorre qualquer das hipóteses do parágrafo anterior: inciso I

No caso de lesão corporal leve, e uma vez comprovado o privilégio, o magistrado pode optar entre dois caminhos a seguir. Pode reduzir a pena de um sexto a um terço (§ 4.º), ou então substituí-la por multa.

b) se as lesões são recíprocas: inciso II

Lesões recíprocas são as que ocorrem quando duas pessoas injustamente se agridem. O agressor ataca a vítima, e é simultaneamente por ela agredido. É o que ocorre, por exemplo, quando dois colegas de trabalho começam a lutar após uma leviana discussão.

Também incide a substituição da pena quando uma pessoa agride outra, e depois, já cessada a agressão, ocorre a retorsão. Exemplo: "A" desfere pontapés em "B". Quando a situação já estava normalizada, inclusive com a intervenção de terceiros, "B" dirige-se contra "A" e lhe golpeia com socos.

Cumpre destacar que **essa situação não se confunde com a legítima defesa**, pois, se a vítima ferir o ofensor apenas para se defender, não cometerá nenhum crime. Sua conduta nada mais será do que uma reação legítima contra uma agressão injusta, na forma delineada pelo art. 25 do Código Penal.

1.2.4.6. Aumento de pena na lesão corporal dolosa: § 7.º

Na hipótese de lesão corporal dolosa, qualquer que seja sua modalidade (leve, grave, gravíssima ou seguida de morte), a pena é aumentada de 1/3 (um terço) se o crime é praticado contra pessoa menor de 14 (quatorze) ou maior de 60 (sessenta) anos, ou então se for praticado por milícia privada, sob o pretexto de prestação de serviço de segurança, ou por grupo de extermínio. É o que se extrai da interpretação conjunta dos arts. 129, § 7.º, e 121, §§ 4.º, *in fine*, e 6.º, ambos do Código Penal.

Valem todas as observações feitas no tocante ao homicídio (art. 121, item 1.1.3.6), com a ressalva de que a lesão corporal somente se constitui em crime hediondo quando gravíssima ou seguida de morte, desde que praticadas contra autoridade ou agente descrito nos arts. 142 e 144 da Constituição Federal, integrantes do sistema prisional e da Força Nacional de Segurança Pública, no exercício da função ou em decorrência dela, ou contra seu cônjuge, companheiro ou parente consanguíneo até terceiro grau, em razão dessa condição (Lei 8.072/1990, art. 1.º, inc. I-A).

1.2.4.7. Lesão corporal culposa: § 6.º

O crime de lesão corporal culposa nada mais é do que a conduta típica descrita pelo *caput* ("ofender a integridade corporal ou a saúde de outrem"), mas agora praticada com culpa. Trata-se de **tipo penal aberto**, pois, ao contrário das lesões corporais dolosas, não há uma descrição minuciosa da conduta criminosa. O legislador limitou-se a defini-la como "lesão culposa", razão pela qual o intérprete deve utilizar um **juízo de valor** para, com base no critério do homem médio, constatar se quando da conduta, praticada com imprudência, negligência ou imperícia, era possível ao agente prever objetivamente a produção do resultado naturalístico.

Nesse sentido, a lesão culposa nada mais é do que a lesão corporal cometida contra alguém em decorrência de um comportamento imprudente, negligente ou imperito. A modalidade de culpa deve ser motivadamente descrita na inicial acusatória, sob pena de inépcia. É o posicionamento do Supremo Tribunal Federal:

> Lesões corporais culposas. Acidente de veículo. Imputação de culpa, na modalidade de imperícia. Mera referência a perda de controle do veículo. Insuficiência. Processo anulado desde a denúncia, inclusive. (...) É inepta a denúncia que, imputando ao réu a prática de lesões corporais culposas, em acidente de veículo, causado por alegada imperícia, não descreve o fato em que esta teria consistido.[138]

E, ao reverso do que se dá nas lesões corporais dolosas, **na lesão culposa não há distinção com base na gravidade dos ferimentos**. A lesão culposa é única e exclusivamente lesão culposa, ou seja, não se fala em lesão culposa "leve", "grave" ou "gravíssima". Ainda que a vítima tenha restado incapacitada para as ocupações habituais por mais de 30 (trinta) dias, ou então tenha resultado aborto, em qualquer caso a lesão será culposa, com pena de detenção, de 2 (dois) meses a 1 (um) ano. De fato, a gravidade da lesão não interfere na tipicidade do fato, mas, por se tratar de circunstância judicial desfavorável ("consequências do crime"), deve ser sopesada pelo juiz na dosimetria da pena-base (CP, art. 59, *caput*).

1.2.4.7.1. Lesão corporal culposa e Lei 9.099/1995

A lesão corporal culposa é **infração penal de menor potencial ofensivo**, pois a pena a ela cominada é inferior a 2 (dois) anos. Além disso, é **crime de ação penal pública condicionada**, em face da alteração promovida pelo art. 88 da Lei 9.099/1995. Por tais motivos, a composição civil dos danos homologada pelo juiz acarreta em renúncia ao direito de representação e, por corolário, em extinção da punibilidade (Lei 9.099/1995, art. 74, parágrafo único). Também é cabível a transação penal, desde que presentes os requisitos legais (Lei 9.099/1995, art. 76).

1.2.4.7.2. Lesão corporal culposa e Código de Trânsito Brasileiro

Se a lesão corporal culposa for cometida na **direção de veículo automotor**, sai de cena o art. 129, § 6.º, do Código Penal, para ser aplicado o crime tipificado pelo art. 303 da Lei 9.503/1997 – Código de Trânsito Brasileiro, que tem pena mais elevada (detenção, de seis

---

[138] HC 86.609/RJ, rel. Min. Cezar Peluso, 1.ª Turma, j. 06.06.2006. No STJ: "Trata-se de denúncia inepta, uma vez que não descreveu qual a conduta praticada pelo paciente que decorreria de negligência, imprudência ou imperícia, a qual teria ocasionado a produção do resultado naturalístico" (HC 188.023/ES, rel. Min. Sebastião Reis Júnior, 6.ª Turma, j. 01.09.2011, noticiado no *Informativo* 482).

meses a dois anos, e suspensão ou proibição de obter a permissão ou a habilitação para dirigir veículo automotor). Resolve-se o conflito aparente de normas pelo princípio da especialidade.

1.2.4.7.3. Lesão corporal culposa e aumento de pena: § 7.º

Dispõe o art. 129, § 7.º, do Código Penal que a pena da lesão corporal culposa é aumentada de 1/3 (um terço), se o crime resulta de inobservância de regra técnica de profissão, arte ou ofício, ou se o agente deixa de prestar imediato socorro à vítima, não procura diminuir as consequências do seu ato, ou foge para evitar prisão em flagrante (CP, art. 121, § 4.º, 1.ª parte).[139]

São válidas todas as ponderações anotadas no tocante ao homicídio culposo (art. 121, item 1.1.3.7.1).

1.2.4.7.4. Lesão corporal culposa e perdão judicial: § 8.º

O art. 129, § 8.º, do Código Penal determina a incidência do perdão judicial ao crime de lesão corporal culposa.

Os requisitos são os mesmos do homicídio. O juiz pode deixar de aplicar a pena quando as consequências da infração atingirem o próprio agente de forma tão grave que a sanção penal se torne desnecessária.[140]

Ficam mantidos os apontamentos inerentes ao perdão judicial no homicídio culposo (art. 121, item 1.1.3.7.2).

1.2.4.8. Lesão corporal e violência doméstica: § 9.º

O *nomen iuris* "**violência doméstica**" foi inserido no Código Penal pela Lei 10.886/2004, que deu a atual redação ao § 9.º do seu art. 129. Posteriormente, a Lei 11.340/2006 – Lei Maria da Penha – diminuiu o limite mínimo da pena e majorou a pena máxima em abstrato, preservando sua espécie (detenção). Com efeito, tais patamares passaram de 6 (seis) meses a 1 (um) ano para 3 (três) meses a 3 (três) anos. Na sequência, a pena foi sensivelmente alterada – reclusão, de dois a cinco anos – pela Lei 14.994/2024 ("Pacote Antifeminicídio").

Ainda que isso não tenha sido expressamente destacado pelo legislador, é fácil concluir que a pena do art. 129, § 9.º, do Código Penal, em razão da sua quantidade, somente deve ser aplicada nas hipóteses de **lesão corporal leve ou de lesão corporal grave (CP, art. 129, caput e § 1.º)**. Não teria sentido punir uma lesão gravíssima ou seguida de morte com pena em limites inferiores àqueles previstos nos §§ 2.º e 3.º do art. 129 do Código Penal.

Se a lesão corporal for grave, gravíssima ou seguida de morte, entretanto, incidirá sobre as penas respectivas o aumento de 1/3 imposto pelo § 10 do art. 129 do Código Penal.

Objetivou-se, além de assegurar a tranquilidade no âmbito familiar, combater com maior rigor a violência doméstica ou familiar contra a mulher, protegendo-a de agressões atrozes, covardes, silenciosas.[141] De fato, dispõe o art. 1.º da Lei 11.340/2006:

> Esta Lei cria mecanismos para coibir e prevenir a **violência doméstica e familiar contra a mulher**, nos termos do § 8.º do art. 226 da Constituição Federal, da Convenção sobre a Eliminação de Todas as Formas de Violência contra a Mulher, da Convenção Interamericana para Prevenir, Punir e Erradicar a Violência contra a Mulher e de outros tratados internacionais ratificados pela

---

[139] A majorante contida no § 6.º do art. 121 do Código Penal é aplicável exclusivamente à lesão corporal dolosa.
[140] Vejamos um exemplo: "Perdão judicial, em favor do réu, previsto no art. 129, § 8.º, do Código Penal, quanto às lesões sofridas, pela esposa e filha do denunciado, no acidente, em que o acusado também sofreu ferimentos (STF: AP 277/DF, rel. Min. Néri da Silveira, Tribunal Pleno, j. 17.12.1982).
[141] **Súmula 600 do STJ**: "Para a configuração da violência doméstica e familiar prevista no art. 5.º da Lei 11.340/2006 (Lei Maria da Penha) não se exige a coabitação entre autor e vítima."

República Federativa do Brasil; dispõe sobre a criação dos Juizados de Violência Doméstica e Familiar contra a Mulher; e estabelece medidas de assistência e proteção às mulheres em situação de violência doméstica e familiar.[142]

Inicialmente, pode ser extraída uma importante conclusão: o principal desiderato da Lei 11.340/2006 foi punir com maior severidade os crimes praticados com violência doméstica ou familiar contra a mulher.[143] Mas a Lei Maria da Penha também possui regras gerais, tais como as que aumentam a pena de alguns crimes cometidos contra qualquer pessoa, homem ou mulher. É o que ocorre no delito em análise, pois em caso contrário a lei não teria falado em "irmão" nem em "companheiro", e sim em irmã ou companheira, bem como quando foi prevista uma causa de aumento de pena quando a lesão corporal leve é praticada contra qualquer pessoa com deficiência, homem ou mulher (CP, art. 129, § 11).

No tocante à mulher, cumpre consignar que o art. 7.º da Lei 11.340/2006 estabelece como formas de violência doméstica e familiar contra a mulher, entre outras, as seguintes: violência física, violência psicológica, violência sexual, violência patrimonial e violência moral.

Violência física é qualquer conduta que ofenda sua integridade ou saúde corporal (Lei 11.340/2006, art. 7.º, inc. I). Na linha da jurisprudência do Superior Tribunal de Justiça:

> A violência física se expressa de inúmeras maneiras, sendo comum a todas elas o uso da força e a submissão da vítima, que fica acuada. Embora haja casos de violência doméstica com requintes de crueldade extrema e outros que se restrinjam às vias de fato (tapas, empurrões, socos, por exemplo), a violência praticada em maior ou menor grau de intensidade caracteriza-se pelo simples fato de o agente utilizar a força, de forma agressiva, para submeter a vítima. O termo "violência" contido no art. 44, I, do CP, que impossibilita a substituição da pena privativa de liberdade por restritiva de direitos, não comporta quantificação ou qualificação. A Lei Maria da Penha surgiu para salvaguardar a mulher de todas as formas de violência (não só física, mas moral e psíquica), inclusive naquelas hipóteses em que a agressão possa não parecer tão violenta.[144]

Violência psicológica, por outro lado, é qualquer conduta que lhe cause dano emocional e diminuição da autoestima ou que lhe prejudique e perturbe o pleno desenvolvimento ou que vise degradar ou controlar suas ações, comportamentos, crenças e decisões, mediante ameaça, constrangimento, humilhação, manipulação, isolamento, vigilância constante, perseguição contumaz, insulto, chantagem, violação de sua intimidade, ridicularização, exploração e limitação do direito de ir e vir ou qualquer outro meio que lhe cause prejuízo à saúde psicológica e à autodeterminação (Lei 11.340/2006, art. 7.º, inc. II).

Violência sexual, por seu turno, é qualquer conduta que a constranja a mulher a presenciar, a manter ou a participar de relação sexual não desejada, mediante intimidação, ameaça, coação ou uso da força; que a induza a comercializar ou a utilizar, de qualquer modo, a sua sexualidade, que a impeça de usar qualquer método contraceptivo ou que a force ao matrimônio, à gravidez, ao aborto ou à prostituição, mediante coação, chantagem, suborno ou manipulação; ou que limite ou anule o exercício de seus direitos sexuais e reprodutivos (Lei 11.340/2006, art. 7.º, inc. III).

Violência patrimonial é qualquer conduta que configure retenção, subtração, destruição parcial ou total de seus objetos, instrumentos de trabalho, documentos pessoais, bens, valores

---

[142] **Súmula 588 do STJ**: "A prática de crime ou contravenção penal contra a mulher com violência ou grave ameaça no ambiente doméstico impossibilita a substituição da pena privativa de liberdade por restritiva de direitos."

[143] **Súmula 589 do STJ**: "É inaplicável o princípio da insignificância nos crimes ou contravenções penais praticados contra a mulher no âmbito das relações domésticas."

[144] HC 192.104/MS, rel. Min. Og Fernandes, 6.ª Turma, j. 09.10.2012, noticiado no *Informativo* 506.

e direitos ou recursos econômicos, incluindo os destinados a satisfazer suas necessidades (Lei 11.340/2006, art. 7.º, inc. IV).

Violência moral, finalmente, é qualquer conduta que configure calúnia, difamação ou injúria (Lei 11.340/2006, art. 7.º, inc. V).

A lesão corporal qualificada pela violência doméstica constitui-se em **crime de elevado potencial ofensivo**, razão pela qual é incompatível com os benefícios elencados pela Lei 9.099/1995.

Além disso, é valido lembrar que nas hipóteses de lesão corporal praticada com violência doméstica ou familiar contra a mulher não se aplicam as disposições da Lei dos Juizados Especiais Criminais, independentemente da pena cominada ao delito, pois o art. 41 da Lei 11.340/2006 – Lei Maria da Penha estabelece que "aos crimes praticados com violência doméstica e familiar contra a mulher, independentemente da pena prevista, não se aplica a Lei 9.099, de 26 de setembro de 1995".

Historicamente, esse art. 41 da Lei Maria da Penha foi responsável pela maior mudança no campo da violência doméstica ou familiar contra a mulher, ao determinar que a lesão corporal leve (e também a lesão corporal culposa) passou a ser crime de **ação penal pública incondicionada**, de modo que a autoridade policial e o Ministério Público não dependem da representação da vítima ou de seu representante legal para iniciarem a persecução penal na fase investigatória e em juízo. Esta sempre foi a nossa posição, alicerçada nos seguintes fundamentos:

1) o art. 88 da Lei 9.099/1995 foi derrogado pela Lei Maria da Penha, em razão de o art. 41 deste diploma legal ter expressamente afastado a aplicação, por inteiro, daquela lei ao tipo descrito no art. 129, § 9.º, do Código Penal;

2) isso se deve ao fato de que as referidas leis possuem escopos diametralmente opostos. Enquanto a Lei dos Juizados Especiais busca evitar o início do processo penal, que poderá culminar em imposição de sanção ao agente, a Lei Maria da Penha procura punir com maior rigor o agressor que age às escondidas nos lares, pondo em risco a saúde de sua família; e

3) a Lei 11.340/2006 criou mecanismos para coibir a violência doméstica e familiar contra as mulheres, nos termos do § 8.º do art. 226 e do art. 227, ambos da Constituição Federal; daí não se poder falar em representação quando a lesão corporal culposa ou dolosa simples atingir a mulher, em casos de violência doméstica, familiar ou íntima.

Esse entendimento encontra-se consolidado na **Súmula 542 do Superior Tribunal de Justiça:** "A ação penal relativa ao crime de lesão corporal resultante de violência doméstica contra a mulher é pública incondicionada".

É preciso atentar para o art. 16 da Lei 11.340/2006 – Lei Maria da Penha,[145] o qual permite a retratação da representação perante a autoridade judicial. Mas este dispositivo há de ser interpretado sistematicamente, de modo que somente será possível a retratação nos crimes de ação penal pública condicionada praticado com violência doméstica ou familiar contra a mulher (exemplo: crime de ameaça, desde que não tenha sido cometido por razões de gênero – CP, art. 147, *caput*), e nesse rol não se inclui a lesão corporal. Este é o entendimento adotado pelo Supremo Tribunal Federal:

(...) evidenciou-se que os dados estatísticos no tocante à violência doméstica seriam alarmantes, visto que, na maioria dos casos em que perpetrada lesão corporal de natureza leve, a mulher

---

[145] "Art. 16. Nas ações penais públicas condicionadas à representação da ofendida de que trata esta Lei, só será admitida a renúncia à representação perante o juiz, em audiência especialmente designada com tal finalidade, antes do recebimento da denúncia e ouvido o Ministério Público".

acabaria por não representar ou por afastar a representação anteriormente formalizada. A respeito, o Min. Ricardo Lewandowski advertiu que o fato ocorreria, estatisticamente, por vício de vontade da parte dela. Apontou-se que o agente, por sua vez, passaria a reiterar seu comportamento ou a agir de forma mais agressiva. Afirmou-se que, sob o ponto de vista feminino, a ameaça e as agressões físicas surgiriam, na maioria dos casos, em ambiente doméstico. Seriam eventos decorrentes de dinâmicas privadas, o que aprofundaria o problema, já que acirraria a situação de invisibilidade social. Registrou-se a necessidade de intervenção estatal acerca do problema, baseada na dignidade da pessoa humana (CF, art. 1.º, III), na igualdade (CF, art. 5.º, I) e na vedação a qualquer discriminação atentatória dos direitos e liberdades fundamentais (CF, art. 5.º, XLI). Reputou-se que a legislação ordinária protetiva estaria em sintonia com a Convenção sobre a Eliminação de Todas as Formas de Violência contra a Mulher e com a Convenção de Belém do Pará. Sob o ângulo constitucional, ressaltou-se o dever do Estado de assegurar a assistência à família e de criar mecanismos para coibir a violência no âmbito de suas relações. Não seria razoável ou proporcional, assim, deixar a atuação estatal a critério da vítima. A proteção à mulher esvaziar-se-ia, portanto, no que admitido que, verificada a agressão com lesão corporal leve, pudesse ela, depois de acionada a autoridade policial, recuar e retratar-se em audiência especificamente designada com essa finalidade, fazendo-o antes de recebida a denúncia. Dessumiu-se que deixar a mulher – autora da representação – decidir sobre o início da persecução penal significaria desconsiderar a assimetria de poder decorrente de relações histórico-culturais, bem como outros fatores, tudo a contribuir para a diminuição de sua proteção e a prorrogar o quadro de violência, discriminação e ofensa à dignidade humana. Implicaria relevar os graves impactos emocionais impostos à vítima, impedindo-a de romper com o estado de submissão. Entendeu-se não ser aplicável aos crimes glosados pela lei discutida o que disposto na Lei 9.099/1995, de maneira que, em se tratando de lesões corporais, mesmo que de natureza leve ou culposa, praticadas contra a mulher em âmbito doméstico, a ação penal cabível seria pública incondicionada. Acentuou-se, entretanto, permanecer a necessidade de representação para crimes dispostos em leis diversas da 9.099/1995, como o de ameaça e os cometidos contra a dignidade sexual.[146]

1.2.4.8.1. Formas de violência doméstica

O crime de lesão corporal com violência doméstica pode ser praticado nas seguintes situações:

a) contra ascendente, descendente, irmão, cônjuge ou companheiro:

O fundamento da maior punição repousa na apatia moral do sujeito, que se beneficia de relações familiares para a prática do crime, transgredindo o dever de auxílio recíproco existente entre parentes e pessoas ligadas pelo matrimônio ou pela união estável.

Esse parentesco pode ser civil ou natural, pois o art. 227, § 6.º, da Constituição Federal proíbe qualquer discriminação entre os filhos havidos ou não do casamento. Nele não ingressam, porém, as relações decorrentes do parentesco por afinidade, tais como sogra e genro, cunhados etc.

Exige-se **prova documental** da relação de parentesco ou do vínculo matrimonial. De fato, a prova do estado das pessoas deve observar as restrições estabelecidas na lei civil (CPP, art. 155, parágrafo único). Mas a união estável pode ser comprovada por testemunhas ou outros meios de prova que não exclusivamente os documentos, sob pena de tornar letra morta o dispositivo legal.

---

[146] ADI 4.424/DF, rel. Min. Marco Aurélio, Plenário, j. 09.02.2012, noticiado no *Informativo* 654. O Superior Tribunal de Justiça compartilha deste entendimento: Pet 11.805/DF, rel. Min. Rogerio Schietti Cruz, 3.ª Seção, j. 10.05.2017, noticiado no Informativo 604.

b) com quem conviva ou tenha convivido:

Essas expressões **devem ser interpretadas restritivamente**, com a finalidade de alcançarem somente o ascendente, descendente, irmão, cônjuge ou companheiro com quem o agente conviva ou tenha convivido. Raciocínio diverso levaria a uma amplitude exagerada e indesejada do tipo penal. Exemplificativamente, existiria violência doméstica na conduta do sujeito que agredisse a mulher que trabalhou como sua babá quando era bebê.

No tocante ao trecho "tenha convivido", exige-se tenha sido a lesão corporal praticada em decorrência da convivência passada entre o autor e a vítima.

c) prevalecendo-se o agente das relações domésticas, de coabitação ou de hospitalidade:

Relações domésticas são as criadas entre os membros de uma família, podendo ou não existir ligações de parentesco (exemplo: patrão e babá de seu filho).

Coabitação é a moradia sob o mesmo teto, ainda que por breve período (exemplo: moradores de uma república). Deve ser lícita e conhecida dos coabitantes.

Hospitalidade é a recepção eventual, durante a estadia provisória na residência de alguém, sem necessidade de pernoite (exemplo: receber amigos para um jantar).

Em todos os casos, a relação doméstica, a coabitação ou a hospitalidade devem existir ao tempo do crime, pouco importando tenha sido o delito praticado fora do âmbito da relação doméstica, ou do local que ensejou a coabitação ou a hospitalidade. Incide a figura qualificada, exemplificativamente, quando o morador de uma república agride um colega que com ele divide a residência no momento em que estavam no interior de um ônibus, no transporte à faculdade.

1.2.4.8.2. Pessoa com deficiência e aumento de pena na lesão corporal leve com violência doméstica: § 11

A pena da lesão corporal cometida com violência doméstica será aumentada de 1/3 (um terço) quando a vítima for pessoa com deficiência. Esse dispositivo foi acrescentado pela Lei 11.340/2006. Deve tratar-se de pessoa com deficiência e ligada ao autor do crime pelos laços de violência doméstica indicados pelo § 9.º do art. 129 do Código Penal.

Como se extrai do art. 2.º, *caput*, da Lei 13.146/2015 – Estatuto da Pessoa com Deficiência, "considera-se pessoa com deficiência aquela que tem impedimento de longo prazo de natureza física, mental, intelectual ou sensorial, o qual, em interação com uma ou mais barreiras, pode obstruir sua participação plena e efetiva na sociedade em igualdade de condições com as demais pessoas".

O aumento não tem incidência sobre a lesão corporal dolosa gravíssima ou seguida de morte, pois o § 11 do art. 129 refere-se exclusivamente ao seu § 9.º, inerente à lesão leve e à lesão grave. Tais modalidades do crime, catalogadas nos §§ 2.º e 3.º do art. 129 do Código Penal, já possuem limites superiores de pena, motivo pelo qual o legislador optou por isentá-las dessa causa de aumento.

1.2.4.8.3. Causa de aumento de pena nas lesões graves, gravíssimas e seguidas de morte: § 10

Se a lesão corporal for grave, gravíssima ou seguida de morte, e o crime for praticado com violência doméstica, incidirá sobre as penas respectivas (art. 129, §§ 1.º, 2.º, 3.º e 9.º) o aumento de 1/3 imposto pelo § 10 do art. 129 do Código Penal.

1.2.4.8.4. Inaplicabilidade das agravantes genéricas previstas no art. 61, inciso II, "e" e "f", do Código Penal

Se a lesão corporal dolosa (leve, grave, gravíssima ou seguida de morte) for cometida com violência doméstica, **em regra**, não se aplicam as agravantes genéricas previstas no art. 61, inciso II, alíneas "e" (crime cometido contra ascendente, descendente, irmão ou cônjuge) e "f" (crime cometido com abuso de autoridade ou prevalecendo-se de relações domésticas, de coabitação ou de hospitalidade, ou com violência contra a mulher na forma da lei específica), do Código Penal, afastando-se o *bis in idem* (dupla punição pelo mesmo fato), a exemplo de quando a lesão corporal é praticada contra irmão.

Há situações, todavia, em que a agravante genérica será compatível com a figura qualificada da lesão corporal, **notadamente quando o delito tem a mulher como vítima**. Como já decidido pelo Superior Tribunal de Justiça:

> A aplicação da agravante prevista no art. 61, II, "f", do Código Penal, em condenação pelo delito do art. 129, § 9.º, do CP, por si só, não configura *bis in idem*. Cinge-se a controvérsia à incidência da agravante do art. 61, II, "f", do Código Penal quando adotado o rito da Lei n. 11.340/2006 (Lei Maria da Penha). A figura qualificada do crime de lesão corporal prevista no § 9.º, ou a causa de aumento, § 10, e a agravante genérica não possuem o mesmo âmbito de incidência, não redundando, pois, em uma dupla punição pelo mesmo fato. A causa de aumento do § 10 do art. 129 do CP pune mais gravemente o agente que pratica a lesão corporal utilizando-se das relações familiares ou domésticas, circunstância que torna a vítima mais vulnerável ao seu agressor e também eleva as chances de impunidade do agente. Nessa hipótese, a vítima pode ser tanto homem quanto mulher, já que a ação não é movida pelo gênero do ofendido. Assim, nesse caso, há maior reprimenda em razão da violência doméstica. De outro lado, a agravante genérica prevista no art. 61, II, "f", do CP visa punir o agente que pratica crime contra a mulher em razão de seu gênero, cometido ou não no ambiente familiar ou doméstico. Destarte, nessa alínea, prevê-se um agravamento da penalidade em razão da violência de gênero. Ou seja, a aplicação conjunta da agravante e da causa de aumento pune o agressor pela violência doméstica contra a mulher. Tanto não há *bis in idem* que o legislador inseriu novo parágrafo no art. 129 do CP (§ 13), para punir com maior severidade exatamente a lesão corporal praticada contra a mulher, em razão da condição do sexo feminino, a denotar que o § 9.º não abordava essa circunstância específica. Não se olvida, contudo, que é possível cogitar-se a ocorrência de *bis in idem* em determinadas hipóteses de aplicação conjunta dos dois dispositivos em comento, como, por exemplo, quando se está diante apenas da circunstância de o crime ter sido cometido com prevalecimento das "relações domésticas, de coabitação ou de hospitalidade".[147]

1.2.4.8.5. Lesão corporal contra integrantes dos órgãos de segurança pública: § 12

O § 12 do art. 129 do Código Penal foi incluído pela Lei 13.142/2015, com a seguinte redação: "Se a lesão for praticada contra autoridade ou agente descrito nos arts. 142 e 144 da Constituição Federal, integrantes do sistema prisional e da Força Nacional de Segurança Pública, no exercício da função ou em decorrência dela, ou contra seu cônjuge, companheiro ou parente consanguíneo até terceiro grau, em razão dessa condição, a pena é aumentada de um a dois terços".

Cuida-se de **causa de aumento da pena**, a ser utilizada pelo magistrado na terceira e derradeira etapa da dosimetria da pena privativa de liberdade, e aplicável exclusivamente à **lesão corporal dolosa**, em qualquer das suas modalidades (leve, grave, gravíssima ou seguida de morte).

De fato, a majorante vincula-se à motivação do agente. Ele tem o dolo de cometer a lesão corporal contra integrante de órgão de segurança pública ou contra cônjuge, compa-

---

[147] AgRg no REsp 1.998.980/GO, rel. Min. Joel Ilan Paciornik, 5.ª Turma, j. 08.05.2023, noticiado no *Informativo* 775. No mesmo sentido: REsp 2.027.794/MS, rel. Min. Jesuíno Rissato (Desembargador convocado do TJDFT), 3.ª Seção, j. 12.06.2024, noticiado no *Informativo* 816.

nheiro ou parente deste. Portanto, o § 12 do art. 129 do Código Penal não pode ser aplicado à lesão culposa.

Para evitar repetições cansativas e desnecessárias, remetemos sua leitura ao item 1.1.3.5.11. Fazemos uma única ressalva. As mesmas circunstâncias que caracterizam qualificadora para o homicídio ensejam, no tocante à lesão corporal, uma causa de aumento da pena. De resto, valem todas as observações efetuadas na análise do art. 121, § 2.º, inc. VII, do Código Penal.

1.2.4.8.6. Lesão corporal contra a mulher, por razões da condição do sexo feminino: § 13

O § 13 do art. 129 do Código Penal, acrescentado pela Lei 14.188/2021[148] e posteriormente alterado pela Lei 14.994/2024 ("Pacote Antifeminicídio"), contém a seguinte redação: "Se a lesão é praticada contra a mulher, por razões da condição do sexo feminino, nos termos do § 1.º do art. 121-A deste Código: Pena – reclusão, de 2 (dois) a 5 (cinco) anos)".

Trata-se de **qualificadora aplicável unicamente à lesão corporal leve e à lesão grave**, conclusão extraída da quantidade da pena privativa de liberdade cominada. Com efeito, não existiria razão lógica para punir uma lesão gravíssima ou seguida de morte contra a mulher, por razões da condição do sexo feminino, com pena inferior àquela prevista para as respectivas qualificadoras (CP, art. 129, §§ 1.º, 2.º e 3.º).

O sujeito passivo há de ser exclusivamente a mulher.[149] Mas isso não basta. É imprescindível tenha sido o crime cometido **por razões da condição do sexo feminino**, circunstância que pode se verificar nas duas situações elencadas pelo § 2.º-A do art. 121 do Código Penal, a saber: (a) violência doméstica e familiar; e (b) menosprezo ou discriminação à condição de mulher.[150]

Na seara da **transexualidade**, há duas posições acerca da possibilidade de as mulheres transexuais, isto é, pessoas com identidade de gênero feminino, serem vítimas desse delito:

1.ª posição: as mulheres transexuais **podem** ser vítimas do delito tipificado no art. 129, § 13, do Código Penal, independentemente de cirurgia de redesignação sexual, de alteração do nome ou sexo no documento de registro civil; e

2.ª posição: as mulheres transexuais **não podem** figurar como vítimas desse crime. Como o tipo penal limita-se a falar em "contra a mulher", e não em "mulher transexual", a aplicação da qualificadora representaria autêntica analogia *in malam partem* (prejudicial ao réu), vedada no Direito Penal.

Cuida-se de **crime de elevado potencial ofensivo**, incompatível com os benefícios previstos na Lei 9.099/1995, conclusão reforçada pela proibição contida no art. 41 da Lei 11.340/2006 – Lei Maria da Penha.[151]

1.2.4.8.7. Lesão corporal e Lei dos Crimes Hediondos

Em regra, a lesão corporal não é crime hediondo. As exceções foram criadas pela Lei 13.142/2015, ao acrescentar o inc. I-A ao art. 1.º da Lei 8.072/1990.

---

[148] Esta lei também definiu o programa de cooperação "Sinal Vermelho contra a Violência Doméstica" como uma das medidas de enfrentamento da violência doméstica e familiar contra a mulher previstas na Lei 11.340/2006, e criou, entre os delitos contra a liberdade individual, a violência psicológica contra a mulher, no art. 147-B do Código Penal.

[149] O homem jamais pode figurar como vítima dessa figura qualificada da lesão corporal.

[150] Para evitar repetições desnecessárias, solicitamos sua gentileza em proceder à leitura dos comentários acerca do feminicídio (item 1.1.4.6).

[151] "Art. 41. Aos crimes praticados com violência doméstica e familiar contra a mulher, independentemente da pena prevista, não se aplica a Lei nº 9.099, de 26 de setembro de 1995."

Com efeito, são delitos rotulados pela hediondez a "lesão corporal dolosa de natureza gravíssima (art. 129, § 2.º) e lesão corporal seguida de morte (art. 129, § 3.º), quando praticadas contra autoridade ou agente descrito nos arts. 142 e 144 da Constituição Federal, integrantes do sistema prisional e da Força Nacional de Segurança Pública, no exercício da função ou em decorrência dela, ou contra seu cônjuge, companheiro ou parente consanguíneo até terceiro grau, em razão dessa condição".

Cuidado com um ponto importante. Sem prejuízo da lesão corporal seguida de morte, apenas a lesão gravíssima (CP, art. 129, § 2.º) pode ser acometida pela hediondez. A lesão grave (CP, art. 129, § 1.º) é incompatível com esse tratamento.

1.3. DA PERICLITAÇÃO DA VIDA E DA SAÚDE

O Código Penal trata nesse capítulo, que compreende os arts. 130 a 136, dos crimes de perigo. Contrariamente ao que fez nos artigos anteriores (arts. 121 a 129 – crimes de dano), não se exige para a consumação do delito a efetiva lesão ao bem jurídico penalmente tutelado. Prescinde-se do dano. É suficiente a exposição do bem jurídico a uma probabilidade de dano.

Essa bipartição dos crimes – de dano e de perigo – relaciona-se com o grau de intensidade do resultado almejado pelo agente como consequência da conduta. Com efeito, crimes de dano ou de lesão são aqueles em que somente se produz a consumação com a efetiva lesão do bem jurídico. São exemplos o homicídio e as lesões corporais (CP, arts. 121 e 129, respectivamente).

Crimes de perigo, por sua vez, são os que se consumam com a mera exposição do bem jurídico penalmente tutelado a uma situação de perigo, ou seja, basta a probabilidade de dano. Subdividem-se em:

a) **crimes de perigo abstrato, presumido** ou **de simples desobediência:** são os que se consumam, automaticamente, com a mera prática da conduta. Não se exige a comprovação da produção da situação de perigo. Ao contrário, há presunção absoluta (*iuris et de iure*) de que determinadas condutas acarretam perigo a bens jurídicos. É o caso do tráfico de drogas (Lei 11.343/2006, art. 33, *caput*).

b) **crimes de perigo concreto:** são aqueles que se consumam com a efetiva comprovação, no caso concreto, da ocorrência da situação de perigo. É o caso do crime de perigo de vida (CP, art. 132).

c) **crimes de perigo individual:** são os que atingem uma pessoa determinada ou então um número determinado de pessoas, tal como no perigo de contágio venéreo. É o que se dá com os crimes disciplinados nesse capítulo (CP, arts. 130 a 136).

d) **crimes de perigo comum ou coletivo:** são os que alcançam um número indeterminado de pessoas, como no caso da explosão criminosa. Estão previstos no capítulo I do Título VIII da Parte Especial do Código Penal (arts. 250 a 259).

e) **crimes de perigo atual:** são aqueles em que o perigo está ocorrendo, como no abandono de incapaz (CP, art. 133).

f) **crimes de perigo iminente:** são aqueles em que o perigo está na iminência de ocorrer.

g) **crimes de perigo futuro** ou **mediato:** são os delitos em que a situação de perigo decorrente da conduta se projeta para o futuro, como no porte ilegal de arma de fogo de uso permitido (Lei 10.826/2003, art. 14).

1.3.1. Art. 130 – Perigo de contágio venéreo

1.3.1.1. Dispositivo legal

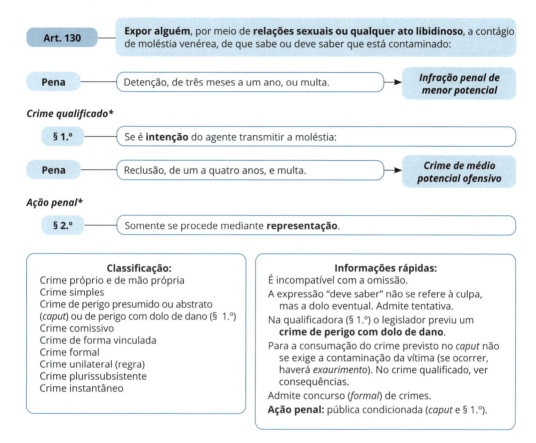

1.3.1.2. Espécies criminosas

O art. 130 do Código Penal possui duas espécies de crime de perigo de contágio venéreo, diferenciadas pelo elemento subjetivo.

No *caput* encontra-se a modalidade fundamental ou crime simples. Trata-se de infração penal de menor potencial ofensivo. Por outro lado, o § 1.º aloja a figura derivada ou crime qualificado, que, em face da pena mínima a ele cominada ingressa no rol dos crimes de médio potencial ofensivo, uma vez que autoriza a suspensão condicional do processo, desde que presentes os demais requisitos exigidos pelo art. 89 da Lei 9.099/1995.

1.3.1.3. Objetividade jurídica

O bem jurídico protegido é a incolumidade física da pessoa em sentido amplo, compreendendo sua vida e sua saúde.

1.3.1.4. Objeto material

É a pessoa que pratica relação sexual ou qualquer ato libidinoso com o sujeito contaminado pela doença venérea.

1.3.1.5. Núcleo do tipo

O núcleo do tipo é **"expor"**, que nesse crime significa colocar alguém ao alcance de determinada situação de perigo (contaminação) mediante a prática de relações sexuais ou qualquer outro ato libidinoso capaz de contagiá-lo com a moléstia venérea. É incompatível com a omissão.

A leitura do art. 130 do Código Penal deixa manifesta a necessidade de contato físico entre o agente e a vítima. Ausente esse contato, o crime poderá ser outro (arts. 131 ou 132 do Código Penal).

Relação sexual é o coito, o vínculo entre duas pessoas, de sexos diferentes ou não, pela prática sexual. Essa expressão, que também engloba o sexo oral e o sexo anal, é mais ampla do que a conjunção carnal ou cópula vagínica (introdução total ou parcial do pênis na vagina).

Ato libidinoso é qualquer prática ligada à satisfação do desejo sexual, tais como toques em partes íntimas, beijos lascivos etc. Seu conceito é extremamente dilatado e abrange a relação sexual, mas não se limita a ela.

Moléstia venérea é toda doença que se contrai pelo contato sexual. As hipóteses em que pode ocorrer são fornecidas pela medicina, das quais são exemplos a sífilis e a gonorreia.

O uso de preservativo ou de qualquer outro meio apto a impedir a transmissão da moléstia venérea exclui o crime, pois a vítima não é exposta a situação de perigo. Entretanto, se o agente utiliza o preservativo durante a relação sexual, mas expõe a vítima a ato libidinoso diverso e capaz de contaminá-la, como um beijo sensual, subsiste o delito.

1.3.1.6. Sujeito ativo

O perigo de contágio venéreo é **crime próprio ou especial**. Reclama do sujeito ativo uma situação fática diferenciada, qual seja estar infectado pela moléstia venérea, pouco importando seu sexo (homem ou mulher) e seu estado civil (solteiro, casado, viúvo etc.). É também **crime de mão própria, de atuação pessoal ou de conduta infungível**, pois sua autoria não pode ser delegada a qualquer outra pessoa. É incompatível com a coautoria, embora admita a participação.

Se presente o erro de tipo escusável (CP, art. 20, *caput*), opera-se a exclusão do dolo e, consequentemente, do fato típico, tal como na situação em que o agente, contaminado pela doença venérea, pratica relação sexual ou ato libidinoso considerando estar curado em face de afirmação médica nesse sentido.

1.3.1.7. Sujeito passivo

Qualquer pessoa, inclusive prostitutas e garotos de programa. O tipo penal fala apenas em "alguém", ou seja, qualquer ser humano é alvo da tutela penal.

É possível a prática do crime no âmbito do matrimônio, abrindo-se espaço para a dissolução da sociedade conjugal em consequência da conduta desonrosa e violação dos deveres do casamento por um dos cônjuges.

Se, todavia, a vítima não for suscetível à contaminação, seja pelo fato de já possuir a doença venérea, seja pelo fato de ser imune, estará caracterizado o crime impossível pela impropriedade absoluta do objeto material, em sintonia com o art. 17 do Código Penal.

1.3.1.8. Elemento subjetivo

Na modalidade simples (*caput*) é o **dolo de perigo**, isto é, a vontade de praticar a relação sexual ou qualquer outro ato libidinoso capaz de transmitir a moléstia venérea. Esse dolo de perigo pode ser **direto**, quando o agente sabe que está contaminado, ou **eventual**, quando deve saber que possui a doença.

Existem posições doutrinárias no sentido de que a expressão "deve saber" refere-se à culpa.[152] Essa conclusão, entretanto, não pode ser aceita. Culpa é imprudência, negligência ou imperícia, e o tipo penal em nenhum momento a elas faz referência. Ademais, o art. 18, parágrafo único, do Código Penal é peremptório ao determinar a excepcionalidade do crime culposo, é dizer, a culpa precisa estar expressamente prevista em lei, o que não ocorre no caso em apreço. Se não bastasse, admitir a figura culposa acarretaria desrespeito ao princípio da proporcionalidade, ensejando o arbítrio da atividade punitiva do Estado.[153] Um crime culposo seria apenado de modo idêntico a um crime praticado com dolo direto, visto que para ambas as modalidades do crime a pena seria de três meses a um ano de detenção, ou multa.

Na figura qualificada (§ 1.º) o legislador previu um **crime de perigo com dolo de dano**, uma vez que o sujeito tem a intenção de transmitir a moléstia de que está contaminado. O crime é de perigo, porque é dispensável a efetiva transmissão da doença. E também formal, porque o agente queria contaminar a vítima, mas o delito estará consumado com a simples prática da relação sexual ou do ato libidinoso. Daí falar em **crime formal com dolo de dano**.

1.3.1.9. Consumação

Na modalidade prevista no *caput*, o crime se consuma com a prática da relação sexual ou do ato libidinoso, independentemente da contaminação da vítima. E, ainda que ocorra o contágio, ao sujeito será imputado unicamente o crime tipificado pelo art. 130, *caput*, do Código Penal, pois não tinha a intenção de transmitir a moléstia venérea. De fato, o crime de lesão corporal culposa pelo qual o agente poderia em tese responder fica absorvido, por se tratar de crime de dano com pena máxima em abstrato inferior à cominada ao crime de perigo. Trata-se, assim, de simples exaurimento, indiferente no plano da tipicidade, mas que deve ser sopesado na dosimetria da pena-base (CP, art. 59, *caput* – "consequências do crime").

De igual modo, na **figura qualificada definida pelo § 1.º** o crime também se consuma com a prática da relação sexual ou do ato libidinoso. Mas, se a vítima for contaminada pela moléstia venérea, quatro situações distintas podem ocorrer, dependendo das consequências da conduta criminosa:

a) se resultar **lesão corporal leve**, o sujeito responderá apenas pelo crime de perigo, por ser sua pena superior em abstrato à reprimenda prevista no art. 129, *caput*, do Código Penal;

b) se resultar **lesão corporal grave ou gravíssima**, porque o sujeito desejava abalar a saúde da vítima, ao agente será imputado o crime tipificado pelo art. 129, § 1.º ou § 2.º (dependendo do caso), do Código Penal, que absorve o crime de perigo;

c) se resultar **lesão corporal seguida de morte**, uma vez que o agente tinha a intenção de transmitir a moléstia venérea, conseguiu fazê-lo e daí resultou culposamente a morte da vítima, responderá pelo crime definido pelo art. 129, § 3.º, do Código Penal, que absorve o crime de perigo; e

d) se resultar a **morte da vítima (com dolo direto ou eventual)**, pois o sujeito queria e conseguiu transmitir a moléstia venérea, com o que desejou ou assumiu o risco de

---

[152] É, entre outros, o entendimento de PEDROSO, Fernando de Almeida. *Direito penal*: parte especial. São Paulo: Método, 2008. v. 2, p. 345.
[153] Nesse sentido: FELDENS, Luciano. *A Constituição Penal*: a dupla face da proporcionalidade no controle de normas penais. Porto Alegre: Livraria do Advogado, 2005. p. 191.

matar a vítima, seja em razão da sua saúde precária, seja em razão da natureza da doença, o sujeito responderá por homicídio doloso, simples ou qualificado, se estiver presente alguma das circunstâncias elencadas pelo art. 121, § 2.º, incisos I a V, do Código Penal.

1.3.1.9.1. A questão da AIDS

A AIDS (Síndrome da Imunodeficiência Adquirida), doença fatal e incurável, não é moléstia venérea, uma vez que pode ser transmitida por formas diversas da relação sexual e dos atos libidinosos. Se um portador do vírus HIV, consciente da letalidade da moléstia, efetua intencionalmente com terceira pessoa ato libidinoso que transmite a doença, matando-a, responde por homicídio doloso consumado. E, se a vítima não falecer, a ele deve ser imputado o crime de homicídio tentado. Não há falar no crime de perigo de contágio venéreo (CP, art. 130), uma vez que o dolo do agente se dirige à morte da vítima. É a nossa posição.[154]

Para o Supremo Tribunal Federal, contudo, não comete homicídio (consumado ou tentado) o sujeito que, tendo ciência da doença (AIDS) e, deliberadamente, oculta-a de seus parceiros, mantém relações sexuais sem preservativo. A Corte, todavia, limita-se a afastar o crime doloso contra a vida, sem concluir acerca da tipicidade do delito efetivamente cometido (perigo de contágio venéreo ou lesão corporal gravíssima pela enfermidade incurável).[155]

1.3.1.9.2. Doenças sexualmente transmissíveis e crimes contra a dignidade sexual

Nos termos do art. 234-A, inciso IV, do Código Penal, os crimes contra a dignidade sexual (arts. 213 a 234) terão a pena aumentada de um terço a dois terços, se o agente transmite à vítima doença sexualmente transmissível que sabe ou deveria ser portador.

Incidirá a causa de aumento de pena, exemplificativamente, quando o estuprador transmite à vítima alguma doença venérea, diversa da AIDS (item 1.3.1.9.1), que sabia ou devia saber ser portador, pouco importando fosse ou não esta a sua intenção.

Evidentemente, é vedada a incidência da majorante na hipótese em que o sujeito não tinha motivos legítimos para desconfiar da sua condição de portador da doença sexualmente transmissível (exemplo: doença contraída em procedimento médico de doação de sangue em data recente e sem manifestação de nenhum sintoma), sob pena de consagração da responsabilidade penal objetiva.

1.3.1.10. Tentativa

É cabível, tanto no *caput* como no § 1.º, quando o agente – sabendo ou devendo saber que está contaminado por doença venérea – quer manter relação sexual ou praticar ato libidinoso com alguém, mas não consegue fazê-lo por circunstâncias alheias à sua vontade. Quer expor a vítima a uma situação de perigo, mas não obtém êxito em sua empreitada.

1.3.1.11. Concurso de crimes

O perigo de contágio venéreo simples (CP, art. 130, *caput*) pode ser praticado em concurso formal com outros delitos, notadamente os crimes contra a liberdade sexual. É o que se dá quando alguém comete um estupro, sabendo ou devendo saber da contaminação por moléstia venérea. Deve responder pelos dois crimes.

---

[154] O STJ já decidiu nesse sentido: HC 9.378/RS, rel. Min. Hamilton Carvalhido, 6.ª Turma, j. 18.10.1999.
[155] HC 98.712/SP, rel. Min. Marco Aurélio, 1.ª Turma, j. 05.10.2010, noticiado no *Informativo* 603.

Se, entretanto, o sujeito tinha a intenção de transmitir a moléstia, responderá pelo crime qualificado e pelo crime contra a liberdade sexual, em concurso formal impróprio ou imperfeito (CP, art. 70, *caput*, *in fine*), justificado pela existência de desígnios autônomos.

1.3.1.12. Ação penal

É pública condicionada à representação (CP, art. 130, § 2.º), na figura simples e também na forma qualificada.

1.3.1.13. Lei 9.099/1995

Em sua modalidade simples (art. 130, *caput*), o perigo de contágio venéreo constitui-se em **infração penal de menor potencial ofensivo**, compatível com a transação penal, se presentes os requisitos legais, e com o rito sumaríssimo. Na forma qualificada (art. 130, § 1.º), por sua vez, cuida-se de **crime de médio potencial ofensivo** (pena mínima de 1 ano), e admite a suspensão condicional do processo, se preenchidas todas as exigências elencadas pelo art. 89 da Lei 9.099/1995.

1.3.1.14. Classificação doutrinária

Cuida-se de crime **próprio e de mão própria** (o agente deve ostentar uma situação fática diferenciada, ou seja, estar contaminado pela moléstia venérea, e o crime somente pode ser por ele praticado); **simples** (tutela um único bem jurídico); **de perigo presumido ou abstrato** (*caput*) ou **de perigo com dolo de dano** (§ 1.º); **comissivo** (e incompatível com a omissão); **de forma vinculada** (relação sexual ou ato libidinoso); **formal** (prescinde da produção do resultado naturalístico); **unilateral, unissubjetivo ou de concurso eventual** (normalmente praticado por uma única pessoa, mas admite o concurso); em regra **plurissubsistente** (conduta pode ser fracionada em vários atos); e **instantâneo** (consuma-se em um momento determinado, sem continuidade no tempo).

1.3.2. Art. 131 – Perigo de contágio de moléstia grave

1.3.2.1. Dispositivo legal

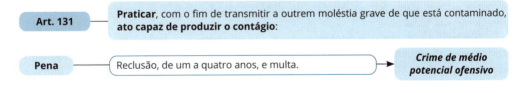

Classificação:
Crime formal
Crime de forma livre
Crime próprio
Crime comissivo (*regra*)
Crime unissubjetivo (*regra*)
Crime instantâneo
Crime unissubsistente ou plurissubsistente
Crime de dano

Informações rápidas:
A moléstia venérea grave (incurável ou não) não pode ter sido transmitida por relação sexual ou de ato libidinoso (*nesse caso, ver art. 130*).
Não admite dolo eventual nem modalidade culposa.
A tentativa é possível somente quando o crime for plurissubsistente.
Admite concurso (*formal*) de crimes.
Ação penal: pública incondicionada.
Admite *sursis* processual.

1.3.2.2. Objetividade jurídica

Tutelam-se a vida e a saúde do ser humano.

1.3.2.3. Objeto material

É a pessoa submetida à conduta apta a produzir o contágio de moléstia grave.

1.3.2.4. Núcleo do tipo

O núcleo do tipo é "praticar". Trata-se de **crime de forma livre**. Admite qualquer meio de execução dotado de capacidade para transmitir a moléstia grave, que pode ser **direto**, relativo ao contato físico (exemplos: beijo não lascivo, aperto de mão etc.), ou **indireto**, referente ao uso de objetos em geral (exemplos: copo d'água, xícara de café etc.).

Moléstia grave é qualquer enfermidade que acarreta séria perturbação da saúde. É irrelevante seja incurável ou não, mas precisa ser transmissível, é dizer, contagiosa. A moléstia venérea, se grave, pode enquadrar-se no crime em análise, desde que o perigo de contágio não ocorra em razão de relação sexual ou de ato libidinoso, pois em tal hipótese incide o delito previsto no art. 130 do Código Penal.

Em regra esse crime é **comissivo**. Nada impede, contudo, seja realizado por meio de uma omissão, quando o agente possui o dever de agir, nos termos do art. 13, § 2.º, do Código Penal (**crime omissivo impróprio**). Exemplo: Comete o delito o pai que observa um estranho espirrar no rosto de seu filho de pouca idade para transmitir-lhe moléstia grave e nada faz para impedir a reiteração deste comportamento ilícito.

1.3.2.5. Sujeito ativo

O perigo de contágio de moléstia grave é **crime próprio**, pois reclama uma situação fática diferenciada por parte do sujeito ativo. Deve ser pessoa contaminada pela moléstia grave. Se o sujeito pratica o ato supondo equivocadamente estar contaminado, estará caracterizado crime impossível, por ineficácia absoluta do meio de execução (CP, art. 17).

1.3.2.6. Sujeito passivo

Qualquer pessoa, inclusive a portadora de moléstia grave, pois a eventual transmissão de outra enfermidade tem o condão de debilitar ainda mais sua saúde e expor a perigo novamente sua vida.

Tratando-se, porém, de moléstia grave que já acomete a saúde da vítima, e restando provada cientificamente a impossibilidade de agravar a situação, será caso de crime impossível pela impropriedade absoluta do objeto material (CP, art. 17).

1.3.2.7. Elemento subjetivo

É o **dolo direto** de expor a vítima ao perigo de contágio da moléstia grave. Além disso, reclama-se também um especial fim de agir[156] pelo sujeito, representado pela expressão **"com o fim de transmitir"**. Não basta praticar o ato capaz de produzir o contágio. É necessário que o faça com o propósito de transmitir a moléstia grave. Exclui-se, portanto, o dolo eventual.

Não se admite a figura culposa, por ausência de previsão legal nesse sentido. Mas, se culposamente o sujeito transmitir a moléstia grave, a ele deve ser imputado o crime de lesão corporal culposa.

---

[156] É o elemento subjetivo do tipo, ou elemento subjetivo do injusto (sistema finalista), ou dolo específico (sistema clássico).

1.3.2.8. Consumação

O crime é **formal**. Consuma-se no momento da prática do ato capaz de produzir o contágio, independentemente da efetiva transmissão.

Cuida-se de **crime de perigo, formal e com dolo de dano**. O sujeito quer produzir lesões corporais na vítima, mas o delito é de perigo porque para sua consumação basta a exposição da saúde da vítima à probabilidade de dano.

Todavia, se efetivar-se a transmissão da moléstia grave, quatro situações podem ocorrer:

a) se resultar **lesão corporal leve** (CP, art. 129, *caput*), esse crime será absorvido pelo crime de perigo de contágio de moléstia grave, por se tratar de mero exaurimento, e, além disso, trata-se de crime de dano com pena inferior à do crime de perigo;

b) se resultar **lesão corporal grave ou gravíssima**, o agente responde somente por esse crime (CP, 129, § 1.º ou § 2.º); crime de dano mais grave do que o crime de perigo;

c) se resultar **culposamente a morte da vítima,** estará configurado o crime de lesão corporal seguida de morte (CP, art. 129, § 3.º); e

d) se resultar **dolosamente a morte da vítima**, em decorrência da gravidade da moléstia pela qual foi contaminada, ao agente deve ser imputado o crime de homicídio doloso. Nessa hipótese, será possível a tentativa, pois o agente quis ou assumiu o risco de matar o ofendido.

Reitera-se, para a Aids, o que foi dito no tocante ao crime anterior (item 1.3.1.9.1).

1.3.2.9. Tentativa

É possível, quando plurissubsistente, pois somente nessa situação é possível a divisão do *iter criminis*. Destarte, incabível o *conatus* quando a conduta for praticada por um único ato (crime unissubsistente).

1.3.2.10. Concurso de crimes

Se em decorrência da contaminação pela moléstia grave é também provocada epidemia, o sujeito responde pelos crimes dos arts. 131 e 267 do Código Penal, em concurso formal.

1.3.2.11. Ação penal

É pública incondicionada.

1.3.2.12. Lei 9.099/1995

Em face da pena mínima cominada – 1 ano –, o perigo de contágio de moléstia grave constitui-se em **crime de médio potencial ofensivo**, compatível com a suspensão condicional do processo, desde que presentes os demais requisitos objetivos e subjetivos elencados pelo art. 89 da Lei 9.099/1995.

1.3.2.13. Classificação doutrinária

Cuida-se de crime **formal** (prescinde da ocorrência do resultado naturalístico); **de forma livre** (admite qualquer meio de execução); **próprio** (o sujeito ativo deve estar contaminado pela moléstia grave); **comissivo**, e, excepcionalmente, **omissivo impróprio ou comissivo por omissão** (quando presente o dever de agir); **unissubjetivo, unilateral ou de concurso eventual** (praticado por uma única pessoa, mas admite o concurso); **instantâneo** (consuma-se em um momento determinado, sem continuidade no tempo); **unissubsistente ou plurissubsistente** (se praticado mediante um único ou por vários atos); e **de dano** (nada obstante a consumação ocorra com a simples exposição a perigo).

1.3.3. Art. 132 – Perigo para a vida ou saúde de outrem

1.3.3.1. Dispositivo legal

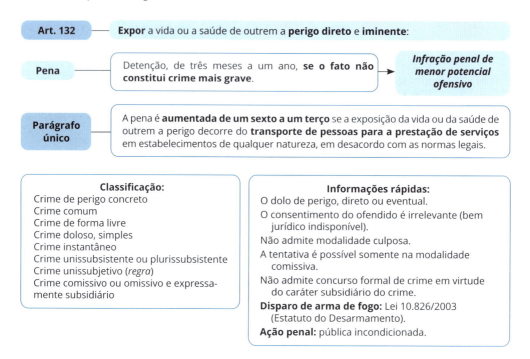

1.3.3.2. Objetividade jurídica

O tipo penal protege a vida e a saúde da pessoa humana.

1.3.3.3. Objeto material

É a pessoa que tem sua vida ou sua saúde exposta a perigo direto e iminente.

1.3.3.4. Núcleo do tipo

O núcleo do tipo é **expor**. E "expor alguém a perigo" significa submeter uma pessoa à situação em que um dano à sua saúde é de provável ocorrência. O delito é de **ação livre**, pois admite qualquer meio de execução. Exemplos: lançar uma pedra pesada na direção da vítima, abalroar seu automóvel etc.

Normalmente é cometido por ação, mas também é admissível a modalidade omissiva. Exemplo: empresário que não disponibiliza aos seus empregados os equipamentos de proteção individual, daí resultando perigo no exercício das funções laborais.

Cuida-se de **crime de perigo concreto**, pois não basta a prática da conduta ilícita. É necessário ficar provado que em razão do comportamento do agente a vítima teve sua vida ou sua saúde submetida a risco de lesão.

O art. 132 do Código Penal reclama ainda seja o perigo direto e iminente.

Perigo direto é o que alcança pessoa ou pessoas certas e determinadas. Com efeito, caso o agente busque atingir um número indeterminado de pessoas, estará caracterizado algum crime de perigo comum (CP, arts. 250 a 259).

Por sua vez, **perigo iminente** é o capaz de danificar imediatamente a vida ou a saúde do ofendido. Destarte, o perigo existe e o dano está próximo. Seria mais correto, portanto, falar em "perigo direto e atual".

1.3.3.5. Sujeito ativo

Qualquer pessoa.

1.3.3.6. Sujeito passivo

Qualquer pessoa, desde que certa e determinada, independentemente de qualquer ligação com o autor.

1.3.3.7. Elemento subjetivo

É o **dolo de perigo**, direto ou eventual. O sujeito quer ou assume o risco de expor a vida ou a saúde de outrem a uma situação de perigo concreto. Exemplo: arremessar pedras contra uma pessoa para que ela não passe por determinada via pública. Se a intenção do agente era provocar um mal determinado (dolo de dano), o crime será de tentativa de lesão corporal ou de tentativa de homicídio, conforme o caso.

O consentimento do ofendido é irrelevante, em face da indisponibilidade do bem jurídico penalmente tutelado.

Não se admite a modalidade culposa.

1.3.3.8. Consumação

Dá-se no instante em que ocorre a produção do perigo concreto para a vítima.

1.3.3.9. Tentativa

É possível, somente na modalidade comissiva.

1.3.3.10. Subsidiariedade expressa

A leitura da pena do crime tipificado pelo art. 132 do Código Penal revela nitidamente a previsão de uma hipótese de subsidiariedade expressa, pois consta que ao sujeito somente será imputado esse delito "se o fato não constitui crime mais grave", tal como se dá, exemplificativamente, na tentativa de homicídio.

Se a vítima vem a morrer em razão da exposição descrita neste artigo, o crime será de homicídio culposo (CP, art. 121, § 3.º). Todavia, em caso de lesão culposa, a figura será a do próprio art. 132, já que a do art. 129, § 6.º, ambas do Código Penal, é mais levemente apenada.[157] Nas duas hipóteses, evidentemente, não há dolo, direto nem eventual, quanto à produção do resultado naturalístico.

Em decorrência do caráter subsidiário, não incide o instituto do concurso formal. Estará configurado crime único quando, com uma só conduta, o agente expuser várias pessoas ao perigo. Exemplo: arremessar uma cadeira na direção de pessoas que se encontravam no interior de um restaurante.

---

[157] DELMANTO, Celso. *Código Penal comentado*. 3. ed. Rio de Janeiro: Renovar, 1994. p. 227.

1.3.3.10.1. Perigo para a vida ou saúde de outrem e disparo de arma de fogo

O disparo de arma de fogo em lugar habitado ou em suas adjacências, em via pública ou em direção a ela, não tipifica o crime de perigo para a vida ou saúde de outrem, em razão da subsidiariedade expressa prevista no art. 132 do Código Penal.

De fato, tal conduta enquadra-se no art. 15 da Lei 10.826/2003 – Estatuto do Desarmamento, com pena mais grave (reclusão de 2 a 4 anos, e multa). Por apresentar uma sanção penal mais elevada, afasta a aplicação do crime de perigo definido pelo art. 132 do Código Penal.

1.3.3.11. Lei 9.099/1995

Cuida-se de **infração penal de menor potencial ofensivo**, em face do limite máximo da pena privativa de liberdade cominada pelo legislador (1 ano). Consequentemente, admite a transação penal, se presentes os requisitos legais, e segue o rito sumaríssimo previsto nos arts. 77 e seguintes da Lei 9.099/1995.

1.3.3.12. Causa de aumento de pena

A Lei 9.777/1998 inseriu um parágrafo único no art. 132 do Código Penal, instituindo uma causa de aumento de pena, de 1/6 (um sexto) a 1/3 (um terço) se a exposição da vida ou da saúde de outrem a perigo decorre do transporte de pessoas para a prestação de serviços em estabelecimentos de qualquer natureza, em desacordo com as normas legais.

Trata-se de causa de aumento de pena inerente à **segurança viária**, ou seja, um crime de trânsito localizado no Código Penal. Sua principal finalidade é punir mais severamente o transporte de "boias-frias" sem as cautelas necessárias. Nada obstante, o transporte pode ser efetuado para empresas, públicas ou privadas, ou propriedades de qualquer natureza (sítios ou fazendas, fábricas, lojas, empresas em geral etc.).

O transporte indevido de um único trabalhador autoriza a aplicação da causa de aumento de pena.

O legislador utilizou uma circunstância de índole normativa, pois exige seja o transporte realizado em desacordo **"com as normas legais"**. Essas regras são previstas na Lei 9.503/1997 – Código de Trânsito Brasileiro. O dolo é abrangente, pois deve englobar também esse aspecto normativo. Não há crime quando o transporte obedece às regras específicas.

1.3.3.13. Ação penal

Pública incondicionada.

1.3.3.14. Estatuto da Pessoa Idosa

A Lei 10.741/2003 – Estatuto da Pessoa Idosa, com o escopo de assegurar efetiva proteção às pessoas com idade igual ou superior a 60 (sessenta) anos, define em seu art. 99 uma figura especial de crime de perigo para a vida ou saúde, quando a vítima é pessoa idosa. Leva em conta, portanto, a faixa etária do ofendido. Esse é o seu texto:

> **Art. 99.** Expor a perigo a integridade e a saúde, física ou psíquica, da pessoa idosa, submetendo-a a condições desumanas ou degradantes ou privando-a de alimentos e cuidados indispensáveis, quando obrigado a fazê-lo, ou sujeitando-a a trabalho excessivo ou inadequado:
>
> **Pena** – detenção de 2 (dois) meses a 1 (um) ano e multa.

§ 1.º Se do fato resulta lesão corporal de natureza grave:
Pena – reclusão de 1 (um) a 4 (quatro) anos.
§ 2.º Se resulta a morte:
Pena – reclusão de 4 (quatro) a 12 (doze) anos.

Quando a vítima for pessoa idosa e a conduta encontrar correspondência no art. 99 da Lei 10.741/2003, será excluído o art. 132 do Código Penal. Resolve-se o conflito aparente de normas com o **princípio da especialidade**.

1.3.3.15. Classificação doutrinária

Trata-se de crime **de perigo concreto** (exige prova da efetiva ocorrência do perigo); **comum** (pode ser praticado por qualquer pessoa); **de forma livre** (admite qualquer meio de execução); **doloso**; **simples** (atinge um único bem jurídico); **instantâneo** (consuma-se em momento determinado, sem continuidade no tempo); **unissubsistente** ou **plurissubsistente** (conduta pode ser realizada por um ou por vários atos); **unissubjetivo, unilateral** ou **de concurso eventual** (normalmente praticado por um único agente, mas admite o concurso); **comissivo** ou **omissivo**; e **expressamente subsidiário**.

1.3.4. Art. 133 – Abandono de incapaz

1.3.4.1. Dispositivo legal

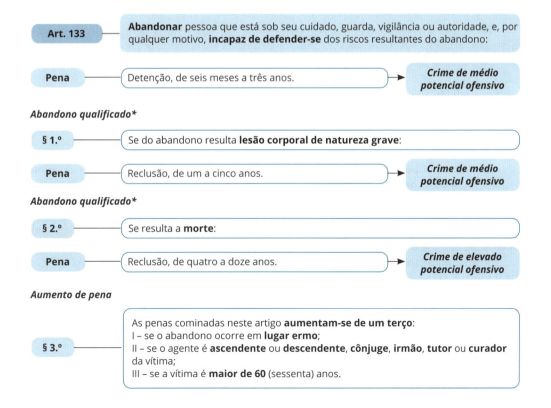

Classificação:
Crime próprio
Crime instantâneo de efeitos permanentes
Crime de forma livre
Crime de perigo concreto
Crime comissivo ou omissivo
Crime unissubjetivo (*regra*)
Crime unissubsistente ou plurissubsistente (*conforme o caso*)

Informações rápidas:
O consentimento do ofendido é irrelevante (bem jurídico indisponível e consentimento inválido do incapaz).
A incapacidade prevista no tipo penal não se confunde com a civil.
Não admite modalidade culposa.
A tentativa é possível somente na modalidade comissiva.
Não é compatível com a forma omissiva.
Ação penal: pública incondicionada.
Figuras qualificadas: hipóteses preterdolosas.

1.3.4.2. Espécies criminosas

O *caput* define a modalidade simples do abandono de incapaz. Cuida-se de crime de médio potencial ofensivo, pois sua pena mínima autoriza a suspensão condicional do processo, se estiverem presentes os demais requisitos objetivos e subjetivos indicados pelo art. 89 da Lei 9.099/1995.

Os §§ 1.º e 2.º elencam qualificadoras, em virtude da superveniência de um resultado agravador: lesão corporal grave ou morte. Na primeira espécie – abandono de incapaz qualificado pela lesão corporal grave –, e somente nela, também é possível a suspensão condicional do processo.

Finalmente, o § 3.º elenca causas de aumento da pena.

1.3.4.3. Objetividade jurídica

Tutelam-se a vida, a saúde e a segurança da pessoa humana. O bem jurídico, em qualquer caso, é indisponível, até mesmo porque eventual consentimento prestado pelo incapaz não tem validade jurídica.

1.3.4.4. Objeto material

É a pessoa incapaz de defender-se dos riscos resultantes do abandono.

1.3.4.5. Núcleo do tipo

O núcleo do tipo é **"abandonar"**, que traz a ideia de desamparar, descuidar. O abandono é físico, no sentido de deixar o incapaz sozinho, sem a devida assistência. Não se confunde com o abandono material, que se encaixa na figura típica prevista no art. 244 do Código Penal.

Trata-se de **crime de forma livre**. Pode ser praticado por ação (exemplo: levar a vítima a um local distante e perigoso e ali abandoná-la) ou por omissão (exemplo: deixar o ofendido só, abandonando-o no lar em que conviviam).[158]

Inexiste crime quando o incapaz é quem abandona seu protetor, tal como no exemplo em que o filho de pouca idade, irritado com as proibições legítimas impostas pelo pai, foge de casa. De igual modo, o fato também é atípico quando o responsável permanece próximo da vítima, em situação de poder vigiá-la, aguardando que alguém a recolha (exemplo: "A" vai com "B" a um bar, e este último se embriaga, vindo a dormir na rua de sua casa. "A" não recolhe "B", mas fica próximo dele, vigiando-o, esperando chegar uma ambulância para levá-lo ao hospital).

---

[158] STJ: RHC 150.707/PE, rel. Min. João Otávio de Noronha, rel. p/ acórdão Min. Joel Ilan Paciornik, 5.ª Turma, j. 15.02.2022, noticiado no *Informativo* 725.

1.3.4.6. Sujeito ativo

É somente a pessoa que tem o dever de zelar pela vida, pela saúde ou pela segurança da vítima. Cuida-se de **crime próprio**, pois apenas pode ser praticado por aquele que tem o incapaz sob seu cuidado, guarda, vigilância ou autoridade. Destarte, é imprescindível a especial vinculação entre os sujeitos do delito, caracterizada pela relação jurídica estabelecida entre o agente e a vítima.

Essa relação jurídica pode emanar da lei, de direito público ou privado (exemplo: pais e filhos), de contrato (exemplo: médico e paciente) ou mesmo de uma conduta lícita (exemplo: professor de mergulho e seu aluno em alto-mar) ou ilícita (exemplo: sequestrador e sequestrado). E, como estabelece o legislador, evidencia-se por uma das seguintes formas: cuidado, guarda, vigilância ou autoridade.

Cuidado é a assistência eventual. Exemplo: enfermeira que cuida de pessoa idosa e inválida para zelar por si própria.

Guarda é a assistência duradoura. Exemplo: pais em relação aos filhos menores de 18 anos de idade.

Vigilância é a assistência acauteladora. Envolve pessoas normalmente capazes, mas que não podem se defender em razão de situações excepcionais. Exemplo: instrutor de alpinismo no tocante aos alunos iniciantes.

Autoridade é a relação de superioridade, de direito público ou de direito privado, para emitir ordens em face de outra pessoa. Exemplo: capitão da Polícia Militar que leva seus subordinados para entrarem em uma perigosa favela para combater traficantes não pode, por medo ou outro motivo qualquer, lá abandoná-los.

Na ausência dessa especial vinculação com a vítima, o autor pode responder pelo crime de omissão de socorro (CP, art. 135).

1.3.4.7. Sujeito passivo

É o incapaz de defender-se dos riscos resultantes do abandono e que estava sob a guarda, cuidado, vigilância ou autoridade do sujeito ativo.

Essa incapacidade não se confunde com a incapacidade civil. Não é a incapacidade jurídica, mas sim a de natureza real. É incapaz qualquer pessoa, ainda que maior de idade e com a saúde física ou mental em ordem, que na situação concreta não possa se defender. A incapacidade pode ser corporal (exemplo: choque anafilático) ou mental (amnésia), permanente (exemplo: debilidade psíquica) ou transitória (exemplo: pessoa acidentada ou embriagada).

1.3.4.8. Elemento subjetivo

É o dolo de perigo, direto ou eventual. Não se exige nenhuma finalidade específica. Basta praticar a conduta capaz de colocar o incapaz em situação de perigo.

Não se admite a modalidade culposa.

1.3.4.9. Consumação

No momento do abandono, desde que resulte perigo concreto. O crime é **instantâneo de efeitos permanentes**, pois se consuma em um momento determinado, mas seus efeitos se arrastam no tempo, persistindo enquanto o incapaz não for devidamente assistido.

Subsiste o crime quando o sujeito, depois do abandono e da consequente exposição ao perigo, reassume o dever de assistência, tal como na hipótese em que o pai, após deixar o filho pequeno sozinho em um local abandonado por tempo juridicamente relevante, arrepende-se e volta para buscá-lo.

1.3.4.10. Tentativa

É possível na modalidade comissiva, exclusivamente. Não é compatível com a forma omissiva.

1.3.4.11. Classificação doutrinária

Cuida-se de **crime próprio** (deve existir relação de assistência entre o autor e a vítima); **instantâneo de efeitos permanentes** (consuma-se com o abandono, mas seus efeitos prolongam-se no tempo); **de forma livre** (admite qualquer meio de execução); **de perigo concreto**; **comissivo ou omissivo**; **unissubjetivo, unilateral ou de concurso eventual** (praticado por uma só pessoa, mas admite o concurso); e **unissubsistente ou plurissubsistente** (conforme o caso).

1.3.4.12. Ação penal

A ação penal é pública incondicionada, em todas as espécies criminosas.

1.3.4.13. Lei 9.099/1995

Em face da pena mínima cominada (detenção de 6 meses), o abandono de incapaz constitui-se em **crime de médio potencial ofensivo**, compatível com a suspensão condicional do processo, se presentes os requisitos elencados pelo art. 89 da Lei 9.099/1995.

1.3.4.14. Distinção

Se a finalidade do abandono do incapaz for ocultar desonra própria, e tratando-se a vítima de recém-nascido, o crime será o de exposição ou abandono de recém-nascido (CP, art. 134).

1.3.4.15. Figuras qualificadas: §§ 1.º e 2.º

A expressão lesão corporal de natureza grave (§ 1.º) foi utilizada em sentido amplo, para abranger tanto as lesões corporais graves (CP, art. 129, § 1.º) como as lesões corporais gravíssimas (CP, art. 129, § 2.º).

São crimes qualificados pelo resultado e estritamente **preterdolosos** (dolo no crime de perigo e culpa na lesão corporal ou na morte), conclusão que se extrai da análise das penas cominadas em abstrato. Quando resulta lesão corporal de natureza grave, a pena é igual à da lesão corporal grave e inferior à da lesão corporal gravíssima; quando resulta morte, a pena é inferior à atribuída ao homicídio simples.

Por corolário, se o sujeito agiu com dolo de dano, a ele deve ser imputado o crime mais grave: lesão corporal grave ou gravíssima ou homicídio.

A lesão corporal leve fica absorvida pelo abandono de incapaz, por se tratar de crime de dano com pena inferior à do crime de perigo.

1.3.4.16. Causas de aumento de pena

O § 3.º do art. 133 do Código Penal elenca três causas que aumentam a pena em 1/3 (um terço):

a) se o abandono ocorre em lugar ermo: inciso I

Lugar ermo é o local habitual ou eventualmente solitário. Justifica-se o aumento pela maior dificuldade proporcionada ao incapaz para encontrar socorro.

Não se aumenta a pena se no momento do abandono o local, que é habitualmente ermo, está frequentado por outras pessoas.

O local, todavia, deve ser **relativamente ermo**. Com efeito, se o isolamento for absoluto, sem nenhuma possibilidade de o incapaz encontrar outra pessoa ou de ser socorrida (exemplo: deixar uma criança sozinha em uma ilha deserta), essa conduta funcionará como meio de execução do crime de homicídio.

b) se o agente é ascendente ou descendente, cônjuge, irmão, tutor ou curador da vítima: inciso II

Fundamenta-se o aumento na maior reprovabilidade da conduta praticada quando presentes laços de parentesco ou de maior proximidade entre o autor e a vítima, os quais devem ser provados, e jamais presumidos.

O rol é taxativo. Não admite analogia, por se tratar de norma prejudicial ao réu. Destarte, não alcança quem vive em união estável.

c) se a vítima é maior de 60 (sessenta) anos: inciso III

Essa causa de aumento de pena foi inserida no Código Penal pela Lei 10.741/2003 – Estatuto da Pessoa Idosa, em razão do número cada vez maior de pessoas idosas abandonadas por parentes na fase de suas vidas em que mais necessitam de cuidado e proteção.

A aplicação dessa causa de aumento de pena, que, para impedir o *bis in idem*, afasta a incidência da agravante genérica prevista no art. 61, inciso II, alínea "h", do Código Penal, depende de dois requisitos:

(1) o ofendido deve encontrar-se em alguma das situações descritas no *caput* (cuidado, guarda, proteção ou vigilância); e

(2) a vítima deve ser maior de 60 (sessenta) anos ao tempo do crime (teoria da atividade – CP, art. 4.º).

1.3.4.17. Abandono de incapaz e Estatuto da Pessoa com Deficiência

O art. 90 da Lei 13.146/2015 – Estatuto da Pessoa com Deficiência prevê uma modalidade especial de abandono de incapaz, assim redigida:

> Art. 90. Abandonar pessoa com deficiência em hospitais, casas de saúde, entidades de abrigamento ou congêneres:
>
> Pena – reclusão, de 6 (seis) meses a 3 (três) anos, e multa.
>
> Parágrafo único. Na mesma pena incorre quem não prover as necessidades básicas de pessoa com deficiência quando obrigado por lei ou mandado.

1.3.4.18. Abandono de incapaz e Lei Henry Borel

O art. 26 da Lei 14.344/2022, conhecida como "Lei Henry Borel", incrimina a falta de comunicação, à autoridade pública, da prática de abandono de incapaz:

> Art. 26. Deixar de comunicar à autoridade pública a prática de violência, de tratamento cruel ou degradante ou de formas violentas de educação, correção ou disciplina contra criança ou adolescente ou o abandono de incapaz:
>
> Pena – detenção, de 6 (seis) meses a 3 (três) anos.
>
> § 1.º A pena é aumentada de metade, se da omissão resulta lesão corporal de natureza grave, e triplicada, se resulta morte.
>
> § 2.º Aplica-se a pena em dobro se o crime é praticado por ascendente, parente consanguíneo até terceiro grau, responsável legal, tutor, guardião, padrasto ou madrasta da vítima.

1.3.5. Art. 134 – Exposição ou abandono de recém-nascido
1.3.5.1. Dispositivo legal

1.3.5.2. Introdução

Esse delito representa, em verdade, uma figura privilegiada do abandono de incapaz (CP, art. 133) cometido por motivo de honra. Nada obstante estejam definidos por tipos penais autônomos, é razoável dizer que o abandono de incapaz é o crime fundamental, do qual deriva o tipo da exposição ou abandono de recém-nascido.

1.3.5.3. Espécies criminosas

O crime de exposição ou abandono de recém-nascido possui uma forma simples (*caput*) e duas modalidades qualificadas (§§ 1.º e 2.º).

No *caput* está descrita uma infração penal de menor potencial ofensivo. Admite transação penal e obedece ao procedimento sumaríssimo disciplinado pelos arts. 77 e seguintes da Lei 9.099/1995. O § 1.º narra um crime de médio potencial ofensivo, pois comporta a suspensão condicional do processo, se estiverem presentes os demais requisitos elencados pelo art. 89 da

Lei 9.099/1995. Finalmente, o § 2.º contém um crime de elevado potencial ofensivo, incompatível com qualquer medida despenalizadora.

1.3.5.4. Objetividade jurídica

Tutelam-se a vida e a saúde da pessoa humana.

1.3.5.5. Objeto material

É o recém-nascido atingido pela conduta criminosa.

1.3.5.6. Núcleos do tipo

O tipo penal contém dois núcleos: "expor" e "abandonar".

Expor equivale a transferir a vítima para lugar diverso daquele em que lhe é prestada a assistência (exemplo: remover o recém-nascido da maternidade para uma mata). **Abandonar**, por seu turno, significa desamparar a vítima no tocante aos cuidados necessários (exemplo: mudar de casa e lá deixar o recém-nascido). Na prática, entretanto, as condutas se equivalem.

Com efeito, o recém-nascido é submetido a uma situação de perigo tanto quando é levado para local diverso daquele em que habitualmente recebe a atenção devida como quando é descuidado no lugar em que normalmente recebe a assistência necessária.

O crime, **de forma livre**, pode ser praticado por ação ou por omissão, e reclama uma situação de **perigo concreto**.

1.3.5.7. Elemento normativo

O crime há de ser praticado **"para ocultar desonra própria"**. Essa desonra, isto é, a ausência de honra, funciona como elemento normativo de um tipo penal aberto, que precisa ser complementado pela valoração do magistrado no caso concreto.

A honra aqui tratada é a de natureza sexual, a boa fama e a reputação que desfruta o autor ou a autora pelo seu comportamento decente e pelos bons costumes. Se a pessoa é notoriamente desonesta, afasta-se a alegação de preservação da honra. Por esse motivo, o tipo penal pressupõe que o nascimento da criança deve ter sido sigiloso, no sentido de não ter chegado ao conhecimento de estranhos.

Se a exposição ou abandono do recém-nascido ocorre por outro motivo, tais como excesso de filhos ou extrema miséria, diverso da finalidade de ocultar desonra própria, o crime será o de abandono de incapaz (CP, art. 133). Também incidirá essa figura penal se o agente não for pai ou mãe do recém-nascido.

A repetição do fato impede o reconhecimento do privilégio. Uma ação penal anterior por exposição de recém-nascido acarreta a impossibilidade de sustentar, quanto ao segundo crime, a ocultação de uma honra que a pessoa não mais possui. Essa exclusão é provocada não pela condenação anterior, mas pela publicidade da desonra anterior.

1.3.5.8. Sujeito ativo

Trata-se de **crime próprio** ou **especial**. Somente pode ser cometido pela mãe que concebeu o filho de forma irregular (exemplo: fora do matrimônio, quando casada), e, ainda, pelo pai adulterino. Veja, portanto, que esse crime não é exclusivo da mãe, podendo ser praticado também pelo pai.

A mulher pode ser casada ou solteira (exemplo: menor de idade, que mora com os pais em uma pequena cidade, extremamente conservadora, engravida e dá a luz sem saber quem é o pai da criança). A prostituta, assim conhecida pelas demais pessoas, quando expõe ou abandona o filho recém-nascido, responde pelo crime de abandono de incapaz (CP, art. 133), pois não goza de honra apta a ser preservada.

O marido que, agindo por conta própria, abandona o filho adulterino concebido por sua esposa infiel pratica o crime de abandono de incapaz (CP, art. 133), uma vez que a desonra ocultada não lhe pertence.

O crime em análise é compatível com o concurso de pessoas. A "desonra própria" é elementar do tipo, razão pela qual é comunicável aos demais envolvidos na empreitada criminosa (CP, art. 30), desde que tenham entrado em sua esfera de conhecimento.

1.3.5.9. Sujeito passivo

É o recém-nascido, que para a medicina é definido como a pessoa que nasceu com vida, até a queda do cordão umbilical. É prudente, sob pena de tornar inócuo o tipo penal, deixar a conceituação de recém-nascido para o caso concreto, visando alcançar as crianças com poucos dias de vida que são comumente abandonadas por seus pais.

1.3.5.10. Elemento subjetivo

É o dolo direto. Além disso, exige-se ainda um especial fim de agir: "para ocultar desonra própria". Esse elemento subjetivo do tipo é compatível unicamente com o dolo direto, excluindo o dolo eventual.

Não se pune a modalidade culposa.

1.3.5.11. Consumação

Dá-se no momento em que a vítima é submetida ao perigo concreto. O crime é **instantâneo de efeitos permanentes**, pois, depois de abandonado, o recém-nascido continua correndo perigo, situação que somente cessa quando socorrido por alguém.

1.3.5.12. Tentativa

É possível, somente quando praticado por ação, isto é, quando se tratar de crime comissivo.

1.3.5.13. Figuras qualificadas: §§ 1.º e 2.º

Os §§ 1.º e 2.º do art. 134 do Código Penal descrevem qualificadoras. A expressão lesão corporal de natureza grave (§ 1.º) foi utilizada em sentido amplo, para abranger tanto as lesões corporais graves (CP, art. 129, § 1.º) como as lesões corporais gravíssimas (CP, art. 129, § 2.º).

São crimes qualificados pelo resultado e estritamente **preterdolosos** (dolo no crime de perigo e culpa na lesão corporal ou na morte), conclusão que se extrai da análise das penas cominadas em abstrato. Quando resulta lesão corporal de natureza grave, a pena é igual à da lesão corporal grave e inferior à da lesão corporal gravíssima; quando resulta morte, a pena é inferior à atribuída ao homicídio simples.

Por corolário, se o sujeito agiu com dolo de dano (*animus laedendi* para as lesões corporais, *animus necandi* ou *occidendi* para a morte), a ele deve ser imputado o crime mais grave: lesão corporal grave ou gravíssima, infanticídio (se presente o estado puerperal) ou homicídio.

A lesão corporal leve fica absorvida pela exposição ou abandono de recém-nascido, por se tratar de crime de dano com pena inferior à do crime de perigo.

1.3.5.14. Ação penal

A ação penal é pública incondicionada, em todas as formas criminosas.

1.3.5.15. Classificação doutrinária

Trata-se de crime **de perigo concreto** (depende da comprovação do perigo); **doloso**; **próprio** (pode ser praticado somente pela mãe ou pelo pai); **comissivo ou omissivo**; **de forma livre** (admite qualquer meio de execução); **unissubjetivo, unilateral ou de concurso eventual** (praticado em regra por uma só pessoa, mas admite o concurso); **instantâneo de efeitos permanentes** (consuma-se em um momento determinado, mas seus efeitos subsistem no tempo); e **unissubsistente ou plurissubsistente**.

1.3.6. Art. 135 – Omissão de socorro

1.3.6.1. Dispositivo legal

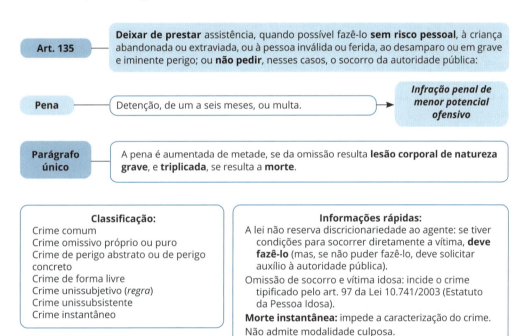

1.3.6.2. Objetividade jurídica

A lei penal protege imediatamente a vida e a saúde da pessoa humana, pois o crime de omissão de socorro foi inserido no título dos crimes contra a pessoa, no capítulo atinente à periclitação da vida e da saúde.[159] Além disso, tutela mediatamente a solidariedade humana, pois todos os indivíduos devem auxiliar-se para a regular convivência em sociedade.

1.3.6.3. Objeto material

É a pessoa a quem o agente deixa injustificadamente de prestar socorro.

---
[159] Em igual sentido: GONZAGA, João Bernardino. *O crime de omissão de socorro*. São Paulo: Max Limonad, 1957. p. 95.

1.3.6.4. Núcleos do tipo

O tipo penal contém dois núcleos: "deixar" e "pedir". São complementados, porém, por outras palavras, quais sejam "de prestar" e "não". Portanto, tais verbos só podem ser compreendidos no contexto "deixar de prestar" e "não pedir".

"Deixar de prestar assistência" significa não socorrer quem se encontra em perigo. **"Não pedir"**, por sua vez, equivale a deixar de solicitar auxílio da autoridade pública para socorrer quem está em perigo. O legislador assim ordenou as formas de conduta propositadamente. O agente, inicialmente, se puder fazê-lo sem risco pessoal, deve prestar socorro à vítima. Somente e quando não tiver condições de prestar diretamente o socorro, em face de risco pessoal, deve pedir o auxílio da autoridade pública. **São dois momentos distintos**, e qualquer das formas de omissão caracteriza o crime definido pelo art. 135 do Código Penal.

Cuida-se de típica hipótese de **crime omissivo próprio ou puro**. A omissão é descrita pelo próprio tipo penal. Em obediência à teoria normativa da omissão, o legislador definiu como infração penal uma conduta omissiva, pois o sujeito deixa de fazer aquilo que lhe era imposto por lei (prestar socorro). De fato, o dever de prestação de assistência está implícito no tipo penal: "prestarás assistência, quando possível fazê-lo...".

1.3.6.5. Elemento normativo do tipo

O art. 135 do Código Penal contempla um elemento normativo, representado pela expressão "quando possível fazê-lo sem risco pessoal".

A lei não poderia impor a alguém a prestação de socorro mediante a criação de risco fundado para sua integridade corporal. Não se pode obrigar quem quer que seja a ser herói. Exemplo: o legislador não pode obrigar um cidadão a ingressar em uma residência em chamas para salvar uma pessoa que se encontra no seu interior.

Raciocínio diverso levaria à negação do estado de necessidade como causa de exclusão da ilicitude (CP, art. 24). Esse elemento normativo, em verdade, foi explicitado por motivo de redobrada cautela. Com efeito, o instituto do estado de necessidade, aplicável a qualquer infração penal, autoriza a preservação de um bem jurídico mediante o sacrifício de outro bem jurídico de valor igual ou inferior. Destarte, ainda que não existisse essa expressão, mesmo assim ninguém poderia ser obrigado a prestar socorro a outrem quando esse modo de agir lhe representasse risco pessoal.

A lei é clara: quando presente o risco pessoal, o sujeito deve pedir socorro à autoridade pública. **Esse pedido há de ser imediato**. Se não o fizer, comete o crime em apreço, não por deixar de prestar socorro, mas sim em razão de não pedir o socorro da autoridade pública.

Fica nítido, pois, que a expressão "quando possível fazê-lo sem risco pessoal" se relaciona exclusivamente com a primeira modalidade de conduta (CP, art. 135, *caput*, 1.ª parte), não sendo aplicável à ausência de pedido de socorro à autoridade pública (CP, art. 135, *caput*, 2.ª parte), até porque essa conduta não representa perigo nenhum a quem quer que seja. Quando presente o risco pessoal, o sujeito deve pedir socorro à autoridade pública, porque esta tem o dever legal de enfrentar o perigo (CP, art. 13, § 2.º, *a*, e art. 24, § 1.º).

Em face desse critério hierárquico, o crime de omissão de socorro pode ser cometido de duas maneiras diversas:

1.ª Falta de assistência imediata: o agente pode prestar socorro, sem risco pessoal, mas deliberadamente não o faz. Exemplo: uma pessoa se depara em via pública com outra pessoa, atropelada e gravemente ferida, e nada faz para ajudá-la.

Não há crime, todavia, se a prestação de socorro acarretar risco pessoal para terceira pessoa.

2.ª Falta de assistência mediata: o sujeito não pode prestar pessoalmente o socorro, mas também não solicita o auxílio da autoridade pública. É como se, no exemplo acima, a pessoa não tivesse conhecimentos suficientes para socorrer o ferido, mas se omitisse e não acionasse a polícia ou uma ambulância. É cabível inclusive a **omissão de socorro virtual**, como na hipótese em que o sujeito percebe, durante uma chamada de vídeo, que seu interlocutor, residente em outra cidade, começa a passar mal e vem a desmaiar, mas ele permanece inerte, deixando de pedir socorro à autoridade pública.

Repita-se: o agente não tem opção. A lei não lhe reserva discricionariedade. Se tiver condições para socorrer diretamente a vítima, deve fazê-lo. Somente se não puder fazê-lo, deve solicitar auxílio imediato junto à autoridade pública. Essa "autoridade pública" há de ser vista não como todo e qualquer funcionário público, e sim como aquele a quem a lei confere atribuições e poderes para socorrer uma pessoa em perigo. Exemplificativamente, não se livra do ônus legal a pessoa que, deparando-se com um indivíduo gravemente ferido em via pública, pede o auxílio de um escrevente de cartório judicial, pois deveria fazê-lo perante um policial militar ou bombeiro.

Frise-se, por oportuno, que a lei dispõe unicamente acerca do **"risco pessoal"**, relativo à integridade física da pessoa humana, e não a eventuais prejuízos materiais ou morais. Dessa forma, comete o crime tipificado pelo art. 135 do Código Penal quem deixa de prestar socorro à pessoa acidentada para não sujar sua roupa nova e cara.

1.3.6.6. Sujeito ativo

O crime é **comum**. Pode ser cometido por qualquer pessoa, mesmo que não tenha o dever de prestar assistência. Mas, se houver vinculação jurídica entre os sujeitos do delito (exemplos: pais e filhos, curador e interdito, tutor e pupilo etc.), o crime será de abandono de incapaz (CP, art. 133) ou de abandono material (CP, art. 244), conforme o caso.

Se várias pessoas negam a assistência, todas respondem pelo crime. Cada uma delas terá cometido um crime de omissão de socorro, individualmente, e não em concurso.

Se apenas uma pessoa presta o socorro, quando diversas poderiam tê-lo feito sem risco pessoal, não há crime para ninguém. Isso porque a vítima terá sido socorrida da situação de perigo, e é o que basta. O integral cumprimento do dever de solidariedade humana por uma pessoa exclui as demais. Todavia, se a assistência prestada for insuficiente, todos os omitentes responderão pelo crime.

1.3.6.6.1. Omissão médica

O crime de omissão de socorro pode ser praticado por um médico ao deixar de atender uma vítima necessitada em diversas situações, tais como: a) quando exige depósito prévio em dinheiro por parte de pessoa pobre; b) quando diz estar de folga; c) quando alega não poder prestar socorro pelo fato de a vítima não ser associada a nenhum plano de saúde; d) quando se recusar ao atendimento sustentando a ausência de vaga no estabelecimento hospitalar etc.

Igual raciocínio se aplica à enfermeira. Também comete omissão de socorro a secretária do hospital que recusa o pronto atendimento médico com a alegação de necessidade de prévio preenchimento de ficha pessoal, uma vez que ela não possui capacidade técnica para aferir a necessidade ou não de imediata análise clínica pelo profissional da medicina.

1.3.6.7. Sujeito passivo

Somente as pessoas taxativamente indicadas pelo art. 135 do Código Penal podem ser vítimas do crime de omissão de socorro. São elas: criança abandonada, criança extraviada, pessoa inválida e ao desamparo, pessoa ferida e ao desamparo, e pessoa em grave e iminente perigo. Vejamos.

a) **Criança abandonada:** é a pessoa com idade inferior a 12 anos (Lei 8.069/1990 – Estatuto da Criança e do Adolescente, art. 2.º) que foi intencionalmente deixada em algum lugar por quem devia exercer sua vigilância, e por esse motivo não pode prover sua própria subsistência.

O crime de omissão de socorro, nessa modalidade, não se confunde com o abandono de incapaz (CP, art. 133). Naquele, não é o omitente quem cria o perigo abandonando a criança, pois foi ela deixada à própria sorte por seu responsável legal; neste, por sua vez, é o próprio sujeito quem abandona o incapaz, submetendo-o à situação perigosa.

b) **Criança extraviada:** é a pessoa com idade inferior a 12 anos que está perdida, isto é, não sabe retornar por conta própria ao local em que reside ou possa encontrar resguardo e proteção.

c) **Pessoa inválida e ao desamparo:** invalidez é a característica inerente à pessoa que não pode, por conta própria, praticar os atos cotidianos de um ser humano. Pode advir de problema físico ou mental. Mas não basta a invalidez. Exige-se ainda esteja a pessoa ao desamparo, isto é, incapacitada para se livrar por si só da situação de perigo.

d) **Pessoa ferida e ao desamparo:** é aquela que sofreu lesão corporal, não necessariamente grave, acidentalmente ou provocada por terceira pessoa. Mas não basta esteja ferida. É imprescindível que também se encontre ao desamparo, ou seja, impossibilitada de afastar o perigo por suas próprias forças.

e) **Pessoa em grave e iminente perigo:** o perigo deve ser sério e fundado, apto a causar um mal relevante em curto espaço de tempo. Não é necessário seja a vítima inválida, nem que esteja ferida. A lei exige tão somente a presença do grave e iminente perigo, pouco importando tenha essa situação sido provocada por terceiro (exemplo: pessoa presa em um imóvel criminosamente incendiado), pela natureza (exemplo: pessoa desmaiada em via pública em razão de ter sido atingida por um raio) ou até mesmo pela própria vítima (exemplo: pessoa que entrou em um lago para nadar e está se afogando).

1.3.6.7.1. Omissão de socorro e resistência da vítima

Subsiste o crime de omissão de socorro quando a vítima recusa a assistência de terceiro. Com efeito, os bens jurídicos tutelados pelo art. 135 do Código Penal, destacando-se a vida e a integridade física, são indisponíveis e irrenunciáveis. Desaparecerá o delito, todavia, quando a resistência da vítima impossibilitar a prestação de socorro.

1.3.6.7.2. Classificação do perigo com base na condição da vítima

Nas quatro primeiras hipóteses abordadas no item 1.3.6.7 (criança abandonada, criança extraviada, pessoa inválida e pessoa ferida, ambas ao desamparo), o crime de omissão de socorro classifica-se como de **perigo abstrato ou presumido**, ("a" até "d"). Se a vítima, no caso concreto, encaixar-se em alguma dessas situações, e o agente deixar de a ela prestar assistência, presume-se de forma absoluta (*iuris et de iure*) a ocorrência do perigo, não se admitindo prova em contrário.

Por sua vez, na última hipótese (pessoa em grave e iminente perigo), o crime é de **perigo concreto**. Deve-se comprovar a situação perigosa legalmente exigida, bem como a relação de causalidade entre ela e a omissão de socorro.[160]

1.3.6.7.3. Omissão de socorro e vítima idosa

Em caso de omissão de socorro envolvendo vítima idosa, é dizer, pessoa com idade igual ou superior a 60 (sessenta) anos, incide o crime tipificado pelo art. 97 da Lei 10.741/2003 – Estatuto da Pessoa Idosa:

> **Art. 97.** Deixar de prestar assistência à pessoa idosa, quando possível fazê-lo sem risco pessoal, em situação de iminente perigo, ou recusar, retardar ou dificultar sua assistência à saúde, sem justa causa, ou não pedir, nesses casos, o socorro de autoridade pública:
> **Pena** – detenção de 6 (seis) meses a 1 (um) ano e multa.
> **Parágrafo único.** A pena é aumentada de metade, se da omissão resulta lesão corporal de natureza grave, e triplicada, se resulta a morte.

A peculiar condição pessoal da vítima afasta a aplicação do crime tipificado pelo art. 135 do Código Penal. Resolve-se o conflito aparente de normas com a utilização do princípio da especialidade.

1.3.6.7.4. Omissão de socorro e morte instantânea

Não há crime de omissão de socorro quando alguém deixa de prestar assistência a uma pessoa manifestamente morta. Inexiste bem jurídico a ser protegido pela lei penal. Exemplificativamente, não se pode imputar o delito ao sujeito que se omitiu ao deparar-se com uma vítima de esquartejadores que teve seu corpo serrado em dezenas de pedaços.

1.3.6.8. Elemento subjetivo

É o dolo de perigo, direto ou eventual. O tipo penal não contém nenhum elemento subjetivo específico, e não se admite a modalidade culposa.

1.3.6.9. Consumação

Consuma-se o crime no momento da omissão, daí advindo o perigo presumido ou concreto, conforme o caso.

1.3.6.10. Tentativa

Tratando-se de **crime omissivo próprio ou puro**, não é cabível o *conatus*. Ou o sujeito presta a assistência determinada pela lei, e não há crime, ou deixa de fazê-lo, e o delito está consumado (crime unissubsistente).

1.3.6.11. Causa de aumento de pena

A pena prevista no *caput* (detenção, de um a seis meses, ou multa) é aumentada de metade, se da omissão resulta lesão corporal de natureza grave, e triplicada, se resulta a morte. Na

---

[160] Há entendimentos em sentido contrário, sustentando que em todas as hipóteses o crime é de perigo concreto. É o caso, entre outros, de NUCCI, Guilherme de Souza. *Código Penal comentado*. 8. ed. São Paulo: RT, 2008. p. 639-640.

expressão "lesão corporal de natureza grave" também ingressam as lesões corporais gravíssimas, descritas pelo art. 129, § 2.º, do Código Penal.

Em face da quantidade da pena, constata-se serem tais causas de aumento exclusivamente **preterdolosas**. A omissão de socorro é punida a título de dolo, e os resultados agravadores (lesão corporal grave ou morte), a título de culpa. Além disso, o dolo de perigo presente na conduta inicial (omissão de socorro) somente é compatível com a culpa, pois é inaceitável pensar em um delito concebido com dolo de perigo que produza um resultado naturalístico doloso (dolo de dano).

1.3.6.12. Classificação doutrinária

O crime de omissão de socorro é **comum** (pode ser cometido por qualquer pessoa); **omissivo próprio ou puro** (a omissão está descrita pelo tipo penal); **de perigo abstrato ou de perigo concreto**, dependendo do caso; **de forma livre** (admite qualquer meio de execução, desde que omissivo); **unissubjetivo, unilateral ou de concurso eventual** (em regra cometido por uma única pessoa, mas é compatível com o concurso de agentes); **unissubsistente** (a conduta se exterioriza em um único ato); e **instantâneo**.

1.3.6.13. Omissão de socorro e Código de Trânsito Brasileiro

O art. 304 da Lei 9.503/1997 – Código de Trânsito Brasileiro descreve o crime de omissão de socorro no trânsito. Sua redação é a seguinte:

> **Art. 304.** Deixar o condutor do veículo, na ocasião do sinistro, de prestar imediato socorro à vítima, ou, não podendo fazê-lo diretamente, por justa causa, deixar de solicitar auxílio da autoridade pública:
>
> **Penas** – Detenção, de seis meses a um ano, ou multa, se o fato não constituir elemento de crime mais grave.
>
> **Parágrafo único.** Incide nas penas previstas neste artigo o condutor do veículo, ainda que a sua omissão seja suprida por terceiros ou que se trate de vítima com morte instantânea ou com ferimentos leves.

A interpretação sistemática do Código de Trânsito Brasileiro autoriza a conclusão de que esse delito não poderá ser imputado ao condutor de veículo automotor que culposamente tenha provocado a morte ou lesões corporais em alguém. De fato, tal condutor responde pelo crime de homicídio culposo ou de lesão corporal culposa na direção de veículo automotor, com a pena agravada pela omissão de socorro (Lei 9.503/1997, art. 302, § 1.º, inc. III, e art. 303, § 1.º, respectivamente).

Resta, portanto, uma única saída. Como o art. 304 da Lei 9.503/1997 faz menção ao condutor do veículo que, na ocasião do sinistro, deixa de prestar imediato socorro à vítima, infere-se que esse dispositivo será aplicável unicamente ao condutor de veículo que, **agindo sem culpa**, se envolva em sinistro e não socorra imediatamente a vítima. Exemplo: "A" culposamente atropela "B", que atravessava a via pública. "C", que também teve seu veículo abalroado no local, deixa de socorrer "B".

Por sua vez, o crime de omissão de socorro tipificado pelo art. 135 do Código Penal será aplicável aos condutores de veículos automotores não envolvidos no sinistro, bem como a qualquer outra pessoa que deixar de prestar socorro à vítima que se encontrar em alguma das situações por ele indicadas.

As conclusões acima podem ser sintetizadas pelo seguinte quadro:

Conduta	Adequação típica
Matar ou lesionar culposamente alguém, na direção de veículo automotor, e não prestar socorro	Art. 302, § 1.º, inc. III, ou art. 303, § 1.º, ambos da Lei 9.503/1997
Envolvimento no sinistro, sem culpa, e deixar de prestar imediato socorro	Art. 304 da Lei 9.503/1997
Terceira pessoa (na direção de veículo automotor ou não), sem envolvimento no sinistro, que deixar de prestar socorro à vítima	Art. 135 do Código Penal

Note-se também que o crime delineado pelo art. 304 da Lei 9.503/1997 é **expressamente subsidiário**.

Finalmente, o dispositivo legal foi explícito ao estabelecer em seu parágrafo único que o crime subsiste ainda quando a omissão do condutor de veículo for suprida por terceiros, bem como quando se tratar de vítima com morte instantânea ou com ferimentos leves.

Essa regra deve ser interpretada com cautela. Com exceção da ressalva aos "ferimentos leves", parece-nos óbvio que não se pode falar em omissão de socorro quando a vítima for socorrida por terceiros, pois nessa hipótese o ofendido estará protegido do perigo que justifica a punição do omitente. De igual modo, não há crime quando a omissão se der em face da manifesta morte instantânea, pois não existirá razão para legitimar a exigência da prestação de socorro. Nada poderia o sujeito fazer quando constatar que a vítima está morta (exemplo: cabeça separada do restante do corpo).

1.3.6.14. Omissão de socorro e Estatuto da Criança e do Adolescente

O art. 244-C da Lei 8.069/1990 – Estatuto da Criança e do Adolescente contempla um crime relacionado à omissão de socorro de pessoa menor de 18 anos, cometido pelo seu pai, mãe ou responsável legal:

Art. 244-C. Deixar o pai, a mãe ou o responsável legal, de forma dolosa, de comunicar à autoridade pública o desaparecimento de criança ou adolescente:

Pena – reclusão, de 2 (dois) a 4 (quatro) anos, e multa.

1.3.6.15. Omissão de socorro e Lei Henry Borel

O art. 26 da Lei 14.344/2022, conhecida como "Lei Henry Borel", prevê uma modalidade específica de omissão de socorro, relacionada à falta de comunicação, à autoridade pública, da prática de violência contra criança ou adolescente, ou o abandono de incapaz:

Art. 26. Deixar de comunicar à autoridade pública a prática de violência, de tratamento cruel ou degradante ou de formas violentas de educação, correção ou disciplina contra criança ou adolescente ou o abandono de incapaz:

Pena – detenção, de 6 (seis) meses a 3 (três) anos.

§ 1.º A pena é aumentada de metade, se da omissão resulta lesão corporal de natureza grave, e triplicada, se resulta morte.

§ 2.º Aplica-se a pena em dobro se o crime é praticado por ascendente, parente consanguíneo até terceiro grau, responsável legal, tutor, guardião, padrasto ou madrasta da vítima.

1.3.7. Art. 135-A – Condicionamento de atendimento médico-hospitalar emergencial

1.3.7.1. Dispositivo legal

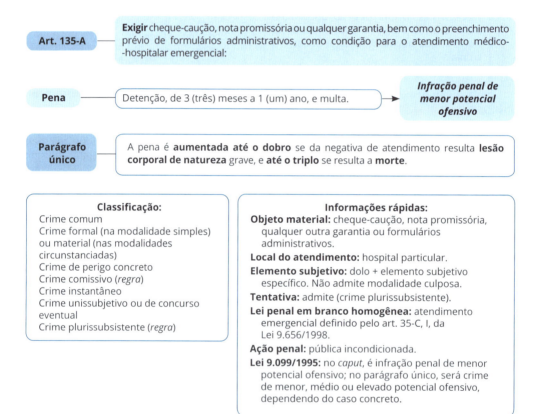

1.3.7.2. Introdução

O crime tipificado no art. 135-A do Código Penal foi criado pela Lei 12.653/2012, e sua conformidade com o princípio da intervenção mínima é questionável.

No plano administrativo, a ANS – Agência Nacional de Saúde Suplementar, criada pela Lei 9.961/2000, editou a Resolução Normativa 496, de 30 de março de 2022, cujo art. 1.º contém a seguinte redação:

> Fica vedada, em qualquer situação, a exigência, por parte dos prestadores de serviços contratados, credenciados, cooperados ou referenciados das Operadoras de Planos de Assistência à Saúde e Seguradoras Especializadas em Saúde, de caução, depósito de qualquer natureza, nota promissória ou quaisquer outros títulos de crédito, no ato ou anteriormente à prestação do serviço.

No âmbito civil, o art. 171, inc. II, do Código Civil determina a anulabilidade do negócio jurídico resultante de estado de perigo, incontestável na hipótese em que uma pessoa com deficiência de saúde depende de atendimento médico-hospitalar emergencial.

Por sua vez, na esfera penal as situações descritas no art. 135-A do Código Penal sempre caracterizaram o crime de omissão de socorro (CP, art. 135), pois a pessoa a quem se condiciona o atendimento médico-hospitalar ao fornecimento de garantia ou ao preenchimento prévio de formulários administrativos indubitavelmente encontra-se "ferida" ou "em grave e iminente perigo", e o sujeito ativo deixa de prestar-lhe assistência, quando possível fazê-lo sem risco pessoal.

Essa problemática, portanto, possui arcabouço jurídico para ser combatida pelo Poder Público e pelas pessoas em geral. O que falta é fiscalização efetiva, indignação pelos prejudicados pela prática indevida e imposição de sanções adequadas, tais como multas elevadas e suspensão das atividades. Nesse cenário, se o Estado não desempenha a contento sua fiscalização sobre os estabelecimentos hospitalares, e se muitos particulares não reivindicam seus direitos perante a Administração Pública e o Poder Judiciário, não será o Direito Penal o salvador dos interesses em conflito. Trata-se de mais uma manifestação do **direito penal de emergência**,[161] conferindo-lhe nítida **função simbólica** e desprovida de qualquer eficácia.

Além disso, na prática muitas vezes a utilização do art. 135-A do Código Penal trará ainda mais percalços à pessoa acometida de problemas de saúde. Basta pensar na situação em que a Polícia é acionada e efetua a prisão em flagrante do atendente do hospital, porque este exigia qualquer garantia para a internação do enfermo. O funcionário, evidentemente, não agia por livre-iniciativa. Estava cumprindo ordens dos administradores da entidade, quiçá dos próprios médicos. Depois da sua condução ao Distrito Policial, o paciente ficará sob os cuidados justamente dos médicos que determinaram ou colaboraram para a exigência da garantia indevida. Certamente o quadro não será nada animador. E mais: o violador da norma penal rapidamente estará em liberdade, pois, em se tratando normalmente de infração penal de menor potencial ofensivo, não será lavrado o auto de prisão em flagrante, e no futuro suportará – quando muito – somente uma pena alternativa (restritiva de direitos ou multa).

O tempo mostrará se o legislador acertou ou errou. Mas desde logo fica a impressão de que não será o Direito Penal a panaceia para os males resultantes de um Estado omisso, covarde e benevolente com a violação das suas próprias regras.

1.3.7.3. Objetividade jurídica

O condicionamento de atendimento médico-hospitalar de urgência está alocado no Capítulo III do Título I da Parte Especial do Código Penal. Desta forma, os bens jurídicos penalmente tutelados são a vida e a saúde da pessoa humana.

1.3.7.4. Objeto material

É o cheque-caução, a nota promissória, qualquer outra garantia ou os formulários administrativos.

Cheque-caução ou "cheque em garantia" é a prática abusiva consistente na entrega do título de crédito, normalmente preenchido em valor excessivo, com a finalidade de assegurar o pagamento de despesa médica, evitando-se o risco de inadimplemento da obrigação pelo

---

[161] A proposta que resultou na Lei 12.653/2012 foi apresentada pela Presidência da República em razão da morte do então secretário de Recursos Humanos do Ministério do Planejamento, Duvanier Paiva Ferreira, com 56 anos de idade, acometido por infarto agudo do miocárdio no dia 19 de janeiro de 2012. Após os familiares terem procurado atendimento emergencial em dois hospitais particulares de Brasília, negados pela exigência de cheque-caução, ele veio a óbito.

paciente, ou ainda pela falta de cobertura pelo seu plano de saúde. A **nota promissória** também é um título de crédito, representado pela promessa de pagamento do valor nela indicado.

A fórmula "**qualquer garantia**" deriva do emprego da interpretação analógica (ou *intra legem*), e abrange todas as situações diversas do cheque-caução e da nota promissória, mas que também colocam a entidade hospitalar em situação favorável, em prejuízo de quem necessita do atendimento médico-hospitalar emergencial, acarretando em risco efetivo à sua vida ou à sua saúde, a exemplo dos instrumentos particulares de confissão de dívida, do depósito em conta bancária, da entrega de bens (tais como joias e relógios), do endosso de outros títulos de crédito etc.

Mas não é só. O crime também pode ser cometido mediante a exigência de **preenchimento prévio de formulários administrativos**, via de regra consubstanciados em contratos de adesão impregnados de cláusulas leoninas e protetivas do hospital, com supressão dos direitos do paciente ou dos seus responsáveis.

1.3.7.5. Núcleo do tipo

O núcleo do tipo é "**exigir**", no sentido de ordenar ou impor algo, de modo autoritário e capaz de intimidar. Não há emprego de violência à pessoa ou grave ameaça. O agente se aproveita do quadro de penúria do doente ou acidentado para condicionar o atendimento médico-hospitalar emergencial à entrega de cheque-caução, nota promissória ou qualquer outra garantia, ou então ao preenchimento prévio de formulários administrativos, seja por ele próprio, seja pelos seus familiares ou pessoas próximas (amigos, noivo ou noiva etc.). Em síntese, o sujeito ativo deixa de dispensar o atendimento especializado enquanto o enfermo (ou alguém em seu nome) não atender à condição por ele imposta.

Para a caracterização do delito é suficiente uma única conduta – exigir cheque-caução, nota promissória ou qualquer garantia, ou exigir o preenchimento prévio de formulários administrativos – como condição para o atendimento médico-hospitalar emergencial. As condutas são **alternativas**, e não cumulativas.

1.3.7.5.1. O local do atendimento

O atendimento médico de caráter emergencial deve ser prestado em **hospital**, pois o tipo penal utiliza a expressão "atendimento **médico-hospitalar** emergencial". Não basta o atendimento médico. É preciso que seja realizado em hospital. Em razão disso, não se admite a incidência do art. 135-A do Código Penal nos atendimentos eventualmente prestados em locais diversos (casa do paciente, centros religiosos etc.).

1.3.7.5.2. Atendimento médico-hospitalar emergencial e atendimento de urgência: distinção e reflexos jurídicos

A Lei 9.656/1998 dispõe sobre os planos e seguros privados de atendimento à saúde. Seu art. 35-C, com a redação conferida pela Lei 11.935/2009, impõe a obrigatoriedade da cobertura no atendimento nos casos de emergência e de urgência.

Casos de emergência são os que implicam risco imediato de vida ou de lesões irreparáveis ao paciente (inc. I); por seu turno, **casos de urgência** são os resultantes de acidentes pessoais ou de complicações no processo gestacional (inc. II). Destarte, o art. 135-A do Código Penal constitui-se em **lei penal em branco homogênea**, pois a definição da conduta criminosa é imprecisa, dependendo da complementação fornecida pelo art. 35-C, inc. I, da Lei 9.656/1998.

É fácil notar que os casos de emergência se revestem de maior gravidade, justificando imediato atendimento médico-hospitalar, mediante intervenção ou procedimento cirúrgico. A identificação do caso como emergencial ou urgente será realizada exclusivamente pelo médico, com base na análise da posição clínica do paciente.

Em obediência ao princípio da reserva legal ou da estrita legalidade no campo penal, daí resultando a vedação da analogia *in malam partem*, não se caracteriza o crime em apreço na conduta de exigir cheque-caução, nota promissória ou qualquer garantia, bem como preenchimento prévio de formulários administrativos, como condição para o atendimento médico-hospitalar de urgência.[162] Mas este comportamento tem relevância jurídico-penal, pois encontra subsunção no art. 135 do Código Penal (omissão de socorro).

1.3.7.6. Sujeito ativo

Pode ser qualquer funcionário ou administrador do estabelecimento de saúde que realize atendimento médico-hospitalar emergencial, e também o médico que se recusa a atender um paciente sem o fornecimento de garantia ou o preenchimento prévio de formulário administrativo (**crime comum** ou **geral**). É perfeitamente cabível o concurso de pessoas, nas modalidades coautoria e participação, a exemplo da situação em que o proprietário do hospital ordena ao atendente a exigência de cheque-caução como condição para o atendimento médico-hospitalar.

Nessa seara, dois pontos merecem destaque: (a) o delito somente pode ser cometido no âmbito de **hospitais particulares**, pois nos estabelecimentos da rede pública de saúde é vedada a cobrança de qualquer valor para o atendimento médico. Se o funcionário público fizer esta exigência indevida, estará caracterizado o crime de concussão (CP, art. 316), sem prejuízo da responsabilidade pelo resultado decorrente da omissão frente ao atendimento médico, nos moldes do art. 13, § 2.º, "a", do Código Penal (dever legal); e (b) o crime não pode ser praticado pela pessoa jurídica (hospital), em face da ausência de previsão constitucional e legal nesse sentido.

1.3.7.6.1. O dever de agir para evitar o resultado

Se o sujeito possuir o dever de agir para evitar o resultado, e omitir-se em decorrência do não recebimento de garantia ou do não preenchimento de formulários administrativos, daí resultando lesão corporal de natureza grave (ou gravíssima) ou a morte da vítima, a ele será imputado o crime derivado da sua inércia. Exemplo: O médico já iniciou a cirurgia de emergência, mas durante sua realização descobre a necessidade de utilização de método mais caro e não coberto pelo plano de saúde do enfermo. Em razão disso, ele suspende a intervenção cirúrgica e exige dos familiares do doente a entrega de cheque-caução. Nesse ínterim, se a vítima falecer o médico será responsabilizado pelo homicídio, pois sua omissão é penalmente relevante, na forma definida pelo art. 13, § 2.º, do Código Penal.

1.3.7.7. Sujeito passivo

É a pessoa acometida de problema em sua saúde, e por esta razão necessitada de atendimento médico-hospitalar emergencial.

1.3.7.8. Elemento subjetivo

É o dolo, direto ou eventual, acrescido de um especial fim de agir (**elemento subjetivo específico**), representado pela expressão "como condição para o atendimento médico hospitalar emergencial". Em outras palavras, não basta exigir a garantia ou o preenchimento de formulário administrativo. É preciso fazê-lo como medida necessária ao atendimento de emergência.

Não se admite a modalidade culposa.

---

[162] No mesmo sentido: CUNHA, Rogério Sanches. *Curso de direito penal*. Parte Especial. 4. ed. Salvador: Juspodivm, 2012. p. 156-157.

1.3.7.8.1. Funcionários de hospitais, conhecimento do caráter ilícito do fato e inexigibilidade de conduta diversa

Como estabelece o art. 2.º da Lei 12.653/2012: "O estabelecimento de saúde que realize atendimento médico-hospitalar emergencial fica obrigado a afixar, em local visível, cartaz ou equivalente, com a seguinte informação: 'Constitui crime a exigência de cheque-caução, de nota promissória ou de qualquer garantia, bem como do preenchimento prévio de formulários administrativos, como condição para o atendimento médico-hospitalar emergencial, nos termos do art. 135-A do Decreto-lei 2.848, de 7 de dezembro de 1940 – Código Penal'".

Em face desta regra, não há espaço para os funcionários de hospitais invocarem o instituto do erro de proibição (CP, art. 21), arguindo o desconhecimento do caráter ilícito do fato consistente em exigir a prestação de garantia ou o preenchimento de formulário administrativo para prestação do atendimento emergencial. Em seus locais de trabalho existirá um cartaz visível advertindo a todos acerca desta vedação.

Nada impede, contudo, a comprovação de panorama de inexigibilidade de conduta diversa, como desdobramento das determinações emitidas pelos administradores dos hospitais privados aos atendentes, inclusive com ameaça de demissão diante da omissão no tocante à exigência indevida. Nesses casos, estará excluída a culpabilidade do atendente, com a configuração do instituto da autoria mediata, e somente ao responsável pelo estabelecimento de saúde será imputado o delito, não se aperfeiçoando o concurso de pessoas, em face da ausência do vínculo subjetivo.

1.3.7.9. Consumação

O condicionamento de atendimento médico-hospitalar emergencial é **crime formal, de consumação antecipada** ou **de resultado cortado**: consuma-se com a exigência do cheque-caução, nota promissória ou qualquer outra garantia, bem como com o preenchimento prévio de formulários administrativos, independentemente da superveniência do resultado naturalístico. É também **crime de perigo concreto**, pois reclama a comprovação do risco ao bem jurídico penalmente protegido, representado pela necessidade de atendimento de natureza emergencial.

1.3.7.10. Tentativa

É possível, em face do caráter plurissubsistente do delito, permitindo o fracionamento do *iter criminis*.

1.3.7.11. Ação penal

A ação penal é pública incondicionada.

1.3.7.12. Lei 9.099/1995

Em sua modalidade fundamental, prevista no *caput* do art. 135-A do Código Penal, o condicionamento de atendimento médico-hospitalar emergencial constitui-se em **infração penal de menor potencial ofensivo**, de competência do Juizado Especial Criminal e compatível com a transação penal e com o rito sumaríssimo, nos termos da Lei 9.099/1995. Esta conclusão é igualmente aplicável quando da negativa de atendimento resultar lesão corporal de natureza grave (ou gravíssima). Com efeito, a pena será aumentada **até o dobro**, não ultrapassando o teto de 2 anos, na forma exigida pelo art. 61 da Lei 9.099/1995.

Por seu turno, se da negativa de atendimento resultar a morte, a pena será aumentada **até o triplo**. Destarte, poderá ser, mas não será necessariamente triplicada. Consequentemente, três situações despontam como possíveis na situação concreta:

(a) se, nada obstante a majoração, a pena máxima não exceder o patamar de 2 anos, o condicionamento de atendimento médico-hospitalar emergencial será rotulado como **infração penal de menor potencial ofensivo**;

(b) se, com a incidência do aumento, a pena máxima ultrapassar 2 anos, mas a pena mínima não extrapolar 1 ano, estará caracterizado um **crime de médio potencial ofensivo**, comportando a suspensão condicional do processo, se presentes os demais requisitos elencados pelo art. 89 da Lei 9.099/1995; e

(c) se o aumento levar a pena máxima além do teto de 2 anos, e a pena mínima exceder o piso de 1 ano, estará configurado um **crime de elevado potencial ofensivo**, incompatível com os benefícios contidos na Lei 9.099/1995.

1.3.7.13. Classificação doutrinária

O condicionamento de atendimento médico-hospitalar emergencial é crime **simples** (ofende um único bem jurídico); **comum** (pode ser cometido por qualquer pessoa); **formal**, **de consumação antecipada** ou **de resultado cortado** (na modalidade simples, consuma-se com a prática da conduta legalmente descrita, independentemente da superveniência do resultado naturalístico) ou ainda **material** ou **causal** (nas figuras circunstanciadas, pois exigem a produção da lesão corporal de natureza grave ou da morte); **de perigo concreto** (reclama a comprovação do risco ao bem jurídico); **comissivo**; **instantâneo** (consuma-se em um momento determinado, sem continuidade no tempo); **unissubjetivo**, **unilateral** ou **de concurso eventual** (pode ser praticado por uma única pessoa, mas admite o concurso); e normalmente **plurissubsistente**.

1.3.7.14. Causas de aumento da pena: art. 135-A, parágrafo único

Como estatui o parágrafo único do art. 135-A do Código Penal: "A pena é aumentada até o dobro se da negativa de atendimento resulta lesão corporal de natureza grave, e até o triplo se resulta a morte".

A superveniência da lesão corporal de natureza grave (ou gravíssima) ou da morte da pessoa necessitada do atendimento médico-hospitalar emergencial funciona como **causa de aumento da pena**, incidente na terceira e derradeira fase da aplicação da pena privativa de liberdade. A majoração é obrigatória, reservando-se discricionariedade ao juiz para elevar a reprimenda **até** o dobro (lesão corporal grave em sentido amplo) ou **até** o triplo (morte). Como a lei não indicou o percentual mínimo, conclui-se que nos dois casos a exasperação será de 1/6 (um sexto) até o dobro ou até o triplo, pois tal montante é o menor admitido pelo Código Penal no tocante às causas de aumento da pena.

As figuras agravadas são necessariamente **preterdolosas**, conclusão facilmente extraída das penas cominadas pelo legislador. Há dolo na exigência indevida de garantia ou do preenchimento prévio de formulários administrativos, e culpa no tocante ao resultado gravador (lesão corporal grave em sentido amplo ou morte). Nesses casos, ao contrário da modalidade fundamental contida no *caput* do art. 135-A do Código Penal, os crimes são **materiais** ou **causais**, pois a consumação reclama a concretização de qualquer dos resultados naturalísticos.

1.3.7.15. Estatuto da Pessoa Idosa

A Lei 10.741/2003 – Estatuto da Pessoa Idosa contempla, em seu art. 103,[163] uma figura semelhante ao crime definido no art. 135-A do Código Penal, com a seguinte redação:

---
[163] O crime definido no art. 97 do Estatuto da Pessoa Idosa, por seu turno, é uma modalidade especial de omissão de socorro (CP, art. 135).

> Art. 103. Negar o acolhimento ou a permanência da pessoa idosa, como abrigada, por recusa desta em outorgar procuração à entidade de atendimento:
> Pena – detenção de 6 (seis) meses a 1 (um) ano e multa.

Vale destacar, em relação à pessoa idosa, a inexistência de situação apta a exigir o atendimento médico-hospitalar emergencial. Não se trata de clínica médica ou hospital. Basta a negativa de acolhimento ou permanência da pessoa com idade igual ou superior a 60 anos em abrigo, diante da sua recusa em fornecer procuração à entidade de atendimento para administrar seus interesses.

1.3.8. Art. 136 – Maus-tratos

1.3.8.1. Dispositivo legal

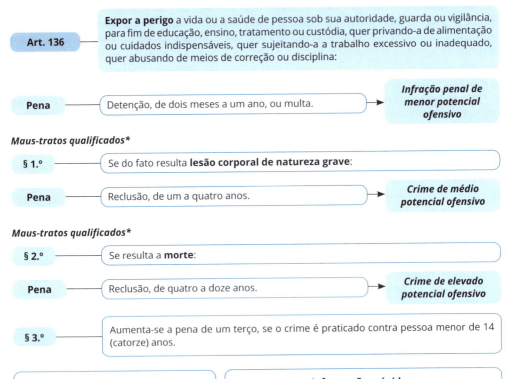

1.3.8.2. Objetividade jurídica

A vida e a saúde da pessoa humana.

1.3.8.3. Objeto material

É a pessoa que se encontra em alguma das situações descritas pelo art. 136 do Código Penal e sofre os maus-tratos.

1.3.8.4. Núcleo do tipo

O núcleo do tipo penal é **"expor"**, que nesse crime significa colocar alguém em perigo.

Nada obstante exista um só verbo, o crime de maus-tratos é previsto por um **tipo misto alternativo** (crime de ação múltipla ou de conteúdo variado). Destarte, o sujeito pode praticar o delito expondo a vida ou a saúde da pessoa humana mediante uma única conduta (exemplo: privando-a dos cuidados necessários) ou por meio de variadas condutas (exemplo: privando-a de alimentação e sujeitando-a a trabalho excessivo). Haverá, em qualquer caso, crime único, desde que as condutas sejam cometidas no mesmo contexto fático e se relacionem à mesma vítima, mas a pluralidade de condutas deve ser utilizada pelo magistrado na dosimetria da pena-base, para elevá-la, nos termos do art. 59, *caput*, do Código Penal.

Cuida-se de **crime de forma vinculada**, pois a conduta de "expor a perigo a vida ou a saúde da pessoa" somente admite os modos de execução expressamente previstos em lei. São eles:

a) Privação de alimentos ou cuidados indispensáveis

"Privar" significa destituir, retirar, tolher alguém de um bem ou objeto determinado. O crime, nessa hipótese, é omissivo próprio ou puro. A omissão está descrita pelo próprio tipo penal.

A privação de alimentos pode ser absoluta ou relativa. Esta última (privação relativa) já é suficiente para a configuração do crime de maus-tratos. Exemplo: mãe que injustificadamente não serve o jantar ao filho de pouca idade. Na hipótese de privação absoluta, somente existirá o crime definido pelo art. 136 do Código Penal quando o sujeito deixar de alimentar a vítima por um período apto a submetê-la tão somente a perigo, pois em caso contrário constituirá meio de execução de homicídio, consumado ou tentado.

Cuidados indispensáveis, por sua vez, são os imprescindíveis à preservação da vida e da saúde de quem está sendo educado, tratado ou custodiado por alguém, tais como tratamento médico e odontológico, fornecimento de roupas adequadas para cada estação do ano etc.

b) Sujeição a trabalho excessivo ou inadequado:

Trabalho excessivo é o capaz de prejudicar a vida ou a saúde de alguém, em razão de produzir anormal cansaço como decorrência do seu elevado volume. Deve ser aferido no caso concreto, levando-se em consideração os aspectos físicos da vítima. Exemplificativamente, caracteriza trabalho excessivo a sujeição de uma criança de 10 anos de idade como estivadora em um porto de cargas, o mesmo não ocorrendo com um homem maduro e fisicamente bem definido.

Trabalho inadequado, por seu turno, é o impróprio para uma determinada pessoa, e por esse motivo apto a proporcionar perigo à vida ou à saúde de quem o realiza. Aqui também deve ser sopesado o perfil subjetivo da vítima (sexo, idade, saúde, aptidão física etc.). Exemplo: É inadequado obrigar uma pessoa idosa a trabalhar em lugar descoberto no período noturno e durante o inverno.

Fica nítido, portanto, que não se proíbe todo e qualquer trabalho, mas somente aquele executado imoderadamente por alguém em consequência do abuso alheio. O crime, em tais casos, é comissivo.

c) Abuso dos meios de correção ou disciplina

Correção é o meio destinado a tornar certo o que está errado. **Disciplina**, por sua vez, é o expediente utilizado para preservar a normalidade, isto é, manter certo aquilo que já está certo. Em ambas as situações o crime é comissivo.

O uso do direito de correção e de disciplina é importante, quiçá fundamental, para a educação, ensino, tratamento ou custódia de pessoa que se encontra sob a autoridade, guarda ou vigilância de alguém, e nesse ponto a conduta é lícita, pois presente o exercício regular de direito (CP, art. 23).

Surge o crime de maus-tratos, porém, quando o titular do direito de correção ou de disciplina dele abusa. Em outras palavras, o exercício do direito transmuda-se de regular para "irregular". É o que se dá, por exemplo, quando um pai – que tem o direito de castigar seu filho, desde que com moderação – decide espancá-lo, colocando em perigo sua vida ou sua saúde, ou ainda quando, com o objetivo de impedir o namoro de sua filha menor de idade, acorrenta-a ao pé da cama.

A propósito, a Lei 13.010/2014, conhecida como "Lei da Palmada" ou "Lei Menino Bernardo", efetuou modificações no Estatuto da Criança e do Adolescente para o fim de estabelecer expressamente o direito da criança e do adolescente de serem educados e cuidados sem o uso de castigos físicos ou de tratamento cruel ou degradante.

1.3.8.5. Sujeito ativo

Trata-se de **crime próprio**, pois o tipo penal reclama uma vinculação especial entre o autor e a vítima dos maus-tratos. É necessário esteja o ofendido sob a autoridade, guarda ou vigilância do agente, para fim de educação, ensino, tratamento ou custódia, mas pouco importa o grau de instrução ou a classe social do responsável pela conduta criminosa.

A assistência decorrente da relação de **autoridade** é a inerente ao vínculo de poder de uma pessoa sobre a outra, e pode derivar de direito público ou de direito privado. **Guarda** é a assistência a pessoas que não prescindem dela, e compreende necessariamente a **vigilância**. Esta importa zelo pela segurança pessoal, mas sem o rigor que caracteriza a guarda, que pode ser alheia (exemplo: o guia alpino *vigia* pela segurança de seus companheiros de ascensão, mas não os tem sob sua *guarda*).[164]

Educação é o processo de formação intelectual, moral e física de uma pessoa, permitindo-lhe integração à sociedade e desenvolvimento individual. Exemplo: relação entre curador e interdito. Não se confunde com o **ensino**, que consiste na transmissão dos conhecimentos fundamentais ao processo educacional. Exemplo: vínculo entre professor e aluno.

Tratamento é o meio utilizado para a cura de enfermidades físicas ou mentais. Exemplo: ligação entre médico e paciente.

Finalmente, **custódia** equivale ao ato de proteger alguém que se encontra legalmente detido. Exemplo: relação entre o carcereiro e o condenado recluso.

O marido não pode ser sujeito ativo de crime de maus-tratos contra sua esposa, nem o contrário, pois inexiste hierarquia entre eles no âmbito da relação matrimonial. Um não se encontra sob a autoridade, guarda ou vigilância do outro para fins de educação, ensino, tratamento ou custódia. A conduta praticada por um cônjuge contra o outro poderá configurar o crime de lesão corporal (CP, art. 129) ou de perigo para a vida ou saúde de

---

[164] BITENCOURT, Cezar Roberto. *Tratado de direito penal*. Parte especial. 6. ed. São Paulo: Saraiva, 2007. v. 2, p. 230.

outrem (CP, art. 132). E, se algum destes delitos for cometido pelo marido contra a mulher, com emprego de violência doméstica ou familiar, incidirão as regras disciplinadas pela Lei 11.340/2006 – Lei Maria da Penha.

1.3.8.6. Sujeito passivo

Não pode ser qualquer pessoa, mas somente aquela que se encontrar sob autoridade, guarda ou vigilância do agente, para fim de educação, ensino, tratamento ou custódia. Em síntese, a vítima deve ser pessoa subordinada ao responsável pela conduta criminosa.

No tocante à relação entre pai e filho, o crime apenas se aperfeiçoa se o descendente for menor de idade, pois com a maioridade civil cessa a relação de guarda. Subsistirá o delito, contudo, se mesmo com o advento dos 18 anos de idade o filho permanecer sob a autoridade do genitor.

1.3.8.6.1. Maus-tratos contra pessoa idosa

Se a vítima for pessoa idosa, incide o crime tipificado pelo art. 99 da Lei 10.741/2003 – Estatuto da Pessoa Idosa:

> **Art. 99.** Expor a perigo a integridade e a saúde, física ou psíquica, da pessoa idosa, submetendo-a a condições desumanas ou degradantes ou privando-a de alimentos e cuidados indispensáveis, quando obrigado a fazê-lo, ou sujeitando-a a trabalho excessivo ou inadequado:
>
> **Pena** – detenção de 2 (dois) meses a 1 (um) ano e multa.
>
> **§ 1.º** Se do fato resulta lesão corporal de natureza grave:
>
> **Pena** – reclusão de 1 (um) a 4 (quatro) anos.
>
> **§ 2.º** Se resulta a morte:
>
> **Pena** – reclusão de 4 (quatro) a 12 (doze) anos.

O conflito aparente de normas é solucionado pelo princípio da especialidade. E, nada obstante o escopo do Estatuto da Pessoa Idosa de conferir maior proteção às pessoas com idade igual ou superior a 60 (sessenta) anos, as penas desse delito são idênticas às cominadas pelo art. 136 do Código Penal, tanto na forma simples como nas figuras qualificadas. A conduta criminosa, entretanto, é mais abrangente, pois também considera maus-tratos a exposição a perigo da saúde **psíquica** da pessoa idosa.

1.3.8.7. Elemento subjetivo

É o dolo, direto ou eventual. E, implicitamente, o tipo penal reclama também uma finalidade específica, qual seja "a vontade consciente de maltratar o sujeito passivo de modo a expor-lhe a perigo a vida ou a saúde".[165]

Não se admite a modalidade culposa.

1.3.8.8. Consumação

Consuma-se o delito com a exposição da vítima ao perigo. Não se reclama o dano efetivo.

---

[165] HUNGRIA, Nélson. *Comentários ao Código Penal*. 2. ed. Rio de Janeiro: Forense, 1953. v. 5, p. 436.

Damásio de Jesus classifica o crime de maus-tratos como permanente, nas hipóteses de privação de alimentos e/ou de cuidados, e como delito instantâneo em todas as demais.[166]

Para Nélson Hungria, contudo, o crime é permanente na modalidade de privação de alimentos ou cuidados indispensáveis e sujeição a trabalho excessivo ou inadequado, enquanto nos demais casos é instantâneo, embora possa eventualmente assumir o caráter de permanência (exemplo: um pai, com ânimo corretivo, mantém o filho fortemente amarrado ao pé de uma cama, ou prolonga excessivamente a sua segregação no "quarto escuro").[167]

Em posição isolada, Guilherme de Souza Nucci sustenta tratar-se de crime instantâneo, em todas as suas variantes. Basta que o agente, por meio de uma única conduta, consiga colocar em perigo a vida ou a saúde alheia: estará consumado o crime, em qualquer uma das formas.[168]

1.3.8.9. Tentativa

É possível somente nas modalidades comissivas, uma vez que crimes omissivos próprios ou puros não admitem o *conatus*.

1.3.8.10. Figuras qualificadas: §§ 1.º e 2.º

As duas qualificadoras (lesão corporal de natureza grave e morte) são estritamente **preterdolosas**, por dois motivos:

(1) o dolo de perigo do crime de maus-tratos é incompatível com o dolo de dano no resultado agravador; e

(2) as penas cominadas às figuras qualificadas, deveras inferiores à lesão corporal de natureza grave e ao homicídio doloso, evidenciam ter o legislador aceito somente a culpa no resultado naturalístico.

A lesão corporal leve é absorvida pelo crime de maus-tratos. Ao agente será imputado unicamente o delito tipificado pelo art. 136, *caput*, do Código Penal.

1.3.8.11. Causa de aumento de pena

Aumenta-se a pena de 1/3 (um terço), se o crime é praticado contra pessoa menor de 14 (quatorze) anos. Essa causa de aumento de pena, justificada pela maior reprovabilidade da conduta criminosa, foi acrescentada no Código Penal pela Lei 8.069/1990 – Estatuto da Criança e do Adolescente.

1.3.8.12. Ação penal

É pública incondicionada.

1.3.8.13. Classificação doutrinária

Trata-se de crime **próprio** (o sujeito ativo deve ser hierarquicamente superior ao sujeito passivo); **de perigo concreto** (reclama prova da exposição de perigo da vida ou da saúde); **comissivo ou omissivo**; **de forma vinculada** (o tipo penal indica expressamente os modos de execução do crime); **unissubjetivo, unilateral ou de concurso eventual** (cometido por uma única pessoa, embora admita o concurso); **de ação múltipla ou de conteúdo variado** (a

---

[166] JESUS, Damásio E. de. *Direito Penal*: parte especial. 27. ed. São Paulo: Saraiva, 2005. v. 2, p. 189.
[167] HUNGRIA, Nélson. *Comentários ao Código Penal*. 2. ed. Rio de Janeiro: Forense, 1953. v. 5, p. 436.
[168] NUCCI, Guilherme de Souza. *Código Penal comentado*. 8. ed. São Paulo: RT, 2008. p. 642.

prática de duas ou mais condutas contra a mesma vítima no mesmo contexto fático caracteriza crime único); **unissubsistente ou plurissubsistente**; e **instantâneo ou permanente** (com divergências doutrinárias).

1.3.8.14. Maus-tratos e agravantes genéricas

Para impedir o *bis in idem* (dupla punição pelo mesmo fato), o crime de maus-tratos afasta a incidência das agravantes genéricas descritas pelo art. 61, inciso II, alíneas "e", "f", "g", "h" e "i", pois as circunstâncias que ensejam sua aplicação já funcionam como elementar do delito.

1.3.8.15. Art. 232 do Estatuto da Criança e do Adolescente e maus-tratos: distinção

Em se tratando de criança ou adolescente sujeita à autoridade, guarda ou vigilância de alguém e submetida a vexame ou constrangimento, aplica-se o art. 232 da Lei 8.069/1990 – Estatuto da Criança e do Adolescente: "Submeter criança ou adolescente sob sua autoridade, guarda ou vigilância a vexame ou a constrangimento: Pena – detenção de seis meses a dois anos".

Note-se que nessa hipótese a vida ou a saúde da criança ou do adolescente não é exposta a perigo. Limita-se o sujeito a constrangê-la ou humilhá-la, tal como quando a reprime abusivamente em público.

1.3.8.16. Tortura e maus-tratos: distinção

Caracteriza-se o crime de tortura, equiparado a hediondo, quando alguém, que se encontra sob a guarda, poder ou autoridade do agente, é submetido, com emprego de violência ou grave ameaça, a intenso sofrimento físico ou mental, como forma de aplicar castigo pessoal ou medida de caráter preventivo (Lei 9.455/1997, art. 1.º, inc. II). A pena, nesse caso, é de reclusão, de dois a oito anos.

A distinção entre os crimes de tortura e de maus-tratos deve ser feita no caso concreto: aquela depende de intenso sofrimento físico ou mental, enquanto para este é suficiente a exposição a perigo da vida ou da saúde da pessoa. Ademais, o delito de maus-tratos é de perigo (dolo de perigo), e o de tortura, de dano (dolo de dano).

Portanto, a diferenciação se baseia no elemento subjetivo. Se o fato é praticado por alguém para fim de educação, ensino, tratamento ou custódia, mas com imoderação, o crime é de maus-tratos. Sem essa finalidade, ou seja, realizado o fato apenas para submeter a vítima a intenso sofrimento físico ou mental, o delito é de tortura. Para o Superior Tribunal de Justiça:

> A figura do inc. II do art. 1.º, da Lei n.º 9.455/97 implica na existência de vontade livre e consciente do detentor da guarda, do poder ou da autoridade sobre a vítima de causar sofrimento de ordem física ou moral, como forma de castigo ou prevenção. O tipo do art. 136, do Código Penal, por sua vez, se aperfeiçoa com a simples exposição a perigo a vida ou a saúde de pessoa sob sua autoridade, guarda ou vigilância, em razão de excesso nos meios de correção ou disciplina. Enquanto na hipótese de maus-tratos, a finalidade da conduta é a repressão de uma indisciplina, na tortura, o propósito é causar o padecimento da vítima.[169]

Vale ressaltar que o art. 4.º da Lei 9.455/1997 (Lei de Tortura) revogou expressamente o art. 233 do Estatuto da Criança e do Adolescente, que tipificava a tortura contra criança ou adolescente.

---

[169] REsp 610.395/SC, rel. Min. Gilson Dipp, 5.ª Turma, j. 25.05.2004.

1.3.8.17. Maus-tratos contra animais

O art. 32 da Lei 9.605/1998 – Crimes Ambientais prevê o crime de maus-tratos contra animais:

> **Art. 32.** Praticar ato de abuso, maus-tratos, ferir ou mutilar animais silvestres, domésticos ou domesticados, nativos ou exóticos:
>
> Pena – detenção, de três meses a um ano, e multa.
>
> § 1.º Incorre nas mesmas penas quem realiza experiência dolorosa ou cruel em animal vivo, ainda que para fins didáticos ou científicos, quando existirem recursos alternativos.
>
> § 1.º-A Quando se tratar de cão ou gato, a pena para as condutas descritas no *caput* deste artigo será de reclusão, de 2 (dois) a 5 (cinco) anos, multa e proibição da guarda.
>
> § 2.º A pena é aumentada de um sexto a um terço, se ocorre morte do animal.

1.4. DA RIXA

1.4.1. Dispositivo legal

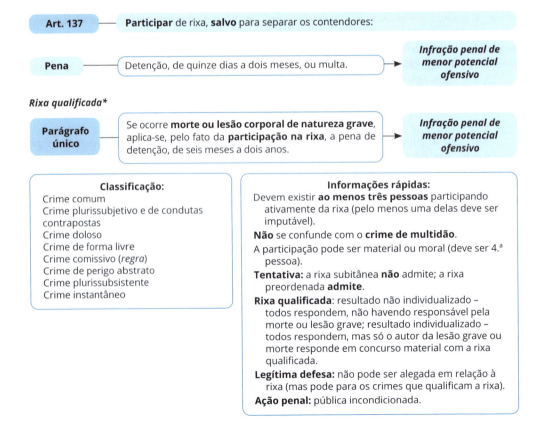

1.4.2. Conceito

Rixa é uma luta tumultuosa e confusa que travam entre si três ou mais pessoas, acompanhada de vias de fato ou violências recíprocas. É também vulgarmente chamada de "conflito", "sarilho", "barulho", "rolo", "banzé", "chinfrim", "safarrusca", "fuzuê" ou "baderna".[170]

Devem existir ao menos três pessoas participando ativamente da rixa. Com efeito, quando o Código Penal se contenta com duas pessoas (exemplo: art. 155, § 4.º, inc. IV), ou então quando exige no mínimo quatro pessoas (exemplo: art. 146, § 1.º) ele o faz expressamente. Logo, quando reclama uma pluralidade de pessoas, sem estabelecer quantas são, é porque devem ser no mínimo três.

1.4.3. Objetividade jurídica

A vida e a saúde das pessoas envolvidas na rixa. Nos termos do item 48 da Exposição de Motivos da Parte Especial do Código Penal: "A 'ratio essendi' da incriminação é dupla: a rixa concretiza um perigo à incolumidade pessoal e é uma perturbação da ordem e da disciplina da convivência civil". Com efeito, o Direito Penal enxerga na rixa, antes de tudo, um crime de perigo para a incolumidade pessoal, mas a maior preocupação do legislador reside no dano que dela inevitavelmente resulta.

Nas lúcidas lições de Basileu Garcia: "a rixa é como um caldo de cultura onde florescesse toda uma fauna microbiana: nela proliferam e multiplicam-se as lesões ao direito, representando ocasião propícia para o cometimento de outros delitos".[171]

1.4.4. Objeto material

É o participante da rixa.

1.4.5. Núcleo do tipo

O núcleo do tipo é **"participar"**, isto é, tomar parte nas agressões. **Os três ou mais rixosos devem combater entre si.** Se dois ou mais indivíduos atacam um terceiro que somente se defende, não há rixa. Participa da rixa quem nela pratica, agressivamente, **atos de violência material** (exemplos: chutes, socos, pauladas etc.). Como nessas situações não se pode precisar qual golpe foi efetuado por um determinado agressor contra o outro, todos devem ser punidos pela rixa, em face da participação no tumulto.

A rixa não se confunde com o **crime de multidão**, no qual há uma multiplicidade de agentes, espontaneamente organizada no sentido da ação comum contra pessoas ou coisas, e não para ataque recíproco. Em síntese, não se configura o crime tipificado pelo art. 137 do Código Penal quando lutam entre si dois ou mais grupos contrários, perfeitamente definidos. Nesse caso, os membros de cada grupo devem ser responsabilizados pelos ferimentos produzidos nos membros do grupo contrário.

Entende-se, entretanto, existir crime de rixa quando se inicia uma troca de agressões entre dois ou mais grupos distintos, mas, em consequência do elevado número de pessoas envolvidas, não é possível identificar a qual grupo pertence cada um dos lutadores.

Não se exige o emprego de armas, nem mesmo que os rixosos lutem fisicamente (exemplo: lançar pedras uns contra os outros). Contudo, **rixa não é simples troca de palavras** (injúrias ou ameaças), por mais ríspida que possa ser. **Inexiste crime na altercação verbal**

---

[170] HUNGRIA, Nélson. *Comentários ao Código Penal*. 2. ed. Rio de Janeiro: Forense, 1953. v. 6, p. 14.
[171] GARCIA, Basileu. Do delito de rixa. *RT* 162/11.

violenta. Devem existir vias de fato ou lesões corporais, em que se chocam os contendores, com risco de danos à incolumidade corporal de qualquer deles ou de outrem.

A participação na rixa pode ser material ou moral.

Participação material é a inerente às pessoas que efetivamente tomam parte na contenda, mediante atos violentos e agressivos. É o caso da pessoa que efetua socos ou pontapés contra outrem, atira pedaços de vidros contra terceiros etc. Aquele que assim age é denominado **partícipe da rixa**.

Participação moral, por sua vez, é a relativa aos sujeitos que estimulam os demais a lutarem entre si, por meio de induzimento ou instigação. É chamado de **partícipe do crime de rixa**, e deve ser no mínimo uma quarta pessoa, pois o delito reclama ao menos três indivíduos na luta generalizada.

Normalmente a rixa é crime **comissivo**. Pode, no entanto, ser praticada por omissão, quando o omitente podia e devia agir para evitar o resultado. Exemplificativamente, também comete rixa o policial que assiste a três pessoas se digladiando e nada faz para impedir o prosseguimento da luta.

1.4.6. Sujeitos do crime: ativo e passivo

A rixa é classificada como **crime plurissubjetivo, plurilateral ou de concurso necessário**, pois o tipo penal reclama a participação efetiva de ao menos três pessoas na troca de agressões materiais. **Basta um imputável**. Pouco importa sejam os demais menores de idade, loucos ou desconhecidos. É, ainda, **crime de condutas contrapostas**, pois os rixosos atuam uns contra os outros.

Cada participante é ao mesmo tempo sujeito ativo e passivo da rixa. Sujeito passivo não da própria ação, mas da ação dos outros, ou ainda da situação de perigo que com a formação da rixa se criou.[172]

1.4.7. Elemento subjetivo

É o dolo de perigo, pouco importando o motivo que ensejou o surgimento de rixa. Não existe forma culposa.

Como expressamente destaca o tipo penal, não há crime na conduta de quem ingressou no tumulto somente para separar os contendores. Nesse caso, não há dolo de participar da rixa.

Deve estar presente o *animus rixandi* (vontade de participar da rixa). Não constitui fato típico a rixa simulada ou aparente, com *animus jocandi* (vontade de brincar).

Por se tratar de crime de perigo, não é necessário que qualquer dos rixosos sofra lesões corporais. Mas, se resultar lesão corporal leve em algum dos envolvidos e seu autor for identificado, ele responderá pela rixa e por esse crime, em concurso material. Entretanto, tratando-se de lesão corporal grave ou gravíssima, o crime será de rixa qualificada. A contravenção de vias de fato é absorvida pela rixa.

Anote-se que o crime é de **perigo abstrato ou presumido**: a lei presume, de forma absoluta, que há situação de perigo com a participação na rixa.

1.4.8. Consumação

Dá-se com a prática de vias de fato ou violências recíprocas. É nesse momento que se produz o perigo abstrato de dano à vida ou à saúde da pessoa humana.

---

[172] BRUNO, Aníbal. *Crimes contra a pessoa*. 5. ed. Rio de Janeiro: Editora Rio, 1979. p. 256.

1.4.9. Tentativa

A rixa, normalmente, surge no arrebatamento da cólera. Os rixosos se acometem de súbito, formando o conflito tumultuoso. É a **rixa subitânea ou** *ex improviso*. Nada impede, entretanto, seja premeditado o ataque de umas pessoas contra outras, para vingança ou desagravo, e nasça daí o embate da rixa, chamada de **rixa preordenada ou** *ex proposito*.

Na primeira (rixa subitânea ou *ex improviso*) não se admite o *conatus*. Ou ocorre a rixa, e o crime está consumado, ou o tumulto não se inicia, e o fato é atípico.

Na segunda (rixa preordenada ou *ex proposito*), por outro lado, é cabível a tentativa, quando três ou mais pessoas acertam uma rixa, mas não conseguem consumá-la por circunstâncias alheias às suas vontades, tal como em razão da intervenção policial.

1.4.10. Rixa qualificada: art. 137, parágrafo único

A rixa qualificada, também chamada de **rixa complexa**, é uma das últimas reminiscências da **responsabilidade penal objetiva**. Com efeito, a redação do parágrafo único do art. 137 do Código Penal permite a conclusão de que todos os rixosos, pelo fato da participação na rixa, suportarão a qualificadora quando ocorre lesão corporal de natureza grave ou morte, pouco importando qual deles foi o responsável pela produção do resultado agravador. Como dispõe o item 48 da Exposição de Motivos da Parte Especial do Código Penal:

> Se ocorre a morte ou lesão corporal grave de algum dos contendores, dá-se uma *condição de maior punibilidade*, isto é, a pena cominada ao simples fato de participação na rixa é especialmente agravada. A pena cominada à rixa em si mesma é aplicável separadamente da pena correspondente ao resultado lesivo (homicídio ou lesão corporal), mas serão ambas aplicadas cumulativamente (como no caso de concurso material) em relação aos contendores que concorrerem para a produção desse resultado.

Em diversos países a lesão corporal de natureza grave e a morte constituem-se em condições de punibilidade da rixa. Nosso Código Penal, porém, optou por caminho diverso. A participação em rixa pune-se por si só, sem necessidade de dano efetivo à incolumidade de alguém. O conteúdo do tipo penal é uma simples proibição de expor o bem jurídico a uma situação de perigo. A participação em rixa, que põe em perigo o bem protegido, é suficiente para integrar o tipo incriminador. Nessa participação esgota-se o conteúdo do ilícito na forma simples dessa figura penal.

Mas, se ocorrer lesão corporal de natureza grave ou morte, a pena é aumentada, passando a ser de 6 (seis) meses a 2 (dois) anos de detenção. Há então uma condição de maior punibilidade. Frise-se que não se impõe ao simples participante a posição de coautor no crime de dano que se verificou. Ele responde somente por uma forma peculiar de crime que é a rixa da qual derivou morte ou lesão grave.

As lesões leves e a tentativa de homicídio não qualificam a rixa.

É indiferente que a morte ou a lesão corporal de natureza grave tenha sido produzida em um dos rixosos ou em um terceiro, alheio à rixa, apaziguador ou mero transeunte. De igual modo, também há rixa qualificada quando um estranho mata um dos rixosos quando de sua intervenção destinada a conter o tumulto. Basta, em qualquer dos casos, a relação de causalidade entre a rixa e o resultado naturalístico.

O resultado morte ou lesão corporal de natureza grave pode ser **não individualizado ou individualizado**. Na primeira hipótese (resultado não individualizado), todos os rixosos respondem pela rixa qualificada. É o que normalmente acontece, pois em geral são acontecimentos anônimos cuja autoria se perde no tumulto, e para incluí-los como resultado da rixa é suficiente a presença de um vínculo de causa e efeito entre a luta dos rixosos e a consequência do dano.

Frise-se, porém, que somente respondem pela rixa qualificada, mas não pela lesão corporal de natureza grave ou pela morte. Há, nesse sentido, clássica decisão do Supremo Tribunal Federal: "Não tendo sido apurado o autor do tiro causador do homicídio, não é admissível que por ele respondam todos os participantes da rixa, que pressupõe grupos opostos".[173] Em igual sentido:

> Se o Ministério Público e a decisão de pronúncia reconhecem a existência da rixa em que duas facções lutaram em completa confusão e não se aponta quem teria vibrado o único golpe de que resultou a morte de um dos contendores, seria iníquo responsabilizarem-se todos esses do lado oposto ao da vítima sob fundamento de coautoria. A rixa caracteriza-se exatamente pelo conflito quase sempre subitâneo, confuso e generalizado, que torna impossível a fixação da autoria, como aconteceu no caso.[174]

Na segunda hipótese (resultado individualizado), por sua vez, ao autor da morte ou da lesão corporal de natureza grave serão imputados os delitos de homicídio ou de lesão grave em concurso material com rixa qualificada. Essa foi a opção acolhida pelo Código Penal. Há, todavia, opiniões no sentido de que, apurando-se a autoria da morte ou da lesão corporal de natureza grave, deve o agente responder pelo homicídio ou lesão grave em concurso material com rixa simples, sob pena de caracterização de inaceitável *bis in idem*.

A propósito, até mesmo o rixoso que sofreu lesão corporal de natureza grave responde pela rixa qualificada, pois o parágrafo único do art. 137 do Código Penal não faz distinção. A lesão grave de que foi vítima comunicou à rixa o ônus da qualificadora, e é com esse caráter que ela vem recair sobre ele mesmo, bem como sobre os demais participantes. Em resumo, todos os que se envolvem no tumulto, daí sobrevindo lesão corporal de natureza grave, respondem pela rixa qualificada.

A pena da rixa qualificada é a mesma, tanto se resultar lesão corporal de natureza grave como se resultar morte. O resultado agravador (lesão corporal de natureza grave ou morte) pode ser doloso ou culposo. Não se cuida de crime essencialmente preterdoloso.

Se ocorrerem várias mortes ou lesões corporais de natureza grave, estará caracterizado um crime único de rixa qualificada. A pluralidade de eventos lesivos deve ser sopesada pelo magistrado na fixação da pena-base (consequências do crime – CP, art. 59, *caput*).

O sujeito que participou da rixa, mas a abandonou antes da lesão corporal de natureza grave ou da morte da vítima, responde pela forma qualificada, pois concorreu, com o seu comportamento anterior, para a manutenção e desenvolvimento do entrevero, e, por corolário, também para a produção do resultado naturalístico, ainda que indiretamente.

Todavia, se o sujeito somente ingressou na rixa após a lesão corporal de natureza grave ou morte da vítima, a ele será imputado o crime de rixa simples. Responsabilizar o interveniente pelo que ocorreu antes de sua participação seria aceitar ter ele influído de qualquer modo na produção do resultado, sancionando um absurdo ao admitir que um efeito possa preceder sua causa.[175]

---

[173] AP 196/PB, rel. Min. Aliomar Baleeiro, Tribunal Pleno, j. 10.06.1970.
[174] RHC 43.756/SP, rel. Min. Aliomar Baleeiro, 2.ª Turma, j. 08.11.1966.
[175] MORAES, Flávio Queiroz. *Delito de rixa*. São Paulo: Saraiva, 1945. p. 158.

1.4.11. Rixa e legítima defesa

Não é possível suscitar a legítima defesa no crime de rixa, pois quem dele dolosamente participa comete ato ilícito. Exemplificativamente, se no contexto da rixa um dos envolvidos empunha uma faca para atacar outro rixoso, e este se defende, matando-o, a ele será imputada a rixa, pois este delito já estava consumado. Subsiste, contudo, a legítima defesa no tocante ao crime de homicídio.

Anote-se, porém, que a legítima defesa somente alcança os resultados produzidos durante a rixa, não impedindo que o sujeito responda por rixa qualificada, nos moldes do art. 137, parágrafo único, do Código Penal. Destarte, quem mata, durante o entrevero, em legítima defesa, não responde por crime de homicídio, respondendo, contudo, por rixa qualificada. É a mesma posição dos outros rixosos, que também respondem por tal delito.[176]

1.4.12. Ação penal

A ação penal é pública incondicionada, qualquer que seja a modalidade do delito.

1.4.13. Lei 9.099/1995

A rixa simples e a rixa qualificada são infrações penais de menor potencial ofensivo. Os limites máximos da pena privativa de liberdade autorizam a transação penal, se presentes os demais requisitos legais, e o processo e julgamento desse crime seguem o rito sumaríssimo (Lei 9.099/1995, arts. 76 e 77).

1.4.14. Classificação doutrinária

Trata-se de crime **comum** (pode ser praticado por qualquer pessoa); **plurissubjetivo, plurilateral ou de concurso necessário, e de condutas contrapostas** (exigem-se no mínimo três pessoas, cujas condutas voltam-se umas contra as outras); **doloso**; **de forma livre** (admite qualquer meio de execução); **comissivo**, e, excepcionalmente, **omissivo impróprio, espúrio ou comissivo por omissão**; **de perigo abstrato** (presume-se, com a prática da conduta, a ocorrência de perigo); **plurissubsistente** e **instantâneo** (consuma-se em um momento determinado, sem continuidade no tempo).

1.5. DOS CRIMES CONTRA A HONRA

1.5.1. Introdução

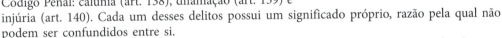

Três são os crimes contra a honra definidos no Código Penal: calúnia (art. 138), difamação (art. 139) e injúria (art. 140). Cada um desses delitos possui um significado próprio, razão pela qual não podem ser confundidos entre si.

Além de estarem previstos no Código Penal, encontram-se também tipificados por lei especiais, tais como o Código Penal Militar (Decreto-lei 1.001/1969) e o Código Eleitoral (Lei 4.737/1965).[177] É possível, por esse motivo, concluir que os crimes contra a honra arrolados pelo Código Penal têm **natureza subsidiária ou residual**, ou seja, somente serão

---

[176] Em igual sentido: JESUS, Damásio E. de. *Código Penal anotado*. 15. ed. Saraiva: São Paulo, 2004. p. 478.

[177] A Lei 5.250/1967 – Lei de Imprensa também continha crimes específicos contra a honra. Este diploma legal, entretanto, não mais pode ser aplicado, em face do julgamento proferido pelo STF nos autos da ADPF 130/DF, rel. Min. Carlos Britto, Plenário, j. 30.04.2009.

aplicados quando não se verificar nenhuma das hipóteses excepcionalmente elencadas pela legislação extravagante. Com efeito, se o fato cometido no caso concreto ostentar os elementos especializantes contidos na lei especial, ele terá preferência sobre a lei geral (princípio da especialidade).

1.5.2. Conceito de honra

Honra é o conjunto de qualidades físicas, morais e intelectuais de um ser humano, que o fazem merecedor de respeito no meio social e promovem sua autoestima. É um sentimento natural, inerente a todo homem e cuja ofensa produz uma dor psíquica, um abalo moral, acompanhados de atos de repulsão ao ofensor. Representa o valor social do indivíduo, pois está ligada à sua aceitação ou aversão dentro de um dos círculos sociais em que vive, integrando seu patrimônio. Um patrimônio moral que merece proteção.[178]

Cuida-se de **direito fundamental do homem,** previsto no art. 5.º, inciso X, da Constituição Federal. Esse é o fundamento constitucional dos crimes contra a honra, em consonância com uma análise constitucionalista do Direito Penal. Com efeito, toda lei penal incriminadora somente se legitima quando tutela um bem jurídico consagrado pela Constituição Federal.

1.5.3. Espécies de honra

Classifica-se a honra, inicialmente, em objetiva e subjetiva.

Honra objetiva é a visão que a sociedade tem acerca das qualidades físicas, morais e intelectuais de determinada pessoa. É a reputação de cada indivíduo no seio social em que está imerso. Trata-se, em suma, do julgamento que as pessoas fazem de alguém.

Os crimes de calúnia e de difamação atacam a honra objetiva. Reclamam a atribuição da prática de um fato a outrem, descrito em lei como crime (calúnia) ou simplesmente ofensivo à sua reputação (difamação). É imprescindível, em ambos os crimes, a imputação de um fato específico e determinado.[179] Por corolário, consumam-se quando a ofensa proferida contra a vítima chega ao conhecimento de terceira pessoa.

Honra subjetiva, por sua vez, é o sentimento que cada pessoa possui acerca das suas próprias qualidades físicas, morais e intelectuais. É o juízo que cada um faz de si mesmo (autoestima). Subdivide-se em honra-dignidade e honra-decoro.

Honra dignidade é o conjunto de **qualidades morais** do indivíduo, enquanto **honra-decoro** é o conjunto de **qualidades físicas e intelectuais**.

A injúria viola a honra subjetiva. Não há atribuição de fato, mas imputação de qualidade negativa à vítima, no tocante aos seus aspectos físicos, intelectuais e morais. Logo, esse crime se consuma quando a própria vítima toma ciência da ofensa que lhe foi dirigida.

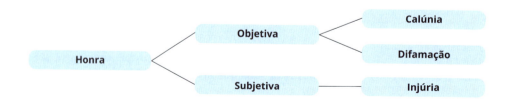

---

[178] ARANHA, Adalberto José Q. T. de Camargo. *Crimes contra a honra*. 3. ed. São Paulo: Juarez de Oliveira, 2005. p. 2-3.
[179] STF: AO 1.402/RR, rel. Min. Sepúlveda Pertence, 1.ª Turma, j. 19.09.2006, noticiada no *Informativo* 441.

Confira-se, no tocante à diferenciação entre os crimes contra a honra, o seguinte julgado do Supremo Tribunal Federal:

> O tipo de calúnia exige a imputação de fato específico, que seja criminoso, e a intenção de ofender a honra da vítima, não sendo suficiente o *animus defendendi*. O tipo de difamação exige a imputação de fato específico. A atribuição da qualidade de irresponsável e covarde é suficiente para a adequação típica face ao delito de injúria.[180]

Divide-se a honra, ainda, em comum e especial.

Honra comum é a atinente à vítima enquanto pessoa humana, independentemente das atividades por ela exercidas. Exemplo: chamar alguém de imbecil.

Honra especial, também denominada de **honra profissional**, é a que se relaciona com a atividade particular da vítima. Exemplo: chamar um médico-cirurgião de "açougueiro".

1.5.4. Art. 138 – Calúnia

1.5.4.1. Dispositivo legal

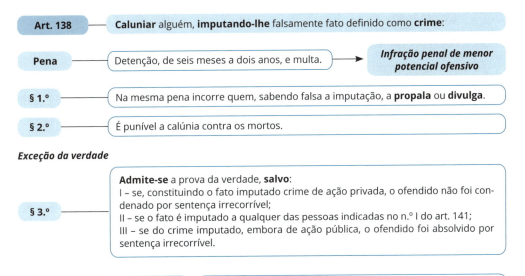

---

[180] Inq 2.582/RS, rel. Min. Ricardo Lewandowski, Tribunal Pleno, j. 21.11.2007. No mesmo sentido: "Os crimes de calúnia e difamação exigem afirmativa específica acerca de fato determinado. Configura-se como injúria, por outro lado, as assertivas genéricas que não consideram fatos específicos, mas simplesmente se referem a afirmações vagas e imprecisas feitas à pessoa do querelante" (STF, Inq 1.937/DF, rel. Min. Joaquim Barbosa, Tribunal Pleno, j. 24.09.2003).

1.5.4.2. Conceito

Caluniar consiste na atividade de **atribuir falsamente a alguém a prática de um fato definido como crime**. O legislador foi repetitivo, pois ambos os verbos – "caluniar" e "imputar" – equivalem a atribuir. Melhor seria ter nomeado o crime como "calúnia", descrevendo o modelo legal de conduta da seguinte forma: "Imputar a alguém, falsamente, fato definido como crime". Isto é caluniar.

Vislumbra-se, pois, que a calúnia nada mais é do que uma **difamação qualificada**, ou seja, uma espécie de difamação. Atinge a honra objetiva da pessoa, atribuindo-lhe o agente um fato desairoso, no caso particular, um fato falso definido como crime.[181]

Em face da pena máxima cominada ao delito, trata-se de infração penal de menor potencial ofensivo, aplicando-se as disposições previstas na Lei 9.099/1995.

1.5.4.3. Objetividade jurídica

O art. 138 do Código Penal resguarda a **honra objetiva**, é dizer, a reputação da pessoa na sociedade.

1.5.4.4. Objeto material

É a pessoa que tem sua honra objetiva ofendida pela conduta criminosa.

1.5.4.5. Núcleo do tipo

O núcleo do tipo é "caluniar". Como já mencionado, o legislador foi redundante. Caluniar é imputar, razão pela qual não era necessário dizer: "caluniar alguém, imputando-lhe...". A conduta consiste em atribuir a alguém a prática de um determinado fato.

Esse fato, entretanto, deve ser previsto em lei como criminoso. Há de ser definido como crime, **qualquer que seja a sua espécie**: doloso ou culposo, punido com reclusão ou com detenção, de ação penal pública (incondicionada ou condicionada) ou de ação penal privada. Nada impede que a calúnia possa se verificar mediante a imputação de um crime também de calúnia.[182]

Além disso, é imprescindível a imputação da prática de um **fato determinado**,[183] isto é, de uma situação concreta, contendo autor, objeto e suas circunstâncias. Nesse sentido, não basta chamar alguém de "ladrão", pois tal conduta caracterizaria o crime de injúria. A tipificação da calúnia reclama, por exemplo, a seguinte narrativa: "No dia 10 de fevereiro de 2015, por volta das 20h00, 'A', com emprego de arma de fogo, ameaçou de morte a vítima 'B', dela subtraindo em seguida seu relógio".

O fato deve ser também **verossímil**, pois em caso contrário não há calúnia, tal como quando se diz que alguém furtou a lua.

Se não bastasse, é fundamental que **a ofensa se dirija contra pessoa certa e determinada**.

A imputação falsa de contravenção penal não configura o crime de calúnia. Não se admite a analogia *in malam partem* no Direito Penal. Mas não há dúvida de que é maculada a honra alheia ao se atribuir falsamente a alguém a responsabilidade por uma contravenção penal, motivo pelo qual estará caracterizado o crime de difamação.

---

[181] Cf. NUCCI, Guilherme de Souza. *Código Penal comentado*. 8. ed. São Paulo: RT, 2008. p. 648.
[182] FARIA, Bento. *Código Penal brasileiro comentado*. Rio de Janeiro: Distribuidora Record, 1961. v. 4, p. 149.
[183] "Em relação ao crime de calúnia, são manifestamente atípicos os fatos imputados ao querelado, pois não houve em suas declarações a particularização da conduta criminosa que teria sido praticada pelo querelante" (STF: Inq 2.134/PA, rel. Min. Joaquim Barbosa, Tribunal Pleno, j. 23.03.2006). É também a jurisprudência do STJ: "A narração da prática delituosa deve ser específica e devidamente contextualizada, não bastando a simples indicação de cometimento de um determinado crime" (APn 574/BA, rel. Min. Eliana Calmon, Corte Especial, j. 18.08.2010, noticiado no *Informativo* 443).

De igual modo, se uma lei posterior retirar o caráter criminoso do fato imputado ao agente (*abolitio criminis*), desaparecerá a calúnia. O delito será desclassificado para difamação, se o fato for desonroso, ou deixará de existir, nos demais casos. Exemplo: "A" imputa falsamente a "B" a prática de um furto, por ter subtraído um dos seus dez automóveis. Posteriormente, com a mudança do regime de governo no país, é editada uma lei que revoga o art. 155 do Código Penal (furto), e também autoriza as pessoas a se apoderarem de carros de quem tiver mais de um bem dessa natureza. O fato, anteriormente definido como calúnia, será atípico.

1.5.4.6. Elemento normativo do tipo: "falsamente"

Deve ser falsa a imputação do fato definido como crime. Por óbvio, não há calúnia quando se atribui a determinada pessoa um delito que ela realmente cometeu. A finalidade do Código Penal é proteger a honra das pessoas de bem, e não acobertar criminosos.

Essa falsidade pode recair:

a) **sobre o fato**: o crime atribuído à vítima não ocorreu; ou

b) **sobre o envolvimento no fato**: o crime foi praticado, mas a vítima não tem nenhum tipo de responsabilidade em relação a ele.

Há erro de tipo, excludente do dolo e, consequentemente, do fato típico, quando o agente, agindo de boa-fé, supõe erroneamente ser verdadeira a imputação.

1.5.4.7. Formas de calúnia

Quanto às suas formas, a calúnia apresenta a seguinte divisão:

a) **inequívoca ou explícita**: a ofensa é direta, manifesta. Não deixa dúvida nenhuma acerca da vontade do sujeito de atacar a honra alheia. Exemplo: "A" ingressou ontem na casa de "B", no período noturno, e, ameaçando-a de morte, estuprou-a.

b) **equívoca ou implícita**: a ofensa é velada, discreta. O sujeito, sub-repticiamente, passa o recado no sentido de que a vítima teria praticado um delito. Exemplo: Em uma conversa em que falavam sobre a fortuna de "A", que fora Prefeito, "B" diz que também seria rico se tivesse se apropriado durante anos de verbas públicas.

c) **reflexa**: o sujeito, desejando caluniar uma pessoa, acaba na descrição do fato atribuindo falsamente a prática de um crime também a pessoa diversa. Exemplo: "A", policial militar, recebeu de "B" elevada quantia em dinheiro para não prendê-lo em flagrante. Atribuiu ao funcionário público o crime de corrupção passiva (CP, art. 317), e o delito de corrupção ativa (CP, art. 333), ao particular.

1.5.4.8. Consumação

O crime de calúnia ofende a **honra objetiva**. Consuma-se, portanto, quando a imputação falsa de crime chega ao conhecimento de terceira pessoa, sendo irrelevante se a vítima tomou ou não ciência do fato. Não é necessário que um número indeterminado ou elevado de pessoas tome conhecimento do fato, sendo suficiente que uma única pessoa saiba da atribuição falsa.

1.5.4.9. Tentativa

É ou não possível, dependendo do meio de execução do crime.

A calúnia verbal, em princípio, não comporta o *conatus*. Em se tratando de crime unissubsistente, ou o sujeito atribui falsamente a prática de crime a uma pessoa diversa da vítima, e o delito estará consumado, ou não o faz, e o fato será atípico. Entretanto, nos dias atuais e com o avanço cada vez mais crescente da tecnologia, é possível vislumbrar a tentativa de calúnia verbal nas conversas efetuadas mediante dispositivos informáticos (ou eletrônicos), a exemplo do que se verifica na perda de conexão de uma chamada via computador no momento em que o agente, depois de já ter conversado com alguém, iria efetuar a imputação falsa de um crime a terceira pessoa.

Na forma escrita é possível a tentativa, como no clássico exemplo da carta que se extravia, ou, modernamente, do *e-mail* corrompido recebido pelo seu destinatário.

1.5.4.10. Calúnia e denunciação caluniosa: distinções

Na **calúnia** o sujeito se limita a imputar a alguém, falsamente e perante terceira pessoa, a prática de um fato definido como crime. Na **denunciação caluniosa** (CP, art. 339), ele vai mais longe. Não apenas atribui à vítima, falsamente, a prática de um delito. Leva essa imputação ao conhecimento da autoridade pública, movimentando a máquina estatal mediante a instauração de inquérito policial, de procedimento investigatório criminal, de processo administrativo disciplinar, de inquérito civil ou de ação de improbidade administrativa contra alguém, imputando-lhe crime, infração ético-disciplinar ou ato ímprobo de que o sabe inocente.

A calúnia é crime contra a honra, e em regra se processa por ação penal privada (CP, art. 145, *caput*), enquanto a denunciação caluniosa é crime contra a Administração da Justiça e de ação penal pública incondicionada.

Finalmente, não se admite calúnia com a imputação falsa de contravenção penal, ao contrário do que ocorre na denunciação caluniosa, circunstância que importa na diminuição da pena pela metade (CP, art. 339, § 2.º).

1.5.4.11. Subtipo da calúnia: art. 138, § 1.º

Nos termos do art. 138, § 1.º, do Código Penal: "Na mesma pena incorre quem, sabendo falsa a imputação, a propala ou divulga".

Verifica-se essa espécie de calúnia quando alguém, depois de tomar conhecimento da imputação falsa de um crime à vítima, leva adiante a ofensa, transmitindo-a a outras pessoas.

Propalar é relatar verbalmente, enquanto **divulgar** consiste em relatar por qualquer outro meio (exemplos: panfletos, outdoors, gestos etc.). A propalação e a divulgação são condutas do sujeito, e não resultado do crime.

Essa modalidade do crime de calúnia é incompatível com o dolo eventual. A lei é clara nesse sentido ao estatuir a expressão "sabendo falsa a imputação", indicativa de conhecimento efetivo da falsidade da imputação (dolo direto). Também não admite tentativa, pois ou sujeito relata o que ouviu, e o crime estará consumado, ou não conta, e inexiste crime. Essa é a posição dominante. Entendemos, contudo, ser admissível o *conatus* na conduta de **"divulgar"** (exemplo: o agente coloca um cartaz em uma árvore, mas, antes de ser lido por outras pessoas, um raio o destrói).

A imputação falsa de crime propalada ou divulgada para um só indivíduo caracteriza o delito. A lei não condiciona a tipicidade da conduta ao relato a diversas pessoas. Além disso, uma única pessoa já é capaz de transmitir a informação falsa a diversas outras.

1.5.4.12. Calúnia contra os mortos

É punível a calúnia contra os mortos (CP, art. 138, § 2.º).

Somente se admite a calúnia contra os mortos por expressa previsão legal. A imputação que caracteriza o crime, obviamente, deve referir-se a fato correspondente ao período em que o ofendido estava vivo. **Não há regra semelhante no tocante aos demais crimes contra a honra.**

A lei tutela a honra das pessoas mortas relativamente à memória da boa reputação, bem como o interesse dos familiares em preservar a dignidade do falecido. Vítimas do crime são o cônjuge e os familiares do morto, pois este último não tem mais direitos a serem penalmente protegidos.

1.5.4.13. Exceção da verdade: art. 138, § 3.º

A descrição típica da calúnia reclama a imputação **falsa** de fato definido como crime. Portanto, somente há calúnia quando a imputação é falsa (elemento normativo do tipo). Se a imputação é verdadeira, o fato é atípico.

A falsidade da imputação é presumida. Essa presunção,[184] contudo, é **relativa** (*iuris tantum*), pois admite prova em sentido contrário. Aquele a quem se atribui a responsabilidade pela calúnia pode provar a veracidade do fato criminoso por ele imputado a outrem. A exceção da verdade é o instrumento adequado para viabilizar essa prova, e se fundamenta no interesse público em apurar a efetiva responsabilidade pelo crime para posteriormente punir seu autor, coautor ou partícipe. Lembre-se de que a tipificação da calúnia serve para tutelar a honra de pessoas de bem contra ataques ilícitos, mas nunca para acobertar criminosos.

Trata-se de **incidente processual e prejudicial**, pois impede a análise do mérito do crime de calúnia, devendo ser solucionado antes da ação penal. Ademais, constitui-se em **medida facultativa de defesa indireta**, pois o acusado pelo delito contra a honra não é obrigado a se valer da exceção da verdade, e pode defender-se diretamente (exemplo: negativa de autoria).

Na hipótese de autoridade pública com prerrogativa de foro (foro especial), a exceção da verdade será decidida pelo Tribunal competente. Exemplificativamente, se "A" imputou a um juiz de Direito carioca a prática de um crime, e por esta razão foi processado pelo crime de calúnia, eventual exceção da verdade por ele oferecida será julgada pelo Tribunal de Justiça do RJ. Entretanto, a análise da sua admissibilidade será realizada pelo juízo em que tramita a ação penal. Na linha da jurisprudência do Superior Tribunal de Justiça:

> A exceção da verdade oposta em face de autoridade que possua prerrogativa de foro pode ser inadmitida pelo juízo da ação penal de origem caso verificada a ausência dos requisitos de admissibilidade para o processamento do referido incidente. Com efeito, conforme precedentes do STJ, o juízo de admissibilidade, o processamento e a instrução da exceção da verdade oposta em face de autoridades públicas com prerrogativa de foro devem ser realizados pelo próprio juízo da ação penal na qual se aprecie, na origem, a suposta ocorrência de crime contra a honra. De fato, somente após a instrução dos autos, caso admitida a *exceptio veritatis*, o juízo da ação penal originária deverá remetê-los à instância superior para o julgamento do mérito. Desse modo, o reconhecimento da inadmissibilidade da exceção da verdade durante o seu processamento não caracteriza usurpação de competência do órgão responsável por apreciar o mérito do incidente. A propósito, eventual desacerto no processamento da exceção da verdade pelo juízo de origem poderá ser impugnado pelas vias recursais ordinárias.[185]

A exceção da verdade deve ser apresentada na primeira oportunidade em que a defesa se manifestar nos autos. Nas ações penais que tramitam em 1.ª instância, o momento adequado para o seu oferecimento é a resposta à acusação, prevista no art. 396 do Código de Processo Penal. Por seu turno, nos crimes de competência originária dos Tribunais Superiores, a

---

[184] Para o Supremo Tribunal Federal: "Não tendo o acusado, por meio de exceção da verdade, provado a veracidade da imputação, presume-se a falsidade desta" (AP 296/PR, rel. Min. Moreira Alves, Plenário, j. 20.05.1993).
[185] Rcl 7.391/MT, rel. Min. Laurita Vaz, Corte Especial, j. 19.06.2013, noticiado no *Informativo* 522.

oportunidade cabível é a defesa prévia, contida no art. 8.º da Lei 8.038/1990. Para o Superior Tribunal de Justiça:

> Nas demandas que seguem o rito dos processos de competência originária dos Tribunais Superiores (Lei n. 8.038/1990), é tempestiva a exceção da verdade apresentada no prazo da defesa prévia (art. 8.º), ainda que o acusado tenha apresentado defesa preliminar (art. 4.º). Como é cediço, a exceção da verdade é meio processual de defesa indireta do réu, podendo ser apresentada nos processos em que se apuram crimes de calúnia (art. 138, § 3.º, do CP) e de difamação, quando praticados em detrimento de funcionário público no exercício de suas funções (art. 139, parágrafo único, do CP). Nesse contexto, o art. 523 do CPP, que cuida do rito relativo aos crimes contra a honra, prevê a possibilidade de contestação à exceção da verdade, no prazo de 2 dias, porém não dispõe sobre o prazo para sua apresentação, que é a celeuma trazida na presente discussão. Diante disso, tem-se entendido, por meio de uma interpretação sistemática, que o referido instituto defensivo deve ser apresentado na primeira oportunidade em que a defesa se manifestar nos autos, portanto, no momento da apresentação da resposta à acusação, no prazo de 10 dias, previsto no art. 396 do CPP. No entanto, o rito dos processos que tramitam em Tribunais Superiores prevê a apresentação de defesa preliminar antes mesmo do recebimento da denúncia, no prazo de 15 dias, conforme dispõe o art. 4.º da Lei n. 8.038/1990. Prevê, ademais, após o recebimento da denúncia, o prazo de 5 dias para a defesa prévia, contado do interrogatório ou da intimação do defensor dativo, nos termos do art. 8.º da referida Lei. Nessa conjuntura, com base na Lei n. 8.038/1990, há quem defenda que a exceção da verdade deve ser apresentada no prazo do art. 4.º e há quem entenda que o prazo deve ser contado nos termos do art. 8.º. Um exame superficial poderia levar a crer que a primeira oportunidade para a defesa se manifestar nos autos, de fato, é no prazo de 15 dias, antes mesmo do recebimento da denúncia. Contudo, sem o recebimento da inicial acusatória, nem ao menos é possível processar a exceção da verdade, que tramita simultaneamente com a ação penal, devendo ser resolvida antes da sentença de mérito. Note-se que a exceção da verdade, em virtude da necessidade de se fazer prova do alegado, até mesmo por meio de instrução processual, não pode de plano impedir o recebimento da denúncia, porquanto demanda dilação probatória, inviável nesta sede. De fato, no momento da defesa preliminar (art. 4.º), nem ao menos se iniciou a ação penal, razão pela qual não seria apropriado apresentar referida defesa antes do recebimento da denúncia. Ademais, conforme entendimento jurisprudencial e doutrinário, a exceção da verdade possui natureza jurídica de ação declaratória incidental, o que, igualmente, pressupõe a prévia instauração da ação penal. Assim, cuidando-se a exceção da verdade de instrumento que veicula matéria de defesa indireta de mérito, formalizada por meio de verdadeira ação declaratória incidental, mostra-se imprescindível a prévia instauração da ação penal, por meio do efetivo recebimento da denúncia. Dessarte, o prazo para apresentação da exceção da verdade, independentemente do rito procedimental adotado, deve ser o primeiro momento para a defesa se manifestar nos autos, após o efetivo início da ação penal. Portanto, o prazo para a defesa apresentar a exceção da verdade, nos processos da competência de Tribunal, deve ser o previsto no art. 8.º da Lei n. 8.038/1990.[186]

Em razão de ser a falsidade da imputação uma elementar do crime de calúnia, **a regra é a admissibilidade da exceção da verdade**. É o que se extrai do § 3.º do art. 138 do Código Penal: "Admite-se a prova da verdade". Entretanto, a exceção da verdade não poderá ser utilizada em três situações **expressamente** previstas pelo legislador. O rol é taxativo e não pode ser ampliado pelo intérprete da lei. Vejamos.

a) se, constituindo o fato imputado crime de ação privada, o ofendido não foi condenado por sentença irrecorrível: inciso I

Nos crimes de ação penal privada somente a vítima (ou seu representante legal, dependendo do caso) pode iniciar o processo penal, mediante o ajuizamento de queixa-crime. Orientou-se o

---

[186] HC 202.548/MG, rel. Min. Reynaldo Soares da Fonseca, 5.ª Turma, j. 24.11.2015, noticiado no *Informativo* 574.

legislador pelo critério do *strepitus fori* (escândalo do foro), pois nessas hipóteses a publicidade da ação penal pode ser mais prejudicial ao ofendido do que suportar a impunidade do delito contra ele cometido. A decisão sobre exercitar ou não a persecução penal, portanto, pertence única e exclusivamente à vítima.

Destarte, a utilização da exceção da verdade para provar a veracidade da imputação, quando a vítima do crime imputado não desejou processar seu responsável, importaria em nítida violação da sua vontade, tornando público um assunto que ela preferiu manter em segredo. Esse é o fundamento da vedação desse meio de prova. Imaginemos um exemplo: João imputa a Pedro a prática de um crime de injúria, pois, em determinada data, ele teria chamado Maria de "prostituta". Maria, entretanto, em que pese ter lavrado um boletim de ocorrência contra Pedro, não ajuizou queixa-crime contra ele no prazo decadencial, operando-se a extinção da punibilidade de eventual crime de injúria. Não seria razoável permitir a João, contra a vontade de Maria, provar ter sido ela realmente injuriada por Pedro.

Se não bastasse, ainda que o ofendido tenha inaugurado a ação penal privada, considera-se o réu inocente até o trânsito em julgado da condenação (CF, art. 5.º, inc. LVII), razão pela qual também se proíbe a exceção da verdade. É o que dispõe a parte final da regra em análise: "o ofendido não foi condenado por sentença irrecorrível".

b) se o fato é imputado a qualquer das pessoas indicadas no n.º I do art. 141: inciso II

Não se admite a exceção da verdade quando **o fato é imputado contra o Presidente da República ou contra chefe de governo estrangeiro**.

Esse dispositivo, longe de constituir-se em inaceitável privilégio de caráter pessoal, tem **assento constitucional**. Com efeito, o Supremo Tribunal Federal é o juízo competente para processar e julgar, originariamente, nas infrações penais comuns, o Presidente da República (CF, art. 102, inc. I, *b*), somente depois de admitida a acusação por dois terços da Câmara dos Deputados (CF, art. 86, *caput*).

Fica claro, portanto, que a exceção da verdade implicaria desrespeito a tais regras constitucionais, pois se buscaria provar a responsabilidade penal do Presidente da República em uma ação penal comum, e sem o juízo de admissibilidade da acusação pela Câmara dos Deputados. Observe o exemplo: "A" diz a "B" que o Presidente da República ingressou em sua casa e de lá subtraiu diversos dos seus pertences pessoais. O Presidente da República oferece contra "A" queixa-crime pela prática de calúnia. Em respeito ao complexo procedimento constitucionalmente previsto para proteger o cargo do Presidente da República, "A" não poderá se valer da exceção da verdade para provar que o Chefe do Poder Executivo Federal realmente furtou seus bens.

No tocante aos chefes de governos estrangeiros, a vedação ao uso da exceção da verdade encontra fundamento nas **imunidades diplomáticas**, pois tais pessoas são imunes à jurisdição brasileira, respondendo apenas perante seus países de origem.

Vicente Greco Filho, contrário a estas proibições legais, aduz que o art. 138, § 3.º, inciso II, do Código Penal, não foi recepcionado pela Constituição Federal de 1988, tendo em vista a plenitude do regime democrático, no qual a verdade não admite restrição à sua emergência, qualquer que seja a autoridade envolvida.[187]

c) se do crime imputado, embora de ação pública, o ofendido foi absolvido por sentença irrecorrível: inciso III

O crime imputado pode ser de ação penal pública ou de ação penal privada. Em qualquer hipótese, se o ofendido pela calúnia foi absolvido por sentença irrecorrível, a garantia constitucional da coisa julgada impede o uso da exceção da verdade (CF, art. 5.º, inc. XXXVI).

---

[187] GRECO FILHO, Vicente. *Manual de processo penal*. 3. ed. São Paulo: Saraiva, 1995. p. 387.

Se o Poder Judiciário, depois de cumprido o devido processo legal, já decidiu pela improcedência da acusação, recaindo sobre essa sentença a autoridade e a eficácia da coisa julgada, não pode o responsável pela calúnia querer provar, em um incidente processual, que o ofendido pela calúnia deveria ter sido punido pelo crime a ele imputado. Frise-se, em reforço, a impossibilidade no direito brasileiro de revisão criminal *pro societate*.

Entretanto, se ocorreu a extinção da punibilidade no tocante ao crime anterior, a exceção da verdade será possível, pois não houve análise do mérito em favor do réu, isto é, ele não foi absolvido.

1.5.4.13.1. Consequência da inadmissibilidade da exceção da verdade

Uma questão constantemente formulada em concursos públicos, especialmente em provas orais, é a seguinte: "Existe calúnia com a imputação **verdadeira** de fato definido como crime?".

O instinto é responder "não". O raciocínio formulado pelos candidatos e normalmente forçado pelos examinadores é esse: "A falsidade da imputação é elementar do tipo penal previsto no art. 138 do Código Penal. Portanto, não se pode falar em calúnia com imputação verdadeira de fato definido como crime".

Mas esse raciocínio é equivocado. A resposta é **sim**, ou seja, existe calúnia com imputação verdadeira de fato definido como crime, **nas hipóteses em que não se admite a exceção da verdade**. Com efeito, ainda que verdadeira a imputação, isto é, embora seja efetivamente o ofendido responsável pelo crime a ele atribuído, o réu da ação penal de calúnia não poderá provar a veracidade do que disse, uma vez que a lei não aceita esse meio de defesa.

Anote-se, porém, que há posicionamentos no sentido de que, constituindo-se a exceção da verdade um meio de defesa, qualquer restrição à sua utilização, como ocorre nas três alíneas do art. 138, § 3.º, do Código Penal, viola o princípio constitucional da ampla defesa (art. 5.º, inc. LV).

1.5.5. Art. 139 – Difamação

1.5.5.1. Dispositivo legal

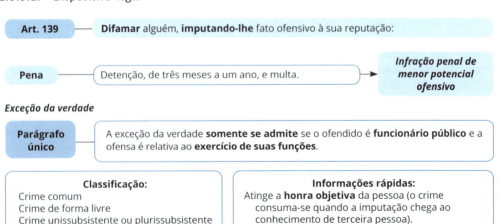

Classificação:
Crime comum
Crime de forma livre
Crime unissubsistente ou plurissubsistente
Crime instantâneo
Crime unissubjetivo (*regra*)
Crime comissivo
Crime de dano
Crime formal

Informações rápidas:
Atinge a **honra objetiva** da pessoa (o crime consuma-se quando a imputação chega ao conhecimento de terceira pessoa).
A imputação deve versar sobre fato (verdadeiro ou falso) ofensivo à reputação. Se versar sobre fato definido como contravenção penal, haverá difamação.
A tentativa é ou não possível, dependendo do meio de execução do crime.

1.5.5.2. Conceito

Constitui-se a difamação em crime que ofende a **honra objetiva**, e, da mesma forma que na calúnia, depende da imputação de algum fato a alguém. Esse fato, todavia, não precisa ser criminoso. Basta que tenha capacidade para macular a reputação da vítima, isto é, o bom conceito que ela desfruta na coletividade, pouco importando se verdadeiro ou falso.

O sujeito deve referir-se a um acontecimento que contenha circunstâncias descritivas, tais como momento, local e pessoas envolvidas, não se limitando simplesmente a ofender a vítima. Exemplificativamente, falar que um homem é "ébrio contumaz" caracteriza injúria, enquanto narrar que ele, em dias determinados, cambaleava em via pública de tão bêbado que estava configura difamação. E, como bem destaca o Supremo Tribunal Federal:

> A tipicidade do crime contra a honra que é a difamação há de ser definida a partir do contexto em que veiculadas as expressões, cabendo afastá-la quando se tem simples crítica à atuação de agente público, revelando-a fora das balizas próprias.[188]

A imputação de um fato definido como contravenção penal tipifica o crime de difamação, pois a calúnia depende da imputação falsa de crime.

1.5.5.3. Objetividade jurídica

A lei penal protege a honra objetiva.

1.5.5.4. Objeto material

É a pessoa que tem sua honra objetiva atacada pela conduta criminosa.

1.5.5.5. Núcleo do tipo

Difamar é imputar a alguém um fato ofensivo à sua reputação. Consiste, pois, em desacreditar publicamente uma pessoa, maculando os atributos que a tornam merecedora de respeito no convívio social. E, na linha da jurisprudência do Superior Tribunal de Justiça, a ocorrência do delito de difamação "dá-se a partir da imputação deliberada de fato ofensivo à reputação da vítima, não sendo suficiente a descrição de situações meramente inconvenientes ou negativas".[189]

Veja-se que, ao contrário do que ocorre na calúnia, não existe o elemento normativo do tipo **"falsamente"**. Portanto, subsiste o crime de difamação ainda que seja verdadeira a imputação (salvo quando o ofendido é funcionário público e a ofensa é relativa ao exercício de suas funções), desde que dirigida a ofender a honra alheia. Buscou o legislador deixar nítido que as pessoas não devem fazer comentários desairosos sobre a vida alheia. Agiu bem ao proceder dessa forma, pois não se pode permitir, em nenhuma hipótese, o desnecessário ataque à honra alheia.

Nada obstante o Código Penal não descreva em seu art. 139 a conduta de **"propalar"**, aquele que assim age pratica nova difamação, pois lhe é vedado levar uma difamação adiante, depois de tomar conhecimento acerca dela.

1.5.5.6. Consumação

A difamação atinge a honra objetiva. Consuma-se, portanto, **quando terceira pessoa toma conhecimento da ofensa dirigida à vítima**.

---

[188] Inq 2.154/DF, rel. Min. Marco Aurélio, Tribunal Pleno, j. 17.12.2004.
[189] APn 574/BA, rel. Min. Eliana Calmon, Corte Especial, j. 18.08.2010, noticiado no *Informativo* 443.

1.5.5.7. Tentativa

Pode ou não pode ser admitida, dependendo do meio de execução do crime.

A difamação verbal é incompatível com a tentativa. Em razão de seu caráter unissubsistente, ou o agente atribui à vítima a prática de um fato ofensivo à sua reputação, e o crime estará consumado, ou não o faz, e o fato é atípico.[190]

Na forma escrita, contudo, é possível o *conatus*. Exemplo: bilhete contendo imputação ofensiva à honra alheia que se extravia.

1.5.5.8. Exceção da verdade

Como o art. 139 do Código Penal dispensa a falsidade da imputação como elementar típica, ao contrário do que se dá na calúnia, é indiferente tenha o fato ofensivo ocorrido ou não. Essa é a **regra geral**: não se admite a exceção da verdade no crime de difamação. De fato, seria irrelevante provar a veracidade do fato atribuído à vítima, pois ainda assim subsistiria o crime.

Excepcionalmente, entretanto, o legislador autoriza a exceção da verdade. É o que estabelece o parágrafo único do art. 139 do Código Penal: "A exceção da verdade somente se admite se o ofendido é funcionário público e a ofensa é relativa ao exercício de suas funções".

O fundamento dessa permissão legal reside no direito de fiscalização ou crítica dos cidadãos acerca do regular exercício das funções desempenhadas por agentes públicos.[191] Há interesse coletivo em fiscalizar o correto exercício da atividade pública. Se o ofensor demonstrar a veracidade da imputação, será absolvido. A verdade, nesse caso, funciona como causa específica de exclusão da ilicitude, uma vez que a falsidade não integra o tipo penal. Mas essa prova não é permitida quando a imputação versa sobre fatos relativos à vida privada do agente público.

Vejamos um exemplo: "A" diz em um bar, para diversas pessoas, que foi ao fórum de sua comarca e lá encontrou o juiz de Direito em seu gabinete, completamente embriagado, com diversas mulheres que dançavam ao seu lado em trajes íntimos. O magistrado ajuíza contra ele ação penal por difamação, alegando ter sido imputado contra si um fato ofensivo à sua reputação. "A" poderá valer-se da exceção da verdade, a fim de provar que tais fatos realmente ocorreram. Acima da proteção da honra alheia encontra-se o interesse de zelar pela atividade pública, possibilitando a identificação e a punição daqueles que a tratam com desídia. É imprescindível a relação de causalidade entre a imputação e o exercício da função pública.

A doutrina diverge no tocante à possibilidade de ser utilizada a exceção da verdade quando aquele a quem foi imputado o fato ofensivo já abandonou a função pública.

Para Damásio E. de Jesus, E. Magalhães Noronha e Heleno Cláudio Fragoso, não se admite a *exceptio veritatis* nessa hipótese, pois o art. 139, parágrafo único, do Código Penal, é taxativo ao estatuir: "se o ofendido **é** funcionário público".

De outro lado, Bento de Faria assim se manifestava:

> Não exige a lei que o funcionário público esteja no exercício da função, mas tão somente que a ofensa seja relativa ao seu exercício. Assim sendo, pouco importa que já tenha ele deixado a atividade funcional – a prova da verdade será admissível se a imputação for referente a antiga função.[192]

Esta última posição nos parece a mais acertada. É suficiente seja a ofensa atinente ao exercício das funções anteriormente exercidas pelo agente público. De fato, ainda que tenha,

---

[190] Aqui também valem as observações efetuadas no tocante à tentativa na calúnia verbal (item 1.5.4.9).
[191] No mesmo sentido: COSTA JÚNIOR, Paulo José da. *Direito penal*. 6. ed. São Paulo: Saraiva, 1999. p. 291.
[192] FARIA, Bento. *Código Penal brasileiro comentado*. Rio de Janeiro: Distribuidora Record, 1961. v. 4, p. 167.

por qualquer motivo, deixado de exercer a função pública, será possível ao ofensor valer-se da exceção da verdade se a sua imputação diz respeito a um fato praticado pelo ofendido quando funcionário público e correlato ao exercício dessa função. Se, por outro lado, ao tempo da ofensa o ofendido já não era mais funcionário público, não será possível ao ofensor valer-se da exceção da verdade, pois o Código Penal exige esteja a condição de funcionário público presente no momento da imputação.

Em síntese, deve existir **contemporaneidade** entre a imputação ofensiva e o exercício da função estatal.

1.5.5.9. Exceção de notoriedade

O art. 523 do Código de Processo Penal, dispondo sobre o processo e julgamento dos crimes de calúnia e injúria, de competência do juiz singular, fala em "exceção de notoriedade". Esse dispositivo, na prática, é utilizado principalmente para o crime de difamação, pois não haveria motivos legítimos para permitir a exceção da notoriedade do fato imputado à calúnia e à injúria, e negá-lo para remanescente delito contra a honra.

Quem se vale da exceção da notoriedade alega a falta de ofensividade da conduta do sujeito. Aduzem seus partidários, precipuamente, a falta de potencialidade da ação para lesar a honra alheia, uma vez que o fato imputado já era público. Destarte, a ação praticada em nada altera o sentimento da coletividade acerca dos atributos físicos, morais e intelectuais da vítima.

Essa regra, entretanto, é inútil, pois na difamação – como a falsidade não integra o tipo penal – é irrelevante seja verdadeira ou falsa a imputação de fato ofensivo à reputação da vítima. Com efeito, a vedação da exceção da verdade (salvo no tocante ao funcionário público) é extensiva à exceção da notoriedade. Como bem apontado por Campos Maia:

> Os difamadores costumam alegar que o fato imputado é notório; que esse mesmo fato anda na boca de toda gente; que, praticado o ato incriminado, não fizeram senão repetir, com propósitos inocentes, aquilo que ouviram da voz pública, não lhes cabendo a autoria nem da invenção nem da divulgação. Mas essa defesa, por ser internamente despida do sentimento da verdade, não tem a menor consistência jurídica.[193]

As pessoas não devem formular comentários inadequados sobre a honra alheia, pouco importando se verdadeiros ou falsos. Esse é o fundamento da previsão legal da difamação como crime.

1.5.5.10. Atribuição antecipada de culpa pelo agente público e abuso de autoridade

Se a conduta ofensiva à honra objetiva da vítima consistir na atribuição antecipada de culpa pelo responsável pelas investigações, mediante meio de comunicação (inclusive redes sociais), antes de concluídas as apurações e formalizada a acusação, estará configurado o crime de abuso de autoridade tipificado no art. 38 da Lei 13.869/2019:

> **Art. 38.** Antecipar o responsável pelas investigações, por meio de comunicação, inclusive rede social, atribuição de culpa, antes de concluídas as apurações e formalizada a acusação:
>
> **Pena** – detenção, de 6 (seis) meses a 2 (dois) anos, e multa.

---

[193] MAIA, L. de Campos. *Delitos da linguagem contra a honra.* 2. ed. São Paulo: Saraiva, 1929. p. 143.

1.5.6. Art. 140 – Injúria

1.5.6.1. Dispositivo legal

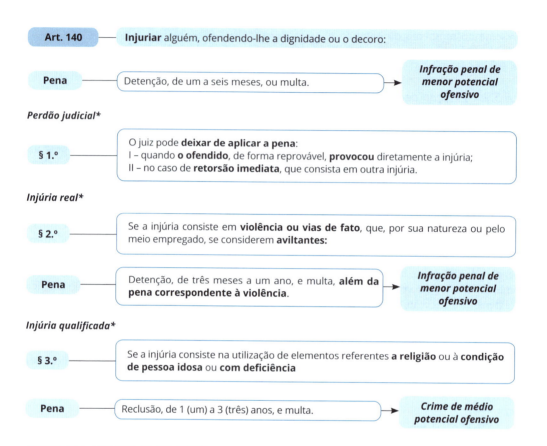

1.5.6.2. Estrutura do tipo penal

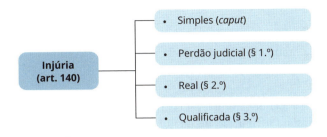

1.5.6.3. Conceito

A injúria é crime contra a honra que ofende a **honra subjetiva**. Consequentemente, ao contrário do que ocorre na calúnia e na difamação, não há imputação de fato. Caracteriza-se o delito com a simples ofensa da dignidade ou do decoro da vítima, mediante xingamento ou atribuição de qualidade negativa.[194]

A dignidade é ofendida quando se atacam as qualidades morais da pessoa (exemplo: chamá-la de "desonesta"), ao passo que o decoro é abalado quando se atenta contra suas qualidades físicas (exemplo: chamá-la de "horrorosa") ou intelectuais (exemplo: chamá-la de "burra").

A injúria pode ser absoluta ou relativa. Na **injúria absoluta**, a palavra dirigida contra a vítima é indiscutivelmente ofensiva à honra subjetiva, pouco importando a época em que foi proferida ou a região do Brasil na qual foi lançada, a exemplo do que se dá quando alguém é chamado de "retardado" ou "débil mental". De seu turno, na **injúria relativa** a palavra aparentemente ofensiva pode ser considerada aceitável, dependendo da época ou do local em que foi proferida. Chamar uma mulher de "macho", a título ilustrativo, revela-se como atitude criminosa, mas em algumas partes do Brasil – no maravilhoso estado do Ceará, por exemplo – é algo comum entre pessoas que se admiram.

O **bullying**, também conhecido como intimidação sistemática e regulamentado pela Lei 13.185/2015, pode caracterizar o delito de injúria, notadamente nas situações de insultos pessoais e comentários sistemáticos e apelidos pejorativos.[195] A propósito, o art. 4.º, inc. II, "a", da Lei 13.431/2017, responsável pela criação do sistema de garantia de direitos da criança e do adolescente vítima ou testemunha de violência, expressamente elenca o **bullying** como forma de violência psicológica capaz de comprometer o desenvolvimento físico ou emocional da vítima.

A Lei 14.811/2024 acrescentou ao Código Penal, no art. 146-A, *caput*, a intimidação sistemática (**bullying**). Cuida-se, na verdade, de contravenção penal (o **cyberbullying**, definido no parágrafo único do art. 146-A do Código Penal, é crime), expressamente subsidiária, razão pela qual fica afastada na hipótese de configuração da injúria.

A queixa-crime ou denúncia ajuizada pelo crime de injúria deve descrever, minuciosamente e sob pena de inépcia, quais foram as ofensas proferidas contra a vítima, por mais baixas e repudiáveis que possam ser.

---

[194] STF: Inq 3.932/DF, rel. Min. Luiz Fux, e Pet 5243/DF, rel. Min. Luiz Fux, 1.ª Turma, j. 21.06.2016, noticiados no *Informativo* 831.

[195] A Lei 14.811/2024 acrescentou ao Código Penal, no art. 146-A, *caput*, a intimidação sistemática (*bullying*). Cuida-se, na verdade, de contravenção penal (o cyberbullying, definido no parágrafo único do art. 146-A do Código Penal, é crime), expressamente subsidiária, razão pela qual fica afastada na hipótese de configuração da injúria.

1.5.6.4. Objetividade jurídica

Tutela-se a honra subjetiva.

1.5.6.5. Objeto material

É a pessoa cuja honra subjetiva é atacada pela conduta criminosa.

1.5.6.6. Núcleo do tipo

Injuriar equivale a ofender, insultar ou falar mal, de modo a abalar o conceito que a vítima tem de si própria. **Basta a atribuição de qualidade negativa, prescindindo-se da imputação de fato determinado**. Para o Supremo Tribunal Federal: "A difamação pressupõe atribuir a outrem fato determinado ofensivo à reputação. Na injúria, tem-se veiculação capaz de, sem especificidade maior, implicar ofensa à dignidade ou ao decoro".[196]

Esse crime normalmente é **comissivo**. Mas é possível a **injúria por omissão**. Confira-se o exemplo de Magalhães Noronha: "Também por omissão se pode injuriar: se uma pessoa chega a uma casa, onde várias outras se acham reunidas e cumprimenta-as, recusando, entretanto, a mão a uma que lhe estende a destra, injuria-a".[197]

Nada impede a **injúria indireta** (ou **reflexa**), nas situações em que a injúria, além de atacar a honra da provocada, alcança reflexamente pessoa diversa. Exemplo: chamar um homem casado de "corno" importa em injuriar também sua esposa. Como já decidido pelo Supremo Tribunal Federal:

> A Primeira Turma, por maioria, deu provimento a agravo regimental em petição para reconhecer a legitimidade ativa *ad causam* de mulher de deputado federal para formalizar queixa-crime com imputação do crime de injúria, prevista no art. 140 do Código Penal (CP), em tese perpetrada por senador contra a honra de seu marido. Determinou, por conseguinte, o prosseguimento da ação penal. Na queixa-crime, a querelante se diz ofendida com a declaração do querelado, no Twitter, na qual insinua que seu marido mantém relação homossexual extraconjugal com outro parlamentar. A Turma considerou que a afirmação do senador pode configurar injúria contra a honra da mulher do deputado federal, em face da apontada traição, o que lhe confere a legitimidade ativa. Citou, ademais, entendimento doutrinário que reconhece a legitimidade ativa do homem casado que é chamado de "corno" em relação à conduta desonrosa atribuída a sua mulher. Concluiu que o mesmo tratamento deve ser dado a uma mulher que se sente ofendida, em decorrência de alegada traição.[198]

Não há crime na **autoinjúria**, compreendida como a ofensa que uma pessoa dirige à sua própria honra subjetiva (exemplo: um homem se apresenta como "imbecil" aos seus pares). Com efeito, ninguém pode ser sujeito ativo e passivo de um mesmo crime e, ainda, pelo princípio da alteridade, não há delito na conduta que prejudica somente quem a praticou. Estará caracterizado o crime de injúria, contudo, quando o sujeito acaba também ofendendo uma terceira pessoa, tal como na hipótese em alguém se declara "filho de prostituta". Há indiscutível injúria contra sua genitora.

---

[196] Inq 2543/AC, rel. Min. Marco Aurélio, Tribunal Pleno, j. 19.06.2008.
[197] MAGALHÃES NORONHA, E. *Direito penal*. 9. ed. São Paulo: Saraiva, 1973. v. 2, p. 126.
[198] Pet 7.417 AgR/DF, rel. Min. Luiz Fux, red. p/ o ac. Min. Marco Aurélio, 1.ª Turma, j. 09.10.2018, noticiado no *Informativo* 919.

1.5.6.7. Consumação

Como esse crime atinge a honra subjetiva, sua consumação ocorre quando a ofensa à dignidade ou ao decoro chega ao **conhecimento da vítima**[199]. É irrelevante tenha sido a injúria proferida na presença da vítima (**injúria imediata**) ou que tenha chegado à sua ciência por intermédio de terceira pessoa (**injúria mediata**).

Esse raciocínio é aplicável inclusive à injúria cometida pela *internet*, por meio do envio de mensagem privada (*direct message*) à pessoa ofendida. Na linha da jurisprudência do Superior Tribunal de Justiça:

> O crime de injúria praticado pela internet por mensagens privadas, as quais somente o autor e o destinatário têm acesso ao seu conteúdo, consuma-se no local em que a vítima tomou conhecimento do conteúdo ofensivo. (...) Na situação em análise, embora tenha sido utilizada a internet para a suposta prática do crime de injúria, o envio da mensagem de áudio com o conteúdo ofensivo à vítima ocorreu por meio de aplicativo de troca de mensagens entre usuários em caráter privado, denominado *instagram direct*, no qual somente o autor e o destinatário têm acesso ao seu conteúdo, não sendo acessível para visualização por terceiros, após a sua inserção na rede de computadores. Portanto, no caso, aplica-se o entendimento geral de que o crime de injúria se consuma no local onde a vítima tomou conhecimento do conteúdo ofensivo.[200]

1.5.6.8. Tentativa

É possível quando a injúria for praticada por escrito (exemplo: bilhete ofensivo que o garçom de um restaurante entrega para pessoa diversa da visada pelo agente), pois nessa hipótese o crime é plurissubsistente.

A doutrina sustenta, contudo, que não se admite a tentativa (*conatus*) na injúria cometida verbalmente, por se tratar de crime unissubsistente. Essa afirmação deve ser encarada com ressalvas, mormente levando-se em conta os meios modernos de comunicação. Nada impede, exemplificativamente, a tentativa de injúria verbal cometida por meio de ligação de telefone celular, ou de conversa pelo computador, utilizando-se a *internet* (*webcam*), na qual o sinal é interrompido no momento em que o sujeito atribuía à vítima uma qualidade negativa.

É possível ainda falar de tentativa de injúria verbal na denominada **injúria mediata**. Vejamos um exemplo: "A" pede a "B" que diga a "C", seu irmão, que é um covarde e ignorante. "B", todavia, não leva a mensagem ao seu destinatário. Iniciou-se a execução de um crime de injúria que somente não se consumou por circunstâncias alheias à vontade do agente.

1.5.6.9. Exceção da verdade

O crime de injúria é **incompatível com a exceção da verdade**, por dois motivos:

(1) ausência de previsão legal; e

(2) como não há imputação de fato, mas atribuição de qualidade negativa, é impossível provar a veracidade dessa ofensa, sob pena de provocar à vítima um dano ainda maior do que aquele proporcionado pela conduta criminosa. Imagine o prejuízo que seria causado se a lei permitisse que, depois de o agente ter chamado alguém de "pessoa monstruosa", provasse ele a adequação da sua assertiva.

---

[199] "A jurisprudência do Superior Tribunal de Justiça assenta que o momento da consumação do delito de injúria acontece quando a vítima toma conhecimento da ofensa" (STJ: REsp 1.765.673/SP, rel. Min. Sebastião Reis Júnior, 6.ª Turma, j. 26.05.2020, noticiado no *Informativo* 672).

[200] CC 184.269/PB, rel. Min. Laurita Vaz, 3.ª Seção, j. 09.02.2022, noticiado no *Informativo* 724.

Confira-se, a propósito, a apresentação gráfica sobre a exceção da verdade nos crimes contra a honra:

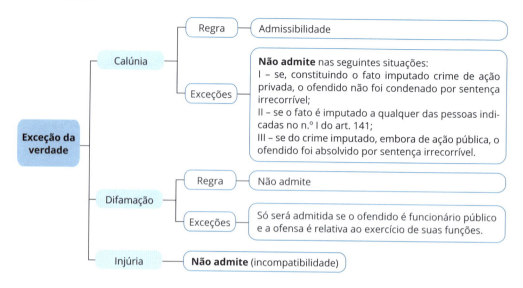

1.5.6.10. Perdão judicial: art. 140, § 1.º

O perdão judicial é **causa de extinção da punibilidade (CP, art. 107, inc. IX), cabível nas hipóteses expressamente previstas em lei**. Fundamenta-se nas circunstâncias do caso concreto, nas quais o Estado reputa que, embora presente um fato típico e ilícito cometido por agente culpável, não seja necessário puni-lo. A sentença que o concede não é condenatória nem absolutória, mas **declaratória da extinção da punibilidade (Súmula 18 do STJ)**.

O art. 140, § 1.º, do Código Penal arrola duas hipóteses de perdão judicial:

I – quando o ofendido, de forma reprovável, provocou diretamente a injúria:

Não há razão legítima para o Estado punir quem injuriou a pessoa que o provocou.

Mas não se trata de qualquer provocação. Há de ser **reprovável**, elemento normativo do tipo a ser aferido em concreto, levando em conta as condições dos envolvidos e as demais circunstâncias correlatas ao crime. Exemplo: mulher a quem se dirige gracejo indecoroso chama o homem de "vagabundo" e "sem-vergonha".

A palavra **"diretamente"** indica que a provocação deve ter sido perpetrada na presença da vítima, podendo o ofensor e ofendido estarem no mesmo local, ou então em lugares diversos, porém comunicando-se mediante a utilização de algum recurso tecnológico, tal como uma chamada de vídeo.

Essa hipótese se assemelha ao crime cometido sob o domínio de violenta emoção, logo em seguida à injusta provocação da vítima. Quem provoca outra pessoa, indevidamente, até retirar seu equilíbrio emocional, pode ser vitimizado pela injúria.

II – no caso de retorsão imediata, que consiste em outra injúria:

A retorsão é a injúria proferida pelo ofendido contra quem antes o injuriou. **É o revide**: tão logo ofendida, a vítima também ataca a honra do seu agressor. Deve ser **imediata**, ou seja, efetuada assim que o injuriado tiver conhecimento da ofensa. Em se tratando de injúrias verbais, a retorsão deve se verificar na mesma ocasião em que o ofendido suportar a ofensa.

Admite-se também o perdão judicial no tocante a injúrias escritas. Nessa hipótese, a relação de imediatidade impõe o revide quando o injuriado conhecer a sua existência, pois somente a partir de então surge a possibilidade de retorsão imediata. Na visão do Supremo Tribunal Federal:

> Em virtude da incidência do perdão judicial (CP, art. 107, IX), a Primeira Turma extinguiu ação penal e declarou extinta a punibilidade de deputado federal acusado de suposta prática de crime de injúria. O deputado federal teria publicado em rede social declarações ofensivas à honra de governador de Estado-membro. A publicação, extraída do perfil pessoal do acusado, teria sido capturada por meio de "print screen". A Turma reconheceu a materialidade e autoria delitivas, e afastou a inviolabilidade parlamentar material, pois as declarações teriam sido proferidas fora do recinto parlamentar e em ambiente virtual. Observou, portanto, não haver relação entre as declarações e o exercício do mandato. Reputou configurado, de um lado, o elemento subjetivo, constituído pela vontade livre e consciente de atribuir qualificações negativas ao ofendido. Por outro lado, entendeu que o comportamento do ofendido traria reflexos à punibilidade da conduta. O acusado postou as mensagens ofensivas menos de 24 horas depois de o ofendido publicar manifestação, também injuriosa, ao deputado. Seriam, assim, mensagens imediatamente posteriores às veiculadas pelo ofendido, e elaboradas em resposta a elas. Ao publicá-las, o acusado citou parte do conteúdo da mensagem postada pelo ofendido, comprovando o nexo de pertinência entre as condutas. Dessa maneira, o ofendido não só, de forma reprovável, provocara a injúria, como também, em tese, praticara o mesmo delito, o que gerara a retorsão imediata do acusado. Sendo assim, estariam configuradas as hipóteses de perdão judicial, nos termos do art. 140, § 1.º, do CP/1940 ("Art. 140. Injuriar alguém, ofendendo-lhe a dignidade ou o decoro: Pena – detenção, de um a seis meses, ou multa. § 1.º O juiz pode deixar de aplicar a pena: I – quando o ofendido, de forma reprovável, provocou diretamente a injúria; II – no caso de retorsão imediata, que consiste em outra injúria"). Logo, não haveria razão moral para o Estado punir quem injuriou a pessoa que provocou.[201]

Cuida-se de **modalidade anômala de legítima defesa**, na qual quem foi injuriado devolve imediatamente a agressão mediante outra injúria. Como já se pronunciou o Superior Tribunal de Justiça: "A retorsão prevista no art. 140, § 1.º, II, do CP só permite que a pena não seja aplicada àquele que responde de forma injuriosa a uma injúria que lhe foi primeiramente proferida, desde que assim o faça imediatamente após ter sido ofendido".[202]

Quem inicia a discussão ofensiva não pode agir em retorsão imediata. E não incide o perdão judicial para quem reage contra ofensa pretérita.

Frise-se, por oportuno, que existe apenas retorsão imediata envolvendo injúrias. Se a resposta consiste em difamação, ao agente será imputado o crime tipificado pelo art. 139 do Código Penal.

1.5.6.11. Injúria real: art. 140, § 2.º

Quando a injúria consiste em **violência ou vias de fato que, por sua natureza ou pelo meio empregado, considerem-se aviltantes**, a pena é de detenção, de três meses a um ano, e multa, além da pena correspondente à violência.

A injúria real, por si só, ingressa no conceito de infração penal de menor potencial ofensivo, aplicando-se as disposições compatíveis da Lei 9.099/1995.

Trata-se da injúria em que o sujeito escolhe como meio para ofender a honra da vítima não uma palavra, um xingamento, e sim uma agressão física capaz de envergonhá-la. Com efeito, o meio de execução é a violência ou então as vias de fato.

---

[201] AP 926/AC, rel. Min. Rosa Weber, 1.ª Turma, j. 06.09.2016, noticiado no *Informativo* 838.
[202] APn 574/BA, rel. Min. Eliana Calmon, Corte Especial, j. 18.08.2010, noticiado no *Informativo* 443.

Violência é sinônimo de lesão corporal. Nesse caso, a lei impõe o **concurso material obrigatório** entre as penas da injúria real e do crime resultante da violência, qualquer que seja a sua natureza (homicídio, lesão corporal etc.).

A contravenção penal de **vias de fato**, por sua vez, consiste na agressão física sem a intenção de produzir lesão corporal (exemplo: tapa desferido no rosto da vítima). De fato, se o sujeito queria lesionar a vítima, mas não conseguiu fazê-lo, a infração penal deverá ser capitulada como tentativa de lesão corporal dolosa, e não como vias de fato. Aqui, contudo, as vias de fato são absorvidas pela injúria real, pois o Código Penal prevê autonomia (soma de penas) exclusivamente para o delito resultante da violência.

Mas não é qualquer agressão física que caracteriza a injúria real. A agressão deve ser **aviltante**, é dizer, humilhante. Esse elemento normativo do tipo pode ser concretizado **pela natureza do ato** (exemplos: arrancar o fio do bigode de um homem com intenção ultrajante, rasgar a saia de uma mulher etc.) ou **pelo meio empregado** (exemplos: atirar fezes na vítima, molhar seu cabelo com cerveja em um bar etc.).

1.5.6.12. Injúria qualificada: art. 140, § 3.º

Pune-se com reclusão, de 1 (um) a 3 (três) anos, sem prejuízo de multa, o crime de injúria que consiste na utilização de elementos referentes à religião ou à condição de pessoa idosa ou com deficiência. Essa pena, embora sensivelmente superior àquela cominada no *caput* no tocante à injúria simples, é constitucional, e encontra seu fundamento de validade na dignidade da pessoa humana, assegurada pelo art. 1.º, III, da Constituição Federal.[203]

A injúria qualificada, assim como os demais crimes contra a honra, **reclama seja a ofensa dirigida a pessoa ou pessoas determinadas**.

A Lei 14.532/2023, além de estabelecer a atual redação do art. 140, § 3.º, do Código Penal, previu a injúria racial entre os crimes de racismo, no art. 2.º-A da Lei 7.716/1989:

> Art. 2.º-A – Injuriar alguém, ofendendo-lhe a dignidade ou o decoro, em razão de raça, cor, etnia ou procedência nacional.
>
> Pena: reclusão, de 2 (dois) a 5 (cinco) anos, e multa.
>
> Parágrafo único. A pena é aumentada de metade se o crime for cometido mediante concurso de 2 (duas) ou mais pessoas.

O legislador agiu bem. Não se pode tratar – mas infelizmente durante muito tempo se tratou – como mero crime contra a honra uma conduta de intolerância, fundada no preconceito de raça ou de cor.

Racismo é a divisão dos seres humanos em raças, superiores ou inferiores, resultante de um processo de conteúdo meramente político-social. Desse pressuposto origina-se essa prática nefasta que, por sua vez, gera discriminação e preconceito segregacionista. O racismo não pode ser tolerado, em hipótese alguma, pois a ciência já demonstrou, com a definição e o mapeamento do genoma humano, que não existem distinções entre os seres humanos, seja pela segmentação da pele, formato dos olhos, altura ou quaisquer outras características físicas. Não há diferença entre os seres humanos, que na essência, biológica ou constitucional (art. 5.º, *caput*), são todos iguais.

Os crimes de racismo, definidos pela Lei 7.716/1989, submetem-se ao mandamento contido no art. 5.º, XLII, da Constituição Federal, daí decorrendo a inafiançabilidade e a imprescritibilidade das suas penas.

---

[203] STF: HC 109.676/RJ, rel. Min. Luiz Fux, 1.ª Turma, j. 11.06.2013, noticiado no *Informativo* 710.

1.5.6.12.1. Injúria racial e racismo: o entendimento do Supremo Tribunal Federal

O Supremo Tribunal Federal entendia que a injúria racial, catalogada no art. 140, § 3.º, do Código Penal, constituía-se em espécie de racismo, razão pela qual a pena então cominada a tal delito seria imprescritível, na forma determinada pelo art. 5.º, inciso XLII, da Constituição Federal:

> O crime de injúria racial, espécie do gênero racismo, é imprescritível. A prática de injuria racial, prevista no art. 140, § 3.º, do Código Penal, traz em seu bojo o emprego de elementos associados aos que se definem como raça, cor, etnia, religião ou origem para se ofender ou insultar alguém. Consistindo o racismo em processo sistemático de discriminação que elege a raça como critério distintivo para estabelecer desvantagens valorativas e materiais, a injuria racial consuma os objetivos concretos da circulação de estereótipos e estigmas raciais. Nesse sentido, é insubsistente a alegação de que há distinção ontológica entre as condutas previstas na Lei 7.716/1989 e aquela constante do art. 140, § 3.º, do CP. Em ambos os casos, há o emprego de elementos discriminatórios baseados naquilo que sociopoliticamente constitui raça, para a violação, o ataque, a supressão de direitos fundamentais do ofendido. Sendo assim, excluir o crime de injúria racial do âmbito do mandado constitucional de criminalização por meras considerações formalistas desprovidas de substância, por uma leitura geográfica apartada da busca da compreensão do sentido e do alcance do mandado constitucional de criminalização, é restringir-lhe indevidamente a aplicabilidade, negando-lhe vigência.[204]

Em nossa opinião, a Corte Suprema acertava na finalidade do julgado, mas errava no meio empregado para alcançá-la.

Não há dúvida de que a injúria racial – crime abjeto, vil e altamente reprovável – sempre mereceu punição severa. Entretanto, a posição do Supremo Tribunal Federal, visando à proteção da igualdade racial, acabava desprezando outro direito fundamental, consistente no princípio da reserva legal, consagrado no art. 5.º, inciso XXXIX, da Constituição Federal.

De fato, a reserva legal apresenta, em sintonia com a soberania popular, um fundamento popular ou democrático. O povo, por seus representantes, integrantes do Poder Legislativo, escolhe os crimes e lhes comina as respectivas penas.

Em outras palavras, o povo – ainda que não se concordasse com isso – havia catalogado a injúria racial entre os crimes contra a honra, no art. 140, § 3.º, do Código Penal, e não entre os delitos de preconceito, intolerância ou discriminação, definidos na Lei 7.716/1989.

O ativismo do Supremo Tribunal Federal, ainda que repleto de boas intenções, desprezava o princípio da reserva legal, um dos pilares centrais do Direito Penal, conquistado a duras penas ao longo da história.

Felizmente, essa celeuma foi superada com a entrada em vigor da Lei 14.532/2023. A tipicidade da injúria racial foi deslocada para a Lei 7.716/1989, em seu art. 2.º-A. Depois do "empurrão" do Supremo Tribunal Federal, o Congresso Nacional equacionou a questão, dispensando a merecida proteção ao bem jurídico, sem renunciar ao princípio da reserva legal.

1.5.6.12.1.1. Homofobia, divulgação em redes sociais de abrangência internacional e competência

Se a injúria consistir em falas de cunho homofóbico, estará caracterizado o crime de racismo, em sintonia com a jurisprudência consolidada no Supremo Tribunal Federal. Na hipótese de divulgação de tais ofensas em redes sociais ou plataformas de vídeos de alcance

---

[204] HC 154.248/DF, rel. Min. Edson Fachin, Plenário, j. 28.10.2021, noticiado no *Informativo* 1.036.

internacional, a exemplo do Facebook e do YouTube, a competência para o processo e julgamento do delito será da Justiça Federal. Para o Superior Tribunal de Justiça:

> Compete à Justiça Federal processar e julgar o conteúdo de falas de suposto cunho homofóbico divulgadas na internet, em perfis abertos da rede social Facebook e na plataforma de compartilhamento de vídeos YouTube, ambos de abrangência internacional. O Supremo Tribunal Federal, no julgamento da Ação Direta de Inconstitucionalidade por Omissão n. 26, de relatoria do Ministro Celso de Mello, deu interpretação conforme a Constituição para enquadrar a homofobia e a transfobia, qualquer que seja a forma de sua manifestação, nos diversos tipos penais definidos na Lei n. 7.716/1989, até que sobrevenha legislação autônoma, editada pelo Congresso Nacional. Tendo sido firmado pelo STF o entendimento de que a homofobia traduz expressão de racismo, compreendido em sua dimensão social, caberá a casos de homofobia o tratamento legal conferido ao crime de racismo. No caso, os fatos narrados pelo Ministério Público estadual indicam que a conduta do investigado não se restringiu a uma pessoa determinada, ainda que tenha feito menção a ato atribuído a um professor da rede pública, mas diz respeito a uma coletividade de pessoas. Com efeito, foi destacado, no requerimento de autorização para instauração do procedimento investigatório criminal, que as afirmações do investigado seriam capazes de provocar "especial estímulo à hostilidade contra pessoas em razão da orientação sexual ou identidade de gênero". Ficou demonstrado, ainda, que as falas de suposto cunho homofóbico foram divulgadas na internet, em perfis abertos da rede social Facebook e da plataforma de compartilhamento de vídeos YouTube, ambos de abrangência internacional. Considerada essa conjuntura, vale referir que a Terceira Seção do Superior Tribunal de Justiça, em julgamento ocorrido em 13/5/2020, assentou que a Constituição Federal "reconhece a competência da Justiça Federal não apenas no caso de acesso da publicação por alguém no estrangeiro, mas também nas hipóteses em que a amplitude do meio de divulgação tenha o condão de possibilitar o acesso", e que, "diante da potencialidade de o material disponibilizado na internet ser acessado no exterior, está configurada a competência da Justiça Federal, ainda que o conteúdo não tenha sido efetivamente visualizado fora do território nacional" (CC 163.420/PR, Rel. Ministro Joel Ilan Paciornik, *DJe* 1º/6/2020). A rigor, o meio de divulgação empregado pelo investigado no caso tanto é eficaz para que usuários no exterior visualizassem o conteúdo das falas, quanto é crível admitir que o material foi acessado fora do Brasil. Vale lembrar, inclusive, que o Marco Civil da Internet (Lei n. 12.965/2014), que "estabelece princípios, garantias, direitos e deveres para o uso da Internet no Brasil", prevê, em seu art. 2.º, inciso I, "o reconhecimento da escala mundial da rede".[205]

1.5.6.12.1.2. Homofobia e irrelevância da orientação sexual da vítima

A homofobia é caracterizada pela utilização de ofensas preconceituosas que atingem a honra do ofendido, indicativa de preconceito e intolerância no tocante à sua orientação sexual. O delito subsiste quando a vítima é heterossexual. Como decidido pelo Superior Tribunal de Justiça:

> Caso em que a vítima, dentro de sua própria residência, gravou as ofensas homofóbicas proferidas pelo vizinho a ela direcionadas. Independentemente da real orientação sexual da vítima, o delito de injúria restou caracterizado quando o acusado, valendo-se de insultos indiscutivelmente preconceituosos e homofóbicos, ofendeu a honra subjetiva do ofendido, seu vizinho. Isto é, não é porque a vítima é heterossexual que não pode sofrer homofobia (injúria racial equiparada) quando seu agressor, acreditando que a vítima seja homossexual, profere ofensas valendo-se de termos pejorativos atrelados de forma criminosa a esse grupo minoritário e estigmatizado.[206]

---

[205] CC 191.970/RS, rel. Ministra Laurita Vaz, 3.ª Seção, j. 14.12.2022, noticiado no *Informativo* 761.
[206] AgRg no HC 844.274/DF, rel. Min. Ribeiro Dantas, 5.ª Turma, j. 13.05.2024, noticiado no *Informativo* 814.

1.5.6.12.1.3. Homofobia e acordo de não persecução penal

O crime de homofobia (e também de transfobia), é incompatível com o acordo de não persecução penal.

Com efeito, o instituto da justiça negociada revela-se insuficiente para prevenção e repressão de delito desta natureza (CPP, art. 28-A, *caput*), sem prejuízo da incidência da norma proibitiva contida no art. 28-A, § 2.º, IV, do Código de Processo Penal, uma vez que se trata de crime motivado pelo gênero da vítima. Na dicção do Superior Tribunal de Justiça:

> Não cabe acordo de não persecução penal nos crimes raciais, o que inclui as condutas resultantes de atos homofóbicos. (...) Nessa linha de intelecção, a Segunda Turma do STF sedimentou o entendimento de que, seguindo a teleologia da excepcionalidade do inciso IV do § 2.º do art. 28-A do CPP, – que veda a aplicação do ANPP "nos crimes praticados no âmbito de violência doméstica ou familiar, ou praticados contra a mulher por razões da condição de sexo feminino, em favor do agressor" –, o alcance material para a aplicação do acordo "despenalizador" e a inibição da *persecutio criminis* exige conformidade com a Constituição Federal e com os compromissos assumidos internacionalmente pelo Estado brasileiro, com vistas à preservação do direito fundamental à não discriminação (art. 3.º, inciso IV, da CF), não abrangendo, desse modo, os crimes raciais (nem a injúria racial, prevista no art. 140, § 3.º, do Código Penal, nem os delitos previstos na Lei n. 7.716/1989). (STF, RHC 222.599, Rel. Ministro Edson Fachin, Segunda Turma, *DJe* 22/3/2023).[207]

1.5.6.12.2. Estatuto da Pessoa Idosa

A conduta de desdenhar, humilhar, menosprezar ou discriminar pessoa idosa, por qualquer motivo, caracteriza o crime tipificado pelo art. 96, § 1.º, da Lei 10.741/2003 – Estatuto da Pessoa Idosa, punida com reclusão, de 6 (seis) meses a 1 (um) ano, e multa.

Destarte, quando o comportamento do agente não se enquadrar no art. 140, § 3.º, do Código Penal, restará a figura subsidiária definida pelo art. 96, § 1.º, do Estatuto da Pessoa Idosa.

1.5.6.12.3. Discriminação dos portadores do vírus HIV e dos doentes de AIDS

A discriminação dos portadores do vírus da imunodeficiência humana (HIV) e doentes de AIDS, fundamentada na condição de portador ou doente, enseja o reconhecimento do crime específico tipificado pelo art. 1.º da Lei 12.984/2014:

> Art. 1.º Constitui crime punível com reclusão, de 1 (um) a 4 (quatro) anos, e multa, as seguintes condutas discriminatórias contra o portador do HIV e o doente de AIDS, em razão da sua condição de portador ou de doente:
>
> I – recusar, procrastinar, cancelar ou segregar a inscrição ou impedir que permaneça como aluno em creche ou estabelecimento de ensino de qualquer curso ou grau, público ou privado;
>
> II – negar emprego ou trabalho;
>
> III – exonerar ou demitir de seu cargo ou emprego;
>
> IV – segregar no ambiente de trabalho ou escolar;
>
> V – divulgar a condição do portador do HIV ou de doente de aids, com intuito de ofender-lhe a dignidade;
>
> VI – recusar ou retardar atendimento de saúde.

---

[207] AREsp 2.607.962/GO, rel. Min. Reynaldo Soares da Fonseca, 5.ª Turma, j. 13.08.2024, noticiado no *Informativo* 821.

1.5.6.13. Injúria contra funcionário público e desacato: distinção

O crime de injúria pode ser cometido na presença ou na ausência da vítima. Basta que a ofensa chegue ao seu conhecimento, com potencialidade para arranhar sua honra subjetiva, é dizer, o juízo que a pessoa faz de si própria. Essa é a regra geral, excepcionada quando o ofendido é funcionário público.

Nesse caso, se a ofensa é realizada na presença do funcionário público, no exercício da função ou em razão dela, não se trata de simples agressão à sua honra, mas de desacato, arrolado pelo legislador entre os crimes contra a Administração Pública (CP, art. 331). Como informa Flávio Augusto Monteiro de Barros:

> No desacato, a ofensa é irrogada na presença do funcionário, que dela toma conhecimento direto, por si próprio. Quando o funcionário público está no exercício das funções (*in officio*) é irrelevante à tipificação do desacato o fato de a ofensa relacionar-se ou não com o exercício funcional. Estando, porém, fora do exercício funcional, o desacato está condicionado à relação da ofensa com o exercício funcional (*propter officium*).[208]

Na injúria, por sua vez, a ofensa não é lançada na presença do funcionário público, relacionando-se, todavia, à função pública por ele exercida. Vejamos alguns exemplos:

(1) se um particular vai à sala de audiências de um fórum e chama o juiz de Direito de "corrupto", o crime é de desacato; e
(2) se o mesmo particular para em frente à casa do juiz de Direito, em um domingo, e grita "juiz corrupto", fugindo em seguida, o crime é de injúria.

1.5.6.14. Injúria cometida pela internet e competência

Os crimes de injúria cometidos pela *internet* são de competência da Justiça Estadual, mesmo se forem utilizadas redes sociais sediadas no exterior. Em sintonia com a jurisprudência do Superior Tribunal de Justiça:

> A Seção entendeu que compete à Justiça estadual processar e julgar os crimes de injúria praticados por meio da rede mundial de computadores, ainda que em páginas eletrônicas internacionais, tais como as redes sociais *Orkut* e *Twitter*. Asseverou-se que o simples fato de o suposto delito ter sido cometido pela *internet* não atrai, por si só, a competência da Justiça Federal. Destacou-se que a conduta delituosa – mensagens de caráter ofensivo publicadas pela ex-namorada da vítima nas mencionadas redes sociais – não se subsume em nenhuma das hipóteses elencadas no art. 109, IV e V, da CF. O delito de injúria não está previsto em tratado ou convenção internacional em que o Brasil se comprometeu a combater, por exemplo, os crimes de racismo, xenofobia, publicação de pornografia infantil, entre outros. Ademais, as mensagens veiculadas na *internet* não ofenderam bens, interesses ou serviços da União ou de suas entidades autárquicas ou empresas públicas. Dessa forma, declarou-se competente para conhecer e julgar o feito o juízo de Direito do Juizado Especial Civil e Criminal.[209]

É importante destacar que, de acordo com o art. 1.º, VII, da Lei 10.446/2002, quando houver repercussão interestadual ou internacional que exija repressão uniforme, poderá o Departamento de Polícia Federal do Ministério da Justiça, sem prejuízo da responsabilidade dos

---
[208] BARROS, Flávio Augusto Monteiro de. *Crimes contra a pessoa*. São Paulo: Saraiva, 1997. p. 201.
[209] CC 121.431/SE, rel. Min. Marco Aurélio Bellizze, 3.ª Seção, j. 11.04.2012, noticiado no *Informativo* 495. No mesmo sentido: AgRg nos EDcl no CC 120.559/DF, rel. Min. Jorge Mussi, 3.ª Seção, j. 11.12.2013.

órgãos de segurança pública arrolados no **art. 144 da Constituição Federal**, em especial das Polícias Militares e Civis dos Estados, proceder à investigação de quaisquer crimes – inclusive de injúria – praticados por meio da rede mundial de computadores que difundam conteúdo misógino, definidos como aqueles que propagam o ódio ou a aversão às mulheres.

1.5.6.15. Injúria eleitoral

O art. 326 da Lei 4.737/1965 – Código Eleitoral contém uma modalidade específica de injúria. Esse delito ingressa na competência da Justiça Eleitoral, e apresenta nítidas diferenças com o crime tipificado no art. 140 do Código Penal. Nas lições do Superior Tribunal de Justiça:

> Compete à Justiça Comum Estadual, e não à Eleitoral, processar e julgar injúria cometida no âmbito doméstico e desvinculada, direta ou indiretamente, de propaganda eleitoral, embora motivada por divergência política às vésperas da eleição. De fato, o crime previsto no art. 326 do Código Eleitoral possui nítida simetria com o crime de injúria previsto no art. 140 do CP, mas com este não se confunde, distinguindo-se, sobretudo, pelo acréscimo de elementares objetivas à figura típica, que acabou por resultar em relevante restrição à sua aplicação, refletindo, também por isso, na maior especialização do objeto jurídico tutelado. A propósito, assim dispõem os referidos dispositivos legais: "Art. 140. Injuriar alguém, ofendendo-lhe a dignidade ou o decoro: (...)" e "Art. 326. Injuriar alguém, na propaganda eleitoral, ou visando a fins de propaganda, ofendendo-lhe a dignidade ou o decoro: (...)". Como se vê, a injúria eleitoral somente se perfectibiliza quando a ofensa ao decoro ou à dignidade ocorrer na propaganda eleitoral ou com fins de propaganda. Ou seja, a caracterização do crime de injúria previsto na legislação eleitoral exige, como elementar do tipo, que a ofensa seja perpetrada na propaganda eleitoral ou vise fins de propaganda (TSE, HC 187.635-MG, *DJe* de 16/2/2011), sob pena de incorrer-se no crime de injúria comum. Por fim, cabe ressaltar que, na injúria comum, tutela-se a honra subjetiva, sob o viés da dignidade ou decoro individual e, na injúria eleitoral, protegem-se esses atributos ante o interesse social que se extrai do direito subjetivo dos eleitores à lisura da competição eleitoral ou do "inafastável aprimoramento do Estado Democrático de Direito e o direito dos cidadãos de serem informados sobre os perfis dos candidatos, atendendo-se à política da transparência" (STF, Inq. 1.884/RS, Tribunal Pleno, *DJ* 27.08.2004).[210]

1.5.7. Arts. 141 a 145 – Apontamentos comuns aos crimes contra a honra

1.5.7.1. Introdução

Os crimes contra a honra previstos no Código Penal apresentam diversas características comuns. São as que dizem respeito:

(1) à intensidade do mal visado pela conduta;

(2) à relação entre conduta e resultado naturalístico;

(3) aos sujeitos dos delitos (ativo e passivo);

(4) aos meios de execução;

(5) ao elemento subjetivo;

(6) à aplicabilidade de institutos previstos na Lei 9.099/1995; e

(7) à classificação doutrinária.

---

[210] CC 134.005/PR, rel. Min. Rogerio Schietti Cruz, 3.ª Seção, j. 11.06.2014, noticiado no *Informativo* 543.

Por motivos estritamente didáticos, e com o fim de facilitar a compreensão do assunto pelo leitor, decidimos abordar conjuntamente esses tópicos, fazendo, quando necessários, os destaques nas diferenças existentes entre cada um dos crimes.

Passemos à análise desses temas.

1.5.7.1.1. Classificação dos crimes no tocante à intensidade do mal visado pela conduta

Calúnia, difamação e injúria são **crimes de dano**. O responsável pela conduta criminosa quer efetivamente lesionar a honra da vítima, objetiva (calúnia e difamação) ou subjetiva (injúria). Não se contenta com a exposição do bem jurídico a uma situação de perigo; ao contrário, deseja danificá-lo, maculando de qualquer modo a honra alheia.

1.5.7.1.2. Classificação dos crimes quanto à relação entre conduta e resultado naturalístico

Os crimes contra a honra pertencem à seara dos **delitos formais, de consumação antecipada ou de resultado cortado**. O tipo penal contém conduta e resultado naturalístico, mas dispensa este último para a consumação. Basta a prática da conduta criminosa para a realização integral do tipo penal. Em síntese, a honra objetiva ou subjetiva da vítima pode ser arranhada pela imputação falsa de crime (calúnia) ou simplesmente ofensiva (difamação), ou ainda pela atribuição de qualidade negativa (injúria), mas isso é prescindível para fins de consumação.

Exemplificativamente, o sujeito que chama outra pessoa de "burra" quer ofendê-la, indiscutivelmente. Pode ser que a vítima se sinta ofendida e menosprezada, como também pode acontecer de ela não se deixar abalar pela injúria. Em qualquer caso, entretanto, o crime estará consumado.

1.5.7.1.3. Sujeitos do crime

1.5.7.1.3.1. Sujeito ativo

Calúnia, difamação e injúria são **crimes comuns ou gerais**. Podem ser praticados por qualquer pessoa.

Algumas pessoas, todavia, são imunes aos crimes contra a honra. Não os praticam, ainda que ofendam a honra alheia, pois o ordenamento jurídico afasta tais pessoas da incidência do Direito Penal. Essas imunidades são as seguintes:

a) Imunidades parlamentares

Nos termos do art. 53, *caput*, da Constituição Federal: "Os Deputados e Senadores são invioláveis, civil e penalmente, por quaisquer de suas opiniões, palavras e votos". É a chamada **imunidade material**.

A imunidade material protege o parlamentar em suas **opiniões, palavras e votos**, desde que **relacionadas às suas funções**, não abrangendo manifestações desarrazoadas e desprovidas de conexão com os seus deveres constitucionais.[211] Funciona, portanto, como um **complemento**

---

[211] "Afirmou que a inviolabilidade material somente abarca as declarações que apresentem nexo direto e evidente com o exercício das funções parlamentares. No caso concreto, embora aludindo à Lei Rouanet, o parlamentar nada acrescentou ao debate público sobre a melhor forma de distribuição dos recursos destinados à cultura, limitando-se a proferir palavras ofensivas à dignidade dos querelantes. O Parlamento é o local por excelência para o livre mercado de ideias – não para o livre mercado de ofensas. A liberdade de expressão política dos parlamentares, ainda que vigorosa, deve se manter nos limites da civilidade. Ninguém pode se escudar na inviolabilidade parlamentar para, sem vinculação com a função, agredir a dignidade alheia ou difundir discursos de ódio, violência e discriminação" (STF: PET 7.174/DF, rel.

constitucional à liberdade de expressão reservada a todas as pessoas. Não se faz necessário, contudo, que o parlamentar se manifeste no recinto do Congresso Nacional para a incidência da inviolabilidade. Nesse sentido já decidiu o Supremo Tribunal Federal:

> A imunidade parlamentar é uma proteção adicional ao direito fundamental de todas as pessoas à liberdade de expressão, previsto no art. 5.º, IV e IX, da Constituição. Assim, mesmo quando desbordem e se enquadrem em tipos penais, as palavras dos congressistas, desde que guardem alguma pertinência com suas funções parlamentares, estarão cobertas pela imunidade material do art. 53, "caput", da Constituição ("Art. 53. Os Deputados e Senadores são invioláveis, civil e penalmente, por quaisquer de suas opiniões, palavras e votos"). Com base nessa orientação, a Primeira Turma, em julgamento conjunto e por maioria, rejeitou a queixa-crime oferecida em face de senador a quem fora imputado a prática dos delitos de calúnia, injúria e difamação. Na espécie, parlamentar teria postado na rede social "facebook" que ex-Presidente da República teria cometido crimes e, ainda, teria impetrado "habeas corpus" preventivo relativo a atos de corrupção ocorrido no âmbito da Petrobrás. De início, a Turma assentou o caráter reprovável e lamentável com o qual as críticas à suposta condutas de um ex-Presidente da República teriam sido feitas. Na sequência, ressaltou que a imunidade material conferida aos parlamentares não seria uma prerrogativa absoluta. Restringir-se-ia a opiniões e palavras externadas, dentro ou fora do recinto do Congresso Nacional, mas no exercício do mandato ou em razão dele. Prevaleceria, portanto, a compreensão de que a imunidade parlamentar não se estenderia para opiniões ou palavras que pudessem malferir a honra de alguém quando essa manifestação estivesse dissociada do exercício do mandato. Para o Colegiado, a Constituição teria garantido uma tolerância com o uso — que normalmente fosse considerado abusivo — do direito de expressar livremente suas opiniões, quando proveniente de parlamentar no exercício de seus respectivos mandatos. Essa condescendência se justificaria para assegurar um bem maior — a própria democracia. Entre um parlamentar acuado pelo eventual receio de um processo criminal e um parlamentar livre para expor as suspeitas que pairassem sobre outros homens públicos, mesmo que de forma que pudesse ser considerada abusiva e, portanto, criminosa, o caminho trilhado pela Constituição seria o de conferir liberdade ao congressista. Assim, a regra da imunidade deveria prevalecer nas situações limítrofes em que não fosse delineada a conexão entre a atividade parlamentar e as ofensas irrogadas a pretexto de exercê-la, mas que, igualmente, não se pudesse, de plano, dizer que exorbitassem do exercício do mandato.[212]

O Supremo Tribunal Federal, reforçando esse entendimento, assim se pronunciou no polêmico caso em que o então Deputado Federal Jair Bolsonaro afirmou que sua colega de parlamento Maria do Rosário "não merecia ser estuprada":

> A Turma assinalou que a garantia constitucional da imunidade material protege o parlamentar, qualquer que seja o âmbito espacial em que exerça a liberdade de opinião, sempre que suas manifestações guardem conexão com o desempenho da função legislativa ou tenham sido proferidas em razão dela. Para que as afirmações feitas pelo parlamentar possam ser relacionadas ao exercício do mandato, devem revelar teor minimamente político, referido a fatos que estejam sob debate público, sob investigação em CPI ou em órgãos de persecução penal ou, ainda, sobre qualquer tema que seja de interesse de setores da sociedade, do eleitorado, de organizações ou quaisquer grupos representados no parlamento ou com pretensão à representação democrática. Consequentemente, não há como relacionar ao desempenho da função legislativa, ou de atos praticados em razão do exercício de mandato parlamentar, as palavras e opiniões meramente pessoais, sem relação com

---

Min. Alexandre de Moraes, red. p/ o ac. Min. Marco Aurélio, 1.ª Turma, j. 10.03.2020, noticiado no *Informativo* 969). E também: STF – AP 1.021/DF, rel. Min. Luiz Fux, 1.ª Turma, j. 18.08.2020, noticiado no *Informativo* 987.

[212] Inq. 4.088/DF, rel. Min. Edson Fachin, 1.ª Turma, j. 01.12.2015, noticiado no *Informativo* 810.

o debate democrático de fatos ou ideias e, portanto, sem vínculo com o exercício das funções cometidas a um parlamentar. Na hipótese, trata-se de declarações que não guardam relação com o exercício do mandato.[213]

No famoso caso em que o Deputado Federal Daniel Silveira publicou um vídeo nas redes sociais ofendendo diversos Ministros do Supremo Tribunal Federal, a Corte Suprema afastou a incidência da imunidade parlamentar, com o fundamento de que tal instrumento não pode ser utilizado para acobertar condutas atentatórias ao Estado Democrático de Direito:

> Atentar contra a democracia e o Estado de Direito não configura exercício da função parlamentar a invocar a imunidade constitucional prevista no art. 53, *caput*, da Constituição Federal. A imunidade material parlamentar não deve ser utilizada para atentar frontalmente contra a própria manutenção do Estado Democrático de Direito. Em nenhum momento histórico, em qualquer que seja o país que se analise, a imunidade parlamentar se confundiu com a impunidade. As imunidades parlamentares surgiram para garantir o Estado de Direito e da separação de Poderes. Modernamente foram se desenvolvendo para a preservação da própria democracia. A previsão constitucional do Estado Democrático de Direito consagra a obrigatoriedade de o País ser regido por normas democráticas, com observância da separação de Poderes, bem como vincula a todos, especialmente as autoridades públicas, ao absoluto respeito aos direitos e garantias fundamentais, com a finalidade de afastamento de qualquer tendência ao autoritarismo e concentração de poder. A CF não permite a propagação de ideias contrárias à ordem constitucional e ao Estado Democrático (arts. 5.º, XLIV; e 34, III e IV), nem tampouco a realização de manifestações nas redes sociais visando ao rompimento do Estado de Direito, com a extinção das cláusulas pétreas constitucionais – separação de Poderes (art. 60, § 4.º), com a consequente instalação do arbítrio. A liberdade de expressão e o pluralismo de ideias são valores estruturantes do sistema democrático. A livre discussão, a ampla participação política e o princípio democrático estão interligados com a liberdade de expressão, tendo por objeto não somente a proteção de pensamentos e ideias, mas também opiniões, crenças, realização de juízo de valor e críticas a agentes públicos, no sentido de garantir a real participação dos cidadãos na vida coletiva. Dessa maneira, tanto são inconstitucionais as condutas e manifestações que tenham a nítida finalidade de controlar ou mesmo aniquilar a força do pensamento crítico, indispensável ao regime democrático, quanto aquelas que pretendam destruí-lo, juntamente com suas instituições republicanas, pregando a violência, o arbítrio, o desrespeito à separação de Poderes e aos direitos fundamentais. Na hipótese, deputado federal publicou vídeo em rede social no qual, além de atacar frontalmente os ministros do Supremo Tribunal Federal (STF), por meio de diversas ameaças e ofensas, expressamente propagou a adoção de medidas antidemocráticas contra o STF, bem como instigou a adoção de medidas violentas contra a vida e a segurança de seus membros, em clara afronta aos princípios democráticos, republicanos e da separação de Poderes.[214]

Em outra ação penal polêmica, ajuizada por Vanderlan Cardoso contra Jorge Kajuru, ambos à época Senadores pelo Estado de Goiás, o Supremo Tribunal Federal assim se pronunciou:

> A liberdade de expressão não alcança a prática de discursos dolosos, com intuito manifestamente difamatório, de juízos depreciativos de mero valor, de injúrias em razão da forma ou de críticas aviltantes. É possível vislumbrar restrições à livre manifestação de ideias, inclusive mediante a aplicação da lei penal, em atos, discursos ou ações que envolvam, por exemplo, a pedofilia, nos casos de discursos que incitem a violência ou quando se tratar de discurso com intuito manifestamente difamatório. A garantia da imunidade parlamentar não alcança os atos praticados sem claro nexo de vinculação recíproca entre o discurso e o desempenho das funções parlamentares. Isso porque

---

[213] Inq 3.932/DF e Pet 5.243/DF, rel. Min. Luiz Fux, 1.ª Turma, j. 21.06.2016, noticiados no *Informativo* 831.
[214] Inq 4.781, rel. Min. Alexandre de Moraes, Plenário, j. 17.12.2021, noticiado no *Informativo* 1.006.

as garantias dos membros do Parlamento são vislumbradas sob uma perspectiva funcional, ou seja, de proteção apenas das funções consideradas essenciais aos integrantes do Poder Legislativo, independentemente de onde elas sejam exercidas. No caso, os discursos proferidos pelo querelado teriam sido proferidos com nítido caráter injurioso e difamatório, de forma manifestamente dolosa, sem qualquer hipótese de prévia provocação ou retorsão imediata capaz de excluir a tipificação, em tese, dos atos descritos nas queixas-crimes.[215]

A imunidade material abrange os **deputados federais** e **senadores**. E, de acordo com o art. 27, § 1.º, da Constituição Federal, aos **deputados estaduais** serão aplicadas as mesmas regras sobre imunidades relativas aos deputados federais e senadores. Portanto, é assegurada a imunidade material dos deputados estaduais, que são invioláveis, civil e penalmente, por quaisquer de suas opiniões, palavras e votos. Para o Supremo Tribunal Federal:

> O Colegiado entendeu que a leitura da Constituição da República revela que, sob os ângulos literal e sistemático, os deputados estaduais têm direito às imunidades formal e material e à inviolabilidade conferidas pelo constituinte aos congressistas, no que estendidas, expressamente, pelo § 1.º do art. 27 da CF. Asseverou que o dispositivo não abre campo a controvérsias semânticas em torno de quais imunidades são abrangidas pela norma extensora. A referência no plural, de cunho genérico, evidencia haver-se conferido a parlamentares estaduais proteção sob os campos material e formal. Se o constituinte quisesse estabelecer estatuto com menor amplitude para os deputados estaduais, o teria feito expressamente, como fez, no inciso VIII do art. 29, em relação aos vereadores. A extensão do estatuto dos congressistas federais aos parlamentares estaduais traduz dado significante do pacto federativo. O reconhecimento da importância do Legislativo estadual viabiliza a reprodução, no âmbito regional, da harmonia entre os Poderes da República. É inadequado, portanto, extrair da Constituição Federal proteção reduzida da atividade do Legislativo nos entes federados, como se fosse menor a relevância dos órgãos locais para o robustecimento do Estado Democrático de Direito. Acrescentou que reconhecer a prerrogativa de o Legislativo sustar decisões judiciais de natureza criminal, precárias e efêmeras, cujo teor resulte em afastamento ou limitação da função parlamentar não implica dar-lhe carta branca. Prestigia-se, ao invés, a Carta Magna, impondo-se a cada qual o desempenho do papel por ela conferido.[216]

No tocante ao Poder Legislativo Municipal, dispõe o art. 29, inciso VIII, da Constituição Federal que os municípios serão regidos por lei orgânica, que deverá obedecer, entre outras regras, a da inviolabilidade dos **vereadores** por suas opiniões, palavras e votos, no exercício do mandato e na circunscrição do Município. Na esteira do entendimento do Supremo Tribunal Federal: "O Supremo Tribunal Federal fixou entendimento de que a imunidade material concedida aos vereadores sobre suas opiniões, palavras e votos não é absoluta, e é limitada ao exercício do mandato parlamentar sendo respeitada a pertinência com o cargo e o interesse municipal."[217]

b) Advogados

De acordo com o art. 133 da Constituição Federal: "O advogado é indispensável à administração da justiça, sendo inviolável por seus atos e manifestações no exercício da profissão, nos limites da lei."

---

[215] Pet 8.242 AgR/DF, rel. Min. Celso de Mello, redator do acórdão Min. Gilmar Mendes, 2.ª Turma, j. 03.05.2022, noticiado no *Informativo* 1.053.

[216] ADI 5823 MC/RN, rel. Min. Marco Aurélio, Plenário, j. 08.05.2019; ADI 5824 MC/RJ, rel. orig. Min. Edson Fachin, red. p/ o ac. Min. Marco Aurélio, Plenário, j. 08.05.2019; e ADI 5825 MC/MT, rel. orig. Min. Edson Fachin, red. p/ o ac. Min. Marco Aurélio, Plenário, j. 08.05.2019, noticiados no *Informativo* 939.

[217] RE-AgR 583.559/RS, rel. Min. Eros Grau, 2.ª Turma, j. 10.06.2008.

Essa imunidade, como se sabe, não autoriza excessos inoportunos e desnecessários, pelos quais responde o advogado, mas não seu cliente. Com efeito, a proclamação constitucional da inviolabilidade do advogado, por seus atos e manifestações no exercício da profissão, traduz significativa garantia do exercício pleno dos relevantes encargos cometidos, pela ordem jurídica, a esse indispensável operador do direito.

A garantia da intangibilidade profissional do advogado não se reveste de valor absoluto, eis que a cláusula assecuratória dessa especial prerrogativa jurídica encontra limites na lei, consoante dispõe o próprio art. 133 da Constituição da República. A invocação da imunidade constitucional pressupõe, necessariamente, o exercício regular e legítimo da advocacia. Essa prerrogativa jurídico-constitucional, no entanto, revela-se incompatível com práticas abusivas ou atentatórias à dignidade da profissão ou às normas ético-jurídicas que lhe regem o exercício.[218]

Em triste episódio no qual uma Promotora de Justiça foi alvo de **ataques homofóbicos no Plenário do Tribunal do Júri,** o Superior Tribunal de Justiça assim se pronunciou:

> Imunidade não é sinônimo de privilégio. O fim teleológico de toda imunidade penal é a salvaguarda da própria função desempenhada pelo agente, que, por ser dotada de relevante interesse social – no caso da advocacia, é a própria Constituição da República que a prevê como indispensável à administração da Justiça – merece proteção diferenciada, a fim de se evitar embaraços indevidos ao seu pleno exercício. No entanto, não se pode presumir que a mesma Constituição que prevê um alargado catálogo de direitos fundamentais confira plenos poderes para que pessoas com determinados *munus* possam descumpri-los em contexto totalmente divorciado da finalidade da norma que prevê a garantia da imunidade. Desse modo, não parece adequado admitir que, mesmo no exercício de suas funções, possa um membro da advocacia proferir discursos de ódio ou ofensas sem nenhuma relação com o caso tratado. Ofensas eventualmente proferidas por advogados não serão tipificadas como injúria ou difamação, desde que relacionadas com a função por estes desempenhadas. Exige-se, portanto, pertinência entre as palavras injuriosas e a atividade do profissional. Conclusão diversa implicaria autorização indiscriminada para que o integrante dos quadros da Ordem dos Advogados do Brasil pudesse ofender a honra de qualquer pessoa, sem punição alguma, ainda que as palavras ofensivas em nada se relacionem com a causa de atuação do causídico. Ademais, embora no Tribunal do Júri seja assegurada a plenitude de defesa (art. 5.º, inciso XXXVIII, alínea a, da Constituição Federal), a referida garantia não pode ser distorcida pelo advogado como se fosse salvo conduto para a prática de delitos.[219]

1.5.7.1.3.2. Sujeito passivo

Pode ser qualquer **pessoa física**. Vale ressaltar que os crimes contra a honra supõem, em sua configuração estrutural e típica, a existência de um **sujeito passivo determinado e conhecido**. Não é imprescindível, contudo, que a pessoa moralmente ofendida seja objeto de expressa referência nominal. Basta, para efeito de caracterização típica dos delitos contra a honra, que o ofendido seja designado de maneira tal que se torne possível a sua identificação, ainda que na limitada esfera de suas relações pessoais, profissionais ou sociais.

Os **desonrados** também podem figurar como vítimas dos crimes contra a honra, pois, por pior que seja o indivíduo, sempre possui em sua integridade moral, ainda que ínfima, uma parcela ainda não afetada pela desonra e digna de proteção penal.

Os **doentes mentais e menores de 18 anos** podem ser vítimas de todos os crimes contra a honra. No tocante à **injúria**, é imprescindível que a vítima tenha capacidade de assimilar a expressão ou atitude ofensiva. Nesse sentido, há crime impossível por impropriedade absoluta

---

[218] "A imunidade do advogado, no exercício do *munus* público, é relativa" (STF: HC 86.044/PE, rel. Min. Ricardo Lewandowski, 1.ª Turma, j. 07.11.2006).
[219] STJ: RHC 156.955/SP, rel. Min. Laurita Vaz, 6.ª Turma, j. 02.05.2023, noticiado no *Informativo Edição Extraordinária* 13.

do objeto material quando alguém busca ofender uma criança recém-nascida, chamando-a de "desonesta" e "preguiçosa".

A **pessoa jurídica** pode ser vítima de calúnia e difamação, mas nunca de injúria.

Não há calúnia contra pessoa jurídica quando a ela se imputa falsamente a prática de crime comum. É risível falar-se neste crime contra a honra quando se atribui a uma empresa a responsabilidade por um homicídio, por um estupro etc. Nada obstante, admite-se atualmente a prática de **crimes ambientais** por pessoas jurídicas (CF, art. 225, § 3.º, e Lei 9.605/1998, arts. 3.º e 21 a 24), e tais delitos podem, consequentemente, ser falsamente imputados a uma pessoa jurídica. Exemplo: É calúnia afirmar, ciente da falsidade da atribuição, que uma fábrica de papel poluiu, em data determinada, um riacho que passa em seus fundos.

É fácil concluir, por outro lado, que a pessoa jurídica pode ser vítima de difamação. De fato, ela tem uma reputação a zelar, pois os demais integrantes da coletividade têm opinião formada sobre determinada empresa no que concerne aos seus atributos morais. Difama-se uma pessoa jurídica, exemplificativamente, quando a ela se imputa a má qualidade dos seus serviços, ou então o não pagamento de suas contas nos prazos estabelecidos com seus fornecedores.

E. Magalhães Noronha, todavia, sustenta que a pessoa jurídica não pode ser vítima de difamação, porque esse delito está previsto no Título I da Parte Especial do Código Penal, que dispõe acerca "Dos crimes contra a pessoa". E, nesse título, todos os crimes têm como sujeito passivo uma pessoa física, razão pela qual alega que não há motivos para a difamação ter como ofendido um ente diverso.[220]

Os **mortos**, por não serem titulares de direitos, estão excluídos da proteção penal. Não podem ser sujeitos passivos dos crimes contra a honra. Recorde-se que, nada obstante estabeleça o art. 138, § 2.º, do Código Penal a punibilidade da calúnia contra os mortos, a lei protege a honra dos falecidos relativamente à memória da boa reputação, bem como o interesse dos familiares em preservar sua dignidade. Vítimas do crime, portanto, são o cônjuge e os familiares do morto. Inexiste regra semelhante para os crimes de difamação e de injúria.

Se o crime contra a honra for cometido contra **índio**, e envolver assunto relacionado a direitos indígenas, a competência para o julgamento do delito será da Justiça Federal. Para o Superior Tribunal de Justiça:

> Compete à Justiça Federal – e não à Justiça Estadual – processar e julgar ação penal referente aos crimes de calúnia e difamação praticados no contexto de disputa pela posição de cacique em comunidade indígena. O conceito de direitos indígenas, previsto no art. 109, XI, da CF/88, para efeito de fixação da competência da Justiça Federal, é aquele referente às matérias que envolvam a organização social dos índios, seus costumes, línguas, crenças e tradições, bem como os direitos sobre as terras que tradicionalmente ocupam.[221]

1.5.7.1.4. Meios de execução

Calúnia, difamação e injúria são **crimes de forma livre**. Admitem quaisquer meios de execução, tais como palavras, escritos, gestos ou meios simbólicos, desde que compreensíveis, e, inclusive, a veiculação da ofensa pela *internet*.[222]

---

[220] MAGALHÃES NORONHA, E. *Direito penal*. 9. ed. São Paulo: Saraiva, 1973. v. 2, p. 133.
[221] CC 123.016/TO, rel. Min. Marco Aurélio Bellizze, 3.ª Seção, j. 26.06.2013, noticiado no *Informativo* 527.
[222] A propósito: "O Ministério Público Federal ofereceu denúncia contra procuradora de Justiça, indiciando-a como incursa nas sanções dos arts. 138, 139 e 140, c/c art. 141, I, II e III, todos do CP (calúnia, difamação e injúria, com as agravantes específicas do art. 141 do CP). A denunciada enviou, pela *internet*, mensagem eletrônica (*e-mail*), para todos os computadores que formam a rede utilizada por todos os membros em atividade do Ministério Público local, com o objetivo de atingir a honra subjetiva e objetiva de procurador de Justiça" (APn 516-DF, rel. Min. Eliana Calmon, Corte Especial, j. 20.08.2008, noticiado no *Informativo* 364).

Tais crimes encontram adequação típica nos arts. 138, 139 e 140 do Código Penal mesmo se praticados por intermédio da imprensa.[223] Com efeito, a Lei 5.250/1967 – Lei de Imprensa, editada durante o regime militar e com nítido conteúdo ditatorial e impeditivo da liberdade de informação, não foi recepcionada pela Constituição Federal de 1988,[224] razão pela qual atualmente se aplicam os dispositivos inerentes aos crimes contra a honra definidos pelo Código Penal aos fatos cometidos mediante o uso de jornais, revistas, rádio, televisão e outros meios análogos.[225]

Vale destacar que os três delitos contra a honra podem ser cometidos simultaneamente, no mesmo contexto, desde que exteriorizados por condutas distintas, sem que reste caracterizado o inaceitável *bis in idem*. Como já se pronunciou o Superior Tribunal de Justiça:

> É possível que se impute de forma concomitante a prática dos crimes de calúnia, de difamação e de injúria ao agente que divulga em uma única carta dizeres aptos a configurar os referidos delitos, sobretudo no caso em que os trechos utilizados para caracterizar o crime de calúnia forem diversos dos empregados para demonstrar a prática do crime de difamação. Ainda que diversas ofensas tenham sido assacadas por meio de uma única carta, a simples imputação ao acusado dos crimes de calúnia, injúria e difamação não caracteriza ofensa ao princípio que proíbe o *bis in idem*, já que os crimes previstos nos arts. 138, 139 e 140 do CP tutelam bens jurídicos distintos, não se podendo asseverar de antemão que o primeiro absorveria os demais. Ademais, constatado que diferentes afirmações constantes da missiva atribuída ao réu foram utilizadas para caracterizar os crimes de calúnia e de difamação, não se pode afirmar que teria havido dupla persecução pelos mesmos fatos. De mais a mais, ainda que os dizeres também sejam considerados para fins de evidenciar o cometimento de injúria, o certo é que essa infração penal, por tutelar bem jurídico diverso daquele protegido na calúnia e na difamação, a princípio, não pode ser por elas absorvido.[226]

1.5.7.1.5. Elemento subjetivo

É o **dolo**, direto ou eventual. No subtipo de calúnia, definido pelo art. 138, § 1.º, do Código Penal, admite-se exclusivamente o dolo direto, pois consta a expressão "sabendo falsa a imputação". Não há crime culposo contra a honra.

Mas não basta praticar a conduta descrita pelo tipo penal de cada um dos crimes contra a honra. É necessário, além do dolo, um **especial fim de agir** (sistema finalista = elemento subjetivo do tipo ou elemento subjetivo específico; sistema clássico = dolo específico), consistente na intenção de macular a honra alheia. É o que se convencionou chamar de *animus diffamandi vel injuriandi*.[227]

Nesse contexto, o Superior Tribunal de Justiça já decidiu pela não caracterização do crime de injúria quando falta ao agente a previsibilidade quanto à ciência da vítima no tocante à ofensa, a exemplo do que se verifica quando uma pessoa, sem conhecimento dos interlocutores, escuta a conversa pela extensão telefônica, na qual foram lançadas palavras agressivas à sua honra subjetiva:

---

[223] Nesse sentido: HC 92.618/SP, rel. Min. Ellen Gracie, 2.ª Turma, j. 24.11.2009, noticiado no *Informativo* 569.
[224] STF: ADPF – Arguição de Descumprimento de Preceito Fundamental 130-7/DF, ajuizada pelo PDT – Partido Democrático Trabalhista, rel. Min. Carlos Britto, Plenário, j. 30.04.2009.
[225] Para um estudo aprofundado acerca do tema: ANDRADE, Manuel da Costa. *Liberdade de imprensa e inviolabilidade pessoal. Uma perspectiva jurídico-criminal*. Coimbra: Coimbra Editora, 1996.
[226] RHC 41.527/RJ, rel. Min. Jorge Mussi, 5.ª Turma, j. 03.03.2015, noticiado no *Informativo* 557.
[227] STF: Inq 3.932/DF, rel. Min. Luiz Fux, e Pet 5243/DF, rel. Min. Luiz Fux, 1.ª Turma, j. 21.06.2016, noticiados no *Informativo* 831; e STJ: AP 724/DF, rel. Min. Og Fernandes, Corte Especial, j. 20.08.2014, noticiado no *Informativo* 547.

A ausência de previsibilidade de que a ofensa chegue ao conhecimento da vítima afasta o dolo específico do delito de injúria, tornando a conduta atípica. O cerne da questão diz respeito ao momento da consumação e ao dolo específico exigido no tipo do art. 140, § 3.º, do Código Penal. A jurisprudência do Superior Tribunal de Justiça assenta que o momento da consumação do delito de injúria acontece quando a vítima toma conhecimento da ofensa. Ademais, o tipo penal em questão exige que a ofensa seja dirigida ao ofendido com a intenção de menosprezá-lo, ofendendo-lhe a honra subjetiva. No caso, as palavras injuriosas foram proferidas por meio telefônico, não sendo previsível que a vítima estivesse ouvindo o teor da conversa pela extensão telefônica. Como a injúria se consuma com a ofensa à honra subjetiva de alguém, não há falar em dolo específico no caso em que a vítima não era o interlocutor na conversa telefônica e, acidentalmente, tomou conhecimento do seu teor.[228]

Deve haver seriedade na conduta do agente consistente em imputar a outrem falsamente a prática de um fato previsto como crime (calúnia) ou simplesmente ofensivo à reputação, verdadeiro ou falso (difamação), ou então de atribuir à vítima uma qualidade negativa (injúria). Por essa razão, a intenção de brincar (*animus jocandi*), desacompanhada da vontade de ofender, afasta os crimes contra a honra.

Também não há crime contra a honra quando:

(a) a intenção do agente limita-se a narrar um fato (*animus narrandi*), descrevendo objetivamente aquilo que viu ou ouviu. É o que ocorre, por exemplo, com as testemunhas;

(b) a vontade do sujeito se dirige à crítica honesta e merecida, com o propósito de auxiliar o criticado (*animus criticandi*). Exemplo: crítica científica;[229]

(c) o sujeito busca apenas se defender (*animus defendendi*).[230] Não há crime, em face da legítima defesa;

(d) o agente deseja unicamente corrigir (*animus corrigendi*), tal como se dá na admoestação verbal de pais aos seus filhos. Inexiste crime, em decorrência do exercício regular de direito; e

(e) o indivíduo quer somente aconselhar a outra pessoa (*animus consulendi*). Para o Supremo Tribunal Federal:

A intenção dolosa constitui elemento subjetivo, que, implícito no tipo penal, revela-se essencial à configuração jurídica dos crimes contra a honra. A jurisprudência dos Tribunais tem ressaltado que a necessidade de narrar ou de criticar atua como fator de descaracterização do tipo subjetivo peculiar aos crimes contra a honra, especialmente quando a manifestação considerada ofensiva decorre do regular exercício, pelo agente, de um direito que lhe assiste e de cuja prática não transparece o "pravus animus", que constitui elemento essencial à configuração dos delitos de calúnia, difamação e/ou injúria.[231]

---

[228] REsp 1.765.673/SP, rel. Min. Sebastião Reis Júnior, 6.ª Turma, j. 26.05.2020, noticiado no *Informativo* 672.

[229] Essa conclusão é reforçada quando a crítica, ainda que contundente, é dirigida a uma personalidade política, pois "a proteção da honra do homem público não é idêntica àquela destinada ao particular. É lícito dizer, com amparo na jurisprudência da Suprema Corte, que, 'ao decidir-se pela militância política, o homem público aceita a inevitável ampliação do que a doutrina italiana costuma chamar de *zona di iluminabilità*, resignando-se a uma maior exposição de sua vida e de sua personalidade aos comentários e à valoração do público, em particular, dos seus adversários.'" (STJ: HC 653.641/TO, rel. Min. Ribeiro Dantas, 3.ª Seção, j. 23.06.2021).

[230] Para acompanhar um julgado reconhecendo o *animus defendendi* como excludente anímica no campo dos crimes contra a honra: HC 98.237/SP, rel. Min. Celso de Mello, 2.ª Turma, j. 15.12.2009, noticiado no *Informativo* 572.

[231] RHC 81.750/SP, rel. Min. Celso de Mello, 2.ª Turma, j. 12.11.2002. No STJ: APn 568/AL, rel. Min. Eliana Calmon, Corte Especial, j. 12.11.2009, noticiado no *Informativo* 415.

No palco dos **embates políticos**, em que adversários proferem ataques uns aos outros, o Superior Tribunal de Justiça tem afastado os crimes contra honra, com base na ausência da real intenção de lesar o bem jurídico tutelado:

> Expressões eventualmente contumeliosas, quando proferidas em momento de exaltação, bem assim no exercício do direito de crítica ou de censura profissional, ainda que veementes, atuam como fatores de descaracterização do elemento subjetivo peculiar aos tipos penais definidores dos crimes contra a honra.[232]

Anote-se, ainda, que a honra é **bem jurídico disponível**. Portanto, o consentimento do ofendido, se prévio, emanado de pessoa capaz e livre de qualquer tipo de coação ou fraude, exclui o crime. O consentimento posterior, por outro lado, pode ensejar a renúncia ou o perdão, extinguindo a punibilidade, pois os crimes contra a honra, em regra, somente procedem-se mediante queixa. Mas o consentimento prestado pelo representante legal de um menor de idade ou incapaz não afasta o crime, pois a honra não lhe pertence, e a ninguém é dado dispor validamente de direito alheio.[233]

1.5.7.1.6. Aplicabilidade da Lei 9.099/1995

Os crimes contra a honra definidos pelo Código Penal, com exceção da injúria qualificada (art. 140, § 3.º), encaixam-se no conceito de infração penal de menor potencial ofensivo, aplicando-se as disposições pertinentes da Lei 9.099/1995.

1.5.7.1.7. Classificação doutrinária

Os crimes contra a honra são **comuns** (podem ser praticados por qualquer pessoa); **de forma livre** (admitem qualquer meio de execução); **unissubsistentes ou plurissubsistentes**; **instantâneos** (consumam-se no instante em que terceira pessoa toma conhecimento da ofensa, na calúnia e na difamação, ou quando a vítima fica ciente da atribuição contra si de qualidade negativa, na injúria); **unissubjetivos, unilaterais ou de concurso eventual** (cometidos em regra por uma única pessoa, mas admitem o concurso); **comissivos** (calúnia, difamação e injúria), ou **omissivo** (unicamente na injúria); **de dano** (o agente quer afetar negativamente a honra da vítima); e, finalmente, **formais, de consumação antecipada ou de resultado cortado** (a honra da vítima pode ser lesionada, mas não é fundamental, para fins de consumação, que isso realmente ocorra).

1.5.7.1.8. Competência

Em regra, os crimes contra a honra são de competência da Justiça Estadual. Serão, contudo, de competência da Justiça Federal quando houver ofensa a interesse da União, na forma prevista pelo art. 109, inc. IV, da Constituição Federal. Nesse contexto, dispõe a Súmula 147 do Superior Tribunal de Justiça: "Compete à Justiça Federal processar e julgar os crimes praticados contra funcionário público federal, quando relacionados com o exercício da função".

Na hipótese de crime contra a honra de particular cometido em depoimento prestado ao Ministério Público do Trabalho, um dos ramos do Ministério Público da União, a competência é da Justiça Estadual. Na visão do Superior Tribunal de Justiça:

> Não compete à Justiça federal processar e julgar queixa-crime proposta por particular contra particular, somente pelo fato de as declarações do querelado terem sido prestadas na Procuradoria do

---

[232] QC 6/DF, rel. Min. Herman Benjamin, Corte Especial, j. 10.06.2024, noticiado no *Informativo* 819.
[233] Em igual sentido: BITENCOURT, Cezar Roberto. Uma releitura do crime de calúnia. *Estudos jurídicos em homenagem ao Prof. João Marcello de Araújo Júnior*. Rio de Janeiro: Lumen Juris, 2001. p. 103.

Trabalho. Tratou-se de conflito de competência negativo em razão da divergência entre Juízo federal e Juízo estadual para processar e julgar ações penais privadas nas quais se buscava apurar a prática dos crimes de calúnia e difamação pelos querelados, em depoimento prestado em inquérito civil instaurado por Procuradoria Regional do Trabalho. Estando em análise nas queixas-crime a prática de delitos contra a honra, e não de falso testemunho, tampouco se vislumbrando nos autos indícios de que os depoimentos prestados por querelados perante o *parquet* trabalhista são falsos, estaremos diante de verdadeira relação entre particulares e não haverá nenhum interesse ou violação de direito que afete a União, de modo que a causa não se enquadrará em nenhuma das hipóteses do art. 109 da Constituição Federal e não incidirá, assim, a Súmula n. 165 do STJ, que assim dispõe: "Compete a justiça federal processar e julgar crime de falso testemunho cometido no processo trabalhista".[234]

1.5.7.2. Disposições comuns: art. 141

1.5.7.2.1. Dispositivo legal

Art. 141 — As penas cominadas neste Capítulo **aumentam-se de um terço**, se qualquer dos crimes é cometido:

I – contra o Presidente da República, ou contra chefe de governo estrangeiro;
II – contra funcionário público, em razão de suas funções, ou contra os Presidentes do Senado Federal, da Câmara dos Deputados ou do Supremo Tribunal Federal;
III – na presença de várias pessoas, ou por meio que facilite a divulgação da calúnia, da difamação ou da injúria.
IV – contra criança, adolescente, pessoa maior de 60 (sessenta) anos ou pessoa com deficiência, exceto na hipótese prevista no § 3.º do art. 140 deste Código.

§ 1.º — Se o crime é cometido mediante paga ou promessa de recompensa, aplica-se a pena em dobro.

§ 2.º — Se o crime é cometido ou divulgado em quaisquer modalidades das redes sociais da rede mundial de computadores, aplica-se em triplo a pena.

§ 3.º — Se o crime é cometido contra a mulher por razões da condição do sexo feminino, nos termos do § 1.º do art. 121-A deste Código, aplica-se a pena em dobro.

Informações rápidas:
Os incisos e os §§ 1.º, 2.º e 3.º são causas de aumento de pena.
Funcionário público: a ofensa deve se relacionar com o exercício de suas funções (vida privada não está abrangida).
Presença de várias pessoas: devem existir no mínimo três (não se incluem nesse número a vítima, o autor da conduta criminosa, nem eventuais coautores ou partícipes).
Imprensa: lei inconstitucional (STF). Aplica-se o CP.
Pessoa Idosa: exige que o agente conheça a idade da vítima.
Crime mercenário: pena em dobro (a vantagem paga ou prometida não precisa ser econômica).

---

[234] CC 148.350/PI, rel. Min. Felix Fischer, 3.ª Seção, j. 18.11.2016, noticiado no *Informativo* 593.

1.5.7.2.2. Natureza jurídica

O art. 141 do Código Penal contempla seis **causas de aumento da pena** aplicáveis a todos os crimes contra a honra. Vejamos cada uma delas.

a) contra o Presidente da República, ou contra chefe de governo estrangeiro: inciso I

A pena é aumentada de um terço, em razão da importância das funções desempenhadas pelo Presidente da República e pelo chefe de governo estrangeiro. A conduta criminosa, além de atentar contra a honra de uma pessoa, ofende também os interesses da nação.

b) contra funcionário público, em razão de suas funções, ou contra os Presidentes do Senado Federal, da Câmara dos Deputados ou do Supremo Tribunal Federal: inciso II

No tocante ao crime praticado "contra funcionário público, em razão de suas funções", o aumento da pena fundamenta-se no interesse supremo da Administração Pública, ofendida pelo ataque à honra dos seus agentes.

É imprescindível a **relação de causalidade** entre a ofensa e o exercício da função pública. Pouco importa seja o crime cometido quando o funcionário público estava em serviço ou não: incide o aumento desde que o fato se relacione ao exercício de suas funções.

Não se aplica o aumento da pena quando a conduta se refere à vida privada do funcionário público. De igual modo, a pena também não pode ser elevada na hipótese em que a ofensa é lançada em época na qual a vítima não é mais funcionário público, nada obstante se relacione à função anteriormente exercida.

A parte final – "ou contra os Presidentes do Senado Federal, da Câmara dos Deputados ou do Supremo Tribunal Federal" – foi acrescentada pela Lei 14.197/2021, responsável pela criação do Título XII da Parte Especial do Código Penal ("Crimes contra o Estado Democrático de Direito"), e revela-se repetitiva e desnecessária, pois tais autoridades também são "funcionários públicos", razão pela qual já eram alcançados pela majorante. Com efeito, incidirá o aumento da pena quando o crime contra a honra for praticado contra qualquer dos demais Senadores, Deputados Federais e Ministros da Suprema Corte.

Ao contrário do que se dá em relação ao "funcionário público", a lei não contém a expressão "em razão de suas funções" quando o delito é cometido contra os Presidentes do Senado Federal, da Câmara dos Deputados ou do Supremo Tribunal Federal. Nada obstante, a aplicabilidade da majorante reclama a relação de causalidade entre a conduta criminosa e o exercício da função pública, pois a finalidade da norma é proteger o prestígio do cargo ocupado pela vítima, não se podendo falar no aumento da pena quando a ofensa à honra diz respeito à vida particular do parlamentar ou magistrado.

c) na presença de várias pessoas, ou por meio que facilite a divulgação da calúnia, da difamação ou da injúria: inciso III

Essas causas de aumento da pena em um terço baseiam-se no meio de execução do crime, **capaz de provocar maior prejuízo à honra da vítima**.

Na primeira parte do inciso III ("na presença de várias pessoas"), devem existir no mínimo **três pessoas**. Com efeito, sempre que o Código Penal fala em "várias pessoas", exige ao menos três, porque quando se contenta com duas pessoas, ou então precisa de quatro pessoas, ele o faz expressamente, tal como no furto qualificado (CP, art. 155, § 4.º, inc. IV) e no constrangimento ilegal (art. 146, § 1.º).

Não se incluem nesse número a vítima, o autor da conduta criminosa, nem eventuais coautores ou partícipes. Também não são computadas as pessoas que por qualquer motivo não tenham capacidade de compreender a ofensa à honra do sujeito passivo, tais como crianças de pouca idade, doentes mentais, surdos (quando o crime é cometido verbalmente e não desfrutam da técnica de leitura labial), cegos (na hipótese de crime praticado mediante gestos ou símbolos) etc.

A parte final do dispositivo legal em estudo ("ou por meio que facilite a divulgação da calúnia, da difamação ou da injúria") diz respeito a instrumentos e objetos que facilitem a propagação da ofensa, ainda que não se esteja na presença de várias pessoas. Exemplos: alto-falante, *outdoors*, panfletos, pichação de palavras ofensivas na frente da casa da vítima, imprensa (rádio, televisão, jornais e revistas)[235] etc.

Perceba-se que, com o entendimento adotado pelo Supremo Tribunal Federal no julgamento da Arguição de Descumprimento de Preceito Fundamental 130-7/DF, decidindo pela não recepção da Lei 5.250/1967 – Lei de Imprensa, pela Constituição Federal de 1988, aos crimes contra a honra praticados por meio da imprensa (oral ou escrita) incidirão as disposições previstas nos arts. 138 a 145 do Código Penal.

Consequentemente, se a calúnia, difamação ou injúria for cometida com a utilização da imprensa, incidirá, obrigatoriamente, a causa de aumento de pena prevista no art. 141, inciso III, *in fine*, do Código Penal, pois não há dúvida de que o meio de execução escolhido pelo agente é apto a facilitar a divulgação da ofensa, ensejando maiores prejuízos à honra da vítima.

d) contra criança, adolescente, pessoa maior de 60 (sessenta) anos ou pessoa com deficiência, exceto na hipótese prevista no § 3.º do art. 140 deste Código: inciso IV

Esse inciso foi inserido no Código Penal pela Lei 10.741/2003 – Estatuto da Pessoa Idosa, e posteriormente alterado pela Lei 14.344/2022 – Lei Henry Borel, e somente se aplica quando o sujeito tinha conhecimento da idade ou da peculiar condição da vítima. O aumento também é de um terço.

A ressalva final – "exceto na hipótese prevista no § 3.º do art. 140 deste Código" – visa evitar o *bis in idem*. De fato, a utilização na injúria de elementos referentes à condição de pessoa idosa ou com deficiência qualifica o delito (CP, art. 140, § 3.º), razão pela qual tais peculiaridades da vítima não podem também aumentar a pena.

e) crime é cometido mediante paga ou promessa de recompensa: § 1.º

No § 1.º do art. 141 do Código Penal a pena é aplicada **em dobro** para qualquer crime contra a honra praticado mediante paga ou promessa de recompensa.

Paga e promessa de recompensa caracterizam o **crime mercenário** ou **crime por mandato remunerado**, motivado pela **cupidez**, isto é, pela ambição desmedida, pelo desejo imoderado de riquezas.

Na **paga** o recebimento é prévio. O executor recebe a vantagem e depois pratica o crime contra a honra. Incide a causa de aumento de pena se o sujeito recebe somente parte do valor acertado com o mandante. Já na **promessa de recompensa** o pagamento é convencionado para momento posterior à execução do delito. Nesse caso, não é necessário que o sujeito efetivamente receba a recompensa. É suficiente a sua promessa. E também não se exige tenha sido a recompensa previamente definida, podendo ficar à escolha do mandante.

O pagamento, em ambos os casos, pode ser em dinheiro ou qualquer outra espécie de bem, tal como uma joia ou um automóvel. E, por se tratar de crime contra a honra, e não contra o patrimônio, a vantagem não precisa obrigatoriamente ser econômica, como é o caso da prestação de favores sexuais, promessa de casamento etc.

Cuida-se de crime plurissubjetivo ou de concurso necessário. Devem existir pelo menos duas pessoas: o mandante (quem paga ou promete a recompensa) e o executor.

---

[235] Não podem mais ser aplicadas as disposições da Lei 5.250/1967 aos crimes contra a honra cometidos por meio da imprensa, uma vez que o referido diploma legislativo foi declarado inconstitucional pelo Supremo Tribunal Federal no julgamento da Arguição de Descumprimento de Preceito Fundamental 130-7/DF, ajuizada pelo PDT – Partido Democrático Trabalhista (STF: ADPF 130-7/DF, rel. Min. Carlos Britto, Plenário, j. 30.04.2009).

Aplica-se a causa de aumento de pena, imediatamente, ao executor, pois é ele quem atua movido pela paga ou pela promessa de recompensa. Mas não incide a majorante ao mandante. Por se tratar de circunstância manifestamente subjetiva, não se comunica ao partícipe (como o mandante) nem a eventual coautor. É o que se extrai do art. 30 do Código Penal.

f) crime cometido ou divulgado em quaisquer das modalidades das redes sociais da rede mundial de computadores: § 2.º

Esse dispositivo, acrescentado ao Código Penal pela Lei 13.964/2019 – Pacote Anticrime, foi inicialmente vetado pelo Presidente da República, com a seguinte justificativa:

> A propositura legislativa, ao promover o incremento da pena no triplo quando o crime for cometido ou divulgado em quaisquer modalidades das redes sociais da rede mundial de computadores, viola o princípio da proporcionalidade entre o tipo penal descrito e a pena cominada, notadamente se considerarmos a existência da legislação atual que já tutela suficientemente os interesses protegidos pelo Projeto, ao permitir o agravamento da pena em um terço na hipótese de qualquer dos crimes contra a honra ser cometido por meio que facilite a sua divulgação. Ademais a substituição da lavratura de termo circunstanciado nesses crimes, em razão da pena máxima ser superior a dois anos, pela necessária abertura de inquérito policial, ensejaria, por conseguinte, superlotação das delegacias, e, com isso, redução do tempo e da força de trabalho para se dedicar ao combate de crimes graves, tais como homicídio e latrocínio.

Entretanto, o **veto foi derrubado pelo Congresso Nacional**, daí resultando a inclusão do § 2.º no art. 141 do Código Penal, instituindo o aumento da pena, **no triplo**, quando qualquer dos crimes contra a honra – calúnia, difamação ou injúria – é cometido com a utilização de rede social da *internet*, a exemplo do Twitter, Facebook, WhatsApp, Telegram, Instagram etc.

Nos tempos atuais, o achaque à honra alheia tem sido facilitado, e sobremaneira acentuado, com a utilização de redes sociais disseminadas no ambiente da *internet*. Em poucos minutos a reputação ou a autoestima de uma pessoa pode ser destruída com postagens e compartilhamentos de notícias ofensivas, geralmente falsas, envolvendo sua dignidade ou decoro. Muitos ainda acreditam, erroneamente, que a rede mundial de computadores é "terra de ninguém", na qual tudo pode ser escrito ou falado sob o escudo de um perfil *fake*, pois os atos ilícitos não deixam rastros. Esse cenário favorece a prática de crimes contra a honra no universo virtual, situação que não pode ser tolerada.

O fundamento do tratamento penal mais severo repousa, portanto, na extensão do dano provocado pela conduta criminosa, com maior abalo à honra da vítima, no estímulo ao cometimento de crimes contra a honra por outras pessoas, bem como no anonimato que normalmente envolve a prática de tais delitos no ambiente virtual.

Nada obstante, o aumento da pena em montante tão elevado – no triplo – soa como desproporcionado. Na história do Direito Penal brasileiro, nunca houve alguma majorante nesse patamar. Além disso, o art. 141, inciso III, do Código Penal contempla o aumento da pena, no montante de um terço, quando o meio de execução do delito facilita a divulgação da calúnia, da difamação ou da injúria. Há uma nítida desproporção no tratamento dispensado ao meio que facilita a divulgação do crime contra a honra: de um lado, as redes sociais da *internet*, com aumento da pena no triplo; de outro lado, todos os demais ambientes, incluindo-se a televisão, o rádio, jornais e revistas, com aumento de um terço.

O veto era equivocado na parte em que argumentava que "a substituição da lavratura de termo circunstanciado nesses crimes, em razão da pena máxima ser superior a dois anos, pela necessária abertura de inquérito policial, ensejaria, por conseguinte, superlotação das delegacias, e, com isso, redução do tempo e da força de trabalho para se dedicar ao combate de crimes graves".

Com efeito, os crimes em geral devem ser combatidos com eficácia. Se para atingir essa finalidade for necessário um melhor aparelhamento da Polícia Judiciária, que assim seja feito.

O problema é outro. Nosso Código Penal remonta ao longínquo ano de 1940. Naquela época, os crimes contra a honra eram mais raros e, mesmo quando praticados, seus efeitos ficavam restritos a um número reduzido de pessoas. Não era possível imaginar a realidade atual, em que o delito pode rapidamente chegar ao conhecimento de milhões de pessoas, espalhadas pelos quatro cantos do mundo.

Em nossa opinião, a reforma legislativa nos crimes contra a honra deveria ser mais profunda. As penas de todos estes delitos precisam ser elevadas no plano abstrato. A título ilustrativo, a pena cominada à injúria – detenção, de um a seis meses, ou multa – é risível. O agente pode arruinar a vida da vítima, não raras vezes criando para ela um quadro de profunda depressão. Sua conduta ainda assim será classificada como infração penal de menor potencial ofensivo. Da mesma forma, uma difamação (detenção, de três meses a um ano, e multa) é capaz de destruir uma família, um nome construído ao longo de décadas, uma carreira lapidada com anos de estudo e trabalho, e igualmente será rotulada como infração penal de menor potencial ofensivo. Resta a impressão de que a honra não tem mais valor. Qualquer pessoa pode livremente ofender quem quer que seja, e a resposta penal será meramente simbólica.

Convém destacar a impossibilidade de *bis idem* **entre as majorantes contidas no inc. III e no § 2.º do art. 141 do Código Penal**. Aquela tem caráter residual, e será aplicada sempre que o crime contra a honra for cometido "por meio que facilite a divulgação da calúnia, da difamação ou da injúria"; se tal meio, contudo, for alguma rede social da *internet*, incidirá esta última. O conflito aparente de normas é solucionado pelo princípio da especialidade.

g) crime cometido contra a mulher, por razões da condição do sexo feminino: § 3.º

A pena de qualquer dos crimes contra a honra será aplicada **em dobro**, se cometido contra a mulher, por razões da condição do sexo feminino. Esta majorante foi incluída no § 3.º do art. 141 do Código Penal pela Lei 14.994/2024, conhecida como "Pacote Antifeminicídio".

Nessa situação, a calúnia, difamação ou injúria, além de representar violência psicológica e moral contra a mulher (Lei 11.340/2006, art. 7.º, II e V), revela menosprezo e discriminação, causando-lhe intenso abalo emocional. Além disso, é indiscutível que a honra da vítima sofre graves prejuízos, notadamente em uma sociedade tristemente manchada pelo machismo e pela inferiorização da mulher.

Nada impede a incidência conjunta dessa causa de aumento com outra majorante elencada pelo art. 141 do Código Penal, a exemplo do que ocorre na injúria cometida contra mulher, por razões da condição do sexo feminino, por meio de alguma rede social da *internet* (§§ 2.º e 3.º).

1.5.7.3. Exclusão do crime: art. 142

1.5.7.3.1. Dispositivo legal

Art. 142	Não constituem **injúria** ou **difamação** punível:
	I – a ofensa irrogada em juízo, na discussão da causa, pela parte ou por seu procurador; II – a opinião desfavorável da crítica literária, artística ou científica, salvo quando inequívoca a intenção de injuriar ou difamar; III – o conceito desfavorável emitido por funcionário público, em apreciação ou informação que preste no cumprimento de dever do ofício.
Parágrafo único	Nos casos dos **ns. I e III**, responde pela injúria ou pela difamação **quem lhe dá publicidade**.

1.5.7.3.2. Natureza jurídica e alcance

O art. 142 do Código Penal contém causas especiais de exclusão da ilicitude, incidentes no tocante à **injúria** e à **difamação**. Não se caracterizam tais crimes contra a honra por ausência de ilicitude, nada obstante o fato seja típico.

Esse dispositivo **não se aplica ao crime de calúnia** por dois motivos:

(1) **ausência de amparo legal**, uma vez que diz expressamente: "não constituem injúria ou difamação punível"; e

(2) há, nesse delito, o **interesse do Estado e da sociedade em apurar a prática de crimes**, identificando e punindo seus responsáveis. Veja-se, a propósito, o exemplo fornecido por Marcelo Fortes Barbosa:

> Em ofensa caluniosa no plenário do júri, por exemplo, quando o advogado diz que o promotor está subornado pela família do réu para pedir sua absolvição, está-se diante de uma acusação criminosa e que necessita de apuração, porque, caso comprovada, fará com que o órgão do Ministério Público seja responsabilizado nos termos do art. 317 do Código Penal, daí por que a calúnia não pode ser incorporada às causas de exclusão de crime.[236]

1.5.7.3.3. Hipóteses de exclusão da ilicitude

São três:

a) a ofensa irrogada em juízo, na discussão da causa, pela parte ou por seu procurador: inciso I

Trata-se da **imunidade judiciária**, que alcança tanto a ofensa oral (exemplos: alegações em audiência, debates no plenário do júri etc.) como também a ofensa escrita (exemplos: petições em geral, memoriais, razões e contrarrazões de recursos etc.).

A expressão "ofensa irrogada em juízo" reclama uma relação processual instaurada, ligada ao exercício da jurisdição, inerente ao Poder Judiciário, afastando-se as demais espécies de processos e procedimentos, tais como os policiais e administrativos. Há, todavia, opiniões em contrário, no sentido de que a expressão "discussão da causa" abrange qualquer tipo de "causa", inclusive as notificações.

Deve existir, ainda, relação de causalidade entre a ofensa proferida e o exercício da defesa de um direito em juízo.[237] Há crime na hipótese de ofensa gratuita.

Partes são o autor e o réu, bem como seus assistentes e as demais pessoas admitidas de qualquer modo na relação processual, tais como o chamado à autoria e o terceiro prejudicado que recorre. **Procuradores**, por sua vez, são os advogados, constituídos ou dativos.

Subsiste a excludente da ilicitude, contudo, quando a ofensa for proferida contra terceiro (exemplo: uma testemunha), e não necessariamente contra uma das partes ou seus procuradores, desde que relacionada à discussão da causa.

Prevalece o entendimento de que não se aplica a excludente da ilicitude àquele que ofende o **magistrado**. O julgador não é parte, e sua imparcialidade exclui qualquer interesse no resultado da demanda. Qualquer ato contra sua honra, portanto, deve ser punido.[238]

No tocante à atuação dos magistrados, assim decidiu o Superior Tribunal de Justiça ao julgar, em grau de recurso, queixa-crime oferecida por um advogado contra um desem-

---

[236] BARBOSA, Marcelo Fortes. *Crimes contra a honra*. São Paulo: Malheiros, 1995. p. 68.
[237] STF: HC 98.237/SP, rel. Min. Celso de Mello, 2.ª Turma, j. 15.12.2009, noticiado no *Informativo* 572.
[238] Com opinião diversa, vide JESUS, Damásio E. de. *Código Penal anotado*. 15. ed. Saraiva: São Paulo, 2004. p. 504.

bargador, alegando ter sido ofendido em sua honra objetiva (difamação) e também na sua honra subjetiva (injúria):

> O querelado, no estrito cumprimento do dever legal, a teor do art. 41 da Loman (Lei Orgânica da Magistratura Nacional), não pode ser punido ou prejudicado pelas opiniões que manifestar ou pelo teor das decisões que proferir. No caso concreto, nem houve excesso de linguagem ou conduta ofensiva.[239]

Confira-se, ainda, o elucidativo julgado abaixo transcrito:

> O magistrado, no exercício de sua atividade profissional, está sujeito a rígidos preceitos de caráter ético-jurídico que compõem, em seus elementos essenciais, aspectos deontológicos básicos concernentes à prática do próprio ofício jurisdicional. A condição funcional ostentada pelo magistrado, quando evidente a abusividade do seu comportamento pessoal ou profissional, não deve atuar como manto protetor de ilegítimas condutas revestidas de tipicidade penal. A utilização, no discurso judiciário, de linguagem excessiva, imprópria ou abusiva, que, sem qualquer pertinência com a discussão da causa, culmine por vilipendiar, injustamente, a honra de terceiros – revelando, desse modo, na conduta profissional do juiz, a presença de censurável intuito ofensivo – pode, eventualmente, caracterizar a responsabilidade pessoal (inclusive penal) do magistrado. O magistrado não pode ser punido ou prejudicado pelas opiniões que manifestar ou pelo teor das decisões que proferir, exceto se, ao agir de maneira abusiva e com o propósito inequívoco de ofender, incidir nas hipóteses de impropriedade verbal ou de excesso de linguagem (LOMAN, art. 41). A *ratio* subjacente a esse entendimento decorre da necessidade de proteger os magistrados no exercício regular de sua atividade profissional, afastando – a partir da cláusula de relativa imunidade jurídica que lhes é concedida – a possibilidade de que sofram, mediante injusta intimidação representada pela instauração de procedimentos penais ou civis sem causa legítima, indevida inibição quanto ao pleno desempenho da função jurisdicional. A crítica judiciária, ainda que exteriorizada em termos ásperos e candentes, não se reveste de expressão penal, em tema de crimes contra a honra, quando, manifestada por qualquer magistrado no regular desempenho de sua atividade jurisdicional, vem a ser exercida com a justa finalidade de apontar equívocos ou de censurar condutas processuais reputadas inadmissíveis.[240]

Quanto ao **membro do Ministério Público**, a doutrina destaca duas situações distintas que podem ocorrer:

(1) incide a imunidade judiciária quando ele atua como parte *(dominus litis)*. Assim, se o membro do *Parquet* ajuizar uma ação civil pública e ofender a parte contrária ou for por ela for ofendido, não há crime; e

(2) não se aplica a imunidade judiciária quando o representante do Ministério Público funciona na lide como fiscal da lei *(custos legis)*, pois nesse caso não é parte. Há crime quando ele ofende uma ou ambas as partes, bem como quando é por elas ofendido.

Ressalte-se, porém, que o art. 41, inciso V, da Lei 8.625/1993 – Lei Orgânica Nacional do Ministério Público dispõe ser prerrogativa dos membros do Ministério Público, no exercício de sua função, "gozar de inviolabilidade pelas opiniões que externar ou pelo teor de suas manifestações processuais ou procedimentos, nos limites de sua independência

---

[239] Cf. APn 482-PA, rel. Min. Humberto Gomes de Barros, Corte Especial, j. 17.10.2007, noticiada no *Informativo* 336.
[240] STF: QC 501/DF, rel. Min. Celso de Mello, Plenário, j. 27.04.1994.

funcional". Não há distinção legal à atuação do membro do Ministério Público: subsiste a imunidade como parte ou como fiscal da lei, bastando a relação moderada entre o fato e o exercício da função.

Para o **advogado**, por sua vez, o art. 133 da Constituição Federal estabelece ser ele "indispensável à administração da justiça, sendo inviolável por seus atos e manifestações no exercício da profissão, **nos limites da lei**".

Essa lei é o Código Penal, em seu art. 142, I, em face da revogação do art. 7.º, § 2.º, da Lei 8.906/1994 – Estatuto da Ordem dos Advogados do Brasil, pela Lei 14.365/2022.

Destarte, o art. 142, inciso I, do Código Penal continua passível de aplicação, salvo para os profissionais que possuem regras específicas e mais amplas, tais como os membros do Ministério Público (Lei Orgânica).

Em todas as hipóteses de imunidade judiciária, responde pela injúria ou pela difamação quem lhe dá publicidade (CP, art. 142, parágrafo único).

b) a opinião desfavorável da crítica literária, artística ou científica, salvo quando inequívoca a intenção de injuriar ou difamar: inciso II

Esse dispositivo tem em vista defender o elevado interesse da cultura, que é resguardar a liberdade de crítica em relação às ciências, artes e letras, indispensável ao aperfeiçoamento dessas manifestações superiores do espírito e à segurança do julgamento histórico sobre elas. O Código Penal tolera a análise crítica, por mais rígida que seja, não só de determinada obra, mas da produção em geral e da capacidade do seu autor, com o emprego dos termos e expressões necessários para exteriorizar o pensamento de quem julga.

A crítica honesta e moderada de cunho literário, artístico ou científico é lícita, pois se coaduna com a liberdade de expressão, direito fundamental assegurado pelo art. 5.º, inciso IV, da Constituição Federal. Caracteriza, todavia, o crime de injúria ou de difamação quando evidente a intenção de ofender a honra alheia.

c) o conceito desfavorável emitido por funcionário público, em apreciação ou informação que preste no cumprimento do dever de ofício: inciso III

Cuida-se de **modalidade especial de estrito cumprimento de dever legal**. O conceito legal de funcionário público é fornecido pelo art. 327 do Código Penal: "Considera-se funcionário público, para os efeitos penais, quem, embora transitoriamente ou sem remuneração, exerce cargo, emprego ou função pública". E seu § 1.º apresenta o funcionário público por equiparação: "Equipara-se a funcionário público quem exerce cargo, emprego ou função em entidade paraestatal, e quem trabalha para empresa prestadora de serviço contratada ou conveniada para a execução de atividade típica da Administração Pública".

Essa causa de exclusão da ilicitude é necessária para assegurar a independência e tranquilidade dos servidores públicos, para o perfeito desempenho das suas funções, no interesse da coisa pública. Com efeito, os funcionários públicos, em suas manifestações, muitas vezes podem ser conduzidos ao emprego de termos ou expressões de sentido ofensivo, mas que são imprescindíveis para a fiel exposição dos fatos ou argumentos.[241] Exemplo: Delegado de Polícia que, ao relatar o inquérito, refere-se ao indiciado como sujeito "perigoso, covarde e impiedoso".

Nada obstante, responde pela injúria ou pela difamação quem lhe dá publicidade (CP, art. 142, parágrafo único).

---

[241] Cf. BRUNO, Aníbal. *Crimes contra a pessoa*. 5. ed. Rio de Janeiro: Editora Rio, 1979. p. 317.

1.5.7.4. Retratação
1.5.7.4.1. Dispositivo legal

Art. 143 — O querelado que, **antes da sentença**, se **retrata** cabalmente da calúnia ou da difamação, fica **isento de pena**.

Parágrafo único introduzido pela Lei 13.188/2015 — Nos casos em que o querelado tenha praticado a calúnia ou a difamação utilizando-se de meios de comunicação, a retratação dar-se-á, se assim desejar o ofendido, pelos mesmos meios em que se praticou a ofensa.

1.5.7.4.2. Natureza jurídica

Trata-se de **causa de extinção da punibilidade**. Como se extrai do art. 107, inciso VI, do Código Penal: "Extingue-se a punibilidade: (...) pela retratação do agente, nos casos em que a lei a admite". O art. 143 do Código Penal é um desses casos admitidos em lei.

É cabível unicamente na calúnia e na difamação, pois nesses delitos há, pelo ofensor, a imputação de um fato ao ofendido, que pode ser definido como crime (calúnia) ou ofensivo à sua reputação (difamação). Consequentemente, interessa à vítima que o sujeito se retrate, negando ter ela praticado o fato imputado.

Na injúria, por sua vez, a retratação do agente não leva à extinção da punibilidade por dois motivos:

(1) a lei não a admite; e

(2) não há imputação de fato, mas atribuição de qualidade negativa e atentatória à honra subjetiva da vítima, razão pela qual pouco importa dizer que errou, pois tal conduta pode denegrir ainda mais a honra do ofendido.

Observe-se que **a retratação somente é possível nos crimes de calúnia e de difamação de ação penal privada**. Diz o art. 143, *caput*, do Código Penal: "O **querelado** que...". Logo, esse comportamento do agente não extingue a punibilidade nos crimes de calúnia e de difamação de ação penal pública (exemplo: contra funcionário público).

Cuida-se de causa extintiva da punibilidade de **natureza subjetiva**. Não se comunica aos demais querelados que não se retrataram. Na hipótese de concurso entre a calúnia ou a difamação e algum outro crime, a retração somente aproveita ao delito a que expressamente se refere o art. 143, *caput*, do Código Penal.

Finalmente, nos casos em que o querelado tenha praticado a calúnia ou a difamação utilizando-se de meios de comunicação, a exemplo da televisão, do rádio, de jornal ou de revista, a retratação dar-se-á, se assim desejar o ofendido, pelos mesmos meios em que se praticou a ofensa.

O parágrafo único do art. 143 do Código Penal contempla uma opção disponibilizada à vítima, a qual deve ser respeitada pelo querelado para a viabilização da causa extintiva da punibilidade. Como já decidido pelo Superior Tribunal de Justiça:

> A retratação, admitida nos crimes de calúnia e difamação, não é ato bilateral, ou seja, não pressupõe aceitação da parte ofendida para surtir seus efeitos na seara penal, porque a lei não exige isso. O Código, quando quis condicionar o ato extintivo da punibilidade à aceitação da outra parte, o

fez de forma expressa, como no caso do perdão ofertado pelo querelante depois de instaurada a ação privada. Como é sabido, não há como se fazer analogia *in malam partem*, contra o réu, para lhe impor condição para causa extintiva da punibilidade que a Lei Penal não exigiu. Na verdade, basta que a retratação seja cabal. Vale dizer: deve ser clara, completa, definitiva e irrestrita, sem remanescer nenhuma dúvida ou ambiguidade quanto ao seu alcance, que é justamente o de desdizer as palavras ofensivas à honra, retratando-se o ofensor do malfeito. Ademais, em se tratando de ofensa irrogada por meios de comunicação – como no caso, que foi por postagem em rede social na *internet* –, o parágrafo único do art. 143 do Código Penal dispõe que "a retratação dar-se-á, se assim desejar o ofendido, pelos mesmos meios em que se praticou a ofensa". A norma penal, ao abrir ao ofendido a possibilidade de exigir que a retratação seja feita pelo mesmo meio em que se praticou a ofensa, não transmudou a natureza do ato, que é essencialmente unilateral. Apenas permitiu que o ofendido exerça uma faculdade. Portanto, se o ofensor, desde logo, mesmo sem consultar o ofendido, já se utiliza do mesmo veículo de comunicação para apresentar a retratação, não se afigura razoável desmerecê-la, porque o ato já atingiu sua finalidade legal.[242]

1.5.7.4.3. Observações

Retratar-se significa retirar o que foi dito, desdizer-se, assumir que errou. Não se confunde com a confissão do crime. Nélson Hungria aponta quais foram os motivos que levaram o legislador a erigir a retratação ao patamar de causa de extinção da punibilidade:

> A retratação revela, da parte do agente, o propósito de reparar o mal praticado, o intuito de dar uma satisfação cabal ao ofendido, a boa-fé com que os homens de bem reconhecem os próprios erros, o arrependimento de um ato decorrente de momentânea irreflexão. Do ponto de vista objetivo, é força reconhecer que o dano, se não é de todo apagado, é grandemente reduzido. A retratação é mesmo mais útil ao ofendido do que a própria condenação penal do ofensor, pois esta, perante a opinião geral, não possui tanto valor quanto a confissão feita pelo agente, *coram judice*, de que mentiu.[243]

A retratação deve ser total e incondicional, ou, como prefere o art. 143 do Código Penal, **cabal**, em decorrência de funcionar como **condição restritiva da pena**. Precisa abranger tudo o que foi dito pelo criminoso.[244] É **ato unilateral**, razão pela qual prescinde de aceitação do ofendido.

Por último, a retratação há de ser **anterior à sentença de primeira instância** na ação penal ("antes da sentença"). Ainda que tal sentença não tenha transitado em julgado, a retratação posterior é ineficaz. **Nos crimes de competência originária dos Tribunais, a retratação deve preceder o acórdão.**

1.5.7.5. Pedido de explicações: art. 144

1.5.7.5.1. Dispositivo legal

Art. 144 — Se, de referências, alusões ou frases, se infere calúnia, difamação ou injúria, quem se julga ofendido pode pedir explicações em juízo. Aquele que **se recusa** a dá-las ou, a critério do juiz, **não as dá satisfatórias**, **responde** pela ofensa.

---

[242] APn 912/RJ, rel. Min. Laurita Vaz, Corte Especial, j. 03.03.2021, noticiado no *Informativo* 687.
[243] HUNGRIA, Nélson. *Comentários ao Código Penal*. 2. ed. Rio de Janeiro: Forense, 1953. v. 6, p. 123-124.
[244] Não há retratação quando o sujeito apenas tenta justificar o seu ato como reação ou rebeldia momentânea (STF: HC 107206/RS, rel. Min. Gilmar Mendes, 2.ª Turma, j. 06.03.2012, noticiado no *Informativo* 657).

1.5.7.5.2. Observações gerais

Inferência é o processo lógico de raciocínio baseado em uma dedução. Parte-se de um argumento para se chegar a uma conclusão. No campo dos crimes contra a honra, tem lugar quando uma pessoa se vale de uma frase equívoca, pela qual, mediante uma dedução, pode-se concluir que se trata de uma ofensa a alguém.

Mas não há certeza sobre o ânimo de atacar a honra alheia, ou, ainda que presente essa certeza, não se sabe exatamente qual pessoa foi atacada. Exemplo: No horário de café, um funcionário de uma empresa em recuperação judicial diz: "o maior ladrão desse estabelecimento tem lugar de destaque na diretoria".

Para afastar a dúvida sobre eventual ofensa, o art. 144 do Código Penal permite, àquele que se sentir prejudicado, pedir explicações em juízo, previamente ao oferecimento da ação penal.

Mas não é cabível o pedido de explicações em juízo:

(1) quando o fato imputado à vítima, ou então a qualidade negativa a ela atribuída, encontrar-se acobertado por causa de exclusão da ilicitude (CP, art. 142) ou de extinção da punibilidade (exemplos: prescrição e decadência, entre outros);

(2) quando manifestamente não há ofensa; e

(3) quando a frase proferida pelo sujeito é clara e de fácil compreensão, não ensejando dúvida acerca do seu caráter ofensivo.

O pedido de explicações em juízo é dotado das seguintes características:

a) É **medida facultativa**, pois a pessoa ofendida não precisa dele se valer para o oferecimento da ação penal;

b) Somente pode ser utilizado **antes** do ajuizamento da ação penal;

c) **Não há procedimento específico**. Obedece, portanto, ao **rito das notificações avulsas**: o ofendido formula o pedido em juízo, em seguida o magistrado determina a notificação do autor do suposto crime contra a honra para se manifestar sobre a imputação de fato (calúnia ou difamação) ou atribuição de qualidade negativa (injúria), e, finalmente, com ou sem resposta, os autos são entregues ao requerente.

O requerido não pode ser compelido a prestar as informações solicitadas, razão pela qual à sua omissão veda-se a imposição de qualquer espécie de sanção.

d) O magistrado **não julga o pedido de explicações**. De fato, se posteriormente a vítima ajuizar a ação penal, o juiz levará em conta as explicações prestadas para receber ou rejeitar a inicial acusatória.

e) Estabelece a parte final do art. 144 do Código Penal: "Aquele que se recusa a dá-las ou, a critério do juiz, não as dá satisfatórias, responde pela ofensa".

A rápida leitura desse dispositivo legal conduz a uma conclusão precipitada. Fica a impressão de que, se o requerido recusar-se a prestar as informações, ou prestá-las insatisfatoriamente, será condenado pela ofensa. Mas não é essa a finalidade da lei.

Com efeito, após o recebimento da inicial acusatória, o ofensor exercerá sua ampla defesa, com respeito ao contraditório e ao devido processo legal. Terá à sua disposição todos os meios em direito admitidos para provar sua inocência, não podendo se falar em condenação automática e baseada unicamente no pedido de explicações.

Ressalte-se que a recusa em prestar informações não caracteriza novo crime contra a honra.

f) O pedido de explicações **não interrompe nem suspende prescrição nem a decadência**. Contudo, **torna prevento o juízo** para futura ação penal.

O Supremo Tribunal Federal assim se manifestou acerca do pedido de explicações em juízo, no tocante aos crimes contra a honra definidos pelo Código Penal:

> O pedido de explicações, admissível em qualquer das modalidades de crimes contra a honra, constitui típica providência de ordem cautelar, sempre facultativa, destinada a aparelhar ação penal principal tendente a sentença condenatória. O interessado, ao formulá-lo, invoca, em juízo, tutela cautelar penal, visando a que se esclareçam situações revestidas de equivocidade, ambiguidade ou dubiedade, a fim de que se viabilize o exercício eventual de ação penal condenatória. O pedido de explicações em juízo submete-se à mesma ordem ritual que é peculiar ao procedimento das notificações avulsas (CPC, art. 867 c/c o art. 3.º do CPP). Isso significa, portanto, que não caberá, em sede de interpelação penal, avaliar o conteúdo das explicações dadas pela parte requerida nem examinar a legitimidade jurídica de sua eventual recusa em prestá-las, pois tal matéria compreende-se na esfera do processo penal de conhecimento a ser eventualmente instaurado. Onde não houver dúvida em torno do conteúdo alegadamente ofensivo das afirmações questionadas ou, então, onde inexistir qualquer incerteza a propósito dos destinatários de tais declarações, aí não terá pertinência nem cabimento a interpelação judicial, pois ausentes, em tais hipóteses, os pressupostos necessários à sua adequada utilização.[245]

1.5.7.6. Ação penal nos crimes contra a honra

1.5.7.6.1. Dispositivo legal

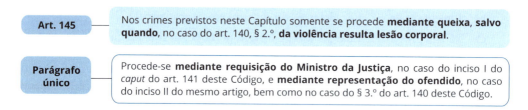

1.5.7.6.2. Espécies de ação penal

O art. 145 do Código Penal revela que nos crimes contra a honra a ação penal pode ser privada (regra) ou pública, incondicionada ou condicionada (exceções).

A **regra geral** está na primeira parte do *caput*: a ação penal é privada, pois "somente se procede mediante queixa".

Em caso de morte do ofendido, o direito de queixa passará ao cônjuge, ascendente, descendente ou irmão. No caso de união estável homoafetiva, é de ser reconhecida a legitimidade da companheira (ou companheiro) para ajuizar a ação penal privada, pois tal pessoa é equiparada ao cônjuge para tal fim. Na linha da jurisprudência do Superior Tribunal de Justiça:

> A companheira, em união estável homoafetiva reconhecida, goza do mesmo status de cônjuge para o processo penal, possuindo legitimidade para ajuizar a ação penal privada. No caso, trata-se de crime de calúnia contra pessoa morta, o que aponta que os querelantes – mãe, pai, irmã e

---
[245] Pet 5.146/DF, rel. Min. Celso de Mello, Plenário, j. 21.02.2014, noticiado no *Informativo* 751.

companheira em união estável da vítima falecida – são partes legítimas para ajuizar a ação penal privada, nos termos do art. 24, § 1.º, do CPP. Cumpre anotar que a companheira, em união estável reconhecida, goza do mesmo status de cônjuge para o processo penal, podendo figurar como legítima representante da falecida. Vale ressaltar que a interpretação extensiva da norma processual penal tem autorização expressa do art. 3.º do CPP ("a lei processual penal admitirá interpretação extensiva e aplicação analógica, bem como o suplemento dos princípios gerais de direito". Ademais, o STF, ao apreciar o tema 498 da repercussão geral, reconheceu a "inexistência de hierarquia ou diferença de qualidade jurídica entre as duas formas de constituição de um novo e autonomizado núcleo doméstico, aplicando-se à união estável entre pessoas do mesmo sexo as mesmas regras e mesmas consequências da união estável heteroafetiva" (RE 646.721, rel. Min. Marco Aurélio, rel. p/ o ac. Min. Roberto Barroso, Tribunal Pleno, j. 10/05/2017, DJe 11.09.2017).[246]

Mas há **três exceções**:

a) Ação penal pública incondicionada: na injúria real, se da violência resulta lesão corporal (art. 145, *caput*, parte final).

De acordo com o texto legal, a ação penal será pública incondicionada qualquer que seja a lesão corporal: leve, grave ou gravíssima.

No entanto, há posições doutrinárias sustentando que, em face do art. 88 da Lei 9.099/1995, a lesão corporal leve passou a ser crime de ação penal pública condicionada à representação. Consequentemente, se da violência empregada como meio de execução advém lesão leve, a ação penal na injúria real será pública condicionada, subsistindo a ação penal pública incondicionada somente para as hipóteses em que resultar lesão grave ou gravíssima.[247]

Mas há também quem entenda que, por se tratar a injúria real de **crime complexo**, integrado por um misto de injúria e lesão corporal, a ação penal continua pública incondicionada, qualquer que seja a natureza da lesão corporal. Isso porque a lesão corporal perde sua autonomia, não sendo alcançada pela exigência de representação prevista no art. 88 da Lei 9.099/1995.[248]

A injúria real praticada com emprego de **vias de fato** é crime de ação penal privada. Como não há ressalva expressa, segue a regra geral prevista na primeira parte do *caput* do art. 145 do Código Penal.

b) Ação pública condicionada à requisição do Ministro da Justiça: crime contra o Presidente da República, ou contra chefe de governo estrangeiro (CP, art. 145, parágrafo único, 1.ª parte).

A requisição do Ministro da Justiça, nada obstante receba tal denominação, indicativa de ordem ou mandamento, não vincula a atuação do membro do Ministério Público.[249] Extrai-se essa conclusão do **princípio da independência funcional** dos integrantes do *Parquet*, consagrado pelo art. 127, § 1.º, da Constituição Federal. Além disso, enquanto instituição, o Ministério Público é também dotado de **autonomia funcional** (CF, art. 127, § 2.º).

A palavra requisição deve ser atualmente compreendida como representação, pois assim foi recepcionada pela Constituição Federal de 1988. Mas por que o Código Penal utiliza o termo **"requisição"**?

A razão é histórica. Com efeito, o Código Penal é de 1940. Naquela época, estava em vigor a Constituição Federal de 1937 (apelidada de "polaca", em decorrência de ter se inspi-

---

[246] APn 912/RJ, rel. Min. Laurita Vaz, Corte Especial, j. 07.08.2019, noticiado no *Informativo* 654.
[247] É, entre outros, o entendimento de CAPEZ, Fernando. *Curso de direito penal*. 8. ed. São Paulo: Saraiva, 2008. v. 2, p. 303.
[248] Nesse sentido: JESUS, Damásio E. de. *Código Penal anotado*. 15. ed. Saraiva: São Paulo, 2004. p. 509, e NUCCI, Guilherme de Souza. *Código Penal comentado*. 8. ed. São Paulo: RT, 2008. p. 665-666.
[249] Com igual conclusão: CERNICCHIARO, Luiz Vicente. *Questões penais*. Belo Horizonte: Del Rey, 1998. p. 3.

rado na Constituição polonesa), a qual situava o Ministério Público como órgão do Poder Executivo, sem as garantias e prerrogativas hoje existentes. Consequentemente, o *Parquet* se subordinava ao Ministério da Justiça, legitimando sua "requisição" pelo Ministro de Estado sempre que necessário.

c) Ação penal pública condicionada à representação do ofendido:[250] (1) calúnia, difamação ou injúria contra funcionário público, em razão de suas funções, ou contra os Presidentes do Senado Federal, da Câmara dos Deputados ou do Supremo Tribunal Federal (CP, art. 145, parágrafo único, 2.ª figura); e (2) injúria qualificada pela utilização de elementos referentes à religião ou à condição de pessoa idosa ou com deficiência, na forma do art. 140, § 3.º, do Código Penal (CP, art. 145, parágrafo único, *in fine*).

No tocante ao crime contra a honra de funcionário público, em razão de suas funções, é conveniente tecer algumas considerações. Vejamos.

Se não há relação entre o delito contra a honra e o exercício das funções públicas, a ação penal é privada. Também é privada a ação penal quando a ofensa se dirige a pessoa que já deixou a função pública.

Note-se o teor da **Súmula 714 do Supremo Tribunal Federal**: "É concorrente a legitimidade do ofendido, mediante queixa, e do Ministério Público, condicionada à representação do ofendido, para a ação penal por crime contra a honra de servidor público em razão do exercício de suas funções".

O fundamento da súmula é simples. O Código Penal previu a ação penal pública condicionada para não onerar o funcionário público ofendido em razão de suas funções. Não seria correto impor a ele a custosa tarefa de constituir um advogado para tutelar sua honra, injustamente atacada quando desempenhava alguma atividade de interesse público. Mas, se ele quiser arcar com o encargo do ajuizamento de queixa-crime, pode recusar o benefício que lhe é assegurado e ingressar com ação penal privada. Cuida-se de **opção reservada exclusivamente à vítima**. Somente a ela é assegurado o direito de escolher entre ajuizar a queixa-crime (ação penal privada) ou oferecer representação autorizando o Ministério Público a oferecer denúncia (ação pública condicionada).

1.5.8. Quadro sinótico dos crimes contra a honra

	Calúnia	Difamação	Injúria
Classificação no tocante à intensidade do mal visado pela conduta	Crimes de dano		
Classificação quanto à relação entre conduta e resultado naturalístico	Delitos formais, de consumação antecipada ou de resultado cortado		

---

[250] Para o Supremo Tribunal Federal: "A representação nos crimes contra a honra constitui-se em *delatio criminis* postulatória, traduzindo elemento subordinante e condicionante do ajuizamento, pelo Ministério Público, da ação penal de que é titular. De igual modo, limita a atuação do *Parquet*, o qual não pode agir *ultra vires*, ou seja, não pode extrapolar os limites da representação, ampliando seu objeto" (HC 98.237/SP, rel. Min. Celso de Mello, 2.ª Turma, j. 15.12.2009, noticiado no *Informativo* 572).

	Calúnia	Difamação	Injúria
Sujeito ativo	**Regra:** crimes comuns ou gerais **Exceções:** imunidades parlamentares e advogados, entre outras		
Sujeito passivo	*Qualquer pessoa física e pessoa jurídica (na calúnia, relativamente aos crimes ambientais)*		*Qualquer pessoa física*
Meios de execução	*Crimes de forma livre*		
Elemento subjetivo	*Dolo, direto ou eventual (**exceto** no § 1.º em que o dolo só pode ser o direto).*	*Dolo, direto ou eventual*	
Lei 9.099/1995	*Infrações penais de menor potencial ofensivo*		*Infração penal de menor potencial ofensivo (**exceto** injúria qualificada – art. 140, § 3.º)*
Causas especiais de exclusão da ilicitude (art. 142)	*Não se aplicam*	*Aplicam-se*	
Retratação	Admitem *(obs.: causa extintiva da punibilidade de natureza subjetiva – não se comunica aos demais querelados que não se retrataram)*		*Não admite*
Pedido de explicações	*Admitem*		
Ação penal	**Regra:** Privada **Exceção:** • Pública condicionada à requisição do Ministro da Justiça no crime contra o Presidente da República ou contra chefe de governo estrangeiro. • Pública condicionada à representação do ofendido no crime contra funcionário público, em razão de suas funções, ou contra os Presidentes do Senado Federal, da Câmara dos Deputados ou do Supremo Tribunal Federal.	**Regra:** Privada **Exceções:** • Pública condicionada à requisição do Ministro da Justiça no crime contra o Presidente da República ou contra chefe de governo estrangeiro; • Pública condicionada à representação do ofendido no crime contra funcionário público, em razão de suas funções, ou contra os Presidentes do Senado Federal, da Câmara dos Deputados ou do Supremo Tribunal Federal.	**Regra:** Privada **Exceções:** • Pública incondicionada na injúria real, se da violência resulta lesão corporal; • Pública condicionada à representação do ofendido no crime contra funcionário público, em razão de suas funções, ou contra os Presidentes do Senado Federal, da Câmara dos Deputados ou do Supremo Tribunal Federal; • Pública condicionada à representação do ofendido no crime de injúria qualificada previsto no art. 140, § 3.º; • Pública condicionada à requisição do Ministro da Justiça no crime contra o Presidente da República ou contra chefe de governo estrangeiro.

1.6. DOS CRIMES CONTRA A LIBERDADE INDIVIDUAL

1.6.1. Dos crimes contra a liberdade pessoal

O fundamento dos crimes contra a liberdade pessoal repousa no art. 5.º, *caput*, da Constituição Federal, que assegura a todos o **direito à liberdade**. Daí se extrai que qualquer espécie de violação à liberdade do ser humano reclama punição, justificando a tipificação das condutas definidas pelos arts. 146 a 149 do Código Penal.

1.6.1.1. Art. 146 – Constrangimento ilegal

1.6.1.1.1. Dispositivo legal

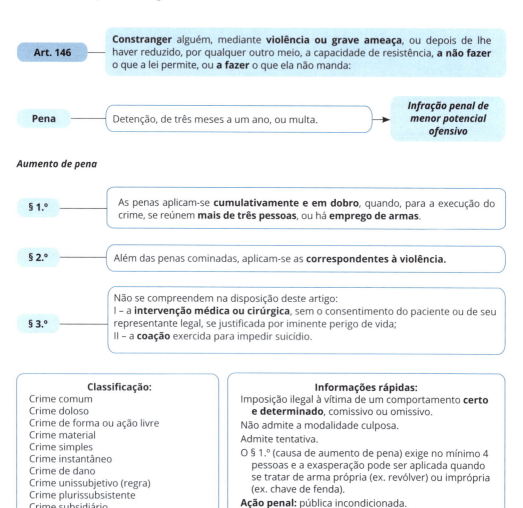

1.6.1.1.2. Objetividade jurídica

É a liberdade do ser humano para agir dentro dos limites legalmente previstos.

O fundamento desse delito, no âmbito de uma visão constitucional do Direito Penal, encontra-se no art. 5.º, inciso II, da Constituição Federal: "ninguém será obrigado a fazer ou deixar de fazer alguma coisa senão em virtude de lei". Nesses termos, somente a lei pode obrigar alguém a adotar determinado comportamento, ou então proibi-lo de agir ao seu livre alvedrio.

1.6.1.1.3. Objeto material

É a pessoa sobre a qual recai a conduta criminosa.

1.6.1.1.4. Núcleo do tipo

Constranger equivale a **coagir alguém a fazer ou deixar de fazer algo**. Consiste, em suma, no comportamento de retirar de uma pessoa a sua liberdade de autodeterminação. Há crime, uma vez que somente ao Estado, não de modo arbitrário, mas exclusivamente por meio de lei, confere-se a tarefa de disciplinar a obrigação ou a proibição de condutas por seres humanos.

Em síntese, o delito pode ocorrer em duas hipóteses:

a) quando a vítima é compelida a fazer alguma coisa (conduta comissiva ou positiva). Exemplos: beber um copo de cerveja, andar sem sapatos em via pública etc.; e

b) quando a vítima é compelida a deixar de fazer algo (conduta omissiva ou negativa), que também engloba a situação em que ela é coagida a permitir que o agente faça alguma coisa. Exemplos: não fumar em local permitido, não correr em um parque público etc.

Mas não basta o agente obrigar a vítima a fazer ou deixar de fazer qualquer coisa. Precisa impor à vítima um comportamento **certo e determinado**. Além disso, o constrangimento há de ser **ilegal**, isto é, a ação ou omissão pretendida pelo sujeito ativo deve estar em desconformidade com a legislação em vigor. E, nesse contexto, a ilegitimidade da pretensão pode ser:

a) **absoluta:** quando o agente não tem direito à ação ou omissão. Exemplo: obrigar a vítima a cantar uma música; e

b) **relativa:** quando o agente tem direito à ação ou omissão, mas a vítima não pode ser compelida a comportar-se da forma por ele visada. Exemplo: obrigar o ofendido a quitar uma dívida resultante de jogo de azar.

Consequentemente, não há crime quando o constrangimento objetiva impedir a realização de ação ou omissão proibida pela lei. Quem assim age está acobertado no exercício regular do direito, causa excludente da ilicitude prevista no art. 23, inciso III, do Código Penal. Todavia, estará caracterizado o delito de constrangimento ilegal na hipótese em que o sujeito, valendo-se de violência (própria ou imprópria) ou grave ameaça, busca evitar a realização de um ato meramente imoral pela vítima.

Ressalte-se, porém, que, se o comportamento da vítima puder ser exigido por meio de ação judicial, o crime será o de exercício arbitrário das próprias razões (CP, art. 345). Também estará configurado este delito sempre que o agente, embora incidindo em erro, acreditar ser legítima sua pretensão.

Para realizar qualquer das condutas previstas no tipo penal, o sujeito pode se valer dos seguintes **meios de execução**: violência, grave ameaça e qualquer outro meio que reduza a capacidade de resistência da vítima.

a) **Violência**: Violência própria, ou física, é o emprego de força bruta sobre a vítima.

A violência pode ser **direta ou imediata**, quando dirigida contra a vítima, ou **indireta ou mediata**, quando dirigida a pessoa ou coisa ligada ao ofendido.

b) Grave ameaça: Também chamada de violência moral, consiste na promessa de realização de mal grave, futuro e sério contra a vítima ou pessoa que lhe é próxima. Pode ser transmitida ao ofendido oralmente ou por escrito. Note-se que, ao contrário do crime de ameaça (CP, art. 147), não precisa ser injusta.

c) Qualquer outro meio que reduza a capacidade de resistência da vítima: o legislador previu a **violência imprópria**, valendo-se da interpretação analógica. Depois de estabelecer uma fórmula casuística (violência ou grave ameaça), recorreu a uma fórmula genérica. Constitui-se, portanto, meio de execução do crime de constrangimento ilegal qualquer outra conduta, ainda que não prevista em lei, mas análoga à violência própria e à grave ameaça, idônea a tolher a liberdade de autodeterminação da vítima. Exemplos: uso de narcóticos, hipnose, embriaguez etc.

Fica nítido, portanto, que o constrangimento ilegal é **crime de forma livre**.

1.6.1.1.5. Sujeito ativo

Pode ser qualquer pessoa (**crime comum ou geral**).

1.6.1.1.6. Constrangimento ilegal por agente público e abuso de autoridade

Estará caracterizado crime de abuso de autoridade, tipificado no art. 13 da Lei 13.869/2019, nas hipóteses de o agente público "constranger o preso ou o detento, mediante violência, grave ameaça ou redução de sua capacidade de resistência, a: I – exibir-se ou ter seu corpo ou parte dele exibido à curiosidade pública; II – submeter-se a situação vexatória ou a constrangimento não autorizado em lei; ou III – produzir prova contra si mesmo ou contra terceiro".

1.6.1.1.7. Sujeito passivo

Qualquer pessoa, desde que dotada de capacidade de autodeterminação. Excluem-se, portanto, as crianças de tenra idade e os doentes mentais, entre outros.

A Lei 10.741/2003 – Estatuto da Pessoa Idosa, em seu art. 107, pune com reclusão, de 2 (dois) a 5 (cinco) anos, aquele que coage, de qualquer modo, a pessoa idosa a doar, contratar, testar ou outorgar procuração.

Por sua vez, o art. 71 da Lei 8.078/1990 – Código de Defesa do Consumidor, prevê a pena de detenção, de 3 (meses) a 1 (um) ano, e multa, para quem utilizar, na cobrança de dívidas, de ameaça, coação, constrangimento físico ou moral, afirmações falsas incorretas ou enganosas ou de qualquer outro procedimento que exponha o consumidor, injustificadamente, a ridículo ou interfira com seu trabalho, descanso ou lazer.

1.6.1.1.8. Elemento subjetivo

É o dolo. Não se admite a modalidade culposa.

Para Damásio E. de Jesus, exige-se ainda um especial fim de agir, uma vez que a conduta é realizada com o fim de que a vítima não faça o que a lei permite ou faça o que ela não determina.[251] Para outros autores, contudo, basta o dolo, pois as expressões "a não fazer o que a lei permite" e "a fazer o que ela não manda" constituem elementos objetivos do tipo, e não subjetivos.[252]

A finalidade do sujeito ativo é irrelevante, isto é, pouco importa o motivo que o levou a agir em contrariedade ao Direito.

---

[251] JESUS, Damásio E. de. *Código Penal anotado*. 15. ed. Saraiva: São Paulo, 2004. p. 514.
[252] É o caso de NUCCI, Guilherme de Souza. *Código Penal comentado*. 8. ed. São Paulo: RT, 2008. p. 668.

1.6.1.1.9. Consumação

Dá-se no instante em que a vítima faz ou deixa de fazer algo, em decorrência da violência ou grave ameaça utilizada pelo agente. **Cuida-se de crime material e instantâneo.**

1.6.1.1.10. Tentativa

É possível, tanto quando busca o agente constranger a vítima a não fazer o que a lei permite (exemplo: "A", em vão, diz a "B" para ele não frequentar uma praça pública, pois caso contrário irá agredi-lo), bem como quando deseja que ela faça o que a lei não manda (exemplo: "A" golpeia "B" com socos para que este último cante uma música, no que não é atendido).

1.6.1.1.11. Subsidiariedade tácita

O constrangimento ilegal é **crime subsidiário**. Destarte, a lei que o define é afastada pela lei que utiliza o constrangimento ilegal como elemento, qualificadora ou meio de execução de um crime mais grave. É o que se verifica nos crimes de extorsão (CP, art. 158) e estupro (CP, art. 213),[253] entre outros.

1.6.1.1.12. Lei de Tortura: distinção

Quando o sujeito constrange alguém com emprego de violência ou grave ameaça, causando-lhe sofrimento físico ou mental, para provocar ação ou omissão de natureza criminosa, responde pelo crime praticado em concurso material com tortura (Lei 9.455/1997, art. 1.º, inc. I, alínea *b*). Exemplo: "A", com emprego de arma de fogo, obriga "B" a subtrair bens da empresa em que trabalha. Recebe os bens e foge em seguida. "A" deve responder por dois crimes: furto e tortura.

Se, entretanto, a violência ou grave ameaça dirigir-se à prática de contravenção penal, estará caracterizado o concurso material entre a contravenção cometida e o crime de constrangimento ilegal, pois a Lei 9.455/1997 refere-se unicamente à coação para a prática de crime.

1.6.1.1.13. Causas de aumento da pena: art. 146, § 1.º

O art. 146, § 1.º, do Código Penal arrola duas causas de aumento da pena para o crime de constrangimento ilegal. Incidem, portanto, na derradeira etapa do critério trifásico de dosimetria da pena privativa de liberdade. Dizem respeito à **execução do crime**: reunião de mais de três pessoas e emprego de arma.

A presença de uma ou de ambas as causas de aumento de pena produz os seguintes **efeitos simultâneos**: as penas previstas no *caput* (detenção, de 3 meses a 1 ano, ou multa) serão aplicadas **cumulativamente** (detenção e multa) e **em dobro** (detenção, de 6 meses a 2 anos, e duplicada a multa).

1.6.1.1.13.1. Reunião de mais de três pessoas

Pela redação do dispositivo legal, é imprescindível que ao menos **quatro pessoas** tenham se envolvido nos atos executórios do constrangimento ilegal. Trata-se de **crime plurissubjetivo, plurilateral ou de concurso necessário**, e, por tal motivo, ingressam nesse número os inimputáveis e os sujeitos não identificados.

---

[253] "Assim, só a concorrência do especial fim de agir é que o converte (constrangimento ilegal) em crime diverso contra a liberdade sexual" (STF: HC 86.058/RJ, rel. Min. Sepúlveda Pertence, 1.ª Turma, j. 25.10.2005).

A pena será aumentada em razão do concurso de agentes para a execução do constrangimento ilegal. Se, todavia, a união de quatro ou mais pessoas[254] para a prática de crimes específicos for estável e permanente, haverá concurso material entre o constrangimento ilegal simples e a associação criminosa (CP, art. 288).

1.6.1.1.13.2. Emprego de armas

Como a lei não definiu o tipo de arma que leva ao aumento da pena, é possível falar na exasperação tanto quando se tratar de arma própria como no tocante à arma imprópria. **Arma própria** é todo objeto ou instrumento que foi originariamente concebido com a finalidade de ataque ou defesa, da qual são exemplos o revólver, o punhal e a pistola, etc. Ao contrário, **arma imprópria** é o objeto ou instrumento que, embora criado com finalidade diversa, pode ser utilizado para ataque ou defesa, tais como a faca de cozinha, o machado e a chave de fenda, entre outros.

Nada obstante o dispositivo legal fale em "emprego de armas", basta uma única arma para legitimar o aumento da pena. **A lei faz menção ao gênero, e não ao número**.

E, para que seja aplicada a causa de aumento de pena, é necessário seja a arma efetivamente empregada pelo agente. Mas seu porte ostensivo, utilizado com o nítido propósito de amedrontar a vítima, também autoriza a incidência da majorante.

Em face da reduzida quantidade de pena do constrangimento ilegal, os crimes de posse ilegal de arma de fogo (Lei 10.826/2003, art. 12) ou de porte ilegal de arma de fogo (Lei 10.826/2003, art. 14) não são por ele absorvidos. Estará configurado o concurso material de crimes.

Anote-se que o arquivamento de inquérito policial pela prática do crime de porte ilegal de arma de fogo não impede o reconhecimento da causa de aumento de pena prevista no § 1.º do art. 146 do Código Penal. Enquanto o Estatuto do Desarmamento (Lei 10.826/2003) define os crimes voltados à repressão do uso e porte de arma de fogo, a majorante do constrangimento ilegal refere-se a qualquer arma, desde que ela tenha a capacidade de impingir à vítima a grave ameaça contida no *caput* do art. 146 do Código Penal.[255]

1.6.1.1.14. Lei 9.099/1995

O constrangimento ilegal, seja na modalidade do *caput*, seja com a presença das causas de aumento de pena, é **infração penal de menor potencial ofensivo**, sujeita, portanto, ao procedimento sumaríssimo e à transação penal, desde que presentes os requisitos legalmente exigidos (Lei 9.099/1995, art. 76).

1.6.1.1.15. Concurso material obrigatório: art. 146, § 2.º

O legislador entendeu que o emprego de violência torna o crime de constrangimento ilegal mais grave do que quando praticado com grave ameaça, pois é idôneo a proporcionar consequências mais funestas à vítima. Daí a razão de ser obrigatória, nessa hipótese, além das penas cominadas ao constrangimento ilegal, a imposição da pena resultante da violência utilizada na execução do crime.

Em outras palavras, o agente que, com violência, constrange ilegalmente a vítima, vindo a feri-la, deve responder por dois crimes em concurso material: constrangimento ilegal (simples ou agravado, conforme o caso), e lesão corporal, leve, grave ou gravíssima.

---

[254] Trata-se de exigência expressa do art. 146, § 1.º, do Código Penal, e não do seu art. 288, o qual se contenta com três pessoas.
[255] STF: HC 85.005/RJ, rel. Min. Joaquim Barbosa, 2.ª Turma, j. 1.º.03.2005.

1.6.1.1.16. Ação penal

É pública incondicionada, em todas as modalidades do delito.

1.6.1.1.17. Classificação doutrinária

O constrangimento ilegal é crime **comum** (pode ser praticado por qualquer pessoa); **doloso; de forma ou ação livre** (admite qualquer meio de execução); **material** (exige a produção do resultado naturalístico); **simples** (tutela um único bem jurídico, qual seja a liberdade pessoal ou poder de autodeterminação); **instantâneo** (consuma-se em um momento determinado, sem continuidade no tempo); **de dano** (consuma-se somente com a lesão ao bem jurídico penalmente protegido); **unissubjetivo, unilateral ou de concurso eventual** (praticado por uma única pessoa, mas compatível com o concurso de agentes, e eventualmente de concurso necessário, na figura agravada prevista no § 1.º); **plurissubsistente** (conduta pode ser fracionada em diversos atos); e **subsidiário**.

1.6.1.1.18. Causas de exclusão do crime: art. 146, § 3.º

O art. 146, § 3.º, do Código Penal arrola duas hipóteses nas quais "não se compreendem na disposição deste artigo", ou seja, situações em que, nada obstante alguém tenha tolhida sua liberdade de autodeterminação, o fato não configura o crime de constrangimento ilegal. Justifica-se a opção legislativa pela proteção de um bem jurídico indisponível: a vida humana.

A doutrina dominante classifica tais casos como **causas especiais de exclusão da ilicitude**, por se constituírem em manifestações inequívocas do estado de necessidade de terceiro.[256] O sujeito é atingido em sua liberdade pessoal justamente para ser protegido do perigo que lhe rodeia. Há, contudo, posições contrárias. Para alguns autores, a redação da lei ("não se compreendem na disposição deste artigo") instituiu **causas excludentes da tipicidade**, pois, se os fatos não se encontram compreendidos na norma penal incriminadora, são condutas atípicas.[257]

Qualquer que seja a posição adotada, porém, opera-se a exclusão do crime. Em verdade, se o delito é, no mínimo, o fato típico e ilícito, afastando-se a tipicidade ou a ilicitude, o crime deixa de existir.

1.6.1.1.18.1. A intervenção médica ou cirúrgica, sem o consentimento do paciente ou de seu representante legal, se justificada por iminente perigo de vida: inciso I

Pouco importa o motivo que leva o paciente em iminente perigo de vida, ou seu representante legal, a discordar da intervenção médica ou cirúrgica. Ainda que de cunho religioso, em que pese ser o Brasil um Estado laico, pode agir o profissional da medicina contra a vontade do paciente ou de quem o represente, a fim de salvar sua vida. O fundamento dessa regra foi muito bem exposto por Floriano de Lemos:

> O direito moderno considera a vida um bem coletivo. O homem não se pertence só a si, senão à sociedade, de que faz parte integrante. A hipótese se enquadra, então, sem a menor dúvida, em questão de ordem pública. E sendo assim, como de fato é, a vida um bem coletivo, claro está que, em tais circunstâncias excepcionais (perigo de vida ou iminência de morte), o médico pode e deve agir arbitrariamente, porque há uma razão jurídica a invocar: o interesse do agente é legítimo, a utilidade manifesta para a sociedade.[258]

---

[256] Cf. SILVEIRA, Euclides Custódio da. *Direito penal*. Crimes contra a pessoa. São Paulo: Max Limonad, 1959. p. 287.
[257] É, entre outras, a opinião de JESUS, Damásio E. de. *Código Penal anotado*. 15. ed. Saraiva: São Paulo, 2004. p. 515.
[258] LEMOS, Floriano de A. *Direito de matar e curar*. São Paulo: A. Coelho Branco, 1933. p. 48.

1.6.1.1.18.2. A coação exercida para impedir suicídio: inciso II

O suicídio não é definido como crime no Brasil. Mas é uma conduta ilícita, não tolerada pelo Direito, pois a vida humana é bem jurídico indisponível, de interesse coletivo e expressamente protegido pelo art. 5.º, *caput*, da Constituição Federal. Portanto, não há constrangimento ilegal na coação, exercida com violência ou grave ameaça, para impedir a eliminação da própria vida por quem quer que seja. O constrangimento, ao contrário, é legal, pois o suicídio, este sim, é ilegal. O dispositivo em análise permite o emprego de coação para combater um ato ilícito.

Em geral, para impedir uma ação ou omissão ilícita, a constrição violenta de um indivíduo sobre outro deixa de ser criminosa. E, ao reconhecer expressamente a licitude da coação para evitar suicídio, o Código Penal o fez apenas para afastar a controvérsia doutrinária sobre se o suicídio é ato *contra ius* ou simplesmente imoral (ou indiferente ao direito).[259]

1.6.1.1.19. Constrangimento a funcionário ou empregado de instituição hospitalar para prejudicar a apuração de morte e abuso de autoridade

O art. 24 da Lei 13.869/2019 define, como abuso de autoridade, a conduta de agente público que envolve constrangimento ilegal a funcionário ou empregado de instituição hospitalar pública ou privada para o fim de admitir a tratamento pessoa cujo óbito já tenha se verificado, com a finalidade de alterar o local ou o momento do crime, prejudicando sua apuração:

> **Art. 24.** Constranger, sob violência ou grave ameaça, funcionário ou empregado de instituição hospitalar pública ou privada a admitir para tratamento pessoa cujo óbito já tenha ocorrido, com o fim de alterar local ou momento de crime, prejudicando sua apuração:
>
> **Pena** – detenção, de 1 (um) a 4 (quatro) anos, e multa, além da pena correspondente à violência.

1.6.1.2. Art. 146-A – *Intimidação sistemática* (bullying) e intimidação sistemática virtual (cyberbullying)

1.6.1.2.1. Dispositivo legal

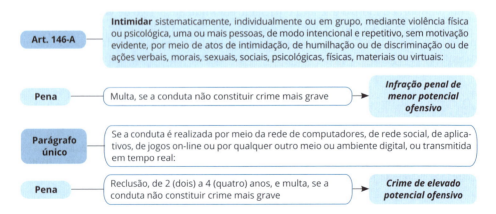

---
[259] HUNGRIA, Nélson. *Comentários ao Código Penal*. 2. ed. Rio de Janeiro: Forense, 1953. v. 6, p. 175-176.

> **Classificação:**
> Crime simples
> Crime comum
> Crime formal, de consumação antecipada ou de resultado cortado
> Crime de dano
> Crime de forma livre
> Crime comissivo
> Crime habitual
> Crime unissubjetivo, unilateral ou de concurso eventual
> Crime plurissubsistente

> **Informações rápidas:**
> **Intimidação sistemática, ou *bullying*** (art. 146-A, *caput*): contravenção penal. Não admite tentativa.
> **Intimidação sistemática virtual, ou *cyberbullying*** (art. 146-A, parágrafo único): modalidade qualificada, crime de elevado potencial ofensivo. Admite tentativa.
> Não admite modalidade culposa.
> **Ação penal:** pública incondicionada.

1.6.1.2.2. Evolução histórica, falta de técnica legislativa e plano de estudo

A intimidação sistemática (*bullying*) foi inicialmente disciplinada pela Lei 13.185/2015.

Tal diploma legislativo, além de instituir em todo o território nacional o "Programa de Combate à Intimidação Sistemática (Bullying)", definiu esse comportamento, em seu art. 1.º, § 1.º, como "todo ato de violência física ou psicológica, intencional e repetitivo que ocorre sem motivação evidente, praticado por indivíduo ou grupo, contra uma ou mais pessoas, com o objetivo de intimidá-la ou agredi-la, causando dor e angústia à vítima, em uma relação de desequilíbrio de poder entre as partes envolvidas."

A Lei 13.185/2015, contudo, não incriminou o *bullying*. Sua intenção era combater essa atividade em outras esferas, o que se mostrou insuficiente.

Diante do crescente número de intimidações sistemáticas e dos graves efeitos delas decorrentes, sobreveio a Lei 14.811/2024, que acrescentou ao Código Penal o art. 146-A, com a finalidade de trazer o enfrentamento da questão para a seara criminal.

Mas o legislador, no **art. 146-A, *caput*, do Código Penal**, cometeu um grave erro. Diante de assombrosa falta de técnica legislativa, previu no preceito secundário somente a **pena de multa**. Não houve cominação de reclusão ou detenção. A intenção era criar um crime, mas acabou-se implementando uma **contravenção penal**, diante da regra contida no art. 1.º do Decreto-lei 3.914/1941 – Lei das Contravenções Penais:

> Art. 1.º Considera-se crime a infração penal que a lei comina pena de reclusão ou de detenção, quer isoladamente, quer alternativa ou cumulativamente com a pena de multa; **contravenção, a infração penal a que a lei comina, isoladamente, pena de prisão simples ou de multa, ou ambas, alternativa ou cumulativamente.**

Por mais desproposital que isso possa ser, e indiscutivelmente é um absurdo, **temos uma contravenção penal alocada no Código Penal**, em seu art. 146-A, *caput*.

Em razão disso, e para tentar amenizar o quadro criado pelo legislador, analisaremos a **intimidação sistemática virtual** (*cyberbullying*), tipificada como **crime** no parágrafo único do art. 146-A do Código Penal conjuntamente com a figura (contravenção penal) delineada no *caput* do dispositivo legal.[260]

1.6.1.2.3. Objetividade jurídica

É a liberdade pessoal, no tocante à autoestima, ao respeito e à capacidade de autodeterminação, física e psicológica, do ser humano.

---

[260] Contra a nossa vontade, utilizaremos em algumas passagens a palavra "crime" em sentido amplo, para também abranger a contravenção penal. Essa opção não desfruta da melhor técnica, mas é inevitável, em face da situação criada pelo legislador.

1.6.1.2.4. Objeto material

É a pessoa física atingida pela intimidação sistemática.

1.6.1.2.5. Núcleo do tipo

É **intimidar**, no sentido de amedrontar ou assustar alguém. Não basta um único ato de intimidação: a conduta há de ser efetuada **sistematicamente**, ou seja, de forma reiterada, evidenciando o propósito de inferiorizar a vítima.

Nessa linha de raciocínio, em rol meramente exemplificativo, estatui o art. 2.º da Lei 13.185/2015:

> Art. 2.º Caracteriza-se a intimidação sistemática (**bullying**) quando há violência física ou psicológica em atos de intimidação, humilhação ou discriminação e, ainda:
>
> I – ataques físicos;
>
> II – insultos pessoais;
>
> III – comentários sistemáticos e apelidos pejorativos;
>
> IV – ameaças por quaisquer meios;
>
> V – grafites depreciativos;
>
> VI – expressões preconceituosas;
>
> VII – isolamento social consciente e premeditado;
>
> VIII – pilhérias.

Para alcançar sua finalidade, o agente se vale de **violência física ou psicológica**. Na definição de tais meios de execução, podem (e devem) ser utilizados os conceitos fornecidos pelo art. 4.º, I e II, da Lei 13.431/2017, a qual estabelece o sistema de garantia de direitos da criança e do adolescente vítima ou testemunha de violência.[261]

Nesse cenário, **violência física** é a ação infligida à criança ou ao adolescente que ofenda sua integridade ou saúde corporal ou que lhe cause sofrimento físico. De seu turno, a **violência psicológica** deve ser compreendida como: (a) qualquer conduta de discriminação, depreciação ou desrespeito em relação à criança ou ao adolescente mediante ameaça, constrangimento, humilhação, manipulação, isolamento, agressão verbal e xingamento, ridicularização, indiferença, exploração ou intimidação sistemática (**bullying**) que possa comprometer seu desenvolvimento psíquico ou emocional; (b) o ato de alienação parental, assim entendido como a interferência na formação psicológica da criança ou do adolescente, promovida ou induzida por um dos genitores, pelos avós ou por quem os tenha sob sua autoridade, guarda ou vigilância, que leve ao repúdio de genitor ou que cause prejuízo ao estabelecimento ou à manutenção de vínculo com este; ou (c) qualquer conduta que exponha a criança ou o adolescente, direta ou indiretamente, a crime violento contra membro de sua família ou de sua rede de apoio, independentemente do ambiente em que cometido, particularmente quando isso a torna testemunha.

A violência física ou psicológica é concretizada por meio de atos de intimidação,[262] de humilhação ou de discriminação ou de ações verbais, morais, sexuais, sociais, psicológicas, físicas, materiais ou virtuais. O legislador empregou uma fórmula bastante ampla, com o escopo de abranger qualquer comportamento direcionado ao menosprezo da vítima.

---

[261] Trata-se de determinação imposta pelo art. 2.º, parágrafo único, da Lei 14.811/2024, e que não prejudica a aplicação do art. 146-A do Código Penal na hipótese de vítima maior de 18 anos de idade. Vale destacar que o art. 7.º, I e II, da Lei 11.340/2006 – Lei Maria da Penha, classifica a violência física e a violência psicológica como formas de violência doméstica e familiar contra a mulher.

[262] O tipo penal contém redundância ao dispor sobre "intimidação sistemática mediante atos de intimidação".

Aliás, o art. 3.º da Lei 13.185/2015 classifica a intimidação sistemática (*bullying*), conforme as ações praticadas, como: **I – verbal**: insultar, xingar e apelidar pejorativamente; **II – moral**: difamar, caluniar, disseminar rumores; **III – sexual**: assediar, induzir e/ou abusar; **IV – social**: ignorar, isolar e excluir; **V – psicológica**: perseguir, amedrontar, aterrorizar, intimidar, dominar, manipular, chantagear e infernizar; **VI – física**: socar, chutar, bater; **VII – material**: furtar, roubar, destruir pertences de outrem; e **VIII – virtual**: depreciar, enviar mensagens intrusivas da intimidade, enviar ou adulterar fotos e dados pessoais que resultem em sofrimento ou com o intuito de criar meios de constrangimento psicológico e social.

Se a conduta for realizada por meio da **rede de computadores** (internet)[263], de **rede social** (Instagram, X, TikTok etc.), de **aplicativos** (Whatsapp ou Telegram, por exemplo), de **jogos on-line** (Playstation, Xbox, jogos de computadores etc.) ou por qualquer outro **meio ou ambiente digital** (a exemplo da chamada de vídeo), ou **transmitida em tempo real** (as famosas "lives" pelo Youtube, Dailymotion, Vimeo ou similar), estará caracterizada a **qualificadora da intimidação sistemática virtual** (ou *cyberbullying*), catalogada no parágrafo único do art. 146-A do Código Penal.

O art. 2.º, parágrafo único, da Lei 13.185/2015 estabelece que "há intimidação sistemática na rede mundial de computadores (*cyberbullying*), quando se usarem os instrumentos que lhe são próprios para depreciar, incitar a violência, adulterar fotos e dados pessoais com o intuito de criar meios de constrangimento psicossocial."

O tratamento penal mais severo justifica-se pela difusão da conduta, de alcance ilimitado, bem como pelo maior dano causado à vítima. Ataques virtuais destroem pessoas com dedos que digitam ou vozes que abalam o emocional. Muitos indivíduos chegam a ser verdadeiramente excluídos dos seus ambientes (escolas, clubes, academias etc.) ou virtualmente linchados ("cancelados") em decorrência do *cyberbullying*.

A intimidação sistemática, em regra, é cometida por meio de uma ação (crime comissivo). Nada impede, contudo, sua prática por omissão, quando o agente, que devia (e podia) agir para evitar o resultado, na forma do art. 13, § 2.º, do Código Penal, dolosamente permanece inerte. É o caso do pai que, após constatar a prática de *cyberbullying* contra o filho menor de idade, propositalmente se omite durante relevante período, pois acredita que a criança irá amadurecer após sofrer com ataques virtuais efetuados por um professor da sua escola.

No âmbito educacional, em que a intimidação sistemática acontece com elevada frequência, o art. 5.º da Lei 13.185/2015 estabelece ser "dever do estabelecimento de ensino, dos clubes e das agremiações recreativas assegurar medidas de conscientização, prevenção, diagnose e combate à violência e à intimidação sistemática (*bullying*)".

1.6.1.2.6. Sujeito ativo

Pode ser qualquer pessoa (**crime comum** ou **geral**). O tipo penal deixa claro que a intimidação sistemática pode ser cometida "**individualmente ou em grupo**". Trata-se de **crime unissubjetivo, unilateral** ou **de concurso eventual**, pois normalmente é cometido por um único agente, mas admite o concurso de pessoas (coautoria ou participação).

1.6.1.2.7. Sujeito passivo

Pode ser qualquer pessoa. Nada obstante, é indiscutível que tais infrações penais normalmente são cometidas contra crianças e adolescentes, e nesse campo assumem destacada gravidade e causam maiores prejuízos, notadamente psicológicos e emocionais, em face da vulnerabili-

---

[263] A internet é o conjunto de redes de computadores que, espalhados pelo planeta, comportam a troca de dados e mensagens mediante a utilização de um protocolo comum.

dade da vítima, acarretada pela sua condição de pessoa em desenvolvimento e mais suscetível às influências negativas causadas pelas opiniões alheias, precipuamente no ambiente virtual.

O *bullying* e o *cyberbullying* muitas vezes são direcionados a "grupos de vítimas" (exemplos: crianças obesas ou adolescentes menos favorecidos economicamente de uma escola particular). Esta é a razão pela qual o tipo penal indica que o delito pode ser cometido contra "**uma ou mais pessoas**".

Se a intimidação sistemática atingir duas ou mais vítimas, ao agente serão imputados dois crimes, em concurso formal impróprio (se a pluralidade de resultados emana de uma única conduta) ou em concurso material (na hipótese de duas ou mais condutas).

1.6.1.2.8. Elemento subjetivo

É o **dolo direto**. Não há espaço para o dolo eventual, pois o tipo penal reclama a prática da conduta "**de modo intencional**". Além disso, a realização de um único ato é insuficiente, haja vista a exigência da intimidação sistemática "**de modo repetitivo**", ou seja, indicativa de atividade frequente do agente contra a vítima.[264] Exemplo: "A" reiterada e propositalmente derruba café na roupa de "B", para humilhá-lo diante dos colegas de trabalho.

O *bullying* (ou *cyberbullying*) deve ser cometido "**sem motivação evidente**", isto é, o sujeito intimida sistematicamente o ofendido sem uma razão determinada. Ele, em síntese, "intimida por intimidar". Com efeito, a presença de motivo específico acarreta a caracterização de delito diverso, a exemplo da participação em suicídio qualificada (CP, art. 122, § 2.º), quando a violência psicológica causa tamanha humilhação na vítima que funciona como autêntico induzimento à retirada da sua vida.

Não se admite a modalidade culposa.

1.6.1.2.9. Consumação

A intimidação sistemática é **crime formal, de consumação antecipada ou de resultado cortado**: consuma-se com a prática da conduta prevista em lei, independentemente da superveniência do resultado naturalístico. É também **crime habitual**, pois o tipo penal reclama a reiteração de atos contra a vítima ("**de modo repetitivo**").

É prescindível, inclusive, a intimidação efetiva da vítima, que muitas vezes pode relevar (ou mesmo desprezar) o comportamento do agente.

Aliás, a produção de eventual resultado naturalístico conduz ao deslocamento da tipicidade, pois ambos os preceitos secundários (*caput* e parágrafo único) do art. 146 do Código Penal utilizam a fórmula "se a conduta não constituir crime mais grave".

1.6.1.2.10. Tentativa

Em uma primeira análise, a exigência da intimidação "de modo repetitivo" aparentemente torna o delito incompatível com a tentativa. De fato, ou a vítima é intimidada sistematicamente, e o crime está consumado, ou essa repetição não ocorre, e o fato será atípico.

No tocante ao *bullying* (CP, art. 146-A, *caput*), cumpre recordar que o art. 4.º do Decreto-lei 3.688/1941 – Lei das Contravenções Penais estatui que "não é punível a tentativa de contravenção".

Na prática, todavia, o *conatus* poderá ser reconhecido na figura qualificada (CP, art. 146-A, parágrafo único), a exemplo da situação em que o sujeito, mediante violência psicológica, encaminha várias mensagens diretas humilhantes no Instagram do ofendido, mas este nunca as visualiza.

---

[264] O legislador optou por utilizar uma fórmula claramente repetitiva. Afinal, não há como intimidar **sistematicamente** a não ser de **modo repetitivo**.

1.6.1.2.11. Ação penal

A ação penal é pública incondicionada, tanto no *bullying* (art. 146-A, *caput*) como no *cyberbullying* (art. 146-A, parágrafo único).

1.6.1.2.12. Lei 9.099/1995

A intimidação sistemática (*bullying*) é **contravenção penal** (infração penal de menor potencial ofensivo), de competência do Juizado Especial Criminal e compatível com a transação penal, nos termos do art. 76 da Lei 9.099/1995.

De seu turno, a intimidação sistemática virtual (*cyberbullying*) é **crime de elevado potencial ofensivo**. A pena privativa de liberdade cominada – reclusão, de dois a quatro anos – inviabiliza os benefícios contidos na Lei 9.099/1995.

1.6.1.2.13. Subsidiariedade expressa

O art. 146-A do Código Penal contempla **crimes expressamente subsidiários**.

De fato, os preceitos secundários do *caput* e do parágrafo único deixam claro que somente será possível a punição pelo *bullying* e pelo *cyberbullying* "se a conduta não constituir crime mais grave", a exemplo do que ocorre quando, após a intimidação sistemática, a vítima ingressa em um quadro de grave depressão e comete suicídio. Nessa hipótese, ao agente deverá ser imputado o crime de participação em suicídio, ou então de homicídio, a depender das peculiaridades do caso concreto.

1.6.1.2.14. Classificação doutrinária

O *cyberbullying*[265] é crime **simples** (ofende um único bem jurídico); **comum** (pode ser cometido por qualquer pessoa); **formal, de consumação antecipada** ou **de resultado cortado** (consuma-se com a prática da conduta criminosa, independentemente da superveniência do resultado naturalístico); **de dano** (o agente almeja a ofensa à liberdade pessoal da vítima); **de forma livre** (admite qualquer meio de execução); em regra **comissivo**; **habitual** (a consumação reclama a reiteração de atos, indicativos da intimidação **sistemática**); **unissubjetivo, unilateral** ou **de concurso eventual** (normalmente cometido por uma única pessoa, mas admite o concurso de agentes); e **plurissubsistente**.

1.6.1.2.15. Competência

A intimidação sistemática virtual é crime de competência da Justiça Estadual. Será competente a Justiça Federal, entretanto, quando o delito for cometido em prejuízo de interesse da União, a exemplo do *cyberbullying* praticado contra funcionário público federal, quando relacionados com o exercício da função, nos termos da Súmula 147 do Superior Tribunal de Justiça: "Compete à Justiça Federal processar e julgar os crimes praticados contra funcionário público federal, quando relacionados com o exercício da função."

Cumpre destacar que a intimidação virtual em sua modalidade simples (*bullying*), definida no *caput* do art. 146-A do Código Penal, sempre será da competência da Justiça Estadual. Com efeito, as contravenções penais foram expressamente excluídas da esfera de atuação da Justiça Federal, ainda que ofendam interesse da União, como se extrai do art. 109, IV, da Constituição Federal.

---

[265] O *bullying* é contravenção penal.

1.6.1.3. Art. 147 – Ameaça
1.6.1.3.1. Dispositivo legal

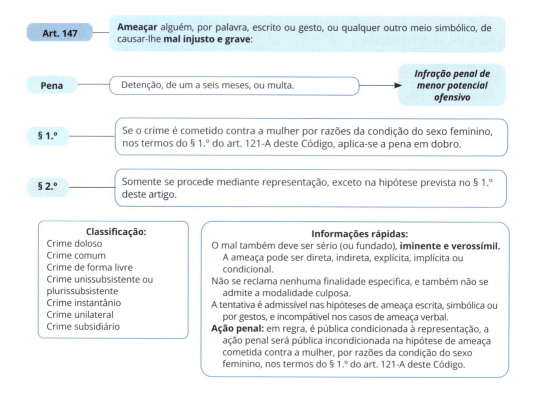

1.6.1.3.2. Objetividade jurídica

O bem jurídico tutelado pela lei penal é a **liberdade da pessoa humana**, notadamente no tocante à paz de espírito, ao sossego, à tranquilidade e ao sentimento de segurança.

1.6.1.3.3. Objeto material

É a pessoa contra a qual se dirige a ameaça.

1.6.1.3.4. Núcleo do tipo

O núcleo do tipo é **"ameaçar"**, que significa intimidar, amedrontar alguém, mediante a promessa de causar-lhe mal injusto e grave. Não é qualquer mal que caracteriza o delito, mas apenas o classificado como "injusto e grave", que pode ser físico, econômico ou moral.

Mal injusto é aquele que a vítima não está obrigada a suportar, podendo ser ilícito ou simplesmente imoral. Por sua vez, **mal grave** é o capaz de produzir ao ofendido um prejuízo relevante. Além disso, o mal deve ser sério, ou fundado, iminente e verossímil, ou seja, passível de realização. Em outras palavras, a ameaça há de ser séria e idônea à intimidação da pessoa contra quem é dirigida.

Destarte, o fato é atípico, por constituir crime impossível, quando inidôneo a amedrontar, tal como quando causa risos ou quando seu destinatário não lhe confere credibilidade, por pior que seja a intimidação. Em tais casos, o bem jurídico protegido pela lei penal não é atingido pela conduta do agente. A pessoa visada não foi abalada em sua paz de espírito e em seu sentimento de segurança e de tranquilidade.

Também não há crime na praga e no esconjuro, tal quando alguém diz "vá para o inferno" ou "que um raio te parta", uma vez que o agente não tem o poder de concretizar o mal prometido. Admite-se, contudo, a ocorrência do delito de ameaça na hipótese de dano fantástico, quando o sujeito passivo é supersticioso e o sujeito ativo tem consciência desta circunstância pessoal.[266]

A propósito, o Superior Tribunal de Justiça rechaçou o crime de ameaça em episódio envolvendo a contratação de serviços espirituais para provocar a morte de autoridades:

> A contratação de serviços espirituais para provocar a morte de autoridades não configura crime de ameaça. Consta dos autos que houve a contratação de trabalhos espirituais visando à morte de várias autoridades, incluindo autoridade policial, promotor de justiça, vereador, prefeito e repórter investigativo. O delito de ameaça somente pode ser cometido dolosamente, ou seja, deve estar configurada a intenção do agente de provocar medo na vítima. Na hipótese dos autos, a representação policial e a peça acusatória deixaram de apontar conduta da paciente direcionada a causar temor nas vítimas, uma vez que não há no caderno processual nenhum indício de que a profissional contratada para realizar o trabalho espiritual procurou um dos ofendidos, a mando da paciente, com o propósito de atemorizá-los. Não houve nenhuma menção a respeito da intenção em infundir temor, mas tão somente foi narrada a contratação de trabalho espiritual visando a "eliminar diversas pessoas". (...) De toda forma, o tipo penal (art. 147 do CP), ao definir o delito de ameaça, descreve que o mal prometido deve ser injusto e grave, ou seja, deve ser sério e verossímil. A ameaça, portanto, deve ter potencialidade de concretização, sob a perspectiva da ciência e do homem médio, situação também não demonstrada no caso.[267]

Trata-se de **crime de forma livre**. O próprio tipo penal é claro ao permitir seja a conduta praticada por palavras (exemplo: dizer a alguém que vai sequestrar seu filho), escritos (exemplo: remeter uma carta, na qual consta que a filha da vítima será estuprada), gestos (exemplo: fazer para alguém um indicativo de que irá cortar seu pescoço) ou qualquer outro meio simbólico (exemplo de Nélson Hungria: enviar a alguém o desenho de um punhal atravessando um corpo humano).

Não há necessidade de ser a ameaça proferida na presença da vítima. Basta que chegue ao seu conhecimento.

1.6.1.3.5. Espécies de ameaça

A ameaça, quanto à pessoa em relação a qual o mal injusto e grave se destina, pode ser:

a) **direta ou imediata:** é a dirigida à própria vítima. Exemplo: "A" telefona para "B" dizendo que irá matá-lo.

b) **indireta ou mediata:** é a endereçada a um terceiro, porém vinculado à vítima por questões de parentesco ou de afeto. Exemplo: "A" diz a "B" que irá agredir "C", filho deste último.

Além disso, o delito em apreço divide-se também no tocante à forma pela qual a ameaça é praticada:

a) **explícita:** cometida sem nenhuma margem de dúvida. Exemplo: apontar uma arma de fogo.

b) **implícita:** aquela em que o agente dá a entender que praticará um mal contra alguém. Exemplo: "A" diz para "B": "Já que você fez isso, pode providenciar seu lugar no cemitério".

---

[266] Nesse sentido: ANTOLISEI, Francesco. *Manuale di diritto penale*. Parte speciale. 7. ed. Milano: Giuffrè, 1977. t. I, p. 131.
[267] HC 697.581/GO, rel. Min. Laurita Vaz, 6.ª Turma, j. 07.03.2023, noticiado no *Informativo* 771.

c) **condicional:** é a ameaça em que o mal prometido depende da prática de algum comportamento por parte da vítima. Exemplo: "A" diz para "B": "Irá morrer se cruzar novamente o meu caminho".

1.6.1.3.6. Ameaça e promessa de mal atual ou futuro

Discute-se se o mal prometido deve ser unicamente futuro, ou se pode também ser atual. Há duas posições sobre o assunto:

1.ª posição: O mal necessariamente há de ser futuro

O próprio tipo penal exige seja futuro o mal prometido, uma vez que ameaçar nada mais é do que prometer realizar, ulteriormente, mal injusto e grave. Consequentemente, o mal atual (que está ocorrendo) nada mais é do que ato preparatório ou executório de outro crime.[268] Exemplo: "A" diz a "B" que irá pegar uma faca para matá-lo. De posse do instrumento perfurocortante, é agarrado por terceiros que o impedem de agredir a vítima. Há, no caso, tentativa de homicídio, e não ameaça.

É a posição a que nos filiamos.

2.ª posição: O mal pode ser atual ou futuro

A figura típica do art. 147 do Código Penal não exige seja futuro o mal. Confira-se, a propósito, a exposição de Damásio E. de Jesus:

> Não fazemos distinção entre ameaça "em ato" e ameaça de "mal futuro". (...) No primeiro caso, existe o que a doutrina chama de "mal atual" ou ameaça "em ato", que corresponde ao "mal iminente"; no segundo, "mal futuro". Deve existir crime nos dois casos.[269]

1.6.1.3.7. Sujeito ativo

Pode ser qualquer pessoa (**crime comum**).

1.6.1.3.8. Sujeito passivo

Pode ser qualquer pessoa **certa e determinada**, desde que capaz de compreender o caráter intimidatório da ameaça contra ela lançada. Excluem-se, entre outros, as crianças de pouca idade, os loucos e todas as pessoas incapazes, no caso concreto, de entenderem a ameaça (exemplo: um surdo em relação a uma ameaça verbal).

Se a ameaça é endereçada simultaneamente a diversas pessoas, reunidas por qualquer motivo ou acidentalmente, há diversos crimes (dependendo do número de ofendidos) em concurso formal.

Não há crime de ameaça contra a coletividade, nem contra pessoas indeterminadas.

Se o crime envolver relação doméstica e familiar, e for praticado contra mulher, estará caracterizada uma situação de violência psicológica, definida pelo art. 7.º, inc. II, da Lei 11.340/2006 – Lei Maria da Penha.[270] Confira-se um exemplo extraído da jurisprudência do Superior Tribunal de Justiça:

---

[268] COSTA, Álvaro Mayrink da. *Direito penal*. Parte especial. 6. ed. Rio de Janeiro: Forense, 2008. v. 4, p. 641.
[269] JESUS, Damásio E. de. *Código Penal anotado*. 15. ed. Saraiva: São Paulo, 2004. p. 517.
[270] "Art. 7.º São formas de violência doméstica e familiar contra a mulher, entre outras: (...) II – a violência psicológica, entendida como qualquer conduta que lhe cause dano emocional e diminuição da autoestima ou que lhe prejudique e perturbe o pleno desenvolvimento ou que vise degradar ou controlar suas ações, comportamentos, crenças e decisões, mediante ameaça, constrangimento, humilhação, manipulação, isolamento, vigilância constante, perseguição contumaz, insulto, chantagem, violação de sua intimidade, ridicularização, exploração e limitação do direito de ir e vir ou qualquer outro meio que lhe cause prejuízo à saúde psicológica e à autodeterminação".

Na hipótese, o recorrido foi ao apartamento da sua irmã, com vontade livre e consciente, fazendo várias ameaças de causar-lhe mal injusto e grave, além de ter provocado danos materiais em seu carro, causando-lhe sofrimento psicológico e dano moral e patrimonial, no intuito de forçá-la a abrir mão do controle da pensão que a mãe de ambos recebe. Para os integrantes da Turma, a relação existente entre o sujeito ativo e o passivo deve ser analisada em face do caso concreto, para verificar a aplicação da Lei Maria da Penha, tendo o recorrido se valido de sua autoridade de irmão da vítima para subjugar a sua irmã, com o fim de obter para si o controle do dinheiro da pensão, sendo desnecessário configurar a coabitação entre eles.[271]

Se o crime for cometido **contra a mulher, por razões da condição do sexo feminino**, na forma definida pelo art. 121-A, § 1.º, do Código Penal, a pena será aplicada em dobro. Trata-se de causa de aumento da pena (**ameaça circunstanciada ou majorada**), criada pela Lei 14.994/2024 – "Pacote Antifeminicídio", e não de qualificadora.

1.6.1.3.9. Elemento subjetivo

É o dolo, consistente na vontade livre e consciente de intimidar alguém. É imprescindível tenha sido a ameaça efetuada em tom de seriedade, nada obstante seja irrelevante possua o agente, em seu íntimo, a real intenção de realizar o mal prometido. Para o Supremo Tribunal Federal: "O crime de ameaça se caracteriza pelo fato de alguém prometer a outrem de causar-lhe mal injusto e grave. É irrelevante a intenção do agente em realizar ou não o mal prometido. Basta que incuta fundado temor à vítima."[272]

Não se reclama nenhuma finalidade específica, e também não se admite a modalidade culposa.

A intenção de brincar (*animus jocandi*), a simples bravata e a mera incontinência verbal não caracterizam o crime de ameaça.

Prevalece o entendimento de que o crime de ameaça não depende de **ânimo calmo e refletido** por parte do agente. Em suma, o estado de ira não afasta por si só o delito, pois subsiste o dolo, consistente na vontade de intimidar. Além disso, a emoção e a paixão não excluem a imputabilidade penal (CP, art. 28, inc. I).

A cautela recomenda, contudo, a análise individual do caso prático. Com efeito, em algumas situações a ira pode agravar ainda mais a ameaça, causando elevado temor à vítima. Em outras hipóteses, porém, o descontrole emocional é capaz de fazer com as que as pessoas lancem em vão as palavras ao vento, atacando-se umas às outras sem a firme vontade de concretizarem o que foi dito.

Igual raciocínio aplica-se à ameaça proferida pelo **ébrio**. A embriaguez não exclui a imputabilidade penal (CP, art. 28, inc. II). Em algumas situações, subsiste o crime, pois o estado de embriaguez pode causar temor ainda maior à vítima; em outros casos, todavia, retira completamente a credibilidade da ameaça, levando à atipicidade do fato.

1.6.1.3.9.1. Ameaça e violência doméstica contra a mulher

A discussão entre homem e mulher no âmbito doméstico, em contexto de raiva do agressor, não exclui o crime de ameaça, notadamente em face da vulnerabilidade da vítima. Na linha da jurisprudência do Superior Tribunal de Justiça:

> O fato de ameaças serem proferidas em um contexto de cólera ou ira entre o autor e a vítima não afasta a tipicidade do delito. Trata-se de imputação da prática do crime de ameaça (art. 147

---

[271] REsp 1.239.850/DF, rel. Min. Laurita Vaz, 5.ª Turma, j. 16.02.2012.
[272] HC 80.626/BA, rel. Min. Nelson Jobim, 2.ª Turma, j. 13.02.2001.

do Código Penal) em contexto de violência doméstica contra a mulher. Registra-se que o delito deve ser analisado tendo como norte interpretativo a Lei n. 11.340/2006 (Lei Maria da Penha), pois trata-se de marco normativo de proteção à mulher em circunstância de violência doméstica e familiar. No caso, a defesa alegou que o delito de ameaça não ficou configurado, pois houve a expressão de um sentimento de raiva, comum no contexto de discussões acaloradas. Tal alegação não deve prosperar, uma vez que o fato de a promessa de mal injusto e grave ter sido proferida em momento de cólera ou ira não exclui, *per se*, o escopo de amedrontar a vítima nem enfraquece a sobriedade da ameaça. (...) No caso, a análise das provas, nas quais se verifica o comportamento agressivo do réu, conjugadas com as declarações da vítima, demonstram que não se tratava de uma singela ou inofensiva discussão entre marido e mulher, pois quando "há violência, não há nada de relação de afetividade; é relação de poder, é briga por poder, é saber quem manda" nas palavras da Ministra Carmen Lúcia (STF, ADC n. 19, Tribunal Pleno, julgado em 9/2/2012). Entender o contrário é banalizar a violência contra a mulher e desprezar todo o empenho e a construção jurisprudencial do Superior Tribunal de Justiça no sentido de dar plena efetividade à Lei n. 11.340/2006 e responsabilização dos agressores, sempre com absoluto respeito aos corolários do contraditório, ampla defesa e devido processo legal. No entendimento jurisprudencial do STJ, demonstrada a violência - em qualquer das formas constantes no rol exemplificativo do art. 7.º da Lei n. 11.340/2006 -, a vulnerabilidade da vítima mulher é presumida, pois tal situação é intrínseca à própria violência, que a atinge nas mais diversas dimensões pessoais.[273]

1.6.1.3.10. Consumação

Dá-se no instante em que se verifica a percepção da ameaça pelo sujeito passivo, isto é, no momento em que a vítima toma conhecimento do conteúdo da ameaça, pouco importando sua efetiva intimidação e a real intenção do autor em fazer valer sua promessa. O crime é **formal, de consumação antecipada ou de resultado cortado**. Basta queira o agente intimidar, e tenha sua ameaça capacidade para fazê-lo.

1.6.1.3.11. Tentativa

É admissível nas hipóteses de ameaça escrita, simbólica ou por gestos, e incompatível nos casos de ameaça verbal.

1.6.1.3.12. Ação penal

Em regra, é pública condicionada à representação. Todavia, a ação penal será pública incondicionada na hipótese de ameaça cometida contra a mulher, por razões da condição do sexo feminino, nos termos do § 1.º do art. 121-A do Código Penal (CP, art. 147, § 2.º).

1.6.1.3.13. Lei 9.099/1995

A ameaça é punida com detenção, de 1 (um) a 6 (seis) meses, ou multa. Cuida-se de **infração penal de menor potencial ofensivo,** tanto na figura simples (*caput*) como na variante majorada ou circunstanciada (§ 1.º).

Na modalidade simples, catalogada no art. 147, *caput*, do Código Penal, a ameaça comporta composição dos danos civis, por se tratar de crime de ação penal pública condicionada à representação, e transação penal, desde que presentes os requisitos legais (Lei 9.099/1995, art. 76). Submete-se, finalmente, ao rito sumaríssimo previsto nos arts. 77 e seguintes da Lei 9.099/1995.

---

[273] Processo em segredo de justiça, rel. Min. Antonio Carlos Ferreira, Corte Especial, j. 10.06.2024, noticiado no *Informativo* 21 – Edição Extraordinária.

Cumpre destacar que tais benefícios despenalizadores não terão incidência quando o delito for cometido com violência doméstica ou familiar contra a mulher, em face da regra contida no art. 41 da Lei 11.340/2006 – Lei Maria da Penha.

1.6.1.3.14. Distinções

O crime de ameaça não se confunde com o de constrangimento ilegal (CP, art. 146). Naquele, o agente quer apenas amedrontar a vítima; neste, deseja uma conduta positiva ou negativa do sujeito passivo.

Em face do princípio da especialidade no conflito aparente de leis penais, a ameaça na cobrança de dívida caracteriza crime contra as relações de consumo, de ação penal pública incondicionada (Lei 8.078/1990, art. 71).

1.6.1.3.15. Subsidiariedade

O crime de ameaça é subsidiário em relação a outros delitos mais graves. Exemplificativamente, serve como elementar do tipo penal do roubo, da extorsão e do estupro. E, se após a ameaça for praticada lesão corporal contra a mesma vítima, aquele delito será por este absorvido.

1.6.1.3.16. Classificação doutrinária

A ameaça é crime **doloso**; **comum** (pode ser praticado por qualquer pessoa); **de forma livre** (admite qualquer meio de execução); **unissubsistente** (exemplo: ameaça verbal) **ou plurissubsistente** (exemplo: ameaça escrita); **formal** (é irrelevante se a vítima sentiu-se ou não ameaçada); **instantâneo** (consuma-se em um momento determinado, sem continuidade no tempo); **unilateral, unissubjetivo ou de concurso eventual** (em regra praticado por uma única pessoa, mas admite o concurso); e **subsidiário**.

1.6.1.4. Art. 147-A – Perseguição

1.6.1.4.1. Dispositivo legal

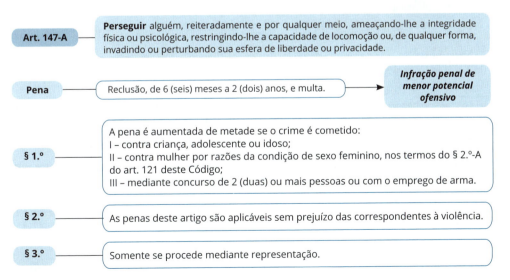

1.6.1.4.2. Introdução

A **perseguição obsessiva ou contumaz**, também conhecida como **assédio por intrusão** ou *stalking*,[274] consiste no assédio pessoal caracterizado pelos contatos forçados e indesejados entre o agente e a vítima, de modo repetitivo e idôneo a prejudicar a privacidade, a vida cotidiana e a autodeterminação da pessoa ofendida.[275]

Existem inúmeros tipos de *stalking*, destacando-se: **(a) afetivo**: derivado de amores e desamores em relacionamentos íntimos ou familiares; **(b) funcional ou profissional**: relacionado ao trabalho ou profissão, incluindo as atividades estudantis e **(c) de idolatria**: atinente à obsessão de fãs e discípulos frente a celebridades em geral, líderes religiosos, políticos etc.

A incriminação do *stalking* teve origem em 1990, no Código Penal da Califórnia, em seu art. 646.9, "a".[276] Essa iniciativa foi posteriormente seguida pelo Código Penal dos Estados Unidos da América – *U.S. Code* (art. 2.261-A) e, na Europa, pelo Código Penal de Portugal (art. 154-A), pelo Código Penal da Itália (art. 612-bis), pelo Código Penal da Alemanha (art. 238) e pelo Código Penal da Espanha (art. 172), entre outros países.

O Brasil, ainda que tardiamente, acompanhou tais exemplos. O art. 147-A do Código Penal foi criado pela Lei 14.132/2021.[277]

Deve-se destacar, porém, que o comportamento do *stalker* não era imune ao direito brasileiro. Na prática forense, buscava-se a aplicação de algum tipo penal, notadamente a ameaça (CP, art. 147) e a perturbação da tranquilidade (Decreto-lei 3.688/1941 – Lei das Contravenções Penais, art. 65). Essa atividade não era a mais recomendada, seja por constituir-se em autênticos "malabarismos jurídicos", seja pela proteção deficiente do bem jurídico, com menosprezo ao princípio da proporcionalidade.

Em síntese, o legislador agiu acertadamente ao criar um delito específico para combater uma atividade indesejada que cresce a cada dia, notadamente pela rede mundial de computadores (*internet*) e contra mulheres e grupos vulneráveis.

1.6.1.4.2.1. A revogação do art. 65 da LCP

O art. 3.º da Lei 14.132/2021 revogou expressamente o art. 65 do Decreto-lei 3.688/1941, que tipificava, como contravenção penal, a **perturbação da tranquilidade**:

> Art. 65. Molestar alguém ou perturbar-lhe a tranquilidade, por acinte ou por motivo reprovável:
>
> Pena – prisão simples, de quinze dias a dois meses, ou multa (...).

Nada obstante o tratamento penal mais severo dispensado à matéria, a revogação do art. 65 da Lei das Contravenções Penais deixa uma lacuna, ao que parece não percebida pelo legis-

---

[274] Termo originário do verbo inglês *to stalk*, que significa perseguir ou vigiar.

[275] Existem inúmeros casos famosos de *stalking*. Para visualizar com facilidade esse tipo de comportamento, sugerimos o seriado *You*, produzido e veiculado pela Netflix, que assim descreve o protagonista Joe Goldberg, interpretado por Penn Badgley: "Obsessivo e perigosamente charmoso, ele vai ao extremo para entrar na vida de quem o fascina. Você pode acabar fisgada sem nem perceber. Aí, pode ser tarde demais".

[276] "Any person who willfully, maliciously, and repeatedly follows or willfully and maliciously harasses another person and who makes a credible threat with the intent to place that person in reasonable fear for his or her safety, or the safety of his or her immediate family is guilty of the crime of stalking, punishable by imprisonment in a county jail for not more than one year, or by a fine of not more than one thousand dollars ($1,000), or by both that fine and imprisonment, or by imprisonment in the state prison." Tradução livre: "Qualquer pessoa que de maneira voluntária, maliciosa e repetidamente segue ou voluntária e maliciosamente constrange outra pessoa e que faz uma ameaça com a intenção de colocá-la em medo razoável, por sua segurança ou da sua família imediata, é culpada pelo crime de *stalking*, punida com prisão distrital por não mais que um ano, ou por multa de até mil dólares, ou por ambos, ou por prisão em estabelecimento prisional estadual".

[277] Além da punição do *stalking* propriamente dito, a incriminação também tem a finalidade de coibir a prática de crimes mais graves, derivados da perseguição, a exemplo do estupro e do homicídio.

lador. Com efeito, o **crime de perseguição reclama habitualidade**, circunstância que não era exigida à caracterização da contravenção penal, e também mais elementares ("ameaçando-lhe a integridade física ou psicológica, restringindo-lhe a capacidade de locomoção ou, de qualquer forma, invadindo ou perturbando sua esfera de liberdade ou privacidade").

O que nos interessa, nesse ponto, é que o novo tipo penal não alcança a perturbação da tranquilidade de alguém, por acinte ou por motivo reprovável, praticada de forma eventual, a exemplo daquele que utiliza seu aparelho de telefonia celular para tirar uma fotografia de outra pessoa, sem o consentimento desta, visando invadir sua esfera de privacidade. Tal conduta, que antes se amoldava ao art. 65 do Decreto-lei 3.688/1941, agora será compreendida como fato atípico: a contravenção penal deixou de existir, e não se aplica o art. 147-A do Código Penal, pois falta a elementar "reiteradamente".

Nesse cenário, surge uma questão. Houve *abolitio criminis* da conduta outrora definida no art. 65 da Lei das Contravenções Penais? Duas situações devem ser diferenciadas:

1.ª situação: ao comportamento então definido no art. 65 do Decreto-lei 3.688/1941 praticado **de forma reiterada**, e desde que presentes as demais elementares do delito de perseguição, não há falar em *abolitio criminis*, e sim em manifestação do **princípio da continuidade normativa** (ou continuidade típico-normativa). Operou-se a revogação formal do tipo penal, mas sem a supressão material do fato criminoso, que agora encontra correspondência no art. 147-A do Código Penal. Evidentemente, se o fato foi praticado antes da entrada em vigor da Lei 14.132/2021, será aplicável o art. 65 da Lei das Contravenções Penais, em face da ultratividade da lei penal benéfica. Esse entendimento, que defendemos quando da criação do crime de *stalking*, foi adotado pelo Superior Tribunal de Justiça:

> De fato, a parte final do art. 147-A do Código Penal prevê a conduta de perseguir alguém, reiteradamente, por qualquer meio e "de qualquer forma, invadindo ou perturbando sua esfera de liberdade ou privacidade", circunstância que, a toda evidência, já estava contida na ação de "molestar alguém ou perturbar-lhe a tranquilidade, por acinte ou por motivo reprovável", quando cometida de forma reiterada, porquanto a tutela da liberdade também abrange a tranquilidade.[278]

2.ª situação: no tocante à conduta antes definida no art. 65 do Decreto-lei 3.688/1941, cometida de forma acidental ou eventual, é dizer, sem reiteração, houve *abolitio criminis*. Além da revogação formal do tipo penal, também ocorreu a supressão material do fato criminoso, pois a conduta não se enquadra no art. 147-A do Código Penal (nem em qualquer outro tipo penal).

1.6.1.4.3. Objetividade jurídica

O bem jurídico tutelado é a liberdade individual, no que diz respeito à privacidade, ao direito de locomoção, à integridade psíquica e à autodeterminação. Protege-se o direito, inerente a qualquer pessoa, de ser deixada em paz, consagrado nos Estados Unidos da América como *right to be left alone*.

1.6.1.4.4. Objeto material

É a pessoa física perseguida reiteradamente e por qualquer meio, daí resultando a ameaça à sua integridade física ou psicológica, a restrição à sua capacidade de locomoção ou a invasão ou perturbação da sua esfera de liberdade ou privacidade.

---

[278] AgRg nos EDcl no REsp 1.863.977/SC, rel. Min. Laurita Vaz, 6.ª Turma, j. 14.12.2021, noticiado no *Informativo* 722.

1.6.1.4.5. Núcleo do tipo

O núcleo do tipo é "**perseguir**", no sentido de seguir, procurar ou importunar uma pessoa, indo ao seu encalço.

A conduta deve ser praticada contra "**alguém**", ou seja, o perseguidor atua contra uma pessoa determinada, ou contra pessoas determinadas, como no exemplo em que o sujeito segue com frequência os membros de uma mesma família.

O tipo penal reclama a perseguição reiterada, utilizando o elemento normativo **reiteradamente**, indicativo de **habitualidade**.

Em outras palavras, a perseguição da vítima precisa ser sistemática, constante, repetida. Essa reiteração não reclama um número preciso de atos, e deve ser aferida no caso concreto. Mas, indiscutivelmente, uma única perseguição de alguém, de forma isolada, não caracteriza o delito. Exemplo: não se configura o crime definido no art. 147-A do Código Penal quando um homem, disposto a conversar com uma mulher em um bar, a segue quando ela vai ao banheiro.

Cuida-se de **crime de forma livre**, compatível com qualquer meio de execução. O *stalking*, **presencial** (na presença da vítima) ou **remoto** (a distância), pode ser praticado por escrito (exemplos: cartas, bilhetes etc.), verbalmente (exemplos: ligações telefônicas, gritos em via pública etc.), por gestos (exemplos: envio de flores ou presentes em geral, esperar na saída do trabalho ou da escola da vítima etc.), e principalmente pelo uso de meios tecnológicos, como a rede mundial de computadores ou *internet* (exemplos: envio de *e-mails*, comentários obsessivos ou intimidantes nas redes sociais do ofendido etc.). O tipo penal utiliza a fórmula "**por qualquer meio**".

Cumpre destacar que o crescimento descontrolado do *cyberstalking*, compreendido como a perseguição com o emprego da tecnologia, foi uma das principais razões para a criação do art. 147-A do Código Penal.[279]

A perseguição de alguém, reiterada e por qualquer meio, tem como finalidade:

a) **ameaçar a integridade física ou psicológica da vítima:** a pessoa é intimidada em sua esfera corporal ou mental, como no exemplo em que uma mulher passa a sentir medo de ser atacada por um colega de trabalho que sistematicamente a persegue nas dependências da empresa.

b) **restringir a capacidade de locomoção da vítima:** o ofendido deixa de comparecer a determinado local (uma festa da faculdade, por exemplo) para não encontrar o *stalker*.

c) **de qualquer forma, invadir ou perturbar a esfera de privacidade da vítima:** a pessoa é atacada em sua intimidade, tal como na situação em que uma mulher não pode usar a piscina da sua casa pelo fato de ser constantemente vigiada pelo seu vizinho.

Normalmente a conduta é exteriorizada por ação (crime comissivo), mas é possível a sua prática mediante omissão (crime comissivo por omissão), quando presente o dever de agir para evitar o resultado, nos termos do art. 13, § 2.º, do Código Penal. Exemplo: o pai percebe que seu filho, adolescente, vem sendo perseguido por um vizinho mais velho, mediante ataques virtuais que lhe restringem a capacidade de locomoção, mas dolosamente se omite e nada faz para impedir o resultado, pois prefere que a vítima passe mais tempo em casa, sem circular pelas vias públicas.

---

[279] A Senadora Leila Barros, autora do Projeto de Lei 1.369/2019, convertido na Lei 14.132/2021, apresentou a seguinte justificativa: "A presente iniciativa corresponde a um apelo da sociedade e a uma necessária evolução no Direito Penal brasileiro frente à alteração das relações sociais promovidas pelo aumento de casos, que antes poderiam ser enquadrados como constrangimento ilegal, mas que ganham contornos mais sérios com o advento das redes sociais".

Cuida-se de **tipo misto alternativo, crime de ação múltipla ou de conteúdo variado**: se o agente perseguir reiteradamente a vítima, daí resultando, no mesmo contexto fático, (a) ameaça a sua integridade física ou psicológica, (b) restrição da sua capacidade de locomoção, e (c) invasão ou perturbação da sua esfera de liberdade ou privacidade, estará caracterizado um único delito. A pluralidade de resultados deve ser utilizada na dosimetria da pena-base, como circunstância judicial desfavorável, nos moldes do art. 59, *caput*, do Código Penal.

Porém, estará caracterizado o concurso de crimes, devendo o agente responder mais de uma vez pelo art. 147-A do Código Penal:

a) quando as condutas forem praticadas contra a mesma vítima, em contextos fáticos diversos e independentes. Exemplo: "A" persegue "B" em seu trabalho, de forma reiterada, ameaçando sua integridade psicológica. Depois de encerrada a empreitada criminosa, volta a perseguir a vítima, desta vez em sua viagem de férias, restringindo sua capacidade de locomoção. Nessa hipótese, devem ser imputados a "A" dois crimes de perseguição, em concurso material;

b) quando as condutas forem cometidas contra vítimas diversas, ofendendo a liberdade individual de diferentes pessoas.

1.6.1.4.5.1. O *cyberstalking*

A prática do delito de perseguição admite qualquer meio de execução, não ficando restrito ao ambiente informático. Quando assume a forma de *cyberstalking*, portanto, constitui-se em **delito informático impróprio**, pois não se trata de infração exclusiva do mundo computacional.

O *cyberstalking* pode ser cometido em concurso com registro não autorizado da intimidade sexual, definido no art. 216-B do Código Penal, nas situações em que o agente fotografa, filma ou registra, por qualquer meio, conteúdo com cena de nudez ou ato sexual ou libidinoso de caráter íntimo e privado sem autorização dos participantes. É o que se dá na "vingança pornô" (*revenge porn*), devendo responder por ambos os delitos, em concurso material.

Também é possível o *cyberstalking* mediante a invasão de dispositivo informático (*hacking*), devendo ser imputados ao sujeito os crimes tipificados nos arts. 147-A e 154-A, ambos do Código Penal.

De igual modo, é frequente que o *stalker* venha a publicar dados pessoais da vítima, obtidos ilicitamente, em redes sociais ou *sites*, para humilhá-la perante outras pessoas ou de qualquer modo abalar sua honra. Nessa hipótese, conhecida como *doxxing*, o agente deverá ser também responsabilizado pela calúnia, difamação ou injúria, a depender das peculiaridades do caso concreto.

1.6.1.4.5.2. O enquadramento jurídico do *spam*

No universo informático, o termo *spam* apresenta dois significados: (a) na linguagem técnica, seria um acrônimo emanado da expressão "*sending and posting advertisement in mass*", ou seja, "enviar e postar publicidade em massa"; e (b) na linguagem informal, "*stupid pointless annoyng messages*", isto é, mensagem irritante, ridícula e sem propósito.

Tanto na forma técnica como no meio informal, o *spam* indiscutivelmente é uma atividade invasiva, inadequada e impertinente. Mas será que constitui o crime definido no art. 147-A do Código Penal?

Em regra, o *spam* consiste no emprego de meios informáticos para enviar mensagens que não foram solicitadas pelo seu destinatário, com a finalidade de promover a propaganda de produtos ou serviços e, em situações extremas, aplicar golpes, disseminar *softwares* maliciosos e espalhar boatos de qualquer natureza.

Como normalmente o *spam* não é endereçado a pessoa determinada (ou a pessoas determinadas), não há falar no crime de perseguição, pois o art. 147-A, *caput*, do Código Penal contém a elementar "alguém". Entretanto, se o agente direcionar as mensagens a vítima determinada (ou vítimas determinadas), poderá estar caracterizado o delito em análise, desde que a conduta seja reiterada e reste comprovada a invasão ou perturbação da sua esfera de liberdade ou privacidade.

1.6.1.4.6. Sujeito ativo

A perseguição é **crime comum** ou **geral**. Pode ser cometido por qualquer pessoa.

Admite-se o concurso de pessoas, tanto na coautoria como na participação. Em qualquer dos casos, a pena será aumentada de metade, a teor da regra contida no art. 147-A, § 1.º, inciso III, do Código Penal. Trata-se, portanto, de **crime acidentalmente coletivo**.

1.6.1.4.6.1. A atuação dos *paparazzi*

Paparazzo – no plural, *paparazzi* – é a pessoa (repórter, jornalista, influenciador digital, dono de *blog* etc.) que persegue e fotografa celebridades sem autorização, com a finalidade de exibir a vida cotidiana dos famosos. Questiona-se: ao acompanhar de perto uma celebridade, e conseguir imagens da sua rotina, tal pessoa comete o crime definido no art. 147-A do Código Penal?

Se a celebridade está em local público, como uma praia, a resposta é negativa, por mais inconveniente que venha a ser a atividade de bisbilhotagem.

Nada impede a caracterização do delito, porém, se a busca por imagens inéditas consistir em verdadeira perseguição reiterada da vítima, com invasão da sua esfera de privacidade. Exemplo: um fotógrafo faz rondas na casa de uma artista, sobe em árvores na vizinhança e utiliza *drones*, em inúmeras ocasiões, para tirar fotos da vítima enquanto ela relaxa e toma sol à beira da piscina da sua casa.

1.6.1.4.7. Sujeito passivo

Pode ser qualquer pessoa física, independentemente do sexo, orientação sexual, idade, origem ou religião.

Se a vítima for criança, adolescente ou pessoa idosa, ou então mulher e o delito for praticado por razões da condição de sexo feminino, a pena será aumentada de metade, com fundamento no art. 147-A, § 1.º, incisos I e II, do Código Penal.

1.6.1.4.8. Elemento subjetivo

É o dolo, independentemente de qualquer finalidade específica ou mesmo de motivação econômica.

Na prática, o delito em regra é praticado por razões de vingança, inveja, idolatria, ódio, misoginia, homofobia ou paixão de qualquer natureza.

Não se admite a modalidade culposa.

1.6.1.4.8.1. Perseguição e investigações policiais

Não há crime na perseguição efetuada por agente policial visando a elucidação de um crime e a identificação da sua autoria, ainda que efetuada com reiteração, e daí resulte eventual ameaça à integridade psicológica do investigado, restrição da sua capacidade de locomoção ou, ainda, invasão ou perturbação da sua esfera de liberdade ou privacidade. Exemplificativamente, um policial não pode ter contra si imputado o crime de perseguição quando acompanha de perto, por diversos dias, a rotina de uma pessoa apontada como traficante de drogas, restringindo sua capacidade de locomoção, uma vez que o investigado, pelo receio de ser preso em flagrante, acaba permanecendo por longo período no interior de sua residência.

De fato, o policial não tem o dolo de realizar os elementos constitutivos do art. 147-A Código Penal, e sim de, no estrito cumprimento do seu dever legal, apurar a prática de um ou mais delitos.

1.6.1.4.9. Consumação

Cuida-se de **crime habitual**. O art. 147-A do Código Penal contempla a elementar "**reiteradamente**", razão pela qual sua consumação reclama a repetição de atos indicativos da efetiva perseguição da vítima. Um único ato isolado, ainda que incômodo e invasivo, não caracteriza o delito.

Essa reiteração, entretanto, não precisa se prolongar no tempo, mediante o decurso de vários dias, semanas ou meses. Nada impede sejam efetuadas na mesma data, especialmente quando revestidos de elevada intensidade intimidativa. Exemplo: no período da manhã, um homem ingressa em uma livraria e, por alguns minutos, fica encarando a vendedora de forma ameaçadora. Quando ela sai para o almoço, ele passa a segui-la em via pública. À tarde, o sujeito retorna ao estabelecimento comercial e continua observando a mulher de modo intimidativo. Finalmente, ao final do expediente, ele segue no encalço da vítima até ela chegar à sua casa. Nada obstante todos os atos tenham sido cometidos em um único dia, não há dúvida acerca da consumação do delito de perseguição.

Trata-se também de **crime formal, de consumação antecipada** ou **de resultado cortado**: consuma-se com a prática da conduta prevista em lei, de forma reiterada, independentemente da superveniência do resultado naturalístico. Em outras palavras, basta seja a perseguição idônea a ameaçar a integridade física ou psicológica da vítima, a restringir a sua capacidade de locomoção ou, de qualquer forma, a invadir sua esfera de liberdade ou privacidade, ainda que isso não venha a efetivamente ocorrer.

1.6.1.4.10. Tentativa

Em uma análise precipitada, poder-se-ia mencionar a inadmissibilidade do *conatus* da perseguição, puramente em face do seu caráter habitual. Essa conclusão, todavia, merece um olhar mais atento.

Com efeito, em situações excepcionais, os crimes habituais, incluindo a perseguição, podem ser compatíveis com a tentativa. Pensemos na situação em que o *stalker*, ao longo de várias semanas, encaminha centenas de *e-mails* à vítima, com conteúdos aptos a invadir sua esfera de privacidade. Seu computador é apreendido pela Polícia, e comprova-se o envio das mensagens. Entretanto, tais *e-mails* foram depositados no lixo eletrônico da vítima, que deles não teve conhecimento antes da intervenção policial. Sem dúvida alguma, houve o início da execução de um crime, que somente não se consumou por circunstâncias alheias à vontade do agente.

1.6.1.4.11. Causas de aumento de pena

O § 1.º do art. 147-A do Código Penal contempla **causas de aumento de pena** (ou majorantes), em patamar fixo – **metade** – a serem utilizadas na terceira fase da dosimetria da pena, quando o crime é cometido:

Inciso I – contra criança, adolescente ou pessoa idosa

Criança é a pessoa com até 12 anos de idade incompletos, enquanto **adolescente** é aquela entre 12 e 18 (incompletos) anos de idade, a teor do art. 2.º, *caput*, da Lei 8.069/1990 – Estatuto da Criança e do Adolescente.

Pessoa idosa é aquela com idade igual ou superior a 60 anos (Lei 10.741/2003 – Estatuto da Pessoa Idosa, art. 1.º).

É imprescindível o conhecimento do agente acerca da idade da vítima, pois não se admite a responsabilidade penal objetiva.

Inciso II – contra mulher por razões da condição de sexo feminino, nos termos do § 2.º-A do art. 121 do Código Penal

Não basta seja a perseguição cometida contra a mulher. Exige-se mais: tal como no feminicídio, o crime, além de atingir a mulher, deve ser praticado por razões da condição de sexo feminino.[280]

Destarte, é imprescindível que o delito envolva (I) violência doméstica ou familiar, ou então (II) menosprezo ou discriminação à condição de mulher.

É irrelevante a idade da mulher, bem como sua orientação sexual. Como o dispositivo legal fala em "contra mulher", essa majorante jamais poderá ser aplicada no delito de perseguição perpetrado contra homem.

Inciso III – mediante concurso de duas ou mais pessoas ou com emprego de arma

O **concurso de pessoas** pode se concretizar tanto pela coautoria como pela participação. Não é necessário, portanto, que todos os agentes pratiquem atos de execução ou estejam fisicamente presentes no palco do delito. Exemplificativamente, incide a majorante quando um rico empresário custeia os aparelhos tecnológicos necessários para um fotógrafo invadir, de maneira reiterada, a esfera de privacidade de alguém.

O **emprego de arma**, de seu turno, pode se dar pelo emprego efetivo da arma (exemplo: apontar uma faca para a vítima) ou mediante seu porte ostensivo (exemplo: deixar a faca na cintura, em local facilmente visível pela vítima).

Arma, para fins penais, pode ser qualquer instrumento, com ou sem forma de arma, utilizada para ataque ou defesa, pois tem capacidade para matar ou ferir uma pessoa. O dispositivo legal admite qualquer arma (de fogo, própria, imprópria ou branca), não exigindo o emprego de arma de fogo.

Arma própria é o instrumento concebido para fins de ataque ou defesa (exemplos: revólver, punhal etc.). Arma imprópria é o objeto criado para finalidade diversa, mas que pode ser usado para ataque ou defesa (exemplos: faca de cozinha, machado, serra elétrica etc.). Arma branca, finalmente, é o aparado dotado de ponta ou gume, e pode ser própria, tal como o punhal, ou imprópria, como se dá com a faca de cozinha.

E quando o sujeito pratica a perseguição mediante o **porte ilegal de arma de fogo**, deve ser a ele imputado o crime tipificado no art. 14 (arma de fogo de uso permitido) ou no art. 16 (arma de fogo de uso restrito) da Lei 10.826/2003 – Estatuto do Desarmamento? Existem duas posições sobre o assunto:

1.ª posição: o crime de perseguição absorve o porte ilegal de arma de fogo, se ficar provado que o agente se limitou a portar a arma de fogo para cometer o delito tipificado no art. 147-A do Código Penal. Não se pode falar em absorção, todavia, se restar demonstrado que, antes ou depois da perseguição da vítima, ele já portava ilegalmente a arma de fogo.

2.ª posição: o agente deve responder pelos dois crimes, em concurso formal impróprio ou imperfeito (CP, art. 70, *caput*, parte final), com a soma das penas, pouco importando se o porte ilegal da arma de fogo limitou-se ou não à perseguição da vítima. É o nosso entendimento.

---

[280] O legislador repetiu a atecnia existente no art. 121-A do Código Penal. No lugar de "razões da condição de sexo feminino", deveria ter utilizado a expressão "razões de gênero", como fez a Lei 11.340/2006 – Lei Maria da Penha, de modo a evitar qualquer discussão acerca da proteção especial no tocante aos transexuais.

Com efeito, tais crimes ofendem bens jurídicos diversos (liberdade individual e segurança pública) e têm sujeitos passivos distintos (vítima da perseguição e coletividade). Além disso, a pena cominada pelo art. 147-A do Código Penal – reclusão, de 6 meses a 2 anos, aumentada de metade – não tem força suficiente para absorver e pena do porte ilegal de arma de fogo (reclusão, de 2 a 4 anos, no caso do art. 14, ou reclusão, de 3 a 6 anos, no art. 16). Uma infração penal de menor potencial ofensivo não pode, em hipótese alguma, consumir um crime de elevado potencial ofensivo. Raciocínio diverso, além de insustentável no plano hermenêutico, ataca mortalmente a lógica e a razoabilidade que devem nortear a aplicação do Direito Penal.

1.6.1.4.12. Ação penal

Nos termos do § 3.º do art. 147-A do Código Penal, "somente se procede mediante representação", ou seja, a ação penal é **pública condicionada à representação** do ofendido (ou do seu representante legal).

1.6.1.4.13. Lei 9.099/1995

Em sua modalidade fundamental, prevista no *caput*, a perseguição constitui-se em **infração penal de menor potencial ofensivo**, de competência do Juizado Especial Criminal. A pena privativa de liberdade, cominada em seu patamar máximo (2 anos), torna o delito compatível com a composição dos danos civis e com a transação penal.

O legislador optou por um caminho raro e curioso: cuida-se de infração penal de menor potencial punida com **reclusão**.

Nas figuras majoradas – CP, art. 147-A, § 1.º – o aumento da pena de metade conduz a perseguição ao patamar de **crime de médio potencial ofensivo**, admitindo a suspensão condicional do processo, se presentes os requisitos elencados pelo art. 89 da Lei 9.099/1995.

1.6.1.4.14. Concurso material obrigatório

Nos termos do art. 147-A, § 2.º, do Código Penal: "As penas deste artigo são aplicáveis sem prejuízo das correspondentes à violência".

Consagrou-se o **concurso material obrigatório** entre a perseguição, quando praticada com emprego de **violência**, e eventual crime dela resultante, a exemplo da lesão corporal (leve, grave, gravíssima ou seguida de morte) ou do homicídio (consumado ou tentado).

A soma das penas, por expressa previsão legal, não tem lugar quando o *stalking* tem como meio de execução a grave ameaça, a fraude ou qualquer forma diversa da violência à pessoa.

1.6.1.4.15. Classificação doutrinária

A perseguição é crime **simples** (ofende um único bem jurídico); **comum** (pode ser cometido por qualquer pessoa); **formal, de consumação antecipada** ou **de resultado cortado** (consuma-se com a prática da conduta criminosa, independentemente da superveniência do resultado naturalístico); **de dano** (lesa a liberdade individual); **de forma livre** (admite qualquer meio de execução); em regra **comissivo**; **habitual** (a consumação depende da reiteração de atos); **acidentalmente coletivo** (em regra praticado por uma única pessoa, mas a pluralidade de agentes faz surgir uma modalidade mais grave do delito) e **plurissubsistente**.

1.6.1.4.16. Competência

Em regra, a perseguição é crime de competência da Justiça Estadual. Excepcionalmente, será competente a Justiça Federal, como na hipótese do delito transnacional (envolvendo dois ou mais países) praticado pela *internet* contra uma determinada mulher.

Nesse caso, o *cyberstalking* será de competência da Justiça Federal, com fundamento no art. 109, inciso V, da Constituição Federal,[281] pois o Brasil é signatário da Convenção Interamericana para Prevenir, Punir e Erradicar a Violência contra a Mulher, concluída em Belém do Pará, em 9 de junho de 1994 e incorporada ao direito pátrio pelo Decreto 1.973/1996.

Será possível a investigação pela **Polícia Federal**, mesmo no caso de competência da Justiça Estadual, quando no crime de perseguição houver repercussão interestadual ou internacional que exija repressão uniforme, seja por se tratar de delito com violação a direitos humanos, que a República Federativa do Brasil se comprometeu a reprimir em decorrência de tratados internacionais de que seja parte (Lei 10.446/2002, art. 1.º, inc. III), ou então quando o delito for praticado por meio da rede mundial de computadores e difunda conteúdo misógino, isto é, propagando ódio ou aversão às mulheres (Lei 10.446/2002, art. 1.º, inc. VII).

1.6.1.5. Art. 147-B – Violência psicológica contra a mulher

1.6.1.5.1. Dispositivo legal

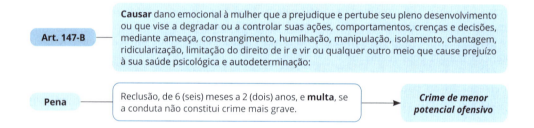

1.6.1.5.2. Introdução

O art. 7.º, inciso II, da Lei 11.340/2006 – Lei Maria da Penha já definia a violência psicológica como uma das formas de violência doméstica e familiar contra a mulher, nos seguintes termos:

> qualquer conduta que lhe cause dano emocional e diminuição da autoestima ou que lhe prejudique e perturbe o pleno desenvolvimento ou que vise degradar ou controlar suas ações, comportamentos, crenças e decisões, mediante ameaça, constrangimento, humilhação, manipulação, isolamento, vigilância constante, perseguição contumaz, insulto, chantagem, violação de sua intimidade, ridicularização, exploração e limitação do direito de ir e vir ou qualquer outro meio que lhe cause prejuízo à saúde psicológica e à autodeterminação.

Tal conduta, entretanto, não constituía crime. Em outras palavras, não se incriminava, por si só, a violência psicológica contra a mulher. O Direito Penal somente podia entrar em cena depois de concretizada alguma outra modalidade de violência, notadamente a física, contra a mulher.

Essa lacuna foi suprida com a entrada em vigor da Lei 14.188/2021, a qual definiu o programa de cooperação "Sinal Vermelho contra a Violência Doméstica" como uma das me-

---

[281] Art. 109, inciso V, da Constituição Federal: "Aos juízes federais compete processar e julgar: (...) os crimes previstos em tratado ou convenção internacional, quando, iniciada a execução no País, o resultado tenha ou devesse ter ocorrido no estrangeiro, ou reciprocamente".

didas de enfrentamento da violência doméstica e familiar contra a mulher previstas na Lei 11.340/2006, e criou, entre os delitos contra a liberdade individual, a violência psicológica contra a mulher, no art. 147-B do Código Penal, com redação típica muito semelhante àquela contida no art. 7.º, inciso II, da Lei Maria da Penha.

Sem prejuízo, também foi alterado o art. 12-C da Lei 11.340/2006, que passa a contar com a seguinte redação: "Verificada a existência de risco atual ou iminente à vida ou à integridade física ou psicológica da mulher em situação de violência doméstica e familiar, ou de seus dependentes, o agressor será imediatamente afastado do lar, domicílio ou local de convivência com a ofendida".

Nos Estados Unidos da América a violência psicológica contra a mulher é classificada como uma espécie de *slow violence* (violência lenta), que se manifesta de modo silencioso, cumulativo e invisível por outras pessoas. A mulher, aos poucos, vai perdendo a autoestima e a autodeterminação, com relevantes prejuízos emocionais. Com frequência, surgem quadros de depressão, insegurança, perda da capacidade de trabalho e estudo, uso de drogas e álcool, insônia, medo de iniciar ou manter relacionamentos afetivos, entre tantos outros males.

Em uma sociedade ainda impregnada pela cultura do machismo e dominação da mulher, a vítima raramente procura auxílio médico ou psicológico. Também não comunica o fato às autoridades competentes (Polícia ou Ministério Público) e, não raras vezes, a mulher acaba aceitando como normal o comportamento do agressor, inclusive sentindo-se responsável, direta ou indiretamente, pelas ofensas contra ela perpetradas.

Esse triste panorama acaba funcionando como porta aberta para a violência física contra a mulher, resultando em lesão corporal, estupro e, no pior cenário, na sua morte.

1.6.1.5.3. Objetividade jurídica

O bem jurídico tutelado é a liberdade pessoal da mulher, no tocante ao seu direito fundamental de viver sem aflições emocionais, medos e traumas psicológicos impostos por outrem.

O Decreto 1.973/1996 promulgou a Convenção Interamericana para prevenir, punir e erradicar a violência contra a mulher ("Convenção de Belém do Pará"), a qual estatui em seu art. 3.º: "Toda mulher tem direito a uma vida livre de violência, tanto na esfera pública como na esfera privada". A palavra "violência" deve ser compreendida em sentido amplo, englobando qualquer tipo de violência contra a mulher – física, sexual, patrimonial etc. –, inclusive a de natureza psicológica.

1.6.1.5.4. Objeto material

É a mulher atingida pela violência psicológica.

1.6.1.5.5. Núcleo do tipo

É "causar", no sentido de provocar ou ocasionar dano emocional à mulher.

Dano emocional é o abalo à saúde psicológica da mulher, que a prejudica e perturba seu pleno desenvolvimento, ou então que visa a degradar suas ações, comportamentos, crenças e decisões.

O art. 147-B do Código Penal menciona, em rol exemplificativo, os meios de execução do delito, a saber:

a) ameaça: é a promessa de mal grave, iminente e verossímil;

b) constrangimento: é obrigar a mulher a fazer algo, contra a sua vontade;

c) **humilhação**: consiste em submeter a mulher ao vexame, ao rebaixamento moral, com afronta à sua dignidade. Aqui, o delito não se confunde com a injúria (CP, art. 140). O agente almeja causar dano emocional à mulher, enquanto no crime contra a honra o dolo se esgota na ofensa à honra subjetiva da vítima, sem a imprescindível provocação do abalo psicológico;

d) **manipulação**: é a utilização de palavras, gestos ou simulação de sentimentos para influenciar outra pessoa, de modo a conseguir algo que se pretende;

e) **isolamento**: é a vedação do convívio da vítima com outras pessoas;

f) **chantagem**: é a intimidação da mulher para obter determinada vantagem, mediante a promessa de revelação de fato criminoso ou vergonhoso, verdadeiro ou falso. Cuida-se, na verdade, de espécie de ameaça, razão pela qual sua previsão mostra-se repetitiva;

g) **ridicularização**: é o ato de achincalhar a mulher. Esse meio de execução também era desnecessário, pois não deixa de ser uma forma de humilhação;

h) **limitação do direito de ir e vir**: é a restrição da liberdade de locomoção da mulher.

Tais meios de execução, cumpre repetir, foram previstos pelo legislador em **rol exemplificativo**, que se valeu da interpretação analógica (ou *intra legem*). Com efeito, o art. 147-B do Código Penal, depois de empregar fórmulas casuísticas, utiliza a fórmula genérica "ou qualquer outro meio que cause prejuízo à sua saúde psicológica e autodeterminação".

Em outras palavras, a ameaça, o constrangimento, a humilhação, a manipulação, o isolamento, a chantagem, a ridicularização e a limitação do direito de ir e vir são meios que prejudicam a saúde psicológica e autodeterminação da vítima (fórmulas casuísticas), mas não são os únicos. Na prática, podem surgir meios diferentes que caracterizem o delito de violência psicológica contra a mulher, embora as diversas hipóteses previstas no tipo penal deixem pouco espaço para inovações.

Cuida-se de **crime de forma livre**, pois admite qualquer meio de execução (gestos, palavras, comportamentos agressivos etc.), e normalmente praticado por ação (**crime comissivo**). É possível, todavia, a realização do delito mediante omissão (**crime omissivo impróprio, espúrio ou comissivo por omissão**), quando o omitente tinha o dever de agir – e podia agir – para evitar o resultado, como no exemplo do policial que presencia a conduta típica contra uma mulher e dolosamente nada faz para impedir a concretização do delito.

Finalmente, a conduta do agente deve causar prejuízo à saúde psicológica e autodeterminação da mulher.

Saúde psicológica é o estado emocional de bem-estar e segurança que permite às pessoas realizar suas capacidades produtivas, enfrentar as dificuldades cotidianas e viver regularmente em sociedade. **Autodeterminação**, de seu turno, é a liberdade para decidir seu próprio destino, independentemente da interferência alheia.

1.6.1.5.5.1. O local do delito

Nada obstante a violência psicológica represente uma forma de violência contra a mulher, a descrição típica não limita sua prática ao âmbito doméstico, familiar ou à relação íntima de afeto.

De fato, o crime pode ser cometido em ambientes diversos, tais como o local de trabalho, espaços abertos (praças, parques, ruas, praias, *shoppings centers* etc.), ambientes acadêmicos (escolas, faculdades e estabelecimentos similares), hospitais, instituições públicas e privadas em geral, templos religiosos, entre tantos outros.

1.6.1.5.5.2. A revitimização pela autoridade pública

Se presente o dolo de causar novo dano emocional à mulher, já abalada pela conduta criminosa, nada impede a caracterização do delito tipificado no art. 147-B do Código Penal nas situações de revitimização da mulher pela autoridade pública, a exemplo do que se verifica quando o promotor de Justiça ou o juiz de Direito humilha a mulher durante uma audiência, fazendo com que ela se sinta culpada pelas brigas ocorridas com o agressor, ou então quando o delegado de Polícia recusa-se a registrar a ocorrência, recomendando a ela a reconciliação com quem lhe ofendeu.

1.6.1.5.5.3. A definição da violência psicológica e o alcance do tipo penal

Antes da criação do art. 147-B do Código Penal, a violência psicológica já era definida pelo art. 7.º, inciso II, da Lei 11.340/2006 – Lei Maria da Penha, como

> qualquer conduta que lhe cause dano emocional e diminuição da autoestima ou que lhe prejudique e perturbe o pleno desenvolvimento ou que vise degradar ou controlar suas ações, comportamentos, crenças e decisões, mediante ameaça, constrangimento, humilhação, manipulação, isolamento, vigilância constante, perseguição contumaz, insulto, chantagem, violação de sua intimidade, ridicularização, exploração e limitação do direito de ir e vir ou qualquer outro meio que lhe cause prejuízo à saúde psicológica e à autodeterminação.

Sem dúvida alguma, a Lei 14.188/2021 inspirou-se em tal dispositivo para formular a conduta típica descrita no art. 147-B do Código Penal. Entretanto, a conceituação de violência psicológica da Lei Maria da Penha é mais ampla, pois também abrange, além do insulto, a **vigilância constante**, a **perseguição contumaz** e a **violação da sua intimidade**.

Essas três formas utilizadas pelo agente para a prática da violência psicológica foram acertadamente deixadas de lado pelo legislador na construção do art. 147-B do Código Penal, para evitar confusão entre os crimes de violência psicológica contra a mulher e de perseguição (CP, art. 147-A).

Com efeito, o *stalking* contra a mulher pode ter como meios de execução a vigilância constante, a perseguição contumaz e a violação da sua intimidade, daí resultando a perseguição reiterada que importe em ameaça à sua integridade física ou psicológica, em restrição da sua capacidade de locomoção ou em invasão ou perturbação da sua esfera de liberdade ou privacidade.

1.6.1.5.5.4. Distinção entre violência psicológica e perseguição (*stalking*) contra a mulher

O art. 147-A, § 1.º, inciso II, do Código Penal contempla a perseguição contra a mulher, por razões da condição do sexo feminino:

> Art. 147-A. Perseguir alguém, reiteradamente e por qualquer meio, ameaçando-lhe a integridade física ou psicológica, restringindo-lhe a capacidade de locomoção ou, de qualquer forma, invadindo ou perturbando sua esfera de liberdade ou privacidade.
>
> Pena – reclusão, de 6 (seis) meses a 2 (dois) anos, e multa.
>
> § 1.º A pena é aumentada de metade se o crime é cometido:
>
> (...)
>
> II – contra mulher por razões da condição de sexo feminino, nos termos do § 2.º -A do art. 121 deste Código.

Nada obstante a definição de violência psicológica apresentada pelo art. 7.º, inciso II, da Lei 11.340/2006 – Lei Maria da Penha apresente similitude com o tipo penal do *stalking*, as diferenças entre os delitos previstos nos arts. 147-A, § 1.º, inciso II e 147-B do Código Penal são nítidas.

Com efeito, a perseguição contra a mulher constitui-se em **crime habitual**, pois o tipo penal contém a elementar "**reiteradamente**", no tocante ao núcleo perseguir. A ação penal é pública condicionada à representação, e o delito é **formal, de consumação antecipada** ou de **resultado cortado**, consumando-se com a perseguição reiterada e por qualquer meio, independentemente da produção do resultado naturalístico. Além disso, para a incidência dessa modalidade do delito não basta seja praticado contra mulher. É imprescindível seja a perseguição cometida por "razões da condição do sexo feminino", isto é, com violência doméstica ou familiar, ou então com menosprezo ou discriminação à condição de mulher.[282]

De seu turno, a violência psicológica contra a mulher é **crime instantâneo**, ou seja, independe de habitualidade. Uma única conduta é suficiente à caracterização do delito. A ação penal é pública incondicionada, e a consumação reclama a produção do resultado naturalístico, consistente na causação do dano emocional (**crime material** ou **causal**). Finalmente, a aplicabilidade do art. 147-B contenta-se com a prática da conduta contra a mulher, em qualquer circunstância, ou seja, não se exige seja cometido "por razões da condição do sexo feminino".

Violência psicológica contra a mulher Art. 147-B do Código Penal	Perseguição contra a mulher Art. 147-A, § 1.º, inc. II, do Código Penal
Crime instantâneo	Crime habitual
Crime material ou causal	Crime formal, de consumação antecipada ou de resultado cortado
Ação penal pública incondicionada	Ação penal pública condicionada à representação
Basta a prática do delito contra a mulher, ou seja, não é necessário tenha sido cometido "por razões da condição do sexo feminino"	É imprescindível seja o delito cometido por "razões da condição do sexo feminino"

Embora existam tais diferenças, nada impede o **concurso** entre tais delitos, quando praticados em **contextos fáticos diversos**. Exemplo: João utiliza-se de palavras ofensivas e ridiculariza Maria, causando-lhe dano emocional que a prejudica e perturba seu pleno desenvolvimento. Alguns dias depois, passa a persegui-la reiteradamente, tanto nas proximidades da sua residência como também nas imediações do seu local de trabalho, perturbando sua esfera de privacidade, em razão do menosprezo à sua condição de mulher. Nesse caso, a ele deverão ser imputados os crimes de violência psicológica contra a mulher e de perseguição circunstanciada (CP, art. 147-A, § 1.º, inc. II), em concurso material.

1.6.1.5.6. Sujeito ativo

Cuida-se de **crime comum** ou **geral**: pode ser praticado por qualquer pessoa. Nada impede seja o delito cometido por uma mulher, embora o sujeito ativo, na prática, normalmente seja homem.

Admite-se o concurso de pessoas, tanto na coautoria como também na participação.

---

[282] Ausente tal circunstância, terá lugar a figura simples da perseguição, tipificada no art. 147-A, *caput*, do Código Penal.

1.6.1.5.7. Sujeito passivo

É a mulher, independentemente da idade e da orientação sexual. Exige-se, contudo, o discernimento necessário – em razão da idade e da higidez mental – de compreender o caráter ofensivo da conduta, apta a causar dano emocional que a prejudique e perturbe seu pleno desenvolvimento ou que vise degradar ou controlar suas ações, comportamentos, crenças e decisões.

No campo da **transexualidade**, há duas posições acerca da possibilidade de as mulheres transexuais, isto é, pessoas com identidade de gênero feminino, serem vítimas do delito:

1.ª posição: as mulheres transexuais **podem** ser vítimas do delito tipificado no art. 147-B do Código Penal, independentemente de cirurgia de redesignação sexual, de alteração do nome ou sexo no documento de registro civil; e

2.ª posição: as mulheres transexuais **não podem** ser vítimas do crime de violência psicológica. Como o tipo penal limita-se a falar em "mulheres", e não em "mulheres transexuais", a aplicação do delito catalogado no art. 147-B do Código Penal representaria autêntica analogia *in malam partem* (prejudicial ao réu), vedada no Direito Penal.

Esse delito jamais pode ser cometido contra um homem, seja pela nomenclatura utilizada pelo legislador – "violência psicológica contra a **mulher**" –, seja pela redação do tipo penal ("causar dano emocional à **mulher**").

1.6.1.5.8. Elemento subjetivo

É o dolo, acompanhado da especial finalidade (elemento subjetivo específico) de causar dano emocional à mulher que a prejudique e perturbe seu pleno desenvolvimento ou que vise degradar ou controlar suas ações, comportamentos, crenças e decisões.

Exige-se seriedade na conduta, ou seja, a efetiva intenção de agredir psicologicamente a mulher. Destarte, não se caracteriza o delito nas hipóteses de brincadeiras inoportunas ou discussões acaloradas, desde que não se revistam de meios indiretos para realizar o comportamento descrito no art. 147-B do Código Penal.

Não se admite a modalidade culposa.

1.6.1.5.9. Consumação

Cuida-se de **crime material** ou **causal**. A consumação reclama a produção do resultado naturalístico, consistente no dano emocional à mulher que a prejudique e perturbe seu pleno desenvolvimento ou que vise degradar ou controlar suas ações, comportamentos, crenças e decisões.

Esse dano emocional pode ser produzido com uma única conduta do agente, a exemplo da grave humilhação em local público que causa prejuízo à saúde psicológica e autodeterminação da mulher.

Não se reclama a habitualidade da conduta criminosa. A reiteração de atos pode ocorrer, mas não é necessária à caracterização do delito. Em outras palavras, eventual habitualidade importa no reconhecimento de um único crime, mas deve ser levada em conta na dosimetria da pena-base, como circunstância judicial desfavorável, nos termos do art. 59, *caput*, do Código Penal, especialmente quando importa em maior gravidade da conduta.

1.6.1.5.9.1. A comprovação do delito

Em diversas situações práticas, o dano emocional causado à mulher vem a ser provado por laudo pericial elaborado por profissional da medicina ou da psicologia. Essa diligência, todavia, não é imprescindível para a demonstração do delito, uma vez que o crime de violência psicológica contra a mulher normalmente não deixa vestígios materiais (CPP, art. 158, *caput*).

Com efeito, nada impede a comprovação do delito por outras formas, especialmente as declarações da vítima, bem como os depoimentos de testemunhas, relatórios de atendimentos médicos ou psicológicos, gravações em áudio e/ou vídeo e quaisquer meios que revelem o prejuízo provocado pela conduta criminosa à saúde psicológica e à autodeterminação da mulher, inclusive a confissão do agente.

1.6.1.5.10. Tentativa

É cabível, em face do caráter plurissubsistente do delito, permitindo o fracionamento do *iter criminis*. Exemplo: João ameaça Maria, com a finalidade de causar-lhe dano emocional que vise controlar seus comportamentos, mas não consegue consumar o delito por circunstâncias alheias à sua vontade, uma vez que a vítima simplesmente ignora a conduta criminosa e não sente qualquer tipo de prejuízo psicológico.

1.6.1.5.11. Ação penal

A ação penal é pública incondicionada.

1.6.1.5.12. Lei 9.099/1995

Quando o delito é praticado com violência doméstica ou familiar contra a mulher, nada obstante a pena privativa de liberdade cominada – reclusão, de 6 (seis) meses a 2 (dois) anos –, a violência psicológica contra a mulher afigura-se incompatível com os benefícios contidos na Lei 9.099/1995, em face da regra prevista no art. 41 da Lei 11.340/2006 – Lei Maria da Penha: "Aos crimes praticados com violência doméstica e familiar contra a mulher, independentemente da pena prevista, não se aplica a Lei 9.099, de 26 de setembro de 1995".

Com efeito, a violência psicológica constitui-se em violência doméstica ou familiar contra a mulher, nos termos do art. 7.º, inciso II, da Lei 11.340/2006 – Lei Maria da Penha.

De outro lado, quando a conduta é cometida fora do raio de incidência da Lei Maria da Penha, ou seja, sem envolver o âmbito da unidade doméstica, da família ou qualquer relação íntima de afeto, na qual o agressor conviva ou tenha convivido com a ofendida, independentemente de coabitação (Lei 11.340/2006, art. 5.º, incs. I, II e III), a violência psicológica constitui-se em infração penal de menor potencial ofensivo, de competência do Juizado Especial Criminal e compatível com a transação penal, nos termos do art. 76 da Lei 9.099/1995.

Cumpre destacar que o legislador, tal como no delito de perseguição (CP, art. 147-A), repetiu uma fórmula pouco usual, ao utilizar a **reclusão** para pena privativa de liberdade de reduzida quantidade (6 meses a 2 anos).

1.6.1.5.13. Subsidiariedade expressa

A expressão "se a conduta não constitui crime mais grave", utilizada pelo preceito secundário do art. 147-B do Código Penal, revela o caráter expressamente subsidiário da violência psicológica contra a mulher.

Em outras palavras, tal delito somente estará caracterizado quando o comportamento do agente não importar no reconhecimento de crime mais grave, a exemplo do estupro ou do homicídio.

1.6.1.5.13.1. Confronto entre violência psicológica contra a mulher e lesão corporal

A violência psicológica contra a mulher consuma-se com a provocação do dano emocional. Na prática, entretanto, o quadro probatório pode revelar que a conduta criminosa foi além, produzindo autêntica lesão corporal na vítima, como no exemplo em que a mulher fica incapacitada para as ocupações habituais, por mais de 30 dias, ou mesmo em aceleração de parto, em decorrência do trauma psicológico nela causado.

Nesses casos, ao agente deve ser imputado o delito de lesão corporal grave, na forma do art. 129, § 1.º, incisos I ou IV, do Código Penal, a depender do caso concreto.[283] Além da correta adequação típica, tal conclusão decorre do caráter expressamente subsidiário da violência psicológica contra a mulher ("se a conduta não constitui crime mais grave").

1.6.1.5.14. Classificação doutrinária

A violência psicológica contra a mulher é crime **simples** (ofende um único bem jurídico); **comum** (pode ser cometido por qualquer pessoa); **material** ou **causal** (a consumação depende da produção do resultado naturalístico, consistente na provocação do dano emocional); **de dano** (ofende a liberdade da mulher); **de forma livre** (admite qualquer meio de execução); em regra **comissivo**; **instantâneo** (consuma-se em um momento determinado, sem continuidade no tempo); **unissubjetivo**, **unilateral** ou **de concurso eventual** (normalmente cometido por um única pessoa) e **plurissubsistente**.

1.6.1.5.15. Violência política contra a mulher: art. 326-B do Código Eleitoral e art. 359-P do Código Penal

A Lei 14.192/2021 estabelece normas para prevenir, reprimir e combater a violência política contra a mulher, compreendida como "toda ação, conduta ou omissão com a finalidade de impedir, obstacularizar ou restringir os direitos políticos da mulher" (art. 3.º, *caput*).

O parágrafo único do art. 3.º, por sua vez, estatui: "Constituem igualmente atos de violência política contra a mulher qualquer distinção, exclusão ou restrição no reconhecimento, gozo ou exercício de seus direitos e de suas liberdades políticas fundamentais, em virtude do sexo".

Com o escopo de garantir sua efetividade, a Lei 14.192/2021 incluiu um crime no art. 326-B do Código Eleitoral – Lei 4.737/1965:

> Art. 326-B. Assediar, constranger, humilhar, perseguir ou ameaçar, por qualquer meio, candidata a cargo eletivo ou detentora de mandato eletivo, utilizando-se de menosprezo ou discriminação à condição de mulher ou à sua cor, raça ou etnia, com a finalidade de impedir ou de dificultar a sua campanha eleitoral ou o desempenho de seu mandato eletivo.
>
> Pena – reclusão, de 1 (um) a 4 (quatro) anos, e multa.
>
> Parágrafo único. Aumenta-se a pena em 1/3 (um terço), se o crime é cometido contra mulher:
>
> I – gestante;
>
> II – maior de 60 (sessenta) anos;
>
> III – com deficiência.

Em nossa opinião, o art. 326-B do Código Eleitoral foi tacitamente revogado pelo crime de **violência política**, tipificado no art. 359-P do Código Penal, o qual foi acrescentado pela Lei 14.197/2021 e capitulado, na seara dos delitos contra o Estado Democrático de Direito, entre os "Crimes contra o funcionamento das instituições democráticas no processo eleitoral":

> Art. 359-P. Restringir, impedir ou dificultar, com emprego de violência física, sexual ou psicológica, o exercício de direitos políticos a qualquer pessoa em razão de seu sexo, raça, cor, etnia, religião ou procedência nacional:
>
> Pena – reclusão, de 3 (três) a 6 (seis) anos, e multa, além da pena correspondente à violência.

---

[283] Nada impede a demonstração de lesão leve contra a mulher, por razões da condição do sexo feminino (CP, art. 129, § 13), ou de lesão corporal gravíssima (CP, art. 129, § 2.º). Tudo vai depender das peculiaridades do caso concreto.

De fato, o art. 359-P do Código Penal, além de ser norma posterior, versa sobre igual matéria disciplinada pelo art. 326-B do Código Eleitoral e, em face da pena privativa de liberdade sensivelmente mais elevada, dispensa maior proteção jurídica a todas as pessoas envolvidas no processo eleitoral, inclusive às mulheres.

1.6.1.6. Art. 148 – Sequestro e cárcere privado

1.6.1.6.1. Dispositivo legal

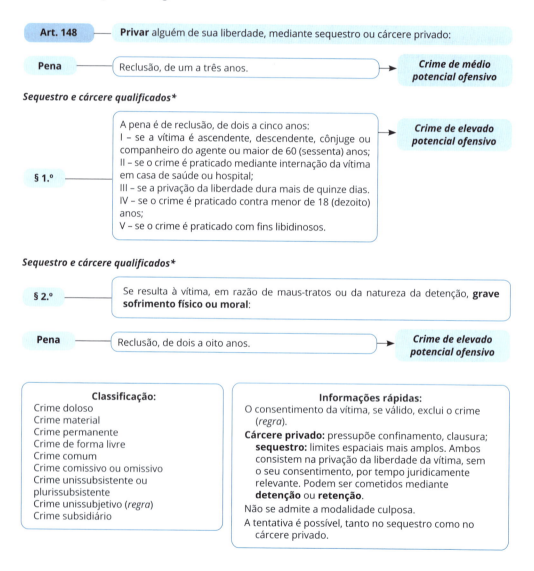

1.6.1.6.2. Objetividade jurídica

O bem jurídico protegido pela lei penal é a **liberdade de locomoção**, consistente no direito de ir, vir e permanecer, de toda e qualquer pessoa humana. O fundamento constitucional deste delito encontra-se no art. 5.º, *caput*, da Constituição Federal: "Todos são iguais perante a lei, sem distinção de qualquer natureza, garantindo-se aos brasileiros e aos estrangeiros residentes no País a inviolabilidade do direito à vida, à liberdade...".

Tão relevante é esse direito que a Constituição Federal prevê o *habeas corpus* como garantia para zelar pelo seu respeito, sempre que alguém sofrer ou se achar ameaçado de sofrer violência ou coação em sua liberdade de locomoção, por ilegalidade ou abuso de poder (art. 5.º, LXVIII).

1.6.1.6.3. Objeto material

É a pessoa humana que suporta a conduta criminosa, com a privação da sua liberdade.

1.6.1.6.4. Núcleo do tipo

A nota comum entre os crimes de sequestro e de cárcere privado é a privação da liberdade da vítima, sem o seu consentimento, por tempo juridicamente relevante. O núcleo do tipo é **"privar"**, que significa tolher, total ou parcialmente, a liberdade de locomoção de alguém.

Mas, nada obstante previstos no mesmo tipo penal, tais delitos têm significados diversos. Nas palavras de Alberto Silva Franco:

> Ao tratar das formas pelas quais se dá a restrição, Hungria explica que sequestro é gênero, do qual cárcere privado constitui espécie. Ambas se pautam pela retenção da vítima em dado lugar. Porém, no cárcere privado existe um componente de clausura ou confinamento, ao passo que no sequestro tais limites espaciais são mais amplos. Configura a primeira hipótese o encerramento de alguém dentro de quarto fechado, enquanto a outra é adequadamente exemplificada com o confinamento de pessoa em uma ilha.[284]

Vale destacar que a palavra "cárcere" é sinônima de calabouço, cela ou prisão, evidenciando a inserção da vítima em local fechado, enclausurado.

Anote-se, porém, que a diferenciação entre sequestro e cárcere privado é eminentemente doutrinária. Em termos práticos, esta distinção não interfere na tipicidade do delito, podendo influenciar somente na dosimetria da pena, em consonância com as circunstâncias judiciais previstas no art. 59, *caput*, do Código Penal.

Admite-se a execução do crime por ação (regra geral), ou, excepcionalmente, por omissão, desde que presente o dever de agir (CP, art. 13, § 2.º), tal como na hipótese em que o pai nota que o filho de pouca idade está preso em seu quarto, mas dolosamente nada faz para libertá-lo.

Ademais, o sequestro e o cárcere privado podem ser cometidos mediante **detenção** (exemplo: levar a vítima a um cativeiro) ou **retenção** (exemplo: impedir a saída da vítima de sua residência).

1.6.1.6.5. Sujeito ativo

Qualquer pessoa (**crime comum**).

1.6.1.6.6. Sujeito passivo

Qualquer pessoa. Se, porém, a vítima é ascendente, descendente, cônjuge, ou companheiro do agente, ou pessoa com idade superior a 60 (sessenta) anos ou inferior a 18 (dezoito) anos, incide a figura qualificada (CP, art. 148, § 1.º, inc. I ou IV).

---

[284] FRANCO, Alberto Silva; STOCO, Rui. *Código Penal e sua interpretação*. 8. ed. São Paulo: RT, 2007. p. 748.

O consentimento da vítima, se válido, exclui o crime. Essa afirmação deve ser interpretada com bom-senso.

Com efeito, o direito à liberdade é indisponível e irrenunciável. Não se aceita, a título ilustrativo, a autorização de alguém para ser mantido em prisão perpétua. Mas nada impede uma pessoa de deixar de exercer temporariamente seu direito de locomoção, em condições éticas, legítimas e toleradas pelo ordenamento jurídico, a exemplo do que se dá no tempo mínimo de permanência de candidatos em salas de vestibulares, provas em geral e concursos públicos.

1.6.1.6.7. Elemento subjetivo

É o dolo, sem qualquer finalidade específica. Não se admite a modalidade culposa.

Se o propósito do agente, com a privação da liberdade de uma pessoa, for obter, para si ou para outrem, qualquer vantagem, como condição ou preço do resgate, o crime será de extorsão mediante sequestro (CP, art. 159).

Por sua vez, se o sequestro ou cárcere privado for cometido com fins libidinosos, incidirá a figura qualificada definida pelo art. 148, § 1.º, inciso V, do Código Penal.

A retenção de paciente em hospital para garantir o pagamento dos honorários médicos tipifica o delito de exercício arbitrário das próprias razões (CP, art. 345).

De outro lado, a privação de liberdade com finalidade corretiva caracteriza o crime de maus-tratos (CP, art. 136). Exemplo: pai que não permite que seu filho saia do quarto, em razão de ter sido reprovado na escola.

Finalmente, não se caracteriza o crime tipificado pelo art. 148 do Código Penal quando a privação da liberdade de alguém objetiva a fuga, por parte de criminosos, da ação da autoridade pública. Em sintonia com a orientação jurisprudencial do Supremo Tribunal Federal:

> A retenção do condutor do veículo roubado, com deslocamento a lugar ermo e posterior liberação, longe fica de configurar o crime de sequestro e cárcere privado. Exsurge, ao primeiro exame, fim único, ou seja, evitar a comunicação, pela vítima, do crime de roubo à polícia, e a perseguição imediata. O tipo do art. 148 do Código Penal pressupõe a vontade livre e consciente de privar o ofendido da liberdade de locomoção.[285]

1.6.1.6.8. Consumação

O crime é **permanente e material**: a consumação se prolonga no tempo, pela vontade do agente. Destarte, o aperfeiçoamento do delito reclama a privação da liberdade de alguém por tempo juridicamente relevante, a ser aferido no caso concreto. É possível a prisão em flagrante a qualquer momento, enquanto subsistir a eliminação da liberdade da vítima.[286]

Exige-se certeza da intenção do agente de tolher o poder de locomoção da vítima.

Nesse contexto, o crime de sequestro ou cárcere privado distingue-se nitidamente do constrangimento ilegal (CP, art. 146). Enquanto no sequestro ou cárcere privado o sujeito ativo retira da vítima sua liberdade de locomoção por período razoável, sem nenhuma motivação especial (exemplo: prender alguém, gratuitamente, no porta-malas de um automóvel), no constrangimento ilegal o agente interfere na esfera de locomoção da vítima para obrigá-la a fazer ou deixar de fazer alguma coisa (exemplo: vítima compelida a dar fuga a um criminoso em seu automóvel).

---

[285] HC 74.594/SP, rel. Min. Marco Aurélio, 2.ª Turma, j. 12.11.1996, noticiado no *Informativo* 56.
[286] "O crime de sequestro, por ser permanente, não prescreve enquanto não for encontrada a pessoa ou o corpo" (STF: Ext 1270/DF, rel. orig. Min. Marco Aurélio, red. p/ o ac. Min. Roberto Barroso, 1.ª Turma, j. 12.12.2017, noticiado no *Informativo* 888).

1.6.1.6.9. Tentativa

É possível, tanto no sequestro como no cárcere privado.

1.6.1.6.10. Subsidiariedade

O sequestro e o cárcere privado subsistem como delitos autônomos somente quando a privação da liberdade não funciona como elementar ou meio de execução de outro crime. Exemplificativamente, o crime de extorsão mediante sequestro (CP, art. 159) absorve o delito tipificado pelo art. 148 do Código Penal.

1.6.1.6.11. Suspensão condicional do processo

Em suas modalidades simples, o sequestro e o cárcere privado classificam-se como **crimes de médio potencial ofensivo**. A pena mínima cominada em abstrato (1 ano) autoriza a incidência do benefício da suspensão condicional do processo (art. 89 da Lei 9.099/1995), desde que presentes seus requisitos legais.

1.6.1.6.12. Classificação doutrinária

O crime é **doloso**; **material** (reclama o resultado naturalístico, consistente na privação da liberdade de alguém); **permanente** (a consumação se prolonga no tempo, por vontade do agente); **de forma livre** (admite diversos meios de execução); **comum** (pode ser praticado por qualquer pessoa); **comissivo ou omissivo** (nesse último caso, quando presente o dever de agir); **unissubsistente ou plurissubsistente**; **unissubjetivo, unilateral ou de concurso eventual** (praticado por uma única pessoa, mas admite o concurso de agentes); e **subsidiário**.

1.6.1.6.13. Qualificadoras: §§ 1.º e 2.º

Os §§ 1.º e 2.º do art. 148 do Código Penal elencam diversas qualificadoras, relacionadas à condição da vítima, ao meio de execução do crime, ao tempo de duração da privação da liberdade, à finalidade do agente e ao resultado produzido.

A pena, que era de reclusão, de 1 (um) a 3 (três) anos, no *caput*, passa a ser de reclusão, de 2 (dois) a 5 (cinco) anos, no § 1.º, e de reclusão, de 2 (dois) a 8 (oito) anos, no § 2.º. Em todas as qualificadoras o Código Penal apresenta **crimes de elevado potencial ofensivo**, incompatíveis com os benefícios instituídos pela Lei 9.099/1995.

1.6.1.6.13.1. Qualificadoras do § 1.º

1.6.1.6.13.1.1. Se a vítima é ascendente, descendente, cônjuge ou companheiro do agente ou maior de 60 (sessenta) anos: inciso I

A maior gravidade da conduta repousa no fato de ter sido o crime praticado no âmbito das relações familiares, no seio da união estável, ou ainda contra pessoa idosa, mais frágil em razão da avançada idade, e, consequentemente, com menor possibilidade de defesa.

No tocante ao ascendente, ao descendente, ao cônjuge e à pessoa maior de 60 (sessenta) anos, não se aplicam as agravantes genéricas do art. 61, inciso II, alíneas "e", e "h", do Código Penal, sob pena de dupla punição pelo mesmo fato (*bis in idem*).

O pai que sequestra o próprio filho, descumprindo ordem judicial, comete somente crime de desobediência (CP, art. 330).

Como o crime definido pelo art. 148 do Código Penal é **permanente**, incide a qualificadora mesmo que a conduta seja iniciada antes de a vítima completar 60 (sessenta) anos, desde que subsista depois de completar esta idade.

1.6.1.6.13.1.2. Se o crime é praticado mediante internação da vítima em casa de saúde ou hospital: inciso II

Esse crime, conhecido como **internação fraudulenta**, pode ser praticado por médico ou por qualquer outra pessoa. A razão da maior punição repousa no estratagema empregado pelo agente, que, na maioria das vezes, utiliza-se de remédios ou drogas para criar uma suposta debilidade física e mental na vítima, e, assim, interná-la em casa de saúde ou hospital.

1.6.1.6.13.1.3. Se a privação da liberdade dura mais de 15 (quinze) dias: inciso III

A privação da liberdade, por si só, já caracteriza o crime, em sua forma simples. A **privação de longa duração ou duradoura**, entretanto, constituiu uma qualificadora, pois quanto mais longa a supressão da liberdade, maiores são as possibilidades de a vítima suportar danos físicos e psíquicos.

Trata-se de **crime a prazo**. O período legalmente exigido deve ser computado em conformidade com a regra traçada pelo art. 10 do Código Penal, compreendendo o intervalo entre a consumação do delito e a libertação do ofendido.

1.6.1.6.13.1.4. Se o crime é praticado contra menor de 18 (dezoito) anos: inciso IV

Aplica-se às hipóteses em que a vítima é criança ou adolescente. A opção legislativa é justificada na circunstância de se tratar de pessoa vulnerável e ainda em desenvolvimento físico e mental.

No caso de **vítima criança**, ou seja, pessoa que ainda não completou 12 (doze) anos de idade, será vedada a incidência da agravante genérica prevista no art. 61, inciso II, alínea "h", do Código Penal, em respeito à proibição do *bis in idem*.

Essa figura qualificada não se confunde com o crime tipificado no art. 230 da Lei 8.069/1990 – Estatuto da Criança e do Adolescente: "Privar a criança ou o adolescente de sua liberdade, procedendo à sua apreensão sem estar em flagrante de ato infracional ou inexistindo ordem escrita da autoridade judiciária competente: Pena – detenção, de 6 (seis) meses a 2 (dois) anos".

O Estatuto da Criança e do Adolescente apresenta um crime menos rigoroso, no qual a criança ou o adolescente é apreendido (detido) de forma ilegal, sem, contudo, ser colocado no cárcere. No delito previsto no Código Penal, a situação é mais grave: a criança ou adolescente é privado de sua liberdade por tempo juridicamente relevante, e não simplesmente detido e levado à Delegacia de Polícia sem ordem judicial ou situação de flagrante de ato infracional.

A teor da regra contida no art. 1.º, XI, da Lei 8.072/1990, o sequestro ou cárcere privado cometido contra menor de 18 (dezoito) anos é **crime hediondo**.[287]

1.6.1.6.13.1.5. Se o crime é praticado com fins libidinosos: inciso V

Esse inciso foi acrescido pela Lei 11.106/2005 para suprir a lacuna surgida em razão da revogação do crime de rapto, que cuidava somente da privação da liberdade de mulher honesta. Atualmente, a qualificadora consiste na privação da liberdade de uma pessoa, homem ou mulher, com fins sexuais.

Ao contrário do *caput* (crime material), a figura qualificada contém um **crime formal, de resultado cortado ou de consumação antecipada**: consuma-se com a privação da liberdade, desde que o sujeito deseje praticar atos libidinosos com a vítima, pouco importando se alcança ou não o fim almejado. Se envolver-se sexualmente com a vítima, responderá, em concurso material, pelo delito em apreço e pelo respectivo crime contra a liberdade sexual, tal como o estupro.

---

[287] Esse inciso foi incluído ao art. 1.º da Lei 8.072/1990 pela Lei 14.811/2024.

1.6.1.6.13.2. Qualificadora do § 2.º: Se resulta à vítima, em razão de maus-tratos ou da natureza da detenção, grave sofrimento físico ou moral

O art. 148, § 2.º, do Código Penal contempla um crime qualificado pelo resultado.

Os **maus-tratos** consistem na conduta agressiva do agente que ofende a moral, o corpo ou a saúde da vítima, sem produzir lesão corporal. Contudo, se ocorrer lesão corporal estará caracterizado concurso material entre o sequestro ou cárcere privado, na forma simples, e o crime de lesão corporal leve, grave ou gravíssima. Igual raciocínio se aplica se houver a morte da vítima, situação em que haverá concurso material com o homicídio, doloso ou culposo.

Por sua vez, a **natureza da detenção** diz respeito ao aspecto físico da privação da liberdade do ofendido, tal como prendê-la em local frio e úmido, sem luz solar, etc.

1.6.1.6.13.3. Lei de Tortura

Configura-se o crime de tortura, com a pena aumentada de um sexto a um terço, tipificado pelo art. 1.º, § 4.º, inciso III, da Lei 9.455/1997, quando o sequestro é cometido com o fim de obter informação, declaração ou confissão da vítima ou de terceira pessoa, para provocar ação ou omissão de natureza criminosa ou em razão de discriminação racial ou religiosa.

1.6.1.6.13.4. Sequestro ou cárcere privado e tráfico de pessoas: meios especiais de prevenção e repressão

Em face da possível ligação do sequestro ou cárcere privado com o crime de tráfico de pessoas, o art. 13-A do Código de Processo Penal, criado pela Lei 13.344/2016, estatui que o membro do Ministério Público ou o Delegado de Polícia poderá requisitar **diretamente**, de quaisquer órgãos do poder público ou de empresas da iniciativa privada, dados e informações cadastrais da vítima ou de suspeitos.

A requisição deverá ser atendida no prazo de 24 horas e conterá: (a) o nome da autoridade requisitante; (b) o número do inquérito policial (ou então do procedimento investigatório criminal – PIC – em caso de investigação conduzida diretamente pelo *Parquet*); e (c) a identificação da unidade de polícia judiciária – ou do Ministério Público, na hipótese de PIC – responsável pela investigação.

Por seu turno, o art. 13-B do Código de Processo Penal, também implementado pela Lei 13.344/2016, estabelece que, se necessário à prevenção e à repressão dos crimes relacionados ao tráfico de pessoas, o membro do Ministério Público ou o delegado de polícia poderão requisitar, **mediante autorização judicial**,[288] às empresas prestadoras de serviço de telecomunicações e/ou telemática que disponibilizem imediatamente os meios técnicos adequados – como sinais, informações e outros – que permitam a localização da vítima ou dos suspeitos do delito em curso.

Se não houver manifestação judicial no prazo de 12 (doze) horas, a autoridade competente – membro do MP ou Delegado de Polícia – requisitará às empresas prestadoras de serviço de telecomunicações e/ou telemática que disponibilizem imediatamente os meios técnicos adequados – como sinais, informações e outros – que permitam a localização da vítima ou dos suspeitos do delito em curso, com imediata comunicação ao juiz.

O § 1.º do art. 13-B do Código de Processo Penal apresenta o **conceito de sinal**, para fins de investigação e repressão ao tráfico de pessoas. Trata-se do posicionamento da estação de cobertura, setorização e intensidade de radiofrequência.

---

[288] A redação legal não prezou pela boa técnica. Se há requisição do Ministério Público ou da autoridade policial, não há necessidade de autorização judicial.

Por sua vez, o § 2.º prevê algumas restrições, pois o sinal:

I – não permitirá acesso ao conteúdo da comunicação de qualquer natureza, que dependerá de autorização judicial, conforme disposto em lei;[289]

II – deverá ser fornecido pela prestadora de telefonia móvel celular por período não superior a 30 (trinta) dias, renovável por uma única vez, por igual período;

III – para períodos superiores àquele de que trata o inciso II, será necessária a apresentação de ordem judicial.

Na hipótese do art. 13-B do Código de Processo Penal, o inquérito policial deverá ser instaurado no prazo máximo de 72 (setenta e duas) horas, contado do registro da respectiva ocorrência policial. Essa regra é igualmente aplicável ao procedimento investigatório criminal instaurado e conduzido pelo Ministério Público.

1.6.1.6.13.5. Agente público e abuso de autoridade

Caracteriza-se o crime definido no art. 12, parágrafo único, IV, da Lei 13.896/2019 – Lei de Abuso de Autoridade, punido com detenção, de 6 meses a 2 anos, e multa, quando o funcionário público "prolonga a execução de pena privativa de liberdade, de prisão temporária, de prisão preventiva, de medida de segurança ou de internação, deixando, sem motivo justo e excepcionalíssimo, de executar o alvará de soltura imediatamente após recebido ou de promover a soltura do preso quando esgotado o prazo judicial ou legal."

1.6.1.7. Art. 149 – Redução a condição análoga à de escravo

1.6.1.7.1. Dispositivo legal

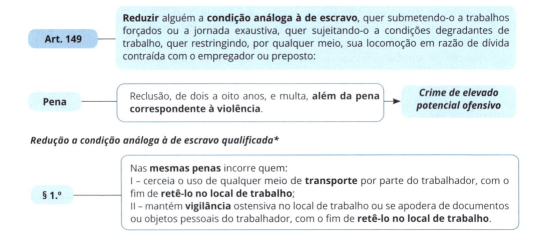

[289] Nesse caso deverão ser observadas as exigências impostas pelo art. 5.º, XII, da Constituição Federal, e também pela Lei 9.296/1996 – Lei de Interceptação Telefônica.

Classificação:
Crime comum
Crime doloso
Crime simples
Crime de forma vinculada
Crime permanente
Crime material
Crime de dano
Crime unissubjetivo (*regra*)
Crime comissivo (*regra*) ou omissivo impróprio ou comissivo por omissão (*exceção*)
Crime plurissubsistente

Informações rápidas:
Não se exige escravidão, mas condição semelhante a essa (escravo – elemento normativo do tipo).
É imprescindível a supressão da vontade da vítima.
Admite tentativa.
Adoção do sistema do **concurso material obrigatório** entre a redução análoga à condição de escravo praticado com violência e o crime dela decorrente.
Competência: Justiça Comum Estadual quando praticado contra uma ou poucas pessoas (se praticado contra grupo de trabalhadores, haverá crime contra a organização do trabalho, cuja competência é da Justiça Federal).
Ação penal: pública incondicionada.

1.6.1.7.2. Denominação

O crime tipificado pelo art. 149 do Código Penal é doutrinariamente conhecido como **plágio**. Essa denominação remonta ao Direito Romano, época em que a *Lex Fabia de Plagiariis* vedava a escravização de homem livre, bem como o comércio de escravo alheio, então chamado de *plagium*, indicativo da total e completa submissão de uma pessoa à vontade alheia.

Não se trata, todavia, de escravidão. É suficiente seja a vítima reduzida à condição análoga, isto é, semelhante à de escravo.

1.6.1.7.3. Objetividade jurídica

O bem jurídico protegido é o *status libertatis*, ou seja, o direito à liberdade de qualquer indivíduo, e não somente do trabalhador, em todas as suas formas de exteriorização, como corolário da dignidade da pessoa humana (CF, art. 1.º, III).[290] Esse direito é inviolável e assegurado peremptoriamente pelo art. 5.º, *caput*, da Constituição Federal. Em síntese, a lei penal busca impedir seja uma pessoa submetida à servidão e ao poder de fato de outrem, assegurando sua autodeterminação.

Mas há situações em que o art. 149 do Código Penal, sem prejuízo da liberdade individual, também tutela a organização do trabalho (crime pluriofensivo). Nesses casos, a competência para processo e julgamento do delito será da Justiça Federal, como estudaremos no item 1.6.1.4.13.

1.6.1.7.4. Objeto material

É a pessoa humana tratada como escravo.

1.6.1.7.5. Núcleo do tipo

O núcleo do tipo é **"reduzir"**, que no âmbito do art. 149 do Código Penal significa subjugar, forçar alguém a viver em situação semelhante àquela em que se encontravam os escravos em períodos remotos. Contudo, ao contrário do que ocorria em épocas pretéritas, não mais se exige seja a vítima açoitada ou acorrentada.

O tipo penal contém a palavra **"escravo"**, que funciona como **elemento normativo**. Seu significado deve ser extraído mediante uma valoração por parte do magistrado. Atualmente,

---

[290] STF: Inq. 3.412/AL, rel. orig. Min. Marco Aurélio, red. p/ o acórdão Min. Rosa Weber, j. 29.03.2012, noticiado no *Informativo* 660.

escravo traduz a ideia de um indivíduo incapaz de ditar os caminhos a seguir em sua vida, pois outra pessoa (patrão ou empregador) se considera como seu legítimo e exclusivo proprietário.

Em sua redação original, o dispositivo legal estabelecia: "Reduzir alguém a condição análoga à de escravo". O tipo penal era excessivamente aberto, impreciso e vago, e reclamava o uso rotineiro da analogia, procedimento inadequado no Direito Penal. Na prática, o crime era compreendido como uma espécie de sequestro ou cárcere privado, uma vez que os escravos sempre foram privados desse bem jurídico, associado ao emprego de maus-tratos.

A situação foi alterada com a edição da Lei 10.803/2003. A figura típica agora descreve minuciosamente os modos de execução do delito, que era de forma livre e passou a ser **de forma vinculada**. A finalidade da reforma legislativa foi estabelecer as hipóteses em que se configura a condição análoga à de escravo, tanto nas modalidades do *caput* como nas formas equiparadas do § 1.º. Fica nítido que não mais se exige o tratamento do ser humano como em épocas distantes da nossa história (pessoas acorrentadas e sujeitas a chibatadas, aprisionadas no pelourinho etc.), dispensando até mesmo o cerceamento da liberdade da vítima. Na visão do Superior Tribunal de Justiça:

> Para configuração do delito de "redução a condição análoga à de escravo" (art. 149 do CP) – de competência da Justiça Federal – é desnecessária a restrição à liberdade de locomoção do trabalhador. De fato, a restrição à liberdade de locomoção do trabalhador é uma das formas de cometimento do delito, mas não é a única. Conforme se infere da redação do art. 149 do CP, o tipo penal prevê outras condutas que podem ofender o bem juridicamente tutelado, isto é, a liberdade de o indivíduo ir, vir e se autodeterminar, dentre elas submeter o sujeito passivo do delito a condições de trabalho degradantes, subumanas.[291]

O conceito de escravo há de ser interpretado em sentido amplo, abrangendo inclusive a submissão de alguém a uma jornada exaustiva de trabalho.

O escopo do legislador, evidentemente, foi combater o problema, ainda existente em grandes fazendas, notadamente nas cidades longínquas e distantes dos centros urbanos, dos trabalhadores privados da liberdade e forçados a trabalhos excessivos e degradantes, que não recebem a remuneração mínima prevista em lei e são arbitrariamente excluídos de benefícios trabalhistas e previdenciários.

O art. 149, *caput*, do Código Penal enumera formas de conduta **alternativas**, e não cumulativas. Todavia, o sujeito que incide em mais de uma conduta prevista no tipo penal, em relação a uma só vítima, pratica um único crime. Essa circunstância deve ser levada em conta na dosimetria da pena-base, para o fim de aumentá-la, nos termos do art. 59, *caput*, do Código Penal.

a) Submeter alguém a trabalhos forçados ou a jornada exaustiva

Não é qualquer trabalho forçado que caracteriza o crime. Não se configura esse delito, exemplificativamente, quando o patrão determina ao seu serviçal que realize, uma só vez, alguma atividade para a qual não foi contratado.

Trabalhos forçados consistem em atividades desenvolvidas de forma compulsória, e continuamente, com emprego de violência física ou moral, pois a vítima pode suportar algum castigo se não desempenhá-las na forma desejada. Note-se que o ordenamento jurídico em vigor veda os trabalhos forçados até mesmo aos condenados (CF, art. 5.º, inc. XLVII, alínea "c"). Com maior razão, portanto, essa espécie de trabalho não pode ser imposta a pessoas livres.

---

[291] CC 127.937/GO, rel. Min. Nefi Cordeiro, 3.ª Seção, j. 28.05.2014, noticiado no *Informativo* 543.

Jornada exaustiva, por sua vez, é o período de labor diário que extrapola as regras da legislação trabalhista, esgotando física e psiquicamente o trabalhador, pouco importando o pagamento de horas extras ou qualquer outro tipo de compensação. Exemplo: "A" obriga "B" a trabalhar 18 horas por dia, sem descanso semanal remunerado.

É imprescindível a supressão da vontade da vítima. Nesse contexto, cumpre destacar que, se é o próprio trabalhador quem busca a jornada exaustiva, seja para aumentar sua renda, seja para alcançar qualquer outro tipo de vantagem, o fato é atípico, pois não há redução da vítima, pelo empregador, a condição análoga à de escravo. O tipo exige seja o ofendido **submetido**, isto é, colocado por outrem, contra sua vontade, em jornada exaustiva de trabalho.

b) Sujeitar alguém a condições degradantes de trabalho

Condições degradantes de trabalho são as que caracterizam um ambiente humilhante de trabalho para um ser humano livre e digno de respeito. Exemplo: colocar vigias armados para impedir cortadores de cana de beberem água durante a jornada de trabalho.

Um bom parâmetro para identificar se as condições de trabalho são degradantes ou não repousa nas disposições trabalhistas, pois asseguram as condições mínimas para o trabalho humano.

c) Restringir, por qualquer meio, a locomoção de alguém em razão de dívida contraída com empregador ou preposto

É o que usualmente ocorre em propriedades rurais que alojam trabalhadores originários de outros Estados. Utiliza-se o expediente ilícito de constituir o empregado em eterno devedor, incapaz de honrar suas obrigações, criando um vínculo obrigatório que o impede de abandonar livremente seu local de trabalho. Exemplo: o valor do aluguel da casa em que reside é muito superior aos rendimentos do empregado, e, como sua dívida sempre aumenta, ele não pode deixar de trabalhar para o patrão.

Qualquer que seja o meio empregado, se a liberdade de ir e vir do trabalhador for cerceada em função de dívida contraída com o empregador ou preposto seu,[292] configura-se o delito do art. 149. Caso o patrão proporcione ao empregado a oportunidade de adquirir bens em comércio de sua propriedade, o que por si só não é ilícito, lhe é vedado em qualquer hipótese vincular a saída do empregado do seu posto em virtude da existência de dívida.

O delito do art. 149, *caput*, do Código Penal, nessa modalidade, não se confunde com a figura típica delineada pelo art. 203, § 1.º, inciso I, do Código Penal ("obriga ou coage alguém a usar mercadorias de determinado estabelecimento, para impossibilitar o desligamento do serviço em virtude de dívida").

Na redução a condição análoga à de escravo, o patrão restringe a liberdade de locomoção porque o empregado lhe deve algo em razão de dívida, logo é o equivalente a impor um cárcere privado por conta de dívida não paga. No delito contra a organização do trabalho (CP, art. 203, § 1.º, I), figura residual e mais branda, o empregador obriga o trabalhador a usar mercadoria de determinado estabelecimento com o fim de vinculá-lo, pela dívida contraída, ao seu posto de trabalho, mas sem afetar sua liberdade de locomoção.

Destarte, se o trabalhador se sentir vinculado ao local de trabalho por conta de dívida, embora possa ir e vir, estará configurado o tipo penal do art. 203, § 1.º, inciso I, mas se não puder locomover-se em razão disso, o crime passa a ser o do art. 149. Além disso, o crime do art. 203, § 1.º, inciso I, é formal, enquanto o do art. 149 é material (deve envolver sempre restrição efetiva à liberdade de ir e vir).[293]

---

[292] É o que no Direito do Trabalho se convencionou chamar de "truck system".
[293] Cf. NUCCI, Guilherme de Souza. *Código Penal comentado*. 8. ed. São Paulo: RT, 2008. p. 679.

1.6.1.7.5.1. Figuras equiparadas: art. 149, § 1.º

O § 1.º do art. 149 do Código Penal arrola figuras equiparadas àquelas descritas pelo *caput*, pois se sujeitam às mesmas penas. São de tipos penais básicos e autônomos que também configuram o crime de redução a condição análoga à de escravo.

a) Cercear o uso de qualquer meio de transporte por parte do trabalhador, com o fim de retê-lo no local de trabalho: inciso I

Consiste em impedir o trabalhador de utilizar qualquer meio de transporte para mantê-lo integralmente vinculado ao seu posto de trabalho.

Esse dispositivo visa precipuamente grandes fazendas, distantes dos centros urbanos, nas quais o empregador arbitrariamente retira o meio de transporte que levava os trabalhadores às cidades, para passeios, diversões, compras ou encontros familiares, para retê-los em seus locais de trabalho. Nada impede, todavia, a incidência desse tipo penal também em áreas urbanas, pois se admite o cerceamento de qualquer meio de transporte (ônibus, caminhões, carros, bicicletas etc.), e não somente daquele fornecido pelo patrão.

b) Manter vigilância ostensiva no local de trabalho ou se apoderar de documentos ou objetos pessoais do trabalhador, com o fim de retê-lo no local de trabalho: inciso II

Manter vigilância ostensiva no local de trabalho, por si só, não constitui crime. Exemplo: seguranças armados de agências bancárias.

Aperfeiçoa-se o delito somente quando presente uma finalidade específica: reter o trabalhador em seu local de trabalho. Não se exige o emprego de armas. Basta a vigilância ostensiva, ou seja, perceptível por qualquer empregado. É o que ainda ocorre em fazendas nas quais os capangas proíbem a saída dos empregados de seus postos de trabalho.

Apoderar-se de documentos ou objetos pessoais do trabalhador consiste em **crime permanente**, pois visa tolher a liberdade de locomoção do trabalhador. Essa é a finalidade específica prevista no tipo penal, que o diferencia do delito definido pelo art. 203, § 1.º, inciso II, do Código Penal ("impede alguém de se desligar de serviços de qualquer natureza, mediante coação ou por meio da retenção de seus documentos pessoais ou contratuais").

Com efeito, no crime contra a organização do trabalho (art. 203), crime instantâneo que se consuma com a mera retenção dos documentos, o empregador retém documentos pessoais ou contratuais do empregado, com o propósito de mantê-lo vinculado ao trabalho, mas sem cercear sua liberdade de locomoção. Trata-se de **tipo subsidiário**, aplicável quando não restar caracterizada a figura equiparada à condição análoga à de escravo.

1.6.1.7.6. Sujeito ativo

Qualquer pessoa (**crime comum**), nada obstante o delito seja normalmente cometido pelo empregador ou pelos seus prepostos.

1.6.1.7.7. Sujeito passivo

Em uma primeira análise, qualquer ser humano, pouco importando seu sexo, raça, idade ou cor. É irrelevante seja a vítima civilizada ou não. Entretanto, a leitura atenta do tipo penal deixa claro que apenas a pessoa ligada a uma relação de trabalho pode ser vítima do crime de redução a condição análoga à de escravo.

De fato, nada obstante a descrição típica fale em **"alguém"**, em todas as condutas criminosas a lei se refere a "trabalhador", "empregador" ou "preposto", e também a "trabalhos forçados" ou "jornadas exaustivas", evidenciando a necessidade de vínculo de trabalho entre o autor do crime e o ofendido.

1.6.1.7.8. Causas de aumento de pena: § 2.º

Como já analisado, qualquer pessoa pode ser vítima do delito. Se, entretanto, o ofendido for criança (pessoa com idade inferior a 12 anos) ou adolescente (pessoa com idade entre 12 e 18 anos), ou o crime for praticado por motivo de preconceito de raça, cor, etnia, religião ou origem (inciso II), a pena será aumentada de metade.

1.6.1.7.9. Elemento subjetivo

É o dolo. Não se admite a forma culposa.

Nas figuras equiparadas previstas no § 1.º, exige-se, além do dolo, um especial fim de agir, representado pelas expressões "com o fim de retê-lo no local de trabalho" (nos incisos I e II).

1.6.1.7.10. Consumação

A consumação ocorre quando o agente reduz a vítima à condição análoga à de escravo, mediante alguma das condutas taxativamente previstas no art. 149 do Código Penal. O ofendido é privado da sua liberdade de autodeterminação, de forma não transitória. Trata-se de crime material e permanente.

É desnecessária a imposição de maus-tratos, e também não se exige a comprovação do sofrimento suportado pelo sujeito passivo. Basta o cerceamento da sua liberdade individual.

1.6.1.7.11. Tentativa

É possível.

1.6.1.7.12. Penas: acumulação material

O crime é punido com reclusão, de 2 (dois) a 8 (oito) anos, e multa. Além disso, se houver o emprego de violência, responderá também o agente pelo crime dela resultante (exemplo: lesão corporal). Adotou-se, portanto, o sistema do **concurso material obrigatório** entre a redução análoga à condição de escravo praticado com violência e o crime dela decorrente.

1.6.1.7.13. Competência

A redução à condição análoga à de escravo está prevista no Título I do Código Penal – Crimes contra a Pessoa –, em seu Capítulo VI, inerente aos Crimes contra a Liberdade Individual. Consequentemente, a competência para processar e julgar este delito deveria ser, em regra, da Justiça Comum Estadual.

Entretanto, a reforma efetuada pela Lei 10.823/2003 revelou a nítida preocupação do legislador com a **liberdade de trabalho**. De fato, nada obstante o delito esteja previsto no capítulo relativo aos crimes contra a liberdade individual, há o interesse em tutelar a **organização do trabalho**, o que o coloca entre os delitos de competência da Justiça Comum Federal, nos termos do art. 109, inciso VI, da Constituição Federal. Esse é o entendimento do Supremo Tribunal Federal:

> Compete à justiça federal processar e julgar o crime de redução à condição análoga à de escravo (CP, art. 149). (...) Assinalou que o constituinte teria dado importância especial à valorização da pessoa humana e de seus direitos fundamentais, de maneira que a existência comprovada de trabalhadores submetidos à escravidão afrontaria não apenas os princípios constitucionais do art. 5.º da CF, mas toda a sociedade, em seu aspecto moral e ético. Os crimes contra a organização do trabalho comportariam outras dimensões, para além de aspectos puramente orgânicos. Não se

cuidaria apenas de velar pela preservação de um sistema institucional voltado à proteção coletiva dos direitos e deveres dos trabalhadores. A tutela da organização do trabalho deveria necessariamente englobar outro elemento: o homem, abarcados aspectos atinentes à sua liberdade, autodeterminação e dignidade. Assim, quaisquer condutas violadoras não somente do sistema voltado à proteção dos direitos e deveres dos trabalhadores, mas também do homem trabalhador, seriam enquadráveis na categoria dos crimes contra a organização do trabalho, se praticadas no contexto de relações de trabalho. A Constituição teria considerado o ser humano como um dos componentes axiológicos aptos a dar sentido a todo o arcabouço jurídico-constitucional pátrio. Ademais, teria atribuído à dignidade humana a condição de centro de gravidade de toda a ordem jurídica. O constituinte, neste sentido, teria outorgado aos princípios fundamentais a qualidade de normas embasadoras e informativas de toda a ordem constitucional, inclusive dos direitos fundamentais, que integrariam o núcleo essencial da Constituição. A Corte ponderou que, diante da opção constitucional pela tutela da dignidade intrínseca do homem, seria inadmissível pensar que o sistema de organização do trabalho pudesse ser concebido unicamente à luz de órgãos e instituições, excluído dessa relação o próprio ser humano. O art. 109, VI, da CF estabelece competir à justiça federal processar e julgar os crimes contra a organização do trabalho, sem explicitar quais delitos estariam nessa categoria. Assim, embora houvesse um capítulo destinado a esses crimes no Código Penal, inexistiria correspondência taxativa entre os delitos capitulados naquele diploma e os crimes indicados na Constituição, e caberia ao intérprete verificar em quais casos se estaria diante de delitos contra a organização do trabalho. Além disso, o bem jurídico protegido no tipo penal do art. 149 do CP seria a liberdade individual, compreendida sob o enfoque ético-social e da dignidade, no sentido de evitar que a pessoa humana fosse transformada em "res". A conduta criminosa contra a organização do trabalho atingiria interesse de ordem geral, que seria a manutenção dos princípios básicos sobre os quais estruturado o trabalho em todo o País. Concluiu que o tipo previsto no art. 149 do CP se caracterizaria como crime contra a organização do trabalho, e atrairia a competência da justiça federal. Afastou tese no sentido de que a extensão normativa do crime teria como resultado o processamento e a condenação de pessoas inocentes pelo simples fato de se valerem de trabalho prestado em condições ambientais adversas. Sob esse aspecto, um tipo aberto ou fechado deveria ser interpretado pela justiça considerada competente nos termos da Constituição. Dessa maneira, a má redação ou a contrariedade diante da disciplina penal de determinado tema não desautorizaria a escolha do constituinte. O Ministro Luiz Fux pontuou que a competência seria da justiça federal quando houvesse lesão à organização do trabalho, na hipótese de multiplicidade de vítimas, de modo que o delito alcançasse uma coletividade de trabalhadores. Na espécie, o delito vitimara 53 trabalhadores, número expressivo suficiente para caracterizar a ofensa à organização do trabalho. O Ministro Gilmar Mendes sublinhou que a competência da justiça federal seria inequívoca quando ocorresse lesão à organização do trabalho, como por exemplo, nas hipóteses de violação aos direitos humanos, como no caso de negativa a um grupo de empregados de sair do local. No mais, seria matéria da competência da justiça estadual.[294]

Cumpre destacar, entretanto, que será competente a Justiça Estadual quando o crime for cometido contra uma única pessoa, ou então no tocante a poucas pessoas, e não a um grupo de trabalhadores. Nessa hipótese, ofende-se unicamente a liberdade individual do ser humano.[295]

1.6.1.7.14. Ação penal

É pública incondicionada, em todas as modalidades do crime.

---

[294] RE 459.510/MT, rel. orig. Min. Cezar Peluso, rel. p/ o acórdão Min. Dias Toffoli, Plenário, j. 26.11.2015, noticiado no *Informativo* 809. E também: RE 398.041/PA, rel. Min. Joaquim Barbosa, Pleno, j. 30.11.2006.
[295] STF: RE 541.627/PA, rel. Min. Ellen Gracie, 2.ª Turma, j. 14.10.2008, noticiado no *Informativo* 524.

1.6.1.7.15. Classificação doutrinária

Trata-se de crime **comum** (pode ser praticado por qualquer pessoa) **doloso**; **simples** (um só bem jurídico é tutelado); **de forma vinculada**; **permanente** (a consumação se prolonga no tempo, por vontade do agente); **material** (reclama a produção do resultado naturalístico, consistente no cerceamento da liberdade ou de qualquer situação abusiva ou degradante da atividade laboral); **de dano** (depende da lesão do bem jurídico, ou seja, da liberdade individual); **unissubjetivo, unilateral ou de concurso eventual** (praticado em regra por uma única pessoa, mas admite o concurso); **comissivo** ou, excepcionalmente, **omissivo impróprio ou comissivo por omissão** (pode ser praticado por omissão, quando presente o dever de agir. Exemplo: Um policial toma ciência de que uma pessoa é reduzida à condição análoga à de escravo, e, dolosamente, não lhe presta auxílio); e **plurissubsistente** (conduta composta de diversos atos).

1.6.1.7.16. Trabalho escravo e homenagens em bens públicos

O art. 1.º da Lei 6.454/1977, com a redação dada pela Lei 12.781/2013, proíbe, em todo o território nacional, atribuir nome de pessoa viva ou que tenha se notabilizado pela defesa ou exploração de mão de obra escrava, em qualquer modalidade, a bem público, de qualquer natureza, pertencente à União ou às pessoas jurídicas da administração indireta.

1.6.1.7.17. Exploração de trabalho escravo e confisco de propriedades rurais e urbanas

Como destaca o art. 243 da Constituição Federal, com a redação alterada pela Emenda Constitucional 81/2014:

> Art. 243. As propriedades rurais e urbanas de qualquer região do País onde forem localizadas culturas ilegais de plantas psicotrópicas ou a exploração de trabalho escravo na forma da lei serão expropriadas e destinadas à reforma agrária e a programas de habitação popular, sem qualquer indenização ao proprietário e sem prejuízo de outras sanções previstas em lei, observado, no que couber, o disposto no art. 5.º.
>
> Parágrafo único. Todo e qualquer bem de valor econômico apreendido em decorrência do tráfico ilícito de entorpecentes e drogas afins e da exploração de trabalho escravo será confiscado e reverterá a fundo especial com destinação específica, na forma da lei.

1.6.1.7.18. Redução a condição análoga à de escravo e tráfico de pessoas: meios especiais de prevenção e repressão

Diante da possível ligação da redução a condição análoga à de escravo com o tráfico de pessoas, o art. 13-A do Código de Processo Penal, criado pela Lei 13.344/2016, estatui que o membro do Ministério Público ou o Delegado de Polícia poderá requisitar **diretamente**, de quaisquer órgãos do poder público ou de empresas da iniciativa privada, dados e informações cadastrais da vítima ou de suspeitos.

A requisição deverá ser atendida no prazo de 24 horas, e conterá: (a) o nome da autoridade requisitante; (b) o número do inquérito policial (ou então do procedimento investigatório criminal – PIC – em caso de investigação conduzida diretamente pelo *Parquet*); e (c) a identificação da unidade de polícia judiciária – ou do Ministério Público, na hipótese de PIC – responsável pela investigação.

Por seu turno, o art. 13-B do Código de Processo Penal, também implementado pela Lei 13.344/2016, estabelece que, se necessário à prevenção e à repressão dos crimes relacionados ao tráfico de pessoas, o membro do Ministério Público ou o delegado de polícia poderão requisitar,

mediante autorização judicial,[296] às empresas prestadoras de serviço de telecomunicações e/ou telemática que disponibilizem imediatamente os meios técnicos adequados – como sinais, informações e outros – que permitam a localização da vítima ou dos suspeitos do delito em curso.

Se não houver manifestação judicial no prazo de 12 (doze) horas, a autoridade competente – membro do MP ou Delegado de Polícia – requisitará às empresas prestadoras de serviço de telecomunicações e/ou telemática que disponibilizem imediatamente os meios técnicos adequados – como sinais, informações e outros – que permitam a localização da vítima ou dos suspeitos do delito em curso, com imediata comunicação ao juiz.

O § 1.º do art. 13-B do Código de Processo Penal apresenta o **conceito de sinal**, para fins de investigação e repressão ao tráfico de pessoas. Trata-se do posicionamento da estação de cobertura, setorização e intensidade de radiofrequência.

Por sua vez, o § 2.º prevê algumas restrições, pois o sinal:

I – não permitirá acesso ao conteúdo da comunicação de qualquer natureza, que dependerá de autorização judicial, conforme disposto em lei;[297]

II – deverá ser fornecido pela prestadora de telefonia móvel celular por período não superior a 30 (trinta) dias, renovável por uma única vez, por igual período;

III – para períodos superiores àquele de que trata o inciso II, será necessária a apresentação de ordem judicial.

Na hipótese do art. 13-B do Código de Processo Penal, o inquérito policial deverá ser instaurado no prazo máximo de 72 (setenta e duas) horas, contado do registro da respectiva ocorrência policial. Essa regra é igualmente aplicável ao procedimento investigatório criminal instaurado e conduzido pelo Ministério Público.

1.6.1.7.19. Lista nacional de condenações por submissão de trabalhadores a condições análogas à de escravo

A Resolução 189/2021, editada pelo Conselho Superior do Ministério Público do Trabalho, institui, no âmbito do MPT – Ministério Público do Trabalho, a lista nacional de condenações por tráfico de pessoas ou por submissão de trabalhadores a condições análogas à de escravo, em ações propostas pelo MPT.

1.6.1.7.20. Imigrante, trabalho escravo e autorização de residência

A Portaria Interministerial MJSP/MTE 46/2024, editada em conjunto pelo Ministério da Justiça e Segurança Pública e pelo Ministério do Trabalho e Emprego, dispõe sobre a concessão e os procedimentos de autorização de residência à pessoa que tenha sido vítima de tráfico de pessoas, de trabalho escravo ou de violação de direito agravada por sua condição migratória.

1.6.1.7.21. Lei de Licitações e Contratos Administrativos

Nos termos do art. 14, VI, da Lei 14.133/2021 – Lei de Licitações e Contratos Administrativos:

Art. 14. Não poderão disputar licitação ou participar da execução de contrato, direta ou indiretamente:
(...)

---

[296] A redação legal não prezou pela boa técnica. Se há requisição do Ministério Público ou da autoridade policial, não há necessidade de autorização judicial.

[297] Nesse caso deverão ser observadas as exigências impostas pelo art. 5.º, XII, da Constituição Federal, e também pela Lei 9.296/1996 – Lei de Interceptação Telefônica.

VI – pessoa física ou jurídica que, nos 5 (cinco) anos anteriores à divulgação do edital, tenha sido condenada judicialmente, com trânsito em julgado, por exploração de trabalho infantil, por submissão de trabalhadores a condições análogas às de escravo ou por contratação de adolescentes nos casos vedados pela legislação trabalhista.

1.6.1.8. Art. 149-A – Tráfico de pessoas[298]
1.6.1.8.1. Dispositivo legal

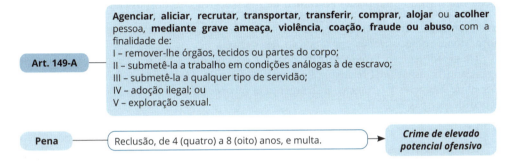

Causas de aumento de pena

§ 1.º
A pena é aumentada de um terço até a metade se:
I – o crime for cometido por **funcionário público no exercício de suas funções ou a pretexto de exercê-las**;
II – o crime for cometido contra **criança**, **adolescente** ou **pessoa idosa ou com deficiência**;
III – o agente se prevalecer de **relações de parentesco, domésticas, de coabitação, de hospitalidade, de dependência econômica, de autoridade ou de superioridade hierárquica inerente ao exercício de emprego, cargo ou função**; ou
IV – **a vítima** do tráfico de pessoas for retirada do **território nacional**.

Causas de diminuição de pena

§ 2.º
A pena é reduzida de um a dois terços se o agente for primário e **não integrar organização criminosa**.

Classificação:
Crime simples
Crime comum
Crime formal, de consumação antecipada ou de resultado cortado
Crime de forma livre
Crime comissivo (*regra*)
Crime instantâneo (*regra*) ou permanente (nas condutas de "alojar" e "acolher")
Crime unissubjetivo, unilateral ou de concurso eventual
Crime plurissubsistente

Informações rápidas:
O consentimento do ofendido não exclui o crime, tendo em vista as finalidades do tráfico de pessoas.
Possível aplicar causa de diminuição da pena, desde que dois requisitos cumulativos sejam observados: o agente deve ser primário e não pode integrar organização criminosa.
Admite tentativa.
Competência: será da Justiça Estadual, porém, na hipótese de tráfico internacional a competência será da Justiça Federal.
Ação Penal: pública incondicionada.

---
[298] O Decreto 9.440/2018 aprovou o III Plano Nacional de Enfrentamento ao Tráfico de Pessoas.

1.6.1.8.2. Introdução

Em tempos de globalização, de "cidadãos(ãs) do mundo", no qual todos(as) buscam facilmente transformar seus sonhos em realidade, surgem verdadeiras redes criminosas que se aproveitam da situação de vulnerabilidade de muitas pessoas para praticarem uma das mais cruéis e desumanas formas de escravidão moderna: o tráfico de pessoas.

Apontado como uma das atividades criminosas mais lucrativas do mundo, o tráfico de pessoas faz milhões de vítimas, movimentando bilhões de dólares por ano, segundo dados do Escritório das Nações Unidas sobre Drogas e Crime (UNODC). Atualmente, esse crime está relacionado a outras práticas criminosas e de violações aos direitos humanos, servindo não apenas à exploração de mão de obra escrava, mas também a redes internacionais de exploração sexual comercial, muitas vezes ligadas a roteiros de turismo sexual e associações criminosas transnacionais especializadas em remoção de órgãos.

De acordo com o Protocolo Adicional à Convenção das Nações Unidas contra o Crime Organizado Transnacional relativo à Prevenção, Repressão e Punição do Tráfico de Pessoas, em especial de Mulheres e Crianças, instrumento já incorporado ao direito brasileiro, a expressão "tráfico de pessoas" significa:

> O recrutamento, o transporte, a transferência, o alojamento ou o acolhimento de pessoas, recorrendo à ameaça ou uso da força ou a outras formas de coação, ao rapto, à fraude, ao engano, ao abuso de autoridade ou à situação de vulnerabilidade ou à entrega ou aceitação de pagamentos ou benefícios para obter o consentimento de uma pessoa para fins de exploração.

O Protocolo Adicional define a exploração como, no mínimo, "a exploração da prostituição de outrem ou outras formas de exploração sexual, o trabalho ou serviços forçados, escravatura ou práticas similares à escravatura, a servidão ou a remoção de órgãos".

Estimativas do UNODC indicam que a exploração sexual é a forma de tráfico de pessoas com maior frequência (79%), seguida do trabalho forçado (18%), atingindo especialmente crianças, adolescentes e mulheres. O tráfico de pessoas não é um problema só dos países de origem das vítimas, mas também dos de trânsito e de destino, que devem coibir o consumo de produtos desse crime.

É preciso que a comunidade internacional esteja comprometida com a melhoria das condições socioeconômicas dos grupos sociais mais vulneráveis, uma vez que não pode haver enfrentamento ao tráfico de pessoas sem desenvolvimento social.[299]

Com o propósito de adequar a legislação brasileira à sistemática internacional, o art. 13 da Lei 13.344/2016 criou o crime de tráfico de pessoas, previsto no art. 149-A do Código Penal.

1.6.1.8.2.1. Evolução histórica

A partir da sua entrada em vigor, o Código Penal passou por diversas modificações até a construção do seu atual art. 149-A.

Inicialmente, o art. 231 contemplava o crime de **tráfico de mulheres**. A primeira alteração deu-se com a Lei 11.106/2005, com a substituição do delito pelo **tráfico internacional de pessoas** (art. 231) e pelo **tráfico interno de pessoas** (art. 231-A).

Com a Lei 12.015/2009, tais delitos deram lugar a duas novas figuras típicas: (a) **tráfico internacional de pessoa para fim de exploração sexual**, no art. 231, e **tráfico interno de pessoa para fim de exploração sexual**, no art. 231-A.

---

[299] Tais informações foram extraídas do sítio eletrônico do Ministério da Justiça, no item Segurança Pública – Tráfico de Pessoas, acesso em 15 nov. 2016.

Finalmente, com a criação do art. 149-A, tipificando o tráfico de pessoas, o art. 16 da Lei 13.344/2016 revogou expressamente os arts. 231 e 231-A do Código Penal.

É importante destacar que não houve *abolitio criminis* no tocante ao tráfico internacional de pessoa para fim de exploração sexual e ao tráfico interno de pessoa para fim de exploração sexual. Nada obstante a revogação formal dos tipos penais, não se deu a supressão material dos fatos criminosos, os quais foram deslocados para o art. 149-A do Código Penal. Incide, portanto, o **princípio da continuidade normativa** ou **da continuidade típico-normativa**.

1.6.1.8.2.2. O tráfico de pessoas no plano internacional

Em uma visão histórica, o tráfico de pessoas sempre acompanhou o desenvolvimento (ou a falta de desenvolvimento) da humanidade. Em todos os tempos sempre existiu o comércio de seres humanos, especialmente para fins de trabalho escravo e exploração sexual.

Essa prática acentuou-se no final no século XIX, notadamente com a utilização de mulheres. Algumas delas, inclusive, buscando fugir das péssimas condições em que viviam, aceitavam ser objeto do tráfico.

Para enfrentar essa inaceitável situação, firmou-se em 21 de março de 1950 a "Convenção para Repressão do Tráfico de Pessoas e do Lenocínio", introduzida no direito pátrio pelo Decreto 46.981/1959. Sem prejuízo, o Brasil também incorporou, pelo Decreto 678/1992, a Convenção Americana sobre Direitos Humanos (Pacto de São José da Costa Rica), que igualmente veda qualquer forma de tráfico de pessoas.

Em época mais recente, o Decreto 5.017/2004 trouxe ao direito brasileiro o Protocolo Adicional à Convenção das Nações Unidas contra o Crime Organizado Transnacional Relativo à Prevenção, Repressão e Punição do Tráfico de Pessoas, em Especial de Mulheres e Crianças.

1.6.1.8.2.3. Princípios e diretrizes do enfrentamento ao tráfico de pessoas

O art. 2.º da Lei 13.344/2016 apresenta os **princípios** ligados ao enfrentamento ao tráfico de pessoas:

I – respeito à dignidade da pessoa humana;

II – promoção e garantia da cidadania e dos direitos humanos;

III – universalidade, indivisibilidade e interdependência;

IV – não discriminação por motivo de gênero, orientação sexual, origem étnica ou social, procedência, nacionalidade, atuação profissional, raça, religião, faixa etária, situação migratória ou outro *status*;

V – transversalidade das dimensões de gênero, orientação sexual, origem étnica ou social, procedência, raça e faixa etária nas políticas públicas;

VI – atenção integral às vítimas diretas e indiretas, independentemente de nacionalidade e de colaboração em investigações ou processos judiciais; e

VII – proteção integral da criança e do adolescente.

Por seu turno, o art. 3.º da Lei 13.344/2016 contempla as **diretrizes** do enfrentamento ao tráfico de pessoas:

I – fortalecimento do pacto federativo, por meio da atuação conjunta e articulada das esferas de governo no âmbito das respectivas competências;

II – articulação com organizações governamentais e não governamentais nacionais e estrangeiras;

III – incentivo à participação da sociedade em instâncias de controle social e das entidades de classe ou profissionais na discussão das políticas sobre tráfico de pessoas;

IV – estruturação da rede de enfrentamento ao tráfico de pessoas, envolvendo todas as esferas de governo e organizações da sociedade civil;

V – fortalecimento da atuação em áreas ou regiões de maior incidência do delito, como as de fronteira, portos, aeroportos, rodovias e estações rodoviárias e ferroviárias;

VI – estímulo à cooperação internacional;

VII – incentivo à realização de estudos e pesquisas e ao seu compartilhamento;

VIII – preservação do sigilo dos procedimentos administrativos e judiciais, nos termos da lei; e

IX – gestão integrada para coordenação da política e dos planos nacionais de enfrentamento ao tráfico de pessoas.

1.6.1.8.2.4. Prevenção e repressão ao tráfico de pessoas

O art. 4.º da Lei 13.344/2016 estatui que a **prevenção** ao tráfico de pessoas dar-se-á por meio:

I – da implementação de medidas intersetoriais e integradas nas áreas de saúde, educação, trabalho, segurança pública, justiça, turismo, assistência social, desenvolvimento rural, esportes, comunicação, cultura e direitos humanos;

II – de campanhas socioeducativas e de conscientização, considerando as diferentes realidades e linguagens;

III – de incentivo à mobilização e à participação da sociedade civil; e

IV – de incentivo a projetos de prevenção ao tráfico de pessoas.

Por sua vez, o art. 5.º da Lei 13.344/2016 trata da **repressão** ao tráfico de pessoas, a qual será efetuada por meio:

I – da cooperação entre órgãos do sistema de justiça e segurança, nacionais e estrangeiros;

II – da integração de políticas e ações de repressão aos crimes correlatos e da responsabilização dos seus autores;

III – da formação de equipes conjuntas de investigação.

1.6.1.8.3. Objetividade jurídica

O bem jurídico penalmente protegido é a **liberdade pessoal**, no tocante à plena gestão do ser humano quanto ao seu próprio corpo (art. 149-A, inc. I), à liberdade de locomoção e de trabalho (art. 149-A, incs. II e III), ao estado de filiação (art. 149-A, inc. IV) e à liberdade sexual (art. 149-A, inc. V). Com efeito, a Lei 13.344/2016 inseriu o tráfico de pessoas entre os crimes contra a liberdade individual, mais especificamente na seara dos delitos contra a liberdade pessoal.

No plano mediato também se tutelam a vida e a integridade física (art. 149-A, inc. I), a dignidade da pessoa humana (art. 149-A, incs. II e III), o vínculo familiar (art. 149-A, inc. IV) e a dignidade sexual (art. 149-A, inc. V).

1.6.1.8.4. Objeto material

É a pessoa, de qualquer origem, sexo ou idade, atingida pela conduta criminosa.

1.6.1.8.5. Núcleos do tipo

O art. 149-A do Código Penal contém sete núcleos: agenciar, aliciar, recrutar, transportar, transferir, comprar e alojar. Todos se referem a alguma pessoa.

Agenciar é atuar como empresário, representar alguém; **aliciar** equivale a atrair, seduzir, induzir ou corromper alguém, com entrega de dinheiro ou qualquer outra vantagem; **recrutar** é angariar, convocar alguém para um determinado propósito; **transportar** é levar de um local para outro; **transferir** equivale a deslocar ou despachar alguém para outro local; **comprar**, no crime em apreço, significa adquirir a pessoa traficada; **alojar** é abrigar, hospedar ou acomodar alguém em determinado local; e **acolher**, finalmente, é receber alguém.

Nos dois últimos núcleos ("alojar" e "acolher"), o tráfico de pessoas é **crime permanente**. A consumação prolonga-se no tempo, pela vontade do agente, durante todo o período do alojamento ou do acolhimento da vítima. Nos demais casos, constitui-se em **delito instantâneo**.

A fórmula legal utiliza diversos verbos, alguns deles muitos parecidos entre si, para tentar coibir qualquer conduta relacionada ao tráfico de pessoas.

Trata-se de **tipo misto alternativo**, **crime de ação múltipla** ou **de conteúdo variado**. Destarte, se o agente praticar mais de um deles contra uma única pessoa, e no mesmo contexto fático, responderá por um único delito. A pluralidade de condutas, entretanto, deve ser utilizada pelo magistrado na dosimetria da pena-base, como circunstância judicial desfavorável, nos termos do art. 59, *caput*, do Código Penal. É o que se dá, a título ilustrativo, quando o sujeito transporta e posteriormente aloja, mediante grave ameaça, a mesma vítima para fim de exploração sexual.

Também há crime único quando o agente almeja concretizar finalidades diversas contra uma só vítima, e no mesmo contexto fático. Exemplo: "A" recruta "B", com emprego de violência, para submetê-la a trabalho em condições análogas à de escravo, sem prejuízo de igualmente submetê-la à exploração sexual.

Para realizar qualquer das condutas, o agente se utiliza de grave ameaça, violência, coação, fraude ou abuso. Tais **meios de execução** direcionam-se à pessoa vitimada pelo tráfico.

Violência é o emprego de força física contra a vítima, mediante lesão corporal ou vias de fato. Embora a lei fale somente em "violência", é indispensável a **violência à pessoa**. **Grave ameaça** é a promessa de mal injusto, grave e passível de realização, dirigida contra a própria vítima do tráfico de pessoas ou então a pessoa a ela ligada por vínculo de parentesco ou afetivo. **Coação** é a intimidação da vítima. A previsão desse meio de execução era desnecessária, pois a coação se concretiza justamente pelo emprego de violência ou grave ameaça. **Fraude**, por sua vez, é o artifício ou ardil destinado a ludibriar a vítima. Por último, **abuso** é o desmando, o uso excessivo do poder em relação a uma pessoa. O sujeito se aproveita da sua posição de superioridade perante a vítima para forçá-la a fazer ou deixar de fazer algo contra a sua vontade.

Qualquer das condutas típicas, acompanhada de um ou mais meios de execução, volta-se a alguma das finalidades previstas no art. 149-A do Código Penal, quais sejam:

Inc. I – remover-lhe órgãos, tecidos ou partes do corpo

Se a remoção se concretizar, ao agente também será imputado o crime de homicídio, consumado ou tentado, se havia o dolo de matar, ou então de lesão corporal grave (CP, art. 129, § 1.º, II ou III) ou gravíssima (CP, art. 129, § 2.º, II, III ou IV). Por sua vez, se a remoção for praticada para fins de transplante, estará caracterizado o crime definido no art. 14 da Lei 9.434/1997.[300]

---

[300] Art. 14. Remover tecidos, órgãos ou partes do corpo de pessoa ou cadáver, em desacordo com as disposições desta Lei: Pena – reclusão, de dois a seis anos, e multa, de 100 a 360 dias-multa. § 1.º Se o crime é cometido mediante paga ou promessa de recompensa ou por outro motivo torpe: Pena – reclusão, de três a oito anos, e multa, de 100 a 150 dias-multa. § 2.º Se o crime é praticado em pessoa viva, e resulta para o ofendido: I – in-

Inc. II – *submetê-la a trabalho em condições análogas à de escravo*

A condição análoga à de escravo constitui-se em situação fática na qual o agente busca retirar a liberdade de autodeterminação de alguém, suprimindo seus direitos, em situação semelhante àquela vivida pelos escravos. Se essa submissão efetivamente ocorrer, o traficante de pessoa também deverá responder pelo crime de plágio (redução a condição análoga à de escravo), tipificado no art. 149 do Código Penal.

Inc. III – *submetê-la a qualquer tipo de servidão*

Servidão é a submissão da vítima aos anseios do agente, desde que não resulte em condição análoga à de escravo, pois tal situação foi descrita separadamente pelo legislador, como na hipótese em que a pessoa traficada é obrigada a trabalhar para o agente por um reduzidíssimo salário, por longas jornadas diárias e sem folgas semanais.

Inc. IV – *adoção ilegal*

A adoção de crianças e adolescentes é disciplinada pelos arts. 39 a 52-D da Lei 8.069/1990 – Estatuto da Criança e do Adolescente. Infelizmente o comércio clandestino de crianças de pouca idade, muitas vezes bebês, cresce a cada dia, inclusive com o transporte das vítimas ao exterior.

Por seu turno, a adoção de maiores de 18 anos, menos frequente, é regulamentada pelo art. 1.619 do Código Civil, com aplicação subsidiária das regras contidas no Estatuto da Criança e do Adolescente.

Inc. V – *exploração sexual*

Exploração sexual é a atividade em que o sujeito busca algum proveito com a utilização da sexualidade alheia. Trata-se de **elemento normativo do tipo**, de índole cultural, cujo conceito deve ser obtido mediante a valoração do intérprete da lei penal.

A exploração sexual não se confunde com a **violência sexual**, pois não há emprego de violência ou grave ameaça contra a vítima. De fato, no tráfico de pessoas a violência (ou qualquer outro meio de execução) recai na conduta de agenciar, aliciar, recrutar, transportar, transferir, comprar, alojar ou acolher pessoa, mas não na ulterior exploração sexual. Nesse contexto, uma pessoa é explorada sexualmente quando vem a ser enganada para manter relação sexual, ou então nas situações em que permite a obtenção de vantagem econômica por terceiro, em consequência da sua atividade sexual.

Além disso, a exploração sexual há de ser diferenciada da **satisfação sexual**, ou seja, da livre busca do prazer erótico entre pessoas maiores de idade e com pleno discernimento para a prática do ato sexual. Nessa hipótese o fato ingressa na esfera inviolável de privacidade dos envolvidos, e evidentemente não interessa ao Direito Penal.

A exploração sexual é a hipótese mais comum de tráfico de pessoas, tanto no plano interno, como se dá no "turismo sexual", quanto em âmbito internacional, com o envio de homens e especialmente mulheres para atuarem no comércio carnal. Além da ação espúria dos traficantes, que lucram facilmente ao abusarem de pessoas em situação de necessidade e ludibriadas com a promessa de ganhos fáceis em curto espaço de tempo, a miséria que toma conta de relevante parte da população brasileira contribui para esse quadro alarmante.

---

capacidade para as ocupações habituais, por mais de trinta dias; II – perigo de vida; III – debilidade permanente de membro, sentido ou função; IV – aceleração de parto: Pena – reclusão, de três a dez anos, e multa, de 100 a 200 dias-multa. § 3.º Se o crime é praticado em pessoa viva e resulta para o ofendido: I – incapacidade para o trabalho; II – enfermidade incurável; III – perda ou inutilização de membro, sentido ou função; IV – deformidade permanente; V – aborto: Pena – reclusão, de quatro a doze anos, e multa, de 150 a 300 dias-multa. § 4.º Se o crime é praticado em pessoa viva e resulta morte: Pena – reclusão, de oito a vinte anos, e multa de 200 a 360 dias-multa.

O tráfico de pessoas pode ser **interno**, ou seja, dentro dos limites do território nacional, **ou internacional**. Na hipótese em que a vítima é traficada para o exterior, ou então trazida de outro país ao Brasil, a entrada ou saída do território nacional pode realizar-se de modo regular, com visto e autorização da autoridade brasileira, ou então irregularmente, de forma clandestina. Em qualquer das hipóteses estará configurado o crime tipificado no art. 149-A do Código Penal.

1.6.1.8.6. Sujeito ativo

O tráfico de pessoas é **crime comum** ou **geral**: pode ser praticado por qualquer pessoa. Admite o concurso de pessoas, em ambas as modalidades (coautoria e participação). Vejamos um exemplo: "A", mediante fraude e a pedido de "B", recruta no Brasil uma mulher para ser explorada sexualmente na Espanha. Nesse caso, "A" e "B" responderão pelo delito, aquele como autor, este como partícipe.

Entretanto, se o crime for cometido por funcionário público no exercício de suas funções ou a pretexto de exercê-las, incidirá a causa de aumento da pena prevista no art. 149-A, § 1.º, inc. I, do Código Penal.

1.6.1.8.7. Sujeito passivo

Pode ser **qualquer pessoa**, independentemente da origem, sexo, idade, religião ou classe social. Basta a traficância de uma única pessoa para a caracterização do delito. Em verdade, embora na rubrica marginal do art. 149-A do Código Penal conste a nomenclatura "tráfico de **pessoas**", em sua redação o tipo penal se contenta com uma única **pessoa**.

Nada obstante ainda seja frequente o cometimento de delitos contra homens destinados ao trabalho escravo, é preciso destacar que na maioria das vezes o crime atinge mulheres e crianças, destinadas precipuamente à exploração sexual e à adoção ilegal.

Se o crime for cometido contra criança, adolescente ou pessoa idosa ou com deficiência, incidirá a causa de aumento da pena elencada no art. 149-A, § 1.º, inc. II, do Código Penal.

1.6.1.8.7.1. O consentimento do ofendido

O consentimento do ofendido **não exclui** o crime tipificado no art. 149-A do Código Penal.

O Decreto 5.948/2006 aprovou a Política Nacional de Enfrentamento ao Tráfico de Pessoas, e o art. 2.º, § 7.º, do seu Anexo expressamente dispõe: "O consentimento dado pela vítima é irrelevante para a configuração do tráfico de pessoas". Igual orientação emana do art. 3.º, "b", do Decreto 5.017/2014, responsável pela promulgação do Protocolo Adicional à Convenção das Nações Unidas contra o Crime Organizado Transnacional Relativo à Prevenção, Repressão e Punição do Tráfico de Pessoas, em Especial Mulheres e Crianças.

Em uma primeira análise, fica a impressão no sentido de que a anuência da vítima afastaria os meios de execução do delito (grave ameaça, violência, coação, fraude ou abuso) e, consequentemente, a tipicidade do fato. Mas essa conclusão não subsiste perante as finalidades do tráfico de pessoas.

Com efeito, não há falar em validade do consentimento do ofendido na hipótese de remoção de órgãos, tecidos ou partes do corpo humano, de submissão a trabalho em condições análogas à de escravo ou a qualquer tipo de servidão, bem como de adoção ilegal ou exploração sexual. O agente busca atacar um bem jurídico indisponível, circunstância que anula eventual assentimento do sujeito passivo.

Especificamente na **exploração sexual**, aparentemente compatível com a vontade da vítima, cumpre destacar que qualquer pessoa capaz pode utilizar seu corpo, no plano erótico, como reputar mais adequado, mas não se admite a exploração da sexualidade alheia. Em síntese, a exploração é logicamente incompatível com o consentimento do ofendido, em respeito à dignidade sexual, corolário da dignidade da pessoa humana.

1.6.1.8.8. Elemento subjetivo

É o dolo, direto ou eventual, acompanhado de um fim específico (**elemento subjetivo específico**), consistente na finalidade de remover órgãos, tecidos ou partes do corpo da pessoa traficada, ou, então, submetê-la a trabalho em condições análogas à de escravo ou a qualquer tipo de servidão, bem como a adoção ilegal ou exploração sexual.

Com efeito, não há falar em tráfico de pessoas quando a conduta for praticada com finalidade diversa daquelas indicadas no art. 149-A do Código Penal. Exemplificativamente, estará caracterizado o delito de extorsão mediante sequestro (CP, art. 159), quando o sujeito aloja pessoa anteriormente privada da liberdade, com emprego de grave ameaça, visando o recebimento de qualquer vantagem como condição ou preço do resgate.

Não se admite a modalidade culposa.

1.6.1.8.9. Consumação

O tráfico de pessoas é **crime formal, de consumação antecipada** ou **de resultado cortado**: consuma-se com a conduta de agenciar, aliciar, recrutar, transportar, transferir, comprar, alojar ou acolher pessoa, mediante grave ameaça, violência, coação, fraude ou abuso, **com a finalidade de** remover-lhe órgãos, tecidos ou partes do corpo, submetê-la a trabalho em condições análogas à de escravo, submetê-la a qualquer tipo de servidão, adoção ilegal ou exploração sexual, ainda que essa finalidade não venha a ser efetivamente alcançada pelo agente.

De fato, se alguma das finalidades específicas descritas nos incs. I a V do art. 149-A do Código Penal for concretizada, estará caracterizado o exaurimento do delito, e o agente também responderá por outro crime, em concurso material, a exemplo do homicídio ou da lesão corporal grave ou gravíssima, na remoção de órgãos, tecidos ou partes do corpo, ou então da casa de prostituição ou do estupro, na hipótese de exploração sexual.

1.6.1.8.10. Tentativa

É possível, em face do caráter plurissubsistente do delito, permitindo o fracionamento do *iter criminis*. Exemplo: "A" emprega violência contra "B", visando transportá-la ao exterior para ser sexualmente explorada. Entretanto, antes de colocá-la no carro que a levaria à Argentina, "A" é preso em flagrante por policiais que investigavam a sua ligação com uma rede internacional de tráfico de pessoas.

1.6.1.8.11. Ação penal

A ação penal é pública incondicionada, em todas as modalidades do delito.

1.6.1.8.12. Lei 9.099/1995

Em face da pena privativa de liberdade cominada – reclusão, de 4 (quatro) a 8 (oito) anos –, o tráfico de pessoas constitui-se em **crime de elevado potencial ofensivo**, incompatível com os benefícios contidos na Lei 9.099/1995.

1.6.1.8.13. Classificação doutrinária

O tráfico de pessoas é crime **simples** (ofende imediatamente um único bem jurídico); **comum** (pode ser cometido por qualquer pessoa); **formal, de consumação antecipada** ou **de**

resultado cortado (consuma-se com a prática da conduta criminosa, independentemente da superveniência do resultado naturalístico); **de forma livre** (admite qualquer meio de execução); em regra **comissivo**; **instantâneo** (consuma-se em um momento determinado, sem continuidade no tempo) ou **permanente**, nas condutas de "alojar" e "acolher" (a consumação se prolonga no tempo, pela vontade do agente); **unissubjetivo**, **unilateral** ou **de concurso eventual** (pode ser cometido por uma única pessoa, mas admite o concurso); e **plurissubsistente**.

1.6.1.8.14. Causas de aumento da pena: art. 149-A, § 1.º

O art. 149-A, § 1.º, do Código Penal elenca causas de aumento da pena, a serem utilizadas pelo magistrado na terceira fase da aplicação da pena privativa de liberdade, e também na pena de multa. O aumento varia de **um terço até metade**, nas seguintes situações:

Inc. I – Crime cometido por funcionário público no exercício de suas funções ou a pretexto de exercê-las

É mais acentuada a reprovabilidade quando o agente é funcionário público,[301] e se aproveita dos poderes inerentes às suas funções para cometer o tráfico de pessoas. Se não bastasse, tal circunstância facilita a prática do delito, criando sérios embaraços à sua prevenção e repressão. Tais fatores justificam o aumento da pena. Basta imaginar a situação de um magistrado, integrante de uma rede transnacional de tráfico de pessoas, que em troca de vantagem ilícita expede uma autorização de viagem internacional para uma determinada criança, a qual será na verdade destinada à adoção ilegal.

Inc. II – Crime cometido contra criança, adolescente ou pessoa idosa ou com deficiência

Criança é a pessoa com até doze anos de idade incompletos, e **adolescente** aquela entre doze e dezoito anos de idade (Lei 8.069/1990 – Estatuto da Criança e do Adolescente, art. 2.º, *caput*).[302] A idade da vítima deve ser provada por documento hábil, pois a majorante diz respeito ao estado civil das pessoas, aplicando-se a regra contida no parágrafo único do art. 155 do Código de Processo Penal: "Somente quanto ao estado das pessoas serão observadas as restrições estabelecidas na lei civil".

O tráfico de pessoas cometido contra criança ou adolescente é crime hediondo, nos termos do art. 1.º, XII, da Lei 8.072/1990.[303]

Pessoa idosa é aquela com idade igual ou superior a sessenta anos (Lei 10.741/2003 – Estatuto da Pessoa Idosa, art. 1.º). **Pessoa com deficiência** é aquela que tem impedimento de longo prazo de natureza física, mental, intelectual ou sensorial, o qual, em interação com uma ou mais barreiras, pode obstruir sua participação plena e efetiva na sociedade em igualdade de condições com as demais pessoas (Lei 13.146/2015 – Estatuto da Pessoa com Deficiência, art. 2.º, *caput*).

O fundamento do tratamento penal mais severo repousa na ingenuidade ou fragilidade física ou psicológica da vítima, circunstância que facilita a prática do delito, bem como na extensão do dano causado a tais pessoas, principalmente no tocante às crianças e adolescentes.

---

[301] O conceito de funcionário público para fins penais encontra-se no art. 327 do Código Penal.

[302] O art. 4.º, inc. III, "c", da Lei 13.431/2017, responsável pela criação do sistema de garantia de direitos da criança e do adolescente vítima ou testemunha de violência, aponta o tráfico de pessoas envolvendo menores de 18 anos como **forma de violência sexual**, e o define como "o recrutamento, o transporte, a transferência, o alojamento ou o acolhimento da criança ou do adolescente, dentro do território nacional ou para o estrangeiro, com o fim de exploração sexual, mediante ameaça, uso de força ou outra forma de coação, rapto, fraude, engano, abuso de autoridade, aproveitamento de situação de vulnerabilidade ou entrega ou aceitação de pagamento, entre os casos previstos na legislação".

[303] O inc. XII do art. 1.º da Lei dos Crimes Hediondos foi incluído pela Lei 14.811/2024.

Inc. III – O agente se prevalecer de relações de parentesco, domésticas, de coabitação, de hospitalidade, de dependência econômica, de autoridade ou de superioridade hierárquica inerente ao exercício de emprego, cargo ou função

Nessa hipótese o agente, além da grave ameaça, violência, coação, abuso ou fraude, também se aproveita da sua proximidade com a vítima, ou com sua posição hierárquica favorável, para executar o delito. Essas circunstâncias tornam o seu grau de reprovabilidade mais elevado e facilitam a prática do crime, legitimando a incidência da majorante.

Inc. IV – A vítima do tráfico de pessoas for retirada do território nacional

A retirada da vítima do território nacional a afasta das pessoas com as quais mantém vínculos familiares e afetivos, e dificulta seu retorno ao Brasil, bem como a apuração do delito e a aplicação da lei penal brasileira.

É preciso pontuar que a caracterização do tráfico internacional de pessoa não reclama a efetiva retirada do ofendido do território nacional. Basta a intenção de fazê-lo. Contudo, se a finalidade específica for alcançada, com o exaurimento do delito, incidirá a causa de aumento da pena em análise.

1.6.1.8.15. Diminuição da pena: art. 149-A, § 2.º

O art. 149-A, § 2.º, do Código Penal contempla o **tráfico de pessoas privilegiado**: "A pena é reduzida de um a dois terços se o agente for primário e não integrar organização criminosa". Trata-se de **causa de diminuição da pena**, aplicável na terceira fase da dosimetria da pena privativa de liberdade, e também incide na pena de multa.

A minorante reclama dois **requisitos cumulativos**, atinentes ao agente, que deve ser primário e não pode integrar organização criminosa.

O conceito de **agente primário** é obtido por exclusão. Com efeito, no Brasil, primário é quem não se enquadra na definição de reincidente (CP, art. 63), ou seja, é aquele que não cometeu novo crime, depois de transitar em julgado a sentença que, no país ou no estrangeiro, o tenha condenado por crime anterior.

A definição de **organização criminosa** encontra-se prevista no art. 1.º, § 1.º, da Lei 12.850/2013: "Considera-se organização criminosa a associação de 4 (quatro) ou mais pessoas estruturalmente ordenada e caracterizada pela divisão de tarefas, ainda que informalmente, com objetivo de obter, direta ou indiretamente, vantagem de qualquer natureza, mediante a prática de infrações penais cujas penas máximas sejam superiores a 4 (quatro) anos, ou que sejam de caráter transnacional".

É vedada a aplicação da causa de diminuição da pena quando o agente integra **qualquer organização criminosa**, isto é, pouco importa a espécie das infrações penais praticadas pelo agrupamento ilícito. Em outras palavras, para afastar o benefício legal não se exige seja a organização criminosa voltada especificamente ao tráfico de pessoas. Em qualquer dos casos, chega-se à conclusão lógica de que o perfil subjetivo do agente é incompatível com o tratamento mais brando implementado pelo legislador.

Chama atenção o **caráter dúplice** da relação entre os delitos de tráfico de pessoas e organização criminosa. Se de um lado a ausência dessa figura típica permite o reconhecimento da modalidade privilegiada do crime contra a liberdade individual, se o agente for primário, de outro lado a presença da organização criminosa importa necessariamente no concurso material entre essa infração penal e o tráfico de pessoas.

1.6.1.8.16. Competência

Em regra, o tráfico de pessoas é crime de competência da **Justiça Estadual**.

Todavia, a competência será da **Justiça Federal** na hipótese de **tráfico internacional**. Com efeito, o Brasil é signatário da Convenção para a Repressão do Tráfico de Pessoas e do Lenocínio, aprovada pelo Decreto Legislativo 06/1958 e promulgada pelo Decreto 46.981/1959. Além disso, o tráfico internacional de pessoa é **crime à distância**, pois sua execução tem início no território nacional, e o resultado ocorre ou ao menos deveria ocorrer em país diverso, ou vice-versa.

Destarte, no tráfico internacional de pessoa a competência é da Justiça Federal, com fundamento no art. 109, inc. V, da Constituição Federal:

> Art. 109. Aos juízes federais compete processar e julgar:
> (...)
> V – os crimes previstos em tratado ou convenção internacional, quando, iniciada a execução no País, o resultado tenha ou devesse ter ocorrido no estrangeiro, ou reciprocamente.

1.6.1.8.17. Disposições processuais

O Capítulo V da Lei 13.344/2016 versa sobre as **disposições processuais** relativas ao enfrentamento ao tráfico de pessoas. Essa terminologia não é a mais adequada, pois nos arts. 8.º a 13 o diploma legislativo, além de institutos processuais, igualmente prevê medidas investigatórias e outras de conteúdo penal, inclusive com modificações no Código Penal no art. 83, inc. V (livramento condicional), e na criação do delito de tráfico de pessoas (art. 149-A).

Passemos à análise individualizada de cada uma das inovações.

1.6.1.8.17.1. Medidas assecuratórias e perdimento de bens: art. 8.º da Lei 13.344/2016

O juiz, de ofício, a requerimento do Ministério Público ou mediante representação do delegado de polícia, ouvido o Ministério Público, se houver indícios suficientes da infração penal, poderá decretar **medidas assecuratórias** relacionadas a bens, direitos ou valores pertencentes ao investigado ou acusado, ou existentes em nome de interpostas pessoas (é o caso dos famosos "laranjas" ou "testas de ferro"), que sejam instrumento, produto ou proveito do crime de tráfico de pessoas, procedendo-se na forma dos arts. 125 a 144 Código de Processo Penal.

A medida assecuratória (sequestro, arresto ou especialização de hipoteca legal) não pode recair sobre qualquer bem do investigado, acusado ou de pessoa a ele ligada, aleatoriamente, mas somente sobre bens, direitos ou valores que sejam **instrumento, produto ou proveito do crime de tráfico de pessoas**.

Proceder-se-á à **alienação antecipada** para preservação do valor dos bens sempre que estiverem sujeitos a qualquer grau de deterioração ou depreciação, ou quando houver dificuldade para sua manutenção.

Se ficar comprovada a licitude da sua origem, o juiz determinará a liberação total ou parcial dos bens, direitos e valores, mantendo-se a constrição dos bens, direitos e valores necessários e suficientes à reparação dos danos e ao pagamento de prestações pecuniárias, multas e custas decorrentes da infração penal. Opera-se a **inversão do ônus da prova**, pois a lei presume a origem ilícita dos bens e transfere ao interessado a tarefa de demonstrar ao Poder Judiciário a situação contrária.

Nenhum pedido de liberação será conhecido sem o **comparecimento pessoal do acusado ou investigado**, ou da interposta pessoa, podendo o juiz determinar a prática de atos necessários à conservação de bens, direitos ou valores, sem prejuízo de eventual alienação antecipada. Como o tráfico de pessoas muitas vezes está ligado a organizações criminosas transnacionais, essa medida possibilita a citação pessoal do acusado e seu comparecimento a juízo para acompanhar os atos processuais, afastando a aplicação da citação por edital e da suspensão do processo, com aplicação da regra contida no art. 366 do Código de Processo Penal.

Ao proferir a sentença de mérito, o juiz decidirá sobre o perdimento do produto, bem ou valor apreendido, sequestrado ou declarado indisponível. Cuida-se de **efeito da condenação não automático**, pois depende de declaração expressa na sentença condenatória. Se a sentença for absolutória, os bens, produtos e valores serão imediatamente liberados.

1.6.1.8.17.2. Aplicação subsidiária da Lei do Crime Organizado

O art. 9.º da Lei 13.344/2016 determina a aplicação subsidiária, no que couber, do disposto na Lei 12.850/2013 – Lei do Crime Organizado.

Dessa forma, é cabível a utilização, na persecução penal atinente ao tráfico de pessoas, dos institutos de investigação e dos meios de obtenção da prova previstos no art. 3.º da Lei 12.850/2013, a saber:

> Art. 3.º Em qualquer fase da persecução penal, serão permitidos, sem prejuízo de outros já previstos em lei, os seguintes meios de obtenção da prova:
>
> I – colaboração premiada;
>
> II – captação ambiental de sinais eletromagnéticos, ópticos ou acústicos;
>
> III – ação controlada;
>
> IV – acesso a registros de ligações telefônicas e telemáticas, a dados cadastrais constantes de bancos de dados públicos ou privados e a informações eleitorais ou comerciais;
>
> V – interceptação de comunicações telefônicas e telemáticas, nos termos da legislação específica;
>
> VI – afastamento dos sigilos financeiro, bancário e fiscal, nos termos da legislação específica;
>
> VII – infiltração, por policiais, em atividade de investigação, na forma do art. 11;
>
> VIII – cooperação entre instituições e órgãos federais, distritais, estaduais e municipais na busca de provas e informações de interesse da investigação ou da instrução criminal.
>
> § 1.º Havendo necessidade justificada de manter sigilo sobre a capacidade investigatória, poderá ser dispensada licitação para contratação de serviços técnicos especializados, aquisição ou locação de equipamentos destinados à polícia judiciária para o rastreamento e obtenção de provas previstas nos incisos II e V.
>
> § 2.º No caso do § 1.º, fica dispensada a publicação de que trata o parágrafo único do art. 61 da Lei nº 8.666, de 21 de junho de 1993, devendo ser comunicado o órgão de controle interno da realização da contratação.

1.6.1.8.17.3. Sistema de informações para o enfrentamento ao tráfico de pessoas

O art. 10 da Lei 13.344/2016 autorizou o Poder Público a criar sistema de informações visando à coleta e à gestão de dados que orientem o enfrentamento ao tráfico de pessoas.

Essa medida é salutar para identificação de diversos pontos relacionados ao crime tipificado no art. 149-A do Código Penal, a exemplo das pessoas envolvidas com o delito, tais como os agenciadores, os intermediários e os facilitadores, as pessoas mais vulneráveis à ação dos criminosos, os locais em que o crime ocorre com mais frequência etc.

1.6.1.8.17.4. Meios especiais de prevenção e repressão

Na investigação e na repressão do tráfico de pessoas, o art. 13-A do Código de Processo Penal, criado pela Lei 13.344/2016, estatui que o membro do Ministério Público ou o Delegado de Polícia poderá requisitar **diretamente**, de quaisquer órgãos do poder público ou de empresas da iniciativa privada, dados e informações cadastrais da vítima ou de suspeitos.

A requisição deverá ser atendida no prazo de 24 horas e conterá: (a) o nome da autoridade requisitante; (b) o número do inquérito policial (ou então do procedimento investigatório criminal – PIC – em caso de investigação conduzida diretamente pelo *Parquet*); e (c) a identificação da unidade de polícia judiciária – ou do Ministério Público, na hipótese de PIC – responsável pela investigação.

Por seu turno, o art. 13-B do Código de Processo Penal, também implementado pela Lei 13.344/2016, estabelece que, se necessário à prevenção e à repressão dos crimes relacionados ao tráfico de pessoas, o membro do Ministério Público ou o delegado de polícia poderão requisitar, **mediante autorização judicial**,[304] às empresas prestadoras de serviço de telecomunicações e/ou telemática que disponibilizem imediatamente os meios técnicos adequados – como sinais, informações e outros – que permitam a localização da vítima ou dos suspeitos do delito em curso.

Se não houver manifestação judicial no prazo de 12 (doze) horas, a autoridade competente – membro do MP ou Delegado de Polícia – requisitará às empresas prestadoras de serviço de telecomunicações e/ou telemática que disponibilizem imediatamente os meios técnicos adequados – como sinais, informações e outros – que permitam a localização da vítima ou dos suspeitos do delito em curso, com imediata comunicação ao juiz.

O § 1.º do art. 13-B do Código de Processo Penal apresenta o **conceito de sinal** para fins de investigação e repressão ao tráfico de pessoas. Trata-se do posicionamento da estação de cobertura, setorização e intensidade de radiofrequência.

Por sua vez, o § 2.º prevê algumas restrições, pois o sinal: I – não permitirá acesso ao conteúdo da comunicação de qualquer natureza, que dependerá de autorização judicial, conforme disposto em lei;[305] II – deverá ser fornecido pela prestadora de telefonia móvel celular por período não superior a 30 (trinta) dias, renovável por uma única vez, por igual período; III – para períodos superiores àquele de que trata o inciso II, será necessária a apresentação de ordem judicial.

Na hipótese do art. 13-B do Código de Processo Penal, o inquérito policial deverá ser instaurado no prazo máximo de 72 (setenta e duas) horas, contado do registro da respectiva ocorrência policial. Essa regra é igualmente aplicável ao procedimento investigatório criminal instaurado e conduzido pelo Ministério Público.

1.6.1.8.17.5. Livramento condicional

O art. 12 da Lei 13.344/2016 alterou a redação do inc. V do art. 83 do Código Penal, que passou a ser assim redigido:

> Art. 83. O juiz poderá conceder livramento condicional ao condenado a pena privativa de liberdade igual ou superior a 2 (dois) anos, desde que:
>
> (...)

---

[304] A redação legal não prezou pela boa técnica. Se há requisição do Ministério Público ou da autoridade policial, não há necessidade de autorização judicial.

[305] Nesse caso deverão ser observadas as exigências impostas pelo art. 5.º, XII, da Constituição Federal, e também pela Lei 9.296/1996 – Lei de Interceptação Telefônica.

V – cumpridos mais de dois terços da pena, nos casos de condenação por crime hediondo, prática de tortura, tráfico ilícito de entorpecentes e drogas afins, tráfico de pessoas e terrorismo, se o apenado não for reincidente específico em crimes dessa natureza.

Em síntese, o condenado pelo tráfico de pessoas somente terá direito à liberdade antecipada depois do cumprimento de mais de dois terços da pena, e desde que não seja reincidente específico em delito dessa natureza.

1.6.1.8.18. Campanhas relacionadas ao enfrentamento ao tráfico de pessoas

O Capítulo VI da Lei 13.344/2016 contempla duas medidas destinadas ao enfrentamento ao tráfico de pessoas. São elas:

a) Dia Nacional de Enfrentamento ao Tráfico de Pessoas

O art. 14 da Lei 13.344/2016 instituiu o Dia Nacional de Enfrentamento ao Tráfico de Pessoas, a ser comemorado, anualmente, em 30 de julho.

b) Campanhas nacionais de enfrentamento ao tráfico de pessoas

Com a finalidade de conscientizar a população a auxiliar na prevenção e no combate do delito, o art. 15 da Lei 13.344/2016 impõe a adoção de campanhas nacionais de enfrentamento ao tráfico de pessoas, a serem divulgadas em veículos de comunicação, visando à conscientização da sociedade sobre todas as modalidades desta repudiável prática de desprezo com o ser humano.

1.6.1.8.19. Lista nacional de condenações por tráfico de pessoas

A Resolução 189/2021, editada pelo Conselho Superior do Ministério Público do Trabalho, institui, no âmbito do MPT – Ministério Público do Trabalho, a lista nacional de condenações por tráfico de pessoas ou por submissão de trabalhadores a condições análogas à de escravo, em ações propostas pelo MPT.

1.6.1.8.20. Imigrante, tráfico de pessoas e autorização de residência

A Portaria Interministerial MJSP/MTE 46/2024, editada conjuntamente pelo Ministério da Justiça e Segurança Pública e pelo Ministério do Trabalho e Emprego, dispõe sobre a concessão e os procedimentos de autorização de residência à pessoa que tenha sido vítima de tráfico de pessoas, de trabalho escravo ou de violação de direito agravada por sua condição migratória.

1.6.2. Dos crimes contra a inviolabilidade do domicílio

1.6.2.1. Art. 150 – Violação de domicílio

1.6.2.1.1. Dispositivo legal

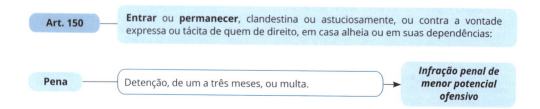

Violação de domicílio qualificada*

§ 1.º — Se o crime é cometido **durante a noite**, ou em **lugar ermo**, ou com o emprego de **violência** ou de **arma**, ou por **duas ou mais pessoas**:

Pena — Detenção, de seis meses a dois anos, **além da pena correspondente à violência**. → *Infração penal de menor potencial ofensivo*

Causa de aumento de pena*

§ 2.º — Revogado.

Excludentes da ilicitude*

§ 3.º — **Não constitui crime** a entrada ou permanência em casa alheia ou em suas dependências:
I – durante o dia, com observância das formalidades legais, para efetuar prisão ou outra diligência;
II – a qualquer hora do dia ou da noite, quando algum crime está sendo ali praticado ou na iminência de o ser.

§ 4.º — A expressão "**casa**" compreende:
I – qualquer compartimento habitado;
II – aposento ocupado de habitação coletiva;
III – compartimento não aberto ao público, onde alguém exerce profissão ou atividade.

§ 5.º — **Não** se compreendem na expressão "casa":
I – hospedaria, estalagem ou qualquer outra habitação coletiva, enquanto aberta, salvo a restrição do n.º II do parágrafo anterior;
II – taverna, casa de jogo e outras do mesmo gênero.

Classificação:
Crime comum
Crime instantâneo
Crime permanente
Crime de mera conduta
Crime de forma livre
Crime unilateral (*regra*)
Crime comissivo ("entrar") ou omissivo ("permanecer")
Crime unissubsistente ou plurissubsistente
Crime de conteúdo variado, de ação múltipla ou tipo misto alternativo
Crime de dano

Informações rápidas:
Fundamento constitucional: inviolabilidade do domicílio (art. 5.º, XI).
Elementos normativos: "clandestina ou astuciosamente" e "contra a vontade expressa ou tácita de quem de direito".
O consentimento do morador, explícito ou implícito, torna o fato atípico.
O crime é incompatível com o dolo eventual.
Não se admite a modalidade culposa.
Consuma-se no momento em que o sujeito ingressa completamente na casa da vítima ("entrar"), ou então quando, ciente de que deve sair do local, não o faz por tempo juridicamente relevante ("permanecer").
A tentativa é possível na conduta "entrar".
Ação penal: pública incondicionada.

1.6.2.1.2. Objetividade jurídica

Tutela-se a **tranquilidade doméstica**, abrangente da intimidade, da segurança e da vida privada proporcionadas pelo domicílio. O fundamento constitucional do delito encontra-se no art. 5.º, inciso XI, da Lei Suprema: "a casa é asilo inviolável do indivíduo, ninguém nela podendo penetrar sem consentimento do morador, salvo em caso de flagrante delito ou desastre, ou para prestar socorro, ou, durante o dia, por determinação judicial".

A incriminação da violação de domicílio não protege, porém, a posse ou a propriedade. A propósito, não se configura o delito em análise no ingresso em casa abandonada ou desabitada, podendo restar caracterizado o crime de esbulho possessório (CP, art. 161, § 1.º, inc. II).

Casa desabitada, entretanto, não se confunde com **casa na ausência de seus moradores**, pois nesse caso é possível o crime de violação de domicílio, uma vez que subsiste a proteção da tranquilidade doméstica.

1.6.2.1.3. Objeto material

É o domicílio invadido, que suporta a entrada ou permanência de alguém, clandestina ou astuciosamente, ou contra a vontade expressa ou tácita de quem de direito.

1.6.2.1.4. Núcleos do tipo

A conduta criminosa possui dois núcleos: entrar e permanecer.

Entrar é a ação de penetrar, de ingressar totalmente em casa alheia ou em suas dependências. **Permanecer**, por seu turno, pressupõe a entrada lícita, seguida de uma omissão, consistente na negativa em sair do local. É possível a prática do crime, portanto, por duas formas distintas: **ação**, caracterizada pelo ingresso no domicílio alheio, e **omissão**, relativamente à recusa em dele sair.

Cuida-se de **tipo misto alternativo, crime de ação múltipla ou de conteúdo variado**: entrando ilicitamente em casa alheia ou em suas dependências, e nela permanecendo, o agente responde por um único delito.

1.6.2.1.5. Elementos normativos do tipo

Não basta a entrada ou permanência de alguém em casa alheia ou em suas dependências. O tipo penal possui elementos normativos: é necessário que a conduta seja praticada clandestina ou astuciosamente, ou contra a vontade expressa ou tácita de quem de direito. Essas são as modalidades de violação de domicílio previstas no Código Penal.

O art. 150, *caput*, do Código Penal condiciona a existência do crime ao dissentimento expresso ou presumido de quem de direito, ou seja, daquele que tem o poder de proibir a entrada ou permanência de terceiros na sua casa ou em suas dependências (proprietário, locatário, possuidor etc.). Consequentemente, se presente o consentimento do morador, explícito ou implícito, o fato é atípico. Em consonância com o entendimento do Supremo Tribunal Federal:

> Mas, é um dado elementar da incidência da garantia constitucional do domicílio o não consentimento do morador ao questionado ingresso de terceiro: malgrado a ausência da autorização judicial, só a entrada *invito domino* a ofende, seja o dissenso presumido, tácito ou expresso, seja a penetração ou a indevida permanência, clandestina, astuciosa ou franca.[306]

---

[306] HC 79.512/RJ, rel. Min. Sepúlveda Pertence, Plenário, j. 16.12.1999.

Entrar ou permanecer **clandestinamente** em casa alheia ou em suas dependências significa fazê-lo de forma oculta, sem se deixar notar pela vítima. Por essa razão, opera-se o **dissentimento presumido**, pois pressupõe-se ser contra a vontade de quem de direito, já que essa pessoa não sabe que o agente lá se encontra.

Por sua vez, entrar ou permanecer **astuciosamente** consiste em conduta fraudulenta, na qual o agente cria um estratagema para entrar ou permanecer em casa alheia ou em suas dependências maliciosamente. Exemplo: fingir-se funcionário do serviço de vigilância sanitária para tomar o recinto de determinada residência. Nessa hipótese, verifica-se também o **dissentimento presumido**.

Finalmente, entrar ou permanecer em casa alheia ou em suas dependências **contra a vontade expressa ou tácita de quem de direito** enseja a entrada ou permanência **francas**. Nesses casos, o dissentimento de quem de direito pode ser expresso ou tácito.

Dissentimento expresso (vontade expressa) é aquele em que o ofendido revela peremptoriamente a vontade de excluir o agente do seu domicílio, tal como quando proíbe sua entrada em uma festa. Por outro lado, ocorre o **dissentimento tácito** (vontade tácita) nas situações em que os fatos anteriores indicam claramente o propósito do titular à inviolabilidade de domicílio em não permitir a entrada ou permanência de determinada pessoa na sua casa ou em suas dependências. Exemplo: sujeito anteriormente expulso por seguranças da vítima de sua residência.

1.6.2.1.6. Conceito de casa: art. 150, § 4.º

O conceito de casa é previsto no art. 150, § 4.º, do Código Penal, típico exemplo de **norma penal interpretativa ou explicativa**. Essa definição pode ser sintetizada como qualquer lugar privado em que alguém habita.

Cumpre destacar que o domicílio tutelado pelo Código Penal é diverso do domicílio definido pelo Código Civil. No direito civil, domicílio é o local em que a pessoa reside com ânimo definitivo. Esse ânimo duradouro, no Direito Penal, é irrelevante, pois protege-se qualquer lar, casa ou local em que alguém mora, a exemplo do barraco do favelado e da cabana do pescador. A lei penal resguarda a tranquilidade no local de habitação, pouco importando seja permanente, eventual ou transitório.

O conceito de casa compreende:

a) qualquer compartimento habitado: inciso I

Qualquer lugar destinado à ocupação pelo ser humano pode ser fracionado em blocos menores. O produto dessa divisão é o compartimento. Mas a lei penal não põe a salvo de invasões qualquer compartimento. Deve ser habitado por alguém, para morar, viver ou usar. Exemplos: quartos de hotéis ou motéis, cabines de navios etc.

O automóvel pode ser classificado como compartimento habitado, nas situações em que possui uma divisão que funciona como domicílio de uma pessoa (exemplo: boleia de um caminhão), ou então quando foi projetado para servir, permanente ou temporariamente, como residência (exemplo: *trailers*).

Para o Superior Tribunal de Justiça, a habitação em prédio abandonado de escola municipal – e o raciocínio é aplicável a qualquer imóvel deixado ao abandono – pode caracterizar o conceito de domicílio, incidindo a proteção disposta no art. 5.º, XI, da Constituição Federal, inclusive por que o Decreto 7.053/2009, que instituiu a Política Nacional para População em Situação de Rua, reforça a condição de moradia aos habitantes de logradouros públicos e áreas degradadas.[307]

---

[307] AgRg no HC 712.529/SE, rel. Min. Ribeiro Dantas, 5.ª Turma, j. 25.10.2022, noticiado no *Informativo* 755.

b) aposento ocupado de habitação coletiva: inciso II

Essa referência era prescindível, pois a expressão "qualquer compartimento habitado" (inciso I) engloba o "aposentado ocupado de habitação coletiva" (inciso II). O legislador reiterou seu escopo de proteger penalmente os compartimentos de habitação coletiva, tais como quartos de pensões, repúblicas, hotéis e motéis, que estejam ocupados por alguém.

c) compartimento não aberto ao público, onde alguém exerce profissão ou atividade: inciso III

A interpretação desse dispositivo legal autoriza a seguinte conclusão: se o compartimento não é aberto ao público, ou ele é parte integrante de um local público, ou possui uma parte conjugada aberta ao público. E, se alguém exerce profissão ou atividade nesse espaço, o compartimento pode ser considerado seu domicílio. A pessoa que ali entrar ou permanecer contra a vontade expressa ou tácita de quem de direito incidirá no crime tipificado pelo art. 150 do Código Penal. Exemplos: consultório do médico ou dentista, balcão do padeiro etc.[308]

A proteção da inviolabilidade domiciliar estende-se também para as autoridades fiscais e fazendárias. Na esteira da orientação do Supremo Tribunal Federal:

> Para os fins da proteção jurídica a que se refere o art. 5.º, XI, da Constituição da República, o conceito normativo de "casa" revela-se abrangente e, por estender-se a qualquer compartimento privado não aberto ao público, onde alguém exerce profissão ou atividade (CP, art. 150, § 4.º, III), compreende, observada essa específica limitação espacial (área interna não acessível ao público), os escritórios profissionais. (...) Sem que ocorra qualquer das situações excepcionais taxativamente previstas no texto constitucional (art. 5.º, XI), nenhum agente público, ainda que vinculado à administração tributária do Estado, poderá, contra a vontade de quem de direito (*invito domino*), ingressar, durante o dia, sem mandado judicial, em espaço privado não aberto ao público, onde alguém exerce sua atividade profissional, sob pena de a prova resultante da diligência de busca e apreensão assim executada reputar-se inadmissível, porque impregnada de ilicitude material.[309]

Esses locais normalmente possuem uma parte aberta ao público, na qual as pessoas podem entrar e permanecer livremente, sem a interferência do Direito Penal. Exemplo: salão da padaria ou sala de recepção do consultório.

O **compartimento aberto ao público** não é tutelado pela lei penal. Exemplos: hospitais, museus, bares, lojas etc.

Finalmente, é livre a entrada ou permanência em **locais e repartições públicas**, pois, se pertencem a todos indistintamente, não podem funcionar como domicílio de uma pessoa determinada. Essa regra é excepcionada no tocante às áreas de acesso restrito e com ingresso dependente de autorização, como ocorre nos gabinetes dos magistrados, dos membros do Ministério Público e dos Delegados de Polícia. Na visão do Superior Tribunal de Justiça:

> Configura o crime de violação de domicílio (art. 150 do CP) o ingresso e a permanência, sem autorização, em gabinete de Delegado de Polícia, embora faça parte de um prédio ou de uma

---

[308] "O relator ressaltou que, embora a Constituição empregasse o termo 'casa' à proteção contra a busca domiciliar não autorizada, essa proteção iria além do ambiente doméstico. O art. 150, § 4.º, do CP, ao definir 'casa' para fins do crime de violação de domicílio, traria conceito abrangente do termo ('A expressão 'casa' compreende: I – qualquer compartimento habitado; II – aposento ocupado de habitação coletiva; III – compartimento não aberto ao público, onde alguém exerce profissão ou atividade'). Assim, o conceito de 'casa' estender-se-ia aos escritórios profissionais" (STF: HC 106.566/SP, rel. Min. Gilmar Mendes, 2.ª Turma, j. 09.12.2014, noticiado no *Informativo* 771).

[309] HC 82.788/RJ, rel. Min. Celso de Mello, 2.ª Turma, j. 12.04.2005.

repartição públicos. O § 4.º do art. 150 do CP, em seu inciso III, dispõe que a expressão "casa" compreende o "compartimento não aberto ao público, onde alguém exerce profissão ou atividade". Ora, se o compartimento deve ser fechado ao público, depreende-se que faz parte de um prédio ou de uma repartição públicos, ou então que, inserido em ambiente privado, possua uma parte conjugada que seja aberta ao público. Assim, verifica-se que, sendo a sala de um servidor público – no caso, o gabinete de um Delegado de Polícia – um compartimento com acesso restrito e dependente de autorização, e, por isso, um local fechado ao público, onde determinado indivíduo exerce suas atividades laborais, há o necessário enquadramento no conceito de "casa" previsto no art. 150 do Estatuto Repressivo. Com efeito, entendimento contrário implicaria a ausência de proteção à liberdade individual de todos aqueles que trabalham em prédios públicos, já que poderiam ter os recintos ou compartimentos fechados em que exercem suas atividades invadidos por terceiros não autorizados a qualquer momento, o que não se coaduna com o objetivo da norma penal incriminadora em questão. Ademais, em diversas situações o serviço público ficaria inviabilizado, pois bastaria que um cidadão ou que grupos de cidadãos desejassem manifestar sua indignação ou protestar contra determinada situação para que pudessem ingressar em qualquer prédio público, inclusive nos espaços restritos à população, sem que tal conduta caracterizasse qualquer ilícito, o que, como visto, não é possível à luz da legislação penal em vigor.[310]

c.1. Violação de direito ou prerrogativa de advogado e abuso de autoridade

A Lei 13.869/2019 – Abuso de Autoridade, acrescentou à Lei 8.906/1994 – Estatuto da Advocacia e da Ordem dos Advogados do Brasil o art. 7.º-B, para o fim de criar crimes relacionados à violação de direito ou prerrogativa de advogado:

> **Art. 7.º-B.** Constitui crime violar direito ou prerrogativa de advogado previstos nos incisos II, III, IV e V do *caput* do art. 7.º desta Lei:
> **Pena** – detenção, de 2 (dois) a 4 (quatro) anos, e multa.

O art. 7.º, II, III, IV e V, da Lei 8.906/1994 assegura aos advogados os seguintes direitos:

> **Art. 7.º** São direitos do advogado:
> II – a inviolabilidade de seu escritório ou local de trabalho, bem como de seus instrumentos de trabalho, de sua correspondência escrita, eletrônica, telefônica e telemática, desde que relativas ao exercício da advocacia;
> III – comunicar-se com seus clientes, pessoal e reservadamente, mesmo sem procuração, quando estes se acharem presos, detidos ou recolhidos em estabelecimentos civis ou militares, ainda que considerados incomunicáveis;
> IV – ter a presença de representante da OAB, quando preso em flagrante, por motivo ligado ao exercício da advocacia, para lavratura do auto respectivo, sob pena de nulidade e, nos demais casos, a comunicação expressa à seccional da OAB;
> V – não ser recolhido preso, antes de sentença transitada em julgado, senão em sala de Estado Maior, com instalações e comodidades condignas, e, na sua falta, em prisão domiciliar.

---

[310] HC 298.763/SC, rel. Min. Jorge Mussi, 5.ª Turma, j. 07.10.2014, noticiado no *Informativo* 549.

A violação do direito profissional elencado no art. 7.º, II, do Estatuto da Advocacia e da Ordem dos Advogados do Brasil guarda íntima relação com o crime de violação de domicílio. O conflito aparente de normas deve ser solucionado pelo princípio da especialidade, ou seja, a violação do escritório de advocacia acarreta a configuração do delito tipificado no art. 7.º-B da Lei 8.906/1994, afastando a violação de domicílio prevista no art. 150 do Código Penal.

d) dependências protegidas: art. 150, *caput*

O art. 150, *caput*, do Código Penal protege também as **dependências da casa**, a exemplo dos jardins, garagens, quintais, terraços e pátios, desde que fechados, cercados ou se existentes obstáculos de fácil visualização vedando a passagem do público (correntes, telas etc.).

As pastagens e campos de propriedades rurais não são dependências da casa, e, por corolário, não são protegidas pela lei penal.

1.6.2.1.6.1. Não se compreendem no conceito de "casa": § 5.º

De acordo com o art. 150, § 5.º, do Código Penal, não se compreendem na expressão "casa":

a) hospedaria, estalagem ou qualquer outra habitação coletiva, enquanto aberta ao público, salvo a restrição do n.º II do parágrafo anterior: inciso I

A terminologia utilizada pelo legislador é antiga e merece ser atualizada. **Hospedaria** é o recinto destinado a receber pessoas que ali permanecem por um período predeterminado, mediante contraprestação pecuniária. Exemplos atuais: hotéis, motéis e flats. **Estalagem** também é o local adequado para receber hóspedes, mediante remuneração, mas em proporção menor do que a hospedaria. Exemplos atuais: pousadas, abrigos e pensões. **Qualquer outra habitação coletiva**, por sua vez, é fórmula genérica indicativa de lugar coletivo e aberto ao público. Exemplos: parques, áreas de lazer e *campings* (excluídas as barracas).

Enquanto a hospedaria, estalagem ou qualquer outra habitação coletiva estiver aberta, o local será considerado como de livre acesso ao público, e, consequentemente, não poderá ser objeto material do crime de violação de domicílio. Se, porém, encontrar-se fechado, com acesso restrito, à pessoa que ali ingressar ou permanecer contra a vontade expressa ou tácita de quem de direito será imputado o crime em análise.

A ressalva contida na parte final do dispositivo legal serve para proteger o aposento ocupado de habitação coletiva. Destarte, um hotel, enquanto permanecer aberto ao público, não pode ser objeto material de violação de domicílio, ao contrário do quarto ocupado por um hóspede. Como já decidido pelo Superior Tribunal de Justiça:

> O quarto de hotel constitui espaço privado que, segundo entendimento do Supremo Tribunal Federal, é qualificado juridicamente como "casa" (desde que ocupado) para fins de tutela constitucional da inviolabilidade domiciliar. (...) Esclarece-se que, embora o quarto de hotel regularmente ocupado seja, juridicamente, qualificado como "casa" para fins de tutela constitucional da inviolabilidade domiciliar (art. 5.º, XI), a exigência, em termos de *standard* probatório, para que policiais ingressem em um quarto de hotel sem mandado judicial não pode ser igual às fundadas razões exigidas para o ingresso em uma residência propriamente dita, a não ser que se trate (o quarto de hotel) de um local de moradia permanente do suspeito. Isso porque é diferente invadir uma casa habitada permanentemente pelo suspeito e até por várias pessoas (crianças e idosos, inclusive) e um quarto de hotel que, como no caso, é aparentemente utilizado não como uma morada permanente, mas para outros fins, inclusive, ao que tudo indica, o comércio de drogas. Com efeito, presentes as fundadas razões que sinalizem a ocorrência de crime e evidenciem hipótese de flagrante delito, é regular o

ingresso da polícia no quarto de hotel ocupado pelo acusado, sem autorização judicial e sem o consentimento do hóspede.[311]

b) taverna, casa de jogo e outras do mesmo gênero: inciso II

Taverna é o local em que são vendidas e servidas refeições e bebidas. Exemplos atuais: bares e restaurantes. **Casas de jogo** são, em regra, proibidas no Brasil (exemplo: cassinos), mas, mesmo quando permitidas (exemplo: fliperamas), não se encaixam no conceito de domicílio, pois se assegura livre acesso ao público. Finalmente, a regra genérica representada pela expressão **"outras do mesmo gênero"** incide para os demais lugares de diversão pública. Exemplos: cinemas, teatros e casas de espetáculos. Como lecionava Magalhães Noronha em tempos passados:

> Taverna é a bodega, o botequim, a tasca, a casa de pasto ordinária, frequentada, em regra, por indivíduos que, se não criminosos, tangenciam o Código Penal. Casa de jogo é aquela em que se realizam jogos de azar, franqueada ao público. O art. 50, § 4.º, da Lei das Contravenções Penais amplia o conceito de casa de jogo. Todavia, deve notar-se que, se em tais casas há um morador, os cômodos por ele ocupados estão sob a proteção legal. Após a menção expressa desses lugares, o Código usa expressão genérica: "e outras do mesmo gênero". Cabe aqui os prostíbulos (acessíveis *au premier passant*), os bares, boates, teatros, restaurantes, enfim, estabelecimentos abertos ao público, urgindo, entretanto, aqui, a observação feita acerca do morador. Mesmo a meretriz é protegida em sua casa, que também é inviolável.[312]

Em síntese, são locais abertos ao público e, por esse motivo, não podem funcionar como objeto material do crime de violação de domicílio. Na linha da jurisprudência do Superior Tribunal de Justiça: "A abordagem policial em estabelecimento comercial, ainda que a diligência tenha ocorrido quando não havia mais clientes, é hipótese de local aberto ao público, que não recebe a proteção constitucional da inviolabilidade do domicílio".[313]

1.6.2.1.7. Sujeito ativo

O **crime é comum**. Pode ser praticado por qualquer pessoa, **inclusive pelo proprietário do bem**, quando entra ou permanece na residência ocupada pelo inquilino contra sua vontade expressa ou tácita. O Código Penal não protege a propriedade nem a posse indireta do locador. O locatário, possuidor direto do imóvel, não é ofendido em sua posse, e sim em sua tranquilidade doméstica.

A serviçal que permite o ingresso do amante em seu quarto pratica o crime em concurso com ele. Presume-se, nessa hipótese, o dissentimento do dono da residência.

O divorciado pode cometer o crime ao entrar ou permanecer na residência do seu ex-cônjuge contra sua vontade.

Não há crime, entretanto, quando uma mulher, na ausência do seu marido, permite a entrada do amante em sua residência. A Constituição Federal, nos arts. 5.º, inciso I, e 226, § 5.º, equiparou os cônjuges em direitos e deveres no âmbito do casamento. Não há hierarquia entre eles no tocante ao direito de permitir a entrada ou permanência de uma pessoa no lar doméstico. Frise-se, a propósito, que esta posição já era acolhida pelo Supremo Tribunal Federal inclusive anteriormente à atual ordem constitucional: "O consentimento da esposa do chefe da casa, na ausência deste, exclui a ação criminosa de quem penetra no lar, com o consentimento da mesma".[314]

---

[311] HC 659.527/SP, rel. Min. Rogerio Schietti Cruz, 6.ª Turma, j. 19.10.2021, noticiado no *Informativo* 715.
[312] MAGALHÃES NORONHA, E. *Direito penal*. 9. ed. São Paulo: Saraiva, 1973. v. 2, p. 221-222.
[313] HC 754.789/RS, rel. Ministro Olindo Menezes (Desembargador convocado do TRF 1.ª Região), 6.ª Turma, j. 06/12/2022, noticiado no *Informativo* 760.
[314] RHC 46.151/SP, rel. Min. Adalicio Nogueira, 2.ª Turma, j. 24.09.1968.

1.6.2.1.8. Agente público e abuso de autoridade

Se a violação de domicílio for praticada por agente público, estará configurado o delito tipificado no art. 22 da Lei 13.869/2019 – Lei de Abuso de Autoridade:

Art. 22. Invadir ou adentrar, clandestina ou astuciosamente, ou à revelia da vontade do ocupante, imóvel alheio ou suas dependências, ou nele permanecer nas mesmas condições, sem determinação judicial ou fora das condições estabelecidas em lei:

Pena – detenção, de 1 (um) a 4 (quatro) anos, e multa.

§ 1.º Incorre na mesma pena, na forma prevista no *caput* deste artigo, quem:

I – coage alguém, mediante violência ou grave ameaça, a franquear-lhe o acesso a imóvel ou suas dependências;

II – (Vetado);

III – cumpre mandado de busca e apreensão domiciliar após as 21h (vinte e uma horas) ou antes das 5h (cinco horas).

§ 2.º Não haverá crime se o ingresso for para prestar socorro, ou quando houver fundados indícios que indiquem a necessidade do ingresso em razão de situação de flagrante delito ou de desastre.

Em razão da criação desse tipo penal, o art. 44 da Lei 13.869/2019 revogou expressamente o § 2.º do art. 150 do Código Penal, que previa o aumento da pena de 1/3 quando a violação de domicílio era cometida "por funcionário público, fora dos casos legais, ou com inobservância das formalidades estabelecidas em lei, ou com abuso do poder".

1.6.2.1.9. Sujeito passivo

É o titular do direito à tranquilidade doméstica. Na descrição típica é o **"quem de direito"**, ou seja, o sujeito que tem o poder de admitir ou excluir alguém da sua casa (*ius prohibendi*), pouco importando seja ou não seu proprietário.

A expressão "quem de direito" evidencia a intenção do legislador em assegurar somente a determinadas pessoas a prerrogativa de controlar a entrada, a permanência e a saída do domicílio. Nesse contexto, o sujeito passivo pode ser:

(1) uma pessoa a quem os demais habitantes da casa estão subordinados (**regime de subordinação**); ou

(2) diversas pessoas, habitantes da mesma residência, em relação isonômica (**regime de igualdade**).

No **regime de subordinação**, como é o caso de uma família, exemplificativamente, não são todos os seus membros que podem permitir a entrada ou a permanência de terceiros na residência, mas apenas o pai e a mãe, que administram os interesses familiares em igualdade de condições (CF, arts. 5.º, inc. I, e 226, § 5.º). No conflito entre marido e mulher, prevalece a vontade de quem proíbe (*melhor est conditio prohibentis*).

Isto também ocorre em comunidades privadas, nas quais despontam as figuras do superior e dos subordinados (exemplo: em uma universidade, o reitor é o superior, e os demais, subordinados).

Em qualquer caso, o superior desponta como sujeito passivo do delito. Na ausência do titular do direito à proibição, este é transmitido para um dos seus subordinados ou dependentes.

No regime de subordinação, contudo, aos dependentes e subordinados reserva-se, ainda que de modo restrito, o direito de permitir ou vedar a entrada ou permanência de terceiros nos espaços que lhes pertencem. Em uma casa de família, mandam o pai e a mãe, em igualdade de condições. Mas os filhos têm o direito de admitir ou não o ingresso ou permanência de terceiros em seus quartos. Este direito, obviamente, não exclui o direito dos pais relativamente a todas as dependências da casa. Assim sendo, se o pai ou a mãe ingressar no quarto de um dos filhos, ainda que contra a sua vontade, não pratica o delito de violação de domicílio. Igualmente, o patrão pode ingressar no aposento da serviçal, mesmo sem sua concordância, desde que para fins lícitos e morais.

Em suma, os filhos e empregados podem proibir o ingresso e a permanência de terceiros em suas dependências. Mas, se entrarem em conflito com os chefes da casa (pai e mãe, patrão e patroa etc.), a vontade destes prevalecerá para fins penais, que poderão expulsar de casa os convidados dos filhos ou empregados, salvo na hipótese de residência pertencente ao filho maior de idade e civilmente capaz.

Por outro lado, no **regime de igualdade** todos os moradores são titulares do direito de permitir ou proibir a entrada ou permanência de alguém no recinto da casa. Reparte-se o poder entre todos. É o que dá em repúblicas de estudantes e em condomínios.

Nessas situações, pode ocorrer de alguém ser autorizado por um dos moradores a entrar ou permanecer no local, e, simultaneamente, proibido por outro morador. Aplica-se a regra pela qual é melhor a condição de quem proíbe, ou seja, exige-se o consenso de todos para o ingresso e manutenção de terceiros em uma habitação coletiva.

No tocante aos condomínios, qualquer dos condôminos pode permitir o ingresso nas partes comuns, tais como corredores, jardins, garagens etc., desde que respeitada a individualidade dos demais. Se o condomínio, todavia, possuir um administrador ou síndico, competirá a ele controlar a entrada e saída de visitantes.

1.6.2.1.10. Elemento subjetivo

É o dolo, abrangente do elemento normativo "contra a vontade expressa ou tácita de quem de direito". Por corolário, o crime é incompatível com o dolo eventual, pois não se pode assumir o risco de entrar ou permanecer na residência alheia contra a vontade do morador. Ou o agente sabe que viola o domicílio de alguém, ou tem dúvida, o que afasta o dolo.

Há atipicidade, por ausência de dolo, nas condutas de entrar em casa alheia para esconder-se da polícia ou quando o sujeito supõe ingressar em local diverso do proibido (erro de tipo).

Não se admite a modalidade culposa.

1.6.2.1.11. Consumação

Cuida-se de **crime de mera conduta ou de simples atividade**, pois o tipo penal não contém resultado naturalístico. Consuma-se no momento em que o sujeito ingressa completamente na casa da vítima ("entrar"), ou então quando, ciente de que deve sair do local, não o faz por tempo juridicamente relevante ("permanecer").

Em relação ao primeiro núcleo, o crime é instantâneo, e, no tocante ao segundo núcleo, permanente.

É imprescindível a entrada concreta em casa alheia. Não há crime na conduta de olhar ou observar, ainda que com o uso de binóculos, a movimentação na residência de terceira pessoa.

Violações anteriores de domicílio toleradas ou perdoadas pelo sujeito passivo não afastam o crime posterior.

1.6.2.1.12. Tentativa

É possível na conduta "entrar". Exemplo: o sujeito é impedido por seguranças de ingressar em uma festa de casamento para a qual não foi convidado.

No que concerne ao núcleo "permanecer", é incabível o *conatus*. De fato, trata-se de conduta omissiva, e se consuma quando o sujeito permanece (deixa de sair) na casa alheia contra a vontade expressa ou tácita de quem de direito. Destarte, ainda que resista (exemplo: determinada sua retirada de uma festa, o agente se recusa a deixar o local, trancando-se em um banheiro), o crime já estará consumado com sua negativa em abandonar o domicílio alheio.

Há, contudo, autores que consideram a tentativa compatível com a conduta de "permanecer".

1.6.2.1.13. Ação penal

É pública incondicionada.

1.6.2.1.14. Violação de domicílio e Lei 9.099/1995

O crime definido pelo art. 150 do Código Penal, tanto na forma simples (*caput*) como na figura qualificada (§ 1.º), é **infração penal de menor potencial ofensivo**. Admite a transação penal, desde que presentes seus requisitos legais, e segue o rito sumaríssimo.

1.6.2.1.15. Concurso de crimes

A caracterização do delito reclama tenha o agente, como finalidade própria, o ingresso ou permanência em casa alheia, e nada mais do que isso. Logo, quando assim atua como meio de execução de outro crime mais grave (exemplos: furto, roubo, estupro etc.), a violação de domicílio fica absorvida (princípio da consunção: o crime-fim absorve o crime-meio).

Subsiste o crime de violação de domicílio quando há dúvida acerca do verdadeiro propósito do agente (exemplo: "A" é encontrado no interior da residência de "B", mas não se sabe se queria apenas entrar em casa alheia ou se desejava furtá-la), e também quando caracteriza desistência voluntária, pois o agente só responde pelos atos praticados (exemplo: "A" ingressa na casa de "B" para furtá-la, mas, podendo consumar a subtração, desiste da execução do crime, respondendo apenas pela violação de domicílio).

1.6.2.1.16. Classificação doutrinária

Cuida-se de crime **comum** (pode ser praticado por qualquer pessoa); **instantâneo** (conduta de "entrar") ou **permanente** (conduta de "permanecer"); **de mera conduta** (o tipo penal não possui resultado naturalístico); **de forma livre** (admite qualquer meio de execução); **unilateral, unissubjetivo ou de concurso eventual** (praticado por uma só pessoa, mas admite o concurso); **comissivo** ("entrar") ou **omissivo** ("permanecer"); **unissubsistente ou plurissubsistente** (a conduta pode ser composta por um ou mais atos); **de conteúdo variado, de ação múltipla ou tipo misto alternativo** (tipo penal contém mais de um núcleo, e a prática de ambos, no mesmo contexto fático e contra o mesmo objeto material caracteriza um único crime); e **de dano** (reclama a efetiva lesão ao bem jurídico).

1.6.2.1.17. Figuras qualificadas: § 1.º

A pena é de detenção, de seis meses a dois anos, além da pena correspondente à violência, se o crime é cometido durante a noite, ou em lugar ermo, ou com o emprego de violência ou de arma, ou por duas ou mais pessoas.

O art. 150, § 1.º, do Código Penal prevê diversas qualificadoras, pois são alterados os limites, mínimo e máximo, da sanção penal, em decorrência de circunstâncias que se agregam ao tipo fundamental. Vejamos cada uma delas.

a) Noite

A noite sempre foi objeto de preocupação do Direito Penal. Em tempos remotos autorizava inclusive a presunção de legítima defesa. No Êxodo (XXII, 2-3) constava: "Se um ladrão for encontrado forçando a porta ou escavando a parede da casa, e, sendo ferido, morrer, aquele que o feriu não será réu de morte. Se, porém, fez isto depois de ter nascido o sol, cometeu um homicídio, e ele mesmo morrerá".

A razão da qualificadora repousa no fato de ser mais fácil praticar o crime durante a noite, quando a vítima tem reduzida sua possibilidade de defesa. Como informa Jorge Alberto Romeiro acerca dos motivos que justificam o tratamento mais rigoroso do legislador no tocante aos crimes cometidos durante a noite:

> São ditos motivos a maior periculosidade do agente e as condições de menor resistência ou possibilidade de defesa por parte da vítima, os quais sempre carreia a noite, com suas trevas, com o repouso do sono, e a menor vigilância pública ou despoliciamento, na cidade e nos campos, e psicologicamente, os seus supersticiosos mistérios, facilitando o susto e o terror.[315]

Além disso, a própria Constituição Federal, em seu art. 5.º, inciso XI, transforma a casa, durante a noite, em asilo ainda mais inviolável do indivíduo, imune até mesmo às ordens judiciais.[316]

O conceito de noite não é unânime.

Para José Afonso da Silva, noite é o período que se estende das 18h às 6h.[317] Celso de Mello, por outro lado, sustenta que deve ser levado em conta o **critério físico-astronômico**, considerando dia o intervalo de tempo situado entre a aurora e o crepúsculo. O restante caracteriza a noite.[318] Essa última posição, para a qual são irrelevantes o horário e a época do ano, importando somente a existência ou não de luz solar, parece compatibilizar-se mais adequadamente com o fundamento da qualificadora.[319]

b) Lugar ermo

Ermo é o local habitualmente abandonado e afastado dos centros urbanos, no qual o socorro é mais difícil, tornando deveras remota a chance de defesa por parte da vítima. A existência de uma casa nessas condições não faz com que o lugar deixe de ser ermo, e, se invadida, estará caracterizada a qualificadora do crime de violação de domicílio.

c) Violência

Violência é o emprego de força física, tanto em relação à pessoa (exemplo: contra o morador) como também no tocante à coisa (exemplo: contra uma porta), uma vez que a lei não faz distinção. Não agiu como em diversos outros crimes, nos quais se reporta à "violência à pessoa".

Se a violência for empregada contra uma pessoa e ela sofrer lesões corporais, serão aplicadas cumulativamente as penas atinentes à violação de domicílio e à lesão corporal, ainda que leve. A lei impõe o **concurso material obrigatório** entre a violação de domicílio e a violência.

A violência moral (grave ameaça) não qualifica o crime, por ausência de previsão legal.

---

[315] ROMEIRO, Jorge Alberto. *A noite no direito e no processo penal*. Estudos de direito e processo penal em homenagem a Nélson Hungria. Rio de Janeiro: Forense, 1962. p. 200.

[316] "A Constituição preconiza a inviolabilidade noturna do domicílio, pouco importando a existência de ordem judicial" (STF: RE 460.880/RS, rel. Min. Marco Aurélio, 1.ª Turma, j. 25.09.2007, noticiado no *Informativo* 481).

[317] SILVA, José Afonso da. *Comentário contextual à Constituição*. 4. ed. São Paulo: Malheiros, 2007. p. 104.

[318] MELLO FILHO, José Celso de. *Constituição Federal anotada*. 2. ed. São Paulo: Saraiva, 1986. p. 442.

[319] A Lei 13.869/2019 – Abuso de Autoridade, embora sem falar em "noite", tipifica a conduta do agente público que cumpre mandado de busca e apreensão domiciliar após as 21h (vinte e uma horas) ou antes das 5h (cinco horas).

d) Emprego de arma

Arma é todo instrumento com potencialidade para matar ou ferir. Pode ser **própria**, quando criada com tal finalidade (exemplos: revólveres, pistolas, espingardas etc.), ou **imprópria**, que foi concebida para outra finalidade, nada obstante possa matar ou ferir (exemplos: navalhas, tacos de beisebol, machados etc.). Fala-se ainda em **armas brancas**, que são as revestidas de ponta ou gume, e podem ser próprias (exemplo: punhal) ou impróprias (exemplo: faca de cozinha).

É necessário que o sujeito se utilize da arma para intimidar a vítima. Basta, porém, a intimidação tácita, que se verifica com o seu porte ostensivo.

Fundamenta-se a elevação da pena na maior ofensa à liberdade individual, em decorrência do temor proporcionado pelo emprego da arma, bem como pelo maior perigo que acarreta ao ofendido.

e) Concurso de duas ou mais pessoas

A redação do dispositivo legal revela que somente incidirá a qualificadora quando duas ou mais pessoas efetivamente invadem a casa alheia. Todos devem praticar atos de execução (coautoria).[320] A maior punição é justificada pela circunstância de a atuação simultânea dos agentes dificultar a defesa da vítima para impedir a violação de domicílio.

1.6.2.1.18. Causas de aumento da pena: § 2.º

O § 2.º do art. 150 do Código Penal foi revogado expressamente pelo art. 44 da Lei 13.869/2019 – Lei de Abuso de Autoridade.

A redação do dispositivo revogado era a seguinte: "Aumenta-se a pena de um terço, se o fato é cometido por funcionário público, fora dos casos legais, ou com inobservância das formalidades estabelecidas em lei, ou com abuso do poder."

1.6.2.1.19. Excludentes da ilicitude: § 3.º

Nos termos do art. 150, § 3.º, do Código Penal:

> Art. 150, § 3.º Não constitui crime a entrada ou permanência em casa alheia ou em suas dependências:
>
> I – durante o dia, com observância das formalidades legais, para efetuar prisão ou outra diligência;
>
> II – a qualquer hora do dia ou da noite, quando algum crime está sendo ali praticado ou na iminência de o ser.

Trata-se de **causa especial de exclusão da ilicitude**, pois a lei usa a expressão "não constitui crime". A regra, em verdade, era desnecessária, pois seu teor encontra-se abrangido pelo art. 23, inciso III, 1.ª parte, do Código Penal, que disciplina o estrito cumprimento de dever legal.

Além disso, a própria Constituição Federal cuida do assunto em seu art. 5.º, inciso XI: "a casa é asilo inviolável do indivíduo, ninguém nela podendo penetrar sem o consentimento do morador, salvo em caso de flagrante delito ou desastre, ou para prestar socorro, ou, durante o dia, por determinação judicial".

Cabem algumas considerações acerca da regra constitucional.

---

[320] Com opinião contrária: FRAGOSO, Heleno Cláudio. *Lições de direito penal*. Parte especial. 11. ed. Rio de Janeiro: Forense, 1995. v. 1, p. 165.

Inicialmente, visualizam-se duas situações distintas: durante o dia e durante a noite.[321] **Durante o dia**, pode-se penetrar em casa alheia, sem o consentimento do morador, em caso de flagrante delito ou desastre, para prestar socorro e em cumprimento de determinação judicial. A determinação judicial pode referir-se a **qualquer espécie de diligência**, de natureza jurisdicional, policial, fiscal ou administrativa. **À noite**, porém, não se permite o ingresso por determinação judicial, subsistindo os demais casos.

Na hipótese de **flagrante delito** é imprescindível a cautela dos agentes do Estado na constatação da prática do crime, sob risco de tornar letra morta o direito fundamental consagrado no art. 5.º, inc. XI, da Constituição Federal. Mas, para não ser tolhida a atividade policial, coloca-se à disposição da autoridade policial e dos seus agentes a análise do cabimento (ou não) do ingresso no domicílio, efetuando-se posteriormente o controle judicial da legitimidade da medida. Para o Supremo Tribunal Federal:

> A entrada forçada em domicílio sem mandado judicial só é lícita, mesmo em período noturno, quando amparada em fundadas razões, devidamente justificadas "a posteriori", que indiquem que dentro da casa ocorre situação de flagrante delito, sob pena de responsabilidade disciplinar, civil e penal do agente ou da autoridade, e de nulidade dos atos praticados. Essa a orientação do Plenário, que reconheceu a repercussão geral do tema e, por maioria, negou provimento a recurso extraordinário em que se discutia, à luz do art. 5.º, XI, LV e LVI, da Constituição, a legalidade das provas obtidas mediante invasão de domicílio por autoridades policiais sem o devido mandado de busca e apreensão. O acórdão impugnado assentara o caráter permanente do delito de tráfico de drogas e mantivera condenação criminal fundada em busca domiciliar sem a apresentação de mandado de busca e apreensão. A Corte asseverou que o texto constitucional trata da inviolabilidade domiciliar e de suas exceções no art. 5.º, XI ("a casa é asilo inviolável do indivíduo, ninguém nela podendo penetrar sem consentimento do morador, salvo em caso de flagrante delito ou desastre, ou para prestar socorro, ou, durante o dia, por determinação judicial"). Seriam estabelecidas, portanto, quatro exceções à inviolabilidade: a) flagrante delito; b) desastre; c) prestação de socorro; e d) determinação judicial. A interpretação adotada pelo STF seria no sentido de que, se dentro da casa estivesse ocorrendo um crime permanente, seria viável o ingresso forçado pelas forças policiais, independentemente de determinação judicial. Isso se daria porque, por definição, nos crimes permanentes, haveria um interregno entre a consumação e o exaurimento. Nesse interregno, o crime estaria em curso. Assim, se dentro do local protegido o crime permanente estivesse ocorrendo, o perpetrador estaria cometendo o delito. Caracterizada a situação de flagrante, seria viável o ingresso forçado no domicílio. Desse modo, por exemplo, no crime de tráfico de drogas (Lei 11.343/2006, art. 33), estando a droga depositada em uma determinada casa, o morador estaria em situação de flagrante delito, sendo passível de prisão em flagrante. Um policial, em razão disso, poderia ingressar na residência, sem autorização judicial, e realizar a prisão. Entretanto, seria necessário estabelecer uma interpretação que afirmasse a garantia da inviolabilidade da casa e, por outro lado, protegesse os agentes da segurança pública, oferecendo orientação mais segura sobre suas formas de atuação. Nessa medida, a entrada forçada em domicílio, sem uma justificativa conforme o direito, seria arbitrária. Por outro lado, não seria a constatação de situação de flagrância, posterior ao ingresso, que justificaria a medida. Ante o que consignado, seria necessário fortalecer o controle "a posteriori", exigindo dos policiais a demonstração de que a medida fora adotada mediante justa causa, ou seja, que haveria elementos para caracterizar a suspeita de que uma situação a autorizar o ingresso forçado em domicílio estaria presente.[322]

---

[321] A análise do conceito penal de noite encontra-se na análise do crime em estudo, no item 1.6.2.1.16.
[322] RE 603.616/RO, rel. Min. Gilmar Mendes, Plenário, j. 05.11.2015, noticiado no *Informativo* 806. É também o entendimento do STJ, ao exigir a presença de justa causa – elementos probatórios mínimos – para legitimar a invasão de domicílio pelos agentes do Estado, sem mandado judicial, uma vez que a proteção do domicílio consubstancia-se em expressão do direito à intimidade, razão pela qual as exceções previstas no art. 5.º, inc. XI, da Constituição Federal devem ser objeto de interpretação restritiva: "A violação de domicílio com base no comportamento suspeito do acusado, que

No tocante à "ordem judicial", fica evidente que a Constituição Federal colocou a violação de domicílio sob o manto da **reserva de jurisdição**. Veja-se, a propósito, a posição do Supremo Tribunal Federal acerca do assunto:

> Conforme o art. 5.º, XI, da Constituição – afora as exceções nele taxativamente previstas ("em caso de flagrante delito ou desastre, ou para prestar socorro") só a "determinação judicial" autoriza, e durante o dia, a entrada de alguém – autoridade ou não – no domicílio de outrem, sem o consentimento do morador. Em consequência, o poder fiscalizador da administração tributária perdeu, em favor do reforço da garantia constitucional do domicílio, a prerrogativa da autoexecutoriedade, condicionado, pois, o ingresso dos agentes fiscais em dependência domiciliar do contribuinte, sempre que necessário vencer a oposição do morador, passou a depender de autorização judicial prévia.[323]

Em sintonia com esse mandamento constitucional, o art. 293 do Código de Processo Penal arrola as formalidades legais para a prisão:

> **Art. 293.** Se o executor do mandado verificar, com segurança, que o réu entrou ou se encontra em alguma casa, o morador será intimado a entregá-lo, à vista da ordem de prisão. Se não for obedecido imediatamente, o executor convocará duas testemunhas e, sendo dia, entrará à força na casa, arrombando as portas, se preciso; sendo noite, o executor, depois da intimação ao morador, se não for atendido, fará guardar todas as saídas, tornando a casa incomunicável, e, logo que amanheça, arrombará as portas e efetuará a prisão.

O art. 5.º, inciso XI, da Constituição Federal utiliza a palavra **"delito"** em sentido amplo, isto é, como sinônimo de infração penal, incluindo o crime e a contravenção penal. Seu objetivo foi o de impedir que alguém se valha da inviolabilidade domiciliar para praticar ilícitos penais e ficar imune à atuação dos Poderes Constituídos pelo Estado.

Anote-se, contudo, que a parte final do art. 150, § 3.º, inciso II, do Código Penal ("ou na iminência de o ser") não foi recepcionada pela Constituição Federal, que em seu art. 5.º, inciso XI, autoriza o ingresso em casa alheia, durante o dia ou à noite, apenas na situação de **flagrante delito**, o que não inclui a iminência de cometimento de infração penal.

Não há crime, seja violação de domicílio, seja abuso de autoridade (Lei 13.869/2019, art. 22), quando policiais ou cidadãos em geral ingressam em imóvel com aparência de desabitado, notadamente quando há fundada suspeita da prática de crime permanente em seu interior. Na visão do Superior Tribunal de Justiça:

> Não há nulidade na busca e apreensão efetuada por policiais, sem prévio mandado judicial, em apartamento que não revela sinais de habitação, nem mesmo de forma transitória ou eventual, se a aparente ausência de residentes no local se alia à fundada suspeita de que o imóvel é utilizado

---

empreendeu fuga ao ver a viatura policial, não autoriza a dispensa de investigações prévias ou do mandado judicial para a entrada dos agentes públicos na residência. Tendo como referência o recente entendimento firmado por esta Corte, nos autos do HC 598.051/SP, o ingresso policial forçado em domicílio, resultando na apreensão de material apto a configurar o crime de tráfico de drogas, deve apresentar justificativa circunstanciada em elementos prévios que indiquem efetivo estado de flagrância de delitos graves, além de estar configurada situação que demonstre não ser possível mitigação da atuação policial por tempo suficiente para se realizar o trâmite de expedição de mandado judicial idôneo ou a prática de outras diligências" (HC 695.980/GO, rel. Min. Antonio Saldanha Palheiro, 6.ª Turma, j. 22.03.2022, noticiado no *Informativo* 730).

[323] RE-AgR 331.303/PR, rel. Min. Sepúlveda Pertence, 1.ª Turma, j. 10.02.2004.

para a prática de crime permanente. O Supremo Tribunal Federal definiu, em repercussão geral, que o ingresso forçado em domicílio sem mandado judicial apenas se revela legítimo – a qualquer hora do dia, inclusive durante o período noturno – quando amparado em fundadas razões, devidamente justificadas pelas circunstâncias do caso concreto, que indiquem estar ocorrendo, no interior da casa, situação de flagrante delito (RE 603.616/RO, Rel. Ministro Gilmar Mendes *DJe* 08.10.2010). Nessa linha de raciocínio, o ingresso em moradia alheia depende, para sua validade e sua regularidade, da existência de fundadas razões (justa causa) que sinalizem para a possibilidade de mitigação do direito fundamental em questão. É dizer, somente quando o contexto fático anterior à invasão permitir a conclusão acerca da ocorrência de crime no interior da residência é que se mostra possível sacrificar o direito à inviolabilidade do domicílio. Ademais, a proteção constitucional, no tocante à casa, independentemente de seu formato e sua localização, de se tratar de bem móvel ou imóvel, pressupõe que o indivíduo a utilize para fins de habitação, moradia, ainda que de forma transitória, pois tutela-se o bem jurídico da intimidade da vida privada. O crime de tráfico de drogas, na modalidade guardar ou ter em depósito possui natureza permanente. Tal fato torna legítima a entrada de policiais em domicílio para fazer cessar a prática do delito, independentemente de mandado judicial, desde que existam elementos suficientes de probabilidade delitiva capazes de demonstrar a ocorrência de situação flagrancial. No caso, após denúncia anônima detalhada de armazenamento de drogas e de armas, seguida de informações dos vizinhos de que não haveria residente no imóvel, de vistoria externa na qual não foram identificados indícios de ocupação, mas foi visualizada parte do material ilícito, policiais adentraram o local e encontraram grande quantidade de drogas. Assim, sem desconsiderar a proteção constitucional de que goza a propriedade privada, ainda que desabitada, não se verifica nulidade na busca e apreensão efetuada por policiais, sem prévio mandado judicial, em apartamento que não revela sinais de habitação, nem mesmo de forma transitória ou eventual.[324]

Finalmente, também não há crime de violação de domicílio, em razão do estado de necessidade (CP, art. 23, inc. I, e art. 24), quando o sujeito entra ou permanece em casa alheia ou em suas dependências para escapar de pessoas que o perseguem para agredi-lo ou subtraí-lo.

1.6.2.1.20. Invasão de consulado estrangeiro e competência

A invasão de consulado estrangeiro caracteriza o crime de violação de domicílio. A competência, em regra, será da Justiça Estadual, pois não há dano a interesse da União, e a conduta também não se enquadra nas demais hipóteses elencadas pelo art. 109 da Constituição Federal. Para o Superior Tribunal de Justiça:

> Compete à Justiça Estadual – e não à Justiça Federal – processar e julgar supostos crimes de violação de domicílio, de dano e de cárcere privado – este, em tese, praticado contra agente consular – cometidos por particulares no contexto de invasão a consulado estrangeiro. De acordo com o disposto no art. 109, IV e V, da CF, a competência penal da Justiça Federal pressupõe que haja ofensa a bens, serviços ou interesses da União ou que, comprovada a internacionalidade do fato, o crime praticado esteja previsto em tratados ou convenções internacionais. No entanto, os supostos crimes praticados estão previstos no CP, não havendo qualquer indício de internacionalidade dos fatos. De igual modo, na situação em análise, as condutas ilícitas não ofendem diretamente os bens, serviços ou interesses da União, entidades autárquicas ou empresas públicas federais. Ressalte-se que o disposto nos incisos I e II do art. 109 da CF e o fato de competir à União a manutenção de relações diplomáticas com Estados estrangeiros – do que derivam as relações consulares – não alteram a competência penal da Justiça Federal.[325]

---

[324] HC 588.445/SC, rel. Min. Reynaldo Soares da Fonseca, 5.ª Turma, j. 25.08.2020, noticiado no *Informativo* 678.

[325] AgRg no CC 133.092/RS, rel. Min. Maria Thereza de Assis Moura, 3.ª Seção, j. 23.04.2014, noticiado no *Informativo* 541.

1.6.3. Dos crimes contra a inviolabilidade de correspondência

O fundamento dos crimes contra a inviolabilidade de correspondência encontra-se no art. 5.º, inciso XII, da Constituição Federal: "é inviolável o sigilo da correspondência e das comunicações telegráficas, de dados e das comunicações telefônicas, salvo, no último caso, por ordem judicial, nas hipóteses e na forma que a lei estabelecer para fins de investigação criminal ou instrução processual penal".

Esse direito é relativo, a exemplo dos demais direitos fundamentais. É necessária sua compatibilização com as regras restantes do ordenamento jurídico, e, principalmente, a inviolabilidade de correspondência não pode ser utilizada para ofender o interesse público, nem para prejudicar direitos alheios. É o que se convencionou chamar de **convivência das liberdades públicas**. Exemplificativamente, não se pode conceber a invocação deste direito para servir de escudo para a prática de infrações penais por alguém, como na hipótese em que um indivíduo se vale do serviço de correios para o tráfico de drogas. A inviolabilidade do sigilo epistolar não pode constituir instrumento de salvaguarda de práticas ilícitas.[326]

No tocante à **abertura de encomendas, postadas nos Correios ou no ambiente prisional, sem autorização judicial e diante de fortes suspeitas da prática de crime**, o Supremo Tribunal Federal fixou as seguintes teses no **Tema 1.041 da Repercussão Geral**:

> (1) Sem autorização judicial ou fora das hipóteses legais, é ilícita a prova obtida mediante abertura de carta, telegrama, pacote ou meio análogo, salvo se ocorrida em estabelecimento penitenciário, quando houver fundados indícios da prática de atividades ilícitas; (2) Em relação à abertura de encomenda postada nos Correios, a prova obtida somente será lícita quando houver fundados indícios da prática de atividade ilícita, formalizando-se as providências adotadas para fins de controle administrativo ou judicial.

No julgamento em que tais teses foram consolidadas, a Corte Suprema assim se pronunciou:

> É válida a abertura de encomenda postada nos Correios por funcionários da empresa, desde que haja indícios fundamentados da prática de atividade ilícita. Nesse caso, é necessário formalizar as providências adotadas para permitir o posterior controle administrativo ou judicial. Nos presídios, também é válida a abertura de carta, telegrama, pacote ou meio análogo quando houver indícios fundamentados da prática de atividades ilícitas. O tratamento legal (Lei 6.538/1978) e jurisprudencial não é idêntico em relação a cartas e encomendas. Exatamente por isso, há todo um sistema de fiscalização nos Correios.[327]

1.6.3.1. Art. 151 – Violação de correspondência

1.6.3.1.1. Dispositivo legal

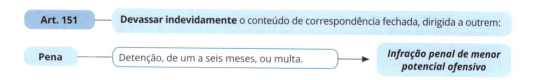

---

[326] STF: HC 70.814/SP, rel. Min. Celso de Mello, 1.ª Turma, j. 01.03.1994.
[327] RE 1.116.949 ED/PR, rel. Min. Edson Fachin, Plenário, j. 30.11.2023, noticiado no *Informativo* 1.119.

CAP. 1 – DOS CRIMES CONTRA A PESSOA

Sonegação ou destruição de correspondência

§ 1.º — Na mesma pena incorre:
I – quem se **apossa** indevidamente de correspondência alheia, embora não fechada e, no todo ou em parte, a sonega ou destrói;
Violação de comunicação telegráfica, radioelétrica ou telefônica
II – quem indevidamente **divulga**, **transmite** a outrem ou **utiliza** abusivamente comunicação telegráfica ou radioelétrica dirigida a terceiro, ou conversação telefônica entre outras pessoas;
III – quem **impede** a comunicação ou a conversação referidas no número anterior;
IV – quem **instala** ou **utiliza** estação ou aparelho radioelétrico, sem observância de disposição legal.

Causa de aumento de pena*

§ 2.º — As penas **aumentam-se de metade**, se há **dano para outrem**.

Violação de correspondência qualificada*

§ 3.º — Se o agente comete o crime, com **abuso de função** em serviço postal, telegráfico, radioelétrico ou telefônico:

Pena — Detenção, de um a três anos. → *Crime de médio potencial ofensivo*

Ação penal*

§ 4.º — Somente se procede **mediante representação**, salvo nos casos do § 1.º, IV, e do § 3.º.

Classificação:
Crime comum
Crime doloso
Crime de mera conduta
Crime de forma livre
Crime instantâneo
Crime de dupla subjetividade passiva
Crime unissubjetivo (*regra*)
Crime unissubsistente ou plurissubsistente

Informações rápidas:
Atenção para o art. 151 em relação ao disposto na Lei 6.538/1978 (lei de serviços postais).
Elemento normativo: "indevidamente".
Dupla subjetividade passiva: remetente (o seu falecimento não exclui o delito) + destinatário (a impossibilidade de localização não afasta o crime).
Admite tentativa.
Ação penal: pública condicionada à representação (exceto § 1.º, IV – incondicionada).
Competência: Justiça Federal, quando a conduta ocorrer durante o trânsito da correspondência (serviço postal, de competência da União); Justiça Estadual, quando a correspondência se encontrava na posse do remetente ou do destinatário.

1.6.3.1.2. Violação de correspondência (*caput*)

1.6.3.1.2.1. Introdução

O art. 151, *caput*, do Código Penal foi revogado pelo art. 40, *caput*, da Lei 6.538/1978:

Art. 40. Devassar indevidamente o conteúdo de correspondência fechada dirigida a outrem:
Pena – detenção, até seis meses, ou pagamento não excedente a vinte dias-multa.

Cuida-se da lei que regula os serviços postais, e substituiu o art. 151, *caput*, do Código Penal por ser especial e cronologicamente posterior.

1.6.3.1.2.2. Objetividade jurídica

A lei penal tutela a liberdade de comunicação do pensamento, concretizada pelo sigilo da correspondência.

1.6.3.1.2.3. Objeto material

É a correspondência (carta, bilhete, telegrama etc.) violada pela conduta criminosa.

A correspondência **pode ser particular ou oficial, pouco importando esteja ou não redigida em português**. Exige-se, porém, que se trate de **idioma conhecido**, pois, na hipótese de ser veiculada por códigos incompreensíveis e indecifráveis, haverá crime impossível por absoluta impropriedade do objeto (CP, art. 17).

A lei penal protege a **correspondência fechada**, pois somente ela contém em seu interior um segredo. Inexiste crime na conduta do sujeito que lê uma missiva cujo envelope está aberto. Embora antiético e imoral o comportamento, o fato é atípico, uma vez que o tipo penal fala expressamente em correspondência fechada. Além disso, quando a correspondência se encontra aberta, o remetente, de forma tácita, renuncia ao interesse de proteger o seu conteúdo do conhecimento de terceiros. Nas palavras de Aníbal Bruno:

> Note-se, entretanto, que o conteúdo da correspondência toma sempre caráter sigiloso, constitui sempre um segredo real ou presumido. Por isso fala o Código em correspondência fechada. Incluindo a sua comunicação em invólucro cerrado, o remetente demonstra a sua vontade e o seu interesse em mantê-la secreta, qualquer que seja o seu conteúdo efetivo. Esse é o objeto originário da proteção penal, e o crime consiste em devassar o que nela se acha contido, mesmo se o agente não descerra ou destrói o envoltório.[328]

Também não há crime no tocante às correspondências cujos envelopes possuem a expressão "este envelope pode ser aberto pela Empresa de Correios e Telégrafos".

Além disso, reclama-se a **atualidade** da correspondência. Não há crime, por exemplo, na conduta daquele que devassa uma carta que encontrou e estava perdida há décadas em lugar público.

Finalmente, é preciso seja a correspondência endereçada a **destinatário específico**. Nesse contexto, o fato é atípico quando alguém devassa uma carta remetida ao povo, aos eleitores em geral, aos amantes do futebol etc.

1.6.3.1.2.4. Núcleo do tipo

O núcleo do tipo é **"devassar"**, que significa tomar conhecimento de algo proibido. Com efeito, o sigilo da correspondência é inviolável, por expressa disposição constitucional (art. 5.º, inc. XII).

A devassa pode ser efetuada por qualquer meio (**crime de forma livre**). Embora seja o método mais comum, **não é obrigatória a abertura da correspondência**. De fato, o sujeito pode conhecer o conteúdo de uma carta apalpando o objeto que está em seu interior (exemplos: dinheiro, joias etc.).

E, mesmo na leitura de uma correspondência, o agente pode inteirar-se do seu conteúdo sem abri-la. Exemplo: colocar a carta contra a luz.

---

[328] BRUNO, Aníbal. *Crimes contra a pessoa*. 5. ed. Rio de Janeiro: Editora Rio, 1979. p. 388.

1.6.3.1.2.5. Elemento normativo do tipo

Para caracterização do crime não basta ao agente devassar o conteúdo de correspondência fechada, dirigida a outrem. É preciso que o faça **"indevidamente"**, isto é, sem ter o direito de tomar conhecimento do seu conteúdo.

Nada obstante o teor do art. 5.º, inciso XII, da Constituição Federal ("é inviolável o sigilo da correspondência"), o art. 10 da Lei 6.538/1978 determina inexistir crime na violação de correspondência alheia nas seguintes situações:

> **Art. 10.** Não constitui violação de sigilo da correspondência postal a abertura de carta:
> I – endereçada a homônimo, no mesmo endereço;
> II – que apresente indícios de conter objeto sujeito a pagamento de tributos;
> III – que apresente indícios de conter valor não declarado, objeto ou substância de expedição, uso ou entrega proibidos;
> IV – que deva ser inutilizada, na forma prevista em regulamento, em virtude de impossibilidade de sua entrega e restituição.

Embora o art. 5.º, inciso XII, da Constituição Federal não abra exceções ("é inviolável o sigilo da correspondência"), o art. 10 da Lei 6.538/1978 foi recepcionado pela ordem constitucional em vigor, uma vez que não há liberdades públicas absolutas, e a finalidade da lei ordinária é legítima, pois visa coibir abusos e a prática de atos ilícitos acobertados pelo manto da inviolabilidade epistolar.

Aliás, o citado dispositivo legal era inclusive desnecessário. Com efeito, o inciso I trata de hipótese de erro de tipo, solucionável pelo art. 20, *caput*, do Código Penal. Por sua vez, os incisos II, III e IV são modalidades de exercício regular de direito ou de estrito cumprimento de dever legal, causas de exclusão da ilicitude previstas no art. 23, inciso III, do Código Penal.

Além das hipóteses definidas no art. 10 da Lei 6.538/1978, existem outras em que a violação de correspondência é legítima. Exemplos:

(1) os pais podem abrir cartas estranhas endereçadas aos filhos menores. Cuida-se de corolário do poder familiar, configurando, destarte, exercício regular de direito. Há crime, entretanto, na abertura de cartas encaminhadas aos filhos maiores e capazes, ainda que residam com os pais; e

(2) ao diretor do estabelecimento prisional é assegurado o direito de acessar o conteúdo de correspondências suspeitas remetidas aos presos (LEP, art. 41, XV e § 1.º).

1.6.3.1.2.5.1. Violação de correspondência entre cônjuges

O tema é polêmico, mas prevalece o entendimento de que o marido pode ler carta dirigida à esposa, e vice-versa.

Esta conclusão fundamenta-se no art. 226, § 5.º, da Constituição Federal, e no art. 1.566, inciso II, do Código Civil: a vida em comum é dever de ambos os cônjuges. De fato, o casamento acarreta aos envolvidos um elenco de direitos e deveres incompatíveis com a vida de solteiro, caracterizada pelo maior isolamento e privacidade do indivíduo. Além disso, diversas cartas, bilhetes e telegramas, ainda que em nome de um dos cônjuges, interessam igualmente ao casal. Exemplos: contas domésticas, mensalidades de escolas dos filhos, convites etc.

Portanto, quando um dos cônjuges abre correspondências encaminhadas ao outro cônjuge, não há crime, em face do exercício regular de direito. O fato pode ser indecoroso e antiético, mas não interessa ao Direito Penal.

É de se observar, porém, que a Lei 11.340/2006 – Lei Maria da Penha – prevê uma medida protetiva que obriga o agressor a não "entrar em contato com a ofendida, seus familiares e testemunhas por qualquer meio de comunicação".

Nos termos do art. 22, III, *b*, do citado diploma legislativo: "Constatada a prática de violência doméstica e familiar contra a mulher, nos termos desta Lei, o juiz poderá aplicar, de imediato, ao agressor, em conjunto ou separadamente, as seguintes medidas protetivas de urgência, entre outras: (...) III – proibição de determinadas condutas, entre as quais: (...) b) contato com a ofendida, seus familiares e testemunhas por **qualquer meio de comunicação**".

Desta forma, será legítima e conforme ao Direito a atuação da pessoa que, em obediência a ordem judicial, impedir o contato mediante correspondência do agressor com a vítima de violência doméstica ou familiar.

1.6.3.1.2.6. Sujeito ativo

O delito pode ser praticado por qualquer pessoa (**crime comum**), inclusive o **cego**, desde que possa, de qualquer modo, tomar conhecimento do seu conteúdo (exemplo: apalpando o seu interior).

Entretanto, incidirá uma **agravante genérica** se o crime for cometido por pessoa prevalecendo-se do cargo, ou em abuso da função (Lei 6.538/1978, art. 43). É imprescindível que o sujeito pratique o fato em decorrência do cargo ou função específica por ele desempenhada, relativa ao serviço postal, pois caso contrário não se aplica a agravante genérica. Exemplo: Exaspera-se a pena quando o delito é praticado pelo carteiro, mas não será elevada a reprimenda quando o crime é praticado pelo funcionário de um prédio responsável por colocar as cartas embaixo das portas dos apartamentos.

1.6.3.1.2.7. Sujeito passivo

Trata-se de **crime de dupla subjetividade passiva**. Há duas vítimas: o remetente e o destinatário. Exclui-se o crime se qualquer um deles autorizar o conhecimento do conteúdo da correspondência por terceira pessoa. Ressalte-se, porém, que a correspondência, enquanto não chega ao destinatário, pertence unicamente ao remetente.

A impossibilidade de localização do destinatário não afasta o crime.

O falecimento do remetente não exclui o delito. Se a correspondência ainda não foi enviada, e sobreveio sua morte, seus herdeiros têm o direito de conhecer seu conteúdo, pois ela agora lhes pertence.

Se o destinatário falece antes de receber a correspondência, seus sucessores poderão conhecer seu conteúdo, que provavelmente a eles interessa. O sigilo terminou para o destinatário original com a sua morte, pois a partir daí não é mais sujeito de direitos. Nessa hipótese, não procede falar em crime em face do interesse do remetente. Com efeito, o espólio não tem como diferenciar as correspondências que lhe são irrelevantes das outras, importantes (exemplos: cobrança de dívidas, créditos a receber etc.).

Em síntese, depois de enviar uma correspondência, o remetente pode interceptá-la antes da chegada ao destinatário, pois trata-se de sua propriedade exclusiva. Se, porém, a missiva já alcançou o seu destino, pertence ao destinatário, que, se falecido, transmite todos os seus direitos aos herdeiros. Nada impede, entretanto, seja o delito cometido por terceiros, desde que não sejam os herdeiros do *de cujus*.

1.6.3.1.2.8. Elemento subjetivo

É o dolo, abrangente da ilegitimidade da conduta de devassar a correspondência alheia. Prescinde-se de qualquer finalidade específica, e não se admite a modalidade culposa.

O erro de tipo exclui o dolo e, consequentemente, torna o fato atípico (CP, art. 20, *caput*). Exemplificativamente, não há crime quando o sujeito abre correspondência alheia reputando ser própria.

Se, porém, a finalidade do agente for entregar a governo estrangeiro, a seus agentes, ou a organização criminosa estrangeira, em desacordo com determinação legal ou regulamentar, documento ou informação classificados como secretos ou ultrassecretos nos termos da lei, cuja revelação possa colocar em perigo a preservação da ordem constitucional ou a soberania nacional, estará caracterizado o crime de espionagem, catalogado no art. 359-K do Código Penal.

1.6.3.1.2.9. Consumação

Trata-se de **crime de mera conduta**: consuma-se com o conhecimento do conteúdo da correspondência. A lei não previu qualquer tipo de resultado naturalístico.

1.6.3.1.2.10. Tentativa

É possível.

1.6.3.1.2.11. Pena

Detenção, de até seis meses, ou pagamento não excedente a vinte dias-multa (Lei 6.538/1978, art. 40).

Contrariamente à tradição pátria, não se comina pena mínima. Fala-se, somente, em "até seis meses". O legislador amparou-se no natimorto Código Penal de 1969, que dispunha em seu art. 37, § 1.º: "o mínimo da pena de detenção é de quinze dias".

Como a lei penal, quando favorável ao réu, não pode ser interpretada restritivamente, conclui-se que o juiz pode aplicar a pena de 1 (um) dia de detenção pelo crime de violação de correspondência. Portanto, a pena varia entre 1 (um) dia a 6 (seis) meses de detenção.

Por sua vez, a pena de multa parte do mínimo legal, de 10 (dez) dias-multa, nos termos do art. 49, *caput*, do Código Penal, e vai até o máximo de 20 (vinte) dias-multa.

1.6.3.1.2.12. Causa de aumento da pena

As penas são aumentadas da metade quando há dano a outrem (Lei 6.538/1978, art. 40, § 2.º). Esse dano pode ser econômico ou moral, e o prejudicado pode ser o remetente, o destinatário ou mesmo um terceiro.

1.6.3.1.2.13. Ação penal

É pública condicionada à representação (CP, art. 151, § 4.º, preservado pelo art. 48 da Lei 6.538/1978).

Em se tratando de crime de dupla subjetividade passiva, o direito de representação pode ser exercido tanto pelo remetente como pelo destinatário da correspondência. Se um deles quiser representar, e o outro não, prevalece a vontade daquele que deseja autorizar a instauração da persecução penal.

1.6.3.1.2.14. Lei 9.099/1995

O crime de violação de correspondência é **infração penal de menor potencial ofensivo**. Admite composição civil dos danos e transação penal, se presentes os requisitos legais. Obedece ao procedimento sumaríssimo, previsto nos arts. 77 e seguintes da Lei 9.099/1995.

1.6.3.1.2.15. Subsidiariedade

O crime de violação de correspondência é subsidiário em relação a outros crimes mais graves. Exemplo: responderá unicamente por furto o sujeito que viola uma correspondência para o fim de subtrair objetos que se encontram em seu interior.

1.6.3.1.2.16. Competência

A competência varia de acordo com o momento em que a conduta criminosa é praticada. **Pode ser da Justiça Federal ou da Justiça Estadual.**

Será da **Justiça Federal** quando a conduta ocorrer durante o trânsito da correspondência, valendo-se o sujeito do serviço postal, de competência da União (CF, art. 21, inc. X). Se, porém, o comportamento ilícito for realizado quando a correspondência se encontrava na posse do remetente ou do destinatário, a competência será da **Justiça Estadual.**

1.6.3.1.2.17. Classificação doutrinária

O crime de violação de correspondência é **comum** (pode ser praticado por qualquer pessoa); **doloso; de mera conduta** (consuma-se no momento em que a correspondência é devassada, não existindo resultado naturalístico); **de forma livre** (admite qualquer meio de execução); **instantâneo** (consuma-se em um momento determinado, sem continuidade no tempo); **de dupla subjetividade passiva** (possui duas vítimas: remetente e destinatário); **unissubjetivo, unilateral ou de concurso eventual** (praticado por uma única pessoa, mas admite o concurso); e **unissubsistente ou plurissubsistente** (conforme a conduta seja composta de um ou mais atos).

1.6.3.1.3. Sonegação ou destruição de correspondência (§ 1.º, inc. I)

1.6.3.1.3.1. Introdução

O art. 151, § 1.º, inciso I, do Código Penal foi revogado pelo art. 40, § 1.º, da Lei 6.538/1978, lei específica e mais recente. Sua redação é a seguinte: "Incorre nas mesmas penas quem se apossa indevidamente de correspondência alheia, embora não fechada, para sonegá-la ou destruí-la, no todo ou em parte".

Abordaremos somente os pontos em que este crime se diferencia da modalidade prevista no *caput* do art. 40 da Lei 6.538/1978 (violação de correspondência). Nos pontos comuns, ficam mantidas as observações acima realizadas.

1.6.3.1.3.2. Natureza jurídica

O art. 40, § 1.º, da Lei 6.538/1978 constitui-se em **crime autônomo** em relação ao *caput*. As penas alternativas cominadas em abstrato são as mesmas do delito de violação de correspondência, mas o legislador utilizou outro núcleo e inseriu novas elementares.

1.6.3.1.3.3. Objetividade jurídica

É a inviolabilidade da correspondência, no sentido de ser preservada pelo seu titular até quando reputar conveniente.

1.6.3.1.3.4. Objeto material

É, uma vez mais, a correspondência alheia, mas agora retirada da esfera de disponibilidade do seu titular. **Pode, no entanto, estar aberta ou fechada**, uma vez que a conduta consiste em apossar-se da correspondência para sonegá-la ou destruí-la, indevidamente, e não para tomar conhecimento ilegítimo do seu conteúdo.

1.6.3.1.3.5. Núcleo do tipo

A conduta do sujeito ativo consiste em se apossar de correspondência alheia, ainda que aberta, para sonegá-la ou destruí-la, no todo ou em parte.

Apossar equivale a apoderar-se, a tomar posse de algo, a ter para si uma coisa pertencente a outrem.

1.6.3.1.3.6. Elemento subjetivo

É o dolo, abrangente da ilegitimidade da conduta de apossar-se de correspondência alheia. Exige-se, entretanto, uma finalidade específica, contida na expressão **"para sonegá-la ou destruí-la"**. **Sonegar** é esconder, ocultar, enquanto **destruir** é eliminar.

É essa finalidade específica que diferencia o delito em análise de alguns crimes contra o patrimônio, tais como o furto e a apropriação indébita. Nada impede, porém, o concurso material entre este crime e um delito patrimonial. Exemplo: o sujeito se apossa de uma correspondência, subtrai um valioso selo que nela se encontrava e depois a sonega ou destrói.

Não se admite a modalidade culposa.

1.6.3.1.3.7. Consumação e tentativa

Dá-se com o apossamento da correspondência, sendo prescindível sua sonegação ou destruição. O tipo penal utiliza a expressão "para sonegá-la ou destruí-la". O crime é **formal**, e a tentativa é possível.

1.6.3.1.3.8. Causa de aumento da pena

As penas são aumentadas da metade quando há dano a outrem (Lei 6.538/1978, art. 40, § 2.º). Esse dano pode ser econômico ou moral, e o prejudicado pode ser o remetente, o destinatário ou mesmo um terceiro.

1.6.3.1.3.9. Ação penal

É pública condicionada à representação (CP, art. 151, § 4.º, preservado pelo art. 48 da Lei 6.538/1978).

Tratando-se de crime de dupla subjetividade passiva, o direito de representação pode ser exercido tanto pelo remetente como pelo destinatário da correspondência. Se um deles quiser representar, e o outro não, prevalece a vontade daquele que deseja autorizar a instauração da persecução penal.

1.6.3.1.4. Violação de comunicação telegráfica, radioelétrica ou telefônica (§ 1.º, incisos II a IV)

1.6.3.1.4.1. Inciso II: "quem indevidamente divulga, transmite a outrem ou utiliza abusivamente comunicação telegráfica ou radioelétrica dirigida a terceiro, ou conversação telefônica entre outras pessoas"

1.6.3.1.4.1.1. Introdução

A primeira parte do art. 151, § 1.º, inciso II, do Código Penal está em vigor ("quem indevidamente divulga, transmite a outrem ou utiliza abusivamente comunicação telegráfica ou radioelétrica dirigida a terceiros") unicamente nas hipóteses em que a violação é efetuada por pessoas comuns.

Com efeito, a parte relativa às comunicações telegráficas e radioelétricas contém **dupla previsão legal**:

(1) incide o Código Penal, como já dito, quando a violação é realizada por pessoas comuns; e

(2) aplica-se o art. 56, § 1.º, da Lei 4.117/1962 – Código Brasileiro de Telecomunicações, nas hipóteses em que a violação é praticada por funcionário do governo encarregado da transmissão da mensagem ("Pratica, também, crime de violação de telecomunicações quem ilegalmente receber, divulgar ou utilizar, telecomunicação interceptada").

Já a parte final do citado dispositivo legal foi derrogada pela Lei 9.296/1996, que regulamenta o inciso XII, parte final, do art. 5.º da Constituição Federal, disciplinando a interceptação de comunicações telefônicas, de qualquer natureza, para a prova em investigação criminal e em instrução processual penal. Esta lei ordinária criou um tipo penal específico para a violação do sigilo telefônico:

> **Art. 10.** Constitui crime realizar interceptação de comunicações telefônicas, de informática ou telemática, promover escuta ambiental ou quebrar segredo da Justiça, sem autorização judicial ou com objetivos não autorizados em lei.
> **Pena** – reclusão, de 2 (dois) a 4 (quatro) anos, e multa.
> **Parágrafo único.** Incorre na mesma pena a autoridade judicial que determina a execução de conduta prevista no *caput* deste artigo com objetivo não autorizado em lei.

Frise-se, a parte final foi **derrogada**, uma vez que continua aplicável ao terceiro que não interveio na interceptação telefônica criminosa, mas divulgou-a a outras pessoas. Pode-se afirmar, portanto, que o art. 10 da Lei 9.296/1996 não revogou totalmente (ab-rogação) o art. 151, § 1.º, inciso II, do Código Penal, que pode ser aplicado não ao interceptador, que comete o crime mais grave definido pela lei especial, mas a terceiro que não colaborou em sua conduta. Nesse ilícito, a conduta típica é interceptar a comunicação, por escuta ou por gravação ou qualquer outro meio, caracterizando-se o ilícito penal ainda que não haja divulgação ou transmissão a terceiro.[329]

Com efeito, se um terceiro concorrer de qualquer modo para a interceptação telefônica ilegal, será partícipe do crime definido pelo art. 10 da Lei 9.296/1996. Entretanto, se tiver ciência de uma gravação oriunda de violação telefônica indevida, e divulgá-la, a ele será imputado o crime definido pelo art. 151, § 1.º, inciso II, do Código Penal: "quem indevidamente divulga (...) conversação telefônica entre outras pessoas".

Abordaremos, uma vez mais, somente os aspectos diversos daqueles enfrentados na análise do art. 40, *caput*, da Lei 6.538/1978, que revogou o art. 151, *caput*, do Código Penal.

1.6.3.1.4.1.2. Objetividade jurídica

O sigilo da comunicação transmitida pelo telégrafo, pelo rádio e pelo telefone.

---

[329] Cf. MIRABETE, Julio Fabbrini. *Código Penal interpretado*. 6. ed. São Paulo: Atlas, 2008. p. 1231.

1.6.3.1.4.1.3. Objeto material

É a comunicação telegráfica ou radioelétrica dirigida a terceiro, ou a conversação telefônica entre pessoas indevidamente divulgada, transmitida a outrem ou utilizada abusivamente.

1.6.3.1.4.1.4. Núcleos do tipo

O tipo penal possui três núcleos: **"divulgar"**, **"transmitir"** e **"utilizar"**. Cuida-se de **tipo misto alternativo**. A prática de mais de uma conduta, no mesmo contexto fático e visando igual objeto material caracteriza crime único.

Divulgar é tornar algo público, dando conhecimento do seu conteúdo a outras pessoas. **Transmitir** significa enviar de um local para outro. **Utilizar**, finalmente, é fazer uso de algo.

Comunicação telegráfica é a transmissão de mensagens entre dois polos distantes entre si, **por meio de um sistema de sinais e códigos, utilizando-se de fios.**

Comunicação radioelétrica é a transmissão de mensagens entre dois polos distantes entre si, **por meio de um sistema de ondas, sem uso de fios.**

1.6.3.1.4.1.5. Elemento subjetivo

É o dolo. No tocante à utilização de comunicação telegráfica ou radioelétrica exige-se que o sujeito cometa o fato "abusivamente", isto é, com a consciência de abusar quanto ao uso indevido da mensagem.

A inserção dessa finalidade específica ("abusivamente"), entretanto, foi redundante, pois o elemento normativo do tipo "indevidamente" já desempenha igual função.

1.6.3.1.4.1.6. Consumação

Dá-se com a divulgação, transmissão ou utilização abusiva. A divulgação necessita do conhecimento do conteúdo da comunicação por um número indeterminado de pessoas.

1.6.3.1.4.1.7. Causa de aumento da pena

As penas aumentam-se de metade, se há dano para outrem. Esse dano pode ser econômico ou moral, e relativo a qualquer pessoa.

1.6.3.1.4.1.8. Ação penal

É pública condicionada à representação.

1.6.3.1.4.2. Inciso III: "quem impede a comunicação ou a conversação referidas no número anterior"

1.6.3.1.4.2.1. Introdução

Esta modalidade do crime está em vigor, nos termos definidos pelo Código Penal.

1.6.3.1.4.2.2. Núcleo do tipo

O núcleo do tipo penal é **"impedir"**, isto é, obstruir a comunicação ou conversação telegráfica, radioelétrica ou telefônica. Pune-se o indivíduo que, sem amparo legal, não deixa ser realizada a comunicação ou conversação alheia.

Ficam mantidas, no restante, as anotações relativas ao inciso anterior.

1.6.3.1.4.2.3. Causa de aumento da pena

As penas aumentam-se de metade, se há dano para outrem. Esse dano pode ser econômico ou moral, e pertinente a qualquer pessoa.

1.6.3.1.4.2.4. Ação penal

É pública condicionada à representação.

1.6.3.1.4.3. Inciso IV: "quem instala ou utiliza estação ou aparelho radioelétrico, sem observância de disposição legal"

1.6.3.1.4.3.1. Introdução

O art. 151, § 1.º, inciso IV, do Código Penal foi substituído pelo art. 70 da Lei 4.117/1962 – Código Brasileiro de Telecomunicações, com a redação dada pelo Decreto-lei 236/1967:

> Art. 70. Constitui crime punível com a pena de detenção de 1 (um) a 2 (dois) anos, aumentada da metade se houver dano a terceiro, a instalação ou utilização de telecomunicações, sem observância do disposto nesta Lei e nos regulamentos. Parágrafo único. Precedendo ao processo penal, para os efeitos referidos neste artigo, será liminarmente procedida a busca e apreensão da estação ou aparelho ilegal.

A finalidade da lei é vedar a uma pessoa, sem autorização legal, a instalação ou utilização de aparelho clandestino de telecomunicações.

1.6.3.1.4.3.2. Ação penal

É pública incondicionada, a teor da regra contida no art. 151, § 4.º, do Código Penal.

1.6.3.1.5. Figura qualificada: § 3.º

Nos termos do art. 151, § 3.º, do Código Penal:

> § 3.º Se o agente comete o crime, com abuso de função em serviço postal, telegráfico, radioelétrico ou telefônico:
> Pena – detenção, de um a três anos.

Essa qualificadora somente é aplicável às hipóteses não revogadas pela Lei 4.117/1962 – Código Brasileiro de Telecomunicações, e pela Lei 6.538/1978 – Serviços Postais.

A incidência da figura qualificada, entretanto, só será cabível quando o sujeito ativo desempenhar alguma função em serviço postal, telegráfico, radioelétrico ou telefônico, e dela abusar. Não se aplica, exemplificativamente, quando um funcionário qualquer da Empresa Brasileira de Correios e Telégrafos, como é o caso de uma faxineira, cometer o delito. Exige-se a relação de causalidade entre a função exercida abusivamente pelo agente e o delito praticado.

No tocante à qualificadora, a ação penal é pública incondicionada (CP, art. 151, § 4.º).

1.6.3.2. Art. 152 – Correspondência comercial
1.6.3.2.1. Dispositivo legal

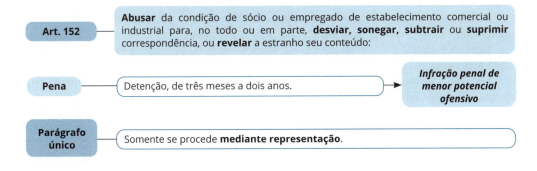

Classificação:	Informações rápidas:
Crime próprio Crime de forma livre Crime comissivo ou omissivo Crime instantâneo Crime unissubjetivo (*regra*) Crime formal Crime unissubsistente ou plurissubsistente	Não se admite a modalidade culposa. A consumação ocorre quando o agente desvia, sonega, subtrai ou suprime a correspondência comercial, ou então quando revela a terceiro seu conteúdo. Admite tentativa. **Ação penal:** pública condicionada à representação. **Princípio da insignificância:** cabível nas hipóteses em que o sócio ou empregado pratica a conduta em relação à correspondência irrelevante para o estabelecimento comercial ou industrial.

1.6.3.2.2. Objetividade jurídica

É a inviolabilidade de correspondência. A lei penal tutela a liberdade de comunicação do pensamento transmitida por meio de correspondência comercial.

1.6.3.2.3. Objeto material

É a correspondência comercial que suporta a conduta criminosa.

No conceito de **correspondência comercial** se encaixa toda e qualquer carta, bilhete ou telegrama inerente à atividade mercantil. Deve relacionar-se às atividades exercidas pelo estabelecimento comercial ou industrial. Por esse motivo, a correspondência remetida ao estabelecimento, tratando de assunto alheio às suas atividades, poderá ser objeto material somente do crime comum de violação de correspondência (CP, art. 151, *caput*).[330]

1.6.3.2.4. Núcleo do tipo

O núcleo do tipo é **"abusar"**, que significa utilizar de forma excessiva ou inadequada.

Os sócios ou empregados, no exercício de suas atividades, geralmente têm acesso a informações contidas em correspondências endereçadas ao estabelecimento comercial ou industrial. Nesse contexto, a pessoa jurídica, na mesma linha da pessoa física, merece proteção penal para que suas correspondências não sejam ultrajadas, com a transmissão indevida das informações nela contidas a estranhos.

---

[330] Com igual raciocínio: GONÇALVES, Victor Eduardo Rios. *Dos crimes contra a pessoa*. 9. ed. São Paulo: Saraiva, 2007. p. 141.

A conduta de abusar se concretiza mediante o ato de, no todo ou em parte, desviar, sonegar, subtrair ou suprimir correspondência, ou revelar a estranho seu conteúdo. Pode ser exteriorizada por ação (exemplo: abrir uma carta) ou por omissão (exemplo: deixar uma correspondência ser destruída pela chuva).

Percebe-se inicialmente que a correspondência comercial pode ser devassada total ou parcialmente, e em qualquer caso estará caracterizado o delito.

Desviar é afastar a correspondência do seu real destino. Exemplo: Uma missiva era destinada à empresa "A", mas o agente faz com que ela seja entregue na empresa "B".

Sonegar é esconder, no sentido de obstar a chegada da correspondência ao correto estabelecimento comercial ou industrial.

Subtrair é apoderar-se da correspondência comercial, retirando do seu devido lugar ou impedindo seu envio ao destino original.

Suprimir é destruir para que a correspondência não seja entregue em seu destino, ou para que seja retirada do estabelecimento comercial ou industrial para o qual foi encaminhada.

Revelar é permitir o acesso ao conteúdo da correspondência do estabelecimento comercial ou industrial a quem seja alheio aos seus quadros ou não tenha o direito de conhecer o que nela se contém.

1.6.3.2.5. Sujeito ativo

Cuida-se de **crime próprio**, pois somente pode ser cometido pelo sócio ou empregado do estabelecimento comercial ou industrial.

1.6.3.2.6. Sujeito passivo

É o estabelecimento comercial ou industrial titular da correspondência violada.

1.6.3.2.7. Elemento subjetivo

É o dolo. Exige-se também um especial fim de agir, representado pela intenção de abusar da condição de sócio ou empregado. É necessário tenha o agente, ao tempo da conduta, a consciência de que abusa da sua peculiar condição em relação à vítima.

Não se admite a modalidade culposa.

1.6.3.2.8. Consumação

O crime é formal, de consumação antecipada ou de resultado cortado. Dá-se a consumação quando o agente desvia, sonega, subtrai ou suprime a correspondência comercial, ou então quando revela a terceiro seu conteúdo. Não há necessidade de produção do resultado naturalístico, isto é, prescinde-se do prejuízo à pessoa jurídica.

1.6.3.2.9. Tentativa

É possível.

1.6.3.2.10. Ação penal

É pública condicionada à representação, como se extrai do parágrafo único do art. 152 do Código Penal.

1.6.3.2.11. Lei 9.099/1995

Em face da pena máxima cominada ao delito (dois anos), e tratando-se de **infração penal de menor potencial ofensivo** de ação penal pública condicionada à representação, é possível a composição dos danos civis, bem como a transação penal, se presentes seus requisitos legais (Lei 9.099/1995, art. 76). Além disso, o processo e julgamento do crime de correspondência comercial obedecem ao rito sumaríssimo, disciplinado pelos arts. 77 e seguintes da Lei 9.099/1995.

1.6.3.2.12. Princípio da insignificância ou da criminalidade de bagatela

É possível falar no princípio da insignificância nas hipóteses em que o sócio ou empregado pratica a conduta em relação à correspondência irrelevante para o estabelecimento comercial ou industrial. Exemplo: sujeito ativo que abusa da sua especial condição e subtrai uma correspondência contendo propaganda política.

1.6.3.2.13. Classificação doutrinária

O crime é **próprio** (somente pode ser praticado pelo sócio ou empregado); **de forma livre** (admite qualquer meio de execução); **comissivo ou omissivo**; **instantâneo** (consuma-se em um momento determinado, sem continuidade no tempo); **unissubjetivo, unilateral ou de concurso eventual** (cometido em regra por uma só pessoa, mas admite o concurso); **formal** (não reclama a produção do resultado naturalístico); e **unissubsistente ou plurissubsistente** (conforme a conduta seja composta de um ou mais atos).

1.6.4. Dos crimes contra a inviolabilidade dos segredos

O fundamento do tratamento legal dos crimes contra a inviolabilidade dos segredos repousa no art. 5.º, inciso X, da Constituição Federal, responsável por assegurar a inviolabilidade de dois direitos fundamentais do ser humano: **honra** e **vida privada**. De fato, um segredo inerente a alguém, quando divulgado ou revelado sem justa causa, tem o condão de acarretar sérios danos às pessoas em geral.

Reserva-se a toda pessoa o direito de manter segredo acerca de fatos afetos à sua vida privada. Nesse contexto, a norma constitucional resguarda os segredos pessoais, isto é, aqueles "que se dizem apenas aos correspondentes. Aí é que, não raro, as pessoas expandem suas confissões íntimas na confiança de que se deu pura confidência".[331]

Entende-se por **segredo o fato da vida privada que se tem interesse em ocultar**. Pressupõe dois elementos: um *negativo* – a ausência de notoriedade, e outro *positivo* – a vontade determinante de sua custódia ou preservação.[332] Secreto, em síntese, é o fato que ainda não é notório.

Nada obstante os termos **"sigilo"** e **"segredo"** sejam comumente utilizados como sinônimos, seus significados não se confundem. **Segredo** é simplesmente o que está sob reserva, ou é oculto. O **sigilo**, por sua vez, é o segredo que não se pode violar.[333] Em outras palavras, o sigilo é o instrumento pelo qual se protege o segredo.

O Código Penal busca, nos arts. 153 e 154, resguardar do conhecimento público segredos cuja revelação possa produzir danos a uma pessoa. Não ingressa na proteção penal, consequentemente, a punição pela revelação ou divulgação de fatos secretos incapazes de proporcionar consequências jurídicas ao seu titular.

Cumpre destacar, finalmente, a diferença entre os crimes contra a inviolabilidade de correspondência (CP, arts. 151 e 152) e os crimes contra a inviolabilidade dos segredos (CP, arts. 153 e 154).

---

[331] SILVA, José Afonso da. *Curso de direito constitucional positivo*. 24. ed. São Paulo: Malheiros, 2005. p. 207.
[332] HUNGRIA, Nélson. *Comentários ao Código Penal*. 2. ed. Rio de Janeiro: Forense, 1953. v. 6, p. 254.
[333] Cf. DE PLÁCIDO E SILVA. *Vocabulário jurídico*. Rio de Janeiro: Forense, 1989. v. 4, p. 182.

Nos **crimes contra a inviolabilidade de correspondência** o legislador busca coibir o conhecimento do conteúdo de uma missiva sem autorização para tanto. Tutela-se unicamente a inviolabilidade de correspondência. De outro lado, os **crimes contra a inviolabilidade dos segredos** podem até mesmo envolver uma correspondência, mas protege-se um segredo nela contido, capaz de, se divulgado ou revelado, causar danos a outrem. Além disso, o bem jurídico resguardado pela lei penal é a inviolabilidade dos segredos.

1.6.4.1. Art. 153 – Divulgação de segredo

1.6.4.1.1. Dispositivo legal

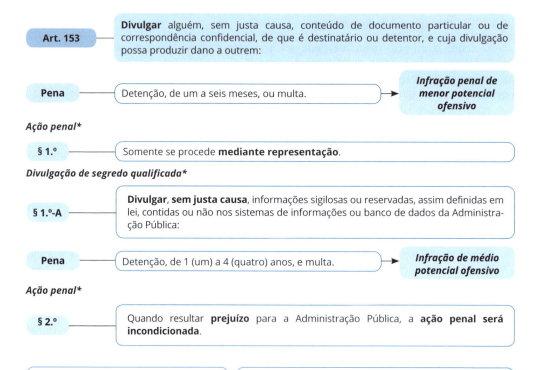

Classificação:
Crime próprio
Crime doloso
Crime formal
Crime de resultado cortado ou de consumação antecipada
Crime de forma livre
Crime unissubsistente ou plurissubsistente
Crime instantâneo
Crime unilateral (*regra*)

Informações rápidas:
Fundamento constitucional: inviolabilidade da intimidade ou da vida privada (art. 5.º, X).
O caráter confidencial (segredo) da correspondência pode ser expresso ou tácito (pode até ser presumido por lei).
Elemento normativo: "sem justa causa" (sem motivo legítimo para fazê-lo). É necessário que o agente conheça o caráter confidencial da informação divulgada, a ilegitimidade da sua conduta e a possibilidade de produzir dano a outrem.
Não admite forma culposa.
Admite tentativa.
Ação penal: pública condicionada à representação – art. 153, *caput* e § 1.º-A; incondicionada – quando resultar prejuízo para a Administração Pública (§ 2.º).

1.6.4.1.2. Objetividade jurídica

É, em consonância com o art. 5.º, inciso X, da Constituição Federal, a **inviolabilidade da intimidade ou da vida privada**. Veda-se a divulgação de segredos cujo conhecimento por terceiros pode trazer prejuízos ao seu titular.

1.6.4.1.3. Objeto material

É o **conteúdo secreto de documento particular ou de correspondência confidencial**.

1.6.4.1.4. Núcleo do tipo

O núcleo do tipo é **divulgar**, que consiste em vulgarizar, tornar público ou conhecido um fato ou informação. Não basta a comunicação a uma só pessoa ou mesmo a um número reduzido e limitado. Exige-se propalação, difusão, possibilitando o conhecimento do fato a um número mais ou menos indeterminado de pessoas.[334]

O fato ou informação deve estar contido em documento particular ou correspondência confidencial. Vê-se, portanto, ser indispensável esteja o segredo concretizado pela forma escrita, não bastando a forma oral. O segredo conhecido oralmente escapa da incidência do art. 153, *caput*, do Código Penal.

A conduta de divulgar pode ser praticada pelos mais variados meios (**crime de forma livre**): televisão, rádio, jornais, revistas, impressos, palavras ao público, faixas, placas etc.

O objetivo da lei penal é vedar que uma pessoa, destinatária de um documento particular ou de uma correspondência confidencial, possa divulgá-la a terceiros, provocando danos a alguém.

Documento é o escrito que condensa graficamente o pensamento de alguém, podendo provar um fato ou a realização de um ato juridicamente relevante. Para o Código de Processo Penal, é o escrito, instrumento ou papel público ou particular.[335]

Interessa, para o art. 153, *caput*, do Código Penal, unicamente o **documento particular**, cujo conceito há de ser obtido por via residual, ou seja, por exclusão. De fato, documento particular é o elaborado por particular, sem a interferência de funcionário público no exercício de suas funções.

O tipo penal em análise não se aplica ao **documento público**, por ausência de previsão legal. A revelação do seu conteúdo pode, contudo, caracterizar o crime de violação de sigilo funcional, definido pelo art. 325 do Código Penal ("revelar fato de que tem ciência em razão do cargo e que deva permanecer em segredo, ou facilitar-lhe a revelação").

Correspondência confidencial é o escrito em forma de bilhete, carta ou telegrama, que tem destinatário certo e com conteúdo que não pode ser revelado a estranhos. Tratando-se de correspondência não confidencial, inexiste crime.

O caráter confidencial (segredo) da correspondência pode ser expresso ou tácito. O segredo estabelecido expressamente é o assim indicado pelo remetente, enquanto o tácito é aquele no qual resta evidente que a divulgação do segredo é capaz de prejudicar alguém. Não deve, porém, ser puramente arbitrário. Não basta que o remetente de uma carta, por exemplo, a declare, expressamente, "confidencial": é preciso que a reserva em torno do conteúdo da carta corresponda a razoável motivo ou interesse, econômico ou moral, do remetente ou de terceiro.

Há documentos que, por sua natureza ou por necessidade legal, são secretos. Exemplo: testamento cerrado. Em tais casos, o segredo é **presumido**. Não importa que o vínculo de

---

[334] SILVEIRA, Euclides Custódio da. *Direito penal*. Crimes contra a pessoa. São Paulo: Max Limonad, 1959. p. 315.
[335] MIRABETE, Julio Fabbrini. *Código de Processo Penal interpretado*. 10. ed. São Paulo: Atlas, 2003. p. 612.

segredo seja temporário ou condicionado ao advento de determinado fato: ainda em tal hipótese, seu rompimento antecipado é crime.[336]

1.6.4.1.5. Elemento normativo do tipo

O art. 153, *caput*, do Código Penal apresenta um elemento normativo do tipo, representado pela expressão **"sem justa causa"**.

Destarte, não é qualquer divulgação de conteúdo de documento particular ou de correspondência confidencial, cuja divulgação possa produzir dano a outrem, pelo seu destinatário ou detentor, que caracteriza o delito de divulgação de segredo. Só há conduta criminosa na divulgação realizada sem justa causa, ou seja, sem motivo legítimo para fazê-lo. Em verdade, a justa causa conduz à exclusão da tipicidade do fato.

Há justa causa, entre outras, nas seguintes hipóteses: comunicação à autoridade policial, ao Ministério Público ou ao Poder Judiciário de infração penal; consentimento do interessado; para servir de prova da existência de uma infração penal ou de sua autoria; dever de testemunhar em juízo; e defesa de interesse legítimo.

Também não há crime quando alguém entrega à autoridade policial, ao *Parquet* ou ao Poder Judiciário uma missiva recebida de outrem, contendo a confissão de um delito pelo verdadeiro autor (remetente). Há justa causa na divulgação do fato secreto, prevista expressamente no art. 233, parágrafo único, do Código de Processo Penal: "As cartas poderão ser exibidas em juízo pelo respectivo destinatário, para a defesa de seu direito, ainda que não haja consentimento do signatário". Aplica-se ao caso, também, o **princípio da proporcionalidade, da razoabilidade ou da convivência das liberdades públicas**: sacrifica-se o direito à intimidade de um criminoso para preservação do direito à liberdade de um inocente.

1.6.4.1.6. Sujeito ativo

Trata-se de **crime próprio**. Somente pode ser praticado pelo destinatário ou detentor do documento particular ou correspondência de conteúdo confidencial.

Vale ressaltar, uma vez mais, ser imprescindível que a informação divulgada tenha chegado ao seu conhecimento por meio de documento particular ou de correspondência confidencial. De fato, a divulgação de segredo que lhe foi confidenciado oralmente não caracteriza o crime definido pelo art. 153, *caput*, do Código Penal.

1.6.4.1.7. Sujeito passivo

É aquele a quem a divulgação do segredo possa produzir dano, seja ele o remetente, o destinatário ou qualquer outra pessoa.

1.6.4.1.8. Elemento subjetivo

É o dolo. Não se admite a forma culposa.

Em face, contudo, do elemento normativo "sem justa causa", é necessário conheça o agente o caráter confidencial da informação divulgada, a ilegitimidade da sua conduta e a possibilidade de produzir dano a outrem.

Não se exige nenhum elemento subjetivo específico. O especial fim de agir do sujeito ativo, entretanto, pode tipificar outros crimes, tais como violação de segredo profissional (CP, art. 154), violação de sigilo funcional (CP, art. 325), espionagem (CP, art. 359-K), crime militar (Código Penal Militar – Decreto-lei 1.001/1969, art. 144) ou violação de segredo de fábrica (Lei 9.279/1996, art. 195).

---

[336] HUNGRIA, Nélson. *Comentários ao Código Penal*. 2. ed. Rio de Janeiro: Forense, 1953. v. 6, p. 245.

1.6.4.1.9. Consumação

Dá-se no instante em que o segredo é divulgado para um número indeterminado de pessoas.[337] **O delito é formal**: basta, para fins de consumação, a chance de alguém ser prejudicado pela divulgação da informação confidencial, dispensando-se a efetiva produção do dano em concreto (resultado naturalístico).

1.6.4.1.10. Tentativa

É possível.

1.6.4.1.11. Ação penal

Para o crime previsto no *caput*, a ação penal é pública condicionada à representação (CP, art. 153, § 1.º). Não se aplica a regra prevista no art. 153, § 2.º, do Código Penal, pois o tipo fundamental fala somente em "dano a outrem", excluindo, portanto, a eficácia penal da conduta criminosa em relação à Administração Pública.

1.6.4.1.12. Lei 9.099/1995

Em face da pena atribuída em abstrato, o crime de divulgação de segredo, na forma prevista no art. 153, *caput*, do Código Penal, constitui-se em **infração penal de menor potencial ofensivo**. Obedece ao rito sumaríssimo e comporta transação penal, se presentes os requisitos exigidos no art. 76 da Lei 9.099/1995.

E, por se tratar de crime de ação penal pública condicionada à representação, eventual composição dos danos civis leva à extinção da punibilidade pela renúncia ao direito de representação (Lei 9.099/1995, art. 74, parágrafo único).

1.6.4.1.13. Classificação doutrinária

Trata-se de crime **próprio** (somente pode ser cometido pelo destinatário ou detentor da informação confidencial); **doloso**; **formal, de resultado cortado ou de consumação antecipada** (consuma-se com a conduta de divulgar, não se exigindo a produção do resultado naturalístico, consistente no dano a outrem); **de forma livre** (admite qualquer meio de execução); **unissubsistente ou plurissubsistente** (conforme a conduta seja composta de um ou de vários atos); **instantâneo** (a consumação se dá em um momento determinado, sem continuidade no tempo); e **unilateral, unissubjetivo ou concurso eventual** (praticado, em regra, por uma só pessoa, mas admite o concurso).

1.6.4.1.14. Figura qualificada: art. 153, § 1.º-A

1.6.4.1.14.1. Introdução

A qualificadora, que pode ser denominada de **"divulgação de sigilo funcional de sistemas de informações"**, foi instituída pela Lei 9.983/2000, diploma legislativo que renumerou o parágrafo único do art. 153 do Código Penal, transformando-o em § 1.º e inserindo os §§ 1.º-A e 2.º.

O § 1.º-A tipifica o fato de "divulgar, sem justa causa, informações sigilosas ou reservadas, assim definidas em lei, contidas ou não nos sistemas de informações ou banco de dados da Administração Pública". Pecou o legislador na técnica de elaboração do tipo penal.

---

[337] Nesse sentido: JESUS, Damásio E. de. *Código Penal anotado*. 15. ed. Saraiva: São Paulo, 2004. p. 546; SILVA, César Dario Mariano da. *Manual de direito penal*. 3. ed. Rio de Janeiro: Forense, 2006. v. 2, p. 135; e FRANCO, Alberto Silva; STOCO, Rui. *Código Penal e sua interpretação*. 8. ed. São Paulo: RT, 2007. p. 765.

Equivocou-se ao prever o § 1.º-A antes do § 1.º. Deveria ter feito o contrário, ou seja, colocado o § 1.º-A após o § 1.º.

Vejamos os pontos em que esse crime se diferencia da modalidade simples prevista no art. 153, *caput*, do Código Penal.

1.6.4.1.14.2. Objetividade jurídica

A finalidade da Lei 9.983/2000 foi tutelar as informações sigilosas ou reservadas de interesse da Administração Pública, notadamente as relativas à Previdência Social.

É necessário que a informação sigilosa ou reservada tenha conteúdo material. Logo, não há crime quando se tratar de informação meramente verbal, ainda que sigilosa ou reservada.

1.6.4.1.14.3. Informações sigilosas e reservadas

Informações são os dados sobre alguém ou algo. **Sigilosa** é a informação confidencial, secreta. Exemplo: depoimento prestado em audiência envolvendo ação de guarda de filho menor. **Reservada**, de outro lado, é a informação merecedora de cuidados especiais relativamente às pessoas que dela possam ter ciência. Exemplo: procedimento administrativo instaurado pela Corregedoria-Geral em face de membro do Ministério Público.

1.6.4.1.14.4. Norma penal em branco

Trata-se de **norma penal em branco em sentido lato ou homogênea**. O tipo penal confere ao legislador a tarefa de indicar quais são as informações sigilosas ou reservadas, que podem ou não estar contidas em bancos de dados ou sistemas de informações.

Frise-se: a informação tem natureza sigilosa ou reservada porque a lei assim determina. O objeto material deste crime deve estar resguardado *ex lege*, não bastando seja protegido por atos administrativos, tais como portarias e regulamentos. São exemplos de informações sigilosas no direito brasileiro:

a) art. 20, *caput*, do Código de Processo Penal: "A autoridade assegurará no inquérito o sigilo necessário à elucidação do fato ou exigido pelo interesse da sociedade".

b) art. 76, § 4.º, da Lei 9.099/1995: "Acolhendo a proposta do Ministério Público aceita pelo autor da infração, o juiz aplicará a pena restritiva de direitos ou multa, que não importará em reincidência, sendo registrada apenas para impedir novamente o mesmo benefício no prazo de 5 (cinco) anos". Há sigilo da transação penal no tocante aos antecedentes do sujeito. O benefício será registrado somente para impedir a concessão de medida de igual natureza, no prazo de 5 (cinco) anos.

c) art. 202 da Lei 7.210/1984 – Lei de Execução Penal: "Cumprida ou extinta a pena, não constarão da folha corrida, atestados ou certidões fornecidas por autoridade policial ou por auxiliares da Justiça, qualquer notícia ou referência à condenação, salvo para instruir processo pela prática de nova infração penal ou outros casos expressos em lei". Destarte, cumprida ou extinta a pena, as informações relativas ao processo e à condenação são acobertadas pelo sigilo. E, com a reabilitação, o sigilo somente pode ser levantado por requisição do juiz criminal (Código de Processo Penal, art. 748).

1.6.4.1.14.5. Sujeito ativo

O crime é comum. Qualquer pessoa que tiver ciência de informações sigilosas ou reservadas, ainda que não tenha acesso aos sistemas de informação ou bancos de dados da

Administração Pública, e divulgá-las, sem justa causa (elemento normativo do tipo), incide no tipo penal.

Se o agente for funcionário público, a ele será imputado o crime de violação de sigilo funcional (CP, art. 325).

1.6.4.1.14.6. Sujeito passivo

É o Estado. Nada impede a existência de um particular como sujeito passivo **mediato ou secundário**, desde que possa ser prejudicado pela divulgação das informações sigilosas ou reservadas.

1.6.4.1.14.7. Ação penal

É, em regra, pública condicionada à representação (CP, art. 153, § 1.º). Nesse caso, somente o particular é ofendido pela conduta criminosa.

No entanto, se do fato resultar prejuízo para a Administração Pública, a ação penal será pública incondicionada (CP, art. 153, § 2.º).

Esta distinção deixa evidente mais uma falha legislativa, ao prever um crime com consequências negativas à Administração Pública no Título I da Parte Especial do Código Penal, inerente aos crimes contra a pessoa. Nas palavras de Cezar Roberto Bitencourt, "a nova previsão legal cria grande desarmonia na estrutura e topografia do velho Código Penal ao confundir bens jurídicos distintos, privados e públicos".[338]

Seria mais coerente a divisão, em tipos penais diversos, das duas espécies de crimes. Na Seção IV, do Capítulo VI, do Título I, da Parte Especial do Código Penal, ficaria somente a divulgação de segredo que prejudica a pessoa em sua liberdade individual, na esfera relativa à inviolabilidade dos segredos. Poderia permanecer, portanto, no § 1.º-A do art. 153 do Código Penal.

Por sua vez, quando a divulgação do segredo ofender a Administração Pública, ainda que presente um particular como sujeito passivo mediato ou secundário, o crime estaria alocado no Título XI da Parte Especial do Código Penal, correspondente aos crimes contra a Administração Pública. E, nessa hipótese, deveria estar previsto nos Capítulos I e II, conforme seja o agente funcionário público ou particular.

1.6.4.1.14.8. Lei 9.099/1995

A pena mínima cominada ao delito (um ano) autoriza a suspensão condicional do processo, se presentes os requisitos exigidos pelo art. 89 da Lei 9.099/1995. A figura qualificada constitui-se em **crime de médio potencial ofensivo**.

1.6.4.2. Art. 154 – Violação do segredo profissional

1.6.4.2.1. Dispositivo legal

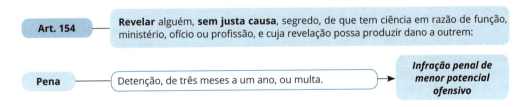

Art. 154 — Revelar alguém, **sem justa causa**, segredo, de que tem ciência em razão de função, ministério, ofício ou profissão, e cuja revelação possa produzir dano a outrem:

Pena — Detenção, de três meses a um ano, ou multa. → *Infração penal de menor potencial ofensivo*

---

[338] BITENCOURT, Cezar Roberto. *Tratado de direito penal*. Parte especial. 6. ed. São Paulo: Saraiva, 2007. v. 2, p. 441-442.

Ação penal*

Parágrafo único — Somente se procede **mediante representação**.

Classificação:
Crime próprio
Crime formal
Crime doloso
Crime de forma livre
Crime unissubjetivo (*regra*)
Crime instantâneo
Crime unissubsistente ou plurissubsistente

Informações rápidas:
Segredo é toda informação secreta que não pode ser tornada pública ou conhecida de pessoas não autorizadas, pois sua revelação pode produzir dano a outrem.
Elemento normativo: "sem justa causa" (sem sustentação legal).
Consentimento do ofendido: não pode ser aceito quando houve previsão legal de sigilo (ex. advogados e médicos).
Não admite modalidade culposa.
A tentativa é admissível na revelação do segredo por escrito.
Ação penal: pública condicionada à representação.

1.6.4.2.2. Introdução

O segredo profissional desponta como consectário lógico do direto à intimidade, previsto no art. 5.º, inciso X, da Constituição Federal, e "obriga a quem exerce uma profissão regulamentada, em razão da qual há de tomar conhecimento do segredo de outra pessoa, a guardá-lo com fidelidade".[339] Exemplificativamente, o advogado a quem o cliente confidencia a prática de um crime não pode inadvertidamente transmitir essa informação a outras pessoas.

O titular do segredo é protegido pelo direito à intimidade, uma vez que o profissional não pode sem justa causa invadir sua esfera privada e revelar a outrem o segredo de que teve conhecimento, sob pena de violar aquele direito e incidir na figura típica prevista no art. 154 do Código Penal.

1.6.4.2.3. Objetividade jurídica

É a inviolabilidade da intimidade e da vida privada das pessoas, relativamente ao segredo profissional. O dever de guardá-lo, contudo, não é absoluto.

1.6.4.2.4. Objeto material

É o assunto transmitido ao profissional em caráter sigiloso.

1.6.4.2.5. Núcleo do tipo

O núcleo do tipo é **"revelar"**, que equivale a contar algo a alguém, delatar, denunciar, manifestar.

Segredo é toda informação secreta, isto é, o assunto ou fato que não pode ser tornado público ou conhecido de pessoas não autorizadas, pois sua revelação pode produzir dano a outrem. Esse dano pode atingir um interesse público ou privado, bem como pode ser material (exemplo: vítima é prejudicada em suas relações comerciais) ou simplesmente moral (exemplo: vítima é considerada "louca" por outras pessoas). É necessário, porém, que seja injusto.

---

[339] NOVOA MONREAL, Eduardo. *Derecho a la vida privada y libertad de información*. 2. ed. Ciudad de México: Siglo Veintiuno Editores, 1981. p. 80.

Nesse crime, ao contrário do que se verifica no art. 153 do Código Penal, o responsável pela conduta criminosa pode ter recebido o segredo oralmente ou por escrito, ou ainda por outro modo qualquer, por exemplo, analisando um documento que lhe foi submetido.

O crime é de **forma livre**. Admite qualquer meio de execução: oralmente, por escrito, gestos, símbolos, etc.

1.6.4.2.6. Elemento normativo do tipo

Só há crime quando a violação do segredo profissional é realizada "sem justa causa", isto é, sem sustentação legal. Destarte, o fato será atípico, por ausência do elemento normativo, em diversos casos, tais como: estado de necessidade (exemplo: sujeito revela um segredo alheio para não ser incriminado), exercício regular de direito (exemplo: psicólogo revela ao médico um dado sigiloso acerca do paciente em comum), estrito cumprimento de dever legal (exemplo: art. 269 do Código Penal, do qual decorre a obrigação legal do médico de comunicar doença de notificação compulsória) e consentimento do ofendido. Nos ensinamentos de Euclides Custódio da Silveira:

> Quanto à *justa causa*, geralmente se admite, aqui, que pode fundir-se na lei (o médico é obrigado a comunicar à autoridade pública doença de notificação compulsória, no estado de necessidade, na defesa de interesse legítimo do confidente ou de terceiro, e no consentimento do interessado no sigilo. Entende Florian que também exclui a incriminação a causa razoavelmente considerada justa segundo a moral social ou a serviço de um alto interesse público.[340]

Quanto ao **consentimento do ofendido**, existem hipóteses em que a lei não o admite como justa causa para a revelação do segredo profissional. É o que ocorre no tocante ao advogado (Lei 8.906/1994 – Estatuto da OAB, art. 7.º, inc. XIX), bem como relativamente ao médico (Código de Ética Médica, art. 36). Tais pessoas, portanto, podem recusar-se a depor como testemunhas.

A propósito, o art. 66, inciso II, do Decreto-lei 3.688/1941 (Lei das Contravenções Penais) diz expressamente que o médico não é obrigado a comunicar crime de que teve conhecimento no exercício da profissão quando a comunicação expuser o cliente a procedimento criminal.

1.6.4.2.6.1. Advogado, sigilo profissional e acordo de colaboração premiada

O art. 6.º, § 6.º-I, da Lei 8.906/1994 – Estatuto da Advocacia veda ao advogado efetuar acordo de colaboração premiada contra quem seja ou tenha sido seu cliente, e a inobservância dessa proibição importa na instauração de processo disciplinar, com a possível incidência das sanções legais pertinentes.

Destarte, é inadmissível o acordo de colaboração premiada firmado com violação do sigilo profissional, ainda que o advogado seja investigado em inquérito policial (ou procedimento investigatório análogo) ou réu em ação penal. As provas decorrentes de eventual delação são ilícitas. Na linha da jurisprudência do Superior Tribunal de Justiça:

> A questão é saber se o contrato de advocacia não garante a confidencialidade das informações recebidas em razão da prestação de serviços. Afinal, o advogado tem a obrigação de guardar sigilo dos fatos que tem conhecimento por conta e durante o exercício da profissão. A legislação até prevê proteções para auxiliar o advogado na manutenção do sigilo profissional, como se vê do art. 207 do Código de Processo Penal e do art. 7.º, XIX, do Estatuto da Advocacia. No caso, o colaborador foi investigado, preso e denunciado, antes de fazer a escolha pelo acordo com o *Parquet* estadual.

---

[340] SILVEIRA, Euclides Custódio da. *Direito penal*. Crimes contra a pessoa. São Paulo: Max Limonad, 1959. p. 320.

Mesmo assim, a obrigação de sigilo se impõe. Esse é ônus do advogado que não pode ser superado mesmo quando investigado sob pena de se colocar em fragilidade o amplo direito de defesa. Quebrar o sigilo profissional para atenuar pena em ação penal em que figura, com o cliente, como investigado, não está autorizado pelo Código de Ética da Advocacia. O art. 25 é claro que o sigilo só pode ser rompido salvo grave ameaça ao direito à vida, à honra, ou quando o advogado se veja afrontado pelo próprio cliente e, em defesa própria, tenha que revelar segredo, porém sempre restrito ao interesse da causa. A confissão de um crime com a indicação das informações previstas no art. 4.º da Lei n. 12.850/2013 não se inclui entre essas hipóteses. Ao delatar, o advogado que oferece informações obtidas exclusivamente em razão de sua atuação profissional não está defendendo sua vida ou de terceiro, sua honra (afinal confessa não só um crime como a sua participação em organização criminosa) nem está agindo em razão de afronta do próprio cliente (ao contrário) nem em defesa própria (não está usando as informações sigilosas para se defender, para provar sua inocência em razão de acusação sofrida, mas sim para atenuar sua pena). Destaque-se que o sigilo profissional do advogado "é premissa fundamental para exercício efetivo do direito de defesa e para a relação de confiança entre defensor técnico e cliente" (STF, Rcl 37.235/RO, Ministro Gilmar Mendes, Segunda Turma, DJe 27/5/2020). A partir do momento que entendermos possível que o sigilo entre advogado e cliente possa ser quebrado no momento em que o advogado passa a ser investigado, essa premissa deixa de existir e a defesa passa a correr risco em razão de uma ruptura, ou melhor dizendo, de um receio de ruptura na relação de confiança entre defensor técnico e cliente, fragilizando o seu direito à ampla defesa. Desse modo, é inadmissível a prova proveniente de acordo de colaboração premiada firmado com violação do sigilo profissional, não havendo falar em justa causa para a utilização do instituto como mecanismo de autodefesa pelo advogado, mesmo que a condição profissional não alcance todos os investigados.[341]

1.6.4.2.7. Sujeito ativo

Cuida-se de **crime próprio**, pois somente pode ser cometido por quem teve conhecimento do segredo em razão de sua função, ministério, ofício ou profissão. São os **"confidentes necessários"**, assim denominados porque, em decorrência de sua atividade específica, tomam ciência de fatos particulares e íntimos da vida alheia.

Função é atividade imposta a uma pessoa, por lei, ordem judicial ou contrato, remunerada ou não. Exemplos: depositário judicial, tutor, curador e administrador judicial.

Ministério é o exercício de uma tarefa resultante de uma situação fática e não de direito, de ordem religiosa ou social. Exemplos: sacerdócio e assistência social voluntária.

Ofício é a ocupação mecânica ou manual. Exemplos: sapateiro, empregada doméstica e mecânico de automóveis.

Profissão é a atividade especializada desempenhada com habitualidade e visando lucro. Exemplos: engenheiros, médicos, dentistas e advogados.

Os **auxiliares** destas pessoas também podem praticar o crime, quando revelam segredos dos quais tiveram conhecimento em decorrência do exercício de suas atividades. Exemplos: enfermeiras em relação ao médico e secretárias no tocante aos advogados.

Impõe-se a **relação de causalidade** entre a situação ou estado do sujeito ativo e a ciência do fato sigiloso, não bastando uma simples relação ocasional. É o texto legal: "em razão de função, ministério, ofício ou profissão". Assim, o médico é obrigado a guardar segredo a respeito de uma deformidade ou insuficiência fisiológica do seu cliente, mas não do que lhe disser este a propósito das suas ideias ou convicções políticas ou da sua situação comercial.[342]

---

[341] RHC 179.805/PR, rel. Min. Sebastião Reis Júnior, 6.ª Turma, j. 21.05.2024, noticiado no *Informativo* 813.
[342] MANZINI, Vincenzo. *Trattato di diritto penale italiano*. 5. ed. Torino: Torinese, 1981. v. 8, p. 874.

Nota-se que o crime de violação de segredo profissional relaciona-se necessariamente a uma **atividade privada**. Destarte, se a conduta for praticada por funcionário público, estará caracterizado, conforme o caso, o crime de fraudes em certames de interesse público (CP, art. 311-A: "Utilizar ou divulgar, indevidamente, com o fim de beneficiar a si ou a outrem, ou de comprometer a credibilidade do certame, conteúdo sigiloso de: I – concurso público; II – avaliação ou exame públicos; III – processo seletivo para ingresso no ensino superior; ou IV – exame ou processo seletivo previstos em lei"), ou então o delito de violação de sigilo funcional (CP, art. 325, *caput*: "Revelar fato de que tem ciência em razão do cargo e que deva permanecer em segredo, ou facilitar-lhe a revelação"), entre outras infrações penais aplicáveis à situação concreta.

1.6.4.2.8. Sujeito passivo

Pode ser qualquer pessoa suscetível de ser prejudicada pela revelação do segredo, seja seu titular ou até mesmo um terceiro.

1.6.4.2.9. Elemento subjetivo

É o dolo, abrangente da ciência da ilegitimidade da conduta e da possibilidade de causar dano a outrem.

Não se admite a modalidade culposa, e também não se exige nenhuma finalidade específica.

1.6.4.2.10. Consumação

Dá-se no instante em que o confidente necessário revela a terceira pessoa o segredo de que tem ciência em razão de função, ministério, ofício ou profissão. Aqui, como o núcleo do tipo é "revelar", basta seja contado o conteúdo do segredo a **uma única pessoa**, desde que esta conduta possa causar dano a alguém, patrimonial ou moral. Prescinde-se da produção do resultado naturalístico. O crime é **formal, de resultado cortado ou de consumação antecipada**.

1.6.4.2.11. Tentativa

É admissível na revelação do segredo por escrito, tal como na carta que se extravia.

1.6.4.2.12. Ação penal

A ação penal é pública condicionada à representação, a teor do art. 154, parágrafo único, do Código Penal.

1.6.4.2.13. Lei 9.099/1995

Em face da pena máxima cominada, o crime de violação do segredo profissional constitui-se em **infração penal de menor potencial ofensivo**. É, portanto, compatível com a composição dos danos civis, bem como com a transação penal, desde que presentes os requisitos legalmente previstos (Lei 9.099/1995, art. 76). Além disso, segue o rito sumaríssimo (Lei 9.099/1995, arts. 77 e seguintes).

1.6.4.2.14. Distinções

1.6.4.2.14.1. Espionagem

Quem entrega a governo estrangeiro, a seus agentes, ou a organização criminosa estrangeira, em desacordo com determinação legal ou regulamentar, documento ou informação classificados como secretos ou ultrassecretos nos termos da lei, cuja revelação possa colocar em perigo a preservação da ordem constitucional ou a soberania nacional, deve ter contra si imputado o crime de espionagem, definido pelo art. 359-K do Código Penal.

Se o documento, dado ou informação é transmitido ou revelado com violação do dever de sigilo, incide a figura qualificada prevista no § 2.º do art. 359-K do Código Penal.

1.6.4.2.14.2. Crime contra o Sistema Financeiro Nacional

Incide nas penas do art. 18 da Lei 7.492/1986 quem "violar sigilo de operação ou de serviço prestado por instituição financeira ou integrante do sistema de distribuição de títulos mobiliários de que tenha conhecimento, em razão do ofício".

1.6.4.2.15. Classificação doutrinária

A violação do segredo profissional é crime **próprio** (somente o confidente necessário pode praticá-lo); **formal** (consuma-se com a realização da conduta, dispensando a produção do resultado naturalístico); **doloso**; **de forma livre** (admite qualquer meio de execução); **unissubjetivo, unilateral ou de concurso eventual** (cometido, em regra, por uma única pessoa, mas é compatível com o concurso de agentes); **instantâneo** (consuma-se em um momento determinado, sem continuidade no tempo); e **unissubsistente** ou **plurissubsistente** (conduta pode ser composta de um ou mais atos).

1.6.4.3. Art. 154-A – Invasão de dispositivo informático

1.6.4.3.1. Dispositivo legal

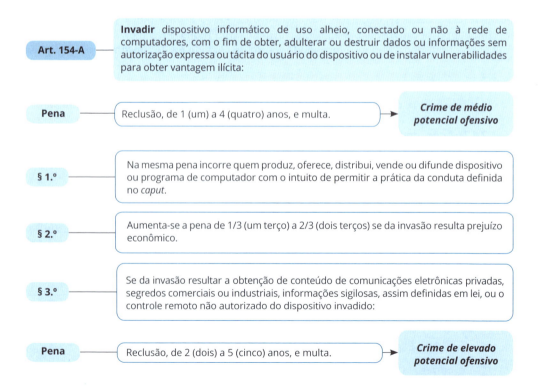

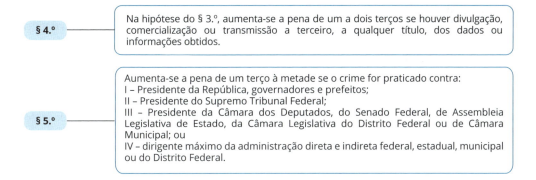

Classificação:	Informações rápidas:
Crime simples Crime comum Crime formal, de consumação antecipada ou de resultado cortado Crime de forma livre Crime comissivo Crime instantâneo ou delito permanente Crime unissubjetivo, unilateral ou de concurso eventual Crime plurissubsistente	Somente há crime quando a conduta recai em dispositivo informático alheio. **Elemento normativo do tipo:** violação indevida (sem justa causa ou ilegítima) de mecanismo de segurança. **Elemento subjetivo:** dolo, acrescido de uma finalidade específica (elemento subjetivo específico). Não se admite a modalidade culposa. Admite tentativa. **Ação penal:** em regra, pública condicionada à representação. Nos casos do art. 154-B, pública incondicionada.

1.6.4.3.2. Introdução

A legislação penal brasileira sempre possuiu arsenal para combater a imensa maioria dos crimes eletrônicos, algo em torno de 95%.[343] Ao contrário das vozes lançadas pela opinião popular, a *internet* nunca foi um território livre, sem lei e sem punição.

No Código Penal, diversos tipos legais são pertinentes à criminalidade no mundo da informática. Para ofensas à honra alheia, tais como imputações de crimes, a calúnia (art. 138); na difusão de boatos humilhantes, a difamação (art. 139); e nos ataques pessoais, menosprezando as características da vítima, especialmente com apelidos grosseiros, a injúria (art. 140). Nas intimidações em geral, desponta o crime de ameaça (art. 147). Na invasão de conta bancária para desvio ou saque de valores, é de se reconhecer o furto (art. 155). Por sua vez, o envio de vírus para inutilizar equipamentos ou seu conteúdo caracteriza o dano (art. 163).

Na seara da dignidade sexual, a conduta de oferecer, trocar, disponibilizar, transmitir, vender ou expor à venda, distribuir, publicar ou divulgar, por qualquer meio – inclusive por meio de comunicação de massa ou sistema de informática ou telemática –, fotografia, vídeo ou outro registro audiovisual que contenha cena de estupro ou de estupro de vulnerável ou que faça apologia ou induza a sua prática, ou, sem o consentimento da vítima, cena de sexo, nudez ou pornografia, caracteriza o crime de divulgação de cena de estupro ou de cena de estupro de vulnerável, de cena de sexo ou de pornografia, definido no art. 218-C do Código Penal.

Também existem crimes previstos em leis especiais. Nesse contexto, os comentários pejorativos deliberadamente lançados envolvendo raças, religiões e etnias configuram o delito de preconceito ou discriminação tipificado pelo art. 20 da Lei 7.716/1989. Por seu

---

[343] ROSSINI, Augusto Eduardo de Souza. *Informática, telemática e direito penal*. São Paulo: Memória Jurídica, 2004.

turno, o ato de oferecer, trocar, disponibilizar, transmitir, distribuir, publicar ou divulgar por qualquer meio, inclusive por meio de sistema de informática ou telemático, fotografia, vídeo ou outro registro que contenha cena de sexo explícito ou pornográfica envolvendo criança ou adolescente configura o crime definido no art. 241-A da Lei 8.069/1990 – Estatuto da Criança e do Adolescente.

Nada obstante seus acertos, é inegável que leis editadas décadas atrás, nas quais sequer se pensava na existência de computadores, levavam a malabarismos adaptativos dos operadores do Direito para enfrentar novos comportamentos, muitas vezes resultando na impunidade dos criminosos. Era preciso adaptar a legislação penal aos novos tempos.

Como de praxe, os debates sobre uma legislação específica para os crimes ligados à *internet* (**crimes cibernéticos**) se arrastavam há anos, em velocidade de conexão discada. Mas a atividade dos congressistas, impulsionada pela opinião pública, recebeu imenso *upload* depois da invasão do computador pessoal de Carolina Dieckmann. Em maio de 2012, 36 fotos íntimas[344] da atriz foram subtraídas por cinco homens, posteriormente identificados e responsabilizados pelos crimes de extorsão, difamação e furto, mas não pela invasão do computador, em face do vácuo normativo.

Para suprir esta lacuna, foi editada a Lei 12.737/2012, conhecida como **Lei Carolina Dieckmann** e responsável pela inclusão no art. 154-A do Código Penal do delito de invasão de dispositivo informático, também conhecido como **intrusão informática**. Posteriormente, e com o escopo de estabelecer princípios, garantias, direitos e deveres para o uso da *internet* no Brasil, foi editada a Lei 12.965/2014, conhecida como "Marco Civil da Internet".

De seu turno, a Lei 13.709/2018 dispõe sobre o tratamento de dados pessoais, inclusive nos meios digitais, por pessoa natural ou por pessoa jurídica de direito público ou privado, com o objetivo de proteger os direitos fundamentais de liberdade e de privacidade e o livre desenvolvimento da personalidade da pessoa natural.

Mesmo com todo esse esforço legislativo, o número de crimes informáticos continuou – e continua – crescendo em ritmo acelerado. O legislador, atento à necessidade de aperfeiçoar a definição da conduta criminosa, bem como de conferir tratamento mais severo à invasão de dispositivo informático, editou a Lei 14.155/2021, promovendo três importantes modificações no art. 154-A do Código Penal, a saber: (a) no *caput*, aperfeiçoou-se a descrição típica e aumentou-se a pena privativa de liberdade; (b) no § 2.º, foram elevados os percentuais da causa de aumento de pena atinente à invasão da qual resulta prejuízo econômico; e (c) na figura qualificada prevista no § 3.º, a pena foi sensivelmente aumentada, e foi excluída sua natureza expressamente subsidiária.

1.6.4.3.3. Objetividade jurídica

O bem jurídico protegido é a liberdade individual, especificamente no tocante à inviolabilidade dos segredos. Com efeito, o art. 154-A encontra-se alocado na Seção IV do Capítulo VI do Título I da Parte Especial do Código Penal.

1.6.4.3.4. Objeto material

É o dispositivo informático de uso alheio, conectado ou não à rede de computadores.

Nota-se nesse ponto uma modificação promovida pela Lei 14.155/2021. Em sua redação original, o *caput* do art. 154-A do Código Penal falava em "dispositivo informático alheio".

---

[344] As fotos foram disponibilizadas na rede mundial de computadores, e em 5 dias foram acessadas mais de 8 milhões de vezes.

Redação original	Redação atual
Art. 154-A. Invadir dispositivo informático alheio, conectado ou não à rede de computadores, mediante violação indevida de mecanismo de segurança e com o fim de obter, adulterar ou destruir dados ou informações sem autorização expressa ou tácita do titular do dispositivo ou instalar vulnerabilidades para obter vantagem ilícita: **Pena** – detenção, de 3 (três) meses a 1 (um) ano, e multa	**Art. 154-A.** Invadir dispositivo informático de uso alheio, conectado ou não à rede de computadores, com o fim de obter, adulterar ou destruir dados ou informações sem autorização expressa ou tácita do usuário do dispositivo ou de instalar vulnerabilidades para obter vantagem ilícita: **Pena** – reclusão, de 1 (um) a 4 (quatro) anos, e multa.

Os dispositivos informáticos dividem-se basicamente em 4 (quatro) grupos:

a) **dispositivos de processamento**: são responsáveis pela análise de dados, com o fornecimento de informações, visando a compreensão de uma informação do dispositivo de entrada para envio aos dispositivos de saída ou de armazenamento. Exemplos: placas de vídeo e processadores de computadores e *smartphones*;

b) **dispositivos de entrada**: relacionam-se à captação de dados (escritos, orais ou visuais). Exemplos: teclados, microfones e *webcam*;

c) **dispositivos de saída**: fornecem uma interface destinada ao conhecimento ou captação, para outros dispositivos, da informação (escrita, oral ou visual) produzida no processamento. Exemplos: impressoras e monitores; e

d) **dispositivos de armazenamento**: dizem respeito à guarda de dados ou informações para posterior análise. Exemplos: *pendrives*, HDs (*hard disks*) e CDs (discos compactos).

Com a mudança legislativa, caracteriza-se o delito quando a conduta recai em "dispositivo informático **de uso alheio**". Destarte, o fato será típico quando o sujeito devassa um dispositivo próprio que se encontra na posse de terceiro, para uso pessoal. Exemplo: João emprestou seu *notebook* para Pedro, para que este pudesse utilizá-lo para fins profissionais. No entanto, alegando que precisava consultar arquivos pessoais guardados no aparelho, João pede para usar a máquina em um determinado final de semana, e nesse período destrói as informações de trabalho de Pedro que lá estavam armazenadas.

Essa conclusão é reforçada pela parte final do *caput* do art. 154-A do Código Penal: "sem autorização expressa ou tácita do **usuário** do dispositivo". Antes da Lei 14.155/2021, o tipo penal continha a expressão "sem autorização expressa ou tácita do **titular** do dispositivo".

É irrelevante se o dispositivo informático alheio está ou não conectado à rede de computadores. Destarte, não se exige sua interligação com outro dispositivo informático, possibilitando o compartilhamento de dados ou informações.

1.6.4.3.5. Núcleo do tipo

O núcleo do tipo é "**invadir**", no sentido de devassar dispositivo informático alheio, conectado ou não à rede de computadores.

Na redação original do art. 154-A do Código Penal, a invasão necessariamente devia ser praticada mediante **violação indevida de mecanismo de segurança**, compreendido como qualquer ferramenta utilizada para proteger o dispositivo informático de ameaças (subtração ou alteração de informações, danos físicos, modificação das configurações etc.), a exemplo dos programas antivírus, do *firewall* e das senhas.

Essa exigência deixou de existir com as alterações implementadas pela Lei 14.155/2021. Portanto, caracteriza-se o delito tanto quando o agente invade dispositivo informático de uso alheio, violando indevidamente mecanismo de segurança, como também quando o sujeito invade dispositivo informático de uso alheio desprotegido, isto é, não dotado de mecanismo de segurança, com o fim de obter, adulterar ou destruir dados ou informações sem autorização expressa ou tácita do usuário do dispositivo ou de instalar vulnerabilidades para obter vantagem ilícita, como na hipótese em que um funcionário de uma empresa apaga os dados do computador do seu colega de trabalho, que com ele disputava uma promoção para cargo melhor remunerado, aproveitando-se que a vítima foi ao banheiro e esqueceu seu *notebook* aberto.

1.6.4.3.6. Sujeito ativo

Trata-se de **crime comum** ou **geral**, podendo ser cometido por qualquer pessoa. Embora esta condição não seja exigida pelo tipo penal, normalmente o crime é praticado por sujeitos dotados de especiais conhecimentos de informática, conhecidos como *crackers*.[345]

1.6.4.3.7. Sujeito passivo

Pode ser qualquer pessoa, física ou jurídica.

1.6.4.3.7.1. Qualidade do sujeito passivo e aumento da pena: art. 154-A, § 5.º

O § 5.º do art. 154-A do Código Penal contempla **causas de aumento da pena**, a serem utilizadas na terceira e derradeira etapa da dosimetria da pena privativa de liberdade.

De fato, a pena será aumentada de um terço à metade se o crime for praticado contra: "I – Presidente da República, governadores e prefeitos; II – Presidente do Supremo Tribunal Federal; III – Presidente da Câmara dos Deputados, do Senado Federal, de Assembleia Legislativa de Estado, da Câmara Legislativa do Distrito Federal ou de Câmara Municipal; ou IV – dirigente máximo da administração direta e indireta federal, estadual, municipal ou do Distrito Federal".

A exasperação é justificada pela relevância dos dados e informações contidos nos dispositivos informáticos de tais pessoas, indispensáveis à gestão da coisa pública. Consequentemente, a conduta que recai nestes objetos causa danos mais extensos, reclamando resposta penal dotada de maior rigor.

1.6.4.3.8. Elemento subjetivo

É o dolo, acrescido de um especial fim de agir (**elemento subjetivo específico**) representado pela expressão "com o fim de obter, adulterar ou destruir dados ou informações sem autorização expressa ou tácita do titular do dispositivo ou de instalar vulnerabilidades para obter vantagem ilícita".

Em outras palavras, não basta o sujeito devassar dispositivo informático alheio, conectado ou não à rede de computadores. É preciso fazê-lo para obter (alcançar, conquistar ou conseguir), adulterar (alterar ou corromper) ou destruir (arruinar ou eliminar) dados ou informações sem autorização (expressa ou tácita) do seu titular, ou visando instalar vulnerabilidades para

---

[345] É preciso diferenciar *hackers* e *crackers*: aqueles são indivíduos que se dedicam excessivamente a conhecer e alterar a estrutura e o funcionamento de dispositivos, programas e redes de computadores. Como são dotados de conhecimentos especiais, os *hackers* conseguem obter soluções e efeitos que vão além do normal funcionamento dos sistemas informáticos, inclusive com a superação de barreiras destinadas a impedir o acesso de determinados dados. Se tais pessoas utilizam seus conhecimentos para fins ilegais, passam a ingressar na categoria dos *crackers*.

obter vantagem ilícita, isto é, indevida, que pode ser econômica ou de qualquer outra natureza (exemplos: prestígio político, favores sexuais etc.).

Dados são elementos extraídos do mundo real e alocados no dispositivo informático, representados por números, símbolos, palavras ou imagens, insuscetíveis de compreensão por quem os examina. Por sua vez, **informações** são os dados processados e organizados de modo a apresentarem determinado significado. Vejamos um exemplo:

Dados
IRTOIED AENLP

PROCESSAMENTO

Informação
DIREITO PENAL

Vulnerabilidades, também conhecidas como "bugs", são falhas no projeto ou na implementação de um *software* ou sistema operacional e, por essa razão, aptas a sujeitar o dispositivo informático a uma ameaça, a exemplo dos incontáveis vírus e das deficiências de funcionamento em geral.

Nota-se, portanto, a ausência de crime no ato de simplesmente invadir o computador alheio, sem nenhuma finalidade específica, como se dá nas condutas de *hackers* que entram no sistema de segurança de grandes empresas, avisando-as das falhas operacionais. Nessas situações, é frequente a contratação destes *experts*, mediante elevada remuneração, justamente para aperfeiçoar a proteção virtual das corporações.[346]

Não se admite a modalidade culposa.

1.6.4.3.9. Consumação

A invasão de dispositivo informático é **crime formal, de consumação antecipada** ou **de resultado cortado**: consuma-se com o simples ato de devassar dispositivo informático alheio, conectado ou não à rede de computadores, com a finalidade de obter, adulterar ou destruir dados ou informações sem autorização expressa ou tácita do titular do dispositivo, ou de instalar vulnerabilidades para obter vantagem ilícita, pouco importando se este objetivo vem a ser efetivamente alcançado.

Exemplificativamente, o delito estará aperfeiçoado quando o sujeito invade o computador alheio, com o fim de obter dados alheios, ainda que não consiga fazê-lo em razão da queda da energia elétrica. Nessa hipótese, a consumação terá se verificado em face da devassa do dispositivo de informática da vítima (conduta), independentemente da obtenção dos dados desejados (resultado naturalístico).

No caso concreto, a invasão de dispositivo informático pode apresentar-se como **crime instantâneo** ou então como **delito permanente**, tal como na situação em que o sujeito fica, durante relevante período, destruindo dados contidos em computador alheio.

1.6.4.3.10. Tentativa

É possível, em face do caráter plurissubsistente do delito, permitindo o fracionamento do *iter criminis*. Exemplo: O sujeito realiza manobras para devassar o computador alheio, visando a destruição de dados, mas não consegue fazê-lo porque a vítima, especialista em informática, adota providências eficazes para impedir o acesso ao seu dispositivo pessoal.

---

[346] Exemplo marcante foi o de George Hotz, conhecido no mundo virtual como "Geohot". Depois de muitas peripécias na *internet*, como o desbloqueio do iPhone e do Playstation 3, e também de processo movido pela Sony, ele foi contratado pelo Facebook para desenvolver um aplicativo para iPad.

1.6.4.3.11. Ação penal

Nos crimes elencados no art. 154-A do Código Penal, **em regra a ação penal é pública condicionada à representação** do ofendido ou de quem tiver qualidade para representá-lo.

Esta opção legislativa é justificada pela disponibilidade do interesse atacado pelo delito, vinculado precipuamente à esfera de intimidade da vítima. Além disso, o escândalo do processo (*strepitus iudicii*), com o ajuizamento da ação penal, muitas vezes pode ser mais prejudicial à vítima do que suportar sigilosamente os efeitos do delito. Desse modo, reserva-se ao ofendido ou ao seu representante a oportunidade (ou conveniência) para autorizar ou não o início da persecução penal.

Excepcionalmente, a ação penal será pública incondicionada, nas hipóteses em que o delito envolver a Administração Pública, pois nesses casos há ofensa a valores de natureza indisponível. É o que se extrai do art. 154-B do Código Penal:

> Nos crimes definidos no art. 154-A, somente se procede mediante representação, salvo se o crime é cometido contra a administração pública direta ou indireta de qualquer dos Poderes da União, Estados, Distrito Federal ou Municípios ou contra empresas concessionárias de serviços públicos.

Este dispositivo, como não poderia ser diferente, repetiu a sistemática acolhida pelo Código de Processo Penal, especialmente em seu art. 24, § 2.º: "Seja qual for o crime, quando praticado em detrimento do patrimônio ou interesse da União, Estado e Município, a ação penal será pública".

1.6.4.3.12. Lei 9.099/1995

Em face da pena cominada – reclusão, de 1 (um) a 4 (quatro) anos, e multa – a invasão de dispositivo informático constitui-se em **crime de médio potencial ofensivo**, compatível com a suspensão condicional do processo, se presentes os demais requisitos elencados pelo art. 89 da Lei 9.099/1995.

1.6.4.3.13. Classificação doutrinária

A invasão de dispositivo informático é crime **simples** (ofende um único bem jurídico); **comum** (pode ser cometido por qualquer pessoa); **formal, de consumação antecipada** ou **de resultado cortado** (consuma-se com a prática da conduta criminosa, independentemente da superveniência do resultado naturalístico); **de forma livre** (admite qualquer meio de execução); **comissivo**; **instantâneo** ou **permanente**; **unissubjetivo**, **unilateral** ou **de concurso eventual** (normalmente cometido por uma única pessoa, mas admite o concurso); e **plurissubsistente**.

1.6.4.3.14. Competência

A competência normalmente é da **Justiça Estadual**. É irrelevante se o crime foi cometido pela rede mundial de computadores. Com efeito, o simples fato de o delito ser praticado pela *internet* não atrai, por si só, a competência da Justiça Federal, a qual incidirá somente se presente alguma das hipóteses contidas no art. 109, incs. IV e V, da Constituição Federal.

Além disso, a invasão de dispositivo informático não é crime previsto em tratado ou convenção internacional em que o Brasil se comprometeu a combater.[347]

---

[347] A proposição, este raciocínio tem assento no STJ, no tocante à injúria praticada pela *internet* (CC 121.431/SE, rel. Min. Marco Aurélio Bellizze, 3.ª Seção, j. 11.04.2012, noticiado no *Informativo* 495).

1.6.4.3.15. Concurso de crimes

É perfeitamente possível o concurso entre a invasão de dispositivo informático e outros delitos, especialmente o furto (subtração de dados ou informações), o dano (destruição de dados ou informações, ou inutilização do computador ou de outro dispositivo) e a extorsão (exigência de vantagem econômica indevida para devolução dos dados ou informações).

1.6.4.3.16. Figuras equiparadas: art. 154-A, § 1.º

Como estatui o art. 154-A, § 1.º, do Código Penal: "Na mesma pena incorre quem produz, oferece, distribui, vende ou difunde dispositivo ou programa de computador com o intuito de permitir a prática da conduta definida no *caput*".

Pune-se a conduta daquele que contribui, mediante produção, oferecimento, distribuição ou difusão de programa de computador para que um terceiro venha a devassar dispositivo informático alheio, na forma descrita pelo art. 154-A, *caput*, do Código Penal. É o que dá em relação aos especialistas que vendem *softwares* em *sites*, possibilitando a outras pessoas a invasão de computadores alheios.

O tipo penal reclama um especial fim de agir (**elemento subjetivo específico**): não basta produzir, oferecer, distribuir, vender ou difundir programa de computador. É imprescindível fazê-lo "com o intuito de permitir a prática da conduta definida no *caput*".

O legislador criou mais uma **exceção à teoria unitária ou monista**, adotada pelo art. 29, *caput*, do Código Penal como regra geral no campo do concurso de pessoas. Em verdade, mesmo se presente o vínculo subjetivo, quem devassa o computador alheio responde pelo crime tipificado no art. 154-A, *caput*, ao passo que o sujeito envolvido com o programa de computador e que lhe oferece condições para tanto será responsabilizado pelo delito contido no art. 154-A, § 1.º, ambos do Código Penal.

1.6.4.3.17. Prejuízo econômico e aumento da pena: art. 154-A, § 2.º

Na dicção do § 2.º do art. 154-A do Código Penal, com a redação dada pela Lei 14.155/2021: "Aumenta-se a pena de 1/3 (um terço) a 2/3 (dois terços) se da invasão resulta prejuízo econômico". Cuida-se de **causa de aumento da pena**, a ser utilizada na terceira e última fase da aplicação da pena privativa de liberdade.

Diversos fatores podem proporcionar o prejuízo econômico: divulgação de informações capazes de macular a honra da vítima, tempo de trabalho necessário para a reprodução dos dados ou informações destruídos ou adulterados, valores gastos para livrar o dispositivo informático de vírus etc. Em qualquer dos casos, a elevação da pena será obrigatória.

1.6.4.3.18. Figura qualificada: art. 154-A, § 3.º

A pena é de reclusão, de 2 (dois) a 5 (cinco) anos, e multa, "se da invasão resultar a obtenção de conteúdo de comunicações eletrônicas privadas, segredos comerciais ou industriais, informações sigilosas assim definidas em lei, ou o controle remoto não autorizado do dispositivo invadido".[348]

A qualificadora constitui-se em **crime de elevado potencial ofensivo**, incompatível com os benefícios previstos na Lei 9.099/1995, e vincula-se ao comportamento daquele que, além de devassar dispositivo informático alheio, vai mais longe. De fato, o sujeito obtém conteúdo de comunicações eletrônicas privadas (exemplos: *e-mails*, mensagens restritas em

---

[348] Os limites da pena privativa de liberdade, que antes eram de 6 meses a 2 anos de reclusão, foram sensivelmente elevados pela Lei 14.155/2021. Também foi excluída a natureza expressamente subsidiária da qualificadora, pois antes da mudança legislativa seu preceito secundário continha a expressão "se a conduta não constitui crime mais grave".

redes sociais etc.), segredos comerciais ou industriais (exemplos: fórmula de um alimento, projeto de um automóvel etc.), informações sigilosas assim definidas em lei (**norma penal em branco homogênea**), ou o controle remoto não autorizado do dispositivo invadido.

Controle remoto é qualquer mecanismo idôneo a permitir o acesso sem fio ao dispositivo informático, mediante sinal infravermelho, *bluetooth* ou mesmo pela *internet*. Um grande exemplo é o VNC – *Virtual Network Computing*, consistente em programa utilizado para acessar remotamente o dispositivo.

Para evitar qualquer polêmica, o tipo penal foi expresso: somente é punível o controle remoto **não autorizado** do dispositivo invadido. Evidentemente, não há crime se existia permissão para tanto, como ocorre nos computadores instalados em escolas infantis, pelos quais os pais acompanham a distância as atividades desenvolvidas pelos seus filhos.

1.6.4.3.19. Causa de aumento da pena: art. 154-A, § 4.º

Como estabelece o § 4.º do art. 154-A do Código Penal: "Na hipótese do § 3.º, aumenta-se a pena de um a dois terços se houver divulgação, comercialização ou transmissão a terceiro, a qualquer título, dos dados ou informações obtidos".

Trata-se de **causa de aumento da pena**, aplicável unicamente à modalidade qualificada prevista no § 3.º do art. 154-A do Código Penal. Nesse caso, o **exaurimento** justifica a maior severidade no tratamento penal.

A divulgação, comercialização ou transmissão a terceiro, embora normalmente envolva alguma contraprestação, pode ser gratuita, pois o legislador empregou a expressão "a qualquer título".

1.6.4.3.20. Infiltração de agentes de polícia na *internet*

A investigação do crime de invasão de dispositivo informático admite um meio especial de obtenção de prova, consistente na infiltração de agentes de polícia na *internet*. A implementação dessa medida, a teor do art. 190-A da Lei 8.069/1990 – Estatuto da Criança e do Adolescente, obedecerá às seguintes regras:

> I – será precedida de autorização judicial devidamente circunstanciada e fundamentada, que estabelecerá os limites da infiltração para obtenção de prova, ouvido o Ministério Público;
>
> II – dar-se-á mediante requerimento do Ministério Público ou representação de delegado de polícia e conterá a demonstração de sua necessidade, o alcance das tarefas dos policiais, os nomes ou apelidos das pessoas investigadas e, quando possível, os dados de conexão ou cadastrais que permitam a identificação dessas pessoas; e
>
> III – não poderá exceder o prazo de 90 (noventa) dias, sem prejuízo de eventuais renovações, desde que o total não exceda a 720 (setecentos e vinte) dias e seja demonstrada sua efetiva necessidade, a critério da autoridade judicial.

CAPÍTULO 2

DOS CRIMES CONTRA O PATRIMÔNIO

2.1. FUNDAMENTO CONSTITUCIONAL E TERMINOLOGIA LEGAL

O fundamento dos crimes contra o patrimônio, no âmbito de uma visão constitucional do Direito Penal, encontra-se no art. 5.º, *caput*, da Constituição Federal: "todos são iguais perante a lei, sem distinção de qualquer natureza, garantindo-se aos brasileiros e aos estrangeiros residentes no País a inviolabilidade do direito à vida, à liberdade, à igualdade, à segurança e à propriedade".

O direito à propriedade é inviolável. Situa-se no rol dos direitos fundamentais do ser humano e legitima a incriminação pelo legislador ordinário das condutas atentatórias ao patrimônio alheio.

Nada obstante, ao contrário do Código Penal de 1890, que se referia a "crimes contra a propriedade", o atual Código Penal, de 1940, preferiu dispor sobre os "crimes contra o patrimônio". Esta opção foi acertada, uma vez que os crimes disciplinados pelos arts. 155 a 180-A do Código Penal não têm por objetividade jurídica somente a propriedade, que, regulada pelo Direito Civil, significa o domínio pleno ou limitado sobre as coisas (direitos reais), mas também todo e qualquer interesse de valor econômico, isto é, avaliável em dinheiro.

2.2. CONCEITO DE PATRIMÔNIO

Patrimônio é o complexo de bens ou interesses de valor econômico em relação de pertinência com uma pessoa.[1]

Consequentemente, os crimes contra o patrimônio podem ser definidos como espécies de ilícito penal que ofendem ou expõem a perigo de lesão qualquer bem, interesse ou direito economicamente relevante, privado ou público. A nota predominante do elemento patrimonial é o seu caráter econômico, o seu valor traduzível em pecúnia; mas cumpre advertir que, por extensão, também se dizem patrimoniais aquelas coisas que, embora sem valor venal, representam uma utilidade, ainda que simplesmente moral (valor de afeição), para o seu proprietário.

---

[1] HUNGRIA, Nélson. *Comentários ao Código Penal*. 2. ed. Rio de Janeiro: Forense, 1958. v. 7, p. 7.

Na defesa do patrimônio, o Direito Penal, à parte a sua sanção específica (pena criminal) e caráter, de regra publicístico e indisponível da sua tutela, nada tem de constitutivo: é apenas sancionatório de normas de direito privado. Como instituto jurídico, o patrimônio é conceituado e disciplinado, exclusivamente, pelo Direito Civil. Para reforçar a sua tutela, recebe-o o Direito Penal, sem tirar nem pôr, do direito privado. Não existe um patrimônio penal diverso de um patrimônio de Direito Civil. Há diversidade formal, na proteção do patrimônio, entre as sanções penais e as sanções civis, e nem todo ilícito civil patrimonial é também ilícito penal ou crime patrimonial.[2] É o que modernamente se convencionou chamar de **princípio da fragmentariedade ou caráter fragmentário do Direito Penal**.

2.3. CRITÉRIO LEGISLATIVO PARA ELEIÇÃO DOS CRIMES CONTRA O PATRIMÔNIO

O tratamento legal dos crimes contra o patrimônio não exclui a proteção de outros bens jurídicos. De fato, resguardando o patrimônio, a lei penal tutela, simultaneamente, outros direitos, tais como a vida e a liberdade, que não são bens patrimoniais. É o que ocorre, exemplificativamente, nos delitos de latrocínio (CP, art. 157, § 3.º, II), de extorsão mediante a restrição da liberdade da vítima ou "sequestro-relâmpago" (CP, art. 158, § 3.º) e de extorsão mediante sequestro (CP, art. 159). Por outro lado, há delitos intrinsecamente relacionados à questão patrimonial que são disciplinados em outros títulos da Parte Especial do Código Penal. É o que se verifica, a título ilustrativo, nos crimes contra a propriedade imaterial (CP, art. 184) e peculato (CP, art. 312).

Surge então uma questão: Quando um crime deve ser encarado como patrimonial?

E a resposta repousa unicamente no **critério legislativo** eleito na elaboração dos tipos penais incriminadores. Mas este critério não nasceu da fantasia do legislador.

A definição de um crime que atenta contra o patrimônio de alguma pessoa física ou jurídica em patrimonial ou não obedece à razão do **interesse predominante** que a lei protege. Consideram-se patrimoniais os delitos quando o interesse predominante é patrimonial. Por sua vez, crimes como o peculato e a corrupção passiva, que ofendem o patrimônio, não são nesta classe incluídos, porque acima deles a lei coloca outro interesse, que é o do regular funcionamento da Administração Pública.

A prevalência do interesse patrimonial é, pois, o elemento primordial, o fundamento básico na capitulação dos crimes contra o patrimônio.[3]

2.4. DO FURTO

2.4.1. Art. 155 – Furto

2.4.1.1. Dispositivo legal

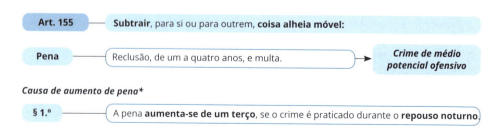

---

[2] Cf. HUNGRIA, Nélson. *Comentários ao Código Penal*. 2. ed. Rio de Janeiro: Forense, 1958. v. 7, p. 8.
[3] Nesse sentido: MAGALHÃES NORONHA, E. *Código Penal brasileiro comentado*. São Paulo: Saraiva, 1958. v. 5, 1.ª parte, p. 24-25.

CAP. 2 – DOS CRIMES CONTRA O PATRIMÔNIO

Furto privilegiado*

§ 2.º — Se o criminoso é **primário**, e é de **pequeno valor** a coisa furtada, o juiz pode **substituir a pena** de reclusão pela de detenção, **diminuí-la de um a dois terços**, **ou** aplicar somente a pena de multa.

Norma penal explicativa

§ 3.º — Equipara-se à **coisa móvel** a **energia elétrica** ou qualquer outra **que tenha valor econômico**.

Furto qualificado

§ 4.º — A pena é de **reclusão de dois a oito anos**, e multa, se o crime é cometido:
I – com destruição ou rompimento de **obstáculo** à subtração da coisa;
II – com abuso de **confiança**, ou mediante **fraude**, **escalada** ou **destreza**;
III – com emprego de **chave falsa**;
IV – mediante concurso de **duas ou mais pessoas**.
➡ *Crime de elevado potencial ofensivo*

§ 4.º-A — A pena é de **reclusão de quatro a dez anos e multa**, se houver **emprego de explosivo ou de artefato análogo** que cause perigo comum.
➡ *Crime hediondo*

§ 4.º-B — A pena é de reclusão, de 4 (quatro) a 8 (oito) anos, e multa, se o furto mediante fraude é cometido por meio de dispositivo eletrônico ou informático, conectado ou não à rede de computadores, com ou sem a violação de mecanismo de segurança ou a utilização de programa malicioso, ou por qualquer outro meio fraudulento análogo.
➡ *Crime de elevado potencial ofensivo*

§ 4.º-C — A pena prevista no § 4.º-B deste artigo, considerada a relevância do resultado gravoso:
I – aumenta-se de 1/3 (um terço) a 2/3 (dois terços), se o crime é praticado mediante a utilização de servidor mantido fora do território nacional;
II – aumenta-se de 1/3 (um terço) ao dobro, se o crime é praticado contra idoso ou vulnerável.
➡ *Causas de aumento de pena aplicáveis ao § 4.º-B*

Furto qualificado*

§ 5.º — A pena é de **reclusão de três a oito anos**, se a subtração for de **veículo automotor** que venha a ser transportado **para outro Estado ou para o exterior**.
➡ *Crime de elevado potencial ofensivo*

Furto qualificado*

§ 6.º — A pena é de reclusão de 2 (dois) a 5 (cinco) anos se a subtração for de semovente domesticável de produção, ainda que abatido ou dividido em partes no local da subtração.
➡ *Crime de elevado potencial ofensivo*

§ 7.º — A pena é de **reclusão de quatro a dez anos e multa**, se a subtração for de **substâncias explosivas ou de acessórios** que, conjunta ou isoladamente, **possibilitem sua fabricação, montagem ou emprego**.

Classificação:	Informações rápidas:
Crime comum Crime de forma livre Crime material Crime instantâneo (*regra*) ou permanente (*exceção* – CP, art. 155, §3.º) Crime plurissubsistente (*regra*) Crime de dano Crime unissubjetivo	Tutela a **propriedade** e a **posse** (desde que legítima). Pressupõe *animus furandi*. O **consentimento do ofendido**, antes ou durante a subtração, torna o fato atípico (bem disponível), mas após a subtração o fato será típico. O ser humano não é coisa, mas é possível o furto de partes do corpo humano como cabelos ou de dentes com intuito de lucro. Não são objeto de furto a res nullius, a res derelicta e as coisas de uso comum. A res desperdicta é objeto do crime de apropriação de coisa achada. Talão de cheques e folha avulsa de cheque podem ser objeto; cartão bancário ou de crédito não podem (princípio da insignificância). **Furto famélico:** exclui a ilicitude diante do estado de necessidade. **Ladrão que furta ladrão:** caracteriza furto. Adoção da teoria da inversão da posse (STF). Não admite modalidade culposa. A tentativa é possível em todas as modalidades de furto. **Ação penal:** pública incondicionada. **Furto privilegiado + repouso noturno**: possível. **Furto privilegiado + qualificado: possível**, desde que se trate de qualificadora de natureza objetiva (Súmula 511 do STJ).

2.4.1.2. Estrutura do tipo penal

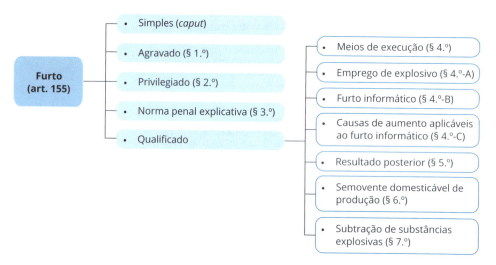

2.4.1.3. Objetividade jurídica

A lei penal tutela a **propriedade** e a **posse legítima**, reforçando a proteção conferida pelo Direito Civil ao patrimônio das pessoas.

A detenção, isoladamente, não é protegida pelo art. 155 do Código Penal, pois não produz qualquer efeito jurídico (não se transmite em relação *inter vivos* e *causa mortis*) e não integra o patrimônio das pessoas.[4]

---

[4] Em sentido contrário: DELMANTO, Celso. *Código Penal comentado*. 3. ed. Rio de Janeiro: Renovar, 1994. p. 265.

O patrimônio é **bem jurídico disponível**. Destarte, o consentimento do ofendido, revelado antes ou durante a subtração, torna o fato atípico, ainda que sua anuência seja ignorada pelo agente, pois não se pode furtar com a aquiescência do titular do bem. Depois da subtração o consentimento é ineficaz, subsistindo intacto o delito.[5]

2.4.1.4. Objeto material

É a **coisa alheia móvel** que suporta a conduta criminosa.

O **ser humano** não pode ser furtado, pois não é coisa. O crime será de sequestro (CP, art. 148), extorsão mediante sequestro (CP, art. 159) ou subtração de incapazes (CP, art. 249), conforme o caso. Entretanto, é possível o furto de partes do corpo humano, tal como se dá na subtração de cabelos ou de dentes com intuito de lucro. Observe-se, porém, que a subtração de órgãos vitais do corpo humano (rim ou pulmão, entre outros) configura lesão corporal grave (CP, art. 129, § 1.º, inc. III) ou gravíssima (CP, art. 129, § 2.º, inc. III), ou até mesmo homicídio, consumado ou tentado, dependendo da finalidade almejada pelo agente.

Também é possível a subtração de objetos ou instrumentos ligados ao corpo da pessoa humana e que se destinam para correção estética ou auxílio de suas atividades, a exemplo de olhos de vidro, perucas, dentaduras, próteses mecânicas, orelhas de borracha etc.

De igual modo, a subtração de cadáver ou de parte dele caracteriza o crime definido pelo art. 211 do Código Penal ("Destruir, subtrair ou ocultar cadáver ou parte dele: Pena – reclusão, de um a três anos, e multa"). Se, entretanto, o cadáver ostentar valor econômico e encontrar-se na posse legítima de uma pessoa, física ou jurídica, estará delineado o delito de furto (exemplo: cadáver pertencente a uma Faculdade de Medicina ou a um hospital).

O cadáver, quando destituído de valor econômico, não se encaixa no conceito de coisa alheia. Ao contrário, ingressa no rol das coisas fora do comércio, e sua tutela penal repousa em princípios éticos, religiosos, sanitários e de ordem pública determinados pelo ordenamento jurídico.

A subtração de substâncias explosivas ou de acessórios que, conjunta ou isoladamente, possibilitem sua fabricação, montagem ou emprego, caracteriza a figura qualificada prevista no art. 155, § 7.º, do Código Penal.

A coisa deve ser **alheia**. A palavra "alheia" funciona como **elemento normativo do tipo**: sua compreensão reclama um juízo de valor, de índole jurídica, relacionada com a propriedade da coisa. É alheia a coisa que não pertence àquele que pratica a subtração. Destarte, se o sujeito subtrai coisa própria, reputando-a alheia, não há furto, mas crime impossível, em face da impropriedade absoluta do objeto material (CP, art. 17).

Não há furto quando se tratar de *res nullius* (coisas que nunca tiveram dono) ou *res derelicta* (coisas abandonadas), pois, como estabelece o art. 1.263 do Código Civil, "quem se assenhorear de coisa sem dono para logo lhe adquire a propriedade, não sendo essa ocupação defesa por lei". Em outras palavras, a apropriação das coisas sem dono ou abandonadas é meio lícito para obtenção do domínio.

O ouro da arcada dentária do esqueleto não constitui *res nullius* nem *res derelicta*. Com a morte, a propriedade dos bens do *de cujus* é imediatamente transmitida aos herdeiros (princípio da *saisine*). Portanto, todos os objetos sepultados com o morto pertencem aos sucessores do defunto, que figuram como sujeitos passivos do eventual delito de furto. Ressalte-se, porém, que o delito de violação de sepultura, previsto no art. 210 do Código Penal, é absorvido pelo furto, previsto no art. 155, § 4.º, inciso I, do mesmo Código, porque, além de ter sido meio

---

[5] Embora a questão seja mais afeta ao campo do elemento subjetivo, é válido destacar que também não há crime quando o sujeito subtrai o bem acreditando erroneamente que estava presente o consentimento do ofendido.

de execução da subtração, ainda funciona como qualificadora do rompimento ou destruição de obstáculo. A absorção é justificada pelos princípios da consunção e da subsidiariedade implícita.[6]

Existem, entretanto, entendimentos em sentido contrário, no sentido de que a subtração do ouro existente na arcada dentária do defunto não configura crime de furto, uma vez que tal bem não integra o patrimônio dos herdeiros do morto. Se assim fosse, sustentam os partidários desta corrente, o cadáver teria que ser inevitavelmente inventariado, e se o falecido não tivesse família, seus restos seriam definidos como *res nullius*.

Igualmente, não se caracteriza o crime de furto em relação às **coisas de uso comum** (pertencentes a todos), tais como o ar e a água dos rios e oceanos. Caracteriza-se o delito, contudo, quando tais coisas foram destacadas do local de origem e sejam exploradas por alguém (exemplos: água engarrafada e gás liquefeito).

Cumpre destacar, a propósito, que o desvio ou represamento, em proveito próprio ou de outrem, de águas alheias configura o crime de usurpação, definido pelo art. 161, § 1.º, inciso I, do Código Penal.

De outro lado, **é possível o furto das coisas que estejam fora do comércio, desde que tenham dono,** como os bens públicos e os bens gravados com cláusula de inalienabilidade.

Quanto à **coisa perdida** (*res desperdicta*), o art. 169, parágrafo único, inciso II, do Código Penal contempla um crime específico, denominado "apropriação de coisa achada", aplicável a "quem acha coisa alheia perdida e dela se apropria, total ou parcialmente, deixando de restituí-la ao dono ou legítimo possuidor ou de entregá-la à autoridade competente, dentro no prazo de quinze dias". É importante ressaltar, porém, que uma coisa somente pode ser classificada como perdida quando se situa em local público ou de uso público. Logo, pratica furto aquele que vai à residência de uma pessoa, encontra e se apodera de um bem que estava sendo por ela procurado.

Por sua vez, entende-se por **coisa móvel** todo e qualquer bem corpóreo suscetível de ser apreendido e transportado de um local para outro. Deste conceito podem ser extraídas algumas conclusões:

a) Bem corpóreo é todo aquele que se materializa em uma base física;

b) Os bens incorpóreos, representados pelos direitos, não podem ser furtados;

c) Os bens imóveis não figuram como objeto material do furto, pois é impossível retirá-los da esfera de vigilância da vítima. Nesse sentido, o adjetivo "móvel", utilizado pelo art. 155, *caput*, do Código Penal era totalmente prescindível, pois não se pode imaginar uma subtração envolvendo coisa imóvel. Em síntese, a subtração é logicamente incompatível com os bens imóveis.

Anote-se, porém, que o Código Penal, no tocante aos bens móveis, adota um sentido real, e não propriamente jurídico. São móveis as coisas que têm movimentos próprios (semoventes) e as que podem ser levadas de um local para outro. A propósito, não se aplica ao Direito Penal a teoria da ficção jurídica prevista pelo Direito Civil para classificar como imóveis alguns bens essencialmente móveis, tais como os materiais provisoriamente separados de um prédio, para nele se reempregarem (Código Civil, art. 81, inc. II).

Os semoventes e animais em geral, quando tiverem proprietário, podem ser objeto material de furto.[7] A propósito, o furto de gado é juridicamente conhecido como **abigeato**. Se, contudo, alguém se apoderar de um animal alheio com o propósito de exigir alguma vantagem econômica para restituí-lo, o crime será de extorsão (CP, art. 158).

---

[6] Cf. BARROS, Flávio Augusto Monteiro de. *Direito penal*. Parte especial. 2. ed. São Paulo: Saraiva, 2009. v. 2, p. 340.

[7] Se a conduta recair sobre "semovente domesticável de produção", estará caracterizada a figura qualificada prevista no art. 155, § 6.º, do Código Penal.

Também é possível a subtração (extração clandestina) de pedras, areia, minerais, árvores e plantas em geral, salvo se o fato caracterizar algum crime definido pela Lei 9.605/1998 – Lei dos Crimes Ambientais –, especialmente em seus arts. 44 e 50-A.

E, para afastar qualquer discussão acerca da possibilidade de subtração de **energia**, o art. 155, § 3.º, do Código Penal estatui: "Equipara-se à coisa móvel a energia elétrica ou qualquer outra que tenha valor econômico".[8] Cuida-se de **norma penal explicativa**,[9] e na expressão "qualquer outra que tenha valor econômico" ingressam, exemplificativamente, as energias nuclear, radioativa, cinética, atômica, mecânica, térmica e eólica, bem como o sinal fechado de televisão (TV a cabo ou equivalente).[10]

É indispensável, todavia, tratar-se de energia cujo apossamento seja possível, isto é, que possa ser dissociada da sua origem. Não há furto, exemplificativamente, quando alguém se apodera momentaneamente da energia física de um animal, ou então no tocante à energia intelectual, indestacável do cérebro humano. Nesse último caso, se a ideia humana vem a manifestar-se e fixar-se externamente, tal como em uma carta, esta é que pode ser objeto material de furto.

A subtração de sêmen também é considerada furto, uma vez que se constitui em **energia genética**. Exemplificativamente, há crime quando alguém introduz uma égua em pasto alheio, com o fim de ser fecundada pelo cavalo de raça do vizinho.

A **dívida resultante de corrida de táxi** (ou meio de transporte equivalente) não pode ser considerada coisa alheia móvel para fins de caracterização dos delitos patrimoniais.[11]

Finalmente, a remoção (que não deixa de ser subtração) de tecidos, órgãos ou partes do corpo de pessoa ou de cadáver, para fins de transplante, em desacordo com as disposições legais, caracteriza o crime definido pelo art. 14 da Lei 9.434/1997.

2.4.1.4.1. Questões específicas inerentes ao objeto material

2.4.1.4.1.1. Furto e princípio da insignificância (ou da criminalidade de bagatela)

O princípio da insignificância surgiu no Direito Romano, no campo civil, derivado do brocardo *de minimus non curat praetor*. Em outras palavras, o Direito Penal não deve se ocupar de assuntos irrelevantes, incapazes de lesar o bem jurídico. Na década de 70 do século passado, foi incorporado ao Direito Penal pelos estudos de Claus Roxin.

Esse princípio não tem previsão legal no Brasil, mas é pacificamente reconhecido pela doutrina e pela jurisprudência, especialmente no crime de furto. Podem ser citados os seguintes exemplos:

(1) subtração do cadarço de um tênis em uma grande loja de calçados; e
(2) subtração de uma folha de papel em branco de uma agência bancária.

---

[8] "Não configura causa de extinção de punibilidade o pagamento de débito oriundo de furto de energia elétrica antes do oferecimento da denúncia" (STJ: HC 412.208/SP, rel. Min. Felix Fischer, 5.ª Turma, j. 20.03.2018, noticiado no *Informativo* 622).

[9] Consagrou-se o entendimento jurídico de que a energia é coisa móvel, em face da possibilidade de seu deslocamento. Destarte, seria prescindível a disposição prevista pelo art. 155, § 3.º, do Código Penal. Mas daí pode ser extraída uma importante conclusão: a energia com valor econômico é coisa móvel não apenas para fins de furto, mas também para outros crimes, tais como roubo e peculato.

[10] O Supremo Tribunal Federal, entretanto, já decidiu pela inexistência de furto na ligação clandestina de TV a cabo, com o argumento de que este objeto não seria "energia" (HC 97.261/RS, rel. Min. Joaquim Barbosa, 2.ª Turma, j. 12.04.2011, noticiado no *Informativo* 623). O Superior Tribunal de Justiça, a nosso ver com razão, possui entendimento em sentido diverso: "(...) o sinal de TV a cabo pode ser equiparado à energia elétrica para fins de incidência do artigo 155, § 3.º, do Código Penal" (RHC 30.847/RJ, rel. Min. Jorge Mussi, 5.ª Turma, j. 20.08.2013).

[11] STJ: REsp 1.757.543/RS, rel. Min. Antonio Saldanha Palheiro, 6.ª Turma, j. 24.09.2019, noticiado no *Informativo* 658.

Funciona como causa de exclusão da tipicidade, mediante uma interpretação restritiva do tipo penal. Seu reconhecimento depende de requisitos de ordem objetiva e subjetiva. São requisitos objetivos a mínima ofensividade da conduta, a ausência de periculosidade social, o reduzido grau de reprovabilidade do comportamento e a inexpressividade da lesão jurídica. Por outro lado, os requisitos subjetivos dizem respeito às condições do agente e da vítima, aqui se incluindo a sua situação econômica, o valor sentimental do bem e as circunstâncias e resultado do crime.[12]

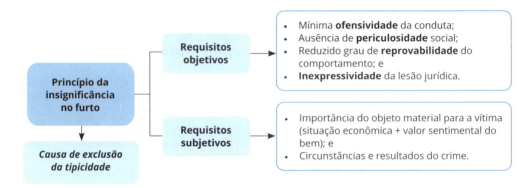

Acerca da incidência do princípio da insignificância no crime de furto, vale a pena conferir um elucidativo julgado do Superior Tribunal de Justiça:

> Aplica-se o princípio da insignificância à conduta formalmente tipificada como furto consistente na subtração, por réu primário, de bijuterias avaliadas em R$ 40 pertencentes a estabelecimento comercial e restituídas posteriormente à vítima. De início, há possibilidade de, a despeito da subsunção formal de um tipo penal a uma conduta humana, concluir-se pela atipicidade material da conduta, por diversos motivos, entre os quais a ausência de ofensividade penal do comportamento verificado. Vale lembrar que, em atenção aos princípios da fragmentariedade e da subsidiariedade, o Direito Penal apenas deve ser utilizado contra ofensas intoleráveis a determinados bens jurídicos e nos casos em que os demais ramos do Direito não se mostrem suficientes para protegê-los. Dessa forma, entende-se que o Direito penal não deve ocupar-se de bagatelas. Nesse contexto, para que o magistrado possa decidir sobre a aplicação do princípio da insignificância, faz-se necessária a ponderação do conjunto de circunstâncias que rodeiam a ação do agente para verificar se a conduta formalmente descrita no tipo penal afeta substancialmente o bem jurídico tutelado. Nessa análise, no crime de furto, avalia-se notadamente: a) o valor do bem ou dos bens furtados; b) a situação econômica da vítima; c) as circunstâncias em que o crime foi perpetrado, é dizer, se foi de dia ou durante o repouso noturno, se teve o concurso de terceira pessoa, sobretudo adolescente, se rompeu obstáculo de considerável valor para a subtração da coisa, se abusou da confiança da vítima etc.; e d) a personalidade e as condições pessoais do agente, notadamente se demonstra fazer da subtração de coisas alheias um meio ou estilo de vida, com sucessivas ocorrências (reincidente ou não). Assim, caso seja verificada a inexpressividade do comportamento do agente, fica afastada a intervenção do Direito Penal.[13]

Para o reconhecimento do princípio da insignificância, é preciso destacar, não basta unicamente o ínfimo valor da coisa subtraída. Se assim fosse, deixaria de existir a forma tentada

---

[12] Para o estudo aprofundado do tema, remetemos o(a) leitor(a) ao nosso vol. 1, Capítulo 2, item 2.2.3.
[13] HC 208.569/RJ, rel. Min. Rogerio Schietti Cruz, 6.ª Turma, j. 22.04.2014, noticiado no *Informativo* 540.

de vários crimes, a exemplo do furto simples, e desapareceria do nosso sistema penal a figura do furto privilegiado (CP, art. 155, § 2.º).

A restituição imediata e integral do bem subtraído à vítima não autoriza, por si só, a incidência do princípio da insignificância. Como decidido pelo Superior Tribunal de Justiça no Tema 1.205 do Recurso Repetitivo:

> Deve-se perquirir, diante das circunstâncias concretas, além da extensão da lesão produzida, a gravidade da ação, o reduzido valor do bem tutelado e a favorabilidade das circunstâncias em que foi cometido o fato criminoso, além de suas consequências jurídicas e sociais. Nesse sentido, prevalece o entendimento que vem orientando a jurisprudência do Superior Tribunal de Justiça, no sentido de admitir a aplicação do princípio da insignificância mediante apreciação casuística, ou seja, quando houver circunstâncias excepcionais, e não apenas a restituição imediata do bem subtraído.[14]

2.4.1.4.1.2. Furto de objetos de estimação

Há duas posições relativas à caracterização ou não do crime de furto em subtrações envolvendo objetos de estimação, sem valor econômico.

Para uma primeira posição, amplamente majoritária, as coisas de valor afetivo também compõem o patrimônio da pessoa humana. Exemplo: Há furto na subtração de porta-retrato de plástico, de ínfimo valor, que continha em seu interior a única fotografia em preto e branco que uma senhora de idade possuía do seu filho precocemente falecido. É a posição, entre outros, de Nélson Hungria, e a ela nos filiamos.

Uma segunda posição, por outro lado, entende que uma coisa puramente de estimação não pode ser objeto material do crime de furto, em razão da ausência de valor patrimonial. Confira-se a explicação de Guilherme de Souza Nucci:

> Não se pode conceber seja passível de subtração, penalmente punível, por exemplo, uma caixa de fósforo vazia, desgastada, que a vítima possui somente porque lhe foi dada por uma namorada, no passado, símbolo de um amor antigo. Caso seja subtraída por alguém, cremos que a *dor moral* causada no ofendido deve ser resolvida na esfera civil, mas jamais na penal, que não se presta a esse tipo de reparação.[15]

2.4.1.4.1.3. Furto famélico

É a denominação utilizada pela doutrina e pela jurisprudência relativamente ao furto cometido por quem subtrai alimentos em geral para saciar a fome e preservar a saúde ou a vida própria ou de terceiro, quando comprovada uma situação de extrema penúria. Pode-se citar o exemplo da mãe, enferma e desempregada, que subtrai um pacote de fubá para alimentar sua filha, de pequena idade e faminta.

Não há crime em face da exclusão da ilicitude pelo estado de necessidade. Com efeito, dispõe o art. 24, *caput*, do Código Penal: "Considera-se em estado de necessidade quem pratica o fato para salvar de perigo atual, que não provocou por sua vontade, nem podia de outro modo evitar, direito próprio ou alheio, cujo sacrifício, nas circunstâncias, não era razoável exigir-se".

Sacrifica-se um bem de menor valor (patrimônio) para salvaguardar um bem de maior valor (saúde ou vida humana). Exige-se o perigo atual, de modo que não se permite a subtração para se precaver da fome que a pessoa pode enfrentar no futuro. De igual modo, é necessário

---

[14] REsp 2.062.095/AL, rel. Min. Sebastião Reis Júnior, 3.ª Seção, j. 25.10.2023; e REsp 2.062.375/AL, rel. Min. Sebastião Reis Júnior, 3.ª Seção, j. 25.10.2023, noticiados no *Informativo* 793.
[15] NUCCI, Guilherme de Souza. *Código Penal comentado*. 8. ed. São Paulo: RT, 2008. p. 706.

que a pessoa não possua condições lícitas para saciar sua fome ou de terceiro, e que não tenha voluntariamente se colocado na situação de penúria.

De fato, não se pode abrir larga via para o furto famélico, pois a situação de pobreza, e até mesmo de miserabilidade existente em nosso país, impediria a efetiva proteção ao patrimônio das pessoas de bem.

Finalmente, não se deve confundir o furto famélico, típica hipótese de estado de necessidade, com o **estado de precisão**, situação enfrentada por boa parte da sociedade brasileira, correspondente a dificuldades financeiras, o qual não autoriza a invasão no patrimônio alheio, sob pena de consagração da quebra do Estado de Direito.

2.4.1.4.1.4. Talão de cheques e cartão bancário ou de crédito

O **talão de cheques** e também a **folha avulsa de cheque** podem funcionar como objeto material de furto, porque têm valor econômico. Tal subtração acarreta vantagens ao larápio e prejuízos à vítima, que precisará sustar a folha ou folhas subtraídas, registrar boletim de ocorrência e pagar taxas bancárias para receber novo talão. Além disso, tais bens podem ser utilizados para a prática de outros delitos, causando ainda mais transtornos jurídicos à vítima da subtração. Para o Superior Tribunal de Justiça:

> Entendimento desta Corte Superior de Justiça no âmbito da 3.ª Seção marca a superação da divergência entre precedentes na jurisprudência pátria, firmando a tese de que: "há potencialidade lesiva a um talonário de cheques, dado seu inegável valor econômico, aferível pela provável utilização das cártulas como meio fraudulento para a obtenção de vantagem ilícita por parte de seus detentores".[16]

Se a folha de cheque for utilizada para estelionato, existem duas posições sobre o assunto:

(a) o estelionato absorve o furto, que funciona como etapa preparatória daquele delito; e
(b) há concurso material entre os crimes de furto e estelionato.

Quanto ao **cartão bancário ou de crédito**, não há crime de furto, pela ausência de valor econômico. Ademais, basta a comunicação do fato à instituição financeira e a reposição do cartão é efetuada gratuitamente. E mais: tais cartões dependem de uma senha pessoal para serem utilizados, circunstância que retira a potencialidade lesiva da sua mera posse indevida. Eventual utilização do cartão para saques em dinheiro ou compras em geral caracteriza estelionato (CP, art. 171, *caput*). Na visão do Superior Tribunal de Justiça: "Firmou-se nesta Corte Superior orientação segundo a qual o cartão de crédito não possui valor econômico, por si só, capaz de o transfazer em coisa alheia apta a ser objeto de furto".[17]

2.4.1.5. Núcleo do tipo

O núcleo do tipo é **"subtrair"**, que significa inverter o título da posse de um bem. No contexto do furto, interpretando-se a ação nuclear em sintonia com os elementos do tipo penal, pode-se dizer que subtrair equivale a apoderar-se da coisa móvel da vítima, com o ânimo de tê-la em definitivo, para si ou para outrem.

A conduta de subtrair não depende, obrigatoriamente, da retirada da coisa do lugar em que se encontra. Alcança tal situação, mas não se limita a ela. De fato, subtrair engloba duas hipóteses distintas:

---

[16] AgRg no REsp 1.687.766/DF, rel. Min. Felix Fischer, 5.ª Turma, j. 06.03.2018.
[17] REsp 1.619.295/RJ, rel. Min. Nefi Cordeiro, 6.ª Turma, j. 22.08.2017.

(1) o bem é retirado da vítima; e

(2) o bem é espontaneamente entregue ao agente, mas ele, indevidamente, o retira da esfera de vigilância da vítima.

No último caso, o furto não se confunde com a apropriação indébita, definida pelo art. 168 do Código Penal. Neste delito, a vítima entrega ao agente a posse desvigiada de um bem (exemplo: o funcionário de uma biblioteca entrega a determinada pessoa um livro, a ser devolvido depois de cinco dias, o que não ocorre, pois o sujeito decidiu ficar com o objeto para si), ao passo que no furto a posse é vigiada, e a subtração reside exatamente na retirada do bem desta esfera de vigilância (exemplo: uma mulher entra no provador de uma loja com diversas roupas, mas fica com uma dela sob suas vestes e abandona o estabelecimento comercial sem pagar o preço correspondente).

Não é imprescindível seja o furto perpetrado clandestinamente. Pode ser cometido abertamente, mesmo à vista do ofendido. Em outras palavras, é irrelevante se a vítima presencia ou não a subtração. Só entra em cena o delito de roubo (CP, art. 157) quando o sujeito ativo valer-se, para a subtração da coisa alheia móvel, de grave ameaça, violência à pessoa ou qualquer outro meio que reduza a vítima à impossibilidade de resistência.

Cuida-se de **crime de forma livre**, pois admite qualquer meio de execução. Nas precisas lições de Nélson Hungria:

> A subtração pode ser efetuada mediante direta apreensão manual da coisa, ou com o emprego de algum instrumento (mesmo um animal especialmente adestrado), ou, se se trata de *semoventes*, com o simples autodeslocamento destes, ao influxo de gestos ou vozes.[18]

2.4.1.6. Sujeito ativo

Pode ser qualquer pessoa (**crime comum ou geral**), com exceção do proprietário da coisa móvel, pois ela há de ser **"alheia"**.

Veja-se, porém, que na figura qualificada relativa ao abuso de confiança a lei prevê um crime próprio ou especial, pois somente pode ser praticado pela pessoa em quem a vítima depositava uma especial confiança.

O ladrão que furta ladrão, relativamente à coisa por este subtraída, comete o delito de furto. O bem cada vez mais se distancia da vítima, tornando ainda mais improvável sua recuperação. O sujeito passivo, porém, não será o primeiro larápio, e sim o proprietário ou possuidor da coisa, vítima do crime inicial.

A pessoa que, depois de efetuar empréstimo e empenhar bem de sua propriedade, a título de garantia, o subtrai, assim como aquele que tira de terceiro coisa que estava em seu poder por determinação judicial, responde pelo crime definido pelo art. 346 do Código Penal ("Tirar, suprimir, destruir ou danificar coisa própria, que se acha em poder de terceiro por determinação judicial ou convenção: Pena – detenção, de seis meses a dois anos, e multa").

Por sua vez, o funcionário público que subtrai ou concorre para que seja subtraído bem público ou particular que se encontra sob a guarda ou custódia da Administração Pública, valendo-se da facilidade que seu cargo lhe proporciona, pratica o crime de peculato furto (CP, art. 312, § 1.º), também conhecido como **peculato impróprio**.

Finalmente, denomina-se **famulato** o furto cometido por pessoas que têm a detenção da coisa alheia móvel, especialmente os empregados domésticos, razão pela qual este crime é também rotulado de **furto doméstico**.

---

[18] HUNGRIA, Nélson. *Comentários ao Código Penal*. 2. ed. Rio de Janeiro: Forense, 1958. v. 7, p. 17.

A terminologia "famulato" foi idealizada por Francesco Carrara. Para ele, o famulato dividia-se em próprio e impróprio. **Famulato próprio** era o que ocorria quando o agente estivesse ao serviço contínuo e retribuído do patrão, ou em sua casa. Por outro lado, se verificava o **famulato impróprio** quando o delinquente era operário ou jornaleiro assalariado e se apoderava de coisas que se encontravam no lugar onde trabalhava.[19]

2.4.1.7. Sujeito passivo

A identificação do sujeito passivo no crime de furto vincula-se, por coerência lógica, à sua objetividade jurídica. No item 2.4.1.3, sustentamos que a lei penal tutela, no art. 155 do Código Penal, a propriedade e a posse legítima.

Consequentemente, apenas o proprietário e o possuidor legítimos da coisa móvel podem ser vítimas do furto, pois funcionam como titulares do bem jurídico atingido pela conduta criminosa. Pouco importa que se trate de pessoa física ou jurídica. O detentor (exemplo: frentista de um posto de combustíveis cujo uniforme utilizado diariamente é furtado) não pode figurar como sujeito passivo do furto, uma vez que o crime não lhe prejudica. Como sabido, quem desfruta da detenção de um bem o usa em nome alheio, e não em nome próprio.

Vale destacar que a não identificação do sujeito passivo não afasta a tipicidade do furto. Exemplo: "A" é filmado pelo sistema de monitoramento do metrô subtraindo a bolsa de uma mulher, que não vem a ser individualizada na multidão. Como o furto é crime de ação penal pública incondicionada, é suficiente para a condenação a existência de provas de que "A" atingiu coisa alheia móvel, independentemente da individualização da vítima.

2.4.1.8. Elemento subjetivo

É o dolo, também conhecido como *animus furandi*.

Além do dolo, exige-se um especial fim de agir, representado pela expressão "para si ou para outrem": cuida-se do **fim de assenhoreamento definitivo da coisa**, isto é, o *animus rem sibi habendi*. O agente se apossa de coisa alheia móvel e passa a comportar-se como se fosse seu proprietário, ou seja, não a restitui a quem de direito.

Prescinde-se do fim de lucro (*animus lucrandi*). O motivo do crime, ainda que nobre, não afasta a tipicidade da conduta. Subsiste o delito, exemplificativamente, quando o sujeito furta produtos alimentícios de uma grande rede de supermercados para distribuí-los a pessoas carentes.

Também há crime quando a conduta é realizada por espírito de vingança, por mero despeito, por superstição (exemplo: subtrair o amuleto da sorte de alguém), por fanatismo religioso (exemplo: subtrair a estátua de um santo para enobrecer uma cerimônia religiosa) ou por fim amoroso (exemplo: subtrair uma peça de roupa íntima como lembrança da mulher amada).

Não se admite a modalidade culposa. Destarte, é atípica a conduta de subtrair coisa alheia móvel reputando-a própria, ainda que se trate de erro inescusável (vencível). Com efeito, o erro de tipo exclui o dolo (CP, art. 20, *caput*), e o Código Penal não contempla o furto culposo. Entretanto, se o agente, depois de tomar conhecimento acerca da circunstância de constituir-se a coisa em alheia, deixar propositadamente de restituí-la, a ele será imputado o crime de apropriação indébita (CP, art. 168).

Se um credor subtrai bens do devedor para se ressarcir de dívida não paga, o crime não será de furto, em face da ausência do *animus rem sibi habendi*, mas de exercício arbitrário das próprias razões ("fazer justiça pelas próprias mãos, para satisfazer pretensão, embora legítima, salvo quando a lei o permite"), na forma prevista no art. 345 do Código Penal.

---

[19] Apud MAGALHÃES NORONHA, E. *Código Penal brasileiro comentado*. São Paulo: Saraiva, 1958. v. 5, 1.ª parte, p. 50-51.

2.4.1.8.1. A questão do furto de uso

O furto depende do **fim de assenhoreamento definitivo** (*animus rem sibi habendi*), representado no art. 155, *caput*, do Código Penal, pelo elemento subjetivo específico "para si ou para outrem". Em síntese, é imprescindível que o sujeito subtraia a coisa para não mais devolvê-la, passando a comportar-se como seu proprietário.

De outro lado, o furto de uso caracteriza-se pela intenção que tem o agente de usar a coisa sem dela se apropriar, isto é, sem o *animus rem sibi habendi*. A violação da posse se dá com essa utilização da coisa, que constitui o elemento subjetivo da ação. O elemento objetivo resulta da devolução da coisa, depois de usada. Ausente o fim de assenhoreamento definitivo, a apropriação no furto de uso resume-se em exercer sobre a coisa atos de apoderamento temporário.

Fica nítido, portanto, que o furto de uso depende dos seguintes requisitos:

a) subtração de coisa alheia móvel infungível;

b) intenção de utilizar momentaneamente a coisa subtraída (requisito subjetivo); e

c) restituição da coisa depois do uso momentâneo, imediatamente, ao seu possuidor originário (requisito objetivo).[20]

O objeto material deve ser **infungível**. Com efeito, tratando-se de coisa fungível (exemplo: dinheiro), sua utilização momentânea seguida de pronta e imediata restituição não afasta o delito. A devolução de produto equivalente é irrelevante penalmente, pois no furto de uso a própria coisa subtraída deve ser restituída. Pode caracterizar-se, todavia, o arrependimento posterior (CP, art. 16).

Quanto ao **requisito subjetivo**, é importante destacar que não se caracteriza o furto de uso quando o agente subtrai a coisa com ânimo de assenhoreamento definitivo, e, após a consumação, arrepende-se e a restitui ao ofendido. Em tal caso, a ele será imputado o crime de furto, incidindo, se a restituição da coisa anteceder o recebimento da denúncia ou queixa, a diminuição da pena (1/3 a 2/3) em face do arrependimento posterior, se presentes os requisitos exigidos pelo art. 16 do Código Penal.

É também fundamental a restituição do bem antes do descobrimento da subtração pela vítima. Em verdade, se o titular da coisa móvel percebeu sua falta e comunicou o fato à autoridade pública, dá-se o furto por consumado.

No tocante ao **requisito objetivo**, afasta-se o furto de uso quando a coisa subtraída é utilizada pelo agente por relevante período, bem como quando vem a ser abandonada em local distante (exemplo: automóvel deixado em outra cidade). De fato, a coisa deve ser devolvida em local no qual seja possível seu titular exercer de imediato seu poder de disposição: se o sujeito a deixa em lugar longínquo, sem qualquer aviso ao proprietário, assume o risco de que não se opere a restituição (pouco lhe importa se esta ocorre ou não), e a hipótese se equipara à do larápio que, depois de assenhorear-se da coisa, decide abandoná-la, o que não o exime da responsabilidade penal pelo furto.

Exige-se, também, seja a coisa restituída integralmente e em seu estado original (livre de qualquer espécie de dano), em si mesma e também em seus acessórios. Nas palavras de Nélson Hungria:

> Assim, se a coisa transitoriamente usada é um automóvel suprido de gasolina e de óleo, e se tais substâncias são total ou parcialmente consumidas, já então se apresenta um *furtum rei*, isto é, um autêntico furto em relação à gasolina e ao óleo. Do mesmo modo, se o agente, antes de repor, por

---

[20] Em igual sentido: SANTOS, Maria Celeste Cordeiro Leite dos. *Do furto de uso*. Rio de Janeiro: Forense, 1986. p. 237.

exemplo, a ovelha alheia de que se utilizou, digamos, para o transporte de lenha miúda, submete-a à tosquia, assenhoreando-se da lã, comete o furto quanto a esta.[21]

Conclui-se, portanto, que a ausência de elementares do modelo abstrato previsto no art. 155, *caput*, do Código Penal conduz à atipicidade do fato. O furto de uso, no direito pátrio, limita-se à esfera do Direito Civil.[22]

O furto de uso divide-se em duas modalidades: próprio e impróprio. O furto de uso **próprio** consiste em usar a coisa contra a proibição expressa do seu dono, que a tinha entregado a alguém, ou utilizá-la para fim distinto do assinalado; por sua vez, **impróprio** é o furto de uso que comete quem se apodera da coisa sem maior propósito que o de utilizá-la e devolvê-la.[23]

Não se deve aceitar a tese pela qual a admissibilidade do furto de uso leva à impunidade de ladrões em geral, pois seria a eles assegurada a oportunidade de invocarem a intenção de restituir o bem subtraído quando presos em flagrante. Opera-se, em verdade, a **inversão do ônus da prova**: não é suficiente alegar o *animus restituendi*; é necessário prová-lo.

Finalmente, o furto de uso não se confunde com o estado de necessidade. Aquele não pressupõe uma situação de perigo (exemplo: subtrair uma bicicleta para um breve passeio e restituí-la imediatamente), ao passo que neste a subtração é praticada por alguém para afastar uma situação de perigo atual a um bem jurídico próprio ou de terceiro, nos moldes do art. 24 do Código Penal (exemplo: subtrair uma bicicleta para com urgência levar remédios a um enfermo e devolvê-la em seguida ao seu proprietário). Em ambos os casos, porém, o efeito prático é o mesmo: não há crime, seja pela atipicidade do fato (furto de uso), seja pela exclusão da ilicitude (estado de necessidade).

2.4.1.9. Consumação

Várias são as teorias que foram classicamente desenvolvidas em relação ao momento consumativo do furto:

a) teoria da *concretatio*: os romanos, no Digesto, conceituavam a ação de furtar como *concretatio*, palavra que significa contato com a mão e, por corolário, entendia-se que o crime se consumava no instante em que o agente tocasse a coisa;

b) teoria da *apprehensio*: o furto se consuma quando o agente segura a coisa;

c) teoria da *amotio*: criada pelo italiano Francesco Carrara, sustenta que o furto se consuma com a inversão da posse do bem, ou seja, a coisa deixa de integrar a posse da vítima para ingressar na posse do agente;

d) teoria da *ablatio*: idealizada por Pessina, defende ser necessário, para a consumação do furto, não só a apreensão da coisa, mas também o seu transporte a outro lugar, para o qual o ladrão pretendia levá-la.

No Brasil a jurisprudência atualmente adota a **teoria da *amotio***. O furto se consuma com a **inversão da posse do bem**. Como já decidido pelo Supremo Tribunal Federal:

---

[21] HUNGRIA, Nélson. *Comentários ao Código Penal*. 2. ed. Rio de Janeiro: Forense, 1958. v. 7, p. 24.
[22] Anote-se, porém, que o furto de uso é crime perante o Código Penal Militar (Decreto-lei 1.001/1969): "Art. 241. Se a coisa é subtraída para o fim de uso momentâneo e, a seguir, vem a ser imediatamente restituída ou reposta no lugar onde se achava: Pena – detenção, até seis meses. Parágrafo único. A pena é aumentada de metade, se a coisa usada é veículo motorizado; e de um terço, se é animal de sela ou de tiro".
[23] Essa classificação é proposta por GOLDSTEIN, Raul. *Diccionario de derecho penal y criminologia*. 2. ed. Buenos Aires: Astrea, 1978. p. 92.

Para a consumação do furto, é suficiente que se efetive a inversão da posse, ainda que a coisa subtraída venha a ser retomada em momento imediatamente posterior. Jurisprudência consolidada do Supremo Tribunal Federal.[24]

O Superior Tribunal de Justiça compartilha deste entendimento:

> Consuma-se o crime de furto com a posse de fato da *res furtiva*, ainda que por breve espaço de tempo e seguida de perseguição ao agente, sendo prescindível a posse mansa e pacífica ou desvigiada.[25]

Não se exige a posse pacífica do bem, ainda que por poucos instantes. Dá-se a posse mansa e pacífica no instante em que o larápio não está mais sujeito aos atos de legítima defesa por parte da vítima ou de terceiro.

A **teoria da *amotio*** não impede a conclusão pelo furto consumado quando o agente destrói, inutiliza, danifica ou oculta o bem. O furto é crime patrimonial e, na hipótese, houve a diminuição do patrimônio da vítima, circunstância suficiente para o aperfeiçoamento do delito.[26]

Não há necessidade de a coisa ser transportada pelo sujeito para outro lugar, malgrado isto normalmente ocorra. Estará consumado o furto, exemplificativamente, quando uma empregada doméstica esconder joias da patroa em seus pertences pessoais, ou mesmo quando engoli-las, pois houve a inversão da posse dos bens.

Cuida-se de **crime material**: somente se consuma com a efetiva diminuição patrimonial da vítima. Além disso, em regra é **crime instantâneo**, pois se aperfeiçoa em momento determinado, sem continuidade no tempo. Excepcionalmente, porém, o furto será **crime permanente** (exemplos: subtração de energia elétrica), autorizando a prisão em flagrante a qualquer tempo, enquanto não encerrada a permanência.

2.4.1.9.1. Furto de energia elétrica e pagamento do débito antes do recebimento da denúncia

No furto de energia elétrica, a quitação do débito junto à empresa responsável pela prestação do serviço público não acarreta a extinção da punibilidade do agente, mesmo se efetuada antes do recebimento da denúncia. Com efeito, não há falar em aplicação analógica da regra prevista no art. 34 da Lei 9.249/1995,[27] restrita aos delitos de natureza tributária nela indicados.

Além disso, a energia elétrica não tem natureza jurídica de tributo, e sim de tarifa ou preço público. Se não bastasse, nesse delito o efeito jurídico da reparação do dano, antes do recebimento da denúncia, consiste no arrependimento posterior (diminuição da pena de 1/3 a 2/3), na forma definida pelo art. 16 do Código Penal.

Finalmente, razões de política criminal impõem a necessidade de punição do furto de energia elétrica, visando a retribuição do delito e a prevenção de novas infrações penais deste jaez, pois tal crime patrimonial prejudica a coletividade como um todo, seja com o repasse do valor desviado para os demais usuários do serviço público, seja inclusive pela possibilidade de falta de energia elétrica em razão do seu desvio indiscriminado por algumas pessoas. Como já decidido pelo Superior Tribunal de Justiça:

> No caso de furto de energia elétrica mediante fraude, o adimplemento do débito antes do recebimento da denúncia não extingue a punibilidade. Saliente-se que são três os fundamentos para

---

[24] HC 114.329/RS, rel. Min. Roberto Barroso, 1.ª Turma, j. 01.10.2013.
[25] REsp 1.524.450/RJ, rel. Min. Nefi Cordeiro, 3.ª Seção, j. 14.10.2015, noticiado no Informativo 572.
[26] Cf. BATISTA, Weber Martins. *O furto e o roubo no direito e no processo penal*. 2. ed. Rio de Janeiro: Forense, 1995. p. 51.
[27] Art. 34 da Lei 9.249/1995: "Extingue-se a punibilidade dos crimes definidos na Lei nº 8.137, de 27 de dezembro de 1990, e na Lei nº 4.729, de 14 de julho de 1965, quando o agente promover o pagamento do tributo ou contribuição social, inclusive acessórios, antes do recebimento da denúncia."

a não aplicação do instituto de extinção de punibilidade ao crime de furto de energia elétrica em razão do adimplemento do débito antes do recebimento da denúncia. Em primeiro lugar, seria diversa a política criminal aplicada aos crimes contra o patrimônio e contra a ordem tributária. O furto de energia elétrica, além de atingir a esfera individual, tem reflexos coletivos e, não obstante seja tratado na prática como conduta sem tanta repercussão, se for analisado sob o aspecto social, ganha conotação mais significativa, ainda mais quando considerada a crise hidroelétrica recentemente vivida em nosso país. A intenção punitiva do Estado nesse contexto deve estar associada à repreensão da conduta que afeta bem tão precioso da humanidade. Desse modo, o papel do Estado, nos casos de furto de energia elétrica, não deve estar adstrito à intenção arrecadatória da tarifa, deve coibir ou prevenir eventual prejuízo ao próprio abastecimento elétrico do país, que ora se reflete na ausência ou queda do serviço público, ora no repasse, ainda que parcial, do prejuízo financeiro ao restante dos cidadãos brasileiros. Em segundo lugar, há impossibilidade de aplicação analógica do art. 34 da Lei n. 9.249/1995 aos crimes contra o patrimônio, porquanto existe previsão legal específica de causa de diminuição da pena para os casos de pagamento da "dívida" antes do recebimento da denúncia (art. 16 do Código Penal). Destarte, ainda que se pudesse observar a existência de lacuna legal, não nos poderíamos valer desse método integrativo, uma vez que é nítida a discrepância da ratio legis entre as situações jurídicas apresentadas, em que uma a satisfação estatal está no pagamento da dívida e a outra no papel preventivo do Estado, que se vê imbuído da proteção a bem jurídico de maior relevância. Por fim, diferentemente do imposto, a tarifa ou preço público tem tratamento legislativo diverso. A jurisprudência se consolidou no sentido de que a natureza jurídica da remuneração pela prestação de serviço público, no caso de fornecimento de energia elétrica, prestado por concessionária, é de tarifa ou preço público, não possuindo caráter tributário.[28]

2.4.1.10. Tentativa

É possível em todas as modalidades de furto: simples, privilegiado e qualificado.[29]

2.4.1.10.1. Tentativa de furto e crime impossível: distinções

Não se pode confundir a tentativa de furto com o crime impossível.

Na tentativa (*conatus*), há início da execução de um crime que somente não se consuma por circunstâncias alheias à vontade do agente. O sujeito tinha o dolo de consumação e praticou conduta idônea a alcançar sua finalidade, mas somente não conseguiu fazê-lo por fatores externos e não desejados.

O Código Penal, em seu art. 14, parágrafo único, adotou em relação à tentativa, como regra, a **teoria objetiva**.[30] A ofensa ao bem jurídico é menor na forma tentada. Em razão disto, ao crime tentado reserva-se a mesma pena do crime consumado, diminuída de 1 (um) a 2/3 (dois terços). Como corolário da teoria objetiva, a redução da pena leva em conta a maior ou menor proximidade da consumação (transcurso do *iter criminis*).

Por sua vez, no crime impossível (também chamado de tentativa inadequada, tentativa inidônea, tentativa impossível ou crime oco) não há incidência do Direito Penal (inexiste crime), uma vez que, por ineficácia absoluta do meio ou por absoluta impropriedade do objeto,

---

[28] RHC 101.299/RS, rel. Min. Nefi Cordeiro, rel. p/ o ac. Min. Joel Ilan Paciornik, 3.ª Seção, j. 13.03.2019, noticiado no Informativo 645.

[29] Na figura qualificada definida pelo art. 155, § 5.º, do Código Penal, a tentativa é teoricamente possível, nada obstante seja de difícil ocorrência na vida prática, como veremos no momento oportuno (item 2.4.1.17.2).

[30] Existem, todavia, resquícios da teoria subjetiva, nos denominados crimes de atentado ou de mero empreendimento. É o que se dá, exemplificativamente, no delito de evasão mediante violência contra pessoa, tipificado pelo art. 352 do Código Penal.

jamais se chegará à consumação. A realização integral do crime é de todo impraticável. Em outras palavras:

(1) o meio de execução escolhido pelo agente é absolutamente ineficaz, ou seja, pela sua natureza ou essência é incapaz de produzir o resultado, por mais reiterado que seja seu emprego; ou
(2) o objeto material é absolutamente impróprio, pois não existe antes do início da execução do crime.

Nesse caso, ao contrário da tentativa, não há punição. Sequer se fala em redução da pena. O fato é atípico. O art. 17 do CP acolheu, no tocante ao crime impossível, a **teoria objetiva temperada ou intermediária**: para a configuração do crime impossível e, por corolário, para o afastamento da tentativa, os meios empregados e o objeto material do crime devem ser **absolutamente inidôneos** a produzir o resultado idealizado pelo agente. Se a inidoneidade for relativa, haverá tentativa.

No contexto do crime de furto, algumas situações geram controvérsias acerca do tratamento jurídico-penal, no sentido de tratar-se de tentativa ou de crime impossível.

Na hipótese em que o sujeito coloca a mão em um dos bolsos da vítima, mas nada consegue subtrair porque ela havia deixado todos os seus pertences em casa, há tentativa ou crime impossível? A doutrina diverge sobre o assunto.

Para Heleno Cláudio Fragoso, "não haverá crime impossível, mas tentativa, se a ausência da coisa é apenas acidental e relativa, como no caso do ladrão que encontra vazio o bolso do lesado ou o cofre arrombado".[31]

Damásio E. de Jesus, por outro lado, faz uma importante distinção, com a qual concordamos:

> Suponha-se que o punguista, desejando subtrair bens da vítima, coloque a mão no bolso desta. Duas hipóteses podem ocorrer:
>
> 1.ª) a vítima havia esquecido a carteira;
>
> 2.ª) o ladrão põe a mão no bolso direito, quando a carteira se encontra no lado esquerdo.
>
> Na primeira hipótese, trata-se de crime impossível (CP, art. 17). Não há tentativa punível. Na segunda, responde por tentativa de furto. No primeiro caso, diante da inexistência do objeto material, não se pode dizer que o sujeito tentou a prática de um furto, uma vez que inexistia no fato uma elementar, qual seja, a coisa móvel. Na segunda, entretanto, havia objeto material e foi simplesmente o fortuito que levou o sujeito a colocar a mão no bolso em que não se encontrava a carteira. Assim, neste último caso, foi uma simples circunstância independente de sua vontade que impediu a consumação do crime.[32]

Por sua vez, calha destacar que dispositivos antifurto inseridos em veículos automotores não caracterizam crime impossível, e sim tentativa de furto. Se, exemplificativamente, o ladrão subtrai e dirige um carro, que para de funcionar depois de percorrido curto trajeto, em razão da interrupção da alimentação do combustível seguida do disparo da buzina do alarme, há mera impropriedade relativa do objeto, pois o larápio poderia, com algum esforço, encontrar o interruptor que desliga o dispositivo, ou mesmo destruí-lo, e, neutralizando-o, consumar o furto.

Finalmente, a existência de sistema de vigilância por câmeras ou agentes de segurança em supermercados e estabelecimentos comerciais torna mais difícil, mas não impossível, a consu-

---

[31] FRAGOSO, Heleno Cláudio. *Lições de direito penal*. São Paulo: José Bushatsky, 1958. v. 1, p. 182.
[32] JESUS, Damásio E. de. *Direito penal*: parte especial. 27. ed. São Paulo: Saraiva, 2005. v. 2, p. 310.

mação de furtos ali praticados. O agente pode burlar a vigilância e retirar o bem da esfera de disponibilidade da vítima. Caracteriza-se, portanto, a tentativa. Para o Supremo Tribunal Federal: "A existência de sistema de vigilância em estabelecimento comercial não constitui óbice para a tipificação do crime de furto".[33] É também o entendimento consolidado na **Súmula 567 do Superior Tribunal de Justiça**: "Sistema de vigilância realizado por monitoramento eletrônico ou por existência de segurança no interior de estabelecimento comercial, por si só, não torna impossível a configuração do crime de furto".

2.4.1.11. Ação penal

É pública incondicionada, em todas as modalidades do furto.

2.4.1.12. Lei 9.099/1995

A pena mínima cominada ao furto simples é de 1 (um) ano de reclusão. Cuida-se, portanto, de **crime de médio potencial ofensivo**, compatível com a suspensão condicional do processo, desde que presentes os demais requisitos exigidos pelo art. 89 da Lei 9.099/1995.

O benefício processual, contudo, não pode ser aplicado ao furto agravado pelo repouso noturno (CP, art. 155, § 1.º), pois a causa de aumento da pena veda a incidência do instituto,[34] nem ao furto qualificado (CP, art. 155, §§ 4.º, 4.º-A, § 4.º-B, 5.º, 6.º e 7.º), no qual a pena mínima é de 2 (dois) anos, 3 (três) ou 4 (quatro) anos, conforme o caso.

2.4.1.13. Classificação doutrinária

O furto é crime **comum** (pode ser praticado por qualquer pessoa); **de forma livre** (admite qualquer meio de execução); **material** (consuma-se com a produção do resultado naturalístico, isto é, com a livre disponibilidade do agente sobre a coisa); **instantâneo** (consuma-se em um momento determinado, sem continuidade no tempo) ou, excepcionalmente, **permanente** (a exemplo do furto de energia, previsto no art. 155, § 3.º, do Código Penal); em regra **plurissubsistente** (a conduta é composta de diversos atos); **de dano** (a consumação reclama a efetiva lesão ao patrimônio da vítima); e **unissubjetivo, unilateral ou de concurso eventual** (cometido normalmente por uma só pessoa, nada obstante seja possível o concurso de agentes).

2.4.1.14. Furto e conflito aparente de normas penais

No conflito aparente de normas penais, dois ou mais tipos incriminadores são em tese aplicáveis ao agente. Como se trata, contudo, de um só fato punível, a proibição do *bis in idem* e a necessidade de coerência lógica do sistema jurídico impõem o reconhecimento de apenas um tipo penal. Com efeito, o conflito é **aparente**, ou seja, existe somente em uma primeira e superficial análise, pois é afastado com a interpretação detalhada do caso concreto, utilizando-se os princípios da especialidade, da consunção, da subsidiariedade (expressa ou tácita), e, para parte da doutrina, da alternatividade.

---

[33] HC 111.278/MG, rel. orig. Min. Marco Aurélio, red. p/ o ac. Min. Luís Roberto Barroso, 1.ª Turma, j. 10.04.2018, noticiado no *Informativo* 897.

[34] Utiliza-se, por identidade de fundamentos, a **Súmula 723 do Supremo Tribunal Federal**: "Não se admite a suspensão condicional do processo por crime continuado, se a soma da pena mínima da infração mais grave com o aumento mínimo de um sexto for superior a um ano". E também a **Súmula 243 do Superior Tribunal de Justiça**: "O benefício da suspensão do processo não é aplicável em relação às infrações penais cometidas em concurso material, concurso formal ou continuidade delitiva, quando a pena mínima cominada, seja pelo somatório, seja pela incidência da majorante, ultrapassar o limite de um (01) ano".

Vejamos as hipóteses mais frequentes de conflito aparente de normas penais no crime de furto:

a) O agente, para furtar, invade residência alheia. O crime de violação de domicílio (CP, art. 150) fica absorvido, por se tratar de fato anterior impunível. Incide o princípio da consunção.

b) O agente furta um bem e, em seguida, o destrói. O crime de dano (CP, art. 163) é absorvido pelo furto. Aplica-se novamente o princípio da consunção, uma vez que se cuida de fato posterior impunível. Em verdade, ambos os delitos são contra o patrimônio, e o prejuízo ao ofendido já foi produzido com a subtração, não se podendo falar em nova lesão ao bem jurídico com a sua destruição.

c) O agente furta um bem e depois, efetua sua venda a um terceiro de boa-fé. Existem duas posições sobre o assunto:

1.ª posição: O crime de disposição de coisa alheia como própria (CP, art. 171, § 2.º, inc. I) resta absorvido, pois se constitui em fato posterior impunível (princípio da consunção). Aquele que subtrai um bem, ao vendê-lo, nada mais faz do que agir como se fosse seu legítimo proprietário.

2.ª posição: Há dois crimes, em concurso material: furto e disposição de coisa alheia como própria. A circunstância de serem os crimes cometidos contra vítimas diferentes, uma da subtração e outra da fraude, impede a incidência do princípio da consunção.[35]

2.4.1.15. Furto praticado durante o repouso noturno: art. 155, § 1.º

O furto praticado durante o repouso noturno, ou simplesmente furto noturno, está previsto no art. 155, § 1.º, do Código Penal: "A pena aumenta-se de um terço, se o crime é praticado durante o repouso noturno".

Trata-se de **causa de aumento de pena** (aplicável na 3.ª fase da dosimetria da pena privativa de liberdade), e não de qualificadora. Em razão disso, é também denominado **furto majorado ou circunstanciado**. De fato, o Código Penal prevê o furto noturno como um meio-termo entre o furto simples (art. 155, *caput*) e o furto qualificado (CP, art. 155, §§ 4.º, 4.º-A, § 4.º-B, 5.º, 6.º e 7.º). A pena é a mesma cominada ao furto simples, mas aumentada de um terço.

No plano histórico, sempre prevaleceu a posição de que a causa de aumento da pena somente incide no tocante ao furto simples, não se aplicando ao furto qualificado. As razões que justificavam este raciocínio eram as seguintes:

(a) técnica de elaboração legislativa: a posição geográfica em que se encontra o furto noturno revela a intenção do legislador em submeter a exasperação da reprimenda apenas à modalidade fundamental, disciplinada no *caput*; e

(b) as figuras qualificadas possuem penas autônomas, que já foram alteradas em seus patamares mínimo e máximo, fornecendo uma mais grave e justa punição ao sujeito envolvido no furto qualificado.

O Superior Tribunal de Justiça compartilha dessa linha de pensamento, com a fixação da seguinte tese no Tema 1.087 do Recurso Repetitivo: "A causa de aumento prevista no § 1.º do art. 155 do Código Penal (prática do crime de furto no período noturno) não incide no crime de furto na sua forma qualificada (§ 4.º)".[36]

---

[35] É a posição de JESUS, Damásio E. de. *Direito penal*: parte especial. 27. ed. São Paulo: Saraiva, 2005. v. 2, p. 313.

[36] "2. A interpretação sistemática pelo viés topográfico revela que a causa de aumento de pena relativa ao cometimento do crime de furto durante o repouso noturno, prevista no art. 155, § 1.º, do CP, não incide nas hipóteses de furto

O Supremo Tribunal Federal, contudo, tem adotado entendimento diverso, no sentido da compatibilidade da majorante do repouso noturno com o furto qualificado:

> É legítima a incidência da causa de aumento de pena por crime cometido durante o repouso noturno (CP/1940, art. 155, § 1.º) no caso de furto praticado na forma qualificada (CP/1940, art. 155, § 4.º). Com base nesse entendimento, a Segunda Turma, em conclusão, denegou a ordem em "habeas corpus". Destacou que a jurisprudência do Supremo Tribunal Federal já reconheceu a compatibilidade das causas privilegiadas de furto (CP/1940, art. 155, § 2.º) com a sua modalidade qualificada. Além disso, sustentou que a inserção pelo legislador do dispositivo da majorante antes das qualificadoras não inviabilizaria a aplicação da majorante do repouso noturno à forma qualificada de furto. Acrescentou que, de acordo com a análise dos tipos penais, a única estrutura permanente e inatingível diz respeito ao "caput", representativo da figura básica do delito. Ademais, ressaltou que se deve interpretar cada um dos parágrafos constantes do tipo de acordo com a sua natureza jurídica, jamais pela sua singela posição ocupada topograficamente.[37]

O fundamento da elevação da pena pelo repouso noturno nada tem a ver com a maior periculosidade do agente, nem mesmo com a maior ou menor capacidade de delinquir revelada em concreto ou pelo fato criminoso considerado em si mesmo. O que o Código Penal tem em mira, com a maior punibilidade do furto noturno, é única e exclusivamente assegurar a propriedade móvel contra a maior precariedade de vigilância e defesa durante o recolhimento das pessoas para o repouso durante a noite. Critério estritamente objetivo.[38]

Não se discute que durante o repouso noturno há maior facilidade para a subtração. Essa é a razão do tratamento legal mais rígido. A vigilância dos proprietários e possuidores legítimos sobre seus bens é dificultada, ou até mesmo desaparece, durante o período em que as pessoas descansam, e o larápio se vale desta condição para lesar o patrimônio alheio. Nas palavras de Magalhães Noronha:

> A lei traçou norma ampla destinada, com a agravação da pena, a proteger mais o patrimônio. Considerou que a noite facilita o furto, proporciona ao agente maiores probabilidades de êxito, assegura-lhe mais facilmente a fuga, enfim, diminui os meios de defesa do indivíduo, e amplia os de execução e êxito do delinquente.[39]

Repouso noturno é o intervalo que medeia dois períodos: aquele em que as pessoas se recolhem, e, posteriormente, o outro no qual despertam para a vida cotidiana. É o tempo em que desaparece a vida das cidades e dos campos, em que os seus habitantes se retiram, as luzes se apagam, as ruas e estradas se despovoam, facilitando a prática do crime.

O critério para definir o repouso noturno é variável e deve considerar, necessariamente, os costumes de uma determinada localidade. Não há dúvida que tal conceito é diverso quando analisado em grandes metrópoles e em pacatas cidades do interior.

---

qualificado, previstas no art. 155, § 4.º, do CP. 3. A pena decorrente da incidência da causa de aumento relativa ao furto noturno nas hipóteses de furto qualificado resulta em quantitativo que não guarda correlação com a gravidade do crime cometido e, por conseguinte, com o princípio da proporcionalidade" (STJ: REsp 1.888.756/SP, rel. Min. João Otávio de Noronha, 3.ª Seção, j. 25.05.2022).

[37] HC 130.952/MG, rel. Min. Dias Toffoli, 2.ª Turma, j. 13.12.2016, noticiado no Informativo 851. O STJ também tem adotado essa posição: HC 306.450/SP, rel. Min. Maria Thereza de Assis Moura, 6.ª Turma, j. 04.12.2014, noticiado no Informativo 554.

[38] HUNGRIA, Nélson. *Comentários ao Código Penal*. 2. ed. Rio de Janeiro: Forense, 1958. v. 7, p. 29-30.

[39] MAGALHÃES NORONHA, E. *Código Penal brasileiro comentado*. São Paulo: Saraiva, 1958. v. 5, 1.ª parte, p. 102.

Fica claro, portanto, que repouso noturno não se confunde com noite.[40] Pode ser noite e não estar caracterizado o repouso noturno (exemplo: É noite na Avenida Paulista, em São Paulo, às 21h00, mas não se pode falar em repouso noturno). Por outro lado, não se exige para o repouso noturno que estejam as pessoas efetivamente dormindo. No caso em que, ilustrativamente, um furto é cometido em uma residência durante a madrugada, mas a vítima, com insônia, assistia a um filme, deve incidir a causa de aumento da pena. Nesse contexto, é válido recordar da advertência de Nélson Hungria:

> É de notar, porém, que não é reconhecível a majorante quando, não obstante o período de repouso noturno, o furto é praticado em local cujos moradores, acidentalmente, não se acham *repousados*, mas em festiva vigília, pois, em tal caso, desaparece a razão de ser da maior punibilidade.[41]

A causa de aumento de pena inerente ao repouso noturno não se relaciona, obrigatoriamente, com a circunstância de ser o furto cometido em casa habitada. Em verdade, o Código Penal sequer faz distinção se o crime é praticado *intra* ou *extra muros*. O maior perigo pessoal proporcionado à vítima não se encontra entre os fundamentos mencionados para o tratamento penal mais severo do furto noturno. Além disso, o furto é crime contra o patrimônio, e não contra a pessoa, e o patrimônio resta mais fragilizado durante o repouso noturno.

Destarte, a majorante é perfeitamente aplicável aos furtos cometidos durante o repouso noturno em automóveis estacionados em vias públicas, bem como em estabelecimentos comerciais.

Finalmente, convém ressaltar que em hipótese alguma a causa de aumento de pena poderá ser aplicada a crimes cometidos durante o dia, ainda que em tal período ocorra o repouso de uma determinada vítima. Destarte, se o ofendido é vigilante noturno, e sua casa é furtada durante o dia, enquanto ele dormia, não haverá espaço para a majorante em análise.

O Superior Tribunal de Justiça, no julgamento do Tema 1.144 do Recurso Repetitivo, filiou-se aos entendimentos que sempre sustentamos no tocante ao furto noturno:

> 2. O repouso noturno compreende o período em que a população se recolhe para descansar, devendo o julgador atentar-se às características do caso concreto. 3. A situação de repouso está configurada quando presente a condição de sossego/tranquilidade do período da noite, caso em que, em razão da diminuição ou precariedade de vigilância dos bens, ou, ainda, da menor capacidade de resistência da vítima, facilita-se a concretização do crime. 4. São irrelevantes os fatos de as vítimas estarem, ou não, dormindo no momento do crime, ou o local de sua ocorrência, em estabelecimento comercial, via pública, residência desabitada ou em veículos, bastando que o furto ocorra, obrigatoriamente, à noite e em situação de repouso. A controvérsia delimita-se em definir a) se, para a configuração da circunstância majorante do § 1.º do art. 155 do Código Penal, basta que a conduta delitiva tenha sido praticada durante o repouso noturno e, também, b) se há relevância no fato das vítimas estarem ou não dormindo no momento do crime, ou a sua ocorrência em estabelecimento comercial ou em via pública. Nos termos do § 1.º do art. 155 do Código Penal, se o crime de furto é praticado durante o repouso noturno, a pena será aumentada de um terço. No tocante ao horário de aplicação, este Superior Tribunal de Justiça já definiu que "este é variável, devendo obedecer aos costumes locais relativos à hora em que a população se recolhe e a em que desperta para a vida cotidiana". Sendo assim, não há um horário prefixado, devendo, portanto, atentar-se às características da vida cotidiana da localidade (REsp 1.659.208/RS, Rel. Ministra Maria Thereza De Assis Moura, *DJ* 31.03.2017). Em um análise objetivo-jurídica do art. 155, § 1.º, do CP, percebe-se que o legislador pretendeu sancionar de forma mais severa o furtador que se beneficia dessa condição de sossego/tranquilidade, presente no período da noite, para, em

---

[40] Sobre o conceito de noite, vide as considerações efetuadas na análise do crime de violação de domicílio (CP, art. 150), mais especificamente seu item 1.6.2.1.16.
[41] HUNGRIA, Nélson. *Comentários ao Código Penal*. 2. ed. Rio de Janeiro: Forense, 1958. v. 7, p. 31.

razão da diminuição ou precariedade de vigilância dos bens, ou, ainda, da menor capacidade de resistência da vítima, facilitar-lhe a concretização do intento criminoso. O crime de furto só implicará no aumento de um terço se o fato ocorrer, obrigatoriamente, à noite e em situação de repouso. Nas hipóteses concretas, será importante extrair dos autos as peculiares da localidade em que ocorreu o delito. Assim, haverá casos em que, mesmo nos furtos praticados no período da noite, mas em lugares amplamente vigiados, tais como em boates e comércios noturnos, ou, ainda, em situações de repouso, mas ocorridas nos períodos diurno ou vespertino, não se poderá valer-se dessa causa de aumento. Este Tribunal passou a destacar a irrelevância do local estar ou não habitado, ou o fato da vítima estar ou não dormindo no momento do crime para os fins aqui propostos, bastando que a atuação criminosa seja realizada no período da noite e sem a vigilância do bem. Seguiu-se à orientação de que para a incidência da causa de aumento não importava o local em que o furto fora cometido, em residências, habitadas ou não, lojas e veículos, bem como em vias públicas. Assim, se o crime de furto é praticado durante o repouso noturno, na hora em que a população se recolhe para descansar, valendo-se da diminuição ou precariedade de vigilância dos bens, ou, ainda, da menor capacidade de resistência da vítima, a pena será aumentada de um terço, não importando se as vítimas estão ou não dormindo no momento do crime, ou o local de sua ocorrência, em estabelecimento comercial, residência desabitada, via pública ou veículos.[42]

2.4.1.16. Furto privilegiado: art. 155, § 2.º

Como dispõe o art. 155, § 2.º, do Código Penal: "Se o criminoso é primário, e é de pequeno valor a coisa furtada, o juiz pode substituir a pena de reclusão pela de detenção, diminuí-la de um a dois terços, ou aplicar somente a pena de multa".

É também chamado de **furto de pequeno valor**, ou **furto mínimo**, no qual a menor gravidade do fato, a primariedade do agente e o reduzido prejuízo ao ofendido recomendam um tratamento penal menos severo.

Verifica-se, inicialmente, a exigência legal de dois **requisitos** para a configuração do privilégio no delito de furto: primariedade do agente e pequeno valor da coisa furtada. Vejamos cada um deles.

a) Criminoso primário

O Código Penal não define a primariedade. Seu conceito há de ser obtido negativamente: primário é toda pessoa que não é reincidente, ou seja, que não praticou novo crime depois de ter sido definitivamente condenado, no Brasil ou no exterior, por crime anterior (CP, art. 63). Lembre-se, ainda, de que a condenação anterior só funciona como pressuposto da reincidência desde que não tenha decorrido o prazo de 5 (cinco) anos entre a data de cumprimento ou extinção da pena e a prática do novo crime (período depurador).

Há entendimentos no sentido de ser vedado o privilégio não só ao reincidente, mas também ao **tecnicamente primário**,[43] compreendido como o sujeito que, embora não se enquadrando no conceito de reincidente, registra condenação anterior. Não é reincidente, seja porque já se ultrapassou o período depurador da reincidência (5 anos entre a prática do novo crime e o cumprimento ou extinção da pena resultante da pena anterior), seja porque o novo crime foi praticado antes da condenação definitiva oriunda do delito anterior.

Existe também uma corrente doutrinária e jurisprudencial que reclama, além da primariedade, a não ostentação de maus antecedentes pelo agente. Com o merecido respeito, esta posição não pode ser acolhida, haja vista que a lei taxativamente requer apenas a situação de

---

[42] REsp 1.979.989/RS, rel. Min. Joel Ilan Paciornik, 3.ª Seção, j. 22.06.2022, noticiado no *Informativo* 742.
[43] Cf. MIRABETE, Julio Fabbrini. *Manual de direito penal*. 25. ed. São Paulo: Atlas, 2007. v. 2, p. 211.

primariedade e o reduzido valor da coisa subtraída. Não pode o intérprete criar novos requisitos à concessão de um benefício, quando a lei não o fez.[44]

b) Pequeno valor da coisa subtraída

O Código Penal nada dispõe acerca do conceito de coisa de pequeno valor.

A jurisprudência, buscando proporcionar segurança jurídica, há muito consagrou um critério objetivo: **coisa de pequeno valor é aquela que não excede o montante de 1 (um) salário mínimo**. Leva-se em conta o tempo do crime, e não a data da sentença. Na hipótese de crime tentado, considera-se o valor do bem que o sujeito pretendia subtrair.

É necessário seja o pequeno valor da coisa expressamente indicado em **auto de avaliação**.

Observe-se que o Código Penal fala em "pequeno valor da coisa", e não em "pequeno prejuízo", ao contrário do que fez no tocante ao estelionato privilegiado (CP, art. 171, § 1.º). Por corolário, a excessiva fortuna ou a demasiada pobreza do ofendido são irrelevantes para a concessão do privilégio. Nesse contexto, é importante destacar que a ausência de prejuízo, decorrente da posterior apreensão do bem e sua restituição à vítima, não permite a incidência do privilégio, uma vez que tal raciocínio transformaria todos os furtos tentados em condutas penalmente insignificantes, pela ausência de prejuízo ao patrimônio alheio.

Não se confunde a "coisa de pequeno valor" com a "coisa de valor insignificante". Aquela, se também presente a primariedade do agente, enseja a incidência do privilégio; esta, por sua vez, conduz à atipicidade do fato, em decorrência do princípio da insignificância (criminalidade de bagatela). A jurisprudência é unânime ao efetuar esta distinção. Para o Supremo Tribunal Federal:

> No crime de furto, há que se distinguir entre infração de ínfimo e de pequeno valor, para efeito de aplicação da insignificância. Não se discute a incidência do princípio no tocante às infrações ínfimas, devendo-se, entretanto, aplicar-se a figura do furto privilegiado em relação às de pequeno valor.[45]

Com o reconhecimento do privilégio, o Código Penal autoriza ao juiz a opção pelas seguintes consequências:

(a) substituir a pena de reclusão pela de detenção;

(b) diminuir a pena de reclusão de um a dois terços; e

(c) aplicar somente a pena de multa.

Os dois primeiros efeitos, compatíveis entre si, admitem cumulação. Destarte, o magistrado pode substituir a pena de reclusão pela de detenção, sem prejuízo de reduzi-la de um a dois terços.

Prevalece o entendimento de que, nada obstante a lei fale em "pode", o juiz **deve** reduzir a pena quando configurado o privilégio no crime de furto. O raciocínio é este: se presentes os requisitos legais, o magistrado deve reconhecer o privilégio e aplicar seus efeitos. O que ele pode é simplesmente optar por alguma (ou algumas, na hipótese de compatibilidade) das suas consequências. Está obrigado a conhecer do benefício previsto no art. 155, § 2.º, do Código Penal, nada obstante tenha a faculdade de escolher os efeitos que serão por ele proporcionados.

Cuida-se, portanto, de **direito subjetivo do réu**, e não de discricionariedade judicial: o magistrado não pode negar o benefício quando presentes os requisitos legalmente exigidos.

---

[44] Com igual raciocínio: PRADO, Luiz Regis. *Curso de direito penal brasileiro*. São Paulo: RT, 2008. v. 2, p. 334.
[45] HC 84.424/SP, rel. Min. Carlos Britto, 1.ª Turma, j. 07.12.2004, noticiado no *Informativo* 373. Em igual sentido: HC 120.083/SC, rel. Min. Teori Zavascki, 2.ª Turma, j. 03.06.2014. No STJ: AgRg no AREsp 415.481/RS, rel. Min. Laurita Vaz, 5.ª Turma, j. 07.08.2014.

2.4.1.16.1. Furto privilegiado cometido durante o repouso noturno: admissibilidade

Nada impede a ocorrência de um crime de furto simultaneamente privilegiado e praticado durante o repouso noturno. Exemplo: "A", primário, subtrai para si o pneu de uma motocicleta que estava no quintal de uma residência, avaliado em R$ 100,00 cujo portão estava aberto.

Cuida-se de hipótese de concurso entre causa de diminuição e de aumento da pena. O juiz poderá adotar uma das seguintes soluções, a saber:

a) Substituir a pena de reclusão pela de detenção (privilégio), e depois aumentá-la de um terço (repouso noturno);

b) Reduzir a pena de reclusão de um a dois terços (privilégio), e depois aumentá-la de um terço (repouso noturno);

c) Substituir a pena de reclusão pela de detenção, e diminuí-la de um a dois terços, pois essas medidas são compatíveis entre si, e depois aumentá-la de um terço (repouso noturno); e

d) Substituir a pena de reclusão pela pena de multa (privilégio), e depois aumentá-la de um terço (repouso noturno).

2.4.1.16.2. A questão do furto privilegiado-qualificado

Discute-se sobre a possibilidade de aplicar o privilégio (CP, art. 155, § 2.º) às figuras qualificadas, disciplinadas pelo art. 155, §§ 4.º, 4.º-A, 4.º-B, 5.º, 6.º e 7.º, do Código Penal. A polêmica repousa na admissibilidade ou não da constituição do furto privilegiado-qualificado, também chamado de **furto híbrido**.

Duas posições formaram-se acerca do tema. Passemos à análise de cada uma delas.

1.ª posição: Inadmissibilidade do furto privilegiado-qualificado

Essa posição tradicionalmente foi majoritária no Direito Penal brasileiro, tanto em sede doutrinária (Nélson Hungria, E. Magalhães Noronha, Heleno Cláudio Fragoso e Julio Fabbrini Mirabete) como também no campo jurisprudencial.

Funda-se na interpretação geográfica (ou topográfica) do art. 155 do Código Penal. Alega-se que, em decorrência de técnica de elaboração legislativa, o privilégio, previsto no § 2.º, somente teria incidência ao furto noturno (§ 1.º) e ao furto simples (*caput*). Não seria aplicável às formas qualificadas (§§ 4.º, 4.º-A, 4.º-B, 5.º, 6.º e 7.º), propositadamente alocadas pelo legislador posteriormente ao privilégio. Além disso, a gravidade em abstrato das espécies qualificadas seria logicamente incompatível com as benesses proporcionadas pela figura privilegiada. Finalmente, a aceitação do furto híbrido importaria no surgimento de um novo tipo penal.

Esta posição, amplamente dominante por longo tempo, cada vez mais perde espaço.

2.ª posição: Admissibilidade do furto privilegiado-qualificado

Essa corrente encontra seu fundamento de validade em questões de política criminal. De fato, a incidência prática do privilégio permite a aplicação mais humanista das regras inerentes ao furto qualificado, impedindo um tratamento excessivamente rigoroso quando a situação não o recomenda.

Inicialmente defendida por alguns poucos juristas, como é o caso de Damásio E. de Jesus, a posição ora em análise tem, nos dias atuais, a simpatia do Supremo Tribunal Federal, que aceita o furto privilegiado-qualificado.[46] Esse entendimento também é adotado pela **Súmula**

---

[46] HC 98.265/MS, rel. Min. Ayres Britto, 2.ª Turma, j. 24.03.2010, noticiado no *Informativo* 580.

511 do Superior Tribunal de Justiça: "É possível o reconhecimento do privilégio previsto no § 2.º do art. 155 do CP nos casos de crime de furto qualificado, se estiverem presentes a primariedade do agente, o pequeno valor da coisa e a qualificadora for de ordem objetiva".[47]

2.4.1.17. Furto qualificado: art. 155, §§ 4.º, 4.º-A, 4.º-B, 5.º, 6.º e 7.º

O legislador, nas qualificadoras, agrega ao tipo fundamental circunstâncias que alteram em abstrato os limites – mínimo e máximo – da pena privativa de liberdade. Enquanto no tipo fundamental (*caput*) a pena é de reclusão, de 1 (um) a 4 (quatro) anos, e multa, nos tipos derivados a pena é também de reclusão, mas agora de 2 (dois) a 8 (oito) anos, sem prejuízo da multa, nas qualificadoras do § 4.º, de 3 (três) a 8 (oito) anos, mas sem multa, na hipótese do § 5.º, de 2 (dois) a 5 (cinco) anos, sem multa, na figura contida no § 6.º, de 4 (quatro) a 8 (oito) anos, e multa, no § 4.º-B, e de 4 (quatro) a 10 (dez) anos, e multa, nas variantes contidas nos §§ 4.º-A e 7.º.

Em todas as figuras qualificadas, a pena mínima é superior a 1 (um) ano, afastando a incidência da suspensão condicional do processo, nos termos do art. 89 da Lei 9.099/1995. Constituem-se, portanto, em **crimes de elevado potencial ofensivo**.

O aumento da pena se deve à maior reprovabilidade de que se reveste a conduta criminosa, bem como ao resultado provocado. Com efeito, seja pelo meio de execução empregado, que facilita a prática do crime ou acarreta maiores prejuízos ao ofendido (§§ 4.º, 4.º-A e 4.º-B), seja pelo resultado posterior, que afasta ainda mais o bem da vítima (§ 5.º), ou pela natureza do objeto material (§§ 6.º e 7.º), o legislador entendeu que o crime há de ser mais gravemente punido.

Um furto pode se revestir de duas ou mais qualificadoras (exemplo: subtração praticada por duas pessoas com destruição de obstáculo). O juiz, na sentença, utilizará somente uma delas para qualificar o crime, alterando os limites da pena em abstrato. As demais funcionarão como circunstâncias judiciais desfavoráveis, na primeira fase da dosimetria da pena privativa de liberdade, nos moldes do art. 59, *caput*, do Código Penal.[48]

Com exceção da qualificadora do abuso de confiança (CP, art. 155, § 4.º, inc. II, 1.ª figura), de índole subjetiva, todas as demais qualificadoras são de natureza objetiva: comunicam-se aos demais coautores e partícipes que dela tomaram conhecimento, em consonância com a regra prevista no art. 30 do Código Penal.

2.4.1.17.1. Qualificadoras do art. 155, § 4.º

As qualificadoras previstas no § 4.º do art. 155 do Código Penal dizem respeito ao **meio de execução** empregado pelo agente na prática do crime. Extrai-se esta conclusão pela simples leitura do texto legal: "A pena é de reclusão de dois a oito anos, e multa, **se o crime é cometido**".

São quatro incisos, contendo em seu bojo 7 (sete) qualificadoras. Vejamos cada uma delas.

2.4.1.17.1.1. Com destruição ou rompimento de obstáculo à subtração da coisa: inciso I

Destruição é o comportamento que faz desaparecer alguma coisa. Destruir é subverter ou desfazer totalmente algo. Exemplo: quebrar uma porta de vidro. **Rompimento**, por sua vez, é a atividade consistente em deteriorar algum objeto, abrir brecha, arrombar, arrebentar, cortar,

---

[47] É importante destacar que todas as qualificadoras do furto são de natureza objetiva, com exceção do abuso de confiança (CP, art. 155, § 4.º, inc. II, 1.ª figura).

[48] Não podem ser empregadas como agravantes genéricas, porque as qualificadoras do furto não encontram correspondência nos arts. 61 e 62 do Código Penal.

serrar, perfurar, forçar de qualquer modo um objeto para superar sua resistência e possibilitar ou facilitar a prática do furto. Exemplo: abrir o cofre com uma barra de ferro, forçando sua porta.

Obstáculo é a barreira, o empecilho que protege um bem, dificultando sua subtração. Pode ser **externo** (exemplo: cadeado) ou **interno** (exemplo: grade de proteção), e **ativo** (exemplos: cerca elétrica e armadilhas) ou **passivo** (exemplos: portas, janelas, fechaduras, câmeras de monitoramento e sensores de presença).

Em relação ao **cão de guarda**, há duas posições:

(a) pode ser definido como obstáculo, razão pela qual sua morte enseja a qualificadora, pois atua como entrave à prática da conduta criminosa;[49] e

(b) não se pode considerá-lo obstáculo no sentido técnico da palavra, e sua morte poderá caracterizar crime de dano, mas não a qualificadora em estudo.[50]

Nas duas hipóteses (destruição e rompimento) opera-se um dano a determinado objeto. Na destruição o dano é total, e parcial no rompimento. Em qualquer caso, porém, o crime de dano (CP, art. 163) resta absorvido pelo furto qualificado, uma vez que funcionou como crime menos grave para a prática de um crime mais grave. Resolve-se o conflito aparente de leis penais com a utilização do princípio da consunção.

Ressalte-se, contudo, que a qualificadora em análise somente pode ser aplicada quando a destruição ou rompimento do obstáculo ocorrer antes ou durante a consumação do furto, ou seja, quando servir como meio de execução para a subtração da coisa alheia móvel. Nesse contexto, será correta a absorção do crime de dano. Todavia, se depois de consumado o furto o sujeito desnecessariamente destruir ou romper um obstáculo (exemplo: já na posse do bem, destrói a janela da casa da vítima, que estava vazia), ele responderá por dois crimes em concurso material: furto simples (CP, art. 155, *caput*) e dano (CP, art. 163).

O reconhecimento da qualificadora exige a destruição ou rompimento do obstáculo. Destarte, sua mera remoção não caracteriza a qualificadora, a exemplo do que se dá na retirada de telhas, no desparafusar de uma janela ou no desligamento de um alarme.

Mas a violência deve ser sempre direcionada à coisa. Se atingir uma pessoa, estará delineado crime mais grave: roubo (CP, art. 157).

Como a destruição e o rompimento de obstáculo deixam vestígios, é imprescindível a elaboração de **exame de corpo delito**, direto ou indireto, para comprovação da materialidade, não podendo a confissão do acusado substituí-lo (CPP, art. 158). Mas, não sendo possível o exame de corpo de delito, por haverem desaparecido os vestígios, a prova testemunhal poderá suprir-lhe a falta (CPP, art. 167). Na linha do raciocínio do Superior Tribunal de Justiça:

> Prevalece nesta Corte o entendimento de que, para incidir a qualificadora prevista no art. 155, § 4.º, I, do Código Penal, faz-se indispensável a realização de perícia, sendo possível substituí-la por outros meios de prova se o delito não deixar vestígios, ou ainda, se as circunstâncias do crime não permitirem a confecção do laudo. No caso, a presença da circunstância qualificadora do rompimento de obstáculo não foi baseada tão somente na prova testemunhal colhida nos autos ou na confissão do acusado, mas também no exame pericial realizado de forma indireta, por meio de fotografias do local do crime e elaborado laudo por peritos oficiais, o que é admitido pela jurisprudência como prova idônea, não havendo, portanto, ilegalidade a ser reconhecida.[51]

---

[49] BARROS, Flávio Augusto Monteiro de. *Direito penal*. Parte especial. 2. ed. São Paulo: Saraiva, 2009. v. 2, p. 350. E também: DOTTI, René Ariel. O conceito de obstáculo no furto qualificado. *Boletim do Instituto Brasileiro de Ciências Criminais*, São Paulo: IBCCRIM, n. 155, p. 7, 2005.
[50] GONÇALVES, Victor Eduardo Rios. *Dos crimes contra o patrimônio*. 8. ed. São Paulo: Saraiva, 2005. v. 9, p. 16. (Coleção Sinopses jurídicas.)
[51] AgRg no HC 503.569/MS, rel. Min. Nefi Cordeiro, 6.ª Turma, j. 03.09.2019.

Diante da redação legal ("com destruição ou rompimento de obstáculo **à subtração da coisa**"), paira grande polêmica sobre o alcance da qualificadora. Discute-se se o obstáculo há de ser estranho à coisa furtada, e não inerente a ela, ou se é obstáculo todo e qualquer objeto que dificulta a subtração. Em síntese, o cerne do problema reside em saber se incide ou não a qualificadora na destruição ou rompimento da própria coisa furtada. Há três posições sobre o assunto:

1.ª posição: O obstáculo, obrigatoriamente, há de ser estranho à coisa. Não se aplica a qualificadora quando a violência é utilizada pelo agente contra a própria coisa subtraída. Nas palavras de Nélson Hungria:

> Não é obstáculo, no sentido legal, a resistência inerente à coisa em si mesma. Assim, não é furto qualificado a subtração da árvore serrada pelo próprio agente, ou da porção de pano por ele cortada à respectiva peça, ou do pedaço de chumbo que violentamente destaca de um encanamento. É indeclinável que haja violência exercida contra um obstáculo exterior à coisa.[52]

Para essa corrente, incide a qualificadora quando há destruição ou rompimento do vidro de um automóvel para possibilitar a subtração de um objeto qualquer que se encontra em seu interior (exemplos: bolsa, carteira, telefone celular etc.), mas não se aplica a figura qualificada quando a conduta é praticada para a subtração do próprio veículo automotor, que funciona mediante "ligação direta". Tal entendimento já foi acolhido pelo Supremo Tribunal Federal: "A jurisprudência da Corte está consolidada no sentido de que configura o furto qualificado a violência contra coisa, considerado veículo, visando adentrar no recinto para retirada de bens que nele se encontravam".[53]

2.ª posição: O obstáculo pode ser qualquer objeto que embaraça a subtração, exterior à coisa que se pretende furtar ou inerente a ela. A qualificadora terá cabimento em ambos os casos. O Supremo Tribunal Federal também já se filiou a esse entendimento:

> Não é de ter como razoável acolher-se o entendimento segundo o qual o arrombamento de carro para subtrair toca-fitas ou objetos existentes em seu interior qualifica o furto, o que não sucede se o arrombamento colima subtrair o próprio automóvel. Sem o arrombamento da porta ou do sistema de segurança do carro, não se faria possível o furto; sem a violência em foco, o delito não se consumaria, quer numa situação, quer noutra.[54]

Essa posição nos parece a mais acertada. Além dos argumentos mencionados, atende a questões de coerência e de política criminal. Seria incoerente, exemplificativamente, punir por furto qualificado aquele que destrói o vidro de um carro para subtrair uma camiseta que estava em seu interior e, ao mesmo tempo, imputar o crime de furto simples ao sujeito que destrói a porta de um veículo automotor para furtá-lo. A aplicação da lei penal estaria fora da realidade e levaria à descrença generalizada e à banalização do Direito Penal. O Superior Tribunal de Justiça também já se posicionou nesse sentido:

> Não há dúvidas de que as portas, os vidros e o alarme do carro visam exatamente impedir ou pelo menos dificultar sua subtração e dos bens que estão no seu interior, sendo ainda inquestionável a necessidade de transposição desta barreira para que se furte tanto o carro quanto os objetos do

---

[52] HUNGRIA, Nélson. *Comentários ao Código Penal*. 2. ed. Rio de Janeiro: Forense, 1958. v. 7, p. 41.
[53] STF: HC 110.119/MG, rel. Min. Dias Toffoli, 1.ª Turma, j. 13.12.2011. E também: HC 98.265/MS, rel. Min. Ayres Britto, 2.ª Turma, j. 24.03.2010, noticiado no *Informativo* 580.
[54] HC 77.675/PR, rel. Min. Néri da Silveira, 2.ª Turma, j. 27.10.1998.

seu interior. A conduta em ambos os casos é a mesma, consiste em romper obstáculo como meio necessário para subtrair coisa alheia móvel, o que denota sua maior reprovabilidade, ante a utilização de meios excepcionais para superar os obstáculos defensivos da propriedade. Dessa forma, é indiferente para configurar referida qualificadora analisar qual o bem subtraído.[55]

3.ª posição: Em respeito ao princípio da proporcionalidade, um dos vetores do Direito Penal moderno, estará caracterizado o **furto simples** tanto quando o obstáculo integra a coisa subtraída como também quando é exterior a esta. Essa posição guarda íntima relação com a quebra de vidros de automóveis. O Superior Tribunal de Justiça já decidiu nesse sentido:

> Não se mostra razoável considerar o furto "qualificado" quando há rompimento do vidro do veículo para a subtração do som automotivo, e considerá-lo "simples" quando o rompimento se dá para a subtração do próprio veículo, razão pela qual deve se dar igual tratamento a ambos, considerando-se-os, portanto, como furtos simples.[56]

2.4.1.17.1.2. Com abuso de confiança, ou mediante fraude, escalada ou destreza: inciso II

O inciso II do § 4.º do art. 155 do Código Penal contempla quatro qualificadoras distintas. Analisemos cada uma delas separadamente.

a) Abuso de confiança

Confiança é o sentimento de credibilidade ou de segurança que uma pessoa deposita em outra. Cuida-se de **circunstância pessoal ou subjetiva**, incomunicável no concurso de pessoas, a teor da regra delineada pelo art. 30 do Código Penal.

Esta qualificadora consiste na traição, pelo agente, da confiança que, oriunda de relações antecedentes entre ele e a vítima, faz com que o objeto material do furto tenha sido deixado ou ficasse exposto ao seu fácil alcance. Exemplo típico de furto qualificado pelo abuso de confiança é o **famulato**, ou seja, a subtração praticada por empregados domésticos, mormente aqueles que trabalham há longa data para o ofendido e, além de terem as chaves de sua casa, são encarregados de diversas atividades pessoais (exemplos: pagamentos de contas, recebimentos de mercadorias etc.).

É imprescindível seja a confiança necessária ou quase necessária, não se podendo ter em conta (para reconhecimento da qualificativa) a que é captada ardilosamente, pois, então, o que se apresenta é o furto qualificado pela **fraude**.[57]

A qualificadora pressupõe dois requisitos:

(a) a vítima tem que depositar, por qualquer motivo (amizade, parentesco, relações profissionais etc.), uma especial confiança no agente; e

(b) o agente deve se aproveitar de alguma facilidade decorrente da confiança nele depositada para cometer o crime.

A mera relação empregatícia, por si só, não é assaz para caracterizar o abuso de confiança. A análise deve ser feita no caso concreto, no sentido de restar provado que o empregador dispensava menor vigilância sobre seus pertences, como consectário da confiança depositada no empregado.

---

[55] REsp 1.395.838/SP, rel. Min. Marco Aurélio Bellizze, 5.ª Turma, j. 20.05.2014.
[56] HC 153.472/SP, rel. Min. Maria Thereza de Assis Moura, 6.ª Turma, j. 21.08.2012.
[57] HUNGRIA, Nélson. *Comentários ao Código Penal*. 2. ed. Rio de Janeiro: Forense, 1958. v. 7, p. 42-43.

Mas não se exige seja antigo o vínculo empregatício, isto é, a qualificadora pode ser imputada a um empregado recém-contratado, especialmente nas hipóteses em que sua contratação se fundou em referências e indicações de pessoas conhecidas da vítima. Na esteira da jurisprudência do Superior Tribunal de Justiça:

> Estando comprovada a relação de confiança entre a empregada doméstica e a vítima que a contrata – seja pela entrega das chaves do imóvel ou pelas boas referências de que detinha a acusada – cabível a incidência da qualificadora "abuso de confiança" para o crime de furto.[58]

Ao empregado doméstico, contudo, se não for comprovado o abuso de confiança, afastando-se a qualificadora, incidirá residualmente a agravante genérica prevista no art. 61, inciso II, *f*, do Código Penal ("prevalecendo-se de relações domésticas"). A agravante genérica, entretanto, não poderá ser aplicada conjuntamente com a qualificadora, em face da proibição do *bis in idem* (dupla punição pelo mesmo fato).

Mas não basta a confiança. Imperioso é que o sujeito, ao executar o delito, se valha de alguma facilidade proporcionada pela confiança que a vítima especialmente nele depositava. Destarte, se malgrado a relação de confiança, o agente comete o crime de uma forma pela qual qualquer outra pessoa poderia ter praticado (exemplo: empregada doméstica que, mesmo tendo livre acesso à residência da vítima, pula o muro e comete o furto da bicicleta que estava na garagem quando o imóvel estava vazio), não incidirá a qualificadora em apreço.

Uma importante distinção resta a ser analisada. O furto qualificado pelo abuso de confiança e a apropriação indébita (CP, art. 168), nada obstante apresentem pontos comuns, são crimes que não se confundem.

Em ambos os crimes se opera a quebra da confiança que a vítima depositava no agente. Mas, enquanto no furto qualificado o sujeito **subtrai** bens do ofendido aproveitando-se da menor vigilância dispensada em decorrência da confiança (exemplo: a empregada doméstica, valendo-se da ausência da patroa, subtrai filmes em DVDs que estavam guardados em uma gaveta da sala de televisão), na apropriação indébita o agente **não restitui** à vítima o bem que lhe foi por ela voluntariamente entregue (exemplo: a patroa empresta DVDs à sua empregada para assisti-los no final de semana, mas ela não retorna ao trabalho e se apodera dos objetos).

Em resumo, na apropriação indébita, o sujeito, de boa-fé, recebe o bem do ofendido, que lhe transfere sua posse desvigiada, e, posteriormente, traindo a confiança depositada, decide não o restituir ou efetua algum ato de disposição (vendendo-o, por exemplo). De outro lado, no furto qualificado a confiança é utilizada como mecanismo para reduzir a vigilância da vítima sobre o bem, permitindo sua subtração, uma vez que o agente tem contato com a coisa, mas não a posse dela, que permanece com o ofendido.

b) Fraude[59]

Fraude é o artifício ou ardil, isto é, o meio enganoso utilizado pelo agente para diminuir a vigilância da vítima ou de terceiro (exemplo: segurança de um supermercado) sobre um bem móvel, permitindo ou facilitando sua subtração.

Artifício é a fraude material, representada pelo emprego de algum objeto, instrumento ou vestimenta para ludibriar o titular da coisa. Exemplo: "A", trajado a caráter, se faz passar

---

[58] HC 192.922/SP, rel. Min. Laurita Vaz, 5.ª Turma, j. 28.02.2012.
[59] Se o furto mediante fraude for cometido por meio de dispositivo eletrônico ou informático, conectado ou não à rede de computadores, com ou sem a violação de mecanismo de segurança ou a utilização de programa malicioso, ou por qualquer outro meio fraudulento análogo, estará caracterizada a qualificadora contida no § 4.º-B do art. 155 do Código Penal (furto informático, eletrônico ou cibernético).

por funcionário da vigilância sanitária, circunstância que lhe permite ingressar na residência de "B" e executar a subtração de um bem. **Ardil**, por outro lado, é a fraude moral ou intelectual, consistente na conversa enganosa. Exemplo: "A" e "B" conversam na sala da residência do primeiro. Em determinado momento, "B" diz estar sentido cheiro de gás de cozinha. Enquanto "A" vai verificar eventual vazamento do produto, "B" se apodera de um brinco de ouro que estava em cima da mesa, subtraindo-o.

A fraude, como qualificadora do furto, há de ser empregada antes ou durante a subtração, ou seja, antecede a consumação do delito. Exige-se seja utilizada pelo agente para iludir a vigilância ou atenção da vítima ou de terceiro sobre o bem. Portanto, a fraude posterior à consumação do crime não qualifica o crime, a exemplo do que ocorre quando o sujeito engana alguém para que de boa-fé esconda um bem furtado.

É importante destacar que furto mediante fraude e estelionato, embora apresentem características comuns, não se confundem.

Ambos são crimes contra o patrimônio e têm a fraude como meio de execução. Estas são as semelhanças entre tais delitos. Mas as diferenças são nítidas.

A fraude, no furto, funciona como qualificadora (CP, art. 155, § 4.º, inc. II); no estelionato, por sua vez, é elementar (CP, art. 171, *caput*). Não para por aí.

A distinção primordial repousa na finalidade visada com o uso da fraude.

No furto qualificado, a fraude se presta a diminuir a vigilância da vítima (ou de terceiro) sobre o bem, permitindo ou facilitando a subtração. O bem é retirado da esfera de disponibilidade do ofendido sem que ele perceba a subtração. Exemplo: A mulher, em uma loja, entra no provador com diversas peças de roupas. Em seguida, devolve diversas delas à vendedora, paga por outra no caixa, mas sai do estabelecimento comercial com uma peça por debaixo das vestimentas, sem pagar por ela.

No estelionato, por sua vez, a fraude se destina a colocar a vítima (ou terceiro) em erro, mediante uma falsa percepção da realidade, fazendo com que ela espontaneamente lhe entregue o bem. Não há subtração: a fraude antecede o apossamento da coisa e é causa para ludibriar sua entrega pela vítima.

Em síntese, no furto qualificado há subtração do bem sem que a vítima a perceba; no estelionato, de outro lado, dá-se a entrega espontânea (embora viciada) do bem pela vítima ao agente. Em sintonia com a orientação do Superior Tribunal de Justiça:

> Embora esteja presente tanto no crime de estelionato, quanto no de furto qualificado, a fraude atua de maneira diversa em cada qual. No primeiro caso, é utilizada para induzir a vítima ao erro, de modo que ela própria entrega seu patrimônio ao agente. A seu turno, no furto, a fraude visa burlar a vigilância da vítima, que, em razão dela, não percebe que a coisa lhe está sendo subtraída.[60]

Uma relevante questão a ser enfrentada diz respeito ao crime envolvendo o falso *test drive* de veículos automotores. Trata-se de furto qualificado pela fraude ou de estelionato? Vejamos.

Imaginemos uma situação hipotética, mas extremamente frequente na vida cotidiana: "A" vai a uma concessionária, mostrando-se interessado na aquisição de um automóvel. Após colher informações sobre o bem, preenche uma ficha cadastral e apresenta um documento falso ao funcionário da empresa. Sai sozinho com o veículo para testá-lo, mas não retorna.

Não há nenhuma dúvida, com base na técnica jurídica, que se cuida de estelionato. De fato, o sujeito se valeu da fraude para ludibriar o representante da concessionária, que voluntariamente lhe entregou o bem. Não houve subtração.

---

[60] CC 86.862/GO, rel. Min. Napoleão Maia Nunes Filho, 3.ª Seção, j. 08.08.2007. No mesmo sentido: REsp 1.173.194/SC, rel. Min. Napoleão Nunes Maia Filho, 5.ª Turma, j. 26.10.2010, noticiado no *Informativo* 453.

A jurisprudência, entretanto, consolidou o entendimento de que se trata de furto qualificado pela fraude. Para o Superior Tribunal de Justiça:

> Segundo entendimento desta Corte, para fins de pagamento de seguro, ocorre furto mediante fraude, e não estelionato, na conduta do agente que, a pretexto de testar veículo posto à venda, o subtrai. Sendo o segurado vítima de furto, é devido o pagamento da indenização pela perda do veículo, nos termos previstos na apólice de seguro.[61]

O posicionamento jurisprudencial funda-se na **precariedade da posse** e, principalmente, em motivos de **política criminal**. Com efeito, busca-se a proteção da vítima relativamente à reparação do dano, uma vez que os contratos de seguro são obrigados ao ressarcimento de crimes de furto, mas estão isentos na hipótese de estelionato.[62]

Finalmente, é preciso destacar a distinção entre furto qualificado e estelionato nas condutas que recaem sobre a fraude envolvendo energia elétrica. Existem duas situações diversas:

1.ª situação: o agente desvia a energia elétrica da rede pública para seu imóvel, com a finalidade de usufruir gratuitamente do serviço público, a exemplo do que se dá no chamado "gato", em que o sujeito faz a ligação direta do poste situado em via pública para sua casa (ou empresa). A energia elétrica sequer é computada pelo medidor instalado pela concessionária. Nessa hipótese, o crime é de furto qualificado pela fraude, pois houve subtração de bem dotado de valor econômico; e

2.ª situação: o agente utiliza algum artifício para alterar o medidor de energia elétrica. Não há desvio da rede pública para seu imóvel. A empresa concessionária voluntariamente entrega a energia ao usuário, e ele se vale de meio fraudulento para enganar a vítima na leitura relacionada ao consumo do bem. O sujeito paga pelo serviço utilizado, porém em valor inferior ao devido. Essa é a sua forma de obter vantagem ilícita em prejuízo alheio. O delito é de estelionato. De acordo com o Superior Tribunal de Justiça:

> A alteração do sistema de medição, mediante fraude, para que aponte resultado menor do que o real consumo de energia elétrica configura estelionato. Não se desconhece o precedente firmado nos autos do RHC n. 62.437/SC, em 2016, em que o Ministro Nefi Cordeiro consigna que a subtração de energia por alteração de medidor sem o conhecimento da concessionária, melhor se amolda ao delito de furto mediante fraude e não ao de estelionato. Ao que se pode concluir dos estudos doutrinários, no furto, a fraude visa a diminuir a vigilância da vítima e possibilitar a subtração da *res* (inversão da posse). O bem é retirado sem que a vítima perceba que está sendo despojada de sua posse. Por sua vez, no estelionato, a fraude objetiva fazer com que a vítima incida em erro e voluntariamente entregue o objeto ao agente criminoso, baseada em uma falsa percepção da realidade. No caso dos autos, verifica-se que as fases "A" e "B" do medidor estavam isoladas por um material transparente, que permitia a alteração do relógio e, consequentemente, a obtenção de vantagem ilícita aos acusados pelo menor consumo/pagamento de energia elétrica – por induzimento em erro da companhia de eletricidade. Assim, não se trata da figura do "gato" de energia elétrica, em que há subtração e inversão da posse do bem. Trata-se de serviço lícito, prestado de forma regular e com contraprestação pecuniária, em que a medição da energia elétrica é alterada, como forma de burla ao sistema de controle de consumo – fraude – por induzimento em erro, da companhia de eletricidade, que mais se amolda à figura descrita no tipo elencado no art. 171 do Código Penal.[63]

---

[61] REsp 672.987/MT, rel. Min. Jorge Scartezzini, 4.ª Turma, j. 26.09.2006.
[62] Aplica-se igual raciocínio ao "golpe do manobrista", no qual o motorista voluntariamente entrega o carro ao suposto funcionário da empresa de *vallet*, e este foge com o veículo para não mais devolvê-lo.
[63] AREsp 1.418.119/DF, rel. Min. Joel Ilan Paciornik, 5.ª Turma, j. 07.05.2019, noticiado no *Informativo* 648.

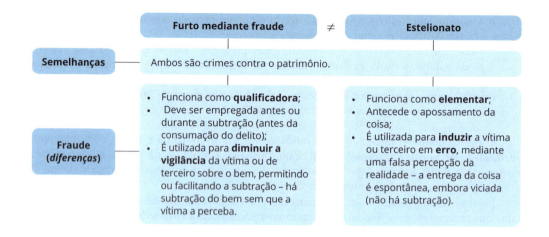

c) Escalada

Escalada é a utilização de uma **via anormal** para entrar ou sair de um recinto fechado em que o furto será ou foi praticado. Nas precisas lições de Nélson Hungria:

> É o ingresso em edifício ou recinto fechado, ou saída dele, por vias não destinadas normalmente ao trânsito de pessoas, servindo-se o agente de meios artificiais (não violentos) ou de sua própria agilidade. Tanto é escalada o galgar uma altura, quanto saltar um desvão (exemplo: um fosso), ou passar via subterrânea não transitável ordinariamente (exemplo: um túnel de esgoto). Se a passagem subterrânea é escavada adrede, o que tem a reconhecer é o emprego de meio fraudulento.[64]

Contrariamente ao que sugere seu nome, é prescindível à imputação da qualificadora a ultrapassagem de um muro ou obstáculo pelo alto. Basta o ingresso ou retirada de forma anormal, extraordinária, a exemplo do que se dá na escavação de um túnel, em recinto fechado, pois se o local é aberto não há necessidade de escalada.

O meio anormal (fora dos padrões do homem médio) pode concretizar-se pelo **uso de instrumentos** (exemplos: cordas, escadas, tábuas, tijolos empilhados etc.) existentes no local do crime ou para lá levados propositalmente, ou mesmo pela **peculiar habilidade física do agente** (exemplo: sujeito que transpõe um muro valendo-se das saliências nele existentes).

O obstáculo deve ser superado sem emprego de violência, ainda que contra a coisa. Se houver violência contra uma pessoa (exemplo: agredir um vigia para em seguida pular um muro), o crime será de roubo (CP, art. 157); se o sujeito, valendo-se de um ônibus, derrubar um muro para entrar em uma agência bancária, a qualificadora será a relativa à destruição ou rompimento de obstáculo (CP, art. 155, § 4.º, inc. I).

Além disso, o obstáculo deve ser **contínuo**, não oferecendo alternativas à execução do crime sem o recurso à escalada. Se, exemplificativamente, o muro contém buracos pelos quais pode passar uma pessoa, ou se não cerca todo o prédio em que o furto é cometido, não incide a qualificadora.

Quando a escalada envolve um muro ou parede a ser ultrapassado por cima, não há limite predeterminado para caracterização da qualificadora. O que se deve ter em mente é o meio anormal para entrada ou saída do palco do crime. Já decidiu o Superior

---

[64] HUNGRIA, Nélson. *Comentários ao Código Penal*. 2. ed. Rio de Janeiro: Forense, 1958. v. 7, p. 44.

Tribunal de Justiça, todavia, pela presença da escalada quando o agente salta um muro de 1,80 metro de altura.[65]

A tentativa (*conatus*) deste furto qualificado pressupõe ao menos o início da escalada. Estará caracterizada, a título ilustrativo, quando o agente é preso em flagrante pendurado no muro que protege a residência da vítima. Contudo, não haverá tentativa, mas somente ato preparatório, no exemplo em que o sujeito é surpreendido nas proximidades da casa do ofendido trazendo consigo uma corda.

É dispensável, para o aperfeiçoamento da qualificadora, o ingresso total do corpo do agente no local do crime. Basta a entrada parcial, como se dá nos furtos não raras vezes praticados por pessoas apelidadas de "homens-aranha". É válido acompanhar o raciocínio de Rogério Greco sobre o tema:

> Imagine-se a hipótese em que o agente, depois de escalar a fachada de um edifício, chegando ao quinto andar, perceba que o objeto que almeja subtrair encontra-se próximo à janela, não sendo preciso, portanto, o seu ingresso completo naquela residência. Dessa forma, obtém sucesso na subtração mediante o ingresso parcial de seu corpo, ou seja, tão somente de seu braço. Nesse caso, poderia ser aplicada a qualificadora da escalada? A resposta deve ser positiva, uma vez que a escalada é um meio para a prática da subtração, que foi plenamente utilizado pelo agente, como se percebe sem qualquer dificuldade.[66]

Embora a sua realização seja recomendável no caso concreto, o exame pericial não é imprescindível para a comprovação da qualificadora. Na visão do Superior Tribunal de Justiça:

> Excepcionalmente, presentes nos autos elementos aptos a comprovar a escalada de forma inconteste, a prova pericial torna-se prescindível. Não se olvida que esta Corte firmou a orientação de ser imprescindível, nos termos dos arts. 158 e 167 do CPP, a realização de exame pericial para o reconhecimento das qualificadoras de escalada e arrombamento no caso do delito de furto (art. 155, § 4.º, II, do CP), quando os vestígios não tiverem desaparecido e puderem ser constatados pelos peritos. Contudo, importa ressaltar a orientação de que, "excepcionalmente, quando presentes nos autos elementos aptos a comprovar a escalada de forma inconteste, pode-se reconhecer o suprimento da prova pericial [...]' (AgRg no HC 556.549/SC, Ministro Reynaldo Soares da Fonseca, Quinta Turma, *DJe* 1º.03.2021)" (AgRg no HC 691.823/SC, Ministro Sebastião Reis Júnior, Sexta Turma, *DJe* 30.09.2021). No caso, a circunstância qualificadora foi comprovada pela prova oral, inclusive pela confissão do próprio réu, além da existência de laudo papiloscópico que identificou impressões digitais no local apontado pela vítima como sendo o local onde o réu pulou o muro.[67]

d) Destreza

Destreza é a especial **habilidade física ou manual** que permite ao agente retirar bens em poder direto da vítima sem que ela perceba a subtração. Para Weber Martins Batista, "destreza é soma de habilidade com dissimulação. O agente se adestra, treina, especializa-se, adquire tal agilidade de mãos e dedos, que é capaz de subtrair a coisa como que em um passe de mágica. E usa essa habilidade extraordinária, excepcional, como arma para dissimular a subtração do bem".[68] É o caso típico do "punguista", representado modernamente pelos batedores de carteiras e telefones celulares.

---

[65] REsp 680.743/RS, rel. Min. Gilson Dipp, 5.ª Turma, j. 02.12.2004.
[66] GRECO, Rogério. *Curso de direito penal*: parte especial. 6. ed. Niterói: Impetus, 2009. v. 3, p. 32.
[67] AgRg no REsp 1.895.487/DF, rel. Min. Antonio Saldanha Palheiro, 6.ª Turma, j. 26.04.2022, noticiado no *Informativo* 735.
[68] BATISTA, Weber Martins. *O furto e o roubo no direito e no processo penal*. 2. ed. Rio de Janeiro: Forense, 1995. p. 161.

Esta qualificadora, portanto, é cabível unicamente **quando a vítima traz seus pertences juntos ao corpo**, pois é somente em tais hipóteses que a destreza pode se exteriorizar. Ademais, não basta querer agir com destreza, quando o sujeito não a tem. Também é insuficiente tão só possuir destreza. Exige-se a soma de dois fatores: ter destreza e agir com destreza.

Consequentemente, não incide a qualificadora se a vítima estava, ao tempo da subtração, dormindo em sono profundo ou embriagada em estágio avançado, pois nessas circunstâncias não se exige destreza, ainda que o agente dela seja dotado. Igualmente, é de afastar a qualificadora quando o larápio é especialista em abrir cofres, porquanto a destreza é uma ação que recai sobre a vítima, e não sobre coisas.[69]

Se, no caso concreto, a vítima nota a conduta do agente, não incide a qualificadora, uma vez que não restou provada sua especial habilidade quanto à subtração. Estará caracterizada a tentativa de furto simples. Entretanto, se o crime somente não se consuma porque a conduta do agente foi notada por terceiro (mas não pela vítima), que impediu a subtração, há tentativa de furto qualificado. Houve a destreza, pois a vítima, sem o auxílio alheio, seria inconscientemente despojada de seus bens.

No tocante à tentativa, portanto, duas situações devem ser separadas: se a própria vítima percebeu e impediu a subtração, não incide a qualificadora, ao contrário do que ocorre quando a subtração foi impedida pela atuação de terceiros, e não pelo ofendido.[70]

2.4.1.17.1.3. Com emprego de chave falsa: inciso III

Chave falsa é qualquer instrumento, **com ou sem forma de chave**, de que se vale o agente para fazer funcionar, no lugar da chave verdadeira (utilizada por quem de direito), o mecanismo de uma fechadura ou dispositivo semelhante, permitindo ou facilitando a subtração do bem.

O conceito de chave falsa compreende:

(a) a chave copiada da verdadeira, sem autorização do seu titular;

(b) a chave diferente da verdadeira, mas modificada para abrir uma fechadura; e

(c) a gazua, isto é, qualquer objeto, com ou sem forma de chave, capaz de abrir uma fechadura sem arrombá-la ou destruí-la, a exemplo dos grampos, mixas, chaves de fenda etc.[71]

O uso de chave verdadeira, ilicitamente obtida pelo agente (mediante subtração ou apropriação após ser perdida pelo proprietário ou legítimo possuidor), não caracteriza a qualificadora em análise. Pode ensejar, todavia, a qualificadora atinente à fraude. Exemplo típico deste crime é o narrado por Graciliano Ramos, na obra *Memórias do cárcere*: o larápio remove com uma pinça a chave deixada internamente na fechadura, fazendo-a cair sobre um papel estirado por debaixo da porta, trazendo-a a seguir, com o papel, para com ela abrir a porta.

Prevalece o entendimento de que não incide a qualificadora inerente ao uso de chave falsa na "**ligação direta**" de veículos automotores, pois não há emprego de qualquer instrumento em sua ignição. Nessa linha de raciocínio, o emprego de **módulo de ignição** diverso do original, voltado à ligação do veículo automotor, autoriza a incidência da qualificadora.

Para a configuração da tentativa de furto qualificado pelo emprego de chave falsa reclama-se, ao menos, já esteja o agente a introduzir a chave falsa na fechadura ou dispositivo

---

[69] BARROS, Flávio Augusto Monteiro. *Direito penal*. Parte especial. 2. ed. São Paulo: Saraiva, 2009. v. 2, p. 353.

[70] Este é o entendimento consagrado no âmbito do Superior Tribunal de Justiça: REsp 1.478.648/PB, rel. Min. Newton Trisotto (Desembargador convocado do TJ/SC), 5.ª Turma, j. 16.12.2014, noticiado no *Informativo* 554.

[71] "A jurisprudência desta Corte tem pontificado que o emprego de gazuas, mixas, ou qualquer outro instrumento, ainda que sem a forma de chave, mas apto a abrir fechadura ou imprimir funcionamento em aparelhos e máquinas, a exemplo dos automóveis, caracteriza a qualificadora do art. 155, § 4.º, inciso III, do Código Penal" (STJ: HC 119.524/MG, rel. Min. Og Fernandes, 6.ª Turma, j. 26.10.2010).

análogo. A posse isolada de chave falsa, por mais suspeita que seja a conduta do seu possuidor, não caracteriza tentativa ou ato executório do crime contra o patrimônio.

Em regra, a comprovação dessa qualificadora depende de prova pericial, uma vez que o emprego de chave falsa normalmente deixa vestígios materiais, a exemplo das avarias na fechadura da porta do veículo automotor. No caso concreto, porém, o exame de corpo de delito pode não ser necessário, notadamente quando o agente, preso em flagrante na posse do instrumento, dele fez uso com habilidade diferenciada, de modo a não deixar rastros da sua conduta. Como já decidido pelo Superior Tribunal de Justiça:

> O exame pericial torna-se excepcionalmente prescindível à comprovação da qualificadora prevista no inciso III, do § 4.º, do art. 155 do Código Penal, quando inexistirem vestígios no veículo furtado e houver a apreensão de chave falsa em poder do agente. Em que pese ser necessária a realização de exame pericial quando o delito deixa vestígios, esta Corte Superior entende pela possibilidade de que a perícia não seja realizada quando houver a comprovação, por outros meios, da ocorrência da qualificadora. No caso, o uso da chave falsa foi reconhecido de forma indireta, uma vez que a vítima afirmou que não houve nenhuma avaria no bem, motivo pelo qual o veículo nem sequer foi encaminhado à perícia pela autoridade policial. Além disso, a chave falsa foi apreendida em poder do recorrente, o que torna o exame pericial, excepcionalmente, prescindível à comprovação da mencionada qualificadora. Assim, a perícia da chave falsa se mostra desnecessária, diante do comprovado o uso inequívoco da chave micha.[72]

2.4.1.17.1.4. Mediante concurso de duas ou mais pessoas: inciso IV

O fundamento do tratamento legislativo mais severo consiste na maior facilidade para o aperfeiçoamento do furto com a reunião de duas ou mais pessoas. Cuida-se de **crime acidentalmente coletivo**: pode ser praticado por uma única pessoa, mas a pluralidade de sujeitos acarreta o aumento da pena.

A qualificadora é aplicável ainda que um dos envolvidos seja inimputável (pela menoridade ou qualquer outra causa) ou desconhecido. Nessa última hipótese, basta a acusação demonstrar a responsabilidade de duas ou mais pessoas pelo crime, nada obstante somente um deles tenha sido identificado. A denúncia seria assim redigida: "Fulano de Tal, em concurso com terceira pessoa ainda não identificada...".

Quando uma pessoa, maior e capaz, comete o furto em concurso com um menor de 18 anos de idade, a ela devem ser imputados dois crimes: furto qualificado (CP, art. 155, § 4.º, inc. IV) e corrupção de menores, definido pelo art. 244-B da Lei 8.069/1990 – Estatuto da Criança e do Adolescente:

> **Art. 244-B.** Corromper ou facilitar a corrupção de menor de 18 (dezoito) anos, com ele praticando infração penal ou induzindo-o a praticá-lo:
>
> Pena – reclusão, de 1 (um) a 4 (quatro) anos.
>
> § 1.º Incorre nas penas previstas no *caput* deste artigo quem pratica as condutas ali tipificadas utilizando-se de quaisquer meios eletrônicos, inclusive salas de bate-papo da *internet*.
>
> § 2.º As penas previstas no *caput* deste artigo são aumentadas de um terço no caso de a infração cometida ou induzida estar incluída no rol do art. 1.º da Lei 8.072, de 25 de julho de 1990.

---

[72] AgRg no HC 876.671/SC, rel. Min. Antonio Saldanha Palheiro, 6.ª Turma, j. 29.04.2024, noticiado no *Informativo* 21 – Edição Extraordinária.

Este crime de corrupção de menores dispensa a prova de efetiva corrupção de menor. Trata-se de **crime formal, de consumação antecipada ou de resultado cortado**, que tem como objetividade jurídica a proteção da moralidade da criança ou adolescente, razão pela qual sua finalidade precípua é coibir a prática de delitos em que existe a exploração de pessoas com idade inferior a 18 anos. Esta é a posição consolidada na **Súmula 500 do Superior Tribunal de Justiça**: "A configuração do crime do art. 244-B do ECA independe da prova da efetiva corrupção do menor, por se tratar de delito formal".

Se não bastasse, cuida-se também de **crime de perigo**, sendo prescindível a demonstração de efetiva e posterior corrupção moral da criança ou adolescente, cuja inocência se presume. Em verdade, o simples fato de uma criança ou adolescente praticar um fato típico e ilícito em concurso com um agente maior por si só revela, senão o ingresso em universo prejudicial ao seu sadio desenvolvimento, ao menos sua manutenção nele, o que, de igual modo, é passível de recriminação, pois o comportamento do maior de idade ainda assim reforça, no menor, sua tendência infracional anteriormente adquirida.

A doutrina diverge acerca da necessidade da **presença de duas ou mais pessoas no local do crime**, executando o furto. Em outras palavras, discute-se se a expressão "concurso de duas ou mais pessoas" abrange coautores (quem realiza o núcleo do tipo, praticando atos de execução) e partícipes (quem de qualquer modo concorre para o crime, mediante induzimento, instigação ou auxílio, sem executá-lo) ou exclusivamente coautores.

De um lado, Nélson Hungria entende ser "necessária a presença *in loco* dos concorrentes, ou seja, a cooperação deles na fase executiva do crime".[73] Com entendimento diverso, Damásio E. de Jesus alega que "não é preciso que as duas ou mais pessoas estejam presentes no local da subtração".[74]

Com o merecido respeito às opiniões em contrário, filiamo-nos ao segundo entendimento. Admitimos a coautoria e a participação para a configuração da qualificadora.

O Código Penal deve ser interpretado sistematicamente. Se a lei desejasse a aplicação da qualificadora somente às hipóteses de coautoria, não teria falado em "concurso de duas ou mais pessoas", e sim em "execução do crime por duas ou mais pessoas", a exemplo do que fez no delito de constrangimento ilegal (CP, art. 146, § 1.º).

Além disso, ao dispor sobre o "crime cometido mediante duas ou mais pessoas", e não em "subtração cometida", o Código Penal alcança a participação, pois o partícipe também comete o crime, concorrendo de qualquer modo para a sua realização (CP, art. 29, *caput*).

Em se tratando de pessoas maiores e capazes, é indispensável o vínculo subjetivo, que não se confunde com o prévio ajuste. Basta que um dos sujeitos tenha consciência de sua contribuição para a conduta de terceiro, ainda que este desconheça tal colaboração. Exemplificativamente, a empregada doméstica que dolosamente deixa aberta a porta da casa em que trabalha, para que seja furtada, responde pelo crime qualificado na hipótese de ocorrer o furto, mesmo que o ladrão ignore seu auxílio. Ao larápio, por sua vez, será imputado o furto simples, sob pena de caracterização da responsabilidade penal objetiva, pois desconhecia a participação da funcionária da residência.

Como corolário da teoria unitária ou monista acolhida pelo art. 29, *caput*, do Código Penal no tocante ao concurso de pessoas, todos os envolvidos responderão pela qualificadora, ainda que um só dos agentes alcance a consumação do delito. Exemplo: "A", "B" e "C" ingressam em uma loja para furtá-la. Um vizinho percebe tais condutas e aciona a Polícia Militar. "A" e "B" são presos em flagrante, enquanto "C" foge na posse dos bens subtraídos. O crime de furto qualificado estará consumado para todos.

---

[73] HUNGRIA, Nélson. *Comentários ao Código Penal*. 2. ed. Rio de Janeiro: Forense, 1958. v. 7, p. 46-47.
[74] JESUS, Damásio E. de. *Direito penal*: parte especial. 27. ed. São Paulo: Saraiva, 2005. v. 2, p. 329.

Finalmente, quando o crime é praticado por duas pessoas, a absolvição do comparsa (coautor ou partícipe) formalmente denunciado não afasta, automaticamente, a incidência da qualificadora quanto ao sujeito condenado. Exemplo: "A" e "B" são denunciados pelo furto de uma bicicleta que estava parada defronte a um bar. Em juízo, a vítima reconhece "A", mas afirma categoricamente que, embora a subtração tenha sido efetuada por duas pessoas, "B" não era o seu comparsa. O magistrado, levando em consideração o conjunto probatório extraído dos autos da ação penal, poderá absolver "B", sem prejuízo da condenação de "A" pelo furto qualificado, uma vez ter sido demonstrada a prática do crime por duas pessoas, pouco importando quem fora o coautor de identidade desconhecida.

2.4.1.17.1.4.1. Furto qualificado pelo concurso de duas ou mais pessoas e hibridismo penal

Imaginemos um furto duplamente qualificado: concurso de duas ou mais pessoas e qualquer outra qualificadora. Sabemos que, na hipótese de furto duplamente qualificado, uma qualificadora altera os limites em abstrato da pena, ao passo que a outra é utilizada como circunstância judicial desfavorável, em conformidade com o art. 59, *caput*, do Código Penal.

Com base nisso, questiona-se: Seria possível o uso da outra qualificadora para modificar os limites da pena em abstrato, e a atinente ao concurso de pessoas como causa de aumento de pena (terceira fase da dosimetria da pena privativa de liberdade), de um terço até metade aplicando-se analogicamente a regra prevista em relação ao roubo pelo art. 157, § 2.º, II, do Código Penal?

Façamos, agora, mais uma reflexão. A qualificadora do concurso de duas ou mais pessoas eleva a pena do furto para 2 (dois) a 8 (oito) anos de reclusão, e multa, tornando-a muito mais gravosa do que a pena da modalidade simples, delineada pelo *caput*, qual seja, reclusão de 1 (um) a 4 (quatro) anos, e multa. E com base nesse raciocínio outra pergunta há de ser feita: Pode o juiz, em vez de aplicar a qualificadora do furto, utilizar a causa de aumento de pena do roubo, valendo-se da analogia *in bonam partem* (favorável ao réu)?

Em síntese, em ambas as hipóteses, tanto na prejudicial como na favorável ao acusado, é cabível a construção prática deste hibridismo penal? O Supremo Tribunal Federal acertadamente entende que não:

> A regra do art. 155, § 4.º, IV, do CP não pode ser substituída pela disposição constante do art. 157, § 2.º, do mesmo *Codex*, sob a alegação de ofensa ao princípio da proporcionalidade. Não é possível aplicar-se a majorante do crime de roubo ao furto qualificado, pois as qualificadoras relativas ao furto – que possuem natureza jurídica de elementar do tipo – não se confundem com as causas de aumento de pena na hipótese de roubo. É defeso ao julgador aplicar, por analogia, sanção sem previsão legal, ainda que para beneficiar o réu, ao argumento de que o legislador deveria ter disciplinado a situação de outra forma.[75]

O **Superior Tribunal de Justiça** possui idêntico posicionamento, consagrado na **Súmula 442**: "É inadmissível aplicar, no furto qualificado, pelo concurso de agentes, a majorante do roubo".

Conclui-se, pois, que a alegada falta de técnica legislativa – considerando o concurso de duas ou mais pessoas qualificadoras no furto e causa de aumento de pena no roubo – não autoriza o magistrado, no caso concreto, a construir ao seu arbítrio uma nova sanção penal. Deve limitar-se a aplicar a legislação positivada, respeitando o princípio da separação dos Poderes consagrado pelo art. 2.º da Constituição Federal.

---

[75] HC 95.351/RS, rel. Min. Ricardo Lewandowski, 1.ª Turma, j. 21.10.2008. E também: HC 95.398/RS, rel. Min. Cármen Lúcia, 1.ª Turma, j. 04.08.2009.

2.4.1.17.2. Qualificadora do § 4.º-A: emprego de explosivo ou de artefato análogo que cause perigo comum

O § 4.º-A do art. 155 do Código Penal foi criado pela Lei 13.654/2018, com a seguinte redação: "A pena é de reclusão de 4 (quatro) a 10 (dez) anos e multa, se houver emprego de explosivo ou de artefato análogo que cause perigo comum".

2.4.1.17.2.1. Introdução

Trata-se de qualificadora de **natureza objetiva**, pois diz respeito ao **meio de execução** utilizado na prática do furto. Em razão disso, é possível a sua comunicabilidade no concurso de pessoas, diante da regra prevista no art. 30 do Código Penal.

Diante da pena privativa de liberdade em abstrato – reclusão, de 4 (quatro) a 10 (dez) anos –, o furto qualificado pelo emprego de explosivo ou de artefato análogo que cause perigo comum constitui-se em **crime de elevado potencial ofensivo**, incompatível com os benefícios elencados pela Lei 9.099/1995.

2.4.1.17.2.2. Lei dos Crimes Hediondos

O furto qualificado pelo emprego de explosivo ou de artefato análogo que cause perigo comum é **crime hediondo**, a teor da regra contida no art. 1.º, IX, da Lei 8.072/1990, com a redação conferida pela Lei 13.964/2019 ("Pacote Anticrime").

É a primeira vez, no direito brasileiro, que uma modalidade de furto é revestida pela nota da hediondez.[76]

2.4.1.17.2.3. Fundamento da qualificadora

A cada dia são mais frequentes as explosões de caixas eletrônicos, para subtração do dinheiro alocado em seu interior. Os terminais de atendimento, antes tão comuns em postos de gasolina, lojas de conveniência e outros pontos comerciais, praticamente desapareceram, dificultando o acesso das pessoas a diversas transações bancárias.

As empresas perderam o interesse de sediar tais equipamentos, que se tornaram verdadeiras iscas para criminosos, daí resultando o receio de prejuízos econômicos causados pelas explosões, sem prejuízo do afastamento de clientes que temem se expor em locais perigosos.

A criação da qualificadora se justifica, portanto, pela necessidade de combater uma forma mais grave do furto, que não se esgota na ofensa ao patrimônio alheio. De fato, a conduta também coloca em risco a integridade corporal e a vida de um número indeterminado de pessoas, as quais podem ser afetadas pelos danos produzidos pela detonação do explosivo ou do artefato análogo.

Mas não se pode negar a força do lobby dos bancos para a criação desta figura qualificada, visando a preservação dos seus interesses financeiros. Com efeito, é indiscutível o prejuízo causado não apenas pela subtração dos valores contidos nos caixas eletrônicos espalhados pelo território nacional, mas também pela diminuição nas operações bancárias

---

[76] O legislador, de forma imperdoável, cometeu um erro grosseiro, ao deixar de também incluir, no rol dos crimes hediondos, o roubo com destruição ou rompimento de obstáculo mediante o emprego de explosivo ou de artefato análogo que cause perigo comum, tipificado no art. 157, § 2.º-A, II, do Código Penal, delito indiscutivelmente mais grave do que esta modalidade do furto. De nossa parte, resta lamentar, e aguardar que tal equívoco seja rapidamente solucionado pelo Congresso Nacional.

e na substituição das transações por outras formas de circulação de capital, especialmente a utilização do cartão de crédito.

Nada obstante diversos bens possam ser furtados com emprego de explosivos ou artefatos análogos, a exemplo da destruição da porta de uma casa ou do vidro de um carro blindado, é evidente que o principal escopo do legislador foi tutelar a explosão de caixas eletrônicos.

2.4.1.17.2.4. Explosivo ou artefato análogo que cause perigo comum

O § 4.º-A do art. 155 do Código Penal utiliza-se da interpretação analógica ou *intra legem*. O tipo contém uma fórmula casuística – "emprego de explosivo", seguida de uma fórmula genérica – "emprego de artefato análogo que cause perigo comum".

Explosivo é a substância com capacidade de destruir objetos em geral, mediante detonação e estrondo.[77] **Artefato análogo** é o produto concebido com finalidade diversa, mas apto a produzir efeitos similares aos do explosivo, a exemplo de um botijão de gás.

Mas não é qualquer explosivo (ou artefato análogo) que autoriza a incidência da qualificadora. É necessário que tal meio de execução "**cause perigo comum**".[78] Exemplificativamente, a dinamite é um explosivo apto a causar causa comum, ao contrário de um traque utilizado em festa junina, muito embora também seja enquadrado como explosivo.

Como essa modalidade de furto qualificado deixa vestígios materiais, sua prova depende de **exame de corpo de delito**, direto ou indireto, não podendo supri-lo a confissão do acusado (CPP, art. 158). A perícia destina-se a demonstrar o emprego do explosivo (ou do artefato análogo), bem como a sua capacidade de causar perigo comum, compreendido como o risco ou probabilidade de dano à vida, à integridade física ou ao patrimônio de um número indeterminado de pessoas.

A provocação do perigo comum, de seu turno, admite qualquer meio de prova (exemplos: testemunhas, filmagem do local do crime etc.).

Em síntese, a caracterização da qualificadora não se esgota na subtração com emprego de explosivo (ou de artefato análogo). É imprescindível a idoneidade do meio de execução para causar perigo comum. E mais: exige-se prova da efetiva causação do risco a um número indeterminado de pessoas.

Portanto, o emprego de explosivo (ou de artefato análogo) na prática do furto não acarreta no reconhecimento automático da qualificadora contida no § 4.º-A do art. 155 do Código Penal. É necessária uma perícia atestando a aptidão do meio para provocar perigo comum, bem como prova da efetiva produção do perigo comum. Vejamos dois exemplos:

1.º exemplo: "A" utiliza dinamite e, visando a subtração de dinheiro, explode um caixa eletrônico situado em uma avenida repleta de pessoas: incide a qualificadora. Houve emprego de explosivo e da conduta resultou perigo comum; e

2.º exemplo: "B" utiliza dinamite para a explosão de um caixa eletrônico situado na zona rural, e as provas produzidas em juízo, sob o crivo do contraditório, revelam que no momento no delito não havia nenhuma pessoa nas proximidades do local. Houve emprego de explosivo capaz de causar perigo comum, mas sem que este tenha sido efetivamente produzido. Não incide a qualificadora prevista no § 4.º-A, mas subsiste a qualificadora do § 4.º, I, do art. 155 do Código Penal, em face da destruição de obstáculo à subtração da coisa.

---

[77] O Anexo III do Regulamento de Produtos Controlados, aprovado pelo Decreto 10.030/2019, define explosivo como o "tipo de matéria que, quando iniciada, sofre decomposição muito rápida, com grande liberação de calor e desenvolvimento súbito de pressão".

[78] O legislador utilizou fórmula diversa da contida no crime de homicídio qualificado pelo meio "**de que possa resultar perigo comum**" (CP, art. 121, § 2.º, III).

2.4.1.17.2.5. Compatibilidade com outras qualificadoras

O emprego de explosivo ou de artefato análogo que causa perigo comum é compatível com as demais qualificadoras do furto. Nada impede a presença conjunta de duas ou mais delas. Exemplo: "A" e "B", em concurso, utilizam explosivo para subtrair o dinheiro que estava no interior de um caixa eletrônico. Nesse caso, como o legislador cominou pena mais elevada para a circunstância contida no 4.º-A (reclusão, de 4 a 10 anos, e multa), ela servirá para qualificar o delito, ao passo que o concurso de pessoas (CP, art. 155, § 4.º, inc. IV) funcionará como circunstância judicial desfavorável, na forma do art. 59, *caput*, do Código Penal.

A propósito, é perfeitamente possível o furto qualificado pelo emprego de explosivo ou de artefato análogo que causa perigo comum para a subtração de substâncias explosivas ou de acessórios que, conjunta ou isoladamente, possibilitem sua fabricação, montagem ou emprego, hipótese em que incidirão as qualificadoras previstas nos §§ 4.º-A e 7.º do art. 155 do Código Penal, com penas idênticas.

Na maioria das vezes, o emprego de explosivo ou de artefato análogo que causa perigo comum destina-se a destruir ou romper um obstáculo à subtração da coisa. Se isso ocorrer, a qualificadora prevista no inc. I do § 4.º será absorvida pela qualificadora catalogada no § 4.º-A, ambos do art. 155 do Código Penal, pois aquela funciona como meio para a prática desta. O conflito aparente de normas é superado com a utilização do princípio da consunção.

2.4.1.17.2.6. Qualificadora e privilégio

A incidência do privilégio a esta figura típica aparentemente é possível, pois o § 4.º-A contempla uma qualificadora objetiva, relacionada ao meio de execução do furto.[79] Na prática, entretanto, os requisitos exigidos pelo § 2.º do art. 155 do Código Penal dificilmente estarão presentes.

Com efeito, o furto qualificado pelo emprego de explosivo (ou de artefato análogo) visa a subtração de elevada quantia em dinheiro, ou então de bens valiosos, afastando o requisito objetivo consistente no "pequeno valor da coisa", definido em sede jurisprudencial como aquele que não ultrapassa um salário mínimo. Se não bastasse, delitos dessa espécie geralmente são praticados por indivíduos ligados a organizações criminosas, em regra reincidentes, inviabilizando o reconhecimento do requisito subjetivo "primariedade do agente".

2.4.1.17.2.7. Concurso com crime tipificado no Estatuto do Desarmamento

É interessante a questão envolvendo a possibilidade de concurso entre o furto qualificado pelo emprego de explosivo ou artefato análogo e o crime tipificado no art. 16, § 1.º, inc. III, da Lei 10.826/2003 – Estatuto do Desarmamento ("possuir, deter, fabricar ou empregar artefato explosivo ou incendiário, sem autorização ou em desacordo com determinação legal ou regulamentar"). Duas situações diversas podem surgir:

1.ª situação: O agente é preso em flagrante durante a prática do furto qualificado, ou logo depois de cometê-lo, na posse de artefato explosivo, sem autorização ou em desacordo com determinação legal ou regulamentar. O conflito aparente de normas é solucionado pelo princípio da consunção, operando-se a absorção do crime-meio (*antefactum* impunível) pelo crime-fim. O sujeito responderá unicamente pelo delito previsto no art. 155, § 4.º-A, do Código Penal;[80]

---

[79] Súmula 511 do STJ: "É possível o reconhecimento do privilégio previsto no § 2.º do art. 155 do Código Penal nos casos de furto qualificado, se estiverem presentes a primariedade do agente, o pequeno valor da coisa e a qualificadora for de ordem objetiva".

[80] Esse raciocínio também é aplicável aos núcleos "deter" e "empregar", contidos no art. 16, § 1.º, III, da Lei 10.826/2003 – Estatuto do Desarmamento.

2.ª situação: O agente praticou o furto qualificado pelo emprego de explosivo. Dias depois, no cumprimento de mandado de busca e apreensão, policiais encontram em sua residência os bens furtados, bem como diversos explosivos. Nessa hipótese, deverão ser a ele imputados os dois crimes (CP, art. 155, § 4.º-A, e Lei 10.826/2003, art. 16, § 1.º, III), em concurso material, pois as condutas foram praticadas em contextos fáticos diversos. Se não bastasse, tais delitos ofendem bens jurídicos distintos e consumaram-se em diferentes momentos, circunstâncias que afastam a incidência do princípio da consunção.

2.4.1.17.2.8. Relação com o crime de explosão

Antes da entrada em vigor da Lei 13.654/2018, responsável pela criação do § 4.º-A do art. 155 do Código Penal, àquele que praticava um furto com emprego de explosivo ou de artefato análogo, a exemplo da explosão de caixas eletrônicos para subtração de dinheiro, geralmente eram imputados os crimes de furto qualificado pela destruição ou rompimento de obstáculo (CP, art. 155, § 4.º, I) em concurso com explosão (CP, art. 251), se a conduta colocasse em risco a vida, a integridade física ou o patrimônio de um número indeterminado de pessoas.

Esse panorama jurídico se alterou. Agora o sujeito responde unicamente pelo delito tipificado no art. 155, § 4.º-A, pois o tipo penal contém a expressão "que cause perigo comum". Em outras palavras, a provocação do perigo comum, ao mesmo tempo em que legitima a incidência da qualificadora do furto, afasta o crime autônomo de explosão.

2.4.1.17.3. Qualificadora do § 4.º-B: furto informático, eletrônico ou cibernético

Nos termos do art. 155, § 4.º-B, do Código Penal, acrescentado pela Lei 14.155/2021: "A pena é de reclusão, de 4 (quatro) a 8 (oito) anos, e multa, se o furto mediante fraude é cometido por meio de dispositivo eletrônico ou informático, conectado ou não à rede de computadores, com ou sem a violação de mecanismo de segurança ou a utilização de programa malicioso, ou por qualquer outro meio fraudulento análogo".

Atualmente existem, portanto, duas modalidades de furto qualificado pela fraude: (a) a **fraude "comum"**, de natureza residual, prevista no § 4.º, inciso II, punida com reclusão, de 2 a 8 anos, e multa, utilizada por qualquer meio diverso dos dispositivos eletrônicos ou informáticos; e (b) a **fraude por meio de dispositivo eletrônico ou informático**, de índole especial, definida no § 4.º-B e punida com reclusão, de 4 a 8 anos, e multa. Em ambos os casos, o agente se utiliza de algum estratagema para ludibriar a vítima, de modo a inverter a posse do bem sem que esta perceba a subtração. A diferença está no meio de execução do delito.

A criação da qualificadora fundamenta-se no avanço da *internet*, presente em quase todos os lares e ambientes de trabalho, conduzindo à ampliação do comércio eletrônico e no uso da rede mundial de computadores para a realização das mais diversas atividades cotidianas.

Com a pandemia da COVID-19, iniciada em 2020, as pessoas foram obrigadas a permanecer em suas casas e acabaram transformando o ambiente virtual em um mundo real: computadores (e congêneres) eram utilizados para as finalidades outrora desconhecidas por muitas pessoas, tais como conversas entre amigos ou familiares, pagamento de contas, serviços bancários, compras em geral e, inclusive, para fins profissionais.

O mundo mudou, especialmente para aqueles que não tinham o hábito de navegar pela *internet*. Pessoas sem experiência e "malícia" no ambiente virtual, notadamente idosas, tornaram-se presas fáceis para os autores de ilícitos informáticos. O número de crimes cibernéticos disparou. O legislador, atento a esse panorama, editou a Lei 14.155/2021, conferindo tratamento mais severo ao "furto eletrônico", "furto informático" ou "furto cibernético".

Nesse crime, o agente emprega fraude – artifício, ardil ou qualquer outro meio fraudulento – para diminuir a vigilância da vítima sobre o bem, facilitando a subtração. Ao contrário da modalidade prevista no art. 155, § 4.º, inciso II, do Código Penal, aqui ele se utiliza de dispositivo eletrônico ou informático.

Dispositivo eletrônico e **dispositivo informático** não se confundem. Aquele é gênero; este, espécie. O **dispositivo eletrônico** abrange aparelhos que não são obrigatoriamente informáticos, tais como máquinas de fax e cartões bancários dotados de *chips*.

Dispositivo informático, de seu turno, é qualquer aparelho destinado a armazenar e processar dados e informações, a exemplo do computador, do *smartphone*, do *tablet* e do *pendrive*, entre outros.

O tipo penal não reclama a conexão do dispositivo eletrônico ou informático à rede de computadores, seja ela interna (*intranet*) ou externa (*internet*). Na prática, todavia, é comum a prática de furtos mediante a utilização da rede mundial de computadores.

A parte final do § 4.º-B do art. 155 do Código Penal é clara ao estabelecer que a conduta pode ser praticada "com ou sem a violação de mecanismo de segurança ou a utilização de programa malicioso, ou por qualquer outro meio fraudulento análogo".

O legislador socorreu-se da **interpretação analógica**, apresentando uma fórmula casuística – a violação de mecanismo de segurança (exemplo: clonagem de cartão bancário e obtenção da senha do legítimo titular para saques em terminais eletrônicos) e a utilização de programa malicioso[81] (exemplos: vírus, *worms*, cavalos de Troia, *spyware* etc.) são meios fraudulentos, mas não são os únicos, pois o tipo penal fala em "qualquer outro meio fraudulento análogo" (fórmula genérica), a exemplo da conversa enganosa para subtrair o *Iphone* da vítima e fazer compras usando do cartão de crédito instalado no aplicativo *Wallet*.

Como a fraude funciona como meio de execução do furto, seu emprego é imprescindível para reduzir a vigilância da vítima sobre o bem, permitindo a subtração sem que esta perceba a prática da conduta criminosa. Opera-se a inversão da posse do bem, que sai da esfera de disponibilidade da vítima e ingressa no controle do agente. Esta é a nota característica do furto mediante fraude, ao contrário do estelionato, no qual o agente emprega a fraude para ludibriar a vítima e esta, enganada, voluntariamente lhe entrega o bem.

2.4.1.17.3.1. Causas de aumento de pena

O § 4.º-C do art. 155 do Código Penal, também criado pela Lei 14.155/2021, contempla **causas de aumento de pena** aplicáveis ao furto informático (eletrônico ou cibernético) em razão da "**relevância do resultado gravoso**", compreendida como o **prejuízo patrimonial causado à vítima da subtração**. Vejamos cada um dos incisos:

Inciso I – aumenta-se de 1/3 (um terço) a 2/3 (dois terços), se o crime é praticado mediante a utilização de servidor mantido fora do território nacional

A utilização de servidor[82] mantido no exterior impõe o aumento da pena. Seu percentual, contudo – de 1/3 (um terço) a 2/3 (dois terços) –, leva em conta a relevância do resultado gravoso, ou seja, varia em conformidade com o maior ou menor prejuízo ao ofendido.

O fundamento da majorante repousa na complexidade de apuração do delito quando o servidor é mantido fora do Brasil. A localização no exterior diz respeito unicamente ao servidor

---

[81] *Malware*, ou "*software* malicioso", é uma abreviação do inglês *malicious software*, consistente no programa de computador desenvolvido para infectar o dispositivo informático de um usuário legítimo e prejudicá-lo de diversas formas.

[82] Servidor, para os fins do tipo penal, é o dispositivo informático que autoriza o acesso a informações por outros computadores ou sistemas conectados em rede. É o "aparelho mãe" que, em uma determinada rede de computadores, hospeda esse tipo de sistema informático.

informático, e não ao responsável pela conduta criminosa, que pode estar – e normalmente está – no território nacional.

Além disso, o uso de sistema mantido em outro país revela maior grau de especialização do agente, bem como uma estrutura sofisticada para a prática do delito, circunstâncias atinentes à atuação de organizações criminosas com ramificações no exterior.

Uma crítica deve ser registrada. A sanção cominada desponta como exagerada e desproporcional. No plano abstrato, e levando em conta os patamares máximos, a pena privativa de liberdade pode alcançar 13 anos e 4 meses de reclusão (8 anos + 2/3), ultrapassando a pena máxima de delitos indiscutivelmente mais graves, como o roubo simples (CP, art. 157, *caput*) e o estupro (CP, art. 213).

Inciso II – aumenta-se de 1/3 (um terço) ao dobro, se o crime é praticado contra idoso ou vulnerável

A prática do delito contra pessoa idosa ou vulnerável torna obrigatório o aumento da pena. Seu patamar – de 1/3 (um terço) ao dobro –, entretanto, deve ser balizado pela relevância do resultado gravoso, é dizer, pelo prejuízo econômico causado à vítima.

O tratamento penal mais rigoroso baseia-se na maior reprovabilidade do agente, que se aproveita da fragilidade e da ingenuidade do ofendido.

Pessoa idosa é aquela com idade igual ou superior a 60 anos (Lei 10.741/2003 – Estatuto da Pessoa Idosa, art. 1.º).

A palavra "**vulnerável**", a teor do art. 217-A do Código Penal, engloba: (a) o menor de 14 anos; (b) a pessoa com enfermidade ou deficiência mental, sem discernimento para o ato; e (c) aquele que, por qualquer outra causa, não pode oferecer resistência.

No campo da pena privativa de liberdade cominada, a desproporcionalidade nesse ponto mostra-se ainda mais exagerada. A pena máxima do furto informático cometido contra pessoa idosa ou vulnerável pode chegar a 16 anos. Sem dúvida uma enorme falta de bom senso do legislador.

Para evitar a responsabilidade penal objetiva, a incidência desta causa de aumento reclama o conhecimento do agente acerca da condição de pessoa idosa ou vulnerável da vítima. Na prática, essa exigência inviabilizará sua aplicação, pois os responsáveis pelos furtos cibernéticos normalmente desconhecem as características pessoais das suas vítimas. Lançam as redes na direção de milhares de usuários aleatórios da *internet* em busca do êxito criminoso diante de alguns poucos que caem em suas armadilhas.

2.4.1.17.3.2. Compatibilidade com outras qualificadoras e com o privilégio

O § 4.º-B do art. 155 do Código Penal pode ser aplicado conjuntamente com outras qualificadoras do furto, a exemplo do concurso de pessoas (CP, art. 155, § 4.º, inc. IV).

Nada impede, de outro lado, a incidência simultânea do privilégio, se presentes os requisitos elencados pelo § 2.º do art. 155 do Código Penal, a saber, primariedade do agente e pequeno valor da coisa furtada.

2.4.1.17.3.3. Lei dos Crimes Hediondos

O furto informático acertadamente **não é crime hediondo**, nem mesmo nas hipóteses em que incidem as majorantes do § 4.º-C do art. 155 do Código Penal. De fato, essa figura típica não se encontra catalogada no rol taxativo da Lei 8.072/1990.

Vale recordar que o furto é rotulado como crime hediondo somente quando qualificado pelo emprego de explosivo ou de artefato análogo que cause perigo comum, previsto no art. 155, § 4.º-A, do Código Penal (Lei 8.072/1990, art. 1.º, inc. IX).

2.4.1.17.4. Qualificadora do § 5.º: subtração de veículo automotor que venha a ser transportado para outro Estado ou para o exterior

A qualificadora do § 5.º foi inserida no art. 155 do Código Penal pela Lei 9.426/1996, responsável também por diversas outras modificações no Código Penal, especialmente nos crimes de roubo (art. 157, § 2.º, incs. IV e V) e de receptação (art. 180), bem como pela criação do crime de adulteração de sinal identificador de veículo automotor (art. 311).

Cuida-se de qualificadora que, ao contrário das anteriores, previstas no §§ 4.º e 4.º-A do art. 155 do Código Penal, não se relaciona ao meio de execução do furto. Diz respeito a um resultado posterior à subtração, consistente no transporte do veículo automotor para outro Estado federativo ou para outro país. Fundamenta-se na maior dificuldade de recuperação do bem pela vítima quando ocorre a transposição de fronteiras, seja com outro Estado, seja com outro país.

A finalidade da Lei 9.426/1996, consoante sua Exposição de Motivos, foi a de combater uma crescente e inquietante forma de criminalidade dos dias atuais, relacionada à subtração e ao mercado paralelo de veículos automotores. A pena do furto, nesta hipótese, é de 3 (três) a 8 (oito) anos de reclusão.

Em que pese sua Exposição de Motivos, na qual consta que um dos objetivos da Lei 9.426/1996 foi "dar aos órgãos de persecução penal os instrumentos legais adequados à repressão de uma grave e crescente forma de criminalidade", o legislador pecou no tocante ao furto. Contrariamente ao que se dá nos crimes contra o patrimônio, nos quais impera a ideia de que o sujeito que lesa ou tenta lesar o patrimônio alheio deve ser privado de parte de seu patrimônio, olvidou-se da pena de multa. Destarte, quem pratica um furto simples obrigatoriamente recebe, quando condenado, uma pena de multa, o que lamentavelmente não se verifica em relação àquele que subtrai um veículo e o transporta para outro Estado ou para o exterior.

A qualificadora em estudo, para ser aplicada, depende de dois requisitos:

(a) o objeto material da subtração deve ser veículo automotor; e

(b) o veículo automotor deve ser transportado para outro Estado ou para o exterior.

Vejamos cada um deles separadamente.

a) Veículo automotor

Veículo automotor não é apenas o automóvel. De acordo com o Anexo I (conceitos e definições) da Lei 9.503/1997 – Código de Trânsito Brasileiro, seu conceito compreende "veículo a motor de propulsão a combustão, elétrica ou híbrida que circula por seus próprios meios e que serve normalmente para o transporte viário de pessoas e coisas ou para a tração viária de veículos utilizados para o transporte de pessoas e coisas, compreendidos na definição os veículos conectados a uma linha elétrica e que não circulam sobre trilhos (ônibus elétrico)".

O transporte de partes isoladas (componentes) do veículo automotor para outro Estado ou para o exterior não qualifica o crime de furto.

b) Transporte do veículo automotor para outro Estado ou para o exterior

A qualificadora somente terá incidência prática quando o veículo automotor efetivamente é transportado para outro Estado ou para o exterior. Reclama-se, portanto, a efetiva transposição das fronteiras. Anote-se que na palavra Estado também ingressa o Distrito Federal. Não se trata de analogia *in malam partem*, mas de interpretação extensiva, possível em Direito Penal e autorizada, nesse caso, pela própria Constituição Federal, que confere ao Distrito Federal todas as competências reservadas aos Estados (CF, art. 32, § 1.º). Além disso, por uma questão de razoabilidade, o raciocínio não pode ser outro.

Com efeito, o princípio da razoabilidade, da proporcionalidade ou da proibição do excesso não está expresso na Constituição Federal ou em qualquer outra norma penal positivada, mas tem seu fundamento nos ideais de justiça. Trata-se de um valioso instrumento de proteção do interesse público, por funcionar como a medida com que uma norma deve ser interpretada no caso concreto. Nas palavras de Luís Roberto Barroso, este princípio "pode operar, também, no sentido de permitir que o juiz gradue o peso da norma, em determinada incidência, de modo a não a permitir que ela produza um resultado indesejado pelo sistema, fazendo assim a justiça no caso concreto".[83]

Essa qualificadora leva em conta um resultado posterior alcançado pelo agente. É fácil notar que tal resultado, qualificativo do furto, não se confunde com a sua consumação. A qualificadora é de natureza objetiva e aumenta a pena mesmo depois de consumado o delito. Em síntese, pode-se concluir que o momento consumativo do furto não está condicionado ao alcance da finalidade almejada pelo agente.

Convém apresentar um exemplo que bem ilustra o que foi dito: "A", em São Paulo, subtrai um automóvel para levá-lo ao Rio de Janeiro. Em nenhum momento foi perseguido pela vítima ou por terceiro. Apoderou-se do bem, inverteu sua posse e assegurou sua livre disponibilidade. Em seu trajeto rumo ao Rio de Janeiro, o agente foi abordado pela Polícia Rodoviária, ainda no Estado de São Paulo, ocasião em que o miliciano constatou que o veículo por ele conduzido era objeto de furto, daí resultando a prisão em flagrante de "A".

No exemplo citado, não há dúvida de que o furto (simples ou com alguma outra qualificadora) já estava consumado, crime este que deve ser imputado ao sujeito. Não se aplica, contudo, a qualificadora do § 5.º, uma vez que não se operou a efetiva ultrapassagem da fronteira entre os Estados de São Paulo e do Rio de Janeiro, nem mesmo na forma tentada, pois não se pode cogitar de *conatus* em hipótese na qual a subtração se consumou.

A indagação óbvia a ser agora formulada é a seguinte: A qualificadora do § 5.º do art. 155 do Código Penal admite tentativa?

E a resposta é positiva. A figura qualificada em apreço é compatível com a tentativa, embora o *conatus* seja de difícil ocorrência prática. Na verdade, a tentativa é possível em uma única hipótese: o agente tenta subtrair o veículo automotor na fronteira com outro Estado ou com o exterior, para lá transportá-lo, mas não consegue fazê-lo por circunstâncias alheias à sua vontade.

2.4.1.17.4.1. Figura qualificada e concurso de pessoas

A pessoa que concorre para o transporte do veículo automotor para outro Estado ou para o exterior, pouco importando seja ele coautor ou partícipe da subtração, responde pela qualificadora descrita pelo art. 155, § 5.º, do Código Penal, desde que tal circunstância, de natureza objetiva, tenha ingressado em sua esfera de conhecimento. Atende-se, desta forma, à regra contida no art. 30 do Código Penal.

Em se tratando, porém, de **contrato exclusivo de transporte**, isto é, o acordo foi convencionado apenas para a pessoa transportar o veículo automotor para outro Estado ou o exterior, três situações podem ocorrer:

a) se foi contratada **antes** da subtração, e estava ciente da sua prática, responde por furto qualificado, nos termos do art. 155, § 4.º, inc. IV, e § 5.º, do Código Penal. De fato, ao aceitar a realização da função ilícita, concorreu para o furto, estimulando sua prática;

b) se foi contratada **após** a subtração, e tinha ciência da origem ilícita do bem, responde por receptação própria (CP, art. 180, *caput*, 1.ª parte); e

---

[83] BARROSO, Luís Roberto. *Curso de direito constitucional contemporâneo*. São Paulo: Saraiva, 2009. p. 304-305.

c) se não tinha conhecimento da origem criminosa do bem, para ela o fato é atípico. Não responde por crime algum. É irrelevante, ainda, o momento da contratação (antes ou após a subtração).

2.4.1.17.4.2. Simultaneidade das qualificadoras dos §§ 4.º e 5.º do art. 155 do Código Penal

As qualificadoras dos §§ 4.º e 5.º do Código Penal são compatíveis entre si. É possível a existência simultânea de duas ou mais delas. Exemplo: "A" e "B", em concurso, subtraem um automóvel e o transportam ao Paraguai.

Como o legislador cominou pena maior para a circunstância delineada pelo § 5.º (reclusão, de 3 a 8 anos), ela servirá para qualificar o delito. As demais, por sua vez, desempenharão o papel de circunstâncias judiciais desfavoráveis, nos moldes do art. 59, *caput*, do Código Penal.

2.4.1.17.5. Qualificadora do § 6.º: semovente domesticável de produção

O § 6.º do art. 155 do Código Penal foi criado pela Lei 13.330/2016, com a seguinte redação: "A pena é de reclusão de 2 (dois) a 5 (cinco) anos se a subtração for de semovente domesticável de produção, ainda que abatido ou dividido em partes no local da subtração".

2.4.1.17.5.1. Introdução

Cuida-se de qualificadora de **natureza objetiva**, relacionada ao **objeto material** do furto. Destarte, admite-se a sua comunicabilidade no concurso de pessoas, em face da regra contida no art. 30 do Código Penal. E, diante da pena cominada, constitui-se em **crime de elevado potencial ofensivo**, incompatível com os benefícios elencados pela Lei 9.099/1995.

2.4.1.17.5.2. A desnecessidade da qualificadora

A qualificadora prevista no art. 155, § 6.º, do Código Penal é mais um fruto da inflação legislativa e do direito penal simbólico. Sua criação era desnecessária, uma vez que a situação por ela disciplinada já era alvo de proteção, mais eficaz, pelo nosso sistema penal.

O furto de semoventes, conhecido como **abigeato**, sempre foi tutelado pelo art. 155 do Código Penal, e normalmente na sua forma qualificada, pois esse delito em regra é cometido em concurso de pessoas, como no exemplo em que dois homens subtraem um boi de uma fazenda e o colocam em um caminhão para levá-lo a outro local (CP, art. 155, § 4.º, inc. IV), ou então mediante destruição ou rompimento de obstáculo, como na situação em que um sujeito quebra o cadeado de uma porteira para subtrair o cavalo que estava no pasto (CP, art. 155, § 4.º, inc. I). A propósito, as figuras qualificadas do § 4.º inclusive apresentam pena superior à cominada no § 6.º, ambos do art. 155 do Código Penal.[84]

Causa estranheza, portanto, a criação de uma qualificadora que já era contemplada pela definição típica do furto, em sua forma simples (situação rara) ou nas figuras qualificadas.

No entanto, a falta de técnica do legislador foi ainda mais acentuada. Em se tratando de crime contra o patrimônio, o direito brasileiro sempre previu, com razão, a sanção pecuniária. Nada é mais lógico do que punir economicamente aquele que buscou lesar o patrimônio o alheio. Contudo, o § 6.º do art. 155 do Código Penal, além de contemplar pena privativa de liberdade inferior às contidas nas demais qualificadoras, deixou de prever a pena de multa.

---

[84] E também não se pode esquecer da causa de aumento contida no § 1.º do art. 155 do Código Penal, pois os abigeatos são na maioria das vezes cometidos na zona rural e durante o **repouso noturno**, com os furtadores se aproveitando da escuridão e da ausência de pessoas nos pastos, currais, campos e retiros.

Em que pesem tais falhas, a qualificadora inerente ao "semovente domesticável de produção" integra nossa legislação penal, e por esse motivo merece ser estudada.

2.4.1.17.5.3. Objetividade jurídica

O bem jurídico imediatamente protegido é o **patrimônio**. No plano imediato também se tutela a **saúde pública**, pois não se conhece a origem do animal furtado, e essa circunstância pode trazer prejuízos no consumo dos produtos dele extraídos (carne, leite etc.),[85] bem como a ordem tributária, pois vários impostos deixam de ser arrecadados com o comércio clandestino dos animais.

2.4.1.17.5.4. Alcance do tipo penal

A qualificadora prevista no art. 155, § 6.º, do Código Penal contém um objeto material específico. E aqui repousa o seu ponto principal. O que se entende por **semovente domesticável de produção**?

Semovente é aquele que possui movimento próprio. Além dos homens, apenas os animais podem se locomover sozinhos. Como os homens não são "coisas", e sim pessoas, o Direito utiliza a palavra "semovente" como sinônima de animal.[86] A propósito, cumpre destacar que os insetos e os micro-organismos, nada obstante possam se movimentar sozinhos, não se enquadram no conceito de semoventes no âmbito dos crimes patrimoniais, pois não são dotados de valor econômico.

Nesse contexto, semovente domesticável de produção é o animal já domesticado, ou que possa vir a sê-lo, e criado para abate, exploração de seus frutos ou ainda para procriação. Destacam-se como exemplos os bovinos, os suínos, os caprinos e as aves.[87] Também podem ser lembrados os cães, os gatos e os equinos, quando criados para fins de reprodução e venda dos seus filhotes.

O legislador adotou um **conceito ampliativo**, pois não fez restrições quanto à definição do semovente domesticável de produção. Durante a tramitação do projeto que resultou na Lei 13.330/2016 foi proposta a substituição da expressão por "animais quadrúpedes domesticáveis para produção pecuária", buscando direcionar o alcance da qualificadora ao seu foco principal.

Não se aplica o § 6.º do art. 155 do Código Penal na subtração de animal doméstico que não seja voltado à produção, a exemplo do cachorro castrado que estava no quintal de uma casa. Falta uma característica expressamente exigida pelo tipo penal. Estará caracterizado o furto em sua modalidade simples, ou então com qualificadora diversa.

A qualificadora não alcança o animal selvagem nem o animal abandonado ou que nunca teve proprietário, por duas razões: (a) inexiste semovente domesticável de produção; e (b) não há patrimônio idôneo e pertencente a alguém para legitimar a proteção do Direito Penal.

O semovente domesticável de produção pode ser furtado vivo (exemplo: o larápio coloca em seu caminhão um boi que estava no pasto), abatido (exemplo: o furtador mata um boi antes de colocá-lo em seu caminhão) ou dividido em partes no local da subtração (exemplo: o agente mata um boi mas leva consigo somente as peças de carnes mais valiosas). Em qualquer das hipóteses a qualificadora terá incidência.

---

[85] Convém destacar a existência de vacinas que impedem o consumo de carne bovina por relevante período, até 40 dias em alguns casos, sob o risco de graves intoxicações e de risco de vida ao ser humano.

[86] Em um triste passado, à época da escravatura, os escravos foram considerados semoventes, pois eram classificados como "coisas", e não pessoas.

[87] Os ovos e os embriões dos animais não se classificam como semoventes. A subtração de tais bens pode caracterizar o delito de furto, mas sem a qualificadora elencada pelo § 6.º do art. 155 do Código Penal.

O tipo penal é claro: somente incide a figura qualificada quando o animal é "dividido em partes no local da subtração". Essa divisão deve ser efetuada pelo agente no local em que furto é praticado. Destarte, não será aplicável a regra contida no § 6.º do art. 155 do Código Penal caso o animal tenha sido legitimamente dividido pelo seu proprietário e suas diversas partes tenham seguido destinos diferentes. A título ilustrativo, uma peça de picanha à venda em um açougue não pode ser equiparada a um semovente.

De igual modo, o fruto do animal (exemplo: o leite da vaca) também não é objeto material da qualificadora. A subtração de tal bem caracterizará o furto simples, ou então acompanhado por qualificadora diversa.

2.4.1.17.5.5. Compatibilidade com outras qualificadoras

A qualificadora prevista no § 6.º é compatível com diversas figuras qualificadas contidas no § 4.º do art. 155 do Código Penal.[88] Exemplo: "A" e "B", em concurso, subtraem um boi que estava no pasto de uma fazenda. Esse furto conta com duas qualificadoras (CP, art. 155, § 4.º, inc. IV e § 6.º).

Como as qualificadoras do § 4.º são mais graves, o magistrado aplicará a pena privativa de liberdade levando em conta os limites em abstrato nele previstos (reclusão de dois a oito anos, e multa), utilizando o § 6.º como circunstância judicial desfavorável, pois sua descrição não encontra correspondência nas agravantes elencadas pelos arts. 61 e 62 do Código Penal.

2.4.1.17.5.6. Privilégio

O furto de semovente domesticável de produção admite a figura do privilégio. Em síntese, nessa hipótese é cabível a caracterização do furto híbrido (furto privilegiado-qualificado).[89] Exemplo: Um agente primário subtrai um carneiro de pequeno valor (até 1 salário mínimo). O magistrado deverá aplicar a pena prevista no § 6.º, com a incidência dos benefícios contidos no § 2.º do art. 155 do Código Penal (substituição da reclusão pela detenção ou diminuição da pena de um a dois terços). Não será possível a aplicação isolada da pena de multa, pois a sanção pecuniária não foi cominada no § 6.º.

2.4.1.17.5.7. Princípio da insignificância

Em um primeiro momento, o Supremo Tribunal Federal e o Superior Tribunal de Justiça firmaram jurisprudência no sentido da inaplicabilidade do princípio da insignificância ao furto qualificado, diante da ausência dos seus requisitos objetivos, notadamente a mínima ofensividade da conduta e o reduzido grau de reprovabilidade do comportamento.[90]

Essa linha de pensamento, entretanto, começa a ser alterada, para o fim de ser admitido o princípio da insignificância no furto qualificado. Na ótica do Supremo Tribunal Federal:

> A Segunda Turma negou provimento a agravo regimental interposto de decisão na qual concedida a ordem em habeas corpus para determinar a absolvição do paciente. Na espécie, trata-se de

---

[88] É evidente que a subtração de semovente domesticável de produção não guarda nenhuma relação com determinadas qualificadoras do furto, a exemplo da destreza (§ 4.º, inc. II) e da subtração de veículo automotor que venha a ser transportado para outro Estado ou para o exterior (§ 5.º).

[89] Vale a pena recordar o teor da Súmula 511 do STJ: "É possível o reconhecimento do privilégio previsto no § 2.º do art. 155 do CP nos casos de crime de furto qualificado, se estiverem presentes a primariedade do agente, o pequeno valor da coisa e a qualificadora for de ordem objetiva".

[90] STF: HC 130.617 AgR/RJ, rel. Min. Cármen Lúcia, 2.ª Turma, j. 02.02.2016; e HC 131.618/MS, rel. Min. Cármen Lúcia, 2.ª Turma, j. 15.12.2015. No STJ: HC 351.207/RS, rel. Min. Maria Thereza de Assis Moura, 6.ª Turma, j. 28.06.2016.

furto de R$ 4,15 em moedas, uma garrafa pequena de refrigerante, duas garrafas de 600 ml de cerveja e uma de 1 litro de pinga, tudo avaliado em R$ 29,15. Nas outras instâncias, o princípio da insignificância não foi aplicado em razão da reincidência do paciente e do fato de o furto ter sido cometido no período noturno. Prevaleceu o voto do Ministro Gilmar Mendes (relator) e foi mantida integralmente a decisão agravada, que reconheceu a atipicidade da conduta em razão da insignificância. O ministro levou em conta que o princípio da insignificância atua como verdadeira causa de exclusão da própria tipicidade. Considerou equivocado afastar-lhe a incidência tão somente pelo fato de o recorrido possuir antecedentes criminais. Reputou mais coerente a linha de entendimento segundo a qual, para a aplicação do princípio da bagatela, devem ser analisadas as circunstâncias objetivas em que se deu a prática delituosa e não os atributos inerentes ao agente. Reincidência ou maus antecedentes não impedem, por si sós, a aplicação do postulado da insignificância. A despeito de restar patente a existência da tipicidade formal, não incide, na situação dos autos, a material, que se traduz na lesividade efetiva e concreta ao bem jurídico tutelado, sendo atípica a conduta imputada. Em uma leitura conjunta do princípio da ofensividade com o princípio da insignificância, estar-se-á diante de uma conduta atípica quando a conduta não representar, pela irrisória ofensa ao bem jurídico tutelado, um dano (nos crimes de dano), uma certeza de risco de dano (nos crimes de perigo concreto) ou, ao menos, uma possibilidade de risco de dano (nos crimes de perigo abstrato), conquanto haja, de fato, uma subsunção formal do comportamento ao tipo penal. Em verdade, não haverá crime quando o comportamento não for suficiente para causar um dano, ou um perigo efetivo de dano, ao bem jurídico – quando um dano, ou um risco de dano, ao bem jurídico não for possível diante da mínima ofensividade da conduta. O relator compreendeu também não ser razoável que o Direito Penal e todo o aparelho estatal movimentem-se no sentido de atribuir relevância à hipótese em apreço. Destacou que sequer houve prejuízo material, pois os objetos foram restituídos à vítima. Motivo a mais para a incidência do postulado. Noutro passo, reportou-se a precedentes da Turma segundo os quais furto qualificado ou majorado não impede a possibilidade de aplicação do princípio da insignificância. Além disso, assentou que as circunstâncias do caso demonstram a presença dos vetores traçados pelo Supremo Tribunal Federal para configuração do mencionado princípio.[91]

Na hipótese contida no art. 155, § 6.º, do Código Penal, por sua vez, a matéria deve ser interpretada com redobrada cautela, com tendência pela aplicabilidade da criminalidade de bagatela em uma modalidade qualificada do furto.

Imaginemos a situação em que uma pessoa primária subtraia um semovente de valor irrisório e de pouca (ou nenhuma) importância para a vítima. Uma galinha, por exemplo. O afastamento do princípio da insignificância consagraria a punição do "ladrão de galinha", pelo simples fato de o objeto material ser um semovente domesticável de produção. De outro lado, tal postulado incidiria na subtração de bens diversos, inclusive mais valiosos (uma peça de roupa, um aparelho eletrônico etc.), representando nítida ofensa aos princípios da isonomia e da intervenção mínima, e retirando a credibilidade e a coerência do Direito Penal.

2.4.1.17.5.8. Furto qualificado e crime ambiental: distinção

O furto de semovente domesticável de produção, na hipótese de abatimento do animal, não se confunde com o crime contra a fauna tipificado no art. 29, *caput*, da Lei 9.605/1998 – Crimes Ambientais, cuja descrição é a seguinte: "Matar, perseguir, caçar, apanhar, utilizar espécimes da fauna silvestre, nativos ou em rota migratória, sem a devida permissão, licença ou autorização da autoridade competente, ou em desacordo com a obtida".

---

[91] HC 181.389 AgR/SP, rel. Min. Gilmar Mendes, 2.ª Turma, j. 14.04.2020, noticiado no *Informativo* 973. No STJ: HC 553.872/SP, rel. Min. Reynaldo Soares da Fonseca, 5.ª Turma, j. 11.02.2020, noticiado no *Informativo* 665.

No crime ambiental o animal é nativo ou encontra-se em rota migratória. Em outras palavras, não se trata de semovente domesticável de produção. Além disso, nesse delito o dolo do agente repousa exclusivamente na morte do animal, sem nenhuma finalidade específica. No furto, por sua vez, busca-se a subtração ilícita, com ânimo de assenhoreamento definitivo, pois o ladrão almeja ter, para si ou para outrem, bem integrante do patrimônio alheio. O furtador não se contenta em simplesmente matar o animal, pois nessa hipótese estaria consagrado o delito de dano (CP, art. 163).

2.4.1.17.6. Qualificadora do art. 155, § 7.º: subtração de substâncias explosivas ou de acessórios que, conjunta ou isoladamente, possibilitem sua fabricação, montagem ou emprego

O § 7.º do art. 155 do Código Penal também foi concebido pela Lei 13.654/2018: "A pena é de reclusão de 4 (quatro) a 10 (dez) anos e multa, se a subtração for de substâncias explosivas ou de acessórios que, conjunta ou isoladamente, possibilitem sua fabricação, montagem ou emprego".

2.4.1.17.6.1. Introdução

O § 7.º do art. 155 do Código Penal contempla uma qualificadora de **natureza objetiva**, relacionada ao **objeto material** do furto. Consequentemente, admite-se sua comunicabilidade no concurso de pessoas, na forma do art. 30 do Código Penal.

Além disso, constitui-se em **crime de elevado potencial ofensivo**. A pena privativa de liberdade cominada – reclusão, de 4 (quatro) a 10 (dez) anos – inviabiliza os benefícios previstos na Lei 9.099/1995.

2.4.1.17.6.2. Objeto material

Ao contrário do § 4.º-A do art. 155 do Código Penal, em que o explosivo ou artefato análogo que cause perigo comum é utilizado como **meio de execução** do furto, na qualificadora em análise o agente visa a subtração de substâncias explosivas ou de acessórios que, conjunta ou isoladamente, possibilitem sua fabricação, montagem ou emprego. Em outras palavras, o explosivo (em sentido amplo) funciona como **objeto material** do delito, ou seja, é o bem a ser subtraído pelo sujeito, que, para tanto, pode se valer de diversos meios, tais como a escalada, o concurso de pessoas, a fraude, o emprego de chave falsa, a destruição ou rompimento de obstáculo e, inclusive, do emprego de explosivos.[92]

Substância explosiva é a dotada de aptidão para destruir objetos em geral, mediante detonação e estrondo.[93] O tipo penal estende sua tutela aos **acessórios que, conjunta ou isoladamente, possibilitem a fabricação, montagem ou emprego** da substância explosiva, a exemplo da pólvora, da espoleta e do cordel detonante.

Como a substância explosiva (ou seu acessório) constitui-se em objeto material do furto, e não em seu meio de execução, e o tipo penal não reclama a causação de perigo comum, a qualificadora prevista no § 7.º do art. 155 do Código Penal admite qualquer meio de prova, tais como testemunhas, confissão do acusado e filmagem do local da subtração. Prescinde-se da elaboração de exame de corpo de delito, pois não se trata de crime que deixa vestígios materiais.

---

[92] Cumpre também destacar que a qualificadora prevista no § 4.º-A reveste-se da hediondez (Lei 8.072/1990, art. 1.º, IX), ao contrário da figura qualificada elencada pelo § 7.º.

[93] O Anexo III do Regulamento de Produtos Controlados, aprovado pelo Decreto 10.030/2019, define explosivo como o "tipo de matéria que, quando iniciada, sofre decomposição muito rápida, com grande liberação de calor e desenvolvimento súbito de pressão".

2.4.1.17.6.3. Compatibilidade com outras qualificadoras

A subtração de substâncias explosivas ou de acessórios que, conjunta ou isoladamente, possibilitem sua fabricação, montagem ou emprego pode ser cumulada com outras qualificadoras do furto. Exemplo: "A", valendo-se de uma barra de ferro, quebra a janela de um depósito, nele ingressa e subtrai substâncias explosivas que estavam acondicionadas em caixas. Nessa hipótese, diante da pena mais elevada cominada ao § 7.º (reclusão, de 4 a 10 anos, e multa), ele servirá para qualificar o delito, enquanto a destruição ou rompimento de obstáculo à subtração da coisa (CP, art. 155, § 4.º, I) será utilizada como circunstância judicial desfavorável, nos termos do art. 59, *caput*, do Código Penal.

Cumpre destacar a possibilidade de incidência simultânea das qualificadoras contidas nos §§ 4.º-A e 7.º do art. 155 do Código Penal, as quais possuem idênticas penas. Exemplo: "C" emprega explosivo que causa perigo comum para destruir um cofre e subtrair elevada quantidade de dinamite que estava em seu interior.

2.4.1.17.6.4. Privilégio

Nada obstante a aplicabilidade do privilégio pareça possível, mormente levando em conta a natureza objetiva da qualificadora, o reconhecimento prático dos requisitos exigidos pelo § 2.º do art. 155 do Código Penal é extremamente difícil.

De fato, o objeto material furtado (ou que se pretendia furtar) raramente será rotulado como "coisa de pequeno valor" (requisito objetivo do privilégio), compreendida pela jurisprudência como aquela que não extrapola um salário mínimo. Substâncias explosivas são de comercialização controlada e de alto custo.

Além disso, crimes dessa natureza normalmente são cometidos por pessoas vinculadas a organizações criminosas, muitas vezes reincidentes, e almejam os explosivos para utilizá-los na prática de crimes mais graves, a exemplo de roubos, homicídios e atos de terrorismo. Não há como se reconhecer, portanto, o requisito subjetivo "primariedade do agente".

2.4.1.17.6.5. Concurso com crime tipificado no Estatuto do Desarmamento

Merece destaque a situação jurídica envolvendo o cabimento (ou não) de concurso material entre o furto de substâncias explosivas ou de acessórios que, conjunta ou isoladamente, possibilitem sua fabricação, montagem ou emprego e o crime definido no art. 16, § 1.º, III, da Lei 10.826/2003 – Estatuto do Desarmamento ("possuir, deter, fabricar ou empregar artefato explosivo ou incendiário, sem autorização ou em desacordo com determinação legal ou regulamentar"). Na prática, duas situações podem se apresentar:

1.ª situação: O agente é preso em flagrante durante a prática do furto qualificado, ou logo depois de cometê-lo, na posse das substâncias explosivas subtraídas. Nesse caso, a ele será imputado unicamente o furto qualificado (CP, art. 155, § 7.º), restando absorvido o crime tipificado no Estatuto do Desarmamento, pois funciona como normal desdobramento (*post factum* impunível) do delito patrimonial. O conflito aparente de normas é solucionado pelo princípio da consunção;[94] e

2.ª situação: O agente praticou o furto de substâncias explosivas ou de acessórios que, conjunta ou isoladamente, possibilitem sua fabricação, montagem ou emprego. Um mês depois, policiais comparecem à sua residência para efetuar o cumprimento de mandado de prisão, e encontram os explosivos furtados, bem como outros artefatos dessa natureza. Nessa hipótese, a ele deverão ser imputados os dois crimes (CP, art. 155, § 7.º, e Lei 10.826/2003, art. 16, § 1.º, III) em concurso

---

[94] Esse raciocínio também é aplicável aos núcleos "deter" e "empregar", contidos no art. 16, § 1.º, III, da Lei 10.826/2003 – Estatuto do Desarmamento.

material, pois as condutas foram praticadas em contextos fáticos diversos. Além disso, os delitos violam bens jurídicos diversos e consumaram-se em diferentes momentos, fatores que impedem a incidência do princípio da consunção.

2.4.2. Art. 156 – Furto de coisa comum

2.4.2.1. Dispositivo legal

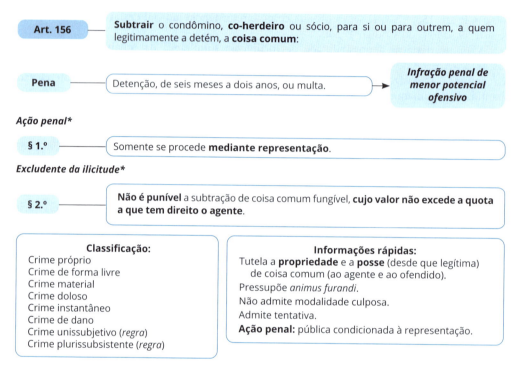

2.4.2.2. Conceito

O crime de furto de coisa comum é uma modalidade específica de furto.

A conduta criminosa, assim como no delito tipificado pelo art. 155 do Código Penal, atinge uma coisa móvel. Falta-lhe, contudo, a qualidade de "alheia", isto é, ser pertencente a outrem. De fato, a lei fala em **coisa comum**: o comportamento ilícito recai sobre coisa que não é completamente alheia, mas pertencente a mais de uma pessoa, aí se incluindo o responsável pela subtração.

A coisa é comum por ser inerente a uma relação de condomínio, herança ou sociedade. De fato, é o condômino, o coerdeiro ou o sócio quem pode praticar o delito.

Condomínio é a propriedade em comum, exercida simultaneamente por duas ou mais pessoas. É também denominado copropriedade, e os proprietários são condôminos, consortes, ou, finalmente, coproprietários. **Herança** é o complexo de bens deixados pelo homem em razão da sua morte. Compreende a universalidade dos bens a ele pertencentes ao tempo do falecimento, excluídos aqueles que com ele se extinguiram. **Sociedade**, por sua vez, é a reunião contratual de duas ou mais pessoas que se obrigam a combinar trabalho e/ou bens para a consecução de um fim comum.

Em todos os casos (condomínio, herança ou sociedade), o direito do condômino, coerdeiro ou sócio é limitado pelo direito dos demais, o qual é excluído pela subtração da coisa comum. Este é o fundamento do crime delineado pelo art. 156 do Código Penal. O agente – condômino, coerdeiro ou sócio –, ao retirar a coisa comum de quem legitimamente a detém, não subtrai somente a coisa própria, mas também a fração reservada a terceiro.

2.4.2.3. Objetividade jurídica

Protege-se o patrimônio, no que diz respeito à propriedade e à posse, desde que legítimas. Essa afirmação encontra amparo no texto legal: "a quem legitimamente a detém".

2.4.2.4. Objeto material

É a coisa comum (ao agente e ao ofendido) que suporta a conduta criminosa.

Nada obstante a omissão legislativa, a coisa comum há de ser móvel, pois é impossível o furto de coisa imóvel.

2.4.2.5. Núcleo do tipo

O núcleo do tipo também é **"subtrair"**. Valem todas as observações mencionadas em relação ao crime de furto (art. 155, item 2.4.1.5).

2.4.2.6. Sujeito ativo

Trata-se de **crime próprio** ou **especial**: somente pode ser praticado pelo condômino, coerdeiro ou sócio da coisa comum.

O coautor ou partícipe, embora não ostente tais qualidades, também responde pelo delito de furto de coisa comum. Isto porque a condição especial funciona como elementar do crime, comunicando-se a todos os envolvidos na empreitada criminosa, nos moldes do art. 30 do Código Penal.

Quando o crime é cometido pelo sócio, há duas posições doutrinárias no que diz respeito à diversidade de tipificação da conduta relativamente à natureza da sociedade:

> **1.ª posição:** Não há diferença alguma se o fato for praticado por sócio com personalidade jurídica ou por sócio de sociedade de fato. Como a lei fala somente em "sócio", não fazendo nenhuma distinção quanto à sua natureza, é irrelevante seja a sociedade legalmente constituída ou de fato.[95]
>
> **2.ª posição:** O sócio apenas responde pelo crime definido pelo art. 156 do Código Penal quando integrar uma sociedade despersonalizada, isto é, destituída de registro, pois, nesse caso, o patrimônio pertence aos sócios, tendo em vista a ausência de personalidade jurídica da pessoa jurídica. Tratando-se de sociedade devidamente registrada, o patrimônio lhe pertence, de modo que a eventual subtração deve ser tipificada como furto de coisa alheia, previsto no art. 155 do Código Penal.[96]

2.4.2.7. Sujeito passivo

É o outro (ou outros) condômino, coerdeiro ou sócio, bem como o terceiro que detenha legitimamente a coisa. Em qualquer hipótese, se a detenção for ilegítima, o fato será atípico.

Não se olvide que para caracterizar o furto de coisa comum é imprescindível que esta se encontre na legítima detenção de outrem (de outro condômino, coerdeiro ou sócio): se estava sendo legitimamente detida pelo próprio agente, a disposição que ele faça da coisa, como dono exclusivo, constitui apropriação indébita, e não furto.

---

[95] É a opinião de HUNGRIA, Nélson. *Comentários ao Código Penal*. 2. ed. Rio de Janeiro: Forense, 1958. v. 7, p. 49. E ainda: JESUS, Damásio E. de. *Direito penal*: parte especial. 27. ed. São Paulo: Saraiva, 2005. v. 2, p. 336.
[96] Cf. MAGALHÃES NORONHA, E. *Código Penal brasileiro comentado*. São Paulo: Saraiva, 1958. v. 5, 1.ª parte, p. 147. E também: BARROS, Flávio Augusto Monteiro de. *Direito penal*. Parte especial. 2. ed. São Paulo: Saraiva, 2009. v. 2, p. 356.

2.4.2.8. Elemento subjetivo

É o dolo (*animus furandi*). Prescinde-se do fim de lucro (*animus lucrandi*).

Além do dolo, reclama-se também um especial fim de agir (elemento subjetivo específico), representado pela expressão "para si ou para outrem": cuida-se do **fim de assenhoreamento definitivo da coisa** (*animus rem sibi habendi*). O sujeito se apossa da coisa comum e passa a comportar-se como se fosse seu exclusivo proprietário, sem dividi-la com os demais condôminos, coerdeiros ou sócios.

Não se admite a modalidade culposa.

2.4.2.9. Consumação

Dá-se no instante em que o sujeito, depois de se apoderar da coisa e retirá-la da esfera de vigilância da vítima, tem sua livre disponibilidade, ainda que por breve período. Não se exige a posse mansa e pacífica do bem.[97]

2.4.2.10. Tentativa

É possível.

2.4.2.11. Ação penal

A ação penal, nos termos do art. 156, § 1.º, do Código Penal, é pública condicionada à representação.

2.4.2.12. Lei 9.099/1995

A pena cominada ao crime de furto de coisa comum é de detenção, de 6 (seis) meses a 2 (dois) anos, ou multa. Constitui-se, portanto, em **infração penal de menor potencial ofensivo**, compatível com a composição dos danos civis, com a transação penal e com o rito sumaríssimo, na forma definida pela Lei 9.099/1995.

2.4.2.13. Causa especial de exclusão da ilicitude: art. 156, § 2.º

Estatui o art. 156, § 2.º, do Código Penal: "Não é punível a subtração de coisa comum fungível, cujo valor não excede a quota a que tem direito o agente".

Cuida-se de causa especial de exclusão da ilicitude. A lei diz não ser punível a subtração. No campo penal, fato não punível é fato lícito. Destarte, é equivocado falar que a norma permissiva consagra uma causa de isenção de pena, pois o legislador estabeleceu a impunibilidade da subtração, e não do agente.

Sua aplicação depende de dois requisitos:

(a) fungibilidade da coisa comum; e

(b) que seu valor não exceda a quota a que tem direito o agente.

Coisa fungível, nos termos do art. 85 do Código Civil, é a de natureza móvel e suscetível de ser substituída por outra da mesma espécie, qualidade e quantidade. O dinheiro é o típico exemplo de bem desta natureza.

---

[97] Para a análise minuciosa das teorias relativas à consumação do furto, e também da posição do Supremo Tribunal Federal sobre o assunto, remetemos o leitor ao art. 155 do Código Penal, item 2.4.1.9.

Mas não basta que se trate de coisa fungível. É imprescindível que seu valor não exceda a quota a que tem direito o agente.

Se ambos os requisitos estiverem presentes, não há razão para punição do sujeito que, em verdade, apoderou-se de algo que legitimamente lhe pertence. Exemplo: "A" e "B" são os únicos herdeiros de "C", cujo patrimônio é composto exclusivamente por pedras de ouro guardadas no colchão de sua cama. Com o falecimento deste último, "A" toma para si metade do montante a ser partilhado, antes da conclusão do inventário. Não há crime, em conformidade com a regra prevista no art. 156, § 2.º, do Código Penal.

Na hipótese de coisa infungível, a subtração caracteriza o delito de furto de coisa comum, ainda que o agente tenha direito a um valor muito superior àquele subtraído. De fato, se o bem não pode ser substituído por outro de igual espécie ou qualidade (exemplo: uma obra de arte), é único e pertencente a todos, até que judicialmente se decida com quem ele irá legitimamente ficar.

2.4.2.14. Classificação doutrinária

O furto de coisa comum é crime **próprio** (somente pode ser praticado pelo condômino, coerdeiro ou sócio); **de forma livre** (admite qualquer meio de execução); **material** (depende da produção do resultado naturalístico, consistente na diminuição do patrimônio da vítima); **doloso**; **instantâneo** (consuma-se em um momento determinado, sem continuidade no tempo); **de dano** (a consumação reclama a efetiva lesão ao patrimônio alheio); **unissubjetivo, unilateral ou de concurso eventual** (praticado normalmente por uma só pessoa, mas admite o concurso); e em regra **plurissubsistente** (a conduta pode ser fracionada em diversos atos).

2.5. DO ROUBO E DA EXTORSÃO

2.5.1. Art. 157 – Roubo

2.5.1.1. Dispositivo legal

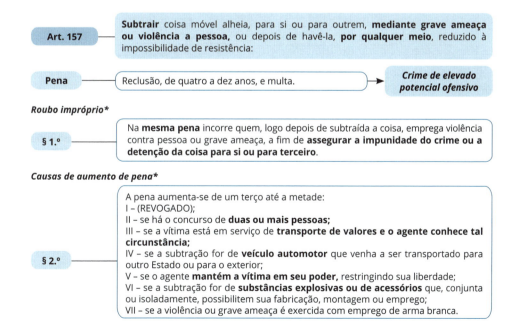

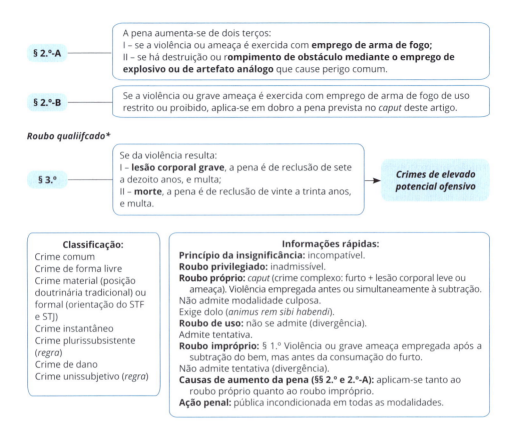

2.5.1.2. Estrutura do tipo penal

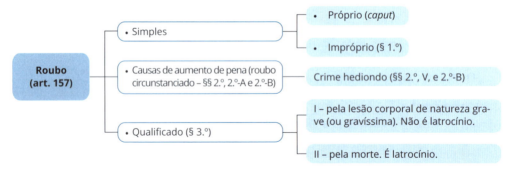

Por razões exclusivamente didáticas, e levando em conta o gráfico acima apresentado, estudaremos inicialmente o roubo próprio, e com ele enfrentaremos os conceitos e regras gerais inerentes a todas as modalidades do crime. Após, abordaremos as demais variantes do delito, destacando os pontos específicos atinentes a cada uma delas.

2.5.1.2.1. Lei dos Crimes Hediondos

Em regra, o roubo não é crime hediondo.

O delito será rotulado pela hediondez, entretanto, quando circunstanciado pela restrição da liberdade da vítima (art. 157, § 2.º, V) ou pelo emprego de arma de fogo, pouco importando se de uso permitido (art. 157, § 2.º-A, I) ou de uso proibido ou restrito (art. 157, § 2.º-B), ou então se qualificado pela lesão corporal grave ou morte (art. 157, § 3.º). É o que se extrai do art. 1.º, II, da Lei 8.072/1990.

Na redação original da Lei 8.072/1990, somente o roubo qualificado pela morte (ou latrocínio), atualmente previsto no art. 157, § 3.º, II, era delito hediondo. As demais modalidades foram incluídas na Lei dos Crimes Hediondos pela Lei 13.964/2019 ("Pacote Anticrime").

E aqui cabe uma severa crítica. A Lei 13.964/2019 cometeu grande equívoco, pois incluiu o furto qualificado pelo emprego de explosivo ou de artefato análogo que cause perigo comum (CP, art. 155, § 4.º-A) no rol dos crimes hediondos, mas não o fez em relação ao roubo com destruição ou rompimento de obstáculo mediante o emprego de explosivo ou de artefato análogo que cause perigo comum (CP, art. 157, § 2.º-A, II), delito indiscutivelmente mais grave. De nossa parte, esperamos seja esse problema rapidamente solucionado, mediante a inclusão de tal espécie de roubo na Lei 8.072/1990.

2.5.1.3. Roubo próprio: art. 157, caput, do Código Penal

2.5.1.3.1. Conceito

O roubo é classificado doutrinariamente como **crime complexo**, pois resulta da fusão de dois outros delitos. Seu ponto de partida é o crime de furto,[98] ao qual o legislador agregou elementares, relativas ao modo de execução, que o tornam especialmente mais grave. Com efeito, possui diversos elementos idênticos aos do crime de furto, a saber:

(a) subtração como conduta típica;

(b) coisa alheia móvel como objeto material; e

(c) fim de assenhoreamento definitivo, para si ou para outrem, como elemento subjetivo específico.

Em verdade, o roubo é a soma dos crimes de furto e de lesão corporal leve[99] (CP, art. 155 + art. 129, caput), quando praticado com violência à pessoa (própria ou imprópria), ou então de furto e de ameaça (CP, art. 155 + art. 147), se cometido com emprego de grave ameaça.

2.5.1.3.2. Objetividade jurídica

O roubo, como corolário de sua classificação como crime complexo, é também definido como **crime pluriofensivo**: afronta dois bens jurídicos igualmente tutelados pela lei penal, que podem ser o patrimônio e a integridade física (se praticado com violência à pessoa), ou então o patrimônio e a liberdade individual (quando cometido mediante grave ameaça).[100]

Há uma junção de crimes contra o patrimônio (furto) e contra a pessoa (lesão corporal ou ameaça). Mas o roubo foi acertadamente inserido no Título II da Parte Especial do Código Penal – Dos crimes contra o patrimônio, uma vez que o resultado almejado pelo agente é a subtração patrimonial.

---

[98] "Deve-se ao direito alemão a distinção conceitual entre furto e roubo. (...) A palavra roubo nos vem do alemão *raub*" (FRAGOSO, Heleno Cláudio. *Lições de direito penal*. São Paulo: José Bushatsky, 1958. v. 2, p. 196).

[99] Em se tratando de lesão corporal de natureza grave, o crime será de roubo qualificado pela lesão grave, na forma definida pelo art. 157, § 3.º, I, do Código Penal. Convém destacar que a violência do roubo pode ser também exteriorizada por vias de fato, mas neste caso não se pode falar propriamente em crime complexo, pois as vias de fato configuram a contravenção penal definida pelo art. 21 do Decreto-lei 3.688/1941 – Lei das Contravenções Penais.

[100] STJ: HC 97.057/RS, rel. Min. Gilmar Mendes, 2.ª Turma, j. 03.08.2010, noticiado no *Informativo* 594.

2.5.1.3.3. Objeto material

O objeto material do roubo, assim como no furto, é a coisa alheia móvel.[101] Pedimos licença, portanto, para remeter sua leitura ao art. 155 do Código Penal, item 2.4.1.4.

Também é objeto material a pessoa humana contra quem se endereça a violência ou a grave ameaça.[102]

2.5.1.3.3.1. Roubo e princípio da insignificância ou criminalidade de bagatela

O princípio da insignificância ou da criminalidade de bagatela é incompatível com o crime previsto no art. 157 do Código Penal.

O roubo é crime complexo e pluriofensivo. Não se esgota no ataque ao patrimônio da vítima: vai além, atingindo também sua integridade física ou sua liberdade individual. Pouco importa qual seja o valor da coisa subtraída, pois a gravidade que envolve a execução do roubo não pode ser rotulada como mínima ou insignificante. O desvalor da ação é elevado e justifica a rigorosa atuação do Direito Penal.

Vejamos um exemplo: "A", fazendo uso de um revólver, aborda "B" em via pública deserta, apontando a arma de fogo para sua cabeça, e exige a entrega de seu boné, avaliado em R$ 5,00 (cinco reais). A vítima, subjugada, atende a ordem do criminoso, que foge na posse do bem. Nessa hipótese, não se pode considerar isoladamente o valor da coisa subtraída. Os males provocados à vítima e à segurança pública legitimam a persecução penal e a necessária punição do agente, sendo incorreto falar em desinteresse estatal na repressão de condutas desse quilate.

A jurisprudência do Supremo Tribunal Federal é pacífica neste sentido: "É inviável reconhecer a aplicação do princípio da insignificância para crimes praticados com violência ou grave ameaça, incluindo o roubo. Jurisprudência consolidada do Supremo Tribunal Federal".[103]

2.5.1.3.3.2. Roubo privilegiado

É inadmissível a extensão do privilégio do furto, delineado pelo art. 155, § 2.º, do Código Penal, ao crime de roubo.

Não é correto sustentar a tese de lacuna da lei e consequente analogia *in bonam partem*. O privilégio somente é cabível nas hipóteses expressamente previstas pelo legislador, tais como na apropriação indébita, no estelionato e na receptação (CP, arts. 170, 171, § 1.º, e 180, § 5.º, *in fine*, respectivamente), razão pela qual propositalmente não foi inserido no tocante ao crime de roubo.

Além disso, a gravidade do delito não se coaduna com as benesses do privilégio, sendo irrelevantes a eventual primariedade do agente e o pequeno valor da coisa roubada.

---

[101] Pouco importa se tem natureza lícita ou ilícita, a exemplo de uma máquina caça-níquel. O fundamental é que seja dotada de relevância econômica (STJ: HC 202.784/SP, rel. Min. Laurita Vaz, 5.ª Turma, j. 21.06.2011, noticiado no *Informativo* 478).

[102] "A dívida de corrida táxi não pode ser considerada coisa alheia móvel para fins de configuração da tipicidade dos delitos patrimoniais. No caso, o agente se negou a efetuar o pagamento da corrida de táxi e desferiu um golpe de faca no motorista, sem (tentar) subtrair objeto algum, de modo a excluir o *animus furandi*, o que afasta a conduta do núcleo do tipo de roubo qualificado pelo resultado, composto pelo verbo subtrair e pelo complemento "coisa alheia móvel". A equiparação da dívida de transporte com a coisa alheia móvel prevista no tipo do art. 157 do Código Penal não pode ser admitida em razão dos princípios elementares da tipicidade e da legalidade estrita que regem a aplicação da lei penal. A doutrina conceitua coisa como "tudo aquilo que existe, podendo tratar-se de objetos inanimados ou de semoventes". Ademais, embora a dívida do agente para com o motorista tenha valor econômico, de coisa não se trata, ao menos para fins de definição jurídica exigida para a correta tipificação da conduta. Aliás, de acordo com a doutrina, "os direitos reais ou pessoais não podem ser objeto de furto" (STJ: REsp 1.757.543/RS, rel. Min. Antonio Saldanha Palheiro, 6.ª Turma, j. 24.09.2019, noticiado no *Informativo* 658).

[103] RHC 106.360/DF, rel. Min. Rosa Weber, 1.ª Turma, j. 18.09.2012. É igualmente o entendimento consolidado no STJ: REsp 1.159.735/MG, rel. Min. Arnaldo Esteves Lima, 5.ª Turma, j. 15.06.2010, noticiado no *Informativo* 439.

2.5.1.3.3.3. Roubo e crime impossível

Questão de relevo diz respeito à caracterização ou não de crime impossível (CP, art. 17), por impropriedade absoluta do objeto material. Vamos partir de um exemplo: "A" aponta uma faca para "B", exigindo a entrega de dinheiro. Age em vão, uma vez que a vítima não trazia consigo nenhum objeto de valor.

Para Cezar Roberto Bitencourt, não há crime impossível. O sujeito, no exemplo mencionado, deve responder por tentativa de roubo. Em suas palavras:

> A inexistência de objeto material em poder da vítima não descaracteriza a figura típica prevista no art. 157 do Código Penal, porquanto o roubo é modalidade de crime complexo, cuja primeira ação – a violência ou grave ameaça – constitui início de execução.[104]

Discordamos desse entendimento. O roubo está previsto entre os crimes contra o patrimônio. E, se não há patrimônio, em face da impropriedade absoluta do objeto material, não se pode falar em roubo. O crime impossível exclui a tipicidade do fato, e o agente deve responder pelos atos efetivamente praticados. No exemplo citado, há de ser a ele imputado somente o crime de ameaça (CP, art. 147).[105]

2.5.1.3.3.4. Roubo de coisa comum

O Código Penal capitulou, em seu art. 156, o crime de furto de coisa comum, isto é, a subtração, pelo condômino, coerdeiro ou sócio, da coisa comum. Contudo, no roubo nada dispôs. Surge então uma indagação: no silêncio da lei, há de concluir-se que ela deixa impune o fato?

É evidente que não. O condômino, coerdeiro ou sócio que, com emprego de grave ameaça ou violência à pessoa, ou depois de havê-la, por qualquer meio, reduzido à impossibilidade de resistência, subtrai a coisa comum, responde por roubo, nos moldes do art. 157 do Código Penal. Como explica Magalhães Noronha:

> Se o legislador puniu o furto da coisa comum, não se pode dizer ser-lhe indiferente o roubo da mesma coisa, que é uma espécie mais grave daquele delito. De boa-fé, não se poderá sustentar haver ele querido punir o *menos* e deixar impune o *mais*. E a questão não é de somenos, pois não há dúvida que mais facilmente procurará a Justiça a vítima de roubo de coisa comum, do que a de furto, que, frequentemente, se contentará com as vias cíveis. O fato não pode ficar impune, porque a lei demonstrou eloquentemente, com a capitulação do art. 156, punir espécie mais branda. Deve, assim, punir a mais grave.[106]

2.5.1.3.4. Núcleo do tipo

O núcleo do tipo é "subtrair", no sentido de inverter o título da posse do bem. No âmbito do roubo, interpretando-se a ação nuclear em sintonia com os demais elementos do tipo penal, pode-se afirmar que subtrair significa apoderar-se da coisa móvel da vítima, com o ânimo de tê-la em definitivo, para si ou para outrem.

Quanto ao núcleo, portanto, os crimes de furto e de roubo são idênticos, motivo pelo qual, para evitarmos repetições desnecessárias, remetemos sua leitura ao art. 155 do Código Penal, item 2.4.1.5.

---

[104] BITENCOURT, Cezar Roberto. *Tratado de direito penal*. Parte especial. 4. ed. São Paulo: Saraiva, 2008. v. 3, p. 89.
[105] Em igual sentido: JESUS, Damásio E. de. *Direito penal*: parte especial. 27. ed. São Paulo: Saraiva, 2005. v. 2, p. 342.
[106] MAGALHÃES NORONHA, E. *Código Penal brasileiro comentado*. São Paulo: Saraiva, 1958. v. 5, 1.ª parte, p. 172.

Mas no roubo, ao contrário do furto, a subtração se reveste de maior gravidade. O delito foi mais severamente apenado em decorrência dos seus meios de execução, capazes de facilitar a prática do crime, sem prejuízo de causar maiores danos à vítima e à coletividade. Tais meios de execução consistem, nos termos do art. 157, *caput*, do Código Penal, em:

(a) grave ameaça;
(b) violência à pessoa; e
(c) qualquer meio que reduza a vítima à impossibilidade de resistência.

Ressalte-se que no **roubo próprio** o constrangimento à vítima, mediante grave ameaça ou violência (própria ou imprópria) à pessoa, é empregado **no início ou simultaneamente** à subtração da coisa alheia móvel, ou seja, antes ou durante a retirada do bem. Deveras, encerrada a subtração, a utilização de grave ameaça ou violência (própria) à pessoa configurará o delito de roubo impróprio (CP, art. 157, § 1.º).

Analisemos separadamente cada um dos meios de execução.

2.5.1.3.4.1. Grave ameaça

A grave ameaça é também chamada de **violência moral** ou de *vis compulsiva*. Consiste na promessa de mal grave, iminente e verossímil, isto é, passível de concretização pelo agente. Pode-se exteriorizar por palavras, gestos, símbolos, utilização de objetos em geral ou qualquer outro meio idôneo a revelar a intenção do sujeito de subjugar a vítima. Seu potencial intimidatório deve ser aferido no caso concreto, baseado nas circunstâncias ligadas à prática do crime, tais como o sexo e as condições físicas do agente e da vítima, o local e o horário do delito, entre outras. Nas lições de Weber Martins Batista:

> (...) como se trata de um estado de alma, sua análise é eminentemente subjetiva. Assim, a gravidade da ameaça deve ser analisada com base nas circunstâncias do caso, tendo em consideração o meio usado pelo agente, o local do fato, a hora em que aconteceu, se era possível algum auxílio de terceiro e, sobretudo, levando em conta as condições pessoais do agente e da vítima. Pode acontecer que o meio e modo de que se valeu o sujeito ativo – que não seria capaz de, em condições normais, intimidar um homem de mediana coragem – seja suficiente para atemorizar a vítima, pessoa mais fraca ou colocada em circunstâncias adversas.[107]

De fato, o que é ridículo para uma determinada pessoa pode constituir-se em grave ameaça para outra. Certamente um ateu irá zombar daquele que ordenar a entrega de sua carteira, sob pena de após sua morte queimar no fogo do inferno. Por outro lado, uma pessoa supersticiosa poderá ceder à exigência de um feiticeiro, entregando-lhe dinheiro depois de ouvir que se não obedecê-lo terá contra si rogada uma praga.

A grave ameaça, contudo, deve estar indispensavelmente ligada à subtração patrimonial. Do mesmo modo que não se podem exigir atitudes heroicas das pessoas, é também vedado concluir automaticamente pelo roubo nas atitudes das pessoas covardes. Se assim não fosse, estaria caracterizada a tentativa de roubo, exemplificativamente, quando uma pessoa "mal-encarada" se dirigisse na direção de um pusilânime, olhando para seu relógio, mas com o único propósito de lhe formular a corriqueira pergunta: "que horas são"?

O roubo é **crime de forma livre**. Essa classificação resulta em relevante conclusão na seara da grave ameaça. Com efeito, não é preciso, na execução do delito, seja anunciado o mal a ser praticado pelo agente. Imaginemos duas hipóteses:

---

[107] BATISTA, Weber Martins. *O furto e o roubo no direito e no processo penal*. 2. ed. Rio de Janeiro: Forense, 1995. p. 206.

(a) um homem jovem e forte se aproxima de uma mulher idosa e doente e, com voz assustadora e olhar intimidatório, lhe diz: "faça-me, por favor, a gentileza de entregar sua bolsa"; e

(b) um homem, vestindo uma jaqueta, coloca a mão sob as vestes, saca uma arma de fogo e pede à vítima para lhe dar seu relógio.

Em ambos os exemplos, não foi verbalizada a promessa de mal grave, iminente e verossímil. Contudo, não há dúvida de que tal mal foi notado pela vítima, subjugada pela conduta do agente, restando bem delineada a grave ameaça.

O **porte simulado de arma de fogo** configura a grave ameaça. Exemplo: o sujeito coloca a mão em uma mochila, fingindo segurar um revólver, dizendo à vítima para lhe entregar seus bens senão irá atirar contra ela.

O emprego de **arma branca, de arma imprópria ou de arma de brinquedo** autoriza o reconhecimento da grave ameaça, acarretando na tipificação prevista no art. 157, *caput*, do Código Penal. **O crime é de roubo, e não de furto**. Tais meios indiscutivelmente são aptos a intimidar a vítima. Mas cuidado: para incidência da **majorante contida no inc. I do § 2.º-A do art. 157 do Código Penal** é imprescindível o emprego de **arma de fogo**.

Finalmente, há grave ameaça quando os agentes abordam repentinamente a vítima, gritando que se trata de assalto e exigindo a entrega de seus bens. Embora não tenha sido formulada ameaça expressa, a vítima indiscutivelmente sente-se amedrontada pelas circunstâncias da abordagem.

2.5.1.3.4.2. Violência à pessoa

A violência à pessoa é também denominada de **violência própria**, **violência física**, *vis corporalis* ou *vis absoluta*. Consiste no emprego de força física sobre a vítima, mediante lesão corporal ou vias de fato, para paralisar ou dificultar seus movimentos, impedindo sua defesa. São exemplos, entre outros, os socos, pauladas, pontapés, facadas, golpes com instrumentos contundentes e disparos de arma de fogo.

A violência deve ser empregada contra a pessoa, que pode ser o titular do objeto material (exemplo: dono do relógio) ou terceira pessoa (exemplo: estagiário de um escritório de advocacia que leva ao banco dinheiro de um cliente para depositar em juízo). Se, contudo, a violência atingir somente a coisa (exemplo: destruição de um cadeado para subtrair uma bicicleta), o delito será de furto qualificado (CP, art. 155, § 4.º, inc. I).

Divide-se a violência em direta (ou imediata) e indireta (ou mediata). **Violência direta ou imediata** é a exercida contra a pessoa de quem se quer subtrair o bem (Exemplo: "A" agride "B" para subtrair seu tênis). De outro lado, **violência indireta ou mediata** é a dirigida contra pessoa ligada à vítima da subtração por laços de parentesco ou amizade (Exemplo: o agente espanca o filho do ofendido para lhe mostrar que é perigoso), ou mesmo contra coisas (exemplo: quebrar o vidro do automóvel da vítima e, em seguida, ir ao seu encontro para roubar sua bolsa).

Convém destacar que a violência indireta ou mediata, embora receba essa denominação, muito mais se assemelha à grave ameaça, e como tal há de ser entendida. Influi no estado anímico da vítima, fazendo com que ela, por medo, insegurança ou receio de ser também agredida, se submeta à conduta criminosa.

2.5.1.3.4.2.1. Trombada ou subtração por arrebatamento

Discute-se se a subtração por arrebatamento, isto é, praticada mediante trombada, tipifica furto ou roubo.

Esse crime, frequente nas grandes cidades, ocorre na hipótese em que o sujeito, após escolher sua vítima, normalmente incauta e indefesa, parte em sua direção, com ela trombando, momento em que rapidamente subtrai um ou mais bens que trazia consigo (exemplos: bolsa, telefone celular, carteira, relógio etc.).

Guilherme de Souza Nucci, analisando a trombada, sustenta que qualquer tipo de violência incidente sobre a pessoa humana, com a finalidade de levar-lhe os pertences, configura roubo, e não furto. Em suas palavras:

> Ainda que a violência seja exercida contra a coisa, se de algum modo atingir a pessoa (lesionando-a ou não), existe roubo. O tipo penal do furto é bem claro, prevendo conduta livre de qualquer violência (uso de força ou coação) contra a pessoa humana, enquanto o tipo do roubo inclui tal figura. Logo, não é possível dizer que um "singelo" empurrão no ofendido não é suficiente para concretizar a violência exigida pelo tipo legal de roubo. A violência não tem graus ou espécies: estando presente, transforma o crime patrimonial do art. 155 para o previsto no art. 157.[108]

Com entendimento contrário, Rogério Greco defende a tipificação do furto no contexto da trombada:

> Percebe-se, outrossim, que a finalidade do agente, ao esbarrar na vítima, visando arrebatar-lhe os bens, não é intimidá-la para levar a efeito a subtração, ao contrário do que ocorre com o crime de roubo, no qual a violência é empregada pelo agente com a finalidade de subjugar a vítima, permitindo-lhe, com isso, a subtração dos bens que lhe pertencem.[109]

Nada obstante tais opiniões, preferimos um meio-termo. Em nosso entendimento, a subtração mediante arrebatamento pode caracterizar furto ou roubo, a depender das peculiaridades do caso concreto.

De fato, se o contato físico contra a vítima tiver o propósito único de distraí-la, sem capacidade de machucá-la, o crime será de furto. Exemplo: "A", no vagão de um metrô, esbarra em "B", derrubando os livros que estavam em seus braços, momento em que subtrai a carteira que estava no bolso traseiro da sua calça.

Se, entretanto, a trombada for preponderantemente dirigida à pessoa da vítima, provocando-lhe lesão corporal ou vias de fato, com a intenção de eliminar ou reduzir sua defesa, o crime será de roubo. Exemplo: "A", alto e forte, choca violentamente seu corpo contra "B", pessoa idosa e franzina, derrubando-a no chão, aproveitando-se para então subtrair seu aparelho de telefonia celular.[110] Esse é o entendimento a que se filia o Superior Tribunal de Justiça:

> Trombada. Emprego de violência que resultou ofensa à integridade física da vítima. Roubo. Configuração. (...) Tendo sido a vítima agredida e derrubada durante a subtração, inclusive com o comprometimento de sua integridade física – lesão corporal – o delito é classificado como roubo, e não como simples furto. Precedentes.[111]

2.5.1.3.4.2.2. Subtração de bem preso ao corpo da vítima

Esta hipótese é diferente da trombada, na qual há emprego de força física contra o corpo da vítima. Na subtração de bem preso ao corpo da vítima, por sua vez, o golpe do agente

---

[108] NUCCI, Guilherme de Souza. *Código Penal comentado*. 8. ed. São Paulo: RT, 2008. p. 724-725.
[109] GRECO, Rogério. *Curso de direito penal*: parte especial. 6. ed. Niterói: Impetus, 2009. v. 3, p. 47.
[110] É possível, assim, estabelecermos uma fórmula, sem técnica jurídica, mas apta a ajudar na fixação da diferença: "Trombadinha é furto, trombadão é roubo".
[111] REsp 778.800/RS, rel. Min. Laurita Vaz, 5.ª Turma, j. 02.05.2006.

atinge diretamente o objeto subtraído, e seu legítimo proprietário ou possuidor é alcançado reflexamente. É o que se dá, a título ilustrativo, quando o sujeito subtrai uma corrente de ouro, puxando-a do pescoço do ofendido. **O crime é de roubo**. Na linha da jurisprudência do Superior Tribunal de Justiça:

> Esta Corte Superior de Justiça tem entendimento no sentido de que quando o arrebatamento de coisa presa ao corpo da vítima compromete ou ameaça sua integridade física, configurando vias de fato, caracteriza-se o crime de roubo, sendo vedada a sua desclassificação para o delito de furto.[112]

Existem posições em contrário, sob o argumento de que, como a violência é empregada contra a coisa, e só acessoriamente contra a pessoa, não há constrangimento e o crime é de furto.[113]

2.5.1.3.4.3. Qualquer meio que reduza a vítima à impossibilidade de resistência

É a chamada **violência imprópria** ou **meio sub-reptício**. O Código Penal utiliza a interpretação analógica (ou *intra legem*), pois apresenta uma fórmula casuística ("grave ameaça" ou "violência à pessoa"), seguida de uma fórmula genérica ("qualquer meio que reduza a vítima à impossibilidade de resistência"). Nas lições de Nélson Hungria:

> Aos meios violentos é equiparado todo aquele pelo qual o agente, embora sem emprego de força ou incutimento de medo, consegue privar à vítima o *poder de agir*, v.g.: narcotizando-a *à son insu* ou dissimuladamente, hipnotizando-a, induzindo-a a ingerir bebida alcoólica até a embriaguez, etc. Pressupõe-se que o outro "qualquer meio", a que se refere o art. 157, *caput*, é empregado ardilosa ou sub-repticiamente, ou, pelo menos, desacompanhado, em sua aplicação, de violência física ou moral, pois, do contrário, se confundiria com esta, sem necessidade de *equiparação legal*.[114]

Em outras palavras: grave ameaça e violência à pessoa são meios que reduzem a vítima à impossibilidade de resistência. Mas não são os únicos. Como o legislador não tem condições de arrolar taxativamente todos os referidos meios, ele se vale desta fórmula residual, admitida em Direito Penal e diversa da analogia. São exemplos de violência imprópria: drogar a vítima ou embriagá-la, usar soníferos (o famoso "Boa noite Cinderela") ou hipnose etc.

A redação legal é clara e não deixa margem a dúvidas: "ou depois de havê-la, por qualquer meio, reduzido à impossibilidade de resistência". **O agente dolosamente coloca a vítima em posição de impossibilidade de resistência**. Portanto, se a própria vítima se põe em situação na qual não pode se defender, embriagando-se, por exemplo, e vem a ser subtraída, o crime será de furto, e não de roubo.

2.5.1.3.5. Sujeito ativo

O crime é **comum ou geral**: pode ser cometido por qualquer pessoa, salvo pelo proprietário do bem, pois o tipo penal fala em coisa "alheia".

2.5.1.3.6. Sujeito passivo

É o proprietário ou possuidor da coisa móvel, bem como qualquer outra pessoa atingida pela violência ou grave ameaça. Exemplo: "A" agride "B", *office-boy* de uma empresa, dele

---

[112] AgRg no Ag 1.376.874/MG, rel. Min. Marco Aurélio Bellizze, 5.ª Turma, j. 26.02.2013.
[113] CAPEZ, Fernando. *Curso de direito penal*. 8. ed. São Paulo: Saraiva, 2008. v. 2, p. 431.
[114] HUNGRIA, Nélson. *Comentários ao Código Penal*. 2. ed. Rio de Janeiro: Forense, 1958. v. 7, p. 55-56.

subtraindo os valores que estavam em sua pasta, que seriam utilizados para o pagamento de funcionários da sua empregadora. O crime tem duas vítimas: a empresa, na esfera patrimonial, e o *office-boy*, no tocante à sua integridade física.

Admite-se, portanto, a existência de duas ou mais vítimas de um único crime de roubo, pelo fato de se tratar de **crime complexo**. Em alguns casos, a titularidade dos bens jurídicos agredidos pela conduta criminosa reúne-se em uma só pessoa (exemplo: "A" aponta uma arma de fogo para "B" e subtrai seu relógio). Em outras hipóteses, porém, existirão duas ou mais vítimas: uma vítima patrimonial e outra (ou outras) vítima da violência ou da grave ameaça.

Em síntese, se a violência à pessoa ou grave ameaça for **direta ou imediata**, haverá uma única vítima; se, todavia, tais meios de execução forem **indiretos ou mediatos**, o roubo será definido como **crime de dupla subjetividade passiva**.

2.5.1.3.7. Elemento subjetivo

É o dolo. Mas o tipo penal também reclama uma finalidade específica (elemento subjetivo específico), representada pela expressão "para si ou para outrem": cuida-se do **fim de assenhoreamento definitivo da coisa**, ou seja, o *animus rem sibi habendi*. O roubador se apossa de coisa alheia móvel e passa a comportar-se como se fosse seu proprietário, isto é, não a devolve a quem de direito.

Prescinde-se da intenção de lucro (*animus lucrandi*). Além disso, é irrelevante o motivo do crime. Ainda que seja nobre ou altruístico, o móvel do agente não afasta o delito (exemplo: "A", almejando a distribuição de renda, rouba bancos e posteriormente doa aos moradores de ruas os valores subtraídos).

Não se admite a modalidade culposa.

2.5.1.3.7.1. A questão do roubo de uso

Discute-se se há roubo na hipótese em que a subtração é praticada para assegurar a utilização transitória de um bem, com sua devolução posterior no mesmo estado e no local em que se encontrava. Vejamos um exemplo: "A", desejando praticar uma extorsão mediante sequestro contra "B", emprega violência contra "C", se apodera do seu automóvel, foge com o bem e, logo após a privação da liberdade de "B" e sua colocação em cativeiro, restitui o veículo a "C". Nesse caso, a ausência do ânimo de assenhoreamento definitivo conduz à atipicidade do fato? Existe crime de roubo em tal situação?

Há duas posições sobre o assunto:

1.ª posição: Há crime de roubo. O sujeito, para roubar, é levado a usar violência ou grave ameaça contra a pessoa, de forma que a vítima tem imediata ciência da conduta e de que seu bem foi subtraído. Logo, ainda que possa não existir, por parte do agente, a intenção de ficar definitivamente com a coisa, o delito se consumou. Além disso, o roubo é crime complexo e há outro bem jurídico protegido (integridade física ou liberdade individual), já ofendido na ocasião da subtração do bem.

Em síntese, não se pode falar em roubo de uso. É a posição que adotamos. O Superior Tribunal de Justiça também se filia a este entendimento:

> É típica a conduta denominada "roubo de uso". De início, cabe esclarecer que o crime de roubo (art. 157 do CP) é um delito complexo que possui como objetividade jurídica tanto o patrimônio como a integridade física e a liberdade do indivíduo. Importa assinalar, também, que o ânimo de apossamento – elementar do crime de roubo – não implica, tão somente, o aspecto de definitividade, pois se apossar de algo é ato de tomar posse, de dominar ou de assenhorar-se do bem subtraído, que pode trazer o intento de ter o bem para si, de entregar para outrem ou apenas de utilizá-lo

por determinado período. Se assim não fosse, todos os acusados de delito de roubo, após a prisão, poderiam afirmar que não pretendiam ter a posse definitiva dos bens subtraídos para tornar a conduta atípica. (...) Ademais, a grave ameaça ou a violência empregada para a realização do ato criminoso não se compatibilizam com a intenção de restituição, razão pela qual não é possível reconhecer a atipicidade do delito "roubo de uso".[115]

2.ª posição: Não há crime de roubo. Essa vertente abre espaço ao roubo de uso, devendo o agente responder unicamente pelo crime de constrangimento ilegal (CP, art. 146). Confira-se a argumentação de Rogério Greco:

> Se houver violência na subtração levada a efeito pelo agente, que não atua com a vontade de ter a coisa para si ou para terceiro, mas tão somente de usá-la por um período curto de tempo, a fim de devolvê-la logo em seguida, poderíamos raciocinar com o tipo penal do art. 146 do diploma repressivo, que prevê o delito de constrangimento ilegal, pois que, ao tomar a coisa à força, o agente impede que a vítima faça com ela aquilo que a lei permite, vale dizer, usá-la da forma que melhor lhe aprouver.[116]

Saliente-se que a discussão envolvendo a aceitação ou não do "roubo de uso" não se confunde com o **estado de necessidade**, causa de exclusão da ilicitude disciplinada pelo art. 24 do Código Penal.

De fato, não há crime, em face da exclusão da ilicitude (o fato é típico, porém lícito), quando o sujeito pratica o fato para salvar de perigo atual, que não provocou por sua vontade, nem podia de outro modo evitar, direito próprio ou alheio, cujo sacrifício, nas circunstâncias, não era razoável exigir. Exemplo: "A", percebendo que sua filha de pequena idade sofre um ataque de convulsão em via pública, rouba o automóvel de uma pessoa idosa para levar a infante ao hospital. Depois do atendimento médico, aciona a Polícia com o propósito de restituir o bem à sua proprietária.

2.5.1.3.7.2. O roubo forjado

Pensemos na seguinte situação: João é funcionário do departamento financeiro de uma empresa e, aproveitando-se dessa situação, ajusta a prática de um delito com Pedro, seu amigo. Em determinado dia, Pedro ingressa no estabelecimento em que João trabalha e, mediante grave ameaça dirigida contra seu amigo e também contra Carlos, outro funcionário da empresa, exige a entrega dos valores que ali estavam.

Está caracterizado, nesse exemplo, o denominado **"roubo forjado"**, e não o delito de estelionato (CP, art. 171), pois houve subtração de coisa alheia móvel pertencente à empresa, com emprego de grave ameaça contra Carlos. A atuação orquestrada de Pedro com João, forjando um quadro de grave ameaça contra este, não altera a tipicidade do fato. Pedro e João devem responder pelo crime de roubo majorado pelo concurso de pessoas (CP, art. 157, § 2.º, II). Na visão do Supremo Tribunal Federal:

> A Primeira Turma, por maioria, indeferiu a ordem em habeas corpus impetrado em favor de condenado pela prática do crime de roubo em concurso de agentes. No caso, o paciente, funcionário de uma empresa, tinha a atribuição de movimentar quantias em dinheiro. O corréu, mediante grave ameaça, simulando portar arma de fogo, exigiu a entrega dos valores que estavam em seu poder e no de outra pessoa, na ocasião, e o paciente, fingindo ser vítima, previamente ajustado

---

[115] REsp 1.323.275/GO, rel. Min. Laurita Vaz, 5.ª Turma, j. 24.04.2014, noticiado no *Informativo* 539.
[116] GRECO, Rogério. *Curso de direito penal*: parte especial. 6. ed. Niterói: Impetus, 2009. v. 3, p. 93.

com o suposto assaltante, entregou a quantia. A defesa (...) considerou inadequada a classificação jurídica dos fatos, que consubstanciariam estelionato e não roubo. (...) O enquadramento dos fatos no tipo penal alusivo ao roubo mostrou-se adequado. Trata-se de crime complexo, cuja estrutura típica exige a realização da subtração patrimonial mediante violência ou grave ameaça à pessoa. O fato de o assalto envolver situação forjada entre o paciente e o corréu não viabiliza a ocorrência de estelionato, pois a caracterização do roubo não pressupõe a efetiva intenção do agente de realizar o mal prometido. Basta que a forma utilizada para a subtração da coisa alheia móvel seja revestida de aptidão a causar fundado temor ao ofendido. Nesse sentido, a ameaça praticada pela simulação do porte de arma de fogo constitui meio idôneo a aterrorizar. Por sua vez, a circunstância de não ter o paciente feito grave ameaça contra a vítima não é relevante, porquanto a vinculação subjetiva com o corréu, a configurar o concurso de agentes, legitima sejam os fatos, em relação a ambos os acusados, enquadrados no tipo de penal de roubo, observado o art. 29 do Código Penal.[117]

2.5.1.3.8. Consumação

O momento consumativo do roubo é assunto revestido de intensa polêmica. Há duas posições que buscam identificá-lo:

1.ª posição: O roubo consuma-se quando a coisa alheia móvel subtraída sai da esfera de vigilância da vítima, e o agente obtém sua livre disponibilidade, ainda que por breve período. A consumação do roubo próprio, portanto, depende de quatro etapas distintas e sucessivas:

(a) emprego de violência à pessoa (própria ou imprópria) ou grave ameaça;
(b) apoderamento da coisa;
(c) retirada do bem da esfera de vigilância da vítima; e
(d) livre disponibilidade do bem pelo agente, ainda que por breve período.[118]

Não basta, em síntese, o emprego de grave ameaça ou violência (própria ou imprópria) à pessoa, acompanhada da inversão da posse do bem. É preciso sua retirada da esfera de vigilância do ofendido.

2.ª posição: A consumação do roubo independe da retirada da coisa da esfera de vigilância da vítima, bastando que cesse a grave ameaça ou violência (própria ou imprópria) para que o poder de fato sobre ela se transforme de detenção em posse. Esse é o entendimento do Supremo Tribunal Federal:

> O crime de roubo consuma-se quando o agente, após subtrair coisa alheia móvel, mediante o emprego de violência, passa a ter a posse da *res furtiva* fora da esfera de vigilância da vítima, não se exigindo, todavia, a posse tranquila do bem.[119]

É também o posicionamento do **Superior Tribunal de Justiça**, consolidado na **Súmula 582**:

> Consuma-se o crime de roubo com a inversão da posse do bem mediante emprego de violência ou grave ameaça, ainda que por breve tempo e em seguida à perseguição imediata ao agente e recuperação da coisa roubada, sendo prescindível a posse mansa e pacífica ou desvigiada.

---

[117] HC 147.584/RJ, rel. Min. Marco Aurélio, 1.ª Turma, j. 02.06.2020, noticiado no *Informativo* 980.
[118] MIRABETE, Julio Fabbrini. *Manual de direito penal*. 25. ed. São Paulo: Atlas, 2007. v. 2, p. 223.
[119] RHC 119.611/MG, rel. Min. Luiz Fux, 1.ª Turma, j. 10.12.2013.

Para essa posição, são suficientes duas etapas para a consumação do roubo próprio:

(a) emprego de violência à pessoa (própria ou imprópria) ou grave ameaça; e

(b) apoderamento da coisa, com a cessação do constrangimento ao ofendido.

A adoção de uma ou outra posição importa em uma relevante consequência: para a primeira posição, o roubo é **crime material** ou **causal**, pois depende da produção do resultado naturalístico, consistente na diminuição do patrimônio da vítima; para a segunda posição, de outro lado, o roubo é **crime formal, de consumação antecipada ou de resultado cortado**: o tipo penal aloja em seu interior conduta e resultado naturalístico, prescindindo deste último para fins de consumação. Basta o emprego de grave ameaça ou violência (própria ou imprópria) à pessoa, com a consequente inversão da posse do bem, ainda que não se opere sua retirada da esfera de vigilância da vítima.

Convém ainda destacar duas questões relevantes acerca da consumação do roubo, **independentemente da teoria adotada acerca do seu momento**:

a) Destruição ou perda do bem subtraído

O roubo estará consumado quando o agente destrói a coisa ou dela se desfaz, bem como quando venha a perdê-la durante a fuga e a vítima não mais consiga recuperá-la. Houve, em todas estas hipóteses, efetiva diminuição patrimonial, aperfeiçoando o delito tipificado pelo art. 157, *caput*, do Código Penal.

b) Prisão em flagrante de um dos roubadores e fuga do seu comparsa com o bem subtraído

Nesse caso, o crime estará consumado para todos os envolvidos em sua prática, tanto para o agente preso em flagrante como também para aquele que fugiu na posse do bem. Cuida-se de consectário lógico da adoção, pelo art. 29, *caput*, do Código Penal, da teoria unitária ou monista no concurso de pessoas.[120] De fato, se há um só crime para a pluralidade de agentes, e todos respondem por ele, se está consumado para um, está igualmente consumado para os demais, incluindo quem foi preso em flagrante.

2.5.1.3.9. Tentativa

É possível, qualquer que seja a posição acolhida em relação ao momento consumativo do crime de roubo.

2.5.1.3.10. Ação penal

A ação penal é pública incondicionada em todas as modalidades de roubo (próprio, impróprio, circunstanciado e qualificado).

2.5.1.3.11. Roubo e concurso de crimes

Várias situações podem se verificar envolvendo o concurso de crimes no roubo:

a) Se o agente simultaneamente utiliza grave ameaça ou violência (própria ou imprópria) contra duas ou mais pessoas, mas subtrai bem pertencente a apenas uma delas, responde por um só crime de roubo. Com efeito, somente um patrimônio foi lesado, nada

---

[120] "Art. 29. Quem, de qualquer modo, concorre para o crime incide nas penas a este cominadas, na medida de sua culpabilidade."

obstante o crime (complexo) tenha mais de uma vítima, uma em relação ao patrimônio e outra (ou outras) quanto ao constrangimento.

b) Se o sujeito, **no mesmo contexto fático**, emprega grave ameaça ou violência (própria ou imprópria) contra duas ou mais pessoas, e subtrai bens pertencentes a todas elas, a ele serão imputados tantos roubos quantos forem os patrimônios lesados.[121] Estará caracterizada uma hipótese de concurso formal, pois houve somente uma ação, embora composta de diversos atos e de várias lesões patrimoniais.[122] É importante destacar a configuração, nesse caso, de **concurso formal impróprio ou imperfeito** (CP, art. 70, *caput*, 2.ª parte), em face dos desígnios autônomos (vontades autônomas) para a produção da pluralidade de resultados criminosos, importando na soma das penas cominadas a todos os crimes. O exemplo típico é o do ladrão que ingressa em um ônibus, anuncia o assalto em voz alta e subtrai bens de diversos passageiros. Há uma única conduta e vários resultados.[123]

c) Se o agente emprega grave ameaça ou violência (própria ou imprópria) contra uma só pessoa, subtraindo bens de titularidades diversas que estavam em seu poder (exemplo: abordagem da secretária de um médico e subtração do seu relógio e de dinheiro do seu patrão), ele deve responder por vários crimes de roubo, **em concurso formal impróprio ou imperfeito**, dependendo do número de patrimônios lesados.[124] Convém advertir, porém, ser aplicável esta regra somente quando o ladrão sabe que atinge patrimônios diversos, sob pena de caracterização da responsabilidade penal objetiva.

2.5.1.3.12. Classificação doutrinária

O roubo é crime **comum** (pode ser praticado por qualquer pessoa); **de forma livre** (admite qualquer meio de execução); **material**, de acordo com a posição doutrinária tradicional (consuma-se com a produção do resultado naturalístico, isto é, com a livre disponibilidade do agente sobre a coisa), ou **formal** (sua consumação independe da retirada da coisa da esfera de vigilância da vítima), em sintonia com a orientação do STF e do STJ; **instantâneo** (consuma-se em um momento determinado, sem continuidade no tempo); em regra **plurissubsistente** (a conduta é composta de diversos atos); **de dano** (o tipo penal prevê a efetiva lesão ao patrimônio da vítima); e **unissubjetivo, unilateral ou de concurso eventual** (cometido normalmente por uma só pessoa, nada obstante seja possível o concurso de agentes).

---

[121] Entende-se, todavia, que há um só crime quando o ladrão ingressa em uma residência e rouba bens pertencentes aos membros de uma mesma família, sob a justificativa de que um único patrimônio foi lesado. Esse raciocínio, contudo, não tem incidência quando os integrantes da família são maiores e capazes e cada um deles possui seu próprio patrimônio, situação na qual resta configurada a pluralidade de crimes.

[122] "É pacífica a jurisprudência do Supremo Tribunal Federal no sentido da caracterização do concurso formal (art. 70 do Código Penal), quando o delito de roubo acarreta lesão ao patrimônio de vítimas diversas" (STF: HC 96.787/RS, rel. Min. Ayres Britto, 2.ª Turma, j. 31.05.2011).

[123] Em situação semelhante, o STJ reconheceu o concurso formal próprio (ou perfeito): "Explica que, no caso, a conduta do paciente ao praticar o roubo à agência, subtrair as armas dos vigilantes e roubar o automóvel consistiu uma única ação, embora atingidas pessoas distintas, o que caracteriza o concurso formal de delitos previsto na primeira parte do art. 70 do CP" (HC 145.071/SC, rel. Min. Celso Limongi (Desembargador convocado do TJ-SP), 6.ª Turma, j. 02.03.2010, noticiado no *Informativo* 425).

[124] O STJ já decidiu em sentido diverso: "Em roubo praticado no interior de ônibus, o fato de a conduta ter ocasionado violação de patrimônios distintos – o da empresa de transporte coletivo e o do cobrador – não descaracteriza a ocorrência de crime único se todos os bens subtraídos estavam na posse do cobrador. É bem verdade que a jurisprudência do STJ e do STF entende que o roubo perpetrado com violação de patrimônios de diferentes vítimas, ainda que em um único evento, configura concurso formal de crimes, e não crime único. Todavia, esse mesmo entendimento não pode ser aplicado ao caso em que os bens subtraídos, embora pertençam a pessoas distintas, estavam sob os cuidados de uma única pessoa, a qual sofreu a grave ameaça ou violência" (AgRg no REsp 1.396.144/DF, rel. Min. Walter de Almeida Guilherme (Desembargador convocado do TJ/SP), 5.ª Turma, j. 23.10.2014, noticiado no *Informativo* 551).

2.5.1.4. Roubo impróprio: art. 157, § 1.º, do Código Penal

2.5.1.4.1. Introdução

Estabelece o art. 157, § 1.º, do Código Penal: "Na mesma pena incorre quem, logo depois de subtraída a coisa, emprega violência contra pessoa ou grave ameaça, a fim de assegurar a impunidade do crime ou a detenção da coisa para si ou para terceiro".

O roubo impróprio é também chamado de **roubo por aproximação**.[125] Como analisamos no item 2.5.1.2, o roubo impróprio é modalidade do roubo simples, uma vez que a pena a ele cominada, assim como no roubo próprio (CP, art. 157, *caput*), é de reclusão, de 4 (quatro) a 10 (dez) anos, e multa.

2.5.1.4.2. Diferenças com o roubo próprio

As diferenças entre as duas modalidades de roubo simples – próprio e impróprio, são evidentes. Passemos ao estudo de cada uma delas.

a) Meios de execução

O **roubo próprio** pode ser praticado mediante grave ameaça, violência à pessoa (violência própria) ou depois de haver reduzido a vítima à impossibilidade de resistência (violência imprópria). É o que se extrai do art. 157, *caput*, do Código Penal. O **roubo impróprio**, de outro lado, **não admite a violência imprópria**, por ausência de previsão legal. De fato, o art. 157, § 1.º, do Código Penal elegeu como meios de execução somente a violência contra a pessoa (violência própria) e a grave ameaça.

Em síntese, o roubo próprio é compatível com a violência própria e com a violência imprópria, ao passo que o roubo impróprio apenas se coaduna com a violência própria. O legislador esqueceu de elencar a violência imprópria como meio para a prática do roubo impróprio, e sua omissão não pode ser suprida pelo intérprete da lei penal, sob pena de consagração da analogia *in malam partem*. Consequentemente, aquele que subtrai coisa móvel, e depois embriaga a vítima, ou a narcotiza, para garantir a detenção do bem ou assegurar a impunidade do crime, não pratica roubo impróprio, e sim furto.[126]

b) Momento de emprego do meio de execução

No **roubo próprio**, a grave ameaça ou a violência (própria ou imprópria) é empregada antes ou durante a subtração, pois constituem meios idôneos para que o sujeito possa concretizá-la. Exemplo: "A" aponta uma faca para "B" e, ameaçando-o de morte, determina a entrega da sua carteira.

Por sua vez, no **roubo impróprio** a grave ameaça ou a violência à pessoa (própria) é utilizada posteriormente à subtração.[127] Em síntese, o desejo inicial do agente era a prática de um furto, pois ele se apodera da coisa alheia móvel, sem valer-se de qualquer tipo de constrangimento. Posteriormente, contudo, emprega grave ameaça ou violência à pessoa a fim de assegurar a impunidade do crime ou a detenção da coisa para si ou para terceiro. Exemplo: "A" entra na casa de "B", durante a madrugada, e subtrai seu relógio. Entretanto, "B" acorda com o barulho do alarme e aborda "A", vindo a ser por este ameaçado de morte para não gritar por socorro.

---

[125] HUNGRIA, Nélson. *Comentários ao Código Penal*. 2. ed. Rio de Janeiro: Forense, 1958. v. 7, p. 56.

[126] Com igual pensamento: MAGALHÃES NORONHA, E. *Código Penal brasileiro comentado*. São Paulo: Saraiva, 1958. v. 5, 1.ª parte, p. 176.

[127] "Roubo – próprio e impróprio. A figura da cabeça do art. 157 do Código Penal revela o roubo próprio. O § 1.º do mesmo dispositivo consubstancia tipo diverso, ou seja, o roubo impróprio, o qual fica configurado com a subtração procedida sem grave ameaça ou violência, vindo-se a empregá-las posteriormente contra a pessoa" (STF: RHC 92.430/DF, rel. Min. Marco Aurélio, 1.ª Turma, j. 28.08.2008).

Cumpre destacar que no roubo impróprio a violência à pessoa ou grave ameaça é utilizada após a subtração do bem, mas imediatamente antes da consumação do furto, pois, caso contrário, estaria configurado um crime de furto consumado em concurso material com lesão corporal (CP, art. 129) ou ameaça (CP, art. 147), quando o constrangimento fosse dirigido à vítima da subtração ou a um terceiro qualquer, ou então furto em concurso material com resistência (CP, art. 329), na hipótese de ser o constrangimento endereçado a algum funcionário público.

c) Finalidade do meio de execução

Extrai-se essa diferença da distinção anteriormente efetuada, e não é exagerado reforçá-la.

No **roubo próprio**, a grave ameaça ou violência à pessoa (própria ou imprópria) é utilizada para **alcançar a subtração do bem**. No **roubo impróprio**, por seu turno, a violência à pessoa (própria) ou grave ameaça é empregada para assegurar a impunidade do crime ou a detenção da coisa.

2.5.1.4.2.1. Quadro

O quadro abaixo ilustra as diferenças entre o roubo próprio e o roubo impróprio.

Fator de diferenciação	Roubo próprio (art. 157, *caput*)	Roubo impróprio (art. 157, § 1.º)
Meios de execução	Violência à pessoa – própria ou imprópria – e grave ameaça.	Violência à pessoa – própria – e grave ameaça.
Momento de emprego do meio de execução	Antes ou durante a subtração.	Após a subtração.
Finalidade do meio de execução	Permitir a subtração do bem.	Assegurar a impunidade do crime ou a detenção da coisa (o bem já foi subtraído).

2.5.1.4.3. Características do roubo impróprio

1.ª característica: só é possível a caracterização do roubo impróprio quando o sujeito já se apoderou de algum bem da vítima, pois o tipo penal exige expressamente a utilização de violência à pessoa ou grave ameaça "logo depois **de subtraída a coisa**". Destarte, não há roubo impróprio, mas concurso material entre furto tentado e lesão corporal, na hipótese em que o agente ingressa em uma loja para subtrair roupas, mas, antes de se apoderar de qualquer objeto, sua conduta é percebida pela vítima, razão pela qual ele a agride para fugir. Nada obstante sua finalidade seja "assegurar a impunidade", sua conduta não fora praticada "logo depois de subtraída a coisa". Nas precisas lições de Bento de Faria:

> Daí resulta que se o agente, surpreendido *antes de haver realizado a subtração*, praticar a *violência* ou a *ameaça*, não para assegurar-se a posse da coisa, mas para fugir livremente, não deve responder por tentativa de roubo, mas de furto, em concurso com o possível delito caracterizado pela aludida violência ou ameaça.[128]

---

[128] FARIA, Bento de. *Código Penal brasileiro comentado*. Rio de Janeiro: Distribuidora Record, 1961. v. 5, p. 45.

2.ª característica: a violência à pessoa (própria) ou grave ameaça deve ter sido utilizada **"logo depois"** da subtração da coisa. A lei reclama uma **condição temporal**: não se admite um hiato prolongado entre a subtração do bem e o constrangimento da vítima. Como destaca Heleno Cláudio Fragoso, "logo depois significa em seguida, ato contínuo, imediatamente após, sem intervalo".[129]

Em termos claros, a expressão "logo depois" deve ser compreendida como "após a subtração, mas antes de consumado o furto que o agente desejava praticar".

Com efeito, depois de consumado o delito está perfeito e acabado, e não mais se submete, no campo da tipicidade, a qualquer tipo de modificação. Por corolário, após a consumação do furto, o emprego de violência à pessoa ou grave ameaça constitui crime autônomo de lesão corporal, ameaça ou resistência, em concurso material com o furto.

3.ª característica: a configuração do roubo impróprio depende da finalidade do agente no tocante ao emprego da violência à pessoa (própria) ou grave ameaça. É imprescindível o propósito de **assegurar a impunidade do crime ou a detenção da coisa**, para si ou para terceiro. Na ausência de alguma destas finalidades, haverá concurso material entre furto e lesão corporal, ameaça ou resistência, embora seja a violência à pessoa ou grave ameaça utilizada logo depois da subtração. Exemplo: "A" ingressa em uma residência desconhecida para praticar um furto. Durante a execução do delito, percebe, ao olhar para uma fotografia, que ali mora um antigo desafeto seu. Dirige-se ao quarto do seu inimigo e o agride, provocando-lhe diversos ferimentos.

2.5.1.4.4. Consumação

O roubo impróprio consuma-se no momento em que o sujeito utiliza a violência à pessoa ou grave ameaça, ainda que não tenha êxito em sua finalidade de assegurar a impunidade do crime ou a detenção da coisa subtraída para si ou para terceiro. Na linha de raciocínio do Superior Tribunal de Justiça: "Tendo sido reconhecido o emprego de violência contra a vítima, consumou-se o crime de roubo impróprio, não se exigindo, como sustentado na inicial, a posse mansa e pacífica da *res*. Precedentes".[130]

Cuida-se de **crime formal, de resultado cortado ou de consumação antecipada**. É o que se infere da leitura do art. 157, § 1.º, do Código Penal.

2.5.1.4.5. Tentativa

Discute-se acerca do cabimento da tentativa de roubo impróprio. Há duas posições sobre o assunto:

1.ª posição: não é possível. É o entendimento dominante em sede doutrinária (Damásio E. de Jesus, Bento de Faria e Magalhães Noronha, entre outros) e jurisprudencial. Como já decidiu o Superior Tribunal de Justiça: "Com efeito, no crime previsto no art. 157, § 1.º, do Código Penal a violência é empregada após o agente tornar-se possuidor da coisa, não se admitindo a tentativa (Precedentes)".[131]

2.ª posição: é cabível a tentativa (*conatus*), nas hipóteses em que o sujeito, depois da subtração da coisa, tenta empregar violência à pessoa ou grave ameaça para assegurar a impu-

---

[129] FRAGOSO, Heleno Cláudio. *Lições de direito penal*. São Paulo: José Bushatsky, 1958. v. 1, p. 199.
[130] HC 175.017/RJ, rel. Min. Maria Thereza de Assis Moura, 6.ª Turma, j. 26.02.2013.
[131] REsp 1.155.927/RS, rel. Min. Felix Fischer, 5.ª Turma, j. 18.05.2010.

nidade do crime ou a detenção da coisa, mas não consegue fazê-lo por circunstâncias alheias à sua vontade.[132]

2.5.1.5. Roubo circunstanciado, majorado ou agravado: art. 157, §§ 2.º e 2.º-A, do Código Penal

Em seus §§ 2.º e 2.º-A, o art. 157 do Código Penal contempla **causas de aumento de pena**, em quantidade variável (§ 2.º) ou fixa (§ 2.º-A), a serem utilizadas pelo magistrado na terceira e derradeira fase da dosimetria da pena privativa de liberdade. Daí falar-se em **roubo circunstanciado, majorado** ou **agravado**.

Nada obstante, alguns doutrinadores e até mesmo julgados dos Tribunais Superiores usam equivocadamente a expressão "roubo qualificado". Não são qualificadoras, pois tais circunstâncias alteram, para maior, os próprios limites da pena em abstrato. De fato, a pena permanece a mesma (reclusão, de 4 a 10 anos, e multa), nela incidindo, no caso concreto, o aumento de um terço até metade (§ 2.º) ou então de dois terços (§ 2.º-A).

Roubo qualificado, com precisão técnica, encontra-se no § 3.º do art. 157 do Código Penal, seja pela lesão corporal de natureza grave (inc. I), seja pela morte (inc. II), denominado nesta última hipótese de latrocínio.

Tais majorantes são aplicáveis ao **roubo próprio e ao roubo impróprio**. De fato, a posição geográfica em que se encontram (§§ 2.º e 2.º-A) revela a intenção do legislador em permitir a incidência ao roubo próprio (*caput*) e ao roubo impróprio (§ 1.º). Não se aplicam, por igual motivo, às modalidades de roubo qualificado delineadas pelo § 3.º (roubo qualificado pela lesão corporal grave ou pela morte).

2.5.1.5.1. Causas de aumento de pena do § 2.º

2.5.1.5.1.1. Inciso I: revogado pela Lei 13.654/2018

Em sua redação original, o art. 157, § 2.º, I, do Código Penal previa o aumento da pena de 1/3 (um terço) até ½ (metade) na hipótese de violência ou ameaça exercida com **emprego de arma**.

A caracterização da majorante era compatível com a utilização de qualquer arma – própria ou imprópria –, assim compreendida como todo instrumento ou objeto idôneo para ataque ou defesa, em face da capacidade para matar ou ferir.

Arma própria é a que foi concebida com a finalidade precípua de ataque ou defesa, ou seja, para matar ou ferir. **Arma imprópria**, de seu turno, é o objeto ou instrumento criado com propósito diverso, mas que no caso concreto também pode ser utilizado para ferir ou matar, uma vez que possui eficácia vulnerante.

Esse panorama mudou com as alterações promovidas no art. 157 do Código Penal pela Lei 13.654/2018. A partir de então, o aumento da pena, **no patamar de dois terços**, passou a incidir somente para a violência ou grave ameaça exercida com emprego de **arma de fogo** (§ 2.º-A, I).[133]

---

[132] MIRABETE, Julio Fabbrini. *Manual de direito penal*. 25. ed. São Paulo: Atlas, 2007. v. 2, p. 225.

[133] À época, houve quem sustentasse – a nosso ver sem razão – a inconstitucionalidade da revogação do art. 157, § 2.º, inciso I, do Código Penal, pois não teriam sido obedecidas normas regimentais do Senado Federal. O Supremo Tribunal Federal, chamado a se pronunciar sobre o tema, dotado de repercussão geral (Tema 1.120) acolheu nosso entendimento: "Por força do princípio constitucional da separação de Poderes (CF, art. 2.º), não cabe ao Poder Judiciário substituir-se ao Poder Legislativo para interpretar normas regimentais. No caso, o tribunal de justiça, ao declarar a inconstitucionalidade incidental do art. 4.º da Lei 13.654/2018, que revogou o inciso I do § 2.º do art. 157 do Código Penal, se restringiu à interpretação do art. 91 do Regimento Interno do Senado Federal, não tendo apontado, contudo, desrespeito às normas pertinentes ao processo legislativo previsto na CF" (RE 1.297.884/DF, rel. Min. Dias Toffoli, Plenário, j. 11.06.2021, noticiado no *Informativo* 1.021).

Com o merecido respeito às opiniões em contrário, a opção do legislador não foi a mais acertada. Com efeito, ele deveria ter mantido o aumento da pena no § 2.º, I, de um terço até metade, para a violência ou ameaça com emprego de armas em geral, sem prejuízo da criação da majorante, no percentual de dois terços, para a violência ou grave ameaça exercida com emprego de arma de fogo.

De fato, o emprego de arma, ainda que diversa da arma de fogo, representa maior risco à integridade física e à vida do ofendido e de outras pessoas. Além disso, tal meio facilita a execução do roubo, pois acarreta maior temor à vítima, reduzindo ou eliminando sua possibilidade de defesa. É indiscutível a vantagem do agente em relação ao ofendido, para intimidá-lo, quando utiliza uma arma qualquer, se essa situação for comparada àquela em que ele, sem nada em suas mãos, busca a subtração mediante violência ou grave ameaça. Na clássica lição de Volney Corrêa Leite de Moraes Júnior:

> Entra pelos olhos da cara que é despropositado equiparar o ladrão que, agindo de *mãos limpas*, recorre a *intimidação verbal* ("Isto é um assalto" ou fórmula semelhante, sendo obviamente inexigível fórmula sacramental) e o ladrão que *traz na mão instrumento intimidante*. Que um objeto *qualquer*, idôneo à veiculação de grave ameaça, é arma, na acepção que lhe emprestam os *velhos* e *bons* doutrinadores, somente a *mania de novidade*, essa praga dos confusos e medíocres tempos que atravessamos, pode negar.[134]

Em uma escala de gravidade, a violência ou grave ameaça com emprego de arma de fogo situa-se à frente da violência ou grave ameaça exercida com outras armas, que por sua vez está localizada à frente da violência ou grave ameaça exercida sem a utilização de nenhuma arma, ou seja, concretizada mediante emprego de força física ou palavras intimidatórias.

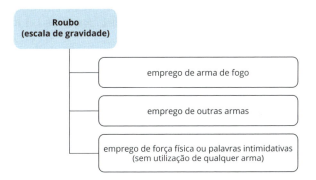

Essa indevida equiparação, além de afrontosa ao princípio da isonomia, pois dispensa igual tratamento jurídico a indivíduos que atuaram de formas objetivamente desiguais (subtração com e sem emprego de arma), também ofende o princípio da proporcionalidade, em sua faceta da proibição da proteção deficiente (ou insuficiente) de bens jurídicos, pois não tutela adequadamente a integridade física e a vida da pessoa atingida pela violência ou pela grave ameaça exercida com emprego de arma.

Se não bastasse, o legislador atuou com indisfarçável incoerência: revogou a causa de aumento atinente ao emprego de arma no roubo, porém a manteve intacta no crime de extorsão: "Art. 158, § 1.º - Se o crime é cometido por duas ou mais pessoas, **ou com emprego de arma**, aumenta-se a pena de um terço até metade."

---

[134] MORAES JÚNIOR, Volney Corrêa Leite de. *Em torno do roubo*. Campinas: Millenium, 2003. p. 66.

As críticas foram tão contundentes que tal erro legislativo acabou sendo amenizado, mas não eliminado, pela Lei 13.964/2019 ("Pacote Anticrime"), a qual incluiu o inc. VII no § 2.º do art. 157 do Código Penal, estabelecendo o aumento da pena no crime de roubo, de 1/3 até metade "**se a violência ou grave ameaça é exercida com emprego de arma branca**".

Insistimos nesse ponto: o erro foi suavizado, mas não totalmente afastado. A majorante foi restabelecida na hipótese de "emprego de arma branca", porém não alcança a utilização pelo agente de outras armas, a exemplo de barras de ferro, tacos de beisebol etc.

Finalmente, convém fazer um alerta. Se o agente subtrair coisa móvel ou alheia, para si ou para outrem, mediante grave ameaça ou violência exercida com emprego de arma (diversa da arma de fogo ou da arma branca), **estará caracterizado o crime de roubo** (e não de furto), em sua forma simples ou com a incidência de alguma outra majorante.

2.5.1.5.1.2. Se há concurso de duas ou mais pessoas: inciso II

A razão do tratamento legislativo mais severo repousa no maior risco que a pluralidade de pessoas proporciona à integridade física e ao patrimônio da vítima, bem como no maior grau de intimidação a esta dirigido, facilitando a prática do delito.[135]

Trata-se de **crime acidentalmente coletivo**: pode ser cometido por uma só pessoa, mas a pluralidade de agentes acarreta a exasperação da pena.

A causa de aumento de pena é aplicável ainda que um dos envolvidos seja inimputável (pela menoridade ou qualquer outra causa)[136] ou desconhecido. Nesse último caso, é suficiente à acusação provar a responsabilidade de duas ou mais pessoas pelo crime, nada obstante somente um deles tenha sido identificado. A denúncia seria assim redigida: "Fulano de Tal, em concurso com terceira pessoa ainda não identificada...".

Quando uma pessoa, maior e capaz, comete o roubo em concurso com um menor de 18 anos de idade, a ela devem ser imputados dois crimes: roubo circunstanciado (CP, art. 157, § 2.º, inc. II) e corrupção de menores, definido pelo art. 244-B da Lei 8.069/1990 – Estatuto da Criança e do Adolescente:

> **Art. 244-B.** Corromper ou facilitar a corrupção de menor de 18 (dezoito) anos, com ele praticando infração penal ou induzindo-o a praticá-la:
>
> Pena – reclusão, de 1 (um) a 4 (quatro) anos.
>
> § 1.º Incorre nas penas previstas no *caput* deste artigo quem pratica as condutas ali tipificadas utilizando-se de quaisquer meios eletrônicos, inclusive salas de bate-papo da *internet*.
>
> § 2.º As penas previstas no *caput* deste artigo são aumentadas de um terço no caso de a infração cometida ou induzida estar incluída no rol do art. 1.º da Lei no 8.072, de 25 de julho de 1990.

Esse delito dispensa a prova da efetiva corrupção de menor. Cuida-se **de crime formal, de consumação antecipada ou de resultado cortado**, que tem como objetividade jurídica a proteção da moralidade da criança ou adolescente, razão pela qual sua finalidade precípua é coibir a prática de delitos em que existe a exploração de pessoas com idade inferior a 18 anos. Esta é a posição consolidada na **Súmula 500 do Superior Tribunal de Justiça**: "A configuração do crime do art. 244-B do ECA independe da prova da efetiva corrupção do menor, por se tratar de delito formal".

---

[135] STJ: HC 197.501/SP, rel. Min. Og Fernandes, 6.ª Turma, j. 10.05.2011, noticiado no *Informativo* 472.
[136] STF: HC 110425/ES, rel. Min. Dias Toffoli, 1.ª Turma, j. 05.06.2012, noticiado no *Informativo* 669.

Se não bastasse, a corrupção de menores é **crime de perigo**, sendo prescindível, portanto, a demonstração de efetiva e posterior corrupção moral da criança ou adolescente, cuja inocência se presume. Em verdade, o simples fato de uma criança ou adolescente praticar um fato típico e ilícito em concurso com um maior de idade por si só revela, senão o ingresso em universo prejudicial ao seu sadio desenvolvimento, ao menos sua manutenção nele, o que, de igual modo, é passível de recriminação, pois o comportamento do maior de idade ainda assim reforça, no menor, sua tendência infracional anteriormente adquirida.

A doutrina diverge acerca da necessidade da presença de duas ou mais pessoas no local do crime, executando o roubo.

De um lado, Nélson Hungria sustenta "que as várias pessoas (no mínimo, duas) devem estar *reunidas* e *presentes* junto à vítima, embora nem todas cooperem materialmente na violência".[137] Para ele, a expressão "concurso de duas ou mais pessoas" é compatível com a coautoria e com a participação, desde que todos os sujeitos estejam presentes no momento do crime.

Com posição oposta, Heleno Cláudio Fragoso aduz não ser exigível "a presença de todas as pessoas na fase executória" do roubo.[138]

Filiamo-nos ao segundo entendimento, pois admitimos a coautoria e a participação, pouco importando se as duas ou mais pessoas estão ou não presentes no palco do delito. De fato, o Código Penal há de ser interpretado sistematicamente. Se a lei desejasse a aplicação da causa de aumento de pena somente às hipóteses em que todas as pessoas estão presentes na execução do crime, não teria falado em "concurso de duas ou mais pessoas", e sim em "execução do crime por duas ou mais pessoas", a exemplo do que fez no delito de constrangimento ilegal (CP, art. 146, § 1.º).

Além disso, ao dispor sobre o "crime cometido mediante duas ou mais pessoas", e não em "subtração cometida", o Código Penal alcança a participação, pois o partícipe também comete o crime, concorrendo de qualquer modo para a sua realização (CP, art. 29, *caput*). E o partícipe normalmente não presencia a execução do crime. Nesse diapasão, incide a majorante, exemplificativamente, quando uma pessoa, do interior de um estabelecimento prisional, determina a seus comparsas a prática de um roubo contra uma instituição financeira, visando levantar fundos para custear sua fuga mediante o pagamento de propina ao diretor do presídio e a diversos policiais penais.

Na hipótese em que o concurso envolver pessoas maiores e capazes – fator não obrigatório no crime de roubo – é indispensável o vínculo subjetivo entre todas elas, circunstância que não se confunde com o prévio ajuste. Basta que um dos sujeitos tenha consciência da sua concorrência para a conduta de terceiro, ainda que este desconheça tal colaboração. Exemplificativamente, o pedestre que dolosamente derruba a pessoa que fugia do ladrão, para que seja roubada, responde pelo crime circunstanciado na hipótese de ocorrer o roubo, mesmo que o ladrão desconheça seu auxílio. Ao roubador, por sua vez, será imputado o roubo simples, sob pena de caracterização da responsabilidade penal objetiva, pois desconhecia a participação alheia.

Em decorrência da teoria unitária ou monista acolhida pelo art. 29, *caput*, do Código Penal no tocante ao concurso de pessoas, todos os envolvidos responderão pela causa de aumento de pena, ainda que um só dos agentes alcance a consumação do delito. Exemplo: "A", "B" e "C" ingressam em uma residência para roubá-la. Um transeunte que ali passava percebe tais condutas e aciona a Polícia Militar. "A" e "B" são presos em flagrante, enquanto "C" foge na posse de bens subtraídos. O crime de roubo circunstanciado estará consumado para todos.

---

[137] HUNGRIA, Nélson. *Comentários ao Código Penal*. 2. ed. Rio de Janeiro: Forense, 1958. v. 7, p. 58.
[138] FRAGOSO, Heleno Cláudio. *Lições de direito penal*. São Paulo: José Bushatsky, 1958. v. 1, p. 200.

Quando o crime é praticado por duas pessoas, a absolvição do comparsa (coautor ou partícipe) formalmente denunciado não afasta, automaticamente, a incidência da causa de aumento de pena quanto ao agente condenado. Exemplo: "A" e "B" são denunciados pelo roubo de um automóvel que estava estacionado em via pública. Durante a instrução criminal, a vítima reconhece "A", mas afirma categoricamente que, embora a subtração tenha sido efetuada por duas pessoas, "B" não era o seu companheiro. O julgador, baseando-se no conjunto probatório extraído dos autos da ação penal, poderá absolver "B", sem prejuízo da condenação de "A" pelo roubo majorado, pois foi demonstrada a prática do crime por duas pessoas, pouco importando quem era o coautor de identidade ignorada.

Finalmente, cumpre ressaltar que a causa de aumento de pena inerente ao roubo, disciplinada pelo art. 157, § 2.º, inciso II, do Código Penal, não pode ser aplicada ao furto cometido em concurso de duas ou mais pessoas. Na esteira da jurisprudência consolidada pelo Supremo Tribunal Federal:

> A regra do art. 155, § 4.º, IV, do CP não pode ser substituída pela disposição constante do art. 157, § 2.º, do mesmo *Codex*, sob a alegação de ofensa ao princípio da proporcionalidade. Não é possível aplicar-se a majorante do crime de roubo ao furto qualificado, pois as qualificadoras relativas ao furto – que possuem natureza jurídica de elementar do tipo – não se confundem com as causas de aumento de pena na hipótese de roubo. É defeso ao julgador aplicar, por analogia, sanção sem previsão legal, ainda que para beneficiar o réu, ao argumento de que o legislador deveria ter disciplinado a situação de outra forma.[139]

Vê-se, portanto, que a falta de técnica legislativa – considerando o concurso de duas ou mais pessoas como qualificadora no furto e causa de aumento de pena no roubo – não autoriza o magistrado, no caso concreto, a construir ao seu arbítrio um novo tipo penal. O julgador deve limitar-se a aplicar a legislação positivada, respeitando o princípio da separação dos Poderes consagrado pelo art. 2.º da Constituição Federal.

2.5.1.5.1.3. Se a vítima está em serviço de transporte de valores e o agente conhece tal circunstância: inciso III

A finalidade dessa causa de aumento de pena é conceder maior proteção às pessoas que **prestam serviços relacionados ao transporte de valores** (exemplos: carros-fortes, *office-boys*, estagiários, funcionários de bancos e empresas em geral etc.). Exclui-se o proprietário do bem subtraído. Em suma, incide a majorante somente quando a vítima estiver trabalhando com o transporte de valores alheios, e não quando realizar o transporte particular de seus próprios pertences.

Nessa hipótese, portanto, o roubo desponta como **crime de dupla subjetividade passiva**. Há necessariamente duas vítimas: o titular dos valores atingidos pela subtração e a pessoa que presta o serviço de transporte desses valores.

O serviço de transporte de valores pode ser realizado por dever de ofício (exemplo: funcionário de empresa que alimenta terminais eletrônicos para saques em dinheiro) ou mesmo acidentalmente (exemplo: menino que recebe uma pequena quantia em dinheiro para depositar a aposentadoria da sua vizinha na agência bancária). Não há diferença se os valores são transportados de uma localidade para outra (cidades diversas), ou, se na mesma localidade, de um ponto para outro (exemplo: de uma agência bancária para outra, ambas na mesma cidade).

---

[139] HC 95.351/RS, rel. Min. Ricardo Lewandowski, 1.ª Turma, j. 21.10.2008. E também: HC 94.283/RS, rel. Min. Cármen Lúcia, 1.ª Turma, j. 07.10.2008. Esse entendimento também foi adotado pela **Súmula 442 do Superior Tribunal de Justiça**: "É inadmissível aplicar, no furto qualificado, pelo concurso de agentes, a majorante do roubo".

Os "valores" a que se refere o texto legal tanto podem ser representados por dinheiro como também por qualquer outro bem de cunho econômico, dos quais são exemplos as pedras preciosas, os títulos ao portador e as cargas valiosas em geral. Para o Superior Tribunal de Justiça:

> Deve incidir a majorante prevista no inciso III do § 2.º do art. 157 do CP na hipótese em que o autor pratique o roubo ciente de que as vítimas, funcionários da Empresa Brasileira de Correios e Telégrafos (ECT), transportavam grande quantidade de produtos cosméticos de expressivo valor econômico e liquidez. O inciso III do § 2.º do art. 157 do CP disciplina que a pena aumenta-se de um terço até metade "se a vítima está em serviço de transporte de valores e o agente conhece tal circunstância". O termo "valores" não se restringe a dinheiro em espécie, devendo-se incluir bens que possuam expressão econômica. Nesse contexto, cumpre considerar que, na hipótese em análise, a grande quantidade de produtos cosméticos subtraídos possuem expressivo valor econômico e liquidez, já que podem ser facilmente negociáveis e convertidos em pecúnia. Deve, portanto, incidir a majorante pelo serviço de transporte de valores.[140]

A aplicação dessa causa de aumento de pena depende da **prévia ciência**, por parte do assaltante, de que a vítima está a serviço do transporte de valores, pois o que a lei pretende tutelar é o interesse da segurança deste transporte. O dolo do agente deve compreender o conhecimento da referida circunstância. Em verdade, raciocínio diverso implicaria a caracterização da responsabilidade objetiva no tocante à majorante, pois o tipo penal utiliza a fórmula "e o agente conhece tal circunstância".

2.5.1.5.1.4. Se a subtração for de veículo automotor que venha a ser transportado para outro Estado ou para o exterior: inciso IV

Essa causa de aumento de pena foi criada pela Lei 9.426/1996, também responsável por diversas outras modificações no Código Penal, especialmente nos crimes de furto (art. 155, § 5.º) e de receptação (art. 180), bem como pela criação do crime de adulteração de sinal identificador de veículo automotor (art. 311).

Cuida-se de causa de aumento de pena relacionada ao **resultado posterior à subtração**, consistente no transporte do veículo automotor para outro Estado federativo ou para outro país. Fundamenta-se na maior dificuldade de recuperação do bem pela vítima quando ocorre a ultrapassagem das fronteiras, seja com outro Estado, seja com outro país.

A aplicação dessa causa de aumento da pena reclama dois requisitos cumulativos:

(a) o objeto material da subtração deve ser veículo automotor; e

(b) o veículo automotor deve ser transportado para outro Estado ou para o exterior.

Vejamos cada um deles separadamente.

a) Veículo automotor

Veículo automotor não é apenas o automóvel. De acordo com o Anexo I (conceitos e definições) da Lei 9.503/1997 – Código de Trânsito Brasileiro, seu conceito compreende "veículo a motor de propulsão a combustão, elétrica ou híbrida que circula por seus próprios meios e que serve normalmente para o transporte viário de pessoas e coisas ou para a tração viária de veículos utilizados para o transporte de pessoas e coisas, compreendidos na definição os veículos conectados a uma linha elétrica e que não circulam sobre trilhos (ônibus elétrico)".

---

[140] REsp 1.309.966/RJ, rel. Min. Laurita Vaz, 5.ª Turma, j. 26.08.2014, noticiado no *Informativo* 548.

O transporte de partes isoladas (componentes) do veículo automotor para outro Estado ou para o exterior não aumenta a pena do roubo.

b) Transporte do veículo automotor para outro Estado ou para o exterior

A causa de aumento de pena somente terá incidência prática quando o veículo automotor efetivamente é transportado para outro Estado ou para o exterior. Reclama-se, portanto, a efetiva ultrapassagem dos limites territoriais. Observe-se que na palavra Estado também ingressa o Distrito Federal. Não se trata de analogia *in malam partem*, mas de interpretação extensiva, possível em Direito Penal e autorizada, nesse caso, pela própria Constituição Federal, que confere ao Distrito Federal todas as competências reservadas aos Estados (CF, art. 32, § 1.º).[141]

Essa majorante leva em conta o resultado posterior alcançado pelo agente. É fácil notar que tal resultado, agravador da pena do roubo, não se confunde com a sua consumação. A majorante tem natureza objetiva e aumenta a pena mesmo depois de consumado o delito. Em síntese, pode-se concluir que o momento consumativo do roubo não está condicionado ao alcance da finalidade almejada pelo agente. Convém apresentar um exemplo que bem ilustra o que foi dito: "A", no Estado de Santa Catarina, rouba um automóvel para levá-lo ao Rio Grande do Sul. Horas depois, durante sua tranquila viagem, o agente foi abordado pela Polícia Rodoviária, ainda no Estado de Santa Catarina, ocasião em que o miliciano constatou que o veículo por ele conduzido era objeto de roubo, daí resultando a prisão em flagrante de "A".

No exemplo mencionado, não há dúvida de que o roubo (simples ou com outra causa de aumento da pena) já estava consumado, crime este que deve ser imputado ao sujeito. Não se aplica, contudo, a causa de aumento de pena prevista no art. 157, § 2.º, inciso IV, do Código Penal, nem na forma tentada, uma vez que não se operou a efetiva ultrapassagem da fronteira entre os Estados de Santa Catarina e do Rio Grande do Sul. De fato, não se pode rotular como tentado um crime que já se consumou.

2.5.1.5.1.4.1. Causa de aumento de pena e concurso de pessoas

A pessoa que concorre para o transporte do veículo automotor para outro Estado ou para o exterior, pouco importando seja ele coautor ou partícipe da subtração, responde pela causa de aumento de pena descrita pelo art. 157, § 2.º, inciso IV, do Código Penal, desde que tal circunstância, de natureza objetiva, tenha ingressado em sua esfera de conhecimento. Atende-se, desta forma, à regra prevista no art. 30 do Código Penal.

Porém, em se tratando de **contrato exclusivo de transporte**, isto é, o acordo foi convencionado apenas para a pessoa transportar o veículo automotor para outro Estado ou para o exterior, três situações podem ocorrer:

a) se foi contratada **antes** da subtração, e estava ciente da sua prática, responde pelo roubo circunstanciado, nos termos do art. 157, § 2.º, incisos II e IV, do Código Penal. De fato, ao aceitar a realização da função ilícita, ela concorreu para o roubo, incentivando sua prática;

b) se foi contratada **após** a subtração, e tinha ciência da origem ilícita do bem, ela responde por receptação simples e própria (CP, art. 180, *caput*, 1.ª parte); e

c) se não tinha conhecimento da origem criminosa do bem, para ela o fato é atípico. Não responde por crime nenhum. É irrelevante o momento da contratação (antes ou após a subtração).

---

[141] São válidas, ademais, as ponderações relativas ao furto qualificado pelo transporte de veículo automotor para outro Estado ou para o exterior (art. 155, item 2.4.1.17.3).

2.5.1.5.1.5. Se o agente mantém a vítima em seu poder, restringindo sua liberdade: inciso V

A finalidade desta causa de aumento de pena é tornar mais reprovável a conduta de quem "mantém a vítima em seu poder, restringindo sua liberdade", para melhor sucesso na empreitada criminosa, pois o ofendido é atacado em seu direito de locomoção e fica à mercê do assaltante, circunstância que o impossibilita de oferecer qualquer tipo de reação e, por si mesmo, recuperar os bens subtraídos.

Como a lei utiliza o verbo **manter** ("o agente mantém a vítima em seu poder"), a restrição da liberdade deve perdurar por **tempo juridicamente relevante**, isto é, o ladrão permanece com a vítima em seu poder por tempo superior ao necessário à execução do roubo, seja para assegurar para si ou para outrem o produto do crime, seja para escapar ileso da ação da autoridade policial. Exemplo: "A", mediante grave ameaça, subtrai o automóvel de "B", e com ela permanece até abandoná-la em um local distante, evitando o pedido de socorro à Polícia.

De fato, se a vítima permanece em poder do agente por curtíssimo tempo, destinado unicamente à subtração do bem, não incide a majorante. Exemplo: "A", com emprego de violência, subjuga "B" e ingressa em seu automóvel para subtraí-lo. Depois de andar alguns metros com o ofendido, o ladrão o abandona e foge com o carro.

Note-se também que o texto legal se reporta à **restrição da liberdade**, e não à sua privação. Logo, se restar caracterizada a privação da liberdade, isto é, se o agente, além da subtração do bem, desejar ainda cercear a liberdade de locomoção da vítima, por qualquer outro motivo,[142] fazendo-o depois da consumação do roubo, sem nenhuma conexão com sua execução, não se estará diante da causa de aumento de pena. Haverá concurso material entre os crimes de roubo (na forma simples ou com outra causa de aumento de pena) e de sequestro ou cárcere privado (CP, art. 148). Como já decidido pelo Supremo Tribunal Federal:

> A manutenção da vítima, por curto espaço de tempo, no interior do veículo não consubstancia o delito de que cogita o art. 148 do Código Penal. Exsurge como meio violento utilizado na implementação do roubo, isto visando retardar a comunicação do fato delituoso às autoridades. No caso, falta a autonomia indispensável à caracterização do crime, pois a vontade do agente é direcionada não, em si, à restrição da liberdade, mas à subtração violenta do veículo sem o risco de uma perseguição quase que imediata, ou seja, ao êxito do roubo.[143]

Essa modalidade de roubo constitui-se em crime hediondo, a teor da regra contida no art. 1.º, II, "a", da Lei 8.072/1990, com a redação dada pela Lei 13.964/2019 ("Projeto Anticrime"). Nesse ponto, cabe uma análise crítica à opção do legislador.

Em todas as hipóteses previstas no § 2.º do art. 157 do Código Penal, o aumento da pena varia de 1/3 (um terço) até 1/2 (metade). Entretanto, dentre tais majorantes, somente a contida no inc. VI foi elevada à categoria de crime hediondo, revelando a insensatez da Lei 13.964/2019.

De fato, se nas diversas causas de aumento do § 2.º do art. 157 foi atribuída igual gravidade no tocante à pena, não há razão para considerar somente uma delas como revestida da hediondez. O legislador deveria ter enveredado por algum dos seguintes caminhos: incluir todas elas entre os crimes catalogados como hediondos ou então excluí-las, totalmente, desse rol.

---

[142] Qualquer motivo, desde que não seja com o fim de obter, para si ou para outrem, qualquer vantagem, como condição ou preço do resgate, pois neste caso o crime seria de extorsão mediante sequestro, na forma delineada pelo art. 159 do Código Penal.

[143] HC 68.497/DF, rel. Min. Marco Aurélio, 2.ª Turma, j. 09.04.2001. Em igual sentido: RHC 102.984/RJ, rel. Min. Dias Toffoli, 1.ª Turma, j. 08.02.2011, noticiado no *Informativo* 615.

2.5.1.5.1.6. Subtração de substâncias explosivas ou de acessórios que, conjunta ou isoladamente, possibilitem sua fabricação, montagem ou emprego: inciso VI

Essa causa de aumento foi criada pela Lei 13.654/2018, e diz respeito ao **objeto material** do roubo.

Diversamente do que se verifica no inc. II do § 2.º-A do art. 157 do Código Penal, em que o agente utiliza explosivo ou artefato análogo que cause perigo comum como meio de execução do roubo, destinado à destruição ou rompimento de obstáculo, na majorante em estudo o agente almeja a subtração, mediante grave ameaça ou violência a pessoa, ou depois de havê-la, por qualquer meio, reduzido à impossibilidade de resistência, de substâncias explosivas ou de acessórios que, conjunta ou isoladamente, possibilitem sua fabricação, montagem ou emprego.

Substância explosiva é a dotada de aptidão para destruir objetos em geral, mediante detonação e estrondo.[144] O dispositivo legal amplia sua tutela aos **acessórios que, conjunta ou isoladamente, possibilitem a fabricação, montagem ou emprego** da substância explosiva, a exemplo da pólvora, da espoleta e do cordel detonante.

Como a substância explosiva (ou seu acessório) constitui-se em objeto material do furto, e não em seu meio de execução, e o tipo penal não reclama a causação de perigo comum, esta majorante admite qualquer meio de prova, tais como testemunhas, confissão do acusado e filmagem do local da subtração. Prescinde-se da elaboração de exame de corpo de delito, pois não se trata de crime que deixa vestígios materiais.

Essa causa de aumento de pena é perfeitamente compatível com outras majorantes do roubo. Para ilustrar esse raciocínio, basta pensar na situação em que o agente, mediante grave ameaça exercida com emprego de arma de fogo (CP, art. 157, § 2.º-A, I), subtrai substâncias explosivas.

2.5.1.5.1.6.1. Visão crítica: dois pesos e duas medidas

Para o furto, a Lei 13.654/2018 criou duas qualificadoras. Uma no § 4.º-A, relacionada ao emprego de explosivo ou de artefato análogo que cause perigo comum (explosivo como meio de execução), e outra no § 7.º, atinente à subtração de substâncias explosivas ou de acessórios que, conjunta ou isoladamente, possibilitem sua fabricação, montagem ou emprego (explosivo como objeto material). Em ambas, a pena é de reclusão, de 4 (quatro) a 10 (dez) anos, e multa.

No roubo, por sua vez, a Lei 13.654/2018 instituiu duas causas de aumento de pena. A primeira no § 2.º, VI, ligada à subtração de substâncias explosivas ou de acessórios que, conjunta ou isoladamente, possibilitem sua fabricação, montagem ou emprego (explosivo como objeto material), e a segunda no § 2.º-A, II, vinculada à destruição ou rompimento de obstáculo mediante o emprego de explosivo ou de artefato análogo que cause perigo comum (explosivo como meio de execução). **Contudo, previu montantes de aumento diversos: um terço até metade, no § 2.º, VI, e dois terços, no § 2.º-A, II.**

Um pouco mais de cautela, acompanhada da utilização de um critério minimamente seguro e objetivo, certamente teriam evitado essa incompreensível incoerência legislativa.

2.5.1.5.1.6.2. Concurso com crime tipificado no Estatuto do Desarmamento

É interessante a problemática envolvendo o cabimento (ou não) de concurso material entre o roubo de substâncias explosivas ou de acessórios que, conjunta ou isoladamente, pos-

---

[144] O Anexo III do Regulamento de Produtos Controlados, aprovado pelo Decreto 10.030/2019, define explosivo como o "tipo de matéria que, quando iniciada, sofre decomposição muito rápida, com grande liberação de calor e desenvolvimento súbito de pressão".

sibilitem sua fabricação, montagem ou emprego e o crime previsto no art. 16, § 1.º, III, da Lei 10.826/2003 – Estatuto do Desarmamento ("possuir, deter, fabricar ou empregar artefato explosivo ou incendiário, sem autorização ou em desacordo com determinação legal ou regulamentar"). Duas situações podem ser visualizadas:

1.ª situação: o agente é preso em flagrante durante a prática do roubo, ou logo depois de cometê-lo, na posse das substâncias explosivas subtraídas. Nessa hipótese, terá contra si imputado somente o roubo circunstanciado (CP, art. 157, § 2.º, VI), ficando absorvido o crime tipificado no Estatuto do Desarmamento, pois funciona como normal desdobramento (*post factum* impunível) do delito patrimonial. O conflito aparente de normas é solucionado pelo princípio da consunção;[145] e

2.ª situação: o agente praticou o roubo de substâncias explosivas ou de acessórios que, conjunta ou isoladamente, possibilitem sua fabricação, montagem ou emprego. Algumas semanas mais tarde, policiais comparecem à sua residência para efetuar o cumprimento de mandado de prisão preventiva, e encontram os explosivos roubados, bem como outros artefatos dessa natureza. Nessa hipótese, a ele deverão ser imputados os dois crimes (CP, art. 157, § 2.º, VI, e Lei 10.826/2003, art. 16, parágrafo único, III), em concurso material, pois as condutas foram praticadas em contextos fáticos diversos. E mais: tais delitos violam bens jurídicos diferentes e consumaram-se em momentos diversos, fatores que impedem a incidência do princípio da consunção.

2.5.1.5.1.7. Violência ou grave ameaça exercida com emprego de arma branca: inc. VII

Essa majorante foi criada pela Lei 13.964/2019, conhecida como "Pacote Anticrime", para suavizar o erro causado pela revogação do inc. I do § 2.º do art. 157 do Código Penal pela Lei 13.654/2008. Entretanto, vale repetir, o aumento da pena não alcança o emprego de qualquer arma diversa da arma de fogo, ficando restrito ao **"emprego de arma branca"**. Não alcança, destarte, uma barra de ferro, um taco de beisebol, um pedaço de vidro ou instrumentos com potencialidade lesiva semelhante.

Arma branca é o instrumento ou objeto dotado de ponta ou gume, e idôneo para matar ou ferir. A arma branca pode ser classificada como arma própria, quando criada para fins de ataque ou defesa (exemplos: punhal e espada), ou então como arma imprópria, se criada para finalidade diversa, embora possa ser utilizada para matar ou ferir (exemplos: faca de cozinha e machado).

O porte de arma branca, por si só, constitui a **contravenção penal** definida no art. 19 do Decreto-lei 3.688/1941 – Lei das Contravenções Penais. Como já decidido pelo Superior Tribunal de Justiça:

O porte de arma branca é conduta que permanece típica na Lei das Contravenções Penais. Como cediço, em relação às armas de fogo, o art. 19 da Lei de Contravenção Penal foi tacitamente revogado pelo art. 10 da Lei n. 9.437/1997, que, por sua vez, também foi revogado pela Lei n. 10.826/2003. Assim, o porte ilegal de arma de fogo caracteriza, atualmente, infração aos arts. 14 ou 16 do Estatuto do Desarmamento, conforme seja a arma permitida ou proibida. Entrementes, permaneceu vigente o referido dispositivo do Decreto-lei n. 3.688/1941 quanto ao porte de outros artefatos letais, como as armas brancas. Desse modo, a jurisprudência do STJ é firme no sentido da possibilidade de tipificação da conduta de porte de arma branca como contravenção prevista no art. 19 do Decreto-lei n. 3.688/1941, não havendo que se falar em violação ao princípio da intervenção mínima ou da legalidade.[146]

---

[145] Esse raciocínio também se aplica aos núcleos "deter" e "empregar", elencados no art. 16, § 1.º, III, da Lei 10.826/2003 – Estatuto do Desarmamento.

[146] RHC 56.128/MG, rel. Min. Ribeiro Dantas, 5.ª Turma, j. 10.03.2020, noticiado no *Informativo* 668.

Quando o roubo é praticado com emprego de arma de branca, ao agente será imputado unicamente o crime tipificado no art. 157, § 2.º, VII, do Código Penal, operando-se a absorção da mencionada contravenção penal. O conflito aparente de normas penais é solucionado pelo princípio da consunção, uma vez que a utilização da arma branca funciona como meio de execução para a prática do crime patrimonial.

2.5.1.5.1.8. Causas de aumento de pena do § 2.º-A

O § 2.º-A do art. 157 do Código Penal foi criado pela Lei 13.654/2018. A pena aumenta-se de **2/3 (dois terços)**: I – se a violência ou ameaça é exercida com emprego de arma de fogo; e II – se há destruição ou rompimento de obstáculo mediante o emprego de explosivo ou de artefato análogo que cause perigo comum. Vejamos cada uma delas.

2.5.1.5.1.8.1. Violência ou grave ameaça exercida com emprego de arma de fogo: inc. I

O tratamento penal mais severo fundamenta-se na maior facilidade na prática do roubo com emprego de arma de fogo, no maior risco à vida e à integridade física da vítima da subtração patrimonial e de outras pessoas, no acentuado ataque à segurança pública e, também, no fomento ao tráfico de armas de fogo e à circulação de tais produtos na sociedade, notadamente nos centros urbanos.

O roubo circunstanciado pelo emprego de arma de fogo é **crime hediondo**, nos termos do art. 1.º, II, *b*, da Lei 8.072/1990, com a redação conferida pela Lei 13.964/2019 ("Projeto Anticrime"), tanto na hipótese de arma de fogo de uso permitido, como nas situações de arma de fogo de uso restrito ou de uso proibido.[147]

Arma de fogo, a teor da definição contida no Anexo III do Regulamento de Produtos Controlados, aprovado pelo Decreto 10.030/2019, é a "arma que arremessa projéteis empregando a força expansiva dos gases, gerados pela combustão de um propelente confinado em uma câmara, normalmente solidária a um cano, que tem a função de dar continuidade à combustão do propelente, além de direção e estabilidade ao projétil". Seus principais exemplos são os revólveres, pistolas, espingardas, fuzis etc.

Não basta a mera existência da arma de fogo. O tipo penal reclama seu **emprego**, que pode se exteriorizar tanto pelo **uso efetivo** para concretizar a grave ameaça ou violência à pessoa (exemplo: o sujeito aponta o revólver para a vítima) como também pelo **porte ostensivo** (exemplo: o ladrão intimida a vítima valendo-se de uma pistola visível em sua cintura). Nas duas situações, a arma de fogo é capaz, por si só, de influir na capacidade de defesa do ofendido.

Destarte, se o agente trazia consigo uma arma de fogo e ameaçou a vítima para subtrair seu bem, porém sem utilizá-la (exemplo: o revólver estava escondido no interior da sua mochila), não incide a majorante.

O **porte simulado de arma de fogo** não autoriza a aplicação da causa de aumento de pena. A razão é simples: não existe nenhuma arma de fogo. A simulação de arma de fogo (exemplo: "A" aborda "B" e durante todo o tempo fica com uma das mãos dentro da sua jaqueta, dando a falsa impressão de que porta uma pistola) já serviu para configurar a grave ameaça, exigida pelo art. 157, *caput*, do Código Penal, uma vez que se destinou à intimidação do ofendido.

---

[147] O roubo com emprego de arma de fogo de uso permitido é crime hediondo. Não se caracteriza a hediondez, entretanto, no delito de porte ou posse de arma de fogo de uso permitido, ainda que com numeração, marca ou qualquer outro sinal de identificação raspado, suprimido ou adulterado. É o que se extrai da **Súmula 668 do Superior Tribunal de Justiça**.

O crime é de **roubo simples** (ou com outra majorante), e não de furto. O porte simulado de arma de fogo, vale repetir, que caracteriza o roubo, não pode também servir, no mesmo contexto fático, para implicar o aumento de pena, pois não se operou o efetivo emprego da arma de fogo, que sequer existia.

Se o roubo é cometido em **concurso de agentes**, e somente um deles se vale de arma de fogo (circunstância objetiva), com o conhecimento dos seus comparsas, a causa de aumento de pena se estende a todos os envolvidos na empreitada criminosa, sejam eles coautores ou partícipes. É o que se extrai da regra delineada pelo art. 30 do Código Penal. Além disso, o art. 29, *caput*, do Código Penal filiou-se à **teoria unitária ou monista** no concurso de pessoas. Há um só crime para todos os agentes. Se para um deles o crime é de roubo circunstanciado pelo emprego de arma de fogo, para todos os demais também o será.

2.5.1.5.1.8.1.1. Necessidade ou desnecessidade de apreensão e perícia da arma de fogo

Discute-se se a apreensão e a consequente perícia da arma de fogo utilizada na prática do roubo são imprescindíveis para a incidência da causa de aumento de pena.

O entendimento do **Plenário do Supremo Tribunal Federal** é no sentido de serem desnecessárias, para fins de aplicação da causa de aumento de pena prevista no art. 157, § 2.º-A, I, do Código Penal, a apreensão e a perícia da arma de fogo, desde que seu emprego e seu potencial lesivo sejam provados por outros meios, tais como declarações da vítima e depoimentos de testemunhas. Destarte, se o acusado defender-se alegando não ter se valido do emprego de arma de fogo, o ônus da prova de sua assertiva a ele será transferido. Vale a pena colacionar um julgado do Excelso Pretório:

> Não se exige que a arma de fogo seja periciada ou apreendida, desde que, por outros meios de prova, reste demonstrado o seu potencial lesivo. Com base nesse entendimento, o Tribunal, por maioria, indeferiu *habeas corpus*, afetado ao Pleno pela 1.ª Turma, impetrado contra decisão do STJ que entendera desnecessária a apreensão de arma de fogo e sua perícia para a caracterização da causa de aumento de pena do crime de roubo. (...) Assentou-se que, se por qualquer meio de prova – em especial pela palavra da vítima, como no caso, ou pelo depoimento de testemunha presencial – ficar comprovado o emprego de arma de fogo, esta circunstância deverá ser levada em consideração pelo magistrado na fixação da pena. Ressaltou-se que, se o acusado alegar o contrário ou sustentar a ausência de potencial lesivo da arma empregada para intimidar a vítima, será dele o ônus de produzir tal evidência, nos termos do art. 156 do CPP, segundo o qual a prova da alegação incumbirá a quem a fizer. Aduziu-se não ser razoável exigir da vítima ou do Estado-acusador comprovar o potencial lesivo da arma, quando o seu emprego ficar evidenciado por outros meios de prova, mormente quando esta desaparece por ação do próprio acusado, como usualmente acontece após a prática de delitos dessa natureza. (...) Concluiu-se que exigir uma perícia para atestar a potencialidade lesiva da arma de fogo empregada no delito de roubo, ainda que cogitável no plano das especulações acadêmicas, teria como resultado prático estimular os criminosos a desaparecer com elas.[148]

2.5.1.5.1.8.1.2. Arma de fogo de uso restrito ou proibido: § 2.º-B

Se a violência ou grave ameaça for exercida com emprego de arma de fogo de uso restrito ou proibido, a pena prevista no *caput* – reclusão, de 4 a 10 anos, e multa – **será aplicada em dobro**.

---

[148] HC 96.099/RS, rel. Min. Ricardo Lewandowski, Plenário, j. 19.02.2009, noticiado no *Informativo* 536. É também o entendimento do STJ: REsp 1.708.301/MG, rel. Min. Sebastião Reis Júnior, 6.ª Turma, j. 01.08.2018.

Essa causa de aumento de pena foi incluída no art. 157, § 2.º-B, do Código Penal pela Lei 13.964/2019 ("Projeto Anticrime"), e constitui-se em **norma penal em branco heterogênea**, pois depende de complementação contida em um ato administrativo. De fato, o art. 3.º, parágrafo único, incisos II e III, do Anexo I do Decreto 10.030/2019, com a redação dada pelo Decreto 10.627/2021, contém as definições de arma de fogo de uso restrito e de uso proibido:

> II – arma de fogo de uso restrito – as armas de fogo automáticas, de qualquer tipo ou calibre, semiautomáticas ou de repetição que sejam:
>
> a) não portáteis;
>
> b) de porte, cujo calibre nominal, com a utilização de munição comum, atinja, na saída do cano de prova, energia cinética superior a mil e duzentas libras-pé ou mil seiscentos e vinte joules; ou
>
> c) portáteis de alma raiada, cujo calibre nominal, com a utilização de munição comum, atinja, na saída do cano de prova, energia cinética superior a mil e duzentas libras-pé ou mil seiscentos e vinte joules;
>
> III – arma de fogo de uso proibido:
>
> a) as armas de fogo classificadas como de uso proibido em acordos ou tratados internacionais dos quais a República Federativa do Brasil seja signatária; e
>
> b) as armas de fogo dissimuladas, com aparência de objetos inofensivos.

O fundamento do tratamento penal mais severo repousa na maior capacidade letal dessas armas, bem como no risco mais acentuado que tais objetos representam à segurança pública e às demais pessoas, e não apenas à vítima da subtração. Além disso, a utilização de armas de fogo diferenciadas para a prática de roubos alimenta o mercado do tráfico de armas e contribui para o aumento da violência urbana.

Ao contrário da majorante elencada pelo art. 157, § 2.º-A, I (emprego de arma de fogo), a incidência desta causa de aumento normalmente **depende da apreensão e posterior perícia da arma de fogo**, para ser identificada como de uso restrito ou proibido. Com efeito, salvo em situações excepcionais (exemplo: grave ameaça exercida com uma bazuca), a vítima (ou testemunha) não tem conhecimentos técnicos para afirmar se a arma de fogo utilizada pelo agente era de uso permitido, restrito ou proibido. Uma pessoa comum geralmente não reúne condições para diferenciar, com precisão, um revólver calibre .38 de um outro revólver, calibre .44 Magnum, especialmente no momento de nervosismo e de desespero que acompanham a prática do roubo.

Portanto, se a vítima (ou testemunha) relatar ter o sido o roubo praticado com emprego de arma de fogo, e tal instrumento não for apreendido e periciado, deverá incidir a majorante prevista no art. 157, § 2.º-A, I, ainda que se trate de arma de fogo de uso restrito ou proibido. A ausência da prova acerca da qualidade da arma de fogo, nesse caso, deve favorecer o réu.

2.5.1.5.1.8.1.3. Arma de fogo com defeito ou desmuniciada

No tocante à **arma de fogo com defeito**, é necessário diferenciar duas situações que podem surgir no caso concreto.

Se o defeito acarretar a **ineficácia absoluta** da arma de fogo (exemplo: impossibilidade duradoura de um revólver para efetuar disparos), e tal circunstância restar pericialmente comprovada, não se aplica a causa de aumento de pena definida pelo art. 157, § 2.º-A, I, do Código Penal. O crime é de roubo, em sua modalidade fundamental (CP, art. 157, *caput*). Como já decidido pelo Superior Tribunal de Justiça:

A majorante do art. 157, § 2.º, I, do CP não é aplicável aos casos nos quais a arma utilizada na prática do delito é apreendida e periciada, e sua inaptidão para a produção de disparos é constatada. O legislador, ao prever a majorante descrita no referido dispositivo, buscou punir com maior rigor o indivíduo que empregou artefato apto a lesar a integridade física do ofendido, representando perigo real, o que não ocorre nas hipóteses de instrumento notadamente sem potencialidade lesiva. Assim, a utilização de arma de fogo que não tenha potencial lesivo afasta a mencionada majorante, mas não a grave ameaça, que constitui elemento do tipo 'roubo' na sua forma simples.[149]

Entretanto, se o vício importar apenas na **ineficácia relativa** da arma de fogo (exemplo: revólver que falha em alguns disparos, "picotando" cartuchos íntegros), e tal circunstância for comprovada por perícia, deve incidir a causa de aumento de pena.

A **arma de fogo desmuniciada**, por sua vez, constitui-se em meio relativamente ineficaz. O agente pode nela inserir projéteis a qualquer tempo e efetuar disparos, sem prejuízo de utilizá-la como instrumento contundente apto a produzir graves ferimentos. É cabível, portanto, a causa de aumento de pena. Para o Supremo Tribunal Federal:

> Ainda que a arma não tivesse sido apreendida, conforme jurisprudência desta Suprema Corte, seu emprego pode ser comprovado pela prova indireta, sendo irrelevante o fato de estar desmuniciada para configuração da majorante.[150]

Cumpre destacar, contudo, já ter o Superior Tribunal de Justiça se pronunciado em sentido diverso, afastando a majorante na hipótese de emprego de arma de fogo desmuniciada:

> Nos termos da jurisprudência desta Corte, o emprego de arma de fogo desmuniciada, como forma de intimidar a vítima do delito de roubo, malgrado caracterize a grave ameaça configuradora do crime de roubo, não justifica o reconhecimento da majorante do art. 157, § 2.º, I, do Código Penal, ante a ausência de potencialidade ofensiva do artefato.[151]

2.5.1.5.1.8.1.4. Arma de brinquedo ou de fantasia

No passado, o emprego de **arma de brinquedo**, também chamada de **arma de fantasia** ou **arma finta**, para a execução do roubo, era tema que provocava acaloradas discussões no Direito Penal. Seria ou não possível o aumento da pena?

Em um primeiro momento, prevalecia o entendimento pelo aumento da pena. Essa posição mudou no dia 24 de outubro de 2001, quando a 3.ª Seção do Superior Tribunal de Justiça, julgando o Recurso Especial 213.054/SP, cancelou a Súmula 174, cuja redação era a seguinte: "No crime de roubo, a intimidação feita com arma de brinquedo autoriza o aumento da pena".

Com a entrada em vigor da Lei 13.654/2018, essa discussão foi sepultada.

O aumento da pena do roubo somente é possível pelo emprego de **arma de fogo** e, indiscutivelmente, nesse conceito não ingressa a arma de brinquedo. Não há como se viabilizar qualquer outro raciocínio, em respeito aos **princípios da ofensividade (ou lesividade) e da taxatividade** do Direito Penal. É irrelevante discutir se a arma de brinquedo provoca maior

---

[149] HC 247.669/SP, rel. Min. Sebastião Reis Júnior, 6.ª Turma, j. 04.12.2012, noticiado no *Informativo* 511.
[150] RHC 115.077/MG, rel. Min. Gilmar Mendes, 2.ª Turma, j. 06.08.2013. O STJ também já adotou este entendimento: REsp 1.489.166/RJ, rel. Min. Gurgel de Faria, 5.ª Turma, j. 03.12.2015.
[151] HC 247.708/SP, rel. Min. Ribeiro Dantas, 5.ª Turma, j. 19.04.2018.

temor no ofendido, facilitando a subtração do bem. A discussão deve ficar restrita ao plano da tipicidade, é dizer, não pode ser levada ao campo da psicologia.

Além disso, se a majorante reclama o emprego de arma de fogo, é imprescindível que o dolo do roubador consista precisamente no uso de algo que também para ele seja definido como tal.[152]

Mas cuidado. O emprego de arma de brinquedo para a subtração da coisa alheia móvel constitui grave ameaça. O crime é de roubo simples (ou com outra majorante acaso presente), e não de furto, mas sem a causa de aumento prevista no inc. I do § 2.º-A do art. 157 do Código Penal.

2.5.1.5.1.8.1.4.1. Emprego de arma de brinquedo e ausência de apreensão e perícia

O emprego de arma de brinquedo não constitui a causa de aumento de pena prevista no art. 157, § 2.º-A, I, do Código Penal.

Na prática, todavia, pode surgir uma curiosa exceção, consistente na caracterização do roubo circunstanciado em razão do emprego de arma de brinquedo. Mas como isso pode acontecer? Vejamos.

A apreensão (e também a perícia) da arma de fogo não é obrigatória para a aplicação da majorante. Consequentemente, é possível a declaração em juízo, pela vítima, no sentido de ter sido o roubo praticado com emprego de arma de fogo. Se o meio de execução não foi apreendido nem periciado, presumir-se-á que se cuidava de arma de fogo, e não de um mero brinquedo. Em que pese tratar-se de presunção relativa, será muito difícil o réu comprovar ter utilizado na execução do delito uma arma "finta". Em suma, inverte-se o ônus da prova, e dele será complicado o acusado desvencilhar-se com êxito.

2.5.1.5.1.8.1.5. Emprego de arma de fogo e Estatuto do Desarmamento

Se o roubo é praticado com emprego de arma de fogo, e o agente não tem autorização para portá-la, não incide o crime autônomo de porte ilegal de arma de fogo, de uso permitido ou de uso restrito, tipificados nos arts. 14 e 16 da Lei 10.826/2003 – Estatuto do Desarmamento. O conflito aparente de normas é solucionado pelo **princípio da consunção**, pois o porte ilegal de arma de fogo funciona como meio para a prática do roubo (crime-fim).

Entretanto, estará caracterizado concurso material entre os crimes tipificados pelos arts. 157, § 2.º-A, I, ou art. 157, § 2.º-B, ambos do Código Penal, e 14 (arma de fogo de uso permitido) ou 16 (arma de fogo de uso restrito) da Lei 10.826/2003, quando depois da consumação do roubo, e fora do contexto fático deste crime, o sujeito continua a portar ilegalmente arma de fogo. Exemplo: "A", mediante grave ameaça exercida com emprego de um revólver, pratica um roubo contra "B". Uma semana depois, quando era investigado pelo crime contra o patrimônio, é preso em flagrante em via pública pelo porte ilegal de arma de fogo. Nessa hipótese, "A" responderá pelos dois crimes – roubo circunstanciado (CP, art. 157, § 2.º-A, I) e porte ilegal de arma de fogo – em concurso material.

Anote-se, finalmente, que a Lei 10.826/2003 – Estatuto do Desarmamento – não prevê como crime a conduta de utilizar arma de brinquedo, simulacro de arma capaz de atemorizar outrem, para o fim de cometer crimes, outrora tipificada pelo art. 10, § 1.º, inciso II, da revogada Lei 9.437/1997 – Lei de Armas. O Estatuto do Desarmamento, em seu art. 26, limitou-se a vedar a "fabricação, a venda, a comercialização e a importação de brinquedos, réplicas e simulacros de armas de fogo, que com estas se possam confundir".

---

[152] SOLER, Sebastian. *Derecho penal argentino*. Buenos Aires. Tipografia Editora Argentina, 1963. v. 4, p. 267.

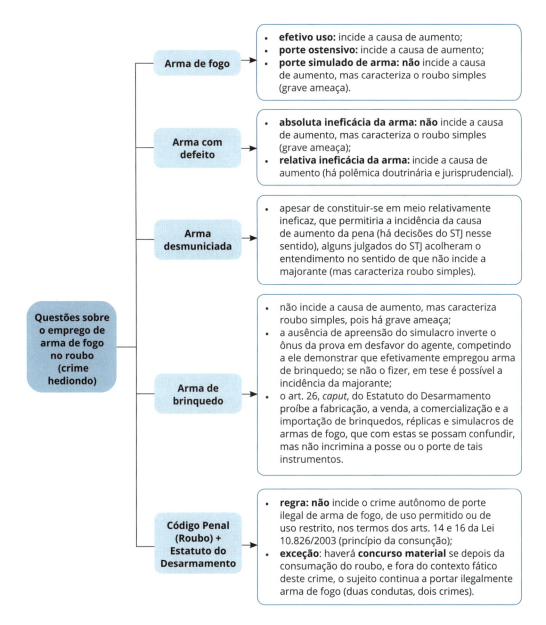

2.5.1.5.1.8.2. Destruição ou rompimento de obstáculo mediante o emprego de explosivo ou de artefato análogo que cause perigo comum: inc. II[153]

Diversamente da majorante prevista no inc. VI do § 2.º do art. 157 do Código Penal, em que a substância explosiva (ou seus acessórios) funciona como objeto material do delito, na causa de aumento de pena ora em estudo o explosivo ou artefato análogo que cause perigo comum é utilizado pelo agente como **meio de execução do roubo**, destinado à destruição ou rompimento de obstáculo para a subtração da coisa alheia móvel. Exemplo: "A" ameaça de

---

[153] Em relação ao fundamento da majorante, são válidas as considerações lançadas no art. 155, § 4.º-A, do Código Penal (item 2.4.1.17.2).

morte o frentista de um posto de gasolina e, em seguida, utiliza dinamite para explodir um caixa eletrônico ali instalado, visando a subtração do dinheiro depositado em seu interior.

Muito cuidado com um relevante detalhe. Para a caracterização dessa causa de aumento de pena, não basta a subtração de coisa móvel alheia, para si ou para outrem, com o emprego de explosivo ou artefato análogo que causa perigo comum. É fundamental que tal meio de execução seja usado pelo agente para a destruição ou rompimento de obstáculo, de modo a viabilizar a subtração do bem.

O tratamento penal mais severo é justificado pela gravidade do comportamento criminoso, que não se esgota na ofensa ao patrimônio alheio. Em verdade, a conduta também coloca em risco a integridade corporal e a vida de um número indeterminado de pessoas, as quais podem ser prejudicadas pelos danos causados pela detonação do explosivo ou do artefato análogo.

2.5.1.5.1.8.2.1. Lei dos Crimes Hediondos e falha grosseira do legislador

Nesse ponto, repousa um erro gravíssimo da Lei 13.964/2019 ("Pacote Anticrime"): o furto qualificado pelo emprego de explosivo ou de artefato análogo que cause perigo comum (CP, art. 155, § 4.º-A) foi incluído na Lei dos Crimes Hediondos (art. 1.º, IX), mas o legislador não efetuou igual acréscimo no tocante ao roubo circunstanciado pela destruição ou rompimento de obstáculo mediante o emprego de explosivo ou de artefato análogo que cause perigo comum, delito indiscutivelmente mais grave. Além da crítica, de nossa parte fica a cobrança para que tal erro seja rapidamente solucionado.

2.5.1.5.1.8.2.2. Explosivo ou artefato análogo que cause perigo comum

O inc. II do § 2.º-A do art. 157 do Código Penal faz uso da interpretação analógica (ou *intra legem*). O tipo contém uma fórmula casuística – "emprego de explosivo", seguida de uma fórmula genérica – "emprego de artefato análogo que cause perigo comum."

Explosivo é a substância com capacidade de destruir objetos em geral, mediante detonação e estrondo.[154] Por sua vez, **artefato análogo** é o produto concebido com finalidade diversa, porém idôneo a produzir efeitos similares aos do explosivo, a exemplo de um botijão de gás.

Todavia, não é qualquer explosivo (ou artefato análogo) que abre espaço para a incidência da majorante. É imprescindível que tal meio de execução "**cause perigo comum**".[155] A título ilustrativo, a dinamite é um explosivo apto a causar perigo comum, mas o traque utilizado em festas juninas não goza dessa capacidade, muito embora também seja enquadrado como explosivo.

Como essa modalidade de roubo circunstanciado deixa vestígios materiais, sua prova depende de **exame de corpo de delito**, direto ou indireto, não podendo supri-lo a confissão do acusado (CPP, art. 158). A perícia tem a finalidade de revelar o emprego do explosivo (ou do artefato análogo), bem como a sua capacidade de causar perigo comum, compreendido como o risco ou probabilidade de dano à vida, à integridade física ou ao patrimônio de um número indeterminado de pessoas.

A provocação do perigo comum, por sua vez, admite qualquer meio de prova (testemunhas, filmagem do local do crime etc.).

Em resumo, a configuração da causa de aumento de pena não se esgota na subtração da coisa móvel alheia, mediante grave ameaça ou violência à pessoa, com destruição ou rompi-

---

[154] O Anexo III do Regulamento de Produtos Controlados, aprovado pelo Decreto 10.030/2019, define explosivo como o "tipo de matéria que, quando iniciada, sofre decomposição muito rápida, com grande liberação de calor e desenvolvimento súbito de pressão".

[155] O legislador utilizou fórmula diversa da contida no crime de homicídio qualificado pelo meio "**de que possa resultar perigo comum**" (CP, art. 121, § 2.º, III).

mento de obstáculo mediante emprego de explosivo (ou de artefato análogo). É fundamental a aptidão do meio de execução para causar perigo comum. E mais: exige-se prova da efetiva causação do risco a um número indeterminado de pessoas.

Portanto, o emprego de explosivo (ou de artefato análogo) na execução do roubo não acarreta o imediato reconhecimento da circunstância delineada no inc. II do § 2.º-A do art. 157 do Código Penal. Deve existir perícia comprovando a idoneidade do meio para provocar perigo comum, bem como prova da efetiva produção do perigo comum. Pensemos em dois exemplos:

1.º exemplo: "A", depois de ameaçar de morte o gerente, utiliza dinamite e, visando a subtração de dinheiro, explode o cofre no momento em que a agência bancária estava lotada de pessoas: incide a majorante. Houve emprego de explosivo para destruição ou rompimento de obstáculo e da conduta resultou perigo comum; e

2.º exemplo: "B", em uma noite fria e chuvosa, depois de ameaçar de morte o frentista de um posto de gasolina situado em uma estrada pouco movimentada, utiliza dinamite para a explosão de um caixa eletrônico ali instalado. As provas produzidas em juízo, com respeito ao contraditório, revelam que no momento da conduta não existia mais nenhuma pessoa nas imediações do estabelecimento comercial. Houve a destruição ou rompimento de obstáculo pelo emprego de explosivo capaz de causar perigo comum, mas sem que este tenha sido efetivamente produzido. Não incide a causa de aumento de pena contida no inc. II do § 2.º-A do art. 157 do Código Penal.

2.5.1.5.1.8.2.3. Concurso com crime tipificado no Estatuto do Desarmamento

Merece destaque a questão atinente à possibilidade de concurso entre o roubo circunstanciado pela destruição ou rompimento de obstáculo mediante o emprego de explosivo ou artefato análogo e o crime tipificado no art. 16, § 1.º, inc. III, da Lei 10.826/2003 – Estatuto do Desarmamento ("possuir, deter, fabricar ou empregar artefato explosivo ou incendiário, sem autorização ou em desacordo com determinação legal ou regulamentar").

Na prática, duas situações diversas podem se apresentar:

1.ª situação: o agente é preso em flagrante durante a prática do roubo circunstanciado, ou logo depois de cometê-lo, na posse de artefato explosivo, sem autorização ou em desacordo com determinação legal ou regulamentar. O conflito aparente de normas é solucionado pelo princípio da consunção, operando-se a absorção do crime-meio (*antefactum* impunível) pelo crime-fim. O sujeito responderá unicamente pelo delito tipificado no art. 157, § 2.º-A, II, do Código Penal;[156] e

2.ª situação: o agente praticou o roubo circunstanciado pela destruição ou rompimento de obstáculo mediante emprego de explosivo. Algumas semanas mais tarde, no cumprimento de mandado de prisão preventiva, policiais encontram em sua residência os bens roubados, bem como substâncias explosivas. Nesse caso, deverão ser a ele atribuídos os dois crimes (CP, art. 157, § 2.º-A, II, e Lei 10.826/2003, art. 16, § 1.º, III), em concurso material, pois as condutas foram praticadas em contextos fáticos diversos. Se não bastasse, tais delitos ofendem bens jurídicos distintos e consumaram-se em diferentes momentos, circunstâncias que afastam a incidência do princípio da consunção.

2.5.1.5.1.8.2.4. Relação com o crime de explosão

Se o agente pratica o crime de roubo com destruição ou rompimento de obstáculo mediante emprego de explosivo ou de artefato análogo que cause perigo comum, deverá ser imputado unicamente o crime tipificado no art. 157, § 2.º-A, II, do Código Penal.

---

[156] Esse raciocínio também se aplica aos núcleos "deter" e "empregar", contidos no art. 16, § 1.º, III, da Lei 10.826/2003 – Estatuto do Desarmamento.

Não há falar em concurso com o delito de explosão (CP, art. 251), pois a majorante do roubo pressupõe a causação do **perigo comum**. Em síntese, a provocação do perigo comum, ao mesmo tempo em que autoriza a incidência da causa de aumento de pena no crime contra o patrimônio, afasta o delito autônomo de explosão.

2.5.1.5.1.9. Pluralidade de causas de aumento de pena

Como o legislador previu seis causas de aumento de pena no § 2.º, e outras duas majorantes no § 2.º-A, é de se questionar o montante de exasperação da pena quando o delito contém duas ou mais destas circunstâncias.

Essa questão ganha relevância com a regra contida no art. 68, parágrafo único, do Código Penal: "No concurso de causas de aumento ou de diminuição previstas na parte especial, **pode** o juiz limitar-se a um só aumento ou a uma só diminuição, prevalecendo, todavia, a causa que mais aumente ou diminua".

Com efeito, o magistrado pode desprezar uma ou mais causas de aumento de pena. A lei usa a expressão "pode", mas não "deve". O caso concreto pode indicar a suficiência da punição com uma ou mais majorantes. Na prática, três situações podem ocorrer:[157]

1.ª situação: presença de duas majorantes previstas no § 2.º-A

Essa situação é simples, pois o aumento da pena é fixo, no montante de 2/3 (dois terços).

Portanto, se o roubo for praticado com emprego de arma de fogo (inc. I), e houver destruição ou rompimento de obstáculo mediante o emprego de explosivo ou de artefato análogo que cause perigo comum (inc. II), e levando-se em conta o art. 68, parágrafo único, do Código Penal, o juiz tem a discricionariedade de aplicar, fundamentadamente, apenas uma ou então as duas majorantes.

Se aplicar somente uma delas, a remanescente será utilizada como circunstância judicial desfavorável, na primeira fase da dosimetria da pena. Se decidir utilizar as duas, e essa alternativa é possível, a pena sofrerá dois aumentos consecutivos, cada qual no montante de 2/3 (dois terços).

2.ª situação: presença de uma (ou mais) majorantes do § 2.º e de uma (ou duas) majorantes do § 2.º-A

É possível visualizar essa hipótese com um exemplo corriqueiro no cotidiano forense: roubo praticado com emprego de arma de fogo (§ 2.º-A, I), em concurso de pessoas (§ 2.º, II).

Nesse caso, e sem olvidar do parágrafo único do art. 68 do Código Penal, o juiz pode aplicar somente uma das majorantes. Se enveredar por esse caminho, deverá utilizar o § 2.º-A, inc. I (emprego de arma de fogo), por ser a causa de maior aumento, no patamar de 2/3 (dois terços). A outra majorante funcionará como circunstância judicial desfavorável, na fixação da pena-base (CP, art. 59, *caput*).

O magistrado, contudo, também pode fundamentadamente aplicar as diversas majorantes. A pena sofrerá um duplo aumento: de 2/3, pelo emprego de arma de fogo, e de 1/3 até 1/2, pelo concurso de pessoas.

3.ª situação: presença de duas (ou mais) majorantes contidas no § 2.º

Podemos nos servir, para fins didáticos, de um exemplo bastante comum: roubo praticado mediante a restrição da liberdade da vítima (inc. V), em concurso de pessoas (inc. II).

---

[157] Essas situações são as principais e mais comuns na prática forense, e servem como modelos de interpretação. Evidentemente, é impossível imaginar, de antemão, todas as hipóteses que podem se apresentar nas mais variadas ações penais em trâmite no Brasil. Cabe ao operador do Direito Penal, casuisticamente, solucioná-las no caso concreto.

Ao magistrado, com amparo no art. 68, parágrafo único, do Código Penal, é facultado aplicar somente uma das majorantes – qualquer delas, pois apresentam iguais percentuais –, e utilizar a outra no cálculo da pena-base, como circunstância judicial desfavorável (CP, art. 59, *caput*).

Mas, se o juiz optar pela aplicação de duas (ou mais) majorantes previstas no § 2.º do art. 157 do Código Penal, qual é o montante adequado para o aumento da pena? Em nossa opinião, existem três percentuais diversos para o aumento da pena: 1/3, 2/5 e 1/2. Esse raciocínio parte da seguinte linha de pensamento:

(a) na redação original do Código Penal, existiam três causas de aumento de pena no art. 157, § 2.º, e desde aquela época a exasperação da reprimenda já variava entre 1/3 até 1/2. O cálculo era simples:

Número de causas de aumento da pena	Percentual de aumento
1	1/3
2	2/5
3	1/2

(b) na sistemática atual, existem seis majorantes. O espírito da lei consistiu em enrijecer o tratamento penal do roubo circunstanciado, e nunca suavizá-lo. Não se pode permitir, pois, um aumento menor do que antes era aplicado; e

(c) na raríssima – quiçá impossível – hipótese de incidirem simultaneamente quatro ou mais causas de aumento de pena em um crime de roubo, o juiz deve utilizar três majorantes para fixar o aumento máximo (metade), reservando as demais para a primeira fase da dosimetria da pena, a título de circunstâncias judiciais desfavoráveis, na forma delineada pelo art. 59, *caput*, do Código Penal.

É preciso destacar, contudo, que o aumento da pena reclama motivação idônea, não podendo o magistrado simplesmente invocar a pluralidade de causas de aumento. Como destacado na **Súmula 443 do Superior Tribunal de Justiça**: "O aumento na terceira fase de aplicação da pena no crime de roubo circunstanciado exige fundamentação concreta, não sendo suficiente para a sua exasperação a mera indicação do número de majorantes".

2.5.1.5.1.9.1. Roubo circunstanciado e regime prisional para início de cumprimento da pena privativa de liberdade

O art. 157 do Código Penal comina ao roubo simples, próprio (*caput*) ou impróprio (§ 1.º), a pena de 4 (quatro) a 10 (dez) anos de reclusão, além de multa. É notório que, na prática, as penas privativas de liberdade são geralmente fixadas no patamar mínimo. Instalou-se no Brasil, lamentavelmente, o fenômeno da **cultura da pena mínima**.[158]

---

[158] Nada temos contra a pena mínima, que deve ser utilizada quando o caso concreto a recomendar. Discordamos da sua aplicação exagerada e mecânica, robotizada e impensada, contrária ao princípio da individualização da pena (CF, art. 5.º, inc. XLVI) e normalmente baseada no comodismo dos magistrados que buscam fugir, a qualquer custo, da fundamentação necessária que há de revestir todas as decisões judiciais (CF, art. 93, inc. IX), especialmente quando se agrava a situação do réu.

Consequentemente, se a pena-base for aplicada no mínimo legal, ou próximo disso, a incidência de uma ou mais (ou mesmo de todas) causas de aumento de pena eleva a reprimenda no máximo em 2/3 (dois terços).

Dificilmente, portanto, a pena privativa de liberdade imposta a um condenado não reincidente pela prática de roubo circunstanciado ultrapassa oito anos. Destarte, o regime legal pertinente, a teor da letra fria da lei, é o semiaberto, nos moldes do art. 33, § 2.º, "b", do Código Penal.

Nada obstante, é possível a fixação do regime prisional **fechado** ao condenado pelo crime de roubo circunstanciado, desde que presente fundamentação idônea, especialmente no tocante às circunstâncias judiciais desfavoráveis, a teor do art. 59, *caput*, do Código Penal.

Cuida-se de fato objetivamente grave, que fomenta a insegurança no convívio social, a exigir regime mais rigoroso ante a personalidade inteiramente avessa e arredia aos preceitos éticos e jurídicos de seus responsáveis (autores e partícipes). Essa severidade revela-se ainda mais imperiosa quando presente a causa de aumento de pena atinente ao emprego de arma de fogo, seja o roubo consumado ou tentado, pois evidencia maior temibilidade a ser provocada pelo criminoso e propensão mais acentuada para uma violência de sangue contra a vítima.[159]

É preciso recordar, todavia, que "a imposição do regime de cumprimento mais severo do que a pena aplicada permitir exige motivação idônea" (**Súmula 719 do STF**). Com efeito, "a opinião do julgador sobre a gravidade em abstrato do crime não constitui motivação idônea para a imposição de regime mais severo do que o permitido segundo a pena aplicada" (**Súmula 718 do STF**).

2.5.1.6. Roubo qualificado: art. 157, § 3.º, do Código Penal

Como preceitua o art. 157, § 3.º, do Código Penal: "Se da violência resulta: I – lesão corporal grave, a pena é de reclusão de 7 (sete) a 18 (dezoito) anos, e multa; II – morte, a pena é de reclusão de 20 (vinte) a 30 (trinta) anos, e multa".

Nas hipóteses elencadas no § 3.º do art. 157 do Código Penal, o roubo é **qualificado**. Os limites da pena privativa de liberdade instituídos para o roubo simples (próprio ou impróprio), quais sejam mínimo de 4 e máximo de 10 anos de reclusão, são alterados em abstrato para maior.

O roubo qualificado apresenta-se sob duas espécies:

(a) roubo qualificado pela **lesão corporal grave**; e
(b) roubo qualificado pela **morte**, também denominado **latrocínio**.

As figuras qualificadas aplicam-se ao roubo próprio (*caput*) e ao roubo impróprio (§ 1.º), indistintamente.

Somente é possível a incidência das qualificadoras quando o resultado agravador emana da **violência**, praticada contra a vítima da subtração ou contra qualquer outra pessoa (exemplo: segurança do banco, marido da mulher assaltada etc.). O texto legal é taxativo: "se da violência resulta...". Trata-se da **violência à pessoa** (violência física), que não abrange a grave ameaça (violência moral) nem a violência imprópria, prevista no *caput* do art. 157 do Código Penal pela fórmula "ou depois de havê-la, por qualquer meio, reduzido à impossibilidade de resistência".

---

[159] "Ainda que consideradas favoráveis as circunstâncias judiciais (art. 59 do CP), é admissível a fixação do regime prisional fechado aos não reincidentes condenados por roubo a pena superior a quatro anos e inferior a oito anos se constatada a gravidade concreta da conduta delituosa, aferível, principalmente, pelo uso de arma de fogo" (STJ: HC 294.803/SP, rel. Min. Newton Trisotto (Desembargador convocado do TJ-SC), 5.ª Turma, j. 18.09.2014, noticiado no *Informativo* 548).

Consequentemente, se os ferimentos ou a morte resultarem do emprego da grave ameaça ou da violência imprópria, estará caracterizado concurso de crimes entre roubo (simples ou circunstanciado) e lesão corporal ou homicídio (dolosos ou culposos), conforme o caso.

O resultado agravador lesão corporal grave ou morte, para fins de caracterização do roubo qualificado, pode ter sido provocado **dolosa ou culposamente**. É cabível uma das seguintes fórmulas:

(a) roubo doloso + lesão corporal grave ou morte a título de culpa; ou

(b) roubo doloso + lesão corporal grave ou morte a título de dolo.

Em ambos os casos, o roubo qualificado, pela lesão corporal grave ou pela morte (latrocínio), estará consumado. O roubo qualificado, portanto, é **crime qualificado pelo resultado**, mas não necessariamente preterdoloso (dolo no antecedente e culpa no consequente).

Por último, vale consignar que no âmbito do art. 157 do Código Penal a utilização das causas de aumento de pena disciplinadas pelos §§ 2.º e 2.º-A é vedada em relação às qualificadoras previstas no § 3.º, por dois motivos:

(1) as qualificadoras já têm a pena elevada em abstrato e revestida de especial gravidade;[160] e

(2) técnica de elaboração legislativa, eis que a posição em que se encontram as majorantes (§§ 2.º e 2.º-A) deixa nítida a intenção do legislador em limitar seu raio de atuação ao *caput* e ao § 1.º, excluindo-se as formas qualificadas do § 3.º.

2.5.1.6.1. Roubo qualificado pela lesão corporal grave: art. 157, § 3.º, I

O legislador utilizou a expressão "lesão corporal grave" **em sentido amplo**, abrangendo a lesão corporal grave propriamente dita e também a lesão corporal gravíssima (CP, art. 129, §§ 1.º e 2.º). O resultado agravador pode ter sido suportado pela vítima da subtração ou por terceira pessoa.

Por sua vez, a lesão corporal leve (CP, art. 129, *caput*) produzida em decorrência do roubo não constitui qualificadora. Opera-se sua absorção pelo crime mais grave, pois funciona como seu meio de execução. O conflito aparente de normas penais é solucionado pelo princípio da consunção.

Em se tratando de crime qualificado pelo resultado, o roubo qualificado estará consumado com a produção da lesão corporal grave na vítima, ainda que a subtração não se aperfeiçoe. A tentativa será possível unicamente quando o resultado agravador for desejado pelo agente, é dizer, na hipótese de dolo quanto à lesão corporal grave (exemplo: "A", durante um roubo, efetua um disparo de arma de fogo contra o joelho de "B", com a intenção de produzir lesão corporal de natureza grave, mas erra o alvo). De fato, não se admite o *conatus* no tocante ao resultado agravador culposo: ou há sua superveniência, e o crime qualificado estará consumado, ou ele não ocorre, e não se aplica a qualificadora, imputando-se ao ladrão o roubo simples (próprio ou impróprio) ou circunstanciado.

Finalmente, não se pode esquecer que o roubo qualificado pela lesão corporal grave não é latrocínio, atributo reservado somente ao roubo seguido de morte (CP, art. 157, § 3.º, II). A partir da entrada em vigor da Lei 13.964/2019 ("Pacote Anticrime"), essa figura típica passou a ser catalogada entre os crimes hediondos, nos termos do art. 1.º, II, c, da Lei 8.072/1990.

---

[160] STF: RHC 94.775/RJ, rel. Min. Marco Aurélio, 1.ª Turma, j. 07.04.2009, noticiado no *Informativo* 541.

2.5.1.6.2. Roubo qualificado pela morte ou latrocínio: art. 157, § 3.º, II

2.5.1.6.2.1. Terminologia e caráter hediondo do delito

O roubo qualificado pela morte é também denominado **latrocínio**, termo utilizado para designar a forma mais grave do roubo, isto é, "o crime de matar para roubar", ou "matar roubando".[161] Cuida-se de **crime complexo**, pois resulta da fusão dos delitos de roubo e de homicídio, e **pluriofensivo**, já que ofende dois bens jurídicos, consistentes no patrimônio e na vida humana.

A palavra "latrocínio" não foi mencionada uma vez sequer pelo Código Penal brasileiro. Não há rubrica marginal no § 3.º do seu art. 157, inexistindo, portanto, tal *nomen iuris*. Surge então uma primeira pergunta: o nome "latrocínio" é legal ou doutrinário e jurisprudencial? Em outras palavras, trata-se de terminologia de cunho estritamente científico e pretoriano, sem amparo legal?

Historicamente, o termo "latrocínio" foi uma criação doutrinária, que rapidamente passou a ser empregado pelos magistrados, em todas as instâncias do Poder Judiciário. Essa situação se manteve por longos anos, perdurando até a entrada em vigor da Lei 8.072/1990 – Lei dos Crimes Hediondos, que, em seu art. 1.º, inciso II, referia-se expressamente ao latrocínio como o delito previsto no art. 157, § 3.º, *in fine*, do Código Penal. A partir daí, tal denominação, outrora uma simples alcunha, foi legalmente acolhida.

Entretanto, a Lei 13.964/2019 – "Pacote Anticrime" retirou da Lei 8.072/1990 a palavra "latrocínio", nada obstante o roubo qualificado pelo resultado morte continue rotulado como crime hediondo, a teor da norma contida em seu art. 1.º, II, "c".

Em síntese, a palavra "latrocínio" voltou a não possuir supedâneo legal. E mais: o roubo qualificado pela morte, ou latrocínio, consumado ou tentado, é **crime hediondo** (Lei 8.072/1990, art. 1.º, II, "c"). O direito pátrio segue um **critério legal** para a definição dos crimes revestidos da nota da hediondez: é hediondo o delito legalmente classificado como tal. Essa tarefa atualmente é desempenhada pelo art. 1.º da Lei 8.072/1990.

2.5.1.6.2.2. Alocação e competência

Em sede doutrinária, sempre existiu polêmica acerca do local adequado para colocação do latrocínio no Código Penal, se no Título dos Crimes contra o Patrimônio, ou então no Título dos Crimes contra a Pessoa. A discussão não é leviana. O latrocínio ofende o patrimônio alheio, mas preserva laços estreitos de afinidade com o homicídio, uma vez que atenta contra a vida humana.

O legislador nacional preferiu inserir o latrocínio no Título II da Parte Especial do Código Penal, relativo aos Crimes contra o Patrimônio. O fundamento dessa opção é explicado por Luiz Regis Prado:

> Apesar de atingir bem jurídico de relevo (a vida), considera-se crime contra o patrimônio, uma vez que a ofensa àquela é um meio para a violação do direito patrimonial da vítima. De fato, tem-se um crime complexo agravado pelo resultado.[162]

Nada obstante, há doutrinadores que discordam da localização do delito no terreno reservado à proteção do patrimônio. A propósito, Francesco Carrara defendia a alocação do latrocínio entre os crimes dolosos contra a vida, por ser um homicídio com fito de lucro.[163]

---

[161] BARBOSA, Marcelo Fortes. *Latrocínio*. São Paulo: Malheiros, 1997. p. 13.
[162] PRADO, Luiz Regis. *Curso de direito penal brasileiro*. São Paulo: RT, 2008. v. 2, p. 355.
[163] CARRARA, Francesco. *Programa de derecho criminal*. Parte Especial. Tradução de José J. Ortega Torres. Bogotá: Temis, 2005. v. 1, t. 3, p. 236.

Em nossa opinião, fica nítido que o legislador, para fins de classificação do delito fundada na importância do bem jurídico tutelado, conferiu maior valor ao patrimônio do que à vida humana. O latrocínio poderia, sem problema algum, ser uma espécie de homicídio qualificado pela conexão teleológica, pois a morte teria a finalidade de assegurar a execução de outro crime (roubo).

Mas a opção do Código Penal foi a de criar em seu art. 157, § 3.º, II um **delito autônomo e específico**, que, nada obstante tenha limites superiores da pena privativa de liberdade em abstrato (reclusão de 20 a 30 anos), quando comparados aos parâmetros reservados ao homicídio qualificado (reclusão de 12 a 30 anos), bem demonstra que, para o legislador, o patrimônio é mais relevante do que a vida humana.

Nessa ótica, seguindo logicamente a posição legislativa, a **competência** para processar e julgar o crime de latrocínio, ainda que a morte seja produzida a título de dolo, é do **juízo singular**, e não do Tribunal do Júri. Com efeito, o roubo qualificado pela morte é crime contra o patrimônio, e não doloso contra a vida, na forma disciplinada pelo art. 5.º, XXXVIII, "d", da Constituição Federal. É o entendimento consagrado pela **Súmula 603 do Supremo Tribunal Federal**: "A competência para o processo e julgamento de latrocínio é do juiz singular e não do Tribunal do Júri".

2.5.1.6.2.3. Características

Somente se tipifica o crime de latrocínio quando, no contexto do roubo, a morte é produzida em razão do emprego da violência à pessoa (violência física).

Além disso, essa violência precisa ter sido **dolosamente** utilizada durante o roubo. Em síntese, exige-se o emprego intencional de violência à pessoa, a qual produz a morte da vítima, dolosa ou culposamente. Note-se: a violência é dolosa, ao passo que o resultado morte pode ser doloso ou culposo.[164] Se, entretanto, a violência empregada contra a vítima, que causa sua morte, for culposa, não se pode falar em latrocínio, mas em roubo (simples ou circunstanciado) em concurso material com homicídio culposo. Vejamos dois exemplos ilustrativos do que foi dito:

> **1.º exemplo**: "A" aborda "B" e lhe aponta uma arma de fogo. Com o propósito de apenas assustá-la, "A" efetua um disparo na direção da vítima, não para acertá-la, mas o cartucho ricocheteia em um muro e acaba atingindo "B", matando-o. A violência foi dolosamente utilizada e a morte foi produzida a título de culpa. O crime é de latrocínio.
>
> **2.º exemplo**: "A", valendo-se de arma de fogo, aborda "B" e ingressa em seu automóvel para roubá-lo. Sua conduta é percebida por policiais, que passam a persegui-lo. Durante a fuga, "A", agindo com imprudência, consistente na direção com excesso de velocidade, capota o veículo, daí resultando a morte de "B". A violência que provocou a morte da vítima foi culposamente empregada pelo agente. Não há latrocínio, mas roubo circunstanciado pelo emprego de arma em concurso material com homicídio culposo.

No campo da morte dolosa, por sua vez, é nítido que, quando o agente intencionalmente mata a vítima, e esta morte guarda ligação com uma subtração patrimonial, o crime é de latrocínio, na forma prevista no art. 157, § 3.º, II, do Código Penal. Em algumas hipóteses, contudo, o delito será de roubo (simples ou circunstanciado) em concurso material com homicídio doloso. É de se indagar, portanto, se há algum meio para diferenciar tais situações. A resposta é positiva.

---

[164] "A despeito da controvérsia doutrinária quanto à classificação do crime previsto no art. 157, § 3.º, inciso II, do Código Penal – se preterdoloso ou não – fato é que, para se imputar o resultado mais grave (consequente) ao autor, basta que a morte seja causada por conduta meramente culposa, não se exigindo, portanto, comportamento doloso, que apenas é imprescindível na subtração (antecedente)" (STJ: HC 704.718/SP, rel. Min. Laurita Vaz, 6.ª Turma, j. 16.05.2023, noticiado no *Informativo* 777).

O critério distintivo repousa na **especialidade** do latrocínio. Cuida-se de crime específico que nasce da fusão dos delitos de roubo e homicídio. Logo, sua caracterização depende de dois requisitos cumulativos, quais sejam:

(a) o agente, durante o roubo, deve empregar intencionalmente a violência à pessoa; e
(b) existência de relação de causalidade entre a subtração patrimonial e a morte, isto é, a violência à pessoa há de ter sido utilizada em decorrência da prática do roubo, seja para possibilitar a subtração (exemplo: matar alguém para subtrair seus bens), ou para, após a subtração do bem, garantir a posse da coisa (exemplo: matar alguém para fugir com o bem roubado), ou, finalmente, para assegurar a impunidade do roubo (exemplo: matar a vítima para não ser posteriormente reconhecido).

Na linha da orientação jurisprudencial do Supremo Tribunal Federal:

Latrocínio ou homicídio em concurso com roubo: diferenciação. No roubo com resultado morte ("latrocínio"), a violência empregada – da qual deve resultar a morte –, ou se dirige à subtração, ou, após efetivada esta, a assegurar a posse da coisa ou a impunidade do delito patrimonial, que constitui a finalidade da ação. Diversamente, tem-se concurso de homicídio e roubo, se a morte da vítima, em razão de animosidade pessoal de um dos agentes – segundo a própria versão dos fatos acertada pela decisão condenatória – foi a finalidade específica da empreitada delituosa, na qual a subtração da sua motocicleta – que, embora efetivada antes da morte, logo após é lançada ao rio pelos autores –, antes se haja de atribuir à finalidade de dissimular o crime contra a vida planejado.[165]

Em síntese, a existência do latrocínio reclama a morte como fruto da violência à pessoa empregada **no contexto e em razão do roubo**. Presentes estes requisitos, o crime será de latrocínio, qualquer que tenha sido a pessoa morta: a vítima da subtração patrimonial, a pessoa que a acompanhava, o policial que interveio para socorrê-la, o segurança de uma empresa assaltada etc.

De outro lado, na ausência de qualquer desses requisitos, ao agente serão imputados os crimes de roubo e de homicídio doloso, em concurso material.

Também não há latrocínio, mas concurso material entre roubo e homicídio, quando um dos assaltantes mata o outro para, exemplificativamente, ficar com o total dos valores subtraídos, ainda que a morte ocorra durante o assalto. A razão é simples: o resultado morte atingiu um dos sujeitos ativos do próprio roubo.

Por sua vez, se o ladrão efetua um disparo de arma de fogo ou outro golpe qualquer para matar a vítima da subtração patrimonial ou alguma pessoa a ela ligada, mas, por erro na execução, acaba matando seu comparsa, o crime é de latrocínio. Verifica-se o instituto da *aberratio ictus* (CP, art. 73), e o agente deve ser responsabilizado como se tivesse praticado o crime contra a pessoa que desejava atingir. Como já decidiu o Supremo Tribunal Federal:

Aberratio ictus. Latrocínio consumado. (...) O ora paciente atirou para atingir a vítima, que foi ferida, e, por erro de execução, acabou por matar um de seus comparsas. Em casos que tais, em que o alvo dos tiros foi a virtual vítima, e por *aberratio ictus* o morto foi um dos participantes do crime, tem-se a configuração do latrocínio consumado, em conformidade com o disposto no art. 73 (erro na execução) do Código Penal.[166]

---

[165] HC 84.217/SP, rel. Min. Sepúlveda Pertence, 1.ª Turma, j. 10.08.2004.
[166] HC 69.579/SP, rel. Min. Moreira Alves, 1.ª Turma, j. 17.11.1992.

Finalmente, também não há latrocínio quando uma pessoa mata alguém e resta demonstrado que, no momento da morte, o sujeito não tinha a intenção de subtrair bens da vítima, mas, após a consumação do homicídio, surgiu tal vontade, razão pela qual subtraiu os bens do falecido. Exemplo: "A" encontra "B", seu antigo desafeto, e decide matá-lo. Com a vítima já falecida, "A" nota que "B" trazia consigo diversos objetos de valor (relógio, joias etc.) e decide subtraí-los.

Nessa hipótese, não há falar em latrocínio, mas em concurso material entre homicídio (simples ou qualificado) e furto, uma vez que a subtração foi concretizada depois da morte e sem emprego de violência. Em decorrência do princípio da *saisine*, consagrado pelo art. 1.784 do Código Civil,[167] os herdeiros do falecido figuram como vítimas do furto.

2.5.1.6.2.4. Consumação e tentativa

Como o latrocínio é **crime complexo**, envolvendo subtração (roubo) e morte (homicídio), é possível que uma delas se aperfeiçoe, e a outra não. Portanto, quatro situações podem ocorrer, cada uma possuindo sua respectiva solução:

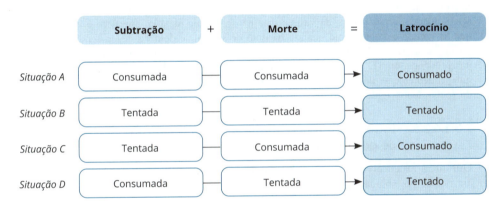

As duas primeiras hipóteses ("A" e "B") não trazem dificuldade nenhuma. As duas outras situações ("C" e "D"), contudo, podem implicar alguns problemas exegéticos. Vejamos cada uma delas.

Situação "C": subtração tentada + morte consumada = latrocínio consumado

A questão a ser enfrentada é a seguinte: se o latrocínio é crime contra o patrimônio, e a subtração não se consumou, é possível falar em latrocínio consumado?

Em princípio, o correto seria tipificar a conduta como latrocínio tentado, uma vez que o crime contra o patrimônio (roubo) não se consumou. Todavia, o **Supremo Tribunal Federal** editou a **Súmula 610**: "Há crime de latrocínio, quando o homicídio se consuma, ainda que não realize o agente a subtração de bens da vítima".

Essa súmula se fundamenta em motivos de política criminal. Afigura-se mais justa a punição por latrocínio consumado, pois a vida humana está acima de interesses patrimoniais. A ideia é essa: "roube, mas não mate, pois se matar o latrocínio estará consumado".

Veja-se, portanto, que, embora o Código Penal tenha inserido o latrocínio entre os crimes contra o patrimônio, dando maior relevância aos bens da vítima do que à sua própria vida, para fins de consumação o Supremo Tribunal Federal entende ser a vida mais relevante do que o patrimônio.

---
[167] Código Civil, art. 1.784: "Aberta a sucessão, a herança transmite-se, desde logo, aos herdeiros legítimos e testamentários".

Essa posição se revela possível em razão da redação do art. 157, § 3.º, II, do Código Penal, ao estatuir que da violência "resulta a morte". Não se exige a efetiva subtração. Basta seja a morte consequência da violência empregada para a subtração. Além disso, o latrocínio é crime qualificado pelo resultado, razão pela qual é cabível falar-se em consumação no momento da produção do resultado agravador.

Situação "D": subtração consumada + morte tentada = latrocínio tentado

Quando a subtração se consuma, mas a morte, quando desejada ou aceita pelo agente, fica na esfera da tentativa, o crime é de latrocínio tentado. Com efeito, é o dolo (direto ou eventual) o fator diferenciador da tentativa de latrocínio, na qual o sujeito quer a morte da vítima ou assume o risco de produzi-la, e do roubo qualificado pela lesão corporal grave (CP, art. 157, § 3.º, I), crime em que o agente quer ou assume o risco tão somente de produzir ferimentos graves na vítima, sem desejar sua morte ou aceitar o risco de provocá-la. Para o Superior Tribunal de Justiça:

> Embora haja discussão doutrinária e jurisprudencial acerca de qual delito é praticado quando o agente logra subtrair o bem da vítima, mas não consegue matá-la, prevalece o entendimento de que há tentativa de latrocínio quando há dolo de subtrair e dolo de matar, sendo que o resultado morte somente não ocorre por circunstâncias alheias à vontade do agente. Por essa razão, a jurisprudência do STJ pacificou-se no sentido de que o crime de latrocínio tentado se caracteriza independentemente de eventuais lesões sofridas pela vítima, bastando que o agente, no decorrer do roubo, tenha agido com o desígnio de matá-la.[168]

2.5.1.6.2.5. Latrocínio e roubo qualificado pela lesão corporal grave: hipóteses de ocorrência

Durante a execução do roubo, pode manifestar-se uma das seguintes hipóteses, cada qual com sua respectiva solução:

a) O agente intencionalmente emprega violência, com o propósito de matar a vítima, e efetivamente causa a morte desta. A morte é dolosa e o crime é de latrocínio consumado;

b) O ladrão intencionalmente emprega violência contra a vítima, sem a intenção de provocar sua morte, mas acaba matando-a culposamente. A morte é culposa e o crime é de latrocínio consumado. Trata-se de crime preterdoloso: há dolo quanto ao roubo e culpa no tocante ao homicídio;

c) O ladrão emprega violência querendo matar a vítima, mas não consegue alcançar este resultado. O crime é de tentativa de latrocínio, ainda que a vítima suporte lesão corporal de natureza grave;

d) O ladrão emprega violência com o propósito de provocar na vítima lesão corporal de natureza grave, e efetivamente o faz. O crime é de roubo qualificado pela lesão corporal grave (CP, art. 157, § 3.º, I);

e) O ladrão emprega violência sem a intenção de provocar lesão corporal grave na vítima, mas acaba produzindo-a culposamente. O crime é de roubo qualificado pela lesão corporal grave (CP, art. 157, § 3.º, I). Cuida-se de crime preterdoloso: há dolo no roubo e culpa relativamente à lesão corporal grave; e

---

[168] HC 201.175/MS, rel. Min. Jorge Mussi, 5.ª Turma, j. 23.04.2013, noticiado no *Informativo* 521.

f) O ladrão emprega violência com o fim de causar lesão corporal grave na vítima, mas não consegue por circunstâncias alheias à sua vontade. O crime é de tentativa de roubo qualificado pela lesão corporal grave.

2.5.1.6.2.6. Latrocínio e pluralidade de mortes

O latrocínio (e também o roubo qualificado pela lesão grave) é catalogado como crime contra o patrimônio, e não contra a vida. Em decorrência dessa escolha legislativa, se no contexto de um roubo, voltado contra um único patrimônio, duas ou mais pessoas são mortas, há um só crime de latrocínio. É o que se dá quando um assaltante, exemplificativamente, mata todos os moradores de uma casa para subtrair os bens que lá se encontram. Na visão do Supremo Tribunal Federal:

> Segundo entendimento acolhido por esta Corte, a pluralidade de vítimas atingidas pela violência no crime de roubo com resultado morte ou lesão grave, embora único o patrimônio lesado, não altera a unidade do crime, devendo essa circunstância ser sopesada na individualização da pena, que, no caso, é de 20 (vinte) a 30 (trinta) anos. Precedentes. Desde que a conduta do agente esteja conscientemente dirigida a atingir mais de um patrimônio, considerado de forma objetiva, como requer o fim de proteção de bens jurídicos do Direito Penal, haverá concurso de crimes.[169]

Nesse contexto, o único instrumento disponível para tratar com maior rigor o agente que assim se comporta é reservado ao juiz que, na dosimetria da pena-base, deve levar em conta as **consequências do crime** para, com fundamento no art. 59, *caput*, do Código Penal, elevar sua pena-base.[170]

Esse entendimento jurisprudencial é alvo de severas críticas. Para Marcelo Fortes Barbosa:

> Ainda que se possa entender a posição majoritária como rigorosamente técnica, em virtude da artificialidade da colocação do latrocínio entre os crimes contra o patrimônio, a verdade é que o rigor técnico de uma situação visivelmente postiça pode nos levar a uma jocosa, se não fosse trágica, ironia forense: "mate no atacado e pague no varejo".[171]

É de se destacar que somente resta caracterizada unidade de latrocínio na hipótese em que um único patrimônio é atacado. De fato, se em uma única ação, praticada no mesmo contexto fático, dois ou mais patrimônios forem lesados, estará caracterizado o **concurso formal impróprio** de latrocínios.[172]

2.5.1.6.2.7. Latrocínio e concurso de agentes

Se, no contexto do roubo, praticado **em concurso de pessoas**, somente uma delas tenha produzido a morte de alguém – vítima da subtração patrimonial ou terceiro –, o latrocínio

---

[169] HC 96.736/DF, rel. Min. Teori Zavascki, 2.ª Turma, j. 17.09.2013. No mesmo sentido: RHC 133.575/PR, rel. Min. Marco Aurélio, 1.ª Turma, j. 21.02.2017, noticiado no Informativo 855. O Superior Tribunal de Justiça compartilha deste entendimento: AgRg no AREsp 2.119.185/RS, rel. Min. Laurita Vaz, 3.ª Seção, j. 13.09.2023, noticiado no *Informativo* 789.
[170] Para escapar dessa situação, que nos parece injusta, na prática forense é possível encontrar uma alternativa: utiliza-se uma das mortes para caracterizar o latrocínio e as demais, de forma autônoma, a título de homicídio. Exemplificativamente, se o agente, desejando roubar o relógio de um homem, veio a matá-lo, e também eliminou gratuitamente a vida da sua esposa, a ele podem ser imputados dois crimes: latrocínio (contra o marido) e homicídio (contra a mulher).
[171] BARBOSA, Marcelo Fortes. *Latrocínio*. São Paulo: Malheiros, 1997. p. 60. O STJ já acolheu essa linha de raciocínio: HC 162.604/SP, rel. Min. Assusete Magalhães, 6.ª Turma, j. 21.11.2013.
[172] STJ: REsp 1.164.953/MT, rel. Min. Laurita Vaz, 5.ª Turma, j. 27.03.2012, noticiado no *Informativo* 494.

consumado deve ser imputado a todos os envolvidos na empreitada criminosa, como desdobramento lógico da adoção da **teoria unitária ou monista** pelo art. 29, *caput*, do Código Penal ("Quem, de qualquer modo, concorre para o crime incide nas penas a este cominadas, na medida de sua culpabilidade").[173]

Entretanto, se um dos agentes quis participar de crime menos grave, ser-lhe-á aplicada a pena deste. Cuida-se de manifestação do instituto da **cooperação dolosamente distinta**, ou **desvios subjetivos entre os agentes**, disciplinado pelo art. 29, § 2.º, do Código Penal.

Nessa hipótese, não há concurso de pessoas para o crime mais grave, mas somente para o de menor gravidade. Exemplo: "A" e "B" combinam a prática do furto de um automóvel. Quando, em via pública, valendo-se de chave falsa, começam a abrir a fechadura de um veículo para subtraí-lo, são surpreendidos pelo seu proprietário. Nesse momento, "A" decide fugir, ao passo que "B" luta com o dono do automóvel, vindo a matá-lo com o disparo de arma de fogo. A solução jurídico-penal é simples: "A" responde por tentativa de furto qualificado, enquanto a "B" será imputado o crime de latrocínio consumado. Repito: não há concurso para o crime mais grave (latrocínio), mas apenas para o menos grave (furto qualificado pelo emprego de chave falsa e concurso de pessoas).

Finalmente, se o resultado mais grave (no exemplo, a morte do dono do automóvel) era previsível, mas não desejado, para aquele que queria participar apenas do crime menos grave, ainda assim tal pessoa não responde pelo crime mais grave, pois para este não concorreu. De fato, será responsabilizado pelo crime menos grave (no exemplo, tentativa de furto qualificado), com a pena aumentada até a metade. É o que se extrai do art. 29, § 2.º, *in fine*, do Código Penal.

2.5.1.6.2.8. Roubo e latrocínio: concurso material ou crime continuado?

Imaginemos a seguinte situação: "A", mediante grave ameaça exercida com emprego de arma de fogo, subtrai bens pertencentes a "B". Algumas horas depois, "A" aborda "C", apontando-lhe a arma de fogo e exigindo a entrega de seu relógio. "C" reage, entrando em luta corporal com "A", o qual efetua um disparo contra a vítima, matando-a.

Não há dúvida de que foram praticados dois crimes por "A": roubo circunstanciado (CP, art. 157, § 2.º-A, I) e latrocínio (CP, art. 157, § 3.º, II). Porém, discute-se a natureza do concurso de crimes, ou seja, se está caracterizado o crime continuado (CP, art. 71) ou o concurso material (CP, art. 69).

Poder-se-ia, inicialmente, falar em crime continuado, pois o roubo e o latrocínio seriam crimes da mesma espécie, em razão de estarem previstos no mesmo tipo penal. Este raciocínio não convence.

De fato, não basta para a caracterização da continuidade delitiva a tipificação das condutas no mesmo dispositivo legal. Os crimes, para serem da mesma espécie, devem possuir semelhante modo de execução, além de apresentarem a mesma estrutura jurídica. Nesse ponto, roubo e latrocínio não se confundem. Aquele viola o patrimônio e a integridade física (quando praticado com violência) ou a liberdade individual (se cometido com grave ameaça), enquanto este ofende o patrimônio e a vida humana. Tais crimes pertencem ao mesmo gênero, mas não são da mesma espécie.

Destarte, ausentes os requisitos exigidos pelo art. 71, *caput*, do Código Penal, não há crime continuado entre roubo e latrocínio. Opera-se autêntico **concurso material**. É também o entendimento do Superior Tribunal de Justiça: "Não é possível reconhecer a continuidade

---

[173] HC 185.167/SP, rel. Min. Og Fernandes, 6.ª Turma, j. 15.03.2011, noticiado no *Informativo* 466.

delitiva entre os crimes de roubo e de latrocínio, pois não se trata de delitos de mesma espécie, apesar de pertencerem ao mesmo gênero".[174]

2.5.2. Art. 158 – Extorsão

2.5.2.1. Dispositivo legal

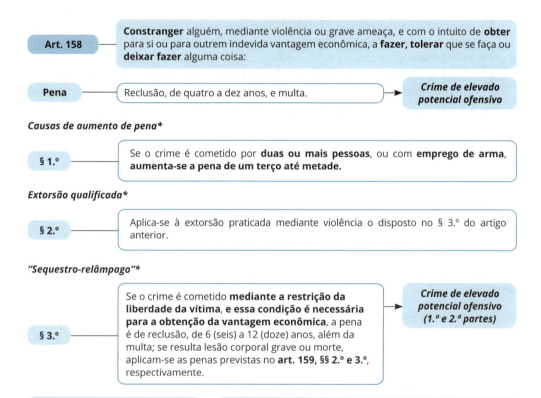

[174] REsp 751.002/RS, rel. Min. Maria Thereza de Assis Moura, 6.ª Turma j. 27.10.2009, noticiado no *Informativo* 413. Em igual sentido: HC 195.276/MG, rel. Min. Laurita Vaz, 5.ª Turma, j. 16.04.2013.

2.5.2.2. Introdução

O crime legalmente denominado de extorsão, tipificado pelo art. 158 do Código Penal, em muito se assemelha ao roubo. Tais delitos apresentam diversos pontos em comum, a saber:

a) são crimes contra o patrimônio, de ação penal pública incondicionada, e pluriofensivos, praticados mediante grave ameaça ou violência à pessoa;
b) as penas, nas modalidades fundamentais, são as mesmas: reclusão de quatro a dez anos, e multa, revelando a previsão legislativa de igual gravidade para as duas infrações penais;
c) o fato de os crimes serem cometidos por duas ou mais pessoas aumenta a pena de um terço até metade (CP, art. 157, § 2.º, inc. II, e art. 158, § 1.º, 1.ª parte);
d) ambos os crimes, quando praticados com emprego de violência, admitem figuras qualificadas pela lesão corporal grave ou pela morte (CP, art. 157, § 3.º, e art. 158, § 2.º);
e) em regra, não são crimes hediondos, salvo nas hipóteses indicadas no art. 1.º, II e III, da Lei 8.072/1990; e
f) são crimes de competência do juízo comum, e não do Tribunal do Júri, ainda que, na forma qualificada, o resultado morte seja dolosamente produzido.

Mas, nada obstante tantas semelhanças, é evidente que roubo e extorsão são crimes distintos. Possuem características próprias que os diferenciam com precisão. Se assim não fosse, inexistiria razão para o legislador ter criado dois crimes diversos, em artigos separados e com nomes que não se confundem. Tais características, inerentes à extorsão, serão analisadas no momento oportuno.

2.5.2.3. Objetividade jurídica

A extorsão é **crime pluriofensivo**. A lei penal tutela o patrimônio, principalmente, pois o delito está previsto entre os crimes contra o patrimônio, mas não se olvida da integridade física e da liberdade individual, uma vez que para executá-lo o sujeito se vale de grave ameaça ou violência à pessoa.

É preciso destacar que o patrimônio, como bem jurídico protegido pelo art. 158 do Código Penal, há de ser compreendido em sentido mais amplo do que a propriedade e a posse, ao contrário do que se dá no furto e no roubo, pois o tipo penal fala em "indevida vantagem econômica". Destarte, qualquer que seja a vantagem patrimonial obtida ou procurada pelo agente, em detrimento da vítima, estará caracterizado um dos requisitos da extorsão.

De fato, é patrimônio, no contexto do crime em apreço, todo bem ou interesse cujo sacrifício represente, para o seu titular, um mal maior do que o prejuízo patrimonial correspondente à vantagem exigida pelo extorsionário. São exemplos de tais bens ou interesses a honra, a tranquilidade pessoal ou familiar, o crédito comercial etc.

Contrariamente ao sustentado pela maioria da doutrina, não consideramos correto classificar a extorsão como crime complexo. Como se sabe, **crime complexo** é o que resulta da fusão de dois ou mais crimes (exemplos: roubo, latrocínio, extorsão mediante sequestro etc.). E, no terreno do delito tipificado pelo art. 158 do Código Penal, não se verifica tal fenômeno.

Com efeito, a extorsão nada mais é do que uma espécie do gênero "constrangimento ilegal" (CP, art. 146): é o constrangimento ilegal qualificado pelo fim de indébita locupletação e que, por isso mesmo, é trasladado para a órbita dos crimes contra o patrimônio. O núcleo do tipo é "constranger", exatamente como no constrangimento ilegal, e no restante da descrição da conduta criminosa não se verifica a presença de nenhum outro comportamento que, por si só, constitua crime autônomo. Trata-se, portanto, de um constrangimento ilegal com finalidade específica. E nada mais.

2.5.2.4. Objeto material

É a pessoa física contra quem se dirige o constrangimento, praticado mediante violência ou grave ameaça.

2.5.2.5. Núcleo do tipo

O núcleo do tipo é "**constranger**", que significa retirar de alguém sua liberdade de autodeterminação, em razão do emprego de violência à pessoa ou grave ameaça.[175]

Anote-se, porém, que a extorsão, ao contrário do roubo, não pode ser praticada mediante violência imprópria, por ausência de previsão legal nesse sentido. A simples leitura do tipo penal revela a inexistência da fórmula genérica contida no art. 157, *caput*, do Código Penal, qual seja "ou depois de havê-la, por qualquer meio, reduzido à impossibilidade de resistência".

São meios de execução da extorsão, portanto, somente a violência à pessoa e a grave ameaça. Tais meios podem ter como destinatários a pessoa titular do patrimônio que se pretende lesar, bem como outra pessoa a ela vinculada por questões de parentesco (exemplos: filhos, netos, irmãos etc.) ou de afinidade (exemplos: amigos, namorada etc.).

A violência à pessoa ou grave ameaça são utilizadas para constranger alguém a fazer, tolerar que se faça ou deixar de fazer alguma coisa, de modo a proporcionar ao extorsionário ou a terceira pessoa ("para si ou para outrem") uma indevida vantagem econômica.[176]

O agente cria para a vítima um estado de coação para que ela faça (exemplo: depositar em uma conta bancária uma determinada quantia em dinheiro), tolere que se faça (exemplo: permitir que um cheque a ela endereçado seja inutilizado pelo criminoso, seu devedor) ou deixe de fazer (exemplo: não ajuizar uma ação executiva contra o extorsionário ou pessoa a ele ligada) alguma coisa.

A expressão "**alguma coisa**", utilizada pelo texto legal, como corolário da coagida ação, tolerância ou omissão, tem o significado genérico de "qualquer fato" dotado de relevância jurídica.[177] Em conformidade com os ensinamentos de Nélson Hungria:

> Uma das mais frequentes formas de extorsão é a praticada mediante ameaça de revelação de fatos escandalosos ou difamatórios, para coagir o ameaçado a *comprar* o silêncio do ameaçador. É a *chantage* dos franceses, ou o *blackmail*, dos ingleses. Como é claro, não importa, para a existência

---

[175] Acerca da violência e da grave ameaça, remetemos o leitor ao que foi dito no tocante ao roubo (art. 157, itens 2.5.1.3.4.1 e 2.5.1.3.4.2).

[176] A promessa de **mal espiritual** funciona como grave ameaça, apta a caracterizar o crime de extorsão: "Configura o delito de extorsão (art. 158 do CP) a conduta de agente que submete vítima à grave ameaça espiritual que se revelou idônea a atemorizá-la e compeli-la a realizar o pagamento de vantagem econômica indevida" (STJ: REsp 1.299.021/SP, rel. Min. Rogerio Schietti Cruz, 6.ª Turma, j. 14.02.2017, noticiado no *Informativo* 598).

[177] "Pode configurar o crime de extorsão a exigência de pagamento em troca da devolução do veículo furtado, sob a ameaça de destruição do bem. De acordo com o art. 158 do CP, caracteriza o crime de extorsão "constranger alguém, mediante violência ou grave ameaça, e com o intuito de obter para si ou para outrem indevida vantagem econômica, a fazer, tolerar que se faça ou deixar fazer alguma coisa". A ameaça – promessa de causar um mal –, como meio de execução do crime de extorsão, deve sempre ser dirigida a uma pessoa (alguém), sujeito passivo do ato de constranger. Dessa conclusão, porém, não deriva outra: a de que a ameaça se dirija apenas à integridade física ou moral da vítima. Portanto, contanto que a ameaça seja grave, isto é, hábil para intimidar a vítima, não é possível extrair do tipo nenhuma limitação quanto aos bens jurídicos a que o meio coativo pode se dirigir. A propósito, conforme a Exposição de Motivos do Código Penal, "A extorsão é definida numa fórmula unitária, suficientemente ampla para abranger todos os casos possíveis na prática" (STJ: REsp 1.207.155/RS, rel. Min. Sebastião Reis Júnior, 6.ª Turma, j. 07.11.2013, noticiado no *Informativo* 531).

do crime, em tal caso, que os fatos sejam *verdadeiros*, isto é, a extorsão por tal meio não é excluída pela *exceptio veritatis*.[178]

Em qualquer das hipóteses, o sujeito busca uma **"indevida vantagem econômica"**, em seu benefício ou de terceiro. A palavra **indevida**, isto é, contrária ao Direito, representa um **elemento normativo do tipo**. Portanto, se a vantagem é devida (legítima), verdadeira ou supostamente, o crime será o de exercício arbitrário das próprias razões, descrito pelo art. 345 do Código Penal ("Fazer justiça pelas próprias mãos, para satisfazer pretensão, embora legítima, salvo quando a lei o permite").[179]

Além disso, não basta ser indevida a vantagem. É necessário seja ainda **econômica**. Não se tratando de vantagem econômica, afasta-se o crime definido no art. 158 do Código Penal. Exemplificativamente, há constrangimento ilegal, e não extorsão, quando um particular, mediante violência à pessoa ou grave ameaça, coage alguém a assumir a autoria de um delito.

Finalmente, não é imprescindível que a indevida vantagem econômica seja exigida explicitamente ou de forma imperativa. Basta que a sua concessão seja insinuada à vítima de um modo possível de assimilação.

2.5.2.5.1. Distinção entre extorsão e roubo: inadmissibilidade de continuidade delitiva

Roubo e extorsão, nada obstante ostentem diversas características comuns, são crimes diversos. Ao longo do tempo, foram várias as fórmulas perseguidas pela doutrina para diferenciar tais delitos.[180] Vejamos.

Na Itália, Francesco Carrara sustentava que no roubo o proveito patrimonial do agente é simultâneo ao mal prometido à vítima pelo emprego da violência à pessoa ou grave ameaça. Na extorsão, por outro lado, o mal e a indevida vantagem econômica são futuros. Em suas palavras:

> No sentido jurídico moderno, as características especiais da extorsão resultam do *intervalo de tempo* que deve transcorrer (por breve que seja) entre a ameaça de um dano e sua execução, ou entre a ameaça de dano e o fato de apoderar-se do objeto. Para que haja roubo é preciso que o ladrão tenha dito: "Ou me dá isto ou te mato", ou que tenha feito obrigatória a entrega mediante força física; por sua vez, para que haja extorsão é preciso que o ladrão tenha dito: "Se não me der isto, eu te matarei, ou queimarei tua casa", ou algo semelhante, ou que tenha dito: "Ou promete me entregar o que te digo, ou te mato". Em uma palavra: o mal iminente e a subtração simultânea constituem o roubo; o mal futuro e o proveito patrimonial futuro caracterizam a extorsão.[181]

No Brasil, Nélson Hungria lutava pela adoção de um critério mais simples. Para o maior penalista pátrio de todos os tempos, "na extorsão, diversamente do roubo, é a própria vítima que, coagida, se despoja em favor do agente. Dizia Frank, lapidarmente, que 'o ladrão subtrai, o extorsionário faz com que se lhe entregue'".[182] Em breves palavras, no roubo há *concretatio*; na extorsão há *traditio*.

Com o merecido respeito, nenhuma destas propostas atingiu com eficiência o resultado almejado, consistente na efetiva distinção entre roubo e extorsão.

A teoria de Francesco Carrara, ao argumentar que no roubo a violência à pessoa ou grave ameaça se realiza no mesmo contexto da vantagem patrimonial, enquanto na

---

[178] HUNGRIA, Nélson. *Comentários ao Código Penal*. 2. ed. Rio de Janeiro: Forense, 1958. v. 7, p. 69-70.
[179] Cf. FARIA, Bento de. *Código Penal brasileiro comentado*. Rio de Janeiro: Distribuidora Record, 1961. v. 5, p. 61.
[180] É de recordar, inicialmente, que a extorsão, ao contrário do roubo, somente pode ser cometida mediante violência à pessoa ou grave ameaça, e não por violência imprópria.
[181] CARRARA, Francesco. *Programa de derecho criminal*. Parte Especial. Tradução de José J. Ortega Torres. Bogotá: Temis, 2005. v. 4, t. 6, p. 161.
[182] HUNGRIA, Nélson. *Comentários ao Código Penal*. 2. ed. Rio de Janeiro: Forense, 1958. v. 7, p. 66.

extorsão há um lapso temporal, ainda que breve, entre uma e outra, cria uma diferença não prevista em lei.

Já a proposta de Nélson Hungria é, na prática, inócua. Imaginemos um exemplo: "A", empunhando uma arma de fogo, ameaça de morte "B" e determina que ele se deite ao solo, exigindo em seguida a entrega da sua carteira. Questiona-se: Há alguma diferença, para fins de tipicidade, se a carteira for entregue pela vítima ou se o agente retirá-la do seu bolso. É claro que não. Em ambas as situações, o ladrão tinha meios à sua disposição, independentemente da colaboração da vítima, para alcançar o bem almejado.

Mas qual é, então, a diferença entre roubo e extorsão?

É simples. Nota-se, em uma análise preliminar, que no roubo o núcleo do tipo é **"subtrair"**, ao passo que na extorsão a ação nuclear é **"constranger"**. E daí desponta uma relevante consequência: se o bem for subtraído, o crime será sempre de roubo, mas, se a própria vítima o entregar ao agente, o delito poderá ser de roubo ou de extorsão.

Estará caracterizado o crime de extorsão quando, para a obtenção da indevida vantagem econômica pelo agente, for imprescindível a colaboração da vítima. No roubo, por seu turno, a atuação do ofendido é dispensável.

Na extorsão, a vítima possui opção entre entregar ou não o bem, de modo que sua colaboração é fundamental para o agente alcançar a indevida vantagem econômica.

Note-se que na extorsão a vantagem almejada pode ser contemporânea ao constrangimento (exemplo: a vítima é abordada por um criminoso armado no terminal de atendimento de uma agência bancária, mas, se não fornecer sua senha, o agente jamais conseguirá sacar o numerário depositado em sua conta-corrente) ou posterior a ele (exemplo: em um "falso sequestro", um presidiário telefona para um pai de família e determina o depósito, no dia seguinte, de determinada quantia em uma conta bancária, sob a ameaça de matar seu filho, que estaria em cativeiro. Nesse caso, a vítima também tem a opção entre realizar ou não o comportamento exigido pelo extorsionário).[183]

Todavia, se houve a entrega do bem, mas isto não era indispensável, pois a vítima não tinha nenhuma opção, pois, se não o entregasse, o sujeito poderia de imediato tomá-lo à força, o crime será de roubo. No exemplo antes referido, pode o ladrão, se o desejar, retirar a carteira da vítima, em vez de aguardar sua entrega. Além disso, o criminoso poderia até mesmo imobilizar ou matar a vítima, a qual nada poderia então fazer para impedir a tradição do bem.

Há, finalmente, uma sensível e indiscutível diferença entre roubo e extorsão. Nesta, a lei não a restringiu às coisas móveis, ao contrário do que fez naquele. Em verdade, a expressão "indevida vantagem econômica" possibilita um maior raio de incidência, atingindo inclusive os bens imóveis. Em suma, um bem imóvel não pode ser roubado, mas certamente é possível figurar como a vantagem econômica da extorsão. Exemplo: "A" ameaça "B", dizendo que irá matá-lo se não transferir em seu proveito um imóvel que lhe pertence.

Com tantas diferenças, não se pode falar em continuidade delitiva, nos moldes do art. 71 do Código Penal, entre roubo e extorsão. Não se trata de crimes da mesma espécie, pois estão previstos em tipos penais diversos, e seus modos de execução são distintos. Para o Supremo Tribunal Federal:

> Por não constituírem delitos da mesma espécie, não é possível reconhecer a continuidade delitiva na prática dos crimes de roubo e extorsão. Com base nesse entendimento, a Primeira Turma, por

---

[183] Como a extorsão é delito formal, consuma-se no momento e no local em que ocorre o constrangimento para que se faça ou se deixe de fazer alguma coisa, nos moldes da Súmula 96 do Superior Tribunal de Justiça. Portanto, o local em que a vítima foi coagida a efetuar o depósito mediante ameaça por telefone é onde se consumou o delito. Por isso, aquele é o local em que será processado e julgado o feito independentemente da obtenção da vantagem indevida, ou seja, da efetivação do depósito ou do lugar onde se situa a agência da conta bancária beneficiada (STJ: CC 129.275/RJ, rel. Min. Laurita Vaz, 3.ª Seção, j. 11.12.2013).

maioria, denegou a ordem de *habeas corpus*. A defesa alegou ser cabível a continuidade delitiva, pois o roubo e a extorsão teriam sido praticados contra a mesma pessoa, no mesmo lugar e em contexto semelhante. Sustentou, ainda, que os crimes são da mesma espécie, pois tangenciam o mesmo bem jurídico e revelam elementos e sanções similares. O Colegiado considerou evidente a divisão de desígnios das condutas, uma vez que o paciente já havia consumado o roubo quando passou a exigir algo que apenas a vítima podia fornecer, de modo a caracterizar a consumação do crime de extorsão.[184]

2.5.2.5.2. Distinção entre extorsão e estelionato

A extorsão, na situação em que o ofendido é constrangido a entregar algo ao criminoso, apresenta um ponto em comum com o estelionato (CP, art. 171), pois neste delito é também a vítima quem entrega o bem ao agente.

No estelionato, contudo, a vítima efetivamente deseja entregar a coisa, pois ela foi, mediante artifício, ardil ou outro meio fraudulento, induzida ou mantida em erro pelo golpista. Na extorsão, por sua vez, a vítima se livra de parcela do seu patrimônio contra sua vontade, pois o faz em decorrência da violência ou grave ameaça contra ela dirigida. Em consonância com a jurisprudência do Supremo Tribunal Federal:

> Em se tratando de crime de estelionato, o dolo de obtenção de vantagem, mediante indução ou manutenção da vítima em erro, deve ser inicial. O intento lesivo deve coexistir com o início da execução (...). Para que se perfaça o delito de extorsão, é indispensável o uso de violência ou grave ameaça por parte do agente.[185]

Se, no caso concreto, o sujeito empregar fraude e violência à pessoa ou grave ameaça, a ele será imputado o crime de extorsão, pois, além de se tratar de infração penal mais grave, a entrega do bem pela vítima se deu contra sua vontade, em face do constrangimento a ela endereçado.

2.5.2.5.3. Sextorsão

A extorsão pode ser cometida mediante grave ameaça envolvendo algum comportamento de natureza sexual, como no exemplo em que o agente exige a entrega de determinada quantia em dinheiro para não divulgar um vídeo íntimo da vítima, sua antiga namorada. Utiliza-se a nomenclatura **sextorsão** para essa hipótese do delito.

Na sextorsão, é importante destacar, não há emprego de violência à pessoa ou grave ameaça visando a realização de conjunção carnal ou ato libidinoso diverso com a vítima. Se isso ocorrer, estará caracterizado o crime de estupro, na forma definida pelo art. 213 do Código Penal.

2.5.2.6. Sujeito ativo

Pode ser qualquer pessoa (**crime comum**).

2.5.2.6.1. Extorsão e concussão: distinção

O crime de concussão, tipificado pelo art. 316 do Código Penal, possui a seguinte descrição: "Exigir, para si ou para outrem, direta ou indiretamente, ainda que fora da função ou

---

[184] HC 114.667/SP, rel. orig. Min. Marco Aurélio, red. p/ o ac. Min. Roberto Barroso, 1.ª Turma, j. 24.04.2018, noticiado no *Informativo* 899. No STJ: HC 281.130/SP, rel. Min. Laurita Vaz, 5.ª Turma, j. 25.03.2014.
[185] HC 87.441/PE, rel. Min. Gilmar Mendes, 2.ª Turma, j. 16.12.2008.

antes de assumi-la, mas em razão dela, vantagem indevida". A pena é de reclusão, de dois a doze anos, e multa.

Em face da redação legal, muitos denominam o crime de concussão de "extorsão praticada por funcionário público". Esta fórmula, que inicialmente se revela interessante, não se reveste de rigor técnico.

De fato, enquanto a extorsão é crime contra o patrimônio, a concussão constitui-se em crime praticado por funcionário público contra a Administração em geral. Mas as diferenças não param por aí.

Na concussão o funcionário público faz a exigência de vantagem indevida aproveitando-se do temor provocado pelo exercício da sua função. Não há, portanto, emprego de violência à pessoa ou grave ameaça, meios de execução da extorsão. Exemplo: Um policial militar exige do dono de um bar o pagamento mensal de propina, sob pena de vistoriar com afinco seu estabelecimento comercial, até encontrar drogas ali guardadas.

Mas, se o funcionário público, em vez de se aproveitar da intimidação proporcionada pelo cargo por ele ocupado, fizer a exigência de vantagem indevida mediante grave ameaça ou violência à pessoa, haverá extorsão. Exemplo: Um policial militar, em operação de trânsito, determina a parada de um automóvel. Após examinar os documentos do seu condutor, saca o seu revólver e o aponta na direção do motorista, exigindo que este digite o código de retirada do aparelho de toca-cd instalado no painel, para dele apoderar-se.

Resumidamente, duas situações podem ocorrer:

(1) Concussão: o agente é funcionário público e, sem utilizar violência à pessoa ou grave ameaça, exige vantagem indevida em razão da sua função; e

(2) Extorsão: o funcionário público, para obter uma indevida vantagem econômica, emprega violência à pessoa ou grave ameaça contra a vítima.

Em sintonia com o clássico entendimento do Supremo Tribunal Federal:

> Não basta ser o agente funcionário público e haver apregoado essa condição, com intuito de intimidar a vítima, para converter, em concussão, o crime de extorsão, quando obtida a vantagem por meio de constrangimento, exercido mediante grave ameaça.[186]

Conclui-se, pois, que não se pode falar que a concussão é toda extorsão praticada por funcionário público. Como visto, o funcionário público, dependendo do meio de execução utilizado para obter a indevida vantagem econômica, pode cometer extorsão ou concussão.

Veja-se, porém, que, se o agente finge ser funcionário público, sem ostentar esta condição, o crime sempre será de extorsão (CP, art. 158).

2.5.2.7. Sujeito passivo

A extorsão é **crime pluriofensivo**, pois ataca mais de um bem jurídico, a saber, o patrimônio e a integridade física, se cometido com violência à pessoa, ou a liberdade individual, quando praticado com grave ameaça. Consequentemente, seu sujeito passivo pode ser:

(a) a pessoa atingida pela violência ou grave ameaça;

(b) a pessoa que faz, deixa de fazer ou tolera que se faça algo; e

(c) a pessoa que suporta o prejuízo patrimonial.

---

[186] HC 72.936/MG, rel. Min. Octavio Gallotti, 1.ª Turma, j. 22.08.1995.

2.5.2.8. Elemento subjetivo

É o dolo. Não se admite a modalidade culposa.

Exige-se ainda, além do dolo, um especial fim de agir (elemento subjetivo específico), representado pela expressão "com o intuito de obter para si ou para outrem indevida vantagem econômica". É esta finalidade específica que diferencia a extorsão de outros crimes, tais como o constrangimento ilegal e o estupro, pois nestas infrações penais o núcleo do tipo também é "**constranger**".

No constrangimento ilegal (CP, art. 146), a violência à pessoa ou grave ameaça é utilizada pelo agente somente para que a vítima não faça o que a lei permite ou faça o que ela não manda. Não há nenhum objeto específico buscado pelo criminoso com o constrangimento.

De outro lado, no estupro (CP, art. 213), crime definido como hediondo, ao contrário da extorsão, o constrangimento mediante violência à pessoa ou grave ameaça tem como meta um fim sexual, que pode ser a conjunção carnal ou qualquer outro ato libidinoso.

E, como já mencionado, se a vantagem econômica almejada pelo sujeito for "devida", o crime será de exercício arbitrário das próprias razões (CP, art. 345).

2.5.2.9. Consumação

A extorsão é **crime formal, de consumação antecipada ou de resultado cortado**. É o que se extrai da Súmula 96 do Superior Tribunal de Justiça: "O crime de extorsão consuma-se independentemente da obtenção da vantagem indevida".

A redação do art. 158 do Código Penal é clara. **A extorsão é crime formal e instantâneo**. Consuma-se no momento em que a vítima, depois de sofrer a violência ou grave ameaça, realiza o comportamento desejado pelo criminoso, isto é, faz, deixa de fazer ou tolera que se faça algo, ainda que em razão de sua conduta o agente não obtenha a indevida vantagem econômica. Isto porque a conduta é especificada com o elemento subjetivo específico "com o intuito de". Basta a ação voltada contra o patrimônio. Os elementos constitutivos do crime não incluem o dano patrimonial. Se este ocorrer, configura exaurimento.[187]

Esta conclusão importa em um significativo efeito processual, atinente à possibilidade de prisão em flagrante do criminoso. Imagine-se o seguinte caso: "A" envia a "B" uma carta ameaçadora, exigindo a transferência bancária de uma determinada quantia. A vítima toma conhecimento da intimidação e, uma semana depois, atende à ordem do criminoso. No momento em que o extorsionário efetuar o saque do numerário depositado em sua conta-corrente, não será possível a prisão em flagrante, pois o crime já se consumou há muito tempo. Não será possível a utilização de nenhuma das modalidades de prisão em flagrante disciplinadas pelo art. 302 do Código de Processo Penal. Se for efetuada a prisão em flagrante, deverá ser a medida constritiva da liberdade imediatamente relaxada pela autoridade judiciária competente, a teor do art. 5.º, inciso LXV, da Constituição Federal.

Frise-se, porém, que em algumas situações a ação ou omissão da vítima já lhe acarreta prejuízo patrimonial e, por corolário, indevida vantagem econômica para o extorsionário. É o que se dá na destruição de um título de crédito que fundamentava a dívida do criminoso.

Tratando-se de crime formal, a superveniência do resultado naturalístico é possível, mas prescindível para fins de consumação. Se, todavia, o agente alcançar a visada vantagem econômica indevida, o crime atingirá o exaurimento, que deverá ser levado em consideração na dosimetria da pena-base, como consequência do delito, nos termos do art. 59, *caput*, do Código Penal.

---

[187] Na visão do STF: "A extorsão é crime formal, o que implica dizer que a consumação do delito independe do auferimento de vantagem econômica pelo agente" (RHC 118.595/SP, rel. Min. Ricardo Lewandowski, 2.ª Turma, j. 01.10.2013).

2.5.2.10. Tentativa

É possível. Nada obstante seu aspecto formal, a extorsão é em regra **crime plurissubsistente**. A conduta pode ser fracionada em diversos atos, razão pela qual sua execução pode ser impedida por circunstâncias alheias à vontade do agente.

Mas atenção para um ponto importante. Se a extorsão se consuma quando a vítima, depois de atacada pela violência ou grave ameaça, realiza o comportamento desejado pelo extorsionário, somente será correto falar no *conatus* na hipótese em que a vítima, devidamente constrangida pela violência física ou moral, não efetuar a conduta comissiva ou omissiva determinada pelo criminoso, por circunstâncias alheias à sua vontade.

É possível individualizar, portanto, três estágios distintos no *iter criminis* da extorsão:

Tentativa	Constrangimento, mediante emprego de violência ou grave ameaça, para obtenção de indevida vantagem econômica.
Consumação	Realização, pela vítima, do comportamento determinado pelo extorsionário.
Exaurimento	Obtenção da indevida vantagem econômica.

Convém destacar, finalmente, que a tentativa de extorsão depende da idoneidade do meio de execução empregado pelo agente para constranger a vítima, de modo a forçá-la a efetuar o comportamento por ele desejado. Se o meio utilizado for inidôneo, ou seja, absolutamente ineficaz, não haverá tentativa de extorsão, mas crime impossível, nos moldes do art. 17 do Código Penal. Nos ensinamentos de Nélson Hungria:

> O que decide, para o reconhecimento da tentativa, em qualquer caso, é a idoneidade do meio coativo empregado, e diz-se idôneo, *a priori*, o meio executivo da extorsão quando seja capaz de intimidar o *homo medius*, o homem comum. Se o meio se apresenta, razoavelmente ou segundo o *id quod plerumque accidit*, adequado ao fim a que visa o agente, não deixa de ser considerado como tal quando, no caso concreto, não logre êxito em razão de excepcional resistência ou bravura da vítima ou outra circunstância alheia à vontade do agente. Assim, no caso de ameaça que, de regra ou segundo *scepius fit*, se reconheça eficiente, mas acontecendo que o ameaçado vence o temor inspirado e deixa de atender à imposição quanto ao *facere*, *pati* ou *omittere*, preferindo arrostar o perigo ou solicitar, confiantemente, a intervenção policial, é inquestionável a existência da tentativa de extorsão.[188]

2.5.2.11. Ação penal

A ação penal é pública incondicionada, em todas as modalidades de extorsão.

2.5.2.12. Classificação doutrinária

A extorsão é crime **comum** (pode ser praticado por qualquer pessoa); **de forma livre** (admite qualquer meio de execução); **formal, de resultado cortado ou de consumação antecipada** (a consumação independe da produção do resultado naturalístico, isto é, não se reclama a obtenção pelo agente da indevida vantagem econômica); **instantâneo** (consuma-se em um momento determinado, sem continuidade no tempo), em regra **plurissubsistente** (a conduta é composta de diversos atos); **de dano** (para a doutrina dominante, que não fundamenta seu

---

[188] HUNGRIA, Nélson. *Comentários ao Código Penal*. 2. ed. Rio de Janeiro: Forense, 1958. v. 7, p. 77-78.

entendimento);[189] **doloso**; e **unissubjetivo, unilateral ou de concurso eventual** (cometido normalmente por uma só pessoa, nada obstante seja possível o concurso de agentes).

2.5.2.13. Causas de aumento de pena: art. 158, § 1.º

Em seu § 1.º, o art. 158 do Código Penal elenca duas causas de aumento de pena, e não qualificadoras, no montante de um terço até metade. São elas:

(a) crime cometido por duas ou mais pessoas; e
(b) crime cometido com emprego de arma. Incidem na terceira e derradeira fase da dosimetria da pena privativa de liberdade.

Cuida-se, portanto, de **extorsão circunstanciada, agravada ou majorada**, e não de extorsão qualificada.

2.5.2.13.1. Se o crime é cometido por duas ou mais pessoas

O legislador prevê mais uma hipótese de **crime acidentalmente coletivo**. A extorsão pode ser executada por uma só pessoa, mas, se for cometida por duas ou mais pessoas, a pena será obrigatoriamente aumentada.

Ao contrário do que fez no roubo, em seu art. 157, § 2.º, inciso II, o Código Penal fala em crime "cometido por duas ou mais pessoas", e não em "concurso de duas ou mais pessoas". É indispensável, destarte, que todos os envolvidos na empreitada criminosa realizem atos executórios da extorsão, mediante a utilização de violência à pessoa ou grave ameaça. A lei impõe a coautoria, não se contentando com a simples participação. Exemplificativamente, não incide a majorante no caso em que uma pessoa constrange a vítima no interior de uma agência bancária, enquanto seu comparsa a aguarda para fuga com o dinheiro levantado.

2.5.2.13.2. Se o crime é cometido com emprego de arma

Aplica-se a majorante quando a extorsão é cometida com emprego de arma, **qualquer que seja a sua modalidade** (própria ou imprópria, branca ou de fogo).

Nesse ponto, portanto, o legislador não se utilizou do procedimento diferenciado dispensado ao crime de roubo, no qual o aumento da pena é de 2/3, para o emprego de arma de fogo (art. 157, § 2.º-A, I), ou então de 1/3 até 1/2, se há emprego de arma branca (art. 157, § 2.º, VII). Além disso, não incide nenhum aumento de pena no roubo praticado com emprego de qualquer outra arma imprópria, não compreendida como arma de fogo ou arma branca, a exemplo de uma barra de ferro.

Para evitar a repetição cansativa e desnecessária, pedimos licença para remeter sua leitura aos comentários efetuados em relação ao roubo, no tocante aos reflexos jurídicos do emprego de arma de fogo e de arma branca (itens 2.5.1.5.1.1, 2.5.1.5.1.7 e 2.5.1.5.8.1).

2.5.2.14. Extorsão qualificada: art. 158, § 2.º

O art. 158, § 2.º, do Código Penal contém a seguinte redação: "Aplica-se à extorsão praticada mediante violência o disposto no § 3.º do artigo anterior".

---

[189] Concordamos com Heleno Cláudio Fragoso, para quem: "O crime se consuma com o resultado do constrangimento, isto é, com a ação ou omissão que a vítima é constrangida a fazer, omitir ou tolerar que se faça, e por isso pode-se dizer que, em relação ao patrimônio, este crime é de perigo" (*Direito penal*. São Paulo: José Bushatsky, 1958. v. 1, p. 207).

Vê-se que há duas modalidades de extorsão qualificada: com resultado lesão corporal grave e com resultado morte. Ambas somente se caracterizam quando a extorsão é praticada mediante violência, não se podendo, pois, falar em extorsão qualificada quando cometida com grave ameaça.

No tocante à extorsão qualificada pela morte, a Lei 13.964/2019 ("Pacote Anticrime") cometeu um erro gravíssimo. Desde a entrada em vigor da Lei 8.072/1990, tal delito sempre foi capitulado entre os hediondos. Mas infelizmente não é mais.

Com efeito, ao alterar a redação do art. 1.º, III, da Lei 8.072/1990, para incluir a extorsão qualificada pela restrição da liberdade da vítima (art. 158, § 3.º), o legislador excluiu do rol dos crimes hediondos a extorsão qualificada pela morte, tipificada no art. 158, § 2.º. Chega a ser trágico: para compensar um acerto, o legislador implementou um tremendo erro.

O Brasil, por força da norma contida no art. 5.º, XLIII, da Constituição Federal, adota um **critério legal** no tocante aos crimes hediondos. Somente se reveste da hediondez os delitos assim expressamente catalogados em lei. Atualmente, em face do erro grosseiro do legislador, o art. 158, § 2.º, do Código Penal não consta do rol taxativo elencado pelo art. 1.º da Lei 8.072/1990.

O panorama jurídico criado pela falta de técnica do legislador é dantesco: o roubo, em diversas das suas variantes, é crime hediondo (Lei 8.072/1990, art. 1.º, II). Basta, para tanto, ser praticado com emprego de arma de fogo. Até mesmo o furto, quando qualificado pelo emprego de explosivo ou de artefato análogo que cause perigo comum, reveste-se da hediondez (Lei 8.072/1990, art. 1.º, IX). Contudo, a extorsão – e não a extorsão qualificada pela restrição da liberdade da vítima – que sempre recebeu igual tratamento dispensado ao roubo, inclusive no tocante à sua gravidade, não é delito hediondo, mesmo se qualificado pela morte.

No mais, ficam mantidas as considerações lançadas acerca do roubo qualificado (art. 157, item 2.5.1.6).

2.5.2.15. Extorsão mediante restrição da liberdade da vítima ou sequestro-relâmpago: art. 158, § 3.º, do Código Penal

2.5.2.15.1. Introdução

A Lei 11.923/2009 foi responsável pela inserção do § 3.º no art. 158 do Código Penal, com a seguinte redação: "Se o crime é cometido mediante a restrição da liberdade da vítima, e essa condição é necessária para a obtenção da vantagem econômica, a pena é de reclusão, de 6 (seis) a 12 (doze) anos, além da multa; se resulta lesão corporal grave ou morte, aplicam-se as penas previstas no art. 159, §§ 2.º e 3.º, respectivamente". Cuida-se, nessa parte final, de **crime remetido**, pois o tipo penal se reporta às penas previstas em outros dispositivos legais.

A finalidade precípua do legislador consistiu em criar um tipo penal específico para o sequestro-relâmpago (também conhecido como "saidinha"), modalidade criminosa na qual o agente constrange a vítima, com o emprego de violência à sua pessoa ou grave ameaça seguida da restrição da sua liberdade, como forma de obter indevida vantagem econômica. É facilmente constatável, portanto, que este crime, além de atentar contra o patrimônio alheio, também viola a liberdade de locomoção.

O sequestro-relâmpago, nome popular pelo qual o crime de extorsão com restrição da liberdade restou consagrado, não pode ser equiparado à extorsão mediante sequestro (CP, art. 159), uma vez que não há privação, mas **restrição** da liberdade. Como se sabe, na extorsão mediante sequestro a vítima é colocada no cárcere, e sua liberdade é negociada com o pagamento de indevida vantagem como condição ou preço do resgate; no sequestro-relâmpago, por sua vez, não há encarceramento da vítima nem a finalidade de recebimento de resgate para sua soltura, mas sim o desejo de obter, em face do constrangimento, e não da privação da liberdade, uma indevida vantagem econômica.

O exemplo clássico de extorsão mediante restrição da liberdade da vítima se verifica na hipótese em que o criminoso aborda a vítima e, valendo-se de grave ameaça ou violência contra ela empregada, restringe sua liberdade de locomoção, mantendo-a em seu poder e levando-a em seguida a um terminal bancário para que saque o numerário depositado em sua conta-corrente.

Antes da edição da Lei 11.923/2009, discutia-se o enquadramento típico do sequestro-relâmpago. Tratava-se de extorsão, simples ou agravada (CP, art. 158, *caput* ou § 1.º), conforme o caso, ou de roubo circunstanciado pela restrição da liberdade da vítima (CP, art. 157, § 2.º, inc. V)? Sempre prevaleceu, acertadamente, o entendimento de que o crime era de extorsão, pois a obtenção da indevida vantagem econômica ficava condicionada à colaboração da vítima. No exemplo mencionado, o agente não tinha como alcançar a vantagem sem que a vítima digitasse as teclas corretas ou lhe fornecesse sua senha bancária.

Agora, este entendimento foi legalmente consagrado. O sequestro-relâmpago caracteriza extorsão. Constitui-se, em verdade, em uma forma de extorsão qualificada, com penas que variam de 6 (seis) a 12 (doze) anos, e multa, na forma básica, e que podem chegar a 24 (vinte e quatro) a 30 (trinta) anos, se do fato resultar a morte.

Observe-se, porém, que a espécie de extorsão prevista no art. 158, § 3.º, do Código Penal não derrogou a modalidade de roubo circunstanciado definida pelo art. 157, § 2.º, inciso V, do Código Penal. Estará configurado o roubo quando o agente restringir a liberdade da vítima, mantendo-a em seu poder, para **subtrair** seu patrimônio. Nessa hipótese, é possível ao criminoso apoderar-se da coisa alheia móvel independentemente da efetiva colaboração da vítima. É o que se dá, exemplificativamente, quando o sujeito subjuga a pessoa que estava no interior do seu automóvel, parado em um semáforo, ingressa no veículo e faz com que ela dirija por alguns quilômetros até ser colocada em liberdade, fugindo o ladrão na posse do bem.

2.5.2.15.2. Penas cominadas em abstrato e princípio da proporcionalidade

A pena da extorsão mediante restrição da liberdade da vítima, em sua forma básica, varia de 6 (seis) a 12 (anos) de reclusão, além da multa.

A pena mínima, destarte, é igual àquela cominada pelo art. 121, *caput*, do Código Penal ao homicídio simples. Poder-se-ia dizer, portanto, que a escolha legislativa ofende o princípio da proporcionalidade, uma vez que teria colocado no mesmo nível dois bens jurídicos de importâncias diversas. Não seria lícito reputar de igual gravidade a lesão à vida (homicídio) e o ataque ao patrimônio e à liberdade individual (sequestro-relâmpago).

Assim, contudo, não nos parece. Façamos um raciocínio simples: a pena da extorsão, prevista no art. 158, *caput*, do Código Penal é de reclusão, de 4 (quatro) a 10 (dez) anos, e multa. Se o crime for praticado com emprego de arma, ou mediante concurso de duas ou mais pessoas, incide o obrigatório aumento, de um terço a metade (CP, art. 158, § 1.º). Logo, o mínimo de pena privativa de liberdade na extorsão com uma causa de aumento de pena é de 5 (cinco) anos e 4 (meses).[190] É difícil vislumbrar, no cotidiano forense, um delito de extorsão cometido sem emprego de arma ou concurso de pessoas, razão pela qual a pena sempre parte do patamar de 5 (cinco) anos e 4 (quatro) meses. E nunca se questionou a proporcionalidade da pena cominada à extorsão!

Por outro lado, se a extorsão envolve a restrição da liberdade da vítima, é quase impossível imaginar sua prática pelo agente "de mãos limpas", sem emprego de arma, ou então desprovido da ajuda de ao menos um comparsa. Destarte, a pena da extorsão mediante restrição da liberdade da vítima, mesmo sem as inovações trazidas pela Lei 11.923/2009, já partiria do mínimo de 5 (cinco) anos e 4 (quatro) meses. E, convenhamos, daí para 6 (seis) anos a diferença é mínima, e mais do que justificada pela restrição da liberdade e por todos os relevantes efeitos

---

[190] Este é o cálculo: 4 anos + 1/3 = 5 anos e 4 meses.

danosos, morais e psicológicos, dela decorrentes. Tal diferença, pois, revela-se necessária, e, sobretudo, incapaz de representar ofensa ao princípio da proporcionalidade.

Se não bastasse, o fato de o homicídio simples ser um crime grave não afasta a gravidade do sequestro-relâmpago. Aliás, o que efetivamente se revela como ofensa à proporcionalidade é o esquecimento do crime de homicídio, que fere o mais relevante bem jurídico – a vida humana. Não se pode manter a pena do homicídio simples em singelos seis anos.[191] Além disso, é válido relembrar que o homicídio simples em regra não é crime hediondo, somente recebendo esta qualificação quando praticado em atividade típica de grupo de extermínio, ainda que por um só agente (Lei 8.072/1990, art. 1.º, inc. I).

Por sua vez, se da extorsão mediante a restrição da liberdade da vítima resultar lesão corporal grave, a pena será de 16 (dezesseis) a 24 (vinte e quatro) anos; se houver morte, a pena será de 24 (vinte e quatro) a 30 (trinta) anos. Em ambas as qualificadoras, lamentavelmente, o legislador olvidou-se da pena pecuniária. Como sabido, nos crimes contra o patrimônio a pena de multa afigura-se de fundamental importância, pois é preciso ferir o patrimônio daquele que desrespeita a esfera econômica alheia.

O resultado agravador deve recair sobre a pessoa sequestrada. De fato, se a lesão corporal grave ou morte for suportada por outra pessoa que não a vítima da extorsão mediante restrição da liberdade, haverá concurso material entre o crime definido pelo art. 158, § 3.º, do Código Penal e homicídio (doloso ou culposo) ou lesão corporal grave. Exemplificativamente, se o criminoso dolosamente mata o segurança da vítima, a ele serão imputados os crimes de extorsão mediante a restrição da liberdade da vítima e homicídio qualificado pela conexão (CP, art. 121, § 2.º, inc. V).

No tocante ao resultado morte, é indiferente à sua caracterização tenha sido ele provocado a título de dolo ou de culpa. Em qualquer hipótese a qualificadora será aplicável. No primeiro caso, entretanto, o magistrado deve sopesar a maior gravidade do delito na dosimetria da pena-base, em consonância com as circunstâncias judiciais elencadas pelo art. 59, *caput*, do Código Penal.

Se a morte ou lesão corporal grave for produzida por caso fortuito, força maior ou culpa de terceiro, não se aplicam as qualificadoras. É o que se extrai do art. 19 do Código Penal: "Pelo resultado que agrava especialmente a pena, só responde o agente que o houver causado ao menos culposamente". Exemplo: A vítima, que estava dominada pelo criminoso, é morta por um raio durante o trajeto para a agência bancária.

A pena da extorsão mediante restrição da liberdade da vítima, com resultado morte (reclusão, de 24 a 30 anos), figura, ao lado da extorsão mediante sequestro também com resultado morte (CP, art. 159, § 3.º), como a maior pena privativa de liberdade existente no Brasil.

2.5.2.15.3. Extorsão mediante restrição da liberdade da vítima e Lei dos Crimes Hediondos

A extorsão qualificada pela restrição da liberdade da vítima é **crime hediondo**, nos termos do art. 1.º, III, da Lei 8.072/1990, com a redação dada pela Lei 13.964/2019 ("Pacote Anticrime").

Nada obstante a Lei dos Crimes Hediondos apresente uma redação confusa – "extorsão qualificada pela restrição da liberdade da vítima, ocorrência de lesão corporal ou morte (art. 158, § 3.º)" –, entendemos que os efeitos da hediondez abarcam todas as figuras típicas elencadas no § 3.º do art. 158 do Código Penal, aí se incluindo a modalidade fundamental, sem lesão corporal grave ou morte, por duas razões:

a) o art. 5.º, XLIII, da Constituição Federal, adota um **critério legal**, ou seja, são hediondos os crimes expressamente indicados em lei como tais. Nesse sentido, o art. 1.º, III, da Lei

---

[191] Cf. NUCCI, Guilherme de Souza. *Manual de direito penal*. 5. ed. São Paulo: RT, 2009. p. 722.

8.072/1990 menciona o art. 158, § 3.º, do Código Penal, no qual estão contidos a extorsão mediante restrição da liberdade da vítima, bem como as figuras qualificadas pela lesão corporal grave ou pela morte; e

b) a Lei 13.964/2019 ("Pacote Anticrime") incluiu, no art. 1.º, II, *a*, da Lei 8.072/1990, o roubo circunstanciado pela restrição da liberdade da vítima no rol dos crimes hediondos. Por uma questão de coerência, a extorsão qualificada pela restrição da liberdade da vítima, em todas as suas modalidades, também deve ser classificada como delito hediondo.

Corrigiu-se um grave equívoco anteriormente existente na legislação brasileira. Com efeito, a Lei 11.923/2009 criou um tipo penal específico para a extorsão mediante a restrição da liberdade da vítima, popularmente conhecida como "sequestro-relâmpago", porém esqueceu de adicioná-la à Lei dos Crimes Hediondos, inclusive quando qualificada pela lesão corporal grave ou pela morte.

Como a Constituição Federal impõe o critério legal na definição dos crimes hediondos, ao magistrado não era facultado suprir, no caso concreto, o vácuo criado pelo legislador. Em síntese, a extorsão mediante a restrição da liberdade da vítima deveria ter sido prevista entre os crimes hediondos desde a sua criação, mas não o foi por um erro grosseiro do legislador. Essa foi a posição que sempre sustentamos.

Felizmente, tal equívoco foi solucionado. Demorou muito, é verdade, mas antes tarde do que nunca.

2.5.2.15.4. Extorsão mediante restrição da liberdade da vítima *versus* causas de aumento da pena

Em uma primeira análise, as causas de aumento da pena previstas no § 1.º do art. 158 do Código Penal mostram-se inaplicáveis à extorsão mediante restrição da liberdade da vítima. Essa conclusão deriva da interpretação geográfica do tipo penal. Como a figura qualificada encontra-se no § 3.º do art. 158, a ela aparentemente não se amoldam as majorantes contidas no § 1.º do citado dispositivo legal.

Essa interpretação geográfica (ou topográfica), contudo, deve ser suavizada. Com efeito, a extorsão mediante restrição da liberdade da vítima, além de ser compatível com as causas de aumento da pena, foi criada posteriormente às majorantes. Em outras palavras, quando o legislador situou as majorantes no § 1.º ele ainda desconhecia a qualificadora atualmente elencada no § 3.º. Como destacado pelo Superior Tribunal de Justiça:

> Em extorsão qualificada pela restrição da liberdade da vítima, sendo essa condição necessária para a obtenção da vantagem econômica (art. 158, § 3.º, do CP), é possível a incidência da causa de aumento prevista no § 1.º do art. 158 do CP (crime cometido por duas ou mais pessoas ou com emprego de arma). A Lei n. 11.923/2009 não cria um novo delito autônomo chamado de "sequestro relâmpago", sendo apenas um desdobramento do tipo do crime de extorsão, uma vez que o legislador apenas definiu um *modus operandi* do referido delito. É pressuposto para o reconhecimento da extorsão qualificada a prática da ação prevista no *caput* do art. 158 do CP, razão pela qual não é possível dissociar o crime qualificado das circunstâncias a serem sopesadas na figura típica do art. 158. Assim, tendo em vista que o texto legal é dotado de unidade e que as normas se harmonizam, conclui-se, a partir de uma interpretação sistemática do art. 158 do CP, que o seu § 1.º não foi absorvido pelo § 3.º, pois, como visto, o § 3.º constitui-se em qualificadora, estabelecendo outro mínimo e outro máximo da pena abstratamente cominada ao crime; já o § 1.º prevê uma causa especial de aumento de pena. Dessa forma, ainda que topologicamente a qualificadora esteja situada após a causa especial de aumento de pena, com esta não se funde, uma vez que tal fato configura mera ausência de técnica legislativa, que se explica pela inserção posterior da qualificadora do

§ 3.º no tipo do art. 158 do CP, que surgiu após uma necessidade de reprimir essa modalidade criminosa. Ademais, não há qualquer impedimento do crime de extorsão qualificada pela restrição da liberdade da vítima ser praticado por uma só pessoa sem o emprego de arma, o que configuraria o crime do § 3.º do art. 158 do CP sem a causa de aumento do § 1.º do art. 158.[192]

2.5.2.15.5. Extorsão mediante restrição da liberdade da vítima e tráfico de pessoas: meios especiais de prevenção e repressão

Em face da possível ligação da extorsão mediante restrição da liberdade da vítima (sequestro-relâmpago) com o tráfico de pessoas, o art. 13-A do Código de Processo Penal, criado pela Lei 13.344/2016, estatui que o membro do Ministério Público ou o Delegado de Polícia poderá requisitar **diretamente**, de quaisquer órgãos do poder público ou de empresas da iniciativa privada, dados e informações cadastrais da vítima ou de suspeitos.

A requisição deverá ser atendida no prazo de 24 horas e conterá: (a) o nome da autoridade requisitante; (b) o número do inquérito policial (ou então do procedimento investigatório criminal – PIC – em caso de investigação conduzida diretamente pelo *Parquet*); e (c) a identificação da unidade de polícia judiciária – ou do Ministério Público, na hipótese de PIC – responsável pela investigação.

Por seu turno, o art. 13-B do Código de Processo Penal, também implementado pela Lei 13.344/2016, estabelece que, se necessário à prevenção e à repressão dos crimes relacionados ao tráfico de pessoas, o membro do Ministério Público ou o delegado de polícia poderão requisitar, **mediante autorização judicial**,[193] às empresas prestadoras de serviço de telecomunicações e/ou telemática que disponibilizem imediatamente os meios técnicos adequados – como sinais, informações e outros – que permitam a localização da vítima ou dos suspeitos do delito em curso.

Se não houver manifestação judicial no prazo de 12 (doze) horas, a autoridade competente – membro do MP ou Delegado de Polícia – requisitará às empresas prestadoras de serviço de telecomunicações e/ou telemática que disponibilizem imediatamente os meios técnicos adequados – como sinais, informações e outros – que permitam a localização da vítima ou dos suspeitos do delito em curso, com imediata comunicação ao juiz.

O § 1.º do art. 13-B do Código de Processo Penal apresenta o **conceito de sinal**, para fins de investigação e repressão ao tráfico de pessoas. Trata-se do posicionamento da estação de cobertura, setorização e intensidade de radiofrequência.

Por sua vez, o § 2.º prevê algumas restrições, pois o sinal:

I – não permitirá acesso ao conteúdo da comunicação de qualquer natureza, que dependerá de autorização judicial, conforme disposto em lei;[194]

II – deverá ser fornecido pela prestadora de telefonia móvel celular por período não superior a 30 (trinta) dias, renovável por uma única vez, por igual período;

III – para períodos superiores àquele de que trata o inciso II, será necessária a apresentação de ordem judicial.

Na hipótese do art. 13-B do Código de Processo Penal, o inquérito policial deverá ser instaurado no prazo máximo de 72 (setenta e duas) horas, contado do registro da respectiva ocorrência policial. Essa regra é igualmente aplicável ao procedimento investigatório criminal instaurado e conduzido pelo Ministério Público.

---

[192] REsp 1.353.693/RS, rel. Min. Reynaldo Soares da Fonseca, 5.ª Turma, j. 13.09.2016, noticiado no *Informativo* 590.
[193] A redação legal não prezou pela boa técnica. Se há requisição do Ministério Público ou da autoridade policial, não há necessidade de autorização judicial.
[194] Nesse caso deverão ser observadas as exigências impostas pelo art. 5.º, XII, da Constituição Federal, e também pela Lei 9.296/1996 – Lei de Interceptação Telefônica.

2.5.3. Art. 159 – Extorsão mediante sequestro
2.5.3.1. Dispositivo legal

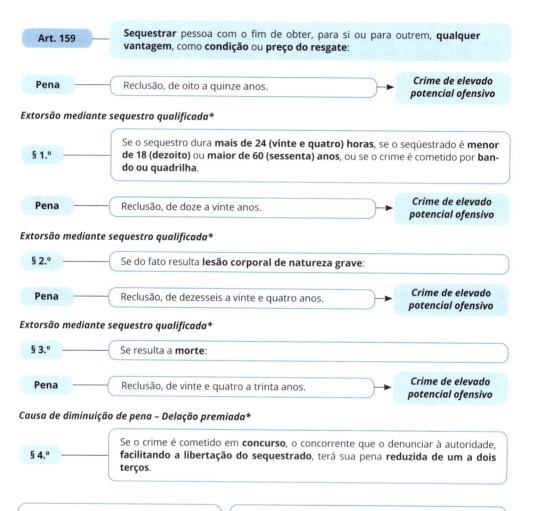

2.5.3.2. Extorsão mediante sequestro e Lei dos Crimes Hediondos

A extorsão mediante sequestro, em todas as suas modalidades, é **crime hediondo**. É o que se extrai do art. 1.º, inciso IV, da Lei 8.072/1990: "Art. 1.º São considerados hediondos os seguintes crimes, todos tipificados no Decreto-lei 2.848, de 7 de dezembro de 1940 – Código Penal, consumados ou tentados: (...) IV – extorsão mediante sequestro e na forma qualificada (art. 159, *caput*, e §§ 1.º, 2.º e 3.º)".

O art. 6.º da Lei 8.072/1990 – Lei dos Crimes Hediondos elevou a pena privativa de liberdade de todas as formas de extorsão mediante sequestro.

Mas a Lei 8.072/1990 incidiu em um grande equívoco, ao deixar de cominar ao crime, em todas as suas variantes, a pena de multa. Este erro, datado de 1990 e ainda não corrigido, é imperdoável. Em um crime motivado por uma especial forma de motivo torpe, a cupidez, consubstanciada na busca desenfreada pelo locupletamento ilícito, a sanção pecuniária é de fundamental importância. O Estado deve, mediante a imposição de pena, atacar o patrimônio do condenado que revelou desprezo relativamente aos bens alheios.

2.5.3.3. Objetividade jurídica

A extorsão mediante sequestro é **crime complexo**, pois resulta da fusão de outros dois delitos: extorsão (CP, art. 158) e sequestro (CP, art. 148). Desta forma, a lei penal tutela dois bens jurídicos, a saber, o patrimônio e a liberdade individual.

Nas figuras derivadas disciplinadas pelos §§ 2.º e 3.º, o art. 159 do Código Penal também protege, além dos bens jurídicos já indicados, a integridade física e a vida humana, pois há previsão das formas qualificadas pelo resultado lesão corporal grave ou morte.

Mas nada obstante a violação à liberdade individual, ou mesmo à integridade física ou à vida, trata-se de crime contra o patrimônio, e não de crime contra a pessoa, pois a privação da liberdade e todas as suas consequências (lesão corporal grave ou morte) funcionam como meio para obtenção de vantagem como condição ou preço do resgate.

2.5.3.4. Objeto material

É a pessoa privada da sua liberdade, e também aquela atingida em seu patrimônio.

2.5.3.5. Núcleo do tipo

O núcleo do tipo é **"sequestrar"**, no sentido de privar uma pessoa da sua liberdade de locomoção por tempo juridicamente relevante.

O modelo legal, no tocante à privação da liberdade, reporta-se somente à conduta de "sequestrar". Se não bastasse, o *nomen iuris* do delito tipificado pelo art. 159 do Código Penal é "extorsão mediante **sequestro**". O legislador não se referiu à privação da liberdade por meio de cárcere privado, e o crime não foi denominado de "extorsão mediante sequestro ou cárcere privado".

Em que pesem tais circunstâncias, não há dúvida de que o art. 159 do Código Penal deve ser **interpretado extensivamente**. A lei disse menos do que queria, razão pela qual seu exegeta precisa conferir à palavra "sequestro" e à conduta de "sequestrar" uma acepção mais ampla e abrangente, para o fim de englobar também o cárcere privado, é dizer, o confinamento da vítima em local fechado, com pouca ou nenhuma possibilidade de locomoção.[195]

É fundamental seja um **ser humano** a vítima privada da sua liberdade. A lei é peremptória quanto a esta exigência: "sequestrar **pessoa**". Por corolário, a privação da liberdade de um

---

[195] Acerca da distinção entre sequestro e cárcere privado, sugerimos o estudo detalhado do art. 148 do Código Penal, item 1.6.1.3.4.

animal, de estimação ou de raça, por mais querido pela vítima, ou por mais valioso que se apresente, embora seja a conduta praticada com o propósito de obtenção de resgate, configura o crime de extorsão, na forma definida pelo art. 158 do Código Penal.

É comum emprestar ao sequestro o sentido de que, para se concretizar, é obrigatório seja a vítima mantida ou conduzida em local ermo, desconhecido, longínquo, solitário etc. Embora esta seja a regra, tal requisito é dispensável. A extorsão mediante sequestro, nada obstante prevista no Código Penal entre os crimes contra o patrimônio, também ofende a liberdade de locomoção do ser humano, e desde que sua privação se apresente, o delito se aperfeiçoa.

Em verdade, a nota característica deste crime é ser o ofendido colocado em estado de sujeição perante o criminoso, relativamente ao seu direito de movimentar-se no espaço, como forma de obter, para si ou para outrem, alguma vantagem como condição ou preço do resgate. Pode a vítima gozar de certa liberdade, usufruir parcialmente do direito de locomover-se, mas sempre condicionado à vontade do criminoso. Nada impede, portanto, seja alguém sequestrado em uma fazenda, na qual tenha liberdade para dirigir-se para onde quiser, desde que sem ultrapassar seus limites territoriais.

Assim sendo, não há necessidade de remoção ou transporte da vítima para outro local. O crime pode ocorrer no interior da sua própria residência, desde que dela se retire o direito de sair de lá quando quiser e para onde desejar, ou seja, de movimentar-se ao seu livre-arbítrio, com o fim de obter alguma vantagem como condição ou preço para que possa voltar a exercer integralmente o seu direito constitucional de ir, vir e permanecer.

É interessante observar que o art. 159 do Código Penal não contém, como meios de execução da extorsão mediante sequestro, as elementares "grave ameaça" ou "violência à pessoa". Mas, por razões lógicas, é óbvio que tais formas de agir, bem como qualquer outro recurso que reduza ou impossibilite a defesa da vítima, estão implícitas no verbo "sequestrar", pois não se pode imaginar um sequestro efetuado com o consentimento válido da pessoa privada da liberdade. Como alerta Magalhães Noronha:

> Para a consecução desse estado de submissão à vontade do agente, não distingue a lei os meios de que este se pode valer. Pode agir por violência física, ameaça, fraude, ou com emprego de qualquer meio (álcool, narcóticos, hipnose). O que se requer é a idoneidade do meio empregado para segregar a pessoa.[196]

2.5.3.6. Sujeito ativo

A extorsão mediante sequestro pode ser cometida por qualquer pessoa (**crime comum**).

O sujeito que simula o próprio sequestro para extorquir seus familiares, mediante o auxílio de terceiros, responde pelo crime de extorsão (CP, art. 158).

2.5.3.7. Sujeito passivo

É tanto a pessoa que suporta a lesão patrimonial como também aquela privada da sua liberdade.

Se a vítima for pessoa menor de 18 anos ou maior de 60 anos de idade, o crime será qualificado (CP, art. 159, § 1.º).

2.5.3.8. Elemento subjetivo

É o dolo. Não se admite a figura culposa.

---

[196] MAGALHÃES NORONHA, E. *Código Penal brasileiro comentado*. São Paulo: Saraiva, 1958. v. 5, 1.ª parte, p. 235.

Mas a lei não se contenta com o dolo. Reclama um especial fim de agir (elemento subjetivo específico), representado pela expressão "com o fim de obter, para si ou para outrem, qualquer vantagem, como condição ou preço do resgate". Ausente esta finalidade específica por parte do sequestrador, ou seja, não se provando que ele pretendia, com a privação da liberdade da vítima, obter alguma vantagem como condição ou preço do resgate, o crime a ele imputado será o de sequestro ou cárcere privado, delineado pelo art. 148 do Código Penal. É o que se dá, exemplificativamente, quando uma pessoa priva outrem de sua liberdade por mero capricho, ou para se vingar em razão de desavenças pretéritas.

O tipo penal reporta-se a "qualquer vantagem". A doutrina diverge acerca do alcance desta expressão.

Damásio E. de Jesus entende que "a expressão 'qualquer vantagem' diz respeito a 'qualquer vantagem mesmo', sendo irrelevante que seja devida ou indevida, econômica ou não econômica. Se exigirmos que a vantagem seja econômica e indevida, como ocorre na extorsão, não estaremos diante da tipicidade do fato, uma vez que o CP fala em 'qualquer vantagem', não a especificando".[197]

Entretanto, a esmagadora maioria dos penalistas sustenta a necessidade de tratar-se de vantagem **econômica e indevida**.

A interpretação sistemática da lei penal leva a esta conclusão. Como se sabe, a lei precisa ser analisada em harmonia com todo o ordenamento jurídico, não se podendo separar a parte do todo. Nas magistrais palavras de Carlos Maximiliano, discorrendo sobre os processos de interpretação da lei:

> Consiste o *processo sistemático* em comparar o dispositivo sujeito a exegese, com outros do mesmo repositório ou de leis diversas, mas referentes ao mesmo objeto. Por umas normas se conhece o espírito das outras. Procura-se conciliar as palavras antecedentes com as consequentes, e do exame das regras em conjunto deduzir o sistema. Em toda ciência, o resultado do exame de um só fenômeno adquire presunção de certeza quando confirmado, *contrasteado* pelo estudo de outros, pelo menos dos casos próximos, conexos; à análise sucede a síntese; do complexo de verdades particulares, descobertas, demonstradas, chega-se até à verdade geral. (...) Cada preceito, portanto, é membro de um grande todo; por isso do exame em conjunto resulta bastante luz para o caso em apreço.[198]

Nesse diapasão, se a extorsão mediante sequestro ingressa no rol dos crimes contra o patrimônio, por estar no Título II da Parte Especial do Código Penal, a vantagem buscada pelo sequestrador tem que ser econômica e, sobretudo, indevida, já que não basta a ele fazer justiça pelas próprias mãos, pois em caso contrário estaríamos diante de um crime contra a administração da Justiça.

Pois bem. Inicialmente, a vantagem há de ser **econômica**, pois a extorsão mediante sequestro integra o título dos crimes contra o patrimônio. Para Luiz Regis Prado:

> No que tange à *vantagem* descrita no tipo, simples interpretação do dispositivo induziria à conclusão de que não deva ser necessariamente econômica. Contudo, outro deve ser o entendimento. De fato, a extorsão está encartada entre os delitos contra o patrimônio, sendo o delito-fim, e, no sequestro,

---

[197] JESUS, Damásio E. de. *Direito Penal: Parte Especial*. 27. ed. São Paulo: Saraiva, 2005. vol. 2, p. 374. É também o entendimento de Cezar Roberto Bitencourt: "Com efeito, a nosso juízo, a *natureza econômica da vantagem* é afastada pela elementar típica *qualquer vantagem*, que deixa clara sua abrangência. Quando a lei quer limitar a espécie de vantagem, usa o elemento normativo *indevida, injusta, sem justa causa*, como destacamos nos parágrafos anteriores. Assim, havendo *sequestro*, para obter *qualquer* vantagem, para si ou para outrem – não importando a natureza (econômica ou não) ou espécie (indevida ou não) –, como *condição* ou *preço* do resgate, estará caracterizado o crime de extorsão mediante sequestro" (*Tratado de Direito Penal*. Parte Especial. 4. ed. São Paulo: Saraiva, 2008. vol. 3).

[198] MAXIMILIANO, Carlos. *Hermenêutica e aplicação do direito*. 19. ed. Rio de Janeiro: Forense, 2004. p. 104-105.

apesar de o próprio tipo não especificar a natureza da vantagem, parece indefensável entendimento diverso. Tome-se o exemplo daquele que sequestra uma menor para constranger a mãe à conjunção carnal. Aqui, afirma-se que não se caracteriza a ofensa patrimonial, sendo hipótese de sequestro com estupro consumado em concurso (art. 148 e art. 213, ambos do CP).[199]

E, além de econômica, a vantagem deve ser também **indevida**. Na hipótese de vantagem devida, não estará caracterizado o delito de extorsão mediante sequestro, mas os crimes de sequestro (CP, art. 148) e exercício arbitrário das próprias razões (CP, art. 345), em concurso formal. O sujeito, com uma só conduta, pratica dois crimes. Como informa Nélson Hungria:

> O art. 159 fala em "qualquer vantagem", sem dizê-la expressamente *indevida*, como faz quanto à extorsão *in genere*, pois seria isso supérfluo, desde que a sua ilegitimidade resulta de ser exigida como preço da cessação de um crime. Se o sequestro visa à obtenção da vantagem *devida*, o crime será o de "exercício arbitrário das próprias razões" (art. 345), em concurso formal com o de *sequestro* (art. 148).[200]

A vantagem (econômica e indevida) almejada pelo criminoso serve como fator de permuta para a liberdade da vítima. Na redação legal, funciona como "condição ou preço do resgate". É de questionar: Qual a diferença entre condição e preço do resgate?

Condição do resgate diz respeito a qualquer tipo de comportamento, por parte do sujeito passivo, idôneo a proporcionar uma vantagem econômica ao criminoso. A vítima patrimonial faz ou deixa de fazer algo que possa beneficiar o sequestrador. Exemplos: assinatura de um cheque, entrega de um documento, elaboração de uma nota promissória etc. De outro lado, **preço do resgate** se relaciona à exigência de um valor em dinheiro ou em qualquer outra utilidade econômica. Nesse caso, o ofendido paga alguma quantia em troca da liberdade do sequestrado. Exemplos: entrega de determinada quantia em pecúnia, tradição de um automóvel etc.

Uma última ressalva se mostra necessária. A intenção de obter a vantagem como condição ou preço do resgate não precisa anteceder a privação da liberdade da vítima, podendo surgir posteriormente ao sequestro. Este pode dar-se por qualquer outro motivo, mas se ulteriormente nasce tal escopo estará delineado o crime de extorsão mediante sequestro. Tal o caso de quem sequestra um inimigo, por qualquer razão – até para se defender –, mas exige depois, para restituição à liberdade, lhe seja paga certa quantia.[201]

2.5.3.9. Consumação

A extorsão mediante sequestro é **crime formal, de consumação antecipada ou de resultado cortado**. Consuma-se com a privação da liberdade da vítima, independentemente da obtenção da vantagem pelo agente. A descrição típica é cristalina nesse sentido: "sequestrar pessoa, **com o fim de obter**...". Assim sendo, o juízo competente para seu processo e julgamento, a teor do art. 70, *caput*, do Código de Processo Penal, é o do local em que ocorre o sequestro do ofendido, com objetivo da obtenção da vantagem, e não no da entrega de eventual resgate.

É suficiente ficar demonstrado que o propósito do criminoso era utilizar a privação da liberdade do ofendido como moeda de troca para conseguir alguma vantagem como condição ou preço do resgate, ainda que os sequestradores sequer consigam exigir o pagamento deste (desde, é claro, que se prove a intenção de fazê-lo). A prova desta intenção pode ser efetuada

---

[199] PRADO, Luiz Regis. *Curso de direito penal brasileiro*. São Paulo: RT, 2008. v. 2, p. 365-366. No exemplo mencionado, é certo que a privação da liberdade objetivou a obtenção de uma vantagem, de natureza não econômica, o que afasta a configuração do crime tipificado pelo art. 159 do Código Penal.
[200] HUNGRIA, Nélson. *Comentários ao Código Penal*. 2. ed. Rio de Janeiro: Forense, 1958. v. 7, p. 72.
[201] Cf. MAGALHÃES NORONHA, E. *Código Penal brasileiro comentado*. São Paulo: Saraiva, 1958. v. 5, 1.ª parte, p. 236.

por diversos meios, da qual é exemplo a negociação entre o sequestrador e os parentes da vítima, por telefone ou qualquer outro meio de comunicação.

Se, todavia, efetivar-se o pagamento do resgate, o crime alcançará seu exaurimento, e tal condição deve ser sopesada pelo magistrado na dosimetria da pena-base, pois as consequências do crime funcionam como circunstância judicial desfavorável ao réu (CP, art. 59, *caput*).

A privação da liberdade da vítima há de ser mantida por **tempo juridicamente relevante**, apto a demonstrar o propósito do agente de tolher sua liberdade de locomoção. Anote-se que para a concretização do crime é dispensável seja a privação da liberdade superior a 24 horas, circunstância, inclusive, que autoriza a incidência da qualificadora contida no art. 159, § 1.º, do Código Penal.

Cuida-se de **crime permanente**. A consumação se prolonga no tempo, por vontade do agente, subsistindo durante todo o interregno em que a vítima estiver privada da sua liberdade de locomoção. Disto extraem-se duas importantes conclusões:

a) a prisão em flagrante é possível a qualquer tempo, enquanto perdurar a permanência; e

b) a prescrição tem como termo inicial a data em que cessar a permanência, nos termos do art. 111, inciso III, do Código Penal.

2.5.3.10. Tentativa

É possível, em face do caráter plurissubsistente do delito, permitindo o fracionamento do *iter criminis*. Basta ficar provado que o sujeito desejava a privação da liberdade da vítima, ato em relação ao qual não obteve êxito, para posteriormente exigir alguma vantagem como condição ou preço do resgate.

2.5.3.11. Ação penal

A ação penal é pública incondicionada em todas as espécies de extorsão mediante sequestro.

2.5.3.12. Classificação doutrinária

A extorsão mediante sequestro é crime **comum** (pode ser praticado por qualquer pessoa); **de forma livre** (admite qualquer meio de execução); **formal, de resultado cortado ou de consumação antecipada** (a consumação se dá com a privação da liberdade da vítima, prescindindo da obtenção de vantagem como condição ou preço do resgate); **permanente** (a consumação subsiste durante todo o período em que a vítima estiver privada da sua liberdade); em regra **plurissubsistente** (a conduta é composta de diversos atos); **de dano**;[202] e **unissubjetivo, unilateral ou de concurso eventual** (cometido normalmente por uma só pessoa, nada obstante seja possível o concurso de agentes).

2.5.3.13. Figuras qualificadas

As formas qualificadas de extorsão mediante sequestro estão previstas nos §§ 1.º a 3.º do art. 159 do Código Penal. Os limites da pena privativa de liberdade são alterados em abstrato. E, aqui também, o legislador infelizmente olvidou-se da sanção pecuniária.

Na hipótese de concorrência de duas ou mais qualificadoras (exemplo: extorsão mediante sequestro praticada contra pessoa maior de 60 anos de idade, da qual resultou a morte da

---

[202] Pode-se dizer, porém, que se consumando o delito com a mera privação da liberdade, em relação ao patrimônio a extorsão mediante sequestro, prevista no Código Penal entre os delitos contra o patrimônio, é crime de perigo.

vítima), o magistrado deve utilizar para fins de adequação típica a qualificadora mais grave, ou seja, com pena em abstrato mais elevada, funcionando a outra (ou outras) como circunstância judicial desfavorável.

No exemplo mencionado, o réu será condenado pela extorsão qualificada pela morte (CP, art. 159, § 3.º), com pena de reclusão de 24 a 30 anos. A qualificadora afastada (vítima maior de 60 anos) será utilizada como circunstância judicial desfavorável, na primeira fase da aplicação da pena privativa de liberdade, nos termos do art. 59, *caput*, do Código Penal.

2.5.3.13.1. Se o sequestro dura mais de 24 (vinte e quatro) horas, se o sequestrado é menor de 18 (dezoito) ou maior de 60 (sessenta) anos, ou se o crime é cometido por bando ou quadrilha: § 1.º

Em todas as qualificadoras do § 1.º do art. 159 do Código Penal, a pena é de reclusão, de 12 (doze) a 20 (vinte) anos. Passemos à análise de cada uma delas.

2.5.3.13.1.1. Duração do sequestro superior a 24 horas

Esta qualificadora é de **natureza objetiva**, pois pouco importa a condição pessoal do criminoso ou da vítima. A lei se contenta com o sequestro por período maior do que 24 horas, o qual há de ser contado desde a privação da liberdade da vítima (termo *a quo*) até sua efetiva libertação (termo *ad quem*), ainda que o resgate seja pago em momento anterior. Trata-se, nessa hipótese, de **crime a prazo**, uma vez que sua existência se condiciona ao transcurso de determinado prazo legalmente previsto.

O fundamento do tratamento penal mais severo repousa na elevada gravidade do dano psicológico proporcionado à vítima e aos seus familiares, pois quanto mais longa é a privação da liberdade, maior é o temor relacionado ao mal a ela produzido. Se a vítima demora a ser libertada, cresce o sentimento de incerteza, de medo e de insegurança no tocante à preservação da sua vida e da sua integridade física.

A qualificadora em análise provoca, na prática, um fenômeno interessante: o esvaziamento da ocorrência da extorsão mediante sequestro em sua modalidade fundamental, descrita no art. 159, *caput*, do Código Penal, já que é difícil se deparar com um crime desta natureza no qual a privação da liberdade da vítima é igual ou inferior a 24 horas.

2.5.3.13.1.2. Se o sequestrado é menor de 18 (dezoito) ou maior de 60 (sessenta) anos

O art. 159, § 1.º, do Código Penal foi modificado pela Lei 10.741/2003 – Estatuto da Pessoa Idosa, que nele incluiu o maior de 60 (sessenta anos). A partir de então, não mais se aplica à extorsão mediante sequestro praticada contra pessoa idosa a agravante genérica contida no art. 61, inciso II, *h*, do Código Penal, sob pena de caracterização de *bis in idem*.

O fator determinante para a caracterização da qualificadora é a idade da vítima privada da sua liberdade de locomoção. É indiscutível que pessoas enquadradas em tais faixas etárias têm chances reduzidas de defesa, seja pela ingenuidade de quem ainda está em processo de formação (menor de 18 anos), seja pela condição física muitas vezes já debilitada (maior de 60 anos). E, se não bastasse, os danos a elas provocados são mais sensíveis, prejudicando um desenvolvimento normal ou então uma velhice calma e sadia.

Em consonância com o parágrafo único do art. 155 do Código de Processo Penal, a idade da vítima deve ser provada nos autos do inquérito policial ou da ação penal mediante a juntada de documento idôneo (exemplos: certidão de nascimento, RG, CNH etc.).

No que diz respeito ao delito cometido contra pessoa menor de 18 anos de idade, considera-se, relativamente ao tempo do crime, a teoria da atividade, na forma disciplinada pelo art.

4.º do Código Penal: "Considera-se praticado o crime no momento da ação ou omissão, ainda que outro seja o momento do resultado". De rigor, portanto, o reconhecimento da qualificadora quando a vítima foi sequestrada com 17 anos de idade, mas libertada somente um ano mais velha.

Por sua vez, no campo do crime praticado contra pessoa maior de 60 (sessenta) anos, é válido recordar um dado importante. A extorsão mediante sequestro é **crime permanente**. A consumação prolonga-se no tempo, por vontade do agente. Destarte, incide a qualificadora quando a vítima foi privada de sua liberdade antes de completar 60 anos de idade, desde que o sequestro subsista após o seu sexagésimo aniversário.

Como se sabe, o erro de tipo, escusável ou inescusável, exclui o dolo. É a regra contida no art. 20, *caput*, do Código Penal. Conclui-se, pois, que o erro de tipo acerca da idade da vítima afasta a qualificadora. É o que ocorre, exemplificativamente, quando o sujeito sequestra alguém, reputando-o com idade aproximada de 50 (cinquenta) anos, e após sua libertação descobre que se tratava de pessoa idosa.

2.5.3.13.1.3. Se o crime é cometido por bando ou quadrilha

O art. 24 da Lei 12.850/2013 – Lei do Crime Organizado conferiu nova redação ao art. 288 do Código Penal, e substituiu sua nomenclatura original – "quadrilha ou bando" – por "associação criminosa".[203] Diante dessa mudança, surgiram dois posicionamentos acerca da qualificadora prevista no art. 159, § 1.º, *in fine*, do Código Penal. Vejamos:

> **1.ª posição:** A qualificadora não pode mais ser aplicada, em homenagem à taxatividade do Direito Penal, compreendida como fundamento jurídico do princípio da reserva legal. Este pensamento se alicerça na inadmissibilidade da analogia *in malam partem*: os crimes de quadrilha e de bando deixaram de existir, e a figura qualificada não faz menção ao delito de associação criminosa, e igualmente não se refere ao art. 288 do Código Penal;[204]
>
> **2.ª posição:** A qualificadora continua aplicável, pois o art. 288 do Código Penal não criou um novo crime. Na verdade, a Lei 12.850/2013 limitou-se a alterar o nome do delito, e também a redação do tipo penal, mas o fato incriminado – associação de pessoas para o fim de cometer crimes – continua dotado de relevância penal, embora com algumas modificações em sua estrutura. Destarte, não houve *abolitio criminis*, conclusão a que se chega tanto pela falta de revogação formal do tipo penal, como também pela manutenção do caráter criminoso da conduta. Incide o princípio da continuidade típico-normativo, operando-se simplesmente a nomenclatura do delito. Este é o nosso entendimento.[205]

Diante da premissa da validade da qualificadora, é preciso destacar que o tipo derivado atualmente depende da associação de três ou mais pessoas para o fim específico de cometer crimes. A redação do dispositivo legal nos leva a duas incontornáveis ilações:

a) Não é suficiente o mero concurso de pessoas, como se verifica em outros crimes contra o patrimônio (furto, roubo, extorsão etc.). A qualificadora reclama a união estável e permanente de ao menos três pessoas, voltadas para a prática de vários crimes de extorsão mediante sequestro; e

---

[203] A redação original do art. 288 do Código Penal era a seguinte: **Quadrilha ou bando** – "Art. 288. Associarem-se mais de três pessoas, em quadrilha ou bando, para o fim de cometer crimes". E esta é atual redação, atribuída pela Lei 12.850/2013: **Associação criminosa** – "Art. 288. Associarem-se 3 (três) ou mais pessoas, para o fim específico de cometer crimes". Em ambos os casos, a pena cominada é de reclusão, de 1 a 3 anos.

[204] Esta concepção deve ser utilizada em concursos da Defensoria Pública e nos exames da Ordem dos Advogados do Brasil, pois é indiscutivelmente favorável ao réu.

[205] Esta conclusão é interessante para os concursos do Ministério Público e das carreiras policiais, em âmbito estadual e federal.

b) A união eventual de três ou mais pessoas para a finalidade específica de cometer um delito de extorsão mediante sequestro não autoriza a incidência da qualificadora em apreço. Se esta fosse a vontade do legislador, deveria ter utilizado outra expressão, tal como "se o crime é cometido por três ou mais pessoas".

O tratamento penal mais severo se justifica pela maior facilidade no cometimento de crimes de extorsão mediante sequestro quando para tanto há uma associação estável e permanente de ao menos três pessoas. Além disso, a sociedade sente-se a cada dia que passa mais ameaçada por esta violenta forma de criminalidade, a qual serve, na verdade, como importante fonte para manutenção e desenvolvimento de organizações criminosas.

Diversos penalistas sustentam a impossibilidade de concurso material entre esta forma de extorsão qualificada e o delito autônomo de associação criminosa, na forma prevista no art. 288 do Código Penal. Para quem pensa desta forma, a qualificadora absorve o delito contra a paz pública, medida necessária para afastar o *bis in idem*.

Com o devido respeito, com isto não concordamos. A extorsão mediante sequestro e a associação criminosa apresentam objetividades jurídicas diversas. Aquele delito atinge o patrimônio e a liberdade individual; este fere a paz pública. Além disso, são crimes que se consumam em momentos diversos: o primeiro, com a privação da liberdade da vítima; o segundo, com a união de pelo menos três pessoas, revestida de permanência, para o fim específico de cometer crimes, ainda que nenhum seja efetivamente praticado. Em sintonia com a visão do Superior Tribunal de Justiça.

> Nos termos da jurisprudência desta Corte Superior, por se tratar de delitos autônomos e independentes e por serem distintos os bens jurídicos tutelados, é possível a coexistência entre o crime de extorsão mediante sequestro, majorado pelo concurso de agentes, com o de formação de quadrilha ou bando (atualmente nomeado associação criminosa).[206]

2.5.3.13.2. Se do fato resulta lesão corporal de natureza grave ou se resulta a morte: §§ 2.º e 3.º

A extorsão mediante sequestro com resultado lesão corporal de natureza grave é punida com reclusão, de 16 (dezesseis) a 24 (vinte e quatro) anos. Por sua vez, este crime, quando qualificado pela morte, tem – ao lado da extorsão mediante restrição da liberdade da vítima com resultado morte (CP, art. 158, § 3.º) – a maior pena privativa de liberdade prevista pelo ordenamento jurídico em vigor: reclusão, de 24 (vinte e quatro) a 30 (trinta) anos.

Em ambas as hipóteses, a abrangência das qualificadoras é mais ampla do que nos crimes de roubo ou de extorsão seguidos de lesão corporal de natureza grave ou de morte, pois nestes delitos fala-se em "se da violência resulta", ao passo que na extorsão mediante sequestro admite-se a pena mais elevada "se do fato resulta". Em poucas palavras, no roubo e na extorsão só existe a qualificadora quando a lesão corporal de natureza grave ou a morte resultam da "violência", ao passo que na extorsão mediante sequestro a qualificadora resta delineada quando o resultado agravador emana do "fato", e não necessariamente da violência. É possível, portanto, seja o resultado agravador provocado não só pela violência física (ou própria), mas também pela grave ameaça (violência moral) ou pela violência imprópria (exemplo: uso de narcóticos, dosagem excessiva de medicamentos etc.).

É necessário que o resultado agravador atinja a pessoa sequestrada.[207] Extrai-se esta conclusão do texto legal, pois é o sequestro que dá ensejo à lesão corporal de natureza grave ou

---

[206] HC 289.885/SP, rel. Min. Maria Thereza de Assis Moura, 6.ª Turma, j. 27.05.2014.
[207] O resultado agravador pode ocorrer inclusive no momento da apreensão da vítima pelos criminosos: STJ - HC 113.978/SP, rel. Min. Og Fernandes, 6.ª Turma, j. 16.09.2010, noticiado no *Informativo* 447.

à morte. O núcleo do tipo é "sequestrar". O sequestro de pessoa é o fato principal. Como se sabe, a finalidade específica almejada pelo criminoso (obtenção do resgate) sequer é exigida para a consumação do delito, de cunho formal. Além disso, no § 1.º do art. 159, o Código Penal continuou a tratar do sequestro, instituindo qualificadoras atinentes ao seu prazo de duração, à idade da vítima e ao número de responsáveis pela sua prática.

Por corolário, se a lesão corporal de natureza grave ou a morte for suportada por outra pessoa, que não a privada da liberdade, esta circunstância implica o surgimento do concurso de crimes entre extorsão mediante sequestro e homicídio (doloso ou culposo) ou lesão corporal grave (ou culposa). Exemplificativamente, se o criminoso, buscando assegurar a impunidade do crime patrimonial, mata dolosamente a pessoa que estava efetuando o pagamento do resgate para libertação do sequestrado, a ele serão imputados os crimes de extorsão mediante sequestro (CP, art. 159, com qualquer outra qualificadora, salvo a do § 3.º) e homicídio qualificado pela conexão consequencial (CP, art. 121, § 2.º, inc. V).

Em relação à qualificadora contida no art. 159, § 3.º, do Código Penal, é indiferente tenha sido a morte provocada dolosa ou culposamente. Embora possa sê-lo, a extorsão mediante sequestro qualificada pela lesão corporal de natureza grave ou morte não se enquadra, obrigatoriamente, como crime preterdoloso. Mas não há dúvida de que a causação dolosa da morte reclama seja a pena-base aplicada em um patamar mais elevado, em consonância com o art. 59, *caput*, do Código Penal.

Finalmente, se o resultado agravador (morte ou lesão corporal de natureza grave) for produzido por caso fortuito, força maior ou culpa de terceiro, não incide a qualificadora respectiva. É o que se extrai do art. 19 do Código Penal: "Pelo resultado que agrava especialmente a pena, só responde o agente que o houver causado ao menos culposamente". Exemplo: Um incêndio acidental queima o barraco em que a vítima era mantida em cativeiro, matando-a.

2.5.3.13.2.1. Extorsão mediante sequestro qualificada pela morte e "pena padrão"

Antes da entrada em vigor da Lei 12.015/2009, era possível notar na extorsão mediante sequestro qualificada pela morte, praticada por agente imputável, o instituto da "**pena-padrão**".[208]

2.5.3.14. Delação premiada: § 4.º

2.5.3.14.1. Introdução e análise crítica

A Lei 9.269/1996 conferiu a atual redação do § 4.º do art. 159 do Código Penal: "Se o crime é cometido em concurso, o concorrente que o denunciar à autoridade, facilitando a libertação do sequestrado, terá sua pena reduzida de um a dois terços".

É o que se convencionou chamar de **delação premiada**. Cuida-se de **causa especial de diminuição da pena**. A medida encontra origem no chamado "direito premial", pois o Estado concede um prêmio ao criminoso arrependido que decide colaborar com a persecução penal.

Cabe destacar que, ao contrário do que tem sido noticiado pela mídia, o instituto da delação premiada não pode ser aplicado por Delegados de Polícia ou membros do Ministério Público, os quais celebram acordos com investigados ou réus, que colaboram com a fase investigatória ou com a instrução criminal, recebendo, em troca, uma suposta repressão penal menos severa. Nada disso. Em se tratando de causa especial de diminuição da pena, o reconhecimento da delação premiada é tarefa exclusiva do Poder Judiciário, que há de concedê-la ou negá-la na terceira e última etapa de dosimetria da pena privativa de liberdade.

---

[208] Para mais detalhes acerca do assunto, remetemos o leitor ao art. 157 do Código Penal, item 2.5.1.6.2.8.

Cezar Roberto Bitencourt classifica a delação premiada como um "favor legal antiético".[209] Esta afirmação, de conteúdo incisivo, deve ser criteriosamente analisada. Com efeito, nada obstante seja uma opção legislativa moralmente questionável, a realidade atual justifica a sua necessidade. A criminalidade organizada cresce a cada dia, assumindo incontroláveis proporções, e, lamentavelmente, o Estado se mostra ineficiente em seu efetivo combate. Seria ótimo se o Poder Público enfrentasse com rigor e competência todos os crimes diariamente cometidos, sem a colaboração de pessoas estranhas à persecução penal. Mas este modo de pensar é utópico.

Poucos crimes são investigados. E o índice de descoberta da autoria dos delitos é ainda menor. Condenações, então, se comparadas à quantidade de infrações penais, são raríssimas. Não se pode, assim, fazer vista grossa à necessidade que tem o Estado, diante de sua impotência investigatória e jurisdicional, de barganhar com criminosos arrependidos e capazes de ajudarem na elucidação de crimes, com a libertação de vítimas, punição dos demais culpados e recuperação do produto do crime.

As organizações criminosas proliferam-se, e a cada dia alcançam resultados mais assustadores, notadamente em razão da estrutura sigilosa e leal que as envolve. A delação premiada é a forma que dispõem os Poderes Constituídos para descobrirem suas lideranças e estruturas, imiscuindo-se em seus modos de agir para atacar seu núcleo de funcionamento. É uma pena reconhecer que isso acontece, mas extinguir a delação premiada equivaleria a pôr termo a uma das poucas ferramentas que o Estado possui para enfrentar as novas formas de criminalidade.

2.5.3.14.2. Requisitos

A leitura atenta do art. 159, § 4.º, do Código Penal revela que a delação premiada, na extorsão mediante sequestro, depende de quatro requisitos cumulativos. São eles:

(a) cometimento de um crime de extorsão mediante sequestro;
(b) crime praticado em concurso de pessoas;
(c) denúncia por parte de um dos criminosos à autoridade; e
(d) facilitação na libertação do sequestrado.

Vejamos cada um deles.

a) Cometimento de um crime de extorsão mediante sequestro

Todas as formas de extorsão mediante sequestro, simples ou qualificadas, são em tese compatíveis com a delação premiada.

b) Crime praticado em concurso de pessoas

É suficiente tenha sido o delito cometido por duas ou mais pessoas, sejam coautores ou autor (autores) e partícipe (partícipes). Não se exige a configuração de associação criminosa, sob pena de limitar-se a delação premiada à extorsão mediante sequestro qualificada disciplinada no art. 159, § 1.º, *in fine*, do Código Penal.

Não se admite o benefício legal na autoria colateral, também chamada de coautoria imprópria ou autoria parelha, que ocorre quando duas ou mais pessoas intervêm na execução de um crime, buscando igual resultado, embora cada uma delas ignore a conduta alheia.[210] Não há concurso de pessoas nesse caso, afastando-se assim um dos requisitos legalmente exigidos para a caracterização da delação premiada.

---

[209] BITENCOURT, Cezar Roberto. *Tratado de Direito Penal*. Parte Especial. 4. ed. São Paulo: Saraiva, 2008. vol. 3, p. 124.
[210] Para mais informações sobre a autoria colateral: MASSON, Cleber Rogério. *Direito Penal Esquematizado – Parte Geral*. 2. ed. São Paulo: Método, 2009. p. 504 e 505.

c) Denúncia por parte de um dos criminosos à autoridade

O coautor ou partícipe da extorsão mediante sequestro deve, minuciosamente, delatar o fato à autoridade, compreendida como qualquer agente público ou político com legitimidade para encetar diligências aptas a promover a libertação da vítima (exemplo: Delegado de Polícia, Promotor de Justiça, Juiz de Direito, Policial Militar etc.).

É vedada a diminuição da pena quando o sujeito – embora coautor ou partícipe do crime – limita-se a informar seu conhecimento acerca da existência do crime, sem fornecer subsídios idôneos a facilitar a libertação da vítima.

Anote-se, contudo, o entendimento jurisprudencial no sentido de que deve ser reconhecida a delação premiada quando a vítima é libertada diretamente por um dos criminosos. Para o Superior Tribunal de Justiça: "A libertação da vítima de sequestro por corréu, antes do recebimento do resgate, é causa de diminuição de pena, conforme previsto no art. 159, § 4.º, do Código Penal, com a redação dada pela Lei 9.269/96, que trata da delação premiada".[211]

d) Facilitação na libertação do sequestrado

A delação deve ser *eficaz*, no sentido de contribuir decisivamente para a libertação da pessoa sequestrada. É imprescindível tenha a vítima reassumido seu direito de locomoção em razão da denúncia de um dos sequestradores. A pena não será diminuída se o sequestrado foi solto por outro motivo qualquer, diverso da informação prestada pelo criminoso. Como já decidiu o Superior Tribunal de Justiça:

> O instituto da delação premiada consiste em ato do acusado que, admitindo a participação no delito, fornece às autoridades elementos capazes de facilitar a resolução do crime. A conduta do paciente não foi eficaz na resolução do crime e sequer influenciou na soltura da vítima.[212]

Pouco importa se o crime foi devidamente identificado, ou se os demais sequestradores foram presos. Só incide a regra estabelecida pelo art. 159, § 4.º, do Código Penal na hipótese em que, por força da denúncia formulada por um dos criminosos, permitiu-se a libertação da vítima.

2.5.3.14.3. Efeitos

O legislador foi taxativo. Presentes os requisitos legais, a pena deve ser diminuída. Trata-se de direito subjetivo do réu. Para o Superior Tribunal de Justiça: "A delação premiada prevista no art. 159, § 4.º, do Código Penal é de incidência obrigatória quando os autos demonstram que as informações prestadas pelo agente foram eficazes, possibilitando ou facilitando a libertação da vítima".[213]

O juiz deve diminuir a pena. Pode fazê-lo, entretanto, dentro dos patamares legalmente previstos, de um a dois terços, na derradeira fase de aplicação da pena privativa de liberdade. A fórmula a ser utilizada é a seguinte: quanto maior a colaboração para a libertação da vítima, maior a diminuição, e quanto menor a contribuição, menor a diminuição.

A delação premiada constitui-se em **circunstância pessoal** ou **subjetiva**. Assim sendo, e com arrimo no art. 30 do Código Penal, o favor legal não se comunica aos demais coautores ou partícipes que não denunciaram o fato à autoridade, pois não facilitaram a libertação do sequestrado.

---

[211] HC 40.633/SP, rel. Min. Arnaldo Esteves Lima, 5.ª Turma, j. 01.09.2005.
[212] HC 107.916/RJ, rel. Min. Og Fernandes, 6.ª Turma, j. 07.10.2008.
[213] HC 26.325/ES, rel. Min. Gilson Dipp, 5.ª Turma, j. 24.06.2003.

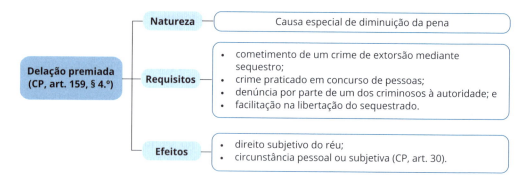

2.5.3.14.4. Delação premiada e perdão judicial da Lei 9.807/1999

A Lei 9.807/1999 estabelece normas para a organização e a manutenção de programas especiais de proteção a vítimas e a testemunhas ameaçadas, institui o Programa Federal de Assistência a Vítimas e a Testemunhas Ameaçadas e dispõe sobre a proteção de acusados ou condenados que tenham voluntariamente prestado efetiva colaboração à investigação policial e ao processo criminal. Interessa-nos, por ora, seu art. 13, com a seguinte redação:

> **Art. 13.** Poderá o juiz, de ofício ou a requerimento das partes, conceder o perdão judicial e a consequente extinção da punibilidade ao acusado que, sendo primário, tenha colaborado efetiva e voluntariamente com a investigação e o processo criminal, desde que dessa colaboração tenha resultado:
> I – a identificação dos demais coautores ou partícipes da ação criminosa;
> II – a localização da vítima com a sua integridade física preservada;
> III – a recuperação total ou parcial do produto do crime.
> **Parágrafo único.** A concessão do perdão judicial levará em conta a personalidade do beneficiado e a natureza, circunstâncias, gravidade e repercussão social do fato criminoso.

De início, percebe-se no delito de extorsão mediante sequestro a maior abrangência do art. 13 da Lei 9.807/1999 – Lei de Proteção a Vítimas e Testemunhas –, que autoriza a extinção da punibilidade, ao contrário da delação premiada contida no art. 159, § 4.º, do Código Penal, limitada à mera diminuição da pena.

Destarte, se presentes os requisitos legais, o coautor ou partícipe que, no campo da extorsão mediante sequestro, efetuar a delação premiada, poderá ser beneficiado com o perdão judicial, com a consequente extinção da punibilidade (CP, art. 107, inc. IX), a ele não se limitando o restrito instituto disciplinado pelo art. 159, § 4.º, do Código Penal. É o que se conclui da análise do art. 13, inciso II e parágrafo único, da Lei 9.807/1999.

Veja-se, porém, que o criminoso deve ser primário, condição pessoal dispensada pelo art. 159, § 4.º, do Código Penal. Além disso, deve atender a diversas outras condições, expressamente indicadas pelo parágrafo único do art. 13 da Lei 9.807/1999, com base no qual o Superior Tribunal de Justiça, a título ilustrativo, assim já decidiu:

> Não preenchimento dos requisitos do perdão judicial previsto no art. 13 da Lei 9.807/1999. Paciente investigador de Polícia, envolvido com extorsão mediante sequestro. Circunstância que denota maior reprovabilidade da conduta, afastando a concessão do benefício.[214]

---

[214] HC 49.842/SP, rel. Min. Hélio Quaglia Barbosa, 6.ª Turma, j. 30.05.2006.

2.5.3.14.5. Lei do Crime Organizado e colaboração premiada

A Lei 12.850/2013, em seu art. 4.º, V, prevê uma hipótese de colaboração premiada diretamente relacionada à extorsão mediante sequestro, ao admitir seus benefícios ao colaborador integrante de organização criminosa que tenha colaborado efetiva e voluntariamente com a investigação e o processo criminal, desde que dessa colaboração advenha "a localização de eventual vítima com a sua integridade física preservada".

De forma inovadora, a Lei do Crime Organizado elenca prêmios interessantes ao colaborador, a exemplo do perdão judicial (art. 4.º, *caput*) e, principalmente, do acordo de imunidade (art. 4.º, § 4.º).

2.5.3.15. *Extorsão mediante sequestro e tráfico de pessoas: meios especiais de prevenção e repressão*

Diante da possível ligação da extorsão mediante sequestro com o tráfico de pessoas, o art. 13-A do Código de Processo Penal, criado pela Lei 13.344/2016, estatui que o membro do Ministério Público ou o Delegado de Polícia poderá requisitar **diretamente**, de quaisquer órgãos do poder público ou de empresas da iniciativa privada, dados e informações cadastrais da vítima ou de suspeitos.

A requisição deverá ser atendida no prazo de 24 horas e conterá: (a) o nome da autoridade requisitante; (b) o número do inquérito policial (ou então do procedimento investigatório criminal – PIC – em caso de investigação conduzida diretamente pelo *Parquet*); e (c) a identificação da unidade de polícia judiciária – ou do Ministério Público, na hipótese de PIC – responsável pela investigação.

Por seu turno, o art. 13-B do Código de Processo Penal, também implementado pela Lei 13.344/2016, estabelece que, se necessário à prevenção e à repressão dos crimes relacionados ao tráfico de pessoas, o membro do Ministério Público ou o delegado de polícia poderão requisitar, **mediante autorização judicial**,[215] às empresas prestadoras de serviço de telecomunicações e/ou telemática que disponibilizem imediatamente os meios técnicos adequados – como sinais, informações e outros – que permitam a localização da vítima ou dos suspeitos do delito em curso.

Se não houver manifestação judicial no prazo de 12 (doze) horas, a autoridade competente – membro do MP ou Delegado de Polícia – requisitará às empresas prestadoras de serviço de telecomunicações e/ou telemática que disponibilizem imediatamente os meios técnicos adequados – como sinais, informações e outros – que permitam a localização da vítima ou dos suspeitos do delito em curso, com imediata comunicação ao juiz.

O § 1.º do art. 13-B do Código de Processo Penal apresenta o **conceito de sinal**, para fins de investigação e repressão ao tráfico de pessoas. Trata-se do posicionamento da estação de cobertura, setorização e intensidade de radiofrequência.

Por sua vez, o § 2.º prevê algumas restrições, pois o sinal:

I – não permitirá acesso ao conteúdo da comunicação de qualquer natureza, que dependerá de autorização judicial, conforme disposto em lei;[216]

II – deverá ser fornecido pela prestadora de telefonia móvel celular por período não superior a 30 (trinta) dias, renovável por uma única vez, por igual período;

---

[215] A redação legal não prezou pela boa técnica. Se há requisição do Ministério Público ou da autoridade policial, não há necessidade de autorização judicial.
[216] Nesse caso deverão ser observadas as exigências impostas pelo art. 5.º, XII, da Constituição Federal, e também pela Lei 9.296/1996 – Lei de Interceptação Telefônica.

III – para períodos superiores àquele de que trata o inciso II, será necessária a apresentação de ordem judicial.

Na hipótese do art. 13-B do Código de Processo Penal, o inquérito policial deverá ser instaurado no prazo máximo de 72 (setenta e duas) horas, contado do registro da respectiva ocorrência policial. Essa regra é igualmente aplicável ao procedimento investigatório criminal instaurado e conduzido pelo Ministério Público.

2.5.4. Art. 160 – Extorsão indireta

2.5.4.1. Dispositivo legal

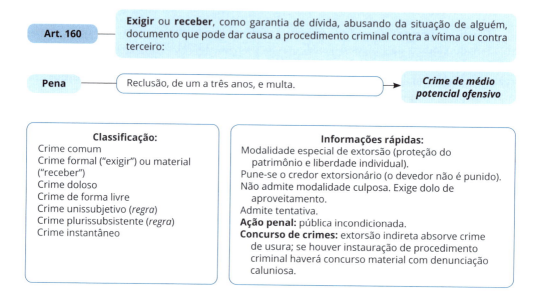

2.5.4.2. Introdução

A conduta delineada pelo art. 160 do Código Penal representa uma ofensa ao interesse jurídico da normalidade das relações entre credor e devedor. Com a sua incriminação, a lei cria uma modalidade especial de extorsão, com a qual busca resguardar o economicamente fraco em face do economicamente forte. Como se observa do item 57 da Exposição de Motivos da Parte Especial do Código Penal:

> Destina-se o novo dispositivo a coibir os torpes e opressivos expedientes a que recorrem, por vezes, os agentes de usura, para garantir-se contra o risco do dinheiro mutuado. São bem conhecidos esses recursos como, por exemplo, o de induzir o necessitado cliente a assinar um contrato simulado de depósito ou a forjar no título de dívida a firma de algum parente abastado, de modo que, não resgatada a dívida no vencimento, ficará o mutuário sob a pressão da ameaça por um processo por apropriação indébita ou falsidade.

2.5.4.3. Objetividade jurídica

A lei penal protege o patrimônio, bem como a liberdade individual, pois a vítima, em razão da sua necessidade econômica, é constrangida a fazer o que a lei não manda.

2.5.4.4. Objeto material

É o documento, público ou privado, que pode dar causa a procedimento criminal contra a vítima ou contra terceiro, pois se destina a encenar a prática de um crime. Como brilhantemente leciona Nélson Hungria:

> É preciso ficar bem acentuado o caráter de *simulação de corpo de delito*: a vítima, com a formação do documento, presta-se a *fingir* um *corpus delicti* (cheque sem fundos, título de dívida em que se falsifique a assinatura de terceiro como emitente, fiador ou avalista, título de depósito imaginário como *prova* para futura acusação de apropriação indébita, etc.). Não há, por parte da vítima, o *animus delinquendi*, senão, exclusivamente, o propósito de, à falta de outra garantia, colocar nas mãos do credor uma espécie de *espada de Dâmocles* contra si próprio, no caso em que a dívida não seja paga no vencimento. Na posse do documento, o credor está habilitado a provocar um processo penal contra o devedor, pouco importando que este, conseguindo provar a simulação, seja reconhecido isento de culpa e pena.[217]

O tipo penal admite como objeto material todo e qualquer documento idôneo a autorizar a instauração de procedimento criminal contra a vítima ou contra terceiro. Fica nítido, ainda, que a caracterização do crime independe da efetiva instauração do procedimento criminal contra a vítima ou contra terceiro. Basta a potencialidade para tanto. A redação legal é clara: "documento que **pode** dar causa".

Nesse contexto, já decidiu o Superior Tribunal de Justiça que não se caracteriza o crime de extorsão indireta na hipótese de "cheque pré-datado, dado em garantia de dívida, porquanto a sua emissão, em tais condições, não constitui crime".[218]

Ademais, é de consignar que a possibilidade de instauração de procedimento criminal não se confunde com a certeza ou possibilidade de condenação.

Finalmente, o documento deve ser exigido ou recebido como garantia de dívida. Esta garantia repousa na ameaça que o documento representa contra o devedor. Dívida, no campo do art. 160 do Código Penal, é a prestação em dinheiro a que alguém se obriga, decorrente de contrato de qualquer natureza (mútuo, compra e venda, locação etc.).

2.5.4.5. Núcleos do tipo

O art. 160 do Código Penal contém dois núcleos: "exigir" e "receber".

Exigir é obrigar alguém a fazer algo. A iniciativa é do extorsionário, que exige da vítima, como garantia de dívida e abusando de sua situação, um documento apto a dar causa a procedimento criminal contra ela ou contra terceiro. O agente impõe uma condição indispensável (*sine qua non*) para a concessão do crédito desejado pela vítima.

Receber, por sua vez, equivale a entrar na posse de algo. Nesse caso, a iniciativa é da vítima, que, em garantia de dívida e não possuindo outros meios para alcançar o crédito necessitado, oferece ao sujeito (que o recebe) um documento idôneo a autorizar a instauração de um procedimento criminal contra ela ou contra terceiro. É imprescindível tenha o agente o conhecimento acerca da possibilidade de que se reveste o documento para deflagrar um procedimento criminal contra a vítima ou outra pessoa qualquer.

O agente deve efetuar a exigência ou recebimento do documento abusando da peculiar situação em que alguém se encontra, ou seja, ele se aproveita do estado de aflição da vítima

---

[217] HUNGRIA, Nélson. *Comentários ao Código Penal*. 2. ed. Rio de Janeiro: Forense, 1958. v. 7, p. 80-81.
[218] REsp 1.094/RJ, rel. Min. Costa Leite, 6.ª Turma, j. 12.12.1989. O aresto tem como ponto de partida a premissa segundo a qual a emissão de cheque pré-datado (ou, mais tecnicamente, pós-datado) retira do título de crédito a proteção que lhe é conferida pelo Direito Penal, afastando a ocorrência do crime tipificado pelo art. 171, § 2.º, inciso VI, do Código Penal.

para exigir ou receber, como garantia de dívida, um documento público ou particular apto a iniciar um procedimento criminal. De fato, a lei contém a expressão "abusando da situação de alguém".

Em síntese, o ofendido se sente constrangido em razão da sua dificuldade financeira, de modo que seu quadro de precisão não é obrigatoriamente criado pelo criminoso, ao contrário do que se dá nos crimes de extorsão (CP, art. 158) e de extorsão mediante sequestro (CP, art. 159), nos quais a subjugação da vítima é produzida pela violência à pessoa, grave ameaça ou privação da liberdade. Esta é a razão de o delito ser legalmente denominado extorsão indireta: o agente indiretamente se vale da situação aflitiva da vítima para alcançar seu espúrio objetivo.[219]

2.5.4.6. Sujeito ativo

O crime de extorsão indireta pode ser cometido por qualquer pessoa (**crime comum**).

Ao contrário do sugerido em uma leitura apressada, a Exposição de Motivos da Parte Especial do Código Penal (vide item 2.5.4.2), referindo-se aos usurários e agiotas, limita-se a apresentar exemplos frequentes de responsáveis pela extorsão indireta.

Com efeito, o delito pode ser praticado por qualquer pessoa que, para assegurar o pagamento de dívida em dinheiro, ainda que sem juros ou não usurária, resultante de qualquer contrato (e não apenas de mútuo), abusa da situação aflitiva do outro contratante, para exigir ou dele receber o documento a que faz menção o art. 160 do Código Penal. Se na prática o crime é praticado principalmente pelos onzenários (usurários e agiotas), tal circunstância não lhes reserva exclusividade legal para figurarem como réus da extorsão indireta.

2.5.4.7. Sujeito passivo

É a pessoa que se submete à exigência do extorsionário ou a ele oferece o documento como garantia de dívida, e também a terceira pessoa em relação à qual pode ser instaurado procedimento criminal, em consonância com expressa previsão legal, já que o documento entregue pelo devedor ao credor é idôneo a prejudicar interesses alheios.

2.5.4.8. Elemento subjetivo

É o dolo, acrescido de uma finalidade específica (elemento subjetivo específico), consistente na intenção de obter o documento como garantia de dívida, abusando da situação de dificuldade econômica da vítima. É o chamado **dolo de aproveitamento**. Nas precisas lições de Nélson Hungria, referindo-se à difícil situação em que a vítima há de estar:

> Não é preciso que tal situação se identifique com a *dificuldade extrema* (condição de quem não dispõe, sequer, de recursos para alimentar-se e à família): basta que o agente saiba que a vítima, *seja por que motivo for* (ainda que, por exemplo, para satisfazer o empolgante vício do jogo ou do uso de entorpecentes), se encontra em situação, mesmo transitória, de precisão. O dolo de aproveitamento, aqui, aliás, *inest in re ipsa*: ninguém pode duvidar que somente em caso de pressão das circunstâncias um homem normal se disponha a garantir o credor com um documento capaz de lhe acarretar processo penal. Pouco importa que se trata de dívida a contrair-se (para cuja garantia se exige ou recebe, contemporaneamente, o documento sob a censura legal) ou de dívida cujo vencimento se prorrogue ou se prometa prorrogar.[220]

Não se admite a modalidade culposa.

---

[219] Nesse sentido: MAGALHÃES NORONHA, E. *Código Penal brasileiro comentado*. São Paulo: Saraiva, 1958. v. 5, 1.ª parte, p. 263-264.
[220] HUNGRIA, Nélson. *Comentários ao Código Penal*. 2. ed. Rio de Janeiro: Forense, 1958. v. 7, p. 82.

2.5.4.9. Consumação

Na modalidade "**exigir**", o crime é **formal, de consumação antecipada ou de resultado cortado**: consuma-se com a mera exigência, ainda que em razão dela não sobrevenha a tradição do documento.

De outro lado, no núcleo "**receber**", no qual não há a prévia imposição do credor, o crime é **material**, aperfeiçoando-se com a efetiva entrega do documento pelo devedor ao credor.

Anote-se que, uma vez comprovada a extorsão indireta, nenhum crime poderá ser imputado ao devedor, mesmo que o documento tenha sido colocado em circulação e transferido a terceiro de boa-fé. Somente o credor originário, e extorsionário, é que responderá criminalmente, tanto pela extorsão indireta como pelo crime resultante da transferência do documento (estelionato ou uso de documento falso), não se podendo falar em concurso de pessoas com a vítima da extorsão indireta, pois ausente o vínculo subjetivo para colaborar com o delito alheio.

2.5.4.10. Tentativa

É possível, seja na forma "exigir" (exemplo: o credor remete uma missiva ao devedor, que se extravia em seu itinerário), seja na modalidade "receber" (exemplo: um policial impede a entrega do documento).

2.5.4.11. Ação penal

É pública incondicionada.

2.5.4.12. Lei 9.099/1995

A pena mínima cominada em abstrato (1 ano) autoriza a classificação da extorsão indireta como **crime de médio potencial ofensivo**, compatível com a suspensão condicional do processo, nos termos do art. 89 da Lei 9.099/1995.

2.5.4.13. Classificação doutrinária

O crime é **comum** (pode ser cometido por qualquer pessoa); **formal, de consumação antecipada ou de resultado cortado** (na modalidade "exigir") ou **material** (no núcleo "receber"); **doloso**; **de forma livre** (admite qualquer meio de execução); **unissubjetivo, unilateral ou de concurso eventual** (pode ser praticado por uma só pessoa, mas admite o concurso); em regra **plurissubsistente** (a conduta criminosa pode ser fracionada em diversos atos); e **instantâneo** (a consumação ocorre em um momento determinado, sem continuidade no tempo).

2.5.4.14. Concurso de crimes: extorsão indireta e denunciação caluniosa

A consumação do crime de extorsão indireta ocorre independentemente da instauração do procedimento criminal contra a vítima ou contra terceiro. Basta a potencialidade em abstrato para tanto. Se, entretanto, for iniciado o procedimento criminal, estará caracterizado outro crime, a saber, denunciação caluniosa, tipificado pelo art. 339 do Código Penal.

Ambos os crimes devem ser imputados ao agente, em concurso material. Não há falar em absorção da denunciação caluniosa pela extorsão indireta, uma vez que não se trata de fato posterior (*post factum*) impunível. Com efeito, os bens jurídicos penalmente tutelados são diversos: aquele é crime contra a administração da justiça, enquanto este desponta como crime contra o patrimônio.[221]

---

[221] Com igual conclusão: CAPEZ, Fernando. *Curso de Direito Penal*. 8. ed. São Paulo: Saraiva, 2008. vol. 2, p. 477.

2.6. DA USURPAÇÃO

A palavra "usurpar", da qual provém a usurpação, tem o sentido de "apossar-se violentamente", "adquirir com fraude", "alcançar sem direito", "exercer indevidamente", "tomar à força", "obter por fraude", ou, ainda, de "assumir o exercício de algo por fraude, artifício ou força".[222]

Na seara dos crimes contra o patrimônio, os delitos previstos neste capítulo tutelam, em regra, os bens imóveis, salvo no tocante à figura típica delineada pelo art. 162 do Código Penal (supressão ou alteração de marca em animais), o qual tem como objeto material o gado ou rebanho. Seria mais correto, portanto, que tal crime estivesse inserido em outro capítulo do Título II da Parte Especial do Código Penal, reservando-se o Capítulo III unicamente para crimes cometidos contra bens imóveis.

De fato, na impossibilidade física e legal de serem furtados ou roubados bens imóveis, pois são insuscetíveis de apreensão e transporte, os arts. 155 e 157 do Código Penal contêm como elementares em seus tipos penais somente a coisa alheia "móvel", valendo-se o legislador da usurpação para punir a conduta daquele que indevidamente, ou seja, com fraude, violência à pessoa ou grave ameaça, incorpora ao seu patrimônio uma coisa alheia imóvel.

Assim como ocorre nas demais infrações penais contra o patrimônio, os crimes atinentes à usurpação encontram seu fundamento de validade no art. 5.º, *caput*, da Constituição Federal, que assegura a todos o direito à propriedade. Tais delitos, portanto, são legítimos no âmbito de uma teoria constitucionalista do Direito Penal.

2.6.1. Art. 161 – Alteração de limites, usurpação de águas e esbulho possessório

2.6.1.1. Dispositivo legal

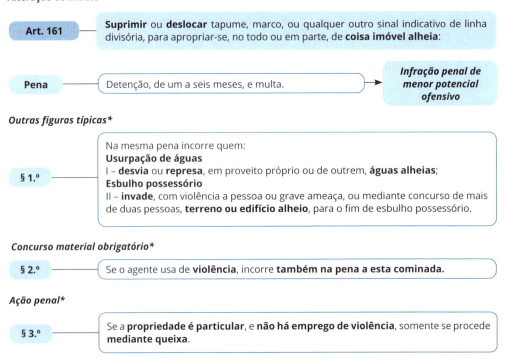

---

[222] FERREIRA, Aurélio Buarque de Holanda. *Novo Dicionário da Língua Portuguesa*. 2. ed. Rio de Janeiro: Nova Fronteira, 1986. p. 1.744-1.748.

Classificação:	**Informações rápidas:**
Crime próprio (só alteração de limites) Crime comum (usurpação de águas e esbulho possessório) Crime formal Crime doloso Crime de forma livre Crime não transeunte Crime unissubjetivo (*regra*) Crime plurissubsistente (*regra*) Crime instantâneo Crime permanente (só esbulho possessório)	**Abrange três crimes:** alteração de limites, usurpação de águas e esbulho possessório. Não admitem modalidade culposa. Exigem dolo específico. Crimes formais e não transeuntes. Admitem tentativa. **Ação penal:** propriedade particular e sem violência – ação penal privada; propriedade pública e propriedade privada com violência – ação penal pública incondicionada. **Concurso material obrigatório:** pena do art. 161 + pena correspondente ao crime provocado pela violência. **Esbulho possessório e competência:** imóveis construídos pelo SFH – Justiça Comum Estadual; imóveis de autarquias ou empresas da União – Justiça Comum Federal.

2.6.1.2. Pluralidade de crimes

O art. 161 do Código Penal contém três crimes distintos: alteração de limites (*caput*), usurpação de águas (§ 1.º, inciso I) e esbulho possessório (§ 1.º, inciso II). Todos eles se enquadram na definição prevista no art. 61 da Lei 9.099/1995, atinente às **infrações penais de menor potencial ofensivo**, pois o máximo de pena privativa de liberdade cominada em abstrato é de 6 (seis) meses.

Além disso, os três delitos – alteração de limites, usurpação de águas e esbulho possessório – são, em regra, de **ação penal privada**. Com efeito, estatui o § 3.º do art. 161 do Código Penal: "Se a propriedade é particular, e não há emprego de violência, somente se procede mediante queixa". Conclui-se, portanto, *a contrario sensu* que, tratando-se de propriedade pública, ou então de crime cometido com emprego de violência, a ação penal será pública incondicionada. Em uma visão esquematizada:

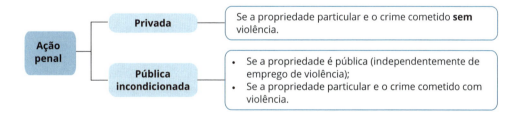

Finalmente, nas três figuras penais, se houver utilização de violência para a execução do delito, opera-se a regra do **concurso material obrigatório**, de modo que ao sujeito serão imputados dois crimes, o relativo à usurpação e o emanado da violência (lesão corporal, homicídio etc.).

Com estas anotações introdutórias, passemos agora à análise separada de cada um dos delitos.

2.6.1.3. Alteração de limites: art. 161, caput

2.6.1.3.1. Objetividade jurídica

É o patrimônio, relativamente à propriedade e à posse legítima de **bens imóveis**.

2.6.1.3.2. Objeto material

O objeto material do crime delineado pelo art. 161, *caput*, do Código Penal pode tanto ser o tapume, o marco ou qualquer outro sinal de linha divisória. Em consonância com a diferenciação apresentada por Nélson Hungria:

> *Tapume*, no sentido estrito que lhe atribui o art. 161, *caput*, é toda cerca (sebe viva ou seca, cerca de arame, tela metálica etc.) ou muro (de pedra, tijolos, adobes, cimento armado) destinado a assinalar o limite entre dois imóveis. *Marco* é toda coisa corpórea (pedras, piquetes, postes, árvores, tocos de madeira, padrões etc.) que, artificialmente colocada ou naturalmente existente em *pontos* da linha divisória de imóveis, serve, também, ao fim de atestá-la *permanentemente* (ainda que não *perpetuamente*). Não somente o tapume e o marco servem ao objetivo de indicação de limites, pois outros meios podem ser empregados ou utilizados, como, por exemplo, valas, regos, sulcos, trilhas, cursos d'água etc.[223]

2.6.1.3.3. Núcleos do tipo

A conduta criminosa consiste em suprimir ou deslocar tapume, marco ou qualquer outro sinal indicativo de linha divisória, de modo a tornar dúbios os limites do imóvel. Há dois núcleos: "suprimir" e "deslocar".

Suprimir equivale a eliminar alguma coisa, fazendo-a desaparecer, enquanto **deslocar** significa mudar o local em que algo se encontrava originariamente. Como destaca Cezar Roberto Bittencourt no tocante ao núcleo "suprimir":

> (...) a ação de suprimir deve ser de apagar, fazer desaparecer por completo a demarcação da linha divisória, inviabilizando que se possa constatar onde esta se localizava. Por isso, não caracteriza supressão o simples ato de arrancar tapumes ou marcos de uma cerca, sem tapar os respectivos buracos existentes no solo, que são denunciadores da linha divisória. Ação como essa poderá, no máximo, caracterizar o crime de dano, ou mesmo de furto, na hipótese de haver subtração do material extraído.[224]

Com opinião diversa, manifesta-se Rogério Greco no sentido de que:

> Não se exige, para a caracterização do delito em tela, que desapareçam, por completo, todos vestígios dos sinais anteriormente existentes. O mais importante, segundo o nosso raciocínio, é o elemento subjetivo com que atua o sujeito ativo. Se a sua finalidade era a de se apropriar de imóvel alheio, tentando "apagar" as linhas divisórias, não poderá ser responsabilizado por crime de dano ou mesmo de furto se sobraram alguns vestígios, pois que estaríamos modificando completamente o seu dolo, considerando um detalhe não exigido pela figura típica.[225]

Observe-se que os verbos "suprimir" e "deslocar" indicam um comportamento comissivo, um fazer por parte do agente. Nada obsta, contudo, a prática do delito por omissão imprópria (CP, art. 13, § 2.º), quando o sujeito tiver o dever jurídico de proteger o imóvel (exemplo: administrador de fazenda ou caseiro de uma chácara) e dolosamente não impedir sua apropriação total ou parcial por terceiro que suprime ou desloca linha divisória.

---

[223] HUNGRIA, Nélson. *Comentários ao Código Penal*. 2. ed. Rio de Janeiro: Forense, 1958. v. 7, p. 86.
[224] BITENCOURT, Cezar Roberto. *Tratado de Direito Penal*. Parte Especial. 4. ed. São Paulo: Saraiva, 2008. vol. 3, p. 164.
[225] GRECO, Rogério. *Curso de Direito Penal: Parte Especial*. 6. ed. Niterói: Impetus, 2009. vol. III, p. 141.

2.6.1.3.4. Elemento normativo do tipo

A conduta penalmente ilícita há de recair sobre coisa imóvel "alheia". Por corolário, não há crime quando se tratar de imóvel daquele que suprime ou desloca o sinal divisório.

2.6.1.3.5. Sujeito ativo

Trata-se de **crime próprio**, pois somente pode ser praticado pelo proprietário do imóvel contíguo àquele em que é realizada a alteração de limites.

Há discussão doutrinária acerca da possibilidade de o **possuidor** do bem limítrofe praticar o delito em apreço. Para os que defendem esta possibilidade, o fundamento jurídico encontra-se nos arts. 1.238 a 1.240 do Código Civil, que permitem a usucapião de bens imóveis.

Magalhães Noronha incluía, ainda, entre os sujeitos ativos do crime, o futuro comprador do imóvel, que poderia suprimir ou deslocar linhas divisórias, visando obter uma vantagem quando da aquisição do imóvel.[226]

2.6.1.3.6. Sujeito passivo

É o proprietário ou possuidor do imóvel em que a conduta típica é realizada.

2.6.1.3.7. Elemento subjetivo

É o dolo. Reclama-se também um especial fim de agir, pois o agente efetua a supressão ou deslocamento para "apropriar-se, no todo ou em parte, de coisa imóvel alheia". Na ausência deste elemento subjetivo específico, o fato poderá caracterizar outro delito, como dano (CP, art. 163), furto (CP, art. 155), fraude processual (CP, art. 347) ou exercício arbitrário das próprias razões (CP, art. 345), dependendo das circunstâncias do caso concreto e do móvel do crime.

Não se admite a modalidade culposa.

2.6.1.3.8. Consumação

O crime é **formal, de consumação antecipada ou de resultado cortado**. Consuma-se com a efetiva supressão ou deslocamento do tapume, marco ou outro sinal divisório, independentemente da apropriação total ou parcial do imóvel alheio, que funciona como exaurimento do delito.

Além disso, cuida-se de **crime não transeunte**, pois sua execução deixa vestígios de ordem material. A prova da materialidade do fato depende de exame pericial, na forma exigida pelo art. 158 do Código de Processo Penal.

2.6.1.3.9. Tentativa

É possível, tal como na hipótese do sujeito flagrado enquanto tenta deslocar o sinal demarcativo do imóvel vizinho à sua propriedade.

2.6.1.3.10. Classificação doutrinária

O crime é **próprio** (somente pode ser cometido pelo proprietário do imóvel vizinho àquele em que se realiza a alteração de limites); **formal, de consumação antecipada ou de resultado cortado** (independe da lesão ao patrimônio da vítima); **doloso**; **de forma livre** (admite qualquer meio de execução); **não transeunte** (deixa vestígios materiais); **unissubjetivo, unilateral ou de**

---

[226] MAGALHÃES NORONHA, E. *Direito penal*. 9. ed. São Paulo: Saraiva, 1973. v. 2, p. 284.

concurso eventual (pode ser praticado por uma só pessoa, mas admite o concurso); em regra **plurissubsistente** (a conduta criminosa pode ser fracionada em diversos atos); e **instantâneo** (a consumação ocorre em um momento determinado, sem continuidade no tempo).

2.6.1.4. Usurpação de águas: art. 161, § 1.º, inciso I

2.6.1.4.1. Objetividade jurídica

É a inviolabilidade patrimonial imobiliária, no que se refere à utilização e gozo das águas por seu titular.

2.6.1.4.2. Objeto material

São as águas, consideradas parte do solo, nos termos do art. 79 do Código Civil: "São bens imóveis o solo e tudo quanto se lhe incorporar natural ou artificialmente".

As águas alheias podem ser públicas ou particulares, correntes ou estagnadas, perenes ou temporárias, nascentes ou pluviais, ou até mesmo subterrâneas.

2.6.1.4.3. Núcleos do tipo

A conduta criminosa consiste em "desviar" ou "represar", em proveito próprio ou de outrem, águas alheias. **Desviar** significa mudar o rumo do curso d'água (exemplo: um fazendeiro altera o curso de um riacho, fazendo com que suas águas não mais banhem o imóvel vizinho), ao passo que **represar** tem o sentido de impedir que as águas corram normalmente (exemplo: um proprietário rural constrói uma grande lagoa para que as águas de um pequeno riacho não mais sirvam um imóvel alheio próximo).

Os núcleos "desviar" e "represar" evidenciam um comportamento positivo do agente. Nada impede, entretanto, a prática do delito por omissão, quando o sujeito ostentar o dever de agir (CP, art. 13, § 2.º) e dolosamente não impedir o resultado criminoso, tal como na hipótese do policial florestal que presencia a conduta criminosa e nada faz para evitar a usurpação de águas.

2.6.1.4.4. Elemento normativo do tipo

Evidencia-se pelo termo "alheias": as águas alheias podem ser públicas ou particulares.

Não há crime quando se tratar de águas incorporadas ao imóvel de propriedade daquele que as represa, conforme estabelece o art. 1.292 do Código Civil: "O proprietário tem direito de construir barragens, açudes, ou outras obras para represamento de água em seu prédio".

2.6.1.4.5. Sujeito ativo

O crime pode ser praticado por qualquer pessoa (**crime comum**).

2.6.1.4.6. Sujeito passivo

É o proprietário ou possuidor do imóvel do qual as águas foram usurpadas, podendo se tratar de pessoa física ou jurídica.

2.6.1.4.7. Elemento subjetivo

É o dolo. Exige-se também um especial fim de agir, consistente na finalidade do agente em desviar ou represar águas alheias "em proveito próprio ou de outrem". Com efeito, se o sujeito assim age unicamente para prejudicar a vítima, o crime será o de dano (CP, art. 163).

Não se admite a forma culposa.

2.6.1.4.8. Consumação

Opera-se com o desvio ou represamento das águas alheias, independentemente do efetivo proveito próprio ou de terceiro e do prejuízo à vítima. O delito de usurpação de águas classifica-se como **formal, de consumação antecipada ou de resultado cortado**.

Anote-se, também, que a figura prevista no art. 161, § 1.º, inciso I, do Código Penal constitui-se em **crime não transeunte**, pois da sua prática sobram vestígios de ordem material. Portanto, a prova da materialidade do fato depende de exame pericial, na forma exigida pelo art. 158 do Código de Processo Penal.

2.6.1.4.9. Tentativa

É possível.

2.6.1.4.10. Classificação doutrinária

Cuida-se de crime **comum** (pode ser cometido por qualquer pessoa); **formal, de consumação antecipada ou de resultado cortado** (independe da lesão ao patrimônio da vítima); **doloso**; **de forma livre** (admite qualquer meio de execução); **não transeunte** (deixa vestígios materiais); **unissubjetivo, unilateral ou de concurso eventual** (pode ser praticado por uma só pessoa, mas admite o concurso); em regra **plurissubsistente** (a conduta criminosa pode ser fracionada em diversos atos); e **instantâneo** (a consumação ocorre em um momento determinado, sem continuidade no tempo).

2.6.1.5. Esbulho possessório: art. 161, § 1.º, inciso II

2.6.1.5.1. Objetividade jurídica

É o patrimônio, no tocante à propriedade e, especialmente, à posse legítima de um imóvel, bem como a integridade física e a liberdade individual da pessoa humana atingida pela conduta criminosa.

2.6.1.5.2. Objeto material

No esbulho possessório há dois objetos materiais: o imóvel invadido e a pessoa que suporta a violência ou a grave ameaça.

O imóvel esbulhado pode ser um terreno ou edifício, público[227] ou particular. **Terreno** é a gleba de terra sem construção, enquanto **edifício** é a construção realizada com alvenaria, madeira ou outro material qualquer, em regra destinada à ocupação pelo ser humano, podendo ser um prédio, uma casa, um barracão ou algo análogo.

Em ambos os casos – terreno e edifício – é imprescindível tratar-se de **imóvel alheio**, por expressa previsão legal. E, mesmo se tivesse silenciado o legislador nesse sentido, não seria razoável falar em crime praticado contra si próprio pelo titular do bem jurídico penalmente tutelado, pois, como sabido, ninguém pode ser sujeito ativo e passivo de um só crime.

Convém destacar que, nada obstante o esbulho possessório normalmente ocorra em áreas rurais, é perfeitamente possível a prática do delito na zona urbana, tal como se dá na invasão de moradores de ruas e desabrigados em geral no tocante a terrenos, residências e edifícios abandonados, contra a vontade de quem de direito.

---

[227] Quando o imóvel for público, a ação penal será pública incondicionada, ainda que o delito seja cometido sem violência à pessoa (CP, art. 161, § 3.º).

2.6.1.5.3. Núcleo do tipo

O núcleo do tipo penal é **"invadir"**, ou seja, ingressar à força em algum local, com o propósito de dominá-lo.

Em consonância com o art. 161, § 1.º, inciso II, do Código Penal, esta invasão pode ser executada mediante três meios distintos, a saber:

(a) violência à pessoa;

(b) grave ameaça; e

(c) concurso de mais de duas pessoas.

a) Violência à pessoa: também conhecida como *vis absoluta*, é o emprego de força física contra alguém, que pode ser o proprietário da área invadida ou pessoa diversa responsável pelo zelo do local (exemplos: caseiro de uma chácara, vigia de uma residência, porteiro de um edifício etc.)

A violência contra a coisa não caracteriza o delito.

Vale recordar que, na hipótese de o crime ser praticado com emprego de violência à pessoa, incide a regra do **concurso material obrigatório**, ou seja, ao agente serão imputados dois crimes, o relativo ao esbulho possessório e o produzido pela violência (lesão corporal, homicídio etc.). É o que se extrai do § 2.º do art. 161 do Código Penal.

Finalmente, o esbulho possessório cometido com violência à pessoa é crime de ação penal pública incondicionada, nos moldes previstos no art. 161, § 3.º, do Código Penal.

b) Grave ameaça: também denominada de violência moral ou *vis compulsiva*, é a intimidação (por palavras, escritos, gestos ou meios simbólicos) mediante a demonstração da intenção de causar a alguém um mal relevante, direta ou indiretamente, no momento atual ou em futuro próximo. O dispositivo legal fala em **grave ameaça**, isto é, promessa de provocação de grave dano, que deve ser idônea a incutir temor na vítima, e possível de realização. Prescinde-se da **injustiça** do mal prometido, ao contrário do que se dá no crime tipificado pelo art. 147 do Código Penal.

A ameaça não depende da presença do ameaçado: pode ser realizada mediante recado ou por escrito. Divide-se ainda em **direta** ou **indireta**, verificando-se esta última quando o mal prometido é endereçado a terceira pessoa, em relação ao qual o coagido encontra-se ligado por laços de parentesco ou de amizade.

Diversamente do que se verifica no roubo próprio (CP, art. 157, *caput*), a lei não utiliza a expressão "ou depois de lhe haver reduzido, por qualquer outro meio, a capacidade de resistência". A violência imprópria ou meio sub-reptício, portanto, não caracteriza o crime tipificado pelo art. 161, § 1.º, inciso II, do Código Penal.

Não se olvide, por outro lado, que o esbulho possessório perpetrado com grave ameaça, em propriedade privada, é crime de ação penal privada (CP, art. 161, § 3.º).

c) Concurso de mais de duas pessoas: a pluralidade de agentes desempenha o papel de **elementar** do tipo penal, e não de qualificadora, causa de aumento da pena ou agravante genérica, como ocorre em outros crimes. Não há dúvida nenhuma de que a multiplicidade de pessoas acarreta invasão forçada do imóvel alheio, mesmo se realizada sem violência à pessoa ou grave ameaça, pois torna muito mais difícil, senão impossível, a defesa do terreno ou edifício pelo seu titular. Denota-se, pois, uma presunção de violência.

Logo de início, fica claro que somente duas pessoas não são suficientes para a configuração do esbulho possessório. Exigem-se mais de duas pessoas. Mas quantas? Será que a lei se contenta com três pessoas? Ou serão imprescindíveis ao menos quatro envolvidos na empreitada criminosa? Há duas posições acerca do assunto:

1.ª posição: Bastam 3 (três) pessoas para o aperfeiçoamento do esbulho possessório, pois o tipo penal foi peremptório ao reclamar a presença de "mais de duas pessoas". É o entendimento de Nélson Hungria.[228]

2.ª posição: Exigem-se no mínimo 4 (quatro) sujeitos envolvidos na prática do delito. Chega-se a esta conclusão mediante a seguinte interpretação do tipo penal: "**invade** (...) mediante concurso de **mais de duas pessoas**", ou seja, há o sujeito que invade associado a pelo menos mais de duas pessoas, isto é, a pelo menos mais três pessoas. É o raciocínio de Magalhães Noronha:

> Para que haja presunção de violência, é mister pratiquem o crime, nele intervenham quatro pessoas, no mínimo: uma (*quem*) que invade terreno ou edifício alheio, valendo-se do concurso de três outras (*mais de duas*). Se forem, pois, três pessoas ao todo as participantes do delito, não haverá a presunção de violência.[229]

2.6.1.5.4. Sujeito ativo

Pode ser qualquer pessoa (**crime comum**), menos o proprietário do imóvel, uma vez que o tipo penal reclama seja a invasão efetuada em terreno ou edifício "alheio". Como lembra Nélson Hungria:

> Prédio alheio (particular ou público, rural ou urbano) é que não pertence, total ou parcialmente, ao agente. Assim, não comete o crime o proprietário-locador que invade o terreno ou edifício locado para excluir a posse do locatário, nem o condômino de prédio indiviso que invade a parte possuída por outro condômino.[230]

2.6.1.5.5. Sujeito passivo

É o proprietário ou possuidor legítimo de um imóvel, bem como qualquer outro indivíduo (exemplo: um empregado ou policial) que seja atacado pela violência ou grave ameaça.

2.6.1.5.6. Elemento subjetivo

É o dolo, acompanhado de um especial fim de agir (elemento subjetivo específico), consubstanciado na expressão "para o fim de esbulho possessório". Deveras, a finalidade do agente deve ser a ocupação total ou parcial do terreno ou edifício alheio. A invasão despida deste propósito constituirá mero ilícito civil, salvo no concernente à violência, contra a pessoa ou contra a coisa, que poderá caracterizar outro delito (exemplos: lesão corporal, homicídio, dano etc.).

Se o agente invade propriedade alheia apenas para contrariar seu titular, o delito será o de violação de domicílio (CP, art. 150). Ainda, se a invasão tiver o escopo de satisfazer

---

[228] HUNGRIA, Nélson. *Comentários ao Código Penal*. 2. ed. Rio de Janeiro: Forense, 1958. v. 7, p. 93.
[229] MAGALHÃES NORONHA, E. *Código Penal brasileiro comentado*. São Paulo: Saraiva, 1958. v. 5, 1.ª parte, p. 352.
[230] HUNGRIA, Nélson. *Comentários ao Código Penal*. 2. ed. Rio de Janeiro: Forense, 1958. v. 7, p. 92.

pretensão, embora legítima, de alguém, restará delineado o crime de exercício arbitrário das próprias razões (CP, art. 345).

2.6.1.5.6.1. Esbulho possessório, invasão de propriedades rurais e reforma agrária

Nos últimos anos, as invasões de propriedades, especialmente as situadas em área rural, têm sido muito frequentes. Estas condutas são praticadas por um número elevado de pessoas e, não raramente, com emprego de grave ameaça ou violência à pessoa de fazendeiros, seus empregados e até mesmo de agentes de segurança pública.

Os invasores reúnem-se em grupos e constituem movimentos, reputando-os legítimos e fundados na má divisão de terras, rotuladas como improdutivas. Não raras vezes, seus integrantes são protegidos por governantes e parlamentares, o que colabora para que sejam ultrapassadas as barreiras de legalidade impostas pela ordem jurídica. Mas, repita-se, a questão da justiça social, de conceito extremamente vago e impreciso, é colocada em um patamar superior.

Para nós, cabe uma pergunta: estas invasões de propriedades são legítimas ou caracterizam esbulho possessório? E, se afirmativa a resposta, é possível falar na caracterização do delito de associação criminosa?

Duas posições se formaram sobre o tema:

1.ª posição: Não há crime, por se tratar de movimento social destinado a pressionar as autoridades a dinamizar a reforma agrária, expediente que tangencia a guerra revolucionária, perturba a ordem pública e importa em ilícito civil, mas não configura o delito de esbulho possessório, porque ausente o elemento subjetivo do tipo.[231]

Há decisão monocrática do Supremo Tribunal Federal neste sentido, lançada pelo Ministro Ricardo Lewandowski, a qual, afastando os crimes de esbulho possessório e quadrilha ou bando, atualmente com a nomenclatura "associação criminosa", reconhece a prática de outros crimes praticados por membros de movimentos de invasões de propriedades rurais, tais como furtos e roubos. Vale destacar o seguinte:

> A tal conceito, de molde a afastar em tese a tipicidade das condutas, poder-se-ia ligar os esbulhos possessórios que, em si, consistem na expressão de movimento social, decorrente da clamorosa inércia estatal na promoção de um programa aceitável de reforma agrária. Não revelam tais condutas, em uma primeira análise, crimes. Esses, porém, repito, não são os únicos fatos narrados. Não se imputa aos integrantes do movimento o delito de quadrilha, que, de fato, não sucede, porque em sua origem não propende à prática de crimes, no que tem sua base fundada na possibilidade constitucional de associarem-se pessoas com o escopo de protesto e construção de uma sociedade economicamente mais justa. Mas, do relato, veem-se, também, a prática de furtos, roubo, cárcere privado, incêndio e porte ilegal de armas. Tais infrações, já aqui transbordantes dos limites largos com que se têm tratado o MST, justificam os pleitos formulados. Desbordam do que é aceitável na atuação tendente aos objetivos que se buscam por intermédio das invasões de terras.[232]

2.ª posição: As invasões de propriedades rurais (e também urbanas), ainda que amparadas em uma suposta busca incessante pela reforma agrária e regular distribuição de terras no Brasil, podem caracterizar crime de esbulho possessório. Há decisão do Plenário do Supremo Tribunal Federal nesta linha de raciocínio:

---

[231] NUCCI, Guilherme de Souza. *Código Penal comentado*. 8. ed. São Paulo: RT, 2008. p. 746.
[232] HC 91.616 MC/RS, rel. Min. Carlos Britto, j. 11.06.2007.

O esbulho possessório – mesmo tratando-se de propriedades alegadamente improdutivas – constitui ato revestido de ilicitude jurídica. – Revela-se contrária ao Direito, porque constitui atividade à margem da lei, sem qualquer vinculação ao sistema jurídico, a conduta daqueles que – particulares, movimentos ou organizações sociais – visam, pelo emprego arbitrário da força e pela ocupação ilícita de prédios públicos e de imóveis rurais, a constranger, de modo autoritário, o Poder Público a promover ações expropriatórias, para efeito de execução do programa de reforma agrária. – O processo de reforma agrária, em uma sociedade estruturada em bases democráticas, não pode ser implementado pelo uso arbitrário da força e pela prática de atos ilícitos de violação possessória, ainda que se cuide de imóveis alegadamente improdutivos, notadamente porque a Constituição da República – ao amparar o proprietário com a cláusula de garantia do direito de propriedade (CF, art. 5.º, XXII) – proclama que "ninguém será privado (...) de seus bens, sem o devido processo legal" (art. 5.º, LIV). – O respeito à lei e à autoridade da Constituição da República representa condição indispensável e necessária ao exercício da liberdade e à prática responsável da cidadania, nada podendo legitimar a ruptura da ordem jurídica, quer por atuação de movimentos sociais (qualquer que seja o perfil ideológico que ostentem), quer por iniciativa do Estado, ainda que se trate da efetivação da reforma agrária, pois, mesmo esta, depende, para viabilizar-se constitucionalmente, da necessária observância dos princípios e diretrizes que estruturam o ordenamento positivo nacional. – O esbulho possessório, além de qualificar-se como ilícito civil, também pode configurar situação revestida de tipicidade penal, caracterizando-se, desse modo, como ato criminoso (CP, art. 161, § 1.º, II; Lei nº 4.947/66, art. 20). (...) O *respeito à lei e a possibilidade de acesso à jurisdição do Estado (até mesmo para contestar a validade jurídica da própria lei) constituem valores essenciais e necessários à preservação da ordem democrática.* – A necessidade de respeito ao império da lei e a possibilidade de invocação da tutela jurisdicional do Estado – que constituem valores essenciais em uma sociedade democrática, estruturada sob a égide do princípio da liberdade – devem representar o sopro inspirador da harmonia social, além de significar um veto permanente a qualquer tipo de comportamento cuja motivação derive do intuito deliberado de praticar gestos inaceitáveis de violência e de ilicitude, como os atos de invasão da propriedade alheia e de desrespeito à autoridade das leis da República.[233]

Consequentemente, se há crime de esbulho possessório na invasão de propriedades urbanas e rurais, é perfeitamente possível a caracterização da associação criminosa, na forma traçada pelo art. 288 do Código Penal, quando três ou mais pessoas se associam, de forma estável e permanente, em organizações, movimentos ou qualquer que seja a denominação atribuída a tais grupos, para o fim de cometer crimes específicos, entre eles o tipificado pelo art. 161, § 1.º, II, do Código Penal.

2.6.1.5.7. Consumação

Dá-se com a invasão do terreno ou edifício alheio, ainda que seu titular não seja privado da posse. O crime é **formal, de consumação antecipada ou de resultado cortado**.

Cuida-se de **crime instantâneo**, mas, se a ocupação prolongar-se no tempo, com a presença do invasor ou de seus asseclas, adquire o rótulo de **permanente**.

2.6.1.5.8. Tentativa

É possível.

2.6.1.5.9. Competência

A competência para processo e julgamento do crime de esbulho possessório é, em regra, da Justiça Comum Estadual, mesmo na hipótese em que o imóvel foi construído com valores

---

[233] ADI 2.213 MC/DF, rel. Min. Celso de Mello, Pleno, j. 04.04.2002, noticiada no *Informativo* 262.

provenientes do Sistema Financeiro da Habitação. Na esteira da jurisprudência do Superior Tribunal de Justiça:

> O esbulho possessório de residência construída mediante financiamento do Sistema Financeiro de Habitação, e de que trata o art. 9.º da Lei 5.741/1971, não atrai a competência da Justiça Federal, uma vez que não praticado em detrimento de bens, serviços ou interesse da União ou da Caixa Econômica Federal.[234]

Será competente a Justiça Comum Federal, todavia, quando o crime for praticado em detrimento dos interesses da União, suas autarquias ou empresas públicas, na forma prevista no art. 109, inciso IV, da Constituição Federal. É o que se dá, exemplificativamente, em esbulho possessório de imóvel vinculado ao programa governamental "Minha Casa Minha Vida", pois nesse caso a Caixa Econômica Federal figura como possuidora indireta do bem, o qual é adquirido com valores subsidiados pela União. Como já decidido pelo Superior Tribunal de Justiça:

> Compete à Justiça Federal processar e julgar o crime de esbulho possessório de imóvel vinculado ao Programa Minha Casa Minha Vida. O art. 161, inciso II, do Código Penal, incrimina a conduta de invadir terreno ou edifício alheio, para o fim de esbulho possessório, com violência a pessoa ou grave ameaça, ou mediante concurso de mais de duas pessoas. O crime de esbulho possessório pressupõe uma ação física de invadir um terreno ou edifício alheio, no intuito de impedir a utilização do bem pelo seu possuidor. Portanto, tão somente aquele que tem a posse direta do imóvel pode ser a vítima, pois é quem exerce o direito de uso e fruição do bem. No que diz respeito ao contrato de alienação fiduciária, o art. 23, parágrafo único, da Lei n. 9.514/1997, estabelece que "com a constituição da propriedade fiduciária, dá-se o desdobramento da posse, tornando-se o fiduciante possuidor direto e o fiduciário possuidor indireto da coisa imóvel". Assim, na hipótese de imóvel alienado fiduciariamente, enquanto o devedor fiduciário permanecer na posse direta do bem, tão somente ele pode ser vítima do crime de esbulho possessório. Apenas se, por alguma razão, passar o credor fiduciário a ter a posse direta do bem é que será ele a vítima. Entretanto, o fato de o credor fiduciário não ser a vítima do crime, não retira o seu interesse jurídico no afastamento do esbulho ocorrido, uma vez que o possuidor indireto, no âmbito cível, da mesma forma que o possuidor direto, possui legitimidade para propor a ação de reintegração de posse, prevista no art. 560 do atual Código de Processo Civil, cuidando-se de hipótese de legitimação ativa concorrente. No caso, além da vítima do crime de esbulho possessório, ou seja, a possuidora direta e devedora fiduciária, a Caixa Econômica Federal, enquanto credora fiduciária e possuidora indireta, também possui legitimidade para, no âmbito cível, propor eventual ação de reintegração de posse do imóvel esbulhado. Essa legitimação ativa concorrente da empresa pública federal, embora seja na esfera civil, é suficiente para evidenciar a existência do seu interesse jurídico na apuração do referido delito. E, nos termos do art. 109, inciso IV, da Constituição da República, a existência de interesse dos entes nele mencionados, é suficiente para fixar a competência penal da Justiça Federal. Há, ainda, outro aspecto da situação em exame, que evidencia a existência de interesse jurídico, agora da União, e que também instaura a competência federal, nos termos do artigo mencionado. Com efeito, o imóvel objeto do esbulho foi adquirido pela vítima, no âmbito do programa governamental "Minha Casa Minha Vida", criado pela Lei n. 11.977/2009. Nele, nos termos do arts. 2.º, inciso I, e 6.º da referida Lei, os imóveis são subsidiados pela União, a qual efetiva parte do pagamento do bem, com recursos orçamentários, no momento da assinatura do contrato com o agente financeiro. Saliente-se que o fato de o bem ter sido adquirido, em parte, com recursos orçamentários federais, não leva à permanência do interesse da União, *ad aeternum*, na apuração do crime de esbulho possessório

---

[234] CC 28.707/SP, rel. Min. Hélio Quaglia Barbosa, 3.ª Seção, j. 28.09.2005.

em que o imóvel esbulhado tenha sido adquirido pelo Programa Minha Casa Minha Vida. Contudo, ao menos enquanto estiver o imóvel vinculado ao mencionado Programa, ou seja, quando ainda em vigência o contrato por meio do qual houve a sua compra e no qual houve o subsídio federal, persiste o interesse da União.[235]

2.6.1.5.10. Classificação doutrinária

O esbulho possessório é crime **comum** (pode ser cometido por qualquer pessoa); **formal, de consumação antecipada ou de resultado cortado** (independe da lesão ao patrimônio da vítima); **doloso**; **de forma livre** (admite qualquer meio de execução); **unissubjetivo, unilateral ou de concurso eventual** (pode ser praticado por um só indivíduo, com violência à pessoa ou grave ameaça, mas admite o concurso), e, eventualmente, **plurissubjetivo, plurilateral ou de concurso necessário** (quando o meio de execução é o concurso de pessoas); em regra **plurissubsistente** (a conduta criminosa pode ser fracionada em diversos atos); e **instantâneo** (a consumação ocorre em um momento determinado, sem continuidade no tempo) ou **permanente** (quando a violação da posse prolongar-se no tempo, por vontade do agente).

2.6.2. Art. 162 – Supressão ou alteração de marca em animais

2.6.2.1. Dispositivo legal

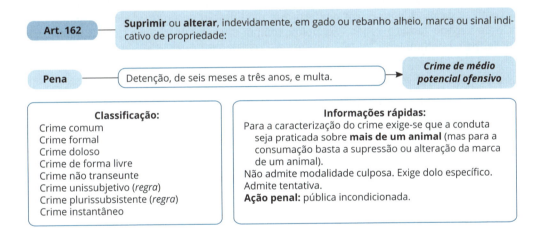

2.6.2.2. Objetividade jurídica

É o patrimônio, no tocante à posse ou a propriedade dos semoventes.

2.6.2.3. Objeto material

É o gado ou o rebanho. As palavras são sinônimas e indicam as reses em geral, mas o legislador as utilizou com finalidades diversas: **gado** diz respeito aos animais de grande porte (bovinos e equinos), ao passo que **rebanho** se relaciona aos de médio ou pequeno porte (suínos, caprinos e ovinos).

---

[235] CC 179.467/RJ, rel. Min. Laurita Vaz, 3.ª Seção, j. 09.06.2021, noticiado no *Informativo* 700.

Só se caracteriza o delito quando a conduta criminosa atingir mais de um animal, pois o objeto material é coletivo. Não se configura o crime em apreço quando a supressão ou alteração alcança um único animal isoladamente considerado. Com efeito, a lei mencionou gado ou rebanho, reclamando a presença de duas ou mais reses.

2.6.2.4. Núcleos do tipo

O tipo penal contém dois núcleos: "suprimir" e "alterar". **Suprimir** é eliminar ou fazer desaparecer, enquanto **alterar** equivale a modificar, transformar ou tornar irreconhecível marca ou sinal indicativo de propriedade de gado ou rebanho alheio.

Tais verbos revelam que o animal deve possuir uma prévia marcação relativa à sua propriedade, a qual vem a ser criminosamente suprimida ou alterada. Portanto, se o gado ou rebanho não está marcado, afasta-se a incidência do crime definido pelo art. 162 do Código Penal.

Não se exige o registro da marca ou sinal. Basta que seja conhecido pelas pessoas como relativo a determinado proprietário de animais.

2.6.2.5. Elemento normativo do tipo

A palavra "indevidamente" funciona como elemento normativo do tipo, e autoriza a conclusão no sentido de que só há crime quando o comportamento do agente for ilícito, espúrio, ou, como prefere a lei, indevido. Destarte, se houver supressão ou alteração legítima, em gado ou rebanho alheio, de marca ou sinal indicativo de propriedade, o fato será atípico, tal como se dá nas hipóteses em que ocorre a modificação da propriedade dos animais por meio de negócio jurídico válido (exemplos: compra e venda, doação etc.) ou há autorização judicial para este fim.

2.6.2.6. Sujeito ativo

Pode ser qualquer pessoa (**crime comum**), salvo o proprietário dos animais, pois a lei se refere a gado ou rebanho "alheio".

2.6.2.7. Sujeito passivo

É o dono do gado ou do rebanho que tem sua marca ou sinal indicativo de propriedade suprimido ou alterado.

2.6.2.8. Elemento subjetivo

É o dolo, sem qualquer finalidade específica. O dolo deve englobar a consciência do agente quanto ao caráter indevido da supressão ou alteração de marca ou sinal indicativo da propriedade, com a finalidade de causar dúvida ou acobertar a verdadeira origem do animal.

Não se admite a modalidade culposa.

2.6.2.9. Consumação

O crime se consuma com a supressão ou alteração da marca ou do sinal, sendo desnecessário o subsequente furto ou apropriação.[236] Não importa se o proprietário dos animais

---

[236] MIRABETE, Julio Fabbrini. *Manual de direito penal*. São Paulo: Atlas, 2007. v. 2, p. 256.

suportou ou não prejuízo econômico. Basta, para fins de consumação do delito, que a supressão ou a alteração ocorra em um só animal para que se caracterize o crime, desde que a vontade do agente fosse atingir mais de uma *res*. É o que defende a doutrina amplamente dominante. Roberto Delmanto, com posição contrária, sustenta:

> A doutrina inclina-se no sentido de ser suficiente a alteração ou supressão em um só animal, com o que não concordamos, pois a lei emprega os coletivos *gado* e *rebanho*, além de a rubrica referir-se a animais. O CP costuma indicar o objetivo material de seus tipos no *singular*: "alguém" (arts. 121, 122, 130, 138), "coisa" (arts. 155, 156, 157, 163), "correspondência" (arts. 151, 152, 153), "local" (art. 166), "segredo" (art. 154) etc. Portanto, deve-se obedecer ao princípio hermenêutico de que não há palavras desnecessárias na lei. Se o CP, neste art. 162, emprega o *plural*, repetidamente, ao contrário de outros em que sempre usa o singular, não se pode, sem infração à regra da reserva legal, ampliá-lo de forma a incriminar a conduta quando ela é praticada em um só animal.[237]

Como o crime deixa vestígios (**delito não transeunte**), a prova da materialidade há de ser feita por exame de corpo de delito (CPP, art. 158).

2.6.2.10. Tentativa

É possível, tanto quando o agente, por circunstâncias alheias à sua vontade, inicia a conduta criminosa, mas não consegue suprimir ou alterar a marca ou sinal, bem como quando pratica integralmente o comportamento legalmente previsto, embora não faça com que a marca ou sinal original se torne irreconhecível.

2.6.2.11. Ação penal

A ação penal é pública incondicionada.

2.6.2.12. Lei 9.099/1995

Trata-se de **crime de médio potencial ofensivo**. A pena máxima (3 anos) não autoriza a inserção do crime tipificado pelo art. 162 do Código Penal entre as infrações penais de menor potencial ofensivo. Mas a pena mínima (6 meses) faz com que o delito seja compatível com a suspensão condicional do processo, desde que presentes os demais requisitos elencados pelo art. 89 da Lei 9.099/1995.

2.6.2.13. Classificação doutrinária

O crime é **comum** (pode ser praticado por qualquer pessoa); **formal, de consumação antecipada ou de resultado cortado** (independe da lesão ao patrimônio da vítima); **doloso**; **de forma livre** (admite qualquer meio de execução); **não transeunte** (deixa vestígios materiais); **unissubjetivo, unilateral ou de concurso eventual** (pode ser cometido por uma só pessoa, mas admite o concurso); em regra **plurissubsistente** (a conduta criminosa pode ser fracionada em diversos atos); e **instantâneo** (a consumação ocorre em um momento determinado, sem continuidade no tempo).

---

[237] DELMANTO, Celso. *Código Penal comentado*. 3. ed. Rio de Janeiro: Renovar, 1994. p. 290.

2.7. DO DANO

2.7.1. Art. 163 – Dano

2.7.1.1. Dispositivo legal

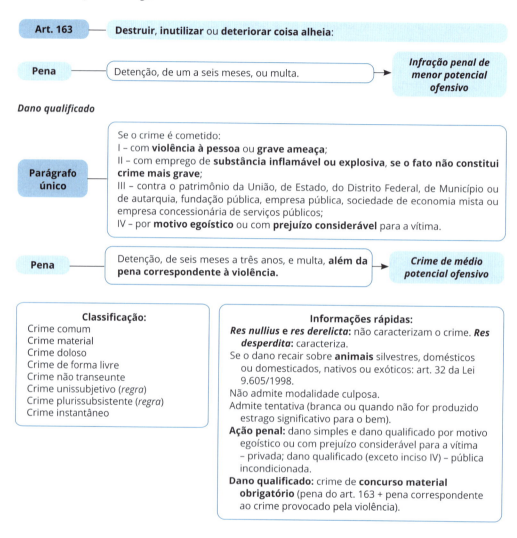

2.7.1.2. Objetividade jurídica

O bem jurídico protegido pela lei penal é o patrimônio das pessoas físicas e jurídicas, indistintamente, aí se incluindo a propriedade e a posse legítima.

2.7.1.3. Objeto material

É a coisa alheia, imóvel ou móvel, sobre a qual incide a conduta criminosa. Frise-se: a coisa deve ser alheia. É atípico o comportamento de destruir, inutilizar ou deteriorar coisa própria, pois a condição de proprietário confere ao agente o direito de dar ao bem de cunho patrimonial o destino que melhor lhe aprouver.

Não há crime quando o dano recai sobre *res nullius* (coisa de ninguém) e *res derelicta* (coisa abandona), pois em tais hipóteses inexiste patrimônio a ser penalmente tutelado. Caracteriza-se o crime de dano, contudo, quando se tratar de *res desperdita* (coisa perdida), uma vez que ingressa no conceito de coisa alheia.

Tratando de **animais** silvestres, domésticos ou domesticados, nativos ou exóticos, há crime específico, tipificado pelo art. 32 da Lei 9.605/1998 – Lei dos Crimes Ambientais:

> **Art. 32.** Praticar ato de abuso, maus-tratos, ferir ou mutilar animais silvestres, domésticos ou domesticados, nativos ou exóticos:
>
> **Pena** – detenção, de três meses a um ano, e multa.
>
> **§ 1.º** Incorre nas mesmas penas quem realiza experiência dolorosa ou cruel em animal vivo, ainda que para fins didáticos ou científicos, quando existirem recursos alternativos.
>
> **§ 1.º-A** Quando se tratar de cão ou gato, a pena para as condutas descritas no *caput* deste artigo será de reclusão, de 2 (dois) a 5 (cinco) anos, multa e proibição da guarda.
>
> **§ 2.º** A pena é aumentada de um sexto a um terço, se ocorre morte do animal.

No tocante ao dano envolvendo **documentos** (públicos ou privados), várias situações podem ocorrer:

a) se a conduta for praticada para impedir utilização do documento como prova de algum fato juridicamente relevante, o crime será o de supressão de documento (CP, art. 305);

b) se a conduta for cometida unicamente com o propósito de prejudicar o patrimônio da vítima, o crime será o de dano (CP, art. 163);

c) se o advogado ou procurador inutilizar, total ou parcialmente, documento ou objeto de valor probatório que recebeu em razão da sua qualidade, o crime será o de sonegação de papel ou objeto de valor probatório (CP, art. 356);

d) se o agente rasgar ou, de qualquer forma, inutilizar ou conspurcar edital afixado por ordem de funcionário público, ou então violar ou inutilizar selo ou sinal empregado, por determinação legal ou por ordem de funcionário público, para identificar ou cerrar qualquer objeto, o crime será o de inutilização de edital ou de sinal (CP, art. 336); e

e) se o agente inutilizar, total ou parcialmente, livro oficial, processo ou documento confiado à custódia de funcionário, em razão de ofício, ou de particular em serviço público, o delito será o de inutilização de livro ou documento (CP, art. 337).

2.7.1.4. Núcleos do tipo

O tipo penal contém três núcleos: "destruir", "inutilizar" ou "deteriorar".

Destruir é eliminar fisicamente a coisa, extinguindo-a. Trata-se do dano físico total. Exemplos: incendiar um automóvel, quebrar uma vidraça etc.

Inutilizar, por sua vez, equivale a tornar uma coisa imprestável aos fins a que se destina. Esse núcleo foi previsto para suprir a lacuna das situações em que um bem não é destruído nem deteriorado fisicamente, mas não pode mais ser utilizado. Exemplos: retirar o motor de uma geladeira, fazer com que um fogão não acenda etc.

Deteriorar, finalmente, é estragar ou corromper parcialmente um bem, diminuindo-lhe a utilidade ou o valor. É imperiosa a ofensa ao patrimônio alheio, uma vez que o dano se insere entre os crimes contra o patrimônio. A conduta diz respeito ao dano físico parcial. Exemplos: riscar a lataria de um automóvel, quebrar a pulseira de um relógio etc.

Nélson Hungria, com seu brilhantismo ímpar, faz a distinção e apresenta as notas características de cada um dos núcleos do crime de dano:

> Na *destruição*, a coisa cessa de subsistir na sua individualidade anterior, ainda mesmo que não desapareça a matéria de que se compõe (ex.: matar uma rês, reduzir a cacos uma vidraça, cortar uma árvore). Em se tratando de coisas *compostas* (ex.: uma casa, uma ponte), sua *demolição* ou *derribamento* é destruição. Como tal também se entende, por força de compreensão, o fazer desaparecer uma coisa, de modo a tornar inviável a sua recuperação (ex.: atirando-a a um abismo impraticável). A destruição parcial, desde que acarrete a total imprestabilidade da coisa, é equiparada à destruição completa.
>
> Na *inutilização* (no sentido restrito com que a lei emprega o vocábulo), a coisa não perde inteiramente a sua individualidade, mas é reduzida, ainda que temporariamente, à inadequação ao fim a que se destina (ex.: desarranjar as peças de um maquinismo, dispersar os tipos de uma caixa de composição).
>
> Finalmente, com a *deterioração*, a coisa sofre um *estrago* substancial, mas sem desintegrar-se totalmente, ficando apenas diminuída na sua utilidade específica ou desfalcada em seu valor econômico (exemplo: mutilar os olhos de um cavalo, partir um *solitário*, tirar os ponteiros de um relógio). Com a deterioração não se confunde a simples *conspurcação*, desde que, bem entendido, não afete a individualidade ou substância da coisa.[238]

Vimos, portanto, que Hungria equipara à destruição o **desaparecimento** da coisa, quando sua recuperação for inviável. Há, entretanto, posições em sentido contrário, pois, como a lei limitou-se a falar em **destruir**, a incriminação da conduta de **desaparecer** despontaria como analogia *in malam partem*, de utilização proibida no Direito Penal. Para Guilherme de Souza Nucci:

> Aliamo-nos à doutrina majoritária no sentido de que *desaparecer* não significa destruir, inutilizar ou deteriorar a coisa alheia, tendo havido uma falha na lei penal. Por furto também não há razão para punir o agente, tendo em vista que não houve o ânimo de apropriação. Assim, aquele que faz sumir coisa de seu desafeto, somente para que este fique desesperado à sua procura, responderá civilmente pelo seu ato.[239]

Trata-se de **tipo misto alternativo**, **crime de ação múltipla** ou **de conteúdo variado**: há um só crime quando o sujeito pratica mais de uma conduta contra o mesmo objeto material (exemplo: "A" risca a pintura de um automóvel alheio e no dia seguinte o incendeia). Mas esta situação, de maior gravidade, deve ser sopesada pelo magistrado na dosimetria da pena-base, em atenção às circunstâncias judiciais elencadas pelo art. 59, *caput*, do Código Penal.

O dano é **crime de forma livre**, compatível com qualquer meio de execução, inclusive com a omissão, desde que presente o dever de agir, nos moldes do art. 13, § 2.º, do Código Penal, como no exemplo em que um empregado propositadamente deixa de retirar um objeto eletrônico da chuva, com a intenção de danificá-lo, prejudicando o patrimônio do seu proprietário.

2.7.1.4.1. A questão relativa à pichação

Discute-se se a pichação, com tintas ou produtos similares, configura o crime previsto no art. 163 do Código Penal, especialmente no tocante à conduta de "deteriorar".

---

[238] HUNGRIA, Nélson. *Comentários ao Código Penal*. 2. ed. Rio de Janeiro: Forense, 1958. v. 7, p. 105-106.
[239] NUCCI, Guilherme de Souza. *Código Penal comentado*. 8. ed. São Paulo: RT, 2008. p. 749-750.

A Lei 9.605/1998 – Lei dos Crimes Ambientais –, com a redação conferida pela Lei 12.408/2011, instituiu, em seu art. 65, um crime específico para as pichações ou conspurcações **efetuadas em edificações ou monumentos urbanos**:

> Art. 65. Pichar ou por outro meio conspurcar edificação ou monumento urbano:
> Pena – detenção, de 3 (três) meses a 1 (um) ano, e multa.
> § 1.º Se o ato for realizado em monumento ou coisa tombada em virtude do seu valor artístico, arqueológico ou histórico, a pena é de 6 (seis) meses a 1 (um) ano de detenção e multa.
> § 2.º Não constitui crime a prática de grafite realizada com o objetivo de valorizar o patrimônio público ou privado mediante manifestação artística, desde que consentida pelo proprietário e, quando couber, pelo locatário ou arrendatário do bem privado e, no caso de bem público, com a autorização do órgão competente e a observância das posturas municipais e das normas editadas pelos órgãos governamentais responsáveis pela preservação e conservação do patrimônio histórico e artístico nacional.

Como a lei dos crimes ambientais refere-se exclusivamente às edificações e monumentos urbanos, conclui-se que, se a conduta for praticada em imóveis rurais (exemplo: a parede de uma casa de fazenda) ou em bens móveis (exemplo: na porta de um carro), estará caracterizado o crime de dano, de natureza genérica e residual, na forma definida pelo art. 163 do Código Penal, na modalidade **deteriorar**.

2.7.1.5. Sujeito ativo

Qualquer pessoa (**crime comum**), menos o proprietário da coisa, pois o tipo penal contém a elementar "alheia".

Contudo, se o proprietário danificar coisa própria, que se acha em poder de terceiro por determinação judicial ou convenção, a ele será imputado o subtipo de exercício arbitrário das próprias razões (CP, art. 346).

Além disso, tratando-se de bem especialmente protegido por lei, ato administrativo ou decisão judicial, ou ainda de arquivo, registro, museu, biblioteca, pinacoteca, instalação científica ou similar protegido por lei, ato administrativo ou decisão judicial, a conduta de destruí-lo, inutilizá-lo ou deteriorá-lo, embora praticada pelo proprietário, subsume-se ao modelo descrito pelo art. 62 da Lei 9.605/1998 – Lei dos Crimes Ambientais. De fato, o tipo penal não reclama seja a coisa alheia.

Quanto à coisa comum, ou seja, pertencente a mais de uma pessoa, o condômino, coerdeiro ou sócio que a danificar responde pelo crime de dano, porque, a rigor, trata-se também de coisa alheia. Se, no entanto, a coisa for fungível e a danificação restringir-se à cota a que tem direito, exclui-se o delito, aplicando-se, por analogia *in bonam partem*, o disposto no § 2.º do art. 156 do Código Penal.[240]

2.7.1.6. Sujeito passivo

Pode ser qualquer pessoa, desde que proprietário ou possuidor legítimo da coisa.

---

[240] Cf. BARROS, Flávio Augusto Monteiro de. *Direito penal.* Parte especial. 2. ed. São Paulo: Saraiva, 2009. v. 2, p. 410.

2.7.1.7. Elemento subjetivo

É o dolo. Não se admite a modalidade culposa, ou seja, não existe no Código Penal brasileiro o delito de dano culposo.[241]

Prescinde-se da intenção de lucro (*animus lucrandi*). Ao contrário, se esta finalidade estiver presente, afasta-se o crime tipificado pelo art. 163 do Código Penal. O dano deve ser um fim em si mesmo, isto é, a finalidade do agente há de ser unicamente destruir, inutilizar ou deteriorar coisa alheia.

Se o dano constituir-se em meio para a prática de outro crime, ou então como qualificadora de outro delito, será por este absorvido. É o que se dá, exemplificativamente, no furto qualificado pela destruição de obstáculo (CP, art. 155, § 4.º, inc. I): o dano (crime-meio) é absorvido pelo furto (crime-fim).

Há polêmica acerca da necessidade de um especial fim de agir, consistente no *animus nocendi*, isto é, na vontade de causar prejuízo a outrem.

Para Nélson Hungria, "é necessário o concomitante propósito de prejudicar o proprietário. Tanto é inseparável do dolo, na espécie, o *animus nocendi* que, se o agente procede *jocandi animo*, contando com a tolerância do *dominus*, não comete crime de dano".[242]

Discordamos desta posição. Com efeito, se há concordância do proprietário ou possuidor do bem destruído, inutilizado ou deteriorado, é óbvio que inexiste crime. Sequer há necessidade de falar em *animus nocendi*. O patrimônio é bem disponível, e seu titular pode dele abrir mão. Filiamo-nos, destarte, ao entendimento de Magalhães Noronha:

> Portanto, não é exigível nenhum dolo específico no crime de dano. Basta o dolo genérico, isto é, a vontade e a consciência de destruir, inutilizar ou deteriorar a coisa alheia. É a conclusão a que chegamos e que nos parece exata, diante dos termos do art. 163.[243]

2.7.1.8. Consumação

A consumação do crime de dano se verifica quando o agente efetivamente destrói, inutiliza ou deteriora a coisa alheia. O crime é **material**.

2.7.1.8.1. Prova da materialidade do fato

O dano é delito que deixa vestígios de ordem material (crime não transeunte). Logo, a materialidade do fato depende de prova pericial, a teor do que se extrai do art. 158 do Código de Processo Penal: "Quando a infração deixar vestígios, será indispensável o exame de corpo de delito, direto ou indireto, não podendo supri-lo a confissão do acusado".

2.7.1.9. Tentativa

É possível. Normalmente a conduta atinente ao delito de dano se desdobra em diversos atos (**crime plurissubsistente**), compatibilizando-se com o *conatus*.

Cumpre destacar, no entanto, que muitas vezes, em que pese o sujeito desejar a destruição total do bem, o crime já estará consumado com o resultado parcial. Deveras, na prática a destruição parcial pode acarretar a imprestabilidade da coisa, ou no mínimo, é capaz de

---

[241] A Lei 9.605/1998 – Lei dos Crimes Ambientais – admite modalidades culposas de dano, como se observa em seus arts. 38, parágrafo único, 38-A, parágrafo único, 49, parágrafo único, e 62, parágrafo único. Também é possível o dano culposo no Código Penal Militar – Decreto-lei 1.001/1969, art. 266.

[242] HUNGRIA, Nélson. *Comentários ao Código Penal*. 2. ed. Rio de Janeiro: Forense, 1958. v. 7, p. 108.

[243] MAGALHÃES NORONHA, E. *Código Penal brasileiro comentado*. São Paulo: Saraiva, 1958. v. 5, 1.ª parte, p. 415.

representar a inutilização ou a deterioração da coisa alheia. Exemplo: "A" ateia fogo no carro de "B", para destruí-lo. O Corpo de Bombeiros é chamado e consegue conter o incêndio, mas mesmo assim relevante parte do automóvel é atingida, sendo necessária uma cara reforma para recuperá-lo.

A tentativa somente estará delineada, portanto, quando não se produzir estrago significativo para o bem (exemplo: o fogo é apagado sem causar prejuízo ao automóvel), ou então na tentativa branca, é dizer, quando o objeto material não for atingido (exemplo: "A" atira uma pedra contra a vidraça da residência de "B", mas não a acerta).

2.7.1.10. Ação penal

O dano simples é crime de ação penal privada, nos termos do art. 167 do Código Penal.

2.7.1.11. Lei 9.099/1995

A pena máxima cominada ao dano simples é de 6 (seis) meses de detenção. Constitui-se em infração penal de menor potencial ofensivo: a competência é do Juizado Especial Criminal, é possível a composição dos danos civis e o delito segue o rito sumaríssimo, em consonância com as disposições aplicáveis da Lei 9.099/1995.

2.7.1.12. Classificação doutrinária

O crime é **comum** (pode ser praticado por qualquer pessoa); **material** (depende da produção do resultado naturalístico, qual seja o efetivo dano à coisa alheia); **doloso**; **de forma livre** (admite qualquer meio de execução); **não transeunte** (deixa vestígios materiais); **unissubjetivo, unilateral ou de concurso eventual** (pode ser cometido por uma só pessoa, mas admite o concurso); em regra **plurissubsistente** (a conduta criminosa pode ser fracionada em diversos atos); e **instantâneo** (a consumação ocorre em um momento determinado, sem continuidade no tempo).

2.7.1.13. Figuras qualificadas: art. 163, parágrafo único

O art. 163, parágrafo único, do Código Penal elenca quatro qualificadoras inerentes ao crime de dano. Os limites da pena são alterados em abstrato. Em todas as hipóteses, a pena é de detenção, de seis meses a três anos, e multa, além da pena correspondente à violência. Esta última parte – "além da pena correspondente à violência" – é aplicável somente à qualificadora prevista no inciso I ("com violência à pessoa ou grave ameaça"), pois é somente nela que se verifica o emprego de violência à pessoa.

O dano qualificado não ingressa no rol das infrações penais de menor potencial ofensivo, pois sua pena máxima extrapola o limite de 2 (dois) anos. Cuida-se, contudo, de **crime de médio potencial ofensivo**, pois a pena mínima cominada em abstrato revela a compatibilidade do delito com a suspensão condicional do processo, na forma delineada pelo art. 89 da Lei 9.099/1995.

Passemos à análise individualizada de cada uma das qualificadoras.

2.7.1.13.1. Com violência à pessoa ou grave ameaça: inciso I

Ambas as formas de intimidação, violência e grave ameaça, são endereçadas à pessoa humana. Seria mais técnico, portanto, se a redação legal fosse "violência ou grave ameaça à pessoa".

O fundamento da elevação da pena em abstrato reside no fato de se tratar, na forma qualificada, de **crime pluriofensivo**. Atinge dois bens jurídicos: o patrimônio, no tocante ao dano, e a integridade física ou a liberdade individual, relativamente à qualificadora. Por corolário, a vítima da grave ameaça ou violência à pessoa pode ser pessoa diversa da vítima do dano. É o que se dá, exemplificativamente, quando alguém ameaça o motorista particular do seu desafeto e, em seguida, danifica seu automóvel.

A grave ameaça ou violência à pessoa deve ser anterior ou concomitante ao dano. Em outras palavras, tais condutas funcionam como meios de execução do crime, isto é, são utilizadas para assegurar a danificação. Na visão do Superior Tribunal de Justiça:

> Somente restará configurada a qualificadora prevista no art. 163, parágrafo único, inciso I, do CP, se for empregado violência ou grave ameaça à pessoa para a consecução do delito de dano. Vale dizer, a violência ou grave ameaça deve ser um meio para a prática do delito de dano, hipótese em que este será qualificado pelo modo no qual foi levado a efeito.[244]

De fato, a violência ou grave ameaça à pessoa posterior ao dano, e, portanto, prescindível para a danificação, não qualifica o crime. Estarão configurados, neste caso, dois crimes: dano simples (CP, art. 163, *caput*) em concurso material com lesão corporal (CP, art. 129) ou ameaça (CP, art. 147).

O crime de ameaça (CP, art. 147) é absorvido pelo dano qualificado (princípio da consunção). De outro lado, na hipótese de violência à pessoa, a lei determina expressamente o **concurso material obrigatório**, isto é, o sujeito responde pelo dano qualificado e pelo crime produto da violência (lesão corporal, homicídio etc.).

A contravenção penal de vias de fato, nada obstante abra ensejo para a figura qualificada, resta absorvida pelo dano qualificado. Com efeito, o art. 21 do Decreto-lei 3.688/1941 – Lei das Contravenções Penais – é peremptório ao estatuir a pena de prisão simples, de 15 dias a 3 meses, "se o fato não constitui crime" (princípio da subsidiariedade expressa).

A **violência contra a coisa** não qualifica o crime de dano, pois nela já se incluem a destruição, a inutilização ou a deterioração, elementares do dano simples (CP, art. 163, *caput*).

Anote-se, finalmente, ser o dano qualificado pela violência ou grave ameaça à pessoa crime de **ação penal pública incondicionada** (CP, art. 167).

2.7.1.13.2. Com emprego de substância inflamável ou explosiva, se o fato não constitui crime mais grave: inciso II

Esta qualificadora se legitima no maior perigo provocado pela conduta criminosa e apresenta a nota da **subsidiariedade expressa**, evidenciada pela expressão "se o fato não constitui crime mais grave". Em síntese, somente incidirá o dano qualificado quando a lesão ao patrimônio alheio não caracterizar um delito mais grave, nem funcionar como meio de execução de um crime mais grave. Exemplo: "A" explode o barco de "B", que estava vazio, em alto-mar. A ele será imputado o crime de dano qualificado. Se, entretanto, assim agir para matar "B", o crime será o de homicídio qualificado (CP, art. 121, § 2.º, inc. III).

A substância inflamável ou explosiva que qualifica o dano há de ser empregada antes ou durante a execução do delito. Se posterior, não se aplica a qualificadora.

O dano qualificado pelo emprego de substância inflamável ou explosiva não se confunde com os crimes de incêndio (CP, art. 250) e de explosão (CP, art. 251). Naquele, o agente se limita a ofender o patrimônio alheio; nestes, há criação de perigo comum, ou seja, a um número indeterminado de pessoas, hipóteses em que se afasta o dano qualificado.

---

[244] Apn 290/PR, rel. Min. Felix Fischer, Corte Especial, j. 16.03.2005.

Substância inflamável é a que possibilita a rápida expansão do fogo (exemplos: gasolina, álcool, querosene etc.). É de consignar que papéis, plásticos, madeiras, folhas secas e capins são combustíveis, mas não se enquadram no conceito de substância inflamável. **Substância explosiva**, por sua vez, é a capaz de provocar detonação, estrondo, em razão da decomposição química associada ao violento deslocamento de gases (exemplos: pólvora, dinamite, trinitrotolueno – TNT etc.).

No campo desta qualificadora, a **ação penal é pública incondicionada** (CP, art. 167).

2.7.1.13.3. Contra o patrimônio da União, de Estado, do Distrito Federal, de Município ou de autarquia, fundação pública, empresa pública, sociedade de economia mista ou empresa concessionária de serviços públicos: inciso III

A razão da existência desta qualificadora é o elevado interesse coletivo na preservação da coisa pública e do patrimônio de entidades vinculadas ao Poder Público. A própria natureza de tais bens, pertencentes a todas as pessoas, faz com que sejam sujeitos à utilização livre e genérica por qualquer indivíduo, de modo a torná-los mais vulneráveis à atuação predatória de vândalos e baderneiros em geral.

As lamentáveis e rotineiras depredações de telefones públicos ("orelhões") e de meios de transporte coletivo (ônibus, trens, metrôs etc.) são exemplos que justificam a necessidade de tratamento penal mais severo em crimes de dano desta natureza, alicerçado nos princípios da indisponibilidade dos bens públicos e da supremacia do interesse público sobre o interesse privado. Afasta-se, consequentemente, a incidência do princípio da insignificância. Para o Supremo Tribunal Federal:

> É inaplicável o princípio da insignificância quando a lesão produzida pelo paciente atingir bem de grande relevância para a população. Com base nesse entendimento, a 2.ª Turma denegou *habeas corpus* em que requerida a incidência do mencionado princípio em favor de acusado pela suposta prática do crime de dano qualificado (CP, art. 163, parágrafo único, III). Na espécie, o paciente danificara protetor de fibra de aparelho telefônico público pertencente à concessionária de serviço público, cujo prejuízo fora avaliado em R$ 137,00. Salientou-se a necessidade de se analisar o caso perante o contexto jurídico, examinados os elementos caracterizadores da insignificância, na medida em que o valor da coisa danificada seria somente um dos pressupostos para escorreita aplicação do postulado. Asseverou-se que, em face da coisa pública atingida, não haveria como reconhecer a mínima ofensividade da conduta, tampouco o reduzido grau de reprovabilidade do comportamento. Destacou-se que as consequências do ato perpetrado transcenderiam a esfera patrimonial, em face da privação da coletividade, impossibilitada de se valer de um telefone público.[245]

A qualificadora é aplicável a todos os bens integrantes do acervo patrimonial das entidades mencionadas pelo texto legal, ou seja, aos bens de uso comum do povo, aos bens de uso especial e aos bens dominicais.

O termo "patrimônio" ("contra o patrimônio...") engloba a propriedade e a posse legítima. Logo, há dano qualificado na conduta praticada contra os imóveis locados ou usados pelos entes descritos pelo art. 163, parágrafo único, inciso III, do Código Penal. É válido frisar: a lei fala em "patrimônio", e não em "propriedade".[246]

Nessa modalidade qualificada, o crime de dano é de **ação penal pública incondicionada** (CP, art. 167).

---

[245] HC 115.383/RS, rel. Min. Gilmar Mendes, 2.ª Turma, j. 25.06.2013, noticiado no *Informativo* 712.
[246] Em sentido contrário: DELMANTO, Celso. *Código Penal comentado*. 3. ed. Rio de Janeiro: Renovar, 1994. p. 292.

2.7.1.13.3.1. Danificação da cela para fuga do preso

É frequente a destruição, deterioração ou inutilização das paredes e grades das celas por parte de detentos em busca da fuga dos estabelecimentos prisionais. Surge, então, uma polêmica. O preso que assim age comete o crime de dano qualificado pela lesão ao patrimônio público?

Formaram-se duas posições acerca do assunto. Vejamos.

1.ª posição: Há crime de dano qualificado (CP, art. 163, parágrafo único, inc. III), pois basta a destruição, inutilização ou deterioração de coisa alheia, prescindindo-se do fim de prejudicar o patrimônio alheio (*animus nocendi*). Pouco importa se o detento busca sua liberdade, pois não tem ele o direito de lesar o patrimônio alheio, especialmente no que diz respeito aos bens públicos. Como já decidido pelo Supremo Tribunal Federal:

> Comete o crime de dano qualificado o preso que, para fugir, danifica a cela do estabelecimento prisional em que está recolhido – Código Penal, art. 163, parág. único, III. O crime de dano exige, para a sua configuração, apenas o dolo genérico.[247]

2.ª posição: Não há crime de dano, pois o agente não quer danificar o patrimônio público. Falta-lhe o *animus nocendi*. Sua finalidade limita-se à busca da liberdade. É o entendimento do Superior Tribunal de Justiça:

> Nos termos da jurisprudência desta Corte, para que se possa falar em crime de dano qualificado contra patrimônio da União, Estado ou Município, mister se faz a comprovação do elemento subjetivo do delito, qual seja, o *animus nocendi*, caracterizado pela vontade de causar prejuízo ao erário. Nesse passo, a destruição, deterioração ou inutilização das paredes ou grades de cela pelo detento, com vistas à fuga de estabelecimento prisional, ou, ainda, da viatura na qual o flagranteado foi conduzido à delegacia de polícia, demonstra tão somente o seu intuito de recuperar a sua liberdade, sem que reste evidenciado o necessário dolo específico de causar dano ao patrimônio público.[248]

2.7.1.13.4. Por motivo egoístico ou com prejuízo considerável para a vítima: inciso IV

A qualificadora em apreço fundamenta-se no excessivo individualismo do agente, que se comporta em sociedade pensando somente em si próprio, sem qualquer tipo de solidariedade para com o próximo, e, para alcançar seus objetivos, ainda que escusos, não hesita em ofender o patrimônio alheio (motivo egoístico), bem como no desprezo exagerado aos bens das outras pessoas, causando a elas relevantes contratempos e vultosa diminuição patrimonial (prejuízo considerável para a vítima).

Motivo egoístico é uma especial forma de motivo torpe. O sujeito danifica o patrimônio alheio unicamente para alcançar uma vantagem pessoal, de natureza patrimonial ou extrapatrimonial. Exemplo: "A" destrói o carro de "B", idêntico ao seu, com o propósito de ser a única pessoa da sua comunidade a possuir um automóvel de tal natureza.

Prejuízo considerável para a vítima é uma situação que deve ser analisada no caso concreto, levando-se em conta o valor do bem danificado e a situação econômico-financeira da vítima. Nesse sentido, o prejuízo inferior a um salário mínimo pode ser considerável para o chefe de família com baixa renda mensal, ao passo que um prejuízo milionário talvez seja desprezível para um afortunado.

Nessa qualificadora, o delito é de **ação penal privada** (CP, art. 167).

---

[247] HC 73.189/MS, rel. Min. Carlos Velloso, 2.ª Turma, j. 23.02.1996.
[248] HC 503.970/SC, rel. Min. Ribeiro Dantas, 5.ª Turma, j. 30.05.2019.

2.7.2. Art. 164 – Introdução ou abandono de animais em propriedade alheia

2.7.2.1. Dispositivo legal

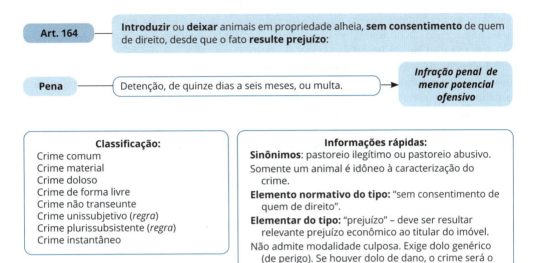

2.7.2.2. Introdução

O crime tipificado pelo art. 164 do Código Penal, também denominado **pastoreio ilegítimo** ou **pastoreio abusivo**, é uma modalidade específica de dano. O agente dolosamente introduz ou deixa animais em propriedade alheia, sem o consentimento de quem de direito, daí resultando prejuízo ao titular da área invadida.

2.7.2.3. Objetividade jurídica

É o patrimônio, mais precisamente a propriedade e posse do imóvel perante o dano causado pelos animais.

A finalidade precípua da lei é tutelar a propriedade rural, pois é neste local que o crime é normalmente cometido. Isto, contudo, não impede a proteção da propriedade urbana (exemplo: "A" introduz seu cavalo para pastar no jardim de uma casa na cidade, provocando prejuízo econômico ao seu morador), pois o tipo penal não condicionou o delito à sua prática na zona rural.

2.7.2.4. Objeto material

É a propriedade alheia em que os animais são introduzidos ou deixados.

2.7.2.5. Núcleos do tipo

Os núcleos do tipo são "introduzir" e "deixar".

Introduzir equivale a fazer entrar, fazer penetrar, enquanto **deixar** significa abandonar ou não retirar. Na primeira hipótese, os animais são levados ou lhes é facilitado o ingresso em propriedade alheia. Em síntese, os animais são introduzidos criminosamente. Na segunda hipótese, os animais encontram-se ilegitimamente em propriedade alheia, e ali são deixados intencionalmente pelo dono ou responsável, isto é, o abandono é a nota marcante do delito.

Ambas as condutas devem referir-se a animais. Veja-se: a lei fala em "animais". Questiona-se: há necessidade do plural, ou um só animal é idôneo à caracterização do crime tipificado pelo art. 164 do Código Penal?

Entendemos que a menção no plural efetuada pelo tipo penal é indicativa do gênero daquilo que não pode ser introduzido ou abandonado em propriedade alheia, sob pena de configuração do delito. Basta que a conduta seja cometida com apenas um animal, de pequeno ou grande porte, desde que resulte prejuízo, a ser avaliado no caso concreto. Exemplificativamente, uma só vaca colocada em um jardim certamente irá destruí-lo, ao passo que vários carneiros se revelam inofensivos a uma grande fazenda. Como leciona Nélson Hungria:

> Com o vocábulo animais (no plural), o texto legal quer apenas designar o *genus*, e não uma indispensável *pluralidade*: basta a introdução ou abandono de um só animal que seja. De outro modo, poderia ser iludida a incriminação, cuidando o agente de evitar que nunca estivesse introduzindo ou abandonando, em vezes sucessivas, mais de um animal.[249]

2.7.2.6. *Elemento normativo do tipo*

A expressão "sem consentimento de quem de direito" relaciona-se à esfera normativa do tipo penal.

Não é suficiente a introdução ou abandono de animais em propriedade alheia. É imprescindível que o agente o faça sem consentimento, isto é, sem autorização de quem de direito. Destarte, se presente a anuência, o fato será atípico, ainda que resulte prejuízo ao titular do imóvel.

Ao utilizar os vocábulos "quem de direito" o legislador admitiu a possibilidade de alguém, que não o proprietário do local, permitir a introdução ou abandono de animais no imóvel. É o que se dá, a título ilustrativo, com os administradores de fazendas e caseiros de propriedades rurais, que podem autorizar a pastagem do gado do vizinho por determinado período na gleba do seu patrão.

2.7.2.7. *Ocorrência de prejuízo*

A superveniência de prejuízo, como decorrência da introdução ou abandono de animais em propriedade alheia, é indispensável à tipicidade do fato. Não basta a introdução ou o abandono, sendo fundamental que daí resulte relevante prejuízo econômico ao titular do imóvel.

O prejuízo deve ser analisado na situação concreta, levando-se em conta as condições do imóvel, sua extensão e produtividade, bem como a qualidade e a quantidade dos animais introduzidos ou abandonados.

Finalmente, é de observar que o prejuízo foi inserido na redação do art. 164 do Código Penal, classificando-se, pois, como **elementar do tipo penal**. Todavia, há autores, a exemplo de Heleno Cláudio Fragoso e Damásio E. de Jesus, que consideram o prejuízo uma condição objetiva de punibilidade, com o que não concordamos.

Em verdade, toda condição objetiva de punibilidade é exterior ao crime, está fora dele, não se confundindo com o juízo de tipicidade. Assim sendo, deve encontrar-se fora da relação

---

[249] HUNGRIA, Nélson. *Comentários ao Código Penal*. 2. ed. Rio de Janeiro: Forense, 1958. v. 7, p. 112.

causal com a conduta criminosa. E repita-se, no art. 164 do Código Penal o prejuízo integra a descrição típica, motivo pelo qual é seu elemento. Em consonância com o magistério de Giuseppe Bettiol acerca da distinção de uma previsão legal como condição de punibilidade ou elementar do crime:

> Se ela se encontra em relação de pendência causal com a ação, no sentido que possa ser considerada como efeito, ainda que remoto da ação, tal evento não se poderá considerar condição de punibilidade, mas será elemento constitutivo do fato.[250]

2.7.2.8. Sujeito ativo

Pode ser qualquer pessoa (**crime comum**), salvo o proprietário do imóvel, pois a lei reclama seja a propriedade alheia.

Se o proprietário do local introduz ou abandona animais em sua propriedade, prejudicando o locatário ou arrendatário, estará caracterizado crime de dano (CP, art. 163).

De outro lado, se o proprietário danificar coisa própria, que se acha em poder de terceiro por determinação judicial ou convenção, a ele será imputado o crime previsto no art. 346 do Código Penal.

2.7.2.9. Sujeito passivo

Sujeito passivo é o proprietário do imóvel, bem como seu possuidor legítimo, pois ambos são ofendidos pela conduta criminosa. Como bem observado por Bento de Faria, a palavra "propriedade" não foi empregada pelo tipo penal como sinônima de domínio, mas com o objetivo de indicar o terreno do prédio rústico ou urbano, cultivado ou não, passível de ser danificado por animais.[251]

2.7.2.10. Elemento subjetivo

É o dolo, que deve se limitar à introdução ou abandono de animais, pelo agente, em propriedade alheia, com a consciência de que da sua conduta pode resultar prejuízo a outrem (dolo de perigo). Com efeito, se estiver presente o dolo de dano, isto é, se o sujeito quiser destruir, inutilizar ou deteriorar a propriedade alheia, valendo-se para tanto da introdução ou abandono de animais, estará configurado o crime de dano (CP, art. 163), com pena mais elevada.

Não se reclama nenhuma finalidade específica, nem se admite a modalidade culposa. Se a penetração ou abandono de animais emanarem de culpa, o dono responderá civilmente pelos prejuízos causados.

2.7.2.11. Consumação

O delito se consuma com o prejuízo ao patrimônio de terceiro, ou seja, com a danificação total ou parcial da propriedade alheia (**crime material**).

A introdução ou abandono de animais é crime que deixa vestígios de ordem material (**crime não transeunte**), afigurando-se indispensável à prova da materialidade do fato a elaboração de exame de corpo de delito (CPP, art. 158).

---

[250] BETTIOL, Giuseppe. *Diritto penale*. Padova: [s.n.], 1945. p. 141.
[251] FARIA, Bento de. *Código Penal brasileiro comentado*. Rio de Janeiro: Distribuidora Record, 1961. v. 4, p. 102.

2.7.2.12. Tentativa

É possível quando o agente tenta introduzir ou deixar animais em propriedade alheia, sem consentimento de quem de direito, sabedor que deste fato pode resultar prejuízo a outrem, mas não consegue fazê-lo por circunstâncias alheias à sua vontade.[252]

2.7.2.13. Ação penal

Trata-se de crime de **ação penal privada** (CP, art. 164).

2.7.2.14. Lei 9.099/1995

O máximo de pena privativa de liberdade cominada em abstrato ao crime definido pelo art. 164 do Código Penal é 6 (seis) meses de detenção. Ingressa, portanto, no elenco das infrações penais de menor potencial ofensivo, razão pela qual é compatível com a composição dos danos civis e com o rito sumaríssimo, na forma prevista na Lei 9.099/1995.

2.7.2.15. Classificação doutrinária

O crime é **comum** (pode ser praticado por qualquer pessoa); **material** (depende da produção do resultado naturalístico, qual seja a lesão ao patrimônio alheio); **doloso**; **de forma livre** (admite qualquer meio de execução); **não transeunte** (deixa vestígios materiais); **unissubjetivo, unilateral ou de concurso eventual** (pode ser cometido por uma só pessoa, mas admite o concurso); em regra **plurissubsistente** (a conduta criminosa pode ser fracionada em diversos atos); e **instantâneo** (a consumação ocorre em um momento determinado, sem continuidade no tempo).

2.7.3. Art. 165 – Dano em coisa de valor artístico, arqueológico ou histórico

2.7.3.1. Dispositivo legal

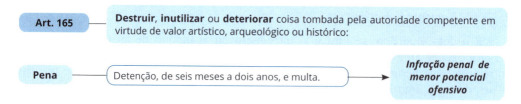

2.7.3.2. Revogação

Este crime foi tacitamente revogado pelo art. 62 da Lei 9.605/1998 – Lei dos Crimes Ambientais, cuja redação é a seguinte:

> **Art. 62.** Destruir, inutilizar ou deteriorar:
> I – bem especialmente protegido por lei, ato administrativo ou decisão judicial;
> II – arquivo, registro, museu, biblioteca, pinacoteca, instalação científica ou similar protegido por lei, ato administrativo ou decisão judicial:
> Pena – reclusão, de um a três anos, e multa.
> Parágrafo único. Se o crime for culposo, a pena é de seis meses a um ano de detenção, sem prejuízo da multa.

---

[252] No mesmo sentido: BITENCOURT, Cezar Roberto. *Tratado de direito penal*. Parte especial. 4. ed. São Paulo: Saraiva, 2008. v. 3, p. 182-183. O ilustre penalista gaúcho, a propósito, observa que a ampla maioria dos doutrinadores, capitaneados por Nélson Hungria e sem argumentos convincentes, manifestam-se pela inadmissibilidade do *conatus*.

2.7.4. Art. 166 – Alteração de local especialmente protegido

2.7.4.1. Dispositivo legal

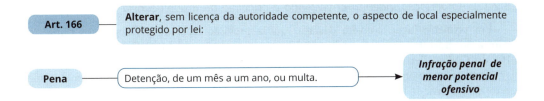

2.7.4.2. Revogação

O art. 166 do Código Penal foi tacitamente revogado pelo art. 63 da Lei 9.605/1998 – Lei dos Crimes Ambientais, com a seguinte redação:

> **Art. 63.** Alterar o aspecto ou estrutura de edificação ou local especialmente protegido por lei, ato administrativo ou decisão judicial, em razão de seu valor paisagístico, ecológico, turístico, artístico, histórico, cultural, religioso, arqueológico, etnográfico ou monumental, sem autorização da autoridade competente ou em desacordo com a concedida:
> **Pena** – reclusão, de um a três anos, e multa.

2.8. DA APROPRIAÇÃO INDÉBITA

2.8.1. Introdução

O Código Penal, no capítulo V do Título II da Parte Especial, sob a rubrica "Da apropriação indébita", elenca cinco crimes, a saber:

(a) apropriação indébita (art. 168, *caput*);

(b) apropriação indébita previdenciária (art. 168-A, acrescentado pela Lei 9.983/2000);

(c) apropriação de coisa havida por erro, caso fortuito ou força da natureza (art. 169, *caput*);

(d) apropriação de tesouro (art. 169, parágrafo único, inc. I); e

(e) apropriação de coisa achada (art. 169, parágrafo único, inc. II).

2.8.2. O privilégio na apropriação indébita

Em conformidade com o contido no art. 170 do Código Penal, a todas as modalidades de apropriação indébita é aplicável a regra traçada pelo seu art. 155, § 2.º: "Se o criminoso é primário, e é de pequeno valor a coisa furtada, o juiz pode substituir a pena de reclusão pela de detenção, diminuí-la de um a dois terços, ou aplicar somente a pena de multa".

É possível, portanto, a caracterização da **apropriação (gênero) privilegiada**, em qualquer das suas espécies. Para evitar a repetição desnecessária e cansativa, remetemos ao leitor ao contido no art. 155, item 2.4.1.16, no qual analisamos detalhadamente a figura do furto privilegiado.

Restam-nos, contudo, duas observações a serem lançadas acerca da apropriação privilegiada, concernentes ao princípio da insignificância e ao tratamento especial da apropriação indébita previdenciária.

2.8.2.1. Apropriação indébita privilegiada e princípio da insignificância

Em primeiro lugar, convém destacar que a previsão legal do privilégio aos crimes de apropriação indébita não afasta a incidência, no tocante aos delitos definidos pelos arts. 168 e 169 do Código Penal, do princípio da insignificância.

Com efeito, o instituto do privilégio limita-se a permitir um tratamento penal menos severo ao condenado pela apropriação, mediante as seguintes alternativas colocadas à disposição do magistrado:

(a) substituição da pena de reclusão pela de detenção;
(b) diminuição da pena privativa de liberdade de um a dois terços; ou
(c) aplicação exclusiva da pena pecuniária.

Há punição, embora suavizada por expressa determinação legal.

De outro lado, o princípio da insignificância, compatível com os crimes de apropriação, importa na atipicidade do fato. Não pode ser imposta uma pena, pois opera-se a exclusão do comportamento humano das raias do Direito Penal. Como já decidido pelo Superior Tribunal de Justiça:

> O princípio da insignificância surge como instrumento de interpretação restritiva do tipo penal que, de acordo com a dogmática moderna, não deve ser considerado apenas em seu aspecto formal, de subsunção do fato à norma, mas, primordialmente, em seu conteúdo material, de cunho valorativo, no sentido da sua efetiva lesividade ao bem jurídico tutelado pela norma penal, consagrando os postulados da fragmentariedade e da intervenção mínima.
>
> Indiscutível a sua relevância, na medida em que exclui da incidência da norma penal aquelas condutas cujo desvalor da ação e/ou do resultado (dependendo do tipo de injusto a ser considerado) impliquem uma ínfima afetação ao bem jurídico.
>
> A apropriação indébita de uma escada, avaliada em R$ 50,00, a qual foi restituída à vítima, embora se amolde à definição jurídica do crime, não ultrapassa o exame da tipicidade material, mostrando-se desproporcional a imposição de pena privativa de liberdade, uma vez que a ofensividade da conduta se mostrou mínima; não houve nenhuma periculosidade social da ação; a reprovabilidade do comportamento foi de grau reduzido e a lesão ao bem jurídico se revelou inexpressiva.[253]

2.8.2.2. Apropriação indébita previdenciária, privilégio e perdão judicial

No crime de apropriação indébita previdenciária, prevê o art. 168-A, § 3.º, inciso II, do Código Penal: "É facultado ao juiz deixar de aplicar a pena ou aplicar somente a de multa se o agente for primário e de bons antecedentes, desde que: (...) II – o valor das contribuições devidas, inclusive acessórios, seja igual ou inferior àquele estabelecido pela previdência social, administrativamente, como sendo o mínimo para o ajuizamento de suas execuções fiscais".

Destarte, os requisitos exigidos pelo art. 170 do Código Penal para configuração do privilégio nos crimes de apropriação em geral, quais sejam primariedade do agente e

---

[253] REsp 898.392/RS, rel. Min. Arnaldo Esteves Lima, 5.ª Turma, j. 05.02.2009. No mesmo sentido: HC 181.756/MG, rel. Min. Maria Thereza de Assis Moura, 6.ª Turma, j. 15.02.2011, noticiado no *Informativo* 463.

pequeno valor da coisa, são aptos a autorizar, na apropriação indébita previdenciária, a concessão do perdão judicial.

Entretanto, é de anotar que para o perdão judicial na apropriação indébita previdenciária a lei reclama mais um requisito: o agente, além de primário, deve ostentar bons antecedentes.

Para o Superior Tribunal de Justiça, esta opção legislativa encontra fundamento em um dos mais relevantes princípios vetores do Direito Penal moderno:

> O legislador, em respeito ao **princípio da intervenção mínima**, criou no § 3.º do art. 168-A do Código Penal, uma espécie de perdão judicial, ao permitir que o juiz deixe de aplicar a reprimenda, nos casos em que o valor do débito (contribuições e acessórios) não seja superior ao mínimo exigido pela própria previdência social para o ajuizamento de execução fiscal.[254]

Fica claro, pois, que, enquanto na apropriação em geral a primariedade do criminoso e o pequeno valor da coisa apropriada resultam em um tratamento penal mais brando, na apropriação indébita previdenciária tais fatores, somados aos bons antecedentes, levam à extinção da punibilidade do agente, nos termos do art. 107, inciso IX, do Código Penal.

2.8.3. Art. 168 – Apropriação indébita

2.8.3.1. Dispositivo legal

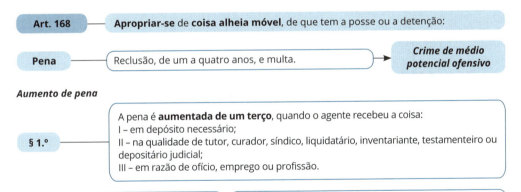

Classificação:
Crime comum
Crime material
Crime doloso
Crime de forma livre
Crime unissubjetivo (*regra*)
Crime plurissubsistente (na apropriação indébita "propriamente dita") ou unissubsistente (na apropriação indébita "negativa de restituição")
Crime instantâneo

Informações rápidas:
Pressupõe quebra de confiança (inversão do *animus* da posse).
Mão de obra: não pode ser objeto de apropriação indébita.
Coisas fungíveis: para a doutrina, não pode ser objeto de apropriação indébita; para o STJ pode.
Requisitos: entrega voluntária do bem pela vítima, posse ou detenção desvigiada, boa-fé do agente ao tempo do recebimento do bem e modificação posterior no comportamento do agente.
Não admite modalidade culposa. Exige dolo genérico (divergência), exceto na "negativa de restituição".
Apropriação indébita "de uso": não é punida.
Admite tentativa, exceto na modalidade "negativa de restituição".
Ação penal: pública incondicionada.

---

[254] EDcl no AgRg no Ag 748.381/MG, rel. Min. Arnaldo Esteves Lima, 5.ª Turma, j. 03.10.2006.

2.8.3.2. Conceito

A nota característica do crime de apropriação indébita é a existência de uma situação de **quebra de confiança**, pois a vítima voluntariamente entrega uma coisa móvel ao agente, e este, após encontrar-se na sua posse ou detenção, inverte seu ânimo no tocante ao bem, passando a comportar-se como seu proprietário.

2.8.3.3. Objetividade jurídica

É o patrimônio, relativamente à propriedade e à posse legítima de bens móveis.

2.8.3.4. Objeto material

É a **coisa alheia móvel**[255] sobre a qual recai a conduta criminosa. Não há crime na apropriação de coisa alheia imóvel, em face da descrição legal.

A mão de obra contratada e intencionalmente inadimplida não pode ser objeto material da apropriação indébita, uma vez que a prestação de serviços de qualquer natureza não pode ser classificada como "coisa". O fato caracterizará mero ilícito civil ou crime de estelionato (CP, art. 171, *caput*), se o sujeito empregou meio fraudulento para a contratação e antes dela já tinha o propósito de não honrar sua responsabilidade contratual.

2.8.3.4.1. Coisas fungíveis e apropriação indébita

Coisas fungíveis, em sintonia com o art. 85 do Código Civil, são os "móveis que podem substituir-se por outros da mesma espécie, qualidade e quantidade". O dinheiro é o grande exemplo de coisa fungível.

Discute-se se as coisas fungíveis podem funcionar como objeto material do crime de apropriação indébita.

Para Damásio E. de Jesus, as coisas fungíveis dadas em depósito ou em empréstimo, com obrigação de restituição da mesma espécie, qualidade e quantidade, não podem ser objeto material, pois nesses casos há **transferência de domínio**, de acordo com os arts. 586 e 645 do Código Civil, que tratam, respectivamente, do mútuo e do depósito irregular. São suas palavras:

> Nos termos do art. 586, "o mútuo é o empréstimo de coisas fungíveis. O mutuário é obrigado a restituir ao mutuante o que dele recebeu em coisa do mesmo gênero, qualidade e quantidade". E o art. 587 determina: "Este empréstimo transfere o domínio da coisa emprestada ao mutuário, por cuja conta correm todos os riscos dela desde a tradição". O art. 645 reza: "O depósito de coisas fungíveis, em que o depositário se obrigue a restituir objetos do mesmo gênero, qualidade e quantidade, regula-se pelo disposto acerca do mútuo". Assim, no depósito de coisas fungíveis, existe transferência de domínio. É por isso que não existe crime de apropriação indébita, uma vez que o tipo exige que a coisa seja alheia.

Em seguida, o ilustre penalista estabelece uma importante distinção:

> Excepcionalmente, entretanto, a coisa fungível pode ser objeto material. É a hipótese de o sujeito entregar ao autor coisa fungível para fim de que a transmita a terceiro ou a ostente na vitrine de uma loja.[256]

---

[255] Para uma análise minuciosa da coisa alheia móvel, vide art. 155, item 2.4.1.4.
[256] JESUS, Damásio E. de. *Direito penal*: parte especial. 27. ed. São Paulo: Saraiva, 2005. v. 2, p. 418.

Para o Superior Tribunal de Justiça, entretanto, é perfeitamente possível a apropriação indébita de coisas fungíveis:

> Hipótese em que o recorrente sustenta a atipicidade da conduta, pois os acontecimentos ocorridos não comportariam adequação ao tipo penal de apropriação indébita, dada a fungibilidade dos bens supostamente retidos, sendo que tais operações refugiram ao campo de incidência do direito penal. Tendo o depositário a obrigação de devolver o mesmo produto entregue pelos depositantes, e não produto de igual espécie, torna-se possível a configuração do crime de apropriação indébita.[257]

2.8.3.5. Núcleo do tipo

O núcleo do tipo é **"apropriar-se"**, que significa tomar como própria uma coisa pertencente a outrem. Em verdade, é imprescindível a apropriação, ou seja, o sujeito legitimamente exerce a posse ou a detenção de um bem e, após determinado momento, passa a se comportar como se fosse seu verdadeiro dono.

O conceito de **posse** pode ser extraído do art. 1.196 do Código Civil: "Considera-se possuidor todo aquele que tem de fato o exercício, pleno ou não, de algum dos poderes inerentes à propriedade". Posse, portanto, é o exercício total ou parcial, em nome próprio, de um ou mais poderes atinentes à propriedade. É o que se dá com o mandatário, o locatário, o usufrutuário etc.

A posse pode ser direta ou indireta. Nos termos do art. 1.197 do Código Civil: "A posse direta, de pessoa que tem a coisa em seu poder, temporariamente, em virtude de direito pessoal, ou real, não anula a indireta, de quem aquela foi havida, podendo o possuidor direto defender a sua posse contra o indireto". É o que ocorre, a título ilustrativo, em um contrato de locação: o locador fica com a posse indireta, enquanto o locatário ou inquilino tem a posse direta do bem.

A posse direta, **sempre desvigiada**, pode ser **interessada** ou **não interessada**. Naquela, há interesse do próprio sujeito ativo (exemplo: contrato de locação); nesta, existe interesse unicamente de terceiro (exemplo: mandato).

Por sua vez, o conceito de **detenção** é retirado do art. 1.198, *caput*, do Código Civil: "Considera-se detentor aquele que, achando-se em relação de dependência para com outro, conserva a posse em nome deste e em cumprimento de ordens ou instruções suas". A detenção é exercida pelo **fâmulo da posse** (escravo ou empregado da posse), pois o detentor exerce a posse em nome alheio. Exemplo: O frentista de um posto de combustíveis utiliza o macacão de trabalho em nome do empregador, e não em nome próprio. Se ficar com o bem para si, a ele será imputado o crime de apropriação indébita.

A posse ou a detenção do bem devem ser legítimas e, além disso, desvigiadas. Com efeito, o crime tipificado pelo art. 168 do Código Penal depende dos seguintes requisitos:

1.º requisito: Entrega voluntária do bem pela vítima

A vítima deve entregar ao agente a posse ou detenção da sua coisa móvel de forma voluntária e consciente, isto é, o sujeito recebe legitimamente a posse ou detenção do bem. Não há fraude, pois caso contrário o crime será de estelionato (CP, art. 171, *caput*), nem grave ameaça ou violência à pessoa, pois em tais hipóteses o delito será de roubo (CP, art. 157) ou de extorsão (CP, art. 158).

---

[257] RHC 19.683/SC, rel. Min. Gilson Dipp, 5.ª Turma, j. 19.06.2007. Em igual sentido: "O fato da coisa indevidamente apropriada ser bem fungível não impede a caracterização do crime de apropriação indébita (Precedentes desta Corte e do Pretório Excelso) – STJ: REsp 880.870/PR, rel. Min. Felix Fischer, 5.ª Turma, j. 15.03.2007.

2.º requisito: Posse ou detenção desvigiada

A posse ou a detenção da coisa alheia móvel há de ser desvigiada, ou seja, livre da fiscalização e do controle por parte do seu titular. De fato, tratando-se de posse ou detenção vigiada, e retirada do bem da esfera de vigilância da vítima, sem sua autorização, o crime será de furto (CP, art. 155).[258]

Exemplificativamente, o vendedor de uma loja que permanece sob contínua vigilância do proprietário do estabelecimento comercial e que se apodera de seus bens comete furto; de outro lado, o representante do mesmo estabelecimento que, em viagem de negócios, se apossa de bens que lhe foram entregues em confiança pratica apropriação indébita.

É de adotar redobrada cautela, porém com uma hipótese excepcional explicada com brilhantismo por Nélson Hungria, inerente à distinção entre posse ou detenção do continente e do conteúdo e seus efeitos quanto à tipicidade do fato praticado (furto ou apropriação indébita):

> (...) alguém é incumbido de transportar um cofre forte fechado contendo valores e, no caminho, arromba o cofre, apropriando-se dos valores. O crime a reconhecer é o de furto (qualificado pelo arrombamento), porque, se o agente tinha a livre disponibilidade de fato do cofre, não a tinha em relação aos valores, cuja *apprehensio* teve de *conquistar* mediante violência contra o cofre. A posse ou detenção do *continente*, entregue *cerrado*, não importa posse ou detenção do *conteúdo*. Para que se apresentasse a apropriação indébita, seria preciso que o cofre tivesse sido entregue *aberto*, isto é, que o *dominus* tivesse ensejado, voluntária e conscientemente, a disponibilidade física dos valores por parte do transportador.[259]

3.º requisito: Boa-fé do agente ao tempo do recebimento do bem

É fundamental que o sujeito esteja de boa-fé ao ingressar na posse ou na detenção da coisa alheia móvel, ou seja, é preciso que tenha a intenção de devolvê-la à vítima no momento oportuno ou de dar a ela a sua correta destinação. Destarte, se o agente, ao receber o bem, já tinha a intenção de apropriar-se dele, o crime será de estelionato (CP, art. 171).

Também comete estelionato o indivíduo que recebe algum bem por equívoco da vítima, e, ao constatá-lo, fica em silêncio, aceitando-o.

Mas, na dúvida acerca da existência da boa-fé ao tempo do recebimento da coisa, o intérprete deve reputá-la presente, por duas razões fundadas em princípios gerais do Direito:

(a) a boa-fé se presume; e

(b) *in dubio pro reo*, já que a pena do crime de apropriação indébita é inferior à pena cominada ao estelionato.

4.º requisito: Modificação posterior no comportamento do agente

O agente, após entrar licitamente (de boa-fé) na posse ou detenção da coisa, passa a se comportar como se fosse seu proprietário.[260] Revela o ânimo de assenhoreamento definitivo (*animus rem sibi habendi*), razão pela qual a **"apropriação indébita de uso"** é penalmente irrelevante.

---

[258] Para uma análise profunda da distinção entre furto e apropriação indébita, remetemos o leitor ao art. 155, item 2.4.1.5.

[259] HUNGRIA, Nélson. *Comentários ao Código Penal*. 2. ed. Rio de Janeiro: Forense, 1958. v. 7, p. 132.

[260] STJ: HC 117.764/SP, rel. Min. Og Fernandes, 6.ª Turma, j. 27.10.2009, noticiado no *Informativo* 413.

Esta alteração no comportamento do agente pode verificar-se por duas formas:

a) Prática de algum ato de disposição

O agente realiza algum ato de disposição da coisa (exemplos: venda, doação, locação, permuta, consumo, alteração etc.), tarefa legalmente reservada unicamente ao proprietário, nos termos do art. 1.228, *caput*, do Código Civil.

Esta modalidade do crime é conhecida como **"apropriação indébita propriamente dita"** ou **"apropriação indébita própria"**. Embora semelhante, não se pode confundi-la com o delito de disposição de coisa alheia como própria, espécie de estelionato tipificada pelo art. 171, § 2.º, inciso I, do Código Penal, que pune com reclusão de um a cinco anos, e multa, quem "vende, permuta, dá em pagamento, em locação ou em garantia coisa alheia como própria".

As diferenças entre tais crimes são simples:

(1) o objeto material da apropriação indébita obrigatoriamente é coisa alheia móvel, ao passo que o da disposição de coisa alheia como própria pode ser bem móvel ou imóvel; e

(2) na apropriação indébita (sempre de coisa móvel) o agente deve ter a posse ou detenção legítimas do bem, enquanto na disposição de coisa alheia como própria (quando se tratar de coisa móvel) não é imprescindível tal espécie de posse ou detenção.

b) Recusa na restituição

É o que se verifica quando o sujeito decide ficar com a coisa para si. Se a vítima solicitar sua devolução, ele expressamente se recusa a efetuá-la, ou então oculta o bem. Esta modalidade de apropriação indébita é denominada **"negativa de restituição"**. Nessa hipótese, a interpelação judicial não constitui formalidade essencial para o ajuizamento da ação penal.

Não há crime quando ao sujeito é assegurado o **direito de retenção** do bem, como se dá em determinadas hipóteses dos contratos de depósito e de mandato, nos moldes dos arts. 644, *caput*,[261] e 681,[262] ambos do Código Civil. Exemplo: O depositário retém o bem depositado, recusando-se a devolvê-lo ao seu titular, até ser ressarcido pelos valores gastos com o depósito. Nesses casos, o sujeito realiza um fato típico, porém lícito, acobertado pelo exercício regular de direito (CP, art. 23, inc. III, *in fine*).

O art. 1.219 do Código Civil fornece uma nítida situação de direito de retenção: "O possuidor de boa-fé tem direito à indenização das benfeitorias necessárias e úteis, bem como, quanto às voluptuárias, se não lhe forem pagas, a levantá-las, quando o puder sem detrimento da coisa, e poderá exercer o direito de retenção pelo valor das benfeitorias necessárias e úteis".

Finalmente, também não se caracteriza o delito de apropriação indébita quando o sujeito tem o direito de compensação, delineado pelos arts. 368 a 380 do Código Civil.

2.8.3.6. Sujeito ativo

Pode ser qualquer pessoa – com exceção do proprietário, pois a lei fala em coisa "alheia" móvel – desde que tenha a posse ou a detenção lícita do bem. Cuida-se de **crime comum**,[263]

---

[261] Código Civil, art. 644, *caput*: "O depositário poderá reter o depósito até que se lhe pague a retribuição devida, o líquido valor das despesas, ou dos prejuízos a que se refere o artigo anterior, provando imediatamente esses prejuízos ou essas despesas".

[262] Código Civil, art. 681: "O mandatário tem sobre a coisa de que tenha a posse em virtude do mandato, direito de retenção, até se reembolsar do que no desempenho do encargo despendeu".

[263] Rogério Greco sustenta tratar-se de crime próprio, pois somente pode ser cometido por quem tem a posse ou detenção legítima sobre a coisa (*Curso de direito penal*: parte especial. 6. ed. Niterói: Impetus, 2009. v. 3, p. 203).

uma vez que o pressuposto da posse legítima ou detenção da coisa móvel não pode ser considerado condição especial apta a classificar o crime como próprio.

O condômino, sócio ou coerdeiro que faz exclusivamente sua a coisa móvel comum e infungível, da qual tem a posse lícita ou detenção, pratica apropriação indébita. Todavia, tratando-se de **coisa fungível**, somente estará caracterizado o delito quando a apropriação ultrapassar a cota a ele cabível, pois em caso contrário não haverá lesão ao patrimônio alheio.

De outro lado, se o agente é funcionário público e apropria-se de dinheiro, valor ou qualquer outro bem móvel, público ou particular (sob a guarda ou custódia da Administração Pública), de que tem a posse em razão do cargo, o crime será de peculato-apropriação (CP, art. 312, *caput*, 1.ª parte). Entretanto, se o bem particular não se encontrar sob a guarda ou custódia da Administração Pública, e o funcionário público dele se apropriar, a ele será imputado o crime de apropriação indébita.

2.8.3.7. Sujeito passivo

É a pessoa física ou jurídica que suporta o prejuízo causado pela conduta criminosa. Em regra é o proprietário do bem, mas nada impede seja seu possuidor, usufrutuário etc.

É possível que a vítima não seja a pessoa responsável pela entrega do bem ao agente. Exemplificativamente, se "A", vendedor de uma loja, entrega em confiança uma peça de roupa para que "B" a prove em sua residência, a qual não vem a ser paga ou restituída, a vítima não será "A", mas o estabelecimento comercial lesado em seu patrimônio.

2.8.3.8. Elemento subjetivo

É o dolo. Não se admite a modalidade culposa.

A doutrina e a jurisprudência majoritárias sustentam a necessidade de um especial fim de agir, consistente no ânimo de assenhoreamento definitivo (*animus rem sibi habendi*). Entendemos, contudo, que, nada obstante a necessidade de tal ânimo, não pode ser ele enquadrado como elemento subjetivo específico, pois a vontade de apossar-se de coisa pertencente a outrem está ínsita no verbo "apropriar-se". Portanto, recaindo o dolo sobre o núcleo do tipo, é isto suficiente para o aperfeiçoamento da apropriação indébita.[264] Em compasso com as lúcidas ponderações de Nélson Hungria:

> A ausência do *animus rem sibi habendi* exclui, *subjetivamente*, a apropriação indébita. Não há falar-se, aqui, em dolo específico (pois é indiferente qualquer fim ulterior à apropriação), mas em dolo genérico, isto é, a vontade ou a consciência da ação típica do crime, que, no caso, é a apropriação *sine jure* da coisa alheia. A apropriação é elemento de fato do crime, e não um fim ulterior do agente.[265]

Na apropriação indébita, sob a modalidade "negativa de restituição", a configuração do delito depende da atuação dolosa do agente no sentido de não restituir o bem ao seu proprietário. Destarte, o fato é atípico para aquele que simplesmente se esquece de devolver o bem na data previamente combinada. Em consonância com a jurisprudência do Superior Tribunal de Justiça, que também reclama um elemento subjetivo específico para a configuração da apropriação indébita:

Constatado que o recorrente não revelou a intenção de apoderar-se de bem alheio, que temporariamente permaneceu na sua posse, a simples mora na sua entrega ao proprietário, consoante orientação consignada pela teoria finalista da ação e adotada pela sistemática penal

---

[264] Com igual raciocínio: NUCCI, Guilherme de Souza. *Código Penal comentado*. 8. ed. São Paulo: RT, 2008. p. 754.
[265] HUNGRIA, Nélson. *Comentários ao Código Penal*. 2. ed. Rio de Janeiro: Forense, 1958. v. 7, p. 138.

pátria, não configura o crime de apropriação indébita, descrito no art. 168 do CP, em razão da ausência do dolo – *animus rem sibi habendi* –, elemento subjetivo do tipo e essencial ao prosseguimento da imputação criminal.[266]

2.8.3.8.1. Apropriação indébita de uso

O núcleo do tipo penal é "apropriar-se". Exige, portanto, a intenção do agente em fazer sua a coisa alheia móvel (*animus rem sibi habendi*).

Portanto, não há crime de apropriação indébita na hipótese em que o sujeito usa momentaneamente a coisa alheia para em seguida restituí-la integralmente ao seu titular. Não se pune a apropriação indébita "de uso".[267]

É de tomar cautela, todavia, para que este raciocínio não abra ensejo para a impunidade de pessoas que se utilizam por relevante espaço de tempo de bens alheios, alegando que deles não se apropriaram, pois iriam restituí-los a quem de direito após o simples uso. A razoabilidade, em tais casos, é o melhor vetor para o aplicador do Direito diferenciar com exatidão o uso (lícito) do abuso (ilícito) de coisas alheias móveis.

2.8.3.8.2. Dolo e distinção entre apropriação indébita e estelionato

Apropriação indébita e estelionato são crimes contra o patrimônio punidos unicamente a título de dolo. Mas um importante ponto de distinção entre estes delitos repousa no momento em que desponta o dolo de locupletar-se perante o patrimônio alheio.

Na apropriação indébita o dolo é **subsequente** ou **sucessivo**.[268] O sujeito recebe de boa-fé a posse ou a detenção desvigiada da coisa alheia móvel, e só posteriormente inverte seu ânimo em relação ao bem, decidindo dele se apropriar. Exemplo: "A", cliente antigo e leal de uma locadora de automóveis, aluga um carro para usá-lo durante uma viagem. Nesta viagem, perde muito dinheiro em jogos de azar, e então resolve vender as peças do automóvel locado para quitar suas dívidas, evadindo-se em seguida para outro país.

Por seu turno, no estelionato o dolo é **antecedente** ou *ab initio*. Em outras palavras, o fim de apropriação da coisa alheia móvel já estava presente antes de o agente alcançar sua posse ou detenção. Exemplo: "A", valendo-se de documentos falsos, realiza seu cadastramento em uma locadora de automóveis. Em seguida, aluga um automóvel e o conduz a um desmanche, vendendo diversas das suas peças.

2.8.3.9. Consumação

O crime de apropriação indébita se consuma no momento em que o sujeito inverte seu ânimo em relação à coisa alheia móvel, isto é, de mero detentor ou possuidor (posse ou detenção de natureza precária), passa a se comportar como proprietário, daí resultando a lesão ao patrimônio alheio (**crime material**).[269]

Na apropriação indébita **própria** ou **propriamente dita**, o crime se consuma com a prática de algum ato de disposição do bem, incompatível com a condição de possuidor ou detentor. Exemplo: "A" vende o bem de que legitimamente tinha a posse ou detenção.

Já na apropriação indébita **negativa de restituição**, o delito se aperfeiçoa no instante em que o agente se recusa a devolver o objeto material a quem de direito.[270]

---

[266] RHC 22.914/BA, rel. Min. Jorge Mussi, 5.ª Turma, j. 04.11.2008.
[267] Cf. SALLES JÚNIOR, Romeu de Almeida. *Código Penal interpretado*. São Paulo: Saraiva, 1996. p. 531.
[268] Cf. HUNGRIA, Nélson. *Comentários ao Código Penal*. 2. ed. Rio de Janeiro: Forense, 1958. v. 7, p. 130.
[269] STF: Inq 4619 AgR-segundo/DF, rel. Min. Edson Fachin, 1.ª Turma, noticiado no *Informativo 931*.
[270] "É sabido que o delito em questão se consuma no momento em que o possuidor ou detentor toma para si a coisa alheia, deixando de restituí-la ao seu legítimo proprietário" (STJ: HC 140.752/MG, rel. Min. Og Fernandes, 6.ª Turma, j. 06.10.2009).

2.8.3.9.1. Apropriação indébita e reparação do dano

A reparação do dano ou restituição da coisa, após a consumação da apropriação indébita, não afasta a tipicidade do fato. É a posição dominante no Superior Tribunal de Justiça: "Consumado o delito de apropriação indébita, o ressarcimento posterior servirá, se o caso, de causa de diminuição da pena".[271]

Em suma, subsiste o crime com a reparação do dano ou restituição da coisa efetuada posteriormente à consumação da apropriação indébita. Será possível, contudo, a diminuição da pena em face da incidência do instituto do arrependimento posterior, desde que presentes os demais requisitos exigidos pelo art. 16 do Código Penal: "Nos crimes cometidos sem violência ou grave ameaça à pessoa, reparado o dano ou restituída a coisa, até o recebimento da denúncia ou da queixa, por ato voluntário do agente, a pena será reduzida de um a dois terços".

Contudo, já decidiu o Superior Tribunal de Justiça, por motivos de política criminal, pela extinção da punibilidade quando há devolução da coisa apropriada antes do recebimento da denúncia.[272]

2.8.3.10. Tentativa

É perfeitamente possível na apropriação indébita **própria** ou **propriamente dita**. Exemplo: "A" é preso em flagrante no momento em que vendia para "B" um bem pertencente a "C", do qual tinha a posse legítima e desvigiada.

Não se admite o *conatus*, porém, na apropriação indébita **negativa de restituição**. Deveras, nesse caso o crime é unissubsistente: ou o sujeito se recusa a devolver o objeto material, e o delito estará consumado, ou então o devolve a quem de direito, e o fato será atípico.

2.8.3.11. Ação penal

A ação penal é pública incondicionada, em todas as modalidades de apropriação indébita, previstas no art. 168 do Código Penal.

2.8.3.12. Lei 9.099/1995

A apropriação indébita, na forma simples, tem a pena mínima de 1 (um) ano. Constitui-se, portanto, em **crime de médio potencial ofensivo**, compatível com a suspensão condicional do processo, se presentes os requisitos elencados pelo art. 89 da Lei 9.099/1995.

2.8.3.13. Interpelação judicial e prestação de contas na esfera civil

A **interpelação judicial**, nos casos de não restituição ou recusa na devolução da coisa, não constitui formalidade essencial para o ajuizamento da ação penal pelo Ministério Público.

Prescinde-se também da **prestação de contas** para o oferecimento de denúncia. A matéria pode (e deve) ser resolvida no bojo da ação penal, salvo em hipóteses excepcionais. Como já decidido pelo Supremo Tribunal Federal: "A jurisprudência desta Corte é no sentido de que, em se tratando de apropriação indébita, não é necessária a prévia prestação de contas, a não ser em casos excepcionais, o que não ocorre na hipótese".[273]

---

[271] REsp 493.866/PR, rel. Min. Arnaldo Esteves Lima, 5.ª Turma, j. 19.02.2009. É também o entendimento do STF: HC 92.743/RS, rel. Min. Eros Grau, 2.ª Turma, j. 19.08.2008.

[272] RHC 25.091/MS, rel. originário Min. Haroldo Rodrigues (Desembargador convocado do TJ-CE), rel. para acórdão Min. Nilson Naves, 6.ª Turma, j. 29.09.2009, noticiado no *Informativo* 409.

[273] HC 74.965/RS, rel. Min. Moreira Alves, 1.ª Turma, j. 18.03.1997. E ainda: HC 83.255/SP, rel. Min. Marco Aurélio, Pleno, j. 28.10.2003, noticiado no *Informativo* 327. É também a jurisprudência do STJ: "É inexigível a prévia prestação de

No tocante ao advogado que, em decorrência de procuração outorgada pelo seu cliente, detém poderes gerais para receber e quitar, retém importância em nome de seu constituinte, este deverá entrar com uma prévia prestação de contas contra aquele, em que o advogado será obrigado a especificar as receitas e aplicação das despesas, bem como o respectivo saldo (CPC, art. 551), pois é a partir desses cálculos contábeis que se poderá constatar a efetiva retenção de valores pelo mandatário. A ação de prestação de contas deverá ser proposta no juízo cível. Trata-se de **questão prejudicial heterogênea**.[274]

2.8.3.14. Competência

A competência para o processo e julgamento do crime de apropriação indébita é do local em que o sujeito se apropria da coisa alheia móvel, dela dispondo ou negando-se a restituí-la ao seu titular. Atende-se, desta forma, à regra estatuída pelo art. 70, *caput*, do Código de Processo Penal: "A competência será, de regra, determinada pelo lugar em que se consumar a infração".

Quando o crime é praticado por algum representante (comercial ou não) da vítima, a competência é do local em que o sujeito deveria ter prestado contas dos valores levantados. Em consonância com o posicionamento do Supremo Tribunal Federal:

> Processo por crime de apropriação indébita: competência: determinação pelo local da consumação do delito (CPP, art. 70, *caput*), no caso, Comarca de Ribeirão Preto/SP. O paciente, na qualidade de advogado, detinha poderes para, em nome da empresa e de acordo com decisão judicial, levantar os valores na agência bancária de Belo Horizonte. A posse era, portanto, legítima e, sem dúvida, se iniciou em Belo Horizonte, mas a apropriação somente ocorreu quando o paciente, já em Ribeirão Preto – onde devia prestar contas –, deixa de repassar integralmente os valores devidos ao cliente.[275]

Em regra, a competência é da Justiça Estadual. Contudo, será competente a Justiça Federal quando a conduta criminosa for praticada em detrimento de bens, serviços ou interesses da União ou de suas entidades autárquicas ou empresas públicas (CF, art. 109, inc. IV).

Anote-se, porém, que, se os valores apropriados consistem em verbas federais, empregadas em convênio celebrado entre a União e uma pessoa jurídica de direito privado, o qual fora integralmente cumprido, inexistindo assim verba a ser fiscalizada pelo Tribunal de Contas da União, a competência será da Justiça Estadual, pois já houve sua incorporação pela pessoa jurídica de direito privado.[276]

2.8.3.15. Classificação doutrinária

O crime é **comum** (pode ser praticado por qualquer pessoa); **material** (depende da produção do resultado naturalístico, qual seja a lesão ao patrimônio alheio); **doloso**; **de forma livre** (admite qualquer meio de execução); **unissubjetivo, unilateral ou de concurso eventual** (pode ser cometido por uma só pessoa, mas admite o concurso); em regra **plurissubsistente** (na apropriação indébita propriamente dita), ou **unissubsistente** (na apropriação indébita negativa de restituição); e **instantâneo** (a consumação ocorre em um momento determinado, sem continuidade no tempo).

---

contas para a caracterização do crime de apropriação indébita. Precedentes do STJ e do STF" (REsp 780.319/RS, rel. Min. Laurita Vaz, 5.ª Turma, j. 04.04.2006).

[274] Cf. CAPEZ, Fernando. *Curso de direito penal*. 8. ed. São Paulo: Saraiva, 2008. v. 2, p. 512-513.

[275] HC 87.846/MG, rel. Min. Sepúlveda Pertence, 1.ª Turma, j. 28.03.2006, noticiado no *Informativo* 421. É também o entendimento do STJ: "Hipótese em que o representante comercial recebia os valores referentes à venda de mercadorias da empresa representada, sem, no entanto, repassá-los a esta. Competência do local onde deveria ser realizada a prestação de contas" (CC 89.067/MG, rel. Min. Maria Thereza de Assis Moura, 3.ª Seção, j. 13.02.2008).

[276] HC 89.523/DF, rel. Min. Carlos Britto, 1.ª Turma, j. 25.11.2008, noticiado no *Informativo* 530.

2.8.3.16. Causas de aumento da pena: art. 168, § 1.º

O legislador, no crime de apropriação indébita, incidiu em grave equívoco na estruturação do tipo penal. Com efeito, previu como § 1.º um dispositivo que se constitui em um autêntico parágrafo único, pois não há um § 2.º ou outro qualquer.

Em três incisos, são previstas causas de aumento da pena, e não qualificadoras. Não se trata, portanto, de apropriação indébita qualificada, mas de apropriação indébita **agravada** ou **circunstanciada**.

Em todas as hipóteses, a reprimenda é majorada de 1/3 (um terço), razão pela qual não se aplica a este crime o benefício da suspensão condicional do processo. De fato, a pena mínima da apropriação indébita, acrescida pela causa de aumento da pena, ultrapassa o patamar previsto no art. 89 da Lei 9.099/1995.

Passemos ao estudo de cada uma das majorantes.

2.8.3.16.1. Em depósito necessário: inciso I

O depósito necessário é disciplinado pelos arts. 647 e 649 do Código Civil. Pode ser de três espécies: legal, miserável e por equiparação.

Depósito necessário legal, nos termos do art. 647, inciso I, do Código Civil, é o que se faz em desempenho de obrigação legal.

Por sua vez, **depósito necessário miserável**, a teor do art. 647, inciso II, do Código Civil, é o que se efetua por ocasião de alguma calamidade, como o incêndio, a inundação, o naufrágio ou o saque.

Finalmente, **depósito necessário por equiparação**, como se extrai do art. 649, *caput*, do Código Civil, é o relativo às bagagens dos viajantes ou hóspedes nas hospedarias onde estiverem. Nesse caso, os hospedeiros responderão como depositários (Código Civil, art. 649, parágrafo único).

Nada obstante o art. 168, § 1.º, inciso I, do Código Penal fale apenas em "depósito necessário" e a lei civil arrole três espécies distintas para tal depósito, prevalece em doutrina o entendimento de que somente se aplica a causa de aumento de pena em análise para o **depósito necessário miserável**, disciplinado pelo art. 647, inciso II, do Código Civil.

Com efeito, no depósito necessário legal (CC, art. 647, inc. I) o depositário é equiparado a funcionário público, na forma prevista no art. 327, *caput*, do Código Penal, razão pela qual a apropriação por ele praticada configura um crime mais grave, qual seja peculato-apropriação (CP, art. 312, *caput*, 1.ª parte). Esta posição teve origem nos ensinamentos de Nélson Hungria, para quem "a infidelidade do *depositário legal* (*stricto sensu*), que é sempre um *funcionário público*, recebendo a coisa 'em razão do cargo', constitui o crime de peculato (art. 312)".[277]

Já no depósito necessário por equiparação (CC, art. 649, *caput*) incide a causa de aumento de pena contida no art. 168, § 1.º, inciso III, do Código Penal, pois o depositário se apropria de coisa que recebeu em razão de ofício, emprego ou profissão.

Em síntese, portanto, a causa de aumento de pena delineada pelo art. 168, § 1.º, inciso I, do Código Penal incide unicamente no tocante ao **depósito necessário miserável**. O

---

[277] HUNGRIA, Nélson. *Comentários ao Código Penal*. 2. ed. Rio de Janeiro: Forense, 1958. v. 7, p. 148. É válido ressaltar, contudo, o posicionamento divergente de Damásio E. de Jesus: "Tratando-se de depósito necessário legal, duas hipóteses podem ocorrer. Se o sujeito ativo é funcionário público, responde por delito de peculato (CP, art. 312). Se o sujeito ativo é um particular, responde por apropriação indébita qualificada, nos termos do art. 168, parágrafo único, II, última figura (depositário judicial). Assim, não se aplica a disposição do n.º I" (*Direito penal*: parte especial. 27. ed. São Paulo: Saraiva, 2005. v. 2, p. 421).

fundamento do tratamento penal mais rigoroso é simples: a vítima, atingida por alguma calamidade, não tinha outra opção a não ser confiar a guarda da coisa ao depositário, que se aproveitou da sua fragilidade e do momento de dificuldade para trair sua confiança e apropriar-se do bem.

2.8.3.16.2. Na qualidade de tutor, curador, síndico, liquidatário, inventariante, testamenteiro ou depositário judicial: inciso II

Inicialmente, é de observar que a palavra "síndico" deve ser substituída por "administrador judicial", em face da alteração promovida pelos arts. 21 e seguintes da Lei 11.101/2005, diploma legislativo atinente à recuperação judicial ou extrajudicial e à falência do empresário e da sociedade empresária.

As pessoas indicadas pelo dispositivo legal – em rol taxativo e, consequentemente, insuscetível de ser ampliado pelo emprego da analogia – desempenham *munus* público. Entretanto, respondem por apropriação indébita circunstanciada, e não por peculato, diante da regra específica prevista no art. 168, § 1.º, inciso II, do Código Penal, e também por não serem considerados funcionários públicos para fins penais.

A razão de existir da causa de aumento de pena repousa na relevância das funções exercidas pelas pessoas indicadas no texto legal, que recebem coisas alheias para guardar consigo, necessariamente, até o momento adequado para devolução.

A majorante não se aplica ao **síndico de condomínio** por duas razões: (a) ausência de previsão legal; e (b) tal pessoa não desempenha *munus* público. Para o Superior Tribunal de Justiça:

> O fato de síndico de condomínio edilício ter se apropriado de valores pertencentes ao condomínio para efetuar pagamento de contas pessoais não implica o aumento de pena descrito no art. 168, § 1.º, II, do CP (o qual incide em razão de o agente de apropriação indébita ter recebido a coisa na qualidade de "síndico"). Isso porque, conforme entendimento doutrinário, o "síndico" a que se refere a majorante do inciso II do § 1.º do art. 168 do CP é o "administrador judicial" (Lei 11.101/2005), ou seja, o profissional nomeado pelo juiz e responsável pela condução do processo de falência ou de recuperação judicial. Além do mais, o rol que prevê a majorante é taxativo e não pode ser ampliado por analogia ou equiparação, até porque todas as hipóteses elencadas no referido inciso – "tutor, curador, síndico, liquidatário, inventariante, testamenteiro ou depositário judicial" – cuidam de um *munus* público, o que não ocorre com o síndico de condomínio edilício, em relação ao qual há relação contratual.[278]

O Supremo Tribunal Federal decidiu pela não caracterização da apropriação indébita majorada, pela ausência da elementar "coisa alheia", na hipótese em que o sócio administrador, nomeado **depositário judicial**, deixa de transferir valores penhorados do faturamento da empresa para a conta judicial determinada pelo juízo da execução:

> Não comete o crime de apropriação indébita (CP/1940, art. 168, § 1.º, II), pois ausente a elementar "coisa alheia", o sócio administrador, nomeado depositário judicial, que deixa de transferir o montante penhorado do faturamento da empresa para a conta judicial determinada pelo juízo da execução. Na espécie, a sociedade empresária foi submetida a processo de execução fiscal e firmou, em audiência, acordo para o pagamento parcelado de valores relativos à penhora sobre seu faturamento bruto, sendo o paciente nomeado depositário fiel. Posteriormente, por descum-

---

[278] REsp 1.552.919/SP, rel. Min. Reynaldo Soares da Fonseca, 5.ª Turma, j. 24.05.2016, noticiado no *Informativo* 584.

prir o ajuste, ao não efetuar todos os depósitos, ele foi condenado pelo crime de apropriação indébita. Contudo, a conduta do paciente é atípica, visto tratar-se de apoderamento de coisa própria. Isso porque, ainda que a empresa seja de responsabilidade limitada, a determinação judicial, na penhora de faturamento, é dirigida ao depositário para que reserve valores de que já tem a propriedade e disponibilidade e, em momento seguinte, transfira o montante penhorado para a conta judicial específica.[279]

2.8.3.16.3. Em razão de ofício, emprego ou profissão: inciso III

A pena mais grave se justifica pela maior reprovabilidade do fato praticado por pessoas que, em decorrência de suas atividades profissionais, ingressam na posse ou detenção de coisas alheias, para restituí-las futuramente, mas não o fazem. Prescinde-se da relação de confiança entre o agente e o ofendido, pois o tipo penal não a exige, ao contrário do que se dá no furto qualificado pelo abuso de confiança (CP, art. 155, § 4.º, inc. II).

Emprego é a prestação de serviço com subordinação e dependência, características que podem ou não existir no ofício ou profissão. Exemplo: relação entre o dono de um restaurante e seus funcionários.

Ofício, por seu turno, é a ocupação manual ou mecânica, útil ou necessária às pessoas em geral, e que reclama um determinado grau de habilidade. Exemplos: sapateiro, mecânico de automóveis, alfaiate etc.

Profissão, por sua vez, é a atividade que se caracteriza pela ausência de hierarquia e pelo exercício predominantemente técnico e intelectual de conhecimentos específicos. Exemplos: médico, advogado, dentista, arquiteto etc.

Quando o delito é cometido por advogado, que se apropria de valores judicialmente cabíveis ao seu constituinte, sob a alegação de ser ressarcido a título de honorários advocatícios, assim já se manifestou o Supremo Tribunal Federal:

> Advogado que levantou quantia resultante de êxito em demanda judicial, depositada para o pagamento de sua constituinte, sob a alegação de que o valor, correspondente a 10% (dez) por cento do total da condenação, equivale aos honorários advocatícios. O paciente tinha em mãos um título executivo privilegiado na falência – a sentença condenatória – que lhe assegurava honorários advocatícios de 10% (dez por cento) do valor apurado em liquidação. Incumbia-lhe habilitar-se no Juízo Universal da Falência, nos termos do disposto no art. 24 do Estatuto da Advocacia, e não levantar, por conta própria, o montante correspondente à primeira parcela depositada para o pagamento da empresa. Conduta que poderá vir a ser enquadrada, em tese, tanto no tipo penal correspondente à apropriação indébita (art. 168 do CP), quanto no atinente ao exercício arbitrário das próprias razões (art. 345 do CP).[280]

Anote-se também que a circunstância de o alvará de levantamento de depósito judicial, pertencente ao cliente, ter sido expedido em nome de certo integrante de escritório de advocacia não exclui a possibilidade de configuração do delito se o titular do escritório se apropriou do valor correspondente.[281]

---

[279] HC 215.102/PR, rel. Min. Dias Toffoli, red. do acordão Min. Nunes Marques, 2.ª Turma, j. 17.10.2023, noticiado no *Informativo* 1113.
[280] HC 89.753/SP, rel. Min. Eros Grau, 2.ª Turma, j. 24.10.2006, noticiado no *Informativo* 446. Mas o STF também já decidiu em sentido contrário: "O não repasse de determinado valor ao constituinte, antecedido de discussão a respeito do *quantum* devido a título de honorários advocatícios, constitui mero descumprimento de obrigação contratual, a evidenciar atipicidade e, por conseguinte, falta de justa causa para a ação penal" (RHC 104.588/RJ, rel. Min. Luiz Fux, 1.ª Turma, j. 07.06.2011).
[281] STF: RHC 88.138/RS, rel. Min. Marco Aurélio, 1.ª Turma, j. 14.11.2006.

2.8.3.17. Hipóteses especiais de apropriação indébita

Além das espécies reguladas pelo Código Penal, existem outras hipóteses de apropriação indébita disciplinadas em leis especiais, tais como:

a) Estatuto da Pessoa Idosa

O art. 102 da Lei 10.741/2003 institui uma modalidade especial de apropriação indébita, quando praticada contra pessoa idosa:

> **Art. 102.** Apropriar-se de ou desviar bens, proventos, pensão ou qualquer outro rendimento da pessoa idosa, dando-lhes aplicação diversa da de sua finalidade:
> **Pena** – reclusão de 1 (um) a 4 (quatro) anos e multa.

Veja-se, lamentavelmente, que a Lei 10.741/2003 não previu causas de aumento de pena similares àquelas estabelecidas pelo art. 168, § 1.º, do Código Penal, razão pela qual, na prática, muitas vezes o crime praticado contra pessoa idosa recebe uma sanção penal inferior ao delito cometido contra uma pessoa com idade inferior a 60 (sessenta) anos de idade, contrariando o espírito do Estatuto da Pessoa Idosa.

b) Crimes contra o Sistema Financeiro Nacional

O art. 5.º, *caput*, da Lei 7.492/1986 contém uma forma específica de apropriação indébita cometida no âmbito do sistema financeiro nacional:

> **Art. 5.º** Apropriar-se, quaisquer das pessoas mencionadas no art. 25 desta lei, de dinheiro, título, valor ou qualquer outro bem móvel de que tem a posse, ou desviá-lo em proveito próprio ou alheio:
> **Pena** – Reclusão, de 2 (dois) a 6 (seis) anos, e multa.

Trata-se de **crime próprio**, pois somente pode ser praticado pelo controlador e pelos administradores de instituição financeira, assim considerados os diretores e gerentes, nos moldes do art. 25 da Lei 7.492/1986.[282]

c) Estatuto da Pessoa com Deficiência

O art. 89 da Lei 13.146/2015 – Estatuto da Pessoa com Deficiência contempla uma variante do crime de apropriação indébita:

Art. 89. Apropriar-se de ou desviar bens, proventos, pensão, benefícios, remuneração ou qualquer outro rendimento de pessoa com deficiência:

Pena – reclusão, de 1 (um) a 4 (quatro) anos, e multa.

Parágrafo único. Aumenta-se a pena em 1/3 (um terço) se o crime é cometido:

I – por tutor, curador, síndico, liquidatário, inventariante, testamenteiro ou depositário judicial; ou

II – por aquele que se apropriou em razão de ofício ou de profissão.

---

[282] HC 89.227/CE, rel. Min. Eros Grau, 2.ª Turma, j. 27.03.2007.

2.8.4. Art. 168-A – Apropriação indébita previdenciária

2.8.4.1. Dispositivo legal

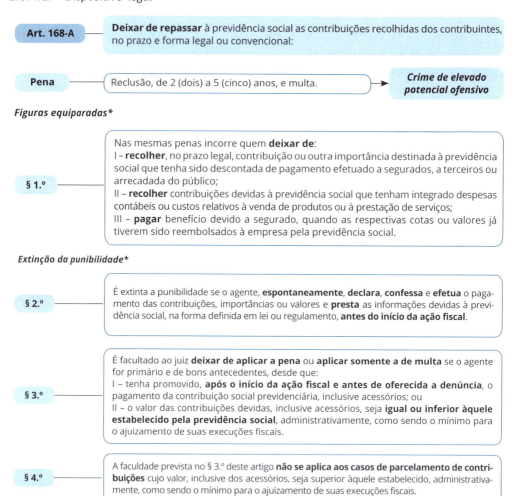

2.8.4.2. Localização no Código Penal e denominação legal

A Lei 9.983/2000, com o objetivo de suprir a deficiência do art. 95 da Lei 8.212/1991, inseriu o art. 168-A no Código Penal, entre os crimes contra o patrimônio, com o *nomen iuris* "apropriação indébita previdenciária". Equivocou-se o legislador em sua escolha, por dois motivos.

Em primeiro lugar, não há razão para o delito estar previsto no Título II da Parte Especial do Código Penal, pois não se trata de crime contra o patrimônio.

Trata-se, na verdade, de crime contra a Previdência Social, razão pela qual seria mais correta sua alocação na Lei 8.212/1991, que dispõe sobre a organização da Seguridade Social, ou então na Lei 8.137/1990, responsável pela definição dos crimes contra a ordem tributária, já que a contribuição previdenciária é, na verdade, uma espécie de tributo.[283]

De fato, as contribuições da seguridade social submetem-se ao regime jurídico tributário. Nas lições de Leandro Paulsen, discorrendo sobre o tratamento constitucional das contribuições previdenciárias:

> Além de serem previstas no Capítulo do Sistema Tributário Nacional, tais prestações enquadram-se na noção de tributo pressuposta pelo texto constitucional. Isso porque são obrigações pecuniárias que não constituem sanção de ato ilícito, instituídas compulsoriamente pelos entes políticos para auferirem receita destinada ao cumprimento dos seus misteres.
>
> Diga-se, ainda, que, para evitar quaisquer riscos de entendimento diverso, o Constituinte tornou expressa e inequívoca a submissão das contribuições ao regime jurídico tributário, ao dizer da necessidade de observância, relativamente às contribuições, da legalidade estrita (art. 150, I), da irretroatividade e da anterioridade (art. 150, III), da anterioridade nonagesimal em se tratando de contribuições de seguridade (art. 195, § 6.º), bem como das normas gerais de direito tributário.[284]

Mas, ainda que fosse desejo inafastável do legislador a colocação do delito no Código Penal, deveria tê-lo feito em seu Título XI, uma vez que a conduta praticada contra a Seguridade Social possui maior afinidade com os crimes contra a Administração Pública. A propósito, o delito de sonegação de contribuição previdenciária, que também ofende a Seguridade Social, foi tipificado no art. 337-A do Código Penal, integrando o extenso rol dos crimes contra a Administração Pública.[285]

Se não fosse suficiente o erro quanto ao posicionamento do delito, a Lei 9.983/2000 também pecou no tocante à sua denominação. Não há fundamento técnico para a utilização da rubrica marginal "apropriação indébita previdenciária", porque a conduta criminosa é completamente diversa da genuína apropriação indébita prevista no art. 168 do Código Penal.

Inicialmente, o núcleo do tipo de toda modalidade de apropriação, incluindo-se a indébita, é **"apropriar-se"**. É o que se extrai da leitura dos arts. 168 e 169 do Código Penal. Em verdade, o Capítulo V do Título II da Parte Especial do Código Penal cuida da apropriação

---

[283] O Supremo Tribunal Federal reconhece cinco espécies de tributos (teoria da pentapartição ou quinquipartida): impostos, taxas, contribuições de melhoria, empréstimos compulsórios e contribuições sociais, incluindo-se nestas últimas as contribuições previdenciárias destinadas ao custeio da Seguridade Social. Para um estudo aprofundado do tema: ALEXANDRE, Ricardo. *Direito tributário esquematizado*. 2. ed. São Paulo: Método, 2008. p. 40.

[284] PAULSEN, Leandro. *Contribuições*. Custeio da Seguridade Social. Porto Alegre: Livraria do Advogado, 2007. p. 30-31.

[285] O STJ já admitiu a continuidade delitiva entre a apropriação indébita previdenciária e a sonegação de contribuição previdenciária, embora tais crimes estejam catalogados em tipos penais diversos: "É possível o reconhecimento de crime continuado em relação aos delitos tipificados nos artigos 168-A e 337-A do Código Penal, porque se assemelham quanto aos elementos objetivos e subjetivos e ofendem o mesmo bem jurídico tutelado, qual seja, a arrecadação previdenciária. A prática de crimes de apropriação indébita previdenciária em que o agente estiver à frente de empresas distintas, mas pertencentes ao mesmo grupo empresarial, não afasta o reconhecimento da continuidade delitiva" (REsp 859.050/RS, rel. Min. Rogério Schietti Cruz, 6.ª Turma, j. 03.12.2013).

indébita, como gênero, disciplinando em seus artigos as espécies deste delito. Por sua vez, na chamada apropriação indébita previdenciária o núcleo do tipo é diverso, e consiste em **"deixar de repassar"**. Esta diferença, por si só, revela que o art. 168-A não deveria ter empregado a nomenclatura "apropriação indébita previdenciária". Mas não é só.

A apropriação indébita previdenciária nada tem a ver com a apropriação indébita do art. 168 do Código Penal. Nesta, exige-se a precedente posse ou detenção do objeto material e ato posterior de *dominus*, consistente na disposição da coisa alheia ou na negativa de sua restituição; naquela, de outro lado, é prescindível o locupletamento do agente com os valores das contribuições previdenciárias, bastando que, depois de recolhidas, não sejam repassadas aos cofres públicos.[286]

2.8.4.3. Constitucionalidade da incriminação

Alguns autores sustentam a inconstitucionalidade do crime de apropriação indébita previdenciária, sob o argumento de que o delito seria fruto de dívida junto à União, resultante do não pagamento de contribuição previdenciária. E, como o art. 168-A do Código Penal possibilita a privação da liberdade do seu responsável, seria violado o art. 5.º, inciso LXVII, da Constituição Federal, que proíbe a prisão civil por dívida, com exceção das hipóteses de inadimplemento voluntário e inescusável de obrigação alimentícia e ao depositário infiel.[287]

Com o merecido respeito, esta tese não pode prosperar, por uma razão muito simples. Não se trata de prisão civil por dívida, mas de imposição de pena privativa de liberdade pela prática de crime. O art. 168-A do Código Penal descreve um modelo sintético de conduta criminosa, cominando a quem se envolve em sua prática uma sanção penal. Como já decidido pelo Supremo Tribunal Federal:

> Apropriação indébita previdenciária. Conduta prevista como crime. Inconstitucionalidade inexistente. (...) A norma penal incriminadora da omissão no recolhimento de contribuição previdenciária – art. 168-A do Código Penal – é perfeitamente válida. Aquele que o pratica não é submetido à prisão civil por dívida, mas sim responde pela prática do delito em questão. Precedentes.[288]

É também o entendimento do Superior Tribunal de Justiça: "A sanção penal pelo cometimento do crime de apropriação indébita previdenciária não tem a mesma finalidade da prisão por dívida civil, não se afigurando, portanto aplicável o Pacto de São José da Costa Rica".[289]

Vale ressaltar que o valor correspondente à contribuição previdenciária integra o salário do trabalhador. Nesse contexto, o art. 7.º, inciso X, da Constituição Federal assegura como direito do trabalhador, urbano ou rural, a "proteção do salário na forma da lei, constituindo crime sua retenção dolosa". Eis o fundamento constitucional da apropriação indébita previdenciária, punida exclusivamente na forma dolosa, em perfeita sintonia com a Lei Suprema.

---

[286] Com igual pensamento: JESUS, Damásio E. de. *Direito penal*: parte especial. 27. ed. São Paulo: Saraiva, 2005. v. 2, p. 425.

[287] Cf. SLOMP, Rosângela. *A inconstitucionalidade do crime de apropriação indébita previdenciária*. Rio de Janeiro: Forense, 2003. p. 139-152. É de se destacar, contudo, que a prisão civil do depositário infiel não é atualmente aceita em nosso ordenamento jurídico, em razão do reconhecimento, pelo Supremo Tribunal Federal, do caráter supralegal dos tratados internacionais sobre direitos humanos, entre eles o Pacto de San José da Costa Rica, que somente admite a prisão civil para o responsável pelo inadimplemento voluntário e inescusável de obrigação alimentícia.

[288] HC 91.704/PR, rel. Min. Joaquim Barbosa, 2.ª Turma, j. 06.05.2008. Em igual sentido: "O acórdão recorrido afina com a jurisprudência desta nossa Corte de que não que existe nenhuma relação entre o crime de apropriação indébita previdenciária e a prisão civil por dívida" (STF: AI 800.589 AgR/SC, rel. Min. Ayres Britto, 2.ª Turma, j. 26.10.2010).

[289] AgRg no REsp 610.389/PR, rel. Min. Paulo Medina, 5.ª Turma, j. 21.10.2004. Sobre o tema, o Tribunal Regional Federal da 4.ª Região editou a Súmula 66: "A pena decorrente do crime de omissão no recolhimento das contribuições previdenciárias não constitui prisão por dívida".

2.8.4.4. Objetividade jurídica

A lei penal tutela a **seguridade social**, constitucionalmente definida como "o conjunto integrado de ações de iniciativa dos Poderes Públicos e da sociedade, destinadas a assegurar os direitos relativos à saúde, à previdência e à assistência social" (art. 194).

Além disso, classificando-se a contribuição previdenciária como uma espécie de tributo, protege-se mediatamente a **ordem tributária**.[290]

Como se sabe, a Seguridade Social é constitucionalmente composta pela saúde, pela previdência social e pela assistência social.

A saúde é direito de todos e dever do Estado, garantido mediante políticas sociais e econômicas que visem à redução do risco de doença e de outros agravos e ao acesso universal e igualitário às ações e serviços para sua promoção, proteção e recuperação (CF, art. 196).

A previdência social será organizada sob a forma de regime geral, de caráter contributivo e de filiação obrigatória, observados critérios que preservem o equilíbrio financeiro e atuarial, e atenderá, nos termos da lei, a:

> I – cobertura dos eventos de incapacidade temporária ou permanente para o trabalho e idade avançada;
> II – proteção à maternidade, especialmente à gestante;
> III – proteção ao trabalhador em situação de desemprego involuntário;
> IV – salário-família e auxílio-reclusão para os dependentes dos segurados de baixa renda; e
> V – pensão por morte do segurado, homem ou mulher, ao cônjuge ou companheiro e dependentes. (CF, art. 201)

A assistência social será prestada a quem dela necessitar, independentemente de contribuição à seguridade social, e tem por objetivos:

> I – a proteção à família, à maternidade, à infância, à adolescência e à velhice;
> II – o amparo às crianças e adolescentes carentes;
> III – a promoção da integração ao mercado de trabalho;
> IV – a habilitação e reabilitação das pessoas portadoras de deficiência e a promoção de sua integração à vida comunitária;
> V – a garantia de um salário mínimo de benefício mensal à pessoa portadora de deficiência e ao idoso que comprovem não possuir meios de prover à própria manutenção ou de tê-la provida por sua família, conforme dispuser a lei;
> VI – a redução da vulnerabilidade socioeconômica de famílias em situação de pobreza ou de extrema pobreza (CF, art. 203).

Fica nítido, portanto, que pela sua própria essência a seguridade social depende de recursos para realização de suas finalidades constitucionais, os quais são auferidos mediante a arrecadação de tributos.

Finalmente, pode-se ainda dizer que o crime de apropriação indébita previdenciária também tem como objetividade jurídica a **ordem econômica** (CF, arts. 170 e seguintes) como

---

[290] STF: HC 76.978/RS, rel. Min. Maurício Corrêa, 2.ª Turma, j. 29.09.1998.

decorrência da preservação da livre concorrência em face das empresas que cumprem regularmente suas obrigações tributárias, e desta forma são prejudicadas em um mercado de livre concorrência perante aquelas que não honram seu papel junto ao Fisco.

2.8.4.5. Objeto material

É a contribuição previdenciária arrecadada e não recolhida.

Contribuições previdenciárias, destinadas ao custeio da previdência social, são espécies do gênero contribuições sociais, que, por sua vez, encontram-se incluídas no bojo das chamadas contribuições especiais.[291] Têm origem no art. 195, inciso I, *a*, e inciso II, da Constituição Federal, regulamentado pelo art. 11, parágrafo único, *a*, *b* e *c*, da Lei 8.212/1991.

Com efeito, são contribuições previdenciárias as previstas no art. 195, inciso I, *a*, e inciso II, da Constituição Federal, porque é vedada a utilização dos recursos provenientes de sua arrecadação para outra finalidade que não o pagamento dos benefícios do regime geral de previdência social, nos termos do art. 167, inciso XI, da Constituição Federal.

As demais contribuições contidas no art. 195 da Constituição Federal objetivam o custeio também do sistema de saúde e assistência social, não havendo nenhuma vinculação constitucional ao destino de sua arrecadação, de modo que não podem ser qualificadas como "previdenciárias".

Tanto é assim que, anteriormente à Lei 11.457/2007 – "Lei da Super Receita", a cobrança das contribuições previdenciárias era conferida à Secretaria da Receita Previdenciária, enquanto as demais contribuições do art. 195 da Constituição Federal eram de atribuição da Secretaria da Receita Federal, que, atualmente, é encarregada da cobrança de todas as contribuições sociais.

2.8.4.6. Núcleo do tipo

O núcleo do tipo é **"deixar de repassar"**, no sentido de "deixar de recolher". Nos ensinamentos de Paulo José da Costa Júnior, "*recolher* é depositar a quantia recebida (descontada ou cobrada). *Não recolher* é a forma negativa da conduta, vale dizer, é a ausência de depósito, é a retenção indevida da quantia descontada ou cobrada do contribuinte".[292]

A apropriação indébita previdenciária, no que diz respeito à forma de conduta, classifica-se como **crime omissivo próprio ou puro**. O modelo legal descreve um comportamento negativo, pois a omissão está contida no próprio tipo penal.

Cuida-se de **lei penal em branco homogênea**, a qual deve ser complementada pela legislação previdenciária, no que diz respeito ao prazo de recolhimento das contribuições descontadas. Com efeito, para a caracterização do delito não basta que deixe o sujeito ativo de repassar à previdência social as contribuições recolhidas dos contribuintes. É preciso que ele deixe de efetuar o repasse **"no prazo e forma legal ou convencional"**.

2.8.4.7. Sujeito ativo

Na época em que estava tipificado pelo revogado art. 95, § 3.º, da Lei 8.212/1991, o crime era considerado próprio, pois somente podia ser praticado pelo "administrador da empresa".

Mas atualmente o art. 168-A do Código Penal não reclama uma especial situação fática ou jurídica em relação ao sujeito ativo. Em outras palavras, o delito pode ser cometido por qualquer pessoa (**crime comum**). Para o Superior Tribunal de Justiça: "O delito de apropriação indébita de contribuições previdenciárias, em que o Prefeito foi denunciado não

---

[291] PORTELLA, André. Natureza jurídica da contribuição previdenciária. In: NASCIMENTO, Carlos Valder (Coord.). *Crime de sonegação previdenciária*. São Paulo: Malheiros, 2008. p. 15.

[292] COSTA JUNIOR, Paulo José. *Comentários ao Código Penal*. 4. ed. São Paulo: Saraiva, 1996. p. 128.

exige qualidade especial do sujeito ativo, podendo ser cometido por qualquer pessoa, seja ela agente público ou não".[293]

Anote-se, porém, a existência de entendimentos, posteriores à entrada em vigor da Lei 9.983/2000, no sentido de tratar-se de crime próprio, porque somente poderia ser realizado por quem tem o dever legal de repassar à Previdência Social as contribuições recolhidas dos contribuintes.[294]

O delito é compatível com a coautoria e com a participação, sendo exemplo desta última a conduta do contador de uma empresa que induz, instiga ou auxilia seu administrador a não repassar ao Poder Público as contribuições descontadas dos empregados.

Em relação aos municípios que não possuem regime próprio de previdência, seus servidores são segurados obrigatórios do regime geral, devendo o Município reter as contribuições respectivas e promover o recolhimento (Lei 8.212/1991, art. 13).

Também aos servidores ocupantes, exclusivamente, de cargo em comissão declarado em lei de livre nomeação e exoneração e aos ocupantes de cargos temporários ou de emprego público aplica-se o regime geral de previdência social (CF, art. 40, § 13, e Lei 8.212/1991, art. 12, I, *g*), devendo o ente respectivo repassar as contribuições à Receita Federal do Brasil.

Note-se que, por expressa determinação legal, o ente público é considerado empresa para efeitos previdenciários (Lei 8.212/1991, art. 15, inc. I). O Chefe do Poder Executivo, como administrador, responde pela ausência de recolhimento das contribuições descontadas dos servidores. Deve ser também responsabilizado o Secretário da Fazenda ou outro servidor com atribuição para efetuar os recolhimentos legalmente previstos. Como lembra José Paulo Baltazar Júnior:

> Na vigência da lei anterior, predominava, no entanto, o entendimento de que o agente político não podia responder pelo crime em questão, uma vez que o ente público não poderia ser considerado *empresa*, nem o gestor público, o seu *administrador*, como exigia o § 3.º do art. 95 da Lei 8.212/1991. Na lei atual, inexiste dispositivo não apenas em relação às contribuições devidas ao RGPS, mas igualmente em relação às contribuições para o regime próprio dos servidores, que podem também ser objeto do crime, no atual quadro legal. Além disso: "a circunstância de o Prefeito não ter obrigação de elaborar a folha de pagamento não o exime de responsabilidade, por ter o dever legal de controlar e fiscalizar os seus subordinados" (STJ, REsp 299.830/PE, José Arnaldo da Fonseca, 6.3.03).[295]

À pessoa jurídica não pode ser imputado o crime de apropriação indébita previdenciária, por ausência de previsão constitucional nesse sentido.

O crime também pode ser cometido pelo administrador judicial da massa falida, se houver empregados em atividade.

Igualmente, o empregador doméstico pode ser sujeito ativo do delito.

2.8.4.8. Sujeito passivo

É a **União Federal** que, por meio da Receita Federal do Brasil, arrecada e fiscaliza as contribuições previdenciárias (Lei 8.212/1991, art. 33).

Era comum apontar, como sujeito passivo, o Instituto Nacional de Seguridade Social – INSS, pois a União delegava a esta autarquia federal a atribuição de arrecadar e fiscalizar o recolhimento das contribuições previdenciárias.

---

[293] REsp 770.167/PE, rel. Min. Gilson Dipp, 5.ª Turma, j. 17.08.2006.
[294] Cf. CAPEZ, Fernando. *Curso de direito penal*. 8. ed. São Paulo: Saraiva, 2008. v. 2, p. 515.
[295] BALTAZAR JÚNIOR, José Paulo. *Crimes federais*. 3. ed. Porto Alegre: Livraria do Advogado, 2008. p. 23.

Tal posicionamento não mais se sustenta, em face do previsto no art. 33 da Lei 8.212/1991, com a redação que lhe foi conferida pela Lei 11.941/2009, a qual adaptou a Lei de Custeio da Seguridade Social aos termos da Lei da Super Receita (Lei 11.457/2007), que em seu art. 2.º determinou o retorno à União da atribuição para arrecadar as contribuições previdenciárias.

2.8.4.9. Elemento subjetivo

É o dolo. Contrariamente ao que ocorre no art. 168 do Código Penal, na apropriação indébita previdenciária é pacífico tanto no Supremo Tribunal Federal como no Superior Tribunal de Justiça o entendimento no sentido de ser prescindível o *animus rem sibi habendi*, pelo fato de o núcleo do tipo ser "deixar de repassar", e não "apropriar-se".[296] Não se admite a forma culposa.

2.8.4.10. Consumação

Existem opiniões doutrinárias no sentido de que a apropriação indébita previdenciária é crime formal, de consumação antecipada ou de resultado cortado. Consuma-se, portanto, com a realização da conduta de "deixar de repassar à previdência social as contribuições recolhidas dos contribuintes, no prazo e forma legal ou convencional". O resultado naturalístico (lesão à União) é possível, embora desnecessário para o aperfeiçoamento do delito.

Entretanto, o Plenário do Supremo Tribunal Federal já decidiu tratar-se de **crime material**, dependente, portanto, da lesão aos cofres da União.[297] Este posicionamento se revela como acertado, pois é óbvio que a previdência social suporta prejuízo econômico imediato no momento em que alguém deixa de repassar as contribuições já recolhidas dos contribuintes.

Tal raciocínio é reforçado pela **Súmula Vinculante 24** do Supremo Tribunal Federal: "Não se tipifica crime material contra a ordem tributária, previsto no art. 1.º, incisos I a IV, da Lei n. 8.137/1990, antes do lançamento definitivo do tributo".

O Superior Tribunal de Justiça, compartilhando desse entendimento, fixou a seguinte tese no **Tema 1.166 do Recurso Repetitivo**: "O crime de apropriação indébita previdenciária, previsto no art. 168-A, § 1.º, inciso I, do Código Penal, possui natureza de delito material, que só se consuma com a constituição definitiva, na via administrativa, do crédito tributário, consoante o disposto na Súmula Vinculante n. 24 do Supremo Tribunal Federal".[298]

No campo das empresas, presume-se o desconto da contribuição nos pagamentos já efetuados, nos termos do art. 33, § 5.º, da Lei 8.212/1991.[299]

O tipo penal não elenca a **fraude como elementar do delito**. Consequentemente, a figura típica prevista no art. 168-A do Código Penal se consuma independentemente da utilização de subterfúgios para dificultar a apuração do fato pela fiscalização previdenciária. A propósito, se presente o emprego de meio fraudulento, responderá o agente pelo crime de sonegação de contribuição previdenciária, definido pelo art. 337-A do Código Penal, e não por apropriação indébita previdenciária.

---

[296] STF: AP 516/DF, rel. Min. Ayres Britto, Plenário j. 27.09.2010, noticiado no *Informativo* 602. No STJ: "Para a caracterização do crime de apropriação indébita de contribuição previdenciária (art. 168-A do CP), não há necessidade de comprovação de dolo específico. Trata-se de crime omissivo próprio, que se perfaz com a mera omissão de recolhimento de contribuição previdenciária no prazo e na forma legais. Desnecessária, portanto, a demonstração do *animus rem sibi habendi*", bem como a comprovação do especial fim de fraudar a Previdência Social" (EREsp 1.296.631/RN, rel. Min. Laurita Vaz, j. 11.09.2013, noticiado no *Informativo* 528).

[297] Inq 2.537 AgR/GO, rel. Min. Marco Aurélio, Tribunal Pleno, j. 10.03.2008, noticiado no *Informativo* 498.

[298] REsp 1.982.304/SP, rel. Min. Laurita Vaz, 3.ª Seção, j. 17.10.2023, noticiado no *Informativo* 792.

[299] Art. 33, § 5.º, da Lei 8.212/1991: "O desconto de contribuição e de consignação legalmente autorizadas sempre se presume feito oportuna e regularmente pela empresa a isso obrigada, não lhe sendo lícito alegar omissão para se eximir do recolhimento, ficando diretamente responsável pela importância que deixou de receber ou arrecadou em desacordo com o disposto nesta Lei".

A apropriação do dinheiro pelo sujeito ativo ou a utilização do numerário para fim diverso do previsto pela legislação também não se constituem em elementares típicas do delito contido no art. 168-A do Código Penal.

2.8.4.11. Tentativa

Não é possível, pelo motivo de tratar-se de **crime omissivo próprio**, e, por corolário, **unissubsistente**, pois a conduta se exterioriza em único ato, suficiente para a consumação. Destarte, ou o sujeito deixa de repassar à previdência social as contribuições recolhidas dos contribuintes, e o delito capitulado pelo art. 168-A do Código Penal estará consumado, ou então ele efetua regularmente o repasse, e não há falar em delito de apropriação indébita previdenciária.

2.8.4.12. Ação penal

A ação penal é pública incondicionada, em todas as modalidades de apropriação indébita previdenciária.

2.8.4.13. Competência

A competência para processar e julgar o delito tipificado pelo art. 168-A do Código Penal é, em regra, da **Justiça Federal**, com fulcro no art. 109, inciso IV, da Constituição Federal, por se tratar de crime praticado em detrimento dos interesses da União, órgão federativo responsável pela instituição das contribuições previdenciárias.

Ressalte-se, contudo, que o § 1.º do art. 149 da Lei Suprema estabelece regra de exceção, ao atribuir competência aos Estados, ao Distrito Federal e aos Municípios relativamente à instituição de contribuição de seus servidores para custeio do regime previdenciário próprio. Portanto, se na hipótese concreta o tributo suprimido ou reduzido mediante quaisquer das condutas previstas no tipo penal for a contribuição estabelecida no art. 149, § 1.º, a competência para processo e julgamento do crime definido no art. 168-A do Código Penal será da Justiça Estadual.

2.8.4.14. Dificuldades financeiras e reflexos jurídico-penais

Na hipótese em que alguém, pessoa física ou jurídica, deixa de repassar à previdência social as contribuições recolhidas dos contribuintes, no prazo e forma legal ou convencional, em razão de dificuldades financeiras, firmou-se tese no sentido de não ser legítima a atuação do Direito Penal, pois seria injusta a incidência prática do crime definido pelo art. 168-A do Código Penal.

Prevalece o entendimento de que se afasta a culpabilidade, em face da ausência de um dos seus elementos constitutivos, que é a **exigibilidade de conduta diversa**. Especialmente em períodos de instabilidade econômica, obstáculos instransponíveis se põem no caminho dos empregadores, o que justifica a inexigibilidade de conduta diversa (causa supralegal de exclusão da culpabilidade), pois não se poderia respeitar integralmente a legislação tributária se isso ferisse de morte o empregador. Observe-se, porém, que a situação de penúria econômica deve ser cabalmente provada durante a instrução criminal.[300] Na linha da jurisprudência do Supremo Tribunal Federal:

---

[300] Mas já decidiu o Superior Tribunal de Justiça que as dificuldades financeiras levam à atipicidade do fato, em face da ausência de dolo: "No caso de empresa acometida de grave crise financeira, comprovada a sua impossibilidade de agir, cabível o reconhecimento da atipicidade diante da falta de prova da responsabilidade subjetiva" (AgRg no REsp 695.487/CE, rel. Min. Maria Thereza de Assis Moura, 5.ª Turma, j. 10.11.2009, noticiado no *Informativo* 415), noticiado no *Informativo* 498.

Refutou-se, também, o argumento de não ocorrência do crime de sonegação previdenciária (CP, art. 337-A), por inexigibilidade de conduta diversa, em função das dificuldades financeiras da empresa. Verificou-se que a supressão ou redução da contribuição social e de quaisquer acessórios são implementados por meio de condutas fraudulentas instrumentais à evasão, incompatíveis com a boa-fé necessária para tal reconhecimento. Além disso, o conjunto probatório não revelaria a precária condição financeira da empresa.[301]

Veja-se também que o não recolhimento das contribuições previdenciárias por período demasiadamente longo é um forte indício de que as dificuldades econômicas do empregador, especialmente das empresas, eram superáveis, pois não seria viável sua sobrevivência por tanto tempo submetendo-se a uma insuportável crise financeira.

2.8.4.15. Classificação doutrinária

O crime é **comum** (pode ser praticado por qualquer pessoa); **material**, na visão do STF (depende da produção do resultado naturalístico, qual seja a lesão ao patrimônio alheio), ou **formal**, para a doutrina dominante; **doloso**; **de forma livre** (admite qualquer meio de execução); **unissubjetivo**, **unilateral ou de concurso eventual** (pode ser cometido por uma só pessoa, mas admite o concurso); **unissubsistente** (a conduta criminosa exterioriza-se em um único ato); e **instantâneo** (consuma-se em um momento determinado, sem continuidade no tempo).

2.8.4.16. Figuras equiparadas: § 1.º

Em seu § 1.º, o art. 168-A do Código Penal traz três figuras equiparadas ao crime de apropriação indébita previdenciária. A pena, em todas as hipóteses previstas nos incisos I a III, é de reclusão, de 2 (dois) a 5 (cinco) anos, e multa. Além disso, consumam-se com a ausência de recolhimento à Previdência Social ou a ausência de pagamento ao empregado do benefício previdenciário, no prazo determinado pela legislação respectiva.

2.8.4.16.1. Inciso I

O art. 168-A, § 1.º, inciso I, do Código Penal define a conduta de "deixar de recolher, no prazo legal, contribuição ou outra importância destinada à previdência social que tenha sido descontada de pagamento efetuado a segurados, a terceiros ou arrecadada do público".

Diverge do *caput* porque, além das contribuições, abrange também outras importâncias destinadas à previdência social. Como exemplo, pode-se mencionar as importâncias descritas pelo art. 91 da Lei 8.212/1991: "Mediante requisição da Seguridade Social, a empresa é obrigada a descontar, da remuneração paga aos segurados a seu serviço, a importância proveniente de dívida ou responsabilidade por eles contraída junto à Seguridade Social, relativa a benefícios pagos indevidamente".

De igual modo, as contribuições ou importâncias não repassadas à União são descontadas dos segurados, terceiros ou ainda arrecadadas do público. Este tipo penal visa incriminar a conduta do denominado **"substituto tributário"** ou **"contribuinte de direito"**, que recebe por lei a atribuição de arrecadar e recolher o tributo devido pelo contribuinte de fato.

Segurados são os empregados que prestam serviços de natureza urbana ou rural à empresa. **Terceiros** são aqueles que estão a serviço do responsável tributário, exercendo atividade econômica sujeita à dedução da contribuição social ou outra importância destinada à previdência, como as empresas cedentes de mão de obra e as cooperativas. Finalmente, **"arrecadadas do**

---

[301] AP 516/DF, rel. Min. Ayres Britto, Plenário j. 27.09.2010, noticiado no *Informativo* 602.

público" é uma expressão que se refere às importâncias oriundas dos concursos de prognósticos e dos espetáculos desportivos.

2.8.4.16.2. Inciso II

O art. 168-A, § 1.º, inciso II, do Código Penal apresenta a conduta de "deixar de recolher contribuições devidas à previdência social que tenham integrado despesas contábeis ou custos relativos à venda de produtos ou à prestação de serviços".

Este tipo penal revela uma diferença substancial com os demais anteriormente estudados. Não há ausência de repasse de importâncias descontadas do pagamento de terceiros, mas daquelas contabilizadas como embutidas nos custos de produtos ou serviços.

Portanto, se no preço final do produto ou serviço há valor embutido a título de contribuição devida, mas não repassada à previdência social, restará caracterizado o delito em estudo.

2.8.4.16.3. Inciso III

O art. 168-A, § 1.º, inciso III, do Código Penal contém a seguinte descrição: "deixar de pagar benefício devido a segurado, quando as respectivas cotas ou valores já tiverem sido reembolsados à empresa pela previdência social".

A conduta consiste no fato de o agente deixar de pagar ao segurado o benefício, nada obstante já tenha recebido recursos para tanto da Previdência Social.

Até o advento da Lei 9.876/1999, a empresa efetuava diretamente o pagamento de dois benefícios previdenciários: o salário-família e o salário-maternidade. Com a alteração legislativa efetuada pelo art. 71 da Lei 8.213/1991, somente o salário-família é pago mensalmente pela empresa juntamente com o salário, que por seu turno efetua a compensação com a Secretaria da Receita Federal do Brasil por ocasião do recolhimento da sua contribuição social.

2.8.4.17. Extinção da punibilidade: § 2.º

Nos termos do art. 168-A, § 2.º, do Código Penal: "É extinta a punibilidade se o agente, espontaneamente, declara, confessa e efetua o pagamento das contribuições, importâncias ou valores e presta as informações devidas à previdência social, na forma definida em lei ou regulamento, antes do início da ação fiscal".

Anteriormente, a Lei 9.249/1995, em seu art. 34, previa a extinção da punibilidade nos crimes contra a ordem tributária quando o agente promovesse o pagamento do tributo e acessórios antes do recebimento da denúncia. O dispositivo era aplicável aos delitos previdenciários.

O termo final para o pagamento, agora, passou a ser o início da ação fiscal, e não mais o recebimento da denúncia. Para Hugo de Brito Machado, a ação fiscal tem início com a lavratura do Termo de Início da Ação Fiscal – TIAF.[302]

Portanto, a extinção da punibilidade, nos exatos termos do art. 168-A, § 2.º, do Código Penal estaria a depender:

(a) de declaração e confissão da dívida;
(b) de prestação de informações à Seguridade Social; e
(c) do pagamento integral da dívida antes do início da ação fiscal.

Se o agente for beneficiado pela concessão do parcelamento dos valores devidos a título de contribuição social previdenciária, ou qualquer acessório, o pagamento integral do débito

---
[302] MACHADO, Hugo de Brito. *Curso de direito tributário.* 13. ed. São Paulo: Malheiros, 1998. p. 337.

importará na extinção da punibilidade, com fulcro no art. 83, § 4.º, da Lei 9.430/1996, com a redação conferida pela Lei 12.382/2011.

É de se observar que, na hipótese de concessão de parcelamento do crédito tributário, a representação fiscal para fins penais somente será encaminhada ao Ministério Público após a exclusão da pessoa física ou jurídica do parcelamento (Lei 9.430/1996, art. 83, § 1.º).

Além disso, fica suspensa a pretensão punitiva do Estado durante o período em que a pessoa física ou a pessoa jurídica relacionada com o agente dos aludidos crimes estiver incluída no parcelamento, desde que o pedido de parcelamento tenha sido formalizado antes do recebimento da denúncia criminal (Lei 9.430/1996, art. 83, § 2.º).

A prescrição criminal não corre durante o período de suspensão da pretensão punitiva (Lei 9.430/1996, art. 83, § 3.º).

Finalmente, vale destacar o entendimento do Supremo Tribunal Federal, amparado no art. 69 da Lei 11.941/2009, no sentido da extinção da punibilidade do agente em razão do pagamento integral do débito tributário, ainda que realizado após o julgamento, desde que antes do trânsito em julgado da condenação:

> No tocante à assertiva de extinção da punibilidade pelo pagamento do débito tributário, realizado após o julgamento, mas antes da publicação do acórdão condenatório, reportou-se ao art. 69 da Lei 11.941/2009 ("Extingue-se a punibilidade dos crimes referidos no art. 68 quando a pessoa jurídica relacionada com o agente efetuar o pagamento integral dos débitos oriundos de tributos e contribuições sociais, inclusive acessórios, que tiverem sido objeto de concessão de parcelamento"). Sublinhou que eventual inconstitucionalidade do preceito estaria pendente de exame pela Corte, nos autos da ADI 4.273/DF. Entretanto, haja vista que a eficácia do dispositivo não estaria suspensa, entendeu que o pagamento do tributo, a qualquer tempo, extinguiria a punibilidade do crime tributário, a teor do que já decidido pelo STF (HC 81.929/RJ, DJU de 27.2.2004). Asseverou que, na aludida disposição legal, não haveria qualquer restrição quanto ao momento ideal para realização do pagamento. Não caberia ao intérprete, por isso, impor restrições ao exercício do direito postulado. Incidiria, dessa maneira, o art. 61, *caput*, do CPP ("Em qualquer fase do processo, o juiz, se reconhecer extinta a punibilidade, deverá declará-lo de ofício").[303]

2.8.4.18. Perdão judicial e aplicação isolada da pena de multa: § 3.º

Em conformidade com o art. 168, § 3.º, do Código Penal: "É facultado ao juiz deixar de aplicar a pena ou aplicar somente a de multa se o agente for primário e de bons antecedentes, desde que: I – tenha promovido, após o início da ação fiscal e antes de oferecida a denúncia, o pagamento da contribuição social previdenciária, inclusive acessórios; ou II – o valor das contribuições devidas, inclusive acessórios, seja igual ou inferior àquele estabelecido pela previdência social, administrativamente, como sendo o mínimo para o ajuizamento de suas execuções fiscais".

A hipótese disciplinada pelo inciso I não mais se aplica, em decorrência da regra contida no art. 9.º, § 2.º, da Lei 10.684/2003 (ver art. 168-A, item 2.8.4.17), permissiva do pagamento do débito previdenciário a qualquer tempo, até o trânsito em julgado da sentença penal condenatória, para fins de extinção da punibilidade. Destarte, o pagamento da contribuição previdenciária, atualmente, é idôneo a acarretar a eliminação do direito de punir em um prazo mais dilatado, de modo mais interessante ao réu.

---

[303] AP 516 ED/DF, rel. orig. Min. Ayres Britto, red. p/ o acórdão Min. Luiz Fux, Plenário, j. 05.12.2013, noticiado no *Informativo* 731.

Em relação ao inciso II, poderá haver perdão judicial ou aplicação exclusiva da pena de multa desde que o valor das contribuições devidas, incluindo acessórios, seja igual ou inferior àquele estabelecido pela previdência social, administrativamente, como o mínimo para o ajuizamento de suas execuções fiscais.

Este inciso II somente será eficaz se não for utilizado o princípio da insignificância, hipótese em que sequer seria iniciada a ação penal, em face da atipicidade material do fato. Com efeito, ao agente é melhor a atipicidade do fato (ele não cometeu crime algum) do que a declaração da extinção da punibilidade, que depende do reconhecimento da prática de um crime, ou ainda mais da aplicação da pena de multa, que pressupõe uma condenação pela prática do crime definido no art. 168-A do Código Penal.

2.8.4.18.1. Art. 168-A, § 4.º – Parcelamento da contribuição previdenciária e inaplicabilidade do § 3.º

Estabelece o § 4.º do art. 168-A do Código Penal: "A faculdade prevista no § 3.º deste artigo não se aplica aos casos de parcelamento de contribuições cujo valor, inclusive dos acessórios, seja superior àquele estabelecido, administrativamente, como sendo o mínimo para o ajuizamento de suas execuções fiscais".

No âmbito da União, o valor atualmente estabelecido no plano administrativo como o mínimo para o ajuizamento das suas execuções fiscais é de R$ 20.000,00, a teor da regra contida no art. 2.º da Portaria MF nº 75/2012.[304]

2.8.4.19. Prévio esgotamento da via administrativa e ausência de justa causa para a ação penal

Firmou-se o entendimento no sentido de que o Ministério Público não pode oferecer denúncia pelo crime previsto no art. 168-A do Código Penal enquanto não encerrado o processo administrativo relativo à discussão acerca da existência, valor ou exigibilidade da contribuição previdenciária.

Em síntese, a conclusão do processo administrativo figura como condição de procedibilidade para o exercício da ação penal. Logo, se oferecida a denúncia, o Poder Judiciário deve rejeitá-la, em face da ausência de justa causa para a instauração do processo penal. E, mais do que isso, sequer pode ser instaurado inquérito policial para investigação do delito. Para o Supremo Tribunal Federal:

> Apropriação indébita previdenciária – Crime – (...) – Processo administrativo. Estando em curso processo administrativo mediante o qual questionada a exigibilidade do tributo, ficam afastadas a persecução criminal e – ante o princípio da não contradição, o princípio da razão suficiente – a manutenção de inquérito, ainda que sobrestado.[305]

É também a posição consolidada no âmbito do Superior Tribunal de Justiça:

> A Turma concedeu a ordem para suspender o inquérito policial até o julgamento definitivo do processo administrativo, por entender que, enquanto houver processo administrativo questionando a existência, o valor ou a exigibilidade de contribuição social, é atípica a conduta prevista no art.

---

[304] "Art. 2.º O Procurador da Fazenda Nacional requererá o arquivamento, sem baixa na distribuição, das execuções fiscais de débitos com a Fazenda Nacional, cujo valor consolidado seja igual ou inferior a R$ 20.000,00 (vinte mil reais), desde que não conste dos autos garantia, integral ou parcial, útil à satisfação do crédito."
[305] Inq 2.537 AgR/GO, rel. Min. Marco Aurélio, Plenário, j. 10.03.2008.

168-A do CP, que tem como elemento normativo do tipo a existência da contribuição devida a ser repassada. Não importa violação da independência das esferas administrativa e judiciária o aguardo da decisão administrativa, a quem cabe efetuar o lançamento definitivo.[306]

O fundamento desta linha de pensamento encontra-se no art. 142, *caput*, do Código Tributário Nacional: "Compete privativamente à autoridade administrativa constituir o crédito tributário pelo lançamento, assim entendido o procedimento administrativo tendente a verificar a ocorrência do fato gerador da obrigação correspondente, determinar a matéria tributável, calcular o montante do tributo devido, identificar o sujeito passivo e, sendo caso, propor a aplicação da penalidade cabível".

Fica nítido, portanto, que a competência para lançamento é da **autoridade administrativa**, motivo pelo qual a decisão por ela proferida vincula até mesmo o Poder Judiciário, que não pode lançar um tributo, tampouco corrigir ou modificar o lançamento efetuado pela autoridade administrativa. De fato, se o juiz reconhecer algum vício no lançamento realizado, ele deve declarar sua nulidade, cabendo à autoridade administrativa competente, se for o caso, constituir novamente o crédito tributário.

É por isso que os Tribunais Superiores pacificaram a jurisprudência na direção de ser vedada a propositura da ação penal por crimes tributários (*lato sensu*) antes da conclusão do procedimento administrativo de lançamento, pois o magistrado não tem competência para decidir sobre a existência ou não do crédito tributário, em relação ao qual repousa a discussão sobre a prática do delito.

Para afastar qualquer interpretação jurídica em sentido contrário, o Supremo Tribunal Federal editou a **Súmula Vinculante 24**: "Não se tipifica crime material contra a ordem tributária, previsto no art. 1.º, incisos I a IV, da Lei 8.137/1990, antes do lançamento definitivo do tributo". Essa súmula vinculante, embora mencione unicamente os delitos tipificados no art. 1.º, I a IV, da Lei 8.137/1990, inevitavelmente produzirá reflexos em todos os crimes materiais de natureza tributária, pois os fundamentos que justificaram sua criação aplicam-se igualmente a todos os delitos tributários desta índole. Como destacado pela Corte Suprema:

> A representação fiscal para fins penais relativa aos crimes de apropriação indébita previdenciária e de sonegação de contribuição previdenciária será encaminhada ao Ministério Público depois de proferida a decisão final, na esfera administrativa, sobre a exigência fiscal do crédito tributário correspondente.[307]

2.8.4.20. Princípio da insignificância

Nada obstante a natureza tributária da apropriação indébita previdenciária, não há falar na incidência do princípio da insignificância, independentemente do valor apropriado, em face do elevado grau de reprovabilidade da conduta, atentatória da própria subsistência da Previdência Social, colocando em risco as pessoas fragilizadas que dela dependem. A lesividade do delito transcende o âmbito individual e abala a esfera coletiva. Esse é o entendimento consagrado no Supremo Tribunal Federal e no Superior Tribunal de Justiça.[308]

---

[306] HC 128.672/SP, rel. Min. Maria Thereza de Assis Moura, 6.ª Turma, j. 05.05.2009, noticiado no *Informativo* 393. No mesmo sentido: HC 146.013/MS, rel. Min. Maria Thereza de Assis Moura, 6.ª Turma, j. 20.10.2009, noticiado no *Informativo* 412.

[307] ADI 4.980/DF, rel. Min. Nunes Marques, Plenário, j. 10.03.2022, noticiado no *Informativo* 1.047.

[308] STF: RHC 132.706 AgR/SP, rel. Min. Gilmar Mendes, 2.ª Turma, j. 21.06.2016; e STJ: AgRg no REsp 1.862.853/MG, rel. Min. Rogerio Schietti Cruz, 6.ª Turma, j. 27.10.2020.

2.8.5. Art. 169 – Apropriação de coisa havida por erro, caso fortuito ou força da natureza

2.8.5.1. Dispositivo legal

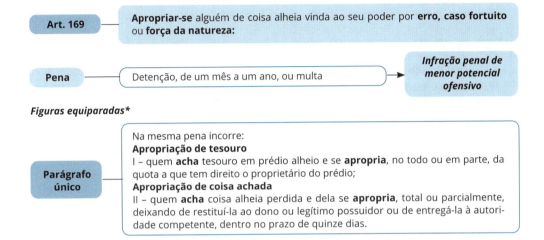

2.8.5.2. Introdução

O crime tipificado pelo art. 169 do Código Penal é uma modalidade específica de apropriação indébita. O núcleo do tipo, mais uma vez, é "apropriar-se" e, ainda que implicitamente, o objeto material também é a "coisa alheia", e móvel, pois somente ela pode chegar ao poder do agente por erro, caso fortuito ou força da natureza.

Constitui-se, na verdade, em uma forma de apropriação indébita privilegiada, na qual o tipo penal contém novas elementares que importam em uma pena sensivelmente inferior àquela prevista no art. 168 do Código Penal, tanto no que diz respeito à sua natureza (detenção) como no que toca à sua quantidade (1 mês a 1 ano, ou multa).

2.8.5.3. Objetividade jurídica

É o patrimônio, relativamente à propriedade e à posse de coisas móveis.

Esta figura penal guarda íntima relação com os arts. 876 e 884 do Código Civil, os quais, com o propósito de impedirem o enriquecimento ilícito de qualquer pessoa, impõem ao sujeito que recebeu o que não lhe era devido a obrigação de restituir o bem a quem de direito.

2.8.5.4. Objeto material

É a coisa móvel vinda ao poder do agente por erro, caso fortuito ou força da natureza.

2.8.5.5. Núcleo do tipo

O núcleo do tipo é **"apropriar-se"**, ou seja, entrar na posse de algo, comportando-se em relação à coisa como se fosse seu dono.[309] Mas esta apropriação resulta do fato de a coisa ter entrado na posse do agente por erro alheio, ou então por caso fortuito ou força da natureza. Passemos à análise destas hipóteses.

2.8.5.5.1. Erro

Erro é a falsa percepção da realidade, capaz de fazer alguém, que pode ser a vítima do crime patrimonial ou um terceiro em seu nome (exemplo: sua secretária), entregar ao agente um bem pertencente a outrem.[310] Este erro pode dizer respeito:

a) à **pessoa** a quem o bem deve ser entregue. Exemplo: "A" compra flores para serem entregues pelo florista na casa de "B", sua namorada. Entretanto, o comerciante faz a entrega na casa de "C", que posteriormente percebe o engano, mas fica com as flores para si;

b) à **coisa** objeto da entrega. Exemplo: "A" compra um relógio simples para ser deixado em sua casa pela loja. Entretanto, o vendedor se equivoca e remete um relógio mais valioso. "A" recebe o bem e depois nota o erro, mas fica para si com o relógio de maior valor;

c) à **existência da obrigação ou de parte dela**. Exemplo: "A" vai a uma loja e paga um conta que já havia sido quitada pelo seu pai. O dono da loja recebe os valores de "A", e no final do expediente percebe o engano, mas fica com o dinheiro, locupletando-se indevidamente;

d) à **qualidade ou quantidade da coisa**. Exemplo: "A" deposita na conta bancária de "B", por equívoco, valor maior do que o devido em razão de um empréstimo entre eles ajustado. Nada obstante, "B" constata o equívoco e efetua o saque de todo o numerário.

Vê-se, pois, que neste crime, assim como na apropriação indébita (CP, art. 168), é a vítima ou alguém em seu nome que espontaneamente entrega o bem ao agente. Mas a diferença entre os delitos é clara: enquanto na apropriação indébita a vítima (ou alguém em seu nome) entrega a coisa sem estar em erro, na apropriação de coisa havida por erro (CP, art. 169, *caput*) é imprescindível que a vítima (ou quem a representa) tenha uma falsa percepção da realidade, a qual, no caso concreto, funciona como motivo determinante para a entrega do bem.

Cumpre destacar que no crime de apropriação de coisa havida por erro é fundamental que o agente somente perceba o engano da vítima (ou de terceiro em seu nome) após já ter entrado na posse do bem, e que somente a partir de então decida dele se apropriar, não o restituindo a quem de direito.

---

[309] Para uma análise mais detalhada do assunto, vide art. 168, item 2.8.3.5, relativo à apropriação indébita.
[310] Recorde-se que não há diferença, para fins penais, entre o erro (falsa percepção da realidade) e a ignorância (completo desconhecimento da realidade).

De fato, se a vítima incide em erro, embora não provocado pelo agente, mas este, constatando o equívoco, utiliza alguma fraude (artifício ou ardil, aí se incluindo até mesmo o silêncio) para que se concretize a entrega do bem, o crime será o de estelionato, na forma prevista no art. 171, *caput*, do Código Penal. Obviamente, também estará caracterizado o estelionato quando o erro da vítima (ou de quem a representa) não for espontâneo, mas provocado pelo agente. Na linha da jurisprudência do Supremo Tribunal Federal:

> Apropriação de coisa alheia e havida por erro e estelionato. Revelando os fatos constantes da denúncia a feitura espontânea de depósito, fora dos parâmetros da relação jurídica, seguindo-se a retenção do valor, tem-se a configuração do crime do art. 169 – apropriação de coisa alheia havida por erro – e não o do art. 171 – estelionato –, ambos do Código Penal, pouco importando a recusa na devolução da quantia ao argumento de que efetuado corretamente o depósito.[311]

Conclui-se, portanto, que o crime de apropriação de coisa havida por erro depende dos seguintes requisitos:

1) A vítima (ou alguém em seu nome) deve encontrar-se em situação de erro, não provocado pelo agente. Se ausente o erro, o crime será o de apropriação indébita (CP, art. 168). Por sua vez, se o erro tiver sido provocado pelo agente, estará caracterizado o delito de estelionato (CP, art. 171);

2) A vítima há de entregar, espontaneamente, o bem ao agente;

3) O agente, ao entrar na posse do bem, deve estar de boa-fé, ou seja, sem perceber o equívoco da vítima (ou de terceira pessoa), pois se percebê-lo o crime será de estelionato; e

4) O agente posteriormente percebe o erro da vítima (ou de alguém em seu nome), mas decide apoderar-se da coisa.

Finalmente, convém ressaltar que, ao contrário do que ocorre no crime de apropriação de coisa achada (CP, art. 169, parágrafo único, inc. II), no qual a vítima desconhece o local em que o bem foi perdido, na apropriação de coisa havida por erro não há, por parte de quem recebeu o bem, a obrigação de procurar a autoridade pública competente para devolvê-lo, porque aquele que incidiu em erro é quem possui condições de dirigir-se à pessoa a quem fez a entrega da coisa.

2.8.5.5.2. Caso fortuito e força da natureza

Caso fortuito e força da natureza, também denominada de força maior, são acontecimentos acidentais e imprevisíveis relativamente às pessoas envolvidas em algum ato. É comum distingui-los levando-se em conta a origem de cada um deles. Enquanto o caso fortuito tem origem humana (exemplos: greve de motoristas de ônibus, briga generalizada entre torcedores de times de futebol etc.), a força maior provém de fenômenos naturais (exemplos: terremotos, enchentes, vendavais etc.).

No contexto do crime em apreço, a coisa alheia ingressa na posse de alguém em razão de caso fortuito (exemplo: dois caminhões se chocam e a televisão que estava na carroceria de um deles é lançada ao interior de uma casa) ou de força da natureza (exemplo: um vendaval faz com que roupas de uma pessoa sejam levadas ao quintal da residência vizinha). Todavia, o sujeito percebe o ocorrido, e ciente de se tratar de bens que não lhe pertencem, não os restitui ao seu titular.

---

[311] HC 84.610/RJ, rel. Min. Marco Aurélio, 1.ª Turma, j. 17.05.2005, noticiado no *Informativo* 388.

Há quem sustente, porém, a inutilidade da distinção entre caso fortuito e força da natureza. Nélson Hungria, com toda a força da sua autoridade, critica a redação utilizada pelo legislador:

> O dispositivo legal menciona o *caso fortuito* e a *força da natureza*, fazendo, a exemplo, aliás, do Código suíço, uma distinção que se pode dizer desnecessária, pois o caso fortuito abrange todo e qualquer acontecimento estranho, na espécie, à vontade do agente e do *dominus*. Tanto é caso fortuito se a coisa alheia vem ao meu poder em consequência da queda de um avião em meu terreno, quanto se foi trazida pela correnteza de uma enchente. Se bois alheios, por mero instinto de vagueação ou acossados pelo fogo de uma queimada, entram nas minhas terras, ou se peças de roupas no coradouro do meu vizinho são impelidas por um tufão até o meu quintal, tudo é caso fortuito.[312]

Destaque-se, porém, que o crime somente se configura quando o agente tem conhecimento de que se trata de coisa alheia, a qual veio ao seu poder por caso fortuito ou força da natureza.

2.8.5.6. Sujeito ativo

Pode ser qualquer pessoa (**crime comum**).

2.8.5.7. Sujeito passivo

É o titular da coisa desviada ou perdida por erro, caso fortuito ou força da natureza.

2.8.5.8. Elemento subjetivo

É o dolo de apropriar-se da coisa alheia, isto é, a intenção de assenhorear-se definitivamente do bem, não o restituindo ao seu titular (*animus rem sibi habendi*). Não se trata de elemento subjetivo específico, pois a vontade relaciona-se diretamente ao núcleo do tipo penal.[313] Com efeito, a elementar "apropriar-se" exige, indiscutivelmente, o ânimo de assenhoreamento definitivo, ao contrário do que se dá no crime de furto, no qual o núcleo é subtrair, mas a lei acrescenta a expressão "para si ou para outrem".

O elemento subjetivo precisa abranger o conhecimento acerca da origem do bem em decorrência de erro, caso fortuito ou força da natureza. Não se admite a forma culposa.

Anote-se que na apropriação havida por erro não há crime na hipótese em que o sujeito acredita ter recebido uma doação. O fato é atípico, em razão da ausência de dolo. De igual modo, também inexiste o delito quando o agente constata o equívoco posteriormente à tradição do bem, mas não reúne condições para restituí-lo ao seu titular, seja por não conhecê-lo, seja por não possuir meios suficientes para identificá-lo.

2.8.5.9. Consumação

O crime se consuma no momento em que o sujeito se apropria da coisa alheia móvel, transformando a posse em propriedade, mediante a prática de um ato incompatível com a intenção de restituir o bem ao seu titular (exemplos: venda, doação, empréstimo a terceiro etc.). Cuida-se de **crime material**.

Em doutrina, prevalece o entendimento de tratar-se de **crime instantâneo**. Mas, para o Superior Tribunal de Justiça, a apropriação de coisa havida por erro é **crime permanente**. A consumação, uma vez caracterizada com a prática de ato indicativo da vontade de não devolver o bem ao seu proprietário ou legítimo possuidor, se arrasta no tempo, subsistindo durante o período em que o agente não restitui a coisa móvel ao seu titular.[314] O raciocínio,

---

[312] HUNGRIA, Nélson. *Comentários ao Código Penal*. 2. ed. Rio de Janeiro: Forense, 1958. v. 7, p. 151.
[313] Em sentido contrário: MIRABETE, Julio Fabbrini. *Manual de direito penal*. São Paulo: Atlas, 2007. v. 2, p. 282.
[314] HC 15.403/SP, rel. Min. Gilson Dipp, 5.ª Turma, j. 25.09.2001.

por identidade de fundamentos, deve ser também aplicado à apropriação de coisa havida por caso fortuito ou força da natureza.

2.8.5.10. Tentativa

É possível.

2.8.5.11. Ação penal

A ação penal é pública incondicionada.

2.8.5.12. Lei 9.099/1995

O art. 169, *caput*, do Código Penal contempla uma **infração penal de menor potencial ofensivo**, pois o máximo de pena privativa de liberdade cominada em abstrato é de 1 (um) ano. O crime é compatível com a transação penal e com o rito sumaríssimo, nos moldes definidos pela Lei 9.099/1995.

2.8.5.13. Classificação doutrinária

O crime é **comum** (pode ser praticado por qualquer pessoa); **material** (depende da produção do resultado naturalístico, qual seja a lesão ao patrimônio alheio); **doloso**; **de forma livre** (admite qualquer meio de execução); **unissubjetivo, unilateral ou de concurso eventual** (pode ser cometido por uma só pessoa, mas admite o concurso); em regra **plurissubsistente** (a conduta criminosa pode ser fracionada em diversos atos); e **instantâneo** (na visão doutrinária) ou **permanente** (na jurisprudência do STJ).

2.8.5.14. Figuras equiparadas: art. 169, parágrafo único, do Código Penal

O art. 169, parágrafo único, inciso I, do Código Penal elenca duas figuras equiparadas à apropriação de coisa havida por erro, caso fortuito ou força da natureza, a saber: apropriação de tesouro (inciso I) e apropriação de coisa achada (inciso II).

Passemos à análise destas figuras típicas, enfrentando os pontos que as diferenciam do crime definido pelo *caput* do art. 169 do Código Penal.

2.8.5.14.1. Apropriação de tesouro: art. 169, parágrafo único, inciso I

2.8.5.14.1.1. Introdução

Este crime é disciplinado por uma **lei penal em branco homogênea**, pois é o Código Civil, em seus arts. 1.264 a 1.266, que apresenta o conceito de tesouro e as regras para sua divisão entre o proprietário do local em que foi encontrado e o responsável por sua descoberta:

> **Art. 1.264.** O depósito antigo de coisas preciosas, oculto e de cujo dono não haja memória, será dividido por igual entre o proprietário do prédio e o que achar o tesouro casualmente.
>
> **Art. 1.265.** O tesouro pertencerá por inteiro ao proprietário do prédio, se for achado por ele, ou em pesquisa que ordenou, ou por terceiro não autorizado.
>
> **Art. 1.266.** Achando-se em terreno aforado, o tesouro será dividido por igual entre o descobridor e o enfiteuta, ou será deste por inteiro quando ele mesmo seja o descobridor.

2.8.5.14.1.2. Objeto material

É a quota-parte do tesouro pertencente ao dono do prédio em que ele foi encontrado.

2.8.5.14.1.3. Núcleo do tipo

O núcleo do tipo novamente é **"apropriar-se"**. E, cotejando o art. 169, parágrafo único, inciso I, do Código Penal com os arts. 1.264 (é o que nos interessa), 1.265 e 1.266 do Código Civil, extrai-se que o crime de apropriação de tesouro somente tem incidência à pessoa que **acidentalmente** o encontra no terreno alheio, e, sendo legalmente obrigado a dividi-lo pela metade com o proprietário do imóvel, se apropria, no todo ou em parte, do quinhão a ele assegurado.

2.8.5.14.2. Apropriação de coisa achada: art. 169, parágrafo único, inciso II

2.8.5.14.2.1. Objeto material

É a coisa alheia **perdida**, ou seja, aquela que se extraviou de seu proprietário ou possuidor em **local público ou de uso público**. De fato, não se pode falar em coisa perdida quando ela não é encontrada pelo seu titular, mas se acha em local privado.

Logo, pratica furto (CP, art. 155) o agente que se apodera de bem que estava em um local particular e era procurado por seu dono. De igual modo, também responde por furto, qualificado pela fraude, aquele que dolosamente provoca a perda do bem. Finalmente, como a lei fala em coisa perdida, também será imputado ao sujeito o crime de furto quando se apoderar de coisa **esquecida** pelo seu titular.

O fato é atípico quando o sujeito se apropria de coisa abandonada (*res derelicta*), pois não há patrimônio merecedor de proteção pelo Direito Penal. Também será atípico o fato, por ausência de dolo, como consequência do erro de tipo, na hipótese em que o agente se apoderou de coisa perdida que reputava abandonada, em face do seu péssimo estado de conservação. Em síntese, só estará caracterizado o crime delineado pelo art. 169, parágrafo único, inciso II, do Código Penal quando o sujeito souber que se trata de coisa perdida.

Frise-se, porém, ser irrelevante para fins de tipicidade da apropriação de coisa achada se o bem foi encontrado casualmente ou então se sua perda foi presenciada pelo agente quando a vítima se afastava do local, desde que tal perda não tenha sido por ele provocada.

2.8.5.14.2.2. Núcleo do tipo

O núcleo do tipo é "apropriar-se", revelando a indispensabilidade da intenção do agente de ter a coisa para si com o fim de assenhoreamento definitivo (*animus rem sibi habendi*). Destarte, quem encontra uma coisa perdida em local público ou de uso público, e conhece seu dono, tem o dever legal de restituí-la integral e imediatamente.

Se, entretanto, a restituição da coisa alheia móvel não for possível (exemplo: o titular do bem reside em local perigoso e de difícil acesso) ou não se souber quem é o seu proprietário, aquele que a encontrou deve efetuar sua entrega à autoridade competente, que pode ser policial ou judicial, nos termos do art. 746 do Código de Processo Civil.

Nesta última hipótese, em que o sujeito não conhece o titular do bem ou não tem condições de restituí-lo imediatamente, trata-se de **crime de conduta mista**, pois se visualizam duas etapas distintas, uma comissiva e outra omissiva, a saber:

(1) comissiva: o agente se apodera de coisa perdida que encontrou em local público ou de uso público, em relação à qual não conhece seu titular ou não possui condições para restituí-la; e

(2) omissiva: decorrido o prazo de 15 dias, não faz a entrega do bem à autoridade pública (policial ou judicial).

Além disso, constitui-se em **crime a prazo**, pois somente se consuma depois de transcorrido o prazo de 15 dias legalmente previsto. Logo, o fato será atípico se a coisa for apreendida em poder do agente antes de ultrapassado tal prazo.

Em síntese, o delito somente se aperfeiçoa após superado o prazo de 15 dias, ou se, antes disso, ficar comprovado ter o sujeito praticado algum ato de disposição do bem, incompatível com a intenção de restituí-la a quem de direito (exemplos: venda ou permuta).

2.8.5.14.2.3. Transporte de objetos pelos Correios e competência

Na hipótese em que alguém se apropria de coisa perdida que se encontrava no interior de embalagem da Empresa Brasileira de Correios e Telégrafos (empresa pública federal), a competência é, em regra, da Justiça Estadual. Com efeito, a Empresa de Correios, ao efetuar o transporte de produtos submetidos à sua confiança, funciona como mera detentora dos bens, mantendo-se a posse com o seu titular.

Se, entretanto, o bem pertencer à própria Empresa de Correios, ou então à União, suas autarquias ou empresas públicas, a competência para processar e julgar o delito tipificado pelo art. 169, parágrafo único, inciso II, do Código Penal será da Justiça Federal, nos moldes do art. 109, inciso IV, da Constituição Federal. Como já decidido pelo Superior Tribunal de Justiça:

> Criminal. Conflito de competência. Apropriação de coisa achada. Envelope com o emblema da Empresa Nacional de Correios e Telégrafos contendo quatro talões de cheques. Proprietário da coisa. Instituição bancária. Competência da Justiça Estadual. Hipótese em que um dos denunciados apropriou-se de coisa achada – envelope com o emblema da Empresa Nacional de Correios e Telégrafos –, cujo conteúdo consistia em quatro talões de cheques provenientes do Banco Itaú, de titularidade de uma correntista. Os referidos talões teriam sido distribuídos aos demais denunciados, que, juntamente com o primeiro, fizeram uso fraudulento dos mesmos. A Empresa Brasileira de Correios e Telégrafos, ao transportar os talonários, através do serviço de Sedex, agiu na qualidade de simples detentora da coisa. Assim, o verdadeiro possuidor da coisa perdida era a instituição bancária de onde provinham os talões, até porque os cheques ainda não haviam entrado na esfera de disponibilidade da correntista. Não se evidencia lesão a serviços, bens ou interesses da União ou Entidades Federais.[315]

2.9. DO ESTELIONATO E OUTRAS FRAUDES

2.9.1. Art. 171 – Estelionato

2.9.1.1. Dispositivo legal

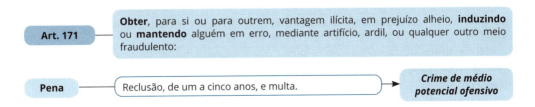

---

[315] CC 40.525/SC, rel. Min. Gilson Dipp, 3.ª Seção, j. 10.03.2004.

Estelionato privilegiado*

§ 1.º — Se o criminoso é **primário**, e é de **pequeno valor o prejuízo**, o juiz pode aplicar a pena conforme o disposto no **art. 155, § 2.º**.

Figuras equiparadas*

§ 2.º — Nas **mesmas penas** incorre quem:
Disposição de coisa alheia como própria
I – **vende**, **permuta**, **dá** em pagamento, em locação ou em garantia coisa alheia como própria;
Alienação ou oneração fraudulenta de coisa própria
II – **vende**, **permuta**, **dá** em pagamento ou em garantia coisa própria inalienável, gravada de ônus ou litigiosa, ou imóvel que prometeu vender a terceiro, mediante pagamento em prestações, silenciando sobre qualquer dessas circunstâncias;
Defraudação de penhor
III – **defrauda**, mediante alienação não consentida pelo credor ou por outro modo, a garantia pignoratícia, quando tem a posse do objeto empenhado;
Fraude na entrega de coisa
IV – **defrauda** substância, qualidade ou quantidade de coisa que deve entregar a alguém;
Fraude para recebimento de indenização ou valor de seguro
V – **destrói**, total ou parcialmente, ou **oculta** coisa própria, ou **lesa** o próprio corpo ou a saúde, ou **agrava** as consequências da lesão ou doença, com o intuito de haver indenização ou valor de seguro;
Fraude no pagamento por meio de cheque
VI – **emite** cheque, sem suficiente provisão de fundos em poder do sacado, ou lhe **frustra** o pagamento.

Fraude eletrônica

§ 2.º-A — A pena é de reclusão, de 4 (quatro) a 8 (oito) anos, e multa, se a fraude é cometida com a utilização de informações fornecidas pela vítima ou por terceiro induzido a erro por meio de redes sociais, contatos telefônicos ou envio de correio eletrônico fraudulento, ou por qualquer outro meio fraudulento análogo. → *Crime de elevado potencial ofensivo*

§ 2.º-B — A pena prevista no § 2.º-A deste artigo, considerada a relevância do resultado gravoso, aumenta-se de 1/3 (um terço) a 2/3 (dois terços), se o crime é praticado mediante a utilização de servidor mantido fora do território nacional.

Causa de aumento de pena*

§ 3.º — A pena **aumenta-se de um terço**, se o crime é cometido em detrimento de entidade de direito público ou de instituto de economia popular, assistência social ou beneficência.

Estelionato contra idoso ou vulnerável

§ 4.º — A pena aumenta-se de 1/3 (um terço) ao dobro, se o crime é cometido contra idoso ou vulnerável, considerada a relevância do resultado gravoso.

§ 5.º — Somente se procede mediante representação, salvo se a vítima for:
I – a Administração Pública, direta ou indireta;
II – criança ou adolescente;
III – pessoa com deficiência mental; ou
IV – maior de 70 (setenta) anos de idade ou incapaz.

Classificação:
Crime comum
Crime de forma livre
Crime material e de duplo resultado
Crime instantâneo (*regra*) ou instantâneo de efeitos permanentes (*exceção*)
Crime plurissubsistente (*regra*)
Crime de dano
Crime unissubjetivo (*regra*)

Informações rápidas:
A vantagem ilícita deve ser de natureza econômica. Prejuízo alheio significa dano patrimonial. A vítima deve ser pessoa certa e determinada (clonagem de cartão bancário caracteriza furto).
Não admite modalidade culposa. Exige dolo específico.
O estelionato **é crime de duplo resultado**: obtenção de vantagem ilícita + prejuízo alheio.
A reparação do dano não apaga o crime de estelionato. Admite tentativa.
Ação penal: pública condicionada (regra geral) ou pública incondicionada (exceções).
Competência: Justiça Comum Estadual (regra).
Torpeza bilateral: embora a conduta da vítima seja reprovável, o estelionatário deve ser punido.
Estelionato privilegiado: criminoso primário + prejuízo de pequeno valor (até um salário mínimo). Direito subjetivo do réu.

2.9.1.2. Introdução

O estelionato é crime patrimonial praticado mediante fraude: no lugar da clandestinidade, da violência física ou da ameaça intimidatória, o agente utiliza o engano ou se serve deste para que a vítima, inadvertidamente, se deixe espoliar na esfera do seu patrimônio. A fraude consiste, portanto, na lesão patrimonial por meio de engano.

O vocábulo estelionato deriva do latim *stellio*, que significa **camaleão**. Como destaca Nélson Hungria:

> Como expressão, entre muitas, do instinto do *menor esforço* na luta pela existência, pode dizer-se que a fraude é de todos os tempos. Até mesmo entre os seres inferiores, são identificáveis processos caracteristicamente fraudulentos. (...) Fraude é o mimetismo dissimulador do camaleão (de cujo nome latino *stellio* derivou, precisamente, o vocábulo *estelionato*), a ardilosa *mise-en-scène* da aranha na caça aos insetos, o comodismo solerte do cuco, que deposita os ovos, para a incubação, nos ninhos de outros pássaros.[316]

Destarte, o crime de estelionato é, em essência, uma fraude. Nesse contexto, o Capítulo VI do Título II da Parte Especial é assim denominado: "Do estelionato e outras fraudes". Há diversas fraudes reconhecidas pelo legislador, e o estelionato, tanto na sua modalidade fundamental (art. 171, *caput*) como nas figuras equiparadas (art. 171, § 2.º) é uma delas.

2.9.1.3. Objetividade jurídica

A lei penal tutela a inviolabilidade do patrimônio.

2.9.1.4. Objeto material

É a pessoa física ludibriada pela fraude, bem como a coisa ilicitamente obtida pelo agente.

2.9.1.5. Núcleo do tipo

O núcleo do tipo é **"obter"**. Trata-se de **conduta composta**, pois a descrição legal contém a expressão "obter, para si ou para outrem, vantagem ilícita, em prejuízo alheio, induzindo ou mantendo alguém em erro".

---

[316] HUNGRIA, Nélson. *Comentários ao Código Penal*. 2. ed. Rio de Janeiro: Forense, 1958. v. 7, p. 166-167.

Destarte, obter equivale a alcançar um lucro indevido em decorrência do engano provocado na vítima, que contribui para a finalidade do criminoso sem notar que está sendo lesada em seu patrimônio.

Induzir significa persuadir, no sentido de criar para a vítima uma situação falsa. **Manter**, por sua vez, é indicativo de fazer permanecer ou conservar o ofendido na posição de equívoco em que já se encontrava. Destarte, a obtenção da vantagem ilícita dá-se pelo fato de o sujeito conduzir a vítima ao engano ou então deixá-la no erro em que sozinha se envolveu.

É possível, pois, que o responsável pelo estelionato crie a situação enganosa ou dela simplesmente se aproveite. Em qualquer das hipóteses estará configurado o crime tipificado pelo art. 171 do Código Penal.

Erro é a falsa percepção da realidade, apta a produzir uma manifestação de vontade viciada. Como prefere Galdino Siqueira, "o erro é o estado de consciência em que não há conformidade entre a representação e a realidade, determinando a disposição patrimonial que de outro modo não se efetuaria".[317]

A lei fala apenas em "erro", mas esta elementar deve ser interpretada extensivamente, a fim de englobar também a ignorância, isto é, o completo desconhecimento da realidade.

Para induzir ou manter a vítima em erro, o sujeito se vale de algum dos seguintes meios de execução:

(a) artifício;

(b) ardil; ou

(c) qualquer outro meio fraudulento.

O legislador mais uma vez recorreu à **interpretação analógica**, empregando uma fórmula casuística ("artifício" e "ardil"), acompanhada de uma fórmula genérica ("qualquer outro meio fraudulento"). O raciocínio é este: artifício e ardil são meios capazes de enganar, mas não são os únicos, pois na prática pode se apresentar um meio fraudulento diverso.

Artifício é a fraude material. O agente utiliza algum instrumento ou objeto para enganar a vítima. Exemplo: "A" veste-se com o uniforme de uma oficina mecânica para que "B" voluntariamente lhe entregue seu automóvel.

Ardil, por seu turno, é a fraude moral, representada pela conversa enganosa. Exemplo: "A", alegando ser especialista em relógios automáticos, convence "B" a entregar-lhe seu relógio para limpeza de rotina.

Fica claro, portanto, que "artifício" é sinônimo de meio adequado à encenação externa, criador de uma aparência material. É toda simulação ou dissimulação idônea para induzir ou manter uma pessoa em erro, de modo que esta não tenha uma imediata percepção de falsa aparência material, positiva ou negativa, que lhe cause o erro. Essa errônea percepção da realidade decorre de um aparato material que dá a ilusão de uma veracidade ou de uma realidade.

O ardil, diversamente, atua diretamente sobre o espírito da vítima e consiste, essencialmente, em uma mentira provida de argumentos e discursos tais que apresentam uma aparência de realidade. No vernáculo, "artifício" é sinônimo de astúcia, manha, artimanha, sutileza. O ardil, portanto, não possui aspecto material, mas sim intelectual e se dirige à psique do indivíduo. Melhor dizendo, atua sobre a sua inteligência ou seu sentimento, criando uma percepção errônea da realidade.

A diferenciação entre artifício e ardil assume um valor relativo em face da nossa lei, pois, depois de se referir a eles, a lei penal se vale de uma fórmula genérica, a mais ampla possível: **"qualquer outro meio fraudulento"**. Com essa expressão, nossa lei se refere a qualquer atitude

---

[317] SIQUEIRA, Galdino. *Tratado de direito penal*. Rio de Janeiro: José Konfino, 1947. t. IV, p. 503.

ou comportamento que provoque ou mantenha alguém em erro, do qual advirão a vantagem ilícita e o dano patrimonial. Tem-se como exemplo o **silêncio**, como na hipótese em que um comerciante entrega ao cliente troco além do devido, mas este nada fala e nada faz, ficando com o dinheiro para si.

Como lembra José Henrique Pierangeli, "com o emprego de meio fraudulento, na oração, podia até a lei deixar de reportar-se ao artifício e ao ardil, pois estes, sem dúvida, estão nele incluídos, tal o sentido compreensivo que tem".[318]

Obviamente, a fraude deve ser anterior e diretamente responsável pela lesão patrimonial. Na linha de raciocínio do Supremo Tribunal Federal:

> Estelionato: para a configuração do estelionato, a fraude empregada pelo agente há de ser antecedente e causal do erro ou persistência no erro do lesado e da consequente disposição patrimonial em favor do sujeito ativo ou de terceiro.[319]

O sujeito emprega o meio fraudulento para induzir ou manter alguém em erro, obtendo assim vantagem ilícita, em prejuízo alheio.

A **vantagem ilícita** precisa possuir natureza econômica, uma vez que o estelionato é crime contra o patrimônio. É ilícita porque não corresponde a nenhum direito. De fato, se a vantagem for lícita o estelionato cede espaço para o delito de exercício arbitrário das próprias razões (CP, art. 345).

Finalmente, **prejuízo alheio** é o dano patrimonial. Não basta, portanto, a obtenção de vantagem ilícita ao agente. Exige-se também o prejuízo ao ofendido. Visualizam-se assim quatro momentos diversos no estelionato:

(1) emprego de fraude;

(2) situação de erro na qual a vítima é colocada ou mantida;

(3) obtenção de vantagem ilícita; e

(4) prejuízo suportado pela vítima.

2.9.1.5.1. A fraude eletrônica

A fraude eletrônica, criada pela Lei 14.155/2021, consiste em **modalidade qualificada do estelionato** e encontra-se definida no art. 171, § 2.º-A, do Código Penal:

> § 2.º-A. A pena é de reclusão, de 4 (quatro) a 8 (oito) anos, e multa, se a fraude é cometida com a utilização de informações fornecidas pela vítima ou por terceiro induzido a erro por meio de redes sociais, contatos telefônicos ou envio de correio eletrônico fraudulento, ou por qualquer outro meio fraudulento análogo.

Cuida-se de **crime de elevado potencial ofensivo**, incompatível com os benefícios elencados pela Lei 9.099/1995.

A fraude é imprescindível à caracterização do estelionato. Em outras palavras, não existe estelionato sem o emprego de fraude.

Nessa qualificadora, a fraude é praticada com a utilização de informações fornecidas pela vítima ou por terceiro induzido a erro por meio de redes sociais, contatos telefônicos ou envio de correio eletrônico fraudulento, ou por qualquer outro meio fraudulento análogo. Esse

---

[318] PIERANGELI, José Henrique. *Manual de direito penal brasileiro*. 2. ed. São Paulo: RT, 2007. v. 2, p. 301.
[319] RHC 80.411/ES, rel. Min. Sepúlveda Pertence, 1.ª Turma, j. 21.11.2000, noticiado no *Informativo* 211.

meio de execução especial é que diferencia a figura qualificada do estelionato catalogado no art. 171, *caput*, do Código Penal, no qual a fraude é genérica (ou residual), ou seja, consiste em qualquer artifício, ardil ou outro meio fraudulento diverso dos elencados pelo § 2.º-A do art. 171 do Código Penal.

O estelionato eletrônico há muito tempo vinha crescendo no Brasil, notadamente com golpes via *e-mails*, ligações telefônicas e mensagens por aplicativos de conversas. Esse fenômeno aumentou bruscamente com o distanciamento social, a permanência das pessoas em suas residências e a realização de negócios a distância em razão da pandemia da COVID-19, iniciada no ano de 2020.

A figura qualificada depende da utilização de informações (exemplos: dados bancários, número do cartão de crédito e do seu respectivo código de segurança etc.) fornecidas pelo ofendido (titular do patrimônio lesado) ou por terceiro (o filho do titular do patrimônio lesado, por exemplo) induzido a erro, ou seja, colocado em situação de falsa percepção da realidade por meio de redes sociais (Facebook, Twitter, Instagram etc.), contatos telefônicos ou envio de correio eletrônico fraudulento (*e-mails* com *links* destinados a obter informações do cartão de crédito da vítima ou boletos bancários falsos, por exemplo), ou por qualquer outro meio fraudulento.

O legislador valeu-se da **interpretação analógica** (ou *intra legem*): as informações imprescindíveis à obtenção de vantagem ilícita pelo agente e à causação de prejuízo econômico à vítima podem ser fornecidas pela vítima ou por terceiro induzido a erro por meio de (a) redes sociais; (b) contatos telefônicos; (c) envio de correio eletrônico fraudulento; ou (d) **por qualquer outro meio fraudulento**.

De fato, não há como se prever, no âmbito legislativo, todas as situações fraudulentas que podem surgir na vida real, especialmente em razão da imaginação e da ousadia dos estelionatários. Para não deixar espaço para nenhuma hipótese de fraude eletrônica, com a consequente impunidade do agente, o tipo penal contempla a fórmula genérica "por qualquer outro meio fraudulento".

Pensemos no exemplo em que uma pessoa, navegando pela *internet*, encontra um suposto *site* de comércio eletrônico anunciando um *notebook* por valor bastante convidativo. Para não perder a "promoção", a pessoa efetua a "compra" do produto, mediante o pagamento com cartão de crédito. Todavia, o sítio eletrônico era falso, e os dados da vítima passam a ser usados pelo agente em diversas compras. Nesse caso, as informações do ofendido, induzido a erro, não foram fornecidas por meio de redes sociais, contatos telefônicos ou envio de correio eletrônico fraudulento, mas não resta dúvida da utilização de meio fraudulento.

O delito normalmente é praticado no ambiente da rede mundial de computadores. O legislador, porém, ao mencionar os "contados telefônicos", deixou claro que a conduta também pode ser cometida fora da *internet*, como na hipótese em que uma pessoa encontra um aparelho de telefone celular em via pública e, acessando a lista de contatos, liga para a mãe do titular do bem, dizendo que ele acabou de ser atropelado e precisa de uma transferência bancária para pagar as despesas urgentes com ambulância e hospital.

Na fraude eletrônica, como em qualquer estelionato, a nota marcante é a indução da vítima (ou de terceiro) em erro, daí decorrendo a entrega das informações ao agente. A vítima, ludibriada pela fraude, voluntariamente disponibiliza as informações ao estelionatário. **Não há subtração de dados**, caso em que estaria configurado o crime de furto.

2.9.1.5.1.1. Causas de aumento de pena na fraude eletrônica: art. 171, § 2.º-B

Nos termos do art. 171, § 2.º-B, do Código Penal: "A pena prevista no § 2.º-A deste artigo, considerada a relevância do resultado gravoso, aumenta-se de 1/3 (um terço) a 2/3 (dois terços), se o crime é praticado mediante a utilização de servidor mantido fora do território nacional".

A majorante incidirá sempre que o agente, na execução da fraude eletrônica, utilizar servidor[320] mantido fora do território nacional. O percentual de aumento – de 1/3 (um terço) a 2/3 (dois terços), entretanto, deve levar em conta a "**relevância do resultado gravoso**", compreendida como a dimensão do prejuízo patrimonial causado ao ofendido.

O fundamento do tratamento penal mais severo recai na complexidade de apuração do delito quando o servidor é mantido fora do Brasil. A localização no exterior diz respeito unicamente ao servidor informático, e não ao responsável pela conduta criminosa, que pode estar – e em regra está – no território nacional.

E mais. O uso de servidor mantido em outro país revela maior grau de especialização do agente, além de uma estrutura sofisticada para a prática do delito, circunstâncias ligadas à atuação de organizações criminosas com ramificações no exterior.

A sanção cominada pelo legislador, exagerada e desproporcional, deve ser criticada. No plano abstrato, e considerando os limites máximos, a pena privativa de liberdade pode alcançar 13 anos e 4 meses de reclusão (8 anos + 2/3), extrapolando a pena máxima de delitos indiscutivelmente mais graves, como o roubo (CP, art. 157, *caput*) e o estupro (CP, art. 213).

2.9.1.5.2. A questão do "estelionato judiciário"

A busca desordenada da prestação jurisdicional para satisfazer algum interesse pessoal, ainda que fundada em argumentos absurdos e completamente inadequados, não pode ser considerada meio fraudulento. Em outras palavras, não há crime naquilo que se convencionou chamar de "estelionato judiciário", ainda que o agente utilize documentos falsos, cuja veracidade possa ser comprovada pelo magistrado, sem prejuízo da caracterização do delito tipificado no art. 304 do Código Penal. Como decidido pelo Superior Tribunal de Justiça:

> O denominado estelionato judicial é conduta atípica na esfera penal. O Tribunal *a quo* confirmou a condenação da acusada pelo crime de estelionato, porque teria, na condição de advogada, ajuizado ação de execução com base em título inautêntico, sendo autorizado o levantamento de vultuosa quantia da conta bancária da vítima. Ocorre que, conforme jurisprudência do Superior Tribunal de Justiça, o uso de ações judiciais com o objetivo de obter lucro ou vantagem indevida caracteriza estelionato judicial, conduta atípica na esfera penal. Esta Corte Superior entende que a figura do estelionato judiciário é atípica pela absoluta impropriedade do meio, uma vez que o processo tem natureza dialética, possibilitando o exercício do contraditório e a interposição dos recursos cabíveis, não se podendo falar, no caso, em "indução em erro" do magistrado. (...) Por fim, frise-se que o reconhecimento da atipicidade da conduta do estelionato judiciário não afasta a possibilidade de apuração de eventuais crimes autônomos remanescentes.[321]

2.9.1.5.3. A "cola eletrônica": estelionato, falsidade ideológica e fraudes em certames de interesse público

Na visão do Supremo Tribunal Federal, o procedimento denominado "**cola eletrônica**", no qual os candidatos burlam as provas de vestibulares, exames ou concursos públicos mediante a comunicação por meios eletrônicos (transmissores e receptores) com pessoas especialistas nas matérias exigidas nas avaliações, não constitui estelionato nem falsidade ideológica (CP, art. 299).[322]

---

[320] Servidor, para os fins do tipo penal, é o dispositivo informático que autoriza o acesso a informações por outros computadores ou sistemas conectados em rede. É o "aparelho mãe" que, em uma determinada rede de computadores, hospeda esse tipo de sistema informático.

[321] AgRg no HC 841.731/MS, rel. Min. Sebastião Reis Júnior, 6.ª Turma, j. 15.04.2024, noticiado no *Informativo* 811.

[322] HC 88.967/AC, rel. Min. Carlos Britto, 1.ª Turma, j. 06.02.2007. É também a posição do Superior Tribunal Justiça: HC 208.969/SP, rel. Min. Moura Ribeiro, 5.ª Turma, j. 05.11.2013; e HC 245.039/CE, rel. Min. Marco Aurélio Bellizze, 5.ª Turma, j. 09.10.2012, noticiado no *Informativo* 506.

No julgamento do Inquérito Policial 1.145/PB, o Plenário do Supremo Tribunal Federal inaugurou, por maioria de votos, o citado entendimento. Os Ministros Carlos Britto, Ricardo Lewandowski, Joaquim Barbosa e Marco Aurélio defendiam o enquadramento típico da "cola eletrônica" no art. 171, *caput*, do Código Penal, em face da incidência de todos os elementos conceituais do crime de estelionato:

(a) obtenção de vantagem ilícita;

(b) causação de prejuízo alheio, que há de ser de índole patrimonial ou por qualquer forma redutível a pecúnia, pois o crime de estelionato insere-se no Título do Código Penal destinado à proteção do patrimônio;

(c) a "cola eletrônica" é meio idôneo para acarretar prejuízo patrimonial de dupla face: (1) à instituição que coloca as vagas em disputa, relativamente às pessoas despreparadas que se habilitariam de modo desonesto, além da necessidade de anular o certame e realizar novo e custoso processo seletivo; e (2) aos candidatos que, no número exato dos fraudadores, deixariam injustamente de ser aprovados;

(d) utilização de meio fraudulento; e

(e) induzimento ou manutenção de alguém em erro.

Mas prevaleceu a tese contrária, capitaneada pelo Ministro Gilmar Mendes e adotada pelos integrantes remanescentes do Excelso Pretório, excluindo o estelionato e a falsidade ideológica e alicerçada nos seguintes fundamentos:

(a) impossibilidade de enquadramento da conduta no delito de falsidade ideológica, mesmo sob a modalidade de "inserir declaração falsa ou diversa da que devia ser escrita, com o fim de prejudicar direito, criar obrigação ou alterar a verdade sobre fato juridicamente relevante";

(b) embora seja evidente que a declaração fora obtida por meio reprovável, não há como classificar o ato declaratório como falso; e

(c) o tipo penal constitui importante mecanismo de garantia do acusado. Não é possível abranger como criminosas condutas que não tenham pertinência em relação à conformação estrita do enunciado penal. Não se pode pretender a aplicação da analogia para abarcar hipótese não mencionada no dispositivo legal (analogia *in malam partem*). Deve-se adotar o fundamento constitucional do princípio da reserva legal na esfera penal. Por mais reprovável que seja a lamentável prática da "cola eletrônica", a persecução penal não pode ser legitimamente instaurada sem o atendimento mínimo dos direitos e garantias constitucionais vigentes em nosso Estado Democrático de Direito.[323]

Para nós, a "cola eletrônica" sempre caracterizou o crime de estelionato. Com efeito, a conduta de quem a comete ou concorre para a sua prática se subsume no art. 171, *caput*, do Código Penal.

O sujeito obtém para si vantagem ilícita de índole econômica (ingresso em Universidade ou aprovação em processo seletivo, concurso ou exame público), em prejuízo alheio (da Universidade, do Poder Público e de outro candidato, preterido em razão do procedimento ilegal),

---

[323] Inq 1.145/PB, rel. Min. Maurício Corrêa, Plenário, j. 19.12.2006, noticiado no *Informativo* 453.

induzindo alguém em erro (comissão examinadora) mediante o emprego de meio fraudulento (resolução das questões com auxílio de terceiros).

Entretanto, este panorama sofreu profundas alterações com a entrada em vigor da Lei 12.550/2011, a qual criou um crime especial – **fraudes em certames de interesse público** – no qual se subsume a conduta daquele que pratica ou concorre para a prática da "cola eletrônica". A redação do tipo penal é a seguinte:

> Art. 311-A. Utilizar ou divulgar, indevidamente, com o fim de beneficiar a si ou a outrem, ou de comprometer a credibilidade do certame, conteúdo sigiloso de:
>
> I – concurso público;
>
> II – avaliação ou exame públicos;
>
> III – processo seletivo para ingresso no ensino superior; ou
>
> IV – exame ou processo seletivo previstos em lei:
>
> Pena – reclusão, de 1 (um) a 4 (quatro) anos, e multa.
>
> § 1.º Nas mesmas penas incorre quem permite ou facilita, por qualquer meio, o acesso de pessoas não autorizadas às informações mencionadas no *caput*.
>
> § 2.º Se da ação ou omissão resulta dano à administração pública:
>
> Pena – reclusão, de 2 (dois) a 6 (seis) anos, e multa.
>
> § 3.º Aumenta-se a pena de 1/3 (um terço) se o fato é cometido por funcionário público.

Destarte, atualmente existe crime específico envolvendo a fraude em certames de interesse público. O comportamento inerente à cola eletrônica se enquadra na descrição do art. 311-A do Código Penal. O conflito aparente com o art. 171, *caput*, do Código Penal é solucionado pelo princípio da especialidade.[324]

2.9.1.5.4. Assistência judiciária gratuita e cobrança de honorários advocatícios

Para o Supremo Tribunal Federal, não há estelionato na conduta do advogado que cobra honorários advocatícios do assistido beneficiado pela assistência judiciária gratuita. Vale a pena conferir:

> Em conclusão, a 1.ª Turma, por maioria, concedeu *habeas corpus* para trancar ação penal ao fundamento de atipicidade de conduta (CP, art. 171, *caput*). Na espécie, o paciente supostamente teria auferido vantagem para si, em prejuízo alheio, ao cobrar honorários advocatícios de cliente beneficiado pela assistência judiciária gratuita, bem como forjado celebração de acordo em ação de reparação de danos para levantamento de valores referentes a seguro de vida. Aduzia a impetração que, depois de ofertada e recebida a denúncia, o juízo cível homologara, por sentença, o citado acordo, reputando-o válido, isento de qualquer ilegalidade; que os autores não teriam sofrido prejuízo algum; e que os honorários advocatícios seriam efetivamente devidos. Consignou-se não haver qualquer ilegalidade ou crime no fato de advogado pactuar com seu cliente – em contrato de risco – a cobrança de honorários, no caso de êxito em ação judicial proposta, mesmo quando gozasse do benefício da gratuidade de justiça. Frisou-se que esse entendimento estaria pacificado no Enunciado 450 da Súmula do STF: "São devidos honorários de advogado sempre que vencedor o beneficiário da justiça gratuita".[325]

---

[324] Para o estudo aprofundado do crime definido no art. 311-A do Código Penal, veja os comentários lançados em nosso *Direito Penal*: Parte Especial, vol. 3.

[325] HC 95.058/ES, rel. Min. Ricardo Lewandowski, 1.ª Turma, j. 04.09.2012, noticiado no *Informativo* 678.

2.9.1.5.5. Estelionato afetivo ou sentimental

O meio fraudulento utilizado pelo agente para ludibriar a vítima, daí obtendo, para si ou para outrem, vantagem ilícita em prejuízo alheio, pode consistir em falsa demonstração de amor, desejo sexual ou qualquer forma de relacionamento íntimo. Tem-se, nesse caso, o **estelionato afetivo ou sentimental**.

Pensemos na situação em que um homem financeiramente abastado conhece uma mulher por meio de contato em rede social e encanta-se com sua beleza e com as virtudes por ela demonstradas em conversas privadas. Depois de certo tempo, e ainda sem contato presencial entre ambos, ele a convida para viajarem juntos no próximo final semana.

Ela, então, demonstra muito entusiasmo com tal atitude, mas diz que infelizmente não poderá aceitar o convite, pois não tem vestuário adequado para uma viagem com pessoa que circula em meios sociais privilegiados, transmitindo a mensagem subliminar de que precisaria fazer compras de roupas, sapatos, maquiagem etc. Em razão disso, ele faz uma transferência bancária de alto valor para que ela adquira o for necessário para o passeio. Depois de se apoderar do dinheiro, a mulher desaparece e o perfil na rede social é deletado.

Nessa situação hipotética, estará caracterizado o crime tipificado no art. 171, *caput*, do Código Penal, rotulado como estelionato afetivo ou sentimental.

2.9.1.6. Sujeito ativo

Pode ser qualquer pessoa (**crime comum**), tanto a responsável pelo emprego da fraude como aquela beneficiada pela vantagem ilícita. Vale frisar que normalmente tais condições reúnem-se na mesma pessoa.

Além disso, o estelionato é compatível com a coautoria e com a participação. As situações doravante expostas bem explicam o concurso de agentes no delito em análise:

1.ª) **Coautoria:** "A", mediante fraude, induz ou mantém alguém em erro. "B", previamente ajustado com "A", recebe o bem em decorrência do engano do ofendido, alcançando a vantagem ilícita em prejuízo alheio. Ambos respondem como coautores do estelionato; e

2.ª) **Participação:** "A", induzido, instigado ou auxiliado por "B", vale-se de meio fraudulento para colocar ou manter alguém em erro, visando obter em proveito próprio ou alheio uma vantagem ilícita, em prejuízo da vítima. "A" é autor do estelionato, e "B" figura na condição de partícipe.

Mas uma hipótese curiosa pode ocorrer. Como para a caracterização do estelionato é imprescindível a obtenção da vantagem ilícita "para si ou para outrem", qual delito será imputado ao terceiro, destinatário desta vantagem, que não participa da execução do crime nem induz, instiga ou auxilia o autor em sua prática?

Sem dúvida alguma, ele não será partícipe do estelionato, uma vez que não concorreu para o delito. Desta forma, três soluções podem ser apresentadas:

(a) se o terceiro receber o bem ciente da sua origem criminosa, responderá por receptação dolosa própria (CP, art. 180, *caput*, 1.ª parte);

(b) se ele receber o bem devendo presumir sua origem criminosa, responderá por receptação culposa (CP, art. 180, § 3.º); e

(c) se o terceiro não tiver conhecimento da origem criminosa do bem, nem suspeitas fundadas desta, não responderá por nenhum delito, pois o fato será atípico em razão da ausência de dolo ou culpa.

2.9.1.7. Sujeito passivo

Pode ser qualquer pessoa, física ou jurídica (de direito público ou de direito privado), seja quem é enganado pela fraude, seja quem suporta o prejuízo patrimonial. Em regra, tais condições estão presentes em uma só pessoa. Como já decidido pelo Supremo Tribunal Federal:

> Estelionato. Tipicidade. Caracterização. Sujeito passivo. Delito que teria sido cometido em dano patrimonial de pessoa jurídica. Indução a erro de outras pessoas. Irrelevância. Inteligência do art. 171 do CP. O sujeito passivo do delito de estelionato pode ser qualquer pessoa, física ou jurídica. Mas a pessoa que é iludida ou mantida em erro ou enganada pode ser diversa da que sofre a lesão patrimonial.[326]

A vítima deve ser **pessoa certa e determinada**, pois o tipo penal fala em "prejuízo alheio, induzindo ou mantendo alguém em erro".

Consequentemente, as condutas voltadas a pessoas incertas e indeterminadas (exemplo: adulteração de bomba de posto de combustíveis ou de balança de supermercado), ainda que sirvam de fraude para obter vantagem ilícita em prejuízo alheio, configuram crime contra a economia popular, nos termos do art. 2.º, inciso XI, da Lei 1.521/1951.[327] Se, contudo, alguém vier a ser efetivamente lesado, haverá concurso formal entre o crime contra a economia popular (contra as vítimas incertas e indeterminadas) e o estelionato (contra a vítima certa e determinada).

O Superior Tribunal de Justiça, entretanto, já decidiu que, em crime contra a economia popular por pirâmide financeira, a identificação de algumas vítimas não autoriza a responsabilização do agente pelo estelionato:

> Nas hipóteses de crime contra a economia popular por pirâmide financeira, a identificação de algumas vítimas não enseja a responsabilização penal do agente pela prática de estelionato. A controvérsia cinge-se à configuração de crime único e à ocorrência de *bis in idem*, diante da imputação nos arts. 171 do Código Penal e 2.º, IX, da Lei n. 1.521/1951 (estelionato e crime contra a economia popular, respectivamente). Sobre o tema, importante distinção entre os aspectos material e processual do ne *bis in idem* reside nos efeitos e no momento em que se opera essa regra. Sob a ótica da proibição de dupla persecução penal, a garantia em tela impede a formação, a continuação ou a sobrevivência da relação jurídica processual, enquanto a proibição da dupla punição impossibilita tão somente que alguém seja, efetivamente, punido em duplicidade, ou que tenha o mesmo fato, elemento ou circunstância considerados mais de uma vez para se definir a sanção criminal. No caso em análise, a descrição das circunstâncias fáticas que permeiam os ilícitos imputados – crime contra a economia popular e estelionatos – são semelhantes, pois mencionam a prática de "golpe" em que ele e os coacusados induziriam as vítimas em erro, mediante a promessa de ganhos financeiros muito elevados, com o intuito de levá-las a investir em suposta empresa voltada a realizar apostas em eventos esportivos. A diferença está na identificação dos ofendidos nos estelionatos. Entretanto, nas hipóteses de crime contra a economia popular por pirâmide financeira, a identificação de algumas das vítimas não enseja a responsabilização penal do agente pela prática de estelionato.[328]

---

[326] Ext 1.029/PT, rel. Min. Cezar Peluso, Plenário, j. 13.09.2006, noticiado no *Informativo* 440. Em igual sentido: "A jurisprudência do Supremo Tribunal Federal é pacífica no sentido de que o sujeito passivo, no crime de estelionato, tanto pode ser a pessoa enganada quanto a prejudicada, ainda que uma seja ente público" (HC 84.735/PR, rel. Min. Eros Grau, 1.ª Turma, j. 17.05.2005, noticiado no *Informativo* 388). É também a posição do STJ: "O sujeito passivo do crime de estelionato pode ser qualquer pessoa física ou jurídica" (HC 21.051/SP, rel. Min. Jorge Scartezzini, 5.ª Turma, j. 19.11.2002).

[327] "Art. 2.º São crimes desta natureza: (...) XI – fraudar pesos ou medidas padronizados em lei ou regulamentos; possuí-los ou detê-los, para efeitos de comércio, sabendo estarem fraudados. Pena – detenção, de 6 (seis) meses a 2 (dois) anos, e multa, de dois mil a cinquenta mil cruzeiros."

[328] RHC 132.655/RS, rel. Min. Rogerio Schietti Cruz, 6.ª Turma, j. 28.09.2021, noticiado no *Informativo* 711.

Além disso, as condutas fraudulentas dirigidas contra máquinas e aparelhos eletrônicos não caracterizam estelionato, pois, repita-se, a vítima há de ser "alguém". Nesse sentido, não há estelionato, mas furto, na clonagem de cartão bancário para efetuar saque indevido perante terminal eletrônico de instituição financeira.

Se o sujeito abusa, em proveito próprio ou alheio, de necessidade, paixão ou inexperiência de menor, ou da alienação ou debilidade mental de outrem, induzindo qualquer deles à prática de ato suscetível de produzir efeito jurídico, em prejuízo próprio ou de terceiro, o crime será o de **abuso de incapazes**, tipificado pelo art. 173 do Código Penal.

2.9.1.7.1. Estelionato contra pessoa idosa ou vulnerável

De acordo com o art. 171, § 4.º, do Código Penal, com a redação conferida pela Lei 14.155/2021: "A pena aumenta-se de 1/3 (um terço) ao dobro, se o crime é cometido contra idoso ou vulnerável, considerada a relevância do resultado gravoso".

Cuida-se de **causa de aumento da pena**, aplicável a todas as modalidades de estelionato (CP, art. 171, *caput*, § 2.º e § 2.º-A), incidindo tanto sobre a pena privativa de liberdade como também na multa.

A prática do estelionato contra pessoa idosa ou vulnerável torna obrigatório o aumento da pena. Contudo, seu percentual – de 1/3 (um terço) ao dobro –, deve levar em conta a **relevância do resultado gravoso**, ou seja, o prejuízo econômico causado à vítima.

O tratamento penal mais rigoroso baseia-se na maior reprovabilidade do agente, que se aproveita da fragilidade e da ingenuidade do ofendido.

Pessoa idosa é aquela com idade igual ou superior a 60 anos (Lei 10.741/2003 – Estatuto da Pessoa Idosa, art. 1.º).

O avanço da tecnologia, com a necessidade de utilização dos meios informáticos, com os quais muitas pessoas idosas não guardam intimidade, acabou resultando em situações de risco a tais pessoas, a exemplo do que ocorre quando são ludibriados por indivíduos inescrupulosos que, sob o pretexto de "ajudá-los" a sacar dinheiro em terminais bancários eletrônicos, acabam transferindo o montante para proveito próprio ou de terceiro.

Além disso, o estelionato contra tais vítimas, com patrimônios geralmente limitados a escassas aposentadorias e dependentes de gastos excessivos com medicamentos e outras despesas inerentes à idade avançada, provoca danos econômicos, físicos e psicológicos de larga amplitude e não raras vezes irreparáveis.

A palavra "**vulnerável**", a teor do art. 217-A do Código Penal, engloba: (a) o menor de 14 anos; (b) a pessoa com enfermidade ou deficiência mental, sem discernimento para o ato; e (c) aquele que, por qualquer outra causa, não pode oferecer resistência.

Nada obstante a gravidade da conduta criminosa, o legislador pautou-se por indiscutível no tocante à pena privativa de liberdade de cominada. A pena máxima da fraude eletrônica cometida contra pessoa idosa ou vulnerável pode chegar a 16 anos de reclusão. Não houve bom senso legislativo nesse ponto.

Para evitar a responsabilidade penal objetiva, a incidência da causa de aumento reclama o conhecimento do agente acerca da condição de pessoa idosa ou vulnerável da vítima. Em muitos casos práticos essa exigência inviabilizará a aplicação da majorante, pois os responsáveis pelas fraudes eletrônicas normalmente desconhecem as características pessoais das suas vítimas.

Com efeito, os estelionatários jogam suas fraudes na direção de milhares de usuários aleatórios da *internet*, esperando (e conseguindo) o sucesso criminoso diante de poucas pessoas que caem em seus golpes.

2.9.1.7.2. Fraude contra concessionária de energia elétrica: distinção entre furto qualificado pela fraude e estelionato

Na fraude envolvendo energia elétrica, duas situações devem ser diferenciadas:

1.ª situação: o agente desvia a energia elétrica da rede pública para seu imóvel, com a finalidade de usufruir gratuitamente do serviço público, a exemplo do que se dá no chamado "gato", em que o sujeito faz a ligação direta do poste situado em via pública para sua casa (ou empresa). A energia elétrica sequer é computada pelo medidor instalado pela concessionária. Nessa hipótese, o crime é de **furto qualificado pela fraude**, pois houve subtração de bem dotado de valor econômico; e

2.ª situação: o agente utiliza algum artifício para alterar o medidor de energia elétrica. Não há desvio da rede pública para seu imóvel. A empresa concessionária voluntariamente entrega a energia ao usuário, e ele se vale de meio fraudulento para enganar a vítima na leitura relacionada ao consumo do bem. O sujeito paga pelo serviço utilizado, porém em valor inferior ao devido. Essa é a sua forma de obter vantagem ilícita em prejuízo alheio. O delito é de **estelionato**. Como já decidido pelo Superior Tribunal de Justiça:

> A alteração do sistema de medição, mediante fraude, para que aponte resultado menor do que o real consumo de energia elétrica configura estelionato. Não se desconhece o precedente firmado nos autos do RHC n. 62.437/SC, em 2016, em que o Ministro Nefi Cordeiro consigna que a subtração de energia por alteração de medidor sem o conhecimento da concessionária, melhor se amolda ao delito de furto mediante fraude e não ao de estelionato. Ao que se pode concluir dos estudos doutrinários, no furto, a fraude visa a diminuir a vigilância da vítima e possibilitar a subtração da res (inversão da posse). O bem é retirado sem que a vítima perceba que está sendo despojada de sua posse. Por sua vez, no estelionato, a fraude objetiva fazer com que a vítima incida em erro e voluntariamente entregue o objeto ao agente criminoso, baseada em uma falsa percepção da realidade. No caso dos autos, verifica-se que as fases "A" e "B" do medidor estavam isoladas por um material transparente, que permitia a alteração do relógio e, consequentemente, a obtenção de vantagem ilícita aos acusados pelo menor consumo/pagamento de energia elétrica – por induzimento em erro da companhia de eletricidade. Assim, não se trata da figura do "gato" de energia elétrica, em que há subtração e inversão da posse do bem. Trata-se de serviço lícito, prestado de forma regular e com contraprestação pecuniária, em que a medição da energia elétrica é alterada, como forma de burla ao sistema de controle de consumo – fraude – por induzimento em erro, da companhia de eletricidade, que mais se amolda à figura descrita no tipo elencado no art. 171 do Código Penal.[329]

2.9.1.8. Elemento subjetivo

É o dolo, acrescido de um especial fim de agir (**elemento subjetivo específico**) representado pela expressão "para si ou para outrem". Exige-se a finalidade de obtenção de lucro indevido, em proveito próprio ou alheio, razão pela qual não há estelionato na ausência de conhecimento acerca da ilicitude da locupletação em prejuízo alheio.

Não se admite a modalidade culposa.

2.9.1.8.1. Fraude penal e fraude civil

Como diferenciar a fraude penal da fraude civil? Como identificar a existência do crime de estelionato ou de um mero ilícito civil?

---

[329] AREsp 1.418.119/DF, rel. Min. Joel Ilan Paciornik, 5.ª Turma, j. 07.05.2019, noticiado no *Informativo* 648.

Sem dúvida alguma, existe identidade perfeita entre a fraude elementar do estelionato e a fraude que vicia os contratos civis com fundo econômico. Ambas apresentam a nota da malícia no tocante a uma locupletação injusta. Mas, então, por que há diversos atos ilícitos revestidos de fraude que se sujeitam exclusivamente à sanção civil, tais como o inadimplemento voluntário de disposição contratual, a demanda por dívida não vencida, o abuso de direito, o ato emulativo e tantos outros?

Nélson Hungria, com sua incomparável maestria, nos brinda com a seguinte explicação:

> Na diversidade de tratamento de fatos antijurídicos, a lei não obedece a um critério de rigor científico ou fundado numa distinção ontológica entre tais fatos, mas simplesmente a um ponto de vista de conveniência política, variável no tempo e no espaço. Em princípio, ou sob o prisma da lógica pura, a voluntária transgressão da norma jurídica deveria importar sempre a pena (*stricto sensu*). Praticamente, porém, seria isso uma demasia. O legislador é um oportunista, cabendo-lhe apenas, inspirado pelas exigências do meio social, assegurar, numa dada época, a ordem jurídica mediante sanções adequadas. Se o fato *contra jus* não é de molde a provocar um intenso ou difuso alarme coletivo, contenta-se ele com o aplicar a mera sanção civil (ressarcimento do dano, execução forçada, nulidade do ato). O Estado só deve recorrer à pena quando a conservação da ordem não se possa obter por outros meios de reação, isto é, com os meios próprios do direito civil (ou de outro ramo do direito que não o penal). A pena é um *mal*, não somente para o réu e sua família, senão também, sob o ponto de vista econômico, para o próprio Estado. Assim, dentro de um critério prático, é explicável que este se abstenha de aplicá-la fora dos casos em que tal abstenção represente um *mal maior*.[330]

Invoca-se o **princípio da subsidiariedade**. O Direito Penal é modernamente compreendido como *ultima ratio* (medida extrema ou última razão), pois se constitui em disciplina jurídica excessivamente gravosa e invasiva da esfera de liberdade do cidadão. Assim sendo, se a fraude não ingressar na seara penal, podendo ser solucionada por outros ramos do Direito, menos drásticos, melhor. Reserva-se a atuação penal única e exclusivamente para as hipóteses estritamente necessárias. No resto, busca-se a resolução do litígio por uma via menos lesiva aos envolvidos, e, por corolário, também ao Estado. E prossegue o incomparável Hungria:

> A ilicitude jurídica é uma só, do mesmo modo que um só, na sua essência, é o *dever jurídico*. Dizia Bentham que as leis são divididas apenas por comodidade de distribuição: todas leis podiam ser, por sua identidade substancial, dispostas "sobre um mesmo plano, sobre um só mapa mundi". No que têm de fundamental, coincidem o delito civil e o delito penal. Um e outro são uma rebeldia contra a ordem jurídica. Consistem ambos num fato exterior do homem, antijurídico, imputável a título de dolo ou de culpa. A única diferença entre eles está na *maior gravidade* do delito penal, que, por isso mesmo, provoca mais extensa e intensa perturbação social. Diferença puramente de *grau* ou *quantidade*.[331]

Conclui-se, portanto, que todo estelionato também enseja o surgimento da fraude civil. Mas a recíproca não é verdadeira. Nem todo ilícito civil configura estelionato, reservando-se a figura penal para os casos extremos, isto é, aqueles que extrapolem as barreiras do Direito Civil, e por este motivo não puderam ser por ele solucionados. O Direito Penal atua como um soldado de reserva, legitimando-se sua atuação apenas quando demonstrada a impotência do ramo civil para enfrentamento da fraude.

---

[330] HUNGRIA, Nélson. *Comentários ao Código Penal*. 2. ed. Rio de Janeiro: Forense, 1958. v. 7, p. 172-173.
[331] HUNGRIA, Nélson. *Comentários ao Código Penal*. 2. ed. Rio de Janeiro: Forense, 1958. v. 7, p. 173.

2.9.1.9. Consumação

O estelionato é **crime de duplo resultado**. Sua consumação depende de dois requisitos cumulativos:

(a) obtenção de vantagem ilícita; e
(b) prejuízo alheio.

Este é o entendimento do Superior Tribunal de Justiça: "A doutrina penal ensina que o resultado, no estelionato, é duplo: benefício para o agente e lesão ao patrimônio da vítima".[332]

Cuida-se de **crime material** e **instantâneo**. A consumação depende da lesão patrimonial e do prejuízo ao ofendido (duplo resultado naturalístico) e ocorre em momento determinado, sem continuidade no tempo.

2.9.1.9.1. Estelionato previdenciário e crime instantâneo de efeitos permanentes ou crime permanente

Em regra, o estelionato é crime instantâneo. Em alguns casos, porém, é possível classificá-lo quanto ao tempo da consumação como **crime instantâneo de efeitos permanentes**, ou seja, a consumação ocorre em um momento determinado, mas seus efeitos prolongam-se no tempo. É o que se dá, exemplificativamente, quando um terceiro apresenta documentos falsos, em favor de alguém, para fraudar o Instituto Nacional da Seguridade Social – INSS, causando o recebimento indevido de benefícios previdenciários ao longo de vários meses, quiçá anos.

Cumpre destacar que nessa hipótese o crime se consuma com a obtenção da vantagem ilícita em prejuízo alheio, isto é, no momento em que o sujeito recebe a primeira parcela do benefício previdenciário, nada obstante seus efeitos subsistam ao longo do tempo. Em razão disso, a prescrição da pretensão punitiva tem como termo inicial o recebimento da primeira prestação, em conformidade com a regra delineada pelo art. 111, inciso I, do Código Penal. Assim já se pronunciou o Supremo Tribunal Federal:

> É crime instantâneo de efeitos permanentes o chamado estelionato contra a Previdência Social (art. 171, § 3.º, do Código Penal) e, como tal, consuma-se com o recebimento da primeira prestação do benefício indevido, contando-se daí o prazo de prescrição da pretensão punitiva.[333]

Mas é importante fazer uma ressalva. Há duas situações diversas no estelionato previdenciário:

1.ª situação: O terceiro implementa fraude para que uma pessoa diferente possa lograr o benefício – na qual resta configurado **crime instantâneo de efeitos permanentes. Nesse caso, a prescrição começa a fluir a partir do recebimento da primeira prestação do benefício indevido;**[334]

2.ª situação: O beneficiário implementa a fraude, ou seja, o sujeito comete o delito em seu próprio benefício. Nessa hipótese, cuida-se de **crime permanente, renovado mensalmente**

---

[332] HC 36.760/RJ, rel. Min. Paulo Medina, 6.ª Turma, j. 1.º.03.2005.
[333] HC 95.379/RS, rel. orig. Min. Ellen Gracie, red. p/ o acórdão Min. Cezar Peluso, 2.ª Turma, j. 25.08.2009, noticiado no *Informativo* 557. E ainda: HC 103.407/RJ, rel. Min. Joaquim Barbosa, 2.ª Turma, j. 10.08.2010, noticiado no *Informativo* 595; HC 91.716/PR, rel. Min. Joaquim Barbosa, 2.ª Turma, j. 31.08.2010, noticiado no *Informativo* 598; e HC 82.965/RN, rel. Min. Cezar Peluso, 2.ª Turma, j. 12.02.2008. É também o entendimento do Superior Tribunal de Justiça: HC 48.412/SP, rel. Min. Og Fernandes, 6.ª Turma, j. 23.02.2010, noticiado no *Informativo* 424; REsp 689.926/PE, rel. Min. Maria Thereza de Assis Moura, 6.ª Turma, j. 29.09.2009, noticiado no *Informativo* 409; e HC 121.336/SP, rel. Min. Celso Limongi (Desembargador convocado do TJ-SP), 6.ª Turma, j. 10.03.1009, noticiado no *Informativo* 386.
[334] STJ: RHC 066.487/PB, rel. Min. Nefi Cordeiro, 6.ª Turma, j. 17.03.2016.

e que se protrai no tempo, enquanto o agente mantiver em erro o INSS. O prazo prescricional terá início a partir da data em que cessar a permanência, com o último recebimento indevido da remuneração previdenciária.[335]

É de se observar a compatibilidade do estelionato previdenciário com o instituto do crime continuado, previsto no art. 71 do Código Penal. Na visão do Superior Tribunal de Justiça:

> A regra da continuidade delitiva é aplicável ao estelionato previdenciário (art. 171, § 3.º, do CP) praticado por aquele que, após a morte do beneficiário, passa a receber mensalmente o benefício em seu lugar, mediante a utilização do cartão magnético do falecido. Nessa situação, não se verifica a ocorrência de crime único, pois a fraude é praticada reiteradamente, todos os meses, a cada utilização do cartão magnético do beneficiário já falecido. Assim, configurada a reiteração criminosa nas mesmas condições de tempo, lugar e maneira de execução, tem incidência a regra da continuidade delitiva prevista no art. 71 do CP. A hipótese, ressalte-se, difere dos casos em que o estelionato é praticado pelo próprio beneficiário e daqueles em que o não beneficiário insere dados falsos no sistema do INSS visando beneficiar outrem; pois, segundo a jurisprudência do STJ e do STF, nessas situações o crime deve ser considerado único, de modo a impedir o reconhecimento da continuidade delitiva.[336]

2.9.1.9.2. Estelionato e reparação do dano

A reparação do dano não apaga o crime de estelionato. A Súmula 554 do STF – "O pagamento de cheque emitido sem provisão de fundos, após o recebimento da denúncia, não obsta ao prosseguimento da ação penal" – é aplicável unicamente à modalidade prevista no art. 171, § 2.º, inc. VI, do Código Penal, e não à sua figura fundamental (CP, art. 171, *caput*).[337]

Mas, dependendo do momento em que a vítima for indenizada, algumas situações podem ocorrer:

(a) se anterior ao recebimento da denúncia ou queixa, será possível o reconhecimento do arrependimento posterior, diminuindo-se a pena de um a dois terços, nos termos do art. 16 do Código Penal. Na ótica do Superior Tribunal de Justiça:

> Não configura óbice ao prosseguimento da ação penal – mas sim causa de diminuição de pena (art. 16 do CP) – o ressarcimento integral e voluntário, antes do recebimento da denúncia, do dano decorrente de estelionato praticado mediante a emissão de cheque furtado sem provisão de fundos. De fato, a conduta do agente que emite cheque que chegou ilicitamente ao seu poder configura o ilícito previsto no *caput* do art. 171 do CP, e não em seu § 2.º, VI. Assim, tipificada a conduta como estelionato na sua forma fundamental, o fato de ter o paciente ressarcido o prejuízo à vítima antes do recebimento da denúncia não impede a ação penal, não havendo falar, pois, em incidência do disposto na Súmula 554 do STF, que se restringe ao estelionato na modalidade de emissão de cheques sem suficiente provisão de fundos, prevista no art. 171, § 2.º, VI, do CP.

---

[335] STF: HC 99.112/AM, rel. Min. Marco Aurélio, 1.ª Turma, j. 20.04.2010, noticiado no *Informativo* 583. O Superior Tribunal de Justiça compartilha deste entendimento: AgRg no AREsp 962.731/SC, rel. Min. Reynaldo Soares da Fonseca, 5.ª Turma, j. 22.09.2016.

[336] REsp 1.282.118/RS, rel. Min. Maria Thereza de Assis Moura, 6.ª Turma, j. 26.02.2013, noticiado no *Informativo* 516. No mesmo sentido: AgRg no REsp 1.466.641/SC, rel. Min. Rogerio Schietti Cruz, 6.ª Turma, j. 25.04.2017.

[337] "O ressarcimento integral do dano no crime de estelionato, na sua forma fundamental (art. 171, caput, do CP), não enseja a extinção da punibilidade, salvo nos casos de emissão de cheque sem fundos, em que a reparação ocorra antes do oferecimento da denúncia (art. 171, § 2.º, VI, do CP)" (STJ: AgInt no RHC 75.903/SP, rel. Min. Rogerio Schietti Cruz, 6.ª Turma, j. 17.11.2016).

A propósito, se no curso da ação penal ficar devidamente comprovado o ressarcimento integral do dano à vítima antes do recebimento da peça de acusação, esse fato pode servir como causa de diminuição de pena, nos termos do previsto no art. 16 do CP.[338]

(b) se antes da sentença, poderá ser aplicada a atenuante genérica prevista no art. 65, inciso III, *b*, parte final, do Código Penal; e

(c) se posterior à sentença, não surtirá efeito algum.

Esse raciocínio é igualmente aplicável ao estelionato previdenciário, pois não se aplicam as disposições contidas no art. 9.º da Lei 10.684/2003, restritas aos delitos nele expressamente indicados. Para o Superior Tribunal de Justiça:

> Não extingue a punibilidade do crime de estelionato previdenciário (art. 171, § 3.º, do CP) a devolução à Previdência Social, antes do recebimento da denúncia, da vantagem percebida ilicitamente, podendo a iniciativa, eventualmente, caracterizar arrependimento posterior, previsto no art. 16 do CP. O art. 9.º da Lei 10.684/2003 prevê hipótese excepcional de extinção de punibilidade, "quando a pessoa jurídica relacionada com o agente efetuar o pagamento integral dos débitos oriundos de tributos e contribuições sociais, inclusive acessórios", que somente abrange os crimes de sonegação fiscal, apropriação indébita previdenciária e sonegação de contribuição previdenciária, ontologicamente distintos do estelionato previdenciário, no qual há emprego de ardil para o recebimento indevido de benefícios. Dessa forma, não é possível aplicação, por analogia, da causa extintiva de punibilidade prevista no art. 9.º da Lei 10.684/2003 pelo pagamento do débito ao estelionato previdenciário, pois não há lacuna involuntária na lei penal a demandar o procedimento supletivo, de integração do ordenamento jurídico.[339]

2.9.1.10. Tentativa

É possível, desde que tenha se iniciado a execução do estelionato, mas o crime não se consume por circunstâncias alheias à vontade do agente. Como já decidido pelo Superior Tribunal de Justiça:

> A consumação do crime de estelionato somente se dá com a efetiva obtenção de vantagem ilícita, em detrimento de outrem, através de sua indução ou manutenção em erro, utilização de artifício, ardil ou fraude. Não há ilegalidade na decisão que reconhece a figura da tentativa de crime de estelionato, se o réu, preso em flagrante delito, **logo após o ludíbrio da vítima**, não desfrutou, sequer momentaneamente, do produto da fraude.[340]

A redação do art. 171, *caput*, do Código Penal autoriza a conclusão no sentido de ser possível a tentativa de estelionato em três situações distintas:

(a) o sujeito emprega o meio fraudulento, mas não consegue enganar a vítima. Leva-se em conta o perfil subjetivo do ofendido, e não a figura do homem médio.

Nessa hipótese, somente estará caracterizado o *conatus* se a fraude era apta a ludibriar o ofendido, pois em caso contrário deverá ser reconhecido o crime impossível, nos moldes do

---

[338] HC 280.089/SP, rel. Min. Jorge Mussi, 5.ª Turma, j. 18.02.2014, noticiado no *Informativo* 537.
[339] REsp 1.380.672/SC, rel. Min. Rogerio Schietti, 6.ª Turma, j. 24.03.2015, noticiado no *Informativo* 559. Em igual sentido: EDcl no AgRg no REsp 1.540.140/RS, rel. Min. Reynaldo Soares da Fonseca, 5.ª Turma, j. 22.11.2016. É também o entendimento do STF: RHC 126.917/SP, rel. Min. Teori Zavascki, 2.ª Turma, j. 25.08.2015, noticiado no *Informativo* 796.
[340] REsp 142.451/DF, rel. Min. Gilson Dipp, 5.ª Turma, j. 13.02.2002.

art. 17 do Código Penal, em face da ineficácia absoluta do meio de execução. Cezar Roberto Bitencourt, entretanto, tem posição diversa:

> No estelionato, crime que requer a cooperação da vítima, o início da sua execução se dá com o engano da vítima. Quando o agente não consegue enganar a vítima, o simples emprego de artifício ou ardil caracteriza apenas a prática de atos preparatórios, não se podendo cogitar de tentativa de estelionato.[341]

(b) o sujeito utiliza o meio fraudulento, engana a vítima, mas não consegue obter a vantagem ilícita por circunstâncias alheias à sua vontade.

(c) o sujeito utiliza o meio fraudulento, engana a vítima, obtém a vantagem ilícita, mas não causa prejuízo patrimonial ao ofendido. Há tentativa, pois o estelionato se constitui em crime de duplo resultado. Não basta a obtenção da vantagem ilícita, sendo imperiosa a lesão ao patrimônio alheio.

2.9.1.10.1. Estelionato e crime impossível

Qualquer que seja o meio de execução (artifício, ardil ou outro meio fraudulento) empregado na prática da conduta, só estará caracterizada a tentativa de estelionato quando ele apresentar idoneidade para ludibriar a vítima.

A constatação desta idoneidade leva em conta as condições pessoais do ofendido, exteriorizadas pela sua maior ou menor experiência de vida e perspicácia para compreensão da fraude, bem como pelas circunstâncias específicas do caso concreto, tais como o local em que o fato foi praticado, os hábitos das pessoas na vivência em sociedade etc.

Se o meio fraudulento revelar-se capaz de enganar a vítima, estará caracterizado o *conatus*, pouco importando seja a fraude inteligente ou grosseira. Entretanto, se o meio de execução não tiver o condão de iludir o ofendido, restará configurado o crime impossível, nos moldes do art. 17 do Código Penal, em face da sua absoluta ineficácia. Para o Superior Tribunal de Justiça:

> Não há falar em crime impossível pela inidoneidade do meio empregado, porquanto, não fosse o fato de vir ao conhecimento da vítima a cédula de identidade original, os documentos apresentados teriam eficácia para induzir e/ou manter a vítima em erro.[342]

No terreno da falsificação de papel-moeda, o Superior Tribunal de Justiça editou a Súmula 73: "A utilização de papel-moeda grosseiramente falsificado configura, em tese, o crime de estelionato, de competência da Justiça Estadual".

A citada súmula, reportando-se ao "papel-moeda grosseiramente falsificado", diz respeito àquele que, malgrado não possa ser enquadrado como delito de moeda falsa (CP, art. 289), serve para enganar as pessoas, não se podendo falar, relativamente ao estelionato, em crime impossível.

Mas, se a falsificação apresentar-se grosseira a ponto de não enganar nem mesmo a mais ingênua das pessoas, estará caracterizado o crime impossível, em face da impropriedade absoluta do meio de execução (CP, art. 17).[343]

---

[341] BITENCOURT, Cezar Roberto. *Tratado de direito penal*. Parte especial. 4. ed. São Paulo: Saraiva, 2008. v. 3, p. 239.
[342] REsp 683.075/DF, rel. Min. Arnaldo Esteves Lima, 5.ª Turma, j. 18.04.2006.
[343] Com igual raciocínio: GRECO, Rogério. *Curso de direito penal*: parte especial. 6. ed. Niterói: Impetus, 2009. v. 3, p. 268.

2.9.1.11. Ação penal

Como se extrai do § 5.º do art. 171 do Código Penal, a ação penal em regra é **pública condicionada à representação** em todas as espécies de estelionato, a saber, na modalidade fundamental (art. 171, *caput*), na forma privilegiada (art. 171, § 1.º), nas figuras equiparadas (art. 171, § 2.º), na fraude eletrônica (art. 171, §§ 2.º-A e 2.º-B), na forma circunstanciada (art. 171, § 3.º) e também no estelionato contra pessoa idosa (art. 171, § 4.º).

Antes da Lei 13.964/2019 ("Pacote Anticrime"), a ação penal era pública incondicionada. Trata-se de modificação acertada e que deveria ser adotada em todos os demais crimes patrimoniais cometidos sem violência à pessoa ou grave ameaça.

De fato, o patrimônio é bem jurídico disponível, e não há motivo legítimo em se promover a persecução penal quando a vítima não tem interesse na apuração do fato contra ela praticado. No cotidiano forense, não raras vezes a autoridade policial, o Ministério Público e o Poder Judiciário gastam relevante tempo de serviço, e sobretudo dinheiro público, quando o ofendido acaba não colaborando para a investigação ou instrução criminal.

Entretanto, a ação penal será **pública incondicionada** quando a vítima for (a) a Administração Pública, direta ou indireta, a exemplo do que se verifica no estelionato previdenciário; (b) criança ou adolescente; (c) pessoa com deficiência mental; ou (d) maior de 70 anos de idade ou incapaz.[344] Nessas hipóteses, o interesse público evidenciado pela natureza pública ou pela fragilidade da vítima justifica a abertura de exceções à regra geral.

2.9.1.11.1. Aplicação retroativa do art. 171, § 5.º

A alteração da ação penal do crime estelionato – de pública incondicionada para (em regra) pública condicionada à representação – além dos reflexos processuais, também produz efeitos no Direito Penal. Como se sabe, o não oferecimento da representação no prazo legal leva à extinção da punibilidade, em razão da decadência, com fundamento no art. 107, IV, do Código Penal. O § 5.º do art. 171 do Código Penal, portanto, constitui-se em **norma híbrida** ou **mista**.

E aqui surge uma importante questão. A nova sistemática da ação penal no crime de estelionato deve ou não retroagir, para alcançar os procedimentos investigatórios e os processos em cursos antes da entrada em vigor da Lei 13.964/2019? Há duas posições sobre o assunto:

1.ª posição: A norma retroage unicamente para atingir os procedimentos investigatórios que estavam em trâmite quando da entrada em vigor do Pacote Anticrime (Lei 13.964/2019). Se já foi oferecida a denúncia, não há necessidade de oferecimento da representação, sob pena de desvirtuamento da sua natureza jurídica, é dizer, tal instituto deixaria de ser condição de procedibilidade para transformar-se em condição de prosseguibilidade da ação penal. Além disso, o oferecimento da denúncia pelo Ministério Público constitui-se em ato jurídico perfeito, assegurado pelo art. 5.º, XXXIV, XXXVI, da Constituição Federal. A **1.ª Turma do Supremo Tribunal Federal** já decidiu nesse sentido:

> Não retroage a norma prevista no § 5.º do art. 171 do Código Penal, incluída pela Lei 13.964/2019 ("Pacote Anticrime"), que passou a exigir a representação da vítima como condição de procedibilidade para a instauração de ação penal, nas hipóteses em que o Ministério Público tiver oferecido a denúncia antes da entrada em vigor do novo diploma legal. A norma processual anteriormente vigente definia a ação penal para o delito de estelionato, em regra, como pública incondicionada. Desse modo, nos casos em que já oferecida a denúncia, tem-se a concretização de

---

[344] O legislador poderia ter sido coerente: se a pena é aplicada em dobro quando o estelionato é cometido contra pessoa idosa (art. 171, § 4.º), a ação penal deveria ser pública incondicionada também para a vítima com 60 anos de idade ou mais.

ato jurídico perfeito, o que obstaculiza a interrupção da ação penal. Por outro lado, por tratar-se de "condição de procedibilidade da ação penal", a aplicação da regra prevista no § 5.º do art. 171 do CP, com redação dada pela Lei 13.964/2019, será obrigatória em todas as hipóteses em que ainda não tiver sido oferecida a denúncia pelo Parquet, independentemente do momento da prática da infração penal, nos termos do art. 2.º, do Código de Processo Penal. Entendimento diverso demandaria expressa previsão legal, pois se estaria transformando a "representação da vítima", clássica condição de procedibilidade, em verdadeira 'condição de prosseguibilidade da ação penal', alterando sua tradicional natureza jurídica. A representação da vítima somente estaria dispensada nas situações expressamente previstas no § 5.º do art. 171 do CP, uma vez que outros bens jurídicos estariam afetados.[345]

2.ª posição: A retroatividade benéfica deve alcançar também as ações penais em curso, inclusive aquelas em que já foi proferida sentença condenatória. A única barreira impeditiva da incidência da nova regra é o trânsito em julgado da condenação. O ato jurídico perfeito, como direito fundamental do ser humano, tem o escopo de protegê-lo da atuação estatal, e nunca de prejudicá-lo. A 2.ª Turma do Supremo Tribunal Federal tem decidido dessa forma:

> A alteração promovida pela Lei 13.964/2019, que introduziu o § 5.º ao art. 171 do Código Penal, ao condicionar o exercício da pretensão punitiva do Estado à representação da pessoa ofendida, deve ser aplicada de forma retroativa a abranger tanto as ações penais não iniciadas quanto as ações penais em curso até o trânsito em julgado. Ainda que a Lei 13.964/2019 não tenha introduzido, no CP, dispositivo semelhante ao contido no art. 91 da Lei 9.099/1995, a jurisprudência desta Corte é firme no sentido de que, em razão do princípio constitucional da lei penal mais favorável, a modificação da natureza da ação penal de pública para pública condicionada à representação, por obstar a própria aplicação da sanção penal, deve retroagir e ter aplicação mesmo em ações penais já iniciadas. Mesmo que o legislador ordinário tenha silenciado sobre o tema, o art. 5.º, XL, da Constituição Federal, é norma constitucional de eficácia plena e aplicação imediata. É dizer, não se pode condicionar a aplicação do referido dispositivo constitucional à regulação legislativa. Além disso, consoante o art. 3.º do Código de Processo Penal, a lei processual penal é norma que admite "a interpretação extensiva e aplicação analógica", de modo que não há óbice, por exemplo, na aplicação, por analogia, do art. 91 da Lei 9.099/1995, nem da incidência do art. 485, § 3.º, do Código de Processo Civil, que informa que os pressupostos de desenvolvimento válido e regular do processo, assim como a legitimidade de agir podem ser conhecidas pelo magistrado de ofício, "em qualquer tempo e grau de jurisdição, enquanto não ocorrer o trânsito em julgado". Com base nesse entendimento, a Segunda Turma, por maioria, negou provimento ao agravo regimental, mas concedeu o *habeas corpus*, de ofício, para trancar a ação penal, com a aplicação retroativa, até o trânsito em julgado, do disposto no art. 171, § 5.º, do CP, com a alteração introduzida pela Lei 13.964/2019.[346]

2.9.1.12. Lei 9.099/1995

O estelionato, nas modalidades previstas no art. 171, *caput* e § 2.º, do Código Penal, é **crime de médio potencial ofensivo**, pois o mínimo da sua pena privativa de liberdade (um ano) autoriza a incidência da suspensão condicional do processo, se presentes os requisitos exigidos pelo art. 89 da Lei 9.099/1995. Tal benefício será vedado, contudo, quando aplicável alguma das majorantes contidas nos §§ 3.º e 4.º do art. 171 do Código Penal, pois nessas hipóteses o mínimo da pena privativa de liberdade ultrapassa o limite de um ano.

---

[345] HC 187.341/SP, rel. Min. Alexandre de Moraes, 1.ª Turma, j. 13.10.2020, noticiado no *Informativo* 995. É também a linha de raciocínio consagrada na 3.ª Seção do STJ: HC 610.201/SP, rel. Min. Ribeiro Dantas, 3.ª Seção, j. 24.03.2021, noticiado no *Informativo* 691.
[346] HC 180.421 AgR/SP, rel. Min. Edson Fachin, 2.ª Turma, j. 22.06.2021, noticiado no *Informativo* 1.023.

Na fraude eletrônica (CP, art. 171, §§ 2.º-A e 2.º-B), de seu turno, cuida-se de **crime de elevado potencial ofensivo**, incompatível com os benefícios elencados pela Lei 9.099/1995.

2.9.1.13. Classificação doutrinária

O estelionato é crime **comum** (pode ser praticado por qualquer pessoa); **de forma livre** (admite qualquer meio de execução); **material e de duplo resultado** (consuma-se com a obtenção da vantagem ilícita em prejuízo alheio); **instantâneo** (consuma-se em um momento determinado, sem continuidade no tempo) ou, excepcionalmente, **instantâneo de efeitos permanentes** (a exemplo da fraude praticada contra o INSS); em regra **plurissubsistente** (a conduta é composta de diversos atos); **de dano** (a consumação reclama a efetiva lesão ao patrimônio da vítima); e **unissubjetivo, unilateral ou de concurso eventual** (cometido normalmente por uma só pessoa, nada obstante seja possível o concurso de agentes).

2.9.1.14. Competência

Em regra, o estelionato é crime de competência da Justiça Estadual.[347] Entretanto, será competente a Justiça Federal quando o delito for praticado em detrimento de bens, serviços ou interesses da União ou de suas entidades autárquicas ou empresas públicas (CF, art. 109, inc. IV).

Frise-se, porém, o enunciado da **Súmula 107 do Superior Tribunal de Justiça:** "Compete à Justiça Comum Estadual processar e julgar crime de estelionato praticado mediante falsificação das guias de recolhimento das contribuições previdenciárias, quando não ocorrente lesão à autarquia federal". Esta súmula encontra-se em sintonia com o art. 109, inciso IV, da Constituição Federal.

Nesse contexto, será competente a Justiça Estadual na hipótese de fraude consistente em tentativa de resgate de precatório federal creditado em favor de particular. Na visão do Superior Tribunal de Justiça:

> Compete à Justiça Estadual – e não à Justiça Federal – processar e julgar tentativa de estelionato (art. 171, *caput*, c/c o art. 14, II, do CP) consistente em tentar receber, mediante fraude, em agência do Banco do Brasil, valores relativos a precatório federal creditado em favor de particular. Dispõe a Constituição da República: "Art. 109. Aos juízes federais compete processar e julgar: (...) IV – os crimes políticos e as infrações penais praticadas em detrimento de bens, serviços ou interesse da União ou de suas entidades autárquicas ou empresas públicas, excluídas as contravenções e ressalvada a competência da Justiça Militar e da Justiça Eleitoral". Assim, embora na hipótese se tenha buscado resgatar precatório federal, se não há prejuízo em "detrimento de bens, serviços ou interesse da União ou de suas entidades autárquicas ou empresas públicas, excluídas as contravenções e ressalvada a competência da Justiça Militar e da Justiça Eleitoral" (art. 109, IV, da CF), a competência para processar e julgar a causa é da Justiça Estadual. O eventual prejuízo causado pelo delito praticado por quem visava resgatar precatório federal seria suportado pelo particular titular do crédito. Ademais, ainda que a conduta delituosa tivesse se consumado, e o dano fosse suportado pelo Banco do Brasil, seria mantida a competência da Justiça Estadual, a teor da Súmula 42 do STJ: "Compete à Justiça Comum Estadual processar e julgar as causas cíveis em que é parte sociedade de economia mista e os crimes praticados em seu detrimento".[348]

---

[347] "Compete à Justiça Estadual, e não à Justiça Federal, processar e julgar crime de estelionato cometido por particular contra particular, ainda que a vítima resida no estrangeiro, na hipótese em que, além de os atos de execução do suposto crime terem ocorrido no Brasil, não exista qualquer lesão a bens, serviços ou interesses da União. O fato de a vítima ter residência fora do Brasil não é fator de determinação da competência jurisdicional, conforme o art. 69 do CPP" (STJ, CC 125.237/SP, rel. Min. Marco Aurélio Bellizze, 3.ª Seção, j. 04.02.2013, noticiado no *Informativo* 514).

[348] CC 133.187/DF, rel. Min. Ribeiro Dantas, 3.ª Seção, j. 14.10.2015, noticiado no *Informativo* 571. Aplica-se igual raciocínio na hipótese de utilização de documentos federais para induzir a vítima em erro, sem qualquer prejuízo a interesses, bens ou serviços da União (STJ: CC 178.697/PR, rel. Min. Laurita Vaz, 3.ª Seção, j. 22.06.2022).

Nos termos do art. 70 do Código de Processo Penal, a competência será, de regra, determinada pelo lugar em que se consumar a infração. Essa regra também se aplica ao estelionato, de modo que o juízo competente será o do local em que o sujeito obteve a vantagem ilícita em prejuízo alheio (crime de duplo resultado).[349]

No estelionato caracterizado pela **fraude em operações bancárias**, mediante depósitos em dinheiro ou transferências de valores,[350] a competência será definida pelo **local do domicílio da vítima** e, em caso de pluralidade de vítimas, pela prevenção. É o que se extrai do **art. 70, § 4.º, do Código de Processo Penal**.[351] Essa norma tem natureza processual, razão pela qual deve ser aplicada de imediato, ainda que o fato tenha sido cometido antes da sua entrada em vigor.[352]

As exceções contidas no art. 70, § 4.º, do Código de Processo Penal são taxativas, isto é, para situações de estelionato diversas do depósito, da emissão de cheques sem suficiente provisão de fundos em poder do sacado ou com o pagamento frustrado, ou ainda mediante transferência de valores, a competência será definida levando em conta o local da consumação, na forma determinada pelo art. 70, caput, do Código de Processo Penal. Na linha da jurisprudência do Superior Tribunal de Justiça:

> No crime de estelionato, não identificadas as hipóteses descritas no § 4.º do art. 70 do CPP, a competência deve ser fixada no local onde o agente delituoso obteve, mediante fraude, em benefício próprio e de terceiros, os serviços custeados pela vítima. (...) a inovação legislativa disciplinou a competência do delito de estelionato em situações específicas descritas pelo legislador, as quais não ocorrem no caso concreto, porquanto os autos não noticiam a ocorrência transferências bancárias ou depósitos efetuados pela empresa vítima e tampouco de cheque emitido sem suficiente provisão de fundos. No contexto dos autos, não identificadas as hipóteses descritas no § 4.º do art. 70 do CPP deve incidir o teor do caput do mesmo dispositivo legal, segundo o qual "a competência será, de regra, determinada pelo lugar em que se consumar a infração, ou, no caso de tentativa, pelo lugar em que for praticado o último ato de execução". Sobre o tema a Terceira Seção desta Corte Superior, recentemente, pronunciou-se no sentido de que nas situações não contempladas pela novatio legis, aplica-se o entendimento pela competência do Juízo do local do eventual prejuízo.[353]

A regra contida no art. 70, § 4.º, do Código de Processo Penal não se aplica quando a **vítima é domiciliada no exterior**. Nesse caso, o juízo competente será determinado com base no local de consumação do estelionato, ou seja, no local em que o agente obteve vantagem ilícita em prejuízo alheio, nos termos do art. 70, caput, do CPP.[354]

Finalmente, na hipótese de estelionato cometido por meio de **cheques adulterados ou falsificados**, em que o agente saca ou compensa uma cártula de qualquer modo falsificada,

---

[349] "Nos termos do art. 70 do Código de Processo Penal, a competência será de regra determinada pelo lugar em que se consumou a infração. No caso de estelionato, crime material tipificado no art. 171 do CP, a consumação se dá no momento e lugar em que o agente aufere proveito econômico em prejuízo da vítima" (STJ: CC 161.087/BA, rel. Min. Nefi Cordeiro, 3.ª Seção, j. 24.10.2018).

[350] Para análise da competência para o processo e julgamento do crime definido no art. 171, § 2.º, inciso VI, do Código Penal, recomendamos a leitura do item 2.9.1.23.6.9.

[351] A mudança legislativa superou o entendimento outrora consagrado no Superior Tribunal de Justiça, no sentido da definição da competência do juízo do local de obtenção da vantagem indevida (CC 167.025/RS, rel. Min. Reynaldo Soares da Fonseca, 3.ª Seção, j. 14.08.2019).

[352] STJ: CC 180.832/RJ, rel. Min. Laurita Vaz, 3.ª Seção, j. 25.08.2021, noticiado no *Informativo* 706. E mais: "A lei processual penal tem aplicação imediata. Contudo, por se cuidar de competência em razão do lugar, de natureza relativa, incide a regra da *perpetuatio jurisdicionis*, quando já oferecida a denúncia, nos termos do art. 43 do atual Código de Processo Civil, aplicável por força do art. 3.º do Código de Processo Penal" (STJ: CC 181.726/PR, rel. Min. Laurita Vaz, 3.ª Seção, j. 08.09.2021).

[353] CC 185.983/DF, rel. Min. Joel Ilan Paciornik, 3.ª Seção, j. 11.05.2022, noticiado no *Informativo* 736.

[354] STJ: AgRg no CC 192.274/RJ, rel. Min. Ribeiro Dantas, 3.ª Seção, j. 08.03.2023, noticiado no *Informativo* 775.

a competência será do juízo do local em que está situada a **agência na qual a vítima possui conta bancária**. Com efeito, a vantagem ilícita é obtida pelo estelionatário quando o título é sacado, com a saída dos valores da instituição financeira. Nos termos da **Súmula 48 do Superior Tribunal de Justiça:** "Compete ao juízo do local da obtenção da vantagem ilícita processar e julgar crime de estelionato cometido mediante falsificação de cheque".[355]

Anote-se que esta súmula diz respeito ao estelionato em sua modalidade fundamental (CP, art. 171, *caput*), pois o sujeito falsifica um cheque de terceiro (meio fraudulento) para enganar a vítima, obtendo vantagem ilícita em prejuízo alheio. Não se trata da figura equiparada prevista no art. 171, § 2.º, inciso VI, do Código Penal, na qual o titular da conta-corrente emite dolosamente um cheque de sua titularidade, mas sem suficiente provisão de fundos em poder do sacado, ou lhe frustra o pagamento.

2.9.1.15. Estelionato e torpeza bilateral (fraude nos negócios ilícitos ou imorais)

Torpeza bilateral ou fraude bilateral é a situação na qual a pessoa lesada em seu patrimônio também atua com má-fé, pois igualmente tem a finalidade de obter para si ou para terceiro uma vantagem ilícita. É o que ocorre, a título ilustrativo, na hipótese em que a cafetina recebe dinheiro de um cliente do seu bordel, prometendo entregar-lhe uma moça virgem, quando em realidade a ele proporciona uma jovem prostituta, ou quando um pretenso falsário compra uma inoperante máquina de fabricar dinheiro ("conto da guitarra").

Surge uma indagação. Existe crime de estelionato no contexto da torpeza bilateral?

Nélson Hungria defendia a atipicidade do fato, pois o Direito Penal não pode tutelar a má-fé da suposta vítima. Se não bastasse, o sujeito que se comportou fraudulentamente sequer poderia ser acionado na esfera civil, uma vez que a ninguém é dado pleitear a reparação do dano invocando a própria torpeza.[356]

Mas este raciocínio não encontrou eco na doutrina. A propósito, Heleno Cláudio Fragoso assim sustentava a caracterização do estelionato na torpeza bilateral:

> Em primeiro lugar, não existe patrimônio juridicamente não protegido contra o estelionato. Antes de ser instituto de direito privado, o patrimônio é instituto de direito constitucional, sendo, pois, irrelevantes para o direito penal as consequências civis, no que concerne ao ressarcimento do dano. (...)
>
> Em segundo lugar, a imoralidade da vítima jamais poderia ser considerada pela lei penal para tornar lícita a ação normalmente criminosa. Trata-se de argumento puramente moral (...).
>
> Em terceiro lugar, por parte da vítima há *apenas a intenção* de praticar um crime ou uma ação imoral, intenção que não interessa ao direito penal, pois não é punível. E se a vítima chegasse a tentar, no acordo ilícito, a prática de qualquer crime, a solução seria puni-la também e não deixar impune o estelionatário. Por outro lado, a punição deste não visa a obrigá-lo a cumprir o acordo, mas é disposta a outros fins. O engano a que é submetida a vítima faz com que, no contexto geral da ação, não exista senão uma burla e uma fraude.

---

[355] Essa súmula fundamenta-se no art. 70, *caput*, do Código de Processo Penal, e não em seu § 4.º, aplicável unicamente aos casos de estelionato mediante depósitos e transferência de valores. O Superior Tribunal de Justiça comunga do nosso entendimento: "Contudo, a hipótese em análise não foi expressamente prevista na nova legislação, visto que não se trata de cheque emitido sem provisão de fundos ou com pagamento frustrado, mas de tentativa de saque de cártula falsa, em prejuízo de correntista. (...) Quando se está diante de estelionato cometido por meio de cheques adulterados ou falsificados, a obtenção da vantagem ilícita ocorre no momento em que o cheque é sacado, pois é nesse momento que o dinheiro sai efetivamente da disponibilidade da entidade financeira sacada para, em seguida, entrar na esfera de disposição do estelionatário. Em tais casos, entende-se que o local da obtenção da vantagem ilícita é aquele em que se situa a agência bancária onde foi sacado o cheque adulterado, seja dizer, onde a vítima possui conta bancária" (STJ: CC 182.977/SP, rel. Min. Laurita Vaz, 3.ª Seção, j. 09.03.2022, noticiado no *Informativo* 728).

[356] HUNGRIA, Nélson. *Comentários ao Código Penal*. 2. ed. Rio de Janeiro: Forense, 1958. v. 7, p. 191-202.

Nem se exige a boa-fé do lesado como elemento do crime, de forma a que o prejuízo que sofra seria injusto.[357]

Em síntese, os argumentos pela existência do crime são os seguintes:

(a) não se pode ignorar a má-fé do agente que utilizou a fraude e obteve a vantagem ilícita em prejuízo alheio, nem o fato de a vítima ter sido ludibriada, e, reflexamente, ter suportado prejuízo econômico;

(b) a boa-fé da vítima não é elementar do tipo contido no art. 171, *caput*, do Código Penal; e

(c) a reparação civil do dano interessa somente à vítima, enquanto a punição do estelionatário interessa a toda a coletividade.

Esta é a posição do Supremo Tribunal Federal:

Fraude bilateral. Embora reprovável a conduta da vítima que participa da trama de outrem, visando vantagem ilícita, a sua boa-fé não é elemento do tipo previsto no art. 171 do Código Penal. Sanciona-se a conduta de quem arquiteta a fraude, porque o Direito Penal tem em vista, primordialmente, a ofensa derivada do delito.[358]

O Superior Tribunal de Justiça também já se manifestou neste sentido:

Desde que a ação amolde-se à figura típica do art. 171 do Código Penal, não há como excluir o crime por eventual torpeza bilateral, sendo irrelevante para configuração do delito a participação, maliciosa ou não, da vítima.[359]

2.9.1.16. Estelionato e jogo de azar

O jogo de azar constitui-se em contravenção penal, em conformidade com o art. 50 do Decreto-lei 3.688/1941 – Lei das Contravenções Penais:

> **Art. 50.** Estabelecer ou explorar jogo de azar em lugar público ou acessível ao público, mediante o pagamento de entrada ou sem ele:
>
> **Pena** – prisão simples, de três meses a um ano, e multa, de dois a quinze contos de réis, estendendo-se os efeitos da condenação à perda dos moveis e objetos de decoração do local.
> (...)
> § 3.º Consideram-se, jogos de azar:
> a) o jogo em que o ganho e a perda dependem exclusiva ou principalmente da sorte;
> b) as apostas sobre corrida de cavalos fora de hipódromo ou de local onde sejam autorizadas;
> c) as apostas sobre qualquer outra competição esportiva.

---

[357] FRAGOSO, Heleno Cláudio. *Lições de direito penal*. São Paulo: José Bushatsky, 1958. v. 2, p. 267-268.
[358] RHC 65.186/SP, rel. Min. Carlos Madeira, 2.ª Turma, j. 19.06.1987.
[359] REsp 1.055.960, rel. Min. Laurita Vaz, j. 31.10.2008.

Se, entretanto, a finalidade do agente for obter ou tentar obter ganhos ilícitos em detrimento do povo ou de número indeterminado de pessoas mediante especulações ou processos fraudulentos, estará caracterizado crime contra a economia popular, nos termos do art. 2.º, inciso IX, da Lei 1.521/1951.

Finalmente, existirá crime de estelionato na hipótese de o sujeito empregar qualquer meio fraudulento destinado a eliminar totalmente a possibilidade de vitória por parte dos jogadores. É o que se dá, exemplificativamente, quando o dono do bar altera uma máquina caça-níquel para que os apostadores jamais saiam vencedores. Em consonância com uma clássica decisão do Supremo Tribunal Federal:

> No estelionato o meio de ataque ao patrimônio é a astúcia, o engodo e a fraude. No jogo de azar a fraude, eliminando o fator sorte, tira ao sujeito passivo toda a possibilidade de ganho. O jogo torna-se, então, simples roupagem, para "mise-en-scène", destinada a ocultar o expediente de que se serve o criminoso para iludir a vítima. O jogo da chapinha, ou o "jogo do pinguim", são formas de estelionato e não mera contravenção do art. 50 da Lei das Contravenções Penais.[360]

Cumpre destacar, por oportuno, que não há estelionato nas apostas ilícitas, nada obstante o sujeito utilize fraude para excluir a chance de vitória pelos jogadores, para aqueles que sustentam a inexistência do delito na hipótese de torpeza bilateral.

2.9.1.17. Estelionato e curandeirismo

A falsa promessa de cura de problemas (físicos, psicológicos, amorosos etc.) pode, dependendo do caso concreto, caracterizar curandeirismo ou estelionato.

O crime de curandeirismo encontra tipificação no art. 284 do Código Penal:

> **Art. 284.** Exercer o curandeirismo:
> I – prescrevendo, ministrando ou aplicando, habitualmente, qualquer substância;
> II – usando gestos, palavras ou qualquer outro meio;
> III – fazendo diagnósticos:
> **Pena –** detenção, de seis meses a dois anos.
> **Parágrafo único.** Se o crime é praticado mediante remuneração, o agente fica também sujeito à multa.

Percebe-se que o curandeirismo também pode ser praticado em troca de remuneração. Mas qual é, então, a diferença entre este crime e o estelionato? A resposta é simples.

O curandeiro acredita ser capaz, com sua atividade, de resolver os problemas da vítima. Ainda que cobre pelos "serviços" prestados, ele tem a crença de solucionar o mal que acomete o ofendido. Em razão disso, o curandeirismo consta entre os crimes contra a saúde pública.

De outro lado, o estelionatário sabe ser o meio fraudulento por ele utilizado inidôneo a resolver as necessidades da vítima, aproveitando-se da sua vulnerabilidade para obter vantagem ilícita, em prejuízo alheio. Desta forma, como o estelionato é crime de forma livre, compatível com qualquer meio de execução, o sujeito pode se valer inclusive de atividades inerentes ao curandeirismo para enganar a vítima, mediante falsa promessa de livrá-la dos seus malefícios.

---

[360] RE 87.812/PR, rel. Min. Cordeiro Guerra, 2.ª Turma, j. 15.12.1977.

É de destacar, porém, que os trabalhos religiosos e espirituais, a exemplo da cartomancia, dos passes, da macumba e da bruxaria, **desde que praticados gratuitamente**, não constituem crime, em face da liberdade de credo e de religião assegurada pelo art. 19, inciso I, da Constituição Federal. Não se pode sequer falar na contravenção penal de exploração da credulidade pública, pois o art. 27 do Decreto-lei 3.688/1941 foi revogado pela Lei 9.521/1997.

2.9.1.18. Estelionato e falsidade documental

Discute-se acerca do enquadramento típico da conduta do sujeito que falsifica um documento (público ou particular) e, posteriormente, dele se vale para enganar alguém, obtendo vantagem ilícita em prejuízo alheio. Em tese, há dois crimes: estelionato e falsidade documental (CP, art. 171, *caput*, e art. 297 – documento público, ou art. 298 – documento particular). Mas na prática qual será a responsabilidade penal do agente?

Há quatro posições sobre o assunto. Passemos à análise de cada uma delas.

1.ª posição: A falsidade documental absorve o estelionato

É a posição de Nélson Hungria. O falso é crime formal, pois se consuma com a falsificação do documento, independentemente de qualquer resultado posterior. Mas, se sobrevier o resultado naturalístico, do qual é exemplo a obtenção da indevida vantagem econômica, não há falar em outro delito, mas sim em exaurimento da falsidade documental. São suas palavras:

> Quando a um crime formal se segue o dano efetivo, não surge novo crime: o que acontece é que ele se exaure, mas continuando a ser único e o mesmo (à parte a sua maior punibilidade, quando a lei expressamente o declare. A obtenção de lucro ilícito mediante *falsum* não é mais que um estelionato qualificado pelo meio (Impalomeni). É um estelionato que, envolvendo uma ofensa à fé pública, adquire o *nomen iuris* de "falsidade".[361]

Esta posição ganha ainda mais força quando se trata de falsificação de documento público, que tem pena mais elevada do que a do estelionato. O crime mais grave (falsificação de documento público: reclusão, de 2 a 6 anos) absorveria o crime menos grave (estelionato: reclusão, de 1 a 5 anos).

2.ª posição: Há concurso material de crimes

Os crimes devem ser impostos cumulativamente, em concurso material (CP, art. 69). Em razão de ofenderem bens jurídicos diversos, afasta-se o fenômeno da absorção. De fato, a falsidade documental tem como objetividade jurídica a fé pública, ao passo que o estelionato é crime contra o patrimônio.

Se não bastasse, o crime de falso estaria consumado em momento anterior ao da prática do estelionato. E, se já estava consumado, não poderia sofrer nenhuma alteração posterior no plano da tipicidade.

Além disso, raciocínio diverso tornaria inútil a regra contida no art. 297, § 2.º, do Código Penal, na parte em que equipara a documento público os títulos ao portador ou transmissíveis por endosso, como é o caso do cheque. Com efeito, não se pode imaginar a falsificação de um cheque esgotando-se em si mesma, ou seja, sem o propósito do agente em utilizá-lo para a obtenção de uma vantagem econômica indevida em prejuízo alheio.

3.ª posição: Há concurso formal de crimes

Acolhem-se os mesmos fundamentos da posição anterior, relativamente à autonomia dos crimes de estelionato e de falsidade documental. Sustenta-se, todavia, que a conduta

---

[361] HUNGRIA, Nélson. *Comentários ao Código Penal*. 2. ed. Rio de Janeiro: Forense, 1958. v. 7, p. 214.

seria uma só, ainda que desdobrada em diversos atos. Na dosimetria da pena, portanto, o magistrado deve observar a regra contida no art. 70, *caput*, 1.ª parte, do Código Penal: aplicar qualquer delas, se idênticas, ou a mais grave, se diversas, aumentando-a de um sexto até metade.

Este sempre foi o entendimento consagrado no Supremo Tribunal Federal: "A jurisprudência do Supremo Tribunal Federal é no sentido de que, em se tratando dos crimes de falsidade e de estelionato, este não absorve aquele, caracterizando-se, sim, concurso formal de delitos".[362]

4.ª posição: O estelionato absorve a falsidade documental

Esta é a posição atualmente dominante, em razão de ter sido adotada pela Súmula 17 do Superior Tribunal de Justiça: "Quando o falso se exaure no estelionato, sem mais potencialidade lesiva, é por este absorvido".

O conflito aparente de leis penais é solucionado pelo princípio da consunção. O crime-fim (estelionato) absorve o crime-meio (falsidade documental), desde que este se esgote naquele, isto é, desde que a fé pública, o patrimônio ou outro bem jurídico qualquer não possam mais ser atacados pelo documento falsificado e utilizado por alguém como meio fraudulento para obtenção de vantagem ilícita em prejuízo alheio.

2.9.1.18.1. Análise crítica da Súmula 17 do STJ

Entendemos que o sujeito responsável pela falsificação de documento, público ou particular, que dele se aproveita para cometer estelionato, deve responder por ambos os crimes, em concurso material.

Discordamos do teor da Súmula 17 do Superior Tribunal de Justiça, pois não reputamos adequado falar na falsidade documental como ato anterior (*ante factum*) impunível no tocante ao estelionato. Afastamos, nesse caso, a incidência do princípio da consunção, pois ausente o conflito aparente de leis penais.

Como se sabe, atos anteriores, prévios ou preliminares impuníveis são aqueles que, nada obstante definidos como crimes autônomos, revelam-se imprescindíveis para a realização do tipo principal, e, portanto, são absorvidos por este último. Nesse contexto, podemos com segurança afirmar que o crime de estelionato não depende, obrigatoriamente, da prévia falsificação de documento, pois pode ser praticado por outros variados e infinitos meios fraudulentos.

Em conformidade com a definição do princípio da consunção, o fato anterior componente dos atos preparatórios ou de execução apenas será absorvido se apresentar menor ou igual gravidade quando comparado ao principal, para que este goze de força suficiente para consumir os demais, englobando-os em seu raio de atuação.

Destarte, desponta como manifesto o equívoco técnico da citada súmula, cuja redação vale a pena ser repetida: "Quando o falso se exaure no estelionato, sem mais potencialidade lesiva, é por este absorvido".

O enunciado jurisprudencial destina-se, precipuamente, às hipóteses em que o sujeito, com o escopo de praticar estelionato, falsifica materialmente uma cártula de cheque, documento particular equiparado a documento público por expressa determinação legal, nos termos do art. 297, § 2.º, do Código Penal. Este foi o problema prático que justificou a criação do verbete sumular.

---

[362] RHC 83.990/MG, rel. Min. Eros Grau, 1.ª Turma, j. 10.08.2004. E também: HC 98.526/RS, rel. Min. Ricardo Lewandowski, 1.ª Turma, j. 29.06.2010.

Ora, o crime de falsificação de documento público é punido com reclusão de dois a seis anos, e multa. Sendo o fato mais amplo e grave, não pode ser consumido pelo estelionato, sancionado de forma mais branda. Mas não para por aí. Os delitos apontados atingem bens jurídicos diversos. Enquanto o estelionato constitui-se em crime contra o patrimônio, o falso agride a fé pública.

Se não bastasse, a falsificação de uma folha de cheque normalmente não se exaure no estelionato. Como o cheque é título ao portador, posteriormente ao estelionato a vítima pode notar o crime contra ele praticado e, não querendo suportar o prejuízo patrimonial, nada a impede de endossar a cártula e transmiti-la a outrem.

Assim sendo, fica nítido que tecnicamente não há falar em conflito aparente de leis, mas em autêntico concurso material de delitos. Portanto, se no rigor científico a súmula merece ser rejeitada, resta acreditar que a sua criação e manutenção se devem, exclusivamente, a motivos de política criminal, tornando a conduta cada vez mais próxima do âmbito civil, à medida que a pena pode ser, inclusive, reduzida pelo arrependimento posterior, benefício vedado ao crime de falso.

Mas devemos ser leais para advertir nosso leitor que em concursos públicos e exames de qualquer natureza é razoável utilizar a posição consagrada pela Súmula 17 do Superior Tribunal de Justiça, especialmente em provas objetivas. Nas provas dissertativas e orais, entretanto, é possível tecer críticas (moderadas e bem fundamentadas) ao entendimento dominante, caso sua posição acerca do assunto seja outra.

2.9.1.19. Estelionato e Lei de Falências

O art. 168 da Lei 11.101/2005 – Lei de Falências – contém um crime que, nada obstante apresente pontos comuns com o estelionato, dele se diferencia por conter elementos especializantes. O conflito aparente de leis penais é solucionado pelo princípio da especialidade. Vejamos seu texto:

> **Art. 168.** Praticar, antes ou depois da sentença que decretar a falência, conceder a recuperação judicial ou homologar a recuperação extrajudicial, ato fraudulento de que resulte ou possa resultar prejuízo aos credores, com o fim de obter ou assegurar vantagem indevida para si ou para outrem.
>
> Pena – reclusão, de 3 (três) a 6 (seis) anos, e multa.
>
> **Aumento da pena**
>
> **§ 1.º** A pena aumenta-se de 1/6 (um sexto) a 1/3 (um terço), se o agente:
>
> I – elabora escrituração contábil ou balanço com dados inexatos;
>
> II – omite, na escrituração contábil ou no balanço, lançamento que deles deveria constar, ou altera escrituração ou balanço verdadeiros;
>
> III – destrói, apaga ou corrompe dados contábeis ou negociais armazenados em computador ou sistema informatizado;
>
> IV – simula a composição do capital social;
>
> V – destrói, oculta ou inutiliza, total ou parcialmente, os documentos de escrituração contábil obrigatórios.
>
> **Contabilidade paralela e distribuição de lucros ou dividendos a sócios e acionistas até a aprovação do plano de recuperação judicial**
>
> **§ 2.º** A pena é aumentada de 1/3 (um terço) até metade se o devedor manteve ou movimentou recursos ou valores paralelamente à contabilidade exigida pela legislação, inclusive na hipótese de violação do disposto no art. 6.º-A desta Lei.

Concurso de pessoas

§ 3.º Nas mesmas penas incidem os contadores, técnicos contábeis, auditores e outros profissionais que, de qualquer modo, concorrerem para as condutas criminosas descritas neste artigo, na medida de sua culpabilidade.

Redução ou substituição da pena

§ 4.º Tratando-se de falência de microempresa ou de empresa de pequeno porte, e não se constatando prática habitual de condutas fraudulentas por parte do falido, poderá o juiz reduzir a pena de reclusão de 1/3 (um terço) a 2/3 (dois terços) ou substituí-la pelas penas restritivas de direitos, pelas de perda de bens e valores ou pelas de prestação de serviços à comunidade ou a entidades públicas.

2.9.1.20. *Estelionato e crime contra o sistema financeiro nacional*

O art. 6.º da Lei 7.492/1986 contempla um crime contra o sistema financeiro nacional, com a seguinte redação típica:

Art. 6.º Induzir ou manter em erro, sócio, investidor ou repartição pública competente, relativamente a operação ou situação financeira, sonegando-lhe informação ou prestando-a falsamente:

Pena – Reclusão, de 2 (dois) a 6 (seis) anos, e multa.

Embora apresentem características comuns, consistentes na fórmula "induzir ou manter em erro", este delito não se confunde com o estelionato (crime contra o patrimônio). As diferenças são claras.

Com efeito, o crime contra o sistema financeiro nacional é formal (de consumação antecipada ou de resultado cortado), pois não reclama a efetiva obtenção de vantagem econômica pelo agente nem a causação de prejuízo à vítima. O estelionato, de seu turno, é crime material (ou causal).

Se não bastasse, o elemento subjetivo do crime definido no art. 6.º da Lei 7.492/1986 esgota-se no dolo, pois o tipo penal não contém a finalidade específica "para si ou para outrem", ao contrário do que se verifica no delito patrimonial.

Além disso, o delito financeiro, diversamente do estelionato, não impõe a obrigatoriedade da fraude (artifício, ardil ou qualquer outro meio fraudulento). A descrição típica contenta-se com a prestação de informação falsa ou omissão de informação verdadeira.

Em síntese, o conflito aparente de normas penais é solucionado pelo princípio da especialidade. Como destacado pelo Superior Tribunal de Justiça:

Configura o crime contra o Sistema Financeiro do art. 6.º da Lei 7.492/1986 – e não estelionato, do art. 171 do CP – a falsa promessa de compra de valores mobiliários feita por falsos representantes de investidores estrangeiros para induzir investidores internacionais a transferir antecipadamente valores que diziam ser devidos para a realização das operações. Não obstante a aparente semelhança com o delito de estelionato ("Art. 171. Obter, para si ou para outrem, vantagem ilícita, em prejuízo alheio, induzindo ou mantendo alguém em erro mediante artifício, ardil ou qualquer outro meio fraudulento"), entre eles há clara distinção. O delito do art. 6.º da Lei 7.492/1986 ("Induzir ou manter em erro, sócio, investidor ou repartição pública competente, relativamente a operação ou situação financeira, sonegando-lhe informação ou prestando-a falsamente") constitui crime formal, e não material (não é necessária a ocorrência de resultado, eventual prejuízo econômico caracteriza mero exaurimento); não prevê o especial fim de agir do sujeito ativo ("para si ou para outrem"); não exige, como elemento obrigatório, o meio fraudulento (artifício, ardil etc.), apenas a prestação de informação falsa ou omissão de informação verdadeira. Ademais, eventual conflito aparente de normas penais resolve-se pelo critério da especialidade do delito contra o Sistema Financeiro (art. 6.º da Lei 7.492/1986) em relação ao estelionato (art. 171 do CP). Por fim, a conduta em análise, configura dano ao Sistema Financeiro Nacional, pois abalada a confiança inerente às relações negociais no mercado mobiliário, induzindo em erro investidores que acreditaram na existência e na legitimidade de quem se apresentou como instituição financeira.[363]

2.9.1.21. Estelionato e Estatuto da Pessoa com Deficiência

O art. 91 da Lei 13.146/2015 – Estatuto da Pessoa com Deficiência contempla uma figura típica similar ao estelionato:

> Art. 91. Reter ou utilizar cartão magnético, qualquer meio eletrônico ou documento de pessoa com deficiência destinados ao recebimento de benefícios, proventos, pensões ou remuneração ou à realização de operações financeiras, com o fim de obter vantagem indevida para si ou para outrem:
> Pena – detenção, de 6 (seis) meses a 2 (dois) anos, e multa.
> Parágrafo único. Aumenta-se a pena em 1/3 (um terço) se o crime é cometido por tutor ou curador.

2.9.1.22. Estelionato privilegiado: § 1.º

Em conformidade com o art. 171, § 1.º, do Código Penal: "Se o criminoso é primário, e é de pequeno valor o prejuízo, o juiz pode aplicar a pena conforme o disposto no art. 155, § 2.º".

Inicialmente, o criminoso deve ser primário, isto é, não pode ser reincidente. Mas não para por aí. Exige-se um segundo requisito, consistente em prejuízo de "pequeno valor", que tem sido interpretado como o dano igual ou inferior a um salário mínimo vigente à época do fato.[364]

Veja-se, logo de início, que o legislador se refere ao pequeno prejuízo da vítima, ao contrário do furto privilegiado (CP, art. 155, § 2.º), no qual se reclama o "pequeno valor da coisa".

A aferição do pequeno valor do prejuízo leva em conta o momento da prática do crime. Depois de cometido o delito, a reparação do dano não autoriza a incidência do benefício legal, podendo caracterizar arrependimento posterior (CP, art. 16) ou atenuante genérica (CP, art. 65, inc. III, b), conforme o caso. Na linha de raciocínio do Supremo Tribunal Federal:

> No estelionato privilegiado, o pequeno valor do prejuízo é circunstância atenuante específica, que integra o tipo, e deve ser aferido no momento da consumação do delito, por se tratar de crime instantâneo, entendendo-se por "pequeno valor" o de um salário mínimo vigente à época do fato. A posterior reparação do prejuízo é arrependimento posterior se feita até o recebimento da denúncia (art. 16 do CP); mesmo feita após o recebimento da denúncia, mas antes do julgamento, ainda assim é circunstância atenuante genérica (art. 65, III, "b", do CP).[365]

Tratando-se de tentativa de estelionato, deve considerar-se o prejuízo que o sujeito desejava causar à vítima, somente não conseguindo fazê-lo por circunstâncias alheias à sua vontade.

Finalmente, nada obstante o § 1.º do art. 171 do Código Penal contenha a expressão "o juiz pode aplicar a pena", entende-se ser a figura privilegiada do estelionato um direito subjetivo do réu. O magistrado tem liberdade para avaliar a presença ou não dos requisitos legalmente

---

[363] REsp 1.405.989/SP, rel. originário Min. Sebastião Reis Júnior, rel. para o acórdão Min. Nefi Cordeiro, 6.ª Turma, j. 18.08.2015, noticiado no Informativo 569.
[364] STF: HC 69.290/RJ, rel. Min. Paulo Brossard, 2.ª Turma, j. 22.09.1992.
[365] HC 69.592/RJ, rel. Min. Paulo Brossard, 2.ª Turma, j. 10.11.1992.

exigidos. Todavia, se reputá-los presentes, o julgador deverá reconhecer o benefício legal, sem nenhuma margem de discricionariedade.

2.9.1.23. Figuras equiparadas ao estelionato: § 2.º

O § 2.º do art. 171 do Código Penal prevê seis crimes especiais, equiparados ao estelionato. A pena é a mesma cominada no *caput*: reclusão, de um a cinco anos, e multa.

Estas subespécies de estelionato devem ser interpretadas com base no *caput* do art. 171 do Código Penal, salvo no que apresentarem disposição expressa em sentido contrário.

Desta forma, o bem jurídico penalmente tutelado é o patrimônio. Além disso, a fraude é o meio de execução utilizado pelo agente para enganar alguém e, consequentemente, obter vantagem ilícita em prejuízo alheio. Finalmente, o dolo é o elemento subjetivo de todos os delitos disciplinados pelo § 2.º do art. 171 do Código Penal, que se revelam incompatíveis com a culpa.

Analisemos separadamente cada um dos delitos.

2.9.1.23.1. Disposição de coisa alheia como própria: inciso I

2.9.1.23.1.1. Descrição típica

Estabelece o art. 171, § 2.º, inciso I, do Código Penal que nas mesmas penas incorre quem: "vende, permuta, dá em pagamento, em locação ou em garantia coisa alheia como própria".

2.9.1.23.1.2. Núcleos do tipo

Os núcleos do tipo penal são:

a) "vender": é a transferência do domínio de uma coisa mediante o pagamento do preço (CC, art. 481). O tipo penal alcança a alienação de coisa adquirida com reserva de domínio, pois também se trata de venda.

A análise da Lei 4.728/1965 autoriza a conclusão no sentido de que a venda de bem na alienação fiduciária caracteriza o crime em apreço, desde que o comprador desconheça esta situação.

Como o verbo "vender" diz respeito unicamente à relação de compra e venda, o delito não se configura com o simples compromisso de compra e venda. A hipótese, entretanto, poderá ser enquadrada como estelionato em sua modalidade fundamental (CP, art. 171, *caput*). O Superior Tribunal de Justiça, entretanto, já decidiu em sentido diverso:

> O paciente, mediante procuração que não lhe conferia poderes para alienar imóvel, firmou promessa de compra e venda com a vítima, que lhe pagou a importância avençada no contrato sem, contudo, ser investida na posse. Mesmo diante da discussão a respeito de o contrato de promessa de compra e venda poder configurar o tipo do art. 171, § 2.º, I, do CP, o acórdão impugnado mostrou-se claro em afirmar que o paciente efetivamente alienou o imóvel que não era de sua propriedade mediante essa venda mascarada, da qual obteve lucro sem efetuar sua contraprestação por absoluta impossibilidade de fazê-la, visto que não era o proprietário do lote que, de fato, vendeu. Daí ser, no caso, inequívoca a tipicidade da conduta, mesmo que perpetrado o crime mediante a feitura de promessa, não se podendo falar, assim, em trancamento da ação penal.[366]

b) "permutar": é a troca (CC, art. 533) As partes se obrigam a trocar uma coisa por outra.

---

[366] HC 54.353/MG, rel. Min. Og Fernandes, 6.ª Turma, j. 25.08.2009, noticiado no *Informativo* 404.

c) "dar em pagamento": se presente o consentimento do credor, este pode receber coisa que não seja dinheiro, em substituição da prestação originariamente devida (CC, art. 356).

d) "dar em locação": o sujeito transfere a outra pessoa, por tempo determinado ou indeterminado, o uso e gozo da coisa, mediante contraprestação (CC, arts. 565 e seguintes e Lei 8.245/1991 – Lei de Locação de Imóveis). Como já decidiu o Supremo Tribunal Federal:

> Ao assumir o locatário de imóvel postura relativa ao *status* de proprietário, anunciando-o a locação e, em um mesmo dia, locando-o a diversas pessoas, das quais haja recebido valores, a alcançar, também, a venda de móveis que guarneciam o imóvel, retirados adredemente, pratica o crime de estelionato.[367]

O art. 1.507 do Código Civil contém situações nas quais quem não é proprietário do bem pode locá-lo, afastando, assim, o crime definido pelo art. 171, § 2.º, inciso I, do Código Penal.

e) "dar em garantia": direitos reais de garantia são o penhor (CC, arts. 1.431 e seguintes), a hipoteca (CC, arts. 1.473 e seguintes) e a anticrese (CC, arts. 1.506 e seguintes). É sabido que apenas o proprietário do bem pode gravá-lo com ônus real.

A constituição de outros direitos reais sobre coisa alheia, como o usufruto, caracteriza o delito de estelionato em sua modalidade fundamental (CP, art. 171, *caput*).

Em síntese, o sujeito finge ser proprietário de um determinado bem (móvel ou imóvel) e realiza uma das condutas típicas com terceiro de boa-fé, sem possuir autorização para tanto, vindo a causar prejuízo patrimonial a esta pessoa.

Cuida-se de **crime de forma vinculada**, pois o tipo penal indica expressamente seus modos de execução. A enumeração legal é taxativa e, repita-se, não engloba o simples compromisso de compra e venda.

2.9.1.23.1.3. Sujeito ativo

Qualquer pessoa (**crime comum**).

2.9.1.23.1.4. Sujeito passivo

Normalmente existem dois sujeitos passivos: o titular do objeto material que o sujeito se passa como proprietário e a pessoa ludibriada pela conduta criminosa.

Por este motivo, existe o crime mesmo quando o sujeito entrega o bem ao terceiro de boa-fé, pois quem suporta o prejuízo patrimonial, nessa hipótese, é o proprietário da coisa.

2.9.1.23.1.5. Consumação

O momento consumativo depende do núcleo do tipo penal:

(a) "vender": ocorre com o recebimento do preço da coisa pelo agente, ainda que não tenha se operado a tradição (bens móveis) ou a transcrição (bens imóveis);
(b) "permutar": quando o sujeito recebe o bem permutado;
(c) "dar em pagamento": quando o agente obtém a quitação da dívida;
(d) "dar em locação": quando o sujeito recebe o valor correspondente ao primeiro aluguel; e
(e) "dar em garantia": no instante em que o agente consegue o empréstimo.

---

[367] Ext 555/RFA, rel. Min. Marco Aurélio, Plenário, j. 25.11.1992.

São imprescindíveis a obtenção de vantagem ilícita e o prejuízo alheio (crime de duplo resultado). Para o Superior Tribunal de Justiça:

> Para que se tipifique o estelionato, na modalidade disposição de coisa alheia como própria (art. 171, § 2.º, I, do CPB), exige-se a demonstração da obtenção, para si ou para outrem, da vantagem ilícita, do prejuízo alheio, do artifício, do ardil ou do meio fraudulento empregado com a venda, a permuta, a dação em pagamento, a locação ou a entrega, em garantia, da coisa de que não se tem a propriedade. No caso, conquanto comprovado que os imóveis apresentados para acordo em Ação Civil Pública movida contra a empresa loteadora e o Município, com a anuência do Prefeito, foram objeto de anterior Ação de Desapropriação, não se logrou demonstrar o ardil ou o meio fraudulento empregado, bem como a vantagem ilícita obtida por qualquer das partes ou o prejuízo alheio.[368]

2.9.1.23.1.6. Tentativa

É possível, qualquer que seja o núcleo do tipo penal.

2.9.1.23.2. Alienação ou oneração fraudulenta de coisa própria: inciso II

2.9.1.23.2.1. Descrição típica

Em conformidade com o art. 171, § 2.º, inciso II, do Código Penal, incorre nas mesmas penas o sujeito que "vende, permuta, dá em pagamento ou em garantia coisa própria inalienável, gravada de ônus ou litigiosa, ou imóvel que prometeu vender a terceiro, mediante pagamento em prestações, silenciando sobre qualquer dessas circunstâncias".

2.9.1.23.2.2. Núcleos do tipo

O tipo penal encerra os mesmos núcleos previstos no art. 171, § 2.º, inciso I, do Código Penal, com exceção do "dar em locação". Destarte, ficam mantidas as observações lançadas no art. 171, item 2.9.1.23.1.2.

2.9.1.23.2.3. Objeto material

A distinção entre esta subespécie de estelionato e a contida no inciso anterior repousa no objeto material. Naquela, a conduta criminosa incide sobre coisa alheia, móvel ou imóvel; nesta, por sua vez, o comportamento do agente recai em coisa de sua propriedade. O dispositivo legal indica os seguintes objetos materiais:

a) **Coisa própria inalienável**: é aquela que não pode ser vendida em razão de disposição legal (bens públicos: CC, art. 100) ou por convenção (cláusula de inalienabilidade temporária ou vitalícia, imposta aos bens pelos testadores ou doadores: CC, art. 1.911, *caput* e parágrafo único);

b) **Coisa própria gravada de ônus**: a lei não se limita aos direitos reais de garantia (penhor, anticrese e hipoteca), alcançando também outros direitos reais, como o usufruto (CC, art. 1.390 e seguintes), o uso (CC, art. 1.412 e seguintes), a servidão (CC, art. 1.378 e seguintes) e a habitação (CC, art. 1.414 e seguintes);

c) **Coisa própria litigiosa**: é a objeto de controvérsia submetida à apreciação do Poder Judiciário, tal como a ação de reivindicação; e

---

[368] REsp 1.094.325, rel. Min. Napoleão Nunes Maia Filho, 5.ª Turma, j. 14.04.2009.

d) **Imóvel que prometeu vender a terceiro, mediante pagamento em prestações**: nessa hipótese, o objeto material há de ser coisa imóvel, ao contrário do que ocorre nas condutas anteriores, nas quais o bem pode ser móvel ou imóvel.

A análise do tipo penal revela que a alienação ou oneração de bens, por si sós, não constituem crime. O delito consiste em silenciar acerca do ônus ou encargo suportado pela coisa. Este é o meio fraudulento empregado pelo agente.

Ainda que as circunstâncias impeditivas da aquisição do bem móvel ou imóvel constem do Registro Público, gerando a presunção de seu conhecimento, isto não obsta a caracterização do delito.

Uma questão interessante deve ser observada. Discute-se se o sujeito que realiza qualquer das condutas típicas em relação a imóvel de sua propriedade penhorado em execução, em decorrência do inadimplemento de uma dívida, responde pelo crime em foco. A resposta é didaticamente apresentada por Julio Fabbrini Mirabete:

> (...) a penhora é instituto processual e não o ônus a que se refere o dispositivo, ou seja, o direito real sobre coisa alheia. Por essa razão, tem-se entendido ora pela atipicidade do fato e responsabilidade meramente civil do agente como depositário infiel, ora pelo delito de fraude à execução, e ora pelo delito de estelionato na forma básica.[369]

2.9.1.23.2.4. Sujeito ativo

Qualquer pessoa (**crime comum**).

2.9.1.23.2.5. Sujeito passivo

É a pessoa que suporta a lesão patrimonial.

2.9.1.23.2.6. Consumação

Dá-se com a obtenção da vantagem ilícita em prejuízo alheio (crime de duplo resultado).

2.9.1.23.2.7. Tentativa

É possível.

2.9.1.23.3. Defraudação de penhor: inciso III

2.9.1.23.3.1. Descrição típica

Nos termos do art. 171, § 2.º, inciso III, do Código Penal, incorre nas penas aquele que "defrauda, mediante alienação não consentida pelo credor ou por outro modo, a garantia pignoratícia, quando tem a posse do objeto empenhado".

2.9.1.23.3.2. Núcleo do tipo

"**Defraudar**" tem o significado de lesar, privar ou tomar um bem pertencente a outrem. O tipo penal deixa claro que a defraudação pode se concretizar por alienação do bem (exemplos: venda e doação) ou por qualquer outro modo, desde que seja idôneo para privar o credor no tocante à sua garantia pignoratícia (exemplos: abandono, destruição e ocultação).

---

[369] MIRABETE, Julio Fabbrini. *Manual de direito penal*. São Paulo: Atlas, 2007. v. 2, p. 299.

A defraudação de penhor pode ser parcial. Nesse sentido, o devedor que aliena parte do bem empenhado pratica o crime em análise. Entretanto, poderá fazê-lo com o consentimento do credor (CC, art. 1.445), e nesse caso não cometerá crime nenhum. De fato, o próprio dispositivo legal indica expressamente o dissenso do credor como elementar do tipo penal.

Nos termos do art. 1.431 do Código Civil, "Constitui-se o penhor pela transferência efetiva da posse que, em garantia do débito ao credor ou a quem o represente, faz o devedor, ou alguém por ele, de uma coisa móvel, suscetível de alienação. Parágrafo único. No penhor rural, industrial, mercantil e de veículos, as coisas empenhadas continuam em poder do devedor, que as deve guardar e conservar".

Na modalidade de penhor prevista no *caput* do art. 1.431 do Código Civil, a coisa móvel dada em garantia pelo devedor é transferida para a posse do credor ou quem ou represente, ou seja, há tradição da coisa. Não há falar, nessa hipótese, no crime definido pelo art. 171, § 2.º, inciso III, do Código Penal, em razão da transferência da posse do bem.

Para o crime em estudo interessa o penhor disciplinado pelo art. 1.431, parágrafo único, do Código Civil. A coisa móvel permanece em poder do devedor, e somente nesse caso é possível a defraudação do penhor, pois o tipo penal possui a expressão "quando tem a posse do objeto empenhado". Em razão disso, assim já se manifestou o Superior Tribunal de Justiça:

> A existência ou não de tradição real é irrelevante no delineamento do crime de defraudação de penhor, cujo tipo objetivo versa sobre a hipótese em que há tradição ficta da coisa oferecida como garantia, permanecendo a posse com o devedor.[370]

2.9.1.23.3.3. Objeto material

É a coisa móvel, porque somente esta é suscetível de penhor.

2.9.1.23.3.4. Sujeito ativo

É o devedor que estava na posse da coisa móvel, nada obstante o contrato de penhor, e a alienou em prejuízo do credor. Como já se pronunciou o Supremo Tribunal Federal:

> O delito de defraudação de penhor tem como sujeito ativo o devedor, mas, sendo este uma pessoa jurídica, será autora do crime a pessoa física que agir em representação, por conta ou em benefício, da pessoa jurídica – no caso, o recorrente e o sócio-gerente da sociedade por quotas de responsabilidade limitada, e alienou o bem fungível dado em penhor mercantil em benefício da empresa, respondendo, por isso, em tese pelo ato praticado.[371]

2.9.1.23.3.5. Sujeito passivo

É o credor que, com a alienação ou outro meio qualquer de defraudação do penhor, fica sem a garantia da dívida, suportando prejuízo patrimonial.

2.9.1.23.3.6. Consumação

O crime se consuma com a defraudação do penhor, ou seja, com a efetiva alienação, destruição, inutilização ou ocultação da coisa móvel. O sujeito obtém vantagem indevida em prejuízo alheio. Em sintonia com o entendimento do Superior Tribunal de Justiça:

---

[370] REsp 304.915/SP, rel. Min. Paulo Medina, 6.ª Turma, j. 26.06.2003.
[371] RHC 66.102/SP, rel. Min. Moreira Alves, 1.ª Turma, j. 03.05.1988.

O crime de defraudação de penhor se configura com a obtenção de vantagem indevida, oriunda da alienação, de qualquer modo, de bem dado em penhor, seja ele fungível ou infungível. Caso o bem alienado seja fungível, é possível a reparação do dano, através da reposição do produto empenhado, bem como quitação da dívida em tempo, de modo a não causar prejuízo ao credor.[372]

2.9.1.23.3.7. Tentativa

É possível.

2.9.1.23.4. Fraude na entrega de coisa: inciso IV

2.9.1.23.4.1. Descrição típica

Como determina o art. 171, § 2.º, inciso IV, do Código Penal, incorre nas mesmas penas aquele que "defrauda substância, qualidade ou quantidade de coisa que deve entregar a alguém".

2.9.1.23.4.2. Núcleo do tipo

O núcleo do tipo, mais uma vez, é **"defraudar"**, ou seja, lesar, privar ou tomar um bem pertencente a outrem.

2.9.1.23.4.3. Objeto material

Este crime pressupõe a existência de um negócio jurídico envolvendo duas pessoas, no qual o sujeito responsável pela entrega do objeto material fraudulentamente o modifica, entregando-o em seguida à vítima. É imprescindível a utilização da fraude, pois o mero inadimplemento de obrigação contratual não caracteriza o delito.[373]

Esta modificação da coisa pode recair sobre sua própria substância (exemplo: entregar bronze em lugar do ouro), sobre sua qualidade (exemplo: entregar um pneu recauchutado, e não um pneu novo) ou ainda sobre sua quantidade (exemplo: entregar 900 gramas de ouro em vez de um quilo do material).

Nada obstante o crime seja normalmente cometido em relação aos bens móveis, a **coisa imóvel** também pode ser defraudada. É o que se dá quando uma pessoa compra uma fazenda para dela extrair pedras, mas o alienante, depois de convencionado o negócio, retira parte do material rochoso para vender a uma empresa.

Vale destacar, porém, que, se a defraudação envolver substância ou produto alimentício destinado a consumo, tornando-a nociva à saúde ou reduzindo-lhe o valor nutritivo, estará configurado o crime de falsificação, corrupção, adulteração ou alteração de substância ou produtos alimentícios, na forma definida pelo art. 272 do Código Penal.

Finalmente, se a defraudação se relacionar a produto destinado a fins terapêuticos ou medicinais, será imputado ao agente o crime de falsificação, corrupção, adulteração ou alteração de produto destinado a fins terapêuticos ou medicinais, previsto no art. 273 do Código Penal. Este crime, aliás, tem natureza hedionda, como se extrai do art. 1.º, inciso VII-B, da Lei 8.072/1990.

2.9.1.23.4.4. Elemento normativo do tipo

Exige o tipo penal que haja uma obrigação vinculando o agente à vítima, de forma que aquele tenha o dever de entregar algo a esta última. Tal obrigação pode decorrer de lei, contrato

---

[372] RHC 23.199/SP, rel. Min. Jane Silva (Desembargadora convocada do TJMG), 6.ª Turma, j. 03.06.2008.
[373] STJ: HC 55.889/ES, rel. Min. Og Fernandes, 6.ª Turma, j. 25.08.2009, noticiado no *Informativo* 404.

ou ordem judicial. A entrega de coisa defraudada a título gratuito não configura o crime em tela, por ausência de dano patrimonial àquele que a recebe.[374]

2.9.1.23.4.5. Sujeito ativo

O crime somente pode ser cometido pela pessoa que está obrigada a entregar o bem (**crime próprio**).

Em se tratando, porém, de comerciante que engana o adquirente ou consumidor no exercício de atividade comercial, estará caracterizado o crime de fraude no comércio, tipificado pelo art. 175 do Código Penal.

2.9.1.23.4.6. Sujeito passivo

É o credor da obrigação, pois ele é quem recebe a coisa defraudada.

2.9.1.23.4.7. Consumação

Dá-se com a efetiva entrega do bem, ou seja, não basta a simples defraudação da substância, qualidade ou quantidade da coisa. Exige-se a tradição (coisa móvel) ou transcrição (coisa imóvel) do bem defraudado à vítima.

2.9.1.23.4.8. Tentativa

É possível, tal como na situação em que a vítima identifica a fraude e recusa-se a receber o bem.

2.9.1.23.5. Fraude para recebimento de indenização ou valor de seguro: inciso V

2.9.1.23.5.1. Dispositivo legal

Também incorre nas penas previstas para o crime delineado pelo art. 171, *caput*, do Código Penal aquele que "destrói, total ou parcialmente, ou oculta coisa própria, ou lesa o próprio corpo ou a saúde, ou agrava as consequências da lesão ou doença, com o intuito de haver indenização ou valor de seguro".

2.9.1.23.5.2. Introdução

Um dos princípios vetores do Direito Penal é o da **alteridade**. De acordo com este postulado, não há crime na conduta lesiva somente a quem a praticou. Destarte, a autolesão e a destruição ou danificação de coisa própria são penalmente irrelevantes, salvo quando prejudicam bens jurídicos pertencentes a terceiros.

No crime tipificado pelo art. 171, § 2.º, inciso V, do Código Penal, a lei não se importa com os estragos produzidos pela pessoa contra seu próprio corpo ou contra seu próprio patrimônio, que figuram como meros instrumentos do crime. O que se tutela é o patrimônio da seguradora, punindo-se o comportamento do segurado que dolosamente produz o dano descrito no contrato, com o fim de obter indevidamente a indenização.

É fácil concluir, portanto, que o pressuposto fundamental do delito é a **prévia existência de um contrato de seguro em vigor**. É indiferente tratar-se de seguro voluntário ou obrigatório. Na sua ausência, estará caracterizado crime impossível, em face da impropriedade absoluta do objeto material (CP, art. 17).

---

[374] CAPEZ, Fernando. *Curso de direito penal*. 8. ed. São Paulo: Saraiva, 2008. v. 2, p. 549.

2.9.1.23.5.3. Núcleos do tipo

O tipo penal prevê quatro condutas motivadas pela fraude. Trata-se de **tipo misto alternativo, crime de ação múltipla ou de conteúdo variado**: se o agente praticar mais de uma conduta, em relação ao mesmo objeto material (prêmio do seguro), estará caracterizado crime único. Mas, se as várias condutas dirigirem-se contra mais de uma seguradora, haverá concurso de crimes. Vejamos cada uma das condutas legalmente previstas:

a) **destruir, total ou parcialmente, coisa própria**: é a ação de danificar a coisa (exemplo: lançar o próprio automóvel em um penhasco);

b) **ocultar coisa própria**: significa esconder a coisa em local no qual não possa ser encontrada por terceiros, ou então de dissimulá-la de forma a torná-la irreconhecível ou confundível com outra. A coisa, entretanto, continua existindo em perfeitas condições (exemplo: declarar o furto do automóvel que, na verdade, está escondido em local distante);

c) **lesar o próprio corpo ou a saúde**: a lei se refere à autolesão voltada ao recebimento fraudulento da indenização. O tipo penal engloba a lesão à integridade anatômica (exemplo: jogador de futebol em final de carreira que amputa a própria perna) e qualquer forma de perturbação à saúde (exemplo: contrair dolosamente uma doença); e

d) **agravar as consequências da lesão ou doença**: nessa hipótese, a lesão ou doença não foram provocadas pelo agente, mas ele, com a finalidade de haver indenização ou preço do seguro, agrava seus efeitos.

Além disso, para que exista crime é necessário que o agente tenha atuado com intenção de receber o valor do seguro.

2.9.1.23.5.4. Objeto material

É a indenização do seguro.

2.9.1.23.5.5. Sujeito ativo

É o proprietário da coisa que a destrói, total ou parcialmente, ou a oculta, ou lesa o próprio corpo ou a saúde, ou agrava as consequências da lesão ou da doença anteriormente existente, com o intuito de haver indenização ou valor de seguro. Cuida-se de **crime próprio**, compatível com a coautoria e a participação.

Em relação ao terceiro que concorre para o crime, várias situações podem surgir:

a) na hipótese de destruição total ou parcial da coisa, se o terceiro pratica a conduta criminosa em nome do proprietário do bem, ou conjuntamente com ele, ambos respondem pelo crime tipificado no art. 171, § 2.º, inciso V, do Código Penal;

b) no caso em que o terceiro ofende o corpo ou a saúde do segurado, ou agrava sua lesão ou doença, a pedido deste, consciente do seu intuito de haver indenização ou valor do seguro, ambos terão contra si imputados o crime de fraude para recebimento de indenização ou valor de seguro (CP, art. 171, § 2.º, inc. V). Para o terceiro também incidirá o crime de lesão corporal, especialmente se de natureza grave ou gravíssima, pois a integridade física e a saúde são bens jurídicos indisponíveis;

c) se a lesão corporal ou o dano ao patrimônio forem cometidos contra a vontade do segurado, não ocorrerá o crime definido pelo art. 171, § 2.º, inciso V, do Código Penal, mas o de lesão corporal (CP, art. 129) ou de dano (CP, art. 163), e, se o ato proporcionar vantagem econômica indevida a alguém, em prejuízo alheio, incidirá também o crime de estelionato, em sua modalidade fundamental (CP, art. 171, *caput*), em concurso formal. Como destaca Rogério Sanches Cunha: "Note-se que se o agente destrói a coisa ou pratica a lesão sem o conhecimento do segurado, com o intuito de se beneficiar da indenização a ser recebida, responderá pelo estelionato, porém na forma do *caput*, em concurso com o dano ou com a lesão corporal."[375]

2.9.1.23.5.6. Sujeito passivo

É a seguradora, ou seja, a pessoa física ou jurídica responsável pelo pagamento da indenização.

2.9.1.23.5.7. Elemento subjetivo

É o dolo, acrescido de um especial fim de agir (**elemento subjetivo específico**) consistente na expressão "com o intuito de haver indenização ou valor de seguro".

2.9.1.23.5.8. Consumação

Diversamente das demais modalidades de estelionato, o crime de fraude para recebimento de indenização ou valor de seguro é **formal, de consumação antecipada ou de resultado cortado**. Consuma-se com a prática da conduta típica (destruir, ocultar, autolesionar e agravar), ainda que o sujeito não consiga alcançar a indevida vantagem econômica pretendida. Este raciocínio é facilmente constatado pela análise da expressão "com o intuito de". Não se exige a vantagem patrimonial, sendo suficiente a intenção de auferi-la.

2.9.1.23.5.9. Tentativa

É possível. Exemplo: "A" é preso em flagrante pela Polícia no instante em que havia lançado gasolina em seu automóvel e estava prestes a incendiá-lo, com o propósito de haver indenização ou valor de seguro.

2.9.1.23.6. Fraude no pagamento por meio de cheque: inciso VI

2.9.1.23.6.1. Dispositivo legal

Incorre nas mesmas penas cominadas ao estelionato aquele que "emite cheque, sem suficiente provisão de fundos em poder do sacado, ou lhe frustra o pagamento".

2.9.1.23.6.2. Introdução

O crime definido pelo art. 171, § 2.º, inciso VI, do Código Penal, assim como todas as demais modalidades de estelionato, tem como nota característica a fraude, aqui compreendida como o meio voltado a enganar o tomador de um cheque, fazendo-o acreditar que o título de crédito correspondente à conta-corrente do emitente será honrado pelo banco sacado.[376]

Somente existe este crime quando o titular da conta-corrente emite cheque sem suficiente provisão de fundos em poder do sacado, ou lhe frustra o pagamento. Destarte, pratica este-

---

[375] CUNHA, Rogério Sanches. *Direito penal*: parte especial. 2. ed. São Paulo: RT, 2009. v. 3, p. 170.
[376] Em conformidade com o art. 3.º da Lei 7.357/1985 – Lei do Cheque: "O cheque é emitido contra banco, ou instituição financeira que lhe seja equiparada, sob pena de não valer como cheque".

lionato em sua modalidade fundamental (CP, art. 171, *caput*) o sujeito que, portando folha de cheque em nome de outrem, se passa pelo titular da conta-corrente, obtendo vantagem ilícita em prejuízo alheio. Igual raciocínio se aplica ao emitente de cheque de conta-corrente que, embora em seu nome, encontra-se encerrada, ou então àquele que cria uma conta bancária com documentos falsos para, posteriormente, emitir cheques sem suficiente provisão de fundos.

2.9.1.23.6.3. Objetividade jurídica

O bem jurídico penalmente tutelado é o patrimônio. Subsidiariamente, tutela-se a fé pública, pois o cheque constitui-se em documento, razão pela qual a conduta criminosa também ofende a crença da sociedade nos documentos em geral. Mas nesse caso não há discussão: como o cheque é da titularidade do responsável pelo delito, a ele deve ser imputado somente o estelionato, figurando a falsidade ideológica (CP, art. 299 – a pessoa tem legitimidade para preencher o cheque, mas nele lança conteúdo falso) como *ante factum* impunível.

2.9.1.23.6.4. Núcleos do tipo

O tipo penal contém dois núcleos ("emitir" e "frustrar"), atinentes a duas condutas criminosas autônomas. Analisemos cada uma delas.

a) emitir cheque sem suficiente provisão de fundos: nessa modalidade, o correntista preenche e assina o cheque, colocando-o posteriormente em circulação, sem possuir em sua conta bancária a quantia suficiente para honrar seu pagamento.

É imprescindível que no momento da emissão do cheque a conta do sujeito já não tenha fundos suficientes para cobrir seu pagamento. Se existia provisão de fundos, mas a conta bancária foi dolosamente modificada depois da emissão do título de crédito, e previamente à sua apresentação, entra em cena a segunda conduta típica ("frustrar o pagamento").

b) frustrar o pagamento do cheque: nesse caso, a conta bancária possui suficiente provisão de fundos ao tempo da emissão do cheque. Entretanto, o correntista adota providências para impedir o desconto do cheque em favor do tomador (exemplos: saca os valores, susta o cheque, encerra sua conta etc.)

Logicamente, não haverá crime se existir razão legítima para a frustração do pagamento do cheque, como no exemplo em que o sujeito foi constrangido, com emprego de violência ou grave ameaça, a preencher o cheque em favor de terceira pessoa. Nesse caso, sequer há dolo na conduta, excluindo-se o crime definido pelo art. 171, § 2.º, inciso VI, do Código Penal.

Se o agente pratica algum ato impeditivo do pagamento do cheque (exemplos: sustação fundada em falsa notícia de roubo da cártula ou encerramento da conta bancária), e após tal meio fraudulento vem a emitir o fólio, obtendo vantagem ilícita em prejuízo alheio, estará configurada a modalidade fundamental do estelionato (CP, art. 171, *caput*), pois a fraude foi utilizada antes da emissão do título de crédito.

2.9.1.23.6.4.1. A questão relativa ao endosso em cheque sem suficiente provisão de fundos

Discute-se se o sujeito que endossa um cheque pagável a pessoa nomeada ("cheque nominal"),[377] que sabe não possuir suficiente provisão de fundos, comete o crime tipificado pelo art. 171, § 2.º, inciso VI, do Código Penal. Há duas posições sobre o assunto.

---

[377] Nos termos do art. 17, *caput*, da Lei 7.357/1985 – Lei do Cheque: "O cheque pagável a pessoa nomeada, com ou sem cláusula expressa 'à ordem', é transmissível por via de endosso".

Para uma primeira posição, o agente que assim se comporta deve ser responsabilizado pelo crime de fraude no pagamento por meio de cheque. Nélson Hungria, que empunhava esta bandeira, sustentava que o "endosso nada mais é do que uma nova emissão".[378] Destarte, há de imputar o delito ao tomador responsável pelo endosso do cheque ao terceiro, na modalidade "emitir".

De outro lado, a posição contrária defende a atipicidade da conduta de endossar cheque sem suficiente provisão de fundos. Damásio E. de Jesus, partidário desta linha de pensamento, assim se manifesta: "Sem recurso à analogia, proibida na espécie, não se pode afirmar que a conduta de *endossar* ingressa no núcleo *emitir*, considerando-se o endosso como segunda emissão".[379]

Filiamo-nos à segunda corrente, pois não há identidade jurídica entre emissão e endosso, sendo inadmissível sua equiparação, para efeitos penais, sob pena de consagração da analogia *in malam partem* e consequente ofensa ao princípio da reserva legal.[380]

Mas a conduta do tomador que dolosamente endossa um cheque sem suficiente provisão de fundos não fica imune à atuação do Direito Penal. Será ele responsabilizado pela modalidade fundamental de estelionato, nos termos do art. 171, *caput*, do Código Penal.

2.9.1.23.6.5. Objeto material

É o cheque, classificado como título de crédito representativo de ordem de pagamento à vista. Sua disciplina jurídica encontra-se na Lei 7.357/1985 – Lei do Cheque.

2.9.1.23.6.6. Sujeito ativo

É o titular da conta bancária correspondente ao cheque emitido sem suficiente provisão de fundos ou que teve frustrado o pagamento. Trata-se de **crime próprio** ou **especial**. O delito é compatível com a coautoria (exemplo: existência de conta bancária conjunta e cheque emitido pelos dois correntistas) e também com a participação (exemplo: o marido induz a esposa a frustrar o pagamento de um cheque já emitido).

Na condição de partícipe, o **endossante** pode responder pelo delito tipificado pelo art. 171, § 2.º, inciso VI, do Código Penal, desde que concorra de qualquer modo à conduta do emitente voltada ao recebimento, pelo terceiro de boa-fé, de cheque sem suficiente provisão de fundos.

Igual raciocínio se aplica ao **avalista**, que pode ser partícipe do crime em estudo, pois sua conduta confere credibilidade ao cheque transmitido pelo emitente a terceiro de boa-fé. Como determina o art. 29 da Lei 7.357/1985 – Lei do Cheque: "O pagamento do cheque pode ser garantido, no todo ou em parte, por aval prestado por terceiro, exceto o sacado, ou mesmo por signatário do título". E estabelece o art. 31, *caput*, do citado diploma legal: "O avalista se obriga da mesma maneira que o avaliado. Subsiste sua obrigação, ainda que nula a por ele garantida, salvo se a nulidade resultar de vício de forma".

Conclui-se, portanto, que o aval não afasta o crime de fraude no pagamento por meio de cheque. E mais. O avalista poderá ser responsabilizado como partícipe do delito, desde que tenha aderido à conduta do autor quando presente seu conhecimento acerca da ausência ou insuficiência de provisão de fundos, pois seu comportamento contribui de qualquer modo para a prática do crime definido pelo art. 171, § 2.º, inciso VI, do Código Penal.

---

[378] HUNGRIA, Nélson. *Comentários ao Código Penal*. 2. ed. Rio de Janeiro: Forense, 1958. v. 7, p. 249.
[379] JESUS, Damásio E. de *Direito penal*: parte especial. 27. ed. São Paulo: Saraiva, 2005. v. 2, p. 446.
[380] Na única oportunidade em que se pronunciou sobre o tema, o STF acolheu esta posição: RHC 43.693/GB – Guanabara, rel. Min. Evandro Lins, 1.ª Turma, j. 24.10.1966.

Por outro lado, se uma pessoa de qualquer forma (furto, roubo, apropriação de coisa achada etc.) se apodera de folha de cheque alheia e a preenche indevidamente, utilizando-a como meio fraudulento para induzir ou manter alguém em erro, e, por corolário, obter vantagem ilícita em prejuízo alheio, estará caracterizado o estelionato em sua modalidade fundamental (CP, art. 171, *caput*), ainda que o banco sacado não constate a fraude e devolva o cheque por insuficiência de fundos.

2.9.1.23.6.7. Sujeito passivo

É o tomador do cheque, ou seja, a pessoa física ou jurídica que suporta prejuízo patrimonial em razão da recusa do pagamento do cheque pelo sacado.

2.9.1.23.6.8. Elemento subjetivo

É o dolo, consistente no conhecimento da ausência de fundos na conta bancária (na modalidade "emitir") ou na vontade de impedir o regular pagamento do cheque (na conduta "frustrar o pagamento"). Somente existe o crime quando provada *ab initio* a má-fé do correntista, ou seja, desde o momento em que colocou o cheque em circulação ele não tinha intenção de honrar seu pagamento, seja pela ausência de suficiente provisão de fundos, seja pela frustração do seu pagamento.

Não se admite a modalidade culposa. Exemplificativamente, não se caracteriza o delito quando o agente, por imprudência, emitiu cheques em valor superior ao existente em sua conta bancária. De igual modo, também não existe o delito quando, por negligência, o correntista se esquece de depositar em sua conta o valor correspondente ao cheque emitido. Em tais hipóteses, a questão deve ser solucionada no âmbito civil, sem a ingerência do Direito Penal.

Exige-se, ainda, um especial fim de agir (elemento subjetivo específico), que não está previsto expressamente no tipo penal, mas pode ser extraído do *nomen iuris* do delito. Se o crime é legalmente chamado de "fraude no pagamento por meio de cheque", esta finalidade específica é a **intenção de fraudar** o tomador do título de crédito, também conhecida como *animus lucri faciendi* ou "intenção de fraudar". É o que se extrai da Súmula 246 do Supremo Tribunal Federal: "Comprovado não ter havido fraude, não se configura o crime de emissão de cheque sem fundos".

Não há crime, consequentemente, na conduta de quem emite cheque que, embora sem fundos, acredita ser capaz de honrar antes da compensação pelo banco sacado. Ainda que venha o título de crédito a ser devolvido, por insuficiência de fundos, o fato será atípico, em face da ausência da vontade de fraudar o tomador.

2.9.1.23.6.9. Consumação e foro competente

O crime se consuma quando o sacado (banco) se nega a efetuar o pagamento do cheque, seja pela ausência de fundos na conta-corrente, seja pelo recebimento de contraordem expedida pelo correntista, daí resultando prejuízo patrimonial ao ofendido. Basta uma única apresentação do cheque para a consumação do delito. Cuida-se de **crime material**. Em consonância com a jurisprudência do Superior Tribunal de Justiça:

> Por se tratar, o delito previsto no art. 171, § 2.º, inciso VI, do Código Penal, de crime material, exige-se, para a sua configuração, a produção de um resultado, qual seja, a obtenção de vantagem ilícita pelo agente que emite o cheque e, por outro lado, a caracterização de prejuízo patrimonial à vítima. Precedentes.[381]

---
[381] HC 31.046/RJ, rel. Min. Gilson Dipp, 5.ª Turma, j. 17.06.2004.

Nada obstante, a competência para o processo e julgamento do delito é do juízo do local do domicílio da vítima, a teor da regra contida no art. 70, § 4.º, do Código de Processo Penal, acrescentado pela Lei 14.155/2021:

> Nos crimes previstos no art. 171 do Decreto-Lei n. 2.848, de 7 de dezembro de 1940 (Código Penal), quando praticados mediante depósito, mediante **emissão de cheques sem suficiente provisão de fundos em poder do sacado ou com o pagamento frustrado** ou mediante transferência de valores, **a competência será definida pelo local do domicílio da vítima, e, em caso de pluralidade de vítimas, a competência firmar-se-á pela prevenção.**[382]

Esse dispositivo legal acarretou a superação da Súmula 521 do Supremo Tribunal Federal,[383] bem como da Súmula 244 do Superior Tribunal de Justiça,[384] construídas com base no art. 70, *caput*, 1.ª parte, do Código de Processo Penal, isto é, antes da inovação promovida pela Lei 14.155/2021.

Deve-se recordar que o estelionato na modalidade fundamental (CP, art. 171, *caput*), praticado com o emprego de cheque falsificado, consuma-se com a obtenção da vantagem ilícita em prejuízo alheio, independentemente da recusa da instituição financeira em pagá-lo. Destarte, o foro competente para apuração do fato corresponde ao local da obtenção da vantagem ilícita em prejuízo alheio. Exemplo: "A" se faz passar por "B", titular da conta-corrente, e emite cheque em nome deste, adquirindo diversas peças de vestuário em um estabelecimento comercial.

2.9.1.23.6.9.1. Reparação do dano e a Súmula 554 do STF

Em consonância com a Súmula 554 do Supremo Tribunal Federal: "O pagamento de cheque emitido sem provisão de fundos, após o recebimento da denúncia, não obsta ao prosseguimento da ação penal".

Sua interpretação autoriza a conclusão, *a contrario sensu*, no sentido de que o pagamento de cheque sem provisão de fundos, até o recebimento da denúncia, impede o prosseguimento da ação penal.

Em termos técnicos, esta súmula, criada quando ainda estava em vigor a redação original da Parte Geral do Código Penal, para o crime de fraude no pagamento por meio de cheque (CP, art. 171, § 2.º, VI), perdeu eficácia com a redação conferida ao art. 16 do Código Penal pela Lei 7.209/1984. Com efeito, antes da Reforma da Parte Geral o Código Penal não contemplava o instituto do arrependimento posterior, que agora figura como causa obrigatória de diminuição da pena, e não como motivo legítimo a retirar a justa causa para o trâmite da ação penal.

Entretanto, a jurisprudência atual considera como válida a súmula em apreço, com a justificativa de que ela não se refere ao arrependimento posterior, e sim à falta de justa causa para a denúncia, por ausência de fraude. É o atual entendimento do Supremo Tribunal Federal, que limita a sua aplicação exclusivamente ao crime de estelionato na modalidade emissão de cheque sem fundos (CP, art. 171, § 2.º, VI), vedando seu reconhecimento ao estelionato em sua descrição fundamental (CP, art. 171, *caput*):

---

[382] "A lei processual penal tem aplicação imediata. Contudo, por se cuidar de competência em razão do lugar, de natureza relativa, incide a regra da *perpetuatio jurisdicionis*, quando já oferecida a denúncia, nos termos do art. 43 do atual Código de Processo Civil, aplicável por força do art. 3.º do Código de Processo Penal" (STJ: CC 181.726/PR, rel. Min. Laurita Vaz, 3.ª Seção, j. 08.09.2021).

[383] "O foro competente para o processo e julgamento dos crimes de estelionato, sob a modalidade da emissão dolosa de cheque sem provisão de fundos, é o do local onde se deu a recusa do pagamento pelo sacado."

[384] "Compete ao foro do local da recusa processar e julgar o crime de estelionato mediante cheque sem provisão de fundos."

A Súmula n.º 554 do Supremo Tribunal Federal não se aplica ao crime de estelionato na sua forma fundamental: "Tratando-se de crime de estelionato, previsto no art. 171, *caput*, não tem aplicação a Súmula 554-STF" (HC 72.944/SP, Relator o Ministro Carlos Velloso, *DJ* 08.03.1996). A orientação contida na Súmula n.º 554 é restrita ao estelionato na modalidade de emissão de cheques sem suficiente provisão de fundos, prevista no art. 171, § 2.º, inc. VI, do Código Penal.[385]

Em nossa opinião, o Supremo Tribunal Federal, com o argumento da aplicação da lei penal voltada à política criminal, confunde um crime de natureza pública e de ação penal pública incondicionada com questões civilistas de cunho privado, conferindo ao Direito Penal função de cobrança que não lhe pertence. É também a posição sustentada por Dirceu de Mello mesmo antes da Reforma da Parte Geral do Código Penal pela Lei 7.209/1984:

> É verdade que, no plano inclinado das liberalidades, entre nós pelo menos, se acabou indo muito longe. De franquia em franquia, uma mais avançada que a outra, terminou advindo o quadro, afora antijurídico, injusto por excelência, que presentemente emoldura as situações de emissão sem fundos: o resgate do cheque, antes de iniciada a ação penal, extingue a punibilidade do agente.
>
> A solução é injurídica porque estabelecida à margem da lei, para não se dizer em oposição a ela.[386]

Por outro lado, se o sujeito realizar a reparação do dano após o recebimento da denúncia ou queixa, e antes do julgamento, incidirá tão somente a atenuante genérica disciplinada pelo art. 65, inciso III, *b*, do Código Penal. E, se a reparação do dano for subsequente ao julgamento, não surtirá efeito nenhum.

Vale destacar, porém, já ter decidido o Superior Tribunal de Justiça, em oposição à Súmula 554 do Supremo Tribunal Federal e aos arts. 16 e 65, inciso III, *b*, do Código Penal, que o pagamento da dívida resultante da emissão dolosa de cheque sem fundos, ainda que posteriormente ao recebimento da denúncia ou da queixa, importa na extinção da punibilidade.[387]

2.9.1.23.6.10. Tentativa

O *conatus* é possível em ambas as modalidades do crime tipificado pelo art. 171, § 2.º, inciso VI, do Código Penal. Vejamos dois exemplos:

1) O correntista dolosamente emite um cheque sem suficiente provisão de fundos, mas sua esposa, agindo sem o seu conhecimento, deposita montante superior em sua conta-corrente antes da apresentação do fólio; e

2) Depois da emissão de um cheque, com suficiente provisão de fundos, o correntista envia uma correspondência ao gerente da instituição financeira solicitando fraudulentamente a frustração do seu pagamento. Entretanto, em razão da greve nos Correios a missiva demora a chegar ao seu destinatário, e o tomador consegue sacar o valor indicado na cártula.

Cumpre destacar que nos exemplos mencionados, nada obstante reconhecida a tentativa do delito, dificilmente será inaugurada a persecução penal, pois a vítima não terá conhecimento da conduta criminosa direcionada ao não pagamento do cheque.

---

[385] HC 94.777/RS, rel. Min. Menezes Direito, 1.ª Turma, j. 05.08.2008.
[386] MELLO, Dirceu. *Aspectos penais do cheque*. São Paulo: RT, 1976. p. 114-115.
[387] HC 83.983/SP, rel. Min. Nilson Naves, 6.ª Turma, j. 20.05.2008.

De outra banda, se o sujeito emite cheque sem suficiente provisão de fundos, mas deposita o valor correspondente antes da recusa do pagamento pelo sacado, estará caracterizado o arrependimento eficaz (CP, art. 15). Nesse caso, não se pode falar em tentativa, pois a consumação não se verificou única e exclusivamente pela vontade do agente, e não por circunstâncias alheias à sua esfera de controle.

2.9.1.23.6.11. Outras observações

2.9.1.23.6.11.1. A figura do cheque especial

Na hipótese de cheque especial, no qual o sacado assegura seu pagamento até um determinado valor preestabelecido, somente quando ultrapassado este limite estará caracterizado o delito, ainda que disto resulte saldo negativo para o correntista. Não há crime de fraude no pagamento por meio de cheque, seja pela ausência de elementares típicas, seja pela inexistência do dolo.

Além disso, se a instituição financeira paga o cheque especial e, posteriormente, o correntista não lhe restitui o montante devido, não há crime, mas ilícito civil resultante de descumprimento de obrigação contratual, já que o título de crédito foi emitido em prol do tomador, e não do banco.

Por outro lado, se o emitente contava com seu cheque especial, razão pela qual pôs em circulação uma ou mais cártulas não excedentes de tal limite, as quais o banco se recusou a pagar por motivos de gestão institucional, não há falar em crime, notadamente pela falta de dolo voltado à fraude em prejuízo do tomador.

2.9.1.23.6.11.2. Cheque pós-datado (ou pré-datado)

Como preceitua o art. 32, *caput*, da Lei 7.357/1985 – Lei do Cheque: "O cheque é pagável à vista. Considera-se não estrita qualquer menção em contrário". Portanto, o cheque constitui-se em **ordem de pagamento à vista**. Esta é a sua natureza jurídica.

Assim sendo, se a pessoa aceita o cheque para ser descontado futuramente, em data posterior à da emissão, está recebendo o título como simples promessa de pagamento, desvirtuando a proteção a ele reservada pelo Direito Penal. Na esteira da orientação do Superior Tribunal de Justiça:

A emissão de cheques pré-datados, como garantia de dívida e não como ordem de pagamento à vista, não constitui crime de estelionato previsto no art. 171, § 2.º, VI, do CP, uma vez que a matéria deixa de ter interesse penal quando não há fraude, conforme a Súmula 246/STF.[388]

Não há fraude: o tomador sabe que o cheque é emitido com ausência ou insuficiência de provisão de fundos, tanto que o seu pagamento foi convencionado para uma data posterior.

Idêntico raciocínio se aplica para a hipótese de cheque apresentado para pagamento depois do prazo legal. Nos termos do art. 33, *caput*, da Lei 7.357/1985 – Lei do Cheque: "O cheque deve ser apresentado para pagamento, a contar do dia da emissão, no prazo de 30 (trinta) dias, quando emitido no lugar onde houver de ser pago; e de 60 (sessenta) dias, quando emitido em outro lugar do País ou no exterior". O fundamento é o mesmo, ou seja, se apresentado depois do prazo legalmente previsto o cheque deixa de ser ordem de pagamento à vista, perdendo a proteção que lhe é conferida pelo Direito Penal.

Entretanto, é possível a responsabilização do agente pelo estelionato na modalidade fundamental (CP, art. 171, *caput*), se demonstrado seu dolo em obter vantagem ilícita em prejuízo alheio no momento da emissão fraudulenta do cheque.

---

[388] HC 226.149/RS, rel. Min. Sebastião Reis Júnior, 6.ª Turma, j. 12.08.2014.

2.9.1.23.6.11.3. Cheque sem fundos e dívida anterior ou substituição de título de crédito não honrado

Somente se configura o crime tipificado pelo art. 171, § 2.º, inciso VI, do Código Penal quando a emissão do cheque sem suficiente provisão de fundos foi a razão do convencimento da vítima, ensejando-lhe prejuízo patrimonial e vantagem ilícita ao agente.

Consequentemente, não há crime na emissão de cheque sem suficiente provisão de fundos para **pagamento de dívida anteriormente existente**, pois nessa hipótese a razão do prejuízo da vítima é diversa da fraude no pagamento por meio do cheque. Exemplo: "A" celebra um contrato de permuta com "B", entregando seu automóvel para, dois meses depois, receber toda a plantação de café deste último. Entretanto, realizada a colheita, "B" não cumpre com sua obrigação contratual. Em razão disso, celebram um acordo para pagamento da dívida em dinheiro, ocasião em que "B" emite, em prejuízo de "A", um cheque sem fundos.

No exemplo mencionado, não se aperfeiçoa o crime de fraude no pagamento por meio de cheque. A causa direta do prejuízo de "A" foi o descumprimento da obrigação contratual, e não a emissão do cheque sem suficiente provisão de fundos. Na verdade, "B" não obteve nova vantagem ilícita, e "A" não suportou outro prejuízo patrimonial. Ao contrário, "A" encontra-se agora em uma posição mais confortável, pois o cheque pode ser executado judicialmente. Na visão do Superior Tribunal de Justiça:

> É da jurisprudência do Superior Tribunal o entendimento segundo o qual a emissão de cheque como garantia de dívida não configura o crime do art. 171, *caput*, do Código Penal (estelionato). No caso, além de não haver certeza sobre cuidar-se de ordem de pagamento à vista, a própria vítima admitiu tratar-se de "garantia de pagamento de um empréstimo". Descaracterizado, pois, está o crime de estelionato na modalidade fraude no pagamento por meio de cheque.[389]

Também não se verifica o delito na emissão de cheque sem suficiente provisão de fundos em **substituição de outro título de crédito não honrado**. Cuida-se uma vez mais de prejuízo anterior à emissão do cheque. O cheque, originariamente uma ordem de pagamento à vista, transmuda-se para simples promessa de pagamento, pois a vítima já havia suportado prejuízo patrimonial, que não se renova, e o agente obteve previamente a vantagem ilícita, independentemente da emissão do cheque sem fundos. Este sempre foi o entendimento consagrado no âmbito do Supremo Tribunal Federal: "Cheque sem fundos. Substituição de nota promissória. Promessa de pagamento, não ordem de pagamento. Descaracterização do crime previsto no art. 171, § 2.º, VI, do Código Penal".[390]

2.9.1.23.6.11.4. Cheque sem fundos e obrigações naturais

A emissão de cheque sem fundos para pagamento de obrigações naturais, como é o caso das **dívidas provenientes de jogos ilícitos**, não configura o crime delineado pelo art. 171, § 2.º, inciso VI, do Código Penal.

O fundamento para este raciocínio encontra-se no art. 814, *caput*, 1.ª parte, do Código Civil: "As dívidas de jogo ou de aposta não obrigam a pagamento".

---

[389] HC 103.449/SP, rel. Min. Jane Silva (Desembargadora convocada do TJMG), 6.ª Turma, j. 12.06.2008. E também: "Emissão de cheque sem fundo (CP, art. 171, § 2.º, VI). Cumpre distinguir a emissão do cheque como contraprestação, da emissão relativa à dívida pré-constituída. Na primeira hipótese, configurados o dolo e o prejuízo patrimonial, haverá o crime. Na segunda, não. A explicação é lógica e simples. Falta o dano patrimonial. O estelionato é crime contra o patrimônio. Se a dívida já existia, a emissão da cártula, ainda que não honrada, não provoca prejuízo algum ao credor" (REsp 118.008/RS, rel. Min. Luiz Vicente Cernicchiaro, 6.ª Turma, j. 26.05.1997).

[390] RHC 54.091/RJ, rel. Min. Bilac Pinto, Plenário, j. 17.12.1975.

Nesse contexto, o cheque emitido sem suficiente provisão de fundos para pagamento de dívida não exigível no juízo civil, será penalmente atípico ainda que não compensado pelo banco sacado, em face da ausência da intenção de fraudar. Com efeito, não se pode ofender o patrimônio de quem não tem possibilidade jurídica de exigir o pagamento de dívida não amparada pelo Direito.[391]

O mesmo tratamento, pela identidade de motivos, deve ser dispensado às **dívidas resultantes de atividades sexuais** mantidas com prostitutas ou garotos de programa. Tais comportamentos, embora penalmente atípicos, despontam como reconhecidamente imorais e contrários ao Direito, tanto que normalmente são cometidos na clandestinidade. Não podem, destarte, ser juridicamente tutelados.

De fato, se a prostituta ou o garoto de programa não possuem meios válidos para cobrança judicial dos serviços ilicitamente prestados, de igual modo não se pode reputar como criminosa a emissão de cheque sem fundos para suposto pagamento dos favores sexuais, uma vez não ser cabível falar em "fraude" em pagamento que não se tem como exigir com amparo no ordenamento jurídico.

2.9.1.24. Causa de aumento da pena: § 3.º

O **estelionato circunstanciado** ou **estelionato agravado** está descrito no art. 171, § 3.º, do Código Penal: "A pena aumenta-se de um terço, se o crime é cometido em detrimento de entidade de direito público ou de instituto de economia popular, assistência social ou beneficência".

Incide a causa de aumento, aplicável na terceira fase da dosimetria da pena privativa de liberdade, quando o estelionato ofende o patrimônio da União, dos Estados, Municípios e Distrito Federal, de suas autarquias e entidades paraestatais, bem como de instituto de economia popular, assistência social ou beneficência. Nas lições de Nélson Hungria:

> Instituto de economia popular é todo aquele que serve a direto interesse do povo ou indeterminado número de pessoas (bancos populares, cooperativas, caixas Raiffeisen, sociedades de mutualismo etc.). Instituto de assistência social ou beneficência é o que atende a fins de filantropia, de solidariedade humana, de caridade, de altruístico socorro aos necessitados em geral, de desinteressado melhoramento moral ou educacional.[392]

A majorante é aplicável tanto à modalidade fundamental de estelionato (CP, art. 171, *caput*) como também às figuras qualificadas (CP, art. 171, § 2.º) e fundamenta-se na extensão difusa dos danos produzidos, pois com a lesão ao patrimônio público e ao interesse social toda a coletividade é prejudicada. O tratamento penal mais severo baseia-se na qualidade especial do sujeito passivo. Nada obstante a vítima seja determinada, os indivíduos ofendidos pela conduta criminosa são inúmeros e indeterminados. Os reflexos do delito atingem a generalidade das pessoas.

Consequentemente, não há falar na incidência do princípio da insignificância. Para o Superior Tribunal de Justiça:

> Cinge-se a controvérsia a saber acerca da possibilidade do trancamento de ação penal pelo reconhecimento de crime bagatelar no caso de médico que, no desempenho de seu cargo público, teria registrado seu ponto e se retirado do local, sem cumprir sua carga horária. A jurisprudência desta Corte Superior de Justiça não tem admitido, nos casos de prática de estelionato qualificado, a incidência do princípio da insignificância, inspirado na fragmentariedade do Direito Penal, em

---

[391] Em igual sentido: NUCCI, Guilherme de Souza. *Código Penal comentado*. 8. ed. São Paulo: RT, 2008. p. 781.
[392] HUNGRIA, Nélson. *Comentários ao Código Penal*. 2. ed. Rio de Janeiro: Forense, 1958. v. 7, p. 259-261.

razão do prejuízo aos cofres públicos, por identificar maior reprovabilidade da conduta delitiva. Destarte, incabível o pedido de trancamento da ação penal, sob o fundamento de inexistência de prejuízo expressivo para a vítima, porquanto, em se tratando de hospital universitário, os pagamentos aos médicos são provenientes de verbas federais.[393]

Finalmente, vale recordar o conteúdo da Súmula 24 do Superior Tribunal de Justiça: "Aplica-se ao crime de estelionato, em que figure como vítima entidade autárquica da Previdência Social, a qualificadora do § 3.º do art. 171 do Código Penal".

2.9.2. Art. 171-A – Fraude com a utilização de ativos virtuais, valores mobiliários ou ativos financeiros

2.9.2.1. Dispositivo legal

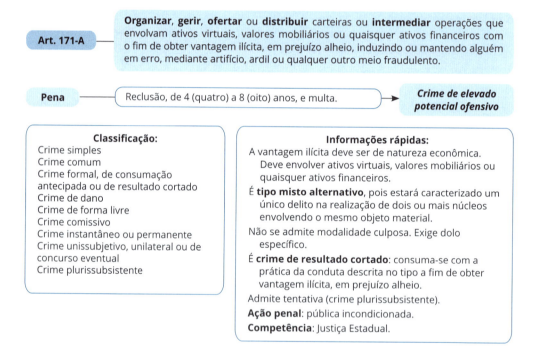

2.9.2.2. Introdução

No ano de 2020, com a pandemia da covid-19 e a decretação de *lockdown* no Brasil, houve intensa retração da atividade econômica. As pessoas estavam "presas" em suas casas. A menor atividade laborativa conduzia à diminuição da circulação de riquezas.

Para estimular o consumo, o Banco Central do Brasil reduziu a Selic, taxa básica de juros da economia e principal instrumento de política monetária para controlar a inflação, aos níveis mais baixos da história, alcançando incríveis 2% no período compreendido entre agosto de 2020 e março de 2021.

A rentabilidade dos títulos indexados à taxa Selic (a famosa "renda fixa") perdeu atratividade. As operações envolvendo **renda variável** – como as ações de empresas de

---

[393] AgRg no HC 548.869/RS, rel. Min. Joel Ilan Paciornik, 5.ª Turma, j. 12.05.2020, noticiado no *Informativo* 672.

capital aberto e seus derivativos, bem como as criptomoedas ou moedas virtuais – ganharam escala, seja pela possibilidade de maiores ganhos, seja pelo fato de as pessoas estarem recolhidas em seus lares, com tempo livre e muitas vezes à frente de computadores, *tablets* e *smartphones*.

Surgiu uma legião de inexperientes e arrojados *traders*, compreendidos como os investidores (ou especuladores) que buscam lucros com operações de curtíssimo prazo, aproveitando-se da volatilidade do mercado financeiro.

Esse ambiente ensejou o aparecimento de "gênios" do mercado de capitais: indivíduos bradavam ao público, especialmente nas redes sociais, ganhos estratosféricos em dias ou semanas. Ecoavam estratégias de multiplicação de patrimônios, rápidas, seguras e eficazes. A ganância seduz. Os enganadores ganharam espaço porque muitas pessoas, à espera de milagres, abriram espaço para fraudes. No fundo, queriam ser enganadas.

Pirâmides e mais pirâmides financeiras alastraram-se pelo Brasil.[394] Promessas de lucros fáceis e vultosos ocultavam manobras fraudulentas e despidas de qualquer garantia. O resultado não poderia ser outro: alguns poucos – os criminosos – enriqueceram. Os demais foram à ruína.

Com o escopo de punir comportamentos dessa natureza, a Lei 14.478/2022 inseriu o art. 171-A no Código Penal, além de estabelecer diretrizes a serem observadas na prestação de serviços de ativos virtuais e na regulamentação das prestadoras desses serviços, sem prejuízo de modificações na Lei 7.492/1986 (Crimes contra o Sistema Financeiro Nacional) e na Lei 9.613/1998 (Lavagem de Capitais).

2.9.2.3. Objetividade jurídica

O bem jurídico tutelado pelo art. 171-A do Código Penal é o patrimônio.

2.9.2.4. Objeto material

É o ativo virtual, o valor mobiliário ou ativo financeiro.

O **ativo virtual** é definido pelo art. 3.º da Lei 14.478/2022 como "a representação digital de valor que pode ser negociada ou transferida por meios eletrônicos e utilizada para realização de pagamentos ou com propósito de investimento", como as criptomoedas (*Bitcoin*, *Ethereum*, *Cardano*, *Dogecoin* etc.).

Não se incluem no conceito de ativo virtual, por expressa previsão legal: I – a moeda nacional (real) e as moedas estrangeiras (dólar, euro, peso argentino etc.); II – a moeda eletrônica, nos termos da Lei 12.865/2013; III – os instrumentos que provejam ao seu titular acesso a produtos ou serviços especificados ou a benefício proveniente desses produtos ou serviços, a exemplo de pontos e recompensas de programas de fidelidade; e IV – as representações de ativos cuja emissão, escrituração, negociação ou liquidação esteja prevista em lei ou regulamento, a exemplo de valores mobiliários e de ativos financeiros.

Valor mobiliário é o título negociável no mercado financeiro, emitido por um ente público (governo) ou privado (empresa), visando à captação de recursos no mercado em geral e representativo de propriedade ou de crédito, a exemplo das ações e das debêntures.

O conceito de **ativo financeiro**, para os fins do art. 171-A do Código Penal, é residual, ou seja, deve ser obtido por exclusão. Em outras palavras, os ativos virtuais e os valores mobiliários são ativos financeiros, mas foram tratados separadamente pelo legislador.

---

[394] O termo "pirâmide" origina-se do formato em que a estrutura é desenhada. Inicia-se com um vendedor no topo, que convida algumas pessoas para o degrau abaixo. Cada membro desse nível fica responsável por recrutar outros "investidores", que ficam na escala abaixo, e assim por diante. A pessoa paga para entrar no grupo e parte do recurso vira uma remuneração a quem a indicou. De seu turno, o indicado precisa atrair outras pessoas para integrar a pirâmide e obter lucro.

Destarte, o ativo financeiro há de ser compreendido como qualquer produto do mercado financeiro, conversível em dinheiro, que pode ser negociado e proporcionar retorno ao investidor. São seus exemplos, entre tantos outros, os fundos de investimentos, os CDBs (Certificados de Depósito Bancário), as LCIs (Letras de Crédito Imobiliário), as LCAs (Letras de Crédito do Agronegócio) e os ETFs (*Exchange Traded Funds*), fundos de gestão passivos referenciados em índice de Bolsa de Valores.

2.9.2.5. Núcleos do tipo

O art. 171-A do Código Penal contém cinco núcleos: organizar, gerir, ofertar, distribuir e intermediar.

Organizar é constituir ou compor; **gerir** equivale a administrar; **ofertar** consiste em oferecer ou entregar; e **distribuir** é repartir entre duas ou mais pessoas. Tais verbos relacionam-se às **carteiras**, ou seja, ao portfólio de investimentos envolvendo ativos virtuais, valores mobiliários ou quaisquer ativos financeiros.

Intermediar, por sua vez, é interceder, funcionar como mediador de uma **operação**, ou seja, da compra, venda, transferência ou aluguel de ativos virtuais, valores mobiliários ou ativos financeiros de qualquer espécie.

Cuida-se de **tipo misto alternativo, crime de ação múltipla ou de conteúdo variado**. Estará caracterizado um único delito na realização de dois ou mais núcleos envolvendo o mesmo objeto material, como na hipótese em que o agente organiza, oferta e distribui carteira de ativos virtuais.

O sujeito se vale de artifício, ardil ou qualquer outro meio fraudulento para induzir ou manter alguém em erro, com o fim de obter vantagem ilícita em prejuízo alheio.[395]

Essa vantagem ilícita há de ser necessariamente **econômica**, haja vista que o art. 171-A do Código Penal encontra-se catalogado entre os crimes contra o patrimônio. Além disso, a conduta deve ser direcionada a uma pessoa determinada (ou pessoas determinadas), pois o tipo penal fala em "induzindo ou mantendo **alguém** em erro".

Diante de tantos pontos em comuns com o estelionato (CP, art. 171), podemos rotular o delito em análise de **estelionato de ativos financeiros**.

As pirâmides financeiras são o melhor exemplo desse crime. Pensemos na situação em que o agente organiza um grupo de investidores em criptomoedas. Ele inicialmente convida 10 pessoas de boa-fé para aplicar dinheiro em uma nova (e até então desconhecida) moeda digital, prometendo retorno de 10% ao mês. Todavia, para receber o retorno financeiro convencionado, cada convidado precisa trazer outros 10 investidores para o grupo, e assim sucessivamente. Alguns meses depois da gestão dessa estrutura de investimento surge a notícia de que a nova criptomoeda não era dotada de nenhum lastro de garantia e, como não possuía nenhum fundamento econômico, não tem mais valor no mercado de capitais. O fundador do grupo, porém, já retirou todo seu capital, bem como vultosa quantia aplicada pelos demais membros do grupo, e fugiu para outro país.

2.9.2.6. Sujeito ativo

A fraude com utilização de ativos virtuais, valores mobiliários ou ativos financeiros é **crime comum** ou **geral**. Pode ser cometido por qualquer pessoa, e admite tanto a coautoria como a participação.

---

[395] Tais elementos do tipo legal são idênticos aos contidos no art. 171, *caput*, do Código Penal, razão pela qual remetemos à leitura do item 2.9.1.5.

2.9.2.7. Sujeito passivo

É a pessoa física enganada pela fraude, bem como a pessoa (física ou jurídica) que suporta o prejuízo econômico em razão da manobra ilícita.

2.9.2.8. Elemento subjetivo

É o dolo, acrescido de uma finalidade específica (**elemento subjetivo específico**), representada pela expressão "com o fim de obter vantagem ilícita, em prejuízo alheio".

2.9.2.9. Consumação

O art. 171-A do Código Penal contempla um **crime formal, de consumação antecipada** ou **de resultado cortado**: consuma-se com a prática da conduta de organizar, gerir, ofertar ou distribuir carteiras ou intermediar operações que envolvam ativos virtuais, valores mobiliários ou quaisquer ativos financeiros, **com o fim de obter vantagem ilícita, em prejuízo alheio**.

Basta a realização da conduta prevista em lei com tal finalidade, ainda que esse duplo resultado (vantagem ilícita em prejuízo alheio) não seja alcançado pelo agente.[396]

O delito, em regra, é instantâneo, pois consuma-se em um momento determinado, sem continuidade no tempo. Na conduta de **"gerir"** a carteira que envolva ativos virtuais, valores mobiliários ou quaisquer ativos financeiros, contudo, o crime é permanente, uma vez que a consumação se prolonga no tempo, pela vontade do agente, perdurando a situação ilícita enquanto subsistir a gestão fraudulenta.

2.9.2.10. Tentativa

É cabível, em face do caráter plurissubsistente do delito, permitindo o fracionamento do *iter criminis*. Exemplo: o agente estrutura uma operação de pirâmide e a divulga em redes sociais, mas vem a ser preso antes de efetivamente organizar a carteira envolvendo ativos financeiros.

2.9.2.11. Ação penal

A ação penal é pública incondicionada.

A regra prevista no art. 171, § 5.º, do Código Penal é restrita ao estelionato, nas diversas modalidades previstas no art. 171 do Código Penal.

2.9.2.12. Lei 9.099/1995

Em face da pena privativa de liberdade cominada – reclusão, de quatro a oito anos –, a fraude com utilização de ativos virtuais, valores mobiliários ou ativos financeiros constitui-se em **crime de elevado potencial ofensivo**, incompatível com os benefícios elencados pela Lei 9.099/1995.

2.9.2.13. Classificação doutrinária

A fraude com utilização de ativos virtuais, valores mobiliários ou ativos financeiros é crime **simples** (ofende um único bem jurídico, consistente no patrimônio da pessoa atacada pela fraude); **comum** (pode ser cometido por qualquer pessoa); **formal, de consumação antecipada** ou **de resultado cortado** (consuma-se com a prática da conduta criminosa, indepen-

---

[396] A análise do art. 171, *caput*, do Código Penal revela que o estelionato, de seu turno, é crime material ou causal. A consumação depende do duplo resultado previsto em lei: obtenção de vantagem em prejuízo alheio.

dentemente da superveniência do resultado naturalístico); **de dano** (o agente almeja a lesão do bem jurídico); **de forma livre** (admite qualquer meio de execução); **comissivo**; **instantâneo** (consuma-se em um momento determinado, sem continuidade no tempo) ou **permanente**, na conduta de "gerir" (a consumação se prolonga no tempo, pela vontade do agente); **unissubjetivo**, **unilateral** ou **de concurso eventual** (em regra, praticado por uma única pessoa, mas admite o concurso); e **plurissubsistente**.

2.9.2.14. Competência

A fraude com utilização de ativos virtuais, valores mobiliários ou ativos financeiros é de competência da **Justiça Estadual**.[397] Trata-se de crime alocado no Título II da Parte Especial do Código Penal, ou seja, o tipo penal destina-se à **proteção do patrimônio**.

Esta é a nossa opinião, porém não há como ignorar que certamente surgirão vozes defendendo entendimento diverso.

De fato, para sustentar a competência da Justiça Federal, poder-se-ia argumentar que, a teor da regra contida no art. 1.º, parágrafo único, II, da Lei 7.492/1986, a pessoa física que tenha, ainda que de forma eventual, a atividade principal ou acessória, cumulativamente ou não, de captação, intermediação ou aplicação de recursos financeiros de terceiros, em moeda nacional ou estrangeira, ou a custódia, emissão, distribuição, negociação, intermediação ou administração de valores mobiliários constitui-se em **instituição financeira por equiparação**.

Além disso, o art. 1.º, parágrafo único, I-A, da Lei 7.492/1986, incluído pela Lei 14.478/2022, equipara às instituições financeiras a pessoa jurídica que ofereça serviços referentes a operações com ativos virtuais, inclusive intermediação, negociação ou custódia.

Em síntese, a fraude com a utilização de ativos virtuais, valores mobiliários ou ativos financeiros seria um crime contra o sistema financeiro nacional, inserido pelo legislador entre os crimes contra o patrimônio.

Esse argumento não convence. A finalidade precípua do tipo penal é a tutela do patrimônio de pessoas lesadas por expedientes fraudulentos, e não do sistema financeiro, cujas condutas atentatórias encontram-se na Lei 7.492/1986.

Além disso, o art. 1.º, parágrafo único, I-A, da Lei 7.492/1986, ao equiparar às instituições financeiras a **pessoa jurídica** que ofereça serviços referentes a operações com ativos virtuais, inclusive intermediação, negociação ou custódia, não pode ser aplicado para fins de interpretação do sujeito ativo do crime definido no art. 171-A do Código Penal, cuja prática é restrita às **pessoas físicas**. No atual estágio do Direito Penal brasileiro, e nesse ponto não há polêmica alguma, a responsabilidade da pessoa jurídica é restrita aos crimes ambientais, nos termos do art. 225, § 3.º, da Constituição Federal e do art. 3.º da Lei 9.605/1998.

Se não bastasse, o simples enquadramento da conduta como crime contra o sistema financeiro nacional, o que se admite apenas para fins argumentativos, não importaria, de forma automática, na competência da justiça especializada.

Com efeito, o art. 109, VI, da Constituição Federal é mandamental ao estabelecer a competência da Justiça Federal para processar e julgar "os crimes contra a organização do trabalho e, **nos casos determinados por lei, contra o sistema financeiro** e a ordem econômico-financeira."

Em outras palavras, não basta ser crime contra o sistema financeiro para ingressar na competência da Justiça Federal. A lei deve ser expressa nesse sentido.

---

[397] Essa, aliás, era a posição consagrada no Superior Tribunal de Justiça antes da criação do art. 171-A do Código Penal, à época em que as condutas envolvendo pirâmides financeiras eram enquadradas como crimes contra a economia popular (CC 170.392/SP, rel. Min. Joel Ilan Paciornik, 3.ª Seção, j. 10.06.2020).

Nesse contexto, a Lei 7.492/1986, responsável pela definição dos crimes contra o sistema financeiro nacional, estatui em seu art. 26, *caput*: "A ação penal, **nos crimes previstos nesta lei**, será promovida pelo Ministério Público Federal, perante a Justiça Federal". Há, nesse caso, irrestrita obediência à determinação constitucional.

De outro lado, o legislador optou por incluir o estelionato de ativos financeiros no art. 171-A do Código Penal, na seara dos crimes contra o patrimônio, e não na Lei 7.492/1986, entre os crimes contra o sistema financeiro nacional. Em resumo, é possível extrair as seguintes conclusões:

a) a fraude com a utilização de ativos virtuais, valores mobiliários ou ativos financeiros encontra-se alocada no Código Penal, entre os crimes contra o patrimônio;

b) se fosse crime contra o sistema financeiro nacional, tal delito figuraria no rol da Lei 7.492/1986;

c) ainda que se argumente pela caracterização de crime contra o sistema financeiro nacional, a Lei 14.478/2022 deveria expressamente ter definido a competência da Justiça Federal, em respeito à regra imposta pelo art. 109, VI, da Constituição Federal, mas deliberadamente não o fez; e

d) consequentemente, não há como afastar a competência da Justiça Estadual para o processo e o julgamento do crime previsto no art. 171-A do Código Penal.

2.9.3. Art. 172 – Duplicata simulada

2.9.3.1. Dispositivo legal

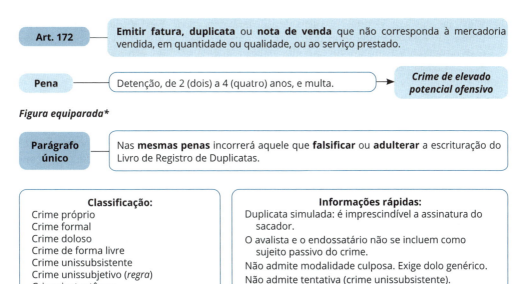

2.9.3.2. Objetividade jurídica

O bem jurídico protegido pela lei penal é o patrimônio.

2.9.3.3. Objeto material

É a fatura, duplicata ou nota de venda, sem a devida correspondência com a mercadoria vendida, em quantidade ou qualidade, ou com o serviço prestado.

Fatura é o documento de emissão obrigatória pelo vendedor, na relação de compra e venda mercantil. Dela deve constar a descrição das mercadorias vendidas, especificando sua natureza (qualidade) e quantidade, bem como seu respectivo preço.

Duplicata, por sua vez, é o título de crédito resultante da fatura (constitui-se, como seu próprio nome induz, em uma duplicação da fatura), emitido pelo vendedor, nas relações de compra e venda mercantil em território nacional, para fins de circulação como efeito comercial, nos termos do art. 2.º da Lei 5.474/1968.

Nota de venda, finalmente, consiste no documento emitido pelo comerciante, em cujo conteúdo é possível encontrar a especificação da quantidade, qualidade, procedência e preço das mercadorias objetos de transação mercantil, cuja finalidade precípua é atender aos interesses do fisco. Assemelha-se à fatura.

2.9.3.4. Núcleo do tipo

O núcleo do tipo é **"emitir"**, ou seja, expedir, colocar em circulação. Dessa maneira, é imprescindível que o sujeito ativo ponha a fatura, duplicata ou nota de venda em circulação, sem correspondência com a mercadoria vendida ou com o serviço prestado, e, após, remeta-a ao aceitante ou a endosse antes de eventual aceitação do sacado.

Vale destacar que o simples preenchimento da duplicata não configura o delito tipificado pelo art. 172 do Código Penal, sendo necessária a assinatura do vendedor. Como já decidido pelo Supremo Tribunal Federal:

> Duplicata simulada: inexistência, à falta de assinatura do sacador. A existência de duplicata – cujo similar não é a nota promissória, mas a letra de câmbio – pode existir sem o aceite, mas não sem o saque, que só a assinatura do vendedor-emitente materializa: logo, não realiza o crime do art. 172 do Código Penal a remessa ao sacado de duplicata não assinada pelo sacador.[398]

2.9.3.5. Sujeito ativo

Trata-se de **crime próprio** ou **especial**, pois somente pode ser praticado pelo comerciante que coloca em circulação a fatura, duplicata ou nota de venda, sem correspondência com a mercadoria vendida ou com o serviço prestado. Admite coautoria e participação.[399]

2.9.3.6. Sujeito passivo

É o recebedor, ou seja, quem desconta a duplicata, aquele que aceita a duplicata como caução, e também o sacado de boa-fé, que corre o risco de ser protestado. Não é indispensável, registre-se, a participação na figura delituosa da pessoa contra quem a duplicata foi emitida. Se houver coautoria entre emitente e aceitante, sujeito passivo será quem fez o desconto, e não o sacado.[400]

Prevalece em seara doutrinária o entendimento no sentido de que o avalista e o endossatário não se incluem como vítimas do crime de duplicata simulada.

---

[398] RHC 79.784/GO, rel. Min. Sepúlveda Pertence, 1.ª Turma, j. 14.12.1999.
[399] STJ, REsp 975.962/CE, rel. Min. Felix Fischer, 5.ª Turma, j. 19.02.2009.
[400] Cf. BITENCOURT, Cezar Roberto. *Tratado de direito penal*. Parte especial. 4. ed. São Paulo: Saraiva, 2008. v. 3, p. 304.

2.9.3.7. Elemento subjetivo

É o dolo, independentemente de qualquer finalidade específica. Não se admite a modalidade culposa.

O agente emite a fatura, duplicata ou nota de venda com a consciência de que ela não guarda correspondência com a mercadoria vendida, em quantidade ou qualidade, ou com o serviço prestado. Para o Supremo Tribunal Federal:

> Diretores de grande empresa, denunciados pela prática do crime do art. 172 do Código Penal. Atos que teriam sido praticados por representantes vendedores, consistentes na emissão de duas duplicatas no valor irrisório de R$ 170,00. Títulos que, segundo se apurou, resultaram de operação conhecida como "venda cruzada", realizada por vendedor autorizado, já falecido, os quais não chegaram a ser negociados em banco, havendo sido apurado, ademais, que a mercadoria chegou a ser expedida em nome da empresa sacada, gerando a convicção de que se tratava de venda regular. Ausência do elemento subjetivo consistente na vontade conscientemente dirigida à expedição de duplicata simulada, que caracterizaria a justa causa para a ação penal.[401]

2.9.3.8. Consumação

Cuida-se de **crime formal, de consumação antecipada ou de resultado cortado**. Consuma-se com a simples emissão, ou seja, com a colocação da fatura, da duplicata ou da nota de venda em circulação, dispensando a causação de prejuízo patrimonial à vítima, bem como a efetiva venda de mercadoria ou prestação de serviço. Em conformidade com a jurisprudência do Superior Tribunal de Justiça:

> O delito de duplicata simulada, previsto no art. 172 do CP (redação dada pela Lei 8.137/1990), configura-se quando o agente emite duplicata que não corresponde à efetiva transação comercial, sendo típica a conduta ainda que não haja qualquer venda de mercadoria ou prestação de serviço. O art. 172 do CP, em sua redação anterior, assim estabelecia a figura típica do delito de duplicata simulada: "Expedir ou aceitar duplicata que não corresponda, juntamente com a fatura respectiva, a uma venda efetiva de bens ou a uma real prestação de serviço". Com o advento da Lei 8.137/1990, alterou-se a redação do dispositivo legal, que passou a assim prever: "Emitir fatura, duplicata ou nota de venda que não corresponda à mercadoria vendida, em quantidade ou qualidade, ou ao serviço prestado". Conforme se depreende de entendimento doutrinário e jurisprudencial, a alteração do artigo pretendeu abarcar não apenas os casos em que há discrepância qualitativa ou quantitativa entre o que foi vendido ou prestado e o que consta na duplicata, mas também aqueles de total ausência de venda de bens ou prestação de serviço. Dessa forma, observa-se que o legislador houve por bem ampliar a antiga redação daquele dispositivo, que cuidava apenas da segunda hipótese, mais grave, de modo a também punir o emitente quando houver a efetiva venda de mercadoria, embora em quantidade ou qualidade diversas".[402]

2.9.3.9. Tentativa

Não é possível, por se tratar de **crime unissubsistente**.[403]

2.9.3.10. Ação penal

A ação penal é pública incondicionada.

---

[401] HC 79.449/SP, rel. Min. Octavio Gallotti, 1.ª Turma, j. 19.10.1999.
[402] REsp 1.267.626/PR, rel. Min. Maria Thereza de Assis Moura, 6.ª Turma, j. 05.12.2013, noticiado no *Informativo* 534.
[403] STJ: RHC 16.053/SP, rel. Min. Paulo Medina, 6.ª Turma, j. 02.08.2005, noticiado no *Informativo* 254.

2.9.3.11. Classificação doutrinária

O crime é **próprio** (somente quem tem o poder de emitir a fatura, duplicata ou nota de venda pode cometê-lo); **formal** (independe da produção do resultado naturalístico, qual seja o efetivo prejuízo patrimonial à vítima); **doloso**; **de forma livre** (admite qualquer meio de execução); **unissubsistente** (o único fato de colocar a nota, duplicata ou nota de venda em circulação já é capaz de, por si só, alcançar a consumação); **unissubjetivo, unilateral ou de concurso eventual** (pode ser cometido por uma só pessoa, mas admite o concurso); e **instantâneo** (a consumação se verifica em um momento determinado, sem continuidade no tempo).

2.9.3.12. A questão da "triplicata"

A chamada triplicata, de acordo com o art. 23 da Lei 5.474/1968, apenas pode ser extraída em caso de perda ou extravio da duplicata, devendo, para produzir iguais efeitos, possuir idênticos requisitos e obedecer às mesmas formalidades desta. Como leciona Fábio Ulhoa Coelho, "trata-se não de novo título, mas apenas da segunda via da duplicata, extraída a partir dos dados escriturados no livro próprio".[404]

Destarte, cuidando-se de uma segunda via da duplicata, a sua emissão sem correspondência à mercadoria vendida, em quantidade ou qualidade, ou ao serviço prestado, caracteriza o crime tipificado no art. 172 do Código Penal. Extrai-se esta conclusão mediante a **interpretação extensiva** da lei penal. Há, todavia, quem sustente tratar-se de analogia *in malam partem*, razão pela qual a triplicata não se subsume ao delito em análise.

2.9.3.13. Figura equiparada: parágrafo único

Equipara-se ao crime de duplicata simulada a conduta de falsificar ou adulterar a escrituração do Livro de Registro de Duplicatas, obrigatório para o comerciante.

Os núcleos desta figura típica são **"falsificar"** e **"adulterar"**. Tais verbos têm significado bastante semelhante: aquele equivale a imitar ou alterar com fraude, contrafazer; este, deturpar, mudar, alterar.

De acordo com o art. 19, *caput* e § 1.º, da Lei 5.474/1968, o vendedor é obrigado a ter e a escriturar, cronologicamente, no **Livro de Registro de Duplicatas**, todas as duplicatas emitidas, com o número de ordem, data e valor das faturas originárias e data de sua expedição; nome e domicílio do comprador; anotações das reformas; prorrogações e outras circunstâncias necessárias.

Destarte, estará delineado o crime definido pelo art. 172, parágrafo único, do Código Penal na hipótese em que o sujeito contrafaz ou altera a escrituração do Livro de Registro de Duplicatas.

2.9.4. Art. 173 – Abuso de incapazes

2.9.4.1. Dispositivo legal

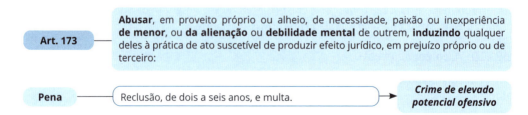

---

[404] COELHO, Fábio Ulhoa. *Curso de direito comercial*. 11. ed. São Paulo: Saraiva, 2007. v. 1, p. 463.

Classificação:	Informações rápidas:
Crime comum Crime formal Crime doloso Crime de forma livre Crime plurissubsistente Crime unissubjetivo (*regra*) Crime instantâneo	Menor **emancipado** não poderá figurar como sujeito passivo. Não admite modalidade culposa. Exige dolo específico. Se o agente desconhecer condições da vítima, poderá caracterizar estelionato (se houver fraude) ou o fato ser atípico. Ocorrência de dano caracteriza exaurimento. Admite tentativa. **Ação penal:** pública incondicionada.

2.9.4.2. Objetividade jurídica

O bem jurídico legalmente tutelado é o patrimônio.

2.9.4.3. Objeto material

É o incapaz, em decorrência da sua menoridade ou por ser portador de alienação ou debilidade mental, que suporta a conduta criminosa.

2.9.4.4. Núcleos do tipo

Os núcleos do tipo são **"abusar"** e **"induzir"**.

Abusar significa aproveitar-se ou prevalecer-se de determinada condição, ou, em outras palavras, tirar proveito ou vantagem de alguém. De outro lado, **induzir** tem o sentido de fazer nascer a ideia na mente de outrem.

Destarte, pratica o crime tipificado pelo art. 173 do Código Penal quem, em proveito próprio ou alheio, aproveitando-se de pessoa cuja capacidade para se autodeterminar e expressar sua vontade seja nula ou reduzida, faz nascer em sua mente a ideia de realizar ato jurídico, causando, em virtude disso, prejuízo a si próprio ou a terceiros.

Como bem destaca Ney Moura Teles: "Atos nulos como a venda de imóvel por pessoa absolutamente incapaz, segundo a lei civil, por não produzirem qualquer efeito, não configuram o crime, mas os atos anuláveis, sim".[405]

2.9.4.5. Sujeito ativo

Pode ser qualquer pessoa (**crime comum**).

2.9.4.6. Sujeito passivo

Somente pode figurar como vítima o menor de idade, bem como o alienado ou o débil mental. Observe-se que o menor emancipado não poderá figurar como sujeito passivo do delito em estudo, haja vista que, com a sua emancipação, deixa de gozar do *status* de incapaz, nos termos do art. 5.º do Código Civil.[406]

2.9.4.7. Elemento subjetivo

É o dolo, acrescido do especial fim de agir representado pela expressão "em proveito próprio ou alheio".

---

[405] TELES, Ney Moura. *Direito penal*. Parte especial. São Paulo: Atlas, 2004. v. 2, p. 431.
[406] Cf. GRECO, Rogério. *Código Penal comentado*. 2. ed. Rio de Janeiro: Impetus, 2009. p. 479.

Saliente-se que o desconhecimento do agente no tocante às condições da vítima pode levar à caracterização do crime de estelionato, se houver o emprego de meio fraudulento, ou tornar o fato atípico.[407]

Não se admite a modalidade culposa.

2.9.4.8. Consumação

Dá-se no momento em que o menor de idade, alienado ou débil mental, pratica ato idôneo de lesar seu patrimônio ou de terceiro, em decorrência de ter sido ludibriado pelo agente. O crime é **formal, de consumação antecipada ou de resultado cortado**, dispensando o efetivo prejuízo ao incapaz ou a terceiro. O texto legal é claro nesse sentido: "ato suscetível de produzir...".

A superveniência do dano implica mero exaurimento, que deve ser levado em consideração pelo magistrado na dosimetria da pena-base, nos moldes do art. 59, *caput*, do Código Penal.

2.9.4.9. Tentativa

O *conatus* é possível quando o sujeito ativo efetua a conduta, mas, por circunstâncias alheias à sua vontade, a vítima (incapaz) não realiza o ato suscetível de produzir efeito jurídico em proveito próprio ou de terceiro.

2.9.4.10. Ação penal

A ação penal é pública incondicionada.

2.9.4.11. Classificação doutrinária

Cuida-se de crime **comum** (pode ser praticado por qualquer pessoa); **formal** (independe da produção do resultado naturalístico, qual seja, o efetivo prejuízo patrimonial à vítima ou a terceiros); **doloso**; **de forma livre** (admite qualquer meio de execução); em regra **plurissubsistente** (a conduta criminosa pode ser fracionada em diversos atos); **unissubjetivo, unilateral ou de concurso eventual** (pode ser cometido por uma só pessoa, mas admite o concurso); e **instantâneo** (a consumação se verifica em um momento determinado, sem continuidade no tempo).

2.9.5. Art. 174 – Induzimento à especulação

2.9.5.1. Dispositivo legal

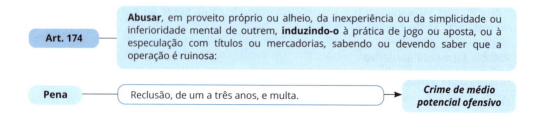

Art. 174 — **Abusar**, em proveito próprio ou alheio, da inexperiência ou da simplicidade ou inferioridade mental de outrem, **induzindo-o** à prática de jogo ou aposta, ou à especulação com títulos ou mercadorias, sabendo ou devendo saber que a operação é ruinosa:

Pena — Reclusão, de um a três anos, e multa.

Crime de médio potencial ofensivo

---

[407] Cf. CAPEZ, Fernando; PRADO, Stela. *Código Penal comentado*. Porto Alegre: Verbo Jurídico, 2007. p. 375.

> **Classificação:**
> Crime comum
> Crime formal
> Crime doloso
> Crime de forma vinculada
> Crime plurissubsistente (*regra*)
> Crime unissubjetivo (*regra*)
> Crime instantâneo

> **Informações rápidas:**
> A vantagem deve ser econômica.
> Não é necessário que o jogo ou a aposta sejam ilícitos.
> Não admite modalidade culposa. Exige dolo específico.
>   Na modalidade "induzindo-o à especulação com títulos ou mercadorias" admite-se tanto o dolo direto quanto o eventual.
> Admite tentativa.
> **Ação penal:** pública incondicionada.

2.9.5.2. Objetividade jurídica

O bem jurídico protegido é o patrimônio.

2.9.5.3. Objeto material

É a pessoa inexperiente, simples ou de capacidade mental reduzida, contra quem a conduta criminosa é cometida.

2.9.5.4. Núcleos do tipo

Os núcleos do tipo penal são idênticos aos do delito de abuso de incapazes: **"abusar"** e **"induzir"**.[408]

Destarte, para caracterizar o crime de induzimento à especulação é preciso que o sujeito ativo, com o escopo de obter, para si ou para outrem, vantagem econômica, aproveite-se de pessoa inexperiente, simples ou de capacidade mental reduzida, induzindo-a à prática de jogo ou aposta, ou à especulação com títulos ou mercadorias.

Em síntese, o agente, em proveito próprio ou alheio, convence a vítima de que não possui a capacidade de discernimento necessária acerca dos riscos do jogo ou aposta, ou da operação pela qual é induzida a realizar, sabendo ou devendo saber que se trata de atividade ruinosa.

Como a lei descreve as formas pelas quais a conduta pode ser executada, a doutrina classifica a figura típica delineada pelo art. 174 do Código Penal como **crime de forma vinculada**.

Importante destacar não ser necessário que o jogo ou a aposta sejam ilícitos, pois o bem jurídico tutelado pelo art. 174 do Código Penal é tão somente o patrimônio da pessoa inexperiente, simples ou de menor capacidade mental.

2.9.5.5. Sujeito ativo

Pode ser qualquer pessoa (**crime comum**).

2.9.5.6. Sujeito passivo

Somente pode figurar como vítima do crime de induzimento à especulação a **pessoa inexperiente** (a principiante, ou seja, a que não tem vivência prática exigida para as situações previstas na lei penal), **simples** (ingênua, sem malícia, que facilmente acredita nas pessoas, deixando-se enganar) ou **com capacidade mental inferior** (aquela que possui qualquer tipo de distúrbio ou desenvolvimento mental incompleto, cuja capacidade de discernimento se apresenta abaixo da normalidade).

---

[408] Para a integral compreensão das ações típicas, remetemos o leitor ao art. 173, item 2.9.3.4.

2.9.5.7. Elemento subjetivo

É o dolo, acompanhado de uma entre duas finalidades específicas (elemento subjetivo específico), dependendo da conduta criminosa, contempladas pelas expressões "em proveito próprio ou alheio" e "sabendo ou devendo saber que a operação é ruinosa".

Com efeito, para a primeira modalidade de conduta prevista pela lei penal – "induzindo-o à prática de jogo ou aposta" – é necessário que o agente abuse da vítima em proveito próprio ou alheio.

Por outro lado, na segunda modalidade do delito – "induzindo-o à especulação com títulos ou mercadorias", é fundamental que o agente realize a conduta "sabendo ou devendo saber que a operação é ruinosa". Nessa hipótese, portanto, admitem-se tanto o dolo direto ("sabe") como o dolo eventual ("deve saber"). Nos ensinamentos de Damásio E. de Jesus:

> A expressão "sabendo" indica plena consciência do sujeito de que a operação é ruinosa; a expressão "devendo saber" indica dúvida sobre o proveito da operação. Assim, o tipo, na última figura, admite o dolo direto e o eventual. Direto quando o agente sabe que a operação é ruinosa; eventual quando, em face de determinados fatos, devia saber da possibilidade de prejuízo.[409]

Não se admite a modalidade culposa.

2.9.5.8. Consumação

Dá-se com a prática, pelo sujeito passivo, do jogo, aposta ou especulação com títulos ou mercadorias. Cuida-se de **crime formal, de consumação antecipada ou de resultado cortado**: a consumação ocorre com a prática da conduta, dispensando a produção do resultado naturalístico, é dizer, não se reclama a lesão ao patrimônio da vítima.

Tratando-se de crime formal, o resultado naturalístico é desnecessário para fins de consumação, nada obstante sua ocorrência prática seja possível. E, se o ofendido suportar efetivo prejuízo patrimonial, o exaurimento do delito deverá ser levado em conta pelo julgador na dosimetria da pena-base, na forma definida pelo art. 59, *caput*, do Código Penal.

2.9.5.9. Tentativa

É possível, nos casos em que o sujeito ativo realiza a conduta descrita no tipo penal, mas, por circunstâncias alheias à sua vontade, a pessoa inexperiente, simples ou mentalmente inferior não concretiza o jogo, aposta ou especulação com títulos ou mercadorias.

2.9.5.10. Ação penal

A ação penal é de iniciativa pública incondicionada.

2.9.5.11. Lei 9.099/1995

A pena em abstrato varia entre 1 (um) a 3 (três) anos de reclusão, e multa. Não se trata de infração penal de menor potencial ofensivo. Constitui-se, porém, em **crime de médio potencial ofensivo** (pena mínima igual ou inferior a um ano): é cabível a suspensão condicional do processo, se presentes os demais requisitos exigidos pelo art. 89 da Lei 9.099/1995.

2.9.5.12. Classificação doutrinária

O induzimento à especulação é crime **comum** (pode ser praticado por qualquer pessoa); **formal** (independe da produção do resultado naturalístico, qual seja o efetivo prejuízo

---

[409] JESUS, Damásio E. de. *Código Penal anotado*. 15. ed. São Paulo: Saraiva, 2004. p. 670.

patrimonial à vítima); **doloso**; **de forma vinculada** (o meio de execução é específico, isto é, o abuso consiste apenas no induzimento à prática de jogo ou aposta, ou à especulação com títulos ou mercadorias); em regra **plurissubsistente** (a conduta criminosa pode ser fracionada em diversos atos); **unissubjetivo, unilateral ou de concurso eventual** (pode ser cometido por uma só pessoa, mas admite o concurso); e **instantâneo** (a consumação se verifica em um momento determinado, sem continuidade no tempo).

2.9.6. Art. 175 – Fraude no comércio

2.9.6.1. Dispositivo legal

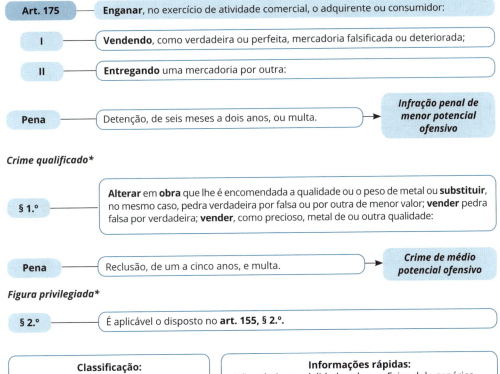

2.9.6.2. Objetividade jurídica

A lei penal resguarda o patrimônio.

2.9.6.3. Objeto material

É a mercadoria falsificada, deteriorada ou substituída, ou, ainda, a obra alterada, substituída ou vendida.

2.9.6.4. Núcleo do tipo

A figura típica prevista no *caput* do art. 175 do Código Penal possui o verbo **"enganar"** como núcleo, significando induzir alguém em erro. Enganar, portanto, é o ato de alguém, voluntariamente, ludibriar terceira pessoa, fazendo com que esta acredite naquilo que não condiz com a realidade.

São duas as condutas que o sujeito ativo pode praticar para caracterizar o crime delineado pelo tipo penal em comento, a saber: enganar o adquirente ou consumidor:

(a) **vendendo**, como verdadeira ou perfeita, mercadoria falsificada ou deteriorada; e
(b) **entregando** uma mercadoria por outra.

Desta forma, em conformidade com o art. 175, inciso I, do Código Penal, comete o crime de fraude no comércio quem, no exercício da atividade comercial e sabendo que a mercadoria é falsa ou que está deteriorada, vende-a ao adquirente ou consumidor como se fosse verdadeira ou se estivesse em perfeitas condições, enganando a vítima.

Há entendimentos, por nós recusados, no sentido de que tal modalidade de fraude no comércio foi revogada pelo art. 7.º, inciso III, da Lei 8.137/1990, com a seguinte redação: "Constitui crime contra as relações de consumo: (...) III – misturar gêneros e mercadorias de espécies diferentes, para vendê-los ou expô-los à venda como puros; misturar gêneros e mercadorias de qualidades desiguais para vendê-los ou expô-los à venda por preço estabelecido para os de mais alto custo".

O inciso I do art. 175 do Código Penal diz respeito ao comportamento de **substituir uma coisa por outra**, vendendo a falsificada como se fosse verdadeira, ou a deteriorada como se fosse perfeita (exemplo: o vendedor de uma loja de bebidas enche uma garrafa de uísque importado com uísque nacional). Está previsto no Código Penal entre os crimes contra o patrimônio, e é praticado contra o adquirente ou consumidor, ou seja, pessoa certa e determinada, que deve ser efetivamente prejudicado (crime material).

De outro lado, o inciso III do art. 7.º da Lei 8.137/1990 contempla um crime contra as relações de consumo. Não reclama a prática da conduta contra pessoa certa e determinada, mas em face dos consumidores em geral, que não precisam ser efetivamente lesados no âmbito patrimonial (crime formal). Além disso, tem como conduta a atividade de **misturar gêneros e mercadorias de espécies diversas**, para vendê-los ou expô-los à venda como puros ou pelo preço estabelecido para os de mais alto custo (exemplo: um fornecedor mistura uísque estrangeiro com uísque nacional, baixando o valor do seu investimento, e expõe à venda o produto final pelo valor do uísque importado).

De igual modo, na hipótese do art. 175, inciso II, do Código Penal, restará configurado o delito de fraude no comércio para aquele que, no exercício da atividade comercial, com a intenção de enganar a vítima, entrega uma mercadoria no lugar de outra. O agente, conscientemente, substitui a mercadoria. Exemplo: "A", comerciante, entrega a "B", seu cliente, uma taça de vidro no lugar de uma taça de cristal.

2.9.6.5. Sujeito ativo

Somente pode ser o comerciante o comerciário que se encontre no exercício de atividade comercial (**crime próprio**). Como informa Julio Fabbrini Mirabete: "A fraude no comércio é crime próprio. Só o comerciante, ou comerciário, aquele que se dedica à atividade comercial, incluindo a industrial, com habitualidade e profissionalidade, pode cometê-lo. Se o comportamento for praticado por outra pessoa, ocorre crime diverso.[410]

2.9.6.6. Sujeito passivo

É o adquirente ou consumidor, pessoa certa e determinada, independentemente de qualquer outra condição especial.

2.9.6.7. Elemento subjetivo

É o dolo, independentemente de qualquer finalidade específica. Não se admite a modalidade culposa.

2.9.6.8. Consumação

A fraude no comércio é **crime material**. Consuma-se com a tradição, ou seja, com a entrega pelo comerciante da mercadoria ao consumidor ou adquirente, que a aceita, recebendo-a e, consequentemente, suporta prejuízo patrimonial.

2.9.6.9. Tentativa

É possível. É o que se dá, exemplificativamente, quando a vítima constata a fraude e, por tal motivo, recusa-se a receber a mercadoria.

2.9.6.10. Ação penal

A ação penal é pública incondicionada.

2.9.6.11. Lei 9.099/1995

A pena em abstrato da figura típica prevista no *caput* do artigo varia entre 6 (seis) meses a 2 (dois) anos de detenção, ou multa. É classificada, assim, como **infração penal de menor potencial ofensivo**, de competência do Juizado Especial Criminal e compatível com a transação penal, em consonância com as regras estatuídas pela Lei 9.099/1995.

2.9.6.12. Classificação doutrinária

O crime é **próprio** (só pode ser cometido pelo comerciante ou comerciário, no exercício da atividade comercial); **material** (depende da produção do resultado naturalístico, isto é, que a vítima sofra prejuízo econômico); **doloso**; **de forma livre** (admite qualquer meio de execução); em regra **plurissubsistente** (a conduta criminosa pode ser fracionada em diversos atos); **unissubjetivo**, **unilateral ou de concurso eventual** (pode ser cometido por uma só pessoa, mas admite o concurso); e **instantâneo** (a consumação se verifica em um momento determinado, sem continuidade no tempo).

2.9.6.13. Forma qualificadora: § 1.º

O § 1.º do art. 175 do Código Penal contém uma figura qualificada de fraude no comércio: "Alterar em obra que lhe é encomendada a qualidade ou o peso de metal ou substituir,

---
[410] MIRABETE, Julio Fabbrini. *Código Penal interpretado*. 6. ed. São Paulo: Atlas, 2008. p. 1.669.

no mesmo caso, pedra verdadeira por falsa ou por outra de menor valor; vender pedra falsa por verdadeira; vender, como precioso, metal de outra qualidade".

Nada obstante tenham o mesmo propósito dos previstos no *caput* (enganar o consumidor ou adquirente), os núcleos da qualificadora são outros: **"alterar"** (mudar, modificar ou transformar), **"substituir"** (trocar um produto por outro, tomar o lugar de outra coisa) e **"vender"** (alienar onerosamente).

O crime é reservado aos joalheiros, nas condutas de "alterar" e "substituir", e ao comerciante de joias, na espécie "vender". Com efeito, o sujeito ativo:

a) altera, em obra encomendada, a qualidade ou peso do metal. O agente modifica a qualidade do metal, substituindo a parte valiosa por outra de menor qualidade (exemplo: o joalheiro mistura um pouco de bronze em uma peça que deveria ser unicamente de ouro), ou retira parte do seu peso, prejudicando a vítima em seu patrimônio (exemplo: ao criar um anel, o joalheiro o faz com menos ouro do que convencionado com o consumidor);

b) substitui, em obra encomendada, pedra verdadeira por falsa ou outra de menor valor. O joalheiro, ao criar uma peça acompanhada de pedra preciosa, retira a verdadeira e coloca em seu lugar uma réplica ou outra menos valiosa;

c) vende pedra falsa por verdadeira. O comerciante engana o consumidor ou adquirente no tocante à idoneidade de uma pedra preciosa. Exemplo: vende vidro lapidado e brilhante como se fosse diamante; ou

d) vende como precioso metal de outra qualidade. O comerciante, no exercício da atividade comercial, aliena onerosamente um metal em vez do anunciado, de qualidade superior. Exemplo: vende um anel dourado, dizendo tratar-se de peça em ouro.

A qualificadora ingressa no rol dos crimes de **médio potencial ofensivo**. Sua pena mínima é de 1 (um) ano, tornando-o compatível com a suspensão condicional do processo, em conformidade com o art. 89 da Lei 9.099/1995.

2.9.6.14. Figura privilegiada: § 2.º

Aplica-se ao crime de fraude no comércio, tanto na forma simples como na modalidade qualificada, o instituto do privilégio, previsto no art. 155, § 2.º, do Código Penal em relação ao furto. O benefício depende de dois requisitos legais: primariedade do agente e pequeno valor da coisa, os quais, se estiverem presentes, autorizam ao magistrado substituir a pena de reclusão pela de detenção, diminuí-la de um a dois terços ou aplicar somente a pena de multa.[411]

2.9.6.15. Competência

O crime de fraude no comércio é, em regra, de competência da Justiça Estadual. Se, entretanto, o delito for praticado em detrimento de interesses da União, suas autarquias ou empresas públicas, ou contra o sistema financeiro nacional, será competente a Justiça Federal, com fulcro no art. 109, incisos IV e VI, da Constituição Federal.

Mas, como já decidiu o Superior de Tribunal de Justiça, "acusação por prática de fraude no comércio de veículos pelo sistema de venda programada não tem repercussão no sistema financeiro nacional, não atraindo a competência da Justiça Federal".[412]

---

[411] Para uma análise detalhada da figura do privilégio, vide art. 155, item 2.4.1.16.
[412] HC 16.463/MS, rel. Min. Vicente Leal, 6.ª Turma, j. 07.05.2002.

2.9.6.16. Fraude no comércio e estelionato: distinção. Possibilidade de ocorrência do crime tipificado pelo art. 273, § 1.º, do Código Penal

Fraude no comércio (CP, art. 175) e estelionato (CP, art. 171) são crimes contra o patrimônio que têm a fraude como meio de execução. Não por outro motivo, possuem penas idênticas, quais sejam reclusão, de 1 (um) a 5 (cinco) anos, e multa. Em que pesem tais pontos em comum, os delitos não se confundem.

A fraude no comércio é **crime próprio**, pois só pode ser cometido pelo comerciante ou comerciário, no exercício de sua atividade comercial. Dessa maneira, caso a conduta seja realizada por pessoa diversa, tratar-se-á de crime de estelionato (**crime comum**). É a qualidade do sujeito ativo, portanto, que distingue tais delitos.

Dependendo da mercadoria comercializada, poderá restar configurado o crime de falsificação, corrupção, adulteração ou alteração de produto destinado a fins terapêuticos ou medicinais, previsto no art. 273, § 1.º, do Código Penal, que atenta contra a saúde pública, não se encaixando entre os crimes contra o patrimônio.[413]

2.9.7. Art. 176 – Outras fraudes

2.9.7.1. Dispositivo legal

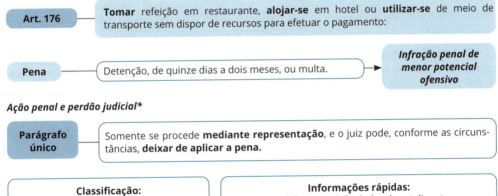

2.9.7.2. Introdução

Com a rubrica "outras fraudes", o art. 176 do Código Penal contempla, para especial atenuação da pena (facultando até mesmo, em face das circunstâncias, o perdão judicial), certas

---

[413] Art. 273. Falsificar, corromper, adulterar ou alterar produto destinado a fins terapêuticos ou medicinais: Pena – reclusão, de 10 (dez) a 15 (quinze) anos, e multa. § 1.º Nas mesmas penas incorre quem importa, vende, expõe à venda, tem em depósito para vender ou, de qualquer forma, distribui ou entrega a consumo o produto falsificado, corrompido, adulterado ou alterado.

modalidades de crimes patrimoniais cometidos com o emprego de fraude que apresentam reduzida gravidade. São, na verdade, **figuras privilegiadas de estelionato**, assim tratadas pelo legislador em razão do menor desvalor da conduta e do resultado.

De fato, se não tivesse sido criada esta forma especial de crime contra o patrimônio, a conduta de "tomar refeição em restaurante, alojar-se em hotel ou utilizar-se de meio de transporte sem dispor de recursos para efetuar o pagamento" encontraria adequação típica no art. 171, *caput*, do Código Penal.

Caracterizam-se, pois, como modalidades especiais de estelionato de escassa gravidade. Dizem respeito à conduta abusiva de quem, em situação de insolvabilidade, toma refeição em restaurante, obtém pousada em hotel ou se utiliza de meio de transporte. São formas do calote preordenado que a gíria denomina *carona*.[414]

2.9.7.3. Objetividade jurídica

A lei penal protege o patrimônio.

2.9.7.4. Objeto material

É a pessoa física ou jurídica que presta o serviço de alimentação, hospedagem ou transporte e não recebe o pagamento devido.

2.9.7.5. Núcleos do tipo

Os núcleos do tipo são **"tomar"**, **"alojar-se"** e **"utilizar-se"**.

Tomar tem o sentido de comer, beber, enfim, ingerir alguma substância alimentícia. Diz respeito às refeições em restaurantes. A palavra "restaurante" há de ser interpretada extensivamente, para incluir também os bares e padarias, entre outros estabelecimentos semelhantes. Esta interpretação extensiva é favorável ao réu. Vejamos um exemplo: "A" toma refeição em uma padaria, sem possuir recursos para efetuar o pagamento. Se a palavra restaurante não for interpretada extensivamente, "A" responderia pelo crime de estelionato (CP, art. 171, *caput*), que possui pena em abstrato sensivelmente superior ao do crime tipificado pelo art. 176 do Código Penal.

Alojar-se, por sua vez, refere-se ao ato de pousar, de hospedar-se em algum local. O tipo penal refere-se unicamente ao "hotel", mas aqui também a lei deve ser interpretada extensivamente, alcançando os motéis, albergues, pensões etc.

Finalmente, **utilizar-se** significa fazer uso de alguma coisa, isto é, tirar proveito dela, tornando-a útil para determinado fim. Relaciona-se a algum "meio de transporte", que é todo aquele normalmente utilizado para conduzir pessoas de um local para outro, mediante remuneração. É o caso dos táxis, *motoboys*, lotações, ônibus etc.

Destarte, comete o crime definido pelo art. 176 do Código Penal o sujeito que toma refeição em restaurante, aloja-se em hotel ou utiliza-se de meio de transporte sem dispor de recursos suficientes para efetuar o pagamento.

Fica nítido, pois, que a ausência de recursos para efetuar o pagamento é elementar do tipo penal. Logo, se a pessoa dispõe de tais recursos, mas recusa-se a efetuar o pagamento por outro motivo qualquer (exemplo: por não considerar justo o preço cobrado pela alimentação de má qualidade), o fato é penalmente atípico, nada obstante possa ser discutido no juízo civil.

Cabe, ainda, uma última ponderação.

A descrição do tipo penal vale-se de uma fórmula alternativa ("tomar refeição, alojar-se em hotel ou utilizar-se de meio de transporte"), sugerindo tratar-se de um tipo misto alter-

---

[414] HUNGRIA, Nélson. *Comentários ao Código Penal*. 2. ed. Rio de Janeiro: Forense, 1958. v. 7, p. 275-276.

nativo, crime de ação múltipla ou de conteúdo variado. Por corolário, se o agente, no mesmo contexto fático, praticasse mais de uma das condutas legalmente previstas, a ele seria imputado um só crime definido pelo art. 176 do Código Penal. Este raciocínio não pode prevalecer, pois a realização de várias condutas implica a lesão a diversos patrimônios, todos igualmente tutelados pela lei penal. Devem ser imputados ao sujeito, portanto, todos os crimes a que der causa em concurso material (CP, art. 69).

A finalidade do legislador, ao instituir esta forma privilegiada de estelionato, foi tratar de modo mais suave a fraude de pequena monta, e não proporcionar um tratamento extremamente brando àquele que usa e abusa da malícia para satisfazer seu ânimo de lucro. Como adverte Guilherme de Souza Nucci:

> Se o agente alojar-se em um hotel de determinada cidade, tomar refeição em um restaurante estranho ao hotel e valer-se de um táxi para o seu deslocamento, sem recurso para efetuar o pagamento, estará prejudicando três vítimas diferentes, portanto, três patrimônios diversos terão sido ofendidos. Assim, cremos configurados três delitos, em concurso material.[415]

2.9.7.5.1. Fato praticado em estado de necessidade

Evidentemente, não há crime, por ausência de ilicitude, se o fato típico é realizado em estado de necessidade, nos moldes do art. 24 do Código Penal. Exemplos:

(a) uma pessoa faminta (estado famélico) toma refeição em um restaurante, sem ter condições de pagar pelos serviços prestados;

(b) um morador de rua, paupérrimo, aloja-se em um hotel durante uma noite extremamente fria, para salvar sua vida; e

(c) uma mulher que fugia de um estuprador toma um táxi, sem possuir dinheiro para custear seu transporte.

2.9.7.5.2. Distinção entre "outras fraudes" e estelionato

Somente estará configurado o crime tipificado pelo art. 176 do Código Penal nas hipóteses em que não se exige o prévio pagamento do serviço de alimentação, hospedagem ou transporte a ser prestado. É o que normalmente se verifica nos restaurantes (e estabelecimentos análogos), nos hotéis (e estabelecimentos análogos) e nos veículos de transporte urbano. Esta circunstância revela a menor reprovabilidade da fraude empregada pelo agente.

Entretanto, se o sujeito frustra o prévio pagamento (exemplo: usa fraude para pagar o entregador de pizza, e posteriormente a consome) ou utiliza bilhete falso para valer-se de um serviço (exemplo: falsificação de um bilhete de avião), a ele será imputado o crime de estelionato em sua modalidade fundamental (CP, art. 171, *caput*).

2.9.7.6. Sujeito ativo

Pode ser qualquer pessoa (**crime comum**).

2.9.7.7. Sujeito passivo

É a pessoa física ou jurídica prestadora do serviço de alimentação, hospedagem ou transporte.

---

[415] NUCCI, Guilherme de Souza. *Código Penal comentado*. 8. ed. São Paulo: RT, 2008. p. 790.

2.9.7.8. Elemento subjetivo

É o dolo, independentemente de qualquer finalidade específica. Não se admite a modalidade culposa.

Estará caracterizado o erro de tipo na hipótese em que sujeito toma refeição, aloja-se em hotel ou utiliza-se de meio de transporte acreditando dispor de recursos suficientes para efetuar o pagamento, quando em verdade não os possui. Nessa hipótese, o fato será atípico, por ausência de dolo. É o que se dá, exemplificativamente, quando o agente esquece sua carteira em casa, ou a teve furtada durante o trajeto ao estabelecimento comercial em que iria alimentar-se ou hospedar-se, ou ainda quando seu cartão de crédito é equivocadamente bloqueado pela instituição financeira.

2.9.7.9. Consumação

A consumação ocorre no momento em que o agente realiza uma das três condutas previstas no art. 176 do CP, ainda que parcialmente, sendo imprescindível que ele não disponha de recursos para efetuar o pagamento dos serviços de que se utilizou.

O crime é **material** (ou **causal**). Seu aperfeiçoamento reclama, ao menos, a tomada parcial da refeição no restaurante, a ocupação do quarto de hotel por um espaço relevante de tempo, ou a utilização do meio de transporte, por menor que tenha sido o percurso.[416]

2.9.7.10. Tentativa

É possível, como no exemplo em que, tendo sido trazida ao agente a refeição, ou depois de ingressar no quarto do hotel ou no meio de transporte, vem a ser descoberto o seu plano fraudulento, que assim se frustra.

2.9.7.11. Perdão judicial

Estatui o art. 176, parágrafo único, *in fine*, do Código Penal que "o juiz pode, conforme as circunstâncias, deixar de aplicar a pena".

A lei admite para o crime em análise o instituto do perdão judicial. Trata-se de causa extintiva da punibilidade que somente pode ser reconhecida pelo magistrado nas hipóteses expressamente previstas em lei (CP, art. 107, inc. IX). A natureza jurídica da sentença concessiva do perdão judicial, nos termos da Súmula 18 do Superior Tribunal de Justiça, não é condenatória nem absolutória, mas declaratória da extinção da punibilidade.

O Código Penal não estabeleceu os requisitos necessários para a concessão do perdão judicial no crime definido em seu art. 176. Limitou-se a dizer que a causa extintiva da punibilidade pode ser reconhecida "conforme as circunstâncias" do caso concreto.

Esta fórmula legal ("conforme as circunstâncias") é interpretada pela doutrina como condicionada aos seguintes requisitos:

(a) pequeno prejuízo suportado pela vítima;
(b) condições favoráveis do agente, que deve ser primário e não ostentar maus antecedentes criminais, além de apresentar personalidade socialmente ajustada; e
(c) o agente, ao tempo do crime, encontrar-se em situação de pobreza, o que não se confunde com o estado de necessidade, excludente da ilicitude, e, por corolário, do crime.

---

[416] Magalhães Noronha, com posição isolada, defendia tratar-se de crime formal.

2.9.7.12. Ação penal

A ação penal é pública condicionada à representação do ofendido.

2.9.7.13. Lei 9.099/1995

A pena máxima cominada em abstrato (detenção, de 15 dias a 2 meses, ou multa) classifica o crime tipificado pelo art. 176 do Código Penal como **infração penal de menor potencial ofensivo**, de competência do Juizado Especial Criminal e compatível com a composição civil dos danos, com a transação penal e com o rito sumaríssimo, na forma disciplinada pela Lei 9.099/1995.

2.9.7.14. Classificação doutrinária

Cuida-se de crime **comum** (pode ser cometido por qualquer pessoa); **material** (depende da produção do resultado naturalístico, isto é, exige-se o prejuízo patrimonial da vítima); **doloso**; **de forma livre** (admite qualquer meio de execução); em regra **plurissubsistente** (a conduta criminosa pode ser fracionada em diversos atos); **unissubjetivo, unilateral ou de concurso eventual** (pode ser cometido por uma só pessoa, mas admite o concurso); e **instantâneo** (consuma-se em um momento determinado, sem continuidade no tempo).

2.9.7.15. O tratamento jurídico-penal da pendura[417]

A famosa "pendura" consiste em uma tradição instituída pelos estudantes dos cursos de Direito, como forma de comemorar o dia de criação dos cursos jurídicos no Brasil. No dia 11 de agosto, os universitários dirigem-se a restaurantes, munidos de uma "carta de pendura", também chamada de "comenda", e consomem comidas e bebidas sem efetuar o pagamento devido.

Firmou-se o entendimento no sentido de que a pendura não caracteriza o crime tipificado pelo art. 176 do Código Penal, mas mero ilícito civil. Não há fraude penal, pois as pessoas que realizam tal conduta assim agem para preservação de uma antiga crença estudantil, uma vez que em sua ampla maioria possuem condições financeiras para efetuar o pagamento dos serviços prestados. Falta, portanto, a elementar típica "sem dispor de recursos para efetuar o pagamento".

Mas é necessário interpretar o art. 176 do Código Penal não com base na década de 1940, data em que foi criado, mas com esteio na realidade atual. Àquela época, poucas eram as faculdades de Direito, e logicamente existiam muito menos universitários.

Nos tempos modernos, em pleno século 21, o número dos estudantes de Direito aumentou consideravelmente, e os restaurantes, notadamente os mais procurados, não têm meios para suportar os prejuízos causados por milhares de pessoas ávidas pela pendura. Se não bastasse, em diversas penduras falta diplomacia (o evento não é previamente ajustado entre os estudantes e o representante do restaurante), e o ato usualmente envereda pelos excessos.

Se não bastasse, é preciso ficar atento a outro dado alarmante. Muitos estudantes de Direito desvirtuaram a pendura como tradição jurídica, dela se valendo como instrumento de impunidade para o cometimento de abusos inaceitáveis, os quais colocam em risco a saúde econômica de diversos estabelecimentos comerciais. É frequente a notícia de acadêmicos de cursos jurídicos que realizaram falsos casamentos ou se uniram para ingressarem em grandes grupos (até mesmo centenas de pessoas) em um mesmo restaurante. Nessas hipóteses, é visível a fraude, bem como o propósito de lesar o patrimônio alheio, caracterizado o delito em apreço, ou até mesmo o estelionato (CP, art. 171, *caput*), dependendo do grau do meio fraudulento utilizado e do prejuízo patrimonial proporcionado ao ofendido.

---

[417] O nome vem do não pagamento dos serviços prestados pelo restaurante e seus funcionários. Os estudantes se alimentam e "penduram" a conta.

2.9.8. Art. 177 – Fraude e abusos na fundação ou administração de sociedade por ações

2.9.8.1. Dispositivo legal

Art. 177: Promover a fundação de sociedade por ações, **fazendo**, em prospecto ou em comunicação ao público ou à assembléia, afirmação falsa sobre a constituição da sociedade, ou **ocultando** fraudulentamente fato a ela relativo:

Pena: Reclusão, de um a quatro anos, e multa, **se o fato não constitui crime contra a economia popular.** → *Crime de médio potencial ofensivo*

Figuras equiparadas*

§ 1.º Incorrem na **mesma pena**, se o fato não constitui crime contra a economia popular:
I – o **diretor**, o **gerente** ou o **fiscal** de sociedade por ações, que, em prospecto, relatório, parecer, balanço ou comunicação ao público ou à assembléia, faz afirmação falsa sobre as condições econômicas da sociedade, ou oculta fraudulentamente, no todo ou em parte, fato a elas relativo;
II – o **diretor**, o **gerente** ou o **fiscal** que promove, por qualquer artifício, falsa cotação das ações ou de outros títulos da sociedade;
III – o **diretor** ou o **gerente** que toma empréstimo à sociedade ou usa, em proveito próprio ou de terceiro, dos bens ou haveres sociais, sem prévia autorização da assembléia geral;
IV – o **diretor** ou o **gerente** que compra ou vende, por conta da sociedade, ações por ela emitidas, salvo quando a lei o permite;
V – o **diretor** ou o **gerente** que, como garantia de crédito social, aceita em penhor ou em caução ações da própria sociedade;
VI – o **diretor** ou o **gerente** que, na falta de balanço, em desacordo com este, ou mediante balanço falso, distribui lucros ou dividendos fictícios;
VII – o **diretor**, o **gerente** ou o **fiscal** que, por interposta pessoa, ou conluiado com acionista, consegue a aprovação de conta ou parecer;
VIII – o **liquidante**, nos casos dos ns. I, II, III, IV, V e VII;
IX – o **representante da sociedade anônima estrangeira**, autorizada a funcionar no País, que pratica os atos mencionados nos ns. I e II, ou dá falsa informação ao Governo.

Negociação ilícita de voto*

§ 2.º Incorre na pena de detenção, de seis meses a dois anos, e multa, o **acionista** que, a fim de obter vantagem para si ou para outrem, **negocia** o voto nas deliberações de assembleia geral. → *Infração penal de menor potencial ofensivo*

Classificação:
Crime próprio
Crime formal
Crime doloso
Crime de forma livre
Crime plurissubsistente (*regra*)
Crime unissubjetivo (*regra*)
Crime instantâneo

Informações rápidas:
Não admite modalidade culposa. Exige dolo genérico (divergência).
Admite tentativa.
Ação penal: pública incondicionada.
Crime expressamente subsidiário.
Figuras equiparadas: crimes próprios e expressamente subsidiários.
Negociação ilícita de voto: não foi revogada pela Lei 6.404/1976.
Extinção da punibilidade: disciplinada no Decreto-lei 697/1969.

2.9.8.2. Objetividade jurídica

O bem jurídico penalmente protegido é o patrimônio.

2.9.8.3. Objeto material

É o prospecto ou a comunicação ao público ou à assembleia, cujo conteúdo compreende a afirmação falsa sobre a constituição da sociedade, ou a ocultação fraudulenta de fato a ela relativo.

2.9.8.4. Núcleo do tipo

O núcleo do tipo é **"promover"**, cujo significado consiste em dar impulso, fomentar, causar, gerar, originar. Nesse sentido, pratica a conduta descrita no tipo o fundador de uma sociedade por ações que, em prospecto (pequeno impresso no qual se faz propaganda ou divulgação de algo) ou em comunicação (qualquer maneira de transmitir uma mensagem, mediante linguagem falada ou escrita) ao público ou à assembleia, faz afirmação falsa sobre sua constituição, ou ainda, de modo fraudulento, oculta fato a ela relacionado.

Importante destacar que o delito tipificado no *caput* do art. 177 do Código Penal somente pode ocorrer no momento da **formação** da sociedade anônima ou da sociedade em comandita por ações, eis que são elas as espécies de sociedades por ações.

Sociedade anônima, também chamada de **companhia**, é a pessoa jurídica de direito privado, empresária por força de lei, regida por um estatuto e identificada por uma denominação, criada com o objetivo de auferir lucro mediante o exercício da empresa, cujo capital é dividido em frações transmissíveis, composta por sócios de responsabilidade limitada ao pagamento das ações subscritas.

Por sua vez, **sociedade em comandita por ações** é aquela em que o capital é dividido em ações, respondendo os acionistas apenas pelo valor das ações subscritas ou adquiridas, mas tendo os diretores ou gerentes responsabilidade subsidiária, ilimitada e solidária pelas obrigações sociais. É uma simbiose de sociedade em comandita e sociedade anônima, regendo-se no que couber pela normação da companhia.[418]

2.9.8.5. Sujeito ativo

Cuida-se de **crime próprio**. Pode ser praticado unicamente pela pessoa que promove a fundação da sociedade por ações.

2.9.8.6. Sujeito passivo

É qualquer pessoa que subscreva ou adquira o capital da sociedade por ações.

2.9.8.7. Elemento subjetivo

É o dolo. Alguns autores sustentam a necessidade de um especial fim de agir (elemento subjetivo específico), consistente na intenção de constituir a sociedade por ações. Com o devido respeito, este propósito nada mais é do que o dolo, pois o núcleo do tipo é **"promover"**. Não se pode, portanto, falar em elemento subjetivo específico que, na verdade, nada mais é do que dolo para a realização do tipo penal.

Não se admite a modalidade culposa.

---

[418] FAZZIO JÚNIOR, Waldo. *Manual de direito comercial*. 10. ed. São Paulo: Atlas, 2009. p. 175 e 254.

2.9.8.8. Consumação

O crime é **formal, de consumação antecipada ou de resultado cortado**: consuma-se no momento em que o sujeito ativo faz a afirmação falsa ou pratica a ocultação de fatos relacionados à sociedade por ações.

É preciso que a afirmação falsa ou ocultação recaia sobre fatos relevantes, apresentando potencialidade lesiva, nada obstante o prejuízo patrimonial seja dispensável à consumação do delito.

2.9.8.9. Tentativa

É possível, embora "de difícil ocorrência, pois ou é feita a publicação ou comunicação contendo a afirmação falsa ou a ocultação de fatos, e o crime se consuma; ou ela não é realizada, e o crime não se configura".[419]

2.9.8.10. Subsidiariedade expressa

Trata-se de crime expressamente subsidiário. Como se extrai do preceito secundário do art. 177, *caput*, do Código Penal, somente se pode falar em fraudes e abusos na fundação ou administração de sociedade por ações "se o fato não constitui crime contra a economia popular".

Os crimes contra a economia popular estão previstos na Lei 1.521/1951.

2.9.8.11. Ação penal

A ação penal é pública incondicionada.

2.9.8.12. Lei 9.099/1995

A pena em abstrato varia entre 1 (um) a 4 (quatro) anos de reclusão, e multa. Não se trata de infração penal de menor potencial ofensivo. Constitui-se, porém, em **crime de médio potencial ofensivo** (pena mínima igual ou inferior a um ano), compatível com a suspensão condicional do processo, desde que presentes os requisitos exigidos pelo art. 89 da Lei 9.099/1995.

2.9.8.13. Classificação doutrinária

O art. 177, *caput*, do Código Penal contempla um crime **próprio** (somente pode ser praticado pelo fundador da sociedade por ações); **formal** (independe do efetivo prejuízo patrimonial à vítima); **doloso**; **de forma livre** (admite qualquer meio de execução); em regra **plurissubsistente** (a conduta criminosa pode ser fracionada em diversos atos); **unissubjetivo, unilateral ou de concurso eventual** (pode ser cometido por uma só pessoa, mas admite o concurso); e **instantâneo** (consuma-se em um momento determinado, sem continuidade no tempo).

2.9.8.14. Figuras equiparadas: § 1.º

Os nove incisos do § 1.º do art. 177 referem-se às fraudes e abusos na **administração** de sociedades por ações, e não na sua fundação, ao contrário do que se verifica no *caput* do mesmo dispositivo legal.

---

[419] CAPEZ, Fernando; PRADO, Stela. *Código Penal comentado*. Porto Alegre: Verbo Jurídico, 2007. p. 379.

Classificam-se também como **crimes próprios**, pois somente podem ser cometidos pelo diretor, gerente ou diretor de sociedade por ações, ou ainda pelo liquidante ou pelo representante da sociedade anônima estrangeira, autorizada a funcionar no Brasil.

Além disso, os crimes definidos pelo art. 177, § 1.º, incisos I a IX, do Código Penal, são, assim como no *caput*, **expressamente subsidiários**. Tais delitos somente serão imputados a quem os pratica quando não constituem crimes contra a economia popular, na forma estatuída pela Lei 1.521/1951.

Passemos à análise de cada uma das figuras equiparadas.

2.9.8.14.1. Fraude sobre as condições econômicas da sociedade: inciso I

"Incorrem na mesma pena, se o fato não constitui crime contra a economia popular: I – o diretor, o gerente ou o fiscal de sociedade por ações, que, em prospecto, relatório, parecer, balanço ou comunicação ao público ou à assembleia, faz afirmação falsa sobre as condições econômicas da sociedade, ou oculta fraudulentamente, no todo ou em parte, fato a elas relativo".

Nesse caso, diferentemente da figura típica descrita no *caput*, a fraude se dá durante a administração da sociedade, ou seja, quando ela já está formada e em funcionamento. Ademais, como é possível perceber, o objeto material é mais amplo do que no *caput*, pois a afirmação falsa pode ser feita tanto em prospecto ou comunicação ao público ou à assembleia quanto em relatório, parecer ou balanço.

Cuida-se de **crime próprio**, uma vez que somente o diretor, gerente ou fiscal da sociedade pode cometê-lo.

2.9.8.14.2. Falsa cotação de ações ou títulos da sociedade: inciso II

"Incorrem na mesma pena, se o fato não constitui crime contra a economia popular: (...) II – o diretor, o gerente ou o fiscal que promove, por qualquer artifício, falsa cotação das ações ou de outros títulos da sociedade".

Caracteriza-se o crime quando o sujeito ativo (diretor, gerente ou fiscal), ardilosamente, altera o verdadeiro valor das ações ou de outros títulos da sociedade, ou seja, consuma-se no instante em que promove a sua falsa cotação. É possível concluir, dessa maneira, que se trata de **crime próprio, formal** (pois independe do efetivo prejuízo patrimonial à vítima), e o objeto material consiste nas ações ou outros títulos da sociedade.

2.9.8.14.3. Empréstimo ou uso indevido de bens ou haveres da sociedade: inciso III

"Incorrem na mesma pena, se o fato não constitui crime contra a economia popular: (...) III – o diretor ou o gerente que toma empréstimo à sociedade ou usa, em proveito próprio ou de terceiro, dos bens ou haveres sociais, sem prévia autorização da assembleia geral."

O principal fundamento para que a lei puna a conduta do diretor ou gerente (**crime próprio**) que, em proveito próprio ou de terceiro, toma empréstimo à sociedade ou usa dos bens ou haveres sociais, sem prévia autorização da assembleia geral, consiste no fato de a sociedade empresária possuir patrimônio distinto do de seus sócios. Portanto, para que o crime se consume é imprescindível a ausência da aludida autorização.

Ademais, para sua consumação, além do dolo (vontade livre e consciente de emprestar ou usar os bens ou haveres sociais, sem prévia autorização da assembleia geral) exige-se a **finalidade específica** de agir representada pela expressão "em proveito próprio ou de terceiro".

2.9.8.14.4. Compra e venda de ações emitidas pela sociedade: inciso IV

> "Incorrem na mesma pena, se o fato não constitui crime contra a economia popular: (...) IV – o diretor ou o gerente que compra ou vende, por conta da sociedade, ações por ela emitidas, salvo quando a lei o permite."

Com essa norma, a lei busca evitar que haja manipulação do mercado e a atividade altamente especulativa, pois seria cômodo ao diretor ou gerente da companhia emitir boatos de que a empresa se encontra em péssima situação financeira, prestes a fechar as portas, e, assim, comprar da própria empresa diversas ações para, posteriormente, por exemplo, depois da divulgação de balanços favoráveis, vendê-las por valor muito superior, enriquecendo-se ilicitamente.

Essa norma criminaliza a conduta já proibida na Lei 6.404/1976. Destarte, o art. 30, *caput*, do referido diploma legal preconiza que "a companhia não poderá negociar com as próprias ações". Entretanto, em seu § 1.º, traz algumas ressalvas, em que se permite a transação.

2.9.8.14.5. Penhor ou caução de ações da sociedade: inciso V

> "Incorrem na mesma pena, se o fato não constitui crime contra a economia popular: (...) V – o diretor ou o gerente que, como garantia de crédito social, aceita em penhor ou em caução ações da própria sociedade."

Pune-se a conduta do diretor ou gerente da sociedade por ações (**crime próprio**) que, como garantia de crédito social, aceita em penhor ou em caução ações da própria sociedade.

É um desdobramento do art. 30, § 3.º, da Lei 6.404/1976, cujo texto assim dispõe: "A companhia não poderá receber em garantia as próprias ações, salvo para assegurar a gestão dos seus administradores".

Nas palavras de Fernando Capez, trata-se de hipótese em que a sociedade tem um crédito em que figura como devedor o seu acionista ou terceiro, e estes oferecem ações da própria sociedade credora como garantia; destarte, veda-se a situação em que a sociedade figure, simultaneamente, como credora e fiadora.[420]

2.9.8.14.6. Distribuição de lucros ou dividendos fictícios: inciso VI

> "Incorrem na mesma pena, se o fato não constitui crime contra a economia popular: (...) VI – o diretor ou o gerente que, na falta de balanço, em desacordo com este, ou mediante balanço falso, distribui lucros ou dividendos fictícios."

Conforme estabelece o art. 202, *caput*, da Lei 6.404/1976, "os acionistas têm direito de receber como dividendo obrigatório, em cada exercício, a parcela dos lucros estabelecida

---

[420] CAPEZ, Fernando. *Curso de direito penal*. 8. ed. São Paulo: Saraiva, 2008. v. 2, p. 583.

no estatuto ou, se este for omisso, a importância determinada de acordo com as seguintes normas (...)".

E para que se efetue a distribuição dos dividendos aos sócios acionistas é preciso que a sociedade realize um balanço patrimonial, com o intuito de verificar a existência de lucro, de superávit, mediante a análise do ativo e do passivo.

É nesse contexto que a norma penal em questão se insere, a fim de evitar que o diretor ou gerente da sociedade (**crime próprio**) distribua lucros ou dividendos fictícios, ilusórios, isto é, que não condizem com a realidade dos lucros obtidos pela sociedade. Pode ocorrer em três hipóteses:

(a) quando em desacordo com o balanço realizado;

(b) mediante a falsificação do balanço; ou

(c) pela não realização de balanço.

Importante tecer uma última observação no que toca ao balanço falso, pois é possível que haja concurso material com o crime de falsidade material ou ideológica na hipótese de o diretor ou gerente, intencionalmente, falsificar o balanço social. No entanto, não haverá crime quando o balanço não corresponder com a realidade por erro de avaliação ou de contabilidade.

2.9.8.14.7. Conluio para aprovação de contas ou parecer: inciso VII

> *"Incorrem na mesma pena, se o fato não constitui crime contra a economia popular: (...) VII – o diretor, o gerente ou o fiscal que, por interposta pessoa, ou conluiado com acionista, consegue a aprovação de conta ou parecer."*

Ensina Ney Moura Teles que a conduta consiste "na obtenção de aprovação de conta ou parecer. As contas dos administradores, os pareceres do Conselho Fiscal e outros, de auditores independentes, são submetidos à aprovação da assembleia da companhia, não tendo os agentes o direito a voto, razão por que a norma refere-se a conluio com acionista ou interposta pessoa, que atua em concurso com o administrador".[421]

2.9.8.14.8. Crimes do liquidante: inciso VIII

> *"Incorrem na mesma pena, se o fato não constitui crime contra a economia popular: (...) VIII – o liquidante, nos casos dos ns. I, II, III, IV, V e VII."*

Com a dissolução da sociedade, surge a figura do liquidante, cujo dever, entre outros, consiste em "ultimar os negócios da companhia, realizar o ativo, pagar o passivo, e partilhar o remanescente entre os acionistas", consoante dispõe o inciso IV do art. 210 da Lei 6.404/1976. Em razão de tal responsabilidade, punem-se, igualmente, as condutas delituosas do liquidante, no concernente aos incisos I, II, III, IV, V e VII do § 1.º do artigo em estudo.

Conforme leciona Rogério Greco, "cuida-se, *in casu*, do chamado *tipo penal primariamente remetido*, no qual o intérprete, para que possa compreender e aplicar o tipo

---

[421] TELES, Ney Moura. *Direito penal:* parte especial. 2. ed. São Paulo: Atlas, 2006. v. 2, p. 449.

penal em questão, deverá, obrigatoriamente, deslocar-se para as demais figuras típicas por ele indicadas".[422]

2.9.8.14.9. Crimes do representante de sociedade anônima estrangeira: inciso IX

> "Incorrem na mesma pena, se o fato não constitui crime contra a economia popular: (...) IX – o representante da sociedade anônima estrangeira, autorizada a funcionar no País, que pratica os atos mencionados nos ns. I e II, ou dá falsa informação ao Governo."

O referido dispositivo legal pune a conduta do representante da companhia estrangeira, autorizada a funcionar no País, que faz afirmação falsa sobre as condições econômicas da sociedade, ou oculta fraudulentamente fato a elas relativo (inciso I); ou, ainda, que, por qualquer artifício, promove falsa cotação das ações ou de outros títulos da sociedade (inciso II); ou que, por fim, dá falsa informação ao Governo.

2.9.8.15. Crime de negociação ilícita de voto: § 2.º

A negociação ilícita de voto é **infração penal de menor potencial ofensivo**, pois a pena máxima prevista em abstrato é de 2 (dois) anos. O crime é de competência do Juizado Especial Criminal, compatível com a transação penal e com o rito sumaríssimo, na forma determinada pela Lei 9.099/1995.

Este delito não foi revogado pela Lei 6.404/1976 – Lei das Sociedades por Ações. Nada obstante seu art. 115, § 3.º, discipline o abuso do direito de votar, e seu art. 118 admite expressamente o "acordo de acionistas", tais medidas possuem conotação civil, e são, por tal razão, insuscetíveis de revogar uma lei penal. De fato, a responsabilidade civil do acionista não exclui sua responsabilidade penal, nos termos do art. 177, § 2.º, do Código Penal. Entretanto, Julio Fabbrini Mirabete acertadamente adverte:

> Visa a lei evitar que o acionista, para auferir benefício pessoal, negocie com seu voto na assembleia geral das sociedades por ações. O alcance do dispositivo restou diminuído com a Lei 6.404, que permite o acordo de acionistas, inclusive quanto ao exercício do direito de voto (art. 118). Restará a incriminação quando a negociação não estiver revestida das formalidades legais ou contrariar dispositivo expresso de lei.[423]

2.9.8.16. Extinção da punibilidade

A extinção da punibilidade dos crimes previstos no art. 177 do Código Penal, em todas as suas modalidades, no tocante às questões contábeis, fiscais e cambiais, é disciplinada pelo Decreto-lei 697/1969, cujo art. 3.º possui a seguinte redação:

> Art. 3.º Extinguem-se a punibilidade dos crimes previstos no artigo 177 do Código Penal para as emissões contábeis relativas a títulos registrados na forma do Decreto-lei n.º 286, de 28-2-67, ficando também assegurada a isenção das penalidades fiscais e cambiais decorrentes.
>
> Parágrafo único. Os benefícios previstos neste artigo não se aplicam aos diretores das empresas que não cumprirem, dentro do prazo fixado, as determinações do artigo anterior.

---

[422] GRECO, Rogério. *Código Penal comentado*. 2. ed. Niterói: Impetus, 2009. p. 495.
[423] MIRABETE, Julio Fabbrini. *Manual de direito penal*. São Paulo: Atlas, 2007. v. 2, p. 337.

2.9.9. Art. 178 – Emissão irregular de conhecimento de depósito ou *warrant*

2.9.9.1. Dispositivo legal

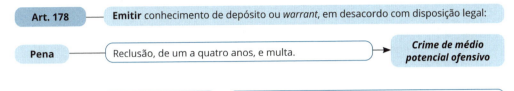

Classificação:
Crime próprio
Crime formal
Crime doloso
Crime de forma livre
Crime unissubsistente
Crime unissubjetivo (*regra*)
Crime instantâneo

Informações rápidas:
Lei penal em branco: preceito primário – deve ser complementado pelo Decreto 1.102/1903; preceito secundário – está no art. 178 do CP.
Não admite modalidade culposa. Exige dolo genérico (divergência).
Não admite tentativa (crime unissubsistente).
Ação penal: pública incondicionada.

2.9.9.2. Objetividade jurídica

A lei penal protege o patrimônio.

2.9.9.3. Objeto material

O objeto material é o conhecimento de depósito ou o *warrant* emitido em desacordo com disposição legal. Conhecimento de depósito e *warrant* são títulos de crédito emitidos por armazeneiros representativos tanto das mercadorias depositadas em um armazém-geral como das obrigações assumidas por este em razão do contrato de depósito.[424]

Nesse contexto, **conhecimento de depósito** é o título de crédito que representa as mercadorias depositadas no armazém-geral, servindo como prova de sua guarda e conservação. Confere ao seu portador o poder de disponibilidade no tocante às mercadorias. De seu turno, *warrant* é o título de crédito emitido em conjunto com o conhecimento de depósito, e tem por objetivo eventuais operações de crédito cuja garantia seja o penhor sobre as mercadorias depositadas no armazém-geral.

O crime de emissão irregular de conhecimento de depósito ou *warrant* está concretizado em uma **lei penal em branco**. O preceito primário da lei penal é incompleto, pois do art. 178 do Código Penal consta a expressão "em desacordo com disposição legal". Há necessidade, portanto, de utilização de um complemento para a integralização da conduta criminosa.

Este complemento está contido no Decreto 1.102/1903, cuja missão é a de instituir regras para o estabelecimento de empresas de armazéns gerais, determinando seus direitos e obrigações. A análise do seu art. 15 permite saber se referidos títulos armazeneiros foram regularmente emitidos, pois, em caso contrário, poderá caracterizar-se o crime definido pelo art. 178 do Código Penal:

---

[424] COELHO, Fábio Ulhoa. *Curso de direito comercial*. 3. ed. São Paulo: Saraiva, 2002. v. 3, p. 160.

> **Art. 15.** Os armazéns gerais emitirão, quando lhes for pedido pelo depositante, dois títulos unidos, mas separáveis à vontade, denominados conhecimento de deposito e *warrant*.
>
> **§ 1.º** Cada um destes títulos deve ter a ordem e conter, além da sua designação particular:
>
> 1.º a denominação da empresa do armazém geral e sua sede;
>
> 2.º o nome, profissão e domicílio do depositante ou do terceiro por este indicado;
>
> 3.º o lugar e o prazo do depósito, facultado aos interessados acordarem, entre si, na transferência posterior das mesmas mercadorias de um para outro armazém da emitente ainda que se encontrem em localidade diversa da em que foi feito o depósito inicial. Em tais casos, far-se-ão, nos conhecimentos *warrants* respectivos, as seguintes anotações:
>
> a) local para onde se transferirá a mercadoria em depósito;
>
> b) para os fins do art. 26, parágrafo 2.º, às despesas decorrentes da transferência, inclusive as de seguro por todos os riscos.
>
> 4.º a natureza e quantidade das mercadorias em depósito, designadas pelos nomes mais usados no comércio, seu peso, o estado dos envoltórios e todas as marcas e indicações próprias para estabelecerem a sua identidade, ressalvadas as peculiaridades das mercadorias depositadas a granel;
>
> 5.º a qualidade da mercadoria, tratando-se daquelas a que se refere o art. 12;
>
> 6.º a indicação do segurador da mercadoria e o valor do seguro (art. 16);
>
> 7.º a declaração dos impostos e direitos fiscais, dos encargos e despesas a que a mercadoria está sujeita, e do dia em que começaram a correr as armazenagens (art. 26, § 2.º);
>
> 8.º a data da emissão dos títulos e a assinatura do empresário ou pessoa devidamente habilitada por este.
>
> **§ 2.º** Os referidos títulos serão extraídos de um livro de talão, o qual conterá todas as declarações acima mencionadas e do número de ordem correspondente.
>
> No verso do respectivo talão o depositante, ou terceiro por este autorizado, passará recibo dos títulos. Se a empresa, a pedido do depositante, os expedir pelos Correios, mencionará esta circunstância e o número e data do certificado do registro postal.
>
> Anotar-se-ão também no verso do talão as ocorrências que se derem com os títulos dele extraídos, como substituição, restituição, perda, roubo, etc.
>
> **§ 3.º** Os armazéns gerais são responsáveis para com terceiros pelas irregularidades e inexatidões encontradas nos títulos que emitirem, relativamente à quantidade, natureza e peso da mercadoria.

2.9.9.4. Núcleo do tipo

O núcleo do tipo é **"emitir"**, que significa expedir, colocar em circulação. Assim sendo, configura-se o crime em apreço quando o conhecimento de depósito ou o *warrant* é colocado em circulação em desacordo com disposição legal, leia-se, quando violar as regras delineadas pelo Decreto 1.102/1903 (especialmente seu art. 15), o qual institui regras para o estabelecimento de armazéns-gerais, determinando os direitos e obrigações dessas empresas.

2.9.9.5. Sujeito ativo

Trata-se de **crime próprio**, pois somente pode ser cometido por quem tem legitimidade para emitir o conhecimento de depósito ou o *warrant*, e o faz em desacordo com disposição legal. Na maioria dos casos, o responsável pelo delito é o próprio depositário da mercadoria.

2.9.9.6. Sujeito passivo

É o portador ou endossatário do conhecimento de depósito ou *warrant*, que desconhece a irregularidade na emissão do título, e por este motivo fica vulnerável à lesão patrimonial.

2.9.9.7. Elemento subjetivo

É o dolo, independentemente de qualquer finalidade específica. Basta a emissão do título armazeneiro, voluntária e consciente, em desacordo com disposição legal.

Não se admite a modalidade culposa.

2.9.9.8. Consumação

O crime é **formal, de consumação antecipada ou de resultado cortado**: consuma-se com a simples emissão do conhecimento de depósito ou *warrant*, em desconformidade com disposição legal. Prescinde-se do prejuízo patrimonial à vítima, que pode, porém, ocorrer, situação em que o delito atingirá o exaurimento, o qual deverá ser levado em consideração pelo julgador na dosimetria da pena-base, nos moldes do art. 59, *caput*, do Código Penal.

2.9.9.9. Tentativa

Não é possível, "pois ou o título foi endossado, entrando em circulação e o delito está consumado, ou não houve a transferência, ocorrendo apenas atos preparatórios".[425] Trata-se de crime unissubsistente.

2.9.9.10. Ação penal

A ação penal é pública incondicionada.

2.9.9.11. Lei 9.099/1995

A pena em abstrato varia entre 1 (um) a 4 (quatro) anos de reclusão, e multa. Em face da sua pena mínima, a emissão irregular de conhecimento de depósito ou *warrant* constitui-se em **crime de médio potencial ofensivo**, compatível com a suspensão condicional do processo, desde que presentes os requisitos exigidos pelo art. 89 da Lei 9.099/1995.

2.9.9.12. Classificação doutrinária

Cuida-se de crime **próprio** (só pode ser cometido pelo emitente do conhecimento de depósito ou do *warrant*); **formal** (independe do prejuízo patrimonial à vítima); **doloso; de forma livre** (admite qualquer meio de execução); **unissubsistente** (o fato de colocar em circulação o conhecimento de depósito ou o *warrant* em circulação já é capaz de, por si só, levar à sua consumação); **unissubjetivo, unilateral ou de concurso eventual** (pode ser praticado por uma só pessoa, mas admite o concurso); e **instantâneo** (consuma-se em um momento determinado, sem continuidade no tempo).

---

[425] MIRABETE, Julio Fabbrini. *Código Penal interpretado*. 6. ed. São Paulo: Atlas, 2008. p. 1.681.

2.9.10. Art. 179 – Fraude à execução
2.9.10.1. Dispositivo legal

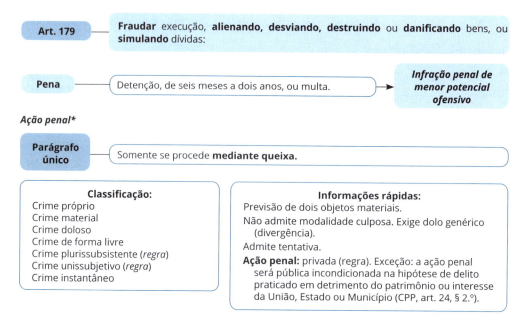

2.9.10.2. Objetividade jurídica

O bem jurídico tutelado pela lei penal é o patrimônio.

2.9.10.3. Objeto material

O art. 179 do Código Penal contempla dois objetos materiais:

(a) o bem (ou bens) alienado, desviado, destruído ou danificado, com a finalidade de fraudar a execução; e

(b) a própria ação de execução.

2.9.10.4. Núcleo do tipo

O núcleo do tipo é **"fraudar"**, ou seja, enganar ou iludir, com o objetivo de lesar o patrimônio alheio. O que interessa para o art. 179 do Código Penal não é uma fraude qualquer, mas somente a **fraude à execução**, que ocorre quando o agente aliena, desvia, destrói ou danifica bens, ou simula dívidas. Em síntese, o executado (devedor) realiza uma das condutas mencionadas, com a finalidade de esvaziar seu patrimônio em prejuízo do exequente (credor).

Executar é satisfazer uma pretensão devida. A execução pode ser espontânea, quando o devedor cumpre voluntariamente com a prestação a ele cabível, ou forçada, quando o cumprimento da prestação é obtido por meio da prática de atos executivos pelo Estado.[426] Esta última (execução forçada) é a que interessa ao crime patrimonial em estudo.

---

[426] DIDIER JR., Fredie; CUNHA, Leonardo José Carneiro da; BRAGA, Paula Sarno; OLIVEIRA, Rafael. *Curso de direito processual civil*. Execução. Salvador: Juspodivm, 2009. v. 5, p. 28.

A razão de existir do crime de fraude à execução é de fácil compreensão. Ao credor assiste um direito, consubstanciado em um título executivo. O devedor, que já descumpriu sua obrigação, age no sentido de burlar a satisfação do crédito alheio, fugindo do seu débito, mesmo depois de instado a fazê-lo pelo Poder Judiciário, revelando seu destemor e sua incredulidade perante a força do Estado. Desta forma, o responsável pelo delito, além de afrontar a atuação jurisdicional, fulmina a utilidade da execução, pois sua missão é proporcionar algo de útil ao credor.[427]

Exige-se, destarte, o prévio ajuizamento de um processo de execução, que esteja em trâmite, pois o executado, depois de validamente citado – com a citação aperfeiçoa-se a relação jurídica processual – fraudulentamente desfaz-se de seus bens, com o propósito de frustrar o pagamento de dívida representada em um título executivo.[428]

Cumpre ressaltar a imprescindibilidade de a manobra fraudulenta colocar o executado no **estado de insolvência**, é dizer, sem possuir patrimônio suficiente para honrar suas dívidas. Na linha de raciocínio do Superior Tribunal de Justiça:

> Revela-se como atípica e, portanto, imune à sanção penal, a conduta do devedor que aliena parte de seu patrimônio, após citado para pagamento, em ação de execução, ou oferecimento de bens à penhora, se resta comprovado não haver seu patrimônio sofrido qualquer abalo em decorrência do ato, sendo – ainda – sintomática a aquisição com o valor recebido de imóvel de preço superior. Delito do art. 179 do Código Penal não configurado.[429]

2.9.10.5. Sujeito ativo

Cuida-se de **crime próprio** ou **especial**, pois somente pode ser cometido pelo executado (devedor).

2.9.10.6. Sujeito passivo

É o exequente (credor).

2.9.10.7. Elemento subjetivo

É o dolo, sem nenhuma finalidade específica, pois o verbo principal do tipo é **fraudar**, que, abrangido pelo dolo, configura naturalmente a vontade de enganar o credor. Exigir o elemento subjetivo do tipo específico é o mesmo que demandar a existência concomitante de duas vontades sobre o mesmo objeto, algo ilógico. Fraudar já é a intenção de iludir alguém, de modo que prescinde de elemento subjetivo específico.[430]

Não se admite a modalidade culposa.

2.9.10.8. Consumação

O crime é **material**, consumando-se quando o executado, com o intuito de frustrar o êxito da ação executiva, aliena, desvia, destrói ou danifica bens, ou simula dívidas, tornando-se insolvente.

É de recordar que o Superior Tribunal de Justiça, com a nítida intenção de proteger o devedor, lamentavelmente editou a Súmula 375, com o seguinte teor: "O reconhecimento da fraude à execução depende do registro da penhora do bem alienado ou da prova de má-fé do terceiro adquirente". Esta súmula, criada no campo do Direito Civil, evidentemente produz efeitos no terreno da consumação do crime de fraude à execução.

---

[427] THEODORO JÚNIOR, Humberto. *Curso de processo civil*. 41. ed. Rio de Janeiro: Forense, 2007. v. 2, p. 136.
[428] Em igual sentido: MIRABETE, Julio Fabbrini. *Código Penal interpretado*. 6. ed. São Paulo: Atlas, 2008. p. 1.682.
[429] HC 15.317/SP, rel. Min. Fontes de Alencar, 6.ª Turma, j. 11.09.2001.
[430] Cf. NUCCI, Guilherme de Souza. *Código Penal comentado*. 8. ed. São Paulo: RT, 2008. p. 802.

2.9.10.9. Tentativa

É possível.

2.9.10.10. Ação penal

A ação penal é **privada**, como se extrai do art. 179, parágrafo único, do Código Penal. Todavia, a ação penal será pública incondicionada na hipótese de delito praticado em detrimento do patrimônio ou interesse da União, Estado ou Município (CPP, art. 24, § 2.º).[431] Esta é, aliás, uma regra aplicável aos delitos em geral, em face do interesse público atacado pela conduta criminosa.

2.9.10.11. Lei 9.099/1995

A pena máxima cominada ao crime de fraude à execução é de 2 (dois) anos. Cuida-se, portanto, de **infração penal de menor potencial ofensivo**, de competência do Juizado Especial Criminal e compatível com a composição dos danos civis e com o rito sumaríssimo, na forma prevista na Lei 9.099/1995.

2.9.10.12. Classificação doutrinária

Trata-se de crime **próprio** (somente pode ser praticado pelo executado); **material** (depende da produção do resultado naturalístico, qual seja o efetivo prejuízo patrimonial ao exequente); **doloso**; **de forma livre** (compatível com qualquer meio de execução); em regra **plurissubsistente** (a conduta criminosa pode ser fracionada em diversos atos); **unissubjetivo, unilateral ou de concurso eventual** (pode ser cometido por uma só pessoa, mas admite o concurso); e **instantâneo** (a consumação se verifica em um momento determinado, sem continuidade no tempo).

2.10. DA RECEPTAÇÃO

2.10.1. Art. 180 – Receptação

2.10.1.1. Dispositivo legal

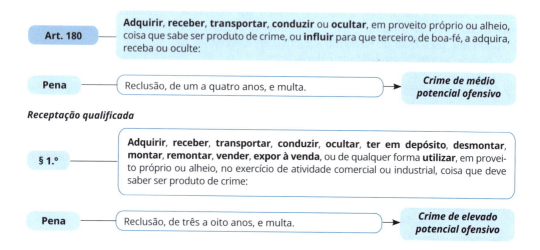

---
[431] STJ: HC 9.877/PA, rel. Min. Fernando Gonçalves, 6.ª Turma, j. 13.09.1999.

CAP. 2 – DOS CRIMES CONTRA O PATRIMÔNIO | 603

*Figura equiparada**

§ 2.º — Equipara-se à **atividade comercial**, para efeito do parágrafo anterior, qualquer forma de comércio irregular ou clandestino, inclusive o exercício em residência.

*Receptação culposa**

§ 3.º — **Adquirir** ou **receber** coisa que, por sua natureza ou pela desproporção entre o valor e o preço, ou pela condição de quem a oferece, **deve presumir-se obtida por meio criminoso:**

Pena — Detenção, de um mês a um ano, ou multa, **ou ambas as penas.** → *Infração penal de menor potencial ofensivo*

*Norma penal explicativa**

§ 4.º — A receptação é punível, ainda que **desconhecido** ou **isento de pena** o autor do crime de que proveio a coisa.

*Receptação privilegiada**

§ 5.º — Na hipótese do § 3.º, se o criminoso é **primário**, pode o juiz, tendo em consideração as circunstâncias, **deixar de aplicar a pena**. Na receptação dolosa aplica-se o disposto no § 2.º do art. 155.

*Receptação qualificada (ou causa de aumento de pena)**

§ 6.º — Tratando-se de bens do patrimônio da **União**, de **Estado**, do **Distrito Federal**, de Município ou de autarquia, fundação pública, empresa pública, **sociedade de economia mista** ou **empresa concessionária de serviços públicos**, aplica-se em dobro a pena prevista no *caput* deste artigo. → *Crime de elevado potencial ofensivo*

Classificação:
Crime comum
Crime de forma livre
Crime material
Crime instantâneo (nas condutas "adquirir" e "receber") ou permanente (nos núcleos "transportar", "conduzir" e "ocultar")
Crime plurissubsistente (*regra*)
Crime de dano
Crime unissubjetivo (*regra*)

Informações rápidas:
Receptação: crime acessório, de fusão ou parasitário (reclama a prática de um crime anterior, independente do conhecimento da autoria ou de punição – autonomia da receptação – vide exceções). Contravenção penal anterior não caracteriza o crime do art. 180 do CP.
A extinção da punibilidade do crime anterior não impede a caracterização da receptação e a punição do seu responsável. O crime anterior não precisa ser contra o patrimônio (ex.: peculato).
Receptação de receptação: é possível ("produto de crime").
Receptação própria: exige dolo direto e específico; crime material; admite tentativa.
Receptação imprópria: exige dolo direto e específico; crime formal; compatível com a tentativa (quando plurissubsistente).
Privilégio: direito subjetivo do réu, aplicável apenas à receptação dolosa. Requisitos: primariedade do agente + coisa receptada de pequeno valor.
Receptação culposa: tipo penal fechado (hipóteses previstas no tipo – dispensam valoração do juiz).
Ação penal: pública incondicionada.

2.10.1.2. Estrutura do tipo penal

A receptação está prevista no art. 180 do Código Penal. Pode ser dolosa ou culposa.[432] A **receptação dolosa** apresenta as seguintes modalidades:

(a) **simples** (*caput*),[433] que pode ser **própria** (1.ª parte) ou **imprópria** (parte final);
(b) **qualificada pelo exercício de atividade comercial ou industrial** (§ 1.º);
(c) **privilegiada** (§ 5.º, parte final); e
(d) **qualificada pela natureza do objeto material** (§ 6.º).

Em relação à **receptação qualificada pelo exercício de atividade comercial ou industrial**, o § 2.º do art. 180 contempla uma **norma penal explicativa** ou **complementar**.

A **receptação culposa**, por sua vez, encontra-se delineada no art. 180, § 3.º, do Código Penal. Com ela guarda afinidade a regra contida no § 5.º, 1.ª parte, inerente ao **perdão judicial**, admissível somente nesta modalidade do delito.

Finalmente, o § 4.º do art. 180 do Código Penal contém uma **norma penal explicativa** ou **complementar** atinente à autonomia do crime de receptação (dolosa ou culposa).

O esquema abaixo traduz o que foi dito:

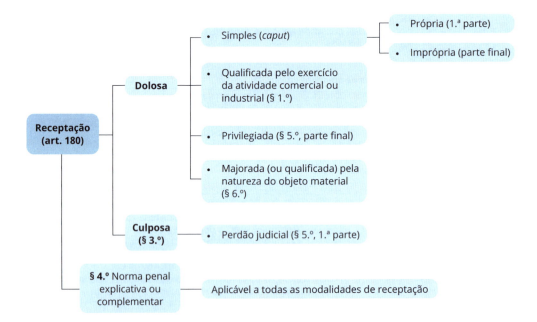

2.10.1.3. Pontos comuns a todas as espécies de receptação

2.10.1.3.1. Objetividade jurídica

O bem jurídico penalmente protegido é o **patrimônio**.

---

[432] O art. 180-A do Código Penal, criado pela Lei 13.330/2016, contempla a receptação de animal, crime exclusivamente doloso.
[433] É o tipo fundamental da receptação, pois prevê a forma básica do crime.

2.10.1.3.2. Ação penal

A ação penal, tanto na receptação dolosa (nas suas diversas modalidades) como na receptação culposa, é **pública incondicionada**.

2.10.1.4. Plano de estudo

Por questões estritamente didáticas, iniciaremos a análise do crime de receptação em sua modalidade **dolosa**, **simples** e **própria**, definida pelo art. 180, *caput*, 1.ª parte, do Código Penal, pois nela encontram-se as regras gerais aplicáveis ao delito. Em seguida, estudaremos as peculiaridades de cada uma das demais espécies de receptação.

2.10.1.5. Receptação própria: caput, *1.ª parte*

2.10.1.5.1. Introdução

Este crime possui a seguinte descrição típica: "Adquirir, receber, transportar, conduzir ou ocultar, em proveito próprio ou alheio, coisa que sabe ser produto de crime". Sua redação é obra da Lei 9.426/1996, responsável pelo acréscimo dos núcleos "transportar" e "conduzir". A pena é de reclusão, de 1 (um) a 4 (quatro) anos, e multa.

A receptação é um **crime acessório, de fusão ou parasitário**,[434] pois não tem existência autônoma, reclamando a prática de um delito anterior. O tipo penal é claro nesse sentido: a coisa deve ser "produto de crime". Em síntese, não é qualquer coisa de natureza ilícita que enseja a receptação, mas apenas aquela de origem criminosa.

A palavra "crime" deve ser interpretada restritivamente. Logo, se a coisa é produto de contravenção penal, não se caracteriza o crime tipificado pelo art. 180 do Código Penal.

Como a lei indica como objeto material da receptação a coisa "produto de crime", é imprescindível, para demonstração da sua materialidade, a comprovação da natureza criminosa do bem. Esta é, portanto, a diligência primordial a ser realizada pela autoridade policial no bojo do inquérito policial (CPP, art. 6.º, inc. III). Sem ela, o procedimento investigatório estará incompleto, e não será suficiente a embasar a atividade do Ministério Público quanto ao oferecimento da denúncia.

Exemplificativamente, se o inquérito policial foi instaurado para apurar a receptação de um automóvel furtado, o Delegado de Polícia deverá juntar aos autos um documento capaz de provar por qualquer modo o crime antecedente. Não há necessidade de prévio ajuizamento de ação penal, nem muito menos de condenação pela prática do crime anterior. Com efeito, a lei se contenta com a coisa "produto de crime", não exigindo a condenação pela prática do crime anterior.

Basta, assim, um boletim de ocorrência, ou mesmo a anotação no prontuário do veículo acerca da ocorrência do furto, pouco importando se é conhecido ou se foi punido o seu autor. É o que se convencionou chamar de "autonomia" da receptação, na forma do art. 180, § 4.º, do Código Penal.

2.10.1.5.2. Autonomia da receptação

O art. 180, § 4.º, do Código Penal contém uma **norma explicativa ou complementar** aplicável a todas as modalidades de receptação, ou seja, tanto à receptação dolosa, simples (*caput*), que pode ser própria (1.ª parte) ou imprópria (parte final), qualificada pelo exercício

---

[434] Outros exemplos de crimes acessórios são o favorecimento pessoal (CP, art. 348), o favorecimento real (CP, art. 349) e a lavagem ou ocultação de bens, direitos e valores, mais conhecida como lavagem de dinheiro (Lei 9.613/1998, art. 1.º).

de atividade comercial ou industrial (§ 1.º), privilegiada (§ 5.º, parte final), majorada (ou qualificada) pela natureza do objeto material (§ 6.º), bem como à receptação culposa (§ 3.º). Em conformidade com seu texto, "a receptação é punível, ainda que desconhecido ou isento de pena o autor do crime de que proveio a coisa".

Consagrou-se a **autonomia da receptação**. Em outras palavras, a receptação, embora classificada como crime acessório, pois pressupõe a prática de um crime anterior, não reclama o conhecimento do autor deste último, nem a possibilidade de ser ele efetivamente punido. Há, portanto, independência entre a receptação e o crime anterior.

Mas esta independência é **relativa**, pois, nada obstante seja irrelevante a identidade ou a responsabilidade penal do autor do fato criminoso anterior, é indispensável que se comprove a **existência material do crime** de que proveio a coisa que se diz receptada.[435]

Em outras palavras, o Código Penal deixa nítido que, para a punibilidade da receptação, basta a existência de prova do crime anterior, pouco importando se desconhecido ou impunível seu autor. Esta é uma das principais características da receptação. Aliás, trata-se de característica inerente aos crimes acessórios em geral.[436]

A autonomia da receptação divide-se em dois diferentes aspectos:

1.º aspecto: A receptação é punível ainda que desconhecido o autor do crime antecedente

Mas, se forem identificados tanto o receptador como o autor do crime anterior, os crimes por eles praticados serão tidos como conexos, na forma do art. 76, inciso III, do Código de Processo Penal (conexão probatória ou instrumental), e, sempre que possível, importarão em unidade de processo e julgamento.

Na hipótese de o autor do crime antecedente ter sido identificado e processado, há de ser feita uma indagação: E se ele for absolvido, o receptador poderá ser condenado?

A resposta é "depende". Depende do quê? A absolvição ou condenação do receptador depende do fundamento utilizado pelo magistrado para absolver o responsável pelo crime anterior. Em verdade, se tal fundamento for incompatível com a receptação, o receptador deverá ser absolvido; em caso contrário, o receptador poderá ser condenado.

Os motivos que ensejam a absolvição no juízo criminal encontram-se no **art. 386 do Código de Processo Penal**. Extrai-se da sua análise que o receptador poderá, ao menos em tese, ser condenado quando a absolvição do autor do crime anterior embasar-se nos seguintes fundamentos:

(a) estar provado que o réu não concorreu para o crime (inciso IV);

(b) não existir prova de ter o réu concorrido para o crime (inciso V);

(c) existirem circunstâncias que **isentem o réu de pena**: são as causas excludentes da culpabilidade, também conhecidas como dirimentes, e as escusas absolutórias, denominadas ainda causas pessoais de isenção da pena, imunidades penais absolutas, materiais ou substanciais, ou, finalmente, causas de impunibilidade absoluta (inciso VI); e

(d) não existir prova suficiente para a condenação (inciso VII).

Em todas estas hipóteses, **o crime existe**, e isso é o bastante para a receptação, sendo irrelevante se o indivíduo acusado pela sua prática não era seu autor, ou se, mesmo o sendo, era ele impunível ou não existiam provas suficientes para sua segura condenação.

---

[435] Cf. BITENCOURT, Cezar Roberto. *Tratado de direito penal*. Parte especial. 4. ed. São Paulo: Saraiva, 2008. v. 3, p. 334.
[436] Na lavagem de dinheiro, há regra específica nesse sentido no art. 2.º, inciso II, da Lei 9.613/1998.

De outro lado, o receptador não poderá ser condenado quando a absolvição do réu na ação penal atinente ao crime anterior se basear em algum dos seguintes fundamentos:

(a) estar provada a inexistência do fato (inciso I);
(b) não haver prova da existência do fato (inciso II);
(c) não constituir o fato infração penal (inciso III); e
(d) existirem circunstâncias que **excluam o crime**, ou mesmo se houver fundada dúvida sobre sua existência: o legislador refere-se às causas excludentes da ilicitude, também chamadas de eximentes, justificativas, tipos penais permissivos ou descriminantes (inciso V).

Nesses casos, o crime anterior não existiu (incisos I, III e IV, em sua primeira parte), ou pode até ter ocorrido, mas não há certeza disso (incisos II e IV, parte final). Ambas as situações são incompatíveis com a receptação, que exige prova, e não dúvida, quanto à existência do crime antecedente.

2.º aspecto – O receptador pode ser punido ainda que isento de pena o autor do crime de que proveio a coisa

É o que se dá nas causas de exclusão da culpabilidade, também conhecidas como dirimentes,[437] e nas escusas absolutórias (exemplo: CP, art. 181).

Em resumo, e para que nosso leitor jamais se esqueça, seremos repetitivos: a possibilidade de punição da receptação vincula-se única e exclusivamente à prova do crime anterior, independentemente do fato de ser seu autor desconhecido ou isento de pena. Esta é a regra contida no art. 180, § 4.º, do Código Penal, conhecida como **autonomia da receptação**.

2.10.1.5.2.1. Receptação e extinção da punibilidade do crime anterior

A declaração da extinção da punibilidade do crime anterior, qualquer que seja a sua causa, não impede a caracterização do crime tipificado pelo art. 180 do Código Penal e a punição do seu responsável. Cuida-se, uma vez mais, de manifestação da autonomia da receptação. Exemplificativamente, se "A" praticou o furto de uma televisão, posteriormente adquirida por "B", com ciência da sua origem criminosa, a superveniente morte de "A", extinguindo em relação a ele a punibilidade do furto, não afasta a receptação cometida por "B".

O crime antecedente existiu, e isso, por si só, enseja a possibilidade de reconhecimento do crime acessório e a imposição de pena a quem nele se envolveu. É o que consta do art. 108, 1.ª parte, do Código Penal: "A extinção da punibilidade de crime que é pressuposto, elemento constitutivo ou circunstância agravante de outro não se estende a este". Mas esta regra guarda duas exceções.

Com efeito, a declaração da extinção da punibilidade do crime antecedente impede a configuração da receptação e, consequentemente, a punição do seu responsável, quando fundada na anistia (CP, art. 107, inc. II, 1.ª figura) e na *abolitio criminis* (CP, art. 107, inc. III).

Anistia e *abolitio criminis* são causas extintivas da punibilidade veiculadas por lei. Naquela, uma lei ordinária com efeitos retroativos exclui um ou mais fatos criminosos do campo de incidência do Direito Penal (exemplo: deixam de ser punidos os furtos cometidos em determinado ano); nesta, a nova lei exclui do âmbito do Direito Penal um fato até então considerado criminoso (exemplo: o furto deixa de ser crime).

---

[437] Alguns exemplos: menoridade; inimputabilidade por doença mental, ou por desenvolvimento mental incompleto ou retardado; coação moral irresistível; embriaguez completa, proveniente de caso fortuito ou força maior; erro de proibição inevitável; e obediência hierárquica a ordem não manifestamente ilegal.

Logo, o raciocínio é muito simples e de fácil compreensão. Se o crime é instituído por uma lei, outra lei de igual natureza faz com que ele desapareça, nada obstante o Código Penal, em seu art. 107, fale em extinção da punibilidade. E, se o crime anterior deixa de existir, não subsiste a receptação, uma vez que a partir de então a coisa não pode mais ser considerada produto de crime.

2.10.1.5.3. Natureza jurídica

A receptação integra a relação dos crimes contra o patrimônio, pois se insere no Título II da Parte Especial do Código Penal. Mas o crime anterior, nada obstante normalmente também seja patrimonial, não precisa ser de igual natureza, já que a lei fala em coisa "produto de crime", o que é diverso de coisa "produto de crime contra o patrimônio".

Destarte, qualquer crime compatível com a posterior receptação pode funcionar como seu pressuposto. O art. 180 do Código Penal não faz exigência alguma. Basta ser crime, de ação pública (incondicionada ou condicionada) ou de ação privada, punido com reclusão ou com detenção, doloso ou culposo (embora esta hipótese seja de rara ocorrência prática). Tanto faz. É o caso do peculato (exemplo: o sujeito, ciente da origem ilícita do bem, adquire um computador subtraído por um funcionário público da repartição em que trabalha) e também do descaminho, como ocorre nas frequentes aquisições de produtos que ingressaram no Brasil sem o pagamento dos tributos respectivos.

Anote-se que existe receptação mesmo que o crime anterior seja de ação penal exclusivamente privada e não tenha sido ajuizada queixa-crime, ou de ação penal pública condicionada e a vítima não tenha oferecido representação. Contudo, nesses casos o Ministério Público, na ação penal inerente à receptação, terá que provar, incidentalmente, a existência do crime anterior. Em qualquer hipótese, porém, é óbvio que nesse processo somente poderá haver condenação pela receptação, e nunca pelo delito anterior.

2.10.1.5.4. Punibilidade

A pena da receptação dolosa simples própria (e também na imprópria) é de reclusão, de 1 (um) a 4 (quatro) anos, e multa.

Nota-se, portanto, que a pena cominada à receptação independe da pena atribuída ao crime anterior, que pode ser maior (exemplo: roubo, extorsão etc.) ou menor (exemplo: furto privilegiado, apropriação de coisa achada etc.). A maioria das legislações estrangeiras também segue este critério.

Baseou-se o legislador na ideia de que o receptador é uma pessoa que ainda não se rebaixou à extrema depravação moral de um ladrão, de um extorsionário ou de outro vil criminoso qualquer. Cuida-se, ao contrário, de indivíduo que, para auferir lucro fácil, abre mão dos escrúpulos que servem de vetores aos negócios honestos. Ele seria incapaz de cometer um roubo, uma extorsão, um latrocínio, até mesmo porque, não raro, convive com gente honesta, pois fora da mercancia ilícita mantém uma linha inquestionável de conduta civil. Até aí tudo bem.

Mas o legislador andou mal ao estabelecer para a receptação a mesma pena, sempre, independentemente de qual seja o crime anterior. Com efeito, a pena da receptação deveria ser proporcional à gravidade do crime antecedente. Não há motivos legítimos para o receptador ser igualmente punido quando, exemplificativamente, adquire um bem resultante da prática de um furto, e quando pratica igual conduta relativamente a um bem proveniente de um latrocínio.

A receptação, indiscutivelmente, estimula a prática de diversos delitos, notadamente no campo patrimonial, alimentando a indústria criminosa e seus "funcionários", a saber, ladrões, extorsionários, latrocidas, traficantes, falsários etc. Os crimes contra o patrimônio, em especial, são praticados porque o seu responsável sabe que há um destinatário ávido no recebimento do seu produto. Em termos ilustrativos, soa evidente que não seriam cometidos tantos roubos de automóveis se não existissem pessoas interessadas na aquisição ilícita de suas peças por valor substancialmente inferior ao praticado no mercado formal.

Para nós, seria mais adequado se o legislador tivesse utilizado no preceito secundário do art. 180 do Código Penal a seguinte fórmula: "Pena – a cominada ao crime antecedente". Este critério, longe de figurar como invenção, é do conhecimento do Código Penal, que o empregou em seu art. 304 (uso de documento falso).

Não se pode olvidar, ainda, que a receptação também atinge de forma secundária a própria Administração da Justiça, revelando sua elevada gravidade, pois prejudica a ação da autoridade estatal na apuração do crime antecedente. Por essa razão, em alguns países, como Argentina e Uruguai, a receptação foi incluída entre os crimes contra a Administração da Justiça.

Acreditamos não ser necessário ir tão longe, pois a receptação é, acima de tudo, crime contra o patrimônio. Mas a pena, como se encontra atualmente prevista, muitas vezes leva ao tratamento excessivamente brando de criminosos merecedores de rígida punição no campo penal.

2.10.1.5.5. Receptação de receptação

É comum a formulação da seguinte pergunta: É possível a receptação de receptação?

A resposta é positiva. Para a caracterização do delito tipificado pelo art. 180 do Código Penal, exige-se seja a coisa "produto de crime", qualquer que seja ele, inclusive a própria receptação. Exemplo: "A" adquire de um desconhecido uma bicicleta, sabendo que se tratava de produto de crime. Depois de utilizar o bem por alguns dias, ele efetua sua venda a "B", advertindo-o da origem espúria da coisa.

No exemplo mencionado, fica nítido que "A" praticou receptação, ao passo que "B" cometeu a chamada receptação de receptação, também chamada de **receptação em cadeia**. Daí se conclui que respondem pelo crime acessório todos os sujeitos que, nas sucessivas negociações envolvendo o mesmo objeto material, tenham conhecimento da sua origem criminosa. Em outras palavras, é responsável pela receptação todo aquele que, ciente da procedência ilícita do bem, pratica uma das condutas típicas indicadas no art. 180, *caput*, do Código Penal, ainda que a pessoa que lhe transferiu a coisa ignorasse tal circunstância.

Nélson Hungria, de forma polêmica, sustentava que, se a coisa vem a ser adquirida ou recebida por terceiro de boa-fé, que, por sua vez, efetua sua transferência a outrem, não comete esta receptação, ainda que tenha conhecimento de que a coisa provém de crime. Houve, em tal caso, uma interrupção ou solução de continuidade da situação patrimonial anormal criada pelo crime originário e mantida, ao acaso, por intercorrente receptação de má-fé.[438]

Não podemos concordar com o brilhante penalista. De fato, aquele que, ciente da origem criminosa do bem, dolosamente o adquire, ainda que de terceiro de boa-fé, comete receptação, uma vez que realiza todos os elementos exigidos pelo art. 180, *caput*, 1.ª parte, do Código Penal.

Parece-nos equivocado confundir o afastamento da receptação em cadeia (não há receptação de receptação) com a caracterização do delito pelo sujeito que adquiriu ou recebeu uma coisa sabendo tratar-se de produto de crime. São duas coisas distintas, e, por esse motivo, a elas não se pode dispensar igual tratamento jurídico.

2.10.1.5.6. Objeto material

É a **"coisa produto de crime"**.

---

[438] HUNGRIA, Nélson. *Comentários ao Código Penal*. 2. ed. Rio de Janeiro: Forense, 1958. v. 7, p. 305.

Em relação à coisa, permanecem válidas as ponderações efetuadas em relação ao objeto material do crime de furto (art. 155, item 2.4.1.4). Perceba-se, porém, que o legislador, ao contrário do que fez no art. 155, *caput*, do Código Penal, não utilizou outras duas palavras "alheia" e "móvel". Surgem então duas dúvidas: (1) É possível a receptação de coisa própria? e (2) É possível a receptação de coisa imóvel? Vejamos.

No tocante à palavra **"alheia"**, nada obstante não indicada expressamente pelo tipo penal, é claro que tal condição funciona como **elementar implícita** do crime de receptação. Trata-se de crime contra o patrimônio, e não há como imaginar uma pessoa que seja simultaneamente sujeito ativo e passivo de um delito contra o seu próprio patrimônio. Exemplificativamente, se, porventura, o proprietário adquirir do ladrão a coisa que lhe fora furtada, não cometerá delito algum, pois ele é o próprio titular do bem jurídico ofendido.[439]

Damásio E. de Jesus possui raciocínio diverso. Para ele, enquanto na descrição típica de outros crimes contra o patrimônio (furto, roubo, dano e apropriação indébita) o Código Penal emprega a expressão "coisa alheia", no tipo da receptação fala apenas em "coisa", sem mencionar o título de propriedade. E ilustra:

> Suponha-se o caso de o sujeito realizar contrato de penhor com terceiro, entregando-lhe como garantia um relógio, que venha a ser furtado. Imagine que o ladrão ofereça o relógio ao credor, que imediatamente percebe ser de sua propriedade. Com a finalidade de frustrar a garantia pignoratícia, o proprietário compra, por baixo preço, o objeto material. Para nós, responde por delito de receptação, tendo em vista que está adquirindo, em proveito próprio, coisa que sabe ser produto de furto (art. 180, *caput*, 1.ª parte).[440]

Discordamos do admirado mestre. No exemplo por ele narrado, não se pode dizer que o bem empenhado integrava o patrimônio do credor. E, ausente a lesão a tal bem jurídico, afasta-se a receptação, capitulada entre os crimes contra o patrimônio.

Quanto à possibilidade de o bem **imóvel** figurar como objeto material da receptação, o tema não é pacífico.

Para Heleno Cláudio Fragoso, a coisa imóvel pode ser objeto material de receptação, sob o argumento de que a palavra "coisa" empregada pela lei tanto pode ser aplicada aos móveis como aos imóveis, pois na receptação a lei não distingue, como faz no furto e no roubo, sobre a natureza da coisa. São suas palavras:

> Não se percebe por que a receptação pressuponha "deslocamento" do objeto. O significado léxico da palavra é secundário, quando se trata de conceitos normativos. Por outro lado, é perfeitamente claro que um imóvel pode ser produto de crime (falsidade, estelionato etc.). Não só a posse provém de crime, neste caso, contra a própria coisa, isto é, o próprio imóvel, na sua materialidade. E pode haver receptação desde que venha a ser tal imóvel adquirido por terceiro, com conhecimento de causa.[441]

Vale destacar, porém, que para esta teoria a receptação de coisas imóveis, logicamente, só é possível em relação aos núcleos "adquirir" e "receber", pois não há como imaginar a prática das condutas de "ocultar", "conduzir" e "transportar" em relação a tais bens. Recorde-se, a propósito, que no Direito Penal todo bem suscetível de apreensão e transporte é classificado como móvel, pouco importando se o Código Civil, por ficção ou equiparação, considera-o imóvel.

---

[439] Cf. BARROS, Flávio Augusto Monteiro de. *Direito Penal*. Parte especial. 2. ed. São Paulo: Saraiva, 2009. v. 2, p. 465.
[440] JESUS, Damásio E. de. *Direito penal*: parte especial. 27. ed. São Paulo: Saraiva, 2005. v. 2, p. 494.
[441] FRAGOSO, Heleno Cláudio. *Lições de direito penal*. São Paulo: José Bushatsky, 1958. v. 2, p. 329.

De outro lado, Nélson Hungria posicionava-se pela impossibilidade de a coisa imóvel servir de objeto material do crime em estudo. Para ele, um imóvel não pode ser receptado, pois a receptação pressupõe o deslocamento da coisa, do poder de quem ilegitimamente a detém para o do receptador, de modo a tornar mais difícil a sua recuperação por quem de direito.[442] Embora não se manifeste sobre o tema há considerável tempo, são nesse sentido as últimas decisões do Supremo Tribunal Federal:

> Em face da legislação penal brasileira, só as coisas móveis ou mobilizadas podem ser objeto de receptação. Interpretação do art. 180 do Código Penal. Assim, não é crime, no direito pátrio, o adquirir imóvel que esteja registrado em nome de terceiro, que não o verdadeiro proprietário, em virtude de falsificação de procuração.[443]

Mas não para por aí. A coisa precisa ser **"produto de crime"**, assim compreendida aquela obtida imediata ou mediatamente pelo responsável pelo delito anterior em razão da sua conduta criminosa. Como já explicado, se a coisa é produto de contravenção penal, não há falar em receptação, pois esta conclusão importaria no uso da analogia *in malam partem*, inaceitável no Direito Penal.

O fato de o produto do crime anterior ter sido alterado em sua individualidade (exemplo: o anel roubado é transformado em um par de brincos) ou então substituído por coisa de natureza diversa (dinheiro, por exemplo), não afasta a receptação, pois o tipo penal fala indistintamente em "produto de crime".

Não ingressam no conceito de produto do crime o "preço do crime" (exemplo: o valor cobrado pelo matador de aluguel para assassinar alguém) nem o instrumento do crime (exemplo: a arma de fogo utilizada na execução de um roubo), motivo pelo qual não podem ser considerados objetos materiais da receptação. Consequentemente, não cabe a imputação do crime tipificado pelo art. 180 do Código Penal à pessoa que oculta o instrumento ou o preço do crime para auxiliar seu autor a subtrair-se da ação de autoridade pública. Nessa hipótese, o crime configurado será o de favorecimento pessoal (CP, art. 348).

Por último, é importante destacar que há hipóteses nas quais, embora a coisa seja produto de crime, quem a adquire, recebe, transporta, conduz ou oculta não comete receptação, e sim delito diverso. É o que se dá, exemplificativamente, em relação ao objeto material **moeda falsa, que caracteriza o crime específico previsto no art. 289, § 1.º, do Código Penal,**[444] **bem como no tocante aos objetos materiais maquinismo, aparelho, instrumento ou objeto especialmente destinado à falsificação e/ou alteração de sinal identificador de veículo e veículo automotor, elétrico, híbrido, de reboque, semirreboque ou suas combinações ou partes, com número de chassi ou monobloco, placa de identificação ou qualquer sinal identificador veicular que devesse saber estar adulterado ou remarcado**, os quais resultam na tipificação dos delitos especiais catalogados no art. 311, § 2.º, II e III, do Código Penal.[445]

---

[442] HUNGRIA, Nélson. *Comentários ao Código Penal*. 2. ed. Rio de Janeiro: Forense, 1958. v. 7, p. 304.
[443] RHC 57.710/SP, rel. Min. Moreira Alves, 2.ª Turma, j. 26.02.1980.
[444] CP, art. 289, § 1.º: "Nas mesmas penas incorre quem, por conta própria ou alheia, importa ou exporta, adquire, vende, troca, cede, empresta, guarda ou introduz na circulação moeda falsa".
[445] CP, art. 311, § 2.º, II e III: "II – aquele que adquire, recebe, transporta, oculta, mantém em depósito, fabrica, fornece, a título oneroso ou gratuito, possui ou guarda maquinismo, aparelho, instrumento ou objeto especialmente destinado à falsificação e/ou adulteração de que trata o *caput* deste artigo; ou III – aquele que adquire, recebe, transporta, conduz, oculta, mantém em depósito, desmonta, monta, remonta, vende, expõe à venda, ou de qualquer forma utiliza, em proveito próprio ou alheio, veículo automotor, elétrico, híbrido, de reboque, semirreboque ou suas combinações ou partes, com número de chassi ou monobloco, placa de identificação ou qualquer sinal identificador veicular que devesse saber estar adulterado ou remarcado".

2.10.1.5.6.1. Receptação e natureza do objeto material: § 6.º

O § 6.º do art. 180 do Código Penal tem a seguinte redação: "Tratando-se de bens e instalações do patrimônio da União, de Estado, do Distrito Federal, de Município ou de autarquia, fundação pública, empresa pública, sociedade de economia mista ou empresa concessionária de serviços públicos, aplica-se em dobro a pena prevista no *caput* deste artigo."

Como não há *nomen iuris* (rubrica marginal), a doutrina diverge acerca da natureza jurídica deste dispositivo. Há duas posições sobre o assunto:

(a) cuida-se de **causa de aumento da pena,** pois há previsão de majoração da reprimenda em quantidade fixa;[446] e

(b) trata-se de **qualificadora**.[447] A lei é clara: a pena é aplicada em dobro. Não se fala no aumento da pena até o dobro, mas na sua obrigatória duplicação. Portanto, a pena da receptação simples – reclusão, de 1 (um) a 4 (quatro) anos, e multa – é alterada. Continua a ser de reclusão, mas seus limites mínimo e máximo passam a ser, respectivamente, de 2 (dois) a 8 (oito) anos, sem prejuízo da multa.

Para os adeptos da segunda corrente, é preciso reconhecer, entretanto, que o legislador se afastou da boa técnica. Teria sido mais adequada, e correta, a previsão de novos limites da pena privativa de liberdade, como sói acontecer nas qualificadoras em geral.

É importante destacar que a elevação da pena alcança somente a **receptação simples, própria ou imprópria**. Na dicção legal: "a pena prevista no *caput* deste artigo aplica-se em dobro". Excluem-se, portanto, a receptação qualificada pelo exercício de atividade comercial ou industrial (§ 1.º) e a receptação culposa (§ 3.º).

Além disso, não basta ao agente o dolo sobre a origem criminosa do bem receptado. É imprescindível, também, o conhecimento (dolo) acerca da lesão provocada ao patrimônio da União, de Estado, do Distrito Federal, de Município ou de autarquia, fundação pública, empresa pública, sociedade de economia mista ou empresa concessionária de serviços públicos, pois em sua ausência estará caracterizado o erro de tipo (CP, art. 20, *caput*), com o consequente afastamento da qualificadora, sob pena de configuração da responsabilidade penal objetiva.

2.10.1.5.7. Núcleos do tipo

O tipo penal da receptação própria apresenta 5 (cinco) núcleos: adquirir, receber, transportar, conduzir e ocultar.

Adquirir é a obtenção da **propriedade**, a título oneroso (exemplos: compra, permuta etc.) ou gratuito (exemplo: doação). Há receptação quando a coisa é transmitida em razão de sucessão *causa mortis*, desde que o herdeiro saiba que se trata de produto de crime.

Não importa, na aquisição onerosa, que o preço pago seja irrisório ou justo. Com efeito, pode ocorrer a receptação quando a aquisição se deu pelo valor normal da coisa, desde que o agente conheça sua origem criminosa. De fato, o justo preço pago por uma coisa, visando tão somente o ganho inerente ao negócio, não afasta a ideia de proveito.

Receber significa ingressar na **posse** do bem. Exemplo: "A" recebe um relógio roubado para usá-lo em uma festa.

---

[446] É o caso de PRADO, Luiz Regis. *Curso de direito penal brasileiro*. São Paulo: RT, 2008. v. 2, p. 522; e CUNHA, Rogério Sanches. *Direito penal*: parte especial. 2. ed. São Paulo: RT, 2009. v. 3, p. 198.

[447] Filiam-se a este entendimento, entre outros: MIRABETE, Julio Fabbrini. *Manual de direito penal*. São Paulo: Atlas, 2007. v. 2, p. 348; NUCCI, Guilherme de Souza. *Código Penal comentado*. 8. ed. São Paulo: RT, 2008. p. 815; CAPEZ, Fernando. *Curso de direito penal*. 8. ed. São Paulo: Saraiva, 2008. v. 2, 599; GRECO, Rogério. *Curso de direito penal*: parte especial. 6. ed. Niterói: Impetus, 2009. v. 3, 357.

Transportar consiste em levar um objeto de um local para outro. Exemplo: "A" coloca um automóvel roubado na carroceria do seu caminhão, levando-o em seguida para uma pessoa que reside em outra cidade.

Conduzir, por sua vez, diz respeito à situação em que alguém **dirige** um veículo, automotor ou não, para levá-lo a algum outro local. Exemplo: "A", em sua direção, guia um carro furtado rumo à outra cidade.

Ocultar, por fim, equivale a esconder o objeto material, colocando-o em local no qual não possa ser encontrado por terceiros.

Não se deve confundir a receptação nesta última modalidade – "ocultar coisa que sabe ser produto de crime" – com o crime de favorecimento real, previsto no art. 349 do Código Penal entre os crimes contra a Administração da Justiça, assim descrito: "Prestar a criminoso, fora dos casos de coautoria ou receptação, auxílio destinado a tornar seguro o proveito do crime".

Vê-se que o Código Penal foi peremptório ao estatuir, na própria redação do seu art. 349, que a receptação e o favorecimento real se verificam em hipóteses diversas.

De fato, na **receptação própria** (CP, art. 180, *caput*, 1.ª parte), o beneficiado economicamente pela conduta criminosa é o receptador, ou então uma terceira pessoa, sempre distinta da responsável pelo crime antecedente. Exemplo: "A" esconde em sua casa um carro roubado que encontrou abandonado em via pública, para no futuro alienar suas peças. Por sua vez, no **favorecimento real** (CP, art. 349) o sujeito atua em prol do autor do crime antecedente, e o proveito almejado pode ser econômico ou não. Exemplo: "A" esconde uma bicicleta furtada por "B", seu amigo, para ajudá-lo, e depois de algum tempo, com o esquecimento do crime, devolve-a ao criminoso.

A receptação própria está prevista em um **tipo misto alternativo** (crime de ação múltipla ou de conteúdo variado). Assim sendo, o sujeito responderá por apenas um crime se realizar dois ou mais núcleos do tipo, no mesmo contexto fático, envolvendo um só objeto material. Exemplificativamente, pratica um único crime de receptação aquele que adquire um carro roubado, em seguida o oculta em sua residência e, posteriormente, conduz tal veículo em via pública.

Nesse caso, é importante adotar redobrada cautela em provas práticas que mencionam a prisão em flagrante do receptador, notadamente na elaboração de portarias de inquéritos policiais e de denúncias. O candidato deve fazer a tipificação levando em conta o núcleo que legitimou a prisão em flagrante, sob pena de relaxamento da prisão provisória ou inépcia da denúncia. Imagine que, no exemplo indicado, o criminoso foi surpreendido em flagrante na condução do veículo automotor: o núcleo que deverá ser utilizado é "conduzir", nada obstante ele também tenha adquirido e ocultado coisa que sabia ser produto de crime, até porque não se conhecem, com precisão, as datas e os locais em que estas últimas condutas foram perpetradas.

Além disso, a receptação de várias coisas, provenientes de um só ou de vários crimes, realizada em um só contexto de ação, é crime naturalmente único.[448] Exemplo: O sujeito vai a um desmanche clandestino de veículos automotores e lá adquire diversas peças, correspondentes a carros distintos e originárias de vários furtos.

Mas, se vários os bens, malgrado provenientes de um mesmo crime, são receptados mediante ações separadas no tempo, o sujeito responderá por várias receptações, em concurso material (CP, art. 69) ou em continuidade delitiva, se presentes os requisitos legalmente exigidos (CP, art. 71).

---

[448] Assim já se manifestou o Supremo Tribunal Federal, em uma única oportunidade: "Receptação. O crime de receptação é autônomo: se foi uma só a ação do agente, embora tendo por objeto coisas advindas da prática de mais de um delito, inadmissível a instauração, contra o receptador, de mais de um processo" (RHC 63.797/MG, rel. Min. Oscar Correa, 1.ª Turma, j. 28.02.1986).

2.10.1.5.8. Sujeito ativo

Pode ser qualquer pessoa (**crime comum**), com exceção do autor, coautor ou partícipe do crime antecedente, que somente respondem por tal delito, e não pela receptação.

A Lei 8.906/1994 – Estatuto da Ordem dos Advogados do Brasil – não criou (nem poderia fazê-lo) nenhuma imunidade para os advogados em relação ao crime de receptação. Destarte, comete o delito o patrono que recebe dinheiro ou qualquer outro bem proveniente da prática de um crime, ciente desta origem, como pagamento de honorários por serviços prestados a alguém. Em decisão histórica, assim já se manifestou o Supremo Tribunal Federal:

> Advogado que, no exercício da profissão, é denunciado por receptação dolosa e favorecimento pessoal e real (arts. 180, 348 e 349 do C. Penal), em virtude de haver recebido, a título de honorários advocatícios, parte do produto do roubo, propiciando ainda aos autores da infração fuga para outro Estado. Improcedência da alegada atipicidade penal dos fatos, que constituem, em tese, os crimes capitulados na denúncia.[449]

2.10.1.5.9. Sujeito passivo

A receptação tem como sujeito passivo a **mesma vítima do crime antecedente**, que é mais uma vez prejudicada em seu patrimônio. Com efeito, com a transferência da coisa a outrem, ela fica cada vez mais distante da sua esfera de vigilância e livre disponibilidade.

Note-se, portanto, que não surge um novo ofendido em razão da prática do crime tipificado pelo art. 180 do Código Penal. Exemplificativamente, a receptação de um relógio roubado tem como vítima a pessoa que foi lesada em sua propriedade ou posse pelo roubo anterior.

2.10.1.5.10. Elemento subjetivo

A receptação própria exige o **dolo direto**. Não há espaço para o dolo eventual, pois, como consta do art. 180, *caput*, 1.ª parte, do Código Penal, o agente realiza a conduta no tocante à coisa que **sabe** ser produto de crime. Logo, é imprescindível a certeza do agente em relação à origem criminosa do bem.

Consequentemente, se o sujeito se limita a desconfiar da origem criminosa da coisa, sem ter certeza sobre tal circunstância, e mesmo na dúvida a adquire, recebe, transporta, conduz ou oculta, a ele deverá ser imputado o delito de receptação culposa (CP, art. 180, § 3.º), pois a receptação própria é incompatível com o dolo eventual.

Além do dolo direto, a receptação própria também reclama um especial fim de agir (**elemento subjetivo específico**), consubstanciado na expressão "em proveito próprio ou alheio". O receptador busca uma vantagem patrimonial, para si ou para terceiro.

2.10.1.5.10.1. Receptação própria e dolo subsequente

A ampla maioria da doutrina não admite a caracterização da receptação com dolo subsequente, isto é, aquele que surge após a prática da conduta penalmente descrita.

Sustenta-se a necessidade de presença do dolo quanto à origem criminosa da coisa desde o momento em que ela é adquirida, recebida, transportada, conduzida ou ocultada, embora, nessa última hipótese, seja mais difícil falar na ausência de má-fé, pois normalmente quem oculta um bem o faz sabendo que há algo errado a ser escondido de terceiros. O dolo deve ser antecedente (anterior à realização da conduta) ou concomitante (simultâneo à realização da conduta).

---

[449] RHC 56.143/RJ, rel. Min. Cunha Peixoto, 1.ª Turma, j. 28.03.1978.

Por exemplo, se o agente obtém a coisa de boa-fé e só depois toma conhecimento de sua origem criminosa, não a restituindo ao seu proprietário ou legítimo possuidor, somente responderá pelo delito de receptação, na forma dolosa, caso pratique uma nova conduta típica, tal como quando procede à sua ocultação.[450]

Em sentido contrário, isoladamente, encontra-se a autoridade de Nélson Hungria, defendendo a concretização da receptação em qualquer caso (dolo antecedente, concomitante ou subsequente), pois não há distinguir – porque a lei não permite – entre ciência contemporânea e ciência posterior acerca da origem criminosa da coisa.[451]

2.10.1.5.10.2. Receptação própria e favorecimento real

O crime de favorecimento real encontra-se tipificado no art. 349 do Código Penal: "Art. 349 – Prestar a criminoso, fora dos casos de coautoria ou de receptação, auxílio destinado a tornar seguro o proveito do crime: Pena – detenção, de um a seis meses, e multa".

Vê-se que o próprio tipo penal esclareceu que só existe favorecimento real quando o fato não configura crime de receptação. Mas quais são as diferenças entre tais crimes? São duas.

Inicialmente, a receptação é crime contra o patrimônio, ao passo que o favorecimento real é crime contra a Administração da Justiça.

Em segundo lugar, como derivação da capitulação formulada pelo Código Penal, na receptação está presente o fim de lucro (*animus lucrandi*), representado pelo especial fim de agir "em proveito próprio ou alheio", isto é, o sujeito atua em benefício próprio ou de terceira pessoa, diversa da responsável pelo crime anterior. No favorecimento real, por seu turno, a conduta é realizada pelo agente sem finalidade lucrativa para si ou para terceiro, pois ele busca unicamente auxiliar o autor do crime anterior a tornar seguro o proveito do crime.

2.10.1.5.11. Consumação

A receptação própria é **crime material ou causal**. Consuma-se no instante em que o sujeito adquire, recebe, transporta, conduz ou oculta a coisa produto de crime.[452]

Nas três últimas modalidades o crime é permanente. A consumação prolonga-se no tempo, por vontade do agente, enquanto a coisa é transportada, conduzida ou ocultada.[453] Por sua vez, nas formas "adquirir" e "receber" a receptação própria é crime instantâneo, aperfeiçoando-se em um momento determinado, sem continuidade no tempo.

2.10.1.5.12. Tentativa

É possível, em qualquer das formas da receptação própria.

2.10.1.5.13. Lei 9.099/1995

A pena mínima cominada à receptação própria é de 1 (um) ano de reclusão. Trata-se, portanto, de **crime de médio potencial ofensivo**, compatível com a suspensão condicional do processo, desde que presentes todos os requisitos exigidos pelo art. 89 da Lei 9.099/1995.

---

[450] Cf. PRADO, Luiz Regis. *Curso de direito penal brasileiro*. São Paulo: RT, 2008. v. 2, p. 517.
[451] HUNGRIA, Nélson. *Comentários ao Código Penal*. 2. ed. Rio de Janeiro: Forense, 1958. v. 7, p. 307.
[452] Nesse sentido: "Na receptação – crime material (positivação necessária do resultado como característica do tipo penal) – sua consumação ocorre com a efetiva aquisição, recebimento ou ocultação da coisa, produto de crime anterior" (STJ, CC 20.753/SP, rel. Min. Jorge Scartezzini, 3.ª Seção, j. 10.05.2000).
[453] Como já decidido pelo STJ: "O delito de receptação na modalidade de transportar é crime permanente: a consumação se protrai no tempo" (AgRg no CC 29.566/SP, rel. Min. Laurita Vaz, 3.ª Seção, j. 12.02.2003, noticiado no *Informativo* 161).

Entretanto, o benefício processual não poderá ser aplicado à receptação qualificada (CP, art. 180, § 1.º), na qual a pena mínima é de 3 (três) anos, nem quando incidente a qualificadora contida no art. 180, § 6.º, do Código Penal, hipótese em que a pena deve ser aplicada em dobro.[454]

2.10.1.5.14. Classificação doutrinária

A receptação própria é crime **comum** (pode ser praticado por qualquer pessoa); **de forma livre** (admite qualquer meio de execução); **material** (consuma-se com a produção do resultado naturalístico, isto é, com a diminuição do patrimônio da vítima); **instantâneo** (nas condutas "adquirir" e "receber") ou **permanente** (nos núcleos "transportar", "conduzir" e "ocultar"); em regra **plurissubsistente** (a conduta é composta de diversos atos); **de dano** (a consumação reclama a efetiva lesão ao patrimônio da vítima); e **unissubjetivo, unilateral ou de concurso eventual** (cometido normalmente por uma só pessoa, nada obstante seja possível o concurso de agentes).

2.10.1.6. Receptação imprópria: caput, parte final

2.10.1.6.1. Introdução

A receptação imprópria é espécie da **receptação simples**, pois a lei também comina pena de reclusão, de 1 (um) a 4 (quatro) anos, e multa. Este crime possui a seguinte descrição típica: "influir para que terceiro, de boa-fé, a adquira, receba ou oculte". A conduta diz respeito, obviamente, à coisa produto de crime.

Analisaremos, na receptação imprópria, somente os pontos que a diferenciam da receptação própria.

2.10.1.6.2. Núcleo do tipo

A receptação imprópria é constituída pela simbiose da conduta consistente em **influir** (influenciar, convencer alguém a fazer algo) alguém, de boa-fé, a adquirir, receber ou ocultar coisa produto de crime.

Percebe-se, logo de início, a atipicidade da conduta de influir um terceiro, de boa-fé, a transportar ou conduzir coisa produto de crime. A Lei 9.426/1996, responsável pelo acréscimo de tais comportamentos na receptação própria, não agiu de igual modo no campo da receptação imprópria.

Incrimina-se a conduta daquele que atua como **intermediário** no negócio espúrio, pois, consciente da origem criminosa do bem e mediante atos idôneos, incentiva uma pessoa de boa-fé a adquiri-lo, recebê-lo ou ocultá-lo. É necessário destacar, nesse caso, dois pontos importantes deste delito.

Em primeiro lugar, o autor da receptação imprópria não pode ter envolvimento algum com o crime antecedente, isto é, não pode ter sido seu autor, coautor ou partícipe. Como se sabe, o responsável pelo crime antecedente somente pode ser por este punido, e nunca pela receptação.

---

[454] "O princípio da insignificância, bem como o benefício da suspensão condicional do processo (Lei 9.099/95, art. 89) não são aplicáveis ao delito de receptação qualificada (CP, art. 180, § 1.º). Com base nesse entendimento, a 2.ª Turma conheceu, em parte, de *habeas corpus* e, nessa extensão, indeferiu a ordem impetrada em favor de denunciado pela suposta prática do crime de receptação qualificada por haver sido encontrado em sua farmácia medicamento destinado a fundo municipal de saúde. Frisou-se que a pena mínima cominada ao tipo penal em questão seria superior a um ano de reclusão, o que afastaria o instituto da suspensão condicional do processo" (STF: HC 105963/PE, rel. Min. Celso de Mello, 2.ª Turma, j. 24.04.2012, noticiado no *Informativo* 663).

Se não bastasse, é fundamental que o terceiro, pessoa que adquire, recebe ou oculta a coisa, esteja de boa-fé, pois esta situação desponta como elementar do tipo penal. Se ele agir de má-fé, responde também como receptador, na forma do art. 180, *caput*, 1.ª parte, do Código Penal (receptação própria), e quem o influenciou será partícipe deste delito.

Por último, é válido salientar que há crime único quando o sujeito influencia terceiro de boa-fé a adquirir, receber e ocultar coisa que sabe tratar-se de produto de crime. Mas, se o agente realizar, separadamente, condutas distintas, inerentes à receptação própria (exemplo: adquire um carro roubado) e à receptação imprópria (exemplo: influi para que um terceiro de boa-fé também adquira um carro roubado), responderá pelos dois crimes.

2.10.1.6.3. Consumação e tentativa

A receptação imprópria é **crime formal, de consumação antecipada ou de resultado cortado**. Consuma-se com a prática de atos idôneos de mediação para o terceiro de boa-fé adquirir, receber ou ocultar coisa produto de crime.

Em síntese, basta a atividade de "influir" na vontade da pessoa honesta, pouco importando se o agente obtém ou não êxito em sua conduta. A possível e eventual aquisição, recebimento ou ocultação pelo terceiro de boa-fé constitui-se em mero exaurimento, a ser levado em consideração unicamente na dosimetria da pena-base, nos moldes do art. 59, *caput*, do Código Penal.

Consequentemente, a receptação imprópria, classificada como **crime unissubsistente**, não comporta tentativa, pois ou o ato de mediação é idôneo, e o crime se consuma, ou não o é, acarretando a atipicidade do fato. Este é o entendimento dominante em sede doutrinária.

Rogério Greco, em posição isolada, visualiza a receptação imprópria como crime material. Para ele, "quando a lei penal usa o verbo *influir*, quer significar ter influência decisiva, fazendo com que o sujeito, efetivamente, pratique um dos comportamentos previstos pelo tipo penal (...). Influir, portanto, quer dizer *determinar* que o sujeito faça alguma coisa".[455]

E, por sua vez, Guilherme de Souza Nucci sustenta a admissibilidade do *conatus* na receptação imprópria, que, em sua ótica, é **crime plurissubsistente**. Logo, seria possível o que chama de "tentativa de influenciação".[456]

Para nós, a receptação imprópria é **crime formal**, mas **compatível com a tentativa**. Cuida-se, em regra, de crime unissubsistente, mas que na prática pode revelar-se plurissubsistente, razão pela qual a possibilidade da tentativa depende de avaliação no caso concreto.

Há tentativa de receptação imprópria, exemplificativamente, quando o sujeito, fugitivo de um estabelecimento prisional, depois de uma conversa preliminar com o terceiro de boa-fé, na qual quase o convenceu, avista uma viatura da Polícia Militar e desaparece para não ser preso. Nessa hipótese, ele iniciou a conduta de influir, somente não a consumando por circunstâncias alheias à sua vontade.

Também podemos pensar na tentativa de receptação imprópria quando o agente, por exemplo, encaminha uma mensagem eletrônica para a vítima, com o propósito de influí-la a adquirir coisa produto de crime, mas parte do texto chega ilegível, impedindo a consumação do delito. Este raciocínio é admissível, uma vez que o delito é de **forma livre**, aceitando qualquer meio de execução. O Código Penal fala somente em "influir", não especificando nenhuma maneira a ser realizada a conduta criminosa.

---

[455] GRECO, Rogério. *Curso de direito penal*: parte especial. 6. ed. Niterói: Impetus, 2009. v. 3, p. 346.
[456] NUCCI, Guilherme de Souza. *Código Penal comentado*. 8. ed. São Paulo: RT, 2008. p. 805-806.

2.10.1.7. Receptação qualificada pelo exercício de atividade comercial ou industrial: § 1.º

2.10.1.7.1. Introdução

A receptação qualificada pelo exercício de atividade comercial ou industrial foi introduzida no Código Penal, no § 1.º do seu art. 180, pela Lei 9.426/1996. Pune-se, com reclusão de 3 (três) a 8 (oito) anos, e multa, a conduta de "adquirir, receber, transportar, conduzir, ocultar, ter em depósito, desmontar, montar, remontar, vender, expor à venda, ou de qualquer outra forma utilizar, em proveito próprio ou alheio, no exercício de atividade comercial ou industrial, coisa que deve saber ser produto de crime".

O fundamento da elevação da pena repousa no fato de o sujeito praticar o crime no exercício de atividade comercial ou industrial, acentuando o desvalor da conduta, pois ele se vale do seu trabalho para cometer a receptação. Em razão disso, o comerciante ou industrial encontra grande facilidade para repassar os produtos de origem criminosa a terceiros de boa-fé, que acreditam na legitimidade dos bens que circulam no mercado. Além disso, prestando-se a tal atividade espúria, o sujeito acaba incentivando ainda mais outras pessoas a cometerem delitos, pois elas lucrarão em consequência da aceitação dos seus produtos por destinatário certo, sedento a dar vazão à circulação das mercadorias.

Vê-se pela análise do tipo penal que a finalidade precípua do legislador foi combater com maior rigor o comércio ilegal de veículos automotores e de suas peças. Chega-se a esta conclusão por duas razões:

(1) os novos núcleos (exemplos: "montar", "desmontar", "remontar") dizem respeito notadamente aos famosos "desmanches" clandestinos de automóveis; e

(2) o principal objetivo da Lei 9.429/1996 foi enfrentar os crimes envolvendo veículos automotores, como se observa dos arts. 155, § 5.º, 157, § 2.º, inciso IV e 311, entre outros, todos do Código Penal e incluídos pelo citado diploma legal.

2.10.1.7.2. Nomenclatura

Na rubrica marginal do § 1.º do art. 180 do Código Penal consta o *nomen iuris* **"receptação qualificada"**. Em que pese a opção legislativa, esta terminologia é alvo de críticas doutrinárias.

Na tradição do Direito Penal brasileiro, as qualificadoras estão previstas em tipos derivados. Formam-se com base no tipo básico ou fundamental, mediante o acréscimo de circunstâncias que elevam a pena. Exemplificativamente, no homicídio o tipo fundamental ou básico é "matar alguém" (homicídio simples), mas há também formas qualificadas no § 2.º do art. 121 do Código Penal, tal como "matar alguém (...) por motivo torpe" (tipo derivado).

Na chamada "receptação qualificada" pelo exercício de atividade comercial ou industrial, contudo, não é isso o que acontece. O legislador não se limitou a acrescentar circunstâncias de maior gravidade ao tipo fundamental. Muito pelo contrário. Foram descritos 7 (sete) novos núcleos, além dos outros 5 (cinco) contidos no *caput* do art. 180 do Código Penal. Se não bastasse, varia também o sujeito ativo, pois, enquanto no *caput* o crime é comum, no § 1.º visualiza-se uma hipótese de crime próprio.

Daí falar que o § 1.º do art. 180 do Código Penal retrata um **crime autônomo** de receptação, e não apenas uma simples qualificadora (tipo derivado). Como destaca Alberto Silva Franco, com o que concordamos, "antes de mais nada, não se compreende que se denomine 'receptação qualificada', não uma figura criminosa derivada de um tipo básico mas, sim, um tipo com plena autonomia conceitual".[457]

---

[457] FRANCO, Alberto Silva; STOCO, Rui. *Código Penal e sua interpretação*. 8. ed. São Paulo: RT, 2007. p. 918.

Esta posição já foi acolhida pelo Superior Tribunal de Justiça, no sentido de que "o Legislador previu no § 1.º do art. 180 do CP um **tipo autônomo**, descrevendo condutas não referidas no *caput* do dispositivo, para o qual fixou sanção mais gravosa".[458]

Mas há autores que concordam com o caminho pelo qual enveredou a Lei 9.426/1996. É o caso de Guilherme de Souza Nucci, que assim se manifesta:

> Na essência, a figura do § 1.º é, sem dúvida, uma receptação – dar abrigo a produto de crime –, embora com algumas modificações estruturais. Portanto, a simples introdução de condutas novas, aliás, típicas do comércio clandestino de automóveis, não tem o condão de romper o objetivo do legislador de qualificar a receptação, alterando as penas mínima e máxima que saltaram da faixa de 1 a 4 anos para 3 a 8 anos.[459]

Em que pese nossa opinião, que fica aqui consignada, utilizaremos, como quis o legislador, a expressão "receptação qualificada".

2.10.1.7.3. Núcleos do tipo

Além dos verbos também indicados no *caput* ("adquirir", "receber", "transportar", "conduzir" e "ocultar"), o § 1.º do art. 180 do Código Penal apresenta outros sete núcleos. São eles:

(a) **ter em depósito:** significa deter a coisa provisoriamente em determinado local, possibilitando seu imediato deslocamento, se necessário;

(b) **montar**: equivale a reunir e compor convenientemente as peças de uma máquina, engenho ou dispositivo, de modo que fique em condições de funcionar;

(c) **desmontar**: significa desfazer o que estava montado;

(d) **remontar**: dá a ideia de reparar, consertar, remendar;

(e) **vender**: é transferir a propriedade, a outrem, a título oneroso;

(f) **expor à venda**: significa exibir alguma coisa, com o propósito de transferir onerosamente sua propriedade; e

(g) **utilizar de qualquer forma**: indica a atividade de fazer uso da coisa.

A Lei 9.426/1996 incriminou 12 condutas com o escopo de alcançar, na prática, o maior número de situações criminosas que possa ocorrer. E, como se pode facilmente observar, a maioria dos novos núcleos (exemplos: "montar", "desmontar", "remontar" etc.) revela a intenção de agravar e facilitar a punição de receptadores de veículos automotores e de suas peças, circunstância reforçada pelas demais alterações promovidas no Código Penal pelo citado diploma legal, que em diversas ocasiões refere-se às palavras veículo automotor (exemplos: arts. 155, § 5.º, e 157, § 2.º, inc. IV) e "chassi" (exemplo: art. 311), entre outras.

Cuida-se, assim como no *caput*, de **tipo misto alternativo, crime de ação múltipla ou de conteúdo variado**, razão pela qual a realização de dois ou mais núcleos em face do mesmo objeto material caracteriza um só crime. Exemplificativamente, há um único crime de receptação qualificada pelo exercício de atividade comercial ou industrial na hipótese em que um lojista adquire um motor de automóvel roubado, e, após, expõe à venda e efetivamente vende tal bem de origem criminosa.

---

[458] REsp 753.760/RS, rel. Min. Gilson Dipp, 5.ª Turma, j. 02.02.2006.
[459] NUCCI, Guilherme de Souza. *Código Penal comentado*. 8. ed. São Paulo: RT, 2008. p. 807.

2.10.1.7.4. Sujeito ativo

Vimos que a receptação dolosa simples (própria ou imprópria) é crime comum, pois pode ser praticado por qualquer pessoa, com exceção do autor, coautor ou partícipe do delito de que proveio a coisa.

A receptação qualificada do § 1.º do art. 180 do Código Penal, por seu turno, é **crime próprio**, ou **especial**, pois o tipo penal reclama uma situação diferenciada em relação ao sujeito ativo. Com efeito, o delito somente pode ser cometido pela pessoa que se encontra no exercício de atividade comercial ou industrial.

Em suma, o sujeito ativo há de ser comerciante ou industriário. Mas não se exige regularidade no desempenho da atividade comercial ou industrial. Acertadamente, o legislador instituiu uma **norma penal explicativa** ou **complementar** no § 2.º do art. 180 do Código Penal, com o objetivo de equiparar à atividade comercial, para fins de receptação qualificada, **qualquer forma de comércio irregular ou clandestino, inclusive o exercício em residência**.

Cumpre destacar, porém, que a incidência da qualificadora reclama **habitualidade** no desempenho do comércio ou da indústria pelo sujeito ativo, pois é sabido que a atividade comercial (em sentido amplo) não se aperfeiçoa com um único ato, sem continuidade no tempo.

2.10.1.7.5. Elemento subjetivo

Na receptação dolosa simples (própria ou imprópria), prevista no *caput* do art. 180 do Código Penal, o elemento subjetivo está representado pela palavra "sabe". O agente tem pleno conhecimento da origem criminosa da coisa. Por sua vez, no § 3.º do citado dispositivo legal a culpa está evidenciada pela frase "deve presumir-se obtida por meio criminoso".

No § 1.º do art. 180 do Código Penal, a Lei 9.426/1996 inovou, indicando como elemento subjetivo a expressão **"deve saber"**.

Infelizmente, o legislador não manteve sua postura tradicional. Como é do conhecimento geral, quando o Código Penal utiliza a fórmula "deve saber", ele também se vale da palavra "sabe". Esta é indicativa de dolo direto; aquela, de dolo eventual. É o que se verifica, a título ilustrativo, no crime de perigo de contágio venéreo, tipificado pelo art. 130 do Código Penal: "Expor alguém, por meio de relações sexuais ou qualquer ato libidinoso, a contágio de moléstia venérea, de que sabe ou deve saber que está contaminado".

Mas, insista-se, do tipo penal da receptação qualificada consta somente o "deve saber". Em razão disso, é de questionar: Qual é o sentido e o alcance desta expressão? Ou então: Qual é o enquadramento da conduta do sujeito que, no exercício de atividade comercial ou industrial, pratica um ou mais núcleos previstos no art. 180, § 1.º, do Código Penal, **sabendo** (possuindo certeza) da origem criminosa da coisa? Formaram-se três posições acerca do assunto:

1.ª posição: "Deve saber" é dolo eventual, mas também abrange o dolo direto

Se a lei pune mais gravemente o menos, isto é, o comportamento daquele que "deve saber" (dolo eventual) da origem criminosa da coisa, consequentemente também responde pelo mais (receptação qualificada) aquele que "sabe" (dolo direto), isto é, efetivamente conhece tal circunstância. Não se trata de analogia *in malam partem*, mas de interpretação meramente declaratória da extensão da expressão "deve saber", que inclui o "sabe", razão pela qual não se ofende o princípio da proporcionalidade. Esta é a posição do Supremo Tribunal Federal:

> O art. 180, § 1.º, do CP não ofende os princípios da razoabilidade e da proporcionalidade. De início, aduziu-se que a conduta descrita no § 1.º do art. 180 do CP é mais gravosa do que aquela do *caput*, porquanto voltada para a prática delituosa pelo comerciante ou industrial, que, em virtude da própria atividade profissional, possui maior facilidade para agir como receptador de

mercadoria ilícita. Em seguida, asseverou-se que, apesar da falta de técnica na redação do aludido preceito, a modalidade qualificada do § 1.º abrangeria tanto o dolo direto quanto o eventual, ou seja, abarcaria a conduta de quem "sabe" e de quem "deve saber" ser a coisa produto de crime. Assim, se o tipo pune a forma mais leve de dolo (eventual), a conclusão lógica seria de que, com maior razão, também o faria em relação à forma mais grave (dolo direto), mesmo que não o tenha dito expressamente, pois o menor se insere no maior.[460]

2.ª posição: "Deve saber" diz respeito exclusivamente ao dolo eventual

Em face do princípio da tipicidade plena, o "deve saber" abrange apenas o dolo eventual, da mesma forma que o "sabe" somente é compatível com o dolo direto. Destarte, o comerciante ou industrial que agir com dolo eventual deverá responder pela figura qualificada do § 1.º, enquanto o comerciante ou industrial que atuar com dolo direto, ciente da origem criminosa da coisa, terá contra si imputada a receptação simples do *caput* do art. 180 do Código Penal.

Esta conclusão, todavia, é injusta, pois pune mais severamente a conduta menos grave, relativa ao sujeito que foi movido pelo dolo eventual. Em razão disso, Damásio E. de Jesus sustenta que, em ambas as hipóteses, deverá ser aplicada a pena da receptação simples, em face da inconstitucionalidade do § 1.º do art. 180 do Código Penal, por violação ao princípio da proporcionalidade. Em síntese, o comerciante ou industrial que "deve saber" da origem criminosa da coisa responde pela receptação qualificada, ao passo que o comerciante ou industrial que "sabe" ser a coisa produto de crime responde pela receptação simples. Mas para ambas as hipóteses há de ser utilizada a pena do *caput*, isto é, reclusão de 1 (um) a 4 (quatro) anos, e multa.[461]

Esta posição, atualmente superada, já foi acolhida pelo Superior Tribunal de Justiça: "Salientou que lhe basta considerar a receptação qualificada, mas com a pena do *caput* do art. 180 do CP, para não se ver quebrado o princípio da proporcionalidade na cominação penal".[462]

3.ª posição: "Deve saber" é elemento normativo do tipo

A expressão "deve saber" é elemento normativo do tipo penal, e não elemento subjetivo, indicativo de dolo direto ou eventual. Por corolário, sua missão é a de estabelecer "a graduação da maior ou menor censura da conduta punível".[463]

Em outras palavras, "deve saber" representa um critério para o magistrado, no caso concreto, avaliar se o comerciante ou industrial, em decorrência do conhecimento das atividades especializadas que exercem ou das circunstâncias inerentes ao fato praticado, possuíam ou não o dever de conhecer a origem criminosa do bem.

Em nossa opinião, a primeira posição é a mais adequada.

A segunda posição apresenta uma grande fraqueza. Viola o princípio da reserva legal (CF, art. 5.º, inc. XXXIX, e CP, art. 1.º), pois acarreta a imposição, ao crime de receptação qualificada pelo exercício de atividade comercial ou industrial, de uma pena sem previsão legal. Além disso, afronta também o princípio da separação dos Poderes (CF, art. 2.º), ao permitir a criação de uma nova sanção penal pelo magistrado, tarefa constitucionalmente reservada ao Poder Legislativo. Como explicado em elucidativo acórdão do Superior Tribunal de Justiça:

---

[460] HC 97.344/SP, rel. Min. Ellen Gracie, 2.ª Turma, j. 12.05.2009, noticiado no *Informativo* 546. Em igual sentido: ARE 799.649 AgR/RS, rel. Min. Gilmar Mendes, 2.ª Turma, j. 25.03.2014; e RHC 117.143/RS, rel. Min. Rosa Weber, 1.ª Turma, j. 25.06.2013, noticiado no *Informativo* 712. É também o entendimento consagrado no Superior Tribunal de Justiça: AgRg no REsp 1.423.316/SP, rel. Min. Moura Ribeiro, 5.ª Turma, j. 12.08.2014; e EREsp 772.086/RS, rel. Min. Jorge Mussi, 3.ª Seção, j. 13.10.2010, noticiado no *Informativo* 451.

[461] JESUS, Damásio E. de. *Direito penal*: parte especial. 27. ed. São Paulo: Saraiva, 2005. v. 2, p. 497-506.

[462] HC 118.813/SC, rel. originária Min. Jane Silva (Desembargadora convocada do TJMG), rel. para acórdão Min. Maria Thereza de Assis Moura, 6.ª Turma, j. 10.02.2009, noticiado no *Informativo* 383.

[463] BITENCOURT, Cezar Roberto. *Tratado de direito penal*. Parte especial. 4. ed. São Paulo: Saraiva, 2008. v. 3, p. 319.

Não se pode admitir a aplicação da pena prevista para a receptação simples ao réu condenado pela prática do delito de receptação qualificada, sob pena de negativa de vigência ao art. 180, § 1.º, do Código Penal. Nesse sentido, impende consignar que a pena mais severa cominada à forma qualificada do delito tem razão de ser, tendo em vista a maior gravidade e reprovabilidade da conduta, uma vez que praticada no exercício de atividade comercial ou industrial. Trata-se de opção legislativa, em que se entende haver a necessidade de repressão mais dura a tais condutas, por se entender serem dotadas de maior lesividade.[464]

Finalmente, a terceira posição, embora sedutora, não nos convence. Se adotada, teríamos de concluir pela existência de um crime sem elemento subjetivo, o que não se admite.

2.10.1.7.6. Distinção: receptação qualificada e figuras equiparadas ao descaminho e ao contrabando

A receptação qualificada pelo exercício de atividade comercial ou industrial não se confunde com a forma equiparada de descaminho, prevista no art. 334, § 1.º, *IV*, do Código Penal, punida com reclusão de 1 (um) a 4 (quatro) anos, cuja redação é a seguinte: "Incorre na mesma pena quem: (...) adquire, recebe ou oculta, em proveito próprio ou alheio, no exercício de atividade comercial ou industrial, mercadoria de procedência estrangeira, desacompanhada de documentação legal, ou acompanhada de documentos que sabe serem falsos".

A receptação qualificada é crime contra o patrimônio, enquanto a figura equiparada ao descaminho constitui-se em crime praticado por particular contra a Administração em geral. Além disso, naquele o objeto material é a coisa produto de crime, ao passo que neste, crime específico, a conduta recai sobre "mercadoria de procedência estrangeira, desacompanhada de documentação legal, ou acompanhada de documentos que sabe serem falsos".

É válido destacar que para o crime específico também há uma norma penal explicativa ou complementar, segundo a qual "equipara-se às atividades comerciais qualquer forma de comércio irregular ou clandestino de mercadorias estrangeiras, inclusive o exercido em residências".

Igual raciocínio é aplicável às figuras equiparadas ao contrabando contidas no art. 334-A, § 1.º, incs. IV e V, do Código Penal: "Incorre na mesma pena quem: (...) IV – vende, expõe à venda, mantém em depósito ou, de qualquer forma, utiliza em proveito próprio ou alheio, no exercício de atividade comercial ou industrial, mercadoria proibida pela lei brasileira; V – adquire, recebe ou oculta, em proveito próprio ou alheio, no exercício de atividade comercial ou industrial, mercadoria proibida pela lei brasileira".

2.10.1.8. Receptação privilegiada: § 5.º, parte final

Aplica-se à receptação dolosa o disposto no art. 155, § 2.º, do Código Penal. Admite-se, portanto, a receptação privilegiada, também chamada de **receptação mínima**.

O privilégio, na receptação, assim como no furto, depende de dois requisitos:

(a) **primariedade do agente**: o conceito é obtido por exclusão, ou seja, primário é todo aquele que não é reincidente; e

(b) **pequeno valor da coisa receptada**: segue-se um critério objetivo, pelo qual a coisa deve possuir valor igual ou inferior a um salário mínimo, comprovado em auto de avaliação.[465]

---

[464] AgRg no REsp 1.046.668/SP, rel. Min. Jane Silva (Desembargadora Convocada do TJ/MG), 6.ª Turma, j. 14.10.2008.
[465] Para um estudo aprofundado do privilégio, vide art. 155, item 2.4.1.16.

Presentes os requisitos legalmente exigidos, o magistrado terá três caminhos a seguir:

(1) substituir a pena de reclusão por detenção;

(2) diminuir a pena privativa de liberdade de 1/3 a 2/3; ou

(3) aplicar somente a pena de multa.

As duas primeiras opções podem ser cumuladas.

Prevalece o entendimento de que, embora a lei fale em "pode", o juiz **deve** reduzir a pena quando configurado o privilégio no crime de receptação. Destarte, se presentes os requisitos legais, o magistrado deve reconhecer o privilégio e aplicar seus efeitos. O que ele pode é simplesmente optar por alguma (ou algumas, na hipótese de compatibilidade) das suas consequências.

Trata-se, portanto, de **direito subjetivo do réu**, e não de discricionariedade judicial: o magistrado não pode arbitrariamente negar o benefício, quando presentes os requisitos legalmente exigidos.

Vale ressaltar, mais uma vez, ser o privilégio aplicável exclusivamente à **receptação dolosa**. Com efeito, a receptação culposa, por si só, já possui em abstrato a previsão de pena sensivelmente inferior, e, além disso, é compatível com o perdão judicial, nas hipóteses legalmente traçadas (CP, art. 180, § 5.º, 1.ª parte).

Com esta observação, questiona-se: O privilégio é cabível a todas as modalidades de receptação dolosa, inclusive à qualificada pelo exercício de atividade comercial ou industrial (CP, art. 180, § 1.º)?

Há duas posições sobre o assunto:

1.ª posição: O privilégio somente se aplica à receptação simples, própria ou imprópria

Para esta corrente, as consequências extremamente brandas da figura privilegiada são incompatíveis com a gravidade objetiva da receptação qualificada cometida no exercício de atividade comercial ou industrial.

2.ª posição: O privilégio é aplicável à receptação simples e à receptação qualificada praticada no exercício de atividade comercial ou industrial

Esta corrente, majoritária na doutrina, leva em conta a posição em que se encontra o privilégio (§ 5.º), razão pela qual incide tanto na figura simples (*caput*) como na modalidade qualificada do § 1.º.[466] Na jurisprudência, a tendência é a consolidação desta posição, mormente após o Supremo Tribunal Federal e o Superior Tribunal de Justiça terem admitido a figura do furto privilegiado-qualificado (ver art. 155, item 2.4.1.16.2).

Mas, por força da interpretação geográfica do tipo penal, o privilégio não pode ser utilizado no tocante à receptação qualificada pela natureza do objeto material, disciplinada pelo § 6.º do art. 180 do Código Penal.

2.10.1.9. Receptação culposa: § 3.º

2.10.1.9.1. Introdução

A receptação culposa encontra-se descrita no art. 180, § 3.º, do Código Penal: "Adquirir ou receber coisa que, por sua natureza ou pela desproporção entre o valor e o preço, ou pela condição de quem a oferece, deve presumir-se obtida por meio criminoso: Pena – detenção, de um mês a um ano, ou multa, ou ambas as penas".

---

[466] É a posição, entre tantos outros, de NUCCI, Guilherme de Souza. *Código Penal comentado*. 8. ed. São Paulo: RT, 2008. p. 815.

Vê-se, de plano, que a receptação é o único crime contra o patrimônio, previsto no Código Penal, punido a título de dolo e também de culpa.

Trata-se de **infração penal de menor potencial ofensivo**, pois a pena máxima em abstrato não ultrapassa o limite de 2 (dois) anos, e, portanto, compatível com a transação penal e com o rito sumaríssimo, na forma da Lei 9.099/1995.

Além disso, o delito tipificado pelo art. 180, § 3.º, do Código Penal apresenta uma importante peculiaridade, qual seja é um crime culposo previsto por um tipo penal fechado. Falemos um pouco mais sobre isso.

Como se sabe, os crimes culposos, em regra, são definidos por tipos abertos,[467] pois a lei não diz expressamente no que consiste o comportamento culposo, reservando tal missão ao magistrado na apreciação da lide no caso concreto. Nesse contexto, o legislador descreve minuciosamente a modalidade dolosa do delito, e, quando ele também atribui a variante culposa, menciona expressamente a fórmula: "se o crime é culposo".

Esta explicação fica facilmente compreensível ao analisarmos, exemplificativamente, o art. 121 do Código Penal. O homicídio doloso (*caput*) está previsto em um tipo fechado ("matar alguém"), ao passo que o homicídio culposo (§ 3.º) vem delineado em um tipo aberto ("se o crime é culposo").

Mas a receptação culposa, em que pese tratar-se, como seu próprio nome revela, de um crime culposo, está contida em um tipo penal fechado. O legislador, no art. 180, § 3.º, do Código Penal, aponta expressamente as formas pelas quais a culpa pode se manifestar, pois especifica as circunstâncias indicativas da previsibilidade a respeito da origem da coisa:

(a) natureza ou desproporção entre o valor e o preço da coisa adquirida ou recebida pelo agente;

(b) condição de quem a oferece; e

(c) no caso de se tratar de coisa que deve presumir-se obtida por meio criminoso.

Nem se argumente ser o delito elencado pelo art. 180, § 3.º, do Código Penal uma forma privilegiada de receptação dolosa. Quem pensa desta forma invoca o princípio da excepcionalidade do crime culposo (CP, art. 19, parágrafo único): como não está dito expressamente tratar-se de crime culposo, há de concluir que se trata de crime doloso.

Este raciocínio não procede. Não há dúvida de que o art. 180, § 3.º, do Código Penal retrata um crime culposo. Quatro razões autorizam esta inafastável conclusão:

(a) o legislador utilizou a fórmula **"deve presumir-se"**, indicativa de culpa, e não **"deve saber"**, inerente ao dolo eventual;

(b) a conduta criminosa descreve hipóteses típicas de imprudência, motivo pelo qual não há necessidade de falar em "se o crime é culposo";

(c) esta fórmula legislativa é, indiscutivelmente, mais protetiva dos interesses do ser humano, pois lhe confere maior segurança jurídica; e

(d) o tratamento conferido pela lei, com pena de detenção, em vez de reclusão, e sensivelmente inferior à reprimenda correspondente à modalidade do *caput*, deixa evidente o menor desvalor da ação, inerente aos crimes culposos, obrigatoriamente mais suavemente punidos.

---

[467] Tipos penais abertos são os que não possuem descrição completa e detalhada da conduta criminosa. Cabe ao Poder Judiciário, na análise do caso concreto, complementar a tipicidade mediante um juízo de valor.

2.10.1.9.2. Núcleos do tipo

Na receptação culposa são descritos apenas os núcleos "adquirir" e "receber". O verbo "ocultar" é incompatível com a receptação culposa, pois, no âmbito deste delito, é inquestionável que quem se propõe a esconder de terceiros algum objeto possui dolo direto, conhecendo sua origem criminosa.

Como já estudado, a receptação culposa vem narrada por um tipo penal fechado, já que o legislador indica explicitamente as formas pelas quais a culpa pode se revelar. Tais formas, também conhecidas como **indícios da origem criminosa do bem**, têm **caráter objetivo**. O Código Penal pressupõe que qualquer deles deve gerar a presunção de que a coisa procede de crime, pouco importando, em princípio, que o acusado não tenha realmente presumido tal procedência.

Se, entretanto, no caso concreto, o acusado incidiu em erro escusável, ou se havia razoáveis contraindícios no sentido da legitimidade de proveniência da coisa, não há falar em receptação culposa. A decidir-se de outro modo, teria o Código criado, em contraste com um de seus princípios centrais, um caso de responsabilidade penal objetiva. Todo indício pode ser desacreditado por um contraindício. A casuística legal dos indícios só teve em mira evitar um ilimitado arbítrio do juiz na identificação do crime, e não endossar o contrassenso de uma responsabilidade penal sem culpa.

Por mais forte que seja um indício, não está jamais a coberto de ser infirmado por outro em sentido contrário. Apesar de ocorrer qualquer das suspeitosas circunstâncias referidas no texto legal, pode acontecer que o acusado tivesse tido fundadas razões de fato para não duvidar da legitimidade de origem da coisa. Suponha-se, por exemplo, que alguém adquira por preço exíguo uma joia de ouro, mas supondo, na sua inexperiência, que fosse metal ordinário, segundo informação do próprio ofertante, que, assim cuidava de evitar a suspeita de tê-la furtado, como, de fato, acontecera: se nenhuma outra circunstância havia para a desconfiança do comprador, não poderá ser reconhecida a receptação culposa.[468]

São três os indícios a que a lei vincula a presunção de origem criminosa da coisa: a natureza desta, a desproporção entre o valor e o preço e a condição de quem a oferece. Passemos à análise de cada um deles:

(1) Natureza do objeto: alguns objetos, pela sua própria essência ou por mandamento legal, reclamam cuidados específicos para transferência a terceiros, os quais, se não forem estritamente respeitados, levam ao reconhecimento da receptação culposa. Exemplo: aquisição de aparelho de telefonia celular usado sem a respectiva nota fiscal.

(2) Desproporção entre o valor de mercado e o preço pago: o preço muito reduzido e ínfimo em relação ao valor real do bem indica sua origem ilícita. Esta comparação exige elaboração de **auto de avaliação** da coisa, para revelar seu valor de mercado.

A receptação culposa depende de uma **brutal desproporção** entre o preço pago pelo bem e seu valor de mercado, pois apenas ela é idônea a provocar fundada desconfiança em um homem médio, é dizer, dotado de inteligência e prudência medianas. De fato, o preço baixo, mas sem ser vil ou irrisório, não caracteriza, por si só, a receptação culposa, pois representa unicamente as vantagens negociais buscadas com a transação.[469]

---

[468] Cf. HUNGRIA, Nélson. *Comentários ao Código Penal*. 2. ed. Rio de Janeiro: Forense, 1958. v. 7, p. 319-320.
[469] Com igual pensamento: PEDROSO, Fernando de Almeida. *Direito penal*: parte especial. São Paulo: Método, 2008. v. 2, p. 770.

(3) Condição do ofertante: a origem criminosa da coisa é previsível porque o sujeito a adquire ou recebe de uma pessoa que se enquadra, entre outras, nas seguintes situações:

(a) totalmente desconhecida;

(b) reconhecidamente voltada à prática de crimes no meio em que vivia;

(c) usuário compulsivo de drogas; ou

(d) manifestamente não reunia condições pessoais para possuir de forma legítima o bem.

Veja-se que, ao contrário do que se dá na receptação dolosa, a conduta de influir para que terceiro de boa-fé adquira ou receba alguma coisa nas condições do art. 180, § 3.º, do Código Penal não configura receptação culposa. Em síntese, não se pune o intermediário da receptação culposa.

Desta forma, se há mediação, e a coisa vem a ser efetivamente adquirida ou recebida por um terceiro, cumpre distinguir duas situações:

(a) se o terceiro também tinha razão, nos termos da lei, para presumir a origem criminosa da coisa, responderão ele e o mediador por receptação culposa; e

(b) se o terceiro, agora, tinha conhecimento da origem criminosa do bem, responderá ele por receptação dolosa, ficando impune o mediador, pois não há participação culposa em crime doloso e a lei não incrimina a intermediação meramente culposa.

Por último, insta recordar que, em decorrência de a receptação dolosa própria (CP, art. 180, *caput*, 1.ª parte) admitir como elemento subjetivo somente o dolo direto, amolda-se na receptação culposa o ato de adquirir ou receber, fora de atividade comercial ou industrial, coisa que o agente **deve saber** tratar-se de produto de crime.

Essa assertiva se justifica por um motivo muito simples: se o *caput* pune apenas quem tem dolo direto, isto é, quem **"sabe"** da origem criminosa do bem, a conduta movida pelo dolo eventual recebe o mesmo tratamento jurídico-penal dispensado à culpa. Assim já se pronunciou o Supremo Tribunal Federal, em clássica decisão acerca do assunto: "Ausente o juízo de certeza quanto a ser a coisa produto de crime, e substituído pela presunção, ou dúvida quanto à sua origem, descaracteriza-se a receptação de dolosa para culposa".[470]

2.10.1.9.3. Perdão judicial

Encontra-se previsto no art. 180, § 5.º, 1.ª parte, do Código Penal, e incide unicamente na receptação culposa. Na dicção legal: "Na hipótese do § 3.º, se o criminoso é primário, pode o juiz, tendo em consideração as circunstâncias, deixar de aplicar a pena".

Vê-se, destarte, que o perdão judicial na receptação culposa reclama dois **requisitos cumulativos**:

(a) primariedade do agente. A propósito, o Supremo Tribunal Federal já decidiu que a primariedade, por si só, não dá direito ao perdão judicial na receptação culposa;[471] e

(b) as circunstâncias do crime devem indicar que o fato não se revestiu de especial gravidade. Doutrina e jurisprudência apontam como circunstâncias desta natureza o pequeno valor da coisa receptada e a ausência de antecedentes criminais por parte do criminoso.

---

[470] RE 96.929/MG, rel. Min. Néri da Silveira, 1.ª Turma, j. 10.05.1983.
[471] HC 73.949/RJ, rel. Min. Maurício Corrêa, 2.ª Turma, j. 04.06.1996.

Presentes os requisitos legalmente exigidos, o juiz estará obrigado a reconhecer o perdão judicial, pois se trata de direito subjetivo do réu.

Lembre-se de que o perdão judicial é causa extintiva da punibilidade (CP, art. 107, inc. IX), e a sentença que o concede, nos termos da Súmula 18 do Superior Tribunal de Justiça, é declaratória da extinção da punibilidade, não subsistindo qualquer efeito condenatório. E, se a sentença não é condenatória, também não serve como pressuposto da reincidência (CP, art. 120).

2.10.1.10. Figuras especiais

O ordenamento jurídico brasileiro contém crimes que em princípio se assemelham à receptação, porém uma análise mais acurada revela serem dotados de elementos especializantes. Em razão disso, no conflito aparente de leis o princípio da especialidade impõe o afastamento do delito tipificado pelo art. 180 do Código Penal, e, simultaneamente, quando presentes todas as suas elementares, o reconhecimento de alguma das figuras específicas, entre as quais se destacam as abaixo indicadas.

2.10.1.10.1. Lei 10.826/2003 - Estatuto do Desarmamento

Quando o agente "adquire", "recebe", "transporta" ou "oculta" arma de fogo, acessório ou munição, de uso permitido, de procedência ilícita, comete o crime tipificado pelo art. 14 da Lei 10.826/2003 - Estatuto do Desarmamento -,[472] mais grave, pois sua pena varia de 2 (dois) a 4 (quatro) anos de reclusão, e multa.

Nesse caso, não se aplica a regra do art. 180, *caput*, do Código Penal, que dispõe sobre a receptação, em face da especialidade do crime definido pelo art. 14 da Lei, bem como da sua maior gravidade (sua pena mínima é o dobro da pena do delito patrimonial). Pode-se falar ainda na incidência do princípio da subsidiariedade, pois a norma primária do art. 14 da Lei 10.826/2003 afasta a aplicação do art. 180, *caput*, do Código Penal.

Em se tratando, por outro lado, de arma de fogo, acessório ou munição de uso restrito, o crime será o previsto no art. 16, *caput*, da Lei 10.826/2003,[473] cuja pena é de reclusão de três a seis anos, e multa. No caso de arma de fogo de uso proibido, a pena é de reclusão, de quatro a doze anos (Lei 10.826/2003, art. 16, § 2.º), sem prejuízo da sua natureza hedionda, nos termos do art. 1.º, parágrafo único, II, da Lei 8.072/1990.

Se tais condutas forem cometidas no exercício de atividade comercial ou industrial, será imputado ao agente o crime definido no art. 17 da Lei 10.826/2003,[474] de natureza hedionda (Lei 8.072/1990, art. 1.º, parágrafo único, III), cuja pena é mais elevada do que a cominada à receptação qualificada do § 1.º do art. 180 do Código Penal. No caso de a arma de fogo, acessório ou munição ser de uso proibido ou restrito, a pena é aumentada de metade (art. 19).

---

[472] Art. 14. Portar, deter, adquirir, fornecer, receber, ter em depósito, transportar, ceder, ainda que gratuitamente, emprestar, remeter, empregar, manter sob guarda ou ocultar arma de fogo, acessório ou munição, de uso permitido, sem autorização e em desacordo com determinação legal ou regulamentar: Pena - reclusão, de 2 (dois) a 4 (quatro) anos, e multa.

[473] Art. 16. Possuir, deter, portar, adquirir, fornecer, receber, ter em depósito, transportar, ceder, ainda que gratuitamente, emprestar, remeter, empregar, manter sob sua guarda ou ocultar arma de fogo, acessório ou munição de uso restrito, sem autorização e em desacordo com determinação legal ou regulamentar: Pena - reclusão, de 3 (três) a 6 (seis) anos, e multa.

[474] Art. 17. Adquirir, alugar, receber, transportar, conduzir, ocultar, ter em depósito, desmontar, montar, remontar, adulterar, vender, expor à venda, ou de qualquer forma utilizar, em proveito próprio ou alheio, no exercício de atividade comercial ou industrial, arma de fogo, acessório ou munição, sem autorização ou em desacordo com determinação legal ou regulamentar: Pena - reclusão, de 6 (seis) a 12 (doze) anos, e multa. § 1.º Equipara-se à atividade comercial ou industrial, para efeito deste artigo, qualquer forma de prestação de serviços, fabricação ou comércio irregular ou clandestino, inclusive o exercido em residência. § 2.º Incorre na mesma pena quem vende ou entrega arma de fogo, acessório ou munição, sem autorização ou em desacordo com a determinação legal ou regulamentar, a agente policial disfarçado, quando presentes elementos probatórios razoáveis de conduta criminal preexistente.

2.10.1.10.2. Lei 11.101/2005 – Lei de Falências

Em conformidade com o art. 174 da Lei de Falências, é punida com reclusão, de 2 (dois) a 4 (quatro) anos, e multa, a conduta de adquirir, receber, usar, ilicitamente, bem que sabe pertencer à massa falida ou influir para que terceiro, de boa-fé, o adquira, receba ou use.

A diferença, portanto, repousa na natureza do objeto material, que não se trata de produto de crime, mas sim de bem pertencente à massa falida.

2.10.1.11. Código de Trânsito Brasileiro e medidas de prevenção e repressão à prática do crime de receptação

O condutor que se utilize de veículo automotor para a prática do crime de receptação, se for definitivamente condenado por este delito, terá cassado seu documento de habilitação ou será proibido de obter a habilitação para dirigir veículo automotor pelo prazo de 5 (cinco) anos. É o que se extrai do art. 278-A da Lei 9.503/1997 – Código de Trânsito Brasileiro, com a redação dada pela Lei 13.804/2019.

O condutor condenado poderá requerer sua reabilitação, submetendo-se a todos os exames necessários à habilitação, na forma disciplinada pelo Código de Trânsito Brasileiro (Lei 9.503/1997, art. 278-A, § 1.º).

No caso de prisão em flagrante do condutor pelo crime de receptação, o juiz poderá, em qualquer fase da investigação ou da ação penal, se houver necessidade para a garantia da ordem pública, como medida cautelar, de ofício, ou a requerimento do Ministério Público ou ainda mediante representação da autoridade policial, decretar, em decisão motivada, a suspensão da permissão ou da habilitação para dirigir veículo automotor, ou a proibição de sua obtenção (Lei 9.503/1997 - Código de Trânsito Brasileiro, art. 278-A, § 2.º).

2.10.2. Art. 180-A – Receptação de animal

2.10.2.1. Dispositivo legal

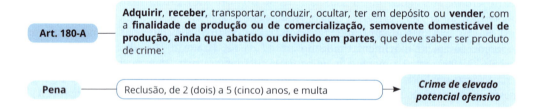

Classificação:
Crime simples
Crime comum
Crime material ou causal
Crime de dado
Crime de forma livre
Crime comissivo
Crime instantâneo
Crime unissubjetivo, unilateral ou de concurso eventual
Crime plurissubsistente

Informações rápidas:
O tipo penal é aplicável somente aos semoventes domesticáveis e de produção.
O delito não fica caracterizado quando a conduta recai sobre produto do animal (ex.: leite da vaca).
O agente que pratica alguma das condutas típicas no exercício de atividade comercial ou industrial, a ele será imputada a receptação qualificada.
O crime mais grave (receptação qualificada) absorve o delito menos grave (receptação de animal).

2.10.2.2. Introdução

A receptação de animal foi incluída no Código Penal pela Lei 13.330/2016, diploma legislativo também responsável pela criação da modalidade qualificada de furto envolvendo o semovente domesticável de produção.

Como há diversos pontos em comuns com o crime de receptação, previsto no art. 180 do Código Penal, analisaremos somente as especificidades do novo tipo penal.

2.10.2.3. A desnecessidade da figura típica

A receptação de animal é crime desnecessário, fruto da inflação legislativa, do direito penal simbólico e principalmente da pressão efetuada no Congresso Nacional pela bancada ruralista, em especial dos pecuaristas. De fato, a situação ora disciplinada pelo art. 180-A do Código Penal já era tutelada a título de receptação, em sua modalidade simples (CP, art. 180, *caput*) ou qualificada (CP, art. 180, § 1.º), pois o semovente domesticável de produção de origem delituosa também ingressa no conceito de "coisa produto de crime".

Nada obstante essa postura do legislador, a receptação de animal compõe nossa atual legislação penal, razão pela qual deve ser por nós analisada.

2.10.2.4. Objetividade jurídica

O bem jurídico imediatamente protegido é o **patrimônio**, mas também se tutela, mediatamente, a **saúde pública**, pois não se conhece a origem do semovente domesticável de produção de origem criminosa, e essa circunstância pode trazer prejuízos no consumo dos produtos dele extraídos (carne, leite etc.),[475] bem como a ordem tributária, pois vários impostos deixam de ser arrecadados com o comércio clandestino dos animais.

2.10.2.5. Objeto material

A receptação de animal contém um objeto material específico, e nele recai seu ponto principal. Qual é o significado de **semovente domesticável de produção**?

Semovente é aquele que possui movimento próprio. Além dos homens, apenas os animais podem se locomover sozinhos. Como os homens não são "coisas", e sim pessoas, o Direito utiliza a palavra "semovente" como sinônima de animal.[476] Os insetos e os micro-organismos, embora possam se movimentar sozinhos, não se enquadram no conceito de semoventes no âmbito dos crimes patrimoniais, pois não são dotados de valor econômico.

Nessa seara, semovente domesticável de produção é o animal já domesticado, ou que possa vir a sê-lo, e criado para abate, exploração de seus frutos ou ainda para procriação. Destacam-se como exemplos os bovinos, os suínos, os caprinos e as aves.[477] Também podem ser lembrados os cães, os gatos e os equinos, quando criados para fins de reprodução e venda dos seus filhotes.

O legislador adotou um **conceito ampliativo**, pois não fez restrições quanto à definição do semovente domesticável de produção. Durante a tramitação do projeto que resultou na Lei 13.330/2016 foi proposta a substituição da expressão por "animais quadrúpedes domesticáveis para produção pecuária", buscando direcionar o alcance da qualificadora ao seu foco principal.

---

[475] Convém destacar a existência de vacinas que impedem o consumo de carne bovina por relevante período, até 40 dias em alguns casos, sob o risco de graves intoxicações e de risco de vida ao ser humano.

[476] Em um triste passado, à época da escravatura, os escravos foram considerados semoventes, pois eram classificados como "coisas", e não pessoas.

[477] Os ovos e os embriões dos animais não se classificam como semoventes. Destarte, a receptação de tais bens pode caracterizar somente o delito tipificado pelo art. 180 do Código Penal, mas não a figura contida no art. 180-A.

Não se aplica o art. 180-A do Código Penal na receptação de animal doméstico que não seja voltado à produção, a exemplo de um gato castrado. Falta uma característica expressamente exigida pelo tipo penal. Estará configurado o crime definido pelo art. 180 do Código Penal, em sua modalidade simples ou qualificada.

O tipo penal não alcança o animal selvagem nem o animal abandonado ou que nunca teve proprietário, por duas razões: (a) inexiste semovente domesticável de produção; e (b) não há patrimônio idôneo e pertencente a alguém para legitimar a proteção do Direito Penal.

O semovente domesticável de produção pode ser receptado vivo (exemplo: um cão de raça), abatido (exemplo: um boi morto destinado à comercialização para um frigorífico) ou dividido em partes (exemplo: as peças mais valiosas de um boi para venda em um açougue).

Não se caracteriza o delito quando a conduta recai sobre o fruto do animal (exemplo: o leite da vaca). Nessa hipótese estará delineado o crime definido no art. 180 do Código Penal.

2.10.2.5.1. A natureza do crime antecedente

A receptação de animal é **crime acessório, de fusão ou parasitário**, pois reclama a prática de um crime anterior. Com efeito, o semovente domesticável de produção, ainda que abatido ou dividido em partes, deve ser **produto de crime**.

Esse crime pode ser de qualquer natureza, a exemplo do que se verifica quando um boi de raça é roubado do seu proprietário e posteriormente adquirido por um fazendeiro para fim de reprodução. Destarte, o crime antecedente pode ser o furto de semovente domesticável de produção (CP, art. 155, § 6.º), mas não há de ser necessariamente esse delito.

2.10.2.6. Sujeito ativo

Cuida-se de **crime comum** ou **geral**: pode ser cometido por qualquer pessoa, exceto pelo indivíduo de qualquer modo envolvido com o crime antecedente (autor, coautor ou partícipe), que somente responde por este delito, e nunca pela receptação de animal.

Não se trata de crime próprio (ou especial), pois a finalidade de produção ou de comercialização exigida pelo art. 180-A do Código Penal pode ser atribuída a qualquer pessoa. Essa finalidade específica não se confunde com o "exercício de atividade comercial ou industrial" elencado pelo art. 180, § 1.º, do Código Penal.

De fato, o exercício de atividade comercial ou industrial reclama **habitualidade**, circunstância dispensada pelo art. 180-A do Código Penal. Por sua vez, a finalidade de produção ou de comercialização pode existir de maneira acidental, a exemplo daquele que compra um cachorro de raça previamente roubado com o propósito de conseguir um único filhote mediante o cruzamento com uma fêmea que já possui.

Além disso, é preciso destacar que a receptação de animal se contenta com a **finalidade** de produção ou comercialização, a qual não precisa obrigatoriamente ser efetivada para o aperfeiçoamento do delito. Na receptação qualificada, por seu turno, a conduta há de ser praticada no **exercício** de atividade comercial ou industrial, isto é, o agente deve necessariamente desempenhar tal atividade.

Finalmente, se o agente praticar alguma das condutas típicas envolvendo o semovente domesticável de produção, porém no exercício de atividade comercial ou industrial, a ele será imputada a receptação qualificada, na forma definida pelo art. 180, § 1.º, do Código Penal. O crime mais grave (receptação qualificada) absorve o delito menos grave (receptação de animal).

2.10.2.7. Sujeito passivo

É a mesma vítima do delito antecedente, ou seja, o proprietário ou possuidor do semovente domesticável de produção atingido pelo crime anterior.

2.10.2.8. Elemento subjetivo

É o **dolo eventual**, representado pela expressão "que deve saber ser produto de crime".

O legislador mais uma vez abdicou da boa técnica, ao omitir na descrição típica o dolo direto. Repetiu-se o equívoco da Lei 9.426/1996, que também empregou igual fórmula na criação da receptação qualificada (CP, art. 180, § 1.º). Com efeito, teria sido mais adequada a utilização da expressão "sabe ou deve saber", contemplando o dolo direto e o dolo eventual.

De qualquer modo, se o dolo eventual está abrangido pelo tipo penal, por questões de razoabilidade, é preciso concluir que o dolo direto também caracteriza o crime definido no art. 180-A do Código Penal. Em outras palavras, estará configurada a receptação de animal tanto quando o agente sabe como quando ele deve saber da origem criminosa do semovente domesticável de produção.[478]

O tipo penal ainda reclama um **elemento subjetivo específico**, isto é, um especial fim de agir, consubstanciado na frase "com a finalidade de produção ou de comercialização".

Em síntese, não basta o dolo (direto ou eventual) de adquirir, receber, transportar, conduzir, ocultar, ter em depósito ou vender semovente domesticável de produção, ainda que abatido ou dividido em partes. O sujeito deve praticar a conduta típica com a finalidade de produção ou de comercialização do bem. A ausência desse fim específico acarreta na desclassificação para a receptação capitulada no art. 180 do Código Penal.

A produção se dá com a reprodução e com a exploração dos frutos produzidos pelo animal, a exemplo da extração de leite da vaca ou lã da ovelha. A comercialização, por sua vez, se dá com a venda ou a permuta do semovente domesticável de produção.

Embora a receptação de animal não contemple a expressão "em proveito próprio ou alheio", ao contrário do que se dá no art. 180 do Código Penal, é evidente que na situação concreta uma dessas finalidades deve existir para a caracterização do delito. Em síntese, as elementares "em proveito próprio ou alheio" estão implicitamente contidas (elementares implícitas) no art. 180-A do Código Penal.

2.10.2.9. Lei 9.099/1995

A receptação de animal constitui-se em **crime de elevado potencial ofensivo**. A pena privativa de liberdade cominada – reclusão, de 2 (dois) a 5 (cinco) anos – inviabiliza a incidência dos benefícios contidos na Lei 9.099/1995, inclusive a suspensão condicional do processo.

2.10.2.10. Classificação doutrinária

A receptação de animal é crime **simples** (ofende um único bem jurídico); **comum** (pode ser cometido por qualquer pessoa); **material** ou **causal** (consuma-se com a produção do resultado naturalístico); **de dano** (lesa o patrimônio alheio); **de forma livre** (admite qualquer meio de execução); **comissivo**; **instantâneo** (consuma-se em um momento determinado, sem continuidade no tempo); **unissubjetivo**, **unilateral** ou **de concurso eventual** (normalmente praticado por uma única pessoa, mas admite o concurso); e **plurissubsistente** (a conduta é composta por vários atos, comportando o fracionamento do *iter criminis*).

---

[478] Esta foi a jurisprudência consolidada pelo STF (ARE 799.649 AgR/RS, rel. Min. Gilmar Mendes, 2.ª Turma, j. 25.03.2014, e RHC 117.143/RS, rel. Min. Rosa Weber, 1.ª Turma, j. 25.06.2013, noticiado no *Informativo* 712) e pelo STJ (AgRg no REsp 1.423.316/SP, rel. Min. Moura Ribeiro, 5.ª Turma, j. 12.08.2014) no tocante à interpretação do elemento subjetivo do art. 180, § 1.º, do Código Penal.

2.10.2.11. Crime contra as relações de consumo

A venda, manutenção em depósito, exposição à venda ou entrega de carne, leite, ovo ou qualquer outro derivado de animal, em condições impróprias ao consumo enseja o reconhecimento do crime previsto no art. 7.º, inc. IX, da Lei 8.137/1990:

> Art. 7.º Constitui crime contra as relações de consumo:
> (...)
> IX – vender, ter em depósito para vender ou expor à venda ou, de qualquer forma, entregar matéria-prima ou mercadoria, em condições impróprias ao consumo:
> Pena – detenção, de 2 (dois) a 5 (cinco) anos, ou multa.

2.11. DISPOSIÇÕES GERAIS

Este é o último capítulo do Título II da Parte Especial do Código Penal. As regras nele contidas relacionam-se, precipuamente, às imunidades penais absolutas ou relativas inerentes à **maioria** dos crimes contra o patrimônio, pois tais regras não incriminadoras são de aplicação vedada nas hipóteses previstas nos arts. 183 do Código Penal.

No art. 181 do Código Penal estão arroladas as causas de imunidade penal absoluta, ou impunibilidade absoluta, também chamadas de escusas absolutórias, imunidades materiais, condições negativas de punibilidade ou causas pessoais de exclusão da pena. Por sua vez, o art. 182 do Estatuto Repressivo elenca as chamadas imunidades relativas ou processuais.

Todas elas (imunidades penais absolutas ou relativas) são admitidas pelo Direito Penal por **questões de ordem política**, em deferência ao interesse de solidariedade e harmonia no círculo da família, pois dizem respeito a crimes patrimoniais praticados entre cônjuges ou parentes próximos. Como destaca Nélson Hungria:

> Já o direito romano, fundado no princípio então vigente, da *copropriedade familiar*, decidiu pelo descabimento da *actio furto* quando o *fur* era filho ou cônjuge do lesado. Com a abolição de tal princípio, na ulterior evolução jurídica, devia ter desaparecido a excepcional imunidade penal, mas um outro argumento passou a justificar a persistência desta: a conveniência de evitar ensejo à sizânia, à violação da intimidade e ao desprestígio da família. O interesse de preservá-la ao ódio recíproco entre seus membros e ao escândalo lesivo de sua honorabilidade (toda família se empenha em *encobrir* a má conduta de suas *ovelhas negras*) não deve ser sacrificado ao interesse de incondicional punição dos crimes lesivos do patrimônio, simples e exclusivamente tais.[479]

O raciocínio do legislador é facilmente compreensível. Os crimes patrimoniais cometidos entre cônjuges e familiares, mais do que lesivos ao patrimônio de alguém, ofendem principalmente a sociedade conjugal e a base familiar entre seus envolvidos. Se assim é, o Estado não deve interferir, salvo em casos excepcionais, pois a punição do criminoso tornaria a vítima também culpada, em face do seu comportamento capaz de colaborar na condenação do seu cônjuge ou parente, destruindo a relação afetiva entre eles existente por motivos matrimoniais ou biológicos.

É melhor, portanto, deixar os problemas se resolverem naturalmente. Muito mais importante do que a atuação jurisdicional, com a aplicação da pena, interessa à coletividade a preservação dos laços familiares, tarefa que não pode ser conferida ao Direito Penal.

---

[479] HUNGRIA, Nélson. *Comentários ao Código Penal*. 2. ed. Rio de Janeiro: Forense, 1958. v. 7, p. 324.

2.11.1. Art. 181 – Imunidades absolutas
2.11.1.1. Dispositivo legal

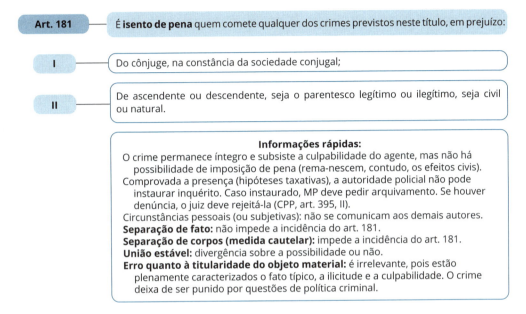

2.11.1.2. Denominação

O Código Penal não atribuiu nome nenhum às hipóteses de isenção de pena lançadas em seu art. 181. Mas a doutrina convencionou chamá-las, como mencionado, de imunidades penais absolutas (ou materiais), causas de impunibilidade absoluta, escusas absolutórias, condições negativas de punibilidade ou causas pessoais de exclusão da pena.

2.11.1.3. Natureza jurídica e efeitos

O art. 181, *caput*, do Código Penal é claro: as imunidades materiais importam na total isenção de pena ao responsável pelo delito patrimonial. O crime permanece íntegro, e subsiste a culpabilidade do agente. Não há, contudo, possibilidade de imposição de pena, pois a isenção de pena é obrigatória.

Destarte, quando comprovada a presença de uma imunidade penal absoluta, a autoridade policial estará proibida de instaurar inquérito policial, pois não há interesse nenhum que justifique o início da persecução penal no tocante a um fato que o Estado não pode punir. De igual modo, caso o inquérito policial tenha sido instaurado, e concluído, o Ministério Público deverá promover seu arquivamento, e, se não o fizer, o magistrado terá que decidir pela rejeição da denúncia, em face da ausência de condição para o exercício da ação penal (CPP, art. 395, inc. II).

Saliente-se, porém, que as imunidades penais absolutas não afetam as consequências civis proporcionadas pelo crime, e o agente permanece obrigado à restituição da coisa ou à reparação do dano.

2.11.1.3.1. Imunidade penal absoluta e perdão judicial: distinções

Em ambos os institutos o fato é típico e ilícito, e o agente possui culpabilidade. Subsiste o crime, operando-se exclusivamente a impossibilidade de imposição de pena. Em suma, há um delito e o seu responsável deve submeter-se ao juízo de reprovabilidade, mas o Estado está impedido de puni-lo. Se não bastasse, as imunidades penais absolutas e o perdão judicial são condições pessoais (ou subjetivas), pois somente favorecem pessoas determinadas, não se comunicando aos demais coautores e partícipes do crime.

Mas, nada obstante tais semelhanças, as imunidades penais absolutas e o perdão judicial não se confundem.

Com efeito, as imunidades penais absolutas impedem a instauração da persecução penal. Sequer existe inquérito policial, pois elas são justificadas por questões objetivas, provadas de imediato. Exemplo: relação de parentesco na linha reta (CP, art. 181, inc. II).

Por outro lado, o perdão judicial, legalmente classificado como causa de extinção da punibilidade (CP, art. 107, inc. IX), somente pode ser concedido na sentença ou no acórdão, depois de cumprido o devido processo legal. Depende, portanto, do regular trâmite da ação penal restar provado se estão ou não presentes os requisitos legalmente exigidos para sua concessão. Exemplificativamente, somente com o término da instrução criminal será possível concluir se, em um homicídio culposo praticado por um homem contra sua esposa, as consequências do crime foram tão graves de modo a tornar dispensável a aplicação da pena (CP, art. 121, § 5.º). Pode o viúvo ter ficado depressivo, hipótese em que será pertinente o perdão judicial, mas é possível também que, logo após a morte da sua esposa, tenha se casado com outra mulher e utilizado a herança da falecida para adquirir carros de luxo, bens que até então não possuía, além de realizar festas caríssimas, afastando a causa extintiva da punibilidade.

2.11.1.4. Hipóteses legais

A enumeração delineada pelo art. 181 do Código Penal é taxativa, de modo que as imunidades penais absolutas somente são admitidas para os crimes contra o patrimônio, proibindo-se sua utilização para crimes de outra natureza, ainda que conexos aos delitos patrimoniais.

2.11.1.4.1. Crime cometido em prejuízo do cônjuge, na constância da sociedade conjugal: inciso I

Esta imunidade penal absoluta refere-se à isenção de pena em razão do matrimônio, que pode ter sido celebrado no Brasil ou no estrangeiro. De qualquer modo, é imprescindível tenha sido o crime patrimonial cometido em prejuízo do cônjuge (varão ou virago), na constância da sociedade conjugal, ou seja, antes de eventual separação judicial (litigiosa ou consensual).[480]

Não basta o mero casamento religioso. Exige-se o casamento civil, que deve ser provado mediante certidão (CPP, art. 155, parágrafo único).

Para aferição da presença da escusa absolutória, é preciso levar em consideração a data em que o crime foi praticado, pouco importando qualquer alteração posterior na relação entre autor e vítima, uma vez que o art. 4.º do Código Penal adotou, em relação ao tempo do crime, a teoria da atividade.[481] Destarte, o matrimônio subsequente é ineficaz para os fins do art. 181, inciso I, do Código Penal, pois não possui força retroativa. Exemplificativamente, se "A" furtou bens pertencentes à "B", sua noiva, a ele será imputado o crime tipificado pelo art. 155 do Código Penal, ainda quando sobrevenha o casamento.[482]

É irrelevante a morte superveniente do cônjuge lesado em seu patrimônio. De outro lado, se o crime é cometido sobre bens do espólio do cônjuge premorto, a cuja herança outros

---

[480] Como se sabe, a separação judicial dissolve a sociedade conjugal, enquanto o divórcio rompe o vínculo matrimonial.
[481] Código Penal, art. 4.º: "Considera-se praticado o crime no momento da ação ou omissão, ainda que outro seja o momento do resultado".
[482] Em igual sentido: DUTRA, Mário Hoeppner. *O furto e o roubo em face do Código Penal brasileiro*. São Paulo: Max Limonad, 1955. p. 263.

herdeiros (não indicados pelos arts. 181 e 182 do Código Penal) também concorrem, a punibilidade será plena e incondicionada, pois a morte do *de cujus* dissolveu a sociedade conjugal: responderá o agente pelo crime de furto de coisa comum (CP, art. 156).

A **separação de fato** não afasta a incidência da imunidade absoluta, pois não é idônea à dissolução da sociedade conjugal. De outro lado, a **separação de corpos**, decretada como medida cautelar, impede a utilização do benefício.[483]

O regime de bens do casamento, por sua vez, é indiferente para o reconhecimento da escusa absolutória, a qual desponta como cabível ainda que os cônjuges tenham adotado, por escritura pública, o da separação de bens.

Se o crime patrimonial foi praticado por um dos cônjuges, contra o outro, durante a constância da sociedade conjugal, mas posteriormente o casamento foi declarado nulo, três situações distintas podem ocorrer:

(a) não se reconhece a imunidade absoluta se o casamento foi contraído de má-fé por ambos os cônjuges;

(b) é cabível a imunidade absoluta se ambos os cônjuges o tiverem contraído de boa-fé; e

(c) será admitida a imunidade absoluta, finalmente, se apenas um dos cônjuges o tiver contraído de boa-fé, mas somente a ele será restrita sua incidência.

2.11.1.4.1.1. Imunidade penal absoluta e união estável

Discute-se sobre a possibilidade de reconhecimento da imunidade penal absoluta disciplinada pelo art. 181, inciso I, do Código Penal no tocante à união estável. Formaram-se duas posições sobre o assunto.

1.ª posição: Não é possível

Para esta primeira posição, a que nos filiamos, cônjuge é tão somente aquele que o é pela lei civil. Nas palavras de Guilherme de Souza Nucci:

> O texto constitucional menciona nitidamente ser união estável algo diverso do casamento, tanto assim que possibilita a conversão da primeira em matrimônio. Além disso, o fato de o Estado reconhecer na união estável a existência de uma família, para efeito de lhe conferir proteção civil, não pode ser estendido ao direito penal. Fosse assim e o companheiro ou a companheira poderia praticar o crime de bigamia, o que não é admissível. Se não é possível alargar o conteúdo de norma penal incriminadora que protege a família e o casamento, também não o é para a aplicação da imunidade.[484]

Esta corrente tem sido a preferida em concursos que exigem um perfil mais rigoroso do candidato, como é o caso do Ministério Público e da Polícia (Civil e Federal). Mas, mesmo em certames desta natureza, é prudente analisar antecipadamente a posição mais simpática aos membros das comissões examinadoras.

2.ª posição: É possível

Os adeptos desta corrente fazem uma interpretação extensiva do art. 181, inciso I, do Código Penal, nele incluindo a união estável, em face do tratamento a esta reservado pelo art. 226, § 3.º, da Constituição Federal: "Para efeito da proteção do Estado, é reconhecida a

---

[483] MIRABETE, Julio Fabbrini. *Manual de direito penal*. São Paulo: Atlas, 2007. v. 2, p. 354.
[484] NUCCI, Guilherme de Souza. *Código Penal comentado*. 8. ed. São Paulo: RT, 2008. p. 817.

união estável entre o homem e a mulher como entidade familiar, devendo a lei facilitar sua conversão em casamento". Para Damásio E. de Jesus:

> A escusa absolutória, entretanto, deve estender-se à hipótese de união estável, em que o "companheiro" é equiparado ao "cônjuge" (CF, art. 226, § 3.º, e novo CC, arts. 1.595 e 1.723). O privilégio não se estende ao concubinato sem contornos de união estável.[485]

Esta corrente, favorável ao réu, é a preferida da Defensoria Pública e dos exames da OAB.[486]

2.11.1.4.2. Crime cometido em prejuízo de ascendente ou descendente, seja o parentesco legítimo ou ilegítimo, seja civil ou natural: inciso II

Esta imunidade penal absoluta é pertinente ao parentesco em linha reta, ou seja, entre ascendentes e descendentes, e independe do grau de parentesco. Abrange, assim, os crimes patrimoniais praticados pelo pai contra o filho, do neto contra o avô, e daí por diante.[487]

Anote-se que a ponderação efetuada pelo legislador na parte final do dispositivo em exame ("seja o parentesco legítimo ou ilegítimo, seja civil ou natural") é dispensável nos dias atuais, porque o art. 227, § 6.º, da Constituição Federal estatui que "os filhos, havidos ou não da relação do casamento, ou por adoção, terão os mesmos direitos e qualificações, proibidas quaisquer designações discriminatórias à filiação".

A imunidade penal absoluta em apreço **não alcança o parentesco por afinidade**, ainda que na linha reta (exemplos: genro e sogra, sogro e nora, padrasto e enteado etc.), **nem o parentesco transversal** (exemplos: tio e sobrinho, primos, etc.).

Finalmente, tratando-se de filho ainda não civilmente reconhecido, não será admissível no juízo penal a investigação de paternidade. Mas o juiz criminal, quando reputar séria e fundada a defesa do réu, deve suspender o processo, até que no juízo cível se decida a questão, sem prejuízo da inquirição das testemunhas arroladas pelas partes e de outras provas de natureza urgente (CPP, art. 92, *caput*).

2.11.1.4.2.1. Prova do parentesco

Não basta, para fins de incidência da imunidade penal absoluta disciplinada pelo art. 181, inciso II, do Código Penal, a mera alegação de parentesco entre autor e vítima do crime patrimonial. Reclama-se a comprovação desta situação, mediante documento hábil[488] (exemplos: certidão de nascimento, carteira funcional, cédula de identidade etc.), em obediência à regra contida no art. 155, parágrafo único, do Código de Processo Penal.

2.11.1.5. Observações comuns aos incisos I e II

Se a coisa sobre a qual recai o crime está apenas na posse (a título justo ou injusto) do cônjuge ou parente, não lhe pertencendo a propriedade, descabe a isenção da pena ao responsável pelo delito.

---

[485] JESUS, Damásio E. de. *Direito penal*: parte especial. 27. ed. São Paulo: Saraiva, 2005. v. 2, p. 515.
[486] Note-se que o Supremo Tribunal Federal reconheceu a união homoafetiva como instituto jurídico (ADPF 132/RJ, rel. Min. Ayres Britto, Plenário, j. 05.05.2011).
[487] Cuidado, porém, com a regra contida no art. 183, inciso III, do Código Penal: não se aplica a imunidade se o crime é cometido contra pessoa com idade igual ou superior a 60 anos.
[488] Admite-se a aplicação analógica da Súmula 74 do Superior Tribunal de Justiça: "Para efeitos penais, o reconhecimento da menoridade do réu requer prova por documento hábil".

Além disso, se o cônjuge ou parente, em cuja posse se encontrava a coisa, a tivesse conseguido pela prática de um crime qualquer (exemplos: furto, roubo, peculato etc.), não seria possível a utilização da escusa absolutória, pois a coisa a ele não pertencia.

Finalmente, também não pode ser reconhecida a causa de impunibilidade absoluta se a coisa, por qualquer título, é comum a uma das pessoas mencionadas pelo Código Penal (art. 181, incs. I e II) e a estranhos. Isto porque é imprescindível, para fins de isenção da pena, pertença o bem **exclusivamente** ao cônjuge ou parente lesado pela conduta criminosa.

2.11.1.6. Erro quanto à titularidade do objeto material

A análise do art. 181, incisos I e II, do Código Penal revela que somente se opera a isenção da pena quando a conduta criminosa se limita a prejudicar o patrimônio das pessoas ali expressamente indicadas (cônjuge, ascendente ou descendente). Então, é de questionar: incidem as imunidades penais absolutas quando o sujeito erra no tocante à titularidade do objeto material, como na hipótese em que uma pessoa, maior de idade e imputável, furta a bolsa de um terceiro, acreditando tratar-se de bem pertencente à sua mãe?

E a resposta há de ser negativa. Deveras, existe um crime e o agente é culpável. O sujeito queria furtar uma bolsa, e conseguiu alcançar seu intento, não se podendo falar, portanto, em erro de tipo (ele sabia que a coisa era alheia) ou em erro de proibição (ele conhecia o caráter ilícito do fato). Configurou-se, na verdade, um **erro de punibilidade**, pois o sujeito acreditou equivocadamente que não seria penalmente punido.

Em casos como este, desaparecem totalmente os fundamentos das imunidades penais absolutas, pois não está em jogo a proteção do vínculo matrimonial ou das relações de parentesco. Ou seria correto sustentar a incidência da imunidade para salvar do raio de atuação do Direito Penal uma pessoa que praticou um crime contra uma pessoa com a qual não mantém qualquer tipo de proximidade biológica ou afetiva? Parece-nos que não.

Mas temos que manter a coerência. Sempre. Deste modo, na hipótese inversa – o sujeito pratica um crime, acreditando ser contra um estranho, quando na verdade prejudica seu cônjuge ou parente (ascendente ou descendente) – é imperiosa a incidência da imunidade penal absoluta. Como leciona Nélson Hungria:

> A pertinência da *res* ao cônjuge ou parente deve ser apreciada *objetivamente*, nada importando a errônea *opinião* ou *suposição* do agente a respeito. (...) Do mesmo modo que subsiste a impunibilidade, ainda quando o agente erroneamente supunha que a *res* pertencia a estranho, não será excluída a punibilidade, ainda quando o agente falsamente julgava que a *res* pertencia ao seu cônjuge ou parente.[489]

Em resumo, o erro é irrelevante, pois estão plenamente caracterizados o fato típico, a ilicitude e a culpabilidade. O crime deixa de ser punido por questões de política criminal. E nada mais.

Vale ressaltar, porém, a existência de entendimentos em sentido contrário. Damásio E. de Jesus sustenta que o erro quanto à propriedade do objeto material deve ser tratado como erro de proibição, nos termos do art. 21 do Código Penal.[490]

---

[489] HUNGRIA, Nélson. *Comentários ao Código Penal*. 2. ed. Rio de Janeiro: Forense, 1958. v. 7, p. 327.
[490] JESUS, Damásio E. de. *Direito penal*: parte especial. 27. ed. São Paulo: Saraiva, 2005. v. 2, p. 514.

2.11.2. Art. 182 – Imunidades relativas

2.11.2.1. Dispositivo legal

Art. 182 — Somente se procede **mediante representação**, se o crime previsto neste título é cometido em prejuízo:

- **I** — Do cônjuge desquitado ou judicialmente separado;
- **II** — De irmão, legítimo ou ilegítimo;
- **III** — De tio ou sobrinho, com quem o agente coabita.

> **Informações rápidas:**
> Não se isenta de pena. Apenas transforma crimes contra o patrimônio de ação penal pública incondicionada em delitos de ação penal pública condicionada à representação do ofendido ou de quem o represente (condição de procedibilidade para o exercício da ação penal).
> A imunidade não se aplica aos crimes patrimoniais de ação penal privada nem aos crimes originariamente de ação penal pública condicionada.

2.11.2.2. Denominação

O legislador também não apresentou nomenclatura às hipóteses traçadas pelo art. 182 do Código Penal. Mas a doutrina as chama de imunidades relativas ou processuais.

Convém destacar que para Cezar Roberto Bitencourt o art. 182 do Código Penal não cuida de imunidade alguma, mas somente de "alteração da espécie de ação penal, condicionada à representação do ofendido, desde que o crime patrimonial tenha sido praticado em prejuízo do cônjuge desquitado ou judicialmente separado; irmão, legítimo ou ilegítimo; tio ou sobrinho com quem o agente coabita".[491] Entretanto, seja lá qual for o nome que se prefira, o resultado é idêntico: o crime, originariamente de ação penal pública incondicionada, passa a estar condicionado à representação do ofendido ou de quem o represente.

2.11.2.3. Natureza jurídica e efeitos

As imunidades relativas ou processuais não isentam de pena. Seu papel consiste em transformar crimes contra o patrimônio de ação penal pública incondicionada em delitos de ação penal pública condicionada à representação do ofendido ou de quem o represente. Institui-se, desta forma, uma autêntica **condição de procedibilidade** para o exercício da ação penal.

Por corolário, as imunidades relativas não se aplicam aos crimes patrimoniais de ação penal privada (exemplo: dano simples – CP, art. 163, *caput*) nem aos crimes originariamente de ação penal pública condicionada (exemplo: furto de coisa comum – CP, art. 156, § 1.º).

No caso de existirem diversas vítimas de um mesmo crime, e elas discordarem entre si, há de prevalecer a vontade daquela que deseja o início da ação penal.

---

[491] BITENCOURT, Cezar Roberto. *Tratado de direito penal*. Parte especial. 4. ed. São Paulo: Saraiva, 2008. v. 3, p. 345.

2.11.2.4. Hipóteses legais

2.11.2.4.1. Crime cometido em prejuízo do cônjuge desquitado ou judicialmente separado: inciso I

Este inciso permite a construção do seguinte raciocínio, relativamente aos crimes patrimoniais praticados contra o cônjuge:

Momento da prática do crime	Consequência
Durante a sociedade conjugal	Isenção de pena (CP, art. 181, inc. I)
Após a separação judicial	Somente se procede mediante representação (CP, art. 182, inc. I)
Depois do divórcio	Nenhuma

Com efeito, se o crime patrimonial é cometido contra o cônjuge, na constância da sociedade conjugal, o agente é isento de pena (CP, art. 181, inc. I). Entretanto, se o delito for realizado após a dissolução da sociedade conjugal, pela separação judicial, mas antes do divórcio, ou mesmo depois de decretada cautelarmente a separação de corpos, somente se procede mediante representação (CP, art. 182, inc. I). Finalmente, se a prática do crime suceder o rompimento do vínculo patrimonial, pelo divórcio, não haverá benefício nenhum para o agente, pois nesse caso não existe relação familiar a ser preservada pela omissão do Direito Penal.

2.11.2.4.2. Crime cometido em prejuízo de irmão, legítimo ou ilegítimo: inciso II

A imunidade relativa alcança todas as espécies de irmãos civilmente considerados, isto é, tanto os filhos do mesmo pai e da mesma mãe (irmãos bilaterais ou germanos), como os filhos somente do mesmo pai (irmãos unilaterais consanguíneos) ou apenas da mesma mãe (irmãos unilaterais uterinos).

A ressalva contida no texto legal ("legítimo ou ilegítimo") é mais uma vez inoportuna, diante da regra traçada pelo art. 227, § 6.º, da Constituição Federal, proibitiva de qualquer tratamento discriminatório entre os filhos havidos ou não do casamento.

2.11.2.4.3. Crime cometido em prejuízo de tio ou sobrinho, com quem o agente coabita: inciso III

No inciso III do art. 182 do Código Penal, é admitida a única imunidade no tocante ao parentesco colateral. Mas não basta a relação de parentesco entre tio e sobrinho. Exige-se ainda a coabitação, ou seja, o autor do crime e a vítima precisam morar, de forma não transitória, sob o mesmo teto.[492]

Prescinde-se do relacionamento íntimo entre tio e sobrinho, sendo suficiente o critério objetivo da coabitação. Por essa razão, não se aplica a imunidade no campo da hospitalidade acidental (exemplo: breve visita seguida de pernoite).

Pouco importa o local em que o crime contra o patrimônio foi cometido, se no âmbito da residência do tio e do sobrinho, ou em outro lugar qualquer. A finalidade da lei é proteger o relacionamento entre tais pessoas, e não a inviolabilidade domiciliar.

---

[492] STJ: REsp 1.065.086/RS, rel. Min. Maria Thereza de Assis Moura, 6.ª Turma, j. 16.02.2012, noticiado no *Informativo* 491.

O fundamento acolhido pelo legislador é simples: a existência do inquérito policial ou da ação penal pode acarretar grande desgaste entre pessoas que moram no mesmo lar, daí a necessidade de representação para o início da persecução penal.

2.11.2.5. Erro quanto à titularidade do objeto material

Valem todas as observações efetuadas no art. 181, item 2.11.1.6.

2.11.3. Art. 183 – Limite de aplicabilidade dos arts. 181 e 182

2.11.3.1. Dispositivo legal

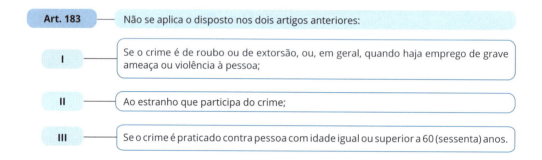

2.11.3.2. Introdução

Depois de arrolar, taxativamente, as imunidades absolutas (art. 181) e relativas (art. 182), o Código Penal indica em seu art. 183 as hipóteses em que os responsáveis por crimes patrimoniais não podem ser beneficiados pelas causas de isenção da pena, nem pela transformação de crimes de ação penal pública incondicionada em ação penal pública condicionada à representação.

2.11.3.3. Hipóteses legais

2.11.3.3.1. Se o crime é de roubo ou de extorsão, ou, em geral, quando haja emprego de grave ameaça ou violência à pessoa: inciso I

Extrai-se deste inciso, em primeiro lugar, que não se aplicam as imunidades (absolutas e relativas) ao roubo e à extorsão, por se tratar de **crimes pluriofensivos**. Se não somente o patrimônio é violado pela conduta criminosa, havendo também lesão a outro bem jurídico, como a integridade física ou a liberdade individual, não poderia a lei conceder um favor inerente tão somente aos crimes patrimoniais.

A palavra extorsão foi empregada como indicativa de gênero, com a finalidade de abarcar os crimes de extorsão (art. 158), inclusive na modalidade praticada mediante a restrição da liberdade da vítima ("sequestro-relâmpago"), extorsão mediante sequestro (art. 159) e extorsão indireta (art. 160), pois em todos eles o agente intimida a vítima, de um modo qualquer, para atacar seu patrimônio e locupletar-se ilicitamente.

Mas não é só. Também não podem ser concedidas as imunidades para qualquer outro crime patrimonial cometido com emprego de grave ameaça ou violência à pessoa. Nesse rol ainda ingressam, além do roubo e da extorsão (em todas as suas modalidades), que foram mencionados expressamente pela lei penal, o esbulho possessório (CP, art. 161, § 1.º, inc. II) e o dano qualificado (CP, art. 163, parágrafo único, inc. I).

É irrelevante que a violência física e a grave ameaça integrem o delito patrimonial como elementares (esbulho possessório) ou circunstância qualificadora (dano qualificado), formando unidade complexa, ou constituam outro delito conexo ao patrimonial. Exemplo: "A", para usurpar águas da propriedade rural de seu genitor, vizinha à sua, nele pratica lesão corporal. Nesse caso, não há falar em imunidade absoluta.

Fica nítido, portanto, o fundamento do inciso I do art. 183 do Código Penal: não teria cabimento sustentar a imunidade, seja absoluta ou relativa, quando os crimes forem de tal ordem que transponham os limites da intimidade familiar. Afinal, a política criminal de proteção à entidade familiar cede espaço para o interesse maior da sociedade em punir o agente de crime violento, venha de onde vier.[493]

2.11.3.3.2. Ao estranho que participa do crime: inciso II

Esta ressalva, em verdade, era absolutamente prescindível, em face da regra contida no art. 30 do Código Penal: "Não se comunicam as circunstâncias e as condições de caráter pessoal, salvo quando elementares do crime". A posição de cônjuge ou parente da vítima é condição pessoal do responsável pelo crime patrimonial, não se estendendo ao estranho (coautor ou partícipe) que contribui para o delito. Assim sendo, se o filho, na companhia de um amigo, comete o furto de um bem pertencente à sua mãe, ele estará isento de pena (CP, art. 181, inc. II), enquanto seu comparsa, alheio ao núcleo familiar, responderá pelo delito, inclusive com a qualificadora inerente ao concurso de pessoas (CP, art. 155, § 4.º, inc. IV). Nesse caso, o reconhecimento da qualificadora é de rigor, pois efetivamente foi praticado um crime por dois agentes, em que pese a isenção da pena para um deles.

Mas, para afastar qualquer discussão, o legislador inseriu no art. 183, inciso II, do Código Penal a disposição expressa afirmando que as imunidades penais absolutas e relativas não incidem ao estranho – pessoa que não reúne as condições pessoais exigidas pelos arts. 181 e 182 do Código Penal – que concorre para o crime.

A opção legislativa foi acertada, uma vez que em relação ao estranho falta interesse na preservação da harmonia familiar que fundamenta as imunidades penais nos crimes contra o patrimônio. Algumas vezes, é bom ressaltar, o estranho até mesmo incita ou fomenta a discórdia entre os membros de uma família, motivo pelo qual não pode receber benefício nenhum no tocante ao crime cometido com o seu apoio.

2.11.3.3.3. Se o crime é praticado contra pessoa com idade igual ou superior a 60 (sessenta) anos: inciso III

O inciso III do art. 183 do Código Penal foi acrescentado pela Lei 10.741/2003 – Estatuto da Pessoa Idosa, com a finalidade de proporcionar especial proteção à pessoa idosa no campo dos crimes contra o patrimônio. A exclusão das imunidades é obrigatória, ainda que a vítima não queira seja instaurada a persecução penal em face do responsável pelo delito.

Andou bem o legislador, pois lamentavelmente são frequentes os crimes patrimoniais, notadamente furtos e apropriações indébitas, cometidas por descendentes inescrupulosos contra ascendentes frágeis e indefesos, abandonados e humilhados por aqueles pelos quais zelaram pela criação.

Mas, veja-se, não há imunidade nenhuma quando o crime patrimonial é praticado pela pessoa idosa contra um indivíduo qualquer, mesmo que com idade inferior a 60 (sessenta) anos.

É válido destacar que as imunidades absolutas e relativas também não são aplicáveis aos crimes elencados pelos arts. 96 a 108 da Lei 10.741/2003 – Estatuto da Pessoa Idosa –, em face da regra constante do art. 95 do mesmo diploma legal.

---

[493] Cf. NUCCI, Guilherme de Souza. *Código Penal comentado*. 8. ed. São Paulo: RT, 2008. p. 820.

No tocante ao **estelionato**, há regra específica no art. 171, § 5.º, inciso IV, do Código Penal: a ação será pública condicionada à representação, salvo quando a vítima for **maior de 70 anos** – e não de 60 anos. Cuida-se de regra especial e posterior ao art. 183, III, do Código Penal.[494]

2.11.3.4. Imunidades penais nos crimes contra o patrimônio e Lei Maria da Penha

O art. 7.º da Lei 11.340/2006 – Lei Maria da Penha prevê, em rol exemplificativo, diversas formas de violência doméstica e familiar contra a mulher. Uma delas é a **violência patrimonial**, instituída no inciso IV e definida como "qualquer conduta que configure retenção, subtração, destruição parcial ou total de seus objetos, instrumentos de trabalho, documentos pessoais, bens, valores e direitos ou recursos econômicos, incluindo os destinados a satisfazer suas necessidades".

Em decorrência deste inciso IV do art. 7.º da Lei 11.340/2006, não se aplicam as imunidades penais absolutas e relativas nos crimes patrimoniais cometidos pelo homem mediante violência doméstica ou familiar contra a mulher, nos termos do art. 183, inciso I, do Código Penal.

Com efeito, após a entrada em vigor da Lei Maria da Penha, todo crime patrimonial praticado com violência doméstica ou familiar contra a mulher é executado com violência à pessoa, afastando os benefícios estatuídos pelos arts. 181 e 182 do Código Penal.[495]

Mas há autores com raciocínio diverso, defendendo a manutenção das imunidades penais absolutas e relativas nos crimes patrimoniais cometidos com violência doméstica ou familiar contra a mulher, por duas razões:

(1) A Lei Maria da Penha, ao contrário do Estatuto da Pessoa Idosa, não tem regra explícita afastando as imunidades penais; e

(2) Não permitir a imunidade ao homem que pratica crime patrimonial contra a mulher, mas assegurá-la à mulher que comete igual delito contra o marido, constitui ofensa ao princípio da razoabilidade.[496]

Com o merecido respeito, preferimos manter nosso pensamento, por três motivos:

(1) a Lei Maria da Penha foi expressa ao classificar a violência patrimonial como violência doméstica (art. 7.º, inc. IV), e, consequentemente, incide a regra contida no art. 183, inciso I, do Código Penal;

(2) a questão acerca da constitucionalidade ou não da especial proteção à mulher vítima de violência doméstica é da essência da Lei 11.340/2006 – e já foi superada pelos Tribunais Superiores – e não somente das imunidades penais nos crimes patrimoniais contra ela praticados. Destarte, se este raciocínio é inconstitucional, toda a Lei Maria da Penha também está acometida deste vício, e, como sabemos, a Lei 11.340/2006 reveste-se de constitucionalidade;[497] e

---

[494] A redação do art. 171, § 5.º, inciso IV, do Código Penal foi dada pela Lei 13.964/2019 (Pacote Anticrime).
[495] É também a conclusão de DIAS, Maria Berenice. *A Lei Maria da Penha na Justiça*. São Paulo: RT, 2007. p. 52.
[496] É a opinião de CUNHA, Rogério Sanches. *Direito penal: parte especial*. 2. ed. São Paulo: RT, 2009. v. 3, p. 200.
[497] Em conformidade com o pronunciamento do Superior Tribunal de Justiça: "O princípio da isonomia garante que as normas não devem ser simplesmente elaboradas e aplicadas indistintamente a todos os indivíduos, ele vai além, considera a existência de grupos ditos minoritários e hipossuficientes, que necessitam de uma proteção especial para que alcancem a igualdade processual. A Lei Maria da Penha é um exemplo de implementação para a tutela do gênero feminino, justificando-se pela situação de vulnerabilidade e hipossuficiência em que se encontram as mulheres vítimas da violência doméstica e familiar" (HC 92.875/RS, rel. Min. Jane Silva (Desembargadora convocada do TJMG), 6.ª Turma, j. 30.10.2008).

(3) excluem-se as imunidades penais unicamente quando a mulher é vítima de violência patrimonial, pois nessa hipótese o legislador conferiu a ela uma especial proteção, e não apenas pelo fato de ser mulher.

2.11.4. Art. 183-A – Crimes contra instituições financeiras e prestadores de serviço de segurança privada

O art. 183-A do Código Penal foi criado pela Lei 14.967/2024 – Estatuto da Segurança Privada e da Segurança das Instituições Financeiras, e apresenta a seguinte redação:

> Art. 183-A. Nos crimes de que trata este Título, quando cometidos contra as instituições financeiras e os prestadores de serviço de segurança privada, de que trata o Estatuto da Segurança Privada e da Segurança das Instituições Financeiras, as penas serão aumentadas de 1/3 (um terço) até o dobro.

A pena de **qualquer dos crimes contra o patrimônio**, catalogados no Título II da Parte Especial do Código Penal, será aumentada de 1/3 (um terço) até o dobro, quando praticado contra **instituição financeira ou prestadores de serviço de segurança privada**.

Cuida-se de **causa especial de aumento da pena**, incidente tanto sobre a pena privativa de liberdade como na pena de multa. Na pena corporal, deve ser utilizada pelo magistrado na terceira fase da sua dosimetria, e pode fazer com que seja aplicada acima do máximo legal.

Esse dispositivo encontra-se em sintonia com as modificações introduzidas no Código Penal pela Lei 13.654/2018, a qual criou a qualificadora prevista no § 4.º-A do art. 155 do Código Penal (furto com emprego de explosivo ou de artefato análogo que cause perigo comum)[498], destinada precipuamente às explosões de caixas eletrônicos, em prejuízo de instituições financeiras, e também a figura circunstanciada do roubo contida no art. 157, § 2.º-A, II, do Código Penal (destruição ou rompimento de obstáculo com emprego de explosivo ou de artefato análogo que cause perigo comum).

De fato, o legislador reforça sua preocupação com a tutela das instituições financeiras, e agora também com os prestadores de serviço de segurança privada, cada vez mais suscetíveis aos delitos patrimoniais, muitas vezes cometidos por organizações criminosas.

O **conceito de instituição financeira** encontra-se no art. 1.º da Lei 7.492/1986, e abrange:

a) a pessoa jurídica de direito público ou privado, que tenha como atividade principal ou acessória, cumulativamente ou não, a captação, intermediação ou aplicação de recursos financeiros de terceiros, em moeda nacional ou estrangeira, ou a custódia, emissão, distribuição, negociação, intermediação ou administração de valores mobiliários (*caput*);

b) a pessoa jurídica que capte ou administre seguros, câmbio, consórcio, capitalização ou qualquer tipo de poupança, ou recursos de terceiros (parágrafo único, I);

c) a pessoa jurídica que ofereça serviços referentes a operações com ativos virtuais, inclusive intermediação, negociação ou custódia (parágrafo único, I-A); e

d) a pessoa natural que exerça quaisquer das atividades acima mencionadas, ainda que de forma eventual (parágrafo único, II).

---

[498] A preocupação do legislador foi tão grande que tal crime rotulado com a nota da hediondez (Lei 8.072/1990, art. 1.º, IX).

De seu turno, "a segurança privada e a segurança das dependências das instituições financeiras são matérias de interesse nacional" (Lei 14.967/2024, art. 1.º, parágrafo único).

Os **serviços de segurança privada** serão prestados por pessoas jurídicas especializadas ou por meio das empresas e dos condomínios edilícios possuidores de serviços orgânicos de segurança privada, neste último caso, em proveito próprio, com ou sem utilização de armas de fogo e com o emprego de profissionais habilitados e de tecnologias e equipamentos de uso permitido (Lei 14.967/2024, art. 2.º).

Essa majorante será aplicada, exemplificativamente, aos crimes patrimoniais (furtos e roubos, por exemplo) praticados contra banco e empresas de transporte de valores (carros fortes).

CAPÍTULO 3

DOS CRIMES CONTRA A PROPRIEDADE IMATERIAL

Os crimes contra a propriedade imaterial encontram seu fundamento de validade em diversos dispositivos da Constituição Federal. São legítimos, portanto, por estarem em sintonia com uma visão constitucional do Direito Penal.

Nos termos do art. 5.º, inciso IX, da Constituição Federal, "é livre a expressão da atividade intelectual, artística, científica e de comunicação, independentemente de censura ou licença". E, por sua vez, seu inciso XXVII estabelece que "aos autores pertence o direito exclusivo de utilização, publicação ou reprodução de suas obras, transmissível aos herdeiros pelo tempo que a lei fixar".

Se não bastasse, o art. 216 da Lei Suprema também disciplina a matéria:

> **Art. 216.** Constituem patrimônio cultural brasileiro os bens de natureza material e imaterial, tomados individualmente ou em conjunto, portadores de referência à identidade, à ação, à memória dos diferentes grupos formadores da sociedade brasileira, nos quais se incluem:
>
> I – as formas de expressão;
>
> II – os modos de criar, fazer e viver;
>
> III – as criações científicas, artísticas e tecnológicas;
>
> IV – as obras, objetos, documentos, edificações e demais espaços destinados às manifestações artístico-culturais;
>
> V – os conjuntos urbanos e sítios de valor histórico, paisagístico, artístico, arqueológico, paleontológico, ecológico e científico.
>
> **§ 1.º** O Poder Público, com a colaboração da comunidade, promoverá e protegerá o patrimônio cultural brasileiro, por meio de inventários, registros, vigilância, tombamento e desapropriação, e de outras formas de acautelamento e preservação.
>
> (...)
>
> **§ 3.º** A lei estabelecerá incentivos para a produção e o conhecimento de bens e valores culturais.
>
> **§ 4.º** Os danos e ameaças ao patrimônio cultural serão punidos, na forma da lei.

Os bens imateriais são incorpóreos, mas têm valor econômico. De fato, integram a propriedade intelectual e são protegidos pelo Direito a partir do momento em que se concretizam em obras científicas, literárias, artísticas e invenções em geral.

3.1. DOS CRIMES CONTRA A PROPRIEDADE INTELECTUAL

3.1.1. Art. 184 – Violação de direito autoral

3.1.1.1. Dispositivo legal

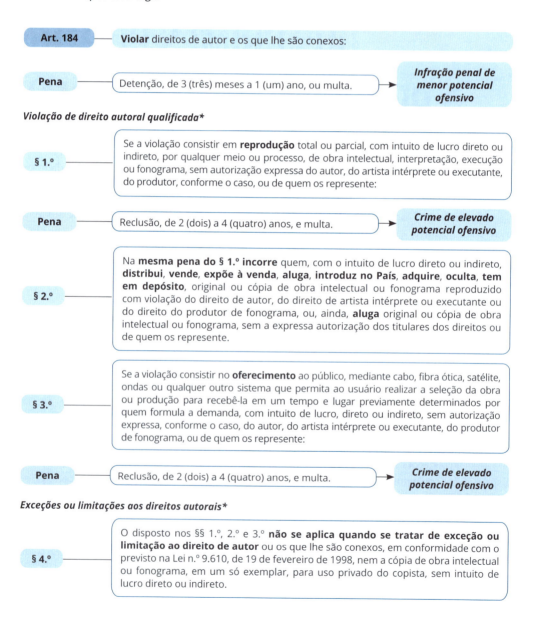

Classificação:	Informações rápidas:
Crime comum Crime formal Crime doloso Crime de forma livre Crime unissubjetivo (*regra*) Crime plurissubsistente (*regra*) Crime instantâneo	Norma penal em branco homogênea: deve ser complementada pela Lei 9.610/1998. Os direitos autorais reputam-se, para os efeitos legais, **bens móveis.** Admite tentativa. Crime de elevado potencial ofensivo. Não abrange *softwares* (v. Lei 9.609/1998). **Elementos normativos:** "com violação do direito de autor" e "sem autorização expressa" (se tácita, subsiste o crime).

3.1.1.2. Introdução

O art. 184, *caput*, do Código Penal fala em "direitos de autor e os que lhe são conexos". Essa redação foi conferida pela Lei 10.695/2003.

A disciplina dos direitos autorais encontra-se na Lei 9.610/1998, editada com o propósito de alterar, atualizar e consolidar a legislação sobre direitos autorais. Resta a conclusão, portanto, de que o art. 184 do Código Penal caracteriza-se como **norma penal em branco homogênea ou *lato sensu*** (o preceito primário da lei penal incriminadora é complementado por outra lei).

Para a Lei 9.610/1998, os direitos autorais reputam-se, para os efeitos legais, **bens móveis** (art. 3.º). É considerado autor a pessoa física criadora de obra literária, artística ou científica (art. 11, *caput*). Ao autor são assegurados os direitos patrimoniais e morais sobre a obra que criou (art. 22), cabendo-lhe o direito exclusivo de utilizar, fruir e dispor da sua obra (art. 28).

Contudo, os direitos de autor poderão ser total ou parcialmente transferidos a terceiros, por ele ou por seus sucessores, a título universal ou singular, pessoalmente ou por meio de representantes com poderes especiais, por meio de licenciamento, concessão, cessão ou por outros meios admitidos em Direito, desde que obedecidas as limitações previstas no art. 49 da Lei 9.610/1998.

Nota-se, pois, que os **direitos de autor** podem ser patrimoniais ou morais. São objeto de estudo de um novo ramo do Direito, intimamente relacionado com o Direito Civil, denominado de Direito Autoral.[1]

Direitos de autor patrimoniais são os que dizem respeito à gravação ou fixação, à extração de cópias para comercialização, à sincronização ou inserção em filmes, em geral, à tradução, adaptação e outras transformações e à execução pública de uma obra. De outro lado, os **direitos morais de autor** relacionam-se à paternidade do autor sobre a obra, à indicação do nome do autor ou intérprete na utilização de sua obra, à conservação da obra inédita, à garantia de integridade da obra, à modificação da obra, à retirada da obra de circulação ou suspensão da utilização já autorizada e ao acesso a exemplar único e raro da obra que esteja, legitimamente, em poder de terceiro.[2]

---

[1] O Direito autoral "é o ramo do Direito Privado que regula as relações jurídicas, advindas da criação e da utilização econômica de obras intelectuais estéticas e compreendidas na literatura, nas artes e nas ciências. As relações regidas por esse Direito nascem com a criação da obra, exsurgindo, do próprio ato criador, direitos respeitantes à sua face pessoal (como os direitos de paternidade, de nominação, de integridade da obra) e, de outro lado, com sua comunicação ao público, os direitos patrimoniais (distribuídos por dois grupos de processos, a saber, os de representação e os de reprodução da obra, como, por exemplo, para as músicas, os direitos de fixação gráfica, de gravação, de inserção em fita, de inserção em filme, de execução e outros)". BITTAR, Carlos Alberto. *Direitos de autor*. 4. ed. Rio de Janeiro: Forense Universitária, 2003. p. 8.

[2] Cf. COSTA NETO, José Carlos. *Direito autoral no Brasil*. São Paulo: FTD, 1998. p. 179.

Mas o tipo penal também se refere aos **direitos conexos aos de autor**, isto é, os relativos "aos direitos dos artistas intérpretes ou executantes, dos produtores fonográficos e das empresas de radiodifusão". E o parágrafo único do citado dispositivo legal é claro ao estabelecer que a proteção legal aos direitos conexos aos de autor deixa intactas e não afeta as garantias asseguradas aos autores das obras literárias, artísticas ou científicas. Vejam-se, a propósito, as palavras de Eliane Y. Abrão:

> Os chamados direitos conexos aos de autor, conhecidos como direitos vizinhos (*neighbouring rights, droits voisins*) na terminologia estrangeira, estão assentados em um tripé: artistas, gravadoras de discos e emissoras de rádio e televisão. À parte os artistas, os dois outros titulares desses direitos exercem o papel de multiplicadores e difusores das obras, encarregando-se de distribuí-las através de canais de venda, ou outro modo qualquer de acesso à obra intelectual. O mesmo papel exercem as editoras gráficas e musicais, às quais, no entanto, coube tratamento diverso reservado pelo legislador, que sempre as igualou aos próprios autores, equiparando-os no processo criativo.[3]

O acréscimo dos direitos conexos aos de autor pela Lei 10.695/2003 está em conformidade com as alterações igualmente efetuadas nos §§ 1.º a 3.º do art. 184 do Código Penal, pois se faz referência não apenas ao autor da obra intelectual, mas também ao artista intérprete, ao executante e ao produtor.

3.1.1.3. Objetividade jurídica

É a **propriedade imaterial**, compreendida como a relação jurídica entre o autor e sua obra, em função seja da criação (direitos morais), seja da respectiva inserção em circulação (direitos patrimoniais), e perante todos os que, no circuito correspondente, vierem a ingressar (o Estado, a coletividade como um todo, o explorador econômico, o usuário, o adquirente de exemplar).[4]

3.1.1.4. Objeto material

É a obra literária, artística ou científica atingida pela conduta criminosa.

3.1.1.5. Tipo fundamental ou modalidade simples: art. 184, caput

3.1.1.5.1. Núcleo do tipo

O núcleo do tipo é **violar**, que significa transgredir, infringir, ofender. Trata-se de **crime de forma livre**, compatível com qualquer meio de execução. Em regra, é praticado mediante ação (crime comissivo), mas também pode ser cometido por omissão, desde que o sujeito tenha o dever de agir para impedir o resultado, mas se omita dolosamente (crime omissivo impróprio, espúrio ou comissivo por omissão). Como destaca Guilherme de Souza Nucci:

> A transgressão ao direito autoral pode dar-se de variadas formas, desde a simples reprodução não autorizada de um livro por fotocópias até mesmo a comercialização de obras originais, sem a permissão do autor. Uma das mais conhecidas formas de violação do direito de autor é o *plágio*, que significa tanto assinar como sua obra alheia, como também imitar o que outra pessoa produziu. O plágio pode dar-se de maneira total (copiar ou assinar como sua toda a obra de terceiro) ou parcial (copiar ou dar como seus apenas trechos da obra de outro autor).[5]

---

[3] ABRÃO, Eliane Y. *Direitos de autor e direitos conexos*. São Paulo: Editora do Brasil, 2002. p. 193-194.
[4] Vide BITTAR, Carlos Alberto. *Direitos de autor*. 4. ed. Rio de Janeiro: Forense Universitária, 2003. p. 19.
[5] NUCCI, Guilherme de Souza. *Código Penal comentado*. 8. ed. São Paulo: RT, 2008. p. 822.

3.1.1.5.2. Sujeito ativo

Pode ser qualquer pessoa (**crime comum**).

3.1.1.5.3. Sujeito passivo

O autor da obra literária, artística ou científica, seus herdeiros ou sucessores, ou ainda qualquer outra pessoa que seja titular dos direitos autorais.

3.1.1.5.4. Elemento subjetivo

É o dolo. Não se admite a modalidade culposa, e também não se exige nenhuma finalidade específica.

3.1.1.5.5. Consumação

Dá-se com a efetiva violação dos direitos de autor e os que lhe são conexos. Basta a realização da conduta, sendo prescindível a superveniência do resultado naturalístico, consistente na causação de prejuízo para a vítima. O crime é **formal, de resultado cortado ou de consumação antecipada**. Para Ney Moura Teles:

> O momento consumativo acontece no ato da transgressão do direito autoral, cabendo ao intérprete observar em que consiste exatamente a violação, socorrendo-se da legislação civil, para definir o exato instante da violação, que ocorre, por exemplo, com a publicação de obra inédita ou reproduzida, com a exposição pública de uma pintura ou com a execução ou representação de uma obra musical ou teatral.[6]

3.1.1.5.6. Tentativa

É possível.

3.1.1.5.7. Causas de exclusão da tipicidade

Os arts. 46, 47 e 48 da Lei 9.610/1998 apresentam diversas limitações aos direitos autorais, caracterizando autênticas **causas excludentes da tipicidade**. O fato passa a ser atípico, uma vez que não se enquadra no modelo sintético definido pelo art. 184 do Código Penal. Vejamos.

Art. 46. Não constitui ofensa aos direitos autorais:

I – a reprodução:

a) na imprensa diária ou periódica, de notícia ou de artigo informativo, publicado em diários ou periódicos, com a menção do nome do autor, se assinados, e da publicação de onde foram transcritos;

b) em diários ou periódicos, de discursos pronunciados em reuniões públicas de qualquer natureza;

c) de retratos, ou de outra forma de representação da imagem, feitos sob encomenda, quando realizada pelo proprietário do objeto encomendado, não havendo a oposição da pessoa neles representada ou de seus herdeiros;

d) de obras literárias, artísticas ou científicas, para uso exclusivo de deficientes visuais, sempre que a reprodução, sem fins comerciais, seja feita mediante o sistema Braille ou outro procedimento em qualquer suporte para esses destinatários;

---

[6] TELES, Ney Moura. *Direito penal*. Parte especial. São Paulo: Atlas, 2004. v. 2, p. 518.

> II – a reprodução, em um só exemplar de pequenos trechos, para uso privado do copista, desde que feita por este, sem intuito de lucro;
>
> III – a citação em livros, jornais, revistas ou qualquer outro meio de comunicação, de passagens de qualquer obra, para fins de estudo, crítica ou polêmica, na medida justificada para o fim a atingir, indicando-se o nome do autor e a origem da obra;
>
> IV – o apanhado de lições em estabelecimentos de ensino por aqueles a quem elas se dirigem, vedada sua publicação, integral ou parcial, sem autorização prévia e expressa de quem as ministrou;
>
> V – a utilização de obras literárias, artísticas ou científicas, fonogramas e transmissão de rádio e televisão em estabelecimentos comerciais, exclusivamente para demonstração à clientela, desde que esses estabelecimentos comercializem os suportes ou equipamentos que permitam a sua utilização;
>
> VI – a representação teatral e a execução musical, quando realizadas no recesso familiar ou, para fins exclusivamente didáticos, nos estabelecimentos de ensino, não havendo em qualquer caso intuito de lucro;
>
> VII – a utilização de obras literárias, artísticas ou científicas para produzir prova judiciária ou administrativa;
>
> VIII – a reprodução, em quaisquer obras, de pequenos trechos de obras preexistentes, de qualquer natureza, ou de obra integral, quando de artes plásticas, sempre que a reprodução em si não seja o objetivo principal da obra nova e que não prejudique a exploração normal da obra reproduzida nem cause um prejuízo injustificado aos legítimos interesses dos autores.
>
> **Art. 47.** São livres as paráfrases e paródias que não forem verdadeiras reproduções da obra originária nem lhe implicarem descrédito.
>
> **Art. 48.** As obras situadas permanentemente em logradouros públicos podem ser representadas livremente, por meio de pinturas, desenhos, fotografias e procedimentos audiovisuais.

3.1.1.5.8. Lei 9.099/1995

A pena do crime tipificado pelo art. 184, *caput*, do Código Penal é de detenção, de 3 (três) meses a 1 (um) ano, ou multa. A violação de direito autoral, em sua modalidade simples, constitui-se em **infração penal de menor potencial ofensivo**. Aplicam-se, portanto, as regras previstas na Lei 9.099/1995, tais como: composição civil dos danos e transação penal (quando cabíveis) e procedimento sumaríssimo.

3.1.1.5.9. Classificação doutrinária

O crime é **comum** (pode ser praticado por qualquer pessoa); **formal** (independe do resultado naturalístico, qual seja o efetivo prejuízo ao titular do direito autoral); **doloso**; **de forma livre** (admite qualquer meio de execução); **unissubjetivo, unilateral ou de concurso eventual** (pode ser cometido por uma só pessoa, mas admite o concurso); em regra **plurissubsistente** (a conduta criminosa pode ser fracionada em diversos atos); e **instantâneo** (a consumação ocorre em momento determinado, sem continuidade no tempo).

3.1.1.6. Figuras qualificadas: art. 184, §§ 1.º, 2.º e 3.º

Nos §§ 1.º, 2.º e 3.º, o art. 184 do Código Penal, com a redação conferida pela Lei 10.695/2003, prevê qualificadoras para o crime de violação de direito autoral. O legislador acresce ao núcleo "violar" circunstâncias que aumentam a pena, que passa de 3 (três) meses a 1 (um) ano de detenção, ou multa, para **reclusão, de 2 (dois) a 4 (quatro) anos, e multa**.

Em todas as hipóteses, as qualificadoras são definidas como **crimes de elevado potencial ofensivo**: a pena mínima cominada em abstrato (2 anos) é incompatível com os benefícios da Lei 9.099/1995, inclusive com a suspensão condicional do processo.

Analisaremos somente os fatores que diferenciam as modalidades qualificadas do crime de violação de direito autoral em seu tipo fundamental (CP, art. 184, *caput*).

3.1.1.6.1. Art. 184, § 1.º, do Código Penal

3.1.1.6.1.1. Fundamento

Fundamenta-se a qualificadora na maior facilidade para violação de direitos autorais quando se utilizam as gravações em geral, que ensejam a divulgação da obra violada para locais distantes, e para um grande público, proporcionando uma mais ampla e prejudicial lesão ao bem jurídico penalmente tutelado.

3.1.1.6.1.2. Objeto material

É a obra intelectual, interpretação, execução ou fonograma.

Obras intelectuais, para fins de proteção legal, são as criações do espírito, expressas por qualquer meio ou fixadas em qualquer suporte, tangível ou intangível, conhecido ou que se invente no futuro. O art. 7.º da Lei 9.610/1998 apresenta uma relação exemplificativa de obras intelectuais.

Interpretação e execução são formas de exteriorização de um direito autoral.

Fonograma, por sua vez, é toda fixação de sons de uma execução ou interpretação ou de outros sons, ou de uma representação de sons que não seja uma fixação incluída em uma obra audiovisual (Lei 9.610/1998, art. 5.º, inc. IX). São exemplos de fonogramas os sons armazenados em discos, CDs e fitas cassetes, entre outros.

O legislador olvidou-se do **videofonograma**, isto é, toda e qualquer fixação conjunta de sons e imagens (exemplos: DVDs, fitas de videocassete etc.). Questiona-se: em face da omissão legislativa, é atípica a violação, mediante reprodução total ou parcial, com intuito de lucro direto ou indireto, por qualquer meio ou processo, de videofonograma, sem autorização expressa do autor, do artista intérprete ou executante, do produtor ou de quem os represente?

Não nos parece. Com efeito, os videofonogramas, assim como os fonogramas, são espécies das obras intelectuais. Destarte, este fator, por si só, já autoriza a criminalização da reprodução indevida de fonogramas. Mas não para por aí.

De fato, a interpretação extensiva leva à seguinte conclusão: se os fonogramas, que contêm somente sons (exemplo: canções de cantor), são protegidos penalmente, os videofonogramas, que além do som também armazenam imagens (exemplo: *show* de um cantor, com imagens e músicas), com maior razão também devem sê-lo. A finalidade da Lei 10.695/2003 foi conferir maior proteção aos direitos autorais, e não abrir brechas para violações criminosas.

Os **programas de computador** são objeto de legislação específica (Lei 9.610/1998, art. 7.º, § 1.º). Atualmente, o crime de violação de direito do autor de programas produzidos para computador (*softwares*) está definido pelo art. 12 da Lei 9.609/1998:

> **Art. 12.** Violar direitos de autor de programa de computador:
>
> Pena – Detenção de seis meses a dois anos ou multa.
>
> **§ 1.º** Se a violação consistir na reprodução, por qualquer meio, de programa de computador, no todo ou em parte, para fins de comércio, sem autorização expressa do autor ou de quem o represente:
>
> **Pena** – Reclusão de um a quatro anos e multa.

> **§ 2.º** Na mesma pena do parágrafo anterior incorre quem vende, expõe à venda, introduz no País, adquire, oculta ou tem em depósito, para fins de comércio, original ou cópia de programa de computador, produzido com violação de direito autoral.
>
> **§ 3.º** Nos crimes previstos neste artigo, somente se procede mediante queixa, salvo:
>
> I – quando praticados em prejuízo de entidade de direito público, autarquia, empresa pública, sociedade de economia mista ou fundação instituída pelo poder público;
>
> II – quando, em decorrência de ato delituoso, resultar sonegação fiscal, perda de arrecadação tributária ou prática de quaisquer dos crimes contra a ordem tributária ou contra as relações de consumo.
>
> **§ 4.º** No caso do inciso II do parágrafo anterior, a exigibilidade do tributo, ou contribuição social e qualquer acessório, processar-se-á independentemente de representação.

3.1.1.6.1.3. Núcleo do tipo

O núcleo do tipo é idêntico ao do *caput*: **"violar"**. Mas a violação é efetuada de forma diferenciada, qual seja mediante a reprodução, total ou parcial, de obra intelectual, interpretação, execução ou fonograma.

Reprodução é a cópia de um ou vários exemplares de uma obra literária, artística ou científica ou de um fonograma, de qualquer forma tangível, incluindo qualquer armazenamento permanente ou temporário por meios eletrônicos ou qualquer outro meio de fixação que venha a ser desenvolvido (Lei 9.610/1998, art. 5.º, inc. VI).

Essa reprodução se dá por qualquer meio ou processo. **Meio** é um recurso empregado para atingir um determinado objetivo, com um significado mais restrito e menos extenso na linha do tempo; **processo** é uma sequência de atos ou estágios com a finalidade de atingir uma certa meta, possuindo uma noção mais ampla e mais extensa na linha do tempo. Logo, para a reprodução não autorizada de obra intelectual de um modo geral, tanto faz que o agente utilize um método singular (meio) ou uma sequência deles (processo).[7]

3.1.1.6.1.4. Elemento subjetivo

É o dolo, aliado a um especial fim de agir, consistente no "intuito de lucro direto ou indireto".

Lucro direto é aquele em que o sujeito aufere imediatamente vantagem econômica, mediante a violação de direito autoral (exemplo: "A" cobra valores de diversas pessoas para reproduzir, em sua residência, um filme gravado em DVD destinado a uso exclusivamente doméstico). **Lucro indireto**, por sua vez, é aquele em que o agente se vale de intermediários ou de ocasiões específicas para, ofendendo direitos autorais, obter indevida vantagem econômica (exemplo: "A", dono de um bar, reproduz indevidamente em seu estabelecimento comercial DVDs de uso doméstico, com a finalidade de atrair maior clientela).

3.1.1.6.1.5. Sujeito passivo

É o autor, artista intérprete ou executante, produtor ou quem os represente.

Autor é a pessoa física criadora da obra intelectual (Lei 9.610/1998, art. 11, *caput*).

Artistas intérpretes ou **executantes** são atores, cantores, músicos, bailarinos ou outras pessoas que representem um papel, cantem, recitem, declamem, interpretem ou executem

---

[7] NUCCI, Guilherme de Souza. *Código Penal comentado*. 8. ed. São Paulo: RT, 2008. p. 825.

em qualquer forma obras literárias ou artísticas ou expressões do folclore (Lei 9.610/1998, art. 5.º, inc. XIII).

Produtor é a pessoa física ou jurídica que toma a iniciativa e tem a responsabilidade econômica da primeira fixação do fonograma ou da obra audiovisual, qualquer que seja a natureza do suporte utilizado (Lei 9.610/1998, art. 5.º, inc. XI).

3.1.1.6.1.6. Elemento normativo do tipo

O tipo penal delineado pelo art. 184, § 1.º, do Código Penal possui um elemento normativo, representado pela expressão **"sem autorização expressa"**.

Se existir, portanto, autorização expressa do autor, do artista intérprete ou executante, do produtor, conforme o caso, ou de quem os represente, a violação de direito autoral caracterizada pela reprodução total ou parcial, ainda que com intuito de lucro direto ou indireto, por qualquer meio ou processo, de obra intelectual, interpretação, execução ou fonograma, será fato atípico.

Anote-se, porém, que a autorização há de ser expressa; se tácita, subsiste o crime.

3.1.1.6.2. Art. 184, § 2.º, do Código Penal

3.1.1.6.2.1. Núcleo do tipo

A figura qualificada definida pelo art. 184, § 2.º, do Código Penal aloja oito núcleos: **distribuir** (fazer circular, entregando os objetos materiais a diversas pessoas), **vender** (ato de transferir o domínio de certa coisa mediante o pagamento de determinado preço), **expor à venda** (oferecer os objetos de modo a atrair os compradores), **alugar** (ceder por tempo determinado, ou não, o uso e gozo de coisa não fungível, mediante certa retribuição), **introduzir no País** (fazer ingressar no território nacional), **adquirir** (obter), **ocultar** (esconder por um tempo) e **ter em depósito** (manter guardado em determinado local).[8]

Trata-se de **tipo misto alternativo, crime de ação múltipla ou de conteúdo variado**: estará configurado crime único se o agente praticar duas ou mais condutas no tocante ao mesmo objeto material. Exemplo: "A" introduz no País cópias piratas de um CD musical, ocultando-as por um determinado tempo; posteriormente, expõe à venda e, finalmente, as vende.

3.1.1.6.2.2. Objeto material

É o original ou cópia de obra intelectual ou fonograma reproduzido com violação do direito de autor, do direito de artista intérprete ou executante ou do direito do produtor de fonograma. Na esteira da jurisprudência do Superior Tribunal de Justiça:

> Deve ser aplicado o preceito secundário a que se refere o § 2.º do art. 184 do CP, e não o previsto no § 1.º do art. 12 da Lei n. 9.609/1998, para a fixação das penas decorrentes da conduta de adquirir e ocultar, com intuito de lucro, CDs e DVDs falsificados. O preceito secundário descrito no § 1.º do art. 12 da Lei n. 9.609/1998 é destinado a estipular, em abstrato, punição para o crime de violação de direitos de autor de programa de computador, delito cujo objeto material é distinto do tutelado pelo tipo do § 2.º do art. 184 do Código Penal.[9]

Veja-se que o tipo penal fala somente em "reproduzido com violação de direito...". Não se reporta à obra intelectual ou fonograma **produzido** com violação de direito autoral. É imprescindível, pois, a utilização da interpretação extensiva, com a finalidade de aumentar o alcance da palavra "reproduzido", para abarcar também o termo "produzido".

---

[8] GRECO, Rogério. *Código Penal comentado*. 2. ed. Niterói: Impetus, 2009. p. 519.
[9] HC 191.568/SP, rel. Min. Jorge Mussi, 5.ª Turma, j. 07.02.2013, noticiado no *Informativo* 515.

Original é a obra intelectual ou fonograma em sua forma primitiva, isto é, realizada pela primeira vez. **Cópia**, por seu turno, é a reprodução do original, efetuada por qualquer modo. Há crime quando o sujeito se vale tanto do original como da cópia. Como destaca a **Súmula 502 do Superior Tribunal de Justiça**: "Presentes a materialidade e a autoria, afigura-se típica, em relação ao crime previsto no art. 184, § 2.º, do CP, a conduta de expor à venda CDs e DVDs piratas".

A retirada indevida de cópia do original de obra intelectual caracteriza o crime tipificado pelo art. 184, *caput*, do Código Penal. Entretanto, se tal conduta for realizada com alguma das finalidades elencadas neste parágrafo, a figura qualificada absorverá a modalidade simples, por se tratar de crime-meio para a consecução de um crime-fim (princípio da consunção).

No mais, vale o que foi dito no tocante à qualificadora definida pelo art. 184, § 1.º, do Código Penal, inclusive acerca da adequação típica envolvendo o videofonograma.

3.1.1.6.2.3. Consumação

Ficam mantidos os comentários tecidos por ocasião da análise do *caput* (item 3.1.1.5.5).

Anote-se, porém, que a qualificadora se classifica como crime permanente, isto é, aquele em que a consumação se protrai no tempo, por vontade do agente, que mantém o ataque ao bem jurídico penalmente tutelado, nos núcleos "expor à venda", "ocultar" e "ter em depósito".

3.1.1.6.2.4. Elementos normativos do tipo

O art. 184, § 2.º, do Código Penal contém dois elementos normativos:

(1) "com violação do direito de autor", na primeira parte, e
(2) "sem a expressa autorização dos titulares dos direitos ou de quem os represente", na parte final.

Conclui-se, portanto, que em ambas as hipóteses a autorização do titular do direito autoral acarreta a atipicidade do fato.

3.1.1.6.3. Art. 184, § 3.º, do Código Penal

Essa qualificadora incrimina a violação de direitos autorais consistente no oferecimento ao público, mediante cabo, fibra ótica, satélite, ondas ou qualquer outro sistema que permita ao usuário realizar a seleção da obra ou produção para recebê-la em um tempo e lugar previamente determinados por quem formula a demanda, com intuito de lucro, direto ou indireto.

A qualificadora se fundamenta na evolução tecnológica, pois em um mundo globalizado existem modos mais rápidos e eficazes de acesso a obras intelectuais e fonogramas em geral, com a violação cada vez mais comum de direitos autorais. Este foi o motivo que levou o legislador a punir tal conduta criminosa de forma sensivelmente mais rígida.

Atualmente, é possível a violação do direito de autor com o uso da rede mundial de computadores, por exemplo, valendo-se o agente do crime de oferecimento ao público, com intuito de lucro, de músicas, filmes, livros e outras obras, proporcionando ao usuário que as retire da rede, pela via de cabo ou fibra ótica, conforme o caso, instalando-as em seu computador. O destinatário da obra paga pelo produto, mas o dinheiro recebido nunca chega ao seu autor. Assim, o fornecedor não promove a venda direta ao consumidor do produto (que seria figura do parágrafo anterior), mas coloca em seu sítio eletrônico, à disposição dos interessados, para *download* as obras que o autor não autorizou que fossem expressamente assim utilizadas ou comercializadas.[10]

A figura qualificada não se aplica para o oferecimento ao público de obras intelectuais ou fonogramas em geral sem intuito de lucro direto ou indireto. Em tais casos, se restar caracterizada a violação de direito autoral ou dos que lhe são conexos, incide o crime tipificado pelo art. 184, *caput*, do Código Penal.

3.1.1.7. Exceções ou limitações aos direitos autorais: art. 184, § 4.º, do Código Penal

Nos termos do art. 184, § 4.º, do Código Penal, "o disposto nos §§ 1.º, 2.º e 3.º não se aplica quando se tratar de exceção ou limitação ao direito de autor ou os que lhe são conexos, em conformidade com o previsto na Lei n.º 9.610, de 19 de fevereiro de 1998, nem a cópia de obra intelectual ou fonograma, em um só exemplar, para uso privado do copista, sem intuito de lucro direto ou indireto".

A primeira parte do dispositivo legal é inócua. Trata-se de norma repetitiva e prescindível. Com efeito, os arts. 46, 47 e 48 da Lei 9.610/1998 já definem as exceções e limitações aos direitos autorais, constituindo autênticas causas legais de exclusão da tipicidade (vide item 3.1.1.5.7).

Frise-se, por oportuno, que as exceções ou limitações aos direitos autorais arroladas pela Lei 9.610/1998 também se aplicam ao crime fundamental de violação de direito autoral (CP, art. 184, *caput*), em que pese a omissão do legislador no art. 184, § 4.º, do Código Penal.

A segunda parte do art. 184, § 4.º, do Código Penal também era completamente dispensável. Deveras, permitiu-se a cópia de obra intelectual ou fonograma, em um só exemplar, para uso privado do copista, **sem intuito de lucro direto ou indireto**. E, como se sabe, os crimes qualificados definidos pelo art. 184, §§ 1.º, 2.º e 3.º do Código Penal, reclamam, além do dolo, um especial fim de agir, representado pelo intuito de lucro direto ou indireto. Destarte, ausente a referida finalidade, o fato será atípico.

3.1.1.8. Crimes contra a propriedade intelectual e princípio da adequação social

Nada obstante seja comum nos dias atuais a movimentação aberta de produtos de origem ilícita, especialmente pela violação de direitos autorais e correlatos, não se pode falar em atipicidade da conduta, em face do acolhimento do princípio da adequação social.

Na verdade, inexiste adequação social. O que se verifica na prática é a intenção de algumas pessoas (fornecedores e consumidores) de se aproveitarem da ausência de fiscalização efetiva, bem como da corrupção de parcela dos agentes públicos, para tirarem proveito do comércio de produtos de procedência espúria, com efeitos vastos e danosos a todos:

(1) ao próprio consumidor, que adquire bens de péssima qualidade, sujeitando-se ainda a sanções penais pelo crime de receptação (CP, art. 180);

(2) aos autores de obras em geral e pessoas com ele envolvidas, que cada vez mais desistem da produção intelectual;

(3) à Fazenda Pública, lesada na atividade fiscal; e, principalmente,

(4) à sociedade, afetada pelo mercado paralelo e pela inversão de valores que aflige relevante parte de seus membros.

---

[10] Cf. NUCCI, Guilherme de Souza. *Código Penal comentado*. 8. ed. São Paulo: RT, 2008. p. 828.

O Supremo Tribunal Federal repudia a tese de atipicidade da conduta nos crimes contra a propriedade intelectual em face do princípio da adequação social:

> O princípio da adequação social reclama aplicação criteriosa, a fim de se evitar que sua adoção indiscriminada acabe por incentivar a prática de delitos patrimoniais, fragilizando a tutela penal de bens jurídicos relevantes para vida em sociedade. A violação ao direito autoral e seu impacto econômico medem-se pelo valor que os detentores das obras deixam de receber ao sofrer com a "pirataria", e não pelo montante que os falsificadores obtêm com a sua atuação imoral e ilegal. Deveras, a prática não pode ser considerada socialmente tolerável haja vista os expressivos prejuízos experimentados pela indústria fonográfica nacional, pelos comerciantes regularmente estabelecidos e pelo Fisco, fato ilícito que encerra a burla ao pagamento de impostos.[11]

O Superior Tribunal de Justiça compartilha desse entendimento:

> A Eg. 3.ª Seção, no julgamento do REsp 1.193.196/MG, sedimentou entendimento no sentido da inaplicabilidade do princípio da adequação social ao delito descrito no art. 184, § 2.º, do Código Penal, sendo considerada típica a conduta. *In casu*, em que pese o acórdão recorrido considerar como pequena a quantidade de mídias, a tipicidade restou configurada, ante a comprovação por meio de laudo pericial constatando a falsidade dos CDs e DVDs apreendidos, sendo a conduta de relevância jurídico-social.[12]

3.1.2. Art. 185 – Usurpação de nome ou pseudônimo alheio

O art. 185 do Código Penal foi revogado pela Lei 10.695/2003.

3.1.3. Art. 186 – Ação penal nos crimes contra a propriedade intelectual

3.1.3.1. Dispositivo legal

Art. 186 — Procede-se mediante:

I – **queixa**, nos crimes previstos no caput do art. 184;
II – ação penal **pública incondicionada**, nos crimes previstos nos §§ 1.º e 2.º do art. 184;
III – ação penal **pública incondicionada**, nos crimes cometidos em desfavor de entidades de direito público, autarquia, empresa pública, sociedade de economia mista ou fundação instituída pelo Poder Público;
IV – ação penal pública **condicionada à representação**, nos crimes previstos no § 3.º do art. 184.

Informações rápidas:
Duplicidade de procedimentos:
- art. 184, *caput*: ação penal privada – arts. 524 a 530 do CPP (ver exceção para art. 184, *caput*);
- art. 184, §§ 1.º, 2.º e 3.º: ação penal pública incondicionada ou condicionada – arts. 530-B a 530-H do CPP.

Assistente da acusação: admite-se para qualquer espécie de ação penal sobre direitos autorais (CPP, art. 530-H).
Competência: em regra, da **Justiça Comum Estadual**. Se houver internacionalidade da conduta e ofensa a interesse da União, suas autarquias ou empresas públicas, a competência será da **Justiça Federal**.

---

[11] HC 120.994/SP, rel. Min. Luiz Fux, 1.ª Turma, j. 29.04.2014. E também: RHC 122.127/ES, rel. Min. Rosa Weber, 1.ª Turma, j. 19.08.2014, noticiado no *Informativo* 755.
[12] AgRg no AREsp 282.676/AC, rel. Min. Marilza Maynard (Desembargadora convocada do TJ/SE), 6.ª Turma, j. 06.05.2014. E ainda: REsp 1.193.196/MG, rel. Min. Maria Thereza de Assis Moura, 3.ª Seção, j. 26.09.2012, noticiado no *Informativo* 505.

3.1.3.2. Art. 184, caput, do Código Penal

Na **modalidade simples** da violação de direito autoral, definida pelo art. 184, *caput*, do Código Penal, a ação penal é **privada**, pois somente se procede mediante queixa (CP, art. 186, inc. I).

Se, contudo, o crime for **cometido em desfavor de entidades de direito público, autarquia, empresa pública, sociedade de economia mista ou fundação instituída pelo Poder Público**, a ação penal será **pública incondicionada** (CP, art. 186, inc. III).

3.1.3.3. Art. 184, §§ 1.º e 2.º, do Código Penal

Nas **figuras qualificadas definidas pelo art. 184, §§ 1.º e 2.º**, do Código Penal, a ação penal é **pública incondicionada** (CP, art. 186, inc. II).

Essa regra almeja, precipuamente, o **combate eficaz à pirataria**, uma vez que os crimes são praticados com intuito de lucro. Se a ação penal fosse privada, ou pública condicionada, o tipo penal restaria inócuo, pois a vítima não teria capacidade para fiscalizar e acompanhar as violações dos seus direitos autorais, e, ainda, raramente poderia ser encontrada para autorizar o início da persecução penal, resultando invariavelmente no desaparecimento dos produtos falsificados e na impunidade dos seus responsáveis. Para o Superior Tribunal de Justiça:

> Para a comprovação da prática do crime de violação de direito autoral de que trata o § 2.º do art. 184 do CP, é dispensável a identificação dos produtores das mídias originais no laudo oriundo de perícia efetivada nos objetos falsificados apreendidos, sendo, de igual modo, desnecessária a inquirição das supostas vítimas para que elas confirmem eventual ofensa a seus direitos autorais. De acordo com o § 2.º do art. 184 do CP, é formalmente típica a conduta de quem, com intuito de lucro direto ou indireto, adquire e oculta cópia de obra intelectual ou fonograma reproduzido com violação do direito de autor, do direito de artista intérprete ou do direito do produtor de fonograma. Conforme o art. 530-D do CPP, deve ser realizada perícia sobre todos os bens apreendidos e elaborado laudo, que deverá integrar o inquérito policial ou o processo. O exame técnico em questão tem o objetivo de atestar a ocorrência ou não de reprodução procedida com violação de direitos autorais. Comprovada a materialidade delitiva por meio da perícia, é totalmente desnecessária a identificação e inquirição das supostas vítimas, até mesmo porque o ilícito em exame é apurado mediante ação penal pública incondicionada, nos termos do inciso II do artigo 186 do CP.[13]

3.1.3.4. Art. 184, § 3.º, do Código Penal

Nos crimes qualificados previstos no **art. 184, § 3.º**, do Código Penal, a ação penal é **pública condicionada à representação** (CP, art. 186, inc. IV). Os órgãos estatais (Polícia e Ministério Público) dependem de uma condição de procedibilidade para o regular exercício da persecução penal.

Mas, tratando-se de crime **cometido em desfavor de entidades de direito público, autarquia, empresa pública, sociedade de economia mista ou fundação instituída pelo Poder Público**, a ação penal será **pública incondicionada** (CP, art. 186, inc. III).

3.1.3.5. Disposições processuais especiais relativas aos crimes contra a propriedade intelectual

O Código de Processo Penal prevê, no Capítulo IV, Título II, do Livro II, regras especiais para o processo e julgamento dos crimes contra a propriedade imaterial, entre os quais se

---

[13] HC 191.568/SP, rel. Min. Jorge Mussi, 5.ª Turma, j. 07.02.2013, noticiado no *Informativo* 515.

encaixam os crimes contra a propriedade intelectual. Por se tratar de regras especiais, aplicam-se subsidiariamente as disposições comuns (procedimento comum) do Código de Processo Penal nas hipóteses de omissão do legislador quanto a qualquer outra questão processual.

Há **duplicidade de procedimentos**, isto é, dois ritos distintos:

(1) o previsto nos arts. 524 a 530 do Código de Processo Penal, para os crimes de ação penal privada (CPP, art. 530-A), isto é, para o delito tipificado pelo art. 184, *caput*, do Código Penal, salvo se cometido em desfavor de entidades de direito público, autarquia, empresa pública, sociedade de economia mista ou fundação instituída pelo Poder Público; e

(2) o disciplinado pelos arts. 530-B a 530-H do Código de Processo Penal, instituído pela Lei 10.695/2003, relativo aos crimes de ação penal pública incondicionada ou condicionada (CPP, art. 530-I).[14]

Vejamos cada um deles.

3.1.3.5.1. Rito processual para os crimes de ação penal privada: arts. 524 a 530 do Código de Processo Penal

Na hipótese de o crime ter deixado vestígios (*delicta facti permanentis*), a queixa não será recebida se não for instruída com o exame pericial dos objetos que constituam o corpo de delito. Diz-se que o laudo pericial homologado pelo juiz, por sua imprescindibilidade, constitui autêntica **condição de procedibilidade** da ação privada.[15] Consequentemente, nos crimes contra a propriedade intelectual que não deixam vestígios não há, logicamente, necessidade de laudo pericial.

Além disso, sem a prova de direito à ação, não será recebida a queixa, nem ordenada qualquer diligência preliminarmente requerida pelo ofendido. Deve o querelante, portanto, demonstrar seu interesse processual e sua legitimidade para a causa.

A diligência de busca ou de apreensão será realizada por dois peritos nomeados pelo juiz, que verificarão a existência de fundamento para a apreensão. O laudo pericial deverá ser apresentado dentro de 3 (três) dias após o encerramento da diligência. A medida de busca e apreensão não se sujeita ao contraditório, ou seja, quem suportou a diligência não formula quesitos aos peritos. Se o laudo for contrário à apreensão, o requerente da diligência poderá impugná-lo, e o juiz ordenará que esta se efetue, caso reconheça a improcedência das razões aduzidas pelos peritos.

Encerradas as diligências, os autos serão conclusos ao juiz para homologação do laudo. O recurso cabível contra a decisão que homologa o laudo é o de apelação. Anote-se que a ação privada não poderá ser ajuizada na hipótese de o magistrado homologar laudo desfavorável ao requerente.

Além disso, não será admitida queixa com fundamento em apreensão e em perícia, se decorrido o prazo de 30 dias, após a homologação do laudo. No caso de ter ocorrido prisão em flagrante e o agente não for colocado em liberdade, tal prazo será de 8 (oito) dias. Trata-se de **prazo decadencial**, e, se não observado, acarreta a extinção da punibilidade (CP, art. 107, inc. IV).[16] Com efeito, nos crimes que deixam vestígios o exame pericial é obrigatório, e, se

---

[14] Por tal motivo, depois das alterações promovidas pela Lei 10.695/2003, não pode mais ser aplicado o disposto pelo art. 529, parágrafo único, do Código de Processo Penal.
[15] STJ: RMS 31.050/RS, rel. Min. Og Fernandes, 6.ª Turma, j. 28.06.2011, noticiado no *Informativo* 479.
[16] Existem, todavia, entendimentos no sentido de que, se o prazo de 30 dias (ou de 8 dias, se o agente estiver preso) transcorreu *in albis*, estará caracterizada uma hipótese de perda de eficácia da providência cautelar, e não de decadência do direito de queixa. O prazo decadencial continua sendo de 6 (seis) meses, previsto pelo art. 38 do Código de Processo Penal. Vide, a propósito: MIRABETE, Julio Fabbrini. *Processo penal*. 18. ed. São Paulo: Atlas, 2007. p. 595.

tal meio de prova caduca depois do prazo legal, estará também prejudicado o exercício do direito de queixa. Confira-se, a propósito, o entendimento do Superior Tribunal de Justiça:

> Seja o Código de Processo Penal, seja o Código de Propriedade Industrial exigem, nos crimes contra a propriedade imaterial que deixam vestígio, como pressuposto à admissibilidade da queixa-crime, a prévia comprovação da materialidade e autoria do ilícito pela apreensão dos bens e realização de perícia. Em sede de crimes contra a propriedade industrial que deixam vestígios, cuja ação penal tem como condição de procedibilidade a realização de perícia, incide o prazo decadencial de trinta dias após a homologação do laudo, expresso na regra específica do artigo 529 do CPP.[17]

3.1.3.5.2. Rito processual para os crimes de ação penal pública incondicionada ou condicionada: arts. 530-B a 530-H

A autoridade policial procederá à apreensão dos bens ilicitamente produzidos ou reproduzidos, em sua totalidade, juntamente com os equipamentos, suportes e materiais que possibilitaram a sua existência, desde que estes se destinem precipuamente à prática do ilícito.

Na ocasião da apreensão será lavrado termo, assinado por 2 (duas) ou mais testemunhas, com a descrição de todos os bens apreendidos e informações sobre suas origens, o qual deverá integrar o inquérito policial ou o processo.[18]

Após a apreensão, será realizada, por perito oficial ou, na falta deste, por pessoa tecnicamente habilitada, perícia sobre os bens apreendidos e elaborado o laudo que será juntado ao inquérito policial ou à ação penal.[19] É válida a perícia efetuada por amostragem, e não em todos os objetos apreendidos, unicamente com amparo nas características exteriores do produto apreendido, e independentemente da identificação dos titulares dos direitos autorais violados. Esta é a posição consagrada na Súmula 574 do Superior Tribunal de Justiça: "Para a configuração do delito de violação de direito autoral e a comprovação de sua materialidade, é suficiente a perícia realizada por amostragem do produto apreendido, nos aspectos externos do material, e é desnecessária a identificação dos titulares dos direitos autorais violados ou daqueles que os representem".[20]

Se identificados, os titulares de direitos de autor e os que lhe são conexos serão os fiéis depositários de todos os bens apreendidos, devendo colocá-los à disposição do juiz quando do ajuizamento da ação.

Ressalvada a possibilidade de preservar o corpo de delito, o juiz poderá determinar, a requerimento da vítima, a destruição da produção ou reprodução apreendida quando não houver impugnação quanto à sua ilicitude ou quando a ação penal não puder ser iniciada por falta de determinação de quem seja o autor do ilícito.

O juiz, ao prolatar a sentença condenatória, poderá determinar a destruição dos bens ilicitamente produzidos ou reproduzidos e o perdimento dos equipamentos apreendidos, desde

---

[17] RHC 11.848/SP, rel. Min. Vicente Leal, 6.ª Turma, j. 07.02.2002.
[18] "Segundo a jurisprudência desta Corte, a circunstância de não constar no termo de busca e apreensão a assinatura de testemunhas, especificamente designadas para tal fim, conforme dispõem os arts. 245, § 7.º, e 530-C do CPP, não tem o condão de ensejar a nulidade da diligência *sub judice*, por se tratar de mera irregularidade formal" (STJ: HC 193.992/RS, rel. Min. Maria Thereza de Assis Moura, 6.ª Turma, j. 06.02.2014).
[19] "Reputou que seria suficiente a comprovação da materialidade delitiva a partir da apreensão de mídias contrafeitas, produzidas no intuito de lucro e comprovadamente falsificadas por laudo pericial. Considerou desnecessária a identificação das vítimas, uma vez que a medida não seria pressuposto do tipo penal e manteria inalterada a materialidade delitiva" (STF: RHC 122.127/ES, rel. Min. Rosa Weber, 1.ª Turma, j. 19.08.2014, noticiado no *Informativo* 755). O STJ possui igual orientação: AgRg no REsp 1.448.433/MG, rel. Min. Moura Ribeiro, 5.ª Turma, j. 03.06.2014.
[20] Esta Súmula é aplicável a todos os crimes relacionados à violação de direito autoral, pouco importando a modalidade da ação penal (pública incondicionada, pública condicionada ou privada).

que precipuamente destinados à produção e reprodução dos bens, em favor da Fazenda Nacional, que deverá destruí-los ou doá-los aos Estados, Municípios e Distrito Federal, a instituições públicas de ensino e pesquisa ou de assistência social, bem como incorporá-los, por economia ou interesse público, ao patrimônio da União, sendo que tais entes não poderão retorná-los aos canais de comércio.

As associações de titulares de direitos de autor e os que lhes são conexos poderão, em seu próprio nome, funcionar como assistente da acusação nos crimes previstos no art. 184 do Código Penal, quando praticados em detrimento de qualquer de seus associados (CPP, art. 530-H). Cuida-se de uma rara hipótese de admissibilidade do instituto da assistência no processo penal em ação penal privada.

3.1.3.5.3. Competência

A competência para processar e julgar os crimes contra a propriedade intelectual é da **Justiça Estadual**, pois a ofensa se limita a alcançar o interesse de um particular em seu direito lesado.[21]

Por outro lado, será competente a Justiça Federal quando o delito for praticado em detrimento de bens, serviços ou interesse da União ou de duas entidades autárquicas ou empresas públicas (CF, art. 109, IV), ou na hipótese de conduta revestida de **transnacionalidade**, isto é, que envolva mais de um país. Esse é o entendimento consolidado no **Tema 580 da Repercussão Geral** do Supremo Tribunal Federal: "Compete à Justiça Federal processar e julgar o crime de violação de direito autoral de caráter transnacional." Tal tese originou-se de julgado com a seguinte fundamentação:

> A competência para processar e julgar o crime de violação de direito autoral (CP/1940, art. 184, § 2.º) é da Justiça Federal quando verificada a transnacionalidade da ação criminosa (CF/1988, art. 109, V). A competência criminal da Justiça Federal prevista no mencionado dispositivo constitucional se materializa pela presença concomitante da assunção de compromisso internacional de repressão de ações delituosas envolvendo o bem jurídico, constante de tratados ou convenções internacionais, e transnacionalidade do delito, configurada quando há transposição de fronteiras, consumada ou iniciada. Ademais, a jurisprudência desta Corte firmou-se no sentido da desnecessidade de o tratado ou da convenção definirem todos os elementos do crime, diante da suficiência da previsão de compromisso na repressão de determinada conduta. Na espécie, em face do compromisso internacional assumido pela República Federativa do Brasil em proteger os direitos autorais e as obras literárias e artísticas, a imputação de fatos que se amoldam à infração penal de caráter transnacional atrai a competência da Justiça Federal para o seu processo e julgamento.[22]

Nos termos da **Súmula 122 do Superior Tribunal de Justiça** – "Compete à Justiça Federal o processo e julgamento unificado dos crimes conexos de competência federal e estadual, não se aplicando a regra do art. 78, II, a, do Código de Processo Penal" – o delito contra a propriedade intelectual ingressará na esfera federal quando conexo com crime de competência da justiça especializada.

---

[21] "A Terceira Seção do Superior Tribunal de Justiça, em diversas oportunidades, reiterou o entendimento de que ausente a demonstração da transnacionalidade do delito, a competência para processar e julgar a ação, para apuração do delito tipificado no art. 184, § 2.º, do Código Penal é da Justiça Estadual, pela ocorrência de ofensa tão somente aos interesses dos titulares dos direitos autorais, sem consubstanciar infração penal em detrimento de bens, serviços ou interesse da União ou de suas entidades autárquicas ou empresas públicas, consoante previsto no art. 109, IV, da Constituição Federal" (STJ: CC 130.595/PR, rel. Min. Rogerio Schietti Cruz, 3.ª Seção, j. 23.04.2014).

[22] RE 702.362/RS, rel. Min. Luiz Fux, Plenário, j. 18.12.2023, noticiado no *Informativo* 1121.

Finalmente, cumpre destacar que a confissão do acusado no sentido da internacionalidade do delito não é suficiente para legitimar a competência da Justiça Federal. Reclama-se prova segura da procedência estrangeira do produto. Como já decidido pelo Superior Tribunal de Justiça:

> Não comprovada a procedência estrangeira de DVDs em laudo pericial, a confissão do acusado de que teria adquirido os produtos no exterior não atrai, por si só, a competência da Justiça Federal para processar e julgar o crime de violação de direito autoral previsto no art. 184, § 2.º, do CP. (...) Nesse contexto, conforme decisões exaradas neste Tribunal, caracterizada a transnacionalidade do crime de violação de direito autoral, deve ser firmada a competência da Justiça Federal para conhecer da matéria, nos termos do art. 109, V, da CF. Contudo, caso o laudo pericial não conste a procedência estrangeira dos produtos adquiridos, a mera afirmação do acusado não é suficiente para o deslocamento da competência da Justiça Estadual para a Justiça Federal. Ademais, limitando-se a ofensa aos interesses particulares dos titulares de direitos autorais, não há que falar em competência da Justiça Federal por inexistir lesão ou ameaça a bens, serviços ou interesses da União.[23]

3.2. DOS CRIMES CONTRA O PRIVILÉGIO DE INVENÇÃO

Arts. 187 a 191 – Revogados pela Lei 9.279/1996

3.3. DOS CRIMES CONTRA AS MARCAS DE INDÚSTRIA E COMÉRCIO

Arts. 192 a 195 – Revogados pela Lei 9.279/1996

3.4. DOS CRIMES DE CONCORRÊNCIA DESLEAL

Art. 196 – Revogado pela Lei 9.279/1996

Os Capítulos II a IV do Título III da Parte Especial do Código Penal, que definiam os crimes contra o privilégio de invenção, contra as marcas de indústria e comércio e os crimes de concorrência desleal, foram revogados pelo Decreto-lei 7.903/1945 – Código da Propriedade Industrial.

No lugar dos arts. 187 a 196 do Código Penal, vigoravam os arts. 169 a 189 do Decreto-lei 7.903/1945, por força do art. 128 do anterior Código da Propriedade Industrial (Lei 5.772/1971), que expressamente declarava em vigor aquelas normas. Esses dispositivos, entretanto, deixaram de vigorar um ano após a publicação da Lei 9.279/1996, que regula os direitos e obrigações inerentes à propriedade industrial, como prescreve seu art. 224.

Atualmente, os crimes contra a propriedade industrial estão disciplinados nos arts. 183 a 195 da Lei 9.279/1996.

---

[23] CC 127.584/PR, rel. Min. Og Fernandes, 3.ª Seção, j. 12.06.2013, noticiado no *Informativo* 527.

CAPÍTULO 4
DOS CRIMES CONTRA A ORGANIZAÇÃO DO TRABALHO

4.1. INTRODUÇÃO

Os crimes relativos à liberdade ou organização do trabalho não foram, nem podiam ter sido conhecidos das antigas legislações penais, pelo menos segundo um critério sistemático. Exercido pelo escravo, que não passava de um *res* e carecia de personalidade jurídica, o trabalho humano, no Egito, na Grécia ou em Roma, não inspirava maior atenção que o serviço prestado pelas alimárias domésticas.[1]

Essa situação, entretanto, foi se alterando ao longo dos tempos.

No Brasil, o Código Penal Republicano de 1890 inseria os crimes de que ora se trata como subespécies dos crimes contra a liberdade ("crimes contra o livre gozo e exercício dos direitos individuais"), sob a epígrafe "Dos crimes contra a liberdade do trabalho". Mas o Código Penal atual preferiu destacá-los em título autônomo, sob o rótulo "Dos crimes contra a organização do trabalho".[2] Eis as razões apontadas pela Exposição de Motivos da Parte Especial do Código Penal:

> A proteção jurídica já não é concedida à *liberdade do trabalho*, propriamente, mas à *organização do trabalho*, inspirada não somente na defesa e no ajustamento dos direitos e interesses individuais em jogo, mas também, e principalmente, no sentido superior do *bem comum de todos*. Atentatória, ou não, da liberdade individual, toda ação perturbadora da ordem jurídica, no que concerne ao trabalho, é ilícita e está sujeita a sanções repressivas, sejam de direito administrativo, sejam de direito penal. Daí, o novo critério adotado pelo projeto, isto é, a trasladação dos crimes contra o trabalho, do setor dos crimes contra a liberdade individual para uma classe autônoma, sob a já referida rubrica.

E, como destaca a mesma Exposição de Motivos, não foram trazidos para a seara do ilícito penal todos os fatos contrários à organização do trabalho: "são incriminados, de regra,

---

[1] HUNGRIA, Nélson; LACERDA, Romão Côrtes de. *Comentários ao Código Penal*. 2. ed. Rio de Janeiro: Forense, 1954. v. 8, p. 14.
[2] Há quem critique esta denominação, por considerar que a expressão "organização do trabalho" revela uma ideia autoritária. Seria mais correto, portanto, falar em proteção à dignidade, liberdade, segurança e higiene do trabalho, valores históricos dos trabalhadores assalariados, além de suas reivindicações na defesa de seus interesses. Nesse sentido: ARAÚJO JÚNIOR, João Marcello de. *Dos crimes contra a ordem econômica*. São Paulo: RT, 1995. p. 91.

somente aqueles que se fazem acompanhar da *violência* ou da *fraude*. Se falta qualquer desses elementos, não passará o fato, salvo poucas exceções, de *ilícito administrativo*".

Cumpre destacar que, em sintonia com a orientação do Supremo Tribunal Federal e do Superior Tribunal de Justiça, o crime de **redução a condição análoga à de escravo**, tipificado pelo art. 149 do Código Penal, nada obstante previsto entre os crimes contra a pessoa, mais especificamente no capítulo dos crimes contra a liberdade individual, deve ser tratado como crime contra a organização do trabalho, nas hipóteses em que for praticado no **contexto das relações de trabalho, ainda que contra uma só pessoa**.[3]

4.2. FUNDAMENTO CONSTITUCIONAL

A Constituição Federal, em diversas passagens, protege direitos inerentes ao trabalho do ser humano.

No art. 6.º, elenca o trabalho como um direito social. Em seu art. 7.º, por sua vez, arrola em 34 incisos uma série de direitos dos trabalhadores urbanos e rurais, destinados à melhoria de sua condição social. O art. 8.º, por outro lado, declara a liberdade de associação profissional ou sindical dos trabalhadores, e, além disso, o art. 9.º assegura o direito de greve, competindo aos trabalhadores decidir sobre a oportunidade de exercê-lo e sobre os interesses que devem por meio dele defender.

Esses dispositivos constitucionais legitimam a incriminação, nos arts. 197 a 207 do Código Penal, das condutas atentatórias à organização do trabalho.

4.3. COMPETÊNCIA

Nos termos do art. 109, inciso VI, da Constituição Federal, a **Justiça Federal** é competente para processar e julgar os crimes contra a organização do trabalho. Essa competência já havia sido prevista no art. 10, inciso VII, da Lei 5.010/1996, responsável pela organização da Justiça Federal em primeira instância.

Entretanto, é pacífico no Supremo Tribunal Federal o entendimento no sentido de que são da competência da Justiça Federal somente os crimes que ofendem o sistema de órgãos e instituições que preservam, coletivamente, os direitos e deveres dos trabalhadores, e também o homem trabalhador, atingindo-o nas esferas em que a Constituição lhe confere proteção máxima, desde que praticados no contexto de relações de trabalho. Cabe à Justiça Federal, em síntese, "julgar os crimes que ofendam o sistema de órgãos e institutos destinados a preservar, coletivamente, os direitos e deveres dos trabalhadores".[4]

Consequentemente, a competência será da Justiça Estadual quando a conduta criminosa atingir um trabalhador ou um grupo de trabalhadores tão somente na esfera de sua liberdade individual.[5]

---

[3] Nesse sentido: STF: RE 398.041/PA, rel. Min. Joaquim Barbosa, Pleno, j. 30.11.2006; e RE 541.627/PA, rel. Min. Ellen Gracie, 2.ª Turma, j. 14.10.2008, noticiado no *Informativo* 524. No STJ: CC 95.707/TO, rel. Min. Maria Thereza de Assis Moura, 3.ª Seção, j. 11.02.2009, noticiado no *Informativo* 383.

[4] STF: RE 588.332/SP, rel. Min. Ellen Gracie, 2.ª Turma, j. 31.03.2009, noticiado no *Informativo* 541. É também a posição a que se filia o Superior Tribunal de Justiça: "Os crimes contra a organização do trabalho devem ser julgados na Justiça Federal somente se demonstrada lesão a direito dos trabalhadores coletivamente considerados ou à organização geral do trabalho. O crime de sabotagem industrial previsto no art. 202 do CP, apesar de estar no Título IV, que trata dos crimes contra a organização do trabalho, deve ser julgado pela Justiça estadual se atingir apenas bens particulares sem repercussão no interesse da coletividade" (CC 123.714/MS, rel. Min. Marilza Maynard (Desembargadora convocada do TJ-SE), 3.ª Seção, j. 24.10.2012, noticiado no *Informativo* 507).

[5] "Não havendo lesão ao direito dos trabalhadores de forma coletiva ou ofensa aos órgãos e institutos que os preservam, apurando-se somente a frustração de direitos trabalhistas de trabalhadores específicos, e, portanto, em âmbito individual, não há falar em competência da Justiça Federal. A competência da Justiça Federal não alcança os delitos que atingem somente direitos individuais de determinado grupo de trabalhadores (e não a categoria como um todo), como é o caso dos autos, em que a suposta conduta delituosa restringiu-se a um grupo

Anote-se que a Constituição Federal não confere competência criminal à Justiça do Trabalho, nem mesmo para os crimes contra a organização do trabalho. Como já decidido pelo Supremo Tribunal Federal:

> COMPETÊNCIA CRIMINAL. Justiça do Trabalho. Ações penais. Processo e julgamento. Jurisdição penal genérica. Inexistência. Interpretação conforme dada ao art. 114, incs. I, IV e IX, da CF, acrescidos pela EC n.º 45/2004. Ação direta de inconstitucionalidade. Liminar deferida com efeitos *ex tunc*. O disposto no art. 114, incs. I, IV e IX, da Constituição da República, acrescidos pela Emenda Constitucional n.º 45, não atribui à Justiça do Trabalho competência para processar e julgar ações penais.[6]

4.4. ART. 197 – ATENTADO CONTRA A LIBERDADE DE TRABALHO
4.4.1. Dispositivo legal

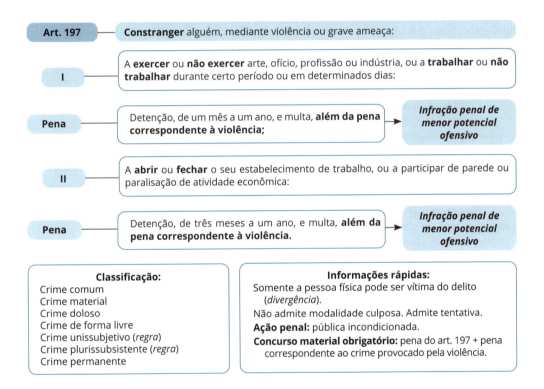

4.4.2. Objetividade jurídica

É a liberdade de trabalho assegurada pela Constituição Federal a qualquer pessoa.

---

de funcionários de uma única empresa de transporte coletivo que seriam filiados à entidade sindical representante da categoria" (STJ: CC 118.436/SP, rel. Min. Alderita Ramos de Oliveira (Desembargadora convocada do TJ/PE), 3.ª Seção, j. 22.05.2013).
[6] STF: ADI-MC 3.684/DF, rel. Min. Cezar Peluso, Pleno, j. 1.º.02.2007, noticiado no *Informativo* 454.

4.4.3. Objeto material

É a pessoa que suporta a conduta criminosa.

4.4.4. Núcleo do tipo

O núcleo do tipo é **"constranger"**, isto é, obrigar alguém a fazer ou deixar de fazer algo contra sua vontade, retirando sua liberdade de autodeterminação. Constitui-se, por este motivo, em um crime de constrangimento ilegal especialmente considerado quando lesivo da liberdade de trabalho.

Os meios de execução são a violência e a grave ameaça.

Violência (*vis absoluta*) é o emprego de força física para superar uma resistência, aplicado sobre a pessoa para cercear-lhe a faculdade de comportar-se de acordo com sua própria vontade. Não é necessário que seja irresistível: basta que funcione como eficiente meio de coação.

Ameaça (*vis compulsiva*) é a violência moral, a intimidação (por palavras, escritos, gestos ou meios simbólicos) da intenção de causar a alguém, direta ou indiretamente, no momento atual ou em futuro próximo, um mal relevante. A lei menciona a **grave ameaça**, isto é, promessa de provocação de grave dano, que deve ser idônea a incutir temor na vítima, e possível de realização. Prescinde-se da **injustiça** do mal prometido (ao contrário do que se dá no crime tipificado pelo art. 147 do Código Penal): o sujeito pode ter a faculdade ou até mesmo o dever jurídico de produzir o mal (exemplo: notícia envolvendo crime de ação penal pública), mas não pode valer-se de uma ou de outro para conseguir de outrem uma ação ou omissão não legalmente exigível.

A ameaça não depende da presença do ameaçado: pode ser realizada mediante recado ou por escrito. Divide-se também em **direta** ou **indireta**, verificando-se esta última quando o mal prometido é endereçado a terceira pessoa, em relação ao qual o coagido encontra-se ligado por laços de parentesco ou de amizade.

Diversamente do que ocorre no crime de constrangimento ilegal (CP, art. 146), a lei não utiliza a expressão "ou depois de lhe haver reduzido, por qualquer outro meio, a capacidade de resistência". A violência imprópria ou meio sub-reptício, portanto, não caracteriza o crime tipificado pelo art. 197 do Código Penal.

Com o emprego da violência ou da grave ameaça, busca o agente constranger o ofendido a uma dentre as quatro situações definidas pelo art. 197 do Código Penal, em seus incisos I e II. Vejamos cada uma delas.

4.4.4.1. Exercer ou não exercer arte, ofício, profissão ou indústria: inciso I, 1.ª parte

O verbo **"exercer"** (desempenhar ou praticar) liga-se à habitualidade em relação à arte, ofício, profissão ou indústria, abrangendo, destarte, todas as formas de atividade econômica.

Todavia, o Código Penal disciplina somente as atividades exercidas por **particulares**, pois há regras específicas para as hipóteses em que são ofendidas funções públicas (exemplo: art. 197 da Lei 8.069/1990 – Estatuto da Criança e do Adolescente). Essas atividades devem ser **lícitas**, pois, se ilícitas, não estará caracterizado o crime contra a organização do trabalho.

Arte é qualquer forma de atividade econômica que depende de técnica ou especial habilidade manual. Exemplo: restaurador de obras de arte.

Ofício é qualquer ocupação remunerada e habitual, consistente na prestação de serviços manuais. Exemplo: pedreiro.

Profissão é toda e qualquer espécie de atividade, material ou intelectual, desempenhada habitualmente com intuito de lucro. Compreende o comércio e as profissões liberais (exemplos: advogados, médicos, dentistas etc.).

Indústria, finalmente, é a atividade econômica destinada à transformação de produtos orgânicos ou inorgânicos, visando adequá-los às necessidades humanas. Exemplo: reciclagem de plásticos e papéis em geral.

4.4.4.2. Trabalhar ou não trabalhar durante certo período ou em determinados dias: inciso I, 2.ª parte

O verbo "**trabalhar**" também é indicativo de habitualidade. A lei fala expressamente em "durante certo período" (exemplo: durante uma semana) ou "em determinados dias" (exemplo: somente as terças e quintas-feiras).

4.4.4.3. Abrir ou fechar o seu estabelecimento de trabalho: inciso II, 1.ª parte

O **estabelecimento de trabalho** pode ser industrial, comercial ou agrícola. É qualquer local, fechado ou aberto, em que alguém desempenha atividade econômica (fábrica, oficina, fazendas, escritórios comerciais, usinas etc.).

Tanto faz seja o constrangimento destinado a abrir ou fechar o estabelecimento comercial. Na primeira hipótese ("abrir"), o estabelecimento pode ter sido fechado pelo respectivo dono por um motivo qualquer: desistência em continuar na atividade explorada, conserto de máquinas, *lock-out* (suspensão de trabalho pelos empregadores) etc. Na segunda hipótese ("fechar"), busca-se com o fechamento do estabelecimento de trabalho a cessação ou interrupção da sua atividade ou funcionamento. Pouco importa o móvel do crime (exemplos: livrar-se de um concorrente, represália pessoal etc.).

4.4.4.4. Participar de parede ou paralisação de atividade econômica: inciso II, 2.ª parte

Parede é o abandono coletivo do trabalho por parte de algum estabelecimento ou empresa industrial, comercial ou agrícola. Utilizou-se este termo para evitar a palavra "greve",[7] pois o fim imediato da coação é forçar o sujeito passivo à "participação da parede".

O direito de greve[8] é disciplinado pela Lei 7.783/1989. A paralisação deve ser **pacífica**, vedando-se o uso de qualquer tipo de constrangimento pelos grevistas para convencerem outras pessoas a juntarem-se ao movimento. Consequentemente, é punível a conduta consistente em cercear, com violência o ou grave ameaça, a liberdade de trabalho.

Não se confunde o emprego de violência para a participação de parede (crime que ora se trata) com a participação voluntária em parede seguida de violência (CP, art. 200).

Paralisação de atividade econômica, por sua vez, é a cessação temporária ou definitiva. Pressupõe-se que seja a atividade econômica desempenhada por uma pluralidade de pessoas, pois do contrário não se poderia falar em "participação", que implica coatividade.

4.4.5. Sujeito ativo

Qualquer pessoa (**crime comum**).

4.4.6. Sujeito passivo

Pode ser qualquer pessoa, desde que na condição de trabalhador, seja patrão ou empregado.

---

[7] A palavra "greve", com que os franceses designam o abandono coletivo de trabalho, origina-se do ato pelo qual outrora os operários parisienses sem trabalho costumavam reunir-se na praça de *Grève*, à espera de que alguém os fosse ajustar (HUNGRIA, Nélson; LACERDA, Romão Côrtes de. *Comentários ao Código Penal*. 2. ed. Rio de Janeiro: Forense, 1954. v. 8, p. 33).

[8] Para Renato Saraiva, "greve é a paralisação coletiva e temporária do trabalho a fim de obter, pela pressão exercida em função do movimento, as reivindicações da categoria, ou mesmo a fixação de melhores condições de trabalho" (SARAIVA, Renato. *Direito do Trabalho*. 10. ed. São Paulo: Método, 2009. p. 395).

Prevalece o entendimento de que somente a pessoa física pode ser vítima do delito, uma vez que o art. 197 do Código Penal elenca em seus incisos I e II situações inerentes às pessoas humanas. Nada obstante, Magalhães Noronha sustenta que o pronome indefinido **"alguém"**, previsto no *caput*, pode compreender a pessoa jurídica, malgrado admita que o constrangimento há de recair sobre a pessoa física que a representa.[9]

4.4.7. Elemento subjetivo

É o dolo, independentemente de qualquer finalidade específica. Não se admite a modalidade culposa.

4.4.8. Consumação

Em qualquer das suas modalidades, o crime se consuma quando o agente produz o resultado mencionado pela lei, isto é, quando a pessoa efetivamente constrange alguém, com emprego de violência ou grave ameaça:

(1) a exercer ou não exercer arte, ofício, profissão ou indústria;

(2) a trabalhar ou não trabalhar durante certo período ou em determinados dias;

(3) a abrir ou fechar o seu estabelecimento de trabalho; ou

(4) a participar de parede ou paralisação de atividade econômica.

Trata-se, sempre, de **crime permanente**: a consumação se prolonga no tempo, por vontade do agente. Será possível a prisão em flagrante enquanto subsistir a conduta criminosa.

4.4.9. Tentativa

É possível.

4.4.10. Ação penal

A ação penal é pública incondicionada, em todas as espécies do crime.

4.4.11. Lei 9.099/1995

No inciso I, a pena é de detenção, de 1 (um) mês a 1 (um) ano, e multa; no inciso II, a pena é de detenção, de 3 (três) meses a 1 (um) ano. Em qualquer caso, o crime é definido como **infração penal de menor potencial ofensivo**, compatível com a transação penal, com a suspensão condicional do processo e com o rito sumaríssimo, na forma prevista na Lei 9.099/1995.

4.4.12. Concurso material obrigatório

Em ambos os incisos do art. 197 do Código Penal, o agente suporta a pena cominada ao atentado contra a liberdade de trabalho, sem prejuízo da pena correspondente ao crime provocado pela violência (homicídio, lesão corporal etc.). É o que ocorre, exemplificativamente, quando o emprego de força física sobre a vítima nela também produz lesões corporais de qualquer natureza.

---

[9] MAGALHÃES NORONHA, Edgard. *Direito penal*. 22. ed. São Paulo: Saraiva, 1995. v. 3, p. 49.

4.4.13. Classificação doutrinária

O crime é **comum** (pode ser praticado por qualquer pessoa); **material** (depende da produção do resultado naturalístico, qual seja o efetivo atentado à liberdade de trabalho); **doloso**; **de forma livre** (admite qualquer meio de execução); **unissubjetivo, unilateral ou de concurso eventual** (pode ser cometido por uma só pessoa, mas admite o concurso); em regra **plurissubsistente** (a conduta criminosa pode ser fracionada em diversos atos); e **permanente** (a consumação se prolonga no tempo, por vontade do agente).

4.5. ART. 198 – ATENTADO CONTRA A LIBERDADE DE CONTRATO DE TRABALHO E BOICOTAGEM VIOLENTA

4.5.1. Dispositivo legal

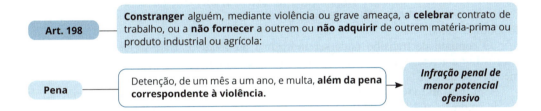

Classificação:
Crimes comuns
Crimes materiais
Crimes dolosos
Crimes de forma livre
Crimes unissubjetivos
Crimes plurissubsistentes (*regra*)
Crime instantâneo (atentado contra a liberdade de contrato de trabalho)
Crime permanente (boicotagem violenta)

Informações rápidas:
Abrange **dois crimes**: atentado contra a liberdade de trabalho e boicotagem violenta.
Norma penal em branco homogênea: o conceito de contrato de trabalho, individual e coletivo, encontra-se na CLT.
As pessoas forçadas à boicotagem contra outrem não são agentes, mas instrumentos passivos e vítimas do crime.
Não se admite a modalidade culposa.
Admite tentativa.
Ação penal: pública incondicionada.
Concurso material obrigatório: pena do art. 198 + pena correspondente ao crime provocado pela violência.

4.5.2. Introdução

O art. 198 do Código Penal contempla dois crimes distintos: **atentado contra a liberdade de trabalho** (1.ª parte) e **boicotagem violenta** (2.ª parte). Em qualquer caso, a pena é de detenção, de 1 (um) mês a 1 (um) ano, além da pena correspondente à violência.

4.5.3. Objetividade jurídica

É a liberdade de trabalho.

4.5.4. Objeto material

É a pessoa sobre a qual recai a conduta criminosa.

4.5.5. Núcleo do tipo

O núcleo do tipo é **"constranger"**. E também com violência ou grave ameaça. Vale, portanto, o que foi dito no tocante ao crime de atentado contra a liberdade de trabalho, tipificado pelo art. 197 do Código Penal (item 4.4).

Em seguida ao constrangimento, despontam os dois crimes distintos: atentado contra a liberdade de celebrar contrato de trabalho (1.ª parte) e boicotagem violenta (2.ª parte). Analisemos em separado cada um dos delitos.

4.5.5.1. Atentado contra a liberdade de contrato de trabalho: 1.ª parte

Nota-se inicialmente que a lei omitiu as palavras "ou não", depois do verbo "celebrar", em que pese serem de igual gravidade o constrangimento tanto para celebrar como para não celebrar contrato de trabalho. Como, contudo, não se admite a analogia *in malam partem* no Direito Penal, o constrangimento para **não celebrar** contrato de trabalho somente poderá ser enquadrado no art. 197, inciso I, ou no art. 203 (frustração de direito assegurado por lei trabalhista), ou no art. 146 (constrangimento ilegal), todos do Código Penal.

O contrato de trabalho pode ser individual ou coletivo. Trata-se de **norma penal em branco homogênea**, uma vez que o conceito de contrato de trabalho, individual e coletivo, encontra-se na CLT – Consolidação das Leis do Trabalho.

Contrato individual de trabalho é o "acordo tácito ou expresso, correspondente à relação de emprego" (CLT, art. 442). De outro lado, **contrato coletivo de trabalho** é o "acordo de caráter normativo, pelo qual dois ou mais sindicatos representativos de categorias econômicas e profissionais estipulam condições de trabalho aplicáveis, no âmbito das respectivas representações, às relações individuais de trabalho" (CLT, art. 611).

Qualquer das espécies de contrato de trabalho (individual ou coletivo) pode ensejar o crime em análise.

4.5.5.2. Boicotagem violenta: 2.ª parte

A palavra "boicotagem" vem do nome de um administrador agrícola, na Irlanda, James Boycott, com quem os camponeses e fornecedores da região romperam relações (forçando-o a emigrar para a América), em represália à sua atuação vexatória. Trata-se de uma espécie de *ostracismo econômico*: a pessoa atingida pela boicotagem é posta à margem do círculo econômico a que pertence, vendo-se na contingência de cessar sua atividade, porque ninguém lhe fornece os elementos indispensáveis a ela, nem lhe adquire os produtos. O fato é lesivo da normalidade econômica, mas a lei penal somente o incrimina quando intervém violência, física ou moral, quer contra os possíveis fornecedores ou adquirentes, quer contra o próprio boicotado. As pessoas forçadas à boicotagem contra outrem não são agentes, mas *instrumentos passivos* e vítimas do crime.[10]

O não fornecimento ou não aquisição dizem respeito à matéria-prima ou ao produto industrial ou agrícola. **Fornecer** é abastecer ou prover; **adquirir** equivale à conduta de comprar, obter ou conseguir.

Matéria-prima é a substância fundamental, orgânica ou inorgânica, da qual se faz ou se fabrica alguma coisa. Exemplos: minerais e vegetais.

Produtos industriais são os resultados do trabalho manual ou mecânico. Exemplos: aparelhos, veículos, máquinas em geral etc.

---

[10] HUNGRIA, Nélson; LACERDA, Romão Côrtes de. *Comentários ao Código Penal*. 2. ed. Rio de Janeiro: Forense, 1954. v. 8, p. 37.

Produtos agrícolas, por sua vez, são os concebidos pela indústria agrícola. Exemplos: silvicultura, agricultura, pecuária etc.

É irrelevante que sejam as matérias-primas ou produtos industriais ou agrícolas nacionais ou estrangeiros. Também não importa o título assumido pelo fornecimento ou aquisição (alienação, doação, aluguel, compra e venda com reserva de domínio etc.).

4.5.6. Sujeito ativo

Pode ser qualquer pessoa (**crime comum**).

4.5.7. Sujeito passivo

Qualquer pessoa. O constrangimento contra mais de uma pessoa caracteriza crime único, salvo quanto aos resultados ocasionados pela violência, que constituem tantos crimes quantos são os ofendidos.

4.5.8. Elemento subjetivo

É o dolo, sem nenhuma finalidade específica. É indiferente o motivo que leva o sujeito a agir: represália, hostilidade econômica, concorrência desleal etc. Se a finalidade almejada, contudo, é extorquir dinheiro ou qualquer outra vantagem econômica, estará tipificado o crime definido pelo art. 158 do Código Penal.

Desaparece o crime quando há **justa causa** na conduta, tal como quando o sujeito busca impedir o sucesso de um contrabandista ou de uma indústria ilícita. Subsiste, porém, a punibilidade pela violência empregada contra a vítima.

Não se admite a modalidade culposa.

4.5.9. Consumação

O crime de **atentado contra a liberdade de trabalho** consuma-se com a efetiva celebração do contrato de trabalho (**crime material**). O crime é **instantâneo**. É irrelevante que se trate de contrato inicial, ou renovação ou alteração de contrato.

No contrato verbal ou por adesão, o momento consumativo é aquele em que o ofendido se oferece ao trabalho. A anulação ulterior do contrato de trabalho pela coação não afasta o delito.

No crime de **boicotagem violenta**, dá-se a consumação com a abstenção do fornecimento ou aquisição de matéria-prima, produto industrial ou agrícola (**crime material**). Cuida-se de **crime permanente**, pois seus efeitos prolongam-se no tempo, enquanto perdurar a recusa no fornecimento ou na aquisição.

4.5.10. Tentativa

É possível, qualquer que seja o crime.

4.5.11. Ação penal

A ação penal é pública incondicionada, tanto no atentado contra a liberdade de contrato de trabalho como na boicotagem violenta.

4.5.12. Lei 9.099/1995

A pena máxima cominada em abstrato (detenção de 1 ano) classifica os crimes tipificados pelo art. 198 do Código Penal como **infrações penais de menor potencial ofensivo**, compatíveis com a transação penal, com a suspensão condicional do processo e com o rito sumaríssimo, na forma prevista na Lei 9.099/1995.

4.5.13. Concurso material obrigatório

Em qualquer dos crimes – atentado contra a liberdade de contrato de trabalho ou boicotagem violenta – o sujeito responde pelo crime tipificado pelo art. 198 do Código Penal, além da pena correspondente à violência (homicídio, lesão corporal etc.).

4.5.14. Classificação doutrinária

Os crimes de atentado contra a liberdade de contrato de trabalho e boicotagem violenta são **comuns** (podem ser cometidos por qualquer pessoa); **materiais** (dependem da produção do resultado naturalístico, qual seja, a efetiva celebração do contrato de trabalho ou a recusa no fornecimento ou na aquisição de matéria-prima, produto agrícola ou industrial); **dolosos**; **de forma livre** (comportam qualquer meio de execução); **unissubjetivos, unilaterais ou de concurso eventual** (podem ser praticados por uma só pessoa, mas admitem o concurso); em regra **plurissubsistentes** (as condutas criminosas podem ser fracionadas em diversos atos); e **instantâneo** (atentado contra a liberdade de contrato de trabalho) ou **permanente** (boicotagem violenta).

4.6. ART. 199 – ATENTADO CONTRA A LIBERDADE DE ASSOCIAÇÃO

4.6.1. Dispositivo legal

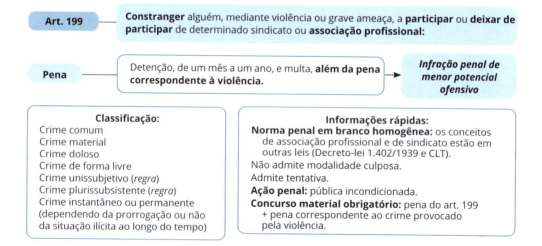

4.6.2. Objetividade jurídica

A lei penal protege a liberdade de associação constitucionalmente assegurada a todas as pessoas. Com efeito, "é plena a liberdade de associação para fins lícitos" (CF, art. 5.º, inc. XVII), e "ninguém será obrigado a filiar-se ou a manter-se filiado a sindicato" (CF, art. 8.º, inc. V).

A liberdade sindical e de associação representam um dos pressupostos de um Estado Democrático de Direito. Pelos termos do art. 199 do Código Penal, a tutela penal abrange as diversas modalidades de associações e sindicatos, pois o que protege é exatamente a liberdade associativa.[11]

4.6.3. Objeto material

É a pessoa sobre a qual incide a conduta criminosa.

4.6.4. Núcleo do tipo

O núcleo do tipo é **"constranger"**.[12]

O constrangimento, contudo, deve ser praticado visando um objetivo expressamente previsto em lei: forçar ou fazer o ofendido participar ou deixar de participar de **determinado** sindicato ou associação profissional. Conclui-se, pois, que o constrangimento a participar ou não participar, genericamente, de qualquer sindicato ou associação profissional não configura o crime em análise, mas sim o delito de constrangimento ilegal (CP, art. 146).

Participar é associar-se, isto é, tomar parte de algo. O constrangimento, mediante violência ou grave ameaça, destina-se a forçar alguém a filiar-se (ação) ou não se filiar (omissão) a um sindicato ou associação profissional.

O art. 199 do Código Penal pode ser classificado como **norma penal em branco homogênea**. O intérprete precisa socorrer-se de outra lei para encontrar os conceitos de associação profissional e de sindicato. E, nesse contexto, a associação profissional pode ser definida como gênero da qual o sindicato é espécie.

Com efeito, **associação profissional** é a união ou agrupamento de pessoas que se destina à defesa, estudo ou coordenação dos interesses profissionais que constituem ou integram a respectiva entidade associativa (Decreto-lei 1.402/1939, art. 1.º, e CLT, art. 511); **sindicato**, de outro lado, é associação profissional reconhecida pelo Poder Público como legítima representante da classe de sindicalizados (Decreto-lei 1.402/1939, art. 50, e CLT, art. 561). Nas palavras de Mauricio Godinho Delgado:

> Sindicatos são entidades associativas permanentes, que representam trabalhadores vinculados por laços profissionais e laboratoriais comuns, visando tratar de problemas coletivos das respectivas bases representadas, defendendo seus interesses trabalhistas e conexos, com o objetivo de lhes alcançar melhor condições de labor e vida.[13]

Anote-se que o crime de atentado contra a liberdade de associação foi tratado no Título IV da Parte Especial do Código Penal, ou seja, entre os crimes contra a organização do trabalho. Consequentemente, não se protegem direitos individuais do empregado ou do empregador. De fato, a lei resguarda unicamente o trabalho enquanto instituto de interesse coletivo, razão pela qual somente estará tipificado o crime em apreço quando restar provado o perigo à existência ou ao funcionamento do sindicato ou da associação profissional.

4.6.5. Sujeito ativo

Pode ser qualquer pessoa, inclusive os membros ou integrantes de sindicato ou associação (**crime comum**).

---

[11] BITENCOURT, Cezar Roberto. *Tratado de direito penal*. Parte especial. 4. ed. São Paulo: Saraiva, 2008. v. 3, p. 373.
[12] Remetemos o leitor, para o estudo aprofundado do núcleo do tipo, ao crime de atentado contra a liberdade de trabalho (art. 197, item 4.4.).
[13] DELGADO, Mauricio Godinho. *Curso de direito do trabalho*. 6. ed. São Paulo: LTR, 2007. p. 1.325.

4.6.6. Sujeito passivo

Qualquer pessoa, desde que seja trabalhador ou profissional apto a integrar algum sindicato ou associação de classe.

Na conduta "deixar de participar", o ofendido somente pode ser um membro ou integrante de associação ou sindicato, que seja constrangido a abandoná-lo.

4.6.7. Elemento subjetivo

É o dolo. Não se exige nenhuma finalidade específica, e não se admite a modalidade culposa.

4.6.8. Consumação

Trata-se de **crime material**. Verifica-se a consumação quando o sujeito ativo, após empregar violência ou grave ameaça contra a vítima, força sua participação ou não participação em determinado sindicato ou associação profissional. O crime pode ser **instantâneo ou permanente**, conforme seja a vítima compelida a permanecer ao longo do tempo associada ou não associada em entidade representativa de classe.

4.6.9. Tentativa

É possível.

4.6.10. Ação penal

A ação penal é pública incondicionada.

4.6.11. Lei 9.099/1995

A pena máxima cominada em abstrato (detenção de 1 ano) autoriza a inserção do atentado contra a liberdade de associação entre as **infrações penais de menor potencial ofensivo**, compatível com a transação penal, com a suspensão condicional do processo e com o rito sumaríssimo, na forma prevista na Lei 9.099/1995.

4.6.12. Concurso material obrigatório

No crime de atentado contra a liberdade de associação, deve ser também imputada ao agente a pena correspondente à violência (homicídio, lesão corporal etc.).

4.6.13. Classificação doutrinária

Cuida-se de crime **comum** (pode ser praticado por qualquer pessoa); **material** (depende da produção do resultado naturalístico, qual seja o efetivo atentado à liberdade de associação); **doloso**; **de forma livre** (admite qualquer meio de execução); **unissubjetivo, unilateral ou de concurso eventual** (pode ser cometido por uma só pessoa, mas admite o concurso); em regra **plurissubsistente** (a conduta criminosa pode ser fracionada em diversos atos); e **instantâneo** ou **permanente** (dependendo da prorrogação ou não da situação ilícita ao longo do tempo).

4.7. ART. 200 – PARALISAÇÃO DE TRABALHO, SEGUIDA DE VIOLÊNCIA OU PERTURBAÇÃO DA ORDEM

4.7.1. Dispositivo legal

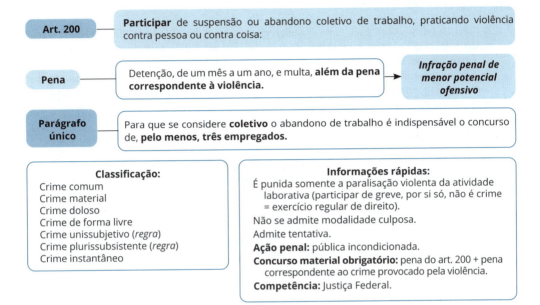

4.7.2. Objetividade jurídica

É a liberdade de trabalho.

4.7.3. Objeto material

É a pessoa ou a coisa que suporta a violência.

4.7.4. Núcleo do tipo

O núcleo do tipo é **"participar"**, ou seja, associar-se, tomar parte de algo. É imprescindível uma pluralidade de pessoas, pois o parágrafo único do art. 200 do Código Penal estatui que "para que se considere coletivo o abandono de trabalho é indispensável o concurso de, pelo menos, três empregados".

O agente deve participar da suspensão ou abandono coletivo de trabalho, praticando violência contra pessoa (exemplo: ferindo pessoas) ou coisa (exemplo: destruindo objetos pertencentes à empresa empregadora). A lei incrimina somente a paralisação violenta da atividade laborativa. Fica claro, pois, que participar de greve, por si só, não é crime. Aquele que assim se comporta atua no exercício regular de direito, disciplinado pela Lei 7.783/1989, que assim dispõe em seu art. 2.º: "considera-se legítimo exercício do direito de greve a suspensão coletiva, temporária e pacífica, total ou parcial, de prestação pessoal de serviços a empregador".

Suspensão de trabalho é o *lockout*, a greve patronal, é dizer, o abandono do trabalho pelos empregadores. **Abandono coletivo de trabalho**, por seu turno, é a greve, ou seja, o abandono do trabalho pelos empregados. Pouco importa, para fins da tipificação do delito, seja a greve lícita ou ilícita. Basta a intervenção de alguém mediante violência contra pessoa ou coisa, pois em nenhuma hipótese os meios adotados por empregados e empregadores poderão violar ou constranger os direitos e garantias fundamentais de outrem. Além disso, as manifestações e atos de persuasão utilizados pelos grevistas não poderão impedir o acesso ao trabalho nem causar ameaça ou dano à propriedade ou pessoa (Lei 7.783/1989, art. 6.º, §§ 1.º e 3.º). Confira-se, a propósito, a lúcida lição de Nélson Hungria:

> A violência (*vis physica*), aqui, tanto é a empregada contra a pessoa como a dirigida contra a coisa, e não para coagir alguém a participar da greve ou *lockout* (crime previsto no art. 197, II), mas, no curso, de uma ou outro, para tornar mais eficiente a pressão, evitar a intervenção conciliatória de terceiros (autoridades ou não), ou por mero espírito de brutalidade ou vandalismo, ou para demonstrar superioridade ou intransigência, ou pela propensão a excessos de quem faz parte da multidão excitada etc.[14]

4.7.5. Sujeito ativo

No caso de **abandono de trabalho**, figuram como sujeitos ativos os empregados que, participando da greve, praticam o ato violento ou para ele concorrem. É indispensável o concurso de ao menos três empregados para que se considere coletivo o abandono de trabalho, nos termos do art. 200, parágrafo único, do Código Penal. Mas, nada obstante esta regra, não se trata de crime de concurso necessário, isto é, aquele que somente pode ser praticado por mais de uma pessoa. O que pretende o legislador com esta norma explicativa é proporcionar um adequado entendimento do tipo, evidenciando que o abandono coletivo necessita ocorrer com, no mínimo, três empregados agrupados.[15]

De fato, é suficiente que um só agente se valha de violência contra pessoa ou coisa, desde que ao movimento de que participa tenham aderido no mínimo outras duas pessoas.

Por outro lado, na **suspensão de trabalho** (*lockout*), os empregadores são os sujeitos ativos. A lei não exige o número mínimo de três pessoas. Contudo, o verbo **"participar"** exige a pluralidade de pessoas, sendo suficiente a presença de um só empregador (exemplo: um empregador e dois empregados).

4.7.6. Sujeito passivo

Pode ser qualquer pessoa física, no tocante à violência contra a pessoa, e também a pessoa jurídica, relativamente aos danos a ela causados.

4.7.7. Elemento subjetivo

É o dolo. Não se reclama nenhuma finalidade específica, e também não se admite a modalidade culposa.

4.7.8. Consumação

O crime se consuma com a prática, pelo empregador ou pelo empregado, durante o *lockout* ou greve, de ato violento contra pessoa ou coisa.

4.7.9. Tentativa

É possível.

---

[14] HUNGRIA, Nélson; LACERDA, Romão Côrtes de. *Comentários ao Código Penal*. 2. ed. Rio de Janeiro: Forense, 1954. v. 8, p. 39-40.

[15] NUCCI, Guilherme de Souza. *Código Penal comentado*. 8. ed. São Paulo: RT, 2008. p. 839.

4.7.10. Ação penal

A ação penal é pública incondicionada.

4.7.11. Lei 9.099/1995

A pena máxima cominada em abstrato (detenção de 1 ano) autoriza a colocação do crime tipificado pelo art. 200 do Código Penal entre as **infrações penais de menor potencial ofensivo**. É compatível, portanto, com a transação penal, com a suspensão condicional do processo e com o rito sumaríssimo, na forma prevista na Lei 9.099/1995.

4.7.12. Concurso material obrigatório

No crime de paralisação de trabalho, seguida de violência ou perturbação da ordem, deve ser também imputada ao agente a pena correspondente à violência, empregada contra pessoa ou coisa (homicídio, lesão corporal, dano etc.).

4.7.13. Competência

Será sempre da **Justiça Federal**, nos termos do art. 109, inciso VI, da Constituição Federal, uma vez que a suspensão ou abandono de trabalho são coletivos.

4.7.14. Classificação doutrinária

O crime é **comum** (pode ser praticado por qualquer pessoa, desde que empregador ou empregado); **material** (depende da produção do resultado naturalístico, qual seja lesão à integridade física ou destruição do patrimônio alheio); **doloso**; **de forma livre** (admite qualquer meio de execução); **unissubjetivo, unilateral ou de concurso eventual** (pode ser cometido por uma só pessoa, mas admite o concurso); em regra **plurissubsistente** (a conduta criminosa pode ser fracionada em diversos atos); e **instantâneo** (consuma-se em um momento determinado, sem continuidade no tempo).

4.8. ART. 201 – PARALISAÇÃO DE TRABALHO DE INTERESSE COLETIVO

4.8.1. Dispositivo legal

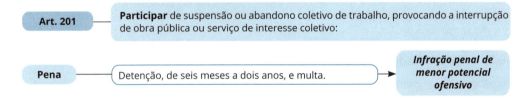

Art. 201 — Participar de suspensão ou abandono coletivo de trabalho, provocando a interrupção de obra pública ou serviço de interesse coletivo:

Pena — Detenção, de seis meses a dois anos, e multa. → *Infração penal de menor potencial ofensivo*

Classificação:
Crime comum
Crime material
Crime doloso
Crime de forma livre
Crime plurissubjetivo (*regra*)
Crime plurissubsistente (*regra*)
Crime vago
Crime instantâneo

Informações rápidas:
Não há crime no exercício pacífico do direito de greve constitucionalmente consagrado.
Sujeito passivo: coletividade (crime vago).
Não se admite modalidade culposa.
Admite tentativa.
Ação penal: pública incondicionada.
Competência: Justiça Federal.

4.8.2. Introdução

Em conformidade com o art. 9.º da Constituição Federal:

> **Art. 9.º** É assegurado o direito de greve, competindo aos trabalhadores decidir sobre a oportunidade de exercê-lo e sobre os interesses que devam por meio dele defender.
> **§ 1.º** A lei definirá os serviços ou atividades essenciais e disporá sobre o atendimento das necessidades inadiáveis da comunidade.
> **§ 2.º** Os abusos cometidos sujeitam os responsáveis às penas da lei.

O § 1.º do art. 9.º da Constituição Federal foi regulamentado pela Lei 7.783/1989 – Lei de Greve, que dispõe sobre o exercício do direito de greve, define as atividades essenciais, regula o atendimento das necessidades inadiáveis da comunidade, e dá outras providências.

O direito de greve é permitido para as atividades não essenciais e essenciais, definidas pelo art. 10 da Lei 7.783/1989. No tocante às últimas, os sindicatos, os empregadores e os trabalhadores ficam obrigados, de comum acordo, a garantir, durante a greve, a prestação dos serviços indispensáveis ao atendimento das necessidades inadiáveis da comunidade, assim compreendidas aquelas que, se não atendidas, colocam em perigo iminente a sobrevivência, a saúde ou a segurança da população (Lei 7.783/1989, art. 11 e parágrafo único).

A análise de tais mandamentos constitucionais e legais autoriza a conclusão no sentido de que o direito de greve, relativamente às atividades não essenciais, é ilimitado. Nesse campo, por corolário, não tem mais aplicação a figura típica prevista no art. 201 do Código Penal, por se tratar de conduta cometida sem violência ou grave ameaça. Repita-se: não há crime no exercício pacífico do direito de greve constitucionalmente consagrado.

Entretanto, no que concerne às atividades essenciais, o direito de greve é limitado. Como podem ser cometidos abusos (Lei 7.783/1989, art. 14), nasce a possibilidade de caracterização do crime definido pelo art. 201 do Código Penal, em sintonia com o mandamento contido no art. 9.º, § 2.º, da Constituição Federal.

Em tais casos, a responsabilidade pelos atos praticados, ilícitos em geral ou **crimes cometidos, no curso da greve**, será apurada, conforme o caso, segundo a legislação trabalhista, civil ou penal. E deverá o Ministério Público, de ofício, requisitar a abertura do competente inquérito e oferecer denúncia quando houver indício da prática de delito (Lei 7.783/1989, art. 15 e parágrafo único).[16]

4.8.3. Objetividade jurídica

Tutela-se o interesse social na manutenção de obras públicas ou serviços de interesse coletivo.

4.8.4. Objeto material

É o trabalho paralisado mediante suspensão ou abandono coletivo.

---

[16] Com posição diversa, Celso Delmanto sustenta que, "em face da CF/1988, que consagrou o direito de greve de forma ampla, o dispositivo do art. 201 do CP não está a merecer aplicação" (DELMANTO, Celso. *Código Penal comentado*. 3. ed. Rio de Janeiro: Renovar, 1994. p. 339). Discordamos, uma vez que o art. 9.º, § 1.º, da Constituição Federal foi claro ao determinar à lei um tratamento diferenciado na greve envolvendo atividades essenciais e não essenciais.

4.8.5. Núcleo do tipo

O núcleo do tipo, mais uma vez, é **"participar"**, no sentido de associar-se ou tomar parte de suspensão (*lockout*) ou abandono coletivo de trabalho (greve), dando causa à interrupção de obra pública ou serviço de interesse coletivo.

Obra pública, para os fins do art. 201 do Código Penal, é aquela que a Administração Pública determina a execução por pessoas estranhas ao quadro de agentes públicos. Com efeito, a atividade deve ser praticada por particulares, pois em caso contrário estaria delineado um crime praticado por funcionário público contra a Administração Pública (CP, arts. 312 a 326); **serviço de interesse coletivo**, por sua vez, é o que atinge as necessidades da coletividade como um todo, tais como iluminação, segurança pública, água e esgoto etc.

Ao reverso do que ocorre nos crimes anteriores contra a organização do trabalho, **não há emprego de violência ou grave ameaça** na paralisação de trabalho de interesse coletivo.

4.8.6. Sujeito ativo

Pode ser qualquer pessoa, desde que empregador ou empregado, pois o tipo penal dispõe acerca da paralisação do trabalho.

4.8.7. Sujeito passivo

É a coletividade (**crime vago**).

4.8.8. Elemento subjetivo

É o dolo. Exige-se também uma finalidade específica, consistente no propósito de participar de suspensão ou abandono coletivo de trabalho para interromper obra pública ou serviço de interesse coletivo.

Não se admite a modalidade culposa.

4.8.9. Consumação

Dá-se a consumação com a efetiva interrupção de obra pública ou serviço de interesse coletivo (**crime material**).

4.8.10. Tentativa

É possível.

4.8.11. Ação penal

A ação penal é pública incondicionada.

4.8.12. Lei 9.099/1995

A pena máxima cominada em abstrato (detenção de 2 anos) classifica o crime tipificado pelo art. 201 do Código Penal entre as **infrações penais de menor potencial ofensivo**. Admite, pois, a transação penal, a suspensão condicional do processo e segue o rito sumaríssimo, na forma prevista na Lei 9.099/1995.

4.8.13. Competência

É da **Justiça Federal**, nos termos do art. 109, inciso VI, da Constituição Federal, pois se trata de paralisação de trabalho de interesse coletivo.

4.8.14. Classificação doutrinária

Trata-se de crime **comum** (pode ser cometido por qualquer pessoa, desde que empregador ou empregado); **material** (depende da produção do resultado naturalístico, qual seja a efetiva interrupção de obra pública ou serviço de interesse coletivo); **doloso**; **de forma livre** (admite qualquer meio de execução); **plurissubjetivo, plurilateral ou de concurso necessário** (só há interrupção de obra pública ou de serviço de interesse coletivo com a atuação conjunta de uma pluralidade de pessoas); em regra **plurissubsistente** (a conduta criminosa pode ser fracionada em diversos atos); **vago** (tem como sujeito passivo um ente destituído de personalidade jurídica: a coletividade); e **instantâneo** (consuma-se em um momento determinado, sem continuidade no tempo).

4.9. ART. 202 – INVASÃO DE ESTABELECIMENTO INDUSTRIAL, COMERCIAL OU AGRÍCOLA. SABOTAGEM

4.9.1. Dispositivo legal

4.9.2. Introdução

O art. 202 do Código Penal contempla dois crimes diversos contra a organização do trabalho:

(1) invasão de estabelecimento industrial, comercial ou agrícola, em sua primeira parte; e

(2) sabotagem, na parte final.

Enfrentemos separadamente cada um deles.

4.9.2.1. Invasão de estabelecimento comercial, industrial ou agrícola: art. 202, 1.ª parte

4.9.2.1.1. Objetividade jurídica

O bem jurídico penalmente tutelado é a liberdade de trabalho.

4.9.2.1.2. Objeto material

É o estabelecimento comercial, industrial ou agrícola (espécies de estabelecimento de trabalho, conforme exposto no art. 197 do Código Penal, item 4.4.3) criminosamente invadido ou ocupado.

4.9.2.1.3. Núcleo do tipo

O tipo penal possui dois núcleos: invadir e ocupar.

Invadir é ingressar sem autorização, de modo arbitrário, em algum local. É a ação de quem está de fora. **Ocupar,** por outro lado, é tomar posse indevidamente de algo, com prejuízo ao seu proprietário, tal como na hipótese em que os funcionários de uma empresa se apossam do lugar em que trabalham, não agindo como empregados, mas como ocupantes.

Trata-se de **tipo misto alternativo, crime de ação múltipla ou de conteúdo variado**: estará caracterizado crime único quando o sujeito invade e ocupa, no mesmo contexto fático, um só estabelecimento industrial, comercial ou agrícola, com o intuito de impedir ou embaraçar o curso normal do trabalho. Em outras palavras, a ocupação pode ser, ou não, precedida de invasão, e ainda, quando o seja, há unidade de crime.

4.9.2.1.4. Consumação

Dá-se a consumação com a efetiva invasão ou ocupação do estabelecimento de trabalho, ainda que o sujeito não consiga impedir ou embaraçar o trabalho ali desenvolvido. O crime é **formal, de resultado cortado ou de consumação antecipada.**

Cuida-se, também, de **crime permanente**: a consumação se prolonga no tempo, enquanto subsistir a invasão ou a ocupação, pouco importando sua maior ou menor duração.

4.9.2.2. Sabotagem: art. 202, parte final

4.9.2.2.1. Introdução

A palavra sabotagem origina-se do francês *sabotage*, cuja raiz *sabot* significa *tamanco*. Sabotar é atamancar, ou seja, executar (um trabalho) às pressas e sem cuidado. Por extensão é que foi o termo *sabotage* aplicado ao crime em questão.[17]

4.9.2.2.2. Objetividade jurídica

É o patrimônio do proprietário do estabelecimento industrial, comercial ou agrícola.

4.9.2.2.3. Objeto material

É o estabelecimento industrial, comercial ou agrícola, bem como as coisas nele existentes, que o agente criminosamente danifica ou dispõe.

4.9.2.2.4. Núcleos do tipo

O tipo penal apresenta dois núcleos: danificar e dispor.

Danificar é destruir, deteriorar, inutilizar, estragar, total ou parcialmente, coisas imóveis ou móveis. O objeto da danificação pode ser o estabelecimento industrial, comercial ou agrícola, bem como as coisas nele existentes, relativas ao trabalho ali exercido, tais como máquinas, utensílios, produtos em geral etc.

---

[17] HUNGRIA, Nélson; LACERDA, Romão Côrtes de. *Comentários ao Código Penal*. 2. ed. Rio de Janeiro: Forense, 1954. v. 8.

Dispor, por sua vez, é comportar-se em relação a algum bem como se seu dono fosse. É o que se verifica, exemplificativamente, quando o sujeito vende, troca ou aluga as coisas alheias existentes em um estabelecimento industrial, comercial ou agrícola.

4.9.2.2.5. Consumação

O crime de sabotagem se consuma com a danificação do estabelecimento industrial, comercial ou agrícola, ou com a danificação ou disposição das coisas nele existentes. Cuida-se, agora, de **crime material** e **instantâneo**.

4.9.3. Disposições comuns aos crimes previstos no art. 202 do Código Penal

4.9.3.1. Sujeito ativo

Qualquer pessoa (funcionário do estabelecimento ou terceiro) pode ser sujeito ativo da invasão de estabelecimento industrial, comercial ou agrícola e também da sabotagem. São **crimes comuns**.

4.9.3.2. Sujeito passivo

É o proprietário do estabelecimento industrial, comercial ou agrícola e das coisas nele existentes, e, mediatamente, a coletividade, quando privada de algum serviço prestado pelo estabelecimento.

4.9.3.3. Elemento subjetivo

É o dolo. Não se admite a modalidade culposa.

Exige-se também um **especial fim de agir** (elemento subjetivo do tipo ou do injusto no finalismo penal, ou dolo específico na teoria clássica), representado pela expressão "com o intuito de impedir ou embaraçar o curso normal do trabalho". Ausente tal finalidade, a conduta de invadir estabelecimento industrial, comercial ou agrícola pode caracterizar esbulho possessório (CP, art. 161, § 1.º, inciso II, se praticada a conduta com violência ou grave ameaça, ou mediante concurso de duas ou mais pessoas), enquanto a atividade de danificar o estabelecimento ou as coisas nele existentes ou delas dispor pode configurar os crimes de dano (CP, art. 163) ou de disposição de coisa alheia como própria (CP, art. 171, § 2.º, inc. I).

4.9.3.4. Tentativa

Os crimes de invasão de estabelecimento industrial, comercial ou agrícola e sabotagem admitem tentativa.

4.9.3.5. Ação penal

A ação penal é pública incondicionada.

4.9.3.6. Lei 9.099/1995

A pena cominada a ambos os crimes é de reclusão, de 1 (um) a 3 (três) anos, e multa. Não se constituem em infrações penais de menor potencial ofensivo, mas sim em **crimes de médio potencial ofensivo**, pois a pena mínima não ultrapassa o limite de 1 (um) ano. Destarte, é possível a utilização do instituto da suspensão condicional do processo, desde que presentes os demais requisitos exigidos pelo art. 89 da Lei 9.099/1995.

4.9.4. Classificação doutrinária

Os crimes são **comuns** (podem ser cometidos por qualquer pessoa); **formal** (invasão de estabelecimento industrial, comercial ou agrícola) **ou material** (sabotagem); **dolosos**; **de forma livre** (admitem qualquer meio de execução); **unissubjetivos, unilaterais ou de concurso eventual** (praticados por uma só pessoa, mas admitem o concurso); em regra **plurissubsistentes** (a conduta criminosa pode ser fracionada em diversos atos); e **instantâneo** (sabotagem) **ou permanente** (invasão de estabelecimento industrial, comercial ou agrícola).

4.10. ART. 203 – FRUSTRAÇÃO DE DIREITO ASSEGURADO POR LEI TRABALHISTA

4.10.1. Dispositivo legal

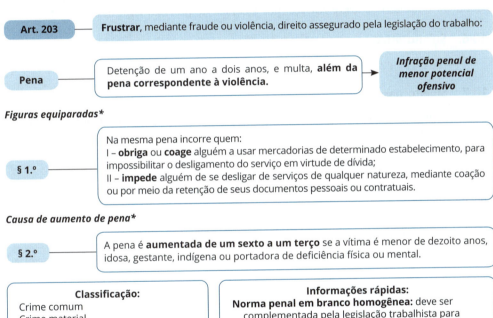

4.10.2. Introdução

O Código Penal novamente se utiliza de uma **norma penal em branco homogênea**. É imprescindível analisar a legislação trabalhista (CLT – Consolidação das Leis do Trabalho e outras leis esparsas) para conhecer a extensa relação de direitos assegurados aos trabalhadores em geral. Há, também, diversos direitos trabalhistas garantidos pela Constituição Federal, especialmente em seu art. 7.º, muitos dos quais já foram ou devem ser regulamentados pela legislação ordinária.

4.10.3. Objetividade jurídica

A lei penal protege a organização do trabalho e a legislação que lhe é correlata.

4.10.4. Objeto material

É o direito trabalhista violado pela conduta criminosa.

4.10.5. Núcleo do tipo

O núcleo do tipo é **"frustrar"**, indicativo de impedir ou privar alguém de direito que lhe é assegurado por lei trabalhista. Para alcançar este objetivo, o sujeito se vale de fraude ou violência. **Fraude** consiste no engodo, artifício ou ardil utilizado para enganar,[18] enquanto **violência** é o emprego de força física (lesão corporal ou vias de fato) sobre o ofendido. Não se admite a utilização de grave ameaça, por ausência de previsão legal nesse sentido.

4.10.6. Sujeito ativo

Pode ser qualquer pessoa (**crime comum**).

4.10.7. Sujeito passivo

É o titular do direito assegurado por lei trabalhista (empregador ou empregado) que foi frustrado mediante fraude ou violência.

4.10.8. Elemento subjetivo

É o dolo. Não se exige nenhuma finalidade específica, e também não se admite a modalidade culposa.

4.10.9. Consumação

Trata-se de **crime material**: consuma-se com a efetiva frustração do direito assegurado por lei trabalhista.

A indenização, pelo empregador, do dano provocado ao trabalhador, buscando reparar os males do crime de frustração a direito trabalhista anteriormente cometido, não autoriza a extinção da punibilidade.[19]

4.10.10. Tentativa

É possível.

4.10.11. Ação penal

A ação penal é pública incondicionada.

4.10.12. Lei 9.099/1995

A pena máxima prevista em abstrato (detenção de 2 anos) autoriza a colocação do crime de frustração de direito assegurado por lei trabalhista entre as **infrações penais**

---

[18] "Pagar salário a menor do que consta na anotação da carteira de trabalho configura, ao menos em tese, o delito de frustração de direito assegurado por lei trabalhista, tipificado no art. 203 do Código Penal" (STJ, RHC 15.713/MG, rel. Min. Hamilton Carvalhido, 6.ª Turma, j. 29.11.2005).

[19] STJ: RHC 18.010/PR, rel. Min. Felix Fischer, 5.ª Turma, j. 07.03.2006.

de menor potencial ofensivo. Aplicam-se, portanto, os institutos da transação penal e da suspensão condicional do processo, bem como o rito sumaríssimo, na forma prevista na Lei 9.099/1995.

4.10.13. Concurso material obrigatório

Deve ser também imputada ao autor do crime tipificado pelo art. 203 do Código Penal a pena correspondente ao resultado produzido pela violência por ele empregada (homicídio, lesão corporal etc.).

4.10.14. Classificação doutrinária

O crime é **comum** (pode ser cometido por qualquer pessoa); **material** (a consumação depende da produção do resultado naturalístico, consistente na frustração do direito assegurado pela legislação trabalhista); **doloso**; **de forma livre** (admite qualquer meio de execução); **unissubjetivo, unilateral ou de concurso eventual** (praticado por uma só pessoa, mas admite o concurso); em regra **plurissubsistente** (a conduta criminosa pode ser fracionada em diversos atos); e **instantâneo** (consuma-se em um momento determinado, sem continuidade no tempo).

4.10.15. Competência

A competência para o processo e julgamento do crime de frustração de direito assegurado por lei trabalhista é da **Justiça Estadual**, pois a conduta atinge unicamente interesses privados, haja vista que acarreta prejuízo apenas aos empregados, não havendo lesão à organização do trabalho propriamente dita.[20]

4.10.16. Figuras equiparadas: § 1.º

Em seu § 1.º, o art. 203 do Código Penal define figuras equiparadas ao crime de frustração de direito assegurado por lei trabalhista. Vejamos.

4.10.16.1. Obriga ou coage alguém a usar mercadorias de determinado estabelecimento, para impossibilitar o desligamento do serviço em virtude de dívida (inciso I)

Obrigar é forçar alguém a fazer algo, ao passo que **coagir** significa intimidar ou constranger alguém mediante o emprego de violência ou grave ameaça.

Estas condutas se relacionam com a atividade de usar mercadorias de determinado estabelecimento. Exige-se habitualidade, caracterizada pelo emprego do verbo **"usar"**.

Ao contrário da figura penal prevista no *caput*, aqui se reclama um **especial fim de agir**: "para impossibilitar o desligamento do serviço em virtude de dívida".

O escopo do legislador, ao criar este tipo penal, foi combater o comportamento daqueles que forçam os trabalhadores a contrair dívidas (geralmente de impossível pagamento) em estabelecimentos do empregador, impedindo-os, por tal motivo, de se desligarem do serviço a que se encontram vinculados. Tal impedimento pode ser feito mediante o emprego de violência ou grave ameaça, mas normalmente se concretiza pelo fato de o local de trabalho ser muito distante dos centros urbanos, e o patrão não disponibilizar meio de transporte para os trabalhadores para lá se dirigirem.

---

[20] STJ: CC 114.168/SP, rel. Min. Maria Thereza de Assis Moura, 3.ª Seção, j. 10.11.2010, noticiado no *Informativo* 455; e CC 96.365/PR, rel. Min. Jorge Mussi, 3.ª Seção, j. 26.05.2010, noticiado no *Informativo* 436.

Como mencionado na análise do art. 149 do Código Penal (item 1.6.1.4.5.1), o crime em estudo é **subsidiário** perante o delito de redução à condição análoga à de escravo.[21] Neste, visualiza-se uma restrição à liberdade de locomoção do empregado (restrição física), enquanto no crime previsto no art. 203, § 1.º, inciso I, do Código Penal verifica-se uma restrição moral, ou seja, não há impedimento à liberdade de locomoção do empregado.

4.10.16.2. Impede alguém de se desligar de serviços de qualquer natureza, mediante coação ou por meio da retenção de seus documentos pessoais ou contratuais (inciso II)

Impedir é obstruir ou vedar alguém quanto a fazer ou deixar de fazer alguma coisa. Neste caso, a conduta alcança o trabalhador que deseja desligar-se do serviço. Para tanto, o agente se vale de coação (emprego de violência à pessoa ou grave ameaça)[22] ou retenção de documentos pessoais ou contratuais.

Veja-se que a retenção utilizada como meio de execução do crime diz respeito aos documentos pessoais ou contratuais do empregado. Se presente a retenção física do trabalhador, o crime será o de redução à condição análoga à de escravo (CP, art. 149).

Nesta hipótese, o sujeito tem em sua posse ou sob sua guarda os documentos pessoais (exemplos: carteira de trabalho, certidão de nascimento, CPF etc.) ou contratuais (exemplo: contrato de trabalho) do trabalhador, e os retêm para impedir que ele consiga novo emprego. Aproveita-se das dificuldades que as pessoas em geral, e notadamente as mais humildes, encontram na obtenção da segunda via de seus documentos, e até mesmo da ignorância quanto a tal possibilidade.

4.10.17. Causas de aumento da pena: § 2.º

Nos termos do art. 203, § 2.º, do Código Penal, a pena é aumentada de um sexto a um terço se a vítima é menor de dezoito anos, idosa, gestante, indígena ou portadora de deficiência física ou mental.

Cuida-se de causa especial de aumento da pena. Incide na terceira e última fase da dosimetria da pena privativa de liberdade. A elevação da reprimenda se justifica pela maior reprovabilidade da conduta, pois o agente se vale da especial condição da vítima, que a torna mais vulnerável, para frustrar direito a ela assegurado pela legislação trabalhista.

Pessoa menor de 18 (dezoito) anos de idade é a criança ou adolescente (Lei 8.069/1990 – Estatuto da Criança e do Adolescente, art. 2.º, *caput*).

Pessoa idosa é aquela com idade igual ou superior a 60 (sessenta) anos (Lei 10.741/2003 – Estatuto da Pessoa Idosa, art. 1.º).

Gestante é a mulher grávida. Para evitar a responsabilidade penal objetiva, é imprescindível o conhecimento do sujeito ativo acerca desta condição da vítima.

Quando o crime definido pelo art. 203 do Código Penal for cometido contra pessoa menor de 18 anos de idade, idosa ou gestante, incide a causa de aumento de pena em análise. Para afastar o inaceitável *bis in idem*, todavia, não se aplicam as agravantes genéricas definidas pelo art. 61, inciso II, *h*, do Código Penal.

---

[21] "Art. 149. Reduzir alguém a condição análoga à de escravo, quer submetendo-o a trabalhos forçados ou a jornada exaustiva, quer sujeitando-o a condições degradantes de trabalho, **quer restringindo, por qualquer meio, sua locomoção em razão de dívida contraída com o empregador ou preposto**" (destacamos).

[22] Quando praticado mediante coação, o crime pode ser definido como uma modalidade especial de constrangimento ilegal. Em igual sentido: GRECO, Rogério. *Curso de direito penal*: parte especial. 6. ed. Niterói: Impetus, 2009. v. 3, p. 417.

Pessoa com deficiência é aquela que, em decorrência de alguma enfermidade, permanente ou transitória, enfrenta debilidade em sua capacidade física ou mental. É importante destacar, no campo da frustração de direito assegurado por lei trabalhista, que o art. 7.º, inciso XXXI, da Constituição Federal veda qualquer espécie de discriminação no tocante a salário e critério de admissão do trabalhador com deficiência.

Indígena, finalmente, também chamado de índio ou silvícola, é todo indivíduo de origem e ascendência pré-colombiana que se identifica e é identificado como pertencente a um grupo étnico cujas características culturais o distinguem da sociedade nacional (Lei 6.001/1973 – Estatuto do Índio, art. 3.º, inc. I). De outro lado, **comunidade indígena ou grupo tribal** é o conjunto de famílias ou comunidades indígenas, quer vivendo em estado de completo isolamento em relação aos outros setores da comunhão nacional, quer em contatos intermitentes ou permanentes, sem, contudo, estarem neles integrados (Lei 6.001/1973 – Estatuto do Índio, art. 3.º, inc. II).

O art. 4.º da Lei 6.001/1973 divide os índios em três grupos:

(a) **isolados**: quando vivem em grupos desconhecidos ou de que se possuem poucos e vagos informes por meio de contatos eventuais com elementos da comunhão nacional;

(b) **em vias de integração**: quando, em contato intermitente ou permanente com grupos estranhos, conservam menor ou maior parte das condições de sua vida nativa, mas aceitam algumas práticas e modos de existência comuns aos demais setores da comunhão nacional, da qual vão necessitando cada vez mais para o próprio sustento; e

(c) **integrados**: quando incorporados à comunhão nacional e reconhecidos no pleno exercício dos direitos civis, ainda que conservem usos, costumes e tradições característicos da sua cultura.

É válido destacar que, no caso de crime contra a pessoa, contra o patrimônio ou contra a dignidade sexual, em que o ofendido seja um índio não integrado ou comunidade indígena, a pena será agravada de um terço (Lei 6.001/1973 – Estatuto do Índio, art. 59).

O art. 14 da Lei 6.001/1973 estabelece que "não haverá discriminação entre trabalhadores indígenas e os demais trabalhadores, aplicando-se-lhes todos os direitos e garantias das leis trabalhistas e de previdência social".

O Estatuto do Índio dispõe que será nulo o contrato de trabalho ou de locação de serviços realizado com os **índios isolados** (art. 15). Em tal caso, poderá restar também caracterizado o crime de redução à condição análoga à de escravo (CP, art. 149), pois referidos silvícolas não têm a mínima compreensão da vida civilizada. Autoriza tal prática, porém, no que concerne aos **índios em vias de integração**, desde que exista prévia aprovação do órgão de proteção ao índio, ou seja, da Funai – Fundação Nacional de Amparo ao Índio (art. 16, *caput*). Finalmente, os **índios integrados** podem livremente celebrar contrato de trabalho, pois se encontram no pleno gozo de seus direitos civis.

4.10.18. Competência

A competência para o processo e julgamento do crime de frustração de direito assegurado por lei trabalhista é da **Justiça Estadual**, pois a conduta atinge unicamente interesses privados, haja vista que acarreta prejuízo apenas aos empregados, não havendo lesão à organização do trabalho propriamente dita.[23]

---

[23] CC 96.365/PR, rel. Min. Jorge Mussi, 3.ª Seção, j. 26.05.2010, noticiado no *Informativo* 436.

4.11. ART. 204 – FRUSTRAÇÃO DE LEI SOBRE A NACIONALIZAÇÃO DO TRABALHO

4.11.1. Dispositivo legal

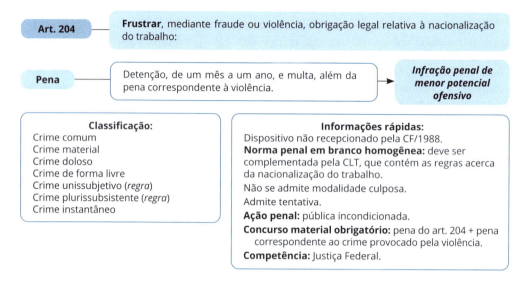

4.11.2. Introdução

Esse tipo penal se fundamenta, originariamente, na Constituição Federal de 1937, que previa em seu art. 153,[24] no capítulo inerente à Ordem Econômica, a fixação de porcentagens de empregados brasileiros nos serviços públicos dados em concessão e nos estabelecimentos de determinados ramos comerciais e industriais. Nesse sentido, a lei penal tutela o interesse na nacionalização do trabalho, assegurando aos brasileiros maiores condições na competição do mercado de trabalho relativamente ao estrangeiro. Entretanto, como destaca Julio Fabbrini Mirabete:

> (...) a Constituição de 1988, garantindo expressamente a igualdade de direitos entre os brasileiros e os estrangeiros residentes no país, não estabeleceu qualquer diferença para fazer com que sejam proibidos aqueles em desfavor destes. Assim, passaram a ser incompatíveis com a Carta Magna as obrigações legais relativas à nacionalização do trabalho, tornando inócuo o dispositivo em estudo.[25]

Entendendo-se, todavia, que o art. 204 do Código Penal foi recepcionado pela atual Constituição Federal, há de ser consignado que se trata de **norma penal em branco homogênea**, uma vez que os arts. 352 a 371 da CLT – Consolidação das Leis do Trabalho (Decreto-lei 5.452/1943) contêm as regras acerca da nacionalização do trabalho, isto é, as normas relacionadas à obrigatoriedade de contratação de mão de obra brasileira.

4.11.3. Objetividade jurídica

É o interesse do Estado em assegurar mercado de trabalho para brasileiros.

---

[24] "Art. 153. A lei determinará a porcentagem de empregados brasileiros que devem ser mantidos obrigatoriamente nos serviços públicos dados em concessão e nas empresas e estabelecimentos de indústria e de comércio".
[25] MIRABETE, Julio Fabbrini. *Manual de direito penal*. 25. ed. São Paulo: Atlas, 2007. v. 2, p. 383.

4.11.4. Objeto material

São os contratos laborais celebrados com violação às regras atinentes à nacionalização do trabalho.

4.11.5. Núcleo do tipo

O núcleo do tipo é **"frustrar"**, aqui compreendido como ludibriar, enganar ou iludir, no tocante à obrigação legal de nacionalização do trabalho.

A frustração se dá mediante fraude ou violência. **Fraude** é o engodo, o artifício ou ardil utilizado para enganar (exemplos: alteração do conteúdo de livros empresariais, rasura de registros trabalhistas etc.), enquanto **violência** é o emprego de força física. Não se admite a utilização de grave ameaça, por ausência de previsão legal nesse sentido.

4.11.6. Sujeito ativo

Pode ser qualquer pessoa.

4.11.7. Sujeito passivo

É o Estado.

4.11.8. Elemento subjetivo

É o dolo. Não se exige nenhuma finalidade específica, e também não se admite a modalidade culposa.

4.11.9. Consumação

Dá-se com a frustração relativa à nacionalização do trabalho, que se concretiza no momento em que o empregador abriga um número maior de trabalhadores estrangeiros do que o legalmente permitido.

4.11.10. Tentativa

É possível.

4.11.11. Ação penal

A ação penal é pública incondicionada.

4.11.12. Lei 9.099/1995

A pena máxima cominada em abstrato (detenção de 1 ano) autoriza a inserção do crime definido pelo art. 204 do Código Penal entre as **infrações penais de menor potencial ofensivo**. Aplicam-se, portanto, os institutos da transação penal e da suspensão condicional do processo, bem como o rito sumaríssimo, na forma prevista na Lei 9.099/1995.

4.11.13. Concurso material obrigatório

No crime de frustração de lei sobre a nacionalização do trabalho deve ser também imputada ao agente a pena correspondente à violência (homicídio, lesão corporal etc.).

Se a conduta também resultar na frustração de direito individual do trabalho, estará caracterizado **concurso formal** com o crime definido pelo art. 203 do Código Penal.

4.11.14. Competência

É da **Justiça Federal**, nos termos do art. 109, inciso VI, da Constituição Federal, pois envolve interesse coletivo relacionado ao trabalho.

4.11.15. Classificação doutrinária

O crime é **comum** (pode ser cometido por qualquer pessoa); **material** (a consumação depende da produção do resultado naturalístico, consistente na frustração do cumprimento das regras legais relativas ao número máximo de trabalhadores estrangeiros a serem contratados por empregados brasileiros); **doloso**; **de forma livre** (admite qualquer meio de execução); **unissubjetivo, unilateral ou de concurso eventual** (praticado por uma só pessoa, mas admite o concurso); em regra **plurissubsistente** (a conduta criminosa pode ser fracionada em diversos atos); e **instantâneo** (consuma-se em um momento determinado, sem continuidade no tempo).

4.12. ART. 205 – EXERCÍCIO DE ATIVIDADE COM INFRAÇÃO DE DECISÃO ADMINISTRATIVA

4.12.1. Dispositivo legal

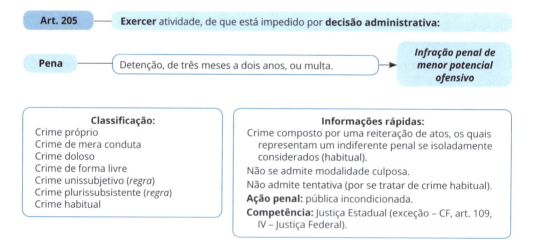

4.12.2. Objetividade jurídica

É o interesse do Estado no cumprimento das suas decisões relativas ao exercício de atividades trabalhistas. A decisão administrativa a ser respeitada obviamente há de ter amparo legal, uma vez que "é livre o exercício de qualquer trabalho, ofício ou profissão, atendidas as qualificações profissionais que a lei estabelecer" (CF, art. 5.º, inc. XIII).

4.12.3. Objeto material

É a atividade desempenhada por quem estava impedido de fazê-lo por decisão administrativa.

4.12.4. Núcleo do tipo

O núcleo do tipo é **"exercer"**, que equivale a praticar ou desempenhar. O verbo empregado pelo legislador transmite a clara ideia de habitualidade, pois é equivocado afirmar que alguém exerce determinada atividade uma única vez. Trata-se, portanto, de **crime habitual**: é composto por uma reiteração de atos, os quais representam um indiferente penal se isoladamente considerados.[26]

Atividade significa qualquer trabalho, ocupação ou profissão, desde que de natureza lícita (exemplos: médicos, dentistas, engenheiros, advogados etc.).

O crime reclama a existência de **decisão administrativa anterior** (emanada de qualquer órgão da Administração Pública, federal, estadual, distrital ou municipal), que impede o exercício da atividade pelo sujeito. É o caso do advogado que tem o exercício da sua profissão suspenso pelo Conselho de Ética da Ordem dos Advogados do Brasil, na forma prevista nos arts. 70 a 74 da Lei 8.906/1994, e pelos arts. 55 a 69 do Código de Ética e Disciplina da Ordem dos Advogados do Brasil.

A decisão judicial não é abarcada pelo dispositivo em análise, pois a desobediência à ordem judicial poderá configurar o delito previsto no art. 359 do Código Penal (crime de desobediência à decisão judicial sobre perda ou suspensão de direito). O exercício ilegal de função pública, por sua vez, configura o delito previsto no art. 324 do Código Penal.[27]

4.12.5. Sujeito ativo

Cuida-se de **crime próprio**, pois somente pode ser cometido pela pessoa administrativamente impedida de exercer determinada atividade.

4.12.6. Sujeito passivo

É o Estado, pois suas decisões administrativas devem ser integralmente cumpridas por aqueles que a elas se sujeitam.

4.12.7. Elemento subjetivo

É o dolo. Não se exige nenhuma finalidade específica, nem se admite a modalidade culposa.

4.12.8. Consumação

Prevalece o entendimento de que se trata de **crime habitual**. Logo, não é suficiente a prática de um único ato. A consumação do delito se dá com o desempenho reiterado e contínuo da atividade. Constitui-se em **crime de mera conduta**, pois se esgota com o exercício da atividade administrativamente suspensa, sem a previsão de resultado naturalístico pelo tipo penal.

4.12.9. Tentativa

Não é admissível. A ampla maioria da doutrina sustenta a inaceitabilidade da tentativa (*conatus*) nos crimes habituais.

4.12.10. Ação penal

A ação penal é pública incondicionada.

4.12.11. Lei 9.099/1995

A pena máxima cominada em abstrato (detenção de 2 anos) autoriza a inclusão do crime tipificado pelo art. 205 do Código Penal entre as **infrações penais de menor potencial ofensivo**.

---

[26] Em sentido contrário, já decidiu o Supremo Tribunal Federal que, "basta um ato de desobediência à decisão administrativa, para que se configure o delito em questão (art. 205)" (HC 74.826/SP, rel. Min. Sydney Sanches, 1.ª Turma, j. 11.03.1993).
[27] CAPEZ, Fernando. *Curso de direito penal*. 8. ed. São Paulo: Saraiva, 2008. v. 2, p. 637.

Admite a transação penal e a suspensão condicional do processo, e segue o rito sumaríssimo, na forma prevista na Lei 9.099/1995.

4.12.12. Competência

Em regra, a competência para processar e julgar o crime de exercício de atividade com infração de decisão administrativa é da **Justiça Estadual**, pois não diz respeito a interesse coletivo do trabalho.

Será competente a **Justiça Federal**, contudo, quando o crime for praticado em detrimento de bens, serviços ou interesses da União ou de suas entidades autárquicas ou empresas públicas, nos termos do art. 109, inciso IV, da Constituição Federal. É o que se dá, exemplificativamente, quando um médico suspenso por decisão do Conselho Federal de Medicina exerce a medicina.

4.12.13. Classificação doutrinária

O crime é **próprio** (somente pode ser cometido pela pessoa que estiver com sua atividade administrativamente suspensa); **de mera conduta** (o tipo penal não contém resultado naturalístico); **doloso**; **de forma livre** (admite qualquer meio de execução); **unissubjetivo, unilateral ou de concurso eventual** (praticado por uma só pessoa, mas admite o concurso); em regra **plurissubsistente** (a conduta criminosa pode ser fracionada em diversos atos); e **habitual** (a caracterização da conduta criminosa pressupõe uma reiteração de atos inerentes ao desempenho da atividade administrativamente suspensa).

4.13. ART. 206 – ALICIAMENTO PARA O FIM DE EMIGRAÇÃO

4.13.1. Dispositivo legal

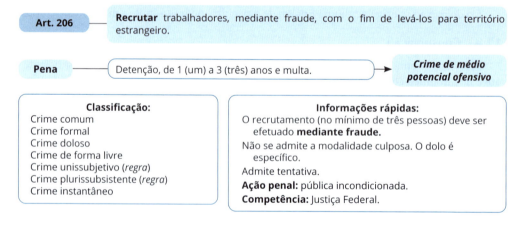

4.13.2. Objetividade jurídica

Tutela-se o interesse do Estado brasileiro em manter seus trabalhadores, sua mão de obra, em território nacional.

Em um país como o Brasil, em que é sensível a *falta de braços*, a emigração de trabalhadores representa uma séria perturbação à economia nacional. Se a lei não a proíbe, quando espontânea (em respeito à liberdade individual), nada justifica que se abstenha de intervir no aliciamento de trabalhadores em tal sentido.[28]

---

[28] HUNGRIA, Nélson; LACERDA, Romão Côrtes de. *Comentários ao Código Penal*. 2. ed. Rio de Janeiro: Forense, 1954. v. 8, p. 47.

4.13.3. Objeto material

É a pessoa recrutada mediante fraude para ser levada para território estrangeiro.

4.13.4. Núcleo do tipo

O núcleo do tipo é **"recrutar"**, ou seja, aliciar, no sentido de seduzir, atrair interessados.

Mas não basta recrutar trabalhadores a emigrar para outro país, com o fim de lá trabalhar, a exemplo do que acontecia antes da alteração do art. 206 do Código Penal pela Lei 8.683/1993. É imprescindível seja o recrutamento efetuado **mediante fraude**, isto é, com emprego de artifício, ardil ou de qualquer outro meio fraudulento. Exemplo: falsa promessa de emprego honesto em determinado país, com altos salários, quando, na realidade, as pessoas irão trabalhar em condições precárias e com vencimentos aviltantes.

A lei fala em **"trabalhadores"**. Surge assim uma questão: qual o número mínimo de trabalhadores que devem ser recrutados para a configuração do crime em análise? Entendemos pela necessidade de **no mínimo três pessoas**. Com efeito, quando o Código Penal deseja somente duas pessoas (exemplos: arts. 155, § 4.º, inc. IV, 157, § 2.º, inc. II, 158, § 1.º etc.) ou então ao menos quatro indivíduos (exemplo: art. 146, § 1.º) ele o faz expressamente. Quando reclama várias pessoas, sem apontar quantas, há necessidade de no mínimo três indivíduos (exemplos: arts. 137, 141, inc. III etc.).[29]

4.13.5. Sujeito ativo

Pode ser qualquer pessoa (**crime comum**).

4.13.6. Sujeito passivo

É o Estado, e, mediatamente, os trabalhadores recrutados mediante fraude.

4.13.7. Elemento subjetivo

É o dolo. Não se admite a modalidade culposa.

É imprescindível, ainda, um especial fim de agir, representado pela expressão "com o fim de levá-los para território estrangeiro".

4.13.8. Consumação

O crime é **formal, de resultado cortado ou de consumação antecipada**. Consuma-se com o recrutamento mediante fraude. É dispensável a efetiva saída dos trabalhadores do território nacional.

4.13.9. Tentativa

É possível.

4.13.10. Ação penal

A ação penal é pública incondicionada.

4.13.11. Lei 9.099/1995

A pena cominada é de reclusão, de 1 (um) a 3 (três) anos, e multa. Não se trata de infração penal de menor potencial ofensivo. Constitui-se, porém, em **crime de médio potencial**

---

[29] Em sentido contrário: "Não tendo usado o termo no singular, exige-se, pelo menos, dois para o crime se configurar" (NUCCI, Guilherme de Souza. *Código Penal comentado*. 8. ed. São Paulo: RT, 2008. p. 848).

ofensivo (pena mínima igual ou inferior a um ano): é cabível a suspensão condicional do processo, se presentes todos os requisitos exigidos pelo art. 89 da Lei 9.099/1995.

4.13.12. Competência

É da Justiça Federal, nos termos do art. 109, inciso VI, da Constituição Federal, pois o crime diz respeito a interesses coletivos.

4.13.13. Classificação doutrinária

Cuida-se de crime **comum** (pode ser cometido por qualquer pessoa, desde que empregador ou empregado); **formal** (prescinde da saída dos trabalhadores do território nacional); **doloso**; **de forma livre** (admite qualquer meio de execução, desde que presente a fraude); **unissubjetivo, unilateral ou de concurso eventual** (praticado por uma só pessoa, mas admite o concurso); em regra **plurissubsistente** (a conduta criminosa pode ser fracionada em diversos atos); e **instantâneo** (consuma-se em um momento determinado, com o recrutamento fraudulento, sem continuidade no tempo).

4.14. ART. 207 – ALICIAMENTO DE TRABALHADORES DE UM LOCAL PARA OUTRO DO TERRITÓRIO NACIONAL

4.14.1. Dispositivo legal

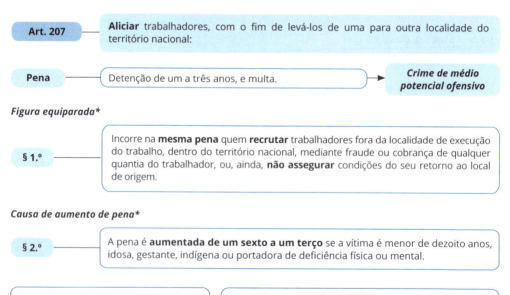

4.14.2. Introdução

No art. 207, o Código Penal atende à necessidade de reprimir um fato que tem trazido grave prejuízo à normalidade da vida econômica do País: a *catequese* de trabalhadores no sentido de afastá-los de uma região para outra do território nacional. O desnível de prosperidade entre as regiões provoca o êxodo de operários para aquela que apresenta melhores condições ao trabalho; mas isso com agravação das dificuldades da outra, que, às vezes, vem a sofrer um verdadeiro colapso na sua vida econômica. A lei penal não proíbe o êxodo em si mesmo, seja espontâneo ou provocado; mas, neste último caso, intervém para reprimir a ação dos aliciadores.[30]

Ao contrário do que ocorre no crime de aliciamento para fim de emigração, definido pelo art. 206 do Código Penal, aqui não se exige seja a conduta cometida com emprego de fraude. Destarte, caracteriza o delito em análise a simples atividade de aliciar, ainda que mediante promessas verdadeiras de melhores salários e mais adequadas condições de vida. Busca-se, assim, impedir a fuga de mão de obra e o despovoamento de determinadas regiões do território nacional.

4.14.3. Objetividade jurídica

Protege-se o interesse estatal em preservar os trabalhadores nos seus locais de origem.

4.14.4. Objeto material

É a pessoa aliciada pela conduta criminosa.

4.14.5. Núcleo do tipo

O núcleo do tipo novamente é **"aliciar"**, no sentido de recrutar ou atrair trabalhadores para levá-los a outra localidade do território nacional. Note-se que o tipo penal não se contenta com o aliciamento perante uma só pessoa. É indispensável seja a conduta dirigida a uma **pluralidade de trabalhadores**.

O delito admite qualquer meio de execução (**crime de forma livre**). Em regra, é cometido por ação, mas nada impede a omissão penalmente relevante (crime omissivo impróprio, espúrio ou comissivo por omissão), nas hipóteses em que o sujeito pode agir, mas nada faz para impedir o aliciamento, embora tenha o dever jurídico de agir (CP, art. 13, § 2.º).

4.14.6. Sujeito ativo

Pode ser qualquer pessoa (**crime comum**).

4.14.7. Sujeito passivo

É o Estado, e, mediatamente, os trabalhadores aliciados.

4.14.8. Elemento subjetivo

É o dolo. Reclama-se também um especial fim de agir, representado pela expressão "com o fim de levá-los de uma para outra localidade do território nacional".

Não se admite a figura culposa.

---

[30] HUNGRIA, Nélson; LACERDA, Romão Côrtes de. *Comentários ao Código Penal*. 2. ed. Rio de Janeiro: Forense, 1954. v. 8, p. 47.

4.14.9. Consumação

Dá-se com o simples aliciamento dos trabalhadores, prescindindo-se da real transferência para outra localidade do País. O crime é **formal, de resultado cortado ou de consumação antecipada**.

4.14.10. Tentativa

É possível.

4.14.11. Ação penal

A ação penal é pública incondicionada.

4.14.12. Lei 9.099/1995

A pena em abstrato varia entre 1 (um) a 3 (três) anos de detenção, e multa. Não se trata de infração penal de menor potencial ofensivo. Constitui-se, porém, em **crime de médio potencial ofensivo** (pena mínima igual ou inferior a um ano): é cabível a suspensão condicional do processo, se presentes todos os requisitos exigidos pelo art. 89 da Lei 9.099/1995.

4.14.13. Competência

É da **Justiça Federal**, nos termos do art. 109, inciso VI, da Constituição Federal, pois o delito envolve interesses coletivos.

4.14.14. Classificação doutrinária

O crime é **comum** (pode ser cometido por qualquer pessoa, desde que empregador ou empregado); **formal** (prescinde da transferência dos trabalhadores de uma para outra localidade do território nacional); **doloso**; **de forma livre** (admite qualquer meio de execução); **unissubjetivo, unilateral ou de concurso eventual** (praticado por uma só pessoa, mas admite o concurso); em regra **plurissubsistente** (a conduta criminosa pode ser fracionada em diversos atos); e **instantâneo** (consuma-se em um momento determinado, com o aliciamento, sem continuidade no tempo).

4.14.15. Figura equiparada: art. 207, § 1.º

Em conformidade com o § 1.º do art. 207 do Código Penal, incluído pela Lei 9.777/1998, "incorre na mesma pena quem recrutar trabalhadores fora da localidade de execução do trabalho, dentro do território nacional, mediante fraude ou cobrança de qualquer quantia do trabalhador, ou, ainda, não assegurar condições do seu retorno ao local de origem". Nos ensinamentos de Cezar Roberto Bitencourt:

> O tipo descrito no § 1.º é um *misto das infrações* descritas nos arts. 206 e 207, ao menos em uma de suas modalidades, onde consta como meio executório "mediante fraude". Daquele dispositivo contém a exigência de "fraude", e, deste, o êxodo de trabalhadores limita-se ao território nacional. Apresenta três formas: (a) mediante *fraude*; (b) *cobrança de valores* do trabalhador; e (c) não assegurar condições de retorno ao local de origem. As duas primeiras modalidades são de fácil comprovação; a terceira apresenta uma dificuldade dogmática: *prática condicional* do crime. A ação típica será o "recrutamento de trabalhadores" ou "a não

facilitação do retorno à origem"? E se o trabalho no local recrutado durar dez anos? Qual será o *iter criminis*? É de difícil configuração.[31]

Cumpre destacar que na modalidade "não assegurar condições do seu retorno ao local de origem" o crime é **omissivo próprio ou puro**: a omissão está descrita no próprio tipo penal, e, por se tratar de delito unissubsistente, consuma-se com a simples omissão, não admitindo a tentativa. Em síntese, o patrão, ao contratar empregados de outra localidade, deve, com o término da prestação dos serviços, a eles assegurar todas as condições de retorno ao local de origem. É irrelevante, para a consumação, que o trabalhador, por outros meios, consiga retornar à sua localidade.

Finalmente, anote-se que na figura equiparada não se pune a transferência dos trabalhadores de uma localidade a outra do território nacional. Preocupa-se a lei com o aliciamento, seja em razão do emprego de fraude ou mediante cobrança de quantia de qualquer natureza do empregado para recrutá-lo fora da localidade da execução do trabalho, bem como a omissão que se verifica quando o patrão não assegura ao trabalhador condições adequadas para o seu retorno ao local de origem.

4.14.16. Causa de aumento de pena: § 2.º

O § 2.º foi inserido no art. 207 pela Lei 9.777/1998, com a seguinte redação: "A pena é aumentada de um sexto a um terço se a vítima é menor de dezoito anos, idosa, gestante, indígena ou portadora de deficiência física ou mental".[32]

Em tais situações, a conduta do agente reveste-se de maior grau de reprovabilidade, pois para cometer o crime ele se aproveita da reduzida (ou nenhuma) capacidade de discernimento ou resistência da vítima, justificando a elevação da sanção penal.

---

[31] BITENCOURT, Cezar Roberto. *Tratado de direito penal*. Parte especial. 4. ed. São Paulo: Saraiva, 2008. v. 3, p. 404.
[32] Para a exata compreensão de cada um destes termos, vide a análise do art. 203 do Código Penal, item 4.10.16.

CAPÍTULO 5

DOS CRIMES CONTRA O SENTIMENTO RELIGIOSO E CONTRA O RESPEITO AOS MORTOS

5.1. DOS CRIMES CONTRA O SENTIMENTO RELIGIOSO

Sentimento religioso é a convicção, acentuada pelo sentimento, da existência de uma ordem universal que se eleva acima do homem.[1]

Em tempos pretéritos, toda religião estava intimamente relacionada ao conceito de Estado. O dever religioso era um dever político, e, consequentemente, o crime contra a religião era crime contra o Estado. A profanação de um templo e o impedimento de um ato religioso, quando intencionais, constituíam atentados contra a ordem estatal.

No Brasil, com o advento da República, foi reconhecida a liberdade de culto, proclamada antes mesmo da constitucionalização do novo regime, com o Decreto 119-A, de 07.01.1890, da lavra de Ruy Barbosa, expedido pelo Governo Provisório.

Atualmente, a Constituição Federal, em seu art. 19, inciso I, estatui ser "vedado à União, aos Estados, ao Distrito Federal e aos Municípios estabelecer cultos religiosos ou igrejas, subvencioná-los, embaraçar-lhes o funcionamento ou manter com eles ou seus representantes relações de dependência ou aliança, ressalvada, na forma da lei, a colaboração de interesse público". Vivemos, portanto, em um **Estado laico ou não confessional**: admite e respeita todas as vocações religiosas.[2]

Além disso, a Constituição Federal estabelece em seu art. 5.º, inciso VI: "é inviolável a liberdade de consciência e de crença, sendo assegurado o livre exercício dos cultos religiosos

---

[1] HUNGRIA, Nélson; LACERDA, Romão Côrtes de. *Comentários ao Código Penal*. 2. ed. Rio de Janeiro: Forense, 1954. v. 8, p. 55.
[2] SILVA, José Afonso da. *Comentário contextual à Constituição*. 4. ed. São Paulo: Malheiros, 2007. p. 251.

e garantida, na forma da lei, a proteção aos locais de culto e a suas liturgias". A expressão "na forma da lei", associada ao caráter relativo dos direitos fundamentais, revela que esta liberdade pública não autoriza excessos ou abusos capazes de prejudicar outros direitos e garantias individuais.

5.1.1. Art. 208 – Ultraje a culto e impedimento ou perturbação de ato a ele relativo

5.1.1.1. Dispositivo legal

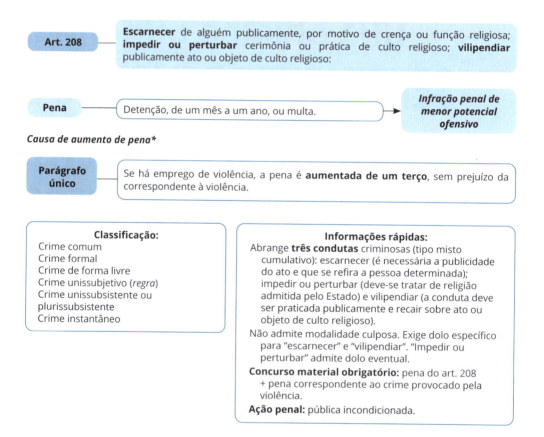

5.1.1.2. Objetividade jurídica

A lei penal tutela a **liberdade de crença e o livre exercício dos cultos religiosos** (CF, art. 5.º, inc. VI), desde que não ofendam a ordem pública e os bons costumes.

5.1.1.3. Objeto material

É a pessoa atingida em sua liberdade de crença, o ato (cerimônia, solenidade ou ação) que integra um culto religioso, ou o objeto utilizado para o exercício de uma determinada religião (símbolos, vestuários, imagens de santos etc.).

5.1.1.4. Núcleos do tipo

O art. 208 do Código Penal contém três núcleos diversos:

(1) escarnecer de alguém publicamente, por motivo de crença ou função religiosa;
(2) impedir ou perturbar cerimônia ou prática de culto religioso; e
(3) vilipendiar publicamente ato ou objeto de culto religioso.

Em qualquer delas, a pena é de detenção, de 1 (um) mês a 1 (um) ano, ou multa.

Cuida-se de **tipo misto cumulativo**: as condutas criminosas são autônomas, razão pela qual a prática de mais de uma delas acarreta a punição por mais de um crime. Consequentemente, nada impede sejam imputados ao agente três crimes em concurso material, na hipótese em que ele escarnece de alguém publicamente, por motivo de crença ou função religiosa, impede ou perturba cerimônia ou prática de culto religioso e, finalmente, vilipendia publicamente ato ou objeto de culto religioso.

Vejamos cada uma das condutas.

a) escarnecer de alguém publicamente, por motivo de crença ou função religiosa

Escarnecer é achincalhar, zombar afrontosamente, ridicularizar sarcasticamente. É imprescindível seja a conduta motivada pela crença ou pelo exercício de função religiosa.

Crença religiosa é a fé, a convicção da verdade de alguma doutrina sobre a divindade ou poderes sobrenaturais. **Função religiosa** é o ministério exercido ou estado assumido por quem participa da celebração de um culto ou de uma organização religiosa (padre católico, frade, freira, sacristão, irmão-leigo, rabino judaico, pastor protestante, sacerdote budista, médium espírita etc.). Pouco importa que o exercente de função religiosa seja atingido no ofício ou fora do ofício: o que é indispensável é que o seja em razão do ofício.[3]

A ação pode ser praticada por meio de palavras, atos, escritos, desenhos, gestos ou qualquer meio idôneo a manifestar o pensamento (**crime de forma livre**).

É elemento essencial do crime a **publicidade** do escárnio. Não basta ser o fato cometido em lugar público ou acessível ao público: é preciso tenha sido praticado na presença de várias pessoas (*coram populo*) ou à vista de muitas pessoas. Caso contrário, o que se poderá identificar é o crime contra a honra. Se o escárnio é praticado por meio de imprensa ou radiodifusão, presume-se a publicidade.

Não é necessário seja o fato praticado na presença da vítima. Exige-se, porém, o endereçamento da ofensa a uma **pessoa determinada**, tal como o devoto de uma religião ou o pastor de uma igreja, e não a grupos religiosos. Por corolário, não há crime, exemplificativamente, na zombaria contra católicos, protestantes, budistas, padres ou pastores em geral.

Finalmente, se o escárnio, além de ofensivo ao sentimento religioso, contém lesão à honra individual, este último crime é absorvido pelo primeiro.

b) impedir ou perturbar cerimônia ou prática de culto religioso

Culto religioso é a manifestação coletiva do sentimento religioso, sua exteriorização mediante atos, pelos quais os fiéis ou crentes adoram ou veneram a divindade, ou poderes transcendentais, mantendo-se com eles em contato espiritual. É necessário seja notório, praticado por grande número de pessoas, havendo, assim, a seu respeito um conhecimento geral, não se incluindo, pois, os que contam com pingados crentes ou fiéis e que não são levados

---

[3] HUNGRIA, Nélson; LACERDA, Romão Côrtes de. *Comentários ao Código Penal*. 2. ed. Rio de Janeiro: Forense, 1954. v. 8, p. 63.

a sério. No culto há atos além da cerimônia ou prática, porém é somente a estas que o tipo penal se reporta.[4]

Cerimônia é o ato de culto que se reveste de certa solenidade. Não bastam atos individuais ou coletivos de oração ou penitência. É necessário existir solenidade de acordo com as prescrições do rito religioso.

Prática, por sua vez, é um ato religioso, sem o aparato da cerimônia, com ou sem padre, ministro, pastor ou figura análoga, tais como o ensino do catecismo, a sessão espírita e a oração na sinagoga. Em seu conceito não se incluem, contudo, atos como a oração individual, a quermesse, a coleta de donativos etc.

É fundamental que se trate de religião admitida pelo Estado. Mas, quando aceita, o poder público não pode criar qualquer distinção entre os diversos cultos religiosos (CF, art. 19, inc. I).

Prescinde-se da interrupção da cerimônia ou da prática de culto religioso. A mera abreviação do ato caracteriza o delito. São hipóteses que configuram o crime, entre outras:

(a) entrar embriagado no recinto;
(b) altos brados durante a cerimônia religiosa;
(c) palavrões durante a missa ou culto; e
(d) explodir fogos de artifício na frente do estabelecimento religioso para perturbar o orador, as orações e os cânticos.

O disparo de arma de fogo na frente do estabelecimento religioso caracteriza o crime em análise, em concurso formal com o delito previsto no art. 15 da Lei 10.826/2003 – Estatuto do Desarmamento.

Ressalte-se, entretanto, que, embora regulares, podem as cerimônias e práticas ser impedidas legitimamente pelo Poder Público, quando sua efetivação for contrária ao interesse público (exemplo: impedir uma procissão para não disseminar uma epidemia).

De igual modo, não há crime quando o impedimento se faz em proteção a um direito do indivíduo. Como a lei tutela a liberdade do sentimento religioso, não pode evidentemente punir aquele que impede a efetivação de um ato que a ele se refere, que se destina a beneficiá-lo e que por isso mesmo há de contar com o concurso da sua vontade. Nesse contexto, é atípica a recusa de uma pessoa em receber a sagrada eucaristia.

c) vilipendiar publicamente ato ou objeto de culto religioso

Vilipendiar é considerar vil, desprezar ou ultrajar injuriosamente. É mais do que ofender, mais do que ultrajar, mais do que injuriar ou difamar. Pode ser praticado por palavras, escritos, gestos, meios simbólicos ou qualquer outro ato idôneo (**crime de forma livre**).

Exige-se seja a conduta praticada **publicamente**, isto é, na presença de várias pessoas.

O vilipêndio deve recair sobre ato ou objeto de culto religioso. **Ato** é a cerimônia ou a prática do culto religioso. **Objeto** é qualquer coisa (bem corpóreo) com a qual ou em torno da qual se exerça o culto religioso (livros, imagens, cálices etc.). É indispensável que tais objetos estejam consagrados ao culto, isto é, já tenham sido reconhecidos como sagrados pela religião ou tenham sido utilizados nos atos religiosos, pois, se estiverem expostos à venda na fábrica ou em loja comercial, o fato será atípico, uma vez que o delito em análise envolve sempre uma ofensa ao sentimento religioso.[5]

---

[4] MAGALHÃES NORONHA, Edgard. *Código Penal comentado*. São Paulo: Saraiva, 1954. v. 7, p. 39.
[5] FRAGOSO, Heleno Cláudio. *Lições de direito penal*. São Paulo: José Bushatsky, 1958. v. 2, p. 379.

5.1.1.5. Sujeito ativo

Pode ser qualquer pessoa, independentemente da sua religião (**crime comum**).

5.1.1.6. Sujeito passivo

O sujeito passivo imediato ou principal é o Estado. É também possível a existência de um sujeito passivo mediato ou secundário, representado pela pessoa que suporta diretamente a conduta criminosa (exemplo: o padre ou o pastor de uma igreja).

5.1.1.7. Elemento subjetivo

É o dolo. Não se admite a modalidade culposa.

Na primeira figura criminosa ("escarnecer de alguém publicamente"), exige-se ainda um especial fim de agir, consistente em atuar "por motivo de crença ou função religiosa".

Na segunda conduta basta o dolo eventual, quando o sujeito assume o risco de "impedir ou perturbar cerimônia ou prática de culto religioso". Exemplo: "A" estaciona seu automóvel na frente de um templo religioso e liga o som em elevado volume durante uma missa. Não quer propriamente impedir o culto, mas aceita a possibilidade de fazê-lo.

Na terceira conduta ("vilipendiar publicamente ato ou objeto de culto religioso") também se reclama um especial fim de agir. É necessário o propósito de vilipendiar, é dizer, de ofender o sentimento religioso, ultrajando-o.

5.1.1.8. Consumação e tentativa

Na primeira modalidade típica ("escarnecer de alguém publicamente"), o crime se consuma com o escárnio. É possível a tentativa somente quando a conduta for praticada por escrito, mas não na forma verbal.

Em relação à segunda conduta, a consumação ocorre quando o sujeito impede ou perturba cerimônia ou prática de ato religioso. É cabível a tentativa.

Finalmente, na figura típica "vilipendiar publicamente ato ou objeto de culto religioso" o delito se aperfeiçoa com o efetivo vilipêndio. Admite tentativa na forma escrita, mas não na verbal.

Em todas as hipóteses o crime é **formal, de resultado cortado ou de consumação antecipada**, pois independe da efetiva lesão ao sentimento religioso penalmente tutelado.

5.1.1.9. Causa de aumento da pena: parágrafo único

Se há emprego de violência, a pena é aumentada de um terço, sem prejuízo da correspondente à violência.

Aplica-se às três modalidades de condutas criminosas. Trata-se da **violência física**, tanto **contra a pessoa** (exemplo: agredir um padre durante a cerimônia religiosa) quanto **contra a coisa**[6] (exemplo: lançar contra a parede uma imagem santa).

A lei impõe o **concurso material obrigatório** ("sem prejuízo da correspondente à violência") entre o crime tipificado pelo art. 208 do Código Penal e eventual lesão corporal, ainda que de natureza leve.

---

[6] Há, porém, entendimentos no sentido de que somente se aumenta a pena na hipótese de violência contra a pessoa, pois a preocupação do legislador é a maior proteção do ser humano. Não concordamos, eis que, quando a lei assim deseja, o faz expressamente (exemplo: art. 157, *caput*, do Código Penal), e também por se tratar de crime contra o sentimento religioso, e não contra a pessoa.

5.1.1.10. Ação penal

É pública incondicionada, em todas as modalidades do crime.

5.1.1.11. Lei 9.099/1995

Cuida-se de **infração penal de menor potencial ofensivo**. É compatível com a transação penal, se presentes os requisitos legais, e obedece ao procedimento sumaríssimo disciplinado pelos arts. 77 e seguintes da Lei 9.099/1995.

5.1.1.12. Classificação doutrinária

O crime é **comum** (pode ser praticado por qualquer pessoa); **formal** (independe do resultado naturalístico, qual seja o efetivo prejuízo ao sentimento religioso, consumando-se com a prática da conduta); **de forma livre** (admite qualquer meio de execução); **unissubjetivo, unilateral ou de concurso eventual** (pode ser cometido por uma só pessoa, mas admite o concurso); **unissubsistente** (nesse caso, será incompatível com a tentativa ou *conatus*) **ou plurissubsistente** (a conduta criminosa pode, conforme o caso, ser ou não fracionada em diversos atos); e **instantâneo** (a consumação ocorre em momento determinado, sem continuidade no tempo).

5.2. DOS CRIMES CONTRA O RESPEITO AOS MORTOS

O direito romano, ao tempo dos imperadores, já tutelava penalmente o respeito aos mortos, incriminando a violação dos túmulos. No Brasil, a incriminação das condutas ofensivas ao respeito aos mortos é novidade do Código Penal de 1940. O Código Criminal do Império de 1830 não abordava tais crimes, e o Código Penal Republicano de 1890 considerava simples contravenções a inumação irregular (art. 364) e a profanação de cadáver (art. 365), bem como a violação, a conspurcação ou danificação de sepulturas ou mausoléus (arts. 365 e 366).

Conforme assinala o item 68 da Exposição de Motivos da Parte Especial do Código Penal:

> São classificados como *species* do mesmo *genus* os "crimes contra o sentimento religioso" e os "crimes contra o respeito aos mortos". É incontestável a afinidade entre uns e outros. O *sentimento religioso* e o *respeito aos mortos* são valores ético-sociais que se assemelham. O tributo que se rende aos mortos tem um fundo religioso. Idêntica, em ambos os casos, é a *ratio essendi* da tutela penal.

O respeito aos mortos reveste-se de cunho religioso. Costuma-se mesmo falar em "religião dos túmulos". Explica-se, portanto, a reunião das duas classes de crimes num mesmo título da Parte Especial do Código Penal, a exemplo, aliás, de quase todos os Códigos estrangeiros.

O que o Código Penal protege não é a paz dos mortos, pois estes já não são mais titulares de direitos, mas o **sentimento de reverência dos vivos para com os mortos**. É em obséquio aos vivos, e não aos mortos (tal como no caso da "calúnia contra os mortos", prevista no art. 138, § 2.º), que surge a incriminação. O respeito aos mortos (do mesmo modo que o sentimento religioso) é um relevante **valor ético-social**, e, como tal, um interesse jurídico digno, por si mesmo, da tutela penal. Cuida esta de resguardar a incolumidade dos atos fúnebres, do cadáver em si mesmo e da sepultura.[7]

---

[7] HUNGRIA, Nélson; LACERDA, Romão Côrtes de. *Comentários ao Código Penal*. 2. ed. Rio de Janeiro: Forense, 1954. v. 8, p. 72.

5.2.1. Art. 209 – Impedimento ou perturbação de cerimônia funerária

5.2.1.1. Dispositivo legal

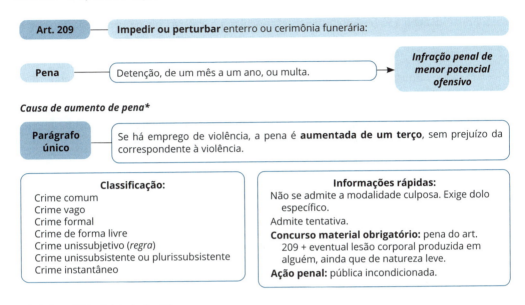

5.2.1.2. Objetividade jurídica

Tutela-se o sentimento de respeito aos mortos.

5.2.1.3. Objeto material

É o enterro ou a cerimônia funerária.

Enterro é a trasladação do cadáver, com ou sem acompanhamento por outras pessoas, para o lugar onde deve ser inumado. **Cerimônia funerária** é todo ato de assistência ou homenagem que se presta a um defunto. Trata-se de **cerimônia secular ou civil**, pois que, se tem caráter religioso (exemplo: missa de corpo presente), o crime será o do art. 208 do Código Penal. São exemplos de cerimônias funerárias o embalsamento, o velório, as honras fúnebres junto à sepultura e inclusive a cremação autorizada.

5.2.1.4. Núcleos do tipo

O tipo penal contém dois núcleos: impedir e perturbar. Ambos se referem ao enterro ou à cerimônia funerária.

Impedir é interromper ou obstar o prosseguimento, enquanto **perturbar** é atrapalhar ou estorvar. Cuida-se de **tipo misto alternativo**: o sujeito pratica um só crime se, no mesmo contexto fático, impede e perturba um mesmo enterro ou cerimônia funerária.

O delito pode ser praticado por omissão, como no caso de não fornecer o esquife, a viatura para o transporte, as chaves do túmulo etc.[8]

5.2.1.5. Sujeito ativo

Pode ser qualquer pessoa (**crime comum**).

---

[8] MIRABETE, Julio Fabbrini. *Manual de direito penal*. 25. ed. São Paulo: Atlas, 2007. v. 2, p. 396.

5.2.1.6. Sujeito passivo

O sujeito passivo principal ou imediato é a coletividade. Trata-se de **crime vago**, por se tratar de ofendido destituído de personalidade jurídica. É possível ainda a existência de sujeitos passivos secundários ou mediatos (exemplo: pessoas presentes no enterro ou na cerimônia funerária).

5.2.1.7. Elemento subjetivo

É o dolo, consistente na vontade livre e consciente de impedir ou perturbar enterro ou cerimônia funerária. Não se admite a modalidade culposa.

Exige-se, ainda, um especial fim de agir, qual seja a finalidade de violar o sentimento de respeito devido aos mortos. Por esta razão, não há crime, exemplificativamente, quando um ente querido do morto chora compulsivamente e em alto som no enterro, impedindo a oração dos demais presentes.

5.2.1.8. Consumação

Dá-se com o efetivo impedimento ou perturbação do enterro ou da cerimônia fúnebre, independentemente da ofensa ao sentimento de respeito aos mortos (**crime formal, de resultado cortado ou de consumação antecipada**).

5.2.1.9. Tentativa

É possível nas hipóteses em que, nada obstante a conduta criminosa, o agente, por circunstâncias alheias à sua vontade, não consegue impedir ou perturbar o enterro ou cerimônia funerária.

5.2.1.10. Causa de aumento da pena: parágrafo único

Se há emprego de violência, a pena é aumentada de um terço, sem prejuízo da correspondente à violência. Cuida-se da **violência física**, tanto **contra a pessoa** (exemplo: agredir uma pessoa presente ao enterro) ou **contra a coisa** (exemplo: atirar uma pedra contra o caixão).[9]

A lei impõe o **concurso material obrigatório** entre o crime tipificado pelo art. 209 do Código Penal e eventual lesão corporal produzida em alguém, ainda que de natureza leve.

5.2.1.11. Ação penal

É pública incondicionada, tanto na forma simples do *caput* como na forma agravada do parágrafo único.

5.2.1.12. Lei 9.099/1995

Trata-se de **infração penal de menor potencial ofensivo**. É compatível com a transação penal, se presentes os requisitos legais, e obedece ao procedimento sumaríssimo disciplinado pelos arts. 77 e seguintes da Lei 9.099/1995.

5.2.1.13. Classificação doutrinária

O crime é **comum** (pode ser praticado por qualquer pessoa); **vago** (tem como sujeito passivo principal um ente destituído de personalidade jurídica); **formal** (não exige efetiva lesão

---

[9] Aqui também é conveniente recordar que há posições no sentido de que somente se aumenta a pena na hipótese de violência contra a pessoa, porque a preocupação do legislador é a maior proteção do ser humano. Discordamos novamente, uma vez que, quando a lei assim deseja, o faz expressamente (exemplo: art. 157, *caput*, do Código Penal), e também por se tratar de crime contra o sentimento religioso, e não contra a pessoa.

à memória dos mortos e ao respeito a ela devido); **de forma livre** (admite qualquer meio de execução); **unissubjetivo, unilateral ou de concurso eventual** (pode ser cometido por uma só pessoa, mas admite o concurso); **unissubsistente** (nesse caso, será incompatível com a tentativa ou *conatus*. Exemplo: explodir uma bomba durante a cerimônia fúnebre) **ou plurissubsistente** (a conduta criminosa pode, conforme o caso, ser ou não fracionada em diversos atos); e **instantâneo** (a consumação ocorre em momento determinado, sem continuidade no tempo).

5.2.2. Art. 210 – Violação de sepultura

5.2.2.1. Dispositivo legal

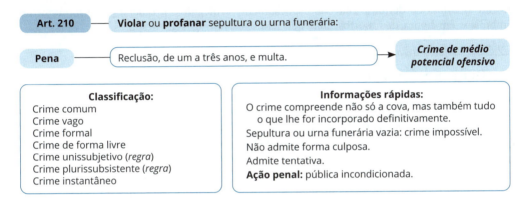

5.2.2.2. Objetividade jurídica

A lei penal tutela o sentimento de respeito aos mortos.

5.2.2.3. Objeto material

É a sepultura ou a urna funerária.

O termo **sepultura** deve ser compreendido em sentido amplo, a fim de englobar não só a cova, na qual se acham enterrados os restos mortais, o lugar em que foi colocado o defunto, mas também tudo o que lhe é imediatamente conexo, aí se inserindo o túmulo (construção acima da cova), a lápide, os ornamentos estáveis, as inscrições etc. Mas não são alcançados por esse conceito objetos temporários como flores, velas ou coroas.[10]

O Código Penal não faz distinção entre a vala comum e o mausoléu. A sepultura do pária desconhecido merece tanto respeito quanto a do herói celebrado.

A lei equipara à sepultura a **urna funerária**, que não é só aquela que guarda as cinzas (urna cinerária), como também a que contém ossos do falecido (urna ossuária).

Há crime impossível, por absoluta impropriedade do objeto material (CP, art. 17), na ausência do cadáver ou dos restos mortais, ou seja, quando o agente viola ou profana sepultura ou urna funerária vazia.

5.2.2.4. Núcleos do tipo

O tipo penal contém dois núcleos: violar e profanar.

---

[10] PRADO, Luiz Regis. *Curso de direito penal brasileiro*. São Paulo: RT, 2008. v. 2, p. 621.

Violar é invadir, devassar, abrir sepultura ou urna funerária. Basta que o cadáver (ou seus restos) ou suas cinzas (resíduos da combustão ou cremação) fiquem expostos ao tempo, pouco importando se são ou não removidos de local. Na hipótese de vala comum, a remoção da terra, expondo o cadáver, caracteriza o delito.

Profanar, por seu turno, equivale a macular, ou seja, tratar com desprezo os objetos materiais do crime em apreço. Constitui-se em atos de vandalismo sobre a sepultura ou urna funerária, ou de seu aviltamento (exemplos: quebrar ornamentos, suprimir as inscrições, atirar excrementos contra símbolos funerários, retirar a lápide, fixar símbolos infamantes etc.).

O ato de violar compreende necessariamente o de profanar, mas este pode realizar-se sem aquele. É óbvio que somente estão acobertados pela proteção penal a sepultura ou a urna que estejam atual ou efetivamente servindo ao seu destino, isto é, encerrando restos mortais humanos ou as cinzas do defunto. Não são especialmente protegidos os *cenotáfios* ou monumentos simbólicos em honra dos mortos, mas que não encerram os seus despojos.[11]

5.2.2.5. Sujeito ativo

Qualquer pessoa (**crime comum**).

5.2.2.6. Sujeito passivo

Sujeito passivo principal ou imediato é a coletividade (**crime vago**). A família do morto, se existente, figura como sujeito passivo secundário ou mediato.

5.2.2.7. Elemento subjetivo

É o dolo, vontade livre e consciente de violar ou profanar sepultura ou urna funerária. **É irrelevante o motivo ideológico**. Há crime na conduta do pai que, levado pela saudade do filho falecido, devassa a sepultura para revê-lo (exemplo de Nélson Hungria).

Não se admite a forma culposa.

Na modalidade **profanar** reclama-se um especial fim de agir, consistente no propósito de ultrajar a sepultura ou urna funerária. O fato será atípico se ausente esta finalidade.

Se a intenção do agente, com a violação da sepultura ou urna funerária, é subtrair algum objeto, haverá concurso material do crime de furto com o delito em análise. Entretanto, a mera subtração de objetos que estejam sob a sepultura ou urna, sem que ocorra sua violação ou profanação, caracteriza unicamente crime de furto (CP, art. 155).

Se houver destruição ou danificação do túmulo, haverá concurso formal entre o crime de violação de sepultura e o de dano (CP, art. 163).

Na hipótese de subtração do próprio cadáver, o crime será o definido pelo art. 211 do Código Penal (subtração de cadáver), que absorve a violação de sepultura, que funciona como *ante factum* não punível (crime-meio).

Não se pode confundir o crime de violação de sepultura (CP, art. 210) com a contravenção penal de exumação de cadáver, definida pelo art. 67 do Decreto-lei 3.688/1941 – Lei das Contravenções Penais, na qual inexiste intenção de violar ou profanar sepultura, mas apenas o voluntário descumprimento das formalidades legais relativas à exumação de cadáver.

5.2.2.8. Consumação

Dá-se com a efetiva violação ou profanação da sepultura ou urna funerária, independentemente da efetiva lesão ao sentimento de respeito aos mortos (**crime formal, de resultado**

---

[11] HUNGRIA, Nélson; LACERDA, Romão Côrtes de. *Comentários ao Código Penal*. 2. ed. Rio de Janeiro: Forense, 1954. v. 8, p. 74.

cortado ou de consumação antecipada). É irrelevante, esteja a sepultura ou urna em cemitério público, ou, excepcionalmente, em lugar privado, nas hipóteses em que a lei o permite.

5.2.2.9. Tentativa

É possível.

Cumpre destacar, porém, que na prática a tentativa de violação poderá constituir-se em profanação consumada.

5.2.2.10. Ação penal

É pública incondicionada.

5.2.2.11. Lei 9.099/1995

A pena mínima é de 1 (um) ano. Trata-se de **crime de médio potencial ofensivo**, compatível com a suspensão condicional do processo (Lei 9.099/1995, art. 89).

5.2.2.12. Exclusão da ilicitude

Não há crime quando o fato é praticado em estrito cumprimento de dever legal (exemplo: exumação determinada pela autoridade competente, para obtenção da prova da materialidade de um delito) ou no exercício regular de um direito (exemplo: familiares que, respeitando as formalidades legais, mudam o cadáver ou seus restos para outra sepultura).

5.2.2.13. Classificação doutrinária

O delito é **comum** (pode ser praticado por qualquer pessoa); **vago** (tem como sujeito passivo principal um ente destituído de personalidade jurídica); **formal** (não exige efetiva lesão à memória dos mortos e ao respeito a ela devido, basta violar ou profanar a sepultura ou urna funerária); **de forma livre** (admite qualquer meio de execução); **unissubjetivo, unilateral ou de concurso eventual** (pode ser cometido por uma só pessoa, mas admite o concurso); em regra **plurissubsistente**; e **instantâneo** (a consumação ocorre em momento determinado, sem continuidade no tempo).

5.2.3. Art. 211 – Destruição, subtração ou ocultação de cadáver

5.2.3.1. Dispositivo legal

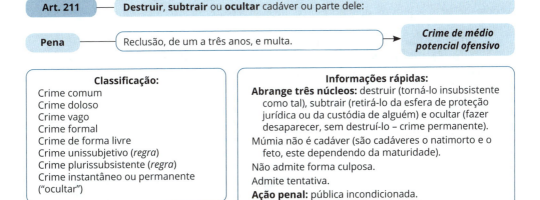

5.2.3.2. Objetividade jurídica

O bem jurídico tutelado pela lei penal é, uma vez mais, o sentimento de respeito aos mortos.

5.2.3.3. Objeto material

É o cadáver ou parte dele. A palavra "cadáver", como se sabe, emana da expressão latina *caro data vermibus*, ou seja, "carne dada aos vermes". Nas precisas lições de Nélson Hungria:

> (...) cadáver propriamente dito é o corpo morto enquanto conserva a aparência humana. Como ensina Von Liszt, "cadáver é o corpo humano inanimado, enquanto a conexão de suas partes não cessou de todo". A lei, porém, não se limita a proteger o cadáver como um todo, senão também alguma parte dele, quer seja a de um cadáver despedaçado (de pessoa vitimada num desastre ou por explosão), quer a que o agente separa de um cadáver íntegro. Os restos de cadáver em completa decomposição, bem como suas cinzas, não são parte dele, do mesmo modo que os escombros de uma casa desabada ou incendiada já não participam do que se chama "casa". Em tais casos, o que se poderá identificar é o crime de violação de sepultura ou urna funerária, tão somente.[12]

A **múmia** não ingressa no conceito de cadáver, ainda que não transformada em peça de museu ou objeto com valor comercial. O interesse é meramente histórico ou arqueológico, mas não há ofensa ao sentimento de respeito aos mortos, pois, em face do tempo já decorrido ou da especificação a que foi submetido o cadáver, deixa este de inspirar tal sentimento.

Karl Binding definia o cadáver como "restos exânimes de um homem que tenha vivido". Esse conceito, eminentemente restritivo, há de ser repelido, pois não deixa de ser cadáver o corpo do **natimorto**, desde que expulso em parto a tempo. Em tal caso, não há dúvida de que inspira o mesmo sentimento de respeito devido aos mortos. Além disso, o **feto** também pode funcionar como objeto material do crime tipificado pelo art. 211 do Código Penal, desde que tenha atingido a maturidade necessária para sua expulsão.[13]

5.2.3.4. Núcleos do tipo

O tipo penal contém três núcleos: destruir, subtrair e ocultar. Cuida-se de **crime de forma livre**, compatível com qualquer meio de execução.

Destruir um cadáver é aniquilá-lo, isto é, torná-lo insubsistente como tal. Exemplo: lançar um cadáver em um forno industrial, reduzindo-o a cinzas. A destruição incriminada não é somente a de todo o cadáver, mas também a de parte dele.

Subtrair cadáver, por sua vez, equivale a retirá-lo da esfera de proteção jurídica ou da custódia de seus legítimos detentores (cônjuge supérstite, guarda do cemitério, parentes do morto etc.).

Por fim, **ocultar** cadáver é fazê-lo desaparecer, sem destruí-lo.

Trata-se de **tipo misto alternativo, crime de ação múltipla ou de conteúdo variado**: estará caracterizado crime único quando praticadas pelo agente mais de uma conduta, contra o mesmo objeto material e no mesmo contexto fático. Exemplo: "A" subtrai um cadáver e, em seguida, o destrói. Há um só crime.

Diferenciam-se as condutas de subtrair e ocultar. Esta pode ser praticada inclusive por familiares do defunto. Exemplificativamente, quando um filho, procurando afastar as provas

---

[12] HUNGRIA, Nélson; LACERDA, Romão Côrtes de. *Comentários ao Código Penal*. 2. ed. Rio de Janeiro: Forense, 1954. v. 8, p. 75-76.

[13] Em igual sentido: JESUS, Damásio E. de. *Direito penal*: parte especial. 16. ed. São Paulo: Saraiva, 2007. v. 3, p. 82.

do homicídio por ele praticado contra o próprio pai, esconde o cadáver em uma sepultura ignorada de todos, está ocultando-o, e não subtraindo. De igual modo, um viúvo que conserva junto a si o cadáver da esposa, ocultando-o, não o subtrai.

Destaque-se que a ocultação somente pode efetivar-se antes do sepultamento do cadáver, isto é, pressupõe que ainda não se encontre o cadáver em seu lugar de destino. Após, o crime apenas pode ser cometido por destruição ou subtração.

5.2.3.5. Sujeito ativo

Qualquer pessoa (**crime comum**).

5.2.3.6. Sujeito passivo

O sujeito passivo principal ou imediato é a coletividade (**crime vago**). Esta circunstância não impede, contudo, a possibilidade de despontarem os familiares do morto como sujeitos passivos secundários ou mediatos.

5.2.3.7. Elemento subjetivo

É o dolo. Não se admite a figura culposa.

É indiferente a finalidade específica do agente: desaparecer com vestígios de um crime, obter lucro com a futura venda do cadáver, vingança contra os parentes do morto etc.

Se o agente, com a intenção de matá-la (*animus necandi* ou *animus occidendi*), enterra a vítima com vida, o crime será de homicídio qualificado pelo soterramento (asfixia mecânica), e não de ocultação de cadáver.

Não se caracteriza o crime definido pelo art. 211 do Código Penal, por ausência de dolo, mas sim a contravenção de inumação de cadáver, prevista no art. 67 do Decreto-lei 3.688/1941 – Lei das Contravenções Penais, quando o sujeito procede ao mero sepultamento com infração das disposições legais.

5.2.3.8. Consumação

Dá-se:

(1) com a **destruição** do cadáver, total ou parcial;

(2) com a **subtração**, isto é, com a retirada do cadáver da esfera de vigilância ou proteção dos legítimos detentores; ou, finalmente,

(3) com o seu desaparecimento, ainda que temporário, na hipótese de **ocultação**.

Na modalidade "ocultar" o crime é permanente. A consumação se prolonga no tempo, pois ocultar equivale a esconder, sem destruir o cadáver. Em sintonia com a orientação do Supremo Tribunal Federal:

> Retirar o cadáver do local onde deveria permanecer e conduzi-lo para outro em que não será normalmente reconhecido caracteriza, em tese, crime de ocultação de cadáver. A conduta visou evitar que o homicídio fosse descoberto e, de forma manifesta, destruir a prova do delito. Trata-se de crime permanente que subsiste até o instante em que o cadáver é descoberto, pois ocultar é esconder, e não simplesmente remover, sendo irrelevante o tempo em que o cadáver esteve escondido.[14]

---

[14] HC 76.678/RJ, rel. Min. Maurício Corrêa, 2.ª Turma, j. 29.06.1998.

Nesse contexto, já decidiu o Superior Tribunal de Justiça que, "se encontrado o cadáver após atingida a maioridade, o agente deve ser considerado imputável para todos os efeitos penais, ainda que a ação de ocultar tenha sido cometida quando era menor de 18 anos".[15]

O crime é **formal, de resultado cortado ou de consumação antecipada**: consuma-se com a realização da conduta de destruir, subtrair ou ocultar cadáver, ainda que não haja efetiva lesão ao bem jurídico penalmente tutelado, qual seja o sentimento de respeito aos mortos.

5.2.3.9. Tentativa

É possível, em todas as condutas criminosas.

5.2.3.10. Ação penal

A ação penal é pública incondicionada.

5.2.3.11. Lei 9.099/1995

A pena mínima cominada ao delito tipificado pelo art. 211 do Código Penal é de 1 (um) ano. Trata-se, pois, de **crime de médio potencial ofensivo**, compatível com o benefício da suspensão condicional do processo (Lei 9.099/1995, art. 89).

5.2.3.12. Distinções

5.2.3.12.1. Subtração de cadáver e crimes contra o patrimônio

O cadáver, em regra, não pode ser objeto material de furto, roubo ou dano, pois não possui valor patrimonial. Se, entretanto, foi vendido ou entregue a um instituto anatômico ou para fim de estudo científico, converte-se em coisa alheia e passa a integrar o acervo patrimonial da respectiva entidade, e sua subtração ou destruição constitui crime contra o patrimônio.

5.2.3.12.2. Destruição, subtração ou destruição de cadáver e Lei 9.434/1997

A Lei 9.434/1997, alterada pela Lei 10.211/2001, estabelece normas sobre a remoção de órgãos, tecidos e partes do corpo humano para fins de transplante e tratamento. Nos termos do seu art. 4.º:

> A retirada de tecidos, órgãos e partes do corpo de pessoas falecidas para transplantes ou outra finalidade terapêutica, dependerá da autorização do cônjuge ou parente, maior de idade, obedecida a linha sucessória, reta ou colateral, até o segundo grau inclusive, firmada em documento subscrito por duas testemunhas presentes à verificação da morte.

Os arts. 5.º e 6.º do citado diploma legal disciplinam a remoção de órgãos, tecidos e partes do corpo humano envolvendo pessoas incapazes ou não identificadas. E, por sua vez, o art. 8.º estabelece que, após a retirada de tecidos, órgãos e partes, o cadáver será imediatamente necropsiado, quando necessário, e, em qualquer caso, condignamente recomposto para ser entregue, em seguida, aos parentes do morto ou seus responsáveis legais para sepultamento.

A conduta de **remover** tecidos, órgãos ou partes de cadáver, em desacordo com as disposições da **Lei 9.434/1997**, constitui o crime tipificado pelo seu **art. 14**, com pena de 2 (dois) a 6 (seis) anos de reclusão, e 100 (cem) a 360 (trezentos e sessenta) dias-multa.

---

[15] REsp 900.509/PR, rel. Min. Felix Fischer, 5.ª Turma, j. 26.06.2007.

De outro lado, aquele que **deixar de recompor cadáver**, devolvendo-lhe aspecto condigno para sepultamento, ou deixar de entregar ou retardar sua entrega aos familiares ou interessados incide no **art. 19 da Lei 9.434/1997**, punido com detenção, de 6 (seis) meses a 2 (dois) anos.

Em ambas as hipóteses, a lei geral (art. 211 do Código Penal) é afastada pela Lei 9.434/1997. O conflito aparente de leis penais é solucionado pelo **princípio da especialidade**.

No tocante aos crimes especiais, é possível a configuração do **erro de proibição** quando o sujeito, almejando o transplante, acredita que o falecido, ainda em vida, era doador de órgãos ou tecidos, mas na verdade não o era. Igual fenômeno pode verificar-se quando a família do morto posicionar-se contra o transplante e o agente desconhecer tal circunstância.

5.2.3.12.3. Ocultação de cadáver e fraude processual

O homicida que, para ocultar o cadáver, apaga ou elimina vestígios de sangue não pode ser denunciado pela prática, em concurso, dos crimes de fraude processual penal e ocultação de cadáver, senão apenas deste, do qual aquele constitui mero ato executório.[16]

5.2.3.13. Art. 211 do Código Penal e autodefesa

Não é possível invocar o direito à autodefesa para justificar a prática do crime de destruição, subtração ou ocultação de cadáver. Com efeito, o bem jurídico tutelado é o sentimento de respeito ao morto, que merece um sepultamento digno.

Destarte, é vedado ao homicida, a pretexto de defender-se, ocultar um cadáver, pois viola outro bem jurídico, diverso da vida humana.[17] A ele deve ser imputado o crime em análise, em concurso material com o homicídio. Mas, escondendo o cadáver, não poderá ser responsabilizado também por fraude processual (CP, art. 347).

5.2.3.14. Classificação doutrinária

Trata-se de crime **comum** (pode ser praticado por qualquer pessoa); **doloso**; **vago** (tem como sujeito passivo principal um ente destituído de personalidade jurídica); **formal** (não exige efetiva lesão à memória dos mortos e ao respeito a ela devido, basta destruir, subtrair ou ocultar cadáver); **de forma livre** (admite qualquer meio de execução); **unissubjetivo, unilateral ou de concurso eventual** (pode ser cometido por uma só pessoa, mas admite o concurso); em regra **plurissubsistente**; e **instantâneo** (a consumação ocorre em momento determinado, sem continuidade no tempo) ou **permanente** (a consumação se prolonga no tempo), na modalidade "ocultar".

5.2.4. Art. 212 – Vilipêndio a cadáver

5.2.4.1. Dispositivo legal

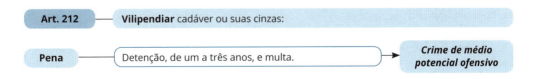

---

[16] STF: HC 88.733/SP, rel. Min. Gilmar Mendes, 2.ª Turma, j. 17.10.2006.
[17] NUCCI, Guilherme de Souza. *Código Penal comentado*. 8. ed. São Paulo: RT, 2008. p. 856.

Classificação:	Informações rápidas:
Crime comum Crime vago Crime formal Crime de forma livre Crime unissubjetivo (*regra*) Crime unissubsistente ou plurissubsistente Crime instantâneo	Esqueletos e cadáveres destinados a pesquisas e estudos científicos também são tutelados pela lei penal. Vilipêndio por atos + calúnia contra mortos: concurso formal impróprio ou imperfeito. Não admite forma culposa. Exige dolo específico de ultrajar, profanar. Admite tentativa (salvo quando verbal). Consentimento do ofendido (ex.: em testamento): não se admite. **Ação penal:** pública incondicionada.

5.2.4.2. Objetividade jurídica

É o sentimento de respeito aos mortos.

5.2.4.3. Objeto material

Pode ser o cadáver ou suas cinzas.

Cadáver é o corpo humano sem vida.

Cinzas do cadáver são os resíduos da cremação ou combustão (autorizadas, casuais ou criminosas) a que foi ele submetido, ou mesmo frutos do decurso do tempo. Incluem-se também as partes do cadáver (exemplo: esqueleto humano). De fato, não há razão para olvidar-se de fragmentos do cadáver quando o Código Penal a ele equipara até mesmo suas cinzas.

Os esqueletos e cadáveres destinados a pesquisas e estudos científicos também são tutelados pela lei penal, e não podem ser vilipendiados. Nesse contexto, um funcionário de uma universidade não pode, exemplificativamente, praticar atos de necrofilia com o defunto.[18]

5.2.4.4. Núcleo do tipo

O núcleo do tipo é vilipendiar.

Vilipendiar significa aviltar, desprezar, ultrajar. A conduta pode ser praticada por atos, palavras ou escritos (**crime de forma livre**), relativamente ao cadáver ou suas cinzas. Se as palavras vilipendiosas caracterizam calúnia contra o morto, haverá concurso formal impróprio ou imperfeito entre o crime do art. 212 e o do art. 138, § 2.º (calúnia contra os mortos), ambos do Código Penal.

São exemplos de vilipêndios: cortar algum membro do cadáver, com o fim de ultrajá-lo, tirar suas vestes, escarrar sobre ele, praticar sexo com o cadáver (necrofilia) etc.

5.2.4.5. Sujeito ativo

Pode ser qualquer pessoa (**crime comum**).

---

[18] Necrofilia é uma parafilia caracterizada pela excitação sexual decorrente da visão ou do contato com um cadáver. O fenômeno é conhecido desde os mais remotos tempos da história humana, podendo ainda hoje ser observado como costume comum (às vezes até sacralizado) em certas tribos africanas e asiáticas, bem como em manifestações esporádicas na chamada civilização ocidental.

5.2.4.6. Sujeito passivo

O sujeito passivo principal ou imediato é a coletividade (**crime vago**), pois a moralidade média reclama o respeito aos mortos. É possível a existência de sujeitos passivos secundários ou mediatos, a exemplo dos familiares do morto.

5.2.4.7. Elemento subjetivo

É o dolo. Não se admite a modalidade culposa.

Como o núcleo do tipo é vilipendiar, exige-se um especial fim de agir: o propósito de ultrajar ou profanar o cadáver ou suas cinzas. Consequentemente, o fato é atípico quando a conduta é praticada com fins didáticos ou científicos.

5.2.4.8. Consumação

O crime se consuma com o efetivo vilipêndio ao cadáver ou suas cinzas, independentemente da efetiva lesão ao sentimento de respeito aos mortos (**crime formal, de resultado cortado ou de consumação antecipada**).

5.2.4.9. Tentativa

É possível, salvo quando a conduta é cometida verbalmente, pois é sabido que os delitos unissubsistentes não comportam a forma tentada.

5.2.4.10. Ação penal

É pública incondicionada.

5.2.4.11. Lei 9.099/1995

A pena mínima é de 1 (um) ano. O vilipêndio a cadáver é **crime de médio potencial ofensivo**, compatível com a suspensão condicional do processo (Lei 9.099/1995, art. 89).

5.2.4.12. A questão do consentimento

Subsiste o delito quando o falecido, em disposição de última vontade, autorizou o vilipêndio do seu cadáver. Tutela-se um interesse de ordem pública, representado pelo sentimento ético-social de respeito aos mortos.

5.2.4.13. Classificação doutrinária

O crime é **comum** (pode ser praticado por qualquer pessoa); **vago** (tem como sujeito passivo principal um ente destituído de personalidade jurídica); **formal** (não exige efetiva lesão à memória dos mortos e ao respeito a ela devido, basta vilipendiar o cadáver ou suas cinzas); **de forma livre** (admite qualquer meio de execução); **unissubjetivo, unilateral ou de concurso eventual** (pode ser cometido por uma só pessoa, mas admite o concurso); **unissubsistente** (exemplo: vilipêndio verbal) ou **plurissubsistente**; e **instantâneo** (a consumação ocorre em momento determinado, sem continuidade no tempo).

BIBLIOGRAFIA

ABRÃO, Eliane Y. *Direitos de autor e direitos conexos*. São Paulo: Editora do Brasil, 2002.

ALEXANDRE, Ricardo. *Direito tributário esquematizado*. 2. ed. São Paulo: Método, 2008.

ALEXY, Robert. *Teoria dos direitos fundamentais*. Tradução de Virgílio Afonso da Silva. São Paulo: Malheiros, 2008.

ALTAVILLA, Enrico. *Tratado de psicologia judiciária*. Tradução de Fernando de Miranda. 3. ed. Coimbra: Arménio Amado, 19qq81. t. I: O processo psicológico e a verdade judicial.

ANDRADE, Manuel da Costa. *Liberdade de imprensa e inviolabilidade pessoal*. Uma perspectiva jurídico-criminal. Coimbra: Coimbra Editora, 1996.

ANTOLISEI, Francesco. *Manuale di diritto penale*. Parte speciale. 7. ed. Milano: Giuffrè, 1977. t. I.

ARANHA, Adalberto José Q. T. de Camargo. *Crimes contra a honra*. 3. ed. São Paulo: Juarez de Oliveira, 2005.

ARAÚJO, Luiz Alberto David. *A proteção constitucional do transexual*. São Paulo: Saraiva, 2000.

ARAÚJO, Luiz Alberto David; NUNES JÚNIOR, Vidal Serrano. *Curso de direito constitucional*. 3. ed. São Paulo: Saraiva, 1999.

ARAÚJO JÚNIOR, João Marcello de. *Dos crimes contra a ordem econômica*. São Paulo: RT, 1995.

BALTAZAR JÚNIOR, José Paulo. *Crimes federais*. 3. ed. Porto Alegre: Livraria do Advogado, 2008.

BARBOSA, Marcelo Fortes. *Crimes contra a honra*. São Paulo: Malheiros, 1995.

BARBOSA, Marcelo Fortes. *Latrocínio*. São Paulo: Malheiros, 1997.

BARROS, Flávio Augusto Monteiro de. *Crimes contra a pessoa*. São Paulo: Saraiva, 1997.

BARROS, Francisco Dirceu; SOUZA, Renee do Ó. *Feminicídio*: controvérsias e aspectos práticos. 2. ed. Leme: Mizuno, 2021.

BARROS, Francisco Dirceu. *Direito penal*. Parte especial. 2. ed. São Paulo: Saraiva, 2009. v. 2.

BARROSO, Luís Roberto. *Curso de direito constitucional contemporâneo*. São Paulo: Saraiva, 2009.

BARROSO, Luís Roberto. *O direito constitucional e a efetividade de suas normas*. 8. ed. Rio de Janeiro: Renovar, 2006.

BATISTA, Weber Martins. *O furto e o roubo no direito e no processo penal*. 2. ed. Rio de Janeiro: Forense, 1995.

BETTIOL, Giuseppe. *Diritto penale*. Padova: [s.n.], 1945.

BITENCOURT, Cezar Roberto. Uma releitura do crime de calúnia. *Estudos jurídicos em homenagem ao Prof. João Marcello de Araújo Júnior*. Rio de Janeiro: Lumen Juris, 2001.

BITENCOURT, Cezar Roberto. *Tratado de direito penal*. Parte especial. 6. ed. São Paulo: Saraiva, 2007. v. 2.

BITENCOURT, Cezar Roberto. *Tratado de direito penal*. 4. ed. São Paulo: Saraiva, 2008. v. 3.

BITTAR, Carlos Alberto. *Direitos de autor*. 4. ed. Rio de Janeiro: Forense Universitária, 2003.

BONFIM, Edilson Mougenot. *Curso de processo penal*. 4. ed. São Paulo: Saraiva, 2009.

BRUNO, Aníbal. *Crimes contra a pessoa*. 5. ed. Rio de Janeiro: Editora Rio, 1979.

CAMPOS, Pedro Franco de; THEODORO, Luis Marcelo Mileo; BECHARA, Fabio Ramazzini; ESTEFAM, André. *Direito penal aplicado*: parte especial do Código Penal. São Paulo: Saraiva, 2008.

CANOTILHO, J. J. Gomes. *Direito constitucional e teoria da Constituição*. 7. ed. Coimbra: Almedina, 2003.

CAPEZ, Fernando. *Curso de direito penal*. 8. ed. São Paulo: Saraiva, 2008. v. 2.

CAPEZ, Fernando; PRADO, Stela. *Código Penal comentado*. Porto Alegre: Verbo Jurídico, 2007.

CARRARA, Francesco. *Programa de derecho criminal*. Parte especial. Tradução de José J. Ortega Torres. Bogotá: Temis, 2005. v. 1 e 4, t. 3 e 6.

CERNICCHIARO, Luiz Vicente. *Questões penais*. Belo Horizonte: Del Rey, 1998.

COELHO, Fábio Ulhoa. *Curso de direito comercial*. 11. ed. São Paulo: Saraiva, 2007. v. 1.

COSTA, Álvaro Mayrink da. *Direito penal*. Parte especial. 6. ed. Rio de Janeiro: Forense, 2008. v. 4.

COSTA JÚNIOR, Paulo José da. *Comentários ao Código Penal*. 4. ed. São Paulo: Saraiva, 1996.

COSTA JÚNIOR, Paulo José da. *Direito penal*. 6. ed. São Paulo: Saraiva, 1999.

COSTA NETO, José Carlos. *Direito autoral no Brasil*. São Paulo: FTD, 1998.

CUNHA, Rogério Sanches. *Direito penal*: parte especial. 2. ed. São Paulo: RT, 2009. v. 3.

DE PLÁCIDO E SILVA. *Vocabulário jurídico*. Rio de Janeiro: Forense, 1989. v. 4.

DELGADO, Mauricio Godinho. *Curso de direito do trabalho*. 6. ed. São Paulo: LTR, 2007.

DELMANTO, Celso. *Código Penal comentado*. 3. ed. Rio de Janeiro: Renovar, 1994.

DIAS, Maria Berenice. *A Lei Maria da Penha na Justiça*. São Paulo: RT, 2007.

DIDIER JR., Fredie; CUNHA, Leonardo José Carneiro da; BRAGA, Paula Sarno; OLIVEIRA, Rafael. *Curso de direito processual civil*. Execução. Salvador: Juspodivm, 2009. v. 5.

DOTTI, René Ariel. O conceito de obstáculo no furto qualificado. *Boletim do Instituto Brasileiro de Ciências Criminais*, São Paulo: IBCCRIM, n. 155, 2005.

DUTRA, Mário Hoeppner. *O furto e o roubo em face do Código Penal brasileiro*. São Paulo: Max Limonad, 1955.

FARHAT, Alfredo. *Do infanticídio*. 2. ed. São Paulo: RT, 1970.

FARIA, Bento. *Código Penal brasileiro comentado*. Rio de Janeiro: Distribuidora Record, 1961. v. 4.

FAZZIO JÚNIOR, Waldo. *Manual de direito comercial*. 10. ed. São Paulo: Atlas, 2009.

FELDENS, Luciano. *A Constituição Penal*: a dupla face da proporcionalidade no controle de normas penais. Porto Alegre: Livraria do Advogado, 2005.

FERNANDES, Maíra Costa. Interrupção de gravidez de feto anencefálico: uma análise constitucional. In: SARMENTO, Daniel; PIOVESAN, Flávia (Coord.). *Nos limites da vida*: aborto, clonagem humana e eutanásia sob a perspectiva dos direitos humanos. Rio de Janeiro: Lumen Juris, 2007.

FERRAZ, Esther de Figueiredo. *Os delitos qualificados pelo resultado no regime do Código Penal de 1940.* 1948. Tese (Livre-docência) – Universidade de São Paulo, São Paulo.

FRAGOSO, Heleno Cláudio. *Lições de direito penal.* Parte Especial. 11. ed. Rio de Janeiro: Forense, 1995. v. 1.

FRAGOSO, Heleno Cláudio. *Lições de direito penal.* São Paulo: José Bushatsky, 1958. v. 1 e 2.

FRANCO, Alberto Silva. *Aborto por indicação eugênica.* Estudos jurídicos em homenagem a Manoel Pedro Pimentel. São Paulo: RT, 1992.

FRANCO, Alberto Silva; STOCO, Rui. *Código Penal e sua interpretação.* 8. ed. São Paulo: RT, 2007.

FREITAS, Gilberto Passos de; FREITAS, Vladimir Passos de. *Abuso de autoridade.* 9. ed. São Paulo: RT, 2001.

GARCIA, Basileu. Do delito de rixa. *RT* 162/11.

GOMES, Luiz Flávio, e CUNHA, Rogério Sanches. *Sequestro-relâmpago com resultado morte: é crime hediondo.* Disponível em http://www.apmp.com.br/avisos/all_avisos.htm. Acesso em 28/06/2009.

GONÇALVES, Victor Eduardo Rios. *Dos crimes contra a pessoa.* 9. ed. São Paulo: Saraiva, 2007.

GONÇALVES, Victor Eduardo Rios. *Dos crimes contra o patrimônio.* 8. ed. São Paulo: Saraiva, 2005. v. 9. (Coleção Sinopses jurídicas.)

GONZAGA, João Bernardino. *O crime de omissão de socorro.* São Paulo: Max Limonad, 1957.

GOLDSTEIN, Raul. *Dicionario de derecho penal y criminología.* 2. ed. Buenos Aires: Astrea, 1978.

GRECO FILHO, Vicente. *Manual de processo penal.* 3. ed. São Paulo: Saraiva, 1995.

GRECO, Rogério. *Código Penal comentado.* 2. ed. Niterói: Impetus, 2009.

GRECO, Rogério. *Curso de direito penal:* parte especial. 6. ed. Niterói: Impetus, 2009. v. 2.

HUNGRIA, Nélson. *Comentários ao Código Penal.* Rio de Janeiro: Forense, 1949. v. 1.

HUNGRIA, Nélson. *Comentários ao Código Penal.* 2. ed. Rio de Janeiro: Forense, 1953. v. 5 e 6.

HUNGRIA, Nélson. *Comentários ao Código Penal.* 2. ed. Rio de Janeiro: Forense, 1958. v. 7.

HUNGRIA, Nélson; LACERDA, Romão Côrtes de. *Comentários ao Código Penal.* 2. ed. Rio de Janeiro: Forense, 1954. v. 8.

JESUS, Damásio E. de. *Código Penal anotado.* 15. ed. Saraiva: São Paulo, 2004.

JESUS, Damásio E. de. *Direito penal:* parte especial. 27. ed. São Paulo: Saraiva, 2005. v. 2.

JESUS, Damásio E. de. *Direito penal:* parte especial. 16. ed. São Paulo: Saraiva, 2007. v. 3.

LEMOS, Floriano de A. *Direito de matar e curar.* São Paulo: A. Coelho Branco, 1933.

LIMA, Carolina Alves de Souza. *Aborto e anencefalia.* Direitos fundamentais em colisão. Curitiba: Juruá, 2009.

MACHADO, Hugo de Brito. *Curso de direito tributário.* 13. ed. São Paulo: Malheiros, 1998.

MAGALHÃES NORONHA, E. *Código Penal brasileiro comentado.* São Paulo: Saraiva, 1958. v. 5, 1.ª parte.

MAGALHÃES NORONHA, E. *Direito penal.* 9. ed. São Paulo: Saraiva, 1973. v. 2.

MAGALHÃES NORONHA, E. *Direito penal.* 22. ed. São Paulo: Saraiva, 1995. v. 3.

MAGGIORE, Giuseppe. *Diritto penale.* Parte geral. 3. ed. Bologna: Nicola Zanichelli, 1948. v. 1, t. II.

MAIA, L. de Campos. *Delitos da linguagem contra a honra*. 2. ed. São Paulo: Saraiva, 1929.

MANZINI, Vincenzo. *Trattato di diritto penale italiano*. 5. ed. Torino: Torinese, 1981. v. 8.

MARQUES, José Frederico. *Tratado de direito penal*. Campinas: Millennium, 1999. v. 4.

MARTINS, Ives Gandra da Silva. A dignidade da pessoa humana desde a concepção. In: MIRANDA, Jorge; SILVA, Marco Antonio Marques da (Coord.). *Tratado luso-brasileiro da dignidade humana*. São Paulo: Quartier Latin, 2008.

MASSON, Cleber Rogério. *Direito penal esquematizado*: parte geral. 2. ed. São Paulo: Método, 2009.

MELLO, Dirceu. *Aspectos penais do cheque*. São Paulo: RT, 1976.

MELLO FILHO, José Celso de. *Constituição Federal anotada*. 2. ed. São Paulo: Saraiva, 1986.

MIRABETE, Julio Fabbrini. *Código Penal interpretado*. 6. ed. São Paulo: Atlas, 2008.

MIRABETE, Julio Fabbrini. *Código Penal interpretado*.10. ed. São Paulo: Atlas, 2003.

MIRABETE, Julio Fabbrini. *Manual de direito penal*. 25. ed. São Paulo: Atlas, 2007. v. 2.

MIRABETE, Julio Fabbrini. *Processo penal*. 18. ed. São Paulo: Atlas, 2007.

MIRANDA, Darci Arruda. O crime de aborto. *Estudos de direito e processo penal em homenagem a Nélson Hungria*. Rio de Janeiro: Forense, 1962.

MORAES, Flávio Queiroz. *Delito de rixa*. São Paulo: Saraiva, 1945.

MORAES JÚNIOR, Volney Corrêa Leite de. *Em torno do roubo*. Campinas: Millenium, 2003.

NOVOA MONREAL, Eduardo. *Derecho a la vida privada y libertad de información*. 2. ed. Ciudad de México: Siglo Veintiuno Editores, 1981.

NUCCI, Guilherme de Souza. *Código Penal comentado*. 8. ed. São Paulo: RT, 2008.

NUCCI, Guilherme de Souza. *Roteiro prático do júri*. São Paulo: Oliveira Mendes, 1997.

PAULSEN, Leandro. *Contribuições*. Custeio da Seguridade Social. Porto Alegre: Livraria do Advogado, 2007.

PEDROSO, Fernando de Almeida. *Direito penal*: parte especial. São Paulo: Método, 2008. v. 2.

PIERANGELI, José Henrique. *Manual de direito penal brasileiro*. 2. ed. São Paulo: RT, 2007. v. 2.

PORTELLA, André. Natureza jurídica da contribuição previdenciária. In: NASCIMENTO, Carlos Valder (Coord.). *Crime de sonegação previdenciária*. São Paulo: Malheiros, 2008.

PRADO, Luiz Regis. *Curso de direito penal brasileiro*. São Paulo: RT, 2008. v. 2.

ROMEIRO, Jorge Alberto. *A noite no direito e no processo penal*. Estudos de direito e processo penal em homenagem a Nélson Hungria. Rio de Janeiro: Forense, 1962.

SALLES JÚNIOR, Romeu de Almeida. *Código Penal interpretado*. São Paulo: Saraiva, 1996.

SANTOS, Maria Celeste Cordeiro Leite. *Do furto de uso*. Rio de Janeiro: Forense, 1986.

SANTOS, Maria Celeste Cordeiro Leite. *Morte encefálica e a lei dos transplantes de órgãos*. São Paulo: Oliveira Mendes, 1998.

SARAIVA, Renato. *Direito do Trabalho*. 10. ed. São Paulo: Método, 2009.

SILVA, César Dario Mariano da. *Manual de direito penal*. 3. ed. Rio de Janeiro: Forense, 2006. v. 2.

SILVA, José Afonso da. *Comentário contextual à Constituição*. 4. ed. São Paulo: Malheiros, 2007.

SILVA, José Afonso da. *Curso de direito constitucional positivo*. 24. ed. São Paulo: Malheiros, 2005.

SILVEIRA, Euclides Custódio da. *Direito penal.* Crimes contra a pessoa. São Paulo: Max Limonad, 1959.

SIQUEIRA, Galdino. *Tratado de direito penal.* Rio de Janeiro: José Konfino, 1947. t. IV.

SLOMP, Rosângela. *A inconstitucionalidade do crime de apropriação indébita previdenciária.* Rio de Janeiro: Forense, 2003.

TAVAREZ, Juarez. *Teoria do injusto penal.* Belo Horizonte: Del Rey, 2000.

TELES, Ney Moura. *Direito penal.* Parte especial. São Paulo: Atlas, 2004. v. 2.

TELES, Ney Moura. *Direito penal.* Parte especial. 2. ed. São Paulo: Atlas, 2006. v. 2.

THEODORO JÚNIOR, Humberto. *Curso de processo civil.* 41. ed. Rio de Janeiro: Forense, 2007. v. 2.